多模态文化翻译理论与传播研究

多模态认知与文化传播

王建华　总主编
王建华　任岳涛　著

中国人民大学出版社
·北京·

图书在版编目（CIP）数据

多模态文化翻译理论与传播研究．多模态认知与文化传播/王建华总主编；王建华，任岳涛著．--北京：中国人民大学出版社，2020.9
ISBN 978-7-300-28564-1

Ⅰ.①多… Ⅱ.①王… ②任… Ⅲ.①翻译-研究 Ⅳ.①H059

中国版本图书馆 CIP 数据核字（2020）第 169350 号

多模态文化翻译理论与传播研究

多模态认知与文化传播

王建华　总主编

王建华　任岳涛　著

Duomotai Wenhua Fanyi Lilun yu Chuanbo Yanjiu

Duomotai Renzhi yu Wenhua Chuanbo

出版发行	中国人民大学出版社		
社　　址	北京中关村大街 31 号	**邮政编码**	100080
电　　话	010－62511242（总编室）		010－62511770（质管部）
	010－82501766（邮购部）		010－62514148（门市部）
	010－62515195（发行公司）		010－62515275（盗版举报）
网　　址	http://www.crup.com.cn		
经　　销	新华书店		
印　　刷	天津中印联印务有限公司		
规　　格	170 mm×228 mm　16 开本	**版　　次**	2020 年 9 月第 1 版
印　　张	99	**印　　次**	2020 年 9 月第 1 次印刷
字　　数	1 377 000	**定　　价**	488.00 元（全 8 卷）

前言

文化翻译与传播架起了不同国家和不同民族之间文化交流互鉴之桥。世界上的不同国家和不同民族在漫长的历史发展中创造出了各自灿烂的文化，民族的特性和国家的差异造就了各自文化间的差异性，唯有不同文化相互交流和相互借鉴才能推动国家与民族间的相互理解和相互促进。交流的前提是语言相通，语言通则路路通，翻译则是实现不同语言相通的手段，翻译质量的高低决定着语言相通的高度，提升翻译质量就是提升语言相通的能力。语言是文化的载体，任何民族和国家的文化都必须通过语言的交流才能得以传播和传递，因此，文化翻译是文化在语言间的转换，文化传播是文化在语言间的传递，文化翻译是文化传播的前提，文化传播是文化翻译的结果，文化翻译与传播实现了不同民族和不同国家人民之间的文化交流互鉴，促进了不同语言之间民族文化和不同国家文化的发展，为当前中国倡导的"一带一路"和中国文化"走出去"提供了支撑，为人类命运共同体理念的落实提供了基础和保障。

新的信息技术的发展使得文化传播形式发生了颠覆性变化，原来以文字表述为主体的文化传播形式已经转变为文字与图片相结合的传播形式，而这种图文结合的传播形式现在正被视频传播形式替代，视频和音频相结合的文化传播形式逐步成为文化传播的主要方式。这种融合视觉、听觉和

感觉等多个信息通道的文化传播方式称为多模态文化传播，不同民族和不同国家的文化翻译与传播自然变成多模态文化翻译与传播，这种翻译与传播形式对传统的翻译实践和翻译研究提出了全新的挑战，文化传播的过程和传播的效果自然受到多模态文化翻译与传播理论发展的制约。所以，多模态文化翻译与传播理论建构研究成为当下紧要的研究课题，其理论指导能力决定着文化翻译与传播的效果，更决定着不同国家与不同民族文化交流的能力和水平。本研究针对中华文化翻译与对外传播的现状和主题内容建构文化翻译理论和文化传播理论，通过撰写四本专著《多模态戏曲翻译理论》、《多模态影视翻译理论》、《多模态文化翻译理论》和《多模态认知与文化传播》对相关理论进行建构，以期实现对中华优秀文化外译与传播发挥理论指导作用，并在理论建构过程中逐步实现中华优秀文化外译话语体系建设。

北京正在建设“四个中心”，其中全国文化中心和国际交往中心需要把北京的优秀文化国际化，此过程必然涉及北京优秀文化的外译与传播。北京优秀文化主要包含北京民俗文化、北京建筑文化、北京历史文化和北京戏剧文化，因此，本研究通过撰写四本专著《北京民俗文化多模态翻译传播研究》、《北京建筑文化多模态翻译传播研究》、《北京历史文化多模态翻译传播研究》和《北京戏剧文化多模态翻译传播研究》以及其英译本把北京优秀文化传播到国外去。国外受众如果学过一些汉语且对中国传统文化感兴趣，通过阅读这套丛书就会对北京优秀文化有更加全面的认知。这四本北京优秀文化图书是在本研究前四本专著所建构的多模态翻译理论与传播理论指导下进行的内容筛选和结构设计，整套八本专著形成一个完整

的系列，国外对中华优秀文化感兴趣的受众和国内对对外文化传播感兴趣的受众都可以从中受益。本研究旨在在多模态信息技术条件下以传播中华优秀传统文化为目标，解决以往单模态呈现中华优秀文化的瓶颈，顺应新技术和读者新期待的要求，建构多模态文化传播理论，以多模态形式传播中华优秀文化，从而使中华优秀文化更好地传播出去，充分调动国外受众的听觉、视觉和感觉等多个信息通道，帮助他们实现对中华优秀文化的真实体验和具身体验，以达到更好的传播效果。这套丛书的出版将为未来中国优秀文化对外传播提供理论支持和案例参考。

“多模态文化翻译理论与传播研究”系列丛书从论证到立项，从研究团队建设到文献收集，从专著体例设计到撰写成文，从初稿到校稿经历了一个漫长的过程，课题组成员每周定期的讨论都为项目进展提供了强大的智力支持。感谢我的学生李玖博士、蒋新莉博士、张星博士、李静博士、黄婕博士、任岳涛博士、张茜博士和陈昱博士以及硕士生张静茗、张玉玲、秦雯鑫鑫、车祎萌、黄嘉嘉、王天笑、寿盼和郑淑媛同学，学生们都是从项目的论证开始参与其中，对整个项目的推进付出了大量的时间和心血，他们承担了项目前期的资料收集和大部分的专著写作任务，他们能够分工协作、相互帮助、群策群力，展现出了良好的团队精神，令我欣慰不已。特别要感谢北京理工大学张丽华副教授、西华大学李红梅副教授和中国人民大学王筱依博士。张丽华老师和李红梅老师积极参与北京历史文化卷的写作并提出宝贵的改进意见，对我启发很大。王筱依博士和北京交通大学的连亦紫同学承担了北京建筑文化卷的资料收集和大部分写作任务，她们总是在需要的时候能够提出真知灼见，对整个项目方向的把握给予很

好的帮助。山西师范大学史俊老师和王磊老师参与了项目的部分研究工作，对两位老师也表示感谢。

本研究得到“北京市与中央高校共建双一流大学基金”资助，是“北京多模态文化国际传播及人工智能译述系统开发”项目一部分；中国人民大学出版社的编辑在丛书写作和出版过程中给予大力支持，在此一并表示感谢！

王建华
于人民大学明德楼
2020 年 8 月

目 录

第一章

概　　述

第一节 基本内涵

一、多模态的定义

模态涉及信息感知的不同感官和不同的感知方式，这些不同的感官包括人的视觉、听觉、触觉、嗅觉和味觉。这些感官所产生的不同的信息感知方式就是不同的模态。信息传播也有不同的信息传播媒介，常见的信息传播媒介包括语音、视频、文字等，每一种媒介都可以称为一种模态。根据朱永生（2007）文中的模态定义："模态就是指信息交流传播过程中所使用的不同渠道和不同媒介，这些模态包括语言、技术、图像、颜色和音乐等多种符号系统"；而根据顾曰国（2007）文中的定义：模态是指"人类通过感官跟外部环境之间的互动方式"。相应地，多模态就是指信息交流过程中多种不同模态同时发挥作用、来自不同语言和非语言的符号系统所形成的媒介的结合使用。从本质上来讲，多模态指在某一种具体信息交流的语境中所存在的一种以上的不同模态的并存现象。根据吉博思（Gibbons）（2012）文中的定义："这些模态可以包括书面语言、口头语言、图画、形象、声音等"。通常来说，如果只有人的一个感官或者一个信息传递媒介参与互动就是单模态，我们日常生活中接触和使用的信息传播方式多是单模态方式，一般有两个或两个以上感官参与互动的就称为多模态。在多模态信息传播与交流中，各个模态既各自独立发挥其应有的信息传播作用，也互相影响从而产生共同的信息传播效应（Kress，2001：14）。同一内容的交际活动在多种不同模态作用下的呈现方式、呈现效果也会大有不同。因此，探讨不同模态对交际活动的影响作用具有重要价值和信息传播研究的指导意义。

多模态在一些研究中表述为符号模态概念，多模态翻译以此可以定义为多模态符际翻译。要从多模态的角度来探讨翻译，必须界定符号模态及其相关术语。符号模态的概念是基于某些社会符号学学者们的研究而提出的，他们注意到在创造和解释符号及意义时事情本身属性的重要性。因此，符号模态的概念定义如下：我们使用媒介来指代现实生活中发生的事情，这些事情本身随着时间的推移被赋予文化属性或塑造成有组织的、规则的、社会特定的表征意义，即创造这些事情意义不同的表征或模态。我们采用这种模态定义来指导字幕翻译。但是，应该注意的是，不同模态的符号之间如何转换还没有找到令人满意的解决办法，因为根据社会的交际需求，模态是不断变化或更新的。因此，将书面语与口语模态区分开来有双重原因：第一，它们是由不同的物质基础构成的；第二，它们都有社会特定的表征意义，表征意义不同。所以，不同模态之间的本质区别主要由以上两个原因造成。

基于这一符号模态概念，语言符号学学者提出了“多模态语言符号学”的概念来解释多模态交际，即不同意义的符号总是会采用不同的表征模式。这个概念描述如下：无论是在口语还是在书面语中，语言总是作为任何语篇的表现形式所涉及的所有模态中的一种模态而存在。口语文本不仅有口语模态，而且涉及视觉模态，结合了非语言的信息传递方式，如面部表情、手势、姿势和其他形式实现自我呈现。同样，书面文本涉及的不仅仅是语言，它写在某种材料或某种东西上，用某种东西写成，成为多模态的形式；表征语意的文字是在受审美、心理、语用等因素影响的系统中形成的，并在页面、计算机屏幕或抛光的黄铜牌匾等载体上进行呈现。因此，多模态涉及如何将这些不同的模态组合在一起以设计一个符号产品或事件。在多模态信息传递中，各种模态可以单独起作用，也可以同时起作用。这意味着，模态本身以及通过它们之间的相交或相互作用传达意义。意义传递的可能性是由不同模态的物质属性引起的，并且这些属性的差异带来了模态差异问题。

在此基础上，人们提出了关于模态和多模态的四个理论点。首先，不

同模态具有不同的意义表征形式和模态属性，这对于受众来说并不总是可以通达其意义的或过度理解的。其次，所有模态都有特定的社会评估标准和社会需求，因此模态的意义表征取决于所处不同环境的人们的实践需求和不同的社会语境。再次，所有模态通过在交际语境中的彼此交互而产生意义。最后，所有模态都是根据社会符号过程的需要而被塑造、创造和转换，所以它们不是静态的而是流动的。

二、多模态翻译

翻译作为不同文化、信息交流的一项重要交际活动，在语言交际、信息传递过程中不可避免会同时受到多种模态的共同影响。雅各布逊曾就指出，翻译从语言和符号学的角度来看在同一语言内为“语内翻译”，在不同语言之间为“语际翻译”，在不同的符号之间为“符际翻译”。广义的翻译指不同符号系统之间的信息传递活动，它包括语言与语言之间、语言与符号之间以及符号与符号之间的模态转换活动。翻译中存在着大量的模态转化，译者不仅需要关注文字信息，还需要关注其他模态符号所呈现的意义。因为无论是口译过程还是笔译过程，都会涉及不同渠道、不同媒介的信息输入和信息输出，即多种不同的模态之间的信息转换。在翻译的过程中，译者不仅要关注语言模态，还要关注与语言同时存在的其他声音、图像、动作、表情等多种非语言模态，即多模态话语分析。进行多模态话语分析时，虽然语言仍是分析的主要内容，但需要把语言放在一个更大的多模态语境中进行，并考虑语言与多模态语境的关系（Jewitt & Kress，2003：2）。在多模态文本的翻译过程中，需要对文本中的多种模态信息进行翻译、传递，即除了需要对语言文字模态进行翻译，还应该关注图片、声音、颜色等其他非语言模态的翻译、转化，以实现完成整体意义的阐释和建构。如果将不同的模态信息看作不同的符号系统的话，整个翻译过程可以认作为符际翻译过程，将各种媒介形态都纳入翻译研究范畴，强调多模态之间的互动。

三、多模态文化传播

进入21世纪以来，以视觉图像为代表的多模态符号已经成为和语言文字同等重要的交际传播模式。多模态传播运用多模态的符号进行意义生产，进而达到高效准确地传递和接受信息的目的。翻译作为一种跨文化的交流活动，其载体是以语言符号为主的社会符号。翻译的过程是一个信息传递与接受的过程，涉及诸多的因素，包括原作者、原文、译者、译文、读者以及他们所处的不同社会文化背景等。因此，翻译的本质就是传播。

自从翻译研究的文化转向以来，越来越多的翻译学者开始从社会文化的角度对翻译现象进行研究。归化、异化、改写和标准化等一系列翻译理论，背后所体现的是对文化的翻译、改写、解读等。除此之外，科技的发展也在不断地影响着翻译的形式。媒体技术的不断发展使得翻译的文本不再局限于传统的书面文本，电视、电影、动画、儿童读物等文本媒介将多种符号和感官融为一体。视觉信息、听觉信息、文字、图像、影音、建筑、空间、事件等均可以成为多模态文化传播的文本。文本泛化是多模态文化传播中最为突出的特征之一。

多模态文化传播是运用多模态的社会符号进行翻译传播的过程。首先，多模态文化传播运用多模态符号进行意义建构。图像、颜色、音乐、三维空间、肢体动作等在意义建构中具有同等的地位。这些多模态符号在表达观点、立场、态度和事实等方面可以各自发挥不同的作用。其次，社会符号学认为人们交际所使用的符号资源依托于特定的社会文化背景。这一背景对符号的选择和意义的生产有着至关重要的影响。符号本身的生产过程也是一个社会过程。最后，符号的选择与生产不仅取决于特定时刻特定语境中最佳表达方式的选择，而且受到传播者自身因素的影响。这一过程不仅涉及对原文和原作者信息的传播，还涉及读者对译文信息的接受(reception)。

多模态文化传播理论包括传播媒介、传播机制、传播策略、传播接受和传播场域五个方面。多模态文化传播所依托的媒介包括图文、视听、空间、互动等；涵盖意义、隐喻、修辞、互动和认知神经等机制；文本泛化、受众生产和多模态素养是其主要的传播策略；常发生在文化、商业、教育、科技等社会生活场域之中；对于多模态文化传播的受众接受研究主要包括模态类型、模态衔接、时间空间和信息层次四个维度。

第二节 理论溯源

一、多模态理论

1. 系统功能语言学理论

尽管对多模态现象的关注与研究有着久远的历史，当代的多模态研究以克雷斯（Kress）和范莱文（van Leeuwen）所著的《阅读图像》（*Reading Images*）和《阅读图像：视觉设计的语法》（*Reading Images*：*The Grammar of Visual Design*）两本书为开山之作。多模态研究的第一个理论基础是韩礼德（Halliday）（1994）的系统功能语言学理论。该理论将语言看作是一种符号系统，人们在社会和文化的语境中进行使用。这种对社会语境的强调是系统功能语言学与传统的结构主义语言学和转换生成语言学的差异所在。传统语言学将句子与文本和语境剥离后进行单独的分析，而系统功能语言学则认为语境对于人们进行社会互动时的符号结构有着重要的影响。这种符号结构从三个维度建构出三种不同的意义：概念意义（ideational meaning）、人际意义（interpersonal meaning）和语篇意义（textual meaning）。这三个维度的意义为社会语境提供了概念框架，也构成了语言的三种元功能，即概念功能、人际功能和语篇功能。

2. 社会符号学理论

克雷斯、范莱文以及奥图尔（O'Toole）等学者将韩礼德的三种语言意义形式扩展至符号模态当中。克雷斯和范莱文对图像符号进行研究，主要的图像形式包括绘画、图片、图表、地图、肖像、照片等。研究的主要问题包括：1）表征形式，即人们如何将自身的经验视觉化，与概念意义相对应；2）互动模式，即图像的制造者和观众之间存在哪些联系，与人际意义对应；3）创作原则，即如何通过信息值、凸显和框架将图像进行视觉化的组织（Kress & van Leeuwen，2006）。

奥图尔（1994）运用系统功能语言学理论对艺术作品展开研究，主要关注雕塑、建筑和绘画。他认为系统功能语言学所提出的三种元功能适用于所有的符号类型，可以用来对艺术作品展开研究。符号所具有的三种功能分别是：1）模态功能（对应人际功能），即观众的注意力、思维和情绪如何与艺术品产生关联和融合；2）表征功能（对应概念功能），即向观众呈现艺术所描绘的内容，包括绘画或雕塑中的人物、物体、行动、事件、场景和风景等；3）创作功能（对应语篇功能），体现出艺术创作者对空间、形式、线条、颜色等元素的组织。同语言的三种元功能一样，这三种功能不能分离，需要共同发挥作用。只有在关注其中某一个功能时才会将其分开来看。

3. 话语分析理论

系统功能语言学理论为多模态研究提供了语言学的理论基础，而话语分析较早地将多模态作为一种研究方法在其研究中加以运用。传统的话语研究，早期称作篇章语言学，关注的是语篇层面的语法结构，研究句子之间的衔接与连贯问题。研究的对象包括书面文本和口语文本，且将其视作单模态的现象。但实际上，完全单模态的话语并不存在。口语无法摆脱手势、表情、身体姿态和眼神而单独存在，书面文本也摆脱不了框架、空间、字体和颜色。所以，严格地说并不是从单模态话语分析转向多模态话语分析，而是重新正视了文本的多模态本质属性。

例如，在以电脑和手机为工具的交际中，由于交际所发生的环境发生了改变，电子邮件、手机聊天等话语形式的语境概念也随之发生了改变。在视频会议中，人们如何运用质询、暗指和引用等修辞手法来建构权威和身份；多模态表征技术和多媒体传播技术在教育软件中是怎样的关系，它们如何影响学习者、学习环境和学习的内容，这些都是多模态话语分析所关注的研究问题。

4. 其他相关理论

多模态研究是一个跨学科的研究领域。除了上述三个理论外，多模态研究的理论依据还有：

1）地理符号学。该理论是一种社会符号学的研究路径，将语言人类学和空间符号学相结合，强调符号和互动的空间属性。

2）多模态互动分析。该理论将互动社会语言学与社会符号学的路径相结合，强调通过互动的形式进行身份建构。

3）多模态人类学。该理论依托社会符号学和人类学研究路径，探讨语境中的互动形式。

4）多模态语料库分析。该理论将语料库分析方法与系统功能语言学和社会符号学路径相结合，通过实证的方法对有关多模态表意的理论和假设进行评估和验证。

5）多模态接受分析。该理论运用眼动的技术手段，将认知路径和文本接受研究相结合，关注接受的认知过程。

二、翻译学理论

1. 从“符际翻译”到“多模态翻译”

英语中间的翻译（translation）来源于拉丁语“*translatus*”一词。在词源学中的解释为“传递”，其传递的对象是跨文化、跨语言的意义。这种传递的背后是语义和符号系统的转换，在当今数字化文本的时代更是如此。语言、符号和文化等多重因素催生出不同的文本符号和文本体裁。

雅各布森（Jakobson）提出的三种翻译类型，包括语内翻译（intralingual translation）、语际翻译（interlingual translation）和符际翻译（intersemiotic translation）。语内翻译是在同一语言内部进行的符号转换（如方言之间的翻译）。语际翻译，即人们普遍理解的翻译，是在两种语言之间进行的符号转换。符际翻译是在语言符号和非语言符号系统之间进行的转换。面对当今复杂多样的翻译文本，翻译研究也越来越多地向着符际翻译靠拢。需要指出的是，雅各布森所讲的符际翻译依托的是传统符号学的理论，即不同符号之间可以进行翻译或转换。多模态翻译所依托的是社会符号学理论，其主要关注点是人们如何使用对不同的符号资源来产生意义，以及这一意义生产的社会实践和自我以及他者之间的关系。

克雷斯提出“transduction”一词，指跨模态的生产、建构意义。翻译的过程可以被视作是一个跨模态的过程，在再生产的过程中媒介、体裁、意义等都会发生一系列的转换（Kress，2003）。这种跨模态的再设计将意义、形式与社会背景所结合，模态间的转换是符号资源的选择过程，其目的是保证意义的一致性。也就是说，作为一种再生产形式的翻译，它不仅只是符号资源之间的转换，而是一个重构意义的系统。

2. 多模态翻译研究的主要问题

目前，多模态翻译的研究大多集中在影视作品、漫画、儿童读物、画面诗歌、广告、展览介绍的翻译等方面。这些多模态视角的翻译研究都呈现出一个共同的特点：翻译的思路和内容依旧根据书面文字的翻译展开，仅有的一些多模态翻译研究也是以翻译教学、翻译压力缓解为主，这些翻译研究的成果对翻译过程的多模态研究几乎没有。然而，多模态翻译作为一种信息转换的交际方式，其过程会涉及多种多样的模态，如多模态视听中发言人的声音、语气、动作、现场环境、图像等，这些多种模态在分别作用于翻译过程的同时，又会彼此相互作用，对整体的翻译认知、理解、记忆和转换的过程产生综合性影响。到目前为止，字幕翻译重心放在将口语模态转换为书面语模态上，特别是视觉和听觉模态上。也就是说，多模态视听翻译尽管考虑了视觉和听觉模态，但译者将这些多模态视听因素作为处理字幕的语境对待，主要是因为这些多模态语境因素是预先存在的，不能被译者根据自己的多模态理解而改变。

虽然我们可以将视觉和听觉两种不同模态用于口语和书面语模态的语境进行考察，但是它们对电影文本所传递意义的贡献却无法充分发挥出来。也就是说，将视听两种不同模态视为语境意味着它们与口语和书面语模态的交互是被认可的，但是已有的研究和影视制作者并没有解释它们是如何交互的，也没有显示它们的交互是如何在带字幕电影的文本中进行的。翻译时，对于多模态的交互过程翻译如何体现在翻译过程中是一个值得研究的问题。

例如，在多模态信息呈现方式中，电影文本中包含的所有符号模态都被视为一个整体来向观众表达和表征意义。因此，尽管书面语模态是译者在字幕翻译中最常使用的形式，但这并不意味着译者不能将文本的意义通过其他符号模态表达出来。例如，译者可以将口语模态如对话的意义通过视觉模态如动态图像传递，也可以通过听觉模态如音乐或音效等传递；也就是说，译者没有必要将对话中的所有内容都通过字幕表达出去，他可以选择忽略那些在其他符号模态中所表征的意义，这就会造成多模态翻译过程中的困难，如何忠实翻译和传递原作品中的多模态信息是多模态翻译过程中的一大挑战。因此，字幕翻译不是一对一的关系，而是多对多的关系。

总之，在多模态翻译过程中，源文本和目标文本之间的对等关系比单模态情况下的语际转换要更复杂。从事字幕翻译的译者在进行字幕翻译时被要求译出可放映的电影目标文本，即带字幕的电影，而不仅仅是字幕。此外，源文本的语言形式与目标文本的语言形式不同，在将源语篇模态的蕴含意义翻译到目标语文本的过程中，某些意义可能会在一些方面失去或保留或增添或改变模态，因此源文本和目标文本在意义、感觉、功能和表现上的整体性就会有所不同，这就需要译者充分考虑源语文本多模态信息综合性特点，从而实现翻译转换为目标语文本时信息不丢失、不失真，实现意义的等值翻译。而且，在翻译过程中，某一模态的实现不一定是在模态对等下实现的，某一源语模态的蕴含意义可能在目标文本中以不同模态或多种模态实现，其中可能包括对等模态形式。不同模态的信息对等翻译传递是多模态翻译过程中译者必须考虑的问题。

3. 多模态翻译的分支——影视翻译

视听翻译（AVT）虽然是翻译研究（TS）领域一个相对新的概念，但在过去20年间已经从翻译研究的边缘地带发展到了该领域研究的中心位置。电影诞生于19世纪90年代，已有一百多年的历史，随着现代信息技术的发展，影视业得到快速发展，全球化的推力使得影视制作必须考虑国际化因素，配音和字幕已经成为影视制作的必备条件。在此大背景下，影视翻译得到了快速的发展，在翻译研究中影视翻译成为一个重要领域，其研究的相关主题愈发常见，其内容也更加频繁地被讨论，此时也恰逢多模态理论兴起并快速发展的阶段。然而，在电影史上，翻译一直是一个挑战，最初人们接触的多是无声电影，后来无声电影不再是无声的，开始出现了声音，如钢琴声、音效、在帷幕后面讲故事的叙述者和字幕翻译等。而后在20世纪二三十年代出现了有声电影。由于电影从一开始就被视为一种艺术和一个产业，电影艺术和电影产业快速发展，其发展会带来巨大的经济效益和文化影响力，对于一个国家的经济发展和文化传播具有不可替代的作用，所以，各国间对于电影和电影技术的争夺从未间断。当然，电影的输入与输出更是一个普遍的现象，因此很快就引发了语言问题。如果听众听不懂法语、英语等语言，电影的输出就无从谈起。

20世纪20年代和30年代初，所有电影制作都采用了音轨技术，以便于在电影制作过程中用说不同语言的演员进行表演，因此，拍摄剧本、导演方式和取景方式都发生了变化。为了满足不同国家不同的观众对电影新的需求，电影导演会制作同脚本但说不同语言的演员表演的电影，让说不同语言的演员们用自己的语言表演。有时为了更好地满足特定的观众，会加入不同的镜头，或通过最终剪辑以适应特定的观众需求。在美国，不同语言版本的电影最初都是在相同的背景下拍摄的，现场的演员多是从法国或德国等地来的。在20世纪20年代和30年代初，语言的差异和翻译问题通过说不同语言的演员表演同一个脚本的电影得以解决，但是，由于许多不同语言但内容类似的多个电影版本大幅度提高了电影的制作成本，此时，电影拍摄就被迫采用外包的形式；美国好莱坞在欧洲不同国家如德国、法国和英国等地建立了自己的工作室。20世纪30年代，配音技术出现了，但配音技术费用较高，对各个影片制作公司来讲是一笔不小的费用。从那时起，语言上的挑战就不再由制片公司承担，电影发行公司和进口国承担起语言本地化的挑战。

语言和翻译问题在20世纪30年代找到了解决方案：影片制作开始采用翻拍技术。翻拍技术首先对影片语言进行改变，根据不同的观众需要翻拍出这些观众能听得懂和看得懂的电影，并且根据需要在一定程度上改编电影的情节包括其核心价值和文化背景等，从而成功地实现电影的国际交流。20世纪30年代到50年代，大部分电影翻拍都是以欧洲为背景改编的美国黑色幽默电影，只是到了20世纪80年代之后，受欢迎的欧洲电影才得以在美国翻拍放映。电影总能够展现语言的多样性、语言的关联性和可接受性以及语言的特性，电影还可以将译者和口译员表现为电影中的角色人物。

早在多模态视听翻译发展之初，尽管人们看法不同，但是字幕和配音就形成了无形中的对立，多模态视听产品制作只能用其一，要么用字幕翻译要么用配音翻译。人们经常搞不清楚为何在一种情况下选择了字幕，而在另一种情况下选择了配音。字幕和配音这两种形式之间的选择是由各种经济、意识形态和实用因素决定的。字幕和配音对视听翻译发展前景有显著的影响作用，大多数采用字幕呈现方式的国家的语言被较少使用，而大多数采用配音的国家所使用的语言多是国际语言包括英语、法语等，并且受众群体较多。但是，现代数字技术的快速发展逐步消除了这种对立。

在人们的术语运用和讨论中，多模态视听翻译取代了影视翻译，在一定程度上反映了数字技术的发展所带来的影响作用，也反映了多模态视听翻译实践与研究的扩展和专业化的发展。20 世纪中叶，有关视听多模态翻译研究的最初出版物只关注电影翻译，电视和视频以及长篇电影以外的其他类型的节目如脱口秀和纪录片等都不包括在内。在 20 世纪八九十年代，语言转换变得很普遍，但由于多模态视听翻译研究只关注语言，而忽略视听文本的多模态属性如音频、视觉和语言信号等因素，所以在此之前的多模态视听翻译研究一直被称作影视翻译研究。大约 20 年前，“视听翻译”一词的引入使所有广播节目如电视、电影、广播等的多语言维度受到关注。而今天，多模态视听翻译是这个领域中最常用的术语。必须指出的是，在该领域的研究中，译文有时是一个通用语，包含字幕和配音等。学术界所研究的屏幕翻译涵盖所有以屏幕为媒介传播的产品如电视、电影或计算机屏幕：它不包括舞台演出的唱词字幕。

视听翻译已从翻译研究的边缘地带发展到了该研究领域的中心位置。多模态视听翻译最早的形式可能要数无声电影中的插卡字幕翻译，20 世纪 20 年代，随着有声电影的出现，为了保证成功的出口，电影需要配有翻译，尤其是对美国电影业而言，翻译的需求大幅增加。人们尝试了各种不同的翻译形式，甚至一部电影会推出多语言版本，其中字幕和配音很快成了首选模式。具体选择字幕还是配音取决于目标国家的经济、意识形态和实际需求。多模态视听翻译早期的研究和出版可以追溯到 20 世纪中期，但直到 90 年代初多模态视听翻译才迎来了真正的研究和出版热潮。

三、传播学理论

英语中的“communication”一词有“交际”和“传播”两层含义，其中“传播”指的主要是大众传播。“大众传播”的概念起源于 20 世纪 30 年代末期。在概念形成的初期，“大众”（mass）指的是普通民众，往往带有负面的感情色彩，因为大众常与无知、不理智和暴力等联系起来。这一含义后来被逐渐地淡化，可以用来指代传播的受众。传播的模式可以分为以下的四种模式。

1. 传递模式

第一种传播模式是传递模式。传播是将一定数量的信息进行传递的过程。拉斯韦尔（Lasswell）认为，大众传播的研究是为了回答5W的问题，即谁（who）、说了什么（what）、对谁所说（to whom）、通过什么渠道（through what channel）、取得什么效果（with what effect）。这种线性的传播模式成为大众传播的主要形式之一。大众传播成为社会和受众之间的一个全新的传播者角色。因此，大众传播不是简单地将信息从传播者传递给潜在受众，而是将社会上涌现出的事件与声音通过传播者角色将信息传递给受众。大众传播不是将社会上发生的事件进行选择和解读，进而传递给受众，而是给受众一个接触到观点和声音的渠道。

因此，大众传播是一个自我调节的过程，受到受众兴趣和需求的影响。这一过程还会受到其他两方面的影响，一是受众对媒介的反馈，二是受众对传播者的反馈。总的来说，尽管这种模式将大众传播视为社会中一种开放且中立的服务组织，为整个社会的运作贡献力量，但是这种模式本质上还是一种从传播者到受众的传递模式。

在传递模式中，媒介的功能和运作方式得到了充分的体现，但是这一模式对其他不同的媒介活动和多样化的传播过程并未给出完整准确的描述。究其原因，传递模式将传播仅仅视为信息传递的问题，其核心的观点是信息的传递有着明确的控制目的。因此，这种模式体现了信息传递过程中的作用性和因果关系，而且信息是单向流动的。

2. 表现模式

第二种传播模式是表现模式。传播与分享、参与、关联和共同信念等概念密切相关。信息在空间中的扩展并不是关注的重点，相反，信息在时间上的维持受到更多的关注。这种传播不以信息的行为为目的，而是共同信仰的表现。表现模式关注传播者与受众的内在满足，而不是某些工具性的目的。表现模式以共同的理解与情感为基础，具有庆祝性、享受性、装饰性和非功利性的特点。为了实现传播效果，常常会有某种表演的成分。这种为了受众的愉悦而进行的传播，与其他实用目的的传播同等重要。表现模式的传播对于社会融合和社会关系的都有着较大的影响。

3. 宣传模式

第三种传播模式是宣传模式。这种模式认为，媒介的主要目的既不是传递信息，也不是通过文化、信仰或价值的表达来团结受众。相反，传播是为了吸引和保持受众的注意力。通过这种手段，媒介可以达到某些经济目的，从受众处获益，或将受众的注意力出售给广告商而间接获益。

采用大众媒介进行传播，传播者有某些效果的预期，如销售或劝服等。能否获得宣传和注意力，成为判断传播成功与失败的标准。因此，大众媒介常常会将娱乐、社会、经济、政治设置为议题，目的就是通过引起注意、唤起情感和激发兴趣等手段获得并保持受众的注意力。

一方面，媒介以受众的注意力为目标，另一方面，受众利用媒介进行娱乐和消磨时间，这两方面的感知是一致的。受众通过在媒介上花费时间来逃避现实。传播者和受众之间不一定是消极或牵连的关系，媒介不仅要做到道德上的中立，其本身也并不创造或传递意义。

4. 接受模式

第四种传播模式是接受模式。这种模式起源于批判理论、符号学和话语分析。这种模式对有关受众研究的实证研究方法以及有关内容研究的人文主义研究方法提出质疑，原因在于二者都没有考虑受众在传播过程中的意义建构问题上所发挥的作用。

接受模式将意义与受众联系在一起。媒介信息具有开放性，且具有多重的意义。信息的诠释需要依托于受众所在的情境和文化。有意义的信息由符号所构建，且这种意义既可以是外延式的（denotative），也可以是内涵式的（connotative），对这两种意义的理解取决于受众的选择。一方面，传播者出于其自身的目的，有选择地对传递的信息进行编码，对语言和媒介进行操控；另一方面，受众并不会被迫接受传递的信息，而会根据自身的经验对信息进行理解和诠释。

四、认知科学理论

1. 多模态信息理解

理解是翻译过程中处理信息的第一步，也是后续包括信息记忆、加工、存储、转换和语言产出在内的一系列翻译过程存在的基础。如果译员无法充分理解多模态翻译信息，也就不能进行进一步的记忆、转换和表达，翻译的交际功能便无从实现。在传统的观念当中，翻译过程中的信息输入主要来源于视听材料中说话者的声音，即发言人所说的话。实际上，翻译信息输入的来源涵盖许多模态，如发言人的语气、肢体动作、配合声音信息同步出现的演示文稿、视频、画面等。多模态共同作用对翻译信息理解过程来说既能够起到辅助作用，也具有一定干扰性。语气、动作、画面这些模态与声音模态配合出现，能够从不同的维度提供信息支撑，帮助译员更快、更清晰和更准确地理解源语信息。比如，在介绍某一事件时，发言人配合使用演示文稿，并在演示文稿中展示出基本的逻辑关系，这种多模态的信息输入就会在很大程度上减轻译员的理解负担。但与此同时，由于多种模态同时出现也可能给理解过程带来附加的困难。翻译本身是一个进行多任务处理的过程，在单模态信息输入的情况下，信息理解的过程尚且需要译员同时分神处理理解、认知、加工、转换和产出等多种任务，多种模态信息同时出现就更要求译员同时接受听觉、视觉等多种感官上的信息并将其信息进行匹配、理解，对译员多模态信息分布与整合理解技能的要求也就更高。比如，视听材料中发言人所使用的演示文稿中出现一张数据密集的图表，但其陈述的内容又并不完全符合图表展示的所有内容，这就需要译员进行正确高效的信息匹配，从图片信息中找到与所听内容相符的信息，这个过程则会加重译员的理解负担，甚至还会影响所听信息的输入。总的来说，一些内容较为简单、结构较为清晰、与听力信息输入匹配程度高的附加多模态信息可能会帮助译员的认知、匹配和理解过程，然而，内容困难、结构复杂、与视听内容匹配程度低的附加多模态信息反而会消耗译员的精力，给信息理解增加难度。

2. 多模态信息加工与转换

20 世纪 60 年代末，巴黎学派的塞莱斯科维奇（Seleskovitch）和勒代雷（Lederer）提出了释意理论，主张翻译过程要“脱离源语语言外壳”，认为译员在翻译过程中不仅要处理语言意义，还需要考虑认知情景、翻译场所和世界百科知识等因素，翻译出文字背后的信息和意思而非原文字词的意思。这个“脱离源语语言外壳”的过程，就是译员对多模态信息进行加工和转换的过程：将源语语言背后蕴含的多模态信息进行理解、加工，再把多模态信息转换成另外一种语言表达出来。在多模态的背景之下，“脱离语言外壳”相对于单种声音模态的输入来说可能更加简单易行，因为图片、语气、动作、视频等其他模态原本就是存在于语言符号系统之外的内容，本身就已经脱离了语言外壳。多种模态共同作用于信息的加工与转换过程，能够在一定程度上辅助语言“脱壳”的过程。当然，多模态信息除了辅助语言信息的加工与转换之外，这些信息本身也需要加工和转换。一些非语言信息，如动作、手势、语气等，在不同国家、不同文化背景下也可能具有不同的含义，译员在翻译过程中也必须兼顾非语言信息的加工和转换，包括信息的增补、删减、转换等。比如，在翻译过程中出现发言人用一张图片展示了某种特定文化中的特定文化现象，而目的语文化中不存在这种现象，译员在翻译的过程中就要注意对这种模态的信息进行加工和处理，增补适当的解释，还原该信息本来的作用。

3. 多模态翻译中的信息记忆

记忆在视听多模态翻译中扮演着重要的角色，自 20 世纪 60 年代起，信息的记忆能力与视听翻译之间的关系一直都是研究的热点问题。1968 年理查德·阿特金森（Richard Atkinson）和理查德·谢夫林（Richard Shiffrin）提出了三层储存模型，即记忆的信息处理模型。按照三层存储模型，记忆被存在三个层面上：第一个层面是感觉存储，可以在非常短的时间内记下相对较少的信息；第二个层面是短时记忆，可以储存相对长的时间，但信息量有限；第三个层面是长时记忆，可以将信息储存很长时间，而且储存的信息量也可以无限大。在视听翻译过程中这三个层面的记忆都会分别起到不同的作用，并且能够从不同维度上支持译员的信息处理、输出过程。在三种记忆存储中，短时记忆即工作记忆是视听翻译记忆研究中的主要研究对象，视听翻译中的短时记忆主要存在于从听到信息、记下笔记到输出信息之间。

王建华（2015）在《口译认知研究》一书中指出，瞬时记忆又被称为感官记忆，是通过人的感官接受来获得可读信息并在几秒钟之内进行储存。感官存储是指将我们每天接触的感官事物储存起来，例如语调、气味、颜色等，并将其以未经加工分析的形式保存下来。从这层意义上讲，可将感官存储视为对新信息最初的短暂性的存储，也可称为感官登记，目的是将一定长度的多模态信息输入转化为短时记忆，以供进一步处理。感官系统中最重要的便是多模态信息选择性过滤，它可以判断该接受哪些模态的信息，而哪些模态的信息该放弃。换言之，在感官上简单储存的各种信息中，仅有能够引起人们注意的才能被区分出来并通过上述渠道供人在进一步短时记忆中处理。

短时记忆作为视听翻译过程中最为主要的部分，也是对译员最有用的记忆形式。而如何将声音、图像、动作等感官信息输入形成的瞬时感官记忆转换为对视听翻译过程有重要作用的短时记忆也是译员训练时的一项重点内容。在单模态的背景之下，译员只需处理听觉产生的感官记忆，处理过程较为简单，无须考虑其他模态的信息记忆与转换，当然，这也就意味着信息更加单一。在多种模态共同作用的基础上，首先从信息输入的角度来讲，感官系统感知到的信息更加多样、更加全面。也就意味着可供转换为短时工作记忆的信息素材更加全面。另外，由于视觉感官在头脑中形成信息反射的时间比听觉感官形成反射的时间更短，图像记忆也比抽象记忆给人带来的形象更加深刻，所以多模态信息输入在很大程度上能够辅助信息的记忆；从记忆能力上来讲，多模态的信息输入有助于视听译员在头脑中对信息的综合加工处理，也就能够帮助视听译员进一步理解、进一步加深记忆，扩大短时记忆的容量。但是，从另一个方面来看，多模态信息带来的多种感官系统的输入必定会导致视听译员的信息过滤过程变得更加复杂，在判断"哪些模态的信息应该接受、哪些模态的信息应该放弃"时需要耗费更多的精力。比如，视听翻译过程中同时出现了声音文字和语调动作两种不同模态的信息输入，视听译员通过常识判断这两种信息又是互相矛盾的，那么，选择接受并储存哪种信息并放弃另外一种必定会耗费一定的精力，这一过程也必定会影响记忆的能力。所以，多模态视听信息对于视听记忆过程的影响也同样是双面的。

4. 多模态认知 CTML 模型

CTML（Cognitive Theory of Multimedia Learning）模型是梅耶（Mayer）（2009）在多媒体学习的研究基础上提出的认知模型。该模型最初用于解释科技文本中的插图理解问题，后逐渐被用于解释各种图文交互类多模态材料的认知过程，在影视字幕翻译研究中也曾被使用。

（1）CTML 模型的理论基础

第一，双通道假说。双通道假说认为，人类信息处理系统包含一个听觉（言语）通道和一个视觉（图像）通道。如果信息经由眼睛感知（如插图、动画、视频或屏幕上的文字），人们首先在视觉通道中处理这些信息，而当信息经由耳朵感知时（如叙述或非语言的声音），人类首先在听觉通道中处理这些信息。信息处理通道分离的概念在认知心理学中有很长的历史，目前与佩维奥（Paivio）的双编码理论（Clark & Paivio，1991；Paivio，1986/2006）和巴德利（Baddeley）的工作记忆模型（Baddeley，1999；Baddeley et al.，2009）联系最为紧密。

第二，有限容量假说。每个通道同时所能处理的信息量是有限的。当呈现插图或动画时，受众在工作记忆的视觉通道中只能同时保留少量的图像，这些图像可以反映所呈现材料的部分内容，而不能精确复制所呈现的材料。然而，当呈现一段叙述时，受众在任何时候都只能在工作记忆的语言通道中保留几个单词，这些单词只是所呈现文本的部分内容，而不是逐字记录。在心理学中，工作记忆理论（Baddeley，1999；Baddeley et al.，2009）和认知负荷理论（Sweller，1999；Sweller et al.，2011）都很好地阐述了有限能力这一概念。

第三，积极加工假说。人类积极参与认知过程是为了构建连贯的心理表征。这些主动认知过程包括与注意相关的主动信息输入，将输入的信息组织成一个连贯的认知结构，以及将输入信息与先验知识相结合。简而言之，可以把人类比作一种寻求理解多模态表征的主动处理器，这与把人看作是向内存中尽可能多地添加信息的被动处理器的普遍观点相反。也就是说人们就像录影机一样，将自己的经验复制到内存中，以便以后检索。

（2）CTML 模型中的认知过程

要在多模态环境中进行信息加工，受众必须经历五个认知过程：第一，选择相关词语在言语工作记忆加工；第二，选择相关图像在视觉工作记忆中加工；第三，组织选定的词汇为语言模型；第四，组织选定的图片为图示模型；第五，整合语言和图像表征与相关先验知识激活长时记忆。这五个认知过程不一定以线性顺序出现，因此受众可能会以不同的方式在这些过程中进行转换，而成功的多模态认知加工需要受众对这五个过程进行协调和监督。

第一，选择词语。第一个步骤是信息表征的变化，即从口语单词的外部表征（比如电脑生成的旁白）到声音的感官表征（比如叙述中的一些词语），再到单词声音的内部工作记忆表征。这里的输入信息是多模态信息中的口语信息，而输出的信息是一个单词的语音库，即受众对所输入单词或短语的言语工作记忆中的心理表征。调节这一变化的认知过程称为选择相关词汇，包括在通过听觉感官记忆时注意多模态信息中呈现的一些词汇。如果文字以语音的形式呈现，这个过程从听觉通道开始；如果文字是屏幕文本或印刷文本，那么这个过程则开始于视觉通道；如果受众可以在心理上阐明印刷文字，这一过程后来可能迁移到听觉通道。由于认知系统的每个通道的容量有限，所以只能选择信息的一部分进行呈现。如果能力是无限的，就没有必要把注意力集中在部分言语信息上。此外，词语的选择不是随意的，受众必须确定哪些词最为相关，这与受众作为主动意义创造者的观点是一致的。

第二，选择图像。第二步是信息表征的转变，即从图片的外在表征到未经分析的视觉表象的感官表征，再到工作记忆中的内部表征。此步骤的输入信息是在视觉记忆中短暂保存的多模态信息中的图形部分，而输出信息是一个视觉图像库，即受众工作记忆中对选定图像的心理表征。这种变化背后的认知过程涉及关注多模态信息中呈现的部分动画或插图。这个过程开始于视觉通道，也有可能把一部分转换成听觉通道。由于认知系统的处理能力有限，所以只能选择图像材料的一部分进行呈现，同时处理一个复杂的插图或动画的所有部分是不可能的，受众一次只能关注输入图像材料的一部分。图像的选择过程也不是任意的，受众必须判断哪些图像对多模态信息的整体理解最有价值。

第三，组织词语。受众从一段输入的多模态信息中形成了一个单词的读音，下一步就是将这些单词组织成一个连贯的表达（言语模型）。这一步的输入信息是单词的语音库（从输入的言语信息中所选择的单词的读音），而输出信息是言语模型（受众对所选择的单词或短语的连贯或结构化的表征）。这种变化涉及的认知过程是受众对所选择的词汇进行组织，并在这些词汇之间建立联系。这个过程最有可能发生在听觉通道中，并且也受到容量的限制。由于容量有限，受众无法建立所有可能的联系，所以他们必须专注于建立一个简单的结构。这一组织过程并不是随意的，而是反映了对意义建构的努力。

第四，组织图像。组织图像的过程与选择单词的过程相似。受众从一个多模态信息片段的图像中形成了一个图像库，下一步是将这些图像组织成一个连贯的表征（图像模型）。这一步的输入信息是视觉图像库，而输出信息是一个图像模型（受众工作记忆中基于所选图像的结构化空间表征）。从图像到图像模型的转变需要受众组织选定的图像，并在图像知识之间建立联系。这个过程发生在视觉通道中，同样受到容量限制。受众缺乏在工作记忆中建立所有联系的能力，所以必须专注于建立一套简单的联系。与组织词语的过程一样，组织图像的过程也不是随意的，而是反映了受众努力建构一个能够理解的简单结构。

第五，整合语言和图像表征。多模态认知中最为关键的一步是在文字和图片表征之间建立联系。这个步骤涉及从两个单独的表征（言语模型和图像模型）到一个综合的表征，其中对应的元素和关系从一个模型映射到另一个模型。该步骤的输入信息是受众迄今为止所构建的所有言语模型和图像模型，而输出信息是连接这两种表征的综合模型。此外，这一综合模型还包含了与相关先验知识的连接关系。这个整合文字和图像的认知过程涉及在图像和言语模型的对应部分以及与长时记忆相关的知识之间建立联系。这个过程发生在视觉和言语工作记忆中，并涉及它们之间的协调，需要受众高效地使用有限的认知容量。这一过程也是理解的缩影，因为受众必须关注视觉和言语表征的隐含结构。此外，受众也可以使用由长时记忆激活的先验知识来帮助协调整合过程，如图 1.1 中由长时记忆指向工作记忆的箭头所示。

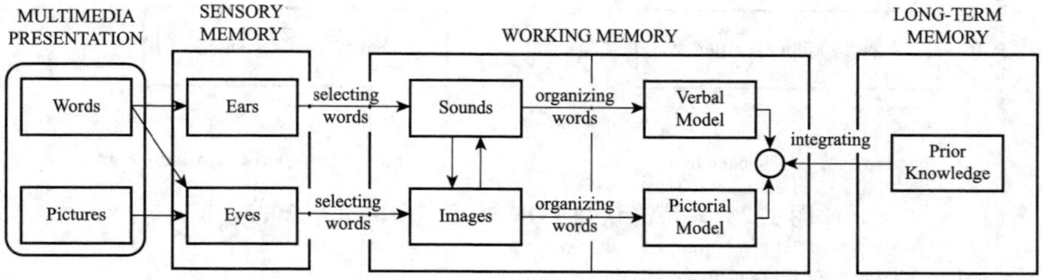

图 1.1　多模态认知 CTML 模型（Mayer，2009）

5. 多模态认知 ITPC 模型

ITPC（Integrated Theory of Text and Picture Comprehension）模型也是用于解释图文理解过程的认知模型，后来在图文的基础上延伸至对其他视觉、听觉形式的多模态认知过程解读（Schnotz，2005）（参见图 1.2）。

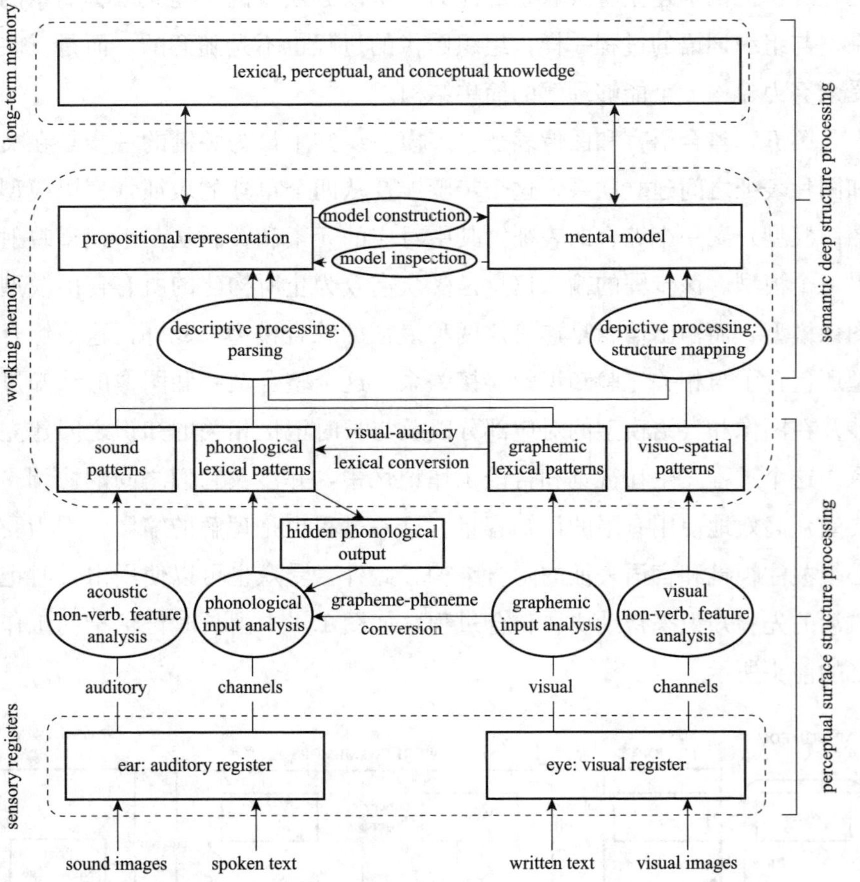

图 1.2　多模态认知 ITPC 模型（Schnotz，2005）

（1）ITPC 模型的理论基础

与 CTML 模型的理论基础有所不同，ITPC 模型的理论基础课概况为以下四点：第一，文本和图像的理解所发生的认知结构包括作为信息输入系统的感觉登记、容量有限的工作记忆和长期记忆。第二，言语信息（口语或书面文本的信息）和图像信息（视觉图像或听觉图像中的信息）通过视觉和听觉通道传递到工作记忆中。这些通道处理和传输信息的容量有限。第三，工作记忆中的进一步语义加工在两个不同的子系统中进行，分别是描述（descriptive）子系统和描绘（depictive）子系统。文本（口语或书面）首先在描述子系统中加工，然后才在描绘子系统中加工。图像（视觉或听觉的）首先在描绘子系统中加工，然后在描述子系统中加工。第四，文本理解和图像理解是形成连贯的主动过程。在理解中，个体从可用的外部语言和图像信息以及先验知识中建立起连贯的知识结构。

（2）ITPC模型中的认知过程

与CTML模型的认知过程不同，在ITPC模型中言语和视觉信息会分别形成描述型表征（descriptive representation）和描绘型表征（depictive representation）。这两种表征最终不会融合成综合的表征形式，而是保持着相互独立的表征形式。但是，在整个认知过程中，这两种表征形式会不断地相互影响、相互促进，最终都会形成长时记忆中的心理模型。下面就几种典型的多模态认知过程分别进行介绍。

● 听力理解

理解口语文本时，听觉言语信息通过耳朵进入听觉登记，然后通过识别声音输入中的音素对听觉登记的信息进行语音输入分析，进而形成若干语音词汇模式。随后的描述型加工（词序的解析和语义分析）促成命题表征，最后引发心理模型的构建。

● 阅读理解

理解书面文本时，视觉呈现的言语信息通过眼睛进入视觉登记，然后通过识别视觉输入中的字符对视觉登记的信息进行字符输入分析。在熟练阅读中，这种分析会形成若干字形词汇模式。这些模式在描述子系统中进一步加工，从而形成命题表征，进而触发了心理模型的构建或细化。例如，在一篇关于鸟类迁徙的文章中，对"bird"这个书面单词的字形分析（通过心理词汇）激活了它在视觉记忆中的字形模式。描述子系统的进一步处理又激活了“bird”这一概念，并将其包含在命题表征中。这种表征最终引发了鸟类迁徙心理模型的构建。

在缺乏字形心理词汇的非熟练阅读中（如阅读初学者），读者必须运用字形和音素间的转换规则，对视觉输入进行冗长的语音记录，最终才能理解内部口语文本。字母和音素的转换规则既不涉及词汇也不涉及语义，而是将字母串转换为音素串。相反，如果具有较为全面的字体词汇库，则可以通过激活字体词汇模式来理解文本，而不包含任何声音模式。然而，即使是熟练的阅读者也至少在一定程度上参与了字母和音位的词汇转换，这种转换发生在完整单词（词汇）层面而不是（亚词汇）字母和音位层面。此外，这种转换本身代表了一种非语义的词语识别路线，也就是即使不理解单词的意思，也允许进行单词识别。

因此，当熟悉的书面单词被识别时，激活的字形词汇模式通常也会激活语音词汇输出模式，使读者能够读出这些单词发音。这种读音并不是要大声朗读，而是可以采取内部语音的形式，作为一个隐藏的语音输出，读者可以通过内耳听到。内部语音输入会影响语音输入分析并激活语音词汇输入模式，这些模式通过描述子系统进一步加工。因此，阅读的单词可以通过字形和音位词汇模式进行加工。字素和音位的词汇转换对于触发解析过程（如句子结构分析中的词序分析）尤为重要。与抑制内部言语相比，当内部言语有可能出现时，更容易发现句子句法的异常。虽然从图形词汇模式的阅读到描述子系统的语义分析有一个直接的路径，但这个路径显然不会触发句子的句法分析。句法过程似乎是在基于语音的代码上操作的，因此，如果要进行句法分析，书面句子必须首先转换为口语形式，然后再循环回到听觉理解过程。

● 视觉图片理解

理解一幅视觉图像时，视觉图像信息通过眼睛进入视觉登记，经过视觉特征分析，在工作记忆中形成视觉空间模式，这是图像的视觉感知表征。所选择的感知结构经过映射，再经过进一步的描述加工，相应的心理模型得以构建。该模型可以通过模型检查来读取工作记忆中以命题形式编码的新信息。以理解欧洲鸟类迁徙的地图为例，地图的视觉模式会通过视觉特征分析在视觉工作记忆中创造出地图的内部视觉图像。通过结构映射进一步加工选择的信息，从而构建或细化欧洲鸟类迁徙心理模型，人们可以从模型中读到更多的信息（比如候鸟会在秋天从北欧飞到地中海地区）。

● 听觉图片理解

对声音进行理解时，听觉图像信息通过耳朵进入听觉登记，成为声学特征分析的对象，从而在工作记忆中形成声音模式，这是声音的听觉感知表征。所选择的感知结构经过映射，再经过进一步的描述加工，相应的心理模型得以构建。该模型可以通过模型检查来读取工作记忆中以命题形式编码的新信息。例如，如果听到沼泽鹞（一种猛禽）的叫声和小鸟（沼泽鹞的猎物）的叫声，声学特征分析会促使声音模式形成听觉工作记忆中的听觉感知。如果人们足够了解不同的鸟类，选择的信息将通过结构映射进一步加工，进而建立或细化包含捕食者和被捕食者情景的心理模型。此后，人们可以从心理模型中获得更多的信息（比如一只小鸟有被沼泽鹞捕食的危险）。

根据 ITPC 模型，与理解文本相比，对图像的理解更容易促成心理模型的构建，因为图像立即由描绘子系统进行加工，而文本首先由描述子系统进行加工，这通常会留下一些歧义，需要通过描绘子系统来消除这些歧义。

此外，ITPC 模型与 CTML 模型的本质差别在于图像和文字最终能否形成一个统一的表征，导致这种差别的原因是图文信息的一致性问题。当图像与文字信息一致时，图像与文字的信息在认知加工的过程中可以相互促进，受众更容易将二者融合，形成统一的表征，即 CTML 模型；当图像与文字信息不一致时，受众则需要在两种模态之间进行意义的协商，其最终的结果更容易形成两个独立的表征，即 ITPC 模型。

第三节 研究现状

一、近十年研究趋势

在中国知网全文期刊数据库中使用“高级检索”功能，将搜索时间限定在2010年至2019年，来源类别为“CSSCI”，分别输入“主题”=“视觉文化”、“听觉文化”、“味觉文化”、“嗅觉文化”、“触觉文化”、“感官文化”和“多模态文化”进行文献检索，得到文献共1 044篇。在将非研究型论文（如书评、访谈等）和与主题相距较远的文献删除后，最终获得有效论文836篇。其中，视觉文化论文585篇，听觉文化论文101篇，多模态与其他模态论文150篇（参见图1.3）。

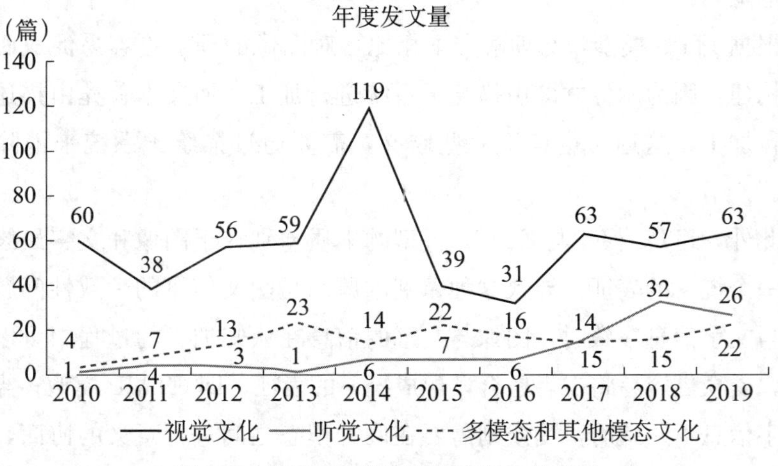

图1.3　多模态文化研究年度发文趋势图

如图所示，多模态文化研究的各类论文的年度发文量总体都呈上升趋势。其中，视觉文化研究论文年度发文量在三类论文中占比最大走势有升有降，近十年发文量峰值出现在2014年，年度发文量高达119篇。而听觉文化及多模态和其他模态文化研究论文数量占比较少。在2017年前，多模态和其他模态文化年度发文量均超过听觉文化，而自2016年起，听觉文化研究论文激增。截至2018年，听觉文化年度发文量已是2016年的5倍。2017年至2019年，听觉文化研究论文年度发文量连续三年超过多模态和其他模态文化研究论文年度发文量。由图可知，视觉文化研究是多模态文化研究的重点，听觉文化研究近年来也愈发受到关注，而多模态和其他模态（如味觉、嗅觉和触觉）文化处于多模态文化研究的边缘地带。下文将主要从中国视觉文化、听觉文化和多模态与其他模态文化研究的主题角度，分析其近十年来的研究重点，明晰研究现状。

二、视觉文化研究现状

视觉自古以来就是人类赖以使用的重要感官，也是人类获取信息的主要途径。20世纪60年代以来，随着后现代文化的出现，逐渐出现了“视觉转向”，甚至一度出现视觉中心主义、视觉霸权主义等现象（陆涛，2014）。图1.4是中国视觉文化研究在十年间（2010—2019年）的主题分布。2010年之前，中国视觉文化传播研究具体可划分为两大阶段。第一阶段（1995—2004年）奠定了中国视觉文化研究的五大基本格局，深受文艺学、艺术学、传播学、人类学和教育学五大学科的影响。第二阶段（2002—2010年）则形成了中国视觉文化研究的五大主要议题，即大量译介、理论阐释、谱系梳理、系统建构和中国问题（苏状，2011）。而近十年可以算是中国视觉文化研究的第三阶段，研究路径和主题更加多样，如从文艺学角度对视觉文化进行探究；从艺术学角度追溯艺术史、进行图像研究；从哲学角度分析视觉的本质，讨论视觉性、视觉化、视觉中心主义等核心问题；从传播学角度研究文化通过视觉模态的传播；从教育学角度研究视觉素养和媒介素养。而国外视觉文化研究则主要从人类学、文化学、符号学、民族计量学等角度，从成分分析、内容分析、话语分析、精神分析等路径，在生产、图像、流通和受众等场域对视觉文化进行全面的探究与分析（Rose，2016）。显然，虽然近年来中国视觉文化研究已经有了较大的进展，并产生了丰富的学术成果，但与国外相比，发展仍较为滞后。国内研究依赖于引介国外视觉文化研究理论、方法和路径，尚未形成系统的理论，方法论框架也有待进一步完善。

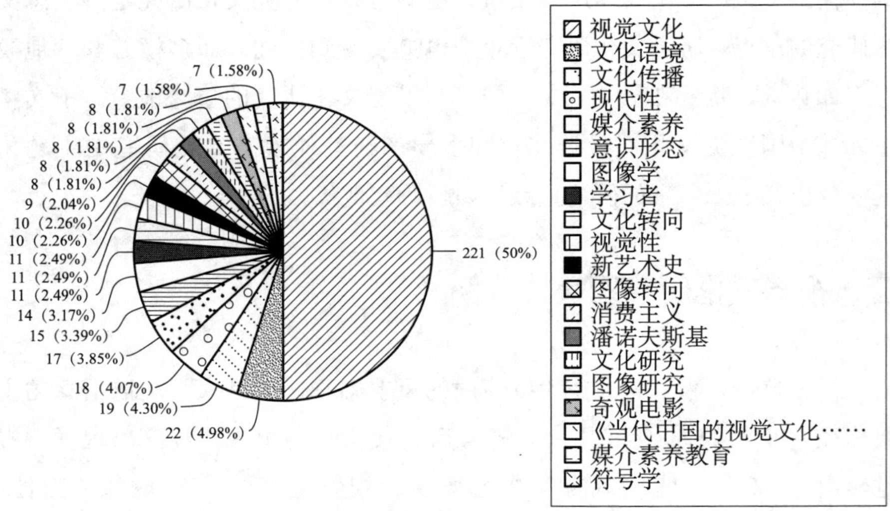

图 1.4　视觉文化研究主题分布

三、听觉文化研究现状

在多模态文化研究领域，学者对视觉文化研究的关注度要远高于听觉文化。作为人类获取信息的第二大感官路径，听觉并没有受到足够的重视。2009 年，美国得州大学奥斯汀分校主办了一场名为“对倾听的思考——人文学科的听觉转向”的学术研讨会。在会议上，与会者批评了视觉中心主义，并呼吁建立视听平衡的“听觉空间”（肖惠荣、曾斌，2015）。近年来，听觉维度愈发受到重视，研究主题主要集中在从文艺学角度对听觉文化本身及其与视觉文化的关系进行解读，从叙事学角度对听觉叙事进行分析，从哲学角度探究听觉本质等。徐秋石和刘兵（2018）认为，声音研究发展经历了三个阶段，即起源、发展和成熟。起源阶段注重声音文艺研究，主要集中在音乐学和艺术学领域；发展阶段聚焦于声音研究，关注新技术的出现及声音形态和景观的变化；成熟阶段则是作为独立的研究领域出现，有了更强的独立性。有关听觉文化研究的主题分布参见图 1.5。

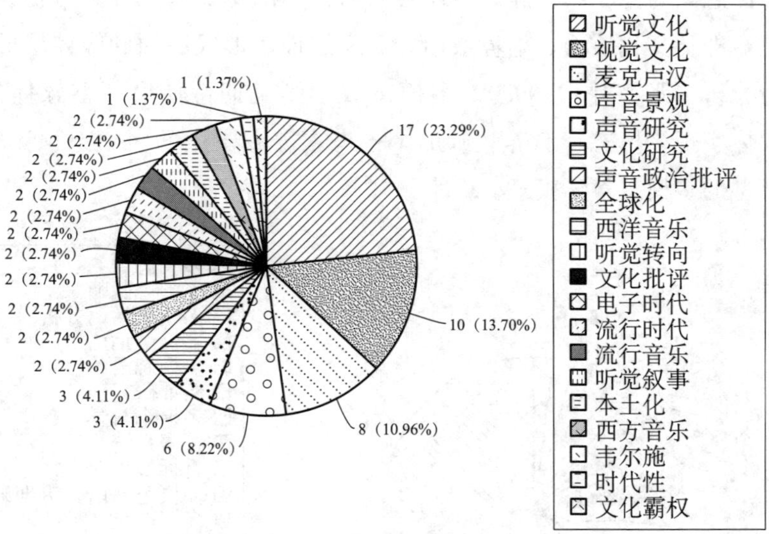

图 1.5　听觉文化研究主题分布

四、多模态及其他模态文化研究现状

多模态及其他模态文化研究处于多模态文化研究的边缘地带。嗅觉、触觉和味觉并不是人类获取信息的主要感官途径，自然也未得到广泛关注。而多模态则是近年来的研究热点，虽然年度发文量仍无法和视觉、听觉两大文化研究相提并论，但其发展态势不容小觑。众多学者对模态和多模态的看法不一，现学界对此的定义主要有两种不同的理解：一是认为模态即视觉、听觉、味觉、嗅觉、触觉等五大感官，多个感官即为多模态；二是从符号学角度定义模态。图像、语言、手势等都是表意符号，多个表意符号即为多模态（冯德正，2017）。

由图 1.6 可知，近 10 年的多模态文化研究主题多以多模态修辞、多模态话语分析和多模态教学为主，主要集中在语言学和教育学两大学科。多模态修辞研究的热点是多模态隐喻，如冯德正（2010）从系统功能语言学角度将视觉图像的元功能资源看作隐喻潜势，并分析了再现意义、互动意义和构图意义与隐喻的构建。多模态话语分析的重点则放在其分析框架的构建上，即从文化层面、语境层面、意义层面、形式层面和媒体层面对话语进行分析（张德禄，2009）。多模态教学则是期待使用新型媒体技术，用多媒体实现多模态，培养教师的多模态素养和学生的多模态识读能力，构建新型的多模态教学模式。

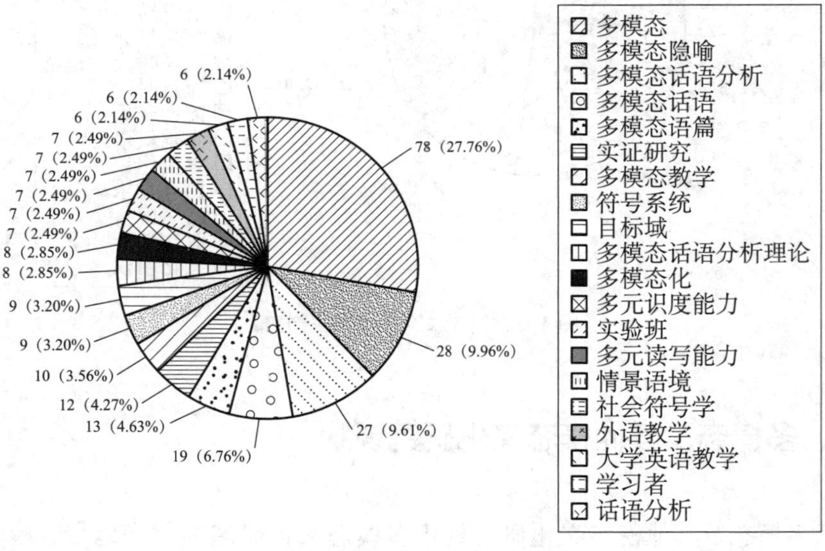

图 1.6　多模态文化研究主题分布

与国外多模态文化研究相比，国内的研究大多是将多模态作为一种方法或理论视角对相关研究问题进行解读，鲜有对多模态自身理论问题的探讨，研究方法、路径和范式仍较为单一，缺乏对文化现象和文化产品的深入分析。

第二章

多模态文化传播媒介认知研究

第一节 图文媒介

一、图文媒介的特征

1. 图像的分类

目前用来描述非语言符号形式（这里主要指图像）的用语千差万别，每个作者对图画、形象化、图表、图片或插图等的含义都有自己不同的见解。这里我们采用心理学里的分类方法，将图像分为抽象图像、具象图像、图形、图表、图标、地图和复杂图像等七类。

（1）抽象图像

抽象图像实际上并不代表任何特定的东西，而是在传达一种审美体验。图形元素、摆设、装饰品或抽象画都属于抽象图像。它们既可以是建立首个形象的决定性因素（如企业的标志），又可以是简单易懂，但同时能投射出相应意义的构图。

（2）具象图像

从知觉心理学的观点来看，具象图像是一个经过处理的表象，属于信息型和非活动型图像。这类视觉信息通常难以用语言形式进行交流。

实际上，使用基于图像的文档形式可以节省翻译所需的时间、精力和成本。然而人们必须在特定文化背景下来分析和理解图像，才能做到真正的理解。那么，图像代表什么？为什么作者要使用某个特殊的图像？想要解决相关问题，有效地利用视觉图像，就必须经过训练和实践，培养视觉素养。

以下图像除了基本的交际功能外，还具有各自的优势。自上而下，图像的具体化程度依次递减。

● 真实图像：照片和现实主义绘画。

● 纹理图像：与照片相似，但细节较少，强调表面特征和光线以增加空间效果。

● 基于线条的图像：线条图，将现实还原为边角、边缘和其他形式，从而将图像还原为其主要特征。

● 轮廓图像：仅显示对象的轮廓（例如，用于表示危险）。

● 图解图像：电路图和示意图；这类图像可以夸张到漫画的程度。

（3）图形

图形表示不同元素之间的链接。复杂图形在复杂的结构关系中提供方向性支持，而简单图形则帮助我们记忆事物。对图形的理解基于空间安排可以转化为概念关系的假定。因此，它们受到文化特有的惯例的影响。我们可以在这里将以下基本类型的图形进行区分。

● 类别图：在定性表格中，类别之间的上下文关系是重复的，因此可以用行和列进行分类，并将其直观化。表格比文本更能清楚地呈现信息。然而，它也可能取决于普遍的动词/文化—句法的关联，因此在翻译中需要大量的编辑工作。此外，使用过于简短的关键词和标题也会造成理解障碍。

● 时间图：在时间轴上绘制回顾性或前瞻性事件。

● 流程图：这种可视化的形式最初是在信息学中发展起来的，用于表示程序序列，但后来被扩展到所有事件和过程。流程图将程序知识以一个动作和决策的序列呈现出来。在技术文档中，流程图的布局现已实现标准化。

● 组织结构图：起源于社会学，用于表示个人和群体之间的关系。可以用其表示一个组织的内部结构（包括组织部门及其职责范围）。

● 思维导图：这种形式的图表来自对人工智能的研究，用于表示概念性的、可定义的知识。

（4）图表

图表用于可视化定量关系，不仅可以呈现精确的数值，还可以让人们在视觉上快速地进行粗略比较。图表是一种图形化的、文化上的约定俗成，必须通过学习才会使用。研究表明，许多人甚至连最简单的图表都无法理解。图表是可视化的一种形式，经常使用一些可视化操作：显示的数据可能在数字上是正确的，但是可视化的图表会削弱或加强某些信息。有大量不同类型的图表可供选择，如饼图、水平条形图、垂直条形图、折线图、范围图等。

（5）图标

图标是一种简单的、图示化的符号或图片。例如，它可以诱导（提示、指示）或抑制（警告、禁止）某个特定的动作。图标在计算机世界中非常流行。根据具体情况和接受者的不同，既可将其理解为图标也可理解成符号。美国人把邮箱或垃圾桶符号理解为图标，而许多欧洲人则不得不把这些象形图理解为符号，因为对他们来讲，邮政信箱和垃圾桶在现实中看起来差异巨大。因此，图标不能简单地传递一种“跨语言和文化”的信息。

（6）地图

地图呈现的图像通常也包含不可见的符号信息，可以给我们提供空间方位信息。读图能力也必须通过学习获得。由于地图所包含的信息通常有一部分是非常抽象的，因此地图必须遵循特定的语言和文化惯例。

（7）复杂图像

以统计数据可视化的 Isotypes 为例，这些图像主要用于向那些不懂相关数字和统计数据的人传递信息。信息图表最初是为新闻印刷媒体开发的，但后来在技术交流中得到了应用。它们是文字和图像的结合体，其中语言和非语言的表现形式是紧密联系在一起的。它们的目的是使复杂的关系便于理解。然而，这种复杂图像有时对读者或用户的解读能力有较高的要求。

2. 图文互动关系

这里我们以茶具博物馆为例对图文互动关系进行具体分析，在此之前有必要对博物馆环境中“符号学”的性质进行更为细致的阐述。近年来，博物馆学已经开始将博物馆视为一个“说明性空间”。在这个空间里，各种各样的符号作为一个“文本”系统在“符号学内”和“符号学间”两个层面都发挥着作用。无论是言语的还是视觉的，每个符号化领域中都存在一些不同的符号内部互动。在视觉中，最明显的互动也许是给定文物之间的互动：文物“群”的形成是一种公认的强化特定解释信息的方式。它涉及通过“串联”文物符号来产生“神话”。例如，对博物馆中视觉文化的研究，展现了当同一文物从一个环境中抽离出来，并与一组不同的文物重新联系在一起时，是如何解锁完全不同的解释可能性的。这种个别文物间的关联原则也适用于不同文物群体之间的关系，而这种群组的特定结构也会对解释造成影响。在视觉领域内，一些次要的符号内部互动同样会凸显出意义的不同可能。文物与照片或图片之间的关系就是一个极为复杂的例子：照片可以从多方面揭示一个文物，通过特写、现场或者从观看文物本身所不能发现的角度来展示它，从而作为一种标志性的镜像来展示实际的文物。另外，它们也可能仅仅是一种意象。这些图像不如意境那样具有说明性，所以它们与被对比的文物之间有着不同的关系。最后，除了这些图片或照片外，我们还必须提到其他视觉符号，如“精品照明”，即利用戏剧性的照明来营造出文物的神秘感或奇特感。

在言语领域中，不同文本形式之间也存在着类似的复杂关系。博物馆内的文本往往是根据陈述语在整个展览框架中的位置、排版和功能按层级排列的。人们把通过不同的互锁体裁实体化的文本信息分为了各种类型：标题标志、副标题、介绍性文本、群体性文本、物体标签，以及分布式材料。但是，这些体裁的分界线模糊不清且备受争议。每种体裁下还有各种子分类。例如，分布式材料代表了不同的文本，包括从展览传单到完整的展览目录的所有内容。这些有关分类的明显问题，以及不同博物馆的灵活多变使一些人对这种传统类型学的有效性提出了质疑。然而，人们却在博物馆学的文献中发现了大量的广义文本层次结构概念。

在处理博物馆内的文本时，需要注意代际互补（intergeneric complementarity）的问题。这是一种文本间的实践形式，层级中不同的文本体裁可以在不同形式的互补关系中发挥作用。这些形式可能包括简化、补充和替代性文本化的不同形式。迄今为止，这些相互作用几乎没有受到学界的关注，仍有待于进一步研究。然而，多元化文本或多或少地发挥着翻译的作用，从不同的解读角度呈现出关于特定对象或主题的相似信息。这种多面方法对访客的学习至关重要，因为从不同角度传递信息不仅能更有效地强化中心信息，还可以考虑到受众中不同的认知水平，从而确保最大限度地发挥教育的潜力。

上述各种言语和视觉上的语义内互动又在语义间共同发挥作用生成意义。这种互动的性质取决于展览的目的，也取决于视觉和语言元素的比例。我们可以将这种语言视觉互相融合创造的“文本”形式称为“多模态”，也可以将其理解成“任何文本的意义都是通过一种以上的符号学代码来实现的”（Kress & van Leeuwen，2006：183）。多模态文本以一种非线性的方式运作，读者可以自行编造出一条“阅读路径”来协调页面上的各类元素。他们认为，这种非线性文本对读者“强加了一种聚合关系”（Kress & van Leeuwen，2006：223），与传统的线性文本直接形成了对比。在传统的线性文本中，组合关系代表了阅读的主导模式。而作为一种多模态文本，博物馆文本系统受到了多方力量的制约，而这些力量也暗示着博物馆参观者的聚合关系。实际上，参观者的体验往往是非线性的。即使是在极具线性特点的交通展览群中，参观者都没有以线性或顺序性的方式在展品群间进行互动。虽然这种参观者体验的“聚合”关系在某种意义上促进了个人观念的形成，但也很容易产生一种过度的“离心力”，使更为广泛的信息和主题消解在不连贯的事实和半知半解中。

出于这个原因，口语文本可以对博物馆聚合关系产生制衡效果，通过重申阅读中的组合关系来制衡潜在的解释混乱。文本控制着展览的解码，以限制后者产生意义分歧。

那么，在博物馆内的视觉—言语互动领域，可将言语视为解释背后的驱动力。因为视觉是一个极为“开放”的符号系统，所以其意义至少受到文本解释的些许影响。有些人可能认为，言语文本在言语与视觉关系中的主导地位已经成为目前博物馆许多代表性实践的特征，但情况并非总是如此。在启蒙运动前的欧洲，言语和视觉模态享有较为平等的地位，直到后来印刷语言的具体化才成了所有严肃意义的主要范式。

学者们在阐释框架中对博物馆中阅读的组合范式和聚合范式之间的对立关系，以及这种风格对参观者体验的影响进行了探讨。有学者认为，可以通过提喻或隐喻的方式对博物馆中的文物进行解读。在提喻模式下，我们将文物看作提喻，并将其作为更大整体的一部分来解读，民族志博物馆就属于这种情况。相比之下，在艺术博物馆中占主导地位的是隐喻性的阅读模式，即将艺术品理解为特定审美的代表，而不必将其理解为文化整体的一部分。

这样看来，将对象作为提喻或隐喻进行解读，直接取决于展览是倾向于组合还是聚合的呈现模式。因为当文物、文本和展览空间内的各种符号之间的组合关系很强时，某些角度的解释就更为明确。作为手工艺品而非精美的艺术品，文物常与说教性的标签、图表、时间线、表格以及其他物品一起进行展示。这种情况导致了指导性理解。相比之下，如果这种明确的历史文化语境的指向性被有意识地“抹去”，那么就会引起组合阅读模式到聚合阅读模式的转换。在这种情况下，观众被迫自行建立联系，试图解释文物的“潜意识指数”，即以“隐喻”的方式进行阅读。

如果说这是民族学博物馆和艺术博物馆之间的区别，那么应当指出，这种模式很少会相互排斥，并且在特定的时间内，可能会同时使用两种模式的展览。此外，在双语博物馆的语境中，两种模式可以根据提供的语言资源同时运作。例如，对捷克读者来说，明确的物品标签及其意义有利于进行提喻性的阅读。但是对非捷克语游客来说，由于没有任何英文翻译，只能进行隐喻性的阅读，从而导致了与预期截然不同的反应。这样的例子很好地说明了去除言语信息可以在多大程度上限制或排除视觉符号的阅读。然而，抹去言语信息并不是限制这类阅读的唯一因素，构思不周或结构不严谨的言语信息也会造成类似的限制。要么使解释变得模糊，要么让用户大受挫败，最终选择退出解释过程。

从场所符号学角度，即在某一特定地点内对符号进行空间定位的研究，可以进一步得出，言语和视觉元素之间的组合关系会促进提喻式阅读的发展。一个标志的某些方面必然在对环境敏感的层次结构中共存。在这个层次结构中，标志的功能可能会在“索引性”、“象征性”或“标志性”的模式之间摇摆不定。在博物馆的展品旁没有说明性文本的情况下，它们具有一种特殊的符号学地位。鉴于隐喻是一种基于相似性而不是连续性的特例，如果它们作为“隐喻”说话，我们就会期望它们作为符号或图标在符号学术语中发挥作用。相比之下，要实现文化的提喻功能，这些文物就必须表示为索引。那么，解释性文本似乎起着“索引化”对象的重要作用，并引起了从符号化到索引化的转换。当一个符号通过与另一个符号或对象放在一起而产生意义时，便可获得索引性。在博物馆中，言语文本具有对视觉物体进行索引的潜能，但这种潜能是否实现将取决于语言—视觉组合关系的强度。当言语文本和视觉对象之间的组合关系最强时，即当言语文本在与对象的关系中表现出高度的去符号化时，这种文本的索引性就被描述为“exophoric”（一个从语言学发展出来的术语）。其中“exophor”指的是一种特殊的隐喻关系。相比之下，当动词和视觉符号之间的句法关系较弱时，就不存在这样的 exophor 关系。因此，非索引化的物品或图片本质上仍然以一种隐喻方式来阅读。

二、图文媒介的机制与分析框架

1. 感知、结构和意识形态的三元框架

在塞拉菲尼（Serafini）的感知、结构和意识形态的三元框架中，感知位于中心位置，指的是多模态文本的设计和视觉元素（如网络漫画或 GIF 动图）以及向读者表达的寓意。因此，它关注的是多模态文本中的一个图像或一系列图像的外在内容，即设计元素、边框和字体，以及这些文本中所包含的其他视觉和文本元素。感知是指人对多模态文本的理解，以及背景知识、社会文化和历史观点与个人经验间的关系。具体来说，观者或读

者通过感知做出反应和解释（Serafini，2010）。

结构考虑的是图像—文本关系及其设计。因此，对图像设计的解释有助于读者理解图像创作者所要表达的意义。塞拉菲尼强调了“命名”的概念，即“将语言赋予视觉图像的某一方面是从一种模态（图像）转换到另一种模态（语言）的行为”。然而他强调了克雷斯提出的图像和设计元素中固有的符号资源和语法的重要性（Serafini，2010）。因此，“观者”通过使用社会文化和联想、隐喻和提喻关系，并根据这些资源从中建构意义和解释。

意识形态受感知和结构的影响。政治图像是传递信息的重要手段，意识形态往往蕴含在其中。探讨图像的意义，就是要认识到图像是在社会权力和意识形态的动态中产生的。意识形态是根据视觉形象的设计和视觉形象中所采用的感知特质来进行社会活动的。而图像影响观众的能力取决于它们所唤起的文化意义，以及它们所处的社会、政治和文化背景。

2. 视觉设计要素

克雷斯和范莱文提到了图像结构设计的三个元功能，即表征性、人际性和构成性描述了社会符号学提出的设计和构成性结构的基本要素。他们将表征描述为：在这个过程中，无论是儿童还是成人，标志的制造者都试图对某种对象或实体进行表征。他们在制造表征时对物体展现的兴趣十分复杂，这种兴趣和标志制造者的文化、社会和心理历史有关，并由标志制造者产生标志的特定语境所集中（Kress & van Leeuwen，2006）。

克雷斯和范莱文认为，每一个符号行为都有两种类型的参与者：交互式参与者和被代表的参与者。交互式参与者是指从图像中引申出来的有意的或隐含的人（例如通过整个图像的取景方式、角度以及参与者的表现方式，来投射图像制造者的身份）。交互式参与者也指图像的制作者和观看者。而被代表的参与者，则是指人、地方和事物在言语、文字或图像中所代表的人、地方和事物，也就是我们在谈话、书写或制作图像时的参与者。而人际元功能描述了被描绘的参与者（人和地方）与交互式参与者

（制造者和观看者）之间的互动关系（Kress & van Leeuwen，2006）。

最后，他们认为，构图通过三个相互关联的系统将图像的表征意义和交互意义联系在一起。这三个系统分别是信息价值、显著性和框架。信息价值指的是将元素间以及与观者之间联系在一起的参与者和句法；显著性指的是通过在前景或背景中的位置、相对大小、色调或色彩的对比等因素来吸引观者不同程度的注意力；框架指的是框架装置的存在与否。框架也可以通过创造分割线的元素或实际的框架线来实现（Kress & van Leeuwen，2006）。

视觉设计的元功能源自韩礼德（1994）提出的三个语言元功能：意象性、人际性和文本性。意象性描述了文本或命题的内容、参与者和事件的环境。人际性是指文本或言语的功能。文本性涉及文本中的信息流，以及“文本中的元素如何在内部凝聚，而这些元素本身又是如何与其相关的环境相协调的”（Kress & van Leeuwen，2006：15）。这三种元功能是相互联系的，即意识形态要捎带着人与人之间的关系，反之亦然。然而，在其中一种模态中，某种元功能确实可能占据主导地位，而在所有情况下，读者或观众对图像意义的解释都取决于他们的经验、文化以及对社会和图像惯例的认识。

3. 副文本

热奈特（Genette）和麦克林（Maclean）认为副文本是一本向读者和公众传播的书。副文本的特征包含空间性、时间性、实质性、实用性和功能性五种。空间上的准文本特征由“peritext”和“epitext”两个要素组成。前者描述的是与文本本身相关的准文本特征（如一本书的章节标题），而后者描述的是位于文本之外的准文本要素（如访谈或私人交流）。暂时性副文本包括：1）前身。在文本本身之前发生的，如关于即将出版的书的广告；2）原文。与原文一起出现的文本，如序言；3）出现在正文之后的分句，如一本书的翻版。此外，他们还区分了作者死后出现的副文本和作者在世时可能出现的副文本。而实质性的副文本是言语的（如前言）。它们共享文本的语言惯例，也可以采取如插图这样的其他表达形式

(Genette & Maclean, 1991)。

热奈特和麦克林指出，准文本要素的实用主义地位描述了发信人的性质、收信人的性质、收信人的权力和责任的程度，以及其信息的言外之意。收信人通常是作者或出版人，但也可能是另一个受委托承担部分责任的人。也就是说，发信人是由假定的归属和责任来界定的。副刊可以是“作者的”（由作者写的）或“编辑的”（由出版商设计的，如书的封面），也可以用来划分作者身份的特征（如作者和受访者之间的访谈）。受访者可以是一般的公众（如书名），也可以是文本的读者（如书的前言），还可以是作者本人（以日记的形式）。因此，准收件人可以是一般的、私密的，也可以是亲密的。他们认为文本的责任可以是“官方的”或“非官方的”。前者描述的是作者或编辑所承担的一种不容否认责任，而后者则出现在作者的“旁证”（如采访）中，作者或编辑可以提出异议或否认。副文本不仅传达事实，还可以显示作者或编辑的意图或解释，以及作者的决定、承诺或建议。最后，准文本要素的功能是经验性的、多样的，从属于文本的功能，因此它决定了文本的方面和存在（Genette & Maclean, 1991）。

笔者将综合运用各种工具进行案例分析，即以塞拉菲尼的框架作为总体框架，将元功能分析嵌入到塞拉菲尼的结构层面，然后在表征元功能层面进一步嵌入对准副文本要素的分析。这种方法的组合，旨在详细解释每一个图像所产生的意义，以拓宽观看者或翻译者对意义的塑造和解释的知识面。

三、图文媒介的翻译传播策略

1. 图像的可译性与不可译性

在其非隐喻性的用法中，“翻译”一词通常被定义为言语层面的行为，即把口语或书面的某一事物改成另一种语言的行为，或者是侧重于这种行为的产物，即被翻译的文本或词语。其中“文本”与“词语”的关联使得“翻译”的含义扩大到了非语言表达方式。而翻译学校的培训往往集中在与语言相关的文本或口语层面，将非语言因素视为附带因素。但从广义的符号学角度出发，这些非语言因素可能会有助于文本意义的建构。在高度多模态的语言训练中，以语言为中心的说教实践是个例外，因为在这些训练中非言语和非语言学的维度非常突出。然而，这类翻译很少被纳入主流翻译课程，通常包含在单独的、高度专业化的课程中。

开展这种语言翻译培训方式并非没有动机。相反，我们必须承认它有着非常实际和合理的原因。首先，它为教师和学生提供了明确的重点，同时减少了需要单独或特殊处理的文本变量。换句话说，仅仅通过语言学的手段来划分文本类型，而且只关注语言层面会使事情变得更加简单。例如，在一个专门研究短篇小说的模块中，分析源文本的一个或多个版本的插图并重新研究目标文本的插图会占用很多时间。此外，有人认为这样做会分散注意力，不利于获得在翻译市场上所需的主要技能，于是引出了第二个理由：分工。

在现实生活中，语言内容的翻译只是目标文本生产的几个部门之一。就像流水线上的工人是由专门从事某一方面生产的工人组成的，他们永远不会对整个生产过程有一个总体了解。那些处理文字的人并不与负责文字视觉方面的人密切配合，所以当这两个领域重叠时，很可能会出现冲突。例如，图形设计者可能会在没有征求译者意见的情况下，因为 PDF 文件空间不足而省略最后一段，或者译者可能对图形设计者的警告不以为意，即仍旧让目标文本与源文本保持相同长度。因此，译者在培训中了解到，他们不会参与到综合文本制作过程中，而这一过程涉及文本的所有编码模式；但是在职业生活中，他们会自觉或不自觉地淡化这种现状，直到他们找到了被视为传统翻译领域之外的技能市场，并慢慢掌握排版、校对、编辑防伪文件或网络编辑这些技能。

我们并不一定要通过理论将符号学纳入翻译。当我们将注意力从翻译过程转移到作为脱离这一过程文本的产物时，符号学就自然而然地出现了。翻译通常被视为言语活动，不仅仅是因为其需要通过将目标文本分开来促进目标文本的生成，还因为在目标文本的生成过程中，很少考虑到翻译和修改文本在视觉层面上的可能性。人们似乎普遍认为视觉符号不同于言语符号，它们具有普遍性、即时性，不构成语言间和文化间交流的障碍。这意味着它们不被编码在只能为特定群体用户所理解的符号中。最直接的、最普遍的视觉符号是照片。它描绘的是外在的现实，而不是直接由作者产生的图像。

事实上，照片确实传达了一种意义。但由于照片在本质上仅仅是类比，其创作过程并没有转化或编码它所描绘的现实，因此这种信息是没有代码的信息。他指出阅读所传达的信息是意义上的信息，是与我们的感知联系在一起的知识，是一种属于人类的知识，从而为照片的不可译性提供了一个论据。此外，照片是不能用语言来描述的，因为言语必然会在指称意义上叠加内涵。并且照片的指代性和客观性地位是神话性的，而这一神话因图像的机械性生产手段而得以延续。但事实上，照片本身就有其内涵意义。特别是在广告中，照片是表意过程的工具，而这些表意过程已经事先编码到了照片中。这个悖论显然是通过假设图像的标志性（非语言性）维度可以携带两种信息来解决的。其中一种是基于感知的指称意义，是不编码的；而另一种是基于文化的内涵意义，是编码的。这种区分在实际上是可操作的，因为它在普通的阅读中并不是自发地进行的，即图像的观者在同一时间接受感知信息和文化信息。同样，图像可以成为神话系统的材料，即应该将次要的符号学系统看作不可分割的整体。我们只能从分析的角度出发来看符号之间的区别，并进行艺术性的区分。

2. 图文翻译传播的注意事项

下面我们讨论翻译图文并茂的技术类文本时，图像对翻译产生的认知影响。译者的阅读理解过程始于构建两种模态所传达的信息的独立表征。如果这些信息是一致的，那么相对来说比较容易在两个表征之间建立起牢固的联系，类似于形成一个单一的、融合的心智表征。如果这两种模态所传达的信息不一致，表征之间就不可能建立起有意义的联系。这样一来，理解过程会涉及在两种模态所传达信息间的谈判、辩论。由此可见，无论源文本所传达的言语信息和视觉信息是否能合并在一起，或者是否有争论或比较，每种信息都是有意义且势必会影响到其他解释方式的。

言语文本有无图像或图像是否相同都会对翻译文本产生影响。特定的文字图像的组合可能会产生特殊含义，而这种含义是不为任何单独文字和图像所具备的，所以在言语文本中加入插图可以改变译者对言语文本内容的解读，不同的插图也会以不同的方式影响译者的解读。

图片可能会对不同译者的解读产生不同影响。由于观者对图像的解读受到个人偏好和先验知识的影响，所以译者对图像的解读方式各有不同，因此特定图像对翻译产生的影响的方式取决于译者。

图像可能会巩固译者对词源文本元素的解释。当视觉模态所传达的信息与言语模态所传达信息一致时，前者可以指定后者所传达的信息。此时，图像所提供的信息可能会帮助译者解释言语文本中一些含糊不清的信息。

视觉信息和言语信息相矛盾时，译者的任务可能会受到影响。如果一个言语文本旁配有不符合其主题的图像，那么这些图像很可能会对言语文本的理解产生负面影响。译者的语言加工也包括对言语文本进行理解，因而这些情况可能会使译者的翻译工作变得更加复杂。但是研究并没有进一步考察两种模态传达信息相互矛盾的情况，但可以推测这些情况也可能使译者的任务复杂化。

不同类型的图像以不同的方式影响着翻译过程。上述讨论是在对技术性图像解释的研究基础上进行的，但是有学者认为，不同类型的图像会在不同程度上指导着随文文本的阅读。虽然解释性的技术图像很可能对随文信息在认知系统中的组织和整合方式产生影响，但仅仅是为了装饰随文文本而添加的图像可能并不能显著地引导认知过程（如随意在一首爱情诗旁增添一个花卉图像）。因此，不同类型的意象会以不同的方式影响译者对言语文本的解读和翻译，即源文本中含有图像的事实并不意味着图像的内容会影响翻译。

总之，在翻译图文并茂的技术性文本时，翻译方案是建立在两种不同模态的信息协商基础上的。这里需要强调的是，读者自己会有意识或无意识地决定他们对图像的处理程度，因此在翻译图文并茂的技术性文本的每个片段时，多模态的意义整合是极不可能发生的。这一概念对翻译研究具有重要的意义。图像在插图文本的整体意义建构中起着至关重要的作用。它们可以塑造对言语文本的解读，并进而影响到翻译方式，因此不得不承认图像本身就是研究对象。此外，如果说可以通过翻译后的图示文本片段来反映如何从言语和视觉信息的互动中提取意义，那么可以借助研究这些翻译方案来说明这两种模态之间的符号学性质。换句话说，多模态意义生成的研究可以借鉴翻译研究的成果。

3. 图文翻译传播的策略

关于图文翻译传播策略有两大类定性的描述，它们代表了译者对源文本中的言语信息和视觉信息相互作用的概念化方式。这两类描述分别是：1）把言语和视觉作为一个整体感知的实体进行概念化；2）将言语和视觉作为相互竞争的信息源来概念化。其中第一类主要是指感知文字和图像的结合是一个不可分割的整体，第二类则侧重于有意识地剖析文字和图像的结合。

第一，将言语和视觉作为一个整体感知的实体进行概念化。

文字与图像的结合被概念化为一个整体进行阅读、解释和翻译。其特点是：两种模态所传达的信息被合并成一个单一信息，保留了其整体性而没有受到质疑，这在信息不对称的情况下取得了很好的效果。

阅读中的言语与视觉的关系。这个子类别集中描述了译者在翻译的不同阶段，其注意力是如何在视觉和言语之间进行交替的。因此该子类的重点在于外在表现形式，即实际的口语源文本和插图。图像被概念化为多模态源文本的一个组成部分，并在翻译的不同阶段参与到源文本的检查中去。

解释言语与视觉的关系。相对于前一个子类别而言，这个子类别更加完整。它包括对多模态源文本的整体解读，而不仅仅是在两种模态之间切换注意力。换句话说，这个子类别的重点在于解释和形成两种外在表征的内部或心理表征，在逻辑上包含了上面介绍的低级子类别。而解释这两种模态间关系的前提是译者对这两种模态都进行了考察。这些策略很多都与依靠图像来确认已获得的言语文本内容有关，但也只是描述了译者自己的主观理解过程。

翻译中的言语与视觉的关系。这是一个最全面的子类，其重点在于转化由外部表征形成的内部表征，也就是视觉信息和口语信息的相互作用。它在层次结构中是最高的，因为解读是翻译的前提。尽管翻译可以被描述为言语活动，即译者产生的是言语文本，但这些策略清楚地反映了图像如何定义最适合或正确的翻译策略。

总而言之，第一类中的策略表明，译者努力在视觉信息和言语信息中形成相互映射，并将每一种模态理解为另一种模态，然而即使两者之间存在明显的信息不对称的情况，这种概念化模态间的互动并不包括质疑任何一种模态的准确性。

第二，将言语和视觉作为相互竞争的信息来源进行概念化。

这类策略有意识地剖析多模态源文本，并将文字和图像作为独立的信息来源对策略进行概念化。这些策略包括将言语和视觉模态作为信息来源进行评价，或评估它们之间的有用性和可信度，且其中的大多数都与两种模态之间的信息不对称有关。而当多模态源文本没有直接提示理由时，译者就会在更一般的层面上评估模态的有用性和可信度。

将言语信息概念化为更多的相关信息。在这个子类别中，视觉信息主要是言语信息的附属品，其特点是当两种模态提供的信息不对称时，图像的有用性将受到质疑。

将言语信息和视觉信息概念化为同等信息。这个子类别将文字和图像视为具有同等地位的信息来源，没有明确指出其中任何一个比另一个更值得信赖。

将视觉信息概念化为更多的相关信息。这个子类别将言语信息作为视觉信息的附属品，也就是说视觉信息可以提供言语文本所不具备的信息，也能在两种模态相互矛盾的情况下否定言语文本的内容。这些策略并不局限于讨论两种模态之间信息不对称的情况，而是在更普遍的层面上进行的。而视觉模态往往与对主题的理解有关，比言语模态包含了更多的信息。

第二节 视听媒介

一、视听媒介中的互动关系

视听媒介中的互动关系有多种不同的描述。图片可以通过加倍或并行化的方式促进言语理解，也可以通过偏离言语信息的方式为理解带来障碍。文字和图片可能会同时出现或依次出现，但无论以何种方式，图片总是通过提供额外的信息（时间、地点、文化、社会、人物形象和人物关系的详细信息）来增加叙事效果。总之，视觉信息起到了对言语信息补充和放大的作用。

人们常说，图像是即时的，指的是空间，而文字则指的是时间，描绘并创造了实体。可以用“回声”一词来描述图文间的关系，即文字和图像处于对话状态并相互回应。在电影和画册中，文字和图像扮演着不同的角色。人们可能只使用图片或只使用声音来讲述故事，但故事最终总是在与读者/观者/听众的互动过程中重新得以创建。归化或异化策略也可以描述言语与视觉之间的关系。通过归化策略，插图可以增加流畅的实体并使故事更接近目标语读者。但有时书中奇怪或陌生的插图也可能会使读者觉得故事更难以理解。

此外，符号学是解决言语和视觉之间关系的另一种方法。画册中的图片或电影中的声音都可以描述成表示现实世界中事物的符号。书或电影中的单词可以根据协议描述为符号。例如，我们需要学习如何用不同的语言来称呼猫。言语和视觉间也存在索引关系，比如言语是指视觉，反之亦然。在艺术品中，视觉可以理解为言语和其他方式的原因。当然，索引的关系在书与书之间、电影与电影之间、页面与页面之间、场景与场景之间是不同的，这一点对于理解画册、电影及其叙述极为重要。

克雷斯和范莱文运用符号学以及韩礼德的语法来读取图像。他们的视觉语法基于这样一种观点，即图片具有与文字相同的规律性和可靠性。使用视觉语法可以分析图像及图文间的关系，图片包括具有特定目的的活动以及有关故事中出现的人物或事物之间关系的信息，使故事形象化和概念化。他们在书籍和电影中使用“多个符号模态”来描述多模态文本（Kress & van Leeuwen，2006）。

电影和书籍用途广泛。它们可以是彩色的，也可以是黑白的。它们可能包括人物角色在黑暗中讲话的场景，也可能包括无声场景或开源页面。例如，芬兰电影导演阿基里斯（AkiKaurismäki）的影片和森达克（Sendak）的画册也用无声场景和开源页面来描绘麦克斯（Max）和野生动物的夜间骚动。因此，译者能够认识到文字、声音、图片和空间的使用有着不同方式，这一点是非常重要的。这些细节都包含有关故事和角色的重要信息，也创造了一定的叙事节奏。而且在两种类型中，风格和技巧可以结合起来，比如写实和超现实主义、漫画和连环画等。导演、编辑、插图画家、作家和翻译也会影响整个艺术作品。

声音与文字叙述尽管存在差异，但二者的功能和关系与图像类似。声音也可能与言语或视觉信息不一致或相符。例如，如果一个巨人说话的声音很洪亮，那么他是可信的，并营造出令人恐惧的气氛，但如果他声音高亢或尖锐，他则会变得可笑且不那么令人害怕。

此外，声音还可以营造不同气氛。像图像一样，声音可以使读者/观者注意到故事中的某些细节。有芬兰学者认为，声音可以增强或减弱图片中的任何内容，例如通过增强脚步声突出走路的行人，而通过减弱台阶的声音让城市和气氛变得更加重要。

自然声音和机器声音有很多种。例如，引擎嗡嗡声或汽车的噪音这些属于机器声音，而自然声音可能是风声、海浪声或哭声、笑声和打哈欠之类的人类发出的声音等。人类语音还具有诸如语音和语调之类的特征，这些特征都会影响实体的接受方式。声音和嘴形同步在创建逼真的角色中非常重要，而且通常会为动画配音电影带来问题。例如，尽管芬兰语版《小熊维尼》（*Pooh's Heffalump Halloween*）是由专业的导演、翻译和演员制作的，角色说的是芬兰语，但还是很容易在嘴形上看出来英语单词。也就是说，在这种情况下，视觉与言语相冲突。虽然某些动画电影与平滑绘制或电脑制作的电影相比，动作更具风格化，并且可能不会出现声音和嘴型同步的问题，但是总体而言，建立一个合理的实体并让观众相信是非常重要的。

除了创建背景并再设置故事时间地点之外，声音还可以描绘某些行为（如刷牙或关门的噪音）。特殊效果通常会增加场景的可信度并创建一个角色。比如，尽管妖精没有在画面上出现，但重重的脚步声可以使这个角色形象化。特技效果和音乐还可以通过组合不同的场景来为故事的讲述提供连续性。在芬兰电影《女孩和冬天》（*Tyttö ja talvi*）中路易吉·博切里尼（Luigi Boccherini）的音乐就与一些独立的小事件和自然的变化相结合。总而言之，听觉、视觉和言语都会影响故事的叙述和实际观看情况。人们还可以借助音乐营造出不同的氛围，比如恐怖音乐可能会使走廊上的普通步伐变得令人恐惧。

总而言之，看书和看电影并不是完全分割开来的。读书和看电影是视觉和听觉的双重享受：除了口语和视觉信息，听觉也是存在的，比如儿童读物经常是朗读出来的。影片的字幕使口语文字也变得清晰可见。在看或读图画书时，观众会聚精会神地看和听，并根据所经历的一切得出结论。

二、视听媒介中的文本特征

文本分析应该成为严肃翻译任务的序幕。对于多模态文本而言，这种分析应从排他性引用转移到单词、从句和句子，并识别其他的意义形成单元，从而构成部分内容，即影视语言。但要强调的是，在多模态文本中，是所有符号模态的整合创造了意义。虽然这种意义被翻译成文字，但视听译者的任务是在其语言中找到最能表达这种符号学力量整合的措辞。识别各种符号资源十分重要，但是如果缺乏相互参考，就无法以有意义的方式对它们进行分类。

1. 叙事因素

电影和电视连续剧通常以多模态的方式讲故事。在没有深入叙述理论的情况下，这些故事会涉及具有个人特征的角色，以及他们所采取的行动和时空环境的变化。观众在观看电影的各阶段，通过激活心理框架，对叙事的发展抱有期望，并通过对符号学线索的组合来满足这些期望。因此，故事的创作以及目标受众对故事展开方式的理解应成为屏幕翻译工具包的重要组成部分。所有翻译都包括在某种程度上对源文本的格式进行重新调整，并且视听翻译人员必须做出决定，以确保他找到能够在目标语言和文化中实现整个符号事件的词。

与单纯的对话形式相反，电影剧本可能会启发电影文字的精神。编剧对他希望描绘的内容有一种心理印象，这在“舞台指导”和描述中最为明显。昆汀·塔伦蒂诺（Quentin Tarantino）的电影《无耻混蛋》（*Inglourious Bastards*）令人痛苦的开场场景中有这么一段：“朱莉（Julie），从水泵接点水给我，然后和你妈妈一起进屋。”小姐跑到房子旁边的水泵处，捡起一个盆，开始抽水，几泵之后，水溅入盆中。法国农民在他砍过的树桩上坐下来，从口袋里拉出一条手帕，擦去脸上的汗水，然后等待纳粹车队的到来。在头顶悬着达摩克利斯之剑地生活了一年之后，这很可能就是他的末日。

塔伦蒂诺希望制造一种痛苦的感觉，这种痛苦的感觉会影响到纳粹占领法国时将整个犹太家庭藏在自己家里的人。随后与纳粹军官之间的对话在恐惧和自我厌恶中扩散开来，纳粹军官则在言语和肢体语言上都表现出反讽。不同的语言使用不同的话语模态来表达这种特征。视听转换器必须调整其风格和措辞，从而避免保持源文本模态的固有陷阱，并且还要考虑肢体语言和面部表情。

2. 语言因素

迄今为止，视听翻译的许多方法都集中在培养应对翻译可能需要处理的各种问题的策略上，而不是侧重于语言解决方案。许多学者对缩合、释义、对等、扩展等主题的变体进行分类，但是这些方法并未对多模态文本的众多方面展开深入研究。翻译所基于的语言理论需要更全面地扩展到多模态领域。例如，书面和口语文字的连贯和衔接概念对于理解多模态文本至关重要。将听觉和视觉元素的语义内容结合起来，有利于清晰理解故事或情节。

衔接通常是从文本内部连接的角度出发，作为用来增强衔接的语言技术来研究。但是对所要翻译的文本进行分析时，需要分析它的所有内聚关系，包括文字本身、文字和图像间和音带各部分间的关系。如果翻译后的文本中多模态衔接不正常，那我们对文本的理解就会受到影响。举例来说，在《老友记》(*Friends*)的一集中，钱德勒(Chandler)和乔伊(Joey)试图说服沮丧的罗斯(Ross)去参加冰球比赛。罗斯最终同意了，但前提是钱德勒和乔伊要给他买一个“大泡沫手指”。这个带有运动队颜色的大泡沫橡胶手套具有文化内涵。按照“对等效果”，该项目的意大利语翻译是指巨型啤酒。在接下来的场景中，我们会看到男孩们进入体育场。这时观众笑了起来，因为罗斯标志性地挥舞着他的“泡沫大手指”(而不是啤酒)。在这种情况下，文字、图像和其他声音元素的共生应该有不同的解决方案。

3. 符号因素

视听翻译的关键在于文字以外的符号资源可以补充甚至强调言语信息。以手势、动作和面部表情为例，这些方式甚至可以表达人类情感的整个范围，并通过言语成分来增强。杰克·尼科尔森（Jack Nicholson）在《闪灵》（*The Shining*）中表现出的愤怒，有力地体现在他的面部扭曲上。这便是“存在感”——视听产品参与的关键。“存在感”指的是观众的物理空间感和参与感，是指所有的符号资源都被感知的感觉。在进行字幕翻译的情况下，我们要意识到其他符号模态携带的认知负荷触发了认知负荷的减少选项。而对于配音翻译而言，需要考虑声音和唇形的同步。有时为了保持音画同步，我们需要增加或更改措辞。但是，无论是配音还是字幕，要想以不同方式识别意义的不同方面，多模态文本可能产生的张力和情感都是必不可少的。一旦可以理解视听流中语言方面的功能以及所言与所表现之间的相互关系，翻译者才能决定采用何种策略。译者在有了一定的多模态文本的翻译经验后，将文本翻译成自己的母语时，需要吸收这些因素来寻找目标文本的合适措辞。

口述影像（audio description）包括为视障者提供视觉文本的口语版本，亦可称之为“视觉语言”。对白转折间以及对白与任何其他重要声音（例如音乐）的间隙，提供了对电影或类似产品视觉组件的描述。显然，口述影像者的重点主要是视听文本的非语言特征。由于时间限制，口述影像者必须对标识最突出的项进行描述。眼动追踪研究能提供很大的帮助。这些研究成功地指出了在观看视听文本时人们关注的重点，还可以评估最终用户偏好的接受情况。译者可以通过这些研究发现来确定哪些非语言资源具有重要作用，以及在何种程度上可以帮助他寻求最有效的翻译解决方案。

4. 文化因素

与所有类型的翻译一样，视听翻译人员在处理国家、语言、社区之间的文化差异时需要格外小心。比如说，电影往往代表了一个民族的文化，甚至在反映美国的牛仔和印第安人层面上。“外部语言文化参考”和“翻译危机点”这两个术语很好地涵盖了视音频翻译人员所面临的陷阱。以美国电视连续剧《白宫风云》（*The West Wing*）为例，这种多模态文本充满了“外部语言文化参考”。有些口头上提到了度量衡和街道名称等民族特征，而其他则为一些符号模态所参考。例如，第一季第十集中的摄像头缓慢展现华盛顿的朝鲜战争纪念碑，这是本故事中的组成部分。字幕可以带有此信息，或者是带有配音的字幕。但是要想完美地处理带有如此强烈文化背景的场景，译者必须依靠其文化意识和背景知识，还要考虑到受众的知识理解极限。因此，除了在字幕中提供说明性信息外，翻译人员还必须决定在何种程度上对与“朝鲜”相关的后续对话进行本地化或异化处理。这份多模态文本包含了美国意识形态、军事策略、悲痛和感伤的所有成分。在这里，视听翻译者需要的技能是如何将所有的符号转换为自己的语言。虽然个别情况可以被识别、评论和应用解决方案，但如果要为视听翻译者提供有效的输入，就必须采取更全面的方法。

三、视听媒介中的连贯问题

1. 连贯性的基础

话语的建构和基于言语文本的连贯性建立依赖于两方面的基础。首先，文本受众使用最初的文本提示来假定文本包括的“含有该情况默认值的背景知识结构”。激活的知识为联系和解释文本信息提供了参考框架。此外，可以假设最初的知识情景会通过进一步的文本提示来进行扩展。除非文本另有说明，否则受众会在激活的情景内进行操作。其次，受众还依赖推理过程得出有关文本信息如何连接的假设，从而使它们能够处理激活的知识场景中未指定的信息。与话语建构的其他说明相反，此处所做的假设是知识的激活和推理的产生都有助于塑造当前文本的心理模型。

假设知识激活和推理的权重是不同的。熟悉文本的主题或体裁可以使受众立刻激活丰富的知识库，并在文本和实体之间创建广泛的连接，而无须过多地依靠显式的文本提示或推论。相比之下，如果缺乏知识，则需要仔细阅读，即增加了对文本提示和推理的依赖，以识别文本实体间的连接。多模态文本也可按照言语文本相同的原则进行处理。当然，不同之处在于，多模态文本的受众使用来自不同表达方式的线索来激活知识或进行推断，从而在表达方式内部或不同表达方式之间建立起联系。

2. 多模态文本的连贯性

为了说明多模态文本的连贯理解涉及哪些方面，本节将以电影《戴珍珠耳环的少女》（*Girl with a Pearl Earring*）的开场场景为例进行说明。这部电影改编自特蕾西·雪弗兰（Tracy Chevalier）的小说，以17世纪画家维米尔（Vermeer）的住所为背景，讲述了弗米尔的女仆格里耶（Griet）的故事，以及她如何成为画家的绘画模特，电影也因此而得名。在开始的场景中，即格里耶离开父母加入弗米尔家时，母亲说："他们的食物可能不太适合你的胃"，并敦促格里耶进行"天主教徒祈祷"。这些言论显然使格里耶感到震惊。

在文字提示的处理方面，母亲口头上对弗米尔一家的天主教祈祷以及格里耶的视觉反应将使一些观众或多或少地激活与17世纪荷兰宗教鸿沟有关的知识基础。这提供了映射其他视觉和言语符号的框架。缺乏相关知识的观众可能会发现，把母亲的言语表达与格里耶的视觉回答联系起来会更加困难。他们最初的心理状况会较差，但至少可以推断出存在宗教教派问题。不管先前的知识如何，格里特的困扰使人们推断出她的家人不是天主教徒，而依据母亲对食物的看法可能会进一步推论出宗教分歧会导致饮食习惯上的差异。这些包括关于两个家庭的宗教和饮食习惯的假设，以及关于通过捆绑销售的视觉行为和言语表达的假设。一方面，由于母亲说的话，受众可以假设捆绑的内容与食物有关。换句话说，尽管仍有解释的余地，但母亲的话语依然限制了受众对视觉动作的理解。另一方面，这两种假设均可以使观看者（口述影像者）以连贯的方式解释母亲的言语表达，并以此作为视觉传达动作的依据。

仅根据符号间的内聚力（外部分析师识别的潜在联系）对该场景进行分析，将会错过视觉和言语线索，以及知识和假设间的交互作用。而这些交互作用是推导出连贯的解释所必需的。

3. 口述影像的连贯性

在翻译的背景下，众多学者已经认识到连贯性不依赖于形式上的内聚装置，文本作者和译者可以通过适当的表达方式来支持受众的创造连贯性。但他们也强调，支持连贯性的可用手段和要求往往是特定于语言或文本的。实际上，口述影像（audio description）的文本是特定的，因为它们是指未改变的多样元素以短块形式传递，并且它们只是目标受众实际处理的一部分，替换了视听源文本中的某些元素，而其他元素则保持不变。关于电影文本中的多模态翻译问题，口述影像涉及将图像、声音和对话之间的多模态翻译成声音和口述影像之间的模态间联系或者对话和口述影像间的模态内言语联系。

例如，在前文讨论的场景是基于复杂的言语—视觉连接。如果无法用声音描述，将会给盲人听众带来不连贯的对话。同时，连贯性模型中有一个双重解释性的过滤器。视听资源中实际连接的标识以及广告语中连接的明确程度都取决于描述者的判断。这不仅取决于描述者的知识、推断和偏好，还取决于他们是否了解不同的解释。

除了视听源中的多模态连接之外，口述影像者还必须识别多模态视觉连接并将其重新创建为显式或隐式多模态言语连接。第一个困难来自视觉模态中固有的自然连通性，即在视觉图像中一起出现的项目很容易被假定为被连接的事实，这与语言模态的顺序性质相反，后者顺序地引入实体，结果可能必须使连接更明确。第二个困难是，因为电影（相对于静止图像）会反复指向某些内容，所以必须在口述影像的文本中指出共指的连接之处。言语模态的线性特征以及口述影像文本的语块化特征，对口述影像段落内和跨口述影像段落的模态内连接提出了特殊要求。但是，它们在一定程度上受到了口述影像的时间限制，并且可能会抑制显性连接关系的使用。

第三个困难是电影通常会利用各种编辑技术。其中最简单的是利用连续性编辑节省时间，而镜头和后镜头编辑则创建了一种特殊的观点，以解决在二维介质中呈现三维“现实”的问题。在整个编辑过程中，查看者尝试创建时间、空间以及动作或事件的连续体，而正是这种连续体的错觉最终需要由口述影像文本传达，以支持盲目的接收人在一个连贯的心理模型中创建口述影像。

4. 部分连贯性

文本受众在识别文本引用对象及其之间可能存在的连接方面的作用。在这方面，受众之间的差异有助于解决文本连贯性感知强度之间的主体间差异。但在某些情况下，许多受众会认为识别或实现连贯性非常困难。

另外，学者们还在“部分连贯性”和“受干扰的连贯性”之间做出了区分。他们指出，如果我们接受的不是具有意义、力量或连贯性的文本，而是说话者和听众将含义、力量和连贯性赋予文本，那我们可以肯定地说：连贯始终只是部分连贯。相比之下，当文本无法连贯时，听众却假定文本是连贯的，那么文本的连贯性就会受到干扰。也许这两个概念间没有明确的界限，但这并不意味着它们是无效的。连贯性是关系性的、个体的、程度的问题。

干扰可能是受众缺乏知识的结果。但这也可能是由于作者没有足够的基础而造成的，即对文本实体的引用不足或与文本实体的连接不充分或不适当，会导致受众无法得出推断。

四、视听翻译传播的理论基础

1. 约束翻译

从翻译研究的角度来看，关于视听文本的早期文章集中在这些文本的特定方面，以区别于其他类型的文本。他们着重于翻译人员在尝试将视听文本的组成部分翻译成另一种语言时所面对的“约束”。迪特福德是第一个引入“约束翻译”概念的研究人员，主要关注字幕制作和字幕阅读。之后的学者分析了“约束翻译”的概念。研究不仅限于视听翻译，还包括不止一种交流渠道介入的所有类型的翻译，如广告、漫画、歌曲、字幕、配音等。他们建议当文本由语言或语言外的多媒体组成时，翻译应始终保持与其他消息成分的内容同步。他们还强调，翻译文本的不同部分在含义上不应相互矛盾且必须将翻译的文字和图片或音效同步。除了约束翻译的概念，还需要注意以下视听翻译研究的基础：

1）当今的语言学不足以解释语言符号文本的翻译过程；

2）对沟通过程的描述和解释；

3）以交流的方式理解“噪音”在这种类型的文本转移中所包含的内容和所起的作用；

4）通信系统而不是言语系统的重要性，因此，使用其术语或言语文本翻译与消息的其他组件（如图像）之间必须存在连贯性、同步内容和音乐等；

5）在话语模态复杂的各种翻译中，要找到不同程度的限制条件。

由此可见，在确定优先级和评估翻译工作的限制时，翻译人员不应将自己局限于语言水平。在源文化和目标文化的信息中，音乐、噪音和图像都属于源文本，翻译人员不仅需要翻译语言短语（文本或语音），也需要将源文本中的其他媒体转换为翻译后的目标文本。另外，在“噪音”方面，通过翻译进行交流的行为所产生的意义不仅源于两种不同语言的使用，还源于受众之间的文化差异。因此，文化成分是产生清晰易读的目标文本的必要因素。并且，如果在翻译过程中产生过多的“噪音”，就会出现交流行为失灵，至少在解码方面会存在困难。

还可将约束翻译理解为试图通过各种方式传达信息的方法。视听翻译的特殊性在于其传播方式，而不是其涵盖的主题。在视听文本中，图像和文本的同时呈现，并且对翻译过程的影响存在符号学上的相互作用。视听文本的一个特征是它的冗余性，即口语和书面消息都带有声音和图像。正是这种“冗余”使视听文本的翻译变得困难，译者不仅要考虑口头语言的含义，还要考虑相关媒介。

2. 视听翻译中的视听代码

《翻译和大众传播：电视和电影翻译作为文化动态证据的翻译》(*Translation and Mass-communication*：*Film and TV Translation as Evidence of Cultural Dynamic*）是最早的有关视听翻译的学术研究之一。文中着重介绍了视听翻译的特征，并强调电影是一种多渠道、多代码的交流形式，还专注于电影交流中的两个渠道：视觉和听觉。

德拉巴斯蒂塔（Delabastita）认为，电影是一个由许多代码组成的复杂且有意义的标志。代码包括言语（包括各种方言和社会语言）、文学和戏剧（故事情节、对话）、非语言表现和电影。他还指出了定义视听文本的四个基本元素，即言语（如对话、独白、歌曲和配音）、非言语（如乐谱、声音效果和噪音）、视觉语言（在电脑屏幕和报纸头条上插入的横幅、字母、消息等）和视觉非语言（如图像、摄影和手势），并为其符号学基础奠定了基础（Delabastita，1990）。

德拉巴斯蒂塔认为电影是使用多种渠道和代码的一种交流形式，并指出该渠道是信息传递给观众的媒介，不能与所使用的代码混淆创造电影的真实含义。此外，可以通过多种方式组合不同代码的符号，以组成整个电影的宏观符号。就此而言，电影院和剧院是相似的。但是，德拉巴斯蒂塔（1990）也指出，电影院和剧院之间的交流存在巨大差异。这个差异和电影翻译的潜力有关。最大的符号学差异之一是，电影院呈现出的预先确定的复杂符号总是以精确的方式重现，而剧院对翻译中同时实现的符号的呈现是一个单一事件。电影的这种可复制性正是其广泛传播的原因。也就是说，剧院的制作在每种不同的表演上体现得略有不同，而每次在特定时间向特定观众放映电影时，电影都保持不变。因此，电影的音频和视觉通道与文本的言语成分相互依存，成了电影翻译的制约因素。

视听文本的视听代码特征有：通过两个渠道（视觉和听觉）进行接受；非语言元素的大量存在；言语和非言语元素之间的同步；屏幕外观——可复制的材料；和预定连续的运动图像——记录的素材。这些特征决定了视听文本的翻译，因此，在进行研究时要将其考虑在内。

3. 多模态

如今大部分正在翻译的视听文本的性质都是多模态的，即他们使用多模态的符号资源，如语言、声音和图像。实际上，多模态分析尤其关注包含两个或多个符号资源的交互和整合的文本，以实现文本的交流功能。随着信息技术的发展，翻译中的多模态概念变得越来越重要。因此，需要核查言语和多模态之间的相互作用，即符号、视觉、听觉和动力学元素之间的相互作用，以定义视听翻译的特定特征。

视听翻译中也存在悖论。声觉与视觉之间、语言与非语言之间的相互关系已经在翻译研究中得到了认可。但视听翻译的主要研究视角还是集中在语言上。这一悖论可以由以下原因解释：大多数视听翻译研究的背景是语言和文学研究，在视听翻译文本中收集数据和注释困难且费时。然而，多模态话语分析将有助于发展对视听和网页等多媒体产品中的符号资源整合的认识和分析。

另外，有一种有效的对视听文本进行详细分析的工具，即多模态转录。这种方法涉及将胶片分解为单个帧、镜头或阶段，并分析在其中运行所有符号的模态。这种方法经常用于制定字幕策略并通过各种符号形态的结合，提供关于如何创造意义的见解，以及字幕形式的口语信息与其他意义来源的互动方式。研究者使用此工具已对各种类型的视听文本进行了分析，包括故事片、广告、新闻节目、肥皂剧等，从而提供了在字幕策略方面比较这些类型的可能性。

4. 预制口语

视听文本，特别是类似于故事片和电视剧的叙事文本，对于口述的再现有其特有的规则和约定。这些文本是一种预制且自发的口语形式。尽管这些视听文本的口述性看似自然，但它们实际上是“写出来的”。这种“预制的口头语言”不管起源如何，都是大多数视听文本的共同特征。

从源文本的角度来看，口语代码的语言特征与自发的口语并不完全相同，因为实际上，屏幕上演员的口语演讲不过是朗诵书面稿子罢了。但是，它必须像叙述一样是口语的。电影对话的所谓口语表达实际上是一种虚构的人为幻想，因为对话通常源于先前编写的剧本。不可避免的是，街道上的自然语言与试图创造自然和自发性印象的电影对话之间会有一定区别。

加泰罗尼亚电视台对此类文字语言的定义提供了指导，主要侧重于配音。这家电视公司遵循的原则是使翻译后的对话看起来合理，并遵循目标语的约定。加泰罗尼亚电视台在其语言标准中表示，配音需要一种特定的语言形式，即伪造自发性时要说的非自发语言。同样，规定必须在配音时将自己置于口语的特殊性中。口语的语法结构与书面语不同，但还要考虑到它不是自发的口头语言。

叙述性视听文本中的语言可以说是介于自发的口语演讲和预先准备好的书面演讲之间。预制的口语演讲是根据某些电影惯例创建和编写的。要朗读的文字与自发的语音之间的区别在于，前者是计划好的，而后者是没有计划的。

从事配音文本翻译的译者需要注意原著的语言多样性，需要改编人物和叙述者的语气。每个角色的说话风格是不同的。其语气取决于历史和社会背景、角色的性格和他所经历的情感状况。但是，当将源视听文本的预制口语渲染为配音的目标文本时，结果可能是相当不自然的。人为的虚假是配音版本中的主要缺点之一。观众可以听出来配音不是原声，毕竟配音语言根本不符合普通人的讲话方式。

视听文本中的预制口语性质使翻译人员陷入双重困境。源语言和目标文本的语音位于自发性和计划性话语之间的连续区域中，显示了两种极端的特征。在实际计划中，配音必须听起来自然，就像口头讲话一样。毫无疑问，参与配音过程的翻译人员面临着巨大的挑战。

五、视听翻译传播的策略

首先，关于文本的概念。屏幕文本是短暂的，不容易适应源文本和目标文本之间的传统二分法，此外还具有独特的多模态性。游客手册、新闻文章、艺术书籍、儿童书籍、说明手册、展览目录、插图书籍和广告等都结合了文字和插图，标点和布局空间在印刷页面上有很大的变化余地。那么，言语单位是否还在这里适用？文字在文学翻译、会议口译和视听翻译中含义是否相同？线性和口语文字的传统概念无法解决多种符号语种的文字现象。这里没有提及超文本，一种通过电子链接进行文本间互连的概念，可用于构造和访问远程通信中的文档。屏幕文本和多媒体文本之间的融合可能比屏幕文本和传统文本之间的融合更多。无论如何，可以发展文本性的构成标准并使其适应屏幕文本，如连贯性、情境性、信息性和互文性之类的标准。

其次，视听翻译人员还必须对意义的概念进行批判性思考，因为它既不是以线性顺序产生的，也不是由单一符号系统产生的。不仅在创建视听产品时涉及的各个人物之间，还在他们与观众之间，甚至在不同的视听产品之间都存在交互作用。鉴于电影通常提供各种版本，原始发行和后续发行或广播的层次结构都变得令人质疑。那么在提到视听翻译时经常提到的损失概念又如何呢？它不能仅限于言语元素。当人们阅读字幕时，图像的含义是否有一定的损失？文本和意义问题牵涉到有关视听翻译中翻译单元的问题。这些单元可以基于语言使用和出现的可预测性。它们本身与场景类型有关，如认知语义中定义和描述的场景。

翻译本身的概念体现出缺乏共识的问题，在适应、操纵、审查、转移和翻版等方面存在重叠。重要的是，要重新考虑在社会背景下起源和传播的翻译规范与技术约束之间的联系。在这方面，字幕可以说被滥用了。例如，那些网络中日本动画片的字幕是由业余爱好者制作的。他们忽略了公认的字幕惯例，并引入了印刷字体的变化，添加了注释或评论，或者改变了字幕线的位置。电影在电影院中越来越少见而更多是以 DVD 形式或在网络上发布。因此，规范的改变是可以预料到的。另一个相关的问题是书面和口语之间，书面文本规范与字幕书面语言之间，以及普通语言与配音之间的关系。从更广泛的角度来看，这会导致基于符号和缩写的书面交流的长期影响（例如 SMS 消息以及在线聊天）。

最后，视听产品接受的概念还没有达成共识，这个广义概念可能包括认知水平上的反应、行为方面的反应以及文化秩序的影响等诸多方面。

第三节 空间媒介

一、空间媒介研究的三个前提

1. 空间的文本性

分析的出发点包括一些假设。首先，空间具有文本性。作为一个在特定社会背景下发挥作用的意义生成的整体，建筑环境被理解为一种社会和文化产品，并通过使用而不断地再生产。其次，意义是系统性的，因为它们产生于社会文化实践；但它们并不是固定不变的，因为它们除了受制于非时空和系统性的变化之外，还受使用者的特定阅读立场的影响。重要的是，这些文本是社会符号学的社会建构；就像语言一样，它们并不代表某种预先存在的“现实”，而是主动地建构了它。

2. 意义的多元功能

分析的第二个假设是意义具有多元功能。意义不止有一种类型，这源于韩礼德对语言的元功能假设，并延伸到其他交际文本（如视觉文本和空间文本）。该假设指出，有三种关键的意义类型。第一种类型的意义涉及传统意义上的“内容”，即文本是关于什么的：它指的是什么或代表什么。这与韩礼德的三种意义形式相类似。在建筑中，这包括了建筑的字面功能和用途。然而，意义不仅仅是指在文本中的内容或它所代表的意义，还包括文本如何使参与交流过程的人之间产生互动。互动者可以被称为建筑物的生产者、机构所有者或使用者。这种互动被称为人际意义，也被称为互动性或定向性。

通过人际资源，互动者的特定角色和关系被建立和启用，对文本的立场或态度被传达出来。在建筑中，我们看到了使用者以不同的方式进入和使用建筑，也看到了建筑以不同的方式为自己建构与周围人的角色关系。这两类意义需要作为一个连贯的整体被整合在一起，因此，第三类意义是文本意义，也被称为构成性意义或组织性意义。文本意义创造了联系并提供了连贯性；它们将某些意义放在优先地位，而将其他意义放在次要地位。表象性、互动性和组织性同时存在于所有文本中，任何一个文本都是这三种意义的综合体。尽管在某一特定点上，注意力可能会被吸引到其中一种而不是另一种意义上，尽管理论上的描述将它们分开，但它们依然可以同时存在，并且可以被看作是用来检查同一文本的多个镜头。

3. 空间文本的层级性

空间文本不是单一的、不可分割的单位，而是由相关单位组成的复合体，类似于语言中的等级概念。因此，研究空间文本，确定分析的等级非常重要。是将建筑作为一个整体来考虑还是考虑它的组成部分（如房屋内的房间或商场内的商店）？还是将其考虑成一些较小单元（如房间内的墙壁或商店内的陈列品）？实际上，与等级的类比主要是一种启发式的建议，并且对一个文本的分析可以关注于该文本完全不同的各个方面。

二、空间的三重功能

1. 组织功能

组织框架包括用于塑造文本的资源：使之连贯或零散，以及将某些意义优先于其他意义。克雷斯和范莱文注意到了与组织意义相关的五组关键资源：信息价值、显著性、框架化、阅读路径和节奏。信息价值涉及文本的构图布局，以及项目之间的位置关系如何赋予这些项目以特定的信息价值。显著性是指通过各种资源使之突出，如大尺寸或对比鲜明的颜色、特殊的照明、文化价值和与信息价值的混淆等。框架化指的是相似单元之间的无缝或分离程度。弱框架化表明项目之间的无缝性；强框架化表明分离性。框架化可以通过各种资源来实现，如利用物理屏障如栅栏、墙或窗等物理屏障表示建筑风格的对比或延续；利用设计特征如涂料的颜色来表示连续性或对比度等。在二维文本中，阅读路径是指读者可能会以何种方式接受一个视觉上复杂的文本；在建筑中，阅读路径是指"看"如何在视觉上接受文本。在后一种情况下，它是通过诸如构图向量等资源来实现的，如使用人行道或使用构图实践来引导使用者沿着路径，并建立单位之间的关系。节奏是指设计实践的重复或中断，以创造凝聚力（Kress & van Leeuwen，2006）。

2. 互动功能

互动框架既包括文本的生产者/使用者之间的角色和关系，也包括通过文本特征传达的任何立场或态度。在克雷斯和范莱文的框架中，构建交互意义的关键资源包括：权力、参与、社会距离、接触和模态，在此基础上，我们还将添加控制及约束与结合（Kress & van Leeuwen，2006）。

权力的维度涉及互动者之间的相对平等，或者说缺乏相对平等，而这主要是通过垂直角度来实现的。如果角度较低，那么用户就会"仰望"被代表的参与者，这就给了被代表者权力；反之，则给了观看者权力。通常情况下，巨大的高度被用来暗示建筑的力量。在建筑中，水平维度也可以建构权力关系：如果一个建筑在垂直维度上特别坚固，或特别大，那么这是一种额外的权力内涵方式。

参与性指的是观看者参与到文本中的方式，与横向角度有关。向心视角给人以正面观看的感觉，是指观看者对文本的主观参与。倾斜的角度提供了一个侧面的视角，反映了对文本更多的脱离性参与。在建筑中，这种角度通常表现在为进入建筑提供的直接或间接入口上：我们可以直接走进去，还是需要绕道而行？然而我们将看到一些"价值"或多或少是相反的。

社会距离可以从亲密的、个人的，到社会的、公共的、非个人的，通过观看位置的距离来实现。与“远处”相比，“近处”显然代表了更近的社会距离。在建筑中，这可能与围墙等特征有关。因为围墙的设计可能是为了让人远离，也可能与建筑或其入口与街面的距离较近有关。当然，如果可以“穿越”三维空间，社会距离的程度可能会因为接近的性质而改变。

接触系统。就视觉图像而言，接触系统反映了图像作为一种需求或邀约的功能，并通过凝视的存在或不存在来实现：直接的眼神接触构造了一种需求，而这种凝视是一种邀约。一座没有多少窗户或窗户不明显的建筑，并不会以这种方式邀请人们参与进来，因此有些东西是需要进一步考虑的；当人们的目光从窗户进入建筑内部时，就有了互动的需求。总的来说，联系系统需要进一步发展，以考虑到需求中的联系等变量。在图像中，这可能指的是“直接”的凝视是否可以部分地被遮蔽（例如被眼皮遮挡）；在其他模式（如网页）中，它指的可能是实现凝视的方式是动态还是静态。

模态系统与文本的“真实性”有关。模态高的文本被认为“更真实”，而模态中位数或低位数的文本则是“不那么真实”。对模态的评估取决于文本的编码取向，然而在建筑中，新型非常规的风格的使用预示着编码取向的转变。在这种情况下，一栋建筑可能被解读为低模态。新的编码方向的使用有很多影响。从组织上看，它在新建筑和邻居之间创造了一种强烈的框架感，突出了对比和差异。但在人际关系上，这些选择为机构创造了一个特定的“面孔”或“角色”，使参观者对机构的角色有了初步的认识。

互动框架的其他维度包括用户在三维空间内以及周围的控制和自由度。控制和自由度是通过用户可以自由进入建筑及其内部的程度，用户的通道开放或关闭的程度，以及他们的行为有无监控实现的。

此外，还可以从空间的约束和结合程度来考察。约束度指的是用户所能获得的安全或不安全感的程度，其范围从被约束到无约束分级。中心代表安全，极端代表不安全感。它是由不变性特征（如基座、墙面和顶面平面的高度与摆放等）和可变性特征（如利用色彩、光线、质感来改变空间内的氛围）的复合体来实现的。结合指的是用户在多大程度上与一个空间“认同”，利用图标和特征来创造或抑制一种归属感和团结感。

3. 表征功能

表征框架最接近传统意义上的“内容”，即一个文本“代表什么”或“关于什么”。关于文本中使用的“标志”的基本含义和内涵，就建筑而言，可能是指建筑中使用的材料，也可能是指设计中的形状等。此外，还要考虑到文本的功能和用途，即文本能发挥出什么样的功能。此外，对特定对象或选择可能暗示着表征意义。克雷斯和范莱文（2006）特别提醒注意视觉图像中所表现的过程类型，当“看”建筑和“走过”建筑时，考虑到在特定空间内有什么样的行为。过程类型包括叙事过程，即通过叙事向量的存在来实现某种“行动”，表现为行动、反应或心理和言语过程，或者它们可能是概念性的。

三、空间媒介的翻译传播

对于关于翻译文本的研究，我们需要在空间和言语文本之间建立起联系。斯科隆（Ron Scollon）和斯科隆（Suzie Wong Scollon）提出的地理符号学理论比较有借鉴意义。地理符号学研究的是标志在世界中的物质安置的社会意义。这一理论将以前未曾整合的成熟研究汇集在一起，形成一个单一的、连贯的场所意义分析框架，如话语分析、社会心理学、传播学和文化地理学等。具体来说，地理符号学体系由四个部分构成：社会行为者、互动秩序、视觉符号和场所符号（Scollon & Scollon，2003）。

社会行为者是个体生命的习惯。每一个位于特定环境中阅读特定文本的个体都有自己的历史（例如他们所讲的语言、他们来自的地方），这些都影响着他们在特定场合下解读文本的方式。在博物馆环境中，不同的人站在陈列品前阅读同一标签，会因为个人背景的不同而产生不同的展览叙述。甚至可以说，这些参观者在参观博物馆之前，他们的习惯就已经塑造了他们的博物馆体验。

互动秩序指的是传统的社会关系集。我们可以观察或挑战这些社会关系，这与我们如何看待这种社会关系中的自我和他人密切相关。馆长以圣芒格博物馆的遗址为例来说明这一概念。他回顾了一些宗教信徒是如何将博物馆视为一个宗教而非世俗的地方，并对宗教物品的摆放需要遵循宗教惯例提出异议。不认同博物馆对某些宗教习俗的解释方式甚至引发了参观者对展品的损坏。

视觉符号被广义地定义为“意义在我们的视觉领域中被结构化的任何和所有的方式”（Scollon & Scollon，2003：11）。克雷斯和范莱文提出了一系列考察视觉组成的工具，如模态（色彩饱和度、色彩调制、亮度等）和构图（向心、偏振等）。然而，该理论中视觉分析的一个重要延伸是关注视觉图像被放置在现实世界中的方式，以及社会行为者如何对这些图像进行索引，从而建构其持续的社会表现。

最后，场所符号是四种符号中最为关键的组成部分，包括建筑、城市规划和景观分析等。它指的是符号学系统的巨大集合。这些符号学系统并不位于社会行为者的人或视觉符号的框架化的人工制品中，因为地理符号的中心论点是：一个行动在地球上的确切地点是其意义的重要组成部分。

总的来说，地理符号学的框架可以概括为：场所的意义是通过特定的人，以其话语背景，在其所处物理场所，并在他们认为相关和适当的社会关系中，通过其视觉领域内的任何视觉符号学的影响，创造出场所的意义。这个框架使我们能够研究源文本中的展览文本和圣芒格博物馆提供的目标文本中的展览文本之间的差异，属于地理符号学系统中视觉符号学的组成部分。

尽管地理符号学为目前的研究提供了有益的启示，但仍存在一些局限性。第一，该理论主要用包含相对较少的文字的多模态文本来说明，如商店的招牌和路标等。斯科隆等认为，因为涉及的语言太少，所以我们可以清楚地看到索引性—可索引性联系的不同要素的运作方式。例如，“ONE WAY”这两个词的交通标志是如何与箭头矢量的视觉符号学，以及箭头所处的位置相互作用，从而产生“只往一个方向行驶”的意义的。这里我们没有举出较长的言语文本的例子，如博物馆中的标签等。在较长的文本中，很可能不是所有的文字都是索引性的或脱口而出的，或者文本中可能索引的地方结构比较复杂。第二，由于这些例子大多取自开放的公共空间，与博物馆等有目的的空间相比，该理论并没有为分析场所符号学提供一个系统的工具。文中对场所符号学的分析主要是对具体与所举例子相关的语境背景的临时性描述（如不同华人社区的阅读习惯）。第三，尽管认识到社会行为者及其个体背景在地理符号学中的作用，但没有提供任何方法来考察这部分内容，只有一些顺带的评论，如“为了检验这些想法，我们和我们的同事进行了焦点小组和访谈。在访谈中，参与者被要求讨论各种迹象的照片”（Scollon & Scollon，2003：134）。

最后，该理论的一个明显的局限性是，尽管有一些关于多语言社区公共标志的评论，但它并没有直接涉及翻译文本在空间中的作用。我们认为，言语文本引导游客感知博物馆空间的方式与翻译研究相关性较强，因为译文的使用者往往是来自其他国家的游客或多语言社会中的少数民族社区成员。因此，他们可能不像源文本的读者那样熟悉博物馆及其相关文化。并且，游客更难以与来自遥远的、陌生的文化中的物品建立共同点。因此，随文文本起着在潜在、复杂和陌生地形中引导读者的作用。对于不熟悉博物馆的源文化或展品的参观者来说，他们可能更依赖于博物馆提供的各种形式的解释，如文物标签、语音指南和互动式触摸屏等。因此，研究博物馆中的源文本和目标文本是否可以引导游客构建不同的现场意义将是一个很有意义的研究问题。

第四节 互动媒介

一、互动媒介的传播功效

社交媒体中话语权的性质、位置和动态都是流体，是可变且非静态的。社交媒体通过电子设备提供各种形式的正式通信，通过社交媒体在大众和人际交流的交汇处提供的交流能力，人们将其定义为一种新的交流范式。社交媒体传播可视为跨任何电子平台、空间、站点和技术的电子媒介传播。用户可以在社交媒体上共同制作和编辑内容、同时或分别进行人际交流和群众交流且有权查看和回应机构和用户生成的内容/文本。

社交媒体包括社交网站（如 Facebook 和 Instagram）、专注于众包内容的网站（如 Wikipedia）、电子论坛、链接共享/管理站点（Digg 或 Balatarin）、博客站点（Tumblr 和 Twitter）和即时消息应用程序（如 What's App 和 Telegram）。社交媒体的本质是促进参与和互动，在互联网上开发和分享的内容既是参与的产物，也是传统创意和出版广播过程的产物

新的通信协议打破了文本生产者和消费者之间的清晰界限。话语练习的多对多动态已经取代了大众传媒单向的一对多界面。社交媒体对政治传播也存在潜在影响，一种新型的参与式交流正在慢慢瓦解大众媒体的集中力量，这可能会导致话语权分散化和大众化。就社交媒体批判性话语研究（SM-CDS）方法而言，尽管社交媒体的本地传播动力似乎削弱了，但宏观、政治、工业和地方传播权概念仍在话语背后发挥着作用。

二、互动媒介的文本属性与表意机制

1. 文本属性

大多数人通过各种形式的产出（媒体生产的最终结果）以消费者的身份体验媒体，比如阅读报纸、杂志和漫画，观看电影和电视节目，收听广播和音乐，以及使用互联网和玩电脑游戏。而且人们可以在不同的地方体验多种媒体产品，比如流行歌曲可以出现在广播中，也可以作为电影的配乐或电视节目的背景。

通过考虑以下三部分关系，人们可以区分标记媒体产出方式和理解功能与意义的方式：

首先，媒体产出具有人工制品的物理形式。它们包括 DVD 光盘、小

报、胶片卷和冲洗照片等，甚至是任何音乐乐队均可下载的歌曲的数字信号。

其次，就商品地位而言，媒体产出具有经济价值。在这里经济价值指的是媒体制作和媒体产品的成本和价格，比如电影票的成本就是电影以及DVD的出租和销售收入的一部分。即使人们不一定会直接购买媒体产品，但也会参与到一条包含媒体制品的价值和成本在内的经济链中，这些价值和成本可能与其他一些支出有关。无论以哪种方式，消费者都完成了支付，并获得了生产者期望的某种投资回报（极可能是利润）。

最后，可以将媒体产出视为产生意义价值的场所，即媒体产出的内容和方式，以及它们对于个人和社会所存在的意义。这里指的是媒体产出在心理、情感、文化、身体和智力上影响人们的方式，即媒体形式的娱乐、刺激和告知会让人们感到愉悦、震惊或给人提供精神食粮。

当研究文本时，相比询问生产、分配和消费的实际结果，或者是根据其经济状况所定义的商品生产、销售和出售方式，人们更有兴趣关注有关意义的问题。当然，人们应该意识到这三种标记媒体产出的方式间的相互关系，这些区别是探索文本特殊性以及意义的构造和传递的一种手段。

在这里，不同于“人工制品”和“商品”这些术语，“文本”的使用显示了媒体研究领域对英语文学的亏欠。在文学研究中，文本的形式包括书籍、诗歌和戏剧，它们是仅通过文字选择和使用中产生的含义来进行阅读和分析的。人们几乎不认为字体、封面图像、纸张质量、出版商和价格与解释行为中的叙事、计量或结构的主旨有关。

有时也将“分析”称为包括照片、电影、流行音乐等在内的文本的“阅读”，这也反映了对英语文学的亏欠。同样，将文本解释为各种媒体的“创造性”和有意义的产品，是为了超越单纯的描述，以便充分阐明文本表达的世界。

2. 表意机制

理解媒体产出作为文本的含义似乎是一件非常简单的事情。人们登录网站，收听广播或者看电视时，会遇到各种媒体形式的广告。广告出现得如此之快且频繁，以至于几乎没有在人们的意识中留下印记。但是，人们不必在遇到任何广告时都停下来注意它们，如果人们沿着街道公交车站两侧（或在商店橱窗中）的广告牌和海报看，很可能会发生道路阻塞。因此，人们看到各类媒体产出时都能快速理解其含义（至少是表面含义）。理解媒体文本是一种习惯，也是人们生活中的一个常态。

当人们看电视或收听广播时，主持人和演员通常会用通俗易懂的语言描述人们认识的事物、地点和人物来吸引大家的注意力。此外，媒体产出的某些方面是很难用书面、口头语言或可识别的图像来解释的。流行音乐不仅使用文字，有时也混杂着乐器声以及从电脑游戏和移动电话中发出的电子提示音和哔哔声。电影、电视和摄影等视觉媒体也充满创造性，通过使用光、色彩等来达到引人入胜的效果。

由此，人们可以通过三种方式来思考实现意义的工作。人们经常考虑媒体如何使意义或意义的范围成为个人或目标人群所包含的数千种媒体产品中的任何一种。看报纸、看电影、看照片或玩游戏的含义似乎很简单，不需要回想起为阅读或解释做准备的工作。

首先，这项工作是媒体制作人本身的工作。作家、电影制片人、音乐家、程序员和设计师的期望和想法，他们所从事的惯例和机构以及与消费者分享的情境，这些都为意义的产生做出了贡献。其次，媒体消费者所做的工作源于其成长经历以及生活中更广泛的文化、社会和历史背景。最后，人们定期了解报纸、电视等各种形式可以使人们为不断的消费和娱乐做好准备。对媒体的接触以及对各种运作方式的了解类似于人们学习母语，人们自打出生通常是无意或无选择地学习母语。人们生活在一个充满媒体的世界中，周围都是媒体文字，即使那些反对这种情况的人也无法避免。

因此，作为生产者和消费者之间关系的一部分，媒体产品具有多种形式和目的，并通过多种手段创造意义。因此，人们可以看到文本和文本含义总是和语境相关。在每种情况下，意义首先取决于沟通的方式。

这里举一个非常简单的例子，如果人们可以在任何计算机上使用本书中的字体，那么诸如“恐怖”之类的简单词语的含义会受到哪些排版选择的影响？如果这个词（或任何可用的字体）出现在电影海报、漫画书、互联网网站的弹出页面、T 恤或 DVD 封面上，也许人们无需相应的图像，甚至不使用任何颜色，就可以想象这些事情。但即使如此，此类缺失在每种媒介的文字含义中也是重要的选择。

通过开发分析媒体形式和含义的关键技能，人们希望引起对媒体及其产品不自然这一事实的关注：媒体的运作和向人们传达世界的方式不一定是显而易见的事情。

人们有时会随意地用一些短语指代各种媒体及其提供的内容（比如“世界之窗”“真实事物”等），这些短语反映了人们消耗任何媒介的习惯性方式。人们很少会与媒介建立临界距离。因为已经知道媒体在说什么，所以人们很少会问有关意义表达方式的问题。

人们想发展一种分析模式，以解决媒体如何发挥意义的问题，以便思考与生活和社会中密切相关的利益问题。这种方法加以适当执行、呈现和说明后，可以说服他人进行解释，支持任何论点，或就社会价值、文化见解甚至媒体文本的影响发表更广泛的观点。

三、互动媒介的分析框架

1. 语境

巴赫汀（Bakhtin）（1986）将体裁与语境的概念联系起来。体裁理论，特别是那些涉及语境体裁的理论，强调了语境在体裁和解释中的作用，即一种体裁在针对特定语境执行特定动作方面是有效的，并且语境为个人提供了有用知识和技能以识别和调动体裁。体裁和语境之间的区别是纯分析性的，这两个互补概念可用于思考任何参与过程中参与者之间的关系，可以将相同的参与组件（如技术或受众）视为体裁或语境的元素，因为这两个概念都涉及该组件在参与过程中扮演的不同但相互依存的角色。作为一种分析工具，语境这一概念使人们开始考虑起制定或解释该体裁的环境。

一方面，语境通过限制可用选项的范围（参与者可以访问的类型或适合于参与者的类型），不仅在特定参与性事件的规模上，也可以在公民参与的历史规模上，影响着可行或可识别的类型（尤其是形式和内容），因为随着语境转换，参与类型会随着时间的流逝而发展。另一方面，体裁的使用塑造了语境，加强或改变了交互和解释的框架。从战略角度来看，在某些情况下，可以通过实施替代类型来改变背景。与阿尔芒格（Armengaud）（1985）提出的实用交流语境类型相一致，人们探索了公共政策制定中参与性体裁的用法和解释的两个语境维度（语境和社区）。

阿尔芒格（1985：60）的环境、事实、存在和指称语境包括“说话者的身份、所处的自然环境、谈话的地点和时间”。公民参与公共政策制定时所使用的间接语境这一概念引起了人们对当前和现在参与的社会、物质、空间和时间方面的关注。这种情况对参与类型的范围进行了适当限制，还可以作为一种资源来识别和推断在互动中采取的体裁。

有关参与类型研究的第一个维度是参与者之间的权力关系状态。因为参与性体裁会重新确认参与者之间的权力关系，所以参与类型的使用确实是权力斗争的结果。尽管充分参与的乌托邦将后者视为通往统治者与被统治者之间更横向关系的皇家之路，但现有研究结论尚不明确。虽然相关研究已经证明，政策参与会鼓励决策透明化，并消除制度化的等级制结构，但一些学者认为权力的分享仍存在弊端（例如，而且还有很多研究强调，参与性倡议往往会重现［甚至加强］现有的权力关系，即支持那些制度化权力的人）。

在公民参与公共决策的文献中经常强调的另一种情景因素是技术（如基础设施、应用、接口）。这些技术诱发、促进或阻碍某些参与类型，并对参与者的解释造成影响。在参与性活动中引入技术可以产生三个效果：更多人或不同的人可以参加；活动的效果聚焦于新演员；活动本身的形式发生改变。

听众的本性是另一个相关的语境元素，它在很大程度上取决于所使用的交流工具。听众是指经过批准和未经批准的参与者，即所有可以使用参与空间的人，那时正在撰写有关广播和电视内容的戈夫曼（Goffman）（1981：138）也说道，参与是通过想象中的接受者来进行的。比如基于文本的在线对话沙龙 Cafe Utne 的受众是匿名的，没有面对面的参与者，也没有参与者的视觉显示，并且规模未知，因为有大量的潜水者只阅读而不发布消息。

在公共政策制定中的参与体裁理论中，还有其他相关的语境因素，比如参与地区（本地、区域和全球）和参与地点（如辩论论坛是在政治团体或机构的网站，还是在大众媒体的网站上，或是在个人网站上举办都无关紧要）。在有关公民参与的研究中，应该更加谨慎地考虑语境因素，并更好地将其融入当前理论中。

当谈到宏观语境或预设语境时，语境体裁理论中要考虑社区的概念。社区问题对公民参与公共决策的研究来说并不陌生，因为听众具有多种多样的性质，假设所有公民都成为目标听众是非常困难的，所以项目组织者反复建议人们明确其“目标受众”的特征（文化规范、计算机技能等）。此外，任何电子参与系统都必须适应每个国家的文化和传统。德萨热（Desages）和戈达尔（Godard）也认为，公民参与运动的制度化遇到的最大障碍是，它不取决于共同意义的共同体（Desages & Godard，2005）。在以后的研究中，需要进行进一步掌握社区在公民参与公共政策制定中的作用。给定社区的首选参与类型是什么？社区如何分散对参与式的理解？如何划定参与性社区的界限？这些问题对政治能力、政治共同体和政治文化的观念都提出了要求。

2. 目的

交际目的是体裁理论中的关键概念。斯威尔斯（Swales）（1990：58）将言语类型定义为“一类交际事件，其成员具有某些交际目的”。因此，交际目的是一种描述体裁目的的方式。交际目的是指给定社区内社会上可接受的目标，而不是个人或特定的动机。海姆斯（Hymes）（1986：61）在这方面将传统上预期的目的（结果）与纯粹是情境或个人的目的（目标）区分开来。值得注意的是，体裁理论在目的与体裁之间的理论关系的解释上是模棱两可的。有些作者认为目的是情境的组成部分，另一些人则将其视为体裁剧目的一个组成部分，而其他人将其作为理论框架的独立组成部分，还有一些人在这个问题上持回避态度。

现有的关于公民参与公共政策制定的文献都没有提及参与的目的。范戴克（van Dijk）一方面区分了政府和行政部门的目标，另一方面又区分了公民的目标。前者目标包括其合法性的增强、政策和服务质量的提高、与公民的联系以及民意调查等。至于后者，则包含充实政治议程、获取有关公共问题的信息，以及控制政府或行政管理等目标（van Dijk，2010）。许多参与类型的定义也都提到了这些目标，比如请愿书旨在通过提出建议来影响决策者的议程从而影响要解决的问题或挑战，调查旨在衡量给定时间点的舆论状况，而协商旨在为利益相关者提供机会表达观点。因此，应将参与目的作为公共政策制定中参与类型的组成部分。当然，还有一些问题有待解决。比如社区归因于参与类型的目的是什么？参与式体裁是通才（适于实现多个不同目的）还是专家（适于实现特定目的）？参与目的在多大程度上产生了对参与剧目其他要素的期望？

许多学者都区分了政府或行政机关的宗旨，而公民的宗旨则提醒人们，作为一种体裁的组成部分，参与的目的是依赖于社区的文化习俗的，因此区分政府和外行公民是很重要的。这意味着对参与目的的不同见解在任何参与事件中都可能带来误解甚至冲突。而且，参与目的通常由具有特定动机的利益相关者来协商。对参与性类型的定位方法有可能使人们考虑到这些特定动机和利益如何与社会或随意性赋予的目的产生冲突或共鸣。除了参与的崇高目标和社会认可的目标（加强民主、向平民表达声音等）之外，通常还有一些特殊的（或多或少被贬低的）意图。如果特定动机或个人动机变得过于突出，就可能会干扰参与目的，并在利益相关者间产生紧张或冲突。

3. 方式

体裁理论通过形式规则来定义体裁。例如在线对话休息室的特征是文本的使用、消息的结构和线性的对话线程。一种体裁的形式包括材料（沟通媒介），结构和语言/符号等方面。而页面类型（如档案）包括博客、软件（如Blogger）、功能（如日历）和链接（如与其他博客的链接）的结构元素。在关于科学博客的研究中，可以根据口语和视觉元素来定义体裁的形式。

我们可以在四个方面对公共政策制定中的参与性形式或形式要素进行特征描述。首先，适当地回到关于参与的概念性辩论中，因为它们可以澄清参与体裁方式的程序维度。有关参与方式的争论导致参与程度或水平的几种模型通常以阶梯的形式出现。阿尔斯坦（Arnstein）区分了：1）操纵和治疗（不参与）；2）信息、咨询和安抚（象征性参与的形式）；3）伙伴关系、授权和公民控制，这些赋予公民有效的决策权力（Arnstein，1969）。卡彭铁尔（Carpentier）（2007）虽然对阶梯隐喻持批评态度，但他对进入、互动和参与进行了区分，后者在媒体参与的背景下，将公众与决策过程中的权力关系联系起来。范戴克（2010）提出了参与公共政策制定的阶梯，其中包括信息、咨询、建议、共同制作和共同决策五个方面。

除了每个模型引入的细微差别外，人们还发现了一些重复出现的参与程度类型，例如告知（或被告知）、建议（或表达观点）、共同制作和共同决定。在这方面，文献中有很多参与失败的例子，人们建议将其重新解释为在参与程度的定义上存在分歧。在文学中有一个反复出现的例子，那些对重要的政治决定充满想法的公民“参与”了磋商，但结果他们发现决定是在没有他们的情况下做出的，该一决定似乎与他们所表达的担忧相去甚远，而且决策者对于如何考虑公民的意见保持沉默。有许多原因可能导致参与程度的分歧，比如不够明确的参与程序、公民缺乏对制度化参与类型的了解，或者深刻的政治挫败感无法有效地为积极的公民做出决策。

参与式剧目“如何”的第二个方面涉及传播媒介。参与类型确实可以归因于适当的交流工具。信息和通信技术（ICT）为面对面的交流和纸质与邮政邮件等传统的通信工具开辟了新的通信可能性。那么，人们是否可以将信息通信技术视为参与式节目的组成部分呢？事实上，大量研究（和实践）都集中在电子参与上，电子化的公民参与形式没有被边缘化，甚至当今公民参与方式必须是电子化的。在某种程度上，信息通信技术更能使公民参与其中。另外，实践的多样性要求深入探讨参与式体裁和传播工具之间的关系。某些参与类型，例如在线辩论论坛，显然具有明确的传播媒介特征。但是，定义不是很清晰的其他参与类型又如何呢？在哪种情况下，给定参与类型会涉及哪种沟通媒介的使用？参与领域影响了通信媒介的选择，比如在欧洲，如果没有互联网，大型公众几乎不可能实现跨国参与，这意味着在这种情况下，在线媒体主要是一种体裁的组成方式，尽管不是排他性的，而在本地范围内共存仍然是参与的主要方式，即使主管部门希望使用在线交流工具（例如网站、电子邮件或电子论坛）。

有关公民参与的研究表明，参与类型的“如何”要素至少有两个维度。一方面，参与式体裁形式或多或少具有特定的交流风格。在线政治辩论论坛概括为以下几个重复出现的特征，这些特征共同构成了人们所说的传播方式。比如由于缺少特定的收件人，口语和写作之间以及人际和大众传播之间的界限越来越模糊，个人的表达方式深受影响。另一方面，参与类型可以根据以下三种模式来构建利益相关者之间的交流：一是采取传递形式，即信息以单边方式传递给公民，二是根据公民向决策者的“信息反馈”模型采取回应形式，或者采取互动形式，使利益相关者之间的对话得以持续。在这方面，援引审议性民主概念的参与性项目在互动方面产生了实质性期望，但通常情况下的制约因素限制了其实施，例如在爱沙尼亚辩论论坛 TOM 上，技术特点减少了回应式交流。该网站并未促进讨论，尽管用户可以对原始想法发表评论，并通过投票来支持这些想法，但这些想法的格式仍然合理，系统功能不允许这些想法的作者对评论做出反应或进行讨论。作者确实有时间和机会来修改建议，但是双向沟通的缺乏仍然降低了 TOM 的审议潜力。

4. 内容

体裁理论涉及实质的规律是体裁理论的核心。从理论上讲，实质通常是指主题内容，但从经验上讲，它在研究对象中的再现并不总是很明显的，有时甚至是不正确的。凯尔伯格（Kjellberg）（2009：13）指出，“科学博客”中的主题多样性（思想或个人事件、研究笔记等）使研究人员很难界定“科学博客”的类型，即很难将博客作为单一类型来谈论，但也许恰恰是研究博客类型的鲜明特征。关于公共决策中的参与式体裁，人们建议从体裁的顺序、问题的类型和重点的类型方面来检查它们的实质。

到目前为止，人们假设每种参与方法、活动或应用都可以视作一种特定类型。但是，根据上述体裁系统的概念，从相互联系的体裁的顺序上考虑这些也是明智的选择。换句话说，参与式体裁的内容可以被视为构成系统的体裁序列。经合组织将协商定义为“公民向政府提供反馈，而政府在邀请公民发表意见的同时，对问题进行磋商，提出问题和管理程序的这样一种双向关系”。正如该定义所述，协商构成了一个体裁系统，包括一个相对稳定且受约束的特定体裁序列，即宣布磋商和解决的主题，告知利益相关者（有关各方、主要问题、社会历史背景、技术方面等）以及提交调查表以征询参与者的意见。决策者对公民的反馈可被视为咨询系统的第四类。确实，现有研究坚持向公众通报协商结果以及决策者使用他们的意见的重要性，决策者对公民缺乏反馈可能会增加类似于选民的“咨询疲劳”。

首先，将参与类型与主题内容相关联似乎是无关紧要的。但是，有关公民参与公共政策制定的研究表明，参与性体裁优先解决的问题类型有：道德问题与技术问题；一般抽象问题和特定具体问题。同样，在线社交网络主要针对休闲和维持社会关系，通常“它们不参与社会公共政策制定领域”（van Dijk，2010：17）。那么在给定参与类型的框架内应该解决什么样的问题？提交讨论的问题类型是否会产生其他一般期望？就所讨论的问题而言，给定的参与性活动是否能满足该类型的期望？这些问题引起了一些学者的关注。

参与体裁在公共政策制定中的一种相关变化可以称为焦点类型。公共政策制定周期中的每个阶段都可能是参与性活动的焦点。艾格兰

(Aigrain)(2007)等人确定了六个阶段，这六个阶段分别是不公平的状态和问题的确定、紧要关头的确定和优先级的评估、公共行动可用选项的确定、立法的制定和审议、政策的制定和实施、实施和政策评估。范戴克分析区分了五个阶段，即议程设置、政策准备、决策、政策执行和政策评估。他认为，公民参与本质上集中在议程制定、政策准备和政策评估上(参与决策和政策执行与代议制民主几乎不相容)(van Dijk，2010)。除了一般性观察之外，还有其他一些问题值得探讨，比如：参与类型的首选焦点是什么？参与焦点是否带来了其他普遍期望？将类型归因于参与性事件是否有助于澄清重点类型？

5. 主体

我们在奥里科夫斯基(Orlikowski)和耶茨(Yates)(1998)的基础上假设参与式体裁以清晰和稳定的方式成为戈夫曼所称的已批准参与者(Goffman，1981)。已批准参与者是那些与未批准参与者不同的参与者，利益相关者也将其称为第三参与者，认为他们具有参与当前互动的全部权利。人们建议参与式公共政策的制定可以定义首选的参与者类型，并通过以下几种方式来表征：随机公民(如公共小组)与代表公民(如公共陪审团)；匿名公民与已识别公民；广泛的公众(如公共陪审团、调查组)与特定的社会群体(如焦点小组、公民论坛)；专家公众与非专业公众；权利(如全民投票)参与者与临时参与者；个人政党与集体政党(有组织的团体)。

奥里科夫斯基和耶茨(1998)提出了关于参与类型的主体维度的第二种假设，即后者确定了参与过程的合法发起者。范戴克(2010)指出，Web 2.0 技术促进了电子参与公民倡议的重新部署，而参与性项目几乎完全来自政府和行政部门。在对当地电子论坛的分析中，里德尔(Ridell)(2005：39－40)在提到公民查询类型时强调了相同的想法，即与主流媒体报道并行的民意调查和其他类似盖洛普调查以及市政网站上经常出现的调查不同，公民问题是由基层民众定义、制定和提出的。如果某些参与形式在很大程度上取决于政府或主管部门的倡议(如咨询和电子投票)，那么其他类型则为公民倡议（如电子请愿书和电子社区）提供了更多的空间，还有一些则可能来自政府/主管部门或公民（如电子论坛和电子战役）。

最后，第三个假设是参与式体裁通过潜在话语（特别是组织机构的话语）的称呼模式，以某种方式将参与者定位为决策者，包括客户、用户、公民、活动家、公众或其他人士，这不仅与组织机构有关，而且与其他参与者有关。里德尔（2005）在分析当地电子论坛中的公民体裁时也提出了问题，即人们可以询问互动是如何进行条件化和框架化并以生产和话语实践进行组织的；与类型有关的调解在什么样的社会演员角色中定位人们，是作为旁观者观察社会现实还是作为公共代理人来对待和解决这些问题；谁可能有兴趣积极参与塑造现实的过程。现有研究表明，尽管信息和通信技术具有民主潜力，但公民参与公共决策似乎仍以自上而下的方法为主导，这种方法可以促进获取行政信息或表达公众意见，将参与者限定为（政府或行政部门的）委托人或（政策）使用者的角色，而不是将公民视为合作伙伴或共同生产者或联合制作人。

6. 场域

体裁理论提出了两个理论假设，用于思考公共政策制定中参与性体裁的时间维度。这些特征以临时性或永久性为特征，并依照惯常的持续时间（如填写问卷需要几分钟，参加焦点小组需要几个小时，参加辩论论坛可能要花几周或几个月的时间）。

此外，体裁构成了交流空间，规定了适合给定互动的（离线或在线）的位置。人们建议使活动的地点作为公共政策制定中参与类型的组成部分之一。例如，在地方层面，市议会或一些官方政府部门（注重面对面参与），政府或行政部门网站（注重远程参与）。在欧洲层面上，我们可以说EUROPA网站是由许多欧洲参与类型组成的。鉴于远程访问参与性活动的可能性越来越大，因此有必要考虑到参与的来源，换句话说就是将活动的位置与活动的访问地分离。虽然这两个地点在面对面的参与式体裁中融合在一起，但是它们在远程实施中在物质上是分离的（仍然是相互依存的），因为访问（在线）活动地点是在另一个地点进行的（通常是从家里或是工作地点），由于移动通信技术的普及，从不确定的公共地点进行访问的情况也越来越多。

第五节 多模态语料库

一、多模态语料库

1. 什么是多模态语料库

多模态语料库是基于多个模态的语言和与交际相关材料的标注集合。多模态语料库不仅涉及传统语料库中常见的文本，还涉及其他感官（如听觉）和表达（如手势和语音）模态。因此，多模态语料库中的语料库设计和构建十分复杂。多模态语料库中对交际事件的语篇、听觉和视觉记录的整合，为探索会话的一系列词汇、韵律和手势特征，以及探讨这些特征在真实交际中的交互方式提供了平台。与语言学中使用历史悠久的单模态语料库不同，多模态语料库的构建和使用处于较为初级的阶段。尽管如此，使用多模态语料库仍然能够解答各种语言研究的相关问题。

2. 多模态语料库的基本要求

在各种类型的多模态语料库中，需要区分两种基本类型：仅附上书面标注物的视频记录和在多个级别上注释的视频和音频记录（分别基于音频和视频）。语料库需要满足代表性、有效性、概括性和标准格式四个要求。而对于多模态语料库，我们还应要求它们的标注方案独立于域和工具，且标签至少在单个级别中应该是互斥的。除了音频和视频内容之外，一个可供使用的多模态语料库还必须有元数据描述、标注指南和用户指南，以便为其编码者提供具体的指导。

3. 建立多模态语料库的必要性

多模态语料库的必要性体现在信息表达和接受的多模态上。手势是语言的一部分：言语和手势是两种表达方式，它们可以被视为话语过程的两个方面。同样，话语理论不应该从言语和手势之间的划分开始。手势是人类表达的一种形式，对理解说话者的表达有着重要意义，且它们经常表达与口头内容互补的内容。此外，不只是我们的表情，我们的感知也是多模态的。因为我们不仅处理我们听到的，还处理我们看到的（如面部表情、嘴唇动作、眉毛动作、发言人的手势等）。说话者之间既有听觉上的联系，也有视觉上的联系，听觉和视觉同时被感知被称为多模态感知。对来自各种模态的刺激的处理基本上是一个无意识的过程。由于听觉和视觉感知是同时发生且无意识的，因此在解释一个交际事件时也必须考虑到互动的非语言成分。

二、多模态文化传播语料库

1. 多模态文化传播语料库的现状

顾曰国（2006：132）指出，有两类研究者对多模态语料库语言学感兴趣。第一类研究者，对开展“多模态和多媒体话语研究”感兴趣，关注“人”，致力于解决更多基于社会科学的问题。第二类研究者对构建多模态语料库感兴趣。他们将其作为一项探索性工作，处理组装和重新使用这些数据集的具体技术问题，并评估如何最好地实现这一目标；也就是说，使用哪些软件和硬件工具等。其中许多研究人员更感兴趣的是“如何改进人机交互”（Gu，2006：132）。

与当前的单模态语料库类似，多模态语料库的内容、记录方式、大小等都高度依赖于它们要实现的目的和目标，以及需要探索的研究问题、技术或方法。有鉴于此，各种不同形式的多模态语料库和相关研究项目在某种程度上都具有以下特征：

1）设计与基础设施：关于语料库中数据的描述、记录的类型和用于收集、编译、标注和表示这些数据的基本设计方法。

2）规模与范围：数据量（以小时或字数计）和所包含类型的变化（以说话人的范围或所包括的不同上下文计）。

3）自然性：关于如何“自然”或“真实”地感知数据，以及它是脚本化和结构化的还是更自然的。

4）可用性和再可用性：对数据的访问权，语料库是否已出版、是否可供其他研究人员使用和分析等。

2. 多模态文化传播语料库的应用实例

比较著名的多模态语料库是诺丁汉多模态语料库（NMMC）。它以三种不同的模式呈现其数据：自然发生交互的文本、听觉记录和视频记录，并在一个功能性的、可搜索的语料库界面内对齐。通过对口语语篇的词汇和手势特征的了解，可以分析它们在创造真实互动中的互动。例如，与话语标记语相关的特定手势序列在学术会议中起着管理话语的作用。点头与用来表示活跃的听众关系之间语言形式的相关性。仅仅从交际的语篇转录来看，将言语语篇功能码映射到言语中的非言语手势是不可能实现的。然而，所有的数据都是从博士生和他们的导师之间的学术会议上收集的，这意味着观察到的那些特定行为是依赖于语境或体裁的。特定的谈话或手势序列可能只是针对特定的对话、特定参与者之间的对话或特定的学术背景。因此，这些行为可能会也可能不会在这种有限的背景下转移。

目前的多模态语料库也倾向于只提供相对少量的数据或关注特定的语篇语境，而对于描述语境之外的语言几乎很少提及。如水果购物车语料库（Fruits Cart Corpus），包含了一些任务的对话视频，其中说话人的言语请求和执行动作被标注了出来。它由 13 名参与者的 104 个数字视频组成，每个视频的持续时间从 4 分钟到 8 分钟不等，共计在语料库中产生了大约

4 000 个话语。其他例子还有任务生存语料库、NIST 会议室二期语料库和 VACE 多模态会议语料库。这些都是多模态语料库，每个特征都是从一个特定的话语语境即专业的会议室中提取的互动记录。在其中一些语料库中，内容在一定程度上是脚本化的或预先计划好的，并且记录发生的条件是受控的和实验性的（例如参与者被告知具体讨论什么）。因此，虽然多模态方法在识别传统单模态语料库无法识别的模态和关系方面已被证明是有效的，但这些方法不一定适用于解决研究问题。这些研究问题的重点是人际方面的沟通，而不是正式、专业的语境领域。

3. 多模态文化传播语料库的局限

多模态文化传播语料库的发展还存在一些局限性。第一，每个语料库及其设计和标注方案都有特定的用途。因此，它并没有涵盖交际事件的所有要素和类型。大多数手势标注方案只描述手势所包含的动作的大小、轨迹和方向。其中一些研究仅限于根据人体运动特性分析人体非言语表达的一个大的成分，如面部动作编码系统（FACS）对人脸的详细分析。第二，如果语料库的规模相对较小（数十或数百小时的标注交互），那么就不可能以自然比例观察各种语言现象。第三，参与者通常是坐着的，这就限制了他们动作和姿势的改变。第四，摄像机的数量和位置限制了与每个发言者相关的可分析环境的大小。通常情况下，每一个说话人都被不同的摄像机记录下来，使得人们无法调查共同关注、眼神交流等现象。在这些情况下，可以尝试在标注软件（如 ELAN）中同步摄像机及其联合流。第五，我们必须认识到标注（如语用标注）在某种程度上与解释有关，因此它从未完全与直觉分离开来。但是，如果标注者始终遵循标注准则且定期参与相关会议，就可以处理此类问题。

虽然我们已经意识到了多模态语料库的不足，但我们仍然认为在分析使用中的自然语言方面，没有比多模态语料库更好的替代资源，当前的语料库语言学为我们提供了各种途径，足以处理和分析整个多模态性质的交互。

三、多模态文化传播语料库的标注与检索

通常来说，我们可以设计和使用不同的标注工具来标注语料库中的音频和视频，并可以将相关内容合并到查询系统和数据库中。例如，HuComTech 语料库的视频内容在 Qannot 中进行了标注，而音频内容在 Praat 中进行了标注。Praat 是一个声学分析工具，能够比 Anvil 或 ELAN 等紧凑的多模态标注软件实现更精确和详细的声学分析。然而，Anvil 和 ELAN 为用户提供了很多便利，因为它们可以在单独的窗口中同时对音频和视频文件进行流式处理和标注，且用户可以专门设计自己的标注方案，并在两个软件程序的同一个段上附加多个标记。此外，Anvil 允许多个标注者在同一个文件上操作，因此它能够测量标注者间的一致性。在视频标注工具方面，一个新的软件程序 Qannot 即将代替 Anvil。因为 Anvil 有时似乎无法处理大文件，而且在这些大文件中标注会存在过期的风险。随着标注的完成，HuComTech 语料库的各种标注文件被合并到一个 SQL 数据库中。标注仍然被存储在 SQL 中，也可以使用 ELAN 软件以非常便捷的方式进行查询。ELAN 的自定义查询选项包括：标注中的 N-gram；多个文件的结构化搜索；在同一文件中查找重叠标签；在同一文件中查找左重叠等。使用多模态标注层能够系统地搜索时间对齐和同时出现的转折、子句或特定词汇项与使用手势、头部动作类型、注视方向、眉毛动作类型及姿势变化的自发互动语料库。

在多模态语料库搜索功能的帮助下，研究者能够实现手势和会话的时间对齐。与研究多词序列的语料库驱动方法类似，一些多模态语料库的研究受到符号学相关概念的启发。一些功能性标注方案尝试系统地编码手势与共现言语的意义关系，并根据言语与手势的一致性标注交际事件。手势常与言语同时出现，但它们的话语功能并不总是相同。手势和语音的基本功能要么“重叠”要么“分离”，有时同步的言语和手势可能比标注中给定时间戳的其他符号更“具体”。语料库中的频率证据支持统计方法在语

言分析和建模中的应用。大量的同步数据使我们能够实际而高效地运用因素分析或多维分析等先进的统计方法来揭示某些交际行为中同时出现的典型特征。因此，这些方法有助于解决对话建模和对话管理中的一项具有挑战性任务，即自动识别对话结构和交际行为类型。

四、多模态文化传播语料库的未来发展

首先，为了解决与多模态语料库的规模、范围和可用性有关的局限性问题，可以开发规模更大、更加多样化的数据集。然而，在传统的语言学研究中，大型语料库的含义是一个相对的概念。例如，在句法学领域，使用了几百万个单词的语料库，而在韵律学中，大多数标注都是手工完成的，几个小时的语音就算是一个大型语料库了。因此，一个语料库的大小是否适当，无论是单模态还是多模态，只能根据它的用途来确定。这就意味着，将大小限定为这些语料库的优点或缺点可能是不明智的，因为多模态语料库中的数据往往是特定于研究、专业和领域的。

此外，因为语言文本是一个无限制的群体，所以一个语料库在任何一点上都必然是有限的；一个语料库，无论有多大，都不能保证以大致正常的比例例示语言的所有模态。语料库必然是不完整的，因为记录自然语言的方法和实际过程是有选择性的，所以不可能将所有内容都包含在语料库中。这与语料库是专用型语料库还是一般语料库无关。

在理想的情况下，当前的多模态语料库规模将更大、范围将更广，以便使它们能代表更加宽泛的语言样本或类型，使语言学家能够从多种不同角度对正在使用的语言进行更详尽的观察。除此之外，多模态语料库还应容纳一系列其他形式的媒体，即超出视频、音频和文本数据以及相关元数据的标准。因此，这种预测性的语料库研究和汇编工作基于这样一种理解，即交流不仅是一个语言过程，还是有意义信息的多模态交换。数字时代的通信是通过多种多媒体平台进行的，现实生活中的日常话语见证了数字设备在不同环境中日益广泛的应用。因此，在多模态语料库开发的下一

个阶段，我们必须接受这种变革。

如前所述，开发 SVC 语料库的研究人员早期已经在尝试捕捉现实生活中语境的流动性和复杂性了。位于诺丁汉大学的 DReSS Ⅱ项目正是在此基础上进一步发展起来的。该项目的重点是收集来自不同资源的日常交互操作的语料库，不仅包括基于文本的数据（如短信、虚拟环境中的交互），还包括来自面对面对话的音频和视频记录（如 GPS 日志和其他一系列的媒体类型）。

对这些异构数据的汇编可以使我们推断出关于不同演讲者、媒体和环境之间交际的深度信息。在理论上，这有助于质疑语言选择在多大程度上由交际中不同的空间、时间和社会语境所决定。在现实层面，构建这样的语料库显然需要面对一系列伦理、实践和方法上的问题。这些目标的实现和异质多语境语料库的成功开发在很大程度上依赖于技术的进步、系统的完善以及软件的开发。由于可伸缩性问题而产生了限制和记录、转录的过程，因此尽管有相关软件，但时间戳和编码数据仍然非常耗时。这些问题可能会阻止语言学家试图创建这种性质的多模态语料库，毕竟迄今为止，仍然没有有效的解决方案。

其次，鉴于 NELC（诺丁汉语言语料库）将包括多种形式的不同媒体类型，关于语言学家记录、处理、存储和访问这些媒体类型的最佳方式，有许多问题亟待解决。在这些阶段中的每个阶段使用的方法自然不同于每种媒体类型，因为它们存储在不同的文件格式中，并且通常以不同的方式进行可视化和表征。因此，需要开发在同步性和质量方面更高级的设备以记录多种形式的数据。这将有助于提高语料库的合成速度，并使研究人员有机会快速扩展其语料库。

尽管正在开发摄像机、录音机和其他越来越高规格的录音硬件，但这些设备的移动性和功能性效果未达到预期标准，仍然不如在实验室中进行记录。在实验室中，可以在房间周围的不同位置放置许多摄像机，以便从多个角度捕捉参与者：从近距离和正面到鸟瞰视图获得更多全景照片。同样，参与者也可以根据需要在静态环境中佩戴眼镜或运动跟踪设备。另外，越来越多的移动工具包正在投入使用，尽管它们在录音质量、录音允许长度等方面仍然较为原始。事实也证明，寻求开发更多的升级工具来自动转录数据是有益的。虽然目前已经存在类似工具（如 Speechware10），但人们普遍认为这些工具远不精确，因此这些工具很少用于单模态或多模态语料库的构建。

再次，半自动化的数据标注过程也将加快多模态语料库的开发和分析速度。这可以采取上述数字跟踪装置的形式，其设计允许用户自动定义并随后编码视频数据中感兴趣的特定特征，以便进行更大范围的语言和手势探索。实际上，由于这些技术仍处于发展中阶段，跟踪技术还远远不够完善，因此目前它们仍然是多模态语料库语言学中一种潜在的方法，尚不属于功能部分。

最后，需要开发软件来支持这些数据集的表征和有意义的查询。因为在当前的多模态语料库方法中，还没有针对这一点的标准程序。需要注意的是，以下特性是查询异构语料库工具包时不可或缺的：设备或数据类型；时间和地点；参与者的特定贡献；允许对域内和域间的事件或元素进行频率分析的工具；转录规定的可变性以及表示同时讲话和发言者重叠的能力；用于映射单词或事件发生率的绘图工具。它们将寻求建立、组合和扩展常见的单模态语料库分析工具的功能，如 WordSmith 工具、Sketch 引擎和 WMatrix 提供的功能，以及其他形式的社会科学和定性数据研究软件。理想情况下，这些工具也应该是免费/开源的，然而迄今为止，许多领域都被付费方工具和数据集垄断。这在一定程度上也限制了某些用户对工具的使用。相比之下，开源软件和工具将增强所有人的可访问性，并将促进基于语料库的方法在其他领域的交叉应用。

值得关注的是，一系列复杂的语料库工具正在研究空间中开发，旨在支持上面列出的一些或所有实用程序，即 ELAN、DRS、Exmeralda 和 Anvil。虽然这些工具主要支持语料库的构建、维护和分析，而不提供任何自己的语料库数据，但它们为未来语料库工具的可用性树立了很好的榜样。

第三章

多模态文化传播机制认知研究

第一节 意义机制

一、意义的来源

以多模态的视角看待表征和传播问题，源于人们对实践和资源两个概念的关注。在意义问题上，这一点尤为关键。传统语言学认为意义是一次性产生的，或者说意义是一次性的。相比之下，我们看到了文化中的多模态资源，这些资源在文化中的任何层次、任何方式上都能被用来制造意义。概括来说，意义的来源包括话语（discourse）、设计（design）、生产（production）和分配（distribution）四个方面。

1. 话语

话语是社会上对现实知识的社会建构。所谓“社会建构”是指这些话语是在特定社会背景下形成的。无论背景广泛与否，其发展方式都符合这些背景下社会行为者的利益。例如，西方记者在报道非洲或南斯拉夫的内战时，可以借鉴民族冲突的战争话语，但在机场惊悚片或以非洲为背景的电影中，战争话语也是可用的资源。战争话语既涉及战争中实际发生的事情、谁参与了战争、他们做了什么、在何时何地、何人参与，也涉及与战争或战争的某些方面有关的一系列解释、评价性判断、批判性论证等。例如，报纸上关于战争民族冲突的论述，是为报纸所在国家的利益服务的。因此，它们通常不提殖民化和非殖民化的影响，而通过将冲突建构为数百年或更长时间的冲突来为不干预辩护，这只是其中的两个方面。还有其他一些关于战争的论述，例如以“经济或意识形态”作为解释范畴的论述。这些论述会包括或排除其他参与者和事件，将他们对战争中实际发生的情况与其他解释、判断会论证等联系起来，并为其他利益服务。虽然有些论述非常强调实际事件，很少提供解释或论证，但另一些论述则含有抽象的解释和论证，只对正在消亡的各方的实际行动做广义且笼统的解释。

任何论述都可能以不同的方式实现。例如，关于战争的民族冲突的话语，也许可以以餐桌上的对话、电视纪录片、报纸专题片、机场惊悚片等的一部分来实现。换句话说，话语是相对独立于体裁、模态和设计的。然而，话语只有在符号模态中才能实现，符号模态已经形成了实现话语的手段。在20世纪20年代俄国革命之后，电影还没有发展出实现马克思主义话语的手段。因此，像艾森斯坦（Eisenstein）这样的电影制作人，他梦想着拍摄马克思的《资本论》（*Capital*），于是开始创造辩证法蒙太奇，并在这个过程中扩大了媒介的符号学范围。

2. 设计

设计站在内容与表达之间的中间位置，是表达的概念面，也是构思的表达面。设计是符号学源泉，存在于所有符号模态和其组合中。设计是在特定的传播情境中实现话语的手段。但设计也增加了新事物：实现了将社会建构的知识转化为社会互动的传播情境。比如说，考虑到那些在“民族冲突”背景下写惊悚小说的作家，他们在实现战争的民族冲突话语的同时，也实现了一种特定的互动模式。在这种互动模式中，他们的目的是娱乐特定的观众。在此过程中，设计可能遵循习惯、惯例、传统或规定，也可能是创新的、突破性的，就像话语可能表达常识，也可能是创新的、甚至是颠覆性的。

但是，设计仍然脱离了符号学产品的实际物质生产，或者说脱离了符号学事件的实际物质衔接。设计所依赖的资源，即符号模态，仍然是抽象的，能够在不同的物质性中实现。比如说，语言是一种符号模态，因为它既可以作为言语实现，也可以作为文字实现，而文字也是一种符号模态，因为它可以作为石刻上的文字实现，可以作为证书上的书法实现，可以作为光面纸上的印刷品实现，并且所有这些媒介都增加了一层符号化的意义。然而作者在设计民族冲突惊悚片时，除了使用语言之外，还利用了叙事模式。而这种模式是不同于印刷书这种媒介的。同样的设计可以在不同的媒介中实现。同样的故事，如果有了共同的传播目的和受众的概念，也可以成为主流电影或机场惊悚片。当然，在实际写书或制作电影的过程中，需要的技巧千差万别。

这种设计观也适用于没有如此明确的"主体性"的符号学实践。例如，一个建筑师设计一栋房子或一幢公寓。这种话语提供了一种关于房子是如何居住的、有多少人、哪种人住在房子里、他们在房子里做什么，以及解释他们为什么要这样生活，以及对这些生活方式的批判或辩护。然后房子的设计稿会展示出如何以房屋或者公寓的形式塑造这种话语概念。实际上，有些建筑项目永远不会被建造出来，而是留在纸上，留在脑海中，留在硬盘上。它们往往是突破性的建筑，是那些可以奢侈且自由的设计空间的建筑，而不是现实生活中的经济适用房。建筑可以以几种不同的物质形态来实现，还可以以交互式的计算机程序来实现。虽然主题城市曾经是围绕着大门和港口建设的，但现在的远程主题元城市是围绕着窗口和远程传送，即围绕着屏幕和时间段重建的。

3. 生产

生产指的是表现形式的组织，指的是符号学事件的实际物质表达，或者说是符号学艺术品的实际物质生产。我们在这里使用的"媒介"一词是指执行媒介，也就是艺术家们在说到油彩、纸上的水墨画或大理石底座上的青铜器时使用的媒介；当然，它也适用于那些不产生超越语言或音乐等艺术表现形式痕迹的媒介。

有时候，设计和生产、模态和媒介很难分开。比如说即兴音乐人既要设计，又要表演音乐。他们也许会排练，但即使是在排练中，也很难知道设计和表演在哪里结束。在这种情况下，表演者的工作往往会被看作是几乎没有附加意义的，因为只是尽可能忠实实现作曲家的意图，并尽可能地让人听得懂，充其量只是增加了纸上黑点所没有的表现力。语言学家对语言的看法也是一样的：表达平面不增加意义，只是在不破坏基本意义的同时实现了那些也可以写下来的表达。即当设计和生产分离时，设计成为控制他人行为的手段，话语、设计和生产之间统一的可能性就会减少，生产者就没有空间做自己的设计。在这一切中，写作及其为行动提供详细的脚本和处方的能力无疑起到了举足轻重的作用。

4. 分配

表达需要进一步分层。音乐表演者可能需要技术人员将音乐录制成磁带和光盘以便保存和传播；产品设计者可能需要制作产品原型的手艺人，而其他手艺人则需要制作模具的手艺人来批量生产。

分配，也往往被认为不具有符号学意义，因为它只是促进了保存和分配的实用功能，而没有任何附加意义。正如表演者的工作是忠实于作曲家的意图，所以录音和混音工程师的工作是实现高保真：制作人希望自己制作的唱片，哪怕在公众的家里，听起来也如他们在一个声学上完美的大厅里最好的座位上听到的声音一样。但公众的家不是音乐厅，声学上完美的音乐厅并不存在。将管弦乐引入家庭，能够一遍又一遍地听到同样的演出，其实已经从根本上改变了音乐的意义。随着时间的推移，传播媒体可能会部分或全部转化为生产媒体。音响工程师的贡献可能会变得与音乐人的贡献相等。使用混响等参数，不是为了重现声学上完美的大厅，而是作为独立的符号能够发出内部和主观的声音或外部和客观的声音。就像许多当代舞曲混音中的鼓和贝斯的契合，甚至感觉他们似乎不是在一个实际的空间，而是在人的大脑或身体内部，而在这样的空间中，所有的声音可以被瞬间吸收。

二、意义的组成

在符号生产的社会组织层面，可能会出现不同的话语、设计、生产和分配的配置。例如在日常会话中，任何说话者或听者都会将话语、设计和生产技能结合起来，并可能在主观上将它们作为一个整体来体验。然而，即使在这里，它们仍然是不同的阶层。演讲者需要获得话语和知识，而这些知识是为了达到社会结构化的目的；他们需要知道如何在适当的语序中形成这些知识，以及如何将其嵌入到互动事件中；他们需要会说话。尽管我们可能会认为这些技能是理所当然的，并把它们视为一个统一整体。但它们是不同的，如果其中任何一项技能受损，这些特征很快就会变得明显。

在日常对话的另一端，我们可能会有专业配音专家的演讲。分工此时被最大限度地发挥了出来。每个阶层都有不同的人和技能。专家提供话语源，编剧负责设计，配音专家负责配音，录音师负责录音，等等。然而这种分工并不是完全的分工。专家们精挑细选，因为他们了解媒体的需求，能够提供适合电视纪录片的话语。编剧要对电视制作有一定的了解，以避免写出那些拍不出来的东西，也不至于写出太过昂贵的片子，这样才能很好地发挥媒体特有的制作价值。画外音专家必须了解自己所读的内容，并考虑到录音师的要求，使自己的声音保持在一个均匀的水平上，不至于沙沙作响等。换句话说，我们所称的"层解耦合"（stratal uncoupling）从来都不是绝对的。

这两种符号生产存在于同一社会。我们生活在一个话语、设计和生产不再统一的世界里。在这个世界里，培训教师在不用提及教学内容的情况下进行教学，管理者们在无形中进行管理，被采访者接受采访而不会提及采访内容。我们被鼓励甚至被迫用自己的话再现话语，即不必再现它们的设计。设计和制作有时是耦合的，因此同一设计的不同产品可以被视为在讲述同一件事；有时又是不耦合的。例如在爵士乐表演中，同一首曲子的两个不同版本可能是在讲一些完全不同的东西。这使得我们的符号与言语有着根本的区别。在言语中，知识与其外在形式不可分割地结合在一起，因而很难理解话语内容和说话方式之间的区别。

最重要的是，写作的出现打乱了话语和生产之间的直接联系。例如，在幼儿的符号生产中，写作使语言成为一种符号资源，不再依赖于它的物质实现。graphic 一词最初是指 make marks 或 scratch，但 syntax（一个起源于军事术语的词）意思是 organization 或 battle formation，仅指军阵。因此，写作无论作为一套内化的语法规则，还是作为外化的脚本、书面流程、程序、教学大纲等，都可以用来指组织创造秩序，支配人类行为，并使之可预测、可重复。它只存在于某些边缘或边缘化的领域，或者在需要新话语、新设计或新生产和分配模式时，保持或恢复话语和生产之间更直接的联系，从而出现了其他不那么规范和系统的符号学原则。

多模态文化传播中的意义转换不仅仅是将一种符号资源的意义转换为另一种符号，而是将这些符号资源作为一个整体的系统重新组合，进而重新建构意义。换句话说，这个过程是一个跨模态重新设计的过程，形式和意义在社会框架的影响下重新组合。为了保证意义的一致和对等，需要进行模态的转换，并重新选择符号资源。

第二节 隐喻机制

一、概念隐喻

《隐喻与思想》（*Metaphor and Thought*）和《我们生活的隐喻》（*Metaphors We Live By*）两部著作在隐喻研究领域具有里程碑式的意义，标志着对隐喻的研究从语言隐喻转向概念隐喻。概念隐喻理论中的一个关键概念是思想是内在的体现，理性是由身体塑造的。简而言之，这说明与不能通过感官感知到的现象相比，人类更容易理解能通过感官感知到的现象并对其进行分类。正是感知力使后者变得具体，而缺乏感知力使前者的现象变得抽象。为了掌握抽象的概念，人类要用具体的概念来进行系统的理解。因此生命、时间、情感等抽象概念，就被系统地理解为具体现象。生命被视作一段旅途或一个故事；时间被视作空间运动；情绪通常借助“力”的概念来表现。概念隐喻理论认为，许多现象的概念化都有着根深蒂固的隐喻形式，其中隐喻的目标域（主题、基调）是抽象的，而其源域（载体、基础）是具体的。隐喻的解释可以归结为从源域到目标域的相关特征的“映射”；这种映射是自动发生的。由于“具体性”是通过感知获得的，所以隐喻的源域是强烈地植根于人的身体运作中的。概念隐喻理论的一个较新的发展是“混合理论”。该理论没有目标域和源域的假设，而是提出了两个（或多个）“输入空间”的概念。输入空间既有共性又有特性，正是这种组合使得所谓的“混合空间”得以构建。混合理论是一种描述性的模型，在解释随机创造语言现象、隐喻性和其他方面都比隐喻理论更有优势。

然而，概念隐喻理论至少在以下几个非常重要的方面受到限制。尽管隐喻的本质是从另一个角度理解和体验一种事物，而着重避免了“言语”或“语言”，但概念隐喻理论关于其存在的主张的有效性几乎完全取决于言语隐喻中可检测到的模态。由此产生了两方面的问题：一是存在循环论证的风险。认知语言学研究从语言分析开始，推断出有关身心的事物，进而激发语言结构和行为的不同方面，因而受到循环论证的影响。显然，要想进一步证实语言表达隐喻，而非隐喻本身具有语言属性，则需要证明隐喻可以以非语言、多模态以及纯语言的形式存在。二是研究人员可能会过于关注隐喻的言语表现形式，而忽略其他方面。但这些方面通常只出现在非语言和多模态的表现形式中。当然，后一种认识体现了一个更普遍的原则。自从麦克卢汉（McLuhan）提出“媒介即信息”以来，一旦传达信息的媒介发生了改变，信息的内容也随之改变。每种介质（这里定义为信息的物质载体和传递介质）通过一个或多个信号系统进行通信。例如，非插图书籍的媒介完全利用书面语言的模态；广播依赖于口语、非语言声音和音乐的模态；广告牌依赖于书面语言和视觉效果；而无声电影则依赖于视觉效果、书面语言、口语、非语言声音以及音乐。如果每一个信号系统（模态）都能独立或组合起来表示隐喻目标域和源域，那么一个成熟的隐喻理论就不能仅仅基于其语言表现形式，以防对隐喻的构成产生片面的理解。

二、单模态隐喻

1. 定义

我们把单模态隐喻定义为目标和源头完全以一种模态呈现的隐喻。典型的单模态隐喻是最近才发展起来的，与“隐喻”有着相同的语言样本，并引发了大量研究。单模态隐喻研究中较为代表性的有图像隐喻和电影隐喻。

2. 图像隐喻

关于图片中隐喻的早期讨论要追溯到肯尼迪（Kennedy）（1982）从文学中的比喻、修辞手法、描写手法等方面对隐喻的全方位理解。他指出了25种隐喻类型，如转喻法、重言法和反叙法等，并试图用本体和喻体的区别来描述“描写手法”，但发现并不能涵盖所有的问题。此外，他所选择的例子是否最为恰当，是一个值得讨论的问题，而且每种类型都只用了一两个例子来说明，很难将其推广到所有情况。

即便如此，肯尼迪提出的一些观点对狭义的图像隐喻理论仍然具有启发性。第一，他认为一个现象被贴上图像隐喻的标签是可以理解的，因为它有意违反了表现准则。第二，他强调目标域和源域原则上是不可逆的，这就确保了他所定义的隐喻仍然符合言语隐喻理论中普遍的标准。第三，肯尼迪引入了“符文”的概念。符文是一种在漫画和卡通中大量使用的非标志性符号，是在人物或移动的物体周围用直线或曲线、星星、气泡等来表示速度、痛苦、惊奇、快乐、愤怒和许多其他现象。

3. 电影隐喻

电影隐喻可分为十类，超越了狭义的隐喻，包含了转喻和提喻等，但这种分类没有考虑到视觉混合体。此外，视觉隐喻与语言隐喻的不同之处在于，视觉隐喻往往允许目标域和源域的转换，而语言隐喻则不允许。电影隐喻的模型主要针对广告表征和隐喻互动理论，围绕着以下三个主题进行讨论，即图像隐喻的两个术语目标域和源域的确定以及从源域到目标域的映射特征。最后一个主题涉及隐喻的解释：原则上，所有与源域相关的隐喻元素（由整个群体或单个个体）都有资格成为潜在的映射对象。关联性原则也决定了在特定的情况下，什么是由特定的受话人实际映射的。

三、多模态隐喻

1. 定义

多模态隐喻是指目标域和源域分别以不同模态来专门或者主要表示的隐喻。限定语“专门或者主要”是重点，因为非言语隐喻往往含有在多个模态中被同时提及的目标域和源域。例如，当有人想在动画片中形象地表达“猫是大象”的隐喻时，就可以描绘一只长着象鼻子、扇动着大耳朵的猫；展示猫的背部有一个华盖，而一个典型的印度大象骑手正坐在上面；把猫和大象并列在一起，摆出相同的突出姿势；或者让猫咪的行为像大象一样。这些变体将构成图像类的单体隐喻，分别以混合型、语境型、明喻型和综合亚型为特征。当然，这些亚型也可以组合在一起。如果制作者希望通过多模态的方式来表达同样的隐喻，那么可以让猫咪吹喇叭，或者让另一只猫咪对第一只猫咪喊“大象!”。在这些情况下，源域大象会以声音和语言的模态被触发。由此来看，这个隐喻将是真正的多模态。但是，就单在视觉模态的情况下，制作者当然不必在其中任何一种模态中做出选择：她可以描绘出一只长着象鼻子和大耳朵的猫，吹着喇叭，然后让另一只猫喊“大象!”此时，信息源被三种模态同时表达，其中只有视觉模态与目标域相同。这种情况也属于多模态隐喻。当然，表达源域的转喻本身往往是因其特定内涵而被选择的。象牙和象鼻都能使人联想到“大象”，但前者意味着侵略性、白色、昂贵，而后者则意味着灵活性、敏感性和用来喷水或撒沙子的工具。关于涉及语言和手势的多模态隐喻的文献数量也在不断增加，其中手势模态表达的是源域而不是目标域。

2. 形成机制

由于非言语交际模态并不具备“是”或“像”这种能表明在给定语境中属于不同类别的两个实体之间的隐喻性身份关系，因此需要关注触发相似性的文体手段。当然，这一点对于没有这种“A 是/像 B”格式的动词隐喻也是如此。但在后一种情况下，无论选择什么手段，表达本身都是言语性的。在非言语隐喻和多模态隐喻中，表达两个现象之间隐喻相似性的信号是不同的，而且必然会因隐喻术语所代表的模态的不同而不同。以下是一些单独或组合部署的可能性。

（1）感知相似性

感知相似性只能在单模态隐喻的情况下作为一种触发条件，如只有一个视觉表征同另一个视觉表征在感知上相似或者只有声音与另一个声音在音量、音色或音调上具有感知相似。在视觉相似的情况下，选择范围更大：两个事物可以彼此相似，因为它们有相同的大小、颜色、位置、姿势、质地、材质等。但相似性不需要存在于“事物”本身，而是以它们的表征方式显现出来（如它们可以从同一个独特的视角拍摄，或者用一样独特的镜头运动）。

（2）填补图示空缺

当给定语境是自然或传统的环境时，将某一事物置于特定的语境中，可能会强烈地、甚至不可避免地唤起另一种事物。换句话说，我们可能会遇到偏离典型的意象或模态的情况。例如，在音乐环境中，当一个小提琴盒里有一把活动扳手时，这或许暗示了“活动扳手是小提琴”的隐喻。

（3）同步提示

如果两个事物以不同的模态发出信号，则同时表示目标域和源域可以实现隐喻识别。例如，一个亲吻伴随着汽车撞击声、吸尘器的声音，或者铁链的叮当声，可以分别隐喻性地映射出灾难、沉闷的家庭生活和监禁。另外，在前一种机制的变体中，两个不同事物可以因为一个意外的空缺填充而被联系起来，比如当一张亲吻的照片上有“监禁”的说明时。

第三节 修辞机制

一、视觉修辞

1. 视觉修辞

传统的修辞学研究并没有过多关注语言修辞学转置和视觉修辞学的争论。实际上，英语文学中的转置（transposition）并无问题或争论可言。语言形象具有视觉对等物，并存在于各种广告中。此时，一种权威性的论证取代了激烈的讨论。而且，由于忽略了对立的观点，这种论证并不是完整的。

首先，与法语文学中的争论相比，在英语文学中，视觉修辞并不局限于形象修辞。对视觉修辞学的理解方式多样。其次，争论的焦点似乎已经从言语形象与视觉形象的关系转移到了文本与图像的关系。尽管《视觉修辞学》（*Defining Visual Rhetorics*）中有“视觉修辞学”的字样，但它并没有提出统一的视觉修辞学定义，因为所有的撰稿人都有自己的定义。然而，所有论文都有一个共同点，即“所有的撰稿人都拒绝承认视觉文本和言语文本”之间可以有明确的分界。这种立场或许可以解释为什么撰稿人能轻易将言语修辞转变为视觉修辞。在这本书中，撰稿人并没有止步于论证视觉和言语传播模态以复杂的方式共同发挥作用；相反，他们分析了三种相互关联的模态在各种修辞手法中的运作情况。然而，编辑们混淆了一些东西：文字和图像在许多视觉混合媒体中共同作用，并不意味着在它们之间没有“明显的分界线”。恰恰相反，在分析它们之间的相互关系时，必须考虑到其差异性和互补性。

最近的一些视觉修辞学文集认为，我们需要研究多模态文本中的文字和图像之间的相互作用、视觉修辞学的可能性和特点、视觉和言语相互作用的方式及组合方法等问题。学者们研究视觉修辞学的方法建立在如下的假设之上：原则上，文字和图像常常以有趣的修辞方式组合在一起。如今，这样的假设已经成为规则，大量的研究集中在混合媒体中文字和图像的互动方式上。

语言修辞已经发展了几个世纪，而修辞所具有的语言属性，使得它可以移植到视觉形象的问题上。然而，亦有学者认为隐喻不是一种修辞手法，而是一种思维模式。除了语言之外，隐喻还可以以其他模态出现。如果隐喻是一种认知过程，那么，多模态隐喻就可以作为同一概念过程的不同模态来研究。

二、视觉论辩与多模态论辩

实际上，对修辞学的定义存在着巨大的差异。在对视觉修辞学进行定义时，也存在着这种差异性。学者们对视觉修辞学的研究有着不同的本体论假设和概念基础，导致理论建设进展缓慢。而当学者们将修辞学的思想与符号学、文化研究、后现代主义、女性主义研究、认知心理学和行为心理学的思想融合在一起时，事情就会变得更加混乱。研究多模态话语的学者观察到，在“图像”、“文本”和“模态”等术语的使用上也有同样的差异性。

论证可以作为一种产品、过程或两者的结合来研究。“论证”一词被用来指代两种不同的现象：一是进行论证时的交际行为，二是进行论证时的互动。因此，作为产品的论证被理解为由支持结论的前提构成，而作为过程的论证则被理解为交际和交互活动，其中，论证者通过为特定听众提出支持某一观点的理由来捍卫该观点的可接受性。对于论证的第二种概念，一般倾向于使用“论辩”一词，以避免与“论证”一词相混淆。无论是作为一种产品还是作为过程，人们都可以进一步开展对论证的研究，最终描述性地说明其组成部分和“现实生活”中的各种现实情况，或者规范性地说明有说服力的论点如何符合合理性的标准。

在研究论辩的过程中，人们可以采用三种观点：逻辑学、辩证法或修辞学的观点。不管这三种观点是被理解为相互排斥的关系还是指论辩的某一特定方面，它们都是全面研究论辩的必要条件。一般来说，从逻辑的角度看，从前提到结论的论证和推理过程是核心；从辩证法的角度看，正是规则和惯例掌控着最受关注的论证程序；从修辞学的角度看，重点在于论证在特定的语境中和针对特定受众论辩的有效性。因此，在确定论证或论辩的实例时，其结果取决于采用三个观点中的哪一种。虽然从修辞学的观点看，只要它的功能可以获得受众的认同，任何传播手段原则上都可以作为论证分析；而从辩证法的角度看，只有考虑获得认同的合理方法才会被考虑；从逻辑的角度看，可以分析一个论点的形式属性，而不一定需要用任何自然语言来传达。

因此，人们会倾向于认为，正是修辞学的视角最容易将视觉和其他非语言交流手段作为适当的分析对象。然而，尽管修辞学家们早在逻辑学家和辩证法学家之前就率先承认可以用言语以外的其他模态来实现论证，但这种认识并没有直接提出来。最初人们严重质疑视觉和其他非言语的产物是否应该作为修辞分析的对象。毕竟，传统的修辞学范畴最初只适用于口语演讲和书面文本的生产和分析。对于辩证法学家和逻辑学家来说，保留意见的原因在于，图像和非言语行为在本质上是非命题性的，因此一旦该言论受到质疑，就无法断言其内容的真实性，而这种行为是论证性交际的核心。直到 20 世纪 70 年代末，关于视觉修辞的研究才开始出现，而伯塞尔（Birdsell）和格罗尔克（Groarke）直到 1996 年才出版第一本关于视觉论证的专著。

与其试图将“视觉论证”或“视觉修辞”置于论证研究的单一视角之下进行研究，不如从传播的多模态性角度入手。在这个意义上，信息通常是通过符号模态的组合来传达的。然而，学界对多模态这一术语的定义至今尚未达成一致。模态以及模态之间的互动关系是由社会、文化和历史因素共同塑造和解释的。可以将以下几种模态视为符号模态：书面语言、口语、静态图像、移动图像、音乐、非语言声音、手势、凝视、姿态。这些模态中的任何一种交际方式结合在一起的例子比比皆是。例如，一种理性的社会活动、两种或两种以上的模态在推进某一观点并检验其可接受性的过程中发挥作用等。这种社会性、理性和认知现象可以从描述性或规范性的角度来研究，关注产品或过程，并借助于逻辑学、修辞学和辩证法的观点。《视觉论证》（*Visual Argumentation*）第三期特刊的导言中列举了一些对论辩研究有贡献的理论方法和学科，如修辞学、哲学、逻辑和认识论、传播理论、实用辩证法，以及诸如批判理论、认知和社会心理学、人工智能等子学科。这些理论方法和学科在多模态论证研究中也发挥了重要作用。

根据对“多模态论辩”含义的理解，在论辩和修辞学领域进行的大部分研究对象都可以被描述为“单模态言语论辩”。实际上，“视觉修辞”和“视觉论辩”这两个区分“非言语论辩”的文学术语，由于两个原因而使人感到困惑：一是它们表明研究的对象是完全以视觉模态传达的论证；二是它们把“视觉”当作是任何独立地或与其他模态结合使用以传达意义的非语言模态的术语。相比之下，在以下两种意义上的多模态性下，我们选择将修辞学和论辩定义为“多模态性”：一是将修辞学和论证作为某种文本的属性，借鉴了一种以上的模态；二是将修辞学和论证作为一种视角，从这个视角来研究任何文本，都可以包含传播和互动的多模态性。此外，我们对“修辞”和“论证”的理解，既可以是指前面提出的观点，也可以是描述多模态传播的不同却互补的方面。在第二种情况下，对多模态修辞的研究将主要关注各种符号学源域的组合，而对多模态论辩的研究则主要关注各种符号资源的组合。

三、图像的论辩功能

视觉论证面临的主要理论问题是：图像是否是论证，或者是否可以是论证。怀疑论者声称这是不可能的，因为非语言话语无法表达真假命题。但是将论证视为“视觉化”的论证是否合理取决于人们对“论证”和“论辩”概念的理解。批评者提出的反对意见似乎理所当然地认为，论证首先是“言语”，只有语言才能表达命题。然而人们不需要将论证理解为本质上是言语或视觉的范畴，而是将其理解为与隐喻类似的认知范畴。“言语论证”和“视觉论证”将分别被认为是“纯粹以言语模态传达的单模态论证”和“纯粹以视觉模态传达的单模态论证”。因此，使话语具有论证性的并不是话语的物质性，而是话语的制造者在特定情境中对话语的理解。此外，非言语符号传达的是意义。因此，非言语符号可以表达用于论证性交际的命题。

迄今为止，关于多模态论辩的理论研究主要集中在反驳图像缺乏命题性以及图像与言语的不可还原性问题的批判上，且已经就视觉和多模态论证的分析进行了大量研究。近年来，论证学者和修辞学家们对各种多模态论证进行了探索。有学者将广告、社论漫画和科学传播列为被广泛研究的三种类型。事实上，大多数人很早就注意到了商业和政治广告的宣传体裁、印刷品和电视广告以及政治漫画。其他受到关注的多模态论证的背景还有科学传播、摄影和电影。

在各种符号模态中，主要研究的是书面语言模态与已经过检验的视觉模态的组合。一些关于视听移动图像的研究也集中在音频模态上，但在这方面还有很多工作要做。此外，在修辞和论辩研究中，身体姿势和手势也受到了一些关注。

随着多模态论辩研究的发展，言语论辩的语境也得到了更多的关注。对分析和评价视觉论证很重要的三种语境包括直接的视觉语境、直接的言语语境和视觉文化。一个图像或任何其他非语言模态的显性和隐性内容的衍生，在很大程度上取决于对认知话语所属体裁的激活。一旦我们将多模态话语实例理解为归属于特定的流派，我们就会瞬间，而且可能是在很大程度上自动激活由该流派的惯例所引起的所有预期。

四、多模态论辩的建构

多模态论辩重构的翻译、转换和最终呈现是另一个备受关注的问题。虽然完全以言语模态传达的论证话语的解释和重构也被认为是一个复杂的问题，但除了语言学的语义系统外，使用以不同程度编码为特征的语义系统，使得分析者难以确定其潜在意义。尽管这种意义在大多数时候可以被认为反映在语法和语义的选择中，但在视觉或任何其他非语言模态的某些选择中，不可能有明确而直接的方法来恢复预期的意义。非言语符号系统的这种特殊性，使多模态论辩的批评者们得出结论，即不可能从图像中提取命题，也不可能将义务归于那些在论证交际中使用过图像的人。然而，这种观点忽略了同样因为语言意义的不确定性而产生的问题，也就是“说的是什么”和“指的是什么”之间的差距。研究视觉论证的学者们也提出了反面观点，即言语手段实际上不足以捕捉图像向受众传达的丰富的信息。

尽管有一些表述错误地认为，要从视觉描述中解读论证，就像从言语文本中读出有效的演绎性论证一样。但视觉和多模态论证的研究者们普遍认为，在从多模态文本中提取论点之前，必须先对图像进行解读，然后才能从中提取论点。这个过程的结果被语言化，以便于分析者谈论和分享结果。然而论证性分析绝不是直接地、专门地应用于多模态文本的语言化内容。言语被理解为视觉的“占位符”，而不是视觉的“翻译”。

谈到确立各种符号模态在构建论证或实现修辞效果中的作用和功能时，人们提出了各种建议。最明显的方法是从论证的两个组成部分，即结论（主张、立场）和前提（理由、证据、论据）两方面入手，探索形象在特定情境中的作用。沿着这个思路，有人提出了一些分类标准。然而，在这种观点中，人们将图像作为一个整体与书面文本进行了对比，将注意力集中在内容（言语和视觉）上，而不太关注风格/形式以及关于这些模态不同属性的选择。但是，每一种符号学系统都有其特定的承受能力。同时，每个符号学系统都由可以做出选择的众多层次组成，每个层次都有不同的潜在意义。因此，一个静态的图像可以从质地、构图和色彩的使用等方面来分析，而一个移动的图像，除了静态的图像适用的层次之外，还可以从时间上的顺序来分析。在每一个层次上做出的选择都可以在解释和重构论证方面发挥作用。

对非言语模态的论证相关性进行核算的另一个方向是根据各种符号模态的指示性潜力来区分其功能。在这种观点中，图像的内容或形式并不直接为论证的重构提供内容，而是提供了一个指示，说明该内容的功能可能是什么，或者该内容应该如何解释。例如，关于页面布局或图像构图的选择，表明哪一部分包含立场，哪一部分是支持论据，但并不表明立场或论据的内容是什么。

识别视觉和其他符号模态（与言语模态相结合）功能的另一种方法是考虑其修辞效果而不是论证功能。通过言语和视觉元素（如广告中使用的视觉元素）的结合所传达的修辞手法，通过将观众的注意力引向某些元素并提供推理模式，起到了论证功能。隐喻要求从其他事物的角度来看待某件事情；对比要求对立面；而交错法只有当它以颠倒的顺序呈现出思想的重复时才是交错法。另外，图像还有四种修辞内涵，即存在感、现实主义和索引性记录的潜力、即时性和语义凝结。这种分类为理解图像的修辞效果提供了一种更细致的方式，使我们能够超越单纯的视觉形象识别的修辞效果，更好地理解图像的使用。

五、多模态论辩的评价

最后一个涉及多模态论辩理论和分析的问题是多模态论证的评价问题。关于多模态论证的评价规范和方式也是一个相对较新的议题。最初的方向（主要来自对视觉论辩的批评）是认为任何使用视觉或其他非语言模态部分或全部传达的论证都是内在的谬误，因为除了言语之外的任何符号模态的使用都被认为是为了解决交流的情感和本能层面的问题，从而回避了所谓的辩证层的批判性审查。然而，这种观点忽视了图像（以图示和数字的形式）在科学传播中的使用不仅仅是为了说明言语文本所传达的信息，也是为了论证复杂的现象。它还忽视了推理过程可以完全根据视觉刺激来激活和评估的事实。评价论证力的规范并不适用于可能被用来推进某一观点或支持该观点的论据的符号资源，而是适用于推理关系和检验某一观点的程序所遵循的步骤。

尽管对多模态论证的评价非常具有挑战性，但这并不是一项不可能完成的任务。剩下的问题是现有的规范是否需要调整或是否需要增加新的规范。有人认为没有必要修改用于评价视觉或多模态论证的规范。假设一个标准的非修正主义立场，用现有的、非专业化的理论、方法、标准和论证评价标准，视觉论证可以被正确评估。而从论证方案的文献出发，虽然论证方案的机制与伴随的批判性问题同样适用于视觉论证的评价，但需要根据视觉模态调整批判性问题来制定特殊的方案。规范性修正主义和规范性非修正主义之间的差异，也许可以通过区分规范性标准来弥补，该标准适用于评估任何论证实例（无论其在实际实践中的符号学实现情况如何）和特定模态的标准，他们可以帮助决定在什么特定情况下，特定的可供性和视觉模态或其他非语言模态的属性可能会影响论证力。

第四节 互动机制

人与人之间对话互动的构思、定位和协调细微且复杂，很大程度上得益于人体肢体活动的灵活性。头部、眼睛、嘴巴、脸部、躯干、腿部、手臂、手、手指，甚至是脚，都是人体的可移动元素，而在谈话中可以安排和调动这些元素，并以各种配置来配合谈话。这些配置传达了参与者的互动准备、他们关系的性质和质量、当前和正在展开的即时互动的基调、他们作为演讲者和听众、故事讲述者和接受者、医生和病人的身份的瞬间分化，以及其他与各种互动、人际关系和制度性的互动活动相关联的身份。这些活动是通过参与者的言语和肢体动作的特殊性来构成的，是指向某种目的、关于某事的可识别性活动，构成了互动中的意义和行动的框架。

在互动中身体和语言的研究起源要归功于学科间学者的交流和技术的发展（电影和录像）。在大多数人看来，1955 年学者们在斯坦福大学的行为科学高级研究中心举行的会议，以及 20 世纪 60 年代末通过简短会议进行的延伸是这一研究领域的一个关键点。

斯坦福大学的 Palo Alto 小组由 20 世纪早期和中期的精神病学家、语言学家以及人类学家组成。早期的人类学家在某种程度上继承了他们对文化和交流的兴趣（包括手势和肢体动作），并希望通过电影仔细研究这些现象。此外，他们还受到了网络学和信息理论的影响。最初的目标是利用电影来理解非语言行为在治疗精神病患者中的作用，但他们的工作与语境分析这种研究方法的出现有关。语境分析将传播视为一个综合的系统，既体现在语言的行为上，也是语言行为本身。这些行为不是孤立的，而是在其他行为和事件的背景下产生的意义。

戈夫曼从另一个角度出发，不再用电影和微观分析的方法来研究互动，而是通过敏锐的人种学观察和轶事来进行研究。他在社会学中倡导将互动作为其本身的研究对象，并为理解互动的基本组织提供了一个分析工具。例如，他对工作共识的概念化、参与框架、主导和从属关系的管理以及面子工作等，都是值得称道的。通过戈夫曼，我们理解了互动过程中所涉及的基本行为性。他的学生有时与他产生分歧，后来发现了对话分析（Goffman，1983）。这种方法涉及使用记录的、自然发生的数据对对话互动进行严格的经验性的详细研究。

上述学者的研究成果颇丰。首先是关于身体行为的特定形式如何促进互动的研究；然后是更详细地研究这些行为如何协同完成反复出现的互动活动。虽然迄今为止关于互动中的身体行为的研究主要集中在以英语为母语的美国人和英国人身上，但本节中的一些研究也借鉴了来自其他国家

（如日本、意大利、芬兰和巴布亚新几内亚等国）的互动者。这或许表明，至少跨文化的一致性存在于互动中的身体的某些使用中。

一、身体姿态

当两个或两个以上的人互动时，他们会调整自己的身体来传达其交往方向。“生态堆积”是指一个人的身体向着另一个人的位置，以将不同程度的参与传递到任何其他可能是竞争性的活动和事件中。通过他们的身体，参与者创造了一个参与的“框架”，并显示出他们作为互动者对彼此的一致。

许多研究者指出，人体提供了一个分段式的资源层次结构，以传达参与者参与互动的情况。特别是头部、躯干和腿部可以成为不同的注意集中点，三部分可以朝向不同的方向。当三者在同一方向上对齐时，就会传达出一个单一的主导方向；当它们不在同一方向上时，就会传达出多个主导方向，而这些方向是根据每个身体部分的相对稳定性来排序的。即这些身体部位中最稳定的部分——腿部传递的是一个人的主导方向，与躯干和头部相对应，而躯干传递的是相对于头部而言更多的主导方向。当这些身体段的排列方式不同，并因此传达出多个同时发生的牵涉时，它们就会传达出一种姿势的不稳定性，从而投射出一种分辨率。如最不稳定的身体段——头部，回到与更稳定的身体段——躯干和腿部的对准。因此，一个人转瞬即逝的、短暂的牵涉性事件相对于其更主要的、更长期的牵涉性事件而言，就是以这样的方式传达的。这对互动的前行，或者说是对互动的停止有重要的影响。

研究发现，对话的共同参与者将对话者的不稳定或“扭动”的身体姿势作为限制谈话序列扩展的原因。例如，当共同参与者转过头而不是转过下半身参与谈话时，他发现下半身与扭动的头部对齐可能是序列扩展的原因。在医疗会诊中，进入会诊室的病人可能会发现，坐在办公桌前的医生虽然双腿和躯干仍然朝向前方，面向前方桌子上的病历，但他已经转过头来迎接病人了。这样一来，医生的身体（代表着不同的层次结构）将他与病人的初次接触投射为转瞬即逝，而与病历的回归作为一种即将到来的主导性参与。患者对这件事很敏感：当医生转身回到病历上时，他们会忙于安顿好自己（如：关上门、坐下来）。当医生准备好正式谈话时，一般会将整个身体转过来朝着病人的方向，即头、躯干和下半身同时对准，并发出“有什么问题吗?”或“今天我们能为你做什么?”等话题性的启动语。

二、眼神

凝视与身体姿态共同作用，也是沟通参与者参与方向的一个不可或缺的因素。凝视他人和他人的回望，是从“纯粹的、单纯的共同存在”到认可的相互参与的关键一步。人们可能会避开他人的目光，和/或避免将自己的目光投向他人，以阻止互动。在互动开始后，对说话者—接受者角色的管理已经被许多研究者所重视。说话者和接受者通常不会连续地凝视对方，而是断断续续地凝视：接受者凝视说话者，表示他们在认真聆听，而说话者则将目光投向接受者，以表示是在向他们倾诉；接受者通常会长时间地凝视说话者，而说话者则会在较短的时间内凝视。当说话者没有得到接受者的注视时，他们可能会产生截断、重启和其他不流畅的动作，直到获得接受者的注视。说话者还可能会做出轻拍或触摸对方，将自己的脸和眼睛移到对方的视线中，甚至在某些情况下，抓住对方的脸并将其转向自己的脸等动作；这些动作都是与努力弥补与抗拒和/或不愿意的互动者的相遇有关。接受者也可以采取行动，让说话者开始交谈或对正在进行的交谈进行回应，如将目光（表示受话者）投向可能的说话者、突然做出身体动作，或通过某种触摸方式接触对方的身体。

三、表情

脸部虽然是心理学中研究身体交际的一个重要课题，但在协调和管理对话互动中却往往被忽视。脸部的巨大流动性，以及它在互动中的速度，使它成为一种有用的资源——既是谈话的替身，也是谈话的阐述者。关于人脸与言语结合的句法和语义功能的研究非常丰富。然而，人脸也可以作为调节谈话和其他互动活动的手段，如接吻时男女的互动。女人闭上嘴唇的微笑是在等待接吻，而露出牙齿的微笑则不会。这样一来，女方的表情就成了一种资源，不仅可以反映出她下一步要做什么，还可以反映出女方想让男方做什么。脸部在互动中，尤其是在表达积极情绪的作用时可能会很突出。但在表达悲伤的互动中，脸部也可能被屏蔽。因此，参与者会用手或纸巾遮住眼睛，转过身去，或低下头来防止他人在情绪痛苦的时刻看到自己的脸。脸部本身是个人外貌中最微妙的组成部分之一，并整体性地参与到互动的工作中。参与者通过不断地控制自己的面部动作来展示自己，使自己在情境中或者说是“在游戏中”存在，并在与他人的交往中积极履行自己的义务。

最近的一项关于互动中的脸部研究中证明了脸部不仅伴随着特定的谈话要素而变化，还可以以冗余和非冗余的方式投射和跟随这些要素。实际上是利用脸部来扩展谈话时的行动的时间界限，超越了谈话时的转折。研究表明说话者可以利用脸部表达对被描述的事物的立场，并通过这种方式让听者准备好如何回应。在发言之后，说话者可能会用脸部来追问没有回应的听众。他们还表明，听者不仅可以用言语上的回应来表示对说话者立场的理解，还可以用类似的面部表情来回应：即听者可能会对说话者的面部表情做出回应，以此来产生对等的立场。也有报道称，听者可能将面部动作与“嗯嗯”“好的”等词一起使用，也可能作为对他人谈话的独立回应。

四、身体动作

在对话互动的协调和管理中，动作并不是一个被忽视的因素。一个人对另一个人的注视是最基本、最普遍的互动方式之一。而随着这个人的移动，互动也会随着这个人的离开而终止。这对于处于语言使用前和早期语言使用阶段的幼儿来说，是一种极其强大的资源。身体运动作为一种互动资源，也被认为是其他方式的互动资源。例如，警察在谈话的同时，会有策略地将身体向嫌疑人移动，以促使其招供；在博物馆这样的公共场所，参观者会被他人的展品所吸引，当他们转到下一个展品时，会移动到他人留下的空间中去。关于身体运动的基本组织，运动的身体（包括运动的手和四肢）通常会回到他们开始的地方（“原地”）。

在谈话过程中，参与者可能会表现出“互动同步”，即身体动作的流动大致相似，如姿势的转变、四肢的定位和头部的动作。通过这些动作，他们可以看到并调节彼此的参与。人们发现，头部运动具有相当多样的功能。作为一个语义问题，头部可以用语言或非语言来表示肯定或否定的反应。此外，还有一些额外的语义模式：例如结合某些单词或短语，侧头扫动可以用来表示包容；侧头摇动可以用来表示强度、不相信或不确定。头部运动由说话者以更大的频率产生，说话者的头部运动可能会触发听者的头部运动。听者会产生头部动作以表示他们对谈话的注意。点头可以单独产生，也可以与承认“嗯嗯”“好的”等接续语一起产生。此外，点头和言语代词的使用有着明显的差异。具体而言，位于话语中间的点头，显示出说话者在事件的表述中所表现的亲和姿态，而语言的使用则有距离感。听者也可以用头做出更多的情感反应，比如当他们突然抽搐着回过头来表示惊讶，或者是一种特殊的理解。

第五节 认知神经机制

感知理论由安·玛丽·巴里（Ann Marie Barry）提出，通常用来描述神经研究和心理学原理在视觉传播研究中的应用。通过研究大脑如何接收和处理信息、从中获得意义并加以利用，这一理论为视觉传播的研究增加了新的医学信息，并帮助我们评估现有社会研究传播理论的有效性。实际上，为了实现有效性，所有的传播理论和处理图像的方式及其影响的假设都必须与神经科学的研究相一致。

简单来说，这种传播理论的感知路径认为情感在传播中至关重要，并将视觉传播视为依赖于主要情感反应系统的平行感知过程。目前的神经科学研究表明，视觉信息可以不经过意识的处理，直接形成未来行动的基础。儿童和青少年的思考过程主要是通过情绪进行的，因此他们的思维和行为方式很容易受到视觉上的情感诉求。感知的各个方面都对传播领域有着深刻的影响，而不仅仅局限于视觉传播。因此我们可以得出结论：理解所有视觉传播的关键在于大脑的神经运作。

一、认知神经研究对多模态研究的启示

在过去的 30 年里，由于功能磁共振成像（fMRI）、计算机断层扫描（CT）、正电子发射断层扫描（PET）和近红外光谱（NIRS）等技术的快速发展，我们现在已经可以查看精细的大脑图像，并了解哪些部位在执行各种视觉、语言和计算方面等的任务。fMRI 的工作原理是通过磁性，将人体组织中的原子和粒子排列起来，并在这些粒子受到无线电信号的轰击时记录反馈。然后通过一个复杂的软件系统 CT，将这些信息转换成三维图像。fMRI 通过揭示哪些部位使用了最多的氧气来显示大脑活动最活跃的区域，并对三维图像进行补充。通过每秒记录四幅图像，fMRI 可以快速扫描大脑在执行各种任务时的活动流程。实际上，fMRI 提供了迄今为止大脑活动的最高分辨率图像，只是其价格高昂，不是所有学者和科研机构都具备实验条件。PET 扫描也显示了大脑中的活动区域，但没有 fMRI 的分辨率高，并且还需要在血液中注入放射性标记物。NIRS 也能显示出活跃的大脑区域，但它是通过将光波反射到大脑并测量反射来实现的。如今，结合这些技术的多模态成像正变得越来越流行。

有了这些技术，神经科学已经能够绘制出大脑模块在解决特定问题和执行特定任务时的功能及互动的图谱了。我们最终感知到的图像是统一的，并不是因为大脑看到了一幅真正“存在”的图像，而是因为视觉皮层中的特殊区域将四个平行系统连接成了一个巨大的网络。在这个网络中，可允许信息以两种方式流动，以解决细胞间的冲突。神经研究者推测，该网络允许通过同步触发将不同地方处理的信息组合起来，而这种同步性同时产生了感知和理解。许多神经学家认为，大脑中没有单独的区域，所有不同的感觉区域都以某种方式汇聚在一起，从而形成一个“综合思维”的基础。相反，大脑里有一个模块系统。每个模块都有自己的局部注意力和工作记忆装置。我们认为自己是一个有着理性整合意识的人，但这其实只是一种幻觉。实际上，我们强烈的心灵整合感是由大规模系统的协同作用产生的，而这种协同作用则是通过同步不同大脑区域的神经活动集合形成的。其实这是一种时间整合技巧。

这种模块化的功能也使我们能够洞察语言和思想之间的关系，并最终洞察视觉传播理论中符号批评的功效。语言理论家发现，语言和思想虽然相关，却是精神信息的两种不同形式。我们用语言思考二者的区别时，得到的答案是：我们在思考时大脑听到的语言是思想的有意识的表现，而不是思想本身，思想本身并不存在于意识之中。《语言本能》（*The Language Instinct*）一书的作者斯蒂芬·平克（Stephen Pinker）（1994）解释说，人类大脑在表达思想时至少使用了四种不同的形式：1）与二维马赛克图片相似的视觉图像；2）像磁带一样运转的语言表征；3）按树状图排列的语法表征（包括名词和动词、短语和从句、词干和词根、因素和音节）；和4）“一种用于表达我们理性认识的思维语言”。平克认为第四种形式是大脑的通用语言，是一种捕捉主旨和存储概念的媒介；这种格式与图像概念类似，都是一个同步放电的神经元生物簇。“精神意象是驱动我们思考空间物体的引擎；意象既能驱动情感，也能驱动智力”（Pinker，1997：284－285）。

例如，伟大的创造性思维一次又一次地用视觉意象来解释其创造性思维的产生，并把它们对心理意象的依赖作为跳板，使它们的理解远远超出语言的参数。平克记述了爱因斯坦如何通过观察自己的心理图像来解释他的理论，而图像也促进了理论的生成："我（爱因斯坦）的特殊能力不是数学计算，而是可以将效果、可能性以及结果生成相应的视觉图像。"(Pinker，1997：285）在众多科学家中，平克认为运用图像思维的还有法拉第（Faraday）、麦克斯韦（Maxwell）、凯库勒（Kekule）、沃森（Watson）和克里克（Crick）。认知心理学家认为，创造性思维之所以可以在图像中起作用，正是因为心理图像让我们能够通过另一个概念来理解想法。

因此，所有意识、意义、意象的形式似乎是一种功能，与语言或语法本身的处理形式完全不同。意识的表象更类似于视觉感知的过程，而不是语言的处理过程，包含在意义的模式中。在这种模式中，神经元结合成完形，其意义大于或不同于单个部分的总和。

因此，像所有的言语交际一样，符号批评或修辞批评都有一个固有的弱点，即使用言语语法和表达来解释固有的非言语。因为图像是大脑的基本交流媒介，所以符号学和修辞批评在看待关系和比喻时，最接近于理解视觉交流。但即使在这个层次上，他们仍然是一个远离"通用语言"和视觉交流的大脑理解层次。当我们所读的、所听的、所看的达到了思想的水平时，它们都以不同的形式出现，即神经图像的形式。而这种神经科学上的转变正是产生意义的原因。

除了模块性和同步性之外，理解知觉如何工作及其在视觉交流中的含义的另一个重要方面是理解大脑的半球结构。大脑由两个半球组成，即左半球和右半球，每个半球都是另一半球的镜像，且每个半球的特化程度略有不同。

每个半球都控制着身体另一侧的运动，并通过胼胝体来实现两个半球间的平衡。尽管最早对大脑的生物学研究主要是对脑损伤患者进行死后检查，但对患有严重癫痫的分裂脑患者的研究结果显示当大脑两半球之间唯一的信息管道胼胝体被切断时，左右半球不能再交流思想或复杂的情感。每个大脑半球都是彼此的镜像，而它们都各有优缺点，有不同的处理信息的方式和特殊技能。虽然该领域的后续研究表明，这种分割比最初想象的要复杂，但我们仍然可以用左右脑的一般术语来表达。虽然这是两个半球，但她们却可以进行连续和谐的交流，充分互补和融合，看起来就像是一个单一的意识流。

一般来说，左半球是分析性的、逻辑性的、抽象的，对时间较为敏感；而右半球则更为全面和情绪化，也更容易感到恐惧、伤心和悲观。识别面孔、在太空中寻找方向、辨别伪装中的形状、一目了然地看到图案等都是右脑的活动；把复杂的图案分解成组成部分、专注于细节、紧张地分析等都是左脑的活动。在正常人中，大脑的两侧不断地在胼胝体的数亿个神经纤维上进行交流，但特殊的任务是由一侧大脑完成的。

世界上95%的右利手人的语言能力受控于大脑的左半球，而左半球也拥有根据各部分的排列来识别和想象形状的能力。相比之下，右半球在估计整个形状的测量方面表现出色，可以很容易地判断长度和宽度，并全面地处理信息。大多数感觉输入从传入侧穿过大脑的另一侧（例如，来自每只眼睛的右半部分的视觉输入进入大脑的左侧进行处理，来自左侧的视觉输入进入大脑的右侧）。

在视觉传达的科学和艺术中，以上发现具有巨大的意义。因为图像对大脑的右侧更具吸引力，而文字则需要靠左侧进行处理。例如，许多广告是为了利用易受影响的右脑和关键的左脑之间的差距而设计的。那些使用视觉图像而不是文字来传达信息的广告，特别容易冲击到右脑，并且被左脑忽视。其实，艺术家在某种意义上是神经学家，他们用自己独有的技术研究大脑，却在不知不觉中研究大脑及其组织。广告大亨长期以来也是凭直觉理解半球现象。例如，FCB广告公司早在20多年前就开发了一个购买决策的广告规划模型。该模型将感觉和思维视为同一连续统一体中明显独立的部分，并以此作为在广告活动中制定有效创意策略的基础。

布罗德本特（Broadbent）指出，广告商李奥·贝纳（Leo Burnett）眼中最有效的图像可以在心灵深处产生共鸣："最有力的广告创意是无法用语言表达的，需要从原型中提取出视觉信息进行创作，而无法仅用词语来表达它们真正的含义。"（1984：3）强壮的骑马人、仁慈的巨人、顽皮的老虎，这些原型根植于我们的历史、神话和民间传说（Broadbent，1984：3-4）。这样的图像利用了右半球辨别模式，忽略细节、情感反应以及视觉和整体学习的能力。然而，警告标签出现在语言中，会被大脑的另一个区域识别。FCB广告策划网和脑神经病学都认识到，当高度的社会或自我参与是主要的激励因素时，认知诉求可能是无效的。

这一点在青少年观看烟草广告的眼动跟踪研究中得到了证实。44%的观众没有看到警告标签，而在那些看到了的青少年中，平均花费的时间仅占他们注意力的8%左右。在比较青少年观看广告的整体时间时，使用Joe Camel的广告（一个专为吸引年轻人和认知不成熟的观众而设计的商业角色），被观看的时间（16秒）明显长于任何其他广告。视觉设计元素总是把视线从文字上移开；警告的文字格式也确保了信息如果被阅读，将得到不同的处理。文字不仅在大脑中的处理方式不同，而且它们的性质在经验上更为遥远，在情感上也不那么直接，对年轻人来说尤为如此。

简言之，视觉图像对右脑的吸引力更强，而语言争论则由左脑进行处理。这就是为什么左半球受损的患者可能会出现言语问题，而右半球受损的患者更容易出现知觉和注意力问题。如果胼胝体被切断，大脑一侧的认知信息将被困在大脑一侧。然而，情感信息很容易通过大脑边缘系统泄露出去，并在不知不觉中被分享和学习。这一发现说明应将视觉信息的情感处理置于所有视觉传播研究的前沿。

二、感性的发展与研究

1. 发展

人类有意识的头脑和情绪系统通常是平稳地协同工作的，就像大脑的左右半球通过持续的对话在整个集合体中协同工作一样。然而，如果他们不这样做，可能造成灾难性的后果。在心智发育成熟的过程中，受伤可能会妨碍形成完备的情绪功能或认知能力；剥夺或缺乏使用可能会妨碍发育进化窗口中的正常发育。发育窗口的开闭是由内在的基因决定的；消极的态度和行为模式可能过早地关闭更广泛的选择，或强化破坏性的心理或行为习惯。

例如，《笛卡尔的错误》（*Descartes's Error*）一书讲述了笛卡尔的病人埃利奥特（Elliot）的故事。埃利奥特切除快速生长的额叶肿瘤的手术切断了从产生情绪的杏仁核到记录情绪的额叶皮层的神经通路。前额叶皮层是前额后面的额叶皮层的一个区域，也是做决策的地方。手术使埃利奥特没有感觉情感的能力，因此也没有做出决定和准确判断的能力。埃利奥特冷静且理性，但没有情感系统的帮助，他失去了确定优先级的能力，失去了选择一条而不是另一条行动路线的能力，也失去了准确评估他人动机和性格的能力。他不知道什么是更重要的，也不知道有多少细节才是足够的。即使他的知识基础和智力仍然完好无损，但决策能力却比较弱。最终，由于右额叶皮质的手术损伤，埃利奥特失去了家庭、社交能力、工作、财富和先前生活的记忆。病人不仅揭示了理性和情感的相互依赖关系，还揭示了无意识情感处理中的进化智慧，为逻辑和理性做好了准备。

神经科学研究也揭示了发育的遗传窗口的存在。例如，从出生到 3 岁期间，大脑特别脆弱。在此期间，反复的虐待、忽视或恐怖会导致大量与压力有关的化学反应，这些反应会重置大脑的激素，使孩子在一生中或多或少地对压力做出反应。在这一点上，虐待甚至反复的媒体曝光，都会改变大脑在正常情况下的反应（如对负面影响过度反应或完全没有反应）。因为情绪系统对恐怖电影的自动反应和对真实事物的反应是一样的，所以无意识的情绪记忆储存在杏仁体中，而压力事件和创伤记忆可能会消失。尽管大脑皮层的思维可以忽略这种视觉体验的直接影响，但情感系统仍在继续工作，使身体做好战斗或逃跑的准备，如心跳加快、呼吸加快、瞳孔扩张、体温下降、血液重新流向肌肉等。最重要的是，当我们在身体上体验到战斗或逃跑的反应时，一种情感记忆就会被建立起来以指导未来的行动。情感体验的影响越大，对情感记忆的刻蚀越深。由于这种记忆属于一个以生存为基础的系统，旨在从创伤经验中学习，所以可能永远无法根除。

当主题活动以及思想和行动的模式一次又一次地重复时，它们也会深深地嵌入到无意识的记忆系统中，并成为模板。于是，对媒体的情感回应就成为我们回应节目的永久组成部分。例如，1973年在宾夕法尼亚大学发起的长期文化指标项目得出了培养分析理论。该理论集中于媒体的故事叙述功能，并着重于发展的态度模式。神经研究人员发现，该理论是无意识情绪学习的基础。他们将这些与电视观看习惯联系起来，得出结论：电视产生的大量信息和图像的重复模式形成了共同象征环境的主流，而这种环境培养了最广泛共享的现实概念。我们生活在这样的故事中：我们讲述关于事物存在的故事，关于事物如何运作的故事，关于该做什么的故事，而电视在大部分时间里通过新闻、戏剧和广告几乎向所有人都讲述这些故事。

由于我们的哺乳动物大脑将媒体图像解释为现实，并根据呈现给它的环境做出情感反应，所以理解感知处理对媒体效果有着重要的意义。平克（1997：29）解释说：在看电视时，我们盯着一块闪闪发光的玻璃，但是我们的表面感知模块告诉大脑的其他部分，我们看到的其实是真实的人和地方，即使在一个终生都是电视迷的大脑里，视觉系统永远不会“知道”电视是一块发光的荧光点，而这个人永远有这样的错觉——窗格后面有另一个世界。

尽管在讨论媒体效果时，视觉媒体导演和制作人的意图往往被考虑在内，但在感知方面，图像制作人的意图是无关紧要的。无论他们参与或者不参与，神经效应都会发生。当格布纳（Gebner）等人发现，电视曝光具有一阶和二阶效应，在这两种效应中，事实和假设模式都是后天习来的时候，他们的研究完全符合感性研究。根据格布纳的平均世界指数，观众们大大高估了现实世界中的实际暴力的数量，更有可能认为世界是恐怖的，并且不信任其中的人。因为在神经科学上，持续刺激脑细胞群会使它们更敏感、更容易被激活，所以具有相同主题或情感内容的重复性神经刺激会增加态度和行为重复的可能性。与创伤暴露一样，这一认识对于媒体的习惯性使用以及媒体内部态度和行为的反复模式有着深远的影响。

2. 相关研究

如前所述，大脑中基本上有两个信息处理系统：皮质通路和丘脑杏仁核通路。直到20世纪80年代中期，人们普遍认为情绪必须经过有意识和无意识的思维加工。然而现已证明，大脑可以在无意识的情况下完成目标。感知本身不是一个系统，而是对一些特定神经系统中发生事情的描述。杏仁核是一个深埋在颞叶内的皮质下区域。情感的意义被附加到输入的数据上，并在大脑做出有意识的行动决定之前，让身体做好行动的准备。在第二个信号到达大脑皮层之前，眼睛发出的感觉信号先传到丘脑，再以某种短路的方式传到杏仁核。

大脑皮层下面是前连合，它连接大脑的深部皮层下（非思考的）区域，因此即使大脑分裂的人的左半球不能说出刺激物的名字，它仍然能够接受到有关它的情感信息。事实上，大脑中存在一种基本的二分法——在思维和感觉之间、认知和情感之间，这种说法甚至比左右脑不对称的说法还要久远。旧的情感途径，允许原始情感与大脑半球的思维区域相联系，是“快速而肮脏”的情感途径，将大脑皮层和新皮层与边缘系统连接起来。

因此，在行动和行动意识之间有一个可测量的时间间隔。早在20世纪50年代就有实验证明，有意识的行动意志只能在我们开始行动之后产生。由于这一延迟，大脑也已经准备好调用过去经验的模板来预测未来。加扎尼加（Gazzaniga）（1998：75）认为，“我们所看到的并不是在任何特定时刻视网膜上的东西，而是对将要出现的东西的预测。大脑中的某些系统接受旧的事实并做出预测，就好像我们的感知系统是我们头脑中一部虚拟的、连续的电影一样”。这确实有利于我们的生存，因为在危急的情况下，本能反应不仅必须迅速通过边缘系统，还必须预测性地使用情感记忆，只有这样我们才能生存。

加扎尼加（1998：13）还指出，尽管这与我们的理性意识背道而驰，但我们使用认知能力的主要方式之一是使已经由情感决定的事情合理化。

他解释说，人类以世界为中心，喜欢把自己想象成“大部分时间都在指挥演出”的人。他认为，我们指挥自己行动的幻觉“似乎是真的，因为我们的左脑中有一种特殊的装置，叫作翻译机”。这个装置制造了一种错觉，认为我们负责自己的行为，并通过解释过去神经系统的先前行为来做到这点。事件的重建从感知开始，直到人类的推理。大脑是最后一个知道事情的人。加扎尼加的“翻译机”是大脑左半球的一种特殊装置。它通过进化作用于大脑的其他适应活动，并重建大脑的自动活动，以保持对世界的完整看法和整体的自我意识。尽管这些自动活动是基于大脑皮层的，但它们仍然超出了我们的意识范围，而口译员的角色是“构建理论，将感知到的信息吸收为一个可理解的整体……我们需要把我们的实际经验扩展成一个持续的叙述。持续不断的自欺欺人让我们相信自己是好人，相信自己是有控制力的，且有做好事的意图。它可能是人类拥有的最神奇的机制”(Gazzaniga，1998：26－27)。因此，合理化并不是一种与逻辑联系在一起的认知工具，而是一个与感知本身密不可分的过程。

一些实验中相同的刺激产生了一系列合理化的结果，这或许能证明以上结论。在一个实验中，许多相同的尼龙长袜在不同的选择中都有不同的原因，从颜色到质地和质量都有差异。理性的认知被用来证实非理性的选择。就像我们倾向于在事后有意识地将无意识情绪合理化一样，我们也倾向于在理性认知前就通过图像建立先入之见。但这种弱点也是一种感性的力量。当一切正常运作时，预感通过激发情感学习，帮助大脑皮层做出理性决策，为我们指明了正确的方向。

第四章

多模态文化传播策略研究

第一节 文本泛化

一、文本的多模态化

在媒介景观中，符号学的表现方式主要为视觉图像。虽然人们没有忘记单模态文本文档这种形式，但随着媒体的不断发展，以各种模态（包括图形、图片、布局技术等）保存和显示文本的能力不断增强，而单模态文本的重要性有所减弱（Goodman，1996）。过去的一个世纪里，在不同的媒体技术中，都出现了从以文字为主导到以图像为主导的转变（Jewitt & Kress，2003）。印刷术使得文字或文本能够超越其他所有符号模态，而这些“素养”（literacy）正从印刷文字向图像转移。克雷斯认为，图像在当前媒体环境中越来越重要，甚至领先于文本，而屏幕也优先于书籍。他还补充道，屏幕是一个视觉实体，而屏幕上出现的文本被视为一个图像，应该遵循同样的视觉设计原则。因此，与图像一起出现的书面文本在传达意义方面起着次要的作用（2003）。可以说，电影和电视的普及改变了报纸、杂志和书籍等印刷媒体的格式，使得视觉图像越来越突出。因此，在这个信息时代，多模态表达并不新奇，它反映了媒体（特别是视觉媒体）对多种传播模式的强化使用。值得注意的是，尽管电视、电影和印刷文本长期以来一直与文本和视觉内容相结合，但信息技术的出现使多模态交际变得更加普遍。除了将文字、照片、视频、音频和图形组合在一个演示文稿中，信息产出的分散性进一步促进了多模态交际现象的扩散。总之，多模态表达（multimodal representation）绝不是一种新的现象，只不过新的信息和通信技术的引入使其强度、规模和复杂性都发生了变化。

二、文本内容的可操控性

数字化使媒体和信息变得极易被修改与操纵。模拟媒体重塑信息的过程往往是“困难的、缓慢的、杂乱的”，而用户通过数字媒体则可以又快又轻松地进行信息重塑。这种先进的数字工具对信息表达的所有阶段都产生影响，无论是以数字形式创建和捕获信息，还是信息的传播，抑或是受众参与信息及其他各个方面。

虽然人们可以很容易地修改和改变不同模态的媒体内容，但鉴于图像在当今媒体景观中如此重要，我们有必要考虑一下如何才能更简易地操作图像。数字图形用途广泛，可用于创建交互式用户界面、虚拟现实、动画，以及从“二维投影展示”（2D projectional presentation）中重建三维对象。图形的数字化使我们能够以前所未有的方式处理图像，包括修复旧照片和受损照片，以及无缝重组和改变不同图像片段。艺术家和媒体制作人利用该技术，效果十分富于创造性。但修改数字图像的技术也让不实信息的传播和欺诈有了可乘之机。

不少人担忧路透社和《洛杉矶时报》（*Los Angeles Times*）等知名媒体机构会传播篡改过的图片，这并非毫无根据。美国博客以照片篡改为由，对路透社 2006 年的一张贝鲁特大楼冒出浓烟的照片进行攻击。经调查发现，路透社摄影师阿德南·哈吉（Adnan Hajj）确实篡改了照片，使大楼看起来浓烟滚滚，受到极大程度的破坏。此外，布莱恩·沃斯基（Brian Walski）将其为《洛杉矶时报》拍摄的两张照片合成为一张新照片。在第一张照片中，一名美国士兵的枪水平放着，而在第二张照片中，一名带着婴儿的男子站在他身边时，士兵的枪放了下来。两张照片合成后的图像看起来就像是士兵正拿枪指着带着婴儿的人，这么做大概是为了增强照片的戏剧性效果，来吸引读者的眼球。

即便是知名新闻机构的专业人士，也会做出这样令人震惊的举动，所以现在人们在观看媒体内容时，需要比以往任何时候都更加具有批判意识。而上述两种情况也是对人们视觉素养能力的一种考验，毕竟他们看到的也许都是经过数字处理的照片。现在复杂的图形应用程序使图片修改效果变得毫无破绽，即使是有良好视觉素养能力的媒体消费者也很难觉察出来。因此，不论信息的媒体来源有多么成熟、声誉如何，媒体消费者都应当不断去质疑并对看到的东西加以辨别。过去为媒体消费者提供良好服务的质量指标，在今天的媒体环境中，其价值也正在下降。

除了媒体本身之外，对媒体内容（尤其是网络内容）的访问也是可操纵的。网络信息的重要性也可以受到引导，以至于一些内容重复出现，而另一些内容却难以访问。即使互联网的信息量看似无限，但媒体消费者只能使用搜索引擎在网上查找信息。搜索引擎结果的排序方式取决于多种因素，包括算法设计、收入流、业务模式以及内容的原始来源。用户经常访问这些网站获取在线内容，也会为网站带来商业利益。而大多数用户不愿意浏览第三页以外的结果，所以搜索引擎结果的顺序也非常重要。

因此，媒体消费者在某种意义上是由搜索引擎所摆布的。搜索引擎和目录有意或无意地排除某些网站，以利于其他网站呈现信息。例如，与Google. com 相比，Google 将某些网站排除在其搜索范围之外，有 113 个网站全部或部分排除在法国的 Google. fr 和德国的 Google. de 之外。在这方面，敏锐的媒体消费者能够意识到，媒体行业的这种做法可能会遗漏特定内容而强调其他内容。他们也知道网络来源的信息可能是带有偏见的。但是对于一般的媒体消费者而言，如此深奥的搜索引擎工作原理还是难以理解的。

三、文本的泛化

传媒业常常将媒体形式淡化，纪录片、新闻、信息、娱乐、戏剧、喜剧片、社论和广告之间的区别已经变得模糊，而折中主义的趋势也愈发明显，“文化文本创造性地混合、融合或重组了先前存在的和相对独立的文化形式、公式和技术”。因此，文本对媒体消费者来说十分具有挑战性，因为消费者对于媒体内容传统框架的理解可能是不充分的，甚至是不适当的。电视无疑是滋生混乱流派的沃土，曾经在花岗岩中凿出的鲜明棱角最终交叉影响、融于一体（Campbell et al.，1993)。同样，随着报纸、杂志等平面媒体扩展为与读者互动的在线平台，报告文学、意见社论和读者来信也被读者博客和论坛等混合形式部分取代，而“第一人称”公民记者的报道充斥着业余照片。

混杂的体裁和多模态的结合催生了更多的跨国界媒体类型。日益成熟的计算机动画和制作技术，有利于创作高质量的多模态内容，从而为电视和电影的题材混搭开辟了新的天地。英国的电视节目《史前公园》（*Prehistoric Park*）就是一个很好的例子，著名的英国野生动物纪录片主持人奈杰尔·马尔文（Nigel Marven）在节目中的任务就是借助一个时间旅行装置，寻找史前时代灭绝的动物，并将它们带回来在史前公园展出。史前动物是由计算机生成的图像和动画制作而成，并以逼真的方式与人类演员和自然景观互动。马尔文经常在自然栖息地里对史前动物进行暗中观察，在它们被囚禁时触摸它们。

虽然剧中人物本质上是多模态的，但其风格多种多样，因此难以将其归类。马尔文以一贯的伪装形式出现在著名的野生动物专家面前。他直接与观众讲话，就好像观众们在看纪录片一样。野生动物的场景是真实的物理环境，并带有自然科学节目的色彩，因此显得非常逼真。然而，史前公园大多是虚构的，所以这更像是一部情感、幽默、悬念甚至悲剧等典型元素混合而成的戏剧。这种多模态和体裁的混合向观众发出了两者结合的信号，因为“传统”的制作技术既有常理，也有颠覆性。观众对 YouTube 网站上播放的节目片段的评论抽样，揭示了一些观众所经历过的感想，从“这是我最喜欢的纪录片电视节目”，到“但它看起来如此真实，这是真的吗?”，“你是说这里面的一切都是真的?”还有“我现在在电视上看这个，这是真的还是假的!?”由此可见，多模态和体裁的有效结合可以考验受众的媒体素养能力。

四、文本的表意

从“怎么样”而非“什么样”的角度来区别研究意义的概念，会使人们偏离对表达对象（如绘画、插图或电视广告）所包含的本质和意义的理解。相反，从“是什么样”的角度看待某物，会暗示受众认识到了创造者（画家、导演或摄影师）如何期望受众欣赏他们的作品，受众也会主动向这些作品靠拢，期待能够发现些什么。如果问同伴一幅画是如何表意的，可能希望他们能谈论诸如颜料的颜色、内容结构中的主要形状、视角和视野等一些选择的问题。接下来我会解释画家的这些选择是如何向受众进行暗示的，比如受众能从这些线索中获得哪些意义。

这样一来，画家选择各个图像元素的理由也就十分明了，进而有助于我们理解和接受理论。解释图片的含义意味着要解释说明演绎方式，但如果解释图片是如何产生意义的，这就意味着图片是意义产生的结果，而不是一种反应，并且视觉文本中编码的意图是为这一意义创造机会，使受众发挥自身作用。而这种观点使文学作品的概念发生了变化，文学作品是存在于其生产者和消费者之外的东西，它是“能够实现的”或是“通过读者和文本的融合”而产生的概念。接受理论家的现象学观点认为意义产生于偶然性并由偶然性构成，它是一个人与现象的互动经验所能了解和创造的东西，即意义是由某种东西构成的，而不是存在于某一现象体验之外。

虽然我们一直关注中介现象，但作为一个哲学体系，现象学对意义的定位并不局限于由符号系统构成的事物（无论是图片、段落、舞蹈或音乐表演），也不局限于人造的桥梁、建筑物或城市等事物。我们也会根据与大自然的互动或体验，对自然界中存在的事物（如大峡谷或沿着乡村道路生长的花朵）赋予意义。与此同时，这些事物在自然界中的存在不是为了与人们互动或让人们对其进行解释。与中介物不同，并不是因为它们的存在，人们才对其进行。它们并没有把人们牵扯到一种交流关系中，就像用符号系统（如图画）和媒介（如电影）制作的东西一样。虽然可能会把乡间小路边的野花看作夏天的标志，但不会像花匠一样去阐释花的外形。相反地，我可能会结合自己对于花和季节的了解，连同以前的经历，再加上在乡间小路上所碰到的各种花，来共同赋予这朵花意义。一旦那朵花被描绘出来，它便是另一种现象学的表现了，可以是一直在鉴赏的那幅画，或者是《科学美国人》（*Scientific American*）封面上的一张照片，抑或是某个人物在电影的剪影序列中注视的焦点。虽然我也通过自身经历来赋予图像意义，但我们应该通过现象学的角度来更好地阐释其意义。正如伊瑟尔（Iser）所说，她对图像文本的理解“不是通过与现实的毁灭性比较”而达成的。即使它是摄影图像，她也知道它只是一个虚构的或模拟的现实（Iser，1978：181）。古德曼（Goodman）（1976）进一步阐明，中介对象所指的虚拟事物是有意而为之的，因此它的构造极富推理性。换言之，尽管这幅图画并不代表乡村道路边上的一朵花，但它所创造的虚构的现实是道路边上一朵特别形成的花（例如特写、高角度、全彩色、平面光），能够被大家所理解，且具有代表性的功能。接受理论家将其视为小说的交际功能，其目的是使人们能够用新的眼光看待现实。文本通过传达“自己组织起来的现实”使人们用新的眼光来看待它并以此来训练人们的洞察力。

接受理论家还认为文本是一种与现象学上的交际概念密不可分的交际结构，即对话与他者经验。这种观念是建立在与他人直接接触的经验之上的。“不仅是对我来说的他者，我自己其实也是他者”的他者体验在这次相遇中产生。因此，交际的过程产生于并由参与交流过程的两个伙伴的偶然性构成。交际互动中，每个伙伴的“经验场”包括一个人对自己和对方的看法，以及想象对方对自己的看法。选民之所以产生，是因为双方看待自己都不是真正的对方看待自己的样子，所以总是“不断地假设”对方会以什么方式看待自己，并且“不断地按照自己假设出来的对方的态度、观点和需要”来行事。这正是处在一段关系中的感觉，通过经历这种关系，人们体验到了伴侣和自己的“他者性”的感觉。简言之，接受理论家把文本理解为一种交流结构，它记录了“恒定假设”和“恒定作用于光”的二元过程。

当互动作为一种技术中介时，某种偶然的交际结构又是如何促进理解的呢？阅读一本书时，把二元过程中的伙伴看作是文本和读者。与面对面的交流一样，偶然性或差距也是由读者和文本的竞争行为构成的，同时文本和读者都无法知晓其他人是如何体验的。由于文本本身无法改变，在这种偶然性中相互作用的两个伙伴的关系是不平衡的。也就是说，文本和读者之间的关系只能通过改变读者的投射来成功实现，而这些投射必须由文本通过某种方式来控制。关于面对面互动中的这种权变结构，合作伙伴 A 放弃实施自己的行为计划，毫不犹豫地跟随合作伙伴 B。他适应了 B 并被 B 的行为策略所同化。尽管面对面对话中还存在其他类型的沟通偶发事件，但正是这种偶发事件才体现了“中介”对话的沟通关系。因此，正是从这个角度，对话的概念扩展到了中介沟通，而文本和读者的融合被视为一种不对称的偶然性交流。在这种情况下，读者和文本形成合作的关系，文本想传达出能够令读者明白的知识，并且引导读者学会掌握这些知识的策略。

第二节 受众生产

一、文本与受众的失衡

根据文本与二元关系体验的相似性，阅读现象学将文本理论化，并为中介的他者对话或经验的理论化提供了基础。显然，受众在面对一幅画、一个网站或一个广告牌时，并不是接触活生生的对象，更无法接触创作者。每一个他者的经验都必须构成他者的存在，而如果想把通过介质的传播理解为话语式传播，就必须想象创造者和受众分别参与了意义的创造过程。此时，他们感觉到每个人都是另一个人思想的主体。因此，如果我看一部电影，受众会把它分别与自己的观点以及另一个创造者的观点相结合，并且认为创造他者的观点与我一致。由于有可能在心理上想象或构成一个界定两个伙伴间对话过程的“经验场”，现象学进一步将文本理论化为两个“准独立”的意义创造活动（Traudt et al.，1987）。这些构成实践不仅包括产生中介语篇的活动，还包括解释语篇的活动。就像生产商和设计师都不需要建立沟通关系来完成工作但是如果他们这样做也是基于这种对话体验的他者性一样。

因为过程中的两个合作伙伴既不出现在对方面前也互不相识，所以必须通过生产或编码实践来实现差异性体验。在这个过程中，生产或编码实践能够反映观众结构，而通过接受或解码实践则可以设想出制作者意图。在视觉传达领域，无论是照片、视频、绘画还是网站，接受理论和研究都试图通过关注和描述这些经验结构来阐明视觉文本的现象。在文本编码方面，如果文本和读者的互动中没有实际存在性，那么以读者为导向的批评则是一个非常有用的方法，这种方法可以用于从理论上说明和关注经验的差异性结构如何在文本与读者的互动中提供对话伙伴的。

二、受众角色的转变

与传统媒体和受众理解截然不同的是，那些将大众传播作为接受的理论将媒体内容和受众概念化，以及将其视为媒介和受众间的意义交互关系（Jensen，1987）。以读者为中心的批评方法引入了互动和解释性的阅读概念，与之相似，传播学学者将媒体受众视为听者或积极产生意义的人。20世纪80年代后的受众实证研究集中调查这些意义的创造，并提供了大量证据来证明受众理解媒体内容的复杂性和方式的特殊性。

受众是与媒体内容相关的积极意义创造者，这一概念建立在关于意义的现象学假设之上，而这种假设将受众置于日常经验世界中，即意义产生于偶然性并由偶然性构成，此外，意义是可知的，而且是由某人根据某种现象的经验创造的。此外，媒体内容是一种中介或符号现象，所以意义也同时具有社会性和话语性特征。詹森（Jensen）（1990：4）将其描述为“由社会代理人执行且受利益驱动的情境解释行为的结果”。这一概念成功地将媒体内容的含义定位在人们生活的真实世界中，而不是特定的媒体文本中。有趣的是，当一个媒体文本的意义是从一个听者或解码的角度提出的问题时，人们感兴趣的不仅仅是作为一个概念对象的“作品的命运”。事实上，早期的受众接受中的许多作品都是从文学学者们所研究的审美反应之外的角度出发，承担了媒介的许多社会角色。

林德罗夫（Lindlof）（1991）认为其是社会现象学中一种典型的受众研究风格。拉尔（Lull）（1982）对这项工作进行了阐述，并将看电视视为家庭中的一种社会建构体验，而沃尔夫（Wolf）（1982）等则重点讨论纵向研究中看电视对于已婚夫妇的作用。霍布森（Hobson）（1980）早期对英国家庭主妇和大众传媒的调查也涉及电视收视的社会作用，其他研究则从媒体内容的含义出发，考察了媒体—受众关系在社会现实建构中的作用。还有学者提到媒体内容构成中的“传统形式”是如何成为“日常社会行为”的一部分的。其他受众研究则主要探究形式的构成特征是如何在观众与电视文本的互动中发挥作用的。

然而，读者反应或接受分析关注的是文本受众的遭遇，与受众研究的这种社会现象的逻辑“风格”不同。通常情况下在接受分析中，受众将观看、阅读或聆听行为中产生的解读与观众、听众或读者互动的媒体文本进行比较，以提供关于受众如何进行意义建构的见解。受众话语是在小规模的实证设计中产生的，尤其依赖于深入访谈和参与者的观察，接受研究将这些话语与媒体内容的结构进行比较，表明特定的类型和主题可以由特定的受众吸收。

菲斯克（Fiske）关于电视节目《拖家带口》(*Married with Children*)的观察性研究就是一个很好的例证。从对媒体文本的描述开始，菲斯克（1994：190）指出，一个性别和年龄差异都和谐一致的规范家庭会同时受到节目的嘲笑和歪曲，然后他将分析的中心放在“狂欢的冒犯”上，即“从攻击性的身体延伸到攻击性的家庭关系，再到攻击性的社会关系”。他还指出，许多学生观众将其称为电视上最“现实”的节目，并利用其狂欢元素作为表达家庭生活体验与主流社会规范体验间的差异（Fiske，1994：191）。给定信息和未给定信息的作用间也存在差异，但这些差异是在听觉而非视觉的概念过程中构建的。

简而言之，《拖家带口》这档节目的意义在于青少年观众在节目中能体验到知识和创造力。此外，它与其他社会受众的话语中可恢复的意义大不相同。这些意义也包含社会意义和话语意义的概念，并伴随着对研究文本现象的方法的独特思路，因为文本是由受众体验的，以及对受众理解的重新评价。这两种方法对将大众传播理论化为接受是至关重要的，并将这种受众研究方法与传统的“发送者—消息—接受者”模型的方法区分开来。

三、受众生产内容

媒体消费者可以利用信息技术来创建、复制和传播媒体内容。随着媒体制作硬件和软件的普及，以及网络上大量共享内容的出现，用户生成内容增长显著。在过去，信息生产和传播的高成本限制了内容提供商的数量。现如今，只要有技术和获得该技术的途径，就能成为一名作家。当然，个人能够在何种程度上利用这种自我创造机会也因动机、技能和兴趣而异。

简而言之，媒体消费者现在能够形成自己的表现形式（包括单模态和多模态）。由于每一种模态都可能为用户提供不同的“代表性和交流性行动”，用户生成内容的激增使信息的主观性更加复杂（Kress，2003）。大多数媒体消费者现在同时拥有代表资源、生产资源和传播资源，这些资源在使用和信息设计方面（在消费者的接受和表达模式方面）都需要特定的能力（Kress，2003）。换言之，对于普通消费者来说，了解设计师在资源潜在意义方面的作用尤为重要。半生物资源（模态）和物质实体（媒介）之间的相互作用使这一问题更加复杂。

虽然计算机、手机、相机、平板等不同形式的数字媒体间有着协同作用和融合潜力，但其还需要自反性。随着这些媒体工具的可操作性越来越强，再加上各种各样的信息模式，人们通过各种模态和资源来产生和交换信息的能力大大提高了。不可避免的是，媒体消费者对多种传播形式的接触只会越来越多，所以知道如何利用各种模态和物质资源来影响信息表征潜力，不仅需要对信息产生的背景进行批判性反思，还需要在自己的信息产生中进行反思。

第三节 多模态素养

一、新媒体时代的素养要求

随着多模态表征在当今媒体领域不断扩散，意义的创造和理解方式也发生了变化。不同模态、媒介和材料的应用愈加广泛，每一种应用都有自己的逻辑和能供性，因此媒介消费者的意义创造过程变得更加复杂。对多模态影响感兴趣的学者们十分关注当今世界意义创造和传播的不同方式并把重点放在了形象、写作、演讲和多模态文本的符号性功能上。此外，他们还关注两个（或多个）符号赋权或夺权模式及多模态文本的创造者和接受者间是如何通过相互作用来产生“符内和符际的指号过程”的。

多元文化媒介消费者有三个主要特征：一是他们可以理解文本是如何产生意义的，以及这些意义是如何通过语言、图像、声音、手势等不同的交际形式来传达的；二是能将文本分析与鉴别观众如何在检查下参与文本相结合；三是能将文本分析与文本产生和消费的政治、经济和社会背景相结合。多模态文学强调去批判地解读符号资源的潜在意义构成，相比之下，媒体素养更侧重于获取、消费、评估和生产内容的技能，并转向关注批判、反思和判断。因此，批判性地分析象征性文本的关键在于建立多模态素养和媒体素养间的联系，而现在考虑媒体素养时，也必须将多模态素养纳入其中。显然，媒体素养的文学范围已经有所扩大。为了利于理解社会实践中的后印刷形式，有人在生产和消费媒体内容的过程中，呼吁“新素养”和“多重素养”，因为只有拥有多重素养，个体才能有效地参与到高度媒介化的信息社会中。

二、视觉素养

1. 视觉素养的定义

国际视觉素养协会（IVLA）是一个非营利组织，于 1968 年在纽约州注册成立。该组织为世界提供了一个多学科论坛，通过视觉图像、视觉素养和总体素养来探索、展示和讨论多种视觉传播技术及其应用。IVLA 将各学科对视觉素养感兴趣的专业人士组织了起来，并为他们搭建了沟通的桥梁。此外，它还鼓励和资助创新型视觉素养项目，并宣传和评估那些促进视觉素养在教育和传媒中使用的项目。IVLA 协会成员可以阅读《视觉素养评论》（*The Visual Literacy Review*）和《视觉素养日报》（*Journal of Visual Literacy*），还可以查阅亚利桑那州立大学视觉素养中心的《视觉素养收藏》（*Visual Literacy Collection*）等资料。

国际视觉素养协会官方给出了四种视觉素养的定义：

1）通过观察、同时拥有和整合其他感官经验来形成的一系列视觉能力。

2）解读视觉符号（图像）的传播和使用视觉符号创建信息的学习能力。

3）将视觉图像翻译成语言的能力，以及将语言翻译成视觉图像的能力。

4）在视觉媒体中搜索和评价视觉信息的能力。

2. 视觉素养的发展历程及理论框架

视觉素养并非一个新的概念。关于图像使用的讨论由来已久，古代哲学家早已会使用图像进行视觉传达，亚里士多德（Aristotle）在解剖学和医学中使用过解剖学插图，毕达哥拉斯（Pythagoras）、苏格拉底（Socrates）和柏拉图（Plato）在数学中曾用视觉形象来教授几何学，而一些虔诚的教育家和先知使用隐喻来帮助受众创造内在形象。

到了夸美纽斯时代，文艺复兴的哲学思想在知识论和学习论中更加强调视觉形象，比如在夸美纽斯（Comenius）的《世界图解》（*Orbis sensualium pictus*）一书的插图中就有一些用不同语言来表达的数字。他还认为父母和孩子之间的非言语交际都是后期语言习得和发展的前提与基础，这一结论也是视觉语言的一部分。

第一届视觉素养大会在美国罗切斯特召开后，黛比（Debes）（1969：26）给出了视觉素养的第一个定义："视觉素养是指一个人通过观察、同时拥有和整合其他感官体验而发展起来的一组视觉能力。这些能力的发展是人类正常学习的基础，可以使一个有视觉素养的人辨别和解释他在环境中遇到的可见的动作、物体和自然或人为的符号。人们通过创造性地运用这些能力能够实现与他人沟通，而通过对这些能力的鉴赏性运用，能够理解并享受视觉传媒的杰作。"

一些研究人员根据个人背景对视觉素养进行了讨论，而个别研究者把重点放在视觉素养的不同方面上。研究者和实践者在"视觉素养到底是什么"这一问题上存在着大量的分歧，很难用只言片语来描述一个非语言的概念。多年来，理论家和实践者对视觉素养这一概念纷纷下定义，这些定义从狭义到广义不等，但也有一些研究者或多或少地否定了视觉素养的整体概念。

一些研究者从不同的理论角度对视觉素养进行了界定。根据唐第斯（Dondis）的观点，视觉素养意味着理解，是一种看到和分享意义的手段，在某种程度上具有可预见的普遍性（1973）。但是如果要做到这一点，就需要超越人类固有的视觉能力、直觉能力、个人偏好和个人品位。唐第斯所要求的“普遍性”实际上是指洞察力，这是教育的最高目标。视觉素养根本不要求一个人是否是擅长勾勒、涂色或电影制作的艺术家。

视觉素养要求人们利用视觉媒体（包括肢体语言）培养自己的沟通技能。布拉登（Braden）和霍丁（Hortin）提出了视觉素养的定义，他们在定义中引入了形象思维的概念，并认为视觉素养是理解和使用形象的能力（包括在图像方面思考、学习和自我表达的能力）（1982）。

麦基姆（McKim）（1980）提出视觉思维是通过使用三种视觉图像来进行的，这三种图像包括我们看到的图像、我们想象的图像和我们画的图像。由三个部分重叠的圆圈组成的“麦金图”（McKim diagram）解释了下意识情况下发生的流体动力，其中圆圈象征着所看、所想和所画积极交融从而使视觉思维得到充分体验。视觉思考者利用视觉、想象和绘画的流动性和动态性，从一种图像移动到另一种图像。

此外，海尼克（Heinich）（1982）等认识到视觉素养有不同的方面，对视觉素养和印刷素养进行了比较，将视觉素养定义为能够准确解读视觉信息并创造这种信息的习得能力，而视觉素养中的解读和创造相当于印刷素养中的读写。

在理论基础上，西纳特拉（Sinatra）将视觉素养与思维、阅读和写作联系起来，并指出，视觉素养是阅读和写作的基础，也是理解和写作思维过程中的基本素养。他认为，视觉素养的非语言成分是素养学习中真正的基础，视觉素养是过去视觉经验的积极重建，受众通过输入视觉信息来获得意义（Sinatra，1986）。

康西丁（Considine）（1986：86）也认为，视觉素养试图解释输入和输出的过程。因此，视觉素养可以定义为“为了更有效地交流，通过各种媒体理解和创造图像的能力”。拥有视觉素养的受众能够产出和解读视觉信息。由于视觉素养是一个需要能够有效地发送、接受和处理视觉信息以实现双向交流的过程，视觉素养者必须培养多种技能。

巴卡（Baca）（1990）的德尔菲研究（Delphi Study）征集了视觉素养

领域52位专家的意见，在最后一轮测试中产生了167个表述，并将这些表述确定为定义、描述或阐述视觉素养的构架。

3. 视觉素养的相关研究

一些研究者和实践者对视觉素养的定义，强调了视觉素养技术在现实生活中实现了全面应用，涉及视觉信息生产、艺术、日常生活以及教学等领域。此外，视觉素养应该整合到所有课程领域，以扩展学生能力并且避免限制视觉素养技能的学习和使用的类别化。

视觉素养是一种类似于语言素养的沟通技能。视觉素养可以定义为识别、分析、解释、评估和产生视觉信息的能力。一个具备视觉素养的人已经掌握了从其他人的身体语言等直接的视觉信息，或者由视频、计算机和增强摄影等新技术组合的复杂的视觉图像中收集信息的技能。具备视觉素养的人也可以通过自己产生视觉信息，在精神上塑造形象并与他人交流。

席勒（Schiller）认为，在所有富有想象力的视觉艺术中，构图是最基本的单元，也是最基本的过程。他指出，所有关于视觉素养的不同观点都表明，每种视觉媒介都有其独特的形式（Schiller，1987）。因此，视觉素养的特点明显不同，在表现手法和典型技巧上不同的技能也有待学习。因此，我们应该注重诸如计算机素养、电影素养、视频素养和电视素养等更为有限的概念，实际上，视觉素养的广义概念也许没有一个单一的定义。

汉森（Hanson）等认为，学校没有以任何有组织的方式教授视觉素养的技能和认知，但是这些技能直接关系到学业的成功，在阅读方面尤为显著。而具有视觉素养的学生可以：

1）在不同的环境中识别同一元素的对象；

2）创作相似图形；

3）从不同的角度认知事物；

4）通过想象各部分之间的运动、旋转、反转或内部位移，将一个元素转换成另一个元素；

5）识别或正确配置空间中的元素，否则这些元素可能会因观察者的方位而产生扭曲；

6）确定力线、张力、平衡和构图，从而确定使视觉艺术在美学上令人满意的原则；

7）确定现有知识或个人经验中看似不相关的领域的相似性、符号或标志（Hanson et al.，1988）。

一些国家、学院和大学正准备增加视觉素养课程，特别是在艺术、传播和教育系。怀特塞德（Whiteside）讨论了大学教育水平中媒体课程的视觉素养意识。他采用了七个步骤的方法来规划和实施视觉素养模块。这些步骤可概括为以下几点：1）定义视觉素养；2）确定视觉素养需求；3）选择需求、目标和客体并确定其优先级；4）选择适当的媒介；5）规划课堂活动；6）实施视觉素养模块；7）规划未来活动（Whiteside，1985）。

三、媒体素养

1. 媒体素养的定义

媒体素养可以定义为通过各种形式解码、评估、分析和产生信息的能力。这一定义充分反映了媒体素养的多方面性质，但其定义方式不仅取决于定义媒体素养的实体，还应根据媒体格局的演变而改变。事实上，重新评估媒体素养的概念是符合时宜的，特别是在对媒体内容进行批判性分析和评价时，应考虑到多模态对媒体素养的影响。

2. 媒体素养的主要内容

（1）驾驭多模态、超文本的能力

适用于传统印刷和大众媒体环境的基本批评素养原则在当前多模态和超文本媒体环境仍然具有现实意义。批判性地评估信息来源的异质性，挑战权威、非线性或视觉表现形式的能力，并不是多模态媒体环境特有的技能，而是长期以来消费文本所必需的技能。不过，卢克（Luke）确实对一些特定素养的定义进行了完善，增强了人们对超文本环境的驾驭能力和对在线信息的评估能力。这些特定素养的定义包括以下三个方面：1）拥有充分的元知识，了解不同媒体类型中的思想和信息位的构成方式，以及它们对信息的阅读和使用的影响；2）掌握技术和分析技能，并在不同的背景下调动这些系统；3）在运作社会机构内部和跨社会机构的权力关系和利益时，可以理解和联系这些制度和技能（Luke，2000：70）。

杰维特（Jewitt）和克雷斯也指出单模态文本环境和多模态超文本环境之间具有显著区别。他们认为，前者倾向于水平和线性的内容，而后者则是一个由视觉、听觉、符号和语言意义系统组成的互文和多模态的世界，其中这些系统是横向连接的，因此阅读和驾驭文本更具挑战性（Jewitt & Kress，2003：73）。读者在多模态文本阅读中，还要承受多层次、多编码的动画、符号、语言文本、照片带来的额外负担。在这样的环境下，媒体消费者不仅需要对不同信息片段所承载的思想有一个语境化的知识还需要理解这些想法之间的关系，以及这些想法是如何通过不同的模态受到其表现的影响。

此外，受众还必须了解使用超链接跳转网页过程中所产生的影响。每个不同的网页都嵌入了不同的表示模式，读到大量鲸鱼被驱赶上岸，与看到鲸鱼在海岸线上的图像相比，会引起不同的反应。这一过程可能影响受众的认知状态和情绪状态，从而影响他们正确判断信息可信度的能力。因此，解读和驾驭多模态和超文本媒体环境的能力是当今媒体环境所需的多种素养的一个关键组成部分。

（2）认识既有知识结构不足的能力

对媒体内容的批判性评价取决于一个制作媒体内容的广泛知识体，包括更广泛的社会、文化、经济、政治和历史背景。除了这些背景知识之外，波特（Potter）（2004）还假定了一套更为全面的基础知识结构，媒体用户人需要具备这些结构才能对信息进行批判性评估，他们需要了解媒体内容、媒体效果、媒体行业、现实世界和自我。这些知识结构使媒体用户能够使用更多的工具来解决问题和创造意义。然而，这些知识结构的稳健性也受到在线交流的多模态性质以及上述三个共同趋势（媒体的可操作性、媒体类型的混合和用户生成内容的出现）的挑战。与传统出版相比，互联网上发布的内容可能缺少专业把关，也并非所有网站都设定了权威指标（如作者身份或关联关系）。网上发布信息没有共同的标准，数字信息很容易被更改、滥用、剽窃或匿名创建。此外，由于用户生成的内容经常以类似于已有的媒体组织的格式呈现，所以其中存在一种“均衡效应”，即所有信息都变得同样容易访问，因此，有人认为所有作者为互联网消费者提供的可信度的程度是相同的。

在这种情况下，一个人对媒体效果或媒体行业的了解对于评估信息来源有多重要？一个值得信赖的在线新闻机构提供的信息是否比博客上带有事件照片和视频片段的实际事件更为可靠？在这种情况下，相比媒体制作人或整个媒体行业的知识，表现方式可能更能揭示信息可靠性的指标。此外，媒体生产者和消费者之间的划分日益模糊，很难建立有效和可靠的标准来确定在线内容的质量、意识形态、市场影响或专业生产价值。

现在有一个新兴的灰色领域，那就是主流媒体组织将用户生成的内容纳入其中。这些主流媒体试图借助公民新闻的浪潮，鼓励观众和读者提供内容，然后将其加入公司的专有材料中。韩国的 OhMyNews、新加坡海峡时报的 STOMP 和有线新闻网（CNN）的 iReporter 上就经常展示读者和观众提供的内容，而 BBC 在线新闻从推特（Twitter）上获取的互联网流量比对其贡献的还要多。然而，这些组织也会发布免责声明，避免受到观众所提供内容中的错误和不准确之处的影响，所以纳入用户生成内容的并不等于编辑的背书。

在这样的媒体环境中，作为主要质量指标的批判性媒体素养的基础（了解媒体制作者的运营和后果）不再像过去那样有效。虽然媒体消费者需要维护和发展与媒体相关的知识结构，但他们必须具备的另一种素养是，能够认识到这些结构的不足，并辩证地利用这些结构来适应不断变化的语境需求。

第四节 多模态口译

一、口译话语的多模态特征

1. 多模态交际过程

波赫哈克（Pöchhacker）（2004）认为口译是一种在源语一次性陈述的基础上，用另一种语言产生第一次和最后一次翻译的翻译形式。大多数对口译的定义都强调翻译的口语媒介而非书面媒介，而该定义则包含口译，但强调了口译中源语文本和目标文本（或产品）的短暂性。此外，同声传译是一种特殊的口译模式，可以称之为“在隔音室中使用同声传译设备的口译形式”（Pöchhacker，2004：19）。描述同声传译时，必须注意的是，同传译员可能从属于说话者或听众的语言文化群体（或两者都不属于）。两个对话者中，一个是扮演着积极角色的说话者，另一个通常扮演着较为消极角色的听众，而同传译员则构成了两个对话者之间的中介因素。演讲者和听众的积极和消极程度，大部分取决于特殊场合整体的社会正式性和接受性程度，但同传译员永远是处于中间的。同传译员作为双方指定的“协调人”，必须用另一种语言再现说话人的发言，在监控自己表达和表现的同时，还要理解接下来的讲话以及发言人的伴随手势或其他身体动作。因此，口译员处于双重从属地位，既要依赖于发言者的演讲（常常还依赖于 PPT 展示、图像等）来为听众传达意义，又要为演讲者和听众服务。此外，虽然演讲者可以用言语和身体向观众传达自己的信息，但必须依靠口译员才能与那些不懂自己语言的听众交流，然而口译员却被限制在同传箱里。观众竟然能够用耳机听到一个非实体声音，并通过看发言者发言来构建意义。这个声音实际上就是发言者的讲话，只是换了一种语言而已，但这个声音终归是译员的声音。如果大多数手势都发生在说话的过程中，那么在口译产出时，观众们就会好奇发出这个声音的人在做什么，也在做手势吗？如果是这样的话，口译员的言语和手势在形式、语义或功能上是否与说话者的言语和手势相似呢？实际上，口译话语具有多模态特征，无论是源语还是译语，都可以看作是一个立体语篇，其意义分别是由发言人和译员的言语信息、副言语信息和非言语信息复合而成的。而观众对信息的接受也是多模态的，需要同时运用视觉和听觉等感官，接收语言、副语言和非语言等复合信息。

2. 口译中的非言语交际

言语交际不仅包括说话内容，还包括说话的方式，比如译员在讲话时是脸色阴沉语调烦躁还是微笑和点头。波雅托斯（Poyatos）（1997：259）对言语交际进行了的描述，所谓的口语性，实际上是通过内部（语音）发音和声音修改，以及依赖于我们面部和身体解剖的外部发音，以听觉和视觉的方式产生的。

事实上，言语交际包括了言语语言、副语言（音调、语调、停顿、音量等）和动觉这三个要素（Poyatos，1987），它们共同促进了交际过程。这些要素可以单独出现，也能以不同的组合形式出现，实现许多不同的功能。视觉非言语交际不仅包括动作（手势、面部表情、注视方向），还包括动作学（人际距离）、文化和社会特征（衣着、社会决定的行为）和某些可见的生理反应（如脸红或流泪）。非言语交际符号总是传递信息，但信息的发送通常不是由发送者有意或完全控制的，而且信息通常也不是由接受者有意识地接受或解码的。

虽然副语言是非言语交际的一个重要方面，也是非言语交际的一部分。但事实上，没有副语言，言语交际就不可能完全发生，即使口译员没有视觉输入，也可以使用副语言，这也可能是口译员传达说话者所表达动觉的唯一方式。一些视觉上的非语言交流形式（如衣服、脸红）提供了语境信息，这些语境信息不一定必须译出来。但是当我们把视觉上的非语言交流看作是口译的时候，通常指的是身体语言。波雅托斯（1997：259）将其定义为一种以肌肉为基础，有意识或无意识的身体心理运动。视觉、视觉—听觉、触觉或动觉—知觉的干预或产生的部位，无论是习得还是触发而生，无论是与语言和副语言结构以及其他身体或客观行为系统分离与否，都具有有意或无意的交际价值。动觉可进一步分为手势、举止和姿势。手势是指头部、面部（包括眼睛）或四肢有意识或无意识的动作，它们在交流中起着重要作用。举止则主要依赖于特定情况（如我们问候他人的方式）。而姿势更为静态，且受到社会规范的约束，可能会揭示文化背景和心理态度。"语言—副语言—动觉"的三重结构可以以不同的组合出现。虽然视觉上的非言语交流（如手势）可以在不伴随言语交流的情况下发生，但言语信号不会完全独立于副语言和身势语。

非语言信号可以在之前、伴随或跟随的语言信息中实现许多不同的功能。它们可以添加信息、支持、重复、强调、去强调甚至反驳口头语言，在动觉的情况下，非语言信号甚至可以代替文字，作为一种有效的表达方式，尤其是在说话者不知该如何用语言表达一个词时。非语言元素有着许多不同的功能，这里将视觉元素主要分为象征、插图和适应这三大类。这些视觉非语言元素可能需要在同声传译中进行口语表达或以其他方式表达，有时可能伴随副语言或由副语言替代。

象征是一种非歧义的手势（有时是副语言），在一种文化中具有明确的含义。它们可以用一个词或短语（如"Okay""Stop""Yes""No""Hush"）来代替，反之亦然。虽然某些手势在大范围内（主要是通过大众媒体）已得到认可，但同一个手势在不同文化甚至亚文化中的含义可能完全不同。象征通常是传达信息的有意识的信号，同一文化的听众理解起来毫不含糊。它们可以完全独立于语言而发生，比如在由于距离、噪音等原因无法进行语言交流的情况下。

人们用适应这类手势来感知自己（自我适应，如深思熟虑地揉下巴）、他人（改变适应，如问候和道别、拍拍某人的肩膀）、物体（物体适应，如转动笔、移动桌上的纸张）或与之相关的物体或与身体有关的物质（身体适应，如无意识地在手指上转动戒指）。并非所有涉及接触的手势都是适应手势，它们也可能是标志和某些类型的插图。

插图是动觉和副语言的元素，通过强调、添加信息或替换语言信息来直接指代语言。与象征不同的是，象征与语言交流密切相关，通常没有直接的语言对等物，很难用语言表达。插图被分成几个有重合的类别。他们的人数根据作者的不同而略有不同。

语言标记语在一定程度上存在于语篇中，与文化密切相关。语言标记是头部、手和面部的小动作，按照讲话的节奏和信息的内容来突出和给语言加标点。它们的功能可以是代词（如表示“我”的手势，指对在场的人或甚至不在场的人点头或凝视），介词（如伴随“直到”“但是”“没有”的简短手势或表达），连词（如“但是”的手势）或动词（主要是暂时的，有时是情态的），也可以进一步强调信息或遵循语调（点头、面部表情、手势）。空间和时间标记说明了大小、距离、位置以及时间（过去、现在和将来），还可以说明事件的持续时间。指示语指的是人、地点或时间点，通常伴随着副语言。

象形文字、回声文字、五项图和五线谱模仿它们的参照物。象形文字描绘的是一个物理参照物的形状或轮廓（有时是由于语言缺陷，但也可能与语言一起出现），而五项图描绘的是运动（如波浪运动、摇动）。回声文字模仿通过副语言（“vroom”指启动的摩托车）或非语言（用手指敲击来代指疾驰的马）产生的声音，而五线谱模仿运动和声音（如用投掷运动和口哨声来描述投掷石头）。

表意文字和事件追踪器可以追踪思想的方向或事件的发展，可能伴随着副语言。表意文字可以用来描绘英雄事迹或美丽的艺术作品，而事件追踪器则可以描述一个人的来去或一次会议的时间。

标识符用身体形式来描述抽象概念（如“荒谬”“不可能”）、道德和身体素质（如“冷酷”“谨慎”“强硬”）以及物体或环境素质（如“肮脏”“平滑”）。它们可以一起出现或与语言交替出现，有时比语言更具表现力。

外部因素并不一定是语言的形式，而是对他人的过去、现在、预期或想象的现实，对我们或其他人所说、正在说或将要说、沉默、做或不做的事情，对过去、现在、预期或想象的事件的反应、审美体验与精神体验。它们通常是无意识的反应，并不总是由口译员以口语的形式进行表达（如一个演讲者努力克制但还会紧张）。

二、多模态的口译策略

虽然同声传译的实践者和研究者都认为同声传译不应该传达文字，而应该传达信息，但文字仍然被公认为这一信息的唯一来源。通常只有背景信息和一般知识被称为语言外因素，而非语言输入大多被忽略。但是在“基本结构语言—副语言—身势学”语境的语言和交际中，口译员有意识或无意识地接受其他形式的输入，而不仅仅是口语输入。

口译不仅应促进语言层面的交流，还应促进文化层面的交流。当不能逐字逐句地传达特定文化的表达和手势时，口译员应考虑信息发送者和接受者的特定文化和背景知识，并据此传达信息。布勒（Bühler）（1985：49）认为会议口译不仅仅是一个用另一种语言重复单词或短语或语码转换的问题，更是一个理解和使自己被理解的问题，一个作为被打断的交流渠道中的第二个发送者承担促成交流过程成功的问题。因此，口译员的任务是在不丢失信息内容的情况下，实时地传递原始发送者的信息。

听力和分析、存储信息和生成目标语言语音的任务通常或多或少地会同时发生，即口译员在听辨、分析和存储下一部分信息的同时传递信息的一部分。这意味着口译员总是要分心工作，但人的处理能力是有限的，因此需要在这三方面进行必要的分工。如果源文本很难理解（无论是因为其内容，还是由于音响效果差、口音重等原因），口译员必须更多地集中精力于接受和分析信息，存储和传输信息的资源就减少了，这可能进而导致目标文本中出现问题或错误。由于对原文的分析和理解是至关重要的部分，口译员应利用任何能使这一过程更容易或更快的信息。由于非语言信号通常是下意识解码的，它们不会产生额外的认知压力，而是支持认知过程。

口译员不传达文字，而是传达含义。因为不仅说话人的话，他的副语言和身势语也有意义。非言语交际不仅可以补充言语信息，而且在某些情况下可能是部分信息的唯一传达者，缺乏视觉输入会使原文相关部分更难理解甚至导致误解。译者需要记住所有动觉可以与语言和副语言信号互动的不同方式，必须注意说话人演讲的全部内容，以免遗漏仅用肢体语言表达的内容。这就意味着口译员可以在视觉和听觉上进行翻译，不仅是对语言进行翻译，而且是对整个三重结构进行翻译。

清晰的说话人视角不仅有利于更好、更容易地理解演讲本身，还可以作为信息的备份。如果口译员漏掉了一部分声音输入（如由于技术问题、口音太重或只专注于输出），他可以通过视觉通道接受这些信息，比如译员漏掉了下一位发言者的姓名，但是看见了主席把话语权交给下一位发言者时的手势，他就可以根据手里代表姓名的名单来补充这一信息。

非语言信号通常先于语言信息，因此它们可以成为预测信息的有价值的信息来源。如果说话者在开始说话前叹气并微微摇头，那么口译员可能会得到否定的回答。动觉还可以指示下一个发言的人，比如通过主席点头和手的移动，或者有人坐得更直了，并做了一些笔记。口译员似乎对这些言语准备动作或转向线索特别敏感。他们通常可以猜出下一位发言者是谁，这可能会提示他们要开始翻译了，并留出了准备时间。在两个以上参与者的讨论中，文字本身有时只能表示赞同或不赞同，而手势、点头或凝视方向可以表示文字的指向，这使口译员可以为随后的论点做好准备。

译员需要清楚地看到会议室并不单单是因为视觉上的非语言交流。“言语—视觉”信息（如演示文稿中的数据或引用）通常以高速呈现。如果时间紧迫，口译员可能会选择说“正如你在这张图片中看到的那样”，而不是再次描述观众无论如何都能看到的东西。此外，即使听者不知道如何读唇，观察嘴形运动也有助于理解信息，特别是声音质量有限时。在同声传译中，说话人和口译员之间的距离有时会非常大，这在同声传译中是否起到很大作用还有待进一步研究。

口译员不仅要看到沟通过程中的各方，而且要有相同的视觉信息。一般不会明确提及语境中显而易见的信息，因为对于无法获得这些信息的口译员来说，提及这些信息可能会相当混乱。如果演讲者要引用某些视觉信息，这些信息可能是正在分发的文件，其他小组成员或观众的行为，甚至是窗外的事物。看到听众的肢体语言也是口译员了解信息是否被传达的唯一途径，也是获得反馈的唯一途径。在正常的交流情况下，小的暗示表明听者正在注意和理解，而缺乏这些线索是焦虑的根源。虽然口译员不是信息的主要发送者，但听众的反馈对他们来说仍然很重要。在同声传译的情况下，听者通常会看到说话者的肢体动作，而在短时间内听到口译员（视觉缺失）的语言和副语言。由于文化差异，听者可能很难正确解读甚至误解说话者的动觉，携带很多意义的符号尤其如此。口译应该传达整个信息，而非言语交际是交际的重要组成部分，因此，非言语因素应该以某种方式在目的语中被传达，这尤其适用于没有用源语言表达的标志。

当然，非言语交际的大部分不是有意识地感知或解码的，但它们仍然影响着听者对信息的理解。一种情绪与否取决于说话者是有意的（如讽刺、仁慈）还是无意的（如紧张），口译员应判断通过口头语言或副语言传达是否符合说话者的利益，或是否侵犯个人隐私。如果非言语交际通过强调或替换词语来增加信息，特别是如果口译员假设听者不会正确解码这一动觉陈述，那么解释非言语交际无疑是很重要的。当出于言语缺陷而使用身势语时，口译员应在其口译中说出该词。当源语言中的一个手势存在于目标语言中，且具有不同的含义时，或者根本不能成为一个动觉信息时，提供言语脚注是有意义的，也就是说，以一种本族语听者可以解码的方式，用语言替代非语言表达的内容。当然，这需要口译员对源语言和目标语言中的符号和其他动觉表达有很好的了解。更为重要的是，手势通常会被目标语言听众误解。在某些文化中，点头表示“是”，摇头表示“不”就是此类虚假同源词的明显例子，还有一些象征在一种语言中传达了完全无辜的信息，但在另一种语言中却是严重的侮辱。

伴随言语信息的标志（如说“我不知道”并耸耸肩）也是整个信息的

一部分，并且有一定的效果，但这些标志可能是多余的，如果时间紧迫，口译员可以省略它们。最经常需要口头解释的手势是标志、标识符和象形文字（如果它们是用来代替文字的话）。当然了，并不是所有形式的非语言交流都可以通过语言来表达。观众通常看不见口译员，而口译员所接受的信息是由语言、副语言和身势语组成的，但只能用声音（用词和副语言）来表达，而仅用语言通常不足以传递非语言内容。一个简单的“什么?”可以有许多不同的含义，这取决于伴随它的身势语和副语言。用一个词来表达惊讶或愤怒是很费时的，而且通常几乎是不可能的。虽然口译员不能通过动觉的方式传达信息，但仍然可以使用自己的副语言来创造类似的效果。

三、多模态口译研究

1. 多模态口译研究概况

在对话口译研究领域，越来越多的研究者开始关注那些补充、替代或整合对话的多模态资源，以及起到触发、消除歧义或协调作用的互动动作。瑞尼尔·郎（Rainier Lang）（1978）调查了一个由口译员调解的法庭案件的注视、姿势和手势模态，注意到参与者系统地使用（间接或直接）注视和手势（如伸出的手）来参与和排除信号，并在谈话时分配话轮。他还发现，口译员倾向于避免注视，以表示中立，这可能会干扰轮流发言的顺利进行，可能会遗漏重要的线索。波雅托斯（Poyatos）（1997）的多通道交际三元模型研究了言语、副语言和体态语之间的相互作用，并成功应用于同声传译和交替传译。

21世纪以来，关于语言以外资源的研究不断涌现，大多数研究都是基于面对面场景中自然发生的数据分析。这些研究主要从以下四个维度展开：探索环境、整合资源、调查现象和多模态框架。

在第一个维度（探索环境）中，医学领域的研究占主导地位。研究内容从医患接触到心理治疗和精神健康，再到阿尔茨海默病评估设置。第二个维度是法律环境下的研究，包括警察访谈、法庭以及教学环境。此外，还有研究着眼于寻求庇护和社会服务环境下的互动。

在整合资源维度，凝视和头部定向与言语互动分析相结合，参与者在相互注视和厌恶凝视方面有着显著差异，并且参与者的座位安排和相对位置可以影响谈话的节奏规律和共同叙述的结构。近来，有一些研究将手势、动作学和人工制品的处理整合到交互动力学分析中。

互动中符号资源的多样性的研究主要集中在对主要参与者的包容和排斥的动态以及口译员的协调作用的表现方式上。这些研究突出了三元和二元互动模式之间是如何进行协调转换的，以及具体的行为是如何通过协作实现的，这些行为包括给出指示、提供评估、解释程序等。

这些研究依赖于不同的多模态研究传统。一些人已经采用多模态方法进行话语分析，来研究以谈话和身体动作为重点的社会互动组织，而其他人则在话语分析框架内整合了具体线索或采用混合方法进行研究。

由上可见，在对话口译中，多模态方法有可能再现已知现象，并使人们看到对话口译互动的复杂性，而这往往是口译的从业人员和用户容易忽视的一点。

2. 多模态口译研究的基本框架

如前所述，对话口译的多模态研究所使用的框架具有多样性，这导致具体模式或概念的使用缺乏一致性，造成了一定跨学科研究的困难。因此，有必要对概念和方法取向上的分歧进行反思，努力为对话口译的多模态调查制定一个更全面的框架。对话口译的“多模态转向”认为语言和对话为最基本的表现形式，语言和符号资源存在内在联系，它们之间通过不断的相互作用产生对话互动。

多模态研究的第一个原则是将所有符号资源整合在一起，而不是优先考虑一种资源（如语音）。换句话说，互动的语言维度不再是分析特定互动现象的唯一跳板，而是其他互动加载现象，比如谈话间隙或特定的具体行为表现（与谈话结合或不结合）需要纳入考虑范围。达维蒂（Davitti）

和帕斯昆德拉（Pasquandrea）（2007）对教学中的中介互动对教学参与的改变展开了研究，他们从同一个家长会的语料库中选择两个序列来研究如何处理特定的对象（学校报告），发现在不同的行动生态系统中，同一个行动（阅读和签署学校报告）的执行方式是不同的，这在家长会中是典型的，对参与者的包容和排斥产生了不同的影响。

在对话口译研究中，将分析视角的范围扩大到多模态，对如何描述现象中的各种符号资源提出了挑战。第一，需要一个统一的术语来描述不同的资源，摆脱在对话口译研究中普遍存在的一种误区，即用“非语言”（或“非言语”）这一总括性术语来表示除对话以外的所有符号资源，这样的划分是对语言和其他模态之间的一种误导性二分法。术语的初步系统化可以借鉴恩菲尔德（Enfield）对声音—听觉和视觉—空间资源的分类，声音—听觉包含语言和韵律资源，视觉—空间包括具体资源和空间安排。后一类把对话口译研究中尚未系统说明的符号资源（如座位安排、器物的存在等物质制约因素）包括在内（Enfield，2005）。

第二，对话口译研究中互动产生的行动是分层实体，没有一种资源优先于其他资源。但是对话口译所包含的资源往往被视为话语的辅助资源，而不是相互关联、相互依存的资源，它们具有同等的权重，并形成复杂的多模态格式塔或成为一个整体。

第三，将分析范围扩大到谈话以外的资源还需要调查这些多模态资源的协同工作方式。暂时性这一概念很好地解释了这一点，它涉及在展开调查的特定序列中，不同资源何时以及如何出现的问题。时间性可以是一个包含同时性和顺序性的总括概念。需要一种精细的微观分析方法来揭示复杂而微妙的动态，而如果采用谈话分析的“严格连续性”原则，这些动态将被抛弃。

第四，分析性的“焦点”需要从口译员转移到谈话各方如何定位和适应互动中的“前一个和下一个”之上，不仅在言语上，还在互动的具体表现上。说话者与听话者通过共同构建谈话和非本地行为参与社会组织，这种非本地行为与暂时展开的互动有关。

这种立场的转变为方法论和认识论带来了挑战，比如从口译的角度确定多模态所强调的互动时刻、符号资源对特定行动的贡献以及它们协同工作的方式。深入了解各种单语互动的多模态分析已经对互动现象进行了说明，比如通过单语互动的会话分析开发的转向管理系统随后适用于三合会，这对于理解口译员在互动中协调作用的本质是至关重要的。对单语相互作用的多模态研究通过一系列符号资源进一步揭示了转向分配和自我选择等转向现象。这可以将对协调行为的探索和理解扩展到通过多模态角度引入对话口译研究。

在进行对话口译多模态研究时，采用分阶段的方法，整合不同层次的分析。这种模型在初始分析阶段应该呈现出丰富的描述层次，对话口译研究要深入到各个不同的层次，以便根据互动中实际发生的情况来评估这种实践形式。此外视频记录的数据能够使对话口译研究人员拓宽分析视野，这些资源与对话录音同等重要。对话口译中的多模态转换需要借鉴多模态语料库的相关方法。此外，鉴于视频记录互动十分复杂，多模态研究需要有针对性地进行分析，从对话口译研究中已经确定的广泛互动模式中选择值得分析的互动时刻。

第五章

多模态文化传播接受研究

第一节 模态类型的接受研究

一、符号模态的接受研究

1. 图片与文字承载信息的属性

在传递模式的观点中，传播者的作用是传递信息，而受众的作用是将信息储存在记忆中。只要信息传递了，传播也就完成了，所以传播者只需选择一种形式进行信息传递即可。受众通过呈现的文字将信息添加到记忆中，从而在记忆中增加了一个因果联系。同样，相同的信息也可以通过图片的形式来进行传递。文字是传递信息最直接的方式，文字信息传达高效且容易生成，是最常见的信息呈现方式。图片的传递形式更加形象直观，与文字信息相比虽然形式不同，但其承载信息的功能相同。所以，图片和文字的传播效果是一致的。

多模态认知理论认为，人类拥有两种不同性质的加工通道——一种以视觉为基础，而另一种以言语为基础。这种观点实际上是认为图像心理表征和言语心理表征有本质差异，它们的信息承载功能也不相同。也就是说，语言和图画是两种性质不同的知识表征系统。一方面，语言是人类有史以来发明的最重要的认知工具之一。通过使用语言，我们可以用解释或抽象的方式来描述材料，而这也需要我们花费一定的脑力去翻译。另一方面，图片可能是人类最原始的知识表征方式。通过图片，我们可以用更直观、更接近视觉感官体验的形式来描述材料。虽然同样的材料既可以用文字描述，也可以用图片来描绘，但由此产生的言语表征和图画表征在信息上并不等同。虽然言语表征和图画表征可以相互补充，但它们不能相互替代。

传播者不仅要呈现材料，还要引导受众对所呈现的材料进行认知加工。受众需要搭建起言语和图像表征，并在它们两者之间建立联系。根据多模态认知理论，与以单一的形式呈现信息相比，多模态的呈现方式会促进更深层次的理解和接受。也就是说，多模态文化传播使受众更容易在文字和图片之间建立联系，促进信息的生成加工。多模态的呈现方式引导受众既建立起言语心智模型，又建立起图像心智模型，并在两者之间建立起联系。通过多模态的呈现，受众可以在工作记忆中同时持有相应的言语和图像表征，从而增加了受众建立两者之间心理联系的机会。根据多模态认知理论，在言语和图画心智模型之间建立联系是概念理解，也是达成传播效果的重要步骤。

2. 媒介的传播效果研究

这里要将传播的效果和媒介效果进行区分。有关传播效果的研究问题是，当材料通过两种方式呈现（如文字和图片），而非使用单一的文字形式时，受众是否能够获得更好的接受效果？简而言之就是“同时使用文字和图片是否比单独使用文字更有效?”。而媒介效果的研究问题则是，当材料通过一种媒介（如电脑动画和旁白），而不是通过另一种媒介（如书上的插图和文字）呈现时，受众的接受效果是否更好？这种传统的媒介比较研究的研究意义不大。

学者们从实证、方法论、概念和理论等多个方面对传统的媒介研究展开了批评。首先，媒介实证研究结果并没有新的突破。尽管媒介效应不是这里的研究重点，但还是要对新媒体和传统媒体的传播效果进行比较。与先前媒介效应的研究结果一致，动画和旁白讲解的传播形式与插图和文字讲解的传播形式没有实质性差异，而动画的传播效果与静态图片基本一致。

其次，在两种媒介接受效果的比较方法上存在问题。例如，视频中的语气和文字强调的方式与传统文本以段落格式在页面上铺排的方式不同；传统图文媒介的受众可以反复阅读观看上面的内容，而观看直播形式的视频时则受到一定的时间限制，无法反复观看。因此，无法确定受众从图文媒介和视频直播中接受到的内容差异是由媒介本身造成，还是由媒介相关的内容或接受环境导致的。

再次，在概念方面，接受效果取决于传播信息的质量，而不是媒介本身。比如一本书的设计既可以增加读者的阅读难度，也可以让读者更容易理解所呈现的材料；同样，视频的设计也可能阻碍或促进观众的接受。研究表明，在书本中有助于读者理解的要素，在视频中也可以对观众的理解起到促进作用。这些要素包括：在文字中加入图片，让文字与相应的图片更加紧凑，以及去除无关材料的干扰等。在这两种媒介中，通过相同的传播设计原则，无效的传播信息可以转化为有效的传播信息。

最后，媒介研究涉及媒介研究理论依据。媒介效应的研究主要是基于信息传递的传播观，即媒介是将信息从传播者传递给受众的传递系统。“哪种媒介在传递信息方面更有效?”这一问题便是信息传递的传播观的体现。然而，这种理论与多模态认知理论以及认知科学中的一些观点相冲突，比如双通道加工、有限容量和主动加工等。多模态认知理论是基于知识建构理论，受众会主动地构建心理表征，并试图从自身经验中获取意义。因此，与其探讨哪种媒介的传递效果最好，不如讨论哪种传播技术有助于引导接受者对所呈现的材料进行认知加工。

总之，上述的讨论表明，哪种媒介传递效果最好难以验证。从经验论来讲，媒介的效应很小，而从方法论角度看，媒介的效应与传播方法的效应无法分离。此外，从概念角度出发，接受结果取决于传播方法的质量而非媒介本身，而理论探讨也说明受众的接受是知识建构而非信息传递。可见，媒介研究的重点发生了转变，先前是媒介作为方法的传递者，而现在是媒介和方法作为接受者的知识建构和意义生成的促进者。研究的重点是传播手段对接受者认知加工的影响，而不是媒介本身的影响。

二、感官模态的接受研究

1. 单模态传播的接受

如果不考虑模态，那么文字既可以在屏幕上显示，也可以通过叙述的形式呈现。从传统的信息传递的角度来看，传播者需要通过尽可能多的途径向受众展示信息。以影音媒介为例，文字和图像有两种传播的方式，一是图像呈现加配音的形式，二是图像加字幕的形式。如果不考虑模态，两种传播形式传递的是同样的文字和图片信息，但是受众的接受效果可能不尽相同。

显然，图像是以视觉方式呈现的，但文字的呈现方式则有视觉和听觉两种。如果均以视觉的形式呈现文字和图像，即图像加字幕的呈现形式，当信息量较大时会造成观众的视觉信息过载。

2. 多模态传播的接受

当传递的信息量较大，或信息较为复杂时，视听两个渠道都可能产生过载。例如，当文字和图片都以视觉方式呈现，视觉通道因基本加工而负载时，则需要进行模态卸载（modality off-load），即将文字以叙述的方式，而不是在屏幕上进行呈现，以保证必要的基本认知加工。也就是说，将一些必要的认知加工从视觉通道卸载到听觉通道。多模态信息中的文字以口语而不是文本的形式呈现，或以叙述画面替代字幕画面，都是模态卸载。

当字幕画面的节奏较快时，观众的视觉通道很可能会不堪重负，因为观众不能同时看屏幕上的文字和动画。相比之下，当我们把文字卸载到口语形式时，我们就会创造出一个叙述式的动画。

双通道假说认为，人们有两个独立的信息处理通道，其中一个是视觉（图像）处理通道，另一个是听觉（言语）处理通道。当文字以叙述的形式呈现时，听觉（语言）通道可以用来处理文字（叙述），视觉（图像）通道可以用来处理图像（动画）。这样一来，两个通道之间的负载是平衡的，任何一个通道都不会过载。

相比之下，当文字作为屏幕上的文字呈现时，视觉（图画）通道被用来处理文字（屏幕上的文字）和图片（动画），而听觉（语言）通道的使用较少。每个通道的容量都是有限的，即每个通道一次只能处理有限的材料，所以一个通道在处理文字和图片的时候发生超载的同时，另一个通道则使用不足。

根据多模态认知理论，当视觉通道过载时，即图片和文字在视觉通道中争夺有限的认知资源时，受众就无法完成信息的接受，因为图片和文字都是通过视觉进入受众的大脑中进行信息加工。相比之下，呈现语言材料最有效的方式是语言（听觉）通道。因为在这种方式下，文字不会与图片争夺视觉通道中的认知资源，并且对文字的处理被转移到了先前未充分利用的听觉通道上。

3. 视觉听觉传播的接受

穆萨维（Mousavi）等学者曾用“模态效应”一词解释“同时使用听觉和视觉工作记忆来处理多模态信息，认知加工的容量会增加”这一现象。简而言之，通过混合模式（听觉和视觉）而不是单一模式呈现信息，可以增加工作记忆的容量。穆萨维等使用广义的“模态效应”一词来包括同时呈现视觉和听觉材料优于连续呈现相同材料的情况，也可称为“时间连续性效应”。穆萨维等认为，模态效应是注意力分散的例证，在这种更广泛的多模态接受情境中，视觉注意力必须同时分配给图像和语言材料。狭义的模态效应指呈现图片和口述（如动画和旁白）比呈现图片和文字（如动画和屏幕上的文字）更有效的情况（Mousavi，1995）。

模态效应的第一个基本理论思想是双通道理论，即有单独的通道来处理视觉呈现的材料和听觉呈现的材料。例如，巴德利（Baddeley）的工作记忆模型就将处理视觉材料的视觉空间模板和处理听觉材料的语音回路区别开来，而佩沃（Paivio）的双重编码理论也做了类似的区分。模态效应的第二个基本理论思想是有限容量理论，即每个通道在同一时间能支持的处理容量是有限的。第三个基本理论思想是主动接受理论，即当受众选择、组织和整合每个通道中的知识时，有效的接受就会发生。这些过程都需要认知能力，因此当一个或两个通道过载时，这些过程就会受到限制。

三、个体差异对接受的影响

由于人们对信息的接受方式存在个体差异，在进行多模态文化传播时，如何呈现信息可以达到最佳的传播效果是人们致力于研究的。例如，将屏幕文本添加到简明的叙述式动画中，如果受众喜欢通过听觉接受信息，那么可以多关注旁白，如果受众喜欢从文字中接受信息，则可以关注屏幕上的文字。通过使用多种呈现形式，传播者可以满足每个受众在接受信息时的偏好。

个体差异的作用早已受到教育心理学界的关注。个体差异在学习中起到过滤作用。在多模态文化传播中，如果仅以视觉的形式呈现材料，喜欢接受听觉信息的受众的接受效果会受到影响，而如果仅以叙述的形式呈现材料，喜欢接受文字信息的受众也会受到影响。受众偏好假说认为受众会选择最适合自身的传播方式，包括选择信息呈现的形式。如果同一材料以多种形式呈现（图片、文本和口述），那么受众可以专注于最适合自身偏好的形式，但是当受众偏好的呈现方式不包括在内时，其接受信息的难度就会大大增加。

受众偏好理论是基于传播学的传递模式，即把传播看成是从传播者向受众传递信息的过程，也就是说传播是在传播者呈现信息、受众接受信息这个过程中发生的。由此可见，当信息传递路径越多时，尤其是在某些路径受阻时，受众接收效果越好。这一观点与多模态认知理论相冲突，在多模态认知理论中，受众在其信息处理系统中主动构建心智表征。

基于能力限制假说，在屏幕上添加文字对传播效果并不能起到促进的作用。能力限制假说认为人们处理视觉或听觉呈现的材料的能力是有限的。根据多模态认知理论，有效的传播是受众注意到传入的视觉和听觉信息的关联之处，并将材料组织成连贯的言语和图画表征以便进一步整合。但是当图片、文本和口述同时呈现时，认知系统就会因为两种额外处理方式而过载。首先，图片和文本在视觉通道中争夺有限的认知资源，当受众的视线在文本和图片间扫描时，就会产生额外认知加工。其次，当言语信息同时以视觉和听觉的方式呈现时，受众可能会同时关注并试图协调这两种信息流，认知资源需要花费在这种额外加工上，因此无法用于有效传播所需的必要的生成性加工。相比之下，最有效的方式是通过言语通道（只作为口述）来呈现语言材料，因为这种方式不会与图片争夺视觉通道中的认知资源。

四、冗余效应对接受的影响

冗余效应广义上指在传播中删减掉冗余信息的材料比包含冗余信息的材料所达到的传播效果更好（Kalyuga，Chandler & Sweller，1998）。由于文字信息与通过图片或其他渠道呈现的信息发生重复，所以在多模态文化传播中添加文字会对受众接受信息造成不利影响。而冗余效应在狭义上是指受众从动画（或插图）和旁白中接受信息的多模态情境。在此情境中，受众更容易从动画（或插图）和旁白中接受信息。

受众偏好假说和能力限制假说在对信息冗余的看法上存在差异。首先，受众偏好假说的基础是一种常识性概念，即以两种方式呈现文字（如口述和文本）比只用一种方式（如只用口述）呈现的传播效果要好，即两种感官模态优于单一感官模态。而有限能力假说认为，以单一模态（如口述）呈现文字比以两种模态（如口述和文本）呈现文字取得的效果要好。简而言之，信息冗余对传播的效果并不一定起到促进作用。

其次，受众偏好假说是基于传播学的传递模式，即传播者负责呈现信息，而受众负责接受信息。每一种呈现形式都是一种信息的传递系统，所以两次信息传递的效果要胜过单次传递。如果一种方式受阻，那么信息仍然可以通过另一种途径进行传递。能力限制假说则是基于多模态认知理论，即受众会主动建构一个对受众有意义的心理表征。知识建构的过程要求受众在视觉和听觉加工的限制下，选择、组织和整合相关的视觉和言语信息，而超负荷的呈现模态（如通过视觉通道呈现动画和文字）会阻碍知识建构的过程。研究发现，在解说动画中添加了与解说词相同的屏幕文字，受众的接受效果受到影响，即冗余效应，在解说动画中添加冗余的屏幕文字会减损多模态文化传播的效果。

冗余原则为多模态认知理论及能力限制假说提供了重要依据，而且冗余原则与能力限制假说相一致，即当动画和屏幕文字同时呈现时，视觉工作记忆会过载（如处理旁白—动画—文字），在这种情况下，可用来建立文字和图片间联系的认知资源就会减少，因此有效的传播也会减少。相反，当文字和图片分别在听觉通道和视觉通道中呈现时（如处理旁白—动画），这些系统的认知负荷就会最小化，就有更多的认知资源可以用于建立图文联系，有效的传播就会增加。

但是，冗余原则与受众偏好假说并不一致，即将冗余的屏幕文字添加到叙事动画中，是为了让受众选择最适合自己风格的文字呈现方式（视觉或听觉）。受众偏好假说预测，冗余文本会促进受众接受信息，但实验结果却与此恰恰相反。允许受众自行选择多模态文化传播的接受方式，以适应其受众偏好，同样可以促进有效传播。例如，在第二语言学习的多模态环境中，学生在图画和文字定义之间进行选择，有助于他们在阅读故事时学习单词。

冗余原则与多模态原则间有什么关系呢？冗余原则认为两种模态的效果比一种模态差，而多媒体原则否认这一观点。相比使用单一感官模态（语音）呈现文字，通过两种感官模态（文本和语音）呈现的效果更差。这种情况的一个显著特点是，视觉通道必须处理动画和屏幕文字两者，所以视觉通道会出现过载现象。而多模态原则认为，当旁白对相应的动画进行补充后，接受效果会得到改善，所以文字在听觉通道中呈现，并不会增加视觉通道的负荷。

根据多模态认知理论，并不是所有消除冗余信息的策略都能起到同样的效果。当在多模态文化传播中使用动画、旁白和文字的形式呈现信息时，可以通过减少文本信息来消除冗余，也可以去除旁白。根据多模态认知理论，文字和图片都以视觉方式呈现会使视觉通道过载。而多模态原则认为，从动画和旁白中接受信息比从动画和屏幕文字中更加有效。无论是冗余原则还是多模态原则，文字以口述形式而非文本形式呈现时，受众接受信息的效率都更高。其中冗余原则认为，在简明解说动画加入屏幕文字，不利于受众接受信息，而在多模态原则中，以屏幕文字代替旁白会对受众接受信息产生不利影响。

第二节 模态衔接的接受研究

一、图文衔接对接受的影响

在传播的过程中，可以通过语言和视觉两种模态的结合来引发受众的兴趣，即通过文字和图片共同使用促进多模态文化传播。使用引导性细节的方式呈现材料，包括引导性文字和引导性插图两种形式。

加入引导性细节的主要依据是情感唤起理论，即受众在被材料中表达的情感所唤起时，传播的效果会更好，也可称为情感兴趣。根据这一理论，添加引导性细节可以调动受众的兴趣，从而使受众的注意力更加集中，接受更多的信息。在这种情况下，情感会影响认知，即由引导性细节产生的高度愉悦感会使受众集中更多的注意力，将更多的信息从材料中进行提取和加工。

但是这一理论也存在一些问题。尽管这一方法符合常识，但其本质是认为传播只是从传播者那里获取信息，再将信息传递给受众的过程。多模态认知理论将传播视为受众知识建构的过程，即受众根据所呈现的材料内容和已经具备的知识来主动构建心理表征。由此可见，引导性细节可能会干扰受众的知识建构过程，从而影响传播的效果。

金茨（Kintsch）（1990）提出“认知兴趣”的观点：认知会影响情感，

当受众能够理解材料所要传递的信息时，对接收的信息会更有兴趣。与情感唤起理论不同，多模态认知理论认为，增加引导性细节会从以下几方面干扰知识建构的过程，包括选择相关信息以及将信息组织成一个连贯的结构等。首先，引导性细节可能会将受众的注意力从自身正在关注的内容上转移出来；其次，在材料中插入引导性细节，可能会破坏受众在自己的心理表征中建立起的因果关系；最后，受众可能会认为材料的主题来自引导性细节，从而按照引导性细节的提示建立自身理解的框架。

二、视觉听觉衔接对接受的影响

在多模态文化传播中增加文字或图片的引导性细节会影响传播效果，也许是因为引导性细节与传播材料统属于同一种性质（如文字或图片）。另一种添加引导性细节的方式是采用不同的模态，如背景或环境声音。例如，可以循环播放一段简短的纯音乐，既不会干扰到旁白，还能为画面的呈现提供一个温和的音乐背景或适当的声音效果。

和添加文字和图片一样，在多模态文化传播材料中添加背景音乐和声音的也是基于情感唤起理论。根据这一理论，音乐和声音效果会激起受众更大的兴趣，从而提升受众的情绪唤醒水平，进而使受众对所呈现的材料的注意力更加集中，以接受到更多的信息。但是这种添加音乐和声音的方法也存在一些问题，它所依赖的是传播即信息传递的观点。按照这种观点，信息只是简单地从传播者向受众传递，而背景音乐和声音可以加快信息传递过程。但是基于知识建构的传播观，即受众会主动寻求建立有意义的心理表征，而添加音乐和声音也会干扰这种意义建构过程。

根据多模态认知理论，受众在视觉和听觉通道中处理多模态信息，但是这两个通道的容量是有限的。当加工能力用于处理音乐和声音时，用于关注旁白并将其组织成连贯的因果关系，进而与输入的视觉信息产生的联系就会减少。简言之，多模态认知理论预测了一种连贯效应，而在这种连贯效应中添加音乐和声音等材料会有损受众的接受效果。

第三节 时间空间的接受研究

一、空间维度的接受研究

1. 空间的整合与分离

在呈现多模态材料（如文字和图片）时，可用的空间是有限的。一个页面只能容纳有限的文字或视觉材料，因此页面空间是一种传播中需求量很大但又有限的资源。多模态文化传播的空间策略是如何在页面上分配空间的一种决策。例如，科学教科书中约有一半的空间用于图形，而另一半用于文字。

传播者除了要决定分配多少空间给文字和图片之外，还需要决定如何在可用的页面框架中安排以文字为主或以图片为主的空间。以一篇有关闪电形成的科技文章为例，文章包含 600 多字和 5 个插图，有两页纸的空间来呈现这些材料。一种方式是把所有的文字放在一页，把所有的插图放在另一页；另一种方式是把每个插图放在描述它的段落旁边。为了更好地进行整合，还可以把段落中的一些关键词提取出来作为插图的标题。这不会增加任何新词，只是将最相关的词放在对应的插图旁边。

例如，用一个 2.5 分钟的动画来描述闪电的形成，需要在屏幕上呈现的文字大约有几百字。动画和文字都描述了同样的 16 个动作（如凉爽湿润的空气在地球表面移动），如何在屏幕上呈现动画和文字，才能达到最佳的传播效果呢？如果按照分离策略，可以把描述一个动作的文字放在与相应动画的不同位置；而如果采取整合策略，则将动画和相应的文字尽可能地放置在彼此靠近的地方。

在这两种情况下，受众看到的都是相同的文字和图形。但在分离策略的版本中，相应的动画和屏幕上的文字语句相距较远，而在整合策略的版本中它们相距较近。下面就这两种策略的受众接受情况分别展开讨论。

2. 空间一致性对接受的影响

一般来说，同样的材料呈现两次比呈现一次能让受众接受到更多的信息。在分离策略中，受众对描述闪电形成步骤的文字和图片进行了两次接受。将文字和图片分开的这种形式，可以让受众对同样的内容信息分两次重复接受。这里，视觉和语言的呈现模式是向受众传递信息的两种不同路径。相同信息在不同的时间传递时，产生的效果更好，因为受众有两次机会将信息储存在记忆中。相比之下，当描述相同信息的文字和图片同时传递时，产生的效果较差，因为受众只有一次机会存储这些信息。

在多模态文化传播中，这种将文字和图片分离的策略，认为传播就是将呈现的信息接受至记忆中。整合策略认为接受是一个主动的过程，在这个过程中，受众会努力理解所呈现的材料。当相应的文字和图片可以在大脑中融合到受众的工作记忆中时，意义就实现了表达的效果。

在整合策略中，文字和图片的呈现方式需要受众在它们之间建立心理联系。受众不需要在页面上搜索与文本相对应的图形，可以将认知资源投入接受的过程，比如建立文字和图片之间的联系。成功的多模态文化传播依赖于在相应单词和图片的心智表征间建立的联系。

在分离策略中，单词和图片的呈现方式阻碍了受众在单词和图片之间建立心智联系。受众必须在页面上进行搜索，试图找到一个与文本句相对应的图形，而这个外在的加工过程同样需要认知努力，这些认知努力本可以用来支持主动接受的过程。因此，相比整合策略，分离策略不利于受众的理解。

二、时间维度的接受研究

1. 时间一致与空间一致的差别

文字和图片在时间上的分离或整合的情况与在空间上的情况类似。空间一致性和时间一致性是多模态文化传播设计中的两种相关信息的毗连形式。空间一致性是指在页面上将相应的文字和图片紧凑地放在一起，而时间一致性则是指在时间上将相应的文字和图片紧密地衔接在一起。两者都是基于相同的认知机制，即同时对文字和图片进行心理加工，受众能够更好地建立起文字和图片之间的联系。

尽管两者有相似之处，但空间连续性和时间连续性并不完全相同。对于书籍的页面布局来说，空间一致性非常重要。这里主要涉及视觉信息，比如印刷的文字和图像，而且信息的加工与接受顺序并不取决于设计者，读者可以选择先关注文字或者先关注图像。相比之下，时间一致性对动态画面的时间安排尤为重要，它包括视觉信息（如动画）和听觉信息（如旁白）。在这种情况下，信息的加工与接受顺序是由设计者决定的，设计者可以选择先呈现文字或者图像。

2. 时间一致性对接受的影响

以雷电风暴的形成为例，要了解这一过程，我们可以在网络上进行搜索。打开一个介绍这一过程的网页，里面有用文字描述雷电形成的步骤；而在另外一个网页中我们能够看到一个描述雷电形成步骤的动画。对于传播的受众来说，这样的搜索过程存在着认知过载的可能。其原因在于呈现方式的不一致或不同步，使得受众在这一过程中必须将先阅读到的文字信息保持在工作记忆中，直到第二个网页里的动画呈现出来为止，这会占用较多的工作记忆资源，导致文字和图像信息之间无法建立起紧密的联系。

为解决这以问题，我们提出多模态文化传播的时间一致性原则，即相应的文字和图片应该同时呈现。例如，在讲述雷电形成的动画中，当讲述者说“带负电的粒子落到了云的底部”时，动画中应该展示带电粒子从云的顶部向底部移动的过程。也就是说，时间一致性是指受众在听到某一事件描述的同时，看到描述同一事件的动画（或静态图像）。

再比如，要制作一个介绍闪电形成的多模态网络页面，我们可以使用文字（如旁白或屏幕上的文字）或图片（如动画或插图）的形式。假设已经制作好了描述闪电形成主要步骤的旁白和动画，旁白有300个字，动画总时长140秒，都被分成了16个片段，那么如何利用这些材料来制作一个多模态的网络页面？一种较为直接的方法是将旁白和动画依次呈现。这样，受众可以先注意到闪电形成的语言描述，然后再注意到闪电形成的视觉描述，反之亦然。这种方式称为依次呈现，因为所有的文字与图片是依次出现的。这种呈现方式的文字和图片在时间上并不连续，缺乏时间上的一致性。另一种方法是将旁白和动画同时呈现。这样，当用旁白描述一个特定动作时，动画就会在同一时间进行直观的展示，所以受众在同一时间看到和听到的是同一个步骤。由于相应的文字和图片片段是同时呈现的，这种方式称为同步呈现。这里的文字和图片在时间上是一致的，即具有时间一致性。

与空间一致性的研究一样，时间一致性的研究目标是确定多模态文化传播中哪种条件最能促进受众对传播内容的接受。无论是依次呈现还是同步呈现，材料是一致的，都包含多模态的文字和图片，二者的区别在于叙述和动画的时间呈现方式。

（1）依次呈现模式

对于受众来说，相同的材料经过两次传递比仅有一次传递的接受效果更好。依次呈现的形式可以使受众分两次接触材料信息。首先，受众把全部注意力放在倾听雷电风暴是如何发展的语言叙述上，之后可以全神贯注地观看相应的动画（或者先看动画，再听旁白）。然而，同步呈现的形式只给了受众一次接触材料的机会，16个片段每个都只展示了一次，声音描述和视觉画面同步展开。从时间上看，依次呈现所占用的时间是同步呈现的两倍。

如果受众对信息的接受仅仅是将所呈现的信息存储到自己的记忆当中，那么接受到两次信息传递（比如先文字后图片）就能将更多的信息存储在记忆中，也就是会有更好的接受效果。但是，如果只接受到一次信息传递，尽管是两个不同的途径，将信息存储到记忆中的可能性也会降低。连续接受信息传递的受众应该比同时接受信息传递的受众所接受的信息更多，但是实际的传播效果并非如此。

（2）同步呈现模式

将文字和图片在时间上分开呈现并不是最优的传播方式。人类不是信息存储机器，只负责接受信息并将其存储在记忆中。相反，人类是感觉的制造者，接受信息的过程是人类的主动认知过程，例如选择相关的文字和图片，将选择的材料组织成言语和视觉的心智模型，并将言语和视觉模型进行整合等。

当文字和相应的图片同时出现在工作记忆中时，受众会更容易理解多模态文化传播的内容。同步呈现会增加受众在工作记忆中同时保持的视觉和言语表征数量，这也有利于受众对言语和视觉表征进行心理整合。

同步呈现与人的信息处理系统相契合。在人们的信息处理系统中，视觉和言语通道是分离的，且每个通道的容量有限。同步呈现的口语叙述可以经由言语通道处理，而图片则在视觉通道中进行处理。也就是说，当受众通过视觉通道看到冷（蓝色的）空气在较暖的表面上移动，之后成为热（红色的）空气时，他们也可以听到“冷的、湿润的空气在较暖的表面上移动，从而变成热空气”。这样，在人的有限认知处理容量中，每一个表征都能够得到接受，并且相互之间建立联系。

当文字和相应的图片在时间上被分开时，受众对多模态信息的接受程度并不好。在依次呈现模式中，受众如果先听到旁白再观看动画，那么当动画开始时，只有一小部分旁白留在言语工作记忆中（或者当旁白开始时，只有一小部分动画留在视觉工作记忆中）。这样受众难以在文字和图片之间建立起联系。

依次呈现这一形式与人类处理信息的方式相冲突，它没有利用我们在视觉和言语通道中同时处理信息的能力，而是先在一个通道中呈现待处理的材料，然后又在另一个通道进行呈现。依次呈现忽略了人们工作记忆能力的局限性，要求受众在工作记忆中一直保留旁白信息，直到其以动画的形式呈现出来，事实上这是无法实现的。

由上可见，尽管依次呈现和同步呈现所使用的材料完全相同，即同样的旁白和动画，但它们传递信息的效果却大不相同。依次呈现模式与人的思维方式相冲突，而同步呈现则很好地利用了人们思维方式的特点。

第四节 信息层次的接受研究

一、层次化信息的接受研究

1. 信息的切分与分层

信息切分旨在帮助受众管理必要的认知加工过程。通过信息的切分，受众将一个复杂的多模态信息分成若干个小的部分，并控制其有节奏地依次呈现。因此，信息切分技术的两个关键特征是：1）将一个信息分成若干部分按顺序呈现；2）允许受众自主控制从一个部分到下一个部分的呈现节奏。

信息切分在教育场域中的运用较为广泛。以一段讲解闪电形成过程的快节奏解说动画为例，动画时长约 2.5 分钟，观众对其内容并不熟悉，在下一个步骤呈现之前，观看者还不太能够完全理解上一个步骤，又因其中一个部分的变化会导致下一个部分的变化，所以无法建立起一个系统的因果模型。因此，观众可能能够记住一些孤立的事实，但很难使用材料来解决新问题。在这种情况下，工作记忆是超负荷的，也就是说工作记忆所需的认知加工负荷恰恰证明了核心材料（比如上例中闪电形成的因果模型）的复杂程度超过了观众的可用认知能力。因此，信息切分可以帮助受众更好地管理核心加工过程。

2. 信息切分的方法

如果多模态文化传播中的核心材料（如快节奏动画）的复杂性超过受

众的认知能力时，受众的信息处理系统会发生什么呢？图片经由视觉通道进入工作记忆中存储为图像，而言语通过听觉通道进入工作记忆中存储为文字。但如果材料呈现节奏过快，受众可能没有足够的能力将文字和图片在头脑中分别组织成言语模型和图像模型。同样，受众可能也无法在头脑中将言语模型和图像模型与因果链中的其他步骤进行整合。总之，受众可以捕捉到一些片段信息，但无法对其进行深度加工，传播的效果也就大打折扣。

相比之下，当一个快节奏的解说动画被分成多个可以由受众自行控制的小片段时，受众在观看完每一个片段后，能够进行更深层次的认知加工，即将核心材料组织成连贯的认知结构，并将这些认知结构以及因果链中的其他步骤进行整合。受众可以在观看完后点击“继续”按钮，进入下一个环节，以此类推。这样一来，受众就能更好地对核心材料进行深度认知加工，从而达成较好的传播效果。

3. 信息切分对接受的影响

根据多模态认知理论，核心加工是认知加工的一种，其目的是在工作记忆中表征内容。当传播内容比较复杂时，受众必须进行高水平的核心加工，但同时可用于支持传输性能的较深层次的认知加工能力也会减少。因此，在处理复杂内容的过程中，管理核心认知加工过程可以增加深层加工的机会。

那么应该如何衡量传播材料的复杂程度呢？复杂度取决于必须在同一时间内处理的交互元素的数量，即元素间关系的数量。但是，它不仅取决于传播材料本身，还取决于受众自身具备的知识，这是因为元素构成在一定程度上取决于受众分块处理材料的模式。也可以说，复杂度取决于任务和受众个体的特点之间的相互作用。

应用信息切分原则的首要目的是将复杂的材料分解成更容易管理的部分，且这些部分可以按顺序处理，而不是一次性全部处理。信息切分原则的意义在于，当解说动画中的核心材料过于复杂时，也就是当处理核心材料所需要的能力超过了受众能力时，可以把解说动画分成几个有意义的片段，在受众的控制下进行呈现。每个片段应该表达一个过程中连贯的步骤（或一组步骤）。比如，如果要传播的材料是一个完整的事件，可以将其中的步骤分成有意义的片段（或模块），在受众的控制下呈现，且每个片段（或模块）都应该有一个明确的子目标。如果要传播的材料是一个包含两个以上变量之间函数关系的复杂图形时，可以将该图形分解成一组简易图形，只显示其中的一部分变量。

如果让受众控制呈现节奏是有效的，那么设计者是否应该在所有动画或视频片段中加入滑块或暂停/继续按钮？由于受众需要决定何时使用滑块条或暂停按钮，而这个决策过程也需要认知处理，这就减少了剩余可用于材料理解的认知能力。也就是说，受众通过使用滑块或暂停按钮控制材料的呈现，也会产生大量的额外认知加工。使用滑块条可能会增加额外处理的需求，因为受众可能难以找到片段的准确起点。另外，有的受众因为缺乏元认知技能，不知道在哪里暂停，也就是说受众可能无法准确地判断是否需要停下来消化部分内容。

多模态认知理论表明，当材料复杂、受众的先验知识较少且材料呈现节奏（或受众处理材料的节奏）较快时，信息切分的效果可能最强。例如，关于专业知识反转效应的研究表明，经验较少的受众可能更受益于传播者所设定的切分节奏，而滑块条和暂停/继续按钮对经验丰富的受众更有利。此外，另一个值得研究的问题是材料的复杂性和呈现速度是如何影响信息切分的原则。

最后，关于信息切分的最佳单元大小。工作记忆的有关研究表明，受众一次只能容纳几条信息，这表明最佳切分片段可能相当小。此外，还有一些研究表明，片段应该呈现出一个连贯的概念单位，如过程中的一个步骤。

二、背景信息的接受研究

受众在面对新的术语时，需要利用有限的认知资源来熟悉新名词的名称和特点，从而导致对信息的理解下降。因此，确保受众掌握适当的先验知识有助于解决认知过载问题。如果受众在多模态文化传播中需要花费较多的精力去理解新词的含义，那么其在理解主旨时可用的认知资源就会减少。因此，为了保证受众接受的效果，就不要对相关的背景信息进行补充。如果用新的术语来解释复杂的材料会削弱受众的接受效果，那么可以在前期对重点术语进行补充。总之，受众应该知道传播者所使用的单词（和符号）的含义，这样才能充分投入认知能力建立起连贯的认知表象。

当多模态文化传播中的材料对受众来说十分复杂且呈现速度很快时，受众可能不具备足够的认知能力来参与到对材料的思维表达过程中去，这就造成了核心处理过载的情况。为受众提供知识可以帮助受众管理核心加工。例如，通过一个讲解汽车的制动系统是如何工作的动画，帮助观众建立起汽车制动系统工作原理的心理模型。这需要受众提前了解制动系统中关键部件的名称和特点。如果材料呈现的速度非常快，受众仅仅能够弄清楚制动系统中一些关键部件的含义，却没有足够的时间来建立起制动系统工作原理的逐步因果关系模型。为了解决这个认知过载问题，在呈现动画之前可以对观众进行关于各部件的名称、位置和特点的介绍，让观众提前熟悉制动系统中每个关键部件的名称和特点。

观众观看动画时必须进行两种核心加工，即理解因果系统的工作原理和理解各部分的工作原理。如果观众已经知道每个部分的名称和特点，就可以参与到建立系统因果模型的认知过程中，从而达到更好的理解效果。这样就把一些必要的加工过程转移到对背景信息的加工过程中，使背景信息成为先验知识，减少了理解叙事动画所需的认知负荷。

麦尔（Mayer），马蒂亚斯（Mathias）和维采尔（Wetzell）提出了一个两阶段的传播过程理论。受众首先为系统中的每个主要部分建立成分模型，然后再建立因果模型。成分模型包括传播的各个部分的名称和动作，因果关系模型包括传播各部分间的因果关系。具备先验知识的受众已经知道了关键部分的名称和特点，因此通过运用核心加工和生成加工，将认知资源投入到因果模型的建立中去（Mayer et al.，2002）。但是，对于缺乏先验知识的受众来说，在快节奏的多模态呈现之前，如果能先了解各部分的名称和特点，将对传播的效果大有裨益。

受众的先验知识存在较大的个体差异，缺乏特定领域的先验知识的受众是背景信息的主要对象。这样，受众可以通过将必要的认知加工分配到两个阶段来进行管理，分别对背景信息进行加工建立组件模型，以及对主体信息加工建立心智模型。

背景信息的补充也存在一定的局限性。首先，不能一味补充信息，不能在每次呈现主体信息前都列出重点术语和定义。如果受众已经知道重点术语的名称和特点，对传播的重点信息和主旨的理解会更加深入。补充信息的最佳方式需要通过研究来进一步明确，比如把定义放在边框中，或者让受众在超文本中点击新的术语来了解定义。

其次，背景信息并不适合所有的受众，传播者需要了解受众对目标领域的了解程度，才能有效地进行补充。对于已经知道关键术语的受众来说，这些信息对他们的帮助不大，并且对于一部分受众来说补充的信息会分散他们的注意力。

最后，当无法补充背景信息时，可以通过信息切分原则和多模态原则等其他手段达到传播的目的（比如释放核心加工阶段的认知能力）。此外，空间一致原则也可以用来澄清关键术语的含义（例如在插图或动画中把术语的名称和描述放在图片旁边）。在多模态文化传播中，如何在最大程度上确保受众不会花费有限的认知资源去弄清楚各种关键术语的含义，还有待进一步研究。

三、提示信息的接受研究

删除冗余材料可以在多模态传播过程中尽量减少额外的认知加工，因为多余的材料会吸引受众的注意力，从而导致受众在接受信息过程中进行无关的认知加工。但是，在某些情况下传播者可能无法去除这些无关材料，所以在此提出另一种“发送提示信息”的解决方法，即通过插入线索将受众的注意力引导至主要材料上。比如可以对言语材料添加提示信息，这些提示信息包括：1）在开始时添加的一个大纲或中心句；2）围绕大纲的标题；3）对关键词语进行的语音强调；4）一些指示性词语。除了为言语材料添加提示信息外，也可以为图片材料添加提示信息，即把受众的注意力吸引到图形中的特定部分。视觉提示信息包括增加视觉提示（如箭头、特定颜色、闪烁、指向性的手势），或将非必要的区域灰化。

一种反对添加提示信息的观点认为，提示信息没有增加新的信息，对传播没有造成任何影响。这种说法与信息传递的传播观点相一致，即传播是将呈现的材料添加到记忆中的过程。这些多余的提示信息可能会破坏接受效果，因为提示信息并没有增加任何实质内容。另一种观点则支持添加提示信息。知识建构的传播观认为，受众努力在多模态文化传播的基础上建构一种认知表征，因此传播者不仅仅负责呈现基本信息，还要帮助引导受众处理信息，也可以帮助受众在头脑中组织关键材料。如果缺乏这样的引导，受众更容易进行额外的认知加工，如加工多余的材料并试图将其与其他材料组织联系起来。

使用提示信息是为了减少受众对多模态文化传播中的额外内容进行加工，具体来说就是引导受众将注意力放在主要内容上，并将这些内容组成一个连贯的结构。根据多模态认知理论，这种适当的处理对有效传播有促进作用。受众在多模态文化传播中可能会关注无关的内容，这时应该使用提示信息引导受众进行认知处理。这样一来，言语提示信息（如标题、语音强调和指针词）应该在多模态文化传播中进行精心设计。换句话说，如果增加了突出重要内容的组织线索，受众的信息接受效果会更好。

第六章

多模态文化传播场域研究

第一节 社会场域

一、视觉文化

现代生活中无处不是屏幕的身影。从公共汽车到商场，从高速公路到桥梁，甚至是 ATM 机旁，都有摄像头监控。越来越多的人通过传统摄像机、便携式摄像机和网络摄像机等设备来看回放，人们的工作和休闲也越来越以视觉媒体为中心，从电脑到数字视频光盘，皆是如此。现如今，从卫星图片到人体内部的医疗影像，人们的体验比以往任何时候都要更加直观化、形象化。在视觉屏幕时代，视角至关重要。电视、电影、计算机将人们的生活变得媒介化。18 岁的美国人平均每年只看 8 部电影，但每天要看 4 个小时的电视。这些视觉化的形式正受到互联网和虚拟现实应用等交互式视觉媒体的挑战。在影像的洪流中，眼见为实远胜于耳听为虚，视觉文化不仅是日常生活的一部分，而是日常生活本身。

在利物浦一家商场里，监控拍下了一名幼儿被绑架的过程，为犯罪行为的定罪和侦破提供了铁证。尽管理论上认为全天候监控可以增加安全感，但事实上它对防止孩童绑架和谋杀案的发生毫无帮助。1996 年，一台业余摄影机以及德国有线电视台采访美国游泳运动员珍妮特·埃文斯(Janet Evans)的录像机偶然拍下了亚特兰大奥运会上的爆炸事件，然而至今还没有人因此被起诉。日常生活的可视化并不意味着我们清楚自己看到的是什么。1996 年 7 月，美国环球航空 800 号航班在纽约长岛坠毁，数十人目睹了这一事件，但他们的说法大相径庭，以至于 FBI 最后只认可了那些不太耸人听闻的说法。1997 年，FBI 发布了一个计算机动画，利用雷达和卫星图像等材料，对坠机事件进行了分析，除了坠机的实际原因（油箱为何爆炸）外，其他都一目了然，但如果无法从中得知原因，该动画基本上是毫无意义的。更令人震惊的是，当美国军队在海湾战争中对目标进行攻击时，全世界都在回放他们的“智能”炸弹的录像。后来，人们发现虽然这些武器“看到”了一些东西，它们在实际击中预定目标方面并不如传统弹药准确。1996 年 9 月，美军巡航导弹在两天内两次击中伊拉克的防空防御系统，结果几天后美国飞机才遭到伊拉克的攻击。难道海湾战争从未发生过吗？如果不再相信眼见为实，那我们又该相信什么呢？

后现代文化中丰富的视觉经验与分析视觉资源的能力之间存在差距，这说明将视觉文化作为一个研究领域，既是机遇也是需求。虽然视觉媒介在以前是一门独立的学科，但现在有必要将后现代全球化的视觉作为日常生活的一部分来解读。艺术史、电影、媒体研究和社会学等学科的批评家们将这一新兴领域描述为视觉文化。所谓视觉文化，是指消费者通过接触视觉技术来获取信息、探寻意义或寻找乐趣的视觉体验。视觉技术包括从油画到电视和互联网等任何形式的工具，这些工具都是为了供人观看或增强自然视觉而设计的。人们通常将后现代主义定义为现代主义的危机，这意味着后现代是由现代主义和现代文化自身视觉化策略的失败而引起的危机，即文化的视觉化危机，而不是文字化的落后造成了后现代性。虽然印刷文化不会消失，但现代主义十分重视视觉及其效果，因此产生了后现代文化，而后现代文化在视觉化的时候才是最具有后现代性的。

视觉化的繁荣发展使影视娱乐成为美国仅次于航空航天的第二大出口产业，1992 年影视娱乐业仅对欧洲的出口就达 37 亿美元。当然，后现代主义并不是单纯的视觉体验。人们在后现代主义复杂的、重叠的、分散的秩序中是不能期待其具有整洁性的。在过去，无论是 18 世纪的咖啡馆公共文化，还是 19 世纪的报纸和出版业的印刷资本主义，都无法找到这种整洁性。视觉文化是一种策略，可以从消费者而不是生产者的角度出发，来研究后现代日常生活的谱系、定义和功能。报纸和小说是 19 世纪的缩影，视觉文化则最好地诠释和呈现了分散破碎的后现代主义文化。这并不意味着我们可以在现代主义和后现代主义之间划出一条简单的分界线。后现代主义所代表的界限和对立的消失不是某一特定技术或后现代话语所特有的，而是现代化的基本条件之一。这样一来，视觉文化在现代和后现代时期都有一个需要探索和定义的谱系。而在一些批评家看来，视觉文化只是用符号学的表征概念来处理的图像的历史而已。该定义创造了一个庞大的材料体系，以至于没有一个人甚至一个部门能够涵盖这个领域。对于其他人来说，它是建立视觉文化社会学的一种手段，它将建立起一种视觉性的社会理论。实际上，视觉带有一种人为的且不同于其他感官的独立性，这种独立性与真实经验几乎无关。为了做跨学科的工作，仅仅拿一个课题来安排两三门学科是不够的。跨学科研究在于创造一个新的对象，而这个对象是不属于任何人的。比起当今常见的研究方法，跨学科研究的开展将带来更多的不确定性、风险性和随意性。如果打破旧有学科壁垒，只是为了在其原位设置新的学科壁垒，那么毫无意义可言。

对于一些人来说，视觉文化的范围太广，没有实际意义。诚然，视觉文化不会拘泥于现有的大学结构，它是后学科学术领域的一部分，涉及文化研究、同性恋研究以及非洲裔美国人研究等课题，其研究重点跨越了传统学科的边界。从这个意义上讲，视觉文化是一种策略，而不是一门学科。视觉文化是一种以理解个人和群体对视觉媒介的反应为中心的、流动的解释学结构。与上述其他的方法一样，视觉文化希望打破传统的学科局限，融入人们的日常生活中。

二、听觉文化

在亚里士多德的《灵魂论》（*De Anima*）中，他坚持认为触觉是不可或缺的，因为触觉是所有动物共有的感官。感官的主要形式是触觉，有的动物具有所有的感官，而有的动物只有其中的部分感官甚至只有一种感官，但所有动物都具有触觉。之所以触觉最重要，是因为触觉是动物生命运动的自动感性和自动感知，有灵魂的东西与没有灵魂的东西不同，前者显示了生命，而生命意味着思维、知觉、局部运动或休息、营养、腐朽和生长的运动。再者，触觉是通过吸收营养的方式来延续生命，是对食物的感觉。当比较触觉与其他感官时，亚里士多德发现直接接触的概念是有问题的，因此他便去寻找触觉的中介器官。他暂时得出的结论是，触觉与其他感官之间的区别在于触觉是直接接触，而其他感官的感受都隔着一些距离。虽然这种说法不完整，而且我们确实通过媒介来感知一切，但他在《灵魂论》的结尾再次强调触觉是通过直接接触其物体而发生的。实际上，其他感官都是通过接触来感知的，只有接触是中介性的，即只有触觉是通过直接接触来感知的。

亚里士多德由此提出了一个感官的首要性和等级性问题。德里达（Derrida）认为，任何重视触觉的行为，无疑都源于亚里士多德将生命视为自动移动的定义，以及人的具体生命形式的地位。德里达指出，自然界中可以用手感知的东西、人类的手所能创造的东西，都是实用主义人类学的研究对象。

实际上，听觉（hearing）带有一种中介性质，它动员了视觉去调整距离，也涉及了触觉。听觉是通过空气将身体接触的部位与听觉器官联系在一起而发生的。因此，听觉处于中介性和直接感觉性之间，这一位置使它在任何对等级区分的审视中都具有优势。

聆听（listening）和听觉是不一样的。我们是否只有在第一次听到声音之后才开始聆听，或者说聆听是一种被调动起来的、为了听而听的行为呢？聆听与听觉的区别似乎只能通过即时性功能来解释。聆听是将自己置于听觉的支配之下，并将注意力或接受能力与感官知觉联系在一起，使知觉与接受力同步。聆听者超越了自我反射并能立即记录他或她所听到的内容，比如自己可以问自己“你听到了吗?”。无论如何还原，这种即时的、非差异化的听觉或倾听是在正常的言语话语中运作的，绕过了言语的必要条件、重复和润色等。在与人交谈时，听见的内容就是聆听的内容，而且听见的东西与聆听的东西是共生的。而像不小心听到这样的事情，则是一种极端的情况。当偶然听到什么东西时，听觉已经发挥作用，但只有在它引起听者的兴趣时，才会作为一种可理解的偶然感知来接受。

因此，在言语交流时，即使听觉不等同于理解，但也近似于理解。尽管言语交流会产生误解，但人们仍天真地认为，这些问题可以通过充分的解释来弥补，即使一个人的理解力差到了无法理解的程度。但涉及非语言行为时，情况就完全不同了。而涉及音乐时，情况又不同了。在感知和接受音乐之间，人们能够脱离环境影响来识别音域。专家或是接受过专业训练的人，能够确定这种声音与哪种特定乐器有关，能够判断是从哪些音乐中截取出来或模仿而来的，也能够预测下一段的旋律、和弦以及停顿，甚至整段音乐的结构。假定每个听众听到的声音都相同，一个业余听众就不一定能够辨别上述音乐内容。因此，从传统意义上来讲，这种听者不能被称为音乐倾听者。

现在这些类型的音乐能力似乎以一种和谐的方式结合了感觉（听觉）和审美（听觉），像口语交流一样自然而然地由声音的产生直接转换到理解层面。然而倾听也是要有技巧的。倾听能改变听到的声音，并使它与身体和心灵相接触。倾听不是在接受声音之后才对声音进行处理的，它是一种身心的指导性技术，可以与操作、调解和处理声音等技术相媲美。

可以把听觉理解为身体和心灵的技术化。听觉的技术转化也是在身体之外进行的，并非未经训练或训练有素的人、音盲或音乐天才的有意识或无意识的活动，而是早已运作在声音本身在生产和接受的过程中。在口语对话的情况下，技术转换其实是语言本身：本来语言机器处理的是随机的声音，但它们只能被听者接受，而听者本身就具有语言处理能力。语言机器的运作方式是让说话者作为机器内的齿轮参与其中。实际上，人们很容易将参与语言对话的日常说话者与音乐听众进行类比，后者是作为音乐机器中的齿轮参与其中的，与语言机器运作方式并无不同。

三、多模态文化传播中的视觉与听觉

1. 翻译传播中的视觉与听觉

文本并不能传达出所有信息，由于语言和文化的差异，读者需要根据自己的背景知识和经验来填补文本中的信息空白。有时译者需要对源语进行归化、拓展和解释，使目标语读者更容易接受译文。在翻译图画书和电影等图文并茂的文本时，多渠道的信息有助于译者理解文本，进而阐述故事，但是丰富的信息也可能会诱导译者为读者填补信息的空白，从而带来一些问题。

约翰·伯宁汉姆（John Burningham）的《外公》（*Grandpa*）一书就很好地说明了译者在翻译绘本作品时遇到的问题。该书通过短小的文字片段和全色彩的图片来描写外公和孙女的关系。在第一部德文译本中，译者通过向读者解释故事，增加了故事的连贯性，破坏了这本书的思路。译者担心读者没有看到片段文字与图片之间的关系，这和是否按照常规顺序阅读这本书一样重要。

为了能够翻译电影和画册，译者需要具备媒介素养。媒介素养可能是一种十分普通的东西（如包含意识形态和社会后果的信息），我们很早就开始接触，也可能是指通过训练习得的专业技能。作为专业人员，译者需要始终关注细节和实体，需要对不同的风格和技巧，不同的时期和历史节点，不同的思想史、排版、风格、线条和颜色、形状和大小、声音效果、语言、视觉和听觉上的引用和典故等方面有深刻而广泛的认识，而这些有时是很难识别的，还需要认识到文化差异。总而言之，译者需要了解叙述的流程，了解语言、视觉和听觉信息是如何在独特的艺术作品中的细节和实体的构造之间产生张力的。

2. 视觉的翻译传播方式

视觉的翻译传播方式主要有三种，即直译图片中的文字元素、强调叙事和改编。

（1）直译图片中的文字元素

直译也许是将文字要素转化为视觉要素最为明显的方式。在这里并不是要把直译与意译对立起来，当文本中的事件或段落中的文字要素（具体和抽象的指代、色彩、维度、形状等）在画面中完全或大部分再现时，直译就会出现在插图中。

（2）强调叙事

通过特别强调某种叙事元素这种策略，一个或多个文本叙事元素（人物、观点、动作、主题等）指导着图画中的视觉叙事。比如，冒险小说中的插图可以通过封面、封底和扉页来强调主题，并通过图片的安排来浓缩故事情节，这不仅增强了故事的连续性、戏剧性和情感力量，而且在美学上也是相辅相成的，在主题、色彩和设计上也具有对比效果。

（3）改编

通过改编这种策略，可以根据图片的制作时间和插图者的价值观和意识形态，将插图引导到特定的受众、特定的意识形态或特定的艺术趋势中去。影响翻译的制约因素也是图片可以赋予一定文本不同方向的主要影响因素之一。比如，法国两版《伊尼德》的插图被用来宣传法国古代政权的价值观和反对拿破仑时期，然而拿破仑恰好是封建王朝没落后的新统治者。

3. 听觉的翻译传播方式

（1）符号模态的显著特征

符号模态的转录不是基于对其所有物理标准的描述，而是强调那些在知觉和符号学上最突出的特征。在分析声音时，不能局限于音量或音高等声学特性的研究，还应该包括声音效果和意义类型的转录。那么视听文本的声音可以传达哪些相关意义和音效类型呢？

电影的听觉和视觉模态有着极其紧密的联系，谈及其中一个时很难避开另一个。这种多模态的互动构成了电影媒介的核心，也就是所谓的“视听契约”。因为观众并不总是能意识到声音的附加价值，而是通过视觉来解读声音，自动将声音与画面联系起来，所以人们一直认为声音在这种关系中起着次要的作用。这便引发了一系列关于声音描述研究基本问题的猜想，比如在没有视觉支持的情况下，观众可以在多大程度上清晰地识别出来声音？

在多模态和电影研究中，声带的作用愈发突出，并产出了一系列分析声音本身作为符号资源的文献。在这些文献中，声音表面的关键属性有以下几个方面：声音的类型、声音的声学属性和声音呈现的效果。

第一，声音的类型多种多样，其界定术语也不尽相同。音频描述分析的相关性在于，声音通常根据其来源进行分类，这也是为什么建议描述者主要识别不容易识别的声音来源。声音可以根据其来源在故事世界中的位置（diegetic）或在故事世界之外的位置（non-diegetic），或根据声音在屏幕上或屏幕外的位置进行分类。声音也可以根据声源的性质进行分类，比如与屏幕上的人物行动同步的声音、再现地点或情景的声音（氛围声音）、为场景增加内涵层次的声音（冲击声），甚至是沉默的声音。最后，还有一些声音是在不知道其来源或在屏幕上看不到的情况下听到的。

第二，一些学者讨论了声音的各种属性。电影制作者可以借鉴和操控声音的各种属性（如响度、音高和音色），来创造出不同的效果。这些声学属性是在后期制作中创造或操控的，许多声音效果与现实生活中的声源几乎没有什么相似之处。电影声音除了具有再现性外，已经超越了索引性的领域，即在电影后期添加的声音与前期制作中的声音之间并没有直接的关系。电影制作者并不是简单地选择一个合适的声音类型，他们还要积极运用其属性，以增强某些效果和突出其叙事功能。那么问题来了，在描述的版本中，受众可以在多大程度上识别电影声音及其来源？另外，电影声音的选择和操控是为了增强其叙事功能。与其他随机混杂的声音不同，电影声音的叙事重点可能会提高观众正确解读声音的能力。

第三，弗莱尔（Fryer）从音频戏剧的角度出发，根据声音效果与对话的关系，或声音本身所产生的效果来定义声音效果。文献中描述的电影中的声音效果大多可以归纳为以下六大类：1）逼真的确认性效果（当声音与影片文本中提到的信息相对应时）；2）逼真的呼唤效应（当只有声音才是识别某条信息的来源时）；3）象征性效果（当声音用来象征某条信息时，比如凶手每一次犯罪时都会有重复出现的声音效果）；4）常规化效果（日常生活中常见的声音，如手机铃声等）；5）印象派效果（当声音影响情感时）；6）音乐效果（用音乐来传达效果时）（Fryer，2010）。

(2) 切分文本为若干阶段

多模态转录的第二个原则是：在多模态转录表中，文本被切分为若干阶段后，将文本纵向分解成行，而给定的阶段具有高度的元功能一致性或同质性的特征。

在显示哪个符号资源系统中的哪些选择与给定相位的实例化相关时，布拉格学派的前景概念尤为重要。前景概念经常应用到视觉模态的研究中，也可以应用到声音的分析中。

第一个要考虑的参数是距离感。声音能够在特定对象与其观众或听者之间产生距离感或接近感。这种距离感可以解释为物理距离、空间方位或叙事相关性。在叙事相关的情况下，如果它在知觉上不明显，并形成了行动发生的背景，那么这个声音则处于图或地面的位置。第二个要考虑的参数是节奏，从一个文本阶段到下一个文本阶段的过渡与文本整体节奏模态有显著关系。节奏的转录应该试图揭示模态之间的同步性及其组织模式，比如通过指示重音节奏单元或脉冲、信号节奏群，指示响度、持续时间、节奏或停顿的程度，来揭示模态之间的同步性。

(3) 分析模态在各阶段间的相互作用

为了分析长篇电影中跨阶段模态之间的相互作用，鲍德里（Baldry）和瑟伯特（Thibault）(2006：232－234）提出了"参与者链"的概念，即参与者（如人物、对象或设定）在不同镜头和阶段的跨模态重复。郑（Tseng）(2013）则为叙事电影建立一个分析框架，这个框架植根于传统的社会符号学。郑论证了电影观众在构建连贯的电影叙事时，会借鉴的四个元素，即人物、对象、场景和动作。将人物与对象的身份确定紧密联系起来是理解叙事的关键。他的电影内聚力分析模型遵循以下五个步骤。首先是人物、对象和场景的呈现系统，通过单模态或跨模态表达，以即时或渐变的方式呈现人物、对象和场景；其次是追踪参与者在整个剩余文本中的再识别方式的三种方法，这三种方法包括推定系统（对象或角色是显性还是隐性的重新出现）、比较系统（对象或角色的重新出现与先前的出现方式相似还是不同）和确定身份检索方向的系统（包括提前出现还是以后出现，身份检索是显性还是隐性提示，是单模态还是跨模态表达）；最后一个步骤是分析整个影片中的动作模态，将执行这些动作的人物、动作中使用的对象和动作发生的环境结合在一起（Tseng，2013）。

（4）整合元功能分析

多模态转录的目的之一是从阶段和元功能之间的关系来描述动态视频文本的短序列。元功能一词来自社会符号学和系统功能语言学，构成了多模态研究的根基，可以用来分析语言（包括言语和非言语）在不同的意义层面上运作方式。

多模态互动可以用传统语言学中“词性内聚”来概念化。重复指的是两种不同模态对某一信息的重复；同义指的是不同模态所表达的类似类型的意义；反义指的是相反类型的意义；近义指的是对某一事物的一般类及其子类的分类；而合义指的是指某一事物的整体及其组成部分。

这一观点与“信息链接”概念密切相关，是多模态凝聚力的一个关键参数。“信息链接”指的是受众在项目之间在因果关系或时间关系方面构建的认知联系，而词性凝聚概念可以看作是信息链接的一种类型。之前的研究表明，“信息链接”的概念还包括更多的隐性共生项。这通常是由“同步点”所产生的，当文本中的两个元素同步时，它们的相互联系在受众心目中是明确的。信息连接的过程通过信息项的共同出现或通过同步点的产生而产生，在视听文本的凝聚力中也起着关键作用。

第二节 教育场域

一、教育领域中的多模态需求

传统的素养观念认为素养仅仅是听说读写等基本技能，这些在21世纪的新交际环境中是远远不够的。新的素养观念将“文本”（texts）视为“体裁”（genre），旨在实现有目的的社会互动。在第四章中我们提到，多模态文化传播中的文本概念已经发生泛化，文本本质上是多模态的，通过一系列的视觉、听觉以及言语手段来实现其意义。复杂的意义制造系统为学生带来了更多的挑战。在识别图表、图像、动画、超链接轨迹、网站的口语和音频文本的单独意义和目的方面，他们可能需要一些帮助。如果想让学生成功地获取和使用这些多模态文本中所蕴含的意义，教师就需要知道如何识别这些文本的目的、结构和语言特点。为了确保学生能够成功创作或构建这些文本，从而实现教学目标，任课教师还需要使用元语言与学生交流。

例如，澳大利亚的师范教育课程将新的素养概念视为有目的的社会文化实践，目的是让新教师尽可能多地获得与学校相关的文本打交道的经验，而这些文本的形式和功能随着目的和技术的多样化而不断变化。墨尔本大学的师资培训体现了与信息和多媒体技术相关的各种文本形式的发展，师生在培训中去识别 K-12 课程中所要求的接受和制作文本的具体学科形式。在《教育中的语言》（*Language in Education*）这一课程中，各个科目的新教师一起合作研究语言和素养在学习内容领域中的作用，所有教师都有必要认识到新的素养方式会对学生学习产生重要影响。下面我们以澳大利亚的“跨学科素养”（LASS）项目为例，探讨多模态教学资源的设计原则和设计方法。

二、多模态教育资源的设计原则

LASS 项目旨在让素养教师和相关领域的教师了解到，一些有关语言结构的知识可以在不同的语境和模态下实现不同的社会目的，帮助学生发展他们专业所需的素养和多学科能力。LASS 由 8 个单元组成。第一单元“语言与素养入门”研究范围包括澳大利亚学校中第一和第二语言学习者，以及语言和素养的实践及模态。第二单元“支架式素养”介绍了支架式素养的概念，为中高年级素养学习提供明确且有计划的支持。第三单元“口头语言”考察了在不同的课堂情境中，从探究性学习到正式学习的各种形式的口头语言结构。第四单元“标准的书面体裁”介绍了学生在各学科中阅读和写作所需的六种主要体裁的结构和语言特点。第五单元“多题材文本”考察了学生需要理解和制作的印刷品和多模态文本中更多的不同结构。在第六单元“支持阅读”和第七单元“支持写作”中，分别明确了学生要想在各学科领域获得成功，需要理解的较为复杂的文本阅读和写作要求，并概述了教师帮助学生的方法。最后，第八单元“素养学习规划”建议教师在各学科领域中为学生提供一个框架，以支持学生完成他们的素养要求，并评估他们的学习效果。LASS 的设计基于一系列关于有效学习的性质和过程的社会建构主义原则，这些原则多以媒体设计和评估为基础。其中最重要的几个理论概念包括情境认知、认知学徒制、支架理论、真实的学习和评估情境以及学习者反思和学习责任。LASS 的设计原则可概括为以下五个方面：

1. 提供真实语境

LASS 的设计是为了提供一个真实的语境，反映真实课堂中的语言使用方式。这一过程的核心是使用 QuickTime 视频（QTVs）的课堂教学片段，来表示中学各学科领域和各年级的互动。这些互动是没有脚本的，代表了专业教师或新手教师所处环境的真实情况。通过课堂互动的 QTVs，可以清楚地了解到教师的计划、教学和评估决策，以及这些决策是如何影响学生的语言和素养发展的。新手教师通过这些 QTVs 将语言和素养知识带入意识思维，并反思其在自己的学习和教学中的作用，学生则在 QTVs 中评论自己通过语言学习学科内容的过程，并谈论对学科素养的感悟，为新手教师提供了重要的学生视角的信息。因此，用户可以体验到类似于自己的教学选择的虚拟课堂情境，而真实的学生和教师文本的可视化展示为引导分析和互动练习提供了载体，使教与学更具有实践性。通过这种深入的教学方法，DVD 的使用者可以方便且系统地审视课堂上使用的一系列语言并将其作为特定的语言共同体。

2. 注重发展真实活动

LASS的第二项设计原则是注重发展真实的活动，即鼓励在建构主义范式中进行深度学习。支撑LASS的语言和素养的体裁模型是以功能为导向的，它关注的是在真实的社会和文化背景下，语言的意义是如何产生的，而在这种背景下，语言的作用是多种多样的。在每一个单元中，互动式任务都能促进用户作为“语言新手”逐步理解学校各学科的多模态文本的结构和功能。以动画、拖放和翻转功能为基础的活动可以使教师在一系列课堂背景下演练各种模态的语言知识，并学习如何应用这些语言知识来帮助学生有效学习。比如，词汇表按钮等工具可以让用户检查自己对语言术语的理解程度，而参考书目功能则可以让用户访问参考书目列表。除此之外，用户还可以利用超链接教程来加深对语言或文本结构中某些特征的理解。用户的学科背景不同且元语言学知识存在很大差异，因此他们可以根据需要访问教程，同时在单元内容中增加一些对语言术语的解释。LASS中的所有学习活动都完全基于真实课堂的书面和口语文本，用户可以通过这些活动形成与素养和学习的功能模式相一致的语言理解。

3. 提供专家表现和过程建模的机会

LASS设计的第三个原则是，它应该提供专家的表现和过程建模的机会。在LASS中，专家教师日常课堂互动的QTVs片段模拟了有效使用口语和书面语言进行学习的过程。对这些QTVs片段的反思性和引导性的分析使新手教师有机会定格这些复杂而又混乱的互动。视频片段中的课堂互动录音和一些突出了言语互动关键特征的脚本编码方式，对这些专家演示进一步加以分析，从而为新手教师提供了特殊的反思性元语言。学生的产品（通常以多模态的形式）可以通过放大的缩略图来仔细观察，并对其制作的互动过程进行建模。

4. 进行反思

LASS设计的第四项原则是要进行反思。反思在LASS中分为两个层次，是语言、素养和学习模式的最后阶段。在这一阶段，新手教师通过使用DVD中各种多媒体资源，认识到反思阶段对于课堂学习的意义，教师和学习者在这一阶段能够回顾理解和评价已完成的任务，并规划未来的发展方向。DVD的设计鼓励使用者通过多媒体资源对教学效果、自身学习的相关性、面临的问题或挑战以及自己的教学目标进行评价。在每个主题中都有定期的小型反思任务，在每个单元结束时还要求教师们对教学计划进行思考。

5. 支架理论

指导LASS发展的最后一个重要的原则是LASS教学内容和教学设计，即支架理论。支架理论的概念最初是用来描述父母的支持在幼儿语言发展中的临时性和必要性。这一概念在社会文化学习模型中是有吸引力的，特别是在语言学习的社会文化模型中。这种社会文化模型认为，认知的发展并不仅受社会过程的影响，而是深深植根于社会文化过程。学习的主体间基础可以使各级教师在组织课堂教学中最大限度地发挥学习作用。支架（scaffolding）的概念后来广泛地用于教育文献和各种机构语境中，通常指的是任何形式的教学或帮助学习者。支架包含三个特别的关键因素。一是支架化的任务、技能或理解是一种具有有限目标的具体学习活动。二是指导者或专家决定学习者目前所拥有的技能，以帮助他们积极发展这些技能。因此支架需要确定学习者的“近端发展区”（ZPD）或学生理解中的差距，并构建帮助学习者弥合这一差距从而进入新的ZPD的方法。三是学习者逐渐依靠自己的能力来独立完成任务。教师在构建学习活动的过程中，逐步减弱自身专业知识的作用直到学习者能够独立完成任务。

三、多模态教育资源的设计方法

LASS 第一单元鼓励教师在语言模式中对“阅读”和“写作”这种简单化的素养概念提出质疑。通过对一系列多模态文本进行互动和演绎，教师可以意识到他们对各种视觉和言语模式在意义产生中的关系的隐性知识，而多模态文本的理解和产生对于在社区和教育语境中取得成功至关重要。另一个受到质疑的问题是英语或以英语作为第二语言（ESL）的教师应该对学生的语言和素养能力的学习负有全部责任。用户有机会听到小学和中学高年级学科的模范教师如何应对各种不同类型的学生，学生中包括长期的 ESL 学生、国际学生和难民。这些教师明确阐述了素养模式的价值，以及多元素养中多学科知识发展的作用。

在第三单元中，口语模态是特定主题素养能力的核心。同样，通过互动和演绎的方式从 QTVs 和随附的成绩单中找出专家教师是如何选择精心设计的谈话形式，让学生在一系列的学校科目中学习到更多的推理形式的。通过各种交互式的方式（包括教程），架设元语言，鼓励用户建立自己的知识体系，了解口语和书面语间的主要语法差异。这些知识是后面单元的基础，教师在筹备课程和单元工作时，可以在后面的单元中为素养教学做准备。

教师可以利用体裁这一有目的的结构化文本的概念，来帮助学生达到其学科领域的素养要求（往往是无形的）。此外，如果教师了解语言是如何在这些体裁的不同功能阶段中运作的，那么这些知识就会为学生提供一个重要的支架，使他们能够理解和制作出所需的各种文本。第四单元明确了各学科使用的六种主要文体（叙事、记事、信息报告、论据、说明和程序）的社会目的，以及帮助它们实现这些目的的典型语言特点。有了这些标准的书面体裁知识，用户可以接触混合体裁的复杂课文。第五单元明确规定了一般阶段和出现这些阶段的模态组合的价值。比如一本历史教科书的单页，不仅以书面信息（附有图示）的形式描述封建时代英国社会结构等级制度，同时还给出了书面解释，概述骑士是如何准备战斗的，并附有骑士和侍从的图画。这样一来，阅读此类单页，就需要学生们综合不同体裁、不同模态下的不同编码方式的意义。这种多模态、多源文本在教育中是常见的，而了解其各部分如何融合有利于学生理解和制作这些文本的核心。第五单元的用户有机会通过一系列的动画任务在一系列日常和学校的文本中识别出视觉和语言材料的各种通用目的。一旦掌握了这些知识，教师就可以教学生阅读这些文本以获取相关信息，以及要求他们进行书面或多模态的制作。

随着学生的学习年限的增长，学生应对各学科日益专业化的要求也逐渐提高。LASS强调，教师在高中阶段的教学过程中，不应假定学生会潜移默化地掌握更复杂的高年级科目的语言，而是强调支架和教师的作用，使学生清楚地了解更复杂的高年级课文的语言要求，这一点仍然很重要。为了说明这些日益增长的要求，第五单元简要概括了学生在升学过程中的一般要求。例如，在科学课程中，低年级学生主要关注的是科学实践，最喜欢程序（对任务进行指导）和程序记录（按时间顺序记录完成的任务）这两种类型的课程。学生进入中学阶段后，还需要学习如何科学地组织，并学习控制信息报告和分类法（对信息进行描述和分类），还需要学习如何科学地解释并借鉴解释文本来阐明现象之间的顺序、因果关系或理论关系。学校教育的后期还要求学生挑战科学，利用论证体裁提出一个或多个具有支撑性的观点。

同样的，理解和产生历史学的要求也随着教学年限的增长而提高，但教师们普遍没有意识到这一点。LASS 在第五单元为教师们提供了一个明确历史学目的和相关体裁的模态。

此模式是建立在科芬（Coffin）的研究基础上的。科芬（1997）将历史作为一个故事来思考、阅读和写作，并将其转变为要解释和论证的一系列问题，这些问题一般没有在中学里明确说明。这可能会给学生带来很大的困惑，但是如果用一个框架来明确各种历史课文的目的，是可以避免这些困惑的。

高中历史课文将这些目的分为视觉和言语两个阶段，要求学生在不同的模态下整合各种意义。人们大大低估了这一任务的复杂性，而 LASS 正好为高中教师提供了一个反思的机会，让他们在规划教学内容的同时为学生建立支持。

LASS 的第八单元涉及学科教师在备课和教学中多学科素养的作用。本单元的十个指导性问题，可以帮助教师在五个阶段的学习教学周期中，规划多学科素养和内容成果。

根据 QTVs 对教师进行扫盲计划访谈和学生成果的样本，用户可以很好地制订课程和单元计划，将语言和素养模式融合为学习资源。用户必须明确考虑以下因素：不同学生的语言和文化背景；不同需求是如何得到满足的；哪些多媒体和实操资源可以吸引学生参与；目的性谈话的课堂组织；如何支持学生阅读多模态资源，进行研究性学习；如何支持学生确定这些资源的通用目的和阶段性；如何构建自己的展示方式使各种模态的信息相互融合。教师在最后一个领域中的支架作用越来越重要，但在教育环境中，学生的理解力越来越多地通过多模态的制作来评估。地图或图表在信息报告中的适当定位，在很大程度上表明了作者对两种不同模态的信息片段的符号学关系的理解。教师在示范如何将体裁和模态连贯融合在一起时，不只是帮助学生进行可评估的制作，也为理解其他多模态材料打下了坚实的基础。

第三节　商业场域

一、商业场域的标志——广告

广告作为一种多模态的商业手段，正为吸引消费者的注意力而进行着一场斗争。在广告的翻译传播中，译者首先会注意到信息的语言，但是许多广告几乎不包含言语信息，而是依靠插图的视觉信息，或是观众的脑海中产生的心理联想。除了在语言间的直接传递之外，译者在国际广告中是否还有其他作用呢？雅各布森（Jakobson）（2000：114）的语际翻译涵盖了言语符号向非言语符号的转换，而不同文化语境的广告改编中视觉特征或声音，都属于这一范畴。

人们必须谨慎对待广告形象引起的联想。如果某些联想来自人类的共同经验，那么就没有什么干预的必要。如果人们很容易通过国际贸易买到他国商品，这是否说明可以不再把一些他国产品看成是外来的？学者们在这一点上也尚未达成共识。尽管全球广告中所表现的许多生活方式有着明显的文化趋同特征，但仍不清楚这究竟是消费者驱动的趋势还是营销便利的趋势。

广告视觉特征研究可以追溯到20世纪中叶。特别是20世纪60年代以来，罗兰·巴特（Roland Barthes）的作品一直被用来解释广告中的视觉洞察力，但是在开发新的框架来研究当前广告形式的多样性，以及不同的传播模式的互动性方面却一直鲜有进展。人们通过多种表征和传播模式而不仅仅是语言来制造、分配、解释和重塑意义。在这种情况下，广告的视觉成分是整个信息组成部分之一，不能在翻译中忽视。克雷斯和范莱文（2006：3）建立了一个视觉传播的特定文化形式的基本要素和规则清单，该清单超越了符号学分析的范畴。但是译者在不同的目标语言和文化框架下呈现多模态信息方面的作用，以及在营销过程中的最佳干预时机，并不是一目了然的，因为营销活动通常是在策划一开始就决定的，远在文字和图像创作之前。

二、广告中的营销因素

对于消费者来说，广告可能是营销过程中最明显的标志，但实际上它只是促销组合中的一小部分。促销组合与产品、价格和分销组合一样，只是营销组合中的一个要素，甚至可能不包括广告。尽管语言和文化问题最终可能会影响消费者对产品或服务的接受程度，但其在整个过程中起的作用微乎其微。教科书往往只用一两页的篇幅来讨论这些问题，比如一些公司忽视了语言或文化因素，其产品名称或口号在原文或翻译中总会不经意地引人发笑或造成尴尬。但是当前情况正在逐步好转，营销人员意识到，相比只去避免语言障碍，创造一个全球性的广告活动更有必要，因为语言障碍会在文化冲突时对广告信息产生负面影响。

德穆伊（de Mooij）（1994：7）区分了国际营销、多国营销（multinational marketing）、全球营销、跨国营销（transnational）和超国家营销（supranational）这些概念。在广告的转化问题上，关注点主要是全球营销，而全球营销旨在寻求国际营销和多国营销的整合。国际营销是指将母国的营销计划延伸到其他市场，而多国营销则是每个国家制定特定的策略来应对本国独特的市场条件。因此，全球营销是基于市场的相似性和差异性的一项战略，也可以将其概括为"全球思维，本土行动"，即评估国际方法所产生的协同作用和节约下来的成本，取决于这种方法在本国市场之外是否能被接受。

在早期市场上，同质化、国际化营销方式的趋势已经失去了很大的吸引力，公司已经意识到，强行采用单一的战略可能会产生不利影响。大多数广告公司在许多国家都设有办事处，以适应当地的文化偏好。此外，尽管欧盟各国的收入水平日益趋同，但各成员国的文化价值观仍保持稳定。随着人们越来越富裕，这些价值观的表现形式将更多地体现在购买选择上。

三、广告中的跨文化因素

尽管广告中带有十分明显的当地文化偏好，但人们在看世界各处的电视广告或浏览外文杂志时，都会有一种似曾相识的感觉，这是因为大量的广告材料都是标准化的，未经过滤就能与其他文化的人们相接触。全球广告活动保留了视觉材料，特别是在电视广告中，虽然拍摄成本很高，但可以为新市场改变书面或口语文本。在这种情况下，有两种处理视觉材料的主要策略来避免改编，一是从景观特征及演员的民族性方面调整广告的语境，二是利用原产国效应及其假定的积极联想。

法国汽车制造商标致曾在英国和奥地利市场进行了两次几乎相同的宣传活动，并且只是采用了不同的方法来中和视觉的地理环境。第一部的拍摄背景是在美国，标致的圆润、精致的造型设计与高速公路上其他汽车的实用性、童趣的设计形成鲜明对比。这就避免了欧盟市场上诸如选择左手车还是右手车，或者是在哪边行驶等问题。第二部是以黑白动画片的形式拍摄，汽车在梦幻般的风景中行驶，与驾驶环境的背景同样无关。这两部宣传片都集中在视觉上，通过令人回味无穷的音乐来强调视觉效果，实际上是将书面语言排除在外，从而减少翻译工作，只需在最后打上模特的名字和口号。这些宣传活动在两个欧洲国家都起了作用，因为画面与所展示的文化脱节，没有给观众留下任何特定的文化元素。

另一个中性化的例子表明，通过使用框架和前景化的技术，可以为国际观众定制商业广告。巴尔德斯（Valdés）用一个单一的营销概念描述了一个 Orbit 口香糖广告。该广告有英语和西班牙语两个版本，在这两个版本中，一对金发夫妇和一对黑发夫妇一起在游乐场里游玩，游乐场环境是世界公认的，不涉及具体的文化。这两个版本的广告在表面上是相似的，但是拍摄角度和拍摄对象的框架都发生了微妙的变化，所以英国版的焦点是金发夫妇，而西班牙版的焦点是黑发夫妇（Valdés，2000：278）。

原产国效应的例子在特定产品类别中比比皆是。德国公司在销售汽车（如 Mercedes-Benz 和 BMW）时倾向于强调自己的原产地，而销售化妆品时（如 NIVEA）则更倾向于强调自己的出产地。你会发现绝大多数的名牌香水都来自巴黎，无论它们是否真的是在巴黎调制的。

法国有一项关于观众接受电视广告的研究，这项研究强调了这两个全球广告的一般原则及其对消费者的意义。当地市场中距离太近的商业广告传播效果并不好，因此本地市场以外的观众看不到这些广告。英国的一家杂志上刊登了一家德国企业设计的包括洗衣机的浴室图片，这在英国人看来十分奇怪，因为英国人通常在厨房而不是浴室摆放洗衣机。

此外，有必要对概念和执行概念进行正确区分。英国的广告频繁地使用英国文化中固有的特征（如阶级分化），并经常使用低调的幽默。尽管广告语言相同，但除了英国人，其他国家的人根本无法理解这些广告。那么全球化的广告真的能让人听得懂吗？在法国益普索公司的研究中，有来自法国、德国、荷兰、西班牙、意大利和英国的前87个广告，每个国家的100名消费者对其执行力的可看性和说服力进行评判。每一则广告都经过了翻译，并在结尾处附加了解释。在这87条广告中，只有三条广告在六个国家中得分都很高，这三个都是娱乐性和动作性强的影片。在这项研究中，我们发现前三名广告的成功因素主要是情感诉求的力度、娱乐价值和其所展现的简单的人文情境。

当涉及文化禁忌（如与社会角色和性别有关的文化禁忌）时，就会出现其他执行问题。在一则欧洲男性香水Drakkar Noir的广告中，一名男性的手紧紧抓住香水瓶，裸露的男性手腕又被一只女性的手紧紧抓住。而阿拉伯国家的版本则淡化了这种女性侵略性的元素，仍然是一名男性的手拿着瓶子，但手腕被深色西装袖子遮住了，女性的手也只是轻轻地抚摸着男性的手。

总之，尽管一些公司在当地市场有一定的自主权，但仍会选择采取全球战略。如果要采取全球战略，广告主应尽可能地将信息以非言语的方式进行编码，淡化文化特征（包括景观和演员的外貌），避免减弱其对单一本地受众的吸引力，不将其归为特定市场。但也有例外情况，如果产品的文化渊源是营销概念的一部分，例如一个产品强调了产品的声望、排他性或异国情调，那么这些文化属性就应该凸显出来。此外，那些多种族的市场会采取这样的策略，来尽可能面向多个种族以满足不同的消费者。例如，宝洁公司（Proctor & Gamble）在德芙和帮宝适的广告中，就以不同种族的妇女和婴儿为特色。德芙的广告甚至展示了不符合媒体常态的瘦弱和年轻的理想化女性。壳牌公司开展了一个活动，展示了不同国家的人们对壳牌公司为可再生能源的贡献，表明能源和地球的未来是每个人都关心的问题。然而，这种对多种族伦理的拥护并非没有问题，它是企业多元文化主义的表现，并以人类多样性的形象为交易对象，以产生一种满足和吸引全球市场的美感，但实际上却没有做任何反对不平等的事情。

根据法国的研究，至少在整个西欧市场，另一个成功的关键因素是开发娱乐性的创意。广告主经常利用文化定型观念来达到幽默的目的。刻意引用这些观念是为了让人们对广告信息的内容有即时的认同感，从而增加广告的娱乐价值。

Lurpak 黄油广告就是一个典型的例子。这支广告片很幽默，叙事台词强烈而简单，故事线生动有趣，通俗易懂。在第一支广告片中，一位年轻漂亮的黑发女子在丹麦的一个小镇上开了一家面包店。尽管不知道她的确切身份，但根据她在店内橱窗上挂出的招牌 Maria's bakery's bakery，可以推断她是意大利人。在另外两则广告中，她逐渐赢得了当地人的青睐，而玛利亚（Maria）也在她的冰箱里装上越来越多的 Lurpak 黄油。影片中的语言是英语，但每个人都带着明显的外国口音。玛利亚代表了意大利女性情色的刻板印象，她的低胸上衣和性感的声音充满着异国情调。然而她的举止是清醒的，她的勤劳也足以让她在社会上、尤其是中年妇女中获得认同。因此，她所带来的“没有快乐的生活只是半条命”的信息被当地妇女铭记于心，提醒她们多年来都没有享受到感官上的快乐（以及丰盛的黄油）。

显然这支广告有可能在某些市场上进行改编，但视觉上的翻译（重新拍摄或重构）是没有必要的，因为幽默是建立在家庭妇女与魅力女性的陈旧观念基础上的。它是以中年丹麦人和年轻的意大利人的身份来编码的，很容易把演员们的背景和社会行为保留下来。对白可以配音，既保留了外国口音，又不失效果，因为这个影片的魅力就在于两个截然不同的世界间的不协调性。可能夸大了严肃、朴实的丹麦女郎和性感的意大利面包店老板的刻板印象，但两者的并列对比恰恰代表了那种简单的人性情境。尽管如此，这个广告中的文化典故是否能够转移到亚洲市场，甚至是阿拉伯市场，还有待商榷。

四、广告中的生活化策略

生活方式产品的出现是全球广告商有影响的因素之一，这些产品不与任何特定的国家市场挂钩，可以在全世界范围内购买，并作为特定社会群体成员的标志。在这种情况下，在购买决策时，社会身份凌驾于任何其他身份之上。在过去，商务人士是这一领域最重要的消费群体，他们有类似的需求，比如需要利用手机或笔记本电脑这些工具在办公室以外的地方工作，另外还有旅途交通和酒店住宿方面的需求。目前，随着人们的时间和可支配收入越来越多，生活方式市场的焦点已经从专业领域转移到了更广泛的休闲领域。生活方式以意想不到的方式影响着消费，它们在很大程度上是由消费者驱动的，在一定程度上不受外部干预。尽管可口可乐、迪士尼、麦当劳等全球主要的生活方式品牌多年来一直保持稳定，但我们现在看到在服装、手机、娱乐等领域出现了一些“邪教”品牌，这些品牌的出现并不是为了吸引大众，而是为了希望自己的品牌成为一种自我表达的形式。矛盾的是，尽管“邪教”品牌似乎吸引了少数人，但这些品牌的公司却在努力培育这些品牌，使其能够在世界范围内扩展。

时尚品牌和生活方式品牌有以下共同特点：它们比客观上可以实现类似功能的其他品牌更昂贵，还具有排他性，这一是因为价格昂贵，二是因为限量销售，并且制造商尽可能地防止假冒产品出现。时尚品牌的关键属性在于它能引起消费者的情感反应，从而使消费者产生品牌认同感。这类产品的广告宣传注重产品与用户之间的关系和消费场景的描写，已经从以产品效用为支撑的理性论证模式，转向对使用产品所带来的满足感的表述（Falk，1997：68）。换句话说，广告是为了建立和维持一种情感上的依恋关系，时尚品牌的消费者是善变和可以发声的，这意味着他们会将对产品的失望通过网络博客等方式广泛传播。

创造情感依恋的最重要的策略是使用视觉形象，在支持视觉形象的媒体中使用声音形象。视觉意象是多义的，观众可以进行多重解读并挖掘出其中的意义。最近的研究表明，不应低估声音产生心理联想的力量，采用特殊的声音效果（包括噪音、音乐和声音质量，以及在语言信息中能够唤起图像的内容）来激活视觉联想的广播节目的记忆效果更好。

五、广告的多模态文化传播

广告是最适合分析语言和视觉元素相互作用的多模态体裁之一。就平面广告而言，广告主需要将一个复杂的参考系统浓缩在一页或几页的篇幅内，使读者能够理解和认同所代表的世界及其内在价值。因此它们通常会建立起丰富的、高度结构化的多模态框架，在这个多模态框架中冗余性起着重要的作用，因为它不仅可以在不同的时间和空间中重复传递信息，还可以同时重复或分散在多个共同的感官渠道和表达模态中，向读者传递信息。打个比方，香水广告除了语言和图画元素外，还可能包含一个香氛带，让人联想到香氛或暗示香氛。读者甚至可以通过掀开页面的盖子，获取一种主动的触觉体验，从而显示出产品的香氛带，或用它来摩擦手腕。然而在通常情况下，平面广告中的两种主要沟通方式是语言和视觉，并在复杂的互动中使其成为研究视觉传播的良好起点。

视觉符号的视觉代码或系统说明了视觉符号语法的存在。在真正的交流中，纯粹的表征是永远不可能的，只有在形式分析中才能脱离内涵和意义制造。这里的核心问题是，这种视觉代码的元素是否可以从一种文化或语义共同体中翻译成另一种文化或语义共同体呢？如果可以的话，这与翻译者又有什么关系？如果这种编码是普遍的，那么不仅没有必要翻译，而且翻译的前提条件也就不存在了。

谈到有意义的视觉元素的可转换性，在这里有必要考虑一些其他的因素。第一，视觉元素和语言一样，传达了文化价值观和陈旧的观念，有时可以识别出明显的指标性和象征性关系。比如不同的文化有不同的“高模态”色彩，而色彩可能只在一个群体中具有政治、社会甚至是商业性的索引价值。使用可识别的颜色对商标或银行办公室的身份识别来说是十分重要的。此外，颜色的概念也会应用于着装规范，黑色的鞋子更契合伦敦市的银行和办公室，而黑色和深蓝色的组合在意大利的工作场所会被视为不雅的标志。这可以说是对视觉元素的可转化性的一种论证。

第二，支持具有更多结构性的跨文化翻译的另一论点是高语境文化和低语境文化。在低语境文化中口头表达的信息有很大一部分必须从非语言环境中检索，包括非语言交流习惯。北美的美国人倾向于低语境文化，而大多数亚洲文化则倾向于高语境。第三，视觉构成的规范在不同的文化中可能会有很大的差异。第四，视觉化可以用来将一种文化的形象传达给其他文化：例如，在农业食品广告中，大量使用摄影技术和灯光来对意大利风情进行视觉渲染，进而传达一种真实性的概念，但可能产品并非真正的意大利制造。这种视觉化代表了旨在营销的跨文化翻译的第一个阶段，即用视觉语言翻译特定的文化，以使其更具商业吸引力。

在翻译广告时需要考虑到视觉模态。在广告（以及广告翻译）中，需要根据受众的社会和文化价值观来调整信息，这对广告或活动的成功至关重要。在这个过程中，往往还需要进行本地化处理，因为如果受众不完全理解广告内容，营销效果将大打折扣。评估一个广告翻译的成功与否要看其商业成果。传统的语言质量评估标准（如忠实度和尊重源文本）在这里就不起作用了。广告体裁对视觉效果的严重依赖表明需要将广告文本作为一个符号学的整体来对待，广告如果要在目标文化和社会中运作良好，就必须将文案与其他非语言成分结合在一起。

托雷西（Torresi）（2004）也论述过广告材料翻译中潜在的、容易被忽视的文化定型观念的重要性，列举了包含视觉翻译广告在内的情况，即当广告在不同文化背景下转移到不同文化中时，无论是在特定语境中的意义，还是在实际形式上都发生了变化。类似的例子也都是采用了本地化而不是全球化的方式。当一个产品的形象，甚至是整个品牌的形象以及它蕴含的价值观必须适应不同的目标文化时，跨文化翻译是一个特别有效的工具。

不同版本的玉兰油广告对这款产品的介绍是一样。广告上都提到玉兰油是一款抗衰老的面霜，可以防止色斑产生。而且广告中的两位模特在外貌上也没有明显差异。在这个例子中，广告和品牌形象的复杂的跨语境改编就是翻译过程的结果，但显然这不是由译者单独完成的，而是一个漫长的决策过程的产物，从市场分析和品牌定位开始，到艺术和文案的制作，而不是仅仅涉及语言翻译。因此，广告材料的翻译尽管不如语际、语内翻译（只对源文本的言语要素用不同的言语进行重新编码）那样频繁，但在理论上和现实上都是有可能实现的。

第四节 科技场域

一、多模态人机互动

人类与世界的互动是多模态的。人们运用多种感官，主动或被动地探索环境，感知新信息。人们通过视觉、听觉、触觉和嗅觉来体验外部刺激，而通过本体感觉来感知内部的感觉状态。特定传感方式可以用来同时估计一个人所处环境的几种有用属性，比如可以用声音线索来确定说话者的身份和位置，识别说话者的言语和解释说话者的语调，还可以估计周围物理空间的大小和其他特征，以及识别环境的其他特征和周围其他活动。多种传感方式为人们提供了丰富的信息，以支持与世界和彼此之间的互动。

人机交互以前一直集中在单模态交流上，即人与计算机之间主要通过单一的模态或渠道进行信息或数据的交流，如屏幕文字和键盘输入。虽然从技术上讲，几乎所有与计算机的交互都是多模态的（比如将输入的文字与开关、按钮、鼠标移动和点击相结合，并提供各种视觉和听觉输出信号），但单一数据输入主通道模式，以及不同数据输出主通道的模式一直是交互式计算的常态。

多模态界面是指利用人类的自然能力，通过语音、手势、触摸、面部表情和其他方式进行交流的交互系统，为人机交互带来更复杂的模式识别和分类方法。虽然这些都不可能完全取代传统桌面和基于 GUI 的界面，但多模态界面的重要性随着硬件和软件的进步而日益增加，它们可以为用户提供便利，还能够与移动计算环境自然契合。多模态交互的研究目标是开发技术、交互方法和界面，以消除现有的人机交互的限制，在人机交互中充分利用人的交流和交互能力。这是一项跨学科的工作，需要计算机科学家、工程师、社会科学家、语言学家们通力合作，他们运用自己的专业知识理解用户、系统和交互过程。

多模态交互系统的目的是通过识别技术，对自然发生的人类语言和行为形式进行识别。多模态界面提供自然而有效的交互，具有几个具体的优势。多模态界面可能比非多模态更受用户青睐，因为其更具灵活性和可靠性，可以提供交互替代方案，更好地满足不同用户的使用模式和偏好的需求。多模态界面可以提高任务效率，当信息以多种模态呈现时，人类可以更快、更好地处理信息。多模态界面的其他潜在优势包括以下几点：

- 允许灵活使用输入模式，包括交替使用和综合使用；
- 可以提高效率（特别是在处理图形信息时）；
- 与纯语音接口相比，可以支持更短、更简单的语音语句，从而减少不流畅性，提高语音识别的稳定性；
- 与纯语音接口相比，可以支持更精确的空间信息；
- 在交互技术上为用户提供了替代方案；
- 更能避免错误且更容易解决错误；
- 适应范围更广的用户、任务和环境情况；
- 能够适应不断变化的环境条件；
- 适应个体差异，如永久或临时障碍；
- 有助于防止过度使用单模态。

虽然每一个界面、任务、用户、环境的组合都是不同的，很难得出整个类别的一般性结论，但现有研究的趋势表明，多模态界面对用户在多个方面都有利。

二、多模态输入与输出

与多模态互动相关的一些术语，如模态、渠道、设备、多感官、多媒体和多模态，在不同的群体中具有微妙或显著不同的含义。除了凝视、手势、语言输入等，间接感知神经活动（如脑机接口）等新兴技术在将来可能会成为多模态交互系统的实际组成部分。

人类主要通过视觉、听觉、触觉、嗅觉和味觉五大感官与世界互动。在知觉中，模态是指从特定的感官接受刺激，而通信通道是一种特定的信息传递途径。在典型的人机交互中，通道属于一种交互技术，它利用了用户能力和设备能力的特定组合（如输入文字的键盘、用于指向或选择的鼠标，或手势识别的三维传感器），这些通道包括文字（在显示器上输入文字或阅读文字时，可能会使用多种模态）、声音、语音识别、图像/视频、鼠标指向和点击。因此，多模态交互可以指使用多种模态或多通道的系统。多模态系统和体系结构的关键维度或特征有所不同，包括输入模态的数量和类型，通信通道的数量和类型，并行、串行或同时使用模态的能力，识别语汇的大小和类型，传感器和通道集成的方法以及支持的应用程序类型。

在支持多模态输入的系统中，输入模态和特定的用户操作或者用户意图的映射（定义交流特定功能、命令或参数的方式词汇表）并不是直接进行的。系统设计者往往会根据直觉或一些初步测试做出决定，但如何将多模态输入词汇适当地分配给用户意图仍是一个开放的研究问题。

虽然多模态交互社区更多关注于输入技术（如语音和手势识别以及触觉输入），而多模态输出也是多媒体和可视化研究领域的一个关键要素，但多模态交互的总体目标是全面支持人与机器之间的双向交流，以及增强人机多模态交互。

多模态交互研究的不断发展，智能手机的商业化爆炸式增长，语音识别和语音理解系统的日益成熟和 3D 视觉传感器的引入（如微软的 Kinect 和 Leap 运动控制器）都为多模态交互技术和应用创造了大量的机会。

三、多模态融合

虽然人们比较了解生物系统是如何感知和处理感觉数据的，但仍有更多的未知有待探寻，尤其是感觉通道如何与更高层次的认知过程进行融合，以及多个感觉通道如何在任何层次上进行融合的。感觉输入的跨模态融合领域中大量研究聚焦于一些神经元是如何对多种模态的刺激做出反应的。初级感觉区的神经元中存在着连接和输出受跨模态源影响的神经元，即听觉和视觉刺激、视觉和触觉刺激、视觉和嗅觉以及其他刺激的结合。

在知觉层面上，听觉和视觉刺激的相互作用关系和对事件知觉的影响，在某些情况下激发了视听语音处理界的兴趣，同时也激发了人们寻找其他模态例子的兴趣。

多模态集成（也称为融合引擎），是多模态交互系统的关键技术挑战。一般来说，输入流的含义根据文本、任务、用户和时间的不同而不同。具有不同特征的模态（如语音和眼神凝视、面部表情和触觉输入、基于触摸的手势和基于韵律的情感）没有明显的相似点和直接的连接方式。时间维度是最具有挑战性的方面，不同模态可能有不同的时间限制和不同的信号和语义耐力。一些模态在稀疏的、离散的时间点上提供信息（如一些手势），而另一些模态则产生连续的、但时间较少的特定输出（如情感）。有些模态组合是并行解释的，而另一些模态组合通常是按顺序提供。

在排他性的多模态系统中，模态可以按顺序使用，也可以单独使用，但不能由系统集成，而在另一种多模态系统中，模态按顺序使用，并在某种程度上（跨时间）是集成的。在并行多模态系统中，模态信息是并行的，是单独提供的而非集成的。最后，在协同多模态系统中，这些模态是并行和完全集成的。虽然协同多模态系统是这里的假定目标，但与单模态系统相比，其他类型的多模态接口仍有不少优势。

尼尔森（Nielsen）（1986）提出了人机交互的七层协议模型，包括：1）目标——互动的当前运营目标；2）任务——实现目标的系统概念；3）语义——实现所需任务的具体操作；4）句法——输入和输出信息单位在底层词汇层面的时间和空间顺序；5）词汇——交互中最小的信息承载符号；6）按字母顺序排列——原始符号（字母、数字、列、线条等）；7）物理——物理编码信息（光、声音、运动等）。

前三个层次是观念上的，后两个是知觉上的，最后两个是物理上的，而融合可以在任何一个或所有层次上进行。这样可以将各种人机交互场景与各种模态一起进行形式化和模型化，并对特定交互所需层次的融合做出预测。这样一来，多模态交互不再是针对特定用户、模态、环境和任务的方法大集合，而是能够适应新情况的通用解决方案。虽然人们对集成/融合方法的兴趣愈加浓厚，但在多模态交互中还有很多内容有待研究。

既然多模态融合中的关键问题是如何以及何时融合各种模态，那么多种模态的数据流（如语音、三维手势和触摸等）在与其他模态的信息融合之前，是否应该先对数据进行单独处理并进行非模态化解释？这后期融合模式，是指只有在非模态处理和分类决策之后才合并多模态信息。早期融合模式是指立即进行跨模态数据融合（也许是经过低级处理后）。还有一种折中的中级融合方法，即在跨模态合并之前，可以进行一定程度的处理和分类。

在多模态系统中使用多模态后期集成有一些优点。在后期集成中，输入类型可以独立识别，不需要同时发生，而且训练要求更小，软件的开发过程也比较简单。QuickSet 多模态架构就证明了这一点，它使用了时间、语义过滤和统一作为基本的融合技术，并通过统计学的排序在多个一致的解释中做出选择，但这种方法需要对每种模态的输出进行预处理和分类。

另外，后期融合可能会忽略关键的跨模态交互作用，并强制在完整的多模态背景外进行非模态决策。在考虑感官信息应该如何融合的问题时，科恩（Coen）提出了早期融合在生物系统中的重要性。虽然我们的感官似乎是不同的（如视觉与听觉或味觉有质的区别），但他指出了感知中跨模态的影响是普遍存在的（Coen，2001）。连觉（synaesthesia）这种神经状态是一个极端的例子，在这种情况下，一种感觉或认知途径的刺激会导致第二种感觉或认知途径的自动和非自愿的体验。一个人听到的声音可能是对视觉运动或味觉的反应，或者在体验某种特定的味道时，感觉是某种物体所持有的。结合问题指的是大脑如何协调和组合来自不同感觉方式的信息，传统上来讲，只有在大脑皮层的最高功能水平上感觉流才会相融合，它们之间只有通过经验才能相互关联。因此，融合是一个后知觉的过程，在事后（也就是在感觉输入被归类之后）才会对感觉输入进行融合。这种后期融合模型将时间上接近的、抽象的非模态输入结合成一个综合事件模型。

这种后知觉融合的方法否认了跨模态影响的可能性，而跨模态影响在生物知觉中是普遍存在的，构建多模态界面的默认方法（晚期融合）也存在同样的问题。人们喜欢依赖后期集成来构建计算系统，但它并不适合处理知觉理解的跨模态相互依赖性。

科恩（2001）还质疑离散的、象征性的事件模型的恰当性，认为把感知看作是一个流动的、动态的过程可能更好。直到现在，这一论述对于多模态交互社区来说仍然相当贴切。除了关于早期融合与晚期融合的讨论，还有一个更大的问题，即多模态融合的产出应该是什么。多模态集成的任务是生成一个多模态事件，从而很好地符合离散事件、事件循环和事件处理程序的计算模型，还是生成一个更复杂的知觉活动表现形式来匹配系统要支持的人机交互？在不同的层面上，寻找模态之间的深层、复杂关系的方法，是该领域未来的发展方向。

第七章

多模态文化传播的应用前景

第一节 人工智能

多模态文化传播在人工智能领域主要关注的研究问题有多模态人工智能的交互界面、触屏电脑终端的人机互动、自动语音播报以及二维和三维的人脸成像等。这些问题的研究不仅依赖于微电子、精密制造和软件工程等高科技技术手段，同样需要对其背后的符号过程有较为深刻的理解。人工智能领域仍未解决的一个关键问题是机器对语言理解和产出的局限性。现有的机器语言处理系统只能处理某些固定的语义问题。比如，如果我们提的问题是“现在几点了?”，机器能够给出准确的回答，因为这种人机交互是高度标准化的。但是如果我们问“该吃午饭了吗?”，这时候机器很难给出准确的回答。

在全球化的今天，多模态文化传播在多语言人机交互系统中有着广泛的应用。例如，各类公共服务机构的自动客户服务系统，不论是自动电话客服系统还是自动在线客服系统，均可实现多语言的实时在线自动反馈。当然，如图 7.1 所示，现在这种自动反馈通常只能局限于某些固定的问题，对于用户个性化的问题无法给出十分精准的解答，无法与用户进行深入的互动，也无法与用户进行创造性的意义协商。这些都是未来需要解决的问题。由于目前的人机交互系统主要依赖于一些预制的多模态语料库，多模态文化传播语料库的开发有望为这些问题提供解决方案。

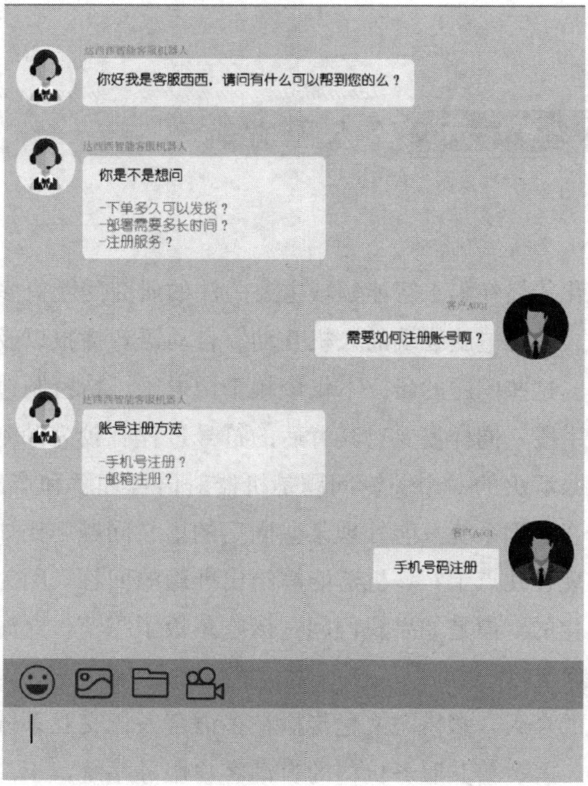

图 7.1　机器人智能在线客服

第二节　医疗

医疗领域与诸多不同的科学领域都有交集。多模态文化传播与医疗领域的结合主要体现在两个方面：一是交际层面的医疗场景的交际沟通，二是专业层面的医疗专业知识的多模态呈现形式。医院、康复中心、养老院等医疗机构成为多模态话语分析的关注对象。医患交流沟通，尤其是在多语言社会中需要译员进行交际协调的医患交流，是典型的多模态文化传播应用实例。在这类沟通中，医生所使用的专业医学用于对于其他的交际参与者来说是最大的交际障碍。为了克服这一障碍，医生、患者及译员往往会诉诸语言之外的其他符号模态（如图表等视觉材料），以引导患者了解病情和治疗方案。

例如，在新冠疫情期间，全国各地纷纷发布各式各样的新冠疫情防控的科普宣传画（如图 7.2），其中视觉模态与语言模态的结合是一种普遍的形式。此外，为了在有限的页面上尽可能多地向人民群众传递相关医学知识，并引导群众掌握核心、重点信息，这类宣传画将页面布局、字体、字号、颜色等多种多模态元素综合运用。

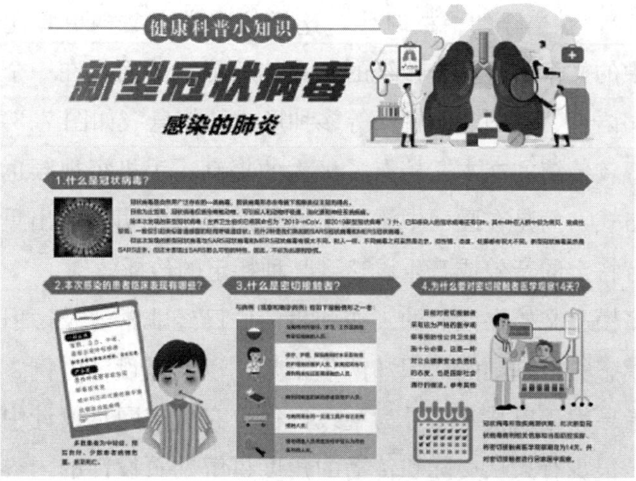

图 7.2　多模态医学宣传画

在医疗专业知识（如化验单、检查报告等）的呈现方面，多模态文本是普遍使用的一种形式。多模态文本中的图像与文字所传达的意义并不是独立的，而是在不同的层面通过符号间的互动来传达意义。这种符际互动主要包括以下形式：1）图像与文字的互换；2）图像与文字的并置；3）图像与文字的组合；4）图像与文字的深度融合。这些超文本形式的设计对于准确、精准、高效地向医生和患者传递信息有着至关重要的作用。

第三节 超文本设计

网络媒体技术的飞速发展催生出一种超文本形式，即将多种不同的模态资源整合在同一个页面当中，形成多模态文档（multimodal documents）。这种多模态文档包含的模态资源有：1）语言文本（包括文字和语音两种形式）；2）声音（讲话录音、音乐、实景音效、电子音效等）；3）图像（图片、绘画、卡通、图表、幻灯片等）；4）影像（纪录片、视频、动画等）。在当今的手机时代，这样的多模态文档更是比比皆是。例如，微信中的文章已不再是传统的文章体裁形式，而是在一个页面中同时包含文字、语音、动图、小视频等多种形式的信息（如图 7.3），人们接受的信息效率较传统的文本文档有了极大的提高；手机短视频也不是传统的影视画面格式，而是在画面中添加了必要的文字说明以突出重点信息，同时还会配有特定的音效或音乐以达到某种特定的传播效果。

尽管多模态文档在人们的工作和生活中已经非常普及，但是人们对其依托的多模态符号基础的认识却严重不足。以网页设计为例，绝大多数的网页设计指导教程以技术指导为主线，很少有关于网页设计中的语言和符号的问题，很少有人从交际和传播的角度讲解网页设计的内容。网页设计者的设计经验也大多是通过技术驱动的途径获得，即在实际的技术操作中积累经验，缺少传播学和符号学相关的理论指导。网页具有典型的多模态特征，文字、图像、布局、动画和互动音效等共同构建起网页的修辞和传播的效果。网页的“可用性”设计包含网页的“实用”和“可用”两个方面，其中可用性设计旨在为用户提供易于获取的相关内容，通过多种模态的使用提升网页文本的可用程度。例如，运用空间、图表、标识符号和图片等形式来呈现信息，同时还可以提升网页的视觉效果。

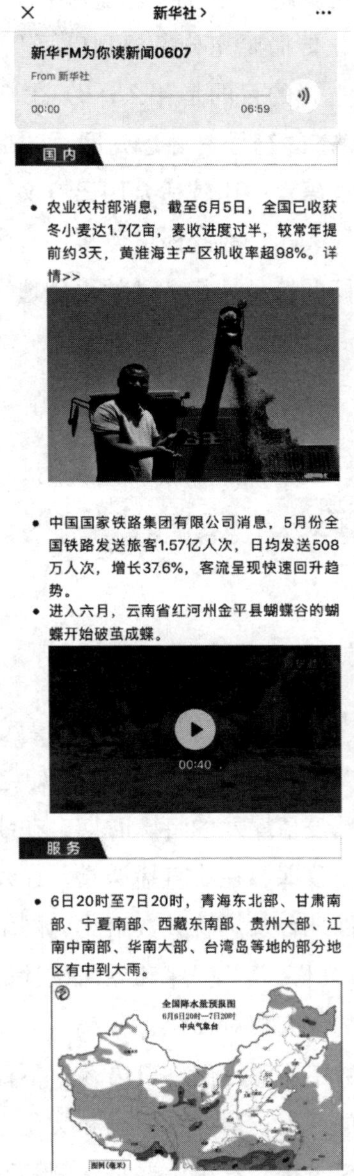

图 7.3　多模态微信文本（摘自新华社官方微信公众号）

面对全球市场，大多数公司的网站都为客户提供双语或多语种的网页。网页的用户来自全球的各个角落，有着不同的文化背景，因此进行网页翻译的译员扮演着文化协调者的角色，肩负着与网页设计者同等重要的责任。网页的多模态文化传播要充分考虑到以下几个问题：1）选择哪种模态呈现信息以及这样选择的目的是什么；2）怎样是最高效的信息呈现方式；3）如何利用多模态的符号资源达到网页的衔接与连贯的效果。比如，一个概念可能在一种语言中比较适合用语言文字表达，而在另一种语言中更适合用图像的形式表达，因此译员要将所有的多模态符号资源进行整合和再分配，运用不同的符号进行意义的再创造。这种翻译也常常被称作“创造性翻译”（transcreation）。

第四节 教育

1. 多模态学习资源

随着教育的数字化发展，传统的课堂教学模式以及传统的教学资源（如课本、磁带、录像）已经被数字化的媒介（如电脑教学软件、网络教学资源）所取代。在全球疫情爆发的特殊时期，在线教育更是成为全球教育行业的主要教学模式。慕课、在线直播课堂、在线自主学习平台等在线学习资源得到了快速全面地普及。有关数字化、网络化的教学模式研究主要从教育心理学、多媒体研究以及程序和界面设计的角度展开，从多模态和符际关系的角度展开的研究相对较少。

以英语口语教学的数字资源为例，口语教学不仅涉及听说两个方面的能力训练，还涉及相关的词汇、语法、情境和文化方面的知识。听力和口语训练中可以使用的多模态符号资源主要是音频和双语文本，而相关知识则可通过文字、符号、图片、视频、动画等多种视觉化的形式进行呈现。多模态文化传播不仅仅在双语文本的翻译中发挥主要作用，在其他多模态符号呈现中也同样发挥着重要作用。例如图 7.4 所展示的某英语发音教学软件，综合使用了多模态的符号资源，对单词发音的呈现方式可以以：1）音标的符号形式呈现；2）单词读音的声音形式呈现；3）口型的可视化图像形式呈现。在进行口语训练时，还可以对学生的发音进行录音，通过声学分析的手段将学生的发音与标准读音进行对比，从而为学生的发音进行打分，使学生对自己的发音问题有更加直观的认识。

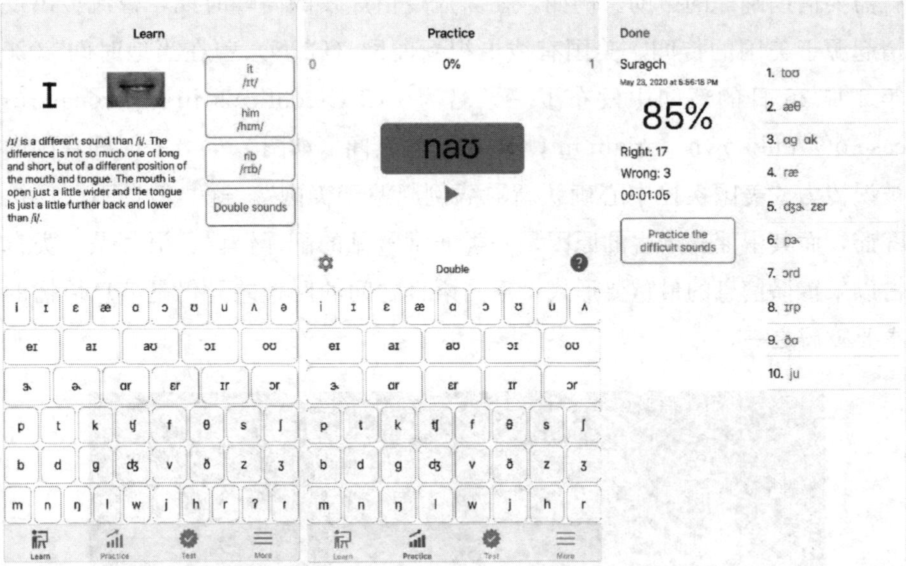

图 7.4　英语学习软件中的发音讲解、练习和反馈

2. 多模态素养

全球化对高等教育和科学教育提出了新的要求。学生通过相关的专业学习不仅需要掌握专业知识，还需要具备相关知识的可视化技能，即多模态素养。多模态素养主要包括视觉素养和媒体素养两个方面，其核心的技能是信息和数据的可视化。也就是说，图像作为一种直观、易于理解和传播的符号形式，在科学信息的传播中可以发挥非常重要的作用。科学信息中往往包含大量的抽象的数据信息，普通大众并不具备解读这种抽象数据信息的能力，需要通过可视化的图形将数据信息转换成图像信息，这样才能够将抽象的科学信息进行广泛的传播。多模态文化传播在语言层面和多

模态符号层面都能够为科学信息的传播起到促进作用。

第一，在全球化的时代，科学和教育工作者的职责不仅仅是进行科学探索研究，还承担着将科学知识传递给大众的职责，也就是进行科学知识的传播。英语是国际通用的学术语言，大多数的科学研究成果都用英语进行发表。对于非英语国家的受众，如果要了解最新的科学发展前沿动态，就需要借助翻译的帮助。例如，在新冠疫情爆发的高峰时期，曾流传出疫情起源于美国的传闻。美国有线电视新闻网（CNN）曾在当地时间 2020 年 2 月 26 日的新闻中发布了一条名为“CDC confirms first coronavirus case of ‘unknown’ origin in US”的标题新闻（如图 7.5），一时间在国内被误传为“美国疾控中心确认新冠病例起源于美国”。这一消息不久便被辟谣，而其中谣言产生的原因是一类非常常见的翻译错误。语言是人类自古以来传播信息的最重要形式，不同语言之间的巨大差异仍是信息传播的主要障碍之一。

图 7.5　被国内误译的 CNN 标题新闻

第二，在多模态符号层面，对可视化数据和信息的呈现与解读是当代社会所必须具备的素养之一。可视化不仅仅在新闻传播领域（如数据新闻）有着广泛的应用，在工作和学习中也是必不可少的一项技能。例如，传统的科学课堂教师往往需要在教室里借助实验仪器甚至是化学试剂实现某些特殊科学现象的呈现，但是这样存在着较大的安全风险。通过短视频或者虚拟仿真（Virtual Reality）的形式，教师可以通过可视化的虚拟呈现形式向学生展示科学现象。虽然我们不能否认实验室学习和操作对于科学知识学习的重要性，但是多模态技术在科学知识的广泛传播中起到了至关重要的作用。

3. 多模态展览

博物馆展览不仅是对学校和课堂教育的一种补充形式，也是一种公共传播的形式，包含了极其丰富的多模态感官和符号资源。展览中不仅有实体物品的展出、双语或多语对照的文字说明和语音讲解，还有动画、虚拟体验空间、感官体验项目等。此外，展览本身的空间布局，展示内容的呈现方式和呈现顺序，都蕴含了丰富的时间、空间维度的多模态符号。例如，在科技类展览中，观众可以通过触觉亲身体验的形式体验静电效应或安全电压所带来的电流刺激；在文化类展览中，通过叙事手段对历史事件进行呈现，观众能够更加深刻地理解历史事件背后的时代背景；在实物类展览中，展品旁边的标签不仅需要双语或多语对照，还常常需要进行严格的语言形式的对应。不仅如此，如今的展览也越发体现出交互的特点。观众可以根据自己的需要有选择地收听语音讲解；展出的内容呈现顺序也可以由观众自助选择。这些又涉及了第一节当中多模态文化传播在人工智能领域的运用。图 7.6 是台北 101 大厦中的阻尼器原理介绍。图中分别用汉语、英语和日语三种文字介绍阻尼器的原理和应用实例，图中还配有阻尼器的图像。

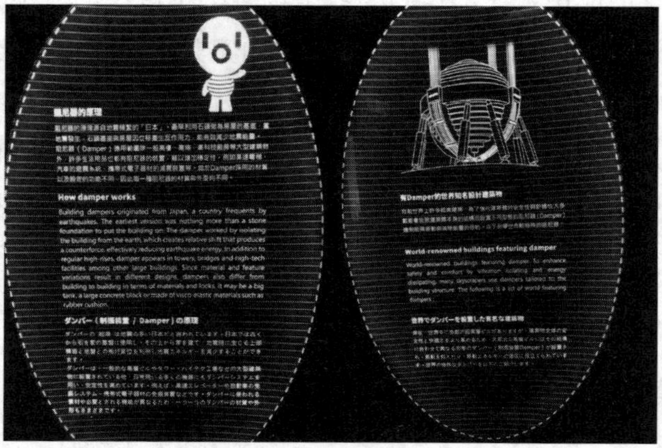

图 7.6　台北 101 大厦的阻尼器原理介绍

第五节　娱乐

1. 多模态影视翻译传播

影视行业已成为一个高度全球化的产业。商业影片常常同时制作出多个不同的语言版本，在全世界各地同步或依次上映。字幕和配音仍然是多模态视听翻译的两种主要模式。然而，20 世纪末视听文本大量涌现，使得多模态视听翻译模式也相应热起来，最终使得跨学科研究迅速增多。一些深刻影响了多模态视听翻译的理念和技术快速发展和普及，极大地影响了多模态视听翻译的运用，如互联网、手机等便携设备的普及。这些技术的发展使得字幕翻译和配音翻译逐步实现目标多样化，两种方式不再对立，相反，它们会根据用户需要在互补中发挥作用，用户在这些新技术的推动下也积极参与多模态视听产品的翻译，互联网用户可以为自己喜爱的作品添加字幕或配音，从而挑战了商业生产模式。当然，多模态视听模式的普及和技术发展也与使用多模态视听翻译的新环境如博物馆、歌剧院、火车站等的增加有关。

快捷的互联网搜索功能使得世界各地与视听相关的研究性学术项目都在培育视听翻译研究。学者们越来越觉得多模态视听翻译需要一个具有强大指导能力的理论，然而学者们又都或多或少心存疑惑，那就是是否存在这样一个能真正指导影视翻译的理论，即使有这样一个理论，它是否真的能有效指导影视翻译研究。虽然如今跨学科研究的特点日益成为多模态视听翻译研究的现实和未来的大趋势，但许多多模态视听翻译研究始终都局限于描述性翻译研究、多元系统理论以及最近的功能主义翻译研究等框架，直到现在也没有进一步理论建构上的突破。这些研究促进了部分描述性翻译理论的建构，研究人员仍在继续利用或再利用各种语言学科包括语用学、文本语言学和认知语言学的研究方法和概念进行影视翻译研究，但也会根据具体研究的问题和主题，融合文学研究、实验心理学、电影研究、统计学、人类学、历史学、教育学等学科的研究方法进行相关的研究。人们逐步认识到只研究视听翻译的语言问题是远远不够的，视听媒介也在朝着互动型文本的方向发展，观众不只是被动接受影视作品的内容，在观看的同时也可以实时进行反馈。如图 7.7 所示，弹幕已经成了一种特殊的文体形式。多模态视听媒体对社会和意识形态的影响不可估量，值得从多模态角度进一步深入研究视听平台，其翻译研究也不能只简单从语言角度进行相关研究，运用多模态理论对视听平台的翻译进行研究已经成为当下的一个趋势。

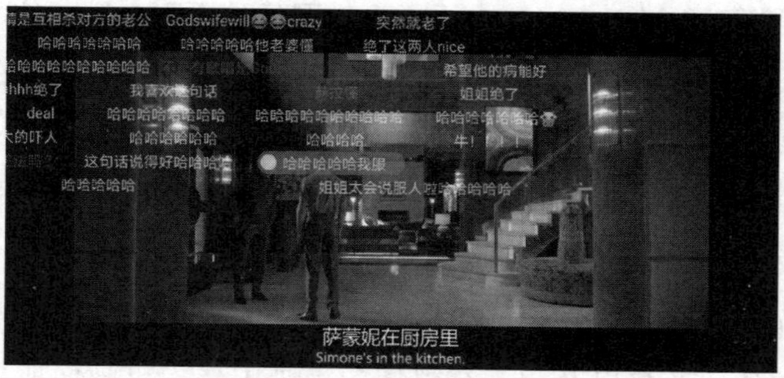

图 7.7　影视作品中的弹幕

目前影视翻译研究已逐渐开始从案例研究转向基于语料库的研究方法，从而进一步推动了数字化视听文本符号系统的研究，采用多模态理论结合语料库技术对视听翻译进行研究将会产生更多新的引领性成果。此外，新的录屏技术与眼动跟踪为定量研究提供了新的视角和新的语料。总体而言，数字化和互联网普及增加了人们获得视听多模态语料及其组成部分的机会，如获取脚本等，促进了视听翻译软件在教育、产品制作和出版方面的广泛使用，从而促进了新的研究工作的开展。多模态视听翻译将来一定会有更大的发展空间，不管名称如何变化，它仍将是一个值得探索的有价值的研究领域。

2. 多模态漫画翻译传播

漫画是传统的图书出版行业中一个重要的组成部分。漫画不仅具有娱乐功能，还具有教育和传播的功能。漫画的读者既可以是青少年群体，也可以是成人。漫画主要涉及图画、文字和空间三类符号模态。下面就漫画的多模态文化传播中的主要问题做一说明。

第一，图文关系的问题。在进行漫画翻译时，译者要对图画和插入文字之间的互动关系和衔接连贯问题有较为深入的考虑。由于页面空间的限制，漫画中的人物图像和表现人物对话的“对话框”（speech balloons）需要争夺有限的空间资源。这种空间的限制成了漫画翻译的一个最主要障碍。译员常常遇到的问题是难以将对话框中的语言精简至原文的长度，从而使得对话框面积过于庞大，占用了人物图像的页面空间。这种问题的来源是译员没有从多模态文化传播的角度看待翻译，而是以传统的文字翻译角度对待漫画中的语言翻译。

在漫画的翻译中，图像和文字两种符号之间都可以进行适当的转换，并非只有文字可以转换成另一种语言的文字。图像可以转换成文字，文字也可以转换成图像。译员需要对页面中所有的符号资源进行评估，考虑这些符号资源如何各自以及相互在整体的漫画中建构出画面所要传递的信息。如果一些信息在图画中已经得到了体现，则无须在对话框中以文字的形式重复表现；对于一些需要较多文字才能够表达出的信息，译员可以对图画进行针对性的修改，将这些信息转换成图像信息，从而达到图像和文字在空间上的平衡。

一些常见的图文转换形式包括：1）增加图画中的嵌入信息、增加对话框；2）重新刻画人物图像，或对整个漫画画面进行重新设计；3）移除或替换一些视觉符号；4）对文字信息进行压缩或补充。

第二，页面排版问题。日本是漫画产业中最重要的输出国之一，许多日本漫画形象在全世界范围成为经典之作。对日本漫画的翻译传播除了前面提到的图文关系的问题，另一个主要的障碍是阅读习惯的问题。日文文字常用从右往左或从上往下的排版形式，这与世界绝大多数国家的阅读习惯并不一致。大部分国家是从左往右地进行阅读或书写。因此，对日本漫画的翻译传播往往需要对页面进行重新的排版。这种重排并非简单地进行镜像旋转就能实现。由于图文之间紧密的互动和衔接关系，经过镜像旋转之后，图像和文字之间的衔接受到了破坏，传达出的信息也会受到影响。这对译员提出了更大的挑战。在进行图文重构的同时，还需要将排版因素考虑在内，综合所有的符号模态资源，进行“再创作”（transduction）。当然，这种再创作的过程难度很大。如图 7.8 中的日本漫画，其汉语版虽然对人物语言和动作拟声词做了翻译，但依然存在信息流失的情况。

3. 游戏及软件的本地化

除了在上述两方面的应用之外，多模态文化传播在游戏及软件的本地化方面也发挥着重要的作用。游戏（video games）是一种复杂的视听互动参与性媒介。游戏在不同国家推广的本地化过程，不仅包含游戏中语言文字的翻译，还包含其中的文化、法律、视觉、功能等诸多方面的调整。游戏中的语言翻译与字幕翻译有相似之处，但又存在着差异，因为游戏具有极强的互动性。这种互动性是双向的，既有游戏软件传递给玩家的信息，也有玩家通过控制器在游戏中进行的操作。同时，游戏中的意义传递也是双向性的。玩家通过视觉和听觉两种感官模态同时接受游戏中传出的信

图 7.8　日本漫画的双语版对照

息；与此同时，玩家也在不断地通过控制器进行操作，这些操作输入到游戏系统中，系统也会相应地对玩家做出实时的信息反馈。

在游戏中的多模态互动分为以下几种类型：1）任务互动，指以语音或文字形式提供给玩家的指令，可以转化为行动的开始或终止；2）行为互动，指玩家对行动的完全掌控，是一种全互动的形式；3）对话互动，指人物间的对话，可能会影响人物的行动，是一种半互动或全互动形式；4）影视互动，指游戏中的影视资源，会使人物停止行动。

同步是游戏本地化中的一个重要问题。游戏中的配音和字幕不仅要做到声音与画面同步，还要做到声音和动作同步。因此，在对游戏进行多模态翻译时，需要考虑影响同步的诸多因素：1）无须同步，指没有时间同步的限制；2）时间同步，指译语音频必须和原语音频等长，不一致的范围必须控制在10%～20%之间；3）严格时间同步，指译语音频必须精准地与原语音频等长，此处不考虑语音上的停顿和语调影响；4）声音同步，指原语音频必须精准地与原语音频等长，且需要考虑语音上的停顿和语调；5）唇形同步，指译文文本必须和原文文本精准地等长，且需要把停顿和唇形相似考虑在内。

图 7.9 所示的游戏界面中，不仅有画面中的视觉元素，玩家在进行操作时还会有动作的音效和人物的语言。

图 7.9　多模态游戏界面翻译

由此可见，在游戏本地化中多模态翻译与传统的翻译存在着诸多的差异。译文和原文已不仅仅是普通文本的概念，而是包括音频和文本两种不同的形式。受到不同的同步性要求的限制，两种语言不仅要字数一致，还需要将语音停顿和唇形的因素考虑在内。这些对游戏译员来说都是不小的挑战。因此，对游戏本地化问题的研究除了可以从软件本地化技术的角度展开以外，从多模态文化传播的角度对游戏中的各种符号以及视觉、听觉、触觉等感官模态进行的多模态分析也将对游戏本地化有较强的借鉴意义。

参考文献

［1］AIGRAIN P，2007. Livre blanc sur la démocratie participative et le débat public utilisant internet［EB/OL］.（2007 - 04 - 23）［2020 - 06 - 10］. http：//grit-transversales. org/brevea9a7. html?id_breve=36.

［2］ARMENGAUD F，1985. La pragmatique［M］. Paris：Presses universitaires de France.

［3］ARNSTEIN S R，1969. A ladder of citizen participation［J］. Journal of the American Planning Association，35（4）：216 - 224.

［4］BACA J C，1990. Identification by consensus of the critical constructs of visual literacy：A delphi study［D］. Texas：East Texas State University.

［5］BADDELEY A D，1999. Human memory［M］. Boston：Allyn & Bacon.

［6］BADDELEY A D，EYSENCK M W，ANDERSON M C，2009. Memory［M］. Hove：Psychology Press.

［7］BAKHTIN M M，EMERSON C，HOLQUIST M，et al.，1986. Speech genres and other late essays［M］. Austin，TX：University of Texas Press.

［8］BALDRY A，THIBAULT P J，2006. Multimodal transcription and text analysis：A multimodal toolkit and coursebook with associated online course［M］. London：Equinox.

［9］BRADEN R A，HORTIN J A，1982. Identifying the theoretical foundations of visual literacy［J］. Journal of Visual Verbal Languaging，2（2）：37 - 51.

［10］BROADBENT S，1984. The Leo Burnett book of advertising［M］. London：

Hutchinson.

[11] BÜHLER H, 1985. Conference interpreting: A multichannel communication phenomenon [J]. Meta, 30 (1): 49 - 54.

[12] CAMPBELL R, FREED R, 1993. "We know it when we see it": Postmodernism and television [J]. Television Quarterly, 26: 75 - 87.

[13] CARPENTIER N, 2007. Participation and interactivity: Changing perspectives. The construction of an integrated model on access, interaction and participation [M]//NIGHTINGALE V & DWYER T. New media worlds. Challenges for convergence. Melbourne: Oxford University Press, 214 - 230.

[14] CLARK J M, PAIVIO A, 1991. Dual coding theory and education [J]. Educational Psychology Review, 3 (3): 149 - 210.

[15] COEN M H, 2001. Multimodal integration: A biological view [C]//Proceedings of the Fifteenth International Joint Conference on Artificial Intelligence. Seattle: WA, 1417 - 1424.

[16] COFFIN C, 1997. Constructing and giving value to the past: An investigation into secondary school history [M]//CHRISTIE F & MARTIN J R. Genre and Institutions: Social Processes in the Workplace and the School. London: Cassell, 196 - 230.

[17] CONSIDINE D M, 1986. Visual literacy and children's books: An integrated approach [J]. School Library Journal, 33 (1): 38 - 42.

[18] DAVITTI E, PASQUANDREA S, 2017. Embodied participation: What multimodal analysis can tell us about interpreter-mediated encounters in pedagogical settings [J]. Journal of Pragmatics, 107: 105 - 128.

[19] DE MOOIJ M, 1994. Advertising worldwide: Concepts, theories and practice of international, multinational and global advertising [M]. New York/London: Prentice Hall.

[20] DEBES J L, 1969. The loom of visual literacy [J]. Audiovisual Instruction, 14 (8): 25 - 27.

[21] DELABASTITA D, 1990. Translation and the mass media [M]. BASSNETT S & LEFEVRE A. Translation, history and culture. London: Cassel, 97 - 109.

[22] DESAGE F, GODARD J, 2005. Désenchantement idéologique et réenchantement mythique des politiques locales [J]. Revue française de science politique, 55 (4): 633 - 661.

[23] DONDIS D A, 1973. A primer of visual literacy [M]. Cambridge, MA: Massachusetts Institute of Technology.

[24] ENFIELD N J, 2005. The body as a cognitive artefact in kinship representations: Hand gesture diagrams by speakers of Lao [J]. Current Anthropology, 46 (1): 1-26.

[25] FALK P, 1997. The Benetton-Toscani Effect. Testing the limits of conventional advertising [M]//NAVA M, BLAKE A, MACRURY I, et al. Buy this book: Studies in Advertising and Consumption. London/New York: Routledge, 64-83.

[26] FISKE J, 1994. Audiencing: Cultural practice and cultural studies [M]//DENZIN N & LINCOLN Y. Handbook of qualitative research. Thousand Oaks, CA: Sage, 189-198.

[27] FRYER L, 2010. Audio description as audio drama: A practitioner's point of view [J]. Perspectives: Studies in Translatology, 8 (3): 205-213.

[28] GAZZANIGA M, 1998. The mind's past [M]. Berkeley: University of California Press.

[29] GENETTE G, MACLEAN M, 1991. Introduction to the paratext [J]. New Literary History, 22 (2): 261-272.

[30] GOFFMAN E, 1981. Forms of talk [M]. Oxford: Blackwell.

[31] GOFFMAN E, 1983. The interaction order [J]. American Sociological Review, 48 (1): 1-17.

[32] GOODMAN N, 1976. Languages of art: An approach to the theory of symbols [M]. Indianapolis: Hackett Publishing Company.

[33] GOODMAN S, 1996. Visual English [M]//GOODMAN S & GRADDOL D. Redesigning English: New texts, new identities. London: Routledge, 38-72.

[34] GU Y G, 2006. Multimodal text analysis: A corpus linguistic approach to situated discourse [J]. Text and Talk, 26 (2): 127-167.

[35] HALLIDAY M A K, 1978. Language as social semiotic: The social interpretation of language and meaning [M]. London: Edward Arnold.

[36] HALLIDAY M A K, 1994. An Introduction to functional grammar: 2nd ed. [M]. London: Edward Arnold.

[37] HANSON J R, SILVER H F, STRONG R W, 1988. Learning styles and

visual literacy: Connections and actions [M]//BRADEN R A, BRADEN B, BEAUCHAMP D G, et al. Visual Literacy in Life and Learning. Blacksburg, Virginia: Virginia Tech University.

[38] HEINICH R, MOLENDA M, RUSELL J D, 1982. Instructional media and the new technologies of instruction [M]. New York: John Wiley & Sons.

[39] HOBSON D, 1980. Housewives and the mass media [M]//HALL S, HOBSON D, LOWE A, et al. Culture, media, language: Working papers in cultural studies, 1972—1979. London: Hutchinson, 105 - 116.

[40] HYMES D, 1986. Models of the interaction of language and social life [M]//GUMPERZ J J & HYMES D. Directions in sociolinguistics: The ethnography of communication. New York/Oxford: Basil Blackwell, 35 - 71.

[41] ISER W, 1978. The act of reading: A theory of aesthetic response [M]. Baltimore: Johns Hopkins University Press.

[42] JAKOBSON R, 2000. On linguistic aspects of translation [M]//VENUTI L. The translation studies reader. London/New York: Routledge, 113 - 118.

[43] JENSEN K, 1987. Qualitative audience research: Toward an integrative approach to reception [J]. Critical Studies in Mass Communication, 4 (1): 21 - 36.

[44] JENSEN K, 1990. When is meaning? Communication theory, pragmatism, and mass media reception [M]//ANDERSON J. Communication yearbook 14. New Brunswick, NJ: International Communication Association, 3 - 32.

[45] JEWITT C, KRESS G, 2003. Multimodal literacy [M]. London: Peter Lang.

[46] KALYUGA S, CHANDLER P, SWELLER J, 1998. Levels of expertise and instructional design [J]. Human Factors, 40 (1): 1 - 17.

[47] KENNEDY M, 1982. Metaphor in pictures [J]. Perception, 11 (5): 589 - 605.

[48] KINTSCH W, 1980. Learning from text, levels of comprehension, or: Why would anyone read a story anyway? [J]. Poetics, 9 (1 - 3): 87 - 98.

[49] KJELLBERG S, 2009. Scholarly blogging practice as situated genre: An analytical framework based on genre theory [J]. Information Research, 14 (3): paper 410.

[50] KRESS G, 2001. Multimodal discourse [M]. London: Edward Arnold.

[51] KRESS G, 2003. Literacy in the new media age [M]. New York: Routledge.

[52] KRESS G, VAN LEEUWEN T, 2006. Reading images: The grammar of visual design [M]. London: Routledge.

[53] LANG R, 1978. Behavioural aspects of liaison interpreters in Papua New Guinea: Some preliminary observations [M]//GERVE D, SINAIKO W H. Language, interpretation and communication. New York: Plenum Press, 231 - 244.

[54] LINDLOF T, 1991. The qualitative study of media audiences [J]. Journal of Broadcasting and Electronic Media, 35 (l): 23 - 42.

[55] LUKE C, 2000. Cyber-schooling and technological change [M]//COPE B, KALANTZIS M. Multiliteracies: Literacy Learning and the Design of Social Futures. New York: Routledge: 69 - 91.

[56] LULL J, 1982. The social uses of television [M]//WARTELLA E, WHITNEY D. Communication Review Yearbook. Beverly Hills, CA: Sage, 397 - 409.

[57] MAYER R E, 2009. Multimedia learning: 2nd ed. [M]. New York: Cambridge University Press.

[58] MAYER R E, MATHIAS A, WETZELL K, 2002. Fostering understanding of multimedia messages through pretraining: Evidence for a two-stage theory of mental model construction [J]. Journal of Experimental Psychology: Applied, 8 (3): 147.

[59] MCKIM R H. Thinking visually: A strategy manual for problem solving [M]. Belmont: Lifetime Learning Publications, 1980.

[60] MOUSAVI S Y, LOW R, SWELLER J, 1995. Reducing cognitive load by mixing auditory and visual presentation modes [J]. Journal of Educational Psychology, 87 (2): 319.

[61] NIELSEN J. A virtual protocol model for computer-human interaction [J]. International Journal of Man-Machine Studies, 1986, 24 (3): 301 - 312.

[62] O'TOOLE M, 1994. Opera Ludentes: The Sydney opera house at work and play [M]//O'HALLORAN K. Multimodal discourse analysis: Systemic functional perspectives. London: Continuum, 11 - 27.

[63] ORLIKOWSKI W, YATES J, 1998. Genre systems: Structuring interaction through communicative norms [J]. The Journal of Business Communication, 39 (1): 13 - 35.

[64] PAIVIO A, 1986. Mental representations: A dual-coding approach [M].

Oxford, England: Oxford University Press.

[65] PAIVIO A, 2006. Mind and its evolution: A dual-coding approach [M]. Mahwah, NJ: Lawrence Erlbaum.

[66] PINKER S, 1994. The language instinct [M]. New York: William Morrow.

[67] PINKER S, 1997. How the mind works [M]. New York: Norton.

[68] PÖCHHACKER F, 2004. Introducing interpreting studies [M]. London: Routledge.

[69] POTTER W J, 2004. Theory of media literacy: A cognitive approach [M]. Thousand Oaks, CA: Sage.

[70] POYATOS F, 1987. Nonverbal communication in simultaneous and consecutive interpretation: A theoretical model and new perspectives [J]. TEXTconTEXT, 2 (2/3): 73 - 108.

[71] POYATOS F, 1997. The reality of multichannel verbal-nonverbal communication in simultaneous and consecutive interpretation [M]//POYATOS F. Nonverbal communication and translation: New perspectives and challenges in literature, interpretation and the media. Amsterdam/Philadelphia: John Benjamins, 249 - 282.

[72] ROSE G, 2016. Visual methodologies: An introduction to researching with visual materials [M]. London: SAGE.

[73] RIDELL S, 2005. Mediating the web as a public space: A local experiment in the creation of online civic genres [J]. Nordicom Review, 26 (1): 31 - 48.

[74] SCHILLER H A, 1987. Visual literacy in ancient and modern man [M]// BRADEN R A, BRADEN B, BEAUCHAMP D G, et al. Visible & viable: The role of images in instruction and communication. Commerce, Texas: East Texas State University.

[75] SCHNOTZ W, 2005. Integrated model of text and picture comprehension [M]//MAYER R E. The Cambridge handbook of multimedia learning. New York: Cambridge University Press.

[76] SCOLLON R & SCOLLON S W, 2003. Discourses in place: Languages in the material world [M]. London: Routledge.

[77] SERAFINI F, 2010. Reading multimodal texts: Perceptual, structural and ideological perspectives [J]. Children's Literature in Education, 41: 85 - 104.

[78] SINATRA R，1986. Visual literacy connections to thinking，reading and writing [M]. Springfield，Illinois：Charles & Thomas.

[79] SWALES J，1990. Genre analysis：English in academic and research settings [M]. Cambridge：Cambridge University Press.

[80] SWELLER J，1999. Instructional design in technical areas [M]. Camberwell：ACER Press.

[81] SWELLER J，AYRES P，KALYUGA S，2011. Cognitive load theory [M]. New York：Springer.

[82] TORRESI I，2004. Women，water and cleaning agents：What advertisements reveal about the cultural stereotype of cleanliness [J]. The Translator，10 (2)：269 - 289.

[83] TRAUDT P，ANDERSON J，MEYER T，1987. Phenomenology，empiricism and media experience [J]. Critical Studies in Mass Communication，4：302 - 310.

[84] TSENG C，2013. Cohesion in film：Tracking film elements [M]. Basingstoke：Palgrave Macmillan.

[85] VALDÉS C，2000. Translated advertisements [M]//CHESTERMAN A，SAN SALVADOR N G，GAMBIER Y. Translation in context：Selected contributions from the EST congress，Granada. Amsterdam/Philadelphia：John Benjamins，271 - 280.

[86] VAN DIJK J A G M，2010. Participation in policy-making：Study on the social impact of ICT [R]. Brussel：Europese Commissie，DG Informatiemaatschappij en Digitale Agenda.

[87] WHITESIDE C，1985. Visual literacy awareness in college-level educational media courses [C]//MILLER L W. Creating meaning：Readings from the visual literacy conference at California state polytechnic university at Pomona. International Visual Literacy Association.

[88] WOLF M，MEYER T，WHITE C，1982. A rules-based study of television's role in the construction of social reality [J]. Journal of Broadcasting，26 (4)：813 - 829.

[89] 冯德正，2011. 多模态隐喻的构建与分类——系统功能视角 [J]. 外语研究，28 (1)：24 - 29.

[90] 冯德正，2017. 多模态语篇分析的基本问题探讨 [J]. 北京第二外国语学院学报，39 (3)：1 - 11，132.

［91］顾曰国，2007. 多媒体、多模态学习剖析［J］. 外语电化教学，114（2）：3－12.

［92］陆涛，2014. 文化传播中的听觉转向与听觉文化研究［J］. 中州学刊，36（12）：95－99.

［93］苏状，2011. 中国视觉文化传播研究发展综述［J］. 当代传播，27（5）：37－40.

［94］王建华，2015. 口译认知研究［M］. 北京：外文出版社.

［95］肖惠荣，曾斌，2015. 叙事的无所不在与叙事学的与时俱进——“叙事的符号与符号的叙事：广义叙事学论坛”综述［J］. 江西师范大学学报（哲学社会科学版），48（1）：67－72.

［96］徐秋石，刘兵，2018. 声音研究——一个全新的STS研究领域［J］. 自然辩证法通讯，40（4）：89－97.

［97］张德禄，2009. 多模态话语分析综合理论框架探索［J］. 中国外语，6（1）：24－30.

［98］朱永生，2007. 多模态话语分析的理论基础与研究方法［J］. 外语学刊，30（5）：86－90.

中国人民大学出版社外语出版分社读者信息反馈表

尊敬的读者：

感谢您购买和使用中国人民大学出版社外语出版分社的 ____________ 一书，我们希望通过这张小小的反馈卡来获得您更多的建议和意见，以改进我们的工作，加强我们双方的沟通和联系。我们期待着能为更多的读者提供更多的好书。

请您填妥下表后，寄回或传真回复我们，对您的支持我们不胜感激！

1. 您是从何种途径得知本书的：

□书店　□网上　□报纸杂志　□朋友推荐

2. 您为什么决定购买本书：

□工作需要　□学习参考　□对本书主题感兴趣　□随便翻翻

3. 您对本书内容的评价是：

□很好　□好　□一般　□差　□很差

4. 您在阅读本书的过程中有没有发现明显的专业及编校错误，如果有，它们是：

____

____

____

5. 您对哪些专业的图书信息比较感兴趣：

____

____

____

6. 如果方便，请提供您的个人信息，以便于我们和您联系（您的个人资料我们将严格保密）：

您供职的单位：______________________________

您教授的课程（教师填写）：______________________________

您的通信地址：______________________________

您的电子邮箱：______________________________

请联系我们：贾乐凯　吴振良　黄婷　程子殊　王琼　鞠方安

电话：010-62515580，62515538，62512737，62513265，62515573，62515576

传真：010-62514961

E-mail：jialk@crup.com.cn　wuzl@crup.com.cn　huangt@crup.com.cn　chengzsh@crup.com.cn　crup_wy@163.com　jufa@crup.com.cn

通信地址：北京市海淀区中关村大街甲 59 号文化大厦 15 层　邮编：100872

中国人民大学出版社外语出版分社

多模态文化翻译理论与传播研究

多模态文化翻译理论

王建华　总主编
王建华　张　茜　著

中国人民大学出版社
·北京·

图书在版编目（CIP）数据

多模态文化翻译理论与传播研究．多模态文化翻译理论/王建华总主编；王建华，张茜著．--北京：中国人民大学出版社，2020.9

ISBN 978-7-300-28564-1

Ⅰ.①多… Ⅱ.①王… ②张… Ⅲ.①翻译-研究 Ⅳ.①H059

中国版本图书馆 CIP 数据核字（2020）第 169349 号

多模态文化翻译理论与传播研究
多模态文化翻译理论
王建华　总主编
王建华　张　茜　著
Duomotai Wenhua Fanyi Lilun yu Chuanbo Yanjiu
Duomotai Wenhua Fanyi Lilun

出版发行	中国人民大学出版社		
社　　址	北京中关村大街 31 号	**邮政编码**	100080
电　　话	010－62511242（总编室）		010－62511770（质管部）
	010－82501766（邮购部）		010－62514148（门市部）
	010－62515195（发行公司）		010－62515275（盗版举报）
网　　址	http://www.crup.com.cn		
经　　销	新华书店		
印　　刷	天津中印联印务有限公司		
规　　格	170 mm×228 mm　16 开本	**版　　次**	2020 年 9 月第 1 版
印　　张	99	**印　　次**	2020 年 9 月第 1 次印刷
字　　数	1 377 000	**定　　价**	488.00 元（全 8 卷）

前言

文化翻译与传播架起了不同国家和不同民族之间文化交流互鉴之桥。世界上的不同国家和不同民族在漫长的历史发展中创造出了各自灿烂的文化，民族的特性和国家的差异造就了各自文化间的差异性，唯有不同文化相互交流和相互借鉴才能推动国家与民族间的相互理解和相互促进。交流的前提是语言相通，语言通则路路通，翻译则是实现不同语言相通的手段，翻译质量的高低决定着语言相通的高度，提升翻译质量就是提升语言相通的能力。语言是文化的载体，任何民族和国家的文化都必须通过语言的交流才能得以传播和传递，因此，文化翻译是文化在语言间的转换，文化传播是文化在语言间的传递，文化翻译是文化传播的前提，文化传播是文化翻译的结果，文化翻译与传播实现了不同民族和不同国家人民之间的文化交流互鉴，促进了不同语言之间民族文化和不同国家文化的发展，为当前中国倡导的“一带一路”和中国文化“走出去”提供了支撑，为人类命运共同体理念的落实提供了基础和保障。

新的信息技术的发展使得文化传播形式发生了颠覆性变化，原来以文字表述为主体的文化传播形式已经转变为文字与图片相结合的传播形式，而这种图文结合的传播形式现在正被视频传播形式替代，视频和音频相结合的文化传播形式逐步成为文化传播的主要方式。这种融合视觉、听觉和

感觉等多个信息通道的文化传播方式称为多模态文化传播，不同民族和不同国家的文化翻译与传播自然变成多模态文化翻译与传播，这种翻译与传播形式对传统的翻译实践和翻译研究提出了全新的挑战，文化传播的过程和传播的效果自然受到多模态文化翻译与传播理论发展的制约。所以，多模态文化翻译与传播理论建构研究成为当下紧要的研究课题，其理论指导能力决定着文化翻译与传播的效果，更决定着不同国家与不同民族文化交流的能力和水平。本研究针对中华文化翻译与对外传播的现状和主题内容建构文化翻译理论和文化传播理论，通过撰写四本专著《多模态戏曲翻译理论》、《多模态影视翻译理论》、《多模态文化翻译理论》和《多模态认知与文化传播》对相关理论进行建构，以期实现对中华优秀文化外译与传播发挥理论指导作用，并在理论建构过程中逐步实现中华优秀文化外译话语体系建设。

北京正在建设“四个中心”，其中全国文化中心和国际交往中心需要把北京的优秀文化国际化，此过程必然涉及北京优秀文化的外译与传播。北京优秀文化主要包含北京民俗文化、北京建筑文化、北京历史文化和北京戏剧文化，因此，本研究通过撰写四本专著《北京民俗文化多模态翻译传播研究》、《北京建筑文化多模态翻译传播研究》、《北京历史文化多模态翻译传播研究》和《北京戏剧文化多模态翻译传播研究》以及其英译本把北京优秀文化传播到国外去。国外受众如果学过一些汉语且对中国传统文化感兴趣，通过阅读这套丛书就会对北京优秀文化有更加全面的认知。这四本北京优秀文化图书是在本研究前四本专著所建构的多模态翻译理论与传播理论指导下进行的内容筛选和结构设计，整套八本专著形成一个完整

的系列，国外对中华优秀文化感兴趣的受众和国内对对外文化传播感兴趣的受众都可以从中受益。本研究旨在在多模态信息技术条件下以传播中华优秀传统文化为目标，解决以往单模态呈现中华优秀文化的瓶颈，顺应新技术和读者新期待的要求，建构多模态文化传播理论，以多模态形式传播中华优秀文化，从而使中华优秀文化更好地传播出去，充分调动国外受众的听觉、视觉和感觉等多个信息通道，帮助他们实现对中华优秀文化的真实体验和具身体验，以达到更好的传播效果。这套丛书的出版将为未来中国优秀文化对外传播提供理论支持和案例参考。

“多模态文化翻译理论与传播研究”系列丛书从论证到立项，从研究团队建设到文献收集，从专著体例设计到撰写成文，从初稿到校稿经历了一个漫长的过程，课题组成员每周定期的讨论都为项目进展提供了强大的智力支持。感谢我的学生李玖博士、蒋新莉博士、张星博士、李静博士、黄婕博士、任岳涛博士、张茜博士和陈昱博士以及硕士生张静茗、张玉玲、秦雯鑫鑫、车祎萌、黄嘉嘉、王天笑、寿盼和郑淑媛同学，学生们都是从项目的论证开始参与其中，对整个项目的推进付出了大量的时间和心血，他们承担了项目前期的资料收集和大部分的专著写作任务，他们能够分工协作、相互帮助、群策群力，展现出了良好的团队精神，令我欣慰不已。特别要感谢北京理工大学张丽华副教授、西华大学李红梅副教授和中国人民大学王筱依博士。张丽华老师和李红梅老师积极参与北京历史文化卷的写作并提出宝贵的改进意见，对我启发很大。王筱依博士和北京交通大学的连亦紫同学承担了北京建筑文化卷的资料收集和大部分写作任务，她们总是在需要的时候能够提出真知灼见，对整个项目方向的把握给予很

好的帮助。山西师范大学史俊老师和王磊老师参与了项目的部分研究工作，对两位老师也表示感谢。

本研究得到“北京市与中央高校共建双一流大学基金”资助，是“北京多模态文化国际传播及人工智能译述系统开发”项目一部分；中国人民大学出版社的编辑在丛书写作和出版过程中给予大力支持，在此一并表示感谢！

王建华

于人民大学明德楼

2020 年 8 月

目　录

第一章

概　述

第一节 背　景

自人类文化诞生伊始，传播便在进行。传播促进文化交流，推动文化发展，而不同文化系统之间的传播必须经由翻译才能实现。在人类文化交流与传播的过程中，翻译发挥着巨大作用，是文化传播的桥梁和纽带。可以说，一部翻译史，就是一部生动的人类社会交流与发展史。从欧洲的文艺复兴，到印度佛教的东传，再到中国明末清初的西学东渐，无不证明“翻译之为用大矣哉”（季羡林，2007）。翻译与社会进步、文化交融以及世界文明发展密切相连，推动世界各民族文化交流、共存、繁荣。本质而言，翻译不仅是一项跨语言的交际活动，也是源语文化向译语文化传播的活动，具有文化传播之属性。

当下，随着全球化趋势深入发展，世界正日益成为一个普遍联系、相互依存的有机整体，不同国家、不同民族之间的文化交流、交融、交锋愈加密切，文化在综合国力竞争中的地位更加凸显，促进中华文化域外翻译传播，推动中华文化“走出去”是增强国家文化软实力、建构大国文化形象的必然要求。在这一过程中，文化翻译传播之意义不言而喻，承担着中华文化“走出去”的时代使命。与此同时，翻译研究领域也发生了重要变化，即对翻译文化传播功能的关注和翻译传播学的兴起（Bassnet & Lefevere，2001；Wilss，2001；Nida，2004；姚亮生，2004；罗选民，2008；汪庆华，2015；谢柯 廖雪汝，2016；许多 许钧，2019 等）。在此背景下，翻译研究呼唤更多的知识成果和理论建树，呼唤能够真正指导中国文化对外传播的文化翻译理论。同时，伴随网络技术的飞速发展和多媒体技术的广泛运用，文字、图像、声音、视频等多模态同时出现的话语形态日趋普遍，从多模态视角探索翻译研究既是大势之所趋，又是时代之使命。

鉴于此，本研究从翻译与文化传播、多模态文本之间的互动关系出发，探究翻译的文化传播属性与功能，以翻译学、符号学、传播学、文化研究等学科原理为参照，从理论内涵、理论溯源、发展逻辑等方面进行深入分析，尝试建构具有中国特色的多模态文化翻译理论，以期引发更多学者对于多模态文化翻译研究的思考，促进翻译跨学科研究实践和研究理论的发展，为引进和吸收异域文化，传播和发展中华优秀文化，推动世界文化交流与进步提供可资借鉴的理论依据与参考。

本书共分为五章。具体研究内容安排如下：

第一章为多模态文化翻译理论概述。这一部分首先介绍了多模态文化翻译的基本理论内涵，对翻译、多模态以及多模态文化翻译等概念进行再认识；进而结合当前社会发展与翻译研究生态，交代了理论提出的环境、背景和过程，论述新时代建构多模态文化翻译理论的必然性与必要性。

第二章为多模态文化翻译理论溯源。该部分通过对翻译与多模态、文化传播研究现状的梳理，回顾国内外翻译研究所走过的历程，着重梳理多模态文化翻译研究这一阶段的主要理论研究特点和研究范式嬗变。系统介绍翻译学、传播学、话语研究和文化人类学的重要理论、基本原理和功能，探讨翻译的文化传播属性以及文化传播视野下的翻译功能。这一部分为多模态文化翻译理论的建构提供了理论基础。

第三章是多模态文化翻译理论建构。多模态文化翻译理论建构是本研究的重点部分。基于翻译的文化传播特质与功用以及上一章节的理论回顾，本书从基本原则、理论要素、生成逻辑以及理论模式四个维度探析并论证多模态文化翻译理论建设的理论内涵与发展逻辑，构筑“翻译—传播—文化实践”综合理论分析框架，奠定多模态文化翻译理论长期发展的科学基础。

第四章是多模态文化翻译理论的具体应用。该部分主要包括微观研究、中观研究和宏观研究。微观层面则聚焦多模态文化翻译与传播系统内部的文本要素，关注翻译文本所承载的文化内涵和文化意义；中观研究即“翻译实践”研究，主要是对多模态文化翻译与传播的生产、分配（传播）

和接受过程进行研究；宏观层面主要是结合社会历史背景，考察多模态文化翻译活动的“文化实践”，重点分析多模态文化翻译实践过程中的文化生产活动、文化生产方式，以及在社会文化背景中体现的文化身份、文化关系、文化价值、文化意识等，以及各相关主体之间的互动与张力。

第五章为多模态文化翻译理论的研究方法。该部分主要基于量化取向和质化取向两个维度，总结当前翻译学、传播学、话语研究以及文化研究中的主流研究方法，同时从跨学科的视角出发，探索各学科研究方法在多模态文化翻译研究中的转化与应用。

第六章是多模态文化翻译理论的价值及发展。本部分对目前国内外多模态文化翻译与传播研究的现状和问题进行了总结与反思，在此基础上阐释了多模态文化翻译理论的时代价值和未来发展；展望全球一体化与文化多元化语境下我国多模态翻译与文化传播的发展趋势，结合当前科学研究领域日益走向跨学科融合发展的背景。我们有理由相信，多模态文化翻译理论必将对多模态翻译与文化传播实践发挥更大的指导作用，支撑引领我国翻译学研究实现新的跨越。

第二节 基本概念

1. 引言

随着我国经济快速发展和综合国力不断增强，中华文化在国际社会受到越来越广泛的关注，传播力和影响力日益彰显。在这样的背景下，建构多模态文化翻译理论以推动中华文化走向世界，提升中华文化国际影响力，可谓适逢其时。毋庸置疑，学术理论的形成和发展，离不开对基本概念的思考。而如何定义基本概念，决定着对多模态文化翻译研究的逻辑支点和理论走向。因此，在建构之初，为避免核心概念的混淆不清导致可能的认知误解，给理论的实际应用与未来发展带来不必要的困扰，我们必须做好多模态文化翻译理论建构的基础性工作，对本研究的核心概念予以梳理和澄清。

具体而言，多模态文化翻译这一理论，主要包含了以下几个关键概念——“文化”“多模态”“多模态翻译”与“多模态文化翻译”。本章节试图就多模态文化翻译理论所涉及的核心概念的定义展开理论思考，追溯其意义来源，并与学界已有的相关定义进行比较，试图整理和阐明本研究中主要概念的内涵意蕴，以奠定本书后续研究工作的坚实基础。

2. 相关概念界定

2.1 文化

2.1.1 文化的定义

文化一词，我国古代已有之。“文”与“化”的并联使用最早出于《周易·贲卦·象传》，其文曰“刚柔交错，天文也；文明以止，人文也。观乎天文，以察时变，观乎人文，以化成天下”。这段话中，文化乃是“人文化成”的缩写，指运用礼仪人伦、道德规范等去教化人民，使之文明开化。《说苑·指武》中也写道：“圣人之治天下也，先文德而后武力。凡武之兴，为不服也。文化不改，然后加诛。”简言之，中国古代的文化与武力、野蛮对举，是以文教化的意思。与古代中国不同，在西方，文化（culture）来自拉丁词根“cultura”和“colere”，原义都含有耕作、栽培、动植物的培育等意思。15 世纪后，“culture”在西方语言中逐渐引申为对个人的思想、品德等方面的培养，同时也泛指个人素养、整个社会知识、思想方面的成就、艺术和学术作品的汇集，表现出由物质生产活动向精神生产活动转变之特征（王国炎 汤忠钢，2003）。近代，我国借用日本的译法，将英文“culture”翻译为“文化”，赋予了文化新的含义，即指人类社会的精神现象，或指人类所创造的全部物质产品和非物质产品的总和（关世杰，1995）。

关于文化的定义，毋庸置疑，由于文化是一个宽泛、多维的复杂性概念，不同领域、不同学者对文化的理解与定义不尽相同。美国人类学家阿尔弗雷德·克洛依伯（A. L. Kroeber）和克莱德·克拉克洪（C. Kluckhohn）在《文化：概念和定义批判分析》一书中，曾搜集过一百六十余种文化的定义，包括描述性定义、历史性定义、心理性定义、结构性定义等。克拉克洪（1986）认为，文化是历史上人类所创造的生存方式系统，并且，文化具有为整个群体共享的倾向，或者说是在一定时期为群体的特定部分所共享。“人类学之父”爱德华·泰勒（E. B. Tylor，1992）把文化界定为“一个复合整体，包括全部的知识、信仰、艺术、道德、法律、习俗以及任何作为社会成员的人所习得的其他一切能力和习惯”。这一定义既包含了精神层面的内容，又包含了社会成员的个体所获得的行为习惯，被认为是最具代表性、涵盖最广的定义之一，其影响广泛而深远。美国社会学家福尔森（G. J. Folsom）认为，“文化是一切人工产物的总和，包括一切由人类发明并由人类传递后代的器物的全部以及生活的习惯”（陈华文，2001）。加拿大学者谢弗（D. P. Schafer）把文化定义“为人类观察和感知世界，把自己组织起来，处理自身事务，提高和丰富生活，以及把自己安置在世界上的生活方式”（闵家胤，1995）。

在中国学者中，也不乏学者对文化进行界定。如胡适（1991）认为，“文化是一种文明所形成的生活方式”。我国学者梁漱溟把文化定义为民族生活的各个方面，具体包括精神生活、社会生活和物质生活。他说：“文化，并非别者，就是人类生活的样法。……生活上抽象的样法是文化”（罗荣渠，1990）。这一定义揭示了文化中最具实质性的内容，即文化的人为性质和文化的群体性。正如衣俊卿（2001）所言，“文化是人的类本质活动的对象化……其次，文化具有群体性，是历史积淀下来的被群体所共同遵循或认可的共同的行为模式。”此外，学者杨邦宪（1987）认为，文化是指人类创造社会历史的发展水平、程度和质量的状态。该定义说明了文化的社会性，从一定的社会发展阶段和水平对文化自身进行描述。

综上可知，中外学者对文化赋予的定义迥异其趣。面对诸多关于文化的定义，我们可以将其大致归为以下两类：一是个体行为取向的文化；二是社会性意义上的文化。第一类定义尤其强调“人”这一主体对于文化的重要意义，认为文化本质是对人类一切行为的技术方式、社会方式和价值取向的解释、规范和综合，是人与自身、人与自然以及人与社会关系的体现（孙英春，2008）。第二类定义将文化看成是一个社会历史性范畴，认为文化往往用来表示一定历史时期、社会形态和民族物质资料与精神资料的发展水平。

无论是从人的行为、活动角度予文化以主体性的阐明，还是从文化的社会属性出发对文化进行界定，都为我们理解文化提供了必要的视角，深化了我们对于文化这一复杂概念的认识与研究，具有当然的价值。然而，由于文化现象纷繁复杂，难以给出一个准确、清晰的标准定义。学者们对于文化的界定，更多的只是基于某一视角的一种尝试。基于上述众多学者的定义，从文化的主体性和社会性的关系出发，结合时代发展背景和本书研究内容，笔者试图对文化做出这样的定义：文化是人类在其所存在的社会实践中所凝结成的生活方式和发展方式，包括价值观体系、共同生活准则、传统、信仰以及文学、艺术等人类特有的精神、物质、情感等一切成果之总和。

2.1.2 文化的分类

依据不同的文化形态和范畴，可以将文化分为不同类型。德国人类学家拉策尔（F. Ratzel，1921）把文化分为如下九种类型：（1）语言；（2）宗教；（3）科学与艺术；（4）发明与发现；（5）农业与畜牧；（6）衣服与装饰；（7）习惯；（8）家庭与社会风俗；（9）国家。美国人类学家威斯勒（C. Wissler）在《人类与文化》中，也将文化模式分成九大类型：（1）语言：语言文字制度；（2）物质性特质：饮食习惯、栖息地、交通运输、服装、器皿用具、武器、职业与工业等；（3）艺术：雕刻、描写、图画、音乐等；（4）神话与科学知识；（5）宗教活动：礼仪的形式、病人的看待、死亡的处理；（6）家庭与社会制度：婚姻形式、亲属关系、遗产、社会管理、游戏与运动；（7）财产：不动产与动产、价值与交易的标准、贸易；（8）政府：政治的形式、司法及法律的手续；（9）战争（李强，2012）。文化人类学家弗朗茨·博厄斯（F. Boas）对文化进行了更为简明的划分，他认为文化具体包括以下四种类型：（1）物质文化：食物的获得、保存、加工、制作工艺的过程、物产、运输等；（2）社会关系：一般性的经济状态、财产权、部落、氏族、家族组织等；（3）艺术、宗教、伦理、绘画、雕塑、舞蹈、诗歌、对善恶的判断（庄锡昌 顾晓鸣等，1987）。

上述关于文化的分类，各自从不同视角、不同维度对纷繁复杂的文化现象进行了划分，有助于我们更好地理解与把握文化的多样性。从唯物史观的基本原理出发，人类的生产方式分为物质生产与精神生产两大部分，而文化作为人类生产活动和生活方式之一，也必然存在着相应的物质、精神层次划分。马克思依据唯物史观的基本原理，将文化划分为三种类型，第一类是物质文化，又称物态文化。这类文化蕴涵在人类物质生活中，以满足人类生存发展所必需的衣、食、住、行等目标，反映了人类对自然的认识、运用和改造程度以及社会生产力发展水平的文化，包括从事生产活动的器具及其劳动产品。第二类是制度文化。制度文化与社会关系生产紧密相连，指人类为处理社会实践中的人际关系、社会矛盾等而建构的各类准则、典章制度，如政治制度、经济制度、法律制度等。第三类是观念文化，或称精神文化，包括社会意识形态和社会心理。社会意识形态指人类在长期实践中形成的、经过理论加工和艺术升华的、以文本、著作等物化形态承载的种种社会意识，诸如哲学、政治、法律、文学、艺术、宗教等。社会心理是指大众的精神状态和思想样貌，包括情感、意志、愿望等。

从文化的层次结构来看，物质文化处于文化结构的最外围，再向内便是制度文化。而观念文化，尤其是其中的社会意识形态，是文化系统的核心，处于文化结构的深层。三类文化之间彼此联结、互相作用，形成了一个完整、多元、动态的文化系统。

2.2 多模态

2.2.1 多模态的定义

模态涉及信息感知的不同感官和不同的感知方式，这些不同的感官包括人的听觉、触觉、视觉和嗅觉，由这些不同的感官产生不同的信息感觉方式以及不同的模态；信息传播也有不同的信息传播媒介，常见的信息传播媒介包括语音、视频、文字等，每一种媒介都可以称为一种模态。根据朱永生（2017）对模态的定义："模态就是指信息交流传播过程中所使用的不同渠道和不同媒介，这些模态包括语言、技术、图像、颜色和音乐等多种符号系统"，或者也可以根据顾曰国（2007）的定义：模态是指"人类通过感官跟外部环境之间的互动方式"。相应地，多模态就是指信息交流过程中多种不同模态同时发挥作用、来自不同语言和非语言的符号系统所形成的媒介的结合使用。从本质上来讲，多模态指在某一种具体信息交流的语境中存在的一种以上的不同模态的并存现象，根据吉博思的定义："这些模态可以包括书面语言、口头语言、图画、形象、声音等"（Gibbons，2012）。通常来说，只有人的一个感官或者一个信息传递媒介参与互动的是单模态，我们日常生活中接触和使用的信息传播方式多是单模态方式，一般有两个或两个以上感官参与互动的就称为多模态。在多模态信息传播与交流中，各个模态既各自独立发挥其应有的信息传播作用，又互相影响从而产生共同的信息传播效应（Kress & Van leeuwen，2001），因此，同一内容的交际活动在多种不同模态作用下的呈现方式、呈现效果也会大有不同，探讨不同模态对交际活动的影响作用具有重要的理论价值和现实意义。

多模态在一些研究中表述为符号模态概念，多模态翻译以此可以定义为多模态符际翻译。要从多模态的角度来探讨翻译，必须界定符号模态及其相关术语。符号模态的概念是基于某些社会符号学学者们的研究而提出的，他们注意到在创造和解释符号及意义时事情本身属性的重要性。因此，符号模态的概念定义如下：我们使用媒介来指代现实生活中发生的事情，这些事情本身随着时间的推移被赋予文化属性或塑造成有组织的、规则的、社会特定的表征意义，即创造这些事情意义不同的表征或模态。我们采用这种模态定义来指导多模态翻译。但是，应该注意的是，不同模态的符号之间如何转换还没有找到令人满意的解决办法，因为根据社会的交际需求，模态是不断变化或更新的。因此，将书面语模态与口语模态区分开来有双重原因：第一，它们是由不同的物质基础构成的；第二，它们都有社会特定的表征意义，表征意义不同。所以，不同模态之间的本质区别主要由以上两个原因构成。

基于这一符号模态概念，语言符号学学者提出了“多模态语言符号学”的概念来解释多模态交际，即不同意义的符号总是会采用不同的表征模式。这个概念描述如下：无论是在口语还是在书面语中，语言总是作为任何语篇的表现形式所涉及的所有模态中的一种模态而存在。口语文本不仅是口头的，而且是视觉的，结合了非语言的信息传递方式，如面部表情、手势、姿势和其他形式，实现自我呈现。同样，书面文本涉及的不仅仅是语言，它写在某种材料或某种东西上，用某种东西写成，成为多模态的形式；表征语意的文字是在受审美、心理、语用等因素影响的系统中形成的；并在页面、计算机屏幕或抛光的黄铜牌匾等载体上进行呈现。因此，多模态涉及如何将这些不同的模态组合在一起以设计一个符号产品或事件。在多模态信息传递中，各种模态可以单独起作用，也可以同时起作用。这意味着，模态本身以及通过它们之间的相交或相互作用传达意义。意义传递的可能性是由不同模态的物质属性引起的，并且这些属性的差异带来了模态差异问题。

在此基础上，人们提出了关于模态和多模态的四个理论点。首先，不同模态具有不同的意义表征形式和模态属性，这对于受众来说并不总是可以通达其意义的或过度理解的。其次，所有模态都有特定的社会评估标准和社会需求，因此模态的意义表征取决于所处不同环境的人们的实践需求和不同的社会语境。另外，所有模态通过在交际语境中的彼此交互而产生意义。最后，所有模态都是根据社会符号过程的需要而被塑造、创造和转换的，所以它们不是静态的而是流动的。基于以上讨论，我们总结了电影文本中最常见的五种符号模态：口语模态、书面语模态、音乐模态、音效模态和动态图像模态。

2.2.2 多模态翻译

翻译作为不同文化、信息交流的一项重要交际活动，在语言交际、信息传递过程中不可避免会同时受到多种模态的共同影响。雅各布森曾就指出，翻译从语言和符号学的角度来看在同一语言内容为“语内翻译”，在不同语言之间为“语际翻译”，在不同的符号之间为“符际翻译”。广义的翻译指不同信息符号系统之间的信息转换和传递活动，它包括语言与语言之间的信息转换与传递、语言与符号之间的信息转换和传播以及符号与符号之间的信息在模态层面的转换活动。翻译活动中存在着大量的不同模态之间的信息转换，译者不仅需要关注翻译活动中的文字信息转换，还需要关注其他不同模态符号之间所呈现的不同意义转换。在翻译的过程中，译者不仅要关注语言模态，还要关注与语言同时存在的其他声音、图像、动作、表情等多种非语言模态，即多模态话语分析。进行多模态话语分析时，虽然语言仍是分析的主要内容，但需要把语言放在一个更大的多模态语境中进行，并考虑语言与多模态语境的关系（Jewitt，2009）。在多模态文本的翻译过程中，需要对文本中的多种模态信息进行翻译、传递，即除了需要对语言文字模态进行翻译，还应该关注图片、声音、颜色等其他非语言模态的翻译、转化，以实现完成整体意义的阐释和建构。如果将不同的模态信息看作是不同的符号系统的话，整个翻译过程可以认作为符际翻译过程，将各种媒介形态都纳入翻译研究范畴，强调多模态之间的互动。

（1）多模态翻译过程

目前，多模态翻译的研究大多集中在影视作品的字幕翻译上，少量研究也涉及漫画、儿童读物、画面、诗歌的翻译等。这些多模态视角的翻译研究都呈现出一个共同的特点：翻译的思路和内容依旧根据书面文字的翻译展开，仅有的一些多模态翻译研究也是以翻译教学、翻译压力缓解为主，这些翻译研究的成果对翻译过程的多模态研究几乎没有。然而，多模态翻译作为一种信息转换的交际方式，其过程中会涉及多种多样的模态，如多模态影视中发言人的声音、语气、动作、现场环境、图像等，这些多种模态分别作用于翻译过程的同时，又会彼此相互作用，对整体的翻译认知、理解、记忆和转换的过程产生综合性影响。到目前为止，字幕翻译重心放在将口语模态转换为书面语模态上，特别是视觉和听觉模态上。也就是说，多模态影视翻译尽管考虑了视觉和听觉模态，但译者将这些多模态影视因素作为处理字幕的语境对待，主要是因为这些多模态语境因素是预先存在的，不能被译者根据自己的多模态理解而改变。

虽然我们可以将视觉和听觉两种不同模态用于口语和书面语模态的语境进行考察，但是它们对电影文本所传递意义的贡献无法充分发挥出来。也就是说，将影视两种不同模态视为语境意味着它们与口语模态和书面语模态的交互是被认可的，但是已有的研究和影视制作者并没有解释它们是如何交互的，也没有显示它们的交互是如何在带字幕电影的文本中进行的，翻译时，对于多模态的交互过程翻译如何体现在翻译过程中是一个值得研究的问题。

在多模态信息呈现方式中，电影文本中包含的所有符号模态都被视为一个整体来向观众表达和表征意义。因此，尽管书面语模态是译者在字幕翻译中最常使用的形式，但这并不意味着译者不能将文本的意义通过其他符号模态表达出来。例如，译者可以将口语模态如对话的意义通过视觉模态如动态图像传递，也可以通过听觉模态如音乐或音效等传递；也就是说，译者没有必要将对话中的所有内容都通过字幕表达出去，他可以选择忽略那些在其他符号模态中所表征的意义，这就会造成多模态翻译过程中的困难，如何忠实翻译传递原作品中的多模态信息是多模态翻译过程中的一大挑战。因此，字幕翻译不是一对一的关系，而是多对多的关系。

总之，在多模态翻译过程中，源文本和目标文本之间的对等关系比单模态情况下的语际转换要更复杂。从事字幕翻译的译者在进行字幕翻译时被要求译出可放映的电影目标文本，即带字幕的电影，而不仅仅是字幕。此外，源文本的语言形式与目标文本的语言形式不同，在将源语篇模态的蕴含意义翻译到目标语文本的过程中，某些意义可能会在一些方面失去或保留或增添或改变模态，因此源文本和目标文本在意义、感觉、功能和表现上的整体性就会有所不同，这就需要译者充分考虑源语文本多模态信息的综合性特点，从而实现翻译转换为目标语文本时信息不丢失不失真，实现意义的等值翻译。而且，在翻译过程中，某一模态的实现不一定是在模态对等下实现的，某一源语模态的蕴含意义可能在目标文本中以不同模态或多种模态实现，其中可能包括对等模态形式。不同模态的信息对等翻译传递是多模态翻译过程中译者必须考虑的问题。

（2）多模态信息理解

理解是翻译过程中处理信息的第一步，也是后续包括信息记忆、加工、存储、转换和语言产出在内的一系列翻译过程存在的基础。如果译员无法充分理解多模态翻译信息，也就不能进行进一步的记忆、转换和表达，翻译的交际功能便无从实现。在传统的观念当中，翻译过程中的信息输入主要来源于影视材料中说话者的声音，即发言人所说的话。实际上，翻译信息输入的来源涵盖许多模态，如发言人的语气、肢体动作、配合声音信息同步出现的演示文稿、视频、画面等。多模态共同作用对翻译信息的理解过程来说既能够起到辅助作用，也具有一定干扰性。语气、动作、画面这些模态与声音模态配合出现，能够从不同的维度提供信息支撑，帮助译员更快、更清晰和更准确地理解源语信息。比如，在介绍某一事件时，发言人配合使用演示文稿，并在演示文稿中展示出基本的逻辑关系，这种多模态的信息输入就会在很大程度上减轻译员的理解负担。但与此同时，多种模态的同时出现也可能给理解过程带来附加的困难，翻译本身是一个进行多任务处理的过程，在单模态信息输入的情况下，信息理解的过程尚且需要译员同时分神处理理解、认知、加工、转换和产出等多种任务，多种模态信息同时出现就更要求译员要同时接受听觉、视觉等多种感官上的多种信息并将其信息进行匹配、理解，对译员多模态信息分布与整合理解技能的要求也就更高。比如，影视材料中发言人所使用的演示文稿中出现一张数据密集的图表，但其陈述的内容又并不完全符合图表展示的所有内容，这就需要译员进行正确高效的信息匹配，从图片信息中找到与所听内容相符的信息，这个过程则会加重译员的理解负担，甚至还会影响所听信息的输入。总的来说，一些内容较为简单、结构较为清晰、与听力信息输入匹配程度高的附加多模态信息可能会帮助译员的认知、匹配和理解过程，然而，内容困难、结构复杂、与影视内容匹配程度低的附加多模态信息反而会消耗译员的精力，给信息理解增加难度。

（3）多模态信息加工与转换

20 世纪 60 年代末，巴黎学派的塞里斯克维奇（Seleskovitch）和勒代雷（Lederer）提出了释意理论，主张翻译过程要“脱离源语语言外壳”，认为译员在翻译过程中不仅要处理语言意义，还需要考虑认知情景、翻译场所和世界百科知识等因素，翻译出文字背后的信息和意思而非原文字词的意思。这个“脱离源语语言外壳”的过程，就是译员对多模态信息进行加工和转换的过程：将源语语言背后蕴含的多模态信息进行理解、加工，再把多模态信息转换成另外一种语言表达出来。在多模态的背景之下，“脱离语言外壳”相对于单种声音模态的输入来说可能更加简单易行，因为图片、语气、动作、视频等其他模态原本就是存在于语言符号系统之外的内容，本身就已经脱离了语言外壳。多种模态共同作用于信息的加工与转换过程，能够在一定程度上辅助语言“脱壳”的过程。当然，多模态信息除了辅助语言信息的加工与转换之外，这些信息本身也需要加工和转换。一些非语言信息，如动作、手势、语气等，在不同国家、不同文化背景下也可能具有不同的含义，译员在翻译过程中也必须兼顾非语言信息的加工和转换，包括信息的增补、删减、转换等。比如，在翻译过程中出现发言人用一张图片展示了某种特定文化中的特定文化现象，而目的语文化中不存在这种现象，译员在翻译的过程中就要注意对这种模态的信息进行加工和处理，增补适当的解释，还原该信息本来的作用。

（4）多模态翻译中的信息记忆

记忆在影视多模态翻译中扮演着重要的角色，自 20 世纪 60 年代起，信息的记忆能力与影视翻译之间的关系一直都是研究的热点问题。1968 年理查德·艾提金森（R. Atkinson）和理查德·石福仁（R. Shiffrin）提出了三层储存模型，即记忆的信息处理模型。按照三层存储模型，记忆被存在三个层面上：第一个层面是感觉存储，可以在非常短的时间内记下相对较少的信息；第二个层面是短时记忆，可以储存相对长的时间，但信息量有限；第三个层面是长时记忆，可以将信息储存很长时间，而且储存的信息量也可以无限大。在影视翻译过程中这三个层面的记忆都会分别起到不同的作用，并且能够从不同维度上支持译员的信息处理、输出过程。在三种记忆存储中，短时记忆即工作记忆是影视翻译记忆研究中的主要研究对象，影视翻译中的短时记忆主要存在于听到信息、记下笔记到输出信息之间。

王建华在《口译认知研究》一书中指出，瞬时记忆又被称为感官记忆，是通过人的感官接受来获得可读信息并在几秒钟之内进行储存。感官存储是指将我们每天接触的感官事物储存起来，例如语调、气味、颜色等，并将其以未经加工分析的形式保存下来。从这层意义上讲，可将感官存储视为对新信息最初的短暂性的存储，也可称为感官登记，目的是将一定长度的多模态信息输入转化为短时记忆，以供进一步处理。感官系统中最重要的便是多模态信息选择性过滤，可以判断该接受哪些模态的信息，而哪些模态的信息该放弃。换言之，在感官上简单储存的各种信息中心，仅有能够引起人们注意的才能被区分出来并通过上述渠道供人在进一步短时记忆中处理。

短时记忆作为影视翻译过程中最主要的部分，也是对译员最有用的记忆形式。而如何将声音、图像、动作等感官信息输入形成的瞬时感官记忆转换为对影视翻译过程有重要作用的短时记忆也是译员训练时的一项重点内容。在单模态的背景之下，译员只需处理听觉产生的感官记忆，处理过程较为简单，无须考虑其他模态的信息记忆与转换，当然，这也就意味着信息更加单一。在多种模态共同作用的基础上，首先从信息输入的角度来讲，感官系统感知到的信息更加多样、更加全面，这也就意味着可供转换为短时工作记忆的信息素材更加全面，另外，由于视觉感官在头脑中形成信息反射的时间比听觉感官形成反射的时间更短、图像记忆也比抽象记忆给人带来的形象更加深刻，所以多模态信息输入在很大程度上能够辅助信息的记忆；从记忆能力上来讲，多模态的信息输入有助于影视译员在头脑中对信息的综合加工处理，也就能够帮助影视译员进一步理解内容并进一步加深记忆，扩大短时记忆的容量。但是，从另一个方面来看，多模态信息带来的多种感官系统的输入必定会加重影视译员信息过滤过程的负荷，在判断“哪些模态的信息应该接受、哪些模态的信息应该放弃”时需要耗费更多的精力。比如，影视翻译过程中同时出现了声音文字和语调动作两种不同模态的信息输入，影视译员通过常识判断这两种信息又是互相矛盾的，那么，选择接受并储存哪种信息并放弃另外一种必定会耗费一定的精力，这一过程也必定会影响记忆的能力。所以，多模态影视信息对于影视记忆过程的影响也同样是双面的。

2.3 多模态文化翻译

“多模态文化翻译”主要包含“文化”“翻译”“多模态”这三个概念，在上文中，我们已经对“文化”“多模态”以及“多模态翻译”的概念分别进行了探讨，在此基础上，多模态文化翻译的内涵也就跃然纸上了。不过在这之前，我们有必要更为细致地阐述何为“翻译”，这也是翻译研究所必须回答的基础性问题之一。在过去的半个多世纪里，翻译研究的学者们基于不同的研究视角和研究内容，对翻译的概念给出了各自的阐释。时至今日，关于翻译的定义已然俯拾皆是，众说纷纭。从现有文献中对于翻译内涵的概括，我们可以看到，对于翻译概念的界定历经了一个演变的过程。

在结构主义语言学范式研究阶段，翻译被普遍认为是将一种语言转换成另一种语言的行为。并且，在这一阶段，忠实地、完整地传达原文本作者的原意被看作是翻译的首要任务和译者的最高理想。《辞海》对翻译的解释是，“把一种语言文字的意义用另一种语言文字表达出来（也指方言与民族共同语，方言与方言，古代语与现代语之间一种用另一种表达）”。类似地，在《牛津高阶英语词典》中，关于翻译的定义是："express（sth. spoken or esp written）in another language or in simpler words to turn into one's another language"。苏联语言学派代表人费道罗夫（A. V. Fedorov）在《翻译理论概要》一书中提出了"翻译等值理论"，认为翻译就是用一种语言把另外一种语言在内容和形式不可分隔的统一中所业已表达出来的东西准确而完整地表达出来（引自蔡毅，1995）。著名语言学家罗曼·雅各布森（R. Jakobson，1959）在《论翻译的语言学问题》中也提到"翻译等值"。雅各布森从符号学立场出发，把翻译定义成"对两种不同语言符号中的两个等值信息重新编码的过程"，认为传递相同的信息是实现翻译等值的基础。英国翻译理论家约翰·卡特福德（J. C. Catford，1965）指出，对等问题是翻译研究和实践的中心问题，认为翻译就是"将一种语言（源语）的文本材料替换成另一种语言（目标语）中对等的文本材料"。上述对于翻译的界定大都强调忠实于原文，要求译者尽可能准确而完整地传达作者的意图，力求译文在语言形式、内容层面上接近原文，从而使得翻译研究长期以语言分析和文本对照为主要任务，停留在两种语言系统之间的结构对比上。

随着翻译理论研究不断发展以及各学科之间的相互融合，越来越多的翻译理论家开始从信息论、传播学的视角研究翻译活动，认为翻译是不同语言之间信息传递、交流的一种方式。美国语言学家、翻译家尤金·奈达（E. A. Nida）提出了翻译交际理论，其核心思想是"功能对等"（functional equivalence），认为翻译要追求的是译文和原文在语言功能层面的对等，而不仅仅是在语言形式上的对应。因此，奈达（1969）把翻译定义为"复制原语的信息的最近似的自然等值"。在翻译过程中，译者要注重翻译的语言功能、语言结构和意义、文化要素以及译文读者的地位，以最为贴近的自然的方式在接受语言中重现源语信息。20 世纪 70 年代，德国功能翻译理论的重要创始人凯瑟琳娜·赖斯（K. Reiss），在《翻译批评的可能性与限制》一书中，将传播理论和功能范畴引入翻译批评研究，认为翻译可以被界定为"两种语言之间的传播过程，其目的通常在于得到一个与源语文本功能对等的目标语文本”（谢天振，2008）。在赖斯看来，传播功能是翻译的首要功能，翻译过程就是第二等级的传播（secondary communication）过程。功能学派的另一位主要代表人物、翻译研究者汉斯·弗米尔（H. Vermeer）认为，翻译并不只是，甚至并不主要是语言转换过程，任何一种形式的翻译行为，包括翻译本身，都可以被看作是传播行为。并且，传播的内容都含有不同文化背景的人的各自的文化沉淀。因此，弗米尔（1987）把翻译定义为一种基于源语文本之上的、人际间的、有目的的文化互动和传播行为。

总体上讲，功能学派翻译理论以传播学理论为支撑，跳出了语言学纠缠于词句等微观层面研究的窠臼，把翻译置于文化交际和传播的范畴进行研究，开始考虑翻译过程中的文化因素，关注翻译的交际目的和传播功能。这样，翻译这一概念的内涵就得到了拓展，翻译研究的领域也更为广阔，极大地推动了翻译学理论研究和翻译实践的发展。本研究拟借鉴翻译功能学派的理论视野，对翻译的内涵进行如下界定：翻译是一种不同语言系统、不同文化背景之间的信息传播或交流活动。或者，我们可以肯定地说，翻译并非一般意义上的语言转换，而是一种特殊的文化传播方式，离不开它所在的文化土壤。因此，在翻译实践过程中，译者需要从关注源语的文本意义转向关注目标语的文化差异和传播语境的变化。

那么，什么是多模态文化翻译呢？上文提到，传统的翻译研究将翻译看成是由语言或文字构成的单一模态的交际过程，认为翻译是一种语言或文字转换为另一种语言或文字的活动。而事实上，随着互联网的更新迭代和媒体技术的日新月异，人与人之间的交际越来越呈现出多模态的话语特征，翻译所面对的交际文本的类型也日益复杂多样，涉及漫画、绘本、绘画、摄影、平面广告、电视、电影、戏剧、网络游戏等诸多类型。由此可知，翻译文本是多种符号资源构成的以物理形态存在的多模态整体。正是在这样的语境下，Munday（2010）指出，“翻译研究的兴趣已经拓展到诸多的符际翻译形式”，由此，翻译界的学者们也逐渐从过去以单模态为主的翻译研究更多的转向多模态翻译研究。另一方面，“文化传播又称文化扩散，是指人类文化由文化源地向外辐射扩散，或从一个社会群体到另一个社会群体的散布过程”（刘尊棋等，1985）。简言之，即不同社会群体之间文化要素的流动、交往、共享和融合的过程。而翻译，作为不同国家、不同地域、不同语言的人们沟通和交流的产物，对于人类社会文化的传递无疑具有不可替代的历史作用与现实意义，是传播和传承文化的一种特殊方式。甚至从本质而言，翻译本身便是一种文化，是发生在不同语际交流过程中的文化交际行为。

简言之，从翻译文本呈现方式，尤其是现代社会的文本呈现来看，无论是口语还是书面语，语言的使用往往是由多种模态所构成的交际整体，因而从某种意义上而言，所有的文本都是多模态文本（Van Leeuwen 1998：186），那么，翻译自然也就是多模态翻译的过程了。从翻译的本质来看，翻译是文化交流的重要载体，亦构成了文化本身，在多模态翻译实践中，我们必须关注的是各种模态文本所建构的文化意义以及如何恰当地传递出这种文化意义。因此，所谓多模态文化翻译，即多种符号资源或多种模态文本信息在不同社会语境中的文化转换。也就是说，多模态文化翻译是指通过调动不同的符号资源，或者结合多种模态的文本来共同构建文化意义的实践方式。

3. 小结

在人类文明的进程中，翻译无疑承担着重要而独特的角色，是沟通不同民族和国家文化的桥梁，与世界文化的积累、文明的发展和社会的进步紧密相连、休戚与共。人类发展的历史可以说就是不同文化通过翻译不断整合的历史（庄晓东，2003）。本质而言，翻译本身既是文化，也是一种传播活动，是发生在语际交流过程中的文化传播行为。在全球一体化语境下，国际竞争日益激烈、国际交往日趋频繁、文化交流与传播日渐深入，翻译作为文化传播的重要构成和载体，是促进不同文化之间互相交流、融合、充实的途径，如何在多元化、全球化的世界中传播优秀中华文化，传递中国声音，无疑是时代赋予翻译研究和翻译实践的重大课题。与此同时，随着科学技术的飞速发展，计算机和多媒体技术在人类社会交往中得到广泛运用，文字、图像、语音、视频等多种模态共存的文本形态日益普遍，多模态的翻译研究也蓬勃发展。

从文化和多模态的视角进行翻译理论研究，一方面能够摆脱狭隘的语言结构束缚，将翻译活动置于全球化的文化背景之下，推动不同文化的深层交流，促进世界文化整合与文化生成。另一方面，社会符号学、话语研究和文化研究宏阔的理论体系以及丰富的研究方法体系是翻译研究的强大推动力，可以为多模态文化翻译理论建设提供充足的理论支持和有益的学科养分，促使理论建构过程中各个环节与要素的研究更加科学化、系统化。

第二章

理论溯源

第一节　翻译学理论

1. 引言

翻译学理论的发展，以翻译实践的不断积累为前提，各派别多层次、多维丰富的翻译理论都是基于对先前翻译实践活动经验的总结，更是对之后翻译实践的指导。在我们开始关于跨文化翻译相关课题的研究之始，有必要对古今中外翻译史上林林总总的翻译理论学说及其发展过程进行回顾，这不仅可以帮助我们梳理了解中外翻译理论走向的历史脉络，而且对本课题的研究背景介绍及本书写作的原因目的阐释也是十分有益和必要的。

出于种种目的的交流之需，翻译为不同民族、不同语言社群之间的多元文化融汇发挥了不可比拟的桥梁作用。早在远古时代，我国就有了传译之事。《礼记·王制》篇里载有："中国，夷，蛮，戎，狄……五方之民，言语不通，嗜欲不同，达其志，通其欲：东方曰寄，南方曰象，西方曰狄鞮（音地），北方曰译。"寄、象、狄鞮、译都是指通译语言的人。所以通达志欲只限于言语的沟通，也即所谓口译。可以说，中国的翻译活动，是从中原人与周边各少数民族人民打交道开始的；然而我国用文字记载的翻译却是始于佛经翻译，迄今也已有两千多年的光辉灿烂的历史。而人类最早的译作是在公元前三至二世纪之间，由七十二名犹太学者在埃及亚历山大城翻译的《圣经·旧约》，也称作《七十子希腊文本》。由此可见，翻译活动至今已有几千年的历史。而在这悠悠的历史长河中，翻译作为一门独立的学科并赋予相应理论的历史却不过几十年。1972 年，詹姆斯·霍尔姆斯（J. Holmes）发表论文"翻译学的名与实"（The Name and Nature of

Translation Studies），并在文章中就翻译学作为一门独立学科的名称、性质、研究领域等诸多发展性问题提出了创建性的意见，因而被公认为翻译研究学派的奠基之作。自翻译学科建立以来，各个学派的翻译理论百家争鸣，包括文艺学派、语言学派、文化学派、功能学派等。各个学派各执一词，都有各自研究的侧重点。到了 20 世纪 70 年代，联邦德国翻译理论家沃尔夫拉姆·威尔斯（W. Wilss）在其《翻译学：问题和方法》（*The Science of Translation*：*Problems and Methonds*）一书中谈到了如何用传播学理论对翻译进行研究，并详细阐释了该过程，为后人展开翻译传播学的研究做出了巨大的贡献。利用传播学理论研究翻译学方法的提出为翻译理论的研究开辟了一个全新的视角，不再独立地研究翻译某一方面，而是系统地、全面地把翻译行为看作一个动态的、开放的信息传递过程，使得翻译理论的研究有了新的发展。

由此可知，翻译本身就是一种传播活动。随着翻译的跨学科研究成为热点，在传播学视阈下展开的翻译研究也日益受到人们的重视。到了今天，全球化日益深入，伴随着文化在综合国力竞争中的地位更加凸显。为了促进推动中华文化“走出去”，增强国家文化软实力，建构大国形象，多模态文化翻译理论应运而生。“多模态文化翻译”正如其命名，存在“多模态”“文化”和“翻译”三个关键词。本节通过回顾国内外翻译研究历史，系统介绍了翻译学的重要理论、基本原理和功能，旨在为多模态文化翻译奠定理论基础。

2. 语言学派

二十世纪五六十年代，语言学派的兴起为现代翻译理论的发展注入了新鲜活力，它以结构主义语言学和转换生成语法对语言结构所涉及的严密分析为基础，研究原语和译语在词法与句法上的一系列对应和转换原则，追求原文和译文的等值。代表人物有英国的卡特福德、早年的奈达和联邦德国的威尔斯。至此，西方现代翻译理论有了雏形及发展趋势，翻译的语言学派也应运而生，受普通语言学、对比语言学、话语语言学和心理语言学等语言学分支学科的影响，他们关注的核心问题乃是原语转换成译语过程中的变化规律。在翻译语言学派的系列建树中，翻译“对等观”是一个有极为重要地位的理论命题。虽然“对等论”在后来的发展过程中远远超出语言学的范畴，但从它的起源来看，仍属于语言学派的翻译理论。

1959年，雅各布森（R. Jakobson）发表了*On Linguistic Aspects of Translation*一文，该文从语言学研究的角度，对语言和翻译的关系、翻译的重要性及其普遍存在的问题，做了精辟的论述，被视作翻译研究的经典之作。雅各布森对翻译理论问题的论述最主要的就是把翻译分三类：语内翻译（intralingual translation）、语际翻译（interlingual translation）和符际翻译（intersemiotic translation or transmutation）。语内翻译是借助“改变说法”（rewording）这一方式，在同一语言中用一些语言符号解释另一些语言符号。语际翻译是狭义上的翻译，即用一种语言的符号去解释另一种语言的符号。而所谓符际翻译（亦称跨类翻译：transmutation），就是通过非语言的符号系统解释语言符号，或用语言符号解释非语言符号。而多模态文化翻译所涉及的主要是语际翻译。雅各布森认为在语际翻译中，通常来说，符号与符号之间完全对等的关系并不存在，毕竟符号只是信息的传递载体，而且人们通常不是用一种语言的信息来替代另一种语言中的单个的符号，而是用信息替代信息。译者把接收到的语言信息译成信号，然后又发出去。因此可以说，翻译所涉及的是两种不同语符中的对等信息。

众所周知，奈达（E. A. Nida）是翻译的语言学派奠基人之一，其理论著作贡献之于西方当代翻译研究举足轻重。譬如，“翻译的科学”这一概念的提出，为翻译实践及研究提供了极具价值的角度和思路。在语言学研究的基础上，奈达把信息论应用于翻译研究，将翻译视作是文化交际的一种方式，进而创立了翻译研究的交际学派。他分别从社会语言学和语言交际功能的观点出发提出了“动态对等”及“功能对等”的翻译原则。他认为，世界上没有完全对等这一回事，译者只有追求最接近的对等。他将对等分为两类：一类是形式对等（formal equivalence），另一类是动态对等（dynamic equivalence）。形式对等可以从字面意思理解，所追求的是语言层面、概念等的一一对等，要求译语的信息成分应尽量准确贴近原语中的对应层面。而动态对等则不在于以译语信息切合源于信息，它着重的是动态关系，即译文接受者和信息之间的关系，应与原文接受者和信息之间的关系基本相同。它要求译文流畅自然，它不要求接受者首先明白原语的文化背景，然后才能看懂。动态对等的翻译原则着重点不在于原文信息，而在于读者的反应。不过，必须知道动态对等不但是与原文类似的另一个信息，而是一篇译文，因此必须清楚表达原文的意义和意图。动态对等的一个定义是“与原语信息最贴近而又自然的对等”。这个定义包括三个字眼：（1）对等，是就原语信息而言；（2）自然，是就译语而言；（3）最贴近，则是将以上两项结合在一起，要求最大程度的相似。“自然”的译文，必须切合译语和文化的整体，符合信息的语境，满足译语读者的需要。形式对等的翻译，基本上面向原文，尽量反映原文的形式和内容。要做到这一点，翻译要重现几个形式元素：语法单位、用语的前后一致、原文中的语境意义等。奈达的翻译思想和翻译理论以“功能对等”为标志，产生了深远的影响。为翻译研究注入了大量新的思想和活力，引进了新的概念和方法。正如斯蒂安·巴柳（C. Baliu）在为奈达《语际交际的社会语言学》一书写的序言中所说的：“奈达的著作，开创了翻译理论的新时代”（谭载喜，1991）。

著名翻译家、翻译理论家、语言学家纽马克认为翻译兼具科学及艺术两种特性。首先，其科学性是缘于语言的标准化、译法及传递信息的固定性，两种语言彼此互译时，科学的互译机制保证了传递信息的完整性。其次，语言是具备美感的，所以不同的表达方式就产生了翻译的不同选择及译法，为艺术表达及再现预留了充足的空间。他把翻译研究和英语语言研究相结合，提出了一套自己的文本功能及其分类。从文本的角度，他将文本分为以下三种类型：（1）Expressive type（表达型），比如权威性的法规条令及理论政策，严密的议论文体或自传散文等文学体裁。在翻译这种类型文本时，要遵循“作者第一”的原则。以原作者为核心，既要忠实原作者表达的思想内容，又要忠实原作者的语言风格。在这类文本的翻译中，译者不仅不容许对原文进行修饰和修正，而且必须尽可能以词、短语和分句作为基本翻译单位；（2）Informative type（信息型），比如学术文章、教科书等。这类语篇中有很大部分文字缺点，有时所说的内容也不准确，往往是由译员来订正事实、调整文体；（3）Vocative type（呼唤型），比如承担宣传功能，有一定渲染色彩的广告等。呼唤型文本的翻译是为了给读者看了译文后有一个效果，所以要注意翻译的文字必须写得让读者一看就懂，要从语言和文化两个层面分析原文，才能取得呼唤的实效。从翻译的角度，他将翻译分为语义和交际的翻译。纽马克（P. Newmark）出版的论文集《翻译问题的探讨》中的论文“交际翻译和语义翻译”中准确和清晰地论述了语义翻译和交际翻译的意义和适用范围。语义翻译是从语言的表达功能出发，力求还原原作的成文思路，尽量保持原作的语言特色及表达方式。而交际翻译基于语言传达信息、产生效果的功能，关键在于将信息的解读空间留给读者，充分赋予他们思考及感受的自由的功能。关于“对等效果”，纽马克认为这只是值得期望的结果，而不是一切翻译的目的。他强调在翻译中把语义翻译与交际翻译看成一个整体，翻译中不可能孤立地使用某种方法，也不能说语义翻译与交际翻译哪一个更好。二者在翻译中常常交替使用，只是侧重点不同而已，有时两种方法还会合二为一。如果传达的信息不受特定时空等条件的限制，其内容与形式不可分割，只要译文读者能获取原作信息，并能像原文读者一样欣赏到原文的语言及写作特色，在这种翻译中，就不存在语义翻译与交际翻译之分了。

3. 功能学派

功能翻译理论源于 20 世纪 70 年代后期的德国，它是以目的论（Skopos Theory）为核心的强调文本和翻译功能的一种翻译流派。它的出现反映了翻译的全面转向，即由原先占主导地位的语言学及侧重形式的翻译理论转向更加注重功能和社会文化因素的翻译观。这种转向得益于交际理论、行为理论、话语语言学、语篇学说以及文学研究中趋向于接受理论的一系列研究活动。功能翻译理论的形成大体经历了三个阶段。第一个阶段是以卡瑟琳娜·赖斯（K. Reiss）的《翻译批评的可能性与限制》一书为标志，书中提出了功能翻译理论的雏形。第二个阶段是赖斯的学生汉斯·弗米尔（H. Vermeer）创立的功能翻译理论的核心理论：翻译的目的论。第三个阶段，在弗米尔的“目的论”的基础上贾斯塔·赫兹·曼塔利（J. Holz Manttari）进一步发展了功能翻译理论，提出了翻译行为论。而克里斯蒂安·诺德（C. Nord）作为德国功能翻译理论的集大成者和主要倡导者之一，在诸多德国功能派学者中首次用英文全面系统地整理归纳了功能派的各种学术思想，用简单易懂的语言和丰富的实例阐述了功能派复杂的学术理论和术语。针对翻译理论的不足，她还提出了翻译的忠诚原则。

赖斯认为，翻译批评的研究对象不仅是文学翻译，还应包括其他各种不同语言之间的信息传递现象。她根据文本中主导的语言功能的不同将文本划分为三类：以内容为重的文本、以形式为重的文本和以诉请为重的文本。翻译以内容为重的文本，最重要的是将文本蕴含的信息毫无保留地转换到目的语中，包括：新闻报道、商务信函、官方文件等。关于评价以内容为重的文本翻译，赖斯提供了几个标准：语义是否准确；语法是否合乎规范；文体风格是否和源语文本相呼应。以形式为重的文本强调的是作者的表达方式。此类文本即是所有被称作有艺术性的文学作品，如散文、诗歌及纯文艺作品。翻译的难点在于如何将源语文本的美学性转换到目标语中。因此，这类翻译的标准即是目标语文本的形式是否与源语对等，也就是如何在目标语中保留源语的独特形式。以诉请为重的文本，主要功能是刺激读者做出特定的行为。因此此类文本翻译的标准即是实现语言效力的对等。为了能在目标语文本中实现与源语文本的语言效力，有时可以不拘泥于原文，可以使用一些能有效刺激目标读者的语言。除了以上三种文本，赖斯还总结了一种语音文本。这种以声音为媒介的文本可以根据其文本功能归属到上述三类文本中去。赖斯还从语言因素剖析了翻译的过程。她将语言因素划分为四个层次：语义、词汇、语法和文体。从语言因素角度审视翻译过程，目标语应做到：语义的对等、词汇的妥帖、语法的准确和文体的对应。而在对等的问题上，赖斯则表现得更为灵活。她认为可以通过适当的删减和补充，最大限度的实现源语文本在目标语中功能的转换。

二十世纪五六十年代，西方翻译理论基本上是从语言学和对等理论的角度研究翻译。到了二十世纪七十年代末，1978 年，弗米尔发表的《普通翻译理论的框架》首次提出目的论。她根据行为学的理论，把翻译置于人类行为理论的范畴中进行研究，提出翻译是一种人类行为活动，而且还是一种有目的的行为活动。目的论之所以与其他的西方翻译理论有很大不同，其中一个重要原因在于它将一些新的概念引入到翻译研究中，这些新概念为西方翻译理论注入了新的血液，带来新的活力。目的（Skopos），源于希腊语，弗米尔引进这个词来表示翻译或翻译行为的目的。在目的论中涉及翻译实践中三个具体的翻译法则：（1）目的性法则，翻译中所要遵循的首要法则；（2）连贯性法则，主要强调译文在译入语中的可读性及其交际意义；（3）忠实性法则，即通常所说的译文要忠实于原文。在三个法则中，目的性法则是第一位的，连贯性法则和忠实性法则从属于目的性法则。目的论作为当代西方翻译理论研究的重大突破，打破了对等理论在语言层次的局限，提出了以目的性法则为主导的翻译标准。让译者在具体的翻译实践中又多了一种思考角度，更有利于翻译方法的选择。

克里斯蒂安·诺德是德国翻译研究界的领袖人物。1997 年，她出版了专著 *Translating as a Purposeful Activity—Functionalist Approaches Explained*。该书全面介绍了德国功能翻译学派的理论，同时说明了她本人的功能翻译观点。她把忠诚于原作引入功能主义模式，希望解决翻译中的激进功能主义问题。在《翻译中的语篇分析》一书中，诺德首次提出“功能加忠诚”的概念，构成了诺德功能主义方法论的两大基础。功能指的是使译文在目的语环境中按预定的方式运作的因素；忠诚指的是译者、原文作者、译文接受人及翻译发起人之间的人际关系。诺德说，忠诚“使译者同时忠于源语和目的语两方面，但不能把它与忠实的概念混为一谈，因为忠实仅仅指向原文与译文的关系，而忠诚是个人际范畴的概念，指的是人与人之间的社会关系”。诺德强调忠诚要求译者对译文读者、委托人、原文作者忠诚。这决定着译者对其他参与人的责任。诺德指出，如果委托人要求的翻译目的与原文作者的目的一样，那就没有必要为忠诚问题担心。但当原语文化与目的语文化差别较大，特别是接受人对于理想的译者应该如何翻译有自己的主观想法时，忠诚就变得更为重要了。诺德的功能加忠诚理论主要着眼于译者培训。其中最有应用价值的三个方面是：翻译纲要、原文分析及对翻译问题的分类，而这三方面也正是她功能加忠诚理论的核心概念。她的理论模式听起来较为完美，但实际操作中带有一定的理想成分。

4. 文化学派

早期的语言学翻译研究提高了翻译研究的科学品质，摆脱了翻译研究长期以来局限于经验总结和无理论内涵的窘境，但是以奈达为代表的早期语言学翻译研究还是存在一些不足，主要表现为对它的研究基本局限在文本之内，忽视或无视文本之外的因素对翻译的制约、影响和意义。从 20 世纪初至 70 年代起，不同的学者从各自的学科立场出发，进入翻译研究领域，开始探索新的翻译研究途径。其中最引人注目的一批学者从文化层面切入进行翻译研究，其关注的重点也从此前的“怎么译”的问题转移到了“为什么这么译”“为什么译这些国家、作家的作品而不译那些国家、作家的作品”等问题上，以研究译文的文化渊源，探讨译文产生的政治、经济、社会、意识形态等方面的文化背景。也就是说，这批学者的研究已经从翻译作为两种语言文字转换媒介的层面转移到了翻译行为所处的译入语语境以及相关的诸多制约翻译的因素上去了。

这批学者的研究标志着当代西方翻译研究文化转向的开始，其中被公认为西方翻译研究文化学派的奠基之作的是美籍荷兰学者霍尔姆斯（J. S. Holmes）的 *The Name and Nature of Translation Studies* 一文。这篇论文有两点特别值得注意：首先是它的清晰的翻译学的学科意识，其次是它对未来翻译学学科内容以图示的形式所作的详细的描述与展望。霍尔姆斯讨论了“translatology”（翻译学）、“the theory of translating”或“the theory of translation”（翻译理论）、“science of translation”或“translation science”（翻译科学）等术语，并指出其各自的局限。最后他认为“translation studies”（翻译学）是所有术语中最适合作为学科名称的。霍尔姆斯又讨论了翻译学的学科性质和研究范围。他首先确定翻译学是一门实证学科，认为翻译学应该分为纯翻译研究和应用翻译研究，而纯翻译研究有两个主要目标：“（1）描述我们经验世界中出现的与翻译和翻译作品有关的现象；（2）建立普遍原则，以解释和预测这些现象。”他进而指出：“纯翻译研究当中与这两个目标相关的两个分支可以被命名为描述翻译学（Descriptive Translation Studies，DTS），或翻译描述（Translation Description，TD）和理论翻译学（Theoretical Translation Studies，TTS）或翻译理论（Translation Theory，TTh）。”

1979 年，以色列学者佐哈尔（I. Even-Zohar）从观察翻译对社会的影响的角度首次提出多元系统（Polysystem Theory），他本人也被视为“翻译研究学派”的先驱之一。他认为，文化、语言文学、社会都不是由互不相干的元素组成的混合体，而是由相关的元素组成的系统。这些系统，又不是单一的系统，而是由多个相交甚至相迭的系统组成。在这种认识的基础上，他创造了“多元系统”这个理论术语。所谓的“多元系统”，指的是社会中各种相关的系统——文学以及文学以外所有相关的系统的集成，用以解释该文化中全部的书写；佐哈尔在阐述多元系统理论时，着重讨论了翻译作为多元系统中的一个系统在文学多元系统里所处的位置。

20 世纪 90 年代末，翻译界对广泛的文化问题的研究形成热点。1990 年，勒菲弗尔在《翻译、历史与文化》一书中提出“翻译的文化转向”，其他学者也相继出版了多种专著和论文集，其中集中反映了他们的这一观点。勒菲弗尔（A. Lefevere）主要考察的是意识形态对翻译文本的改写所施加的影响和操控。勒菲弗尔指出，“翻译不仅是语言层次上的转换，它更是译者对原作所进行的文化层面上的改写”（Lefevere，1992）。在勒菲弗尔看来，改写主要受内外两方面的限制：一是来自文学系统的内部，由评论家、教师、翻译家等组成的专业人士，他们关心的往往是诗学；另一个则来自文学系统的外部，即拥有促进和阻止文学创作和翻译的权力的人和机构，即赞助人。赞助人感兴趣的通常是文学的意识形态。联系到翻译的问题上，影响翻译家翻译策略的主要有两个因素，即翻译家的意识形态（也许他支持这种意识形态，也许赞助人将这种意识形态强加于他）和当时文学界占主导地位的诗学。而巴斯奈特（S. Bassnett）的翻译思想主要通过她对翻译研究的性质、翻译研究的范围以及翻译研究的文化视野等方面的表述体现出来。她认为，翻译绝不是纯粹的语言行为，而是植根于有关文化深处的一种行为；翻译就是文化内部和文化之间的交流；翻译对等就是源语与目标语在文化功能上的对等。

除此之外，在翻译的文化学派的形成与发展过程中，翻译理论家兰伯特（Lambert）、铁木志科（Tymoczko）、谢菲茨（Cheyfitz）等也做出了重要贡献，近年在西方影响较大的翻译理论著作主要是文化学派的作品。爱德温·根茨勒（E. Gentzler）在评价巴斯奈特和勒菲弗尔的“文化转向”观中指出，翻译研究已经进入“文化转向”时期，按此，文化研究应该进入“翻译转向”。文化研究和翻译研究已建立起密不可分的关系。

综上所述，翻译文化学派注重翻译与源语及译入语社会的政治、文化、意识形态等的关系，认为翻译的目的是使译文在目的语文化中起到与原文在源语文化中同样的功能。文化学派的兴起及迅速发展使得翻译研究不再像传统一样作为分支依附于比较文学或语言学，其作为独立学科而存在的地位稳固下来。“文化转向”超越了传统的翻译思想，形成了新的翻译角度，即文化角度研究翻译。这种新的维度给翻译研究注入了新的活力，带来了丰硕的研究成果，使其再一次大步向前发展。

5. 小结

由此可见，翻译学理论中，无论是语言学派、功能学派还是文化学派都为多模态文化翻译理论提供了理论支撑。语言学派中的“动态对等”原则要求译文切合译语的文化；功能学派认为翻译是一种人类行为活动，而且还是一种有目的的行为活动；文化学派更是提出翻译绝不是纯粹的语言行为，而是植根于有关文化深处的一种行为；翻译就是文化内部和文化之间的交流；翻译对等就是源语与目标语在文化功能上的对等。这些都为文化翻译提供了坚实的理论基础。而在翻译传播学方面也为文化翻译点亮了明灯。奈达指出“要分析话语参与者与语言之间，话语参与者与特定语言群体之间，以及信息发出者和信息接受者之间的关系”。罗杰·贝尔（R. Bell）认为“理解翻译过程时最重要的是正确描述感知与认识、编码与解码、记忆系统的性质和记忆储存的性质。”沃尔夫拉姆·威尔斯（W. Wilss）强调“翻译学研究不能忽视翻译本身所具有的信息传递性质的特点”。凡此种种理论都力证翻译学和传播学在本质上所强调的语言社会信息的有效传播交流是翻译传播学的理论核心，其合理性和科学性自是不言而喻。

总体而言，本节主要从翻译学发展过程中比较有影响力的语言学派、功能学派和文化学派等理论渊源进行梳理，为多模态文化翻译理论奠定了一定的理论基础。随着科学的不断进步，各种纷繁复杂的社会现象层出不穷，单一的学科模式已经难以满足研究需要。跨学科研究方法能够帮助我们采用多种学科的理论建构和方法论体系，在展开跨学科研究的同时，释放学科生命力。人们常说，翻译是一门研究翻译现象的独特学科图谱。正是秉持着这一原则，本节文章从翻译学中充分汲取养分，旨在丰富和完善多模态文化翻译研究的发展，推动多模态文化翻译理论的建构与充实。

第二节 传播学理论

1. 引言

传播（communication）的词根 commun 源自拉丁语，意为“分享”。在古希腊、古罗马时代，柏拉图和亚里士多德等思想家就对辩论、对话、说服等主题进行过许多探讨。而孔子在《论语·颜渊》中也要求“非礼勿视、听、言、动”。到如今，在日常生活中，传播一词主要指的是人类传递或交流消息、观点、感情或与此有关的交往活动。而传播学作为一门研究学科诞生于 20 世纪 40、50 年代的美国。在当时，两次工业革命的蓬勃发展带动了人文社会学科的进步。大众报刊、电影、广播等媒介逐渐发展，形成一定的影响力。第二次世界大战期间，战时的特殊性使得大众传播在战争及社会变革中的影响不言而喻，社会学家及研究者们开始关注传播研究这一领域。再加上战争为美国带来了大批流亡学者，传播学便在美国应运而生。美国的学者分别从不同角度探索传播理论，并提出了种类繁多的传播模式，很快便传播到西欧和日本，由此便产生了以杜威、库利、帕克等人为代表的美国源流和以塔尔德、西默尔等人为代表的欧洲源流。总体来说，这一时期的传播学研究可谓是百家争鸣、百花齐放。

关于“传播学是什么”这一问题也有种种不同的看法。我们认为，应当从传播学的研究对象、研究层次和研究目的来展开定义。传播学是研究人类社会信息系统及其运行规律的科学。具体而言，传播学的研究对象是传播对象内部的运动规律、传播中的价值观念和行为规范以及传播与社会的关系。传播学的目的在于了解人与人之间如何借助传播的作用而建立一定的社会关系。传播学的四大奠基人：哈罗德·拉斯韦尔、库尔特·勒温、卡尔·霍夫兰以及保罗·F. 拉扎斯菲尔德都对多模态文化翻译理论的生成有所启发。翻译的本质是一种跨文化的信息转换和传播，其本身具有传播学的性质（周蕾、徐文慧，2016）。本节将通过回顾当代传播学的奠基人物及其主要理论思想，为多模态文化翻译理论夯实理论基础。

2. 传播主体研究

传播者是传播活动的第一要素，也是最活跃的要素，主要指传播人员或机构。传播者在传播过程中具有决定权，对传播的信息进行搜集、编辑、制作和传递。传播者还决定了传播的时间、内容和形式，对信息进行把关、过滤、筛选；对整个传播进程进行控制和制约。在传播过程中，“谁”和“说什么”是密不可分的，故将其合为一体，统归控制分析。在大众传播研究领域，围绕传播者的控制分析可分宏观角度和微观角度。本节将着重从微观角度研究对具体传播过程的控制，即把关人理论。

“把关人”（Gatekeeper）最早是由美国社会心理学家、传播学四大奠基人之一库尔特·勒温（1947）在《群体生活的渠道》一文中提出的。勒温认为，在研究群体传播时，信息的传播并非人们所想的那样“一帆风顺”，而是要经历一定的把控和监管，执行这一任务的角色便是“把关人”，他们只允许并接纳符合群体规范或自身价值标准的信息通过传播渠道。1950 年，传播学者怀特将社会学中的这个概念引入新闻传播，发现在大众传播的新闻报道中，传媒组织成为实际中的“把关人”，由他们对新闻信息进行取舍，决定哪些内容最后与受众见面。从此，新闻选择的“把关人”理论从人们的不自觉行为成为大众传媒组织的有意操作，在更大范围和程度上或明或暗地影响新闻实践。把关人在大众传播媒介就是内部的工作人员。因为大众传播的一切信息，都要经过这些工作人员的过滤或筛选，才能同公众见面，所以他们便是信息传播的“把关人”。1969 年，巴斯发表“使守门人概念更加完善”一文，文中指出每个把关人都处于等量齐观的地位，彼此都平起平坐，不分主次。把关人这一概念，现在已得到大众传播学者的普遍承认，把关人的作用、性质也随之成为大众传播学的重要课题。

通俗地说，“把关人”理论指的是：在大众传播的过程中，负责搜集、过滤、处理、传播信息的传播者称之为“把关人”，他们的行为就是“把关”。每个人自身又是把关人，即人人都是把关人。实质上，“把关人”理论揭露了大众传播并不具有纯粹的“客观中立性”，而是根据传媒的立场、方针和价值标准而进行的取舍选择和加工活动。媒介的“把关”是一个多环节、有组织的过程，其中虽有记者、编辑个人的活动，但是“把关”的结果在总体上是传媒组织的立场和方针的体现。

3. 传播过程研究

3.1 费尔克劳话语分析三维模式

批评话语分析是批评语言学的一个重要研究方向，它的主要任务是通过话语分析的模式对语篇当中话语、话语发出的权力群体及话语背后蕴含的意识形态之间的关系进行研究，旨在考究话语文本如何在社会、政治和文化环境中操纵和控制权力以及使产生的不平等现象合理化。20 世纪 70 年代后半期，文学家们将语篇视为一种话语方式，研究语言如何在社会历史环境下发生作用。受此思潮的印象，70 年代末英国开始大规模的非文学语篇——大众传媒语篇的研究。1979 年，英国语言学家福勒（R. Fowler）等人出版《语言与控制》一书，标志着批评语言学的诞生。借助韩礼德（M. A. K. Haliday）的系统功能语法，批评语言学开始将语言研究与其社会功能联系起来，认为任何语言形式的选择都会受社会条件的制约，并具有意义。1989 年，费尔克劳（N. Fairclough）在《语言与权利》中又提出“批评话语分析”的概念，标志着批评话语分析的形成。在《语言与权利》一书中，费尔克劳创建了“话语分析三维模式”，揭示了语言的使用与权力的不平等现象，明确了语言与社会的内在关系。

费尔克劳认为话语是由“语境”“互动”“文本”三个维度构成的统一。文本属于底层，是互动的结果。互动中会有生产过程和解释过程，而这两者都以语境为社会条件。由此可见，费尔克劳认为语言是社会的一部分；话语是一个社会过程；话语的社会过程受到社会其他因素的制约。这些非语言元素与社会结构的三个层次有关。1992年，费尔克劳在《话语与社会变革》中对话语的社会理论进行了完善。他将话语社会理论中的最高层次“语境”改为“社会实践”，将中间层次“互动”改为“话语实践”，并把原来互动中的生产过程和解释过程改为“生产”“传播”和“接受”。在改进的模型中，费尔克劳坚持认为任何话语都存在三维结构，只是各个维度的内容不同。他用“社会实践”和“话语实践”这两个概念来代替“语境”和“互动”，因为他更强调话语作为一种行为模式，强调话语作为一种社会实践的概念，使用话语实践的“生产”“传播”和“接受”三个过程取代原来的互动中的“生产过程”和“解释过程”，从而更充分地反映出话语实施者和接受者之间的沟通。

基于费尔克劳的批评话语分析三维模式，批评话语分析应分成三个步骤：首先，从文本形式层面对语篇进行“描写”；然后，对于语篇的生成、传播及消费过程进行“阐释”；最后，概括并“解释”交际过程和社会语境之间的关系。费尔克劳认为，话语并不仅仅受制于社会，同时还具备建构社会结构的功能。人们须要区分三种建构效果：一是建构社会自我或社会身份，二是建构人们之间的社会关系，三是建构知识和信仰体系。在此基础上，费尔克劳提出了一个分析语篇的框架。语篇分析可以按照四个主要方面来组织：词汇、语法、衔接和语篇结构。词汇主要处理单个词语，语法处理构成小句和句子的词的结合，衔接处理小句和句子的相互结合，语篇结构则处理大规模的语篇组织特征。费尔克劳曾反复强调区分语言意义和语用意义的重要性，认为“关于意义的另一个重要区分是语篇的意义潜势和对它的解读。语篇由形式构成，这些语言形式由以往的已经惯例化的话语实践赋予了一种意义潜势。一个形式的意义潜势往往是异质的，是各种重叠有时是相互冲突的意义的复合体，语篇通常是模棱两可有多种解读的。解读者通常从这种模棱两可中选择某一特定的意义，或者一组可供选择的意义。只要我们记住意义有赖于解读，我们就可以用‘意义’既指形式的意义潜势又指解读出的意义”（Fairclough，1992）。

总的来说，费尔克劳的批评话语分析三位模式对于我们展开语言和社会的研究有重要意义。在多模态文化翻译研究中，我们可以从中汲取一定的养分，探寻文化实践中的三维模式，为多模态文化翻译提供研究范式和理论指导。

3.2 拉斯韦尔“5W”模式

1948年，拉斯韦尔出版了《社会传播的结构与功能》（*The Structure and Function of Communication in Society*：*The Communication of Ideas*）一书，首次提出了构成传播过程的五种基本要素，并按照一定结构顺序将它们排列，形成了后来人们称之“5W模式”或“拉斯维尔程式”的过程模式。根据该模式，人类社会的信息传播与互动过程主要包含五大基本要素：谁（who）、说了什么（says what）、通过什么渠道（in which channel）、对谁说（to whom）、产生了什么效果（with what effect）。这五大基本要素构成了传播学研究的五大基本内容：控制分析、内容分析、媒介分析、受众分析、效果分析。

传播者在传播过程中负责搜集、整理、选择、处理与传播信息，他们被称为“把关人”，他们的这种行为被称为“把关”。勒温认为：信息的传播网络中布满了把关人，这些把关人负责把关，过滤信息的进出流通。在传播者制作、传播信息的过程中，他们控制着传播内容，但同时又受到所在社会的基本制度对他们的控制。传播媒介是传播行为得以实现的物质手段。传播学者施拉姆在其经典著作《传播学概论》中提到：“媒介就是插入传播过程之中，用以扩大并延伸信息传送的工具。”传统的媒介包括报纸、杂志、广播、电视等，具有传播迅速、影响范围广的特点。近年来，诸如数字杂志、数字报纸、移动电视等新媒体的出现则大大地扩展了传播领域的活动空间。传播者所传播信息的接受者又称受众，是主动的信息接收者、信息再加工的传播者和传播活动的反馈源，是传播活动产生的动因之一和中心环节之一，在传播活动中占有重要的地位。在传播活动中，传播者和受众相对存在。一定条件下，二者的位置可以互换，可以及时反馈并调整传播内容和方式。在以二级传播理论为标志的人际关系传播时代，只有少数人才能成为的意见领袖往往对受众的规模起着决定性的作用。而随着新技术的发展，新媒介形式的出现，越来越多的平凡个体均能成为某一社会群体的意见领袖，用自己的言行去影响周围的信息网络。尤其是网络博客、网络论坛的出现更是将简单的存在于社会小群体之间的二级传播过程发展到存在于全社会信息链条之间的多级的大众传播阶段。传播内容是传播活动的中心，它具有综合性、公开性、开放性和大众性的特点，并且受传播者的传播目的、社会的发展变化、大众诉求的方式、时间与空间等因素的影响。传播效果是指传播者通过媒介发出的信息即传播内容传至受众，从而引起受众思想观念、行为方式等的变化。根据霍夫兰等人在第二次世界大战时期针对美国士兵的劝服效果研究，大众传媒在对受众进行事实性知识的传达时效果较为明显。但由于受众预存立场的存在，他们倾向于接受与自己的认知和经历较为接近的信息内容，这样就使得大众传播在改变受众固有立场、观点进而改变其行为方面的效果有限。

拉斯韦尔的“5W 模式”以单向传递的形式简明扼要地描述了大众传播的过程。在现实社会运行系统中，这种传播过程是传播者和受众的相互作用，且受到社会结构、媒介的传播特点、受众的群体特征等因素的影响。

4. 传播媒介研究

“媒”在先秦时期是指媒人，后引申为事物发生的诱因。“介”一直是指居于两者之间的中介体或工具。因此，媒介一词最基本的词义指的是“使事物之间发生关系的介质或工具”。在麦克卢汉（M. McLuhan）笔下，媒介即万物，万物皆媒介。凡是能使人与人、人与事物或事物与事物之间产生联系或发生关系的物质都是广义的媒介。因此，我们将传播媒介定义为信息传递的载体、渠道、中介物、工具或技术手段。从事信息的采集、加工制作和传播的社会组织，即传播机构（媒体），包括口语媒介、文字媒介、印刷媒介和电子媒介。

加拿大著名传播学家麦克卢汉在《理解媒介》一书中提出了媒介即是讯息的理论，媒介在人们的理解中只不过是传播工具。从长远的角度看，真正有意义的讯息并不是各个时代的媒介所提示给人们的内容，而是媒介本身。换句话说，人类只有在拥有了某种媒介之后才有可能从事与之相适应的传播和其他社会活动。媒介最重要的作用就是“影响了我们理解和思考的习惯”。因此，对于社会来说，真正有意义、有价值的“讯息”不是各个时代的媒体所传播的内容，而是这个时代所使用的传播工具的性质、它所开创的可能性以及带来的社会变革。他还提出媒介是人体的延伸。任何媒介的发展都是对扩展人的感官或感觉的延伸，媒介和社会发展的同时也伴随着人的感官能力由“统合”——“分化”——“再统合”的历史。

在媒介的分类方面，麦克卢汉提出了冷媒介与热媒介两个概念。热媒介意味着“高清晰度”，即所提供的信息明确度高，能高清晰度地延伸人体的某一感觉器官，其传播对象在信息的接受过程中参与程度低，想象力发挥程度低，比如书籍、报刊、广播、照片等；而“冷媒介”则正好相反，它传达的信息含量少而模糊，在理解时必须以更多的感官和丰富的想象活动来填补其信息量的不足，如漫画、电视、有声电影等。麦克卢汉理论的意义在于，它开拓了从媒介技术角度出发观察人类社会发展的视角，并且突出了媒介技术在社会历史中的巨大作用。

5. 传播受众研究

所谓受众，即信息传播的接受者，原来指演讲的听众，而后作为传播学的术语，也泛指报刊的读者、广播的听众、电视电影的观众。所谓传播效果是指传播者发出的信息经媒介传至受众而引起受众思想观念、行为方式等的变化。在狭义上指具有宣传或说服目的的传播行为在传播对象身上引起的心理、态度和行动的变化，通常意指传播行为在多大程度上实现的传播者的意图；在广义上，指报刊、广播、电视等大众传播媒介的活动对受众和社会产生的一切影响和结果的总和，不管这些影响和结果是有意的还是无意的，直接的还是间接的，显在的还是潜在的。传播效果研究有两个基本方面：其一是对个人效果产生的微观过程分析；其二是对社会效果产生的宏观过程分析。这两个方面的研究来源于对传播效果的分层次理解。

20 世纪 40 年代，随着印刷媒介的日趋成熟和广播电视等电子媒介的相继诞生，受众对大众传媒的需求和依赖达到一个空前的高度。一些学者对受众的媒介接触行为及其背后的心理动机产生了浓厚的研究兴趣。较早对书籍和报纸这两种印刷媒介进行“使用与满足研究”的是美国社会学家贝雷尔森（B. Berelson）。卡茨（E. Katz）等人在《个人对大众传播的使用》一文中，将媒介接触行为概括为一个因果连锁过程：社会因素＋心理因素＋媒介期待＋媒介接触＋需求满足，并提出了“使用与满足”过程的基本模式。“使用与满足理论”有五个基本的假设：（1）受众使用大众传播媒介是有目的的，受众基于心理或社会的需求，想借着使用媒介来满足需求；（2）传播过程需要靠受众把媒介的使用及需求的满足联系起来，也就是说受众是媒介的主动使用者，受众使用媒介来满足需求；（3）大众传播媒介所能满足的需求，只是人类需求的一部分，媒介在满足这些需求上，必须与其他来源，比如人际传播或其他传统的需求满足方式相竞争；（4）研究资料来源于于受众的自我报告。也就是说，这个理论假设受众是理性的，能了解自己的兴趣和动机，并且能够清楚地表达出来。研究者根据受众的回答推断受众使用媒介的目的；（5）没有必要对大众传播媒介下任何价值判断。因此，“使用与满足研究”提醒我们受众使用媒介的目的是很不相同的，而且在很大的程度上掌握控制权，该理论引导我们更加关注受众，把满足受众的需求作为衡量传播效果的基本标准。

6. 传播效果研究

6.1 “沉默的螺旋”理论

1974 年，诺依曼首次提出了“沉默的螺旋”理论，并于 1980 年在

《沉默的螺旋：舆论——我们的社会皮肤》中给予全面的概括。该理论认为，大众传播媒介在影响公众意见方面有强大的效果，并把舆论生成中起重要作用的因素称为“沉默的螺旋”。与传统的舆论概念不同，该理论将“舆论”称为“公开的意见”。由此可见，“沉默的螺旋”理论强调的是舆论的社会控制功能。舆论在双重意义上是“我们社会的皮肤”：它是个人感知社会“意见气候”的变化，调整自己的环境适应行为的“皮肤”，不仅如此，它又在维持社会整合方面起着重要作用，就像作为“容器”的皮肤一样，防止由于意见过度分裂而引起社会解体。另外，“沉默的螺旋”理论还强调了大众传播具有强大的社会效果和影响。这里所反映的“强大影响”已经不止于认知阶段，而是包括了认知、判断和行动的全过程。该理论认为传播媒介具有“创造社会现实”的巨大力量。“沉默的螺旋”理论为传播学的效果研究提供了新的研究视角，强调社会心理机制在舆论形成中的作用，是该理论的一种突破。

6.2 文化规范论

文化规范论是梅尔文·德弗勒（M. L. Defleur）在《大众传播理论》一书中提出来的一种传播效果理论。他认为，大众传播媒介之所以能间接地影响人们的行为，是因为它发出的信息能形成一种文化力量；人们不知不觉地依据媒介逐步提供的“参考架构”来解释社会现象与事实，表明自己的观点和主张。媒介的这种影响不是在突发的过程中，而是在日积月累、潜移默化的过程中，缓慢地渗透进受众的思想和脑海中去的。德弗勒进一步解释道：“文化规范论的主要内容是大众媒介通过有选择地表现以及突出某种主题，在其受传者中造成一种印象，即有关其突出的命题的一般文化规范是以某种特殊的方式构成或确定的。由于个人涉及某命题或情景的行为通常受着文化规范的指引，这样媒介就间接地影响到了人的行动”。

文化规范理论认为，大众传播不一定直接使受众发生变化，但它可以作用于受众所处的社会环境，通过变化了的社会文化背景再作用于受众，使之观念发生变化。这一理论原本是指大众传媒通过对社会道德起到规范作用，进而间接影响受众。而在今天，这一理论应该放在全球的语境下。近几百年来，西方在政治、经济、文化等领域称霸世界，占据了主导地位，西方人形成了傲视全球的自大心态。尽管近几十年来，随着中国的综合国力不断增强，中华文化在西方世界的曝光率也越来越高，但他们的自大心态依旧在各个方面有所体现，对以中华文化为代表的东方传统文化也依旧存在误解，对中国文化走出去更是持有威胁论的态度。因此，以文化规范理论为指导，将有利于我们疏导和改善西方文明对东方文明的误解。

翻译，作为一种特殊的信息传播活动，其传播效果是评价翻译质量的重要考量标准（张生祥，2013）。在多模态文化翻译研究中，除了考虑传播内容、主体，还要考虑到受众、噪声、媒介和效果，只有这样才能帮助译者在多模态文化翻译与传播实践中更好地进行文化传递，达成文化传播的目标，真正实现中国优秀文化“走出去”的理想追求。

7. 小结

当前，在中国文化“走出去”战略以及“一带一路”倡议背景下，需要借助文化交流这一现实媒介，在文化传播中彰显中华民族优质文化的文化特色、文化理念和文化形态。中华文化走向世界，是强化中国文化国际生命力的必然要求，也是提升中国文化国际生存空间的必然方向。传播活动作为中国文化对外推广的重要渠道，其作用自是不言而喻。

因此，本节从传播主体、传播过程、传播媒介、传播受众、传播效果五大传播学要素出发，追溯多模态文化翻译与传播实践中的传播学理论根源，为多模态文化翻译提供了充分的理论指导。文化传播与翻译的本质决定了两者“你中有我，我中有你”的依存关系，更是生成了多模态文化翻译理论逻辑。中华文化是中华悠久历史的结晶，是中华文明的精髓。当前，中华文化受到某些民族的优越感、文化霸权、意识形态、刻板印象、偏见和歧视的影响，中国文化“走出去”面临重重困难，如何消除文化偏见，克服不同文化之间的冲突，实现中国文化“走出去”与“融进去”，是多模态文化翻译研究要面对的重要课题。本节从传播学领域的五大要素汲取养分，为中国文化的翻译传播提供了一个跨学科的理论视角。

第三节 文化研究理论

1. 引言

文化是“多模态文化翻译”研究的重要关键词之一。可是文化又是什么呢？这恐怕是世界上最难以述清的话题。西方学者罗威勒（A. Lowrenlelowell）曾说：“在这个世界上，没有别的东西比文化更难捉摸。我们不能分析它，因为它的成分无穷无尽；我们不能叙述它，因为它没有固定形状。我们想用文字来界定它的意义，但这正像要把空气抓在手里似的。当我们去寻找文化时，它除了不在我们手里以外，无所不在。”文化应该是普通人的日常生活，它应该是大众的、平民的。基于这样的观点，1958 年，理查德·霍加特（R. Hoggart）出版《识字的用途》一书，标志着文化研究诞生。20 世纪 90 年代，该理论在学界掀起了一股研究热潮。不同于传统意义上的定义界限明确的人文学科，文化研究因其强大的包容性而显得界限不那么清晰，它不仅涉足文学、社会学、政治学、哲学、法学等人文学科范畴，还涉及经济学、心理学等社科专业的知识与研究方法。文化研究，以文学批评为主要内容，以西方马克思主义和后现代主义为主要的理论来源。在《文化研究的用途》一书中，安吉拉·麦克罗比（A. McRobbie）明确地把文化研究的用途定位为“认识我们周围的世界”。李庆本也指出：“文化研究在今天之所以有价值，就是由于它能够帮助我们更好地认识和理解我们周围的世界。”由此可见，文化研究使得不同背景、不同发展历程的多元文明有了相互了解的渠道及窗口，使得大千世界的多种面貌有了得以呈现的平台。

因此，在多模态文化翻译研究中，文化研究作为一种行之有效的研究方法，能够帮助我们更好地认识翻译实践和文化传播过程中的文化影响。本节内容将着重分析文化研究理论中的文化身份理论、文化整合理论以及意识形态理论，旨在帮助译者强化民族文化认同内涵与机制，增强译者的文化自觉和文化自信，以推动多模态文化翻译与传播模式建设，推动中国文化在世界范围的认可和尊重。

2. 文化身份理论

斯图亚特·霍尔（S. Hall）被视作文化研究发展中的一个关键人物。在主持伯明翰大学当代文化研究中心期间，他充分肯定了大众传媒的重要性。20 世纪 90 年代中期，英国的开放大学以霍尔为代表的一群知识分子围绕“文化认同”的主题展开了激烈的学术探讨，就文化认同的各种问题提出质疑。对于这一命题的研究，也从“我们是谁”“我们来自何方”等传统的、浅层的提问升华为对“我们会成为什么”的终极探索，为后续研究理论的发展提供了一定的理论资源及可行性借鉴。

霍尔对文化认同的研究经历了从对认同的思考逐渐转向对文化认同问题的重视。一般认为，16 世纪的文艺复兴和 18 世纪的启蒙运动在一定程度上引领了现代社会，进而催生出一种崭新的、具有变革意义的个人主义形式，同时也衍生出个人主体及个人认同等相关概念。当然，上述推断并非空穴来风，这一系列概念理论也并非突然出现，而是在现代中以另一种方式存在着、被经历着、被概念化了。这种良性的现代转变是基于解脱以往的固定形式，使个体的身份、立场去固化，是与过去的一种决裂。在探讨是否有一个本质性认同的问题方面，霍尔认为，认同不是本质主义的，而是一个策略性和定位性的概念。并且，关于这一理论我们需要的“不是一个关于需要认知的主体理论，而是一个范围广阔、需要发散性实践的理论”。从共识语言视角看，认同是一种建构，一个永远未完成的过程，我们无法达到完全融合的效果。借助德里达的一个概念，认同是“异延的”，它不仅要把控自身的建构过程，而且还要顾及“边界效果”的产生与互动，使外部事物内化进而再从内部改变过程的发展。因而，认同是一个缝合的过程，它是一种超定而非归类。从心理分析视角看，认同从一开始就是充满歧义的、矛盾的间际关系。这种认同不断向前发展，不断建构而成，有一定的未知性。因而，这时的认同是指向将来的。

在《文化认同与族裔散居》中，霍尔指出，关于“文化认同”有两种基本的思考与立场。第一种立场对“文化认同”的解释是，文化认同是一个隐藏在众多表面下的或是人为强加的“自我”背后的，对一个共享文化和历史、祖先的寻根。这种定义认为，文化认同反映的是共同的历史经验和共享的文化符码，这些提供给我们作为一个“人”有着稳定的、不变的和连续的参考和意义的框架，是一种“隐藏的历史”，他在许多社会运动中扮演了关键性的角色，有着重要的作用。第二种关于“文化认同”的观点认为，尽管这里有着许多的相似、相同之处，但是其中也有许多意义深刻的重大的不同、差异性。而正是这些差异构成了“我们是谁”“我们将会怎样”。因而，在第二种关于“文化认同”的立场中，“文化认同”是一个关于“成为”和“将要是”的问题，它更多的是属于将来的问题而不是过去。它不是对那些已然存在的历史、文化的简单回归，而是超越了时间和地点。像所有事物一样，“文化认同”本身也是历史的，自然也要经历不断的转型，而不是永远规定在某一个本质性的、不变的过去。

3. 文化整合理论

在文化研究中，有关“文化整合”的界定也是丰富多彩的。“文化整合" 是指在文化相互接触过程中，一个文化系统作为主位文化，以其文化价值为核心，以其内在结构为参照系，对其他客位文化的文化特质进行选择和建构的功能和过程。其基本特征为全层次性和序化定向性等。索罗金

(P. A. Sorokin）认为社会的变迁即是在这种精神价值体系的支配下发展的，因而精神的价值体系是第一性的，而社会过程与社会行为是第二性的，社会过程与社会行为总是符合于一定的精神体系。文化有其精神的价值体系，社会文化过程与社会文化行为是这种精神价值体系的表现，文化的精神价值体系是先验的、静止的、不变的，而文化过程与文化行为体系的表现形式则是经验的、运动的、变化的。

在文化整合论中，文化协调机制是最主要的运行机制。在人类社会中，文化这一要素具备多层次、多形式、广泛存在等特性，从某种程度上也默认并允许了文化冲突的可能。所谓文化冲突，是指异种文化之间的相互对立、排斥甚至否定，其实质是不同文化及其特质争夺文化时空的斗争，具体表现为物质文化层次的冲突、制度行为文化层次的冲突和精神文化层次的冲突。文化整合是主位文化以自身文化价值为依据对客位文化的文化特质的选择和建构，其目的是使客位文化的文化特质与自身相融。为此，如何解决主位文化与客位文化的冲突、如何协调主位文化特质与客位文化特质的关系就尤为重要了。文化协调主要从两个方面着手：一方面是指从文化冲突中寻求主位文化与客位文化相互统一、相互依存的一面，并以主位文化的结构和价值为参照和核心，对客位文化的文化特质进行创造性转化，使之与主位文化价值相符合，从而成为主位文化的有机组成部分。对于客位文化的文化特质，有的已经过时或落后，是绝对要抛弃的；有的可以直接继承过来，为我所用；有的则需要经过阐释、转化、更新，才能为我所用。

4. 意识形态理论

20 世纪后半叶以来，文化一直被人们视为一种意识形态机器，而在国际风云变幻中发挥着潜移默化的作用，文化研究和意识形态的挖掘总是如影随形。意识形态概念的适用范围越来越大，超越了纯粹的政治学和社会学领域，也悄然进入多模态文化翻译的研究领域，引起学者的广泛关注。

在文化研究领域，意识形态更多关注的是话语的文化功能和潜在价值。霍尔指出，以语言符号为主要媒介的意识形态接合文化就可以转变成物质力量，抓住民众心理，主导思想引领和社会思潮。此外，意识形态还有调节社会的作用。

此外，霍尔倡导的意识形态接合理论认为，大众传媒在西方社会所扮演的意识形态接合角色包括：(1) 建构社会知识。媒体的角色绝非中立或被动地传达信息，媒体总是主动选择信息、赋予意义、塑造社会形象。正是透过媒体编织的意象世界，大多数人得以了解社会。媒体是人们社会知识的主要来源，是人们认知社会的主要渠道；(2) 形成规范，反映价值。媒体所建构的社会知识，也就是媒体对社会的反映，并不是像反光镜似的反映，而是主动和有选择的反映。它包括对社会事件进行选择、分类、排列、区别正常和反常，同时对社会事件褒善贬恶，从而建立规范和价值标准；(3) 塑造共识与合法性。媒体所建构、分类与价值化的知识，逐渐为社会认可，形成所谓的“共识”，取得“合法性”。霍尔认为，发达资本主义社会的社会秩序不再是靠高压手段或武力取得和维持，而是靠从持续的意识形态斗争中赢得“共识”和“合法性”，从而赢得社会大众的“认同”与“合作”。而在这个过程中，文化领域，特别是大众传媒则扮演着关键的角色，发挥着重要作用。

5. 小结

美国学者本·阿格尔（B. Agger）在他的著作《作为批判理论的文化研究》里，从文化取向出发，认为“文化研究”具有“跨学科”的特点。文化研究主张文化既是实践的又是经验的。它不仅研究文化产品，如电影、小说、音乐，同时也研究文化产品的生产、流通和消费的过程，研究人们如何创造和体验文化，强调工人阶级对霸权文化的反抗。这两大特点，从本质上决定了文化研究在多模态文化翻译研究生态中具备极强的适应性。文化研究学派对文化进行了不同于传统的再定义，将其去特殊化，而视为一种与日常生活紧密相关，被广泛生产、分配与消费的产物。文化不仅是特权精英的创造，而是全体社会成员的体验与实践，从而超越了传统精英主义的文化观，将通俗文化、大众文化纳入了研究的视野，并给予了应有的肯定。在大众传播研究这一视角下，研究者们普遍认同现代大众传播对于资本主义社会系统的重要性，尤其是在意识形态改变及塑造方面的能动性。它们从生产与消费两个角度来研究大众传播在资本主义社会推行霸权世界观和主导文化的问题，即研究大众传媒将社会事物“符号化”“赋予意义”的过程和人们对媒介的使用以及对媒介内容的解读过程。

近年来，翻译的跨学科建设方兴未艾，其文化转向势头强劲。文化也是多模态文化翻译研究中的一大关键词，本节内容介绍了文化以及文化研究理论中的部分概念，例如文化身份、文化整合、文化认同和意识形态，旨在阐释多模态文化翻译研究中的文化研究根源，为后续逻辑生成和理论构建奠定坚实基础。置身于“英语文化霸权”时代，中国优秀文化“走出去”必然面对重重阻力。在这个过程中，我们应该尽快摆脱“文化自卑”，防止“文化自负”，重振“文化自信”，以多模态文化翻译理论为导向，从文化身份、文化整合和意识形态等宏观方面出发，努力实现中华优秀文化走出去、融进去，这是实现中华民族伟大复兴的“中国梦”的关键。

第三章

理论建构

第一节 基本原则

1. 引言

深化多模态文化翻译理论研究是推动中国文化“走出去”、增强中国文化国际影响力和感召力的基础。当前的多模态文化翻译研究尚处于起步阶段，翻译研究者们主要以多模态翻译与文化传播实践为导向进行推进，侧重于具体的多模态文化翻译活动，对于多模态文化翻译的基本内涵、传播方式、翻译策略与发展路径还缺乏系统深入的相关研究成果与理论支撑。这样的研究现状既不能给予多模态文化翻译实践以科学指导，也不利于该领域学术研究的可持续发展。以理论建设为先导，深入研究多模态文化翻译的理论内涵与建构路径，是促进中国文化多模态翻译传播的实践发展、推进翻译跨学科建设、提高国家文化软实力的必由之路。基于前述所探讨的基本概念与理论回顾，本章尝试展开对多模态文化翻译理论体系建设性研究，第一节首先分析多模态文化翻译理论的基本原则，第二节和第三节分别论述研究多模态文化翻译理论的基本要素与生成逻辑，第四节在此基础上确立多模态文化翻译的理论框架与发展模式，以期建构一套讲述中国文化故事、传播中国文化声音、扩大中国文化辐射的具有中国特色的多模态文化翻译体系。

理论原则是理论建构的依据、标准和方向。多模态文化翻译理论是成套、成体系的理论，必须遵循一定的建设原则。而原则的确立离不开对研究目标和研究问题的考察及对关键环节和研究内容的确认。因此，多模态文化翻译理论原则的建设要关照翻译活动实际、社会文化建设的历史和现实、文化传播的国际环境和受众差异等。具体而言，主要包括以下原则：

(1) 以“交流与沟通”为立场；(2) 以文化为中心；(3) 以受众需求为导向；(4) 以国家文化利益为核心。

2. 以“交流与沟通”为立场

在文化传播过程中，译者作为文化传播的主体，主要职能是翻译、传递和扩散文化，使不同地域、不同国家的文化得以交流和互鉴。与此同时，译者也是联结两种文化的“中间人”，在一定的文化语境和文化空间中，会形成一定的文化立场（鲍晓英，2014）。翻译学者安东尼·皮姆（A. Pym，2012）在《论译者的伦理》中指出，要使得翻译作品进入译入语社会，译者不仅要克服语言层面的障碍，准确传递源语的信息意义，还要跨越不同社会的文化隔膜，像“使节”一样在不同文化之间扮演不同的角色，实现文化间的理解与协调。也就是说，在语言文字的选择之下，还潜藏着译者与原文作者、译文受众、双方文化背景之间的矛盾争议和沟通协调，任何一个翻译行为都是一项复杂的社会文化实践，包含着译者的文化立场。

译者的文化立场是译者对于不同文化的态度，反映了其对所代表的文化的根深蒂固的理解（王东风，2000）。在翻译过程中，文化立场往往决定着译者翻译策略的选择，对其译文的文体特征和话语风格产生直接作用，进而影响翻译的文化传播效果。翻译理论家劳伦斯·韦努蒂（L. Venuti，1998）认为，译者通常秉持倾向于代表本民族的文化立场，“翻译是一个不可避免的归化过程，其间，异域文本被打上使本土特定受众易于理解的语言和文化价值印记。这一过程贯穿翻译的生产、流通及接受的每一个环节，最有力地体现在以本土方言和话语方式改写原文文本的翻译策略的制定中”。不过，从埃文·佐哈尔（Evan-Zohar）的多元系统理论（polysystem theory）出发，译者在翻译实践过程中至少可以秉持三种文化立场：一是源语文化的立场；二是目的语的文化立场；三是沟通源语文化与目的语文化的文化立场。所谓多元系统，是指由多个阶层元素构成的动态的聚合系统，系统内部各元素之间的关系是不平等的，有的处于中心位置，有的则位于边缘地带，各元素通过彼此竞争以获取中心地位，从而推动整个多元系统不断进化、动态发展（Baker，1998）。以文学多元系统为例，从文学翻译史上看，翻译文学在特定文学多元系统中的地位并非一成不变，往往既获得过“主要地位”（primary position），也曾退居“次要地位”（secondary position）（Zohar，1990）。如果目的语文化在某一文学多元系统中位于主要地位，译者更多采取目的语的文化立场，选择归化翻译策略（domesticating translation）。反之，即源语文化强于目的语文化，翻译文学在多元系统内占据中心位置时，译者大都采用异化式翻译（foreignizing translation），站在源语文化立场，使译文尽可能接近原文形式，力求呈献原汁原味的译作给读者。

那么，在多模态文化翻译活动中，译者应该秉持何种文化立场呢？依据多元系统理论可知，译者的文化立场不仅取决于译者的文化背景和文化意愿，也要考量源语文化和目的语文化的相对地位以及社会语境。就我国多模态文化翻译实践而言，一方面，由于译者面对的是目的语的社会文化语境，在翻译传播过程中必须考虑西方文化环境对翻译传播效果的影响。译者所要处理的不只是如何翻译的问题，更是要推动以译入语为载体、以中国优秀文化为内核的文化传播与交流。这就要求译者站在沟通源语文化和目的语文化的文化立场，促进中华文化与世界文化对话、交流，推动中国文化更好地“走出去”，提升中国文化国际影响力。另一方面，中国的文化地位和翻译文学在文化多元系统内的地位并非一成不变，随着我国经济实力的增强和综合国力的崛起，中国文化在世界文化中的地位不断攀升。同时，在全球化浪潮中，文化全球化潮流不可逆转，东西方文化的相互渗透、彼此交融不可避免，译者只有将“交流与沟通”作为翻译传播的根本宗旨，努力寻求有助于不同文化交流互鉴的翻译策略与方法，才能使得翻译传播作品在目标受众中引起更大的反响，实现中国优秀文化多模态传播的最佳质效。

3. 以文化为中心

多模态文化翻译的过程必然涉及翻译传播内容的选择。从翻译作品的选取、翻译策略的运用到传播受众和传播渠道的选定，无不面临着多种选择的确定。可以说，选择贯穿于多模态文化翻译的全部过程。而这些选择又往往依据既定的目的来决定。当今世界，各国之间的文化往来和文化交流日趋频繁，文化融合不断深入，文化越来越成为经济发展的主要推动力，一个国家对世界的影响力，也越来越体现为文化上的影响力。在此背景下，我国要在世界文化交流中扩大中华民族文化的国际影响力，提高中华优秀文化传播效力，就必须坚持以文化为中心，大力发掘中国优秀文化，并将其发扬光大。具体而言，在多模态文化翻译过程中坚持以文化为中心，一是要立足于传统文化，挖掘传统文化资源，推动中华优秀传统文化“走出去”；二是要着眼于当代中国的社会主义先进文化、核心价值观和时代精神的培育和传播。

所谓传统文化，是指一个民族在长期历史发展过程中所创造出来的文化，包括物质的、精神的和制度的文化，是民族历史上各种民族风貌、思想意识和观念形态的总体表征。传统文化具有深厚的历史继承性和相对稳定性，同时具有强烈的当代性和现实性，作为一个民族的文化基础对民族文化的发展走向产生深刻影响。如马克思（1979）所言：“人们自己创造自己的历史，他们并不是随心所欲地创造，并不是在他们自己选定的条件下创造，而在直接碰到的、既定的、从过去承继下来的条件下创造。”所谓中国传统文化，又称中国文化，也就是指中华民族在数千年的历史发展过程中创造的、不断发展的、打上自身烙印的文化，包括物质文化、精神文化和制度文化等层面（李宗桂，2013）。文化是一个生生不息的运动过程，中国传统文化源远流长、博大精深，具有相对稳定的形态，并且至今仍不断影响着中华民族的文化生存和发展方向。

然而，与任何事物一样，中国传统文化也具有两重性。由于历史和时代制约，中国传统文化中难免存在局限性基因，这就需要我们在多模态文化翻译过程中做到取传统文化之精华，去其糟粕。传统文化的精华亦即中国优秀传统文化，关于何为中国优秀传统文化，学界对此论述颇多，但理解和表述也颇为不同。张岱年（1996）认为，“中国文化的优秀传统有着丰富的内容，其中最主要的是两个基本思想观点：一是人际和谐，二是天人协调。这类优秀传统文化在今天应该得到进一步的阐扬。”此外，他在《中国古典哲学中的优良传统》一文中指出，古代唯物主义与无神论传统、辩证思想、人本思想、坚持民族独立的爱国传统都属于“中国文化中的优良传统”（张岱年，1993）。杨翰卿、李保林（1999）提出，中国优秀传统文化至少包括以下两个方面：其一，关于民族精神的传统文化内容。诸如“天下兴亡，匹夫有责”的爱国主义，“敬德保民”“民贵君轻”的民本思想，“兴利除弊”“革故鼎新”的改革精神，“以和为贵”“和衷共济”的“和合”思想，“笃行信道”“自强不息”的奋斗精神等；其二，强调道德修养的伦理精神和人生价值观念的思想内容。如“己所不欲，勿施于人”的仁爱精神，“内省”“慎独”的律己观念，“立己立人，达己达人”的忠恕之道，“损己而益所为”的牺牲精神，“以天下为己任”的价值观念等。罗豪才（2007）认为，中华优秀传统文化在中华民族五千年文明进程中发挥了重要作用，是中华民族强大的心灵支撑和内在动力。具体而言，中华优秀传统文化主要包含“天下一统的国家观、人伦和谐的社会观、兼容并蓄的文化观、勤俭耐劳的生活观”。

上述学者们对于中国优秀传统文化概念的论述主要是从思想文化的层面揭示优秀传统文化的现代价值，偏重传统文化的精神内涵，将中国优秀传统文化看成是“中国传统文化中提高人民的思维能力、促进社会主义物质文明和精神文明的发展、推动社会进步的一切具有重大价值的优秀精神成果”（张继功 李反修等，1998）。事实上，一个概念的内涵，一般是指它所反映的对象的本质属性的总和。中国优秀传统文化这一概念，所指的本质对象即是中国传统文化当中的整体为上的、具有积极意义和当代价值的优秀成分或因素。从内容上而言，中国优秀传统文化可以分为两种生存形态，即客体生存形态和主体生存形态，客体生存形态包括文献典籍、文学作品、文化物品等客观物化的形态，主体生存形态则是指思维方式、价值观念、审美情趣、伦理道德、风俗习惯等主体化的精神内涵层面（金涛，2005）。这两种形态的优秀传统文化是相互渗透、相辅相成的，典籍、文物等物化形态的文化总是包蕴着特定的精神内涵，而主观的精神文化也往往经由客体化的文化形态来彰显。因此，在多模态文化翻译与传播过程中，我们不但要推动优秀文学作品、传统艺术器物、卓越的工艺品等中华优秀传统文化的物化形态走向世界，更要将生生不息、代代传承的中华民族精神、美德和价值观念等无形的思想文化传递给世界，向世界表达中华民族爱好和平、贵和尚中的美好愿望以及为之付出的不懈努力。这对于弘扬中国优秀传统文化，促进中国优秀传统文化传承与传播体系创新建设，提高中国优秀文化软实力，无疑有着重要的理论意义和实践价值。

先进文化是顺应社会历史潮流，映射时代精神，代表未来社会发展方向的“文明之花”，是人类文明进步的结晶。从文化的历史演进来看，每个时代都有代表这个时代社会发展方向的先进文化，为社会进步和时代发展提供强有力的思想保证、精神动力与智力支持。在当代中国，先进文化就是指以马克思主义为指导，以社会主义核心价值观为灵魂，以建设富强民主文明和谐美丽的社会主义现代化强国的伟大实践滋养的文化，是社会主义先进文化在当下的发展和表现（杜黎明，2018）。先进文化同样包含着先进文化作品、科学技术产物等客体物化形态的文化，以及先进的思想道德、价值观念等主体生存形态的文化。其中，先进的思想道德是先进文化的核心内容，规定着整个文化的核心价值和方向。

当前，世界格局、国际环境正发生深刻变化，文化竞争力已成为综合国力的重要标志。一方面，我们要推动中华优秀传统文化在当代的创新性转化和创造性运用，让优秀传统文化为先进文化提供丰富的精神养分，不断完善社会主义先进文化体系。另一方面，要坚定文化自信，利用新兴技术手段和物质载体推动先进多模态文化翻译实践，向世界各国人民展现社会主义先进文化的丰富内涵，传递社会主义核心价值观和时代精神，增强社会主义先进文化的吸引力和影响力，助力社会主义文化强国战略目标建设。

4. 以受众需求为导向

受众是传播学中的一个重要概念，是指传播活动的听众、观众、读者等信息接收者。“任何性质的话语都必须以受众为转移”（Perelman & Olbrechts，1969）。在多模态文化翻译过程中，受众既扮演“受”的角色，也承担着“传”的角色，是翻译传播活动客体和信息接收主体。随着媒介技术的发展，受众对于翻译传播信息的接受，不再是被动的、消极的，而是主动的、自我选择的（陈小慰，2013）。受众也是传播效果和传播活动成败的关键，不难想象，传播者发出的信息若是不能被受众接纳，传播效果自然不会理想，甚至可能使得整个传播活动失去意义。因而，在任何传播途径中，受众都是传播过程中重点考虑的对象，为了达到传播目的，传播者和译者总是要依据受众的特性，不遗余力地改变和调整翻译传播策略。加拿大作家里柯克（S. B. Leacock）曾幽默地写道：“在美国，最重要的是采集新闻以后向读者大肆宣扬，所以美国的报纸往往使用大字标题、粗体字和双栏载；而在英国，报纸在收集新闻后则采用小标题，尽可能心平气和地把新闻传给读者。这是因为英国报纸所面对的受众，通常是坐在俱乐部安静角落的人，他们用糖缸支撑着报纸，一边悠闲地吃早餐，一边阅读新闻，或者是在皮椅中快睡着的退休银行家和坐在青藤架下柳条椅中的乡村教师。而美国报纸的读者是那些在咔嚓作响的地铁快车上紧握着环把的人，或者在早餐柜台前吃饭的人，或是只有两分钟修面或等候牙医拔牙的人”（李艳芬，2009）。这段近似玩笑的文字生动地向我们揭示了受众的重要性，在多模态文化翻译研究中，我们必须认真研究海外受众的不同特征，遵循以目标受众需求为导向的原则，依据受众的喜好有的放矢，调整翻译传播策略，探索与目的语受众之间最佳的交流与传播方式，方能达到理想的文化传播效果。

具体来说，要做到以受众需求为导向，需要从以下两个方面努力。首先，要明确多模态文化翻译实践中谁是信息的受众。换言之，即对受众的类型进行划分，以便更有针对性地研究不同类别受众的需求，提高多模态文化翻译的传播接受度和认可度。傅斯年认为，译文的受众可以分为两种，即普通读者与学者（罗新璋 陈应年，1984）。鲁迅主张将译文读者划分为甲、乙、丙三类，甲类为受教育程度较高的读者，乙类是略能识字的读者，丙类则是识字无几、文化程度偏低的读者。鲁迅提到，“其中的丙，则在‘读者’的范围之外，启发他们的是图画、演讲、戏剧、电影的任务，但就是甲乙两种，也不能用同样的书籍，应该各有供给阅读的相当的书。供给乙的，还不能用翻译，至少是改作，最好还是创作，而只创作又必须并不旨在配合读者的胃口，讨好了，读得多就够。至于供给甲类的读者的译本，无论什么，我至今主张‘宁信而不顺’的”（罗新璋 陈应年，1984）。杨自俭（2002）基于受众类别和层次的差异，将翻译传播受众概括为读者个体和读者群体，或者高层读者、一般读者和低层读者。他认为，不同类型的读者对于传者和译者所产生的能动作用各不相同，读者群体和高层读者对于译者的能动性作用最大，他们的想法常常影响着译者对于作品的选择、翻译策略的运用以及整个翻译传播活动的目标。王宏印（2006）将翻译传播活动的受众分成一般读者、通晓双语读者和职业批评家三种类型。一般读者注重满足自己的精神需求，更为关注翻译作品的语言和思想内容；通晓双语的读者可能通过比对译文和原文，对译作产生一定质疑并提出意见；职业批评家则多是对翻译作品发表评论、探索规律，或是致力于学派论证和翻译批评学科建设等。尽管学界对于受众的分类有着自己的分类标准和不同看法，但学者们普遍强调，译者作为文化传播的使者，要具备充分的受众意识，尽可能运用恰当的翻译策略和翻译风格，选择国外受众乐于接受的文化传播内容、形式，让他们愿意倾听中国声音、理解中国，从而促使中国文化真正“走出去”。

其次，要重视不同文化语境中受众的期待视野和审美意识。期待视野是由德国美学家、接受美学主要创立者姚斯（H. R. Jauss，1987）提出的，是指受众在进入接受过程之前，依据自身经验和审美趣味等对于传播作品的预先期待，即受众意识中存在的一种关于作品内容和形式的先在的心理结构图式。期待视野是审美期待的心理基础，主要包括文体期待、意象期待、意蕴期待三个层次。在面对多模态文化翻译作品时，受众的期待视野主要由以下几个方面决定：一是受众从先前接触到的、熟悉的作品中得到的艺术经验，即对不同类型作品内容、形式、技巧的认识；二是取决于受众生活的社会历史环境，包括在不同社会环境中形成的价值观念、思维方式、道德信仰和审美旨趣等；三是受众自身的个体因素，如不同受众的教育程度、生活经历、文化素质和审美水平等（章国峰，1993）。审美意识是受众对传播对象美学属性的一种能动反映，表现了受众对某一作品的审美感觉、观点、喜好以及心理情感方面的契合程度。一般而言，读者倾向于选择与自身审美意识相契合、满足审美期待的作品，以获得更加愉悦的审美体验（周红民，2008）。翻译，本质上是一种文化传播实践，而不是译者和原作者的独白，期待视野和审美意识决定着受众对于传播对象的选择与接受程度，唯有符合受众的先在心理结构和审美情趣的作品，才可能被受众认可和接纳。因此，译者在多模态文化翻译过程中，必然要考虑目标语国家受众的接受问题，关注异域受众和翻译传播作品的视野融合与审美契合问题，克服不同文化背景差异，满足受众对于中国优秀文化的创新期待和审美感受。只有这样，才能让中华优秀传统文化和当代文化吸引受众，提高中国文化多模态翻译传播效果，实现传播者、译者与受众之间深层次的文化沟通与互动。

5. 以国家文化利益为核心

国家利益，是一个民族国家生存与发展的最高目标，反映这个国家全体人民的物质需求和精神需求（王逸舟，2007）。总体而言，我国的国家利益包括国家安全利益、政治利益、经济利益和文化利益，是一切国家行为的根本起点（阎学通，1997）。国家文化利益是国家利益的重要构成要素，在文化交流和竞争加剧的全球化时代，各种思想文化的交融与交锋更加频繁，国家文化利益的战略性地位日益凸显。多模态文化翻译活动作为讲好文化故事、传播中国声音的重要载体，已逐渐成为谋求国家文化利益的重要手段之一，对国家文化利益的发展和走向有着巨大的引领作用。在多模态文化翻译实践中，译者必须首先考虑我国的国家文化利益，坚决维护国家文化安全。可以说，国家文化利益"以其道义目标和理想追求"是文多模态文化翻译活动的价值取向和终极目标，是时代赋予每一位译者的重要使命（俞新天，2006）。然而，从我国国家文化利益的全局来讲，中国文化走向世界依然面临着严峻国际形势，在维护国家文化利益的道路上任重而道远。这些严峻形势大致分为三个方面：一是文化霸权主义的侵蚀；二是文化保护主义的壁垒；三是不合理的国际文化秩序的阻滞。

文化霸权（cultural hegemony）是意大利社会主义思想家安东尼奥·葛兰西（A. Gramsci，1988）于20世纪30年代提出的，葛兰西在《狱中札记》中写道："实践哲学的当代大理论家正在构造一种更为有效的工具，系统地对'霸权'和文化指导要素进行重新评估，以消灭机械论和宿命论的经济主义观点，其实，最新的实践哲学的根本要素就是关于'霸权'的历史——政治观"。葛兰西指出，文化霸权总是与市民社会联系在一起的，教会、工会、家庭、学校、电台等都可以被作为文化霸权的机器，文化霸权主要利用赞同的而不是施加武力、强制的方式将个体与社会统治集团捆绑在一起。换言之，文化霸权，即相对于政治霸权而言的智识与道德的领导权，通过文化理论、文化产品等文化工具控制文化内容以统一社会思想意识，进而达到统治目的。在世界文化交流和传播关系研究范畴中，文化霸权是指文化强势方国家通过意识形态、价值观念、生活方式等的渗透，将自己的文化强加于文化弱势方国家，并企图对其进行控制的强权文化行为。而文化霸权主义，亦称文化强权主义、文化殖民主义，一般是指国家与国家、民族与民族之间使用文化手段进行文化控制、推行文化价值观的强加行为（张其学，2005）。在当代，文化霸权主义问题主要表现为把西方的物质生活方式、思维方式、文化价值观等作为一种普世的行为准则强行向其他国家和地区渗透、宣扬。在全球化和信息化时代，西方的文化霸权问题尤其是美国文化霸权问题在国际交往和文化交流过程中日益显现，如何抵御美国文化霸权主义成为世界各国关注的重要研究课题，也是我国多模态文化翻译活动中不可回避的障碍。

随着世界经济一体化进程加快，全球化现象已然渗透至现代社会生活的方方面面，文化领域也颇受影响，“文化全球化”这一概念应运而生。文化全球化在推动各国文化交流、丰富文化多样性的同时，也加深了全球文化同质化的发展趋势。对此，不少国家政府为保护本国文化不受外来文化冲击，致力于寻求对本国文化市场进行保护、维护本国文化利益的文化政策和措施。文化保护主义主要分为两种形式，一是通过制定和完善文化政策的相关法律条文，对外国文化产品和服务进行一定限制，包括税收限制、许可限制、市场接近限制以及外国投资和所有权限制等，以减轻本国文化产品与外国文化产品的竞争阻力；二是不遗余力地保护和扶持本国文化产业，为本国文化产品提供更多支持政策，鼓励创意型、创新型文化产业发展，提高本国文化产品在对外传播过程中的优势。以法国为例，在文化全球化浪潮中，面对美国文化的强势冲击，法国很早便提出了国际文化贸易中的“文化例外”和“文化多样性”原则。“文化例外”原则指出，文化产品不同于一般商品的特殊属性，如具有影响国民身份认同、传播国外意识形态和价值观念等功能，因而主张对文化产品实行贸易保护政策。“文化多样性”原则反对一国文化独大，认为国家有义务“为多元文化的表达创造条件”，同时强调关注文化的多元性，积极发展多元文化。中国有着悠久的历史和丰富的文化资源，随着中国与世界的交流日渐密切，在文化领域正在面临着与法国类似的境况，即文化全球化和文化霸权主义对本国文化的挑战，好莱坞电影、日本动漫、韩国电视剧占据了我国的文化市场的巨大份额，对我国优秀传统文化的弘扬和文化产业的发展带来严重影响。他山之石，可以攻玉。我国在多模态文化翻译与传播过程中必须重视文化产品的文化属性，将“文化多样性”作为一面旗帜，坚定文化立场，维护我国文化主权，促进我国多模态文化翻译事业健康发展。

秩序，常度也，一般与无序、混乱相对，指有条理、不混乱的规范化状态。国际社会中的秩序即为国际秩序，是指国际社会的行为主体基于共同利益和目标所建立起来的相对稳定的国际行为规则和保障机制，通常以国际法原则、国际协议、国际惯例、国际制度、国际组织等形式表现出来（潘忠岐，2004）。长期以来，国际秩序被认为主要包括国际政治秩序和国际经济秩序两大方面，国际秩序中不同文化间的交往关系和规则范式并没有受到人们普遍的重视。当前，随着信息技术、传播媒介的日新月异，文化全球化发展趋势愈演愈烈，以国家、民族、国际组织、社会团体乃至个人为载体的文化交流，越来越成为国际社会交往中不可或缺的重要方面，不同文化碰撞、交流与融合不断产生新的文化问题和文化冲突，构建公正、有效、合理的国际文化秩序已成为世界人民的迫切需求，也是备受学者们关注的重大课题。借鉴国际秩序的概念，我们可以将国际文化秩序定义为国际社会的文化行为主体基于共同的文化利益和文化目标而形成的相对稳定、有序的国际文化交往规则和文化关系状态。然而，国际文化秩序的性质往往取决于国际政治格局，要受到指涉国家之间权力对比关系的国际政治格局的制约。在国际格局中占据主导地位的大国和强国依仗自己的权力，习惯于按照自身国家利益需求来制定国际文化秩序，使之印上本国文化意志的烙印，集中体现为西方尤其以美国为首的发达国家文化的强势主导和多元文化的不平衡对峙。对于多模态文化翻译的研究者和实践者来说，必须认识到的是，迄今为止的国际文化秩序依然代表的是少数西方大国的文化利益，这些少数西方大国形成一个与广大亚非拉发展中国家相对立的文化利益集团，在国际文化秩序中拥有独一无二的支配地位，对包括中国在内的发展中国家的国际文化交往、本民族文化认同造成了严重冲击。这种国际文化秩序不但有悖国际社会秩序的平等原则，也阻滞了各国文化的正常交流与传播，不利于世界各民族文化的共同繁荣以及人类世界整体的和平与发展。

综上所述，全球化时代，从国际形势来看，我国多模态文化翻译实践还面临着文化霸权主义的冲击、文化保护主义的壁垒、不合理的国际文化秩序的破坏等这样或那样的问题。要推进中国优秀文化走向世界，需要我们摆正心态，客观分析和看待当前的全球文化语境，找出与发达国家多模态文化翻译建设的现实差距，积极克服障碍与不足，同时坚定文化自信，努力寻求更为有效的多模态文化翻译和传播方式与途径，创新中华文化多模态翻译与传播机制，大力宣传优秀传统文化的精神内涵和社会主义先进文化的蓬勃生机，让世界更好地了解中国。

6. 小结

维护文化多样性、推进多元文化的和平共处、共存共荣是新时代多模态文化翻译的基本要求。无论何种文化，都必须以和平的方式与其他文化相互交流、相互沟通，才能够源远流长、生机勃勃，实现世界文化的大发展与大繁荣。统而言之，立足于国家整体文化语境，多模态文化翻译与传播无疑是一个协商博弈的过程，是兼顾国内乃至国际社会各主体利益的平衡的过程。译者作为翻译主体和传播主体，必须基于“交流与沟通”的立场，选择以文化为中心的多模态翻译内容，关注受众的心理需求和审美期待，采用合理的翻译策略和传播途径，加强传播者、受众以及文化环境之间的相互协调，以实现多模态文化翻译的良好效果。同时，译者要牢牢树立国家文化利益意识，始终将国家的文化利益放于核心位置，把我国的国家文化利益视为翻译传播活动的终极文化目标进行考量。在多模态文化翻译传播实践过程中，面对来势汹汹的文化霸权主义、不尽合理的国际文化秩序以及他国文化保护主义壁垒，要深入研究它们对于多模态文化翻译与传播过程和效果的各种可能性危害，不断增强本国文化安全、文化认同意识，积极探讨应对文化霸权、旧有国际文化秩序等障碍的多模态文化翻译与传播对策，在全球化的背景下努力推动不同文化间的对话、传播与合作，增加彼此的相互尊重、包容与理解，为建构全新的合理的国际文化秩序，进而为人类命运共同体走向公正和平以及共同繁荣做出贡献。

第二节 理论要素

1. 引言

美国政治学家、传播学者拉斯韦尔（H. D. Lasswell，1948）在其论文 *The Structure and Function of Communication in Society* 中提出了著名的“5W”理论，构建了传播过程模式，被认为是当代传播学理论的开端。所谓“5W”，即构成传播过程的五种要素：Who（谁），What（说了什么），In Which Channel（通过什么渠道），To Whom（向谁说），With What Effect（有什么效果）。在传播学发展中，拉斯韦尔“5W”模式的地位不可撼动。这一模式首次将人们整天从事却又难以述清的传播活动明确归纳为由五个环节和要素构成的系统过程，既帮助人们理解了传播活动的结构和特征，也为研究传播过程提供了有迹可循的出发点（郭庆光，2011）。基于拉斯韦尔的“5W”理论，我们对多模态文化翻译过程有了更为系统的理解。翻译作为一种跨语言的文化传播活动，与之相对应，包含着“多模态文化翻译主体”“多模态文化翻译内容”“多模态文化翻译途径”“多模态文化翻译受众”“多模态文化翻译效果”这5类要素。在多模态文化翻译过程中，信息传播者即译者，不过，由于译者在翻译过程中扮演着原语信息的接受者和译语信息的传播者双重角色，翻译是一种两级文化传播过程。因此，我们必须对译者的身份予以更多关注。同时，在多模态文化翻译研究中，翻译活动中的受众与原语作者来自不同的文化背景，这就需要我们在翻译时关注其中的文化因素，力求做到传真。多模态文化翻译内容作为传播活动的中心，是翻译能否实现预期传播效果的关键。关注的传播内容的生产、流动及其社会文化意义是多模态文化翻译的重要研究领域。

多模态文化翻译媒介是传播内容的物质载体，随着数字技术、互联网技术迅速发展，媒介技术和传播手段也不断更新迭代，构建多种媒介相结合的多模态协同传播体系是多模态文化翻译研究的重要课题，需要我们从多模态视角切入，探索翻译过程中多模态信息传播的媒介、策略与方法，以实现翻译的文化传播效果提升。

2. 多模态文化翻译主体

多模态文化翻译主体是翻译传播过程的起点，也是翻译传播活动的中心之一，主要负责信息的制作、收集、加工和传递。在多模态文化翻译主体研究中，我们探讨的主要是关于“谁”翻译的问题，因此，所关注的多模态文化翻译主体主要是译者，即译者应该是“谁”的问题。翻译家海特（G. Highet）曾说道，“写得差劲，只是一种失策；好书庸译，简直就是罪过”。中国文化要实现与他国文化的有效沟通和互动，其现实立足点既是基于翻译，更决于翻译，在多模态文化翻译所牵涉的各个环节中，译者的重要性不容分说（胡安江，2012）。因此，由“谁”来翻译是多模态文化翻译研究中一个十分重要的课题，是影响中国文化“走出去”的决定性要素之一。具体来说，选择与确立中国优秀文化“走出去”的多模态文化翻译主体，需要关注以下两个方面，即多模态文化翻译者的文化身份及其文化作用。

2.1 文化身份

文化身份（cultural identity）中“身份”一词的英文是“identity”。Identity一词在英语中同时包含了“身份”与“认同”两种意涵，是指在物质、成分、特质和属性上存在的同一性质或状态，或者在任何场合、任何时刻一个人或事物的同一性（samenesss 或 oneness）（James，A. H. Murray et al.，1989）。因此，文化身份也可译作文化认同，表示带有民族印记的文化本质特征，指一个文化群体成员对于本民族自身文化的归属感和认同感。当代文化研究的重要人物，文化批评家、传播学者和社会学家的斯图亚特·霍尔（S. Hall，2000）认为，对于文化身份至少存在两种不同的理解方式：第一种是将“文化身份”定义为一种共有的文化，是集体中的“一个真正的自我”，藏身于诸多其他的或人为地强加的“自我”之中，构成了真正的、现在的自我；第二种对文化身份理解则是把文化看成是“存在的”，又是“变化的”，即文化身份是有源头的，屈从于历史、文化和权力之间的“嬉戏”。实际上，霍尔对文化身份的阐释主要是从个体层面和历史共同体层面出发去理解文化身份的本质，强调文化身份的共性的同时也关注文化身份的差异性与变化性。就个体而言，文化身份诉诸的是个人认为、相信或者希望自己是一个什么样的人，即当下的、真正的自我。从共同体来说，文化身份问题阐释的是个体对于不同社会团体和不同历史文化传统的认同感与归属感（韩震，2006）。无论基于个体层面还是社会共同体层面，文化身份问题的核心都指向某一文化主体在各种文化之间的集体身份选择，在这一过程中，文化主体不可避免地要遭遇巨大的思想震荡和精神挣扎。

将文化身份引入多模态文化翻译研究视野，我们需要关注的是具有某一民族的文化背景的译者在另一民族的土壤中是如何维系自己的文化身份、建构文化意识和认同的，具体包括译者的自我意识、表现方式、人际关系、惯性与动性、情感因素等。文化身份具有主观能动性，能够帮助译者理解并超越自身所属文化，选择和适应一种新的文化，并且获得对于两种文化的独特见解之能力。需要指出的是，正如霍尔所言，文化身份是“存在的”，又是“变化的”，文化身份与认同并非不可变更的，译者文化身份的形成既有自然天成和自我选择的原因，也离不开后天环境的影响。特别是在当今全球化语境中，译者的民族和文化身份常常有可能是双重的甚至是多重的。在多模态文化翻译过程中，文化身份不但决定着不同文化属性的受众群体和个体所偏好和使用的信息编码、解码方式，也决定着译者采用哪种方式、选取何类信息进行翻译和传播。研究译者的文化身份有助于我们理解译者的文化身份特点和文化性格形成过程，帮助译者强化民族文化认同内涵与机制，增强译者的文化自觉和文化自信，推动多模态文化翻译模式建设，提升中国优秀文化的传播质效，让世界各国人民更好地认识、理解和认同中国文化的内涵与价值。

2.2 文化作用

语言成就了世界，传播缩小了世界，翻译却沟通了世界。不过，在翻译研究发展过程中，传统的翻译理论大多把翻译研究重点聚焦在语际层面，翻译的作用仅仅是语言、文字的传递，译者被看成是原作者的仆人、戴着脚镣跳舞的人，甚至是拙劣的模仿者，要求翻译作品的忠实和译者的隐身。这一思想下，译者只能成为一个居于屈从地位的边缘人，位于中心位置的永远是原文作者及其创作的作品，译者唯一的权利就是再现原文作品或是与原作类似的仿制品。传统静态的翻译理论忽视了译者这一翻译主体的创造性和能动性，也忽视了翻译活动本身以及译者所承担的文化作用。从文化传播的意义上来看，翻译既是一种文化行为，也是一项特殊的传播活动，其作用与功能远远超越语言层面，是文化传播的桥梁和纽带，译者在此过程中具有积极的主体意识，同时发挥着重要的社会文化功能（朱琳，2017）。

纵观中西方文化发展历程，我们不难发现，每一次社会形态的变革和文化的发展，无不体现着译者作为文化翻译与传播主体的文化作用。自东汉末年开始，伴随着佛教的传播，佛经翻译不断发展且日趋成熟，掀起了中国翻译活动的第一波高潮，对中国文化各方面产生了深远的影响。梁启超（2006）曾说过："佛教为外来之学，其托命在翻译，自然之数也。"可见，翻译在佛教文化传播与发展的进程中扮演了至关重要的角色，深刻影响着中国人的思想意识和人生哲学。明末清初，西方的民主思想和民主制度开始在中国萌芽，西方传教士来华传播基督教，同时介绍一些自然科学和实用科学技术等方面的西方文明成果。中国的士大夫与其合作，共同翻译了哲学、算学、几何、农业、机械等西方书籍，形成了我国翻译活动的第二次高潮，对于当时社会的发展和文化的进步发挥着重要的推动作用。

鸦片战争以后到清末的西学翻译是我国历史上第三次翻译高潮，这一时期，西方的民主思想和民主制度在中国进一步发展，大量关于西方民主制度的译作在中国传播。譬如，严复翻译的《天演论》《原富》《法意》《物种起源》等作品，将西方的个人自由思想和资本主义政治、经济、法律制度等传入当时封建思想盛行的中国，引发了广泛的社会思考，促进了民主思想和西方文化的传播，对近代中国封建社会产生了巨大冲击，推动了更多中国反封建专制的有识之士进行社会制度变革的伟大尝试。可以说，在中国历次文化发展和变革过程中，翻译都是铁甲军、先锋队，译者则是这支队伍中能征善战的英勇骑士（张国敬，2003）。

此外，译者的文化作用还在于能够推进文化整合以及文化增殖。文化整合，是指不同文化通过交流选择和体验吸收，逐渐融合并趋于一体化的过程。文化人类学家卡罗尔·恩伯（Carol R. Ember，1988）指出，文化，或者说构成文化的诸要素并非各个成分的随意拼凑，而是在大多数情况下相互适应或磨合共生的。文化整合是文化的生命接续方式，能够为整个社会文化发展和文化创新注入新鲜的血液。而文化的交流与传播是实现文化整合、形成新的文化体系和文化模式的前提。译者作为文化传播的主体，是推动文化整合的关键性要素。经由译者翻译和转述的信息在目的语社会传播过程中，必然会与目的语的文化要素发生接触，进而通过交流、吸收或是碰撞、冲突的方式实现文化整合，最终发展成为一种具有共同特色、相对和谐的文化体系。某种意义上来说，人类文化发展的历史就是不同文化通过翻译而不断交流、交汇直至整合的历史。文化增殖是文化的重要生命特征，是一种文化在原有文化价值或意义的基础上，通过文化传播繁衍出新的文化意义的现象。译者在多模态文化翻译与传播过程中，基于自身的文化背景和文化理解，赋予译入语以新的生成意义，实现目的语社会的文化增值。另一方面，译者通过翻译和引进外来民族的文化，开拓了人们的文化视野，促进了其他民族文化与本民族文化之间的交流、碰撞、传播，激发本民族文化新的生命活力和创造活力，助力本民族文化的再生产与文化创新。

3. 多模态文化翻译内容

内容是构成多模态文化翻译与文化传播意义的核心，对于内容的选择是多模态文化翻译研究的重要课题。法国哲学家萨特（Jean-Paul Sartre，1998）曾经写道，“一旦人们知道想写什么了，剩下的事情是决定怎么写，往往这两项选择是合而为一的，但是在优秀的作者那里，从来都是先选择写什么，然后才考虑怎么写”。萨特的这一创作观念同样适用于多模态文化翻译实践，好的译者从来都是先考虑翻译什么，再考虑如何翻译。因此，多模态文化翻译的过程首先是一个内容选择的过程，成功的内容选择会使得翻译传播的作品受到受众的欢迎和青睐，从而取得理想的传播质效。反之，传播作品则会遭到冷落，难以实现预期效果。与此同时，多模态文化翻译内容的选择并不全由译者、源语信息传播者等翻译传播主体决定，还要受到社会历史、文化因素等诸多语境要素的限制。这些因素制约着翻译行为的选择、影响着多模态文化翻译活动的传播效果，关于影响要素的分析同样是多模态文化翻译内容研究中必须关切的问题。

3.1 内容选择

面对浩瀚如烟的文化内容和文化信息，我们应该如何进行内容选择，以加强内容建设、推动中国文化“走出去”呢？首先，必须着眼于中华优秀传统文化，充分展示优秀传统文化的独特魅力。一个国家、一个民族的文化吸引力，离不开其悠久的文化积淀和深厚的文化底蕴。中华优秀传统文化是一座宝贵的精神矿藏，是中华民族自立自强、生生不息的精神命脉，是我们在世界文化激荡中站稳脚跟的文化之根。绵延五千年的中华优秀传统文化，创造了被世界文化体系普遍认同的文化价值观念、哲学思想和精神资源，如崇仁爱、重民本、守诚信、尚和合、求大同的思想追求，知礼好学、敬业乐群、扶正扬善、见义勇为、宽厚孝义的传统美德等，不仅塑造了中华民族的鲜明品格，滋养了独树一帜的中国精神，也是中华文化走向世界的精神基础，对于促进世界各国和谐发展、促进人类文明进步有着重要意义。译者作为文化翻译传播的使者，要坚守中华文化立场，丰富和拓展文化翻译传播内容，向世界积极译介和宣传经典文学、古典诗词、京剧民乐、书法绘画等具有中国特色的传统文化瑰宝，把中华民族最根本的文化基因传播出去，让国外受众感受中华文化的独特魅力，获得愉悦的审美体验，从而更好地理解和领悟中华文化。

再者，要积极传播当代中国核心价值观念，增强文化自觉，坚定价值观自信。古人云："观乎人文，以化成天下。"文化是一个民族的精神家园，核心价值观是一个民族文化建设的灵魂和标志，广泛渗入到民族的社会生活和精神世界之中。习近平总书记指出，核心价值观是文化软实力的灵魂，是决定文化性质和方向的最深层次要素。一个国家的文化软实力，从根本上说，取决于其核心价值观的生命力、凝聚力、感召力。社会主义核心价值观回答了我们要建设什么样的国家、建设什么样的社会、培育什么样的公民的重大问题，既是我们的价值追求、价值规定，也是我们对世界的价值承诺，是我国国家形象的国际展示。长期以来，西方依靠文化产品输出和文化传播，向世界灌输着一种个人英雄主义的价值观，制造西方价值观贴近人性、完美无瑕的错觉，要求在中国文化的土壤开出迎合西方的价值观之花。随着中国的崛起和发展，中国对世界的影响与日俱增，越来越多的国家开始关注中国道路、中国方案和中国智慧，开始客观看待并日益认可当代中国的价值观念。

在这样的背景下，我们更要把当代中国的价值观念贯穿于多模态文化翻译和传播的方方面面，翻译好、传播好、阐释好社会主义核心价值观，让国际社会对我们独特的历史传统、历史命运、基本国情有深入的理解，增进国际社会对当代中国的价值观念的认同。同时，价值观往往需要借助有形的文化产品来展现。当代优秀文化作品、文化产品是思想性和艺术性的统一，讲述了中国道路的精彩故事，承载着当代中国的核心价值观念，我们要抓好当代优秀作品的翻译工程，积极推介当代优秀文化作品和文化产品，实现从中国文化"走出去"到文化价值"走出去"，提高当代中国价值观念的国际知晓度和认同度，使当代中国形象在世界上更有影响力、竞争力和感召力。

3.2 内容选择的影响因素

多模态文化翻译是人类一种有目的的社会实践，社会的发展以及不同文化之间交往的需要是多模态文化翻译存在和发展的重要原因。在多模态文化翻译内容的选定、生产上，无不体现着社会意识形态、文化风尚、权力机构等多重社会要素的影响。并且，各类因素对于多模态文化翻译内容的影响是深刻且全面的，既在微观上制约着多模态文化翻译行为主体的选择，也在宏观上影响着多模态文化翻译以及传播的目的和接受效果。

意识形态（ideology）是人类精神创造的产物，是一定社会的经济基础和政治制度和人与人的经济关系和政治关系的反映，实质上就是统治阶级的统治思想的集中概括。一个国家的意识形态往往体现为一国的政治和文化，并且，世界上不存在超越意识形态的文化（黄旭东，2009）。无论是翻译还是文化传播活动，意识形态问题总是无法回避的。比利时翻译研究家勒菲弗尔（A. Lefevere，2004）认为，任何翻译都是在一定的文化语境中进行的，翻译就是译者对原作的一种操控与改写，必然反映了某种意识形态和诗学观念。多模态文化翻译本质上作为一种文化实践，并不是远离政治和意识形态的纯粹的文字转换和语言传递活动，其背后的思想和解释系统都离不开意识形态的引导和制约。尤其是在国际交往和国际文化传播活动中，当意识形态问题涉及国家利益、国家安全之际，任何超越意识形态的想法是极其错误且有害的。

在多模态文化翻译和传播过程中，我们不应该回避意识形态的交流。多模态文化翻译本身就是一种文化思想意识形态在另一种不同文化思想意识形态中转换、交流的活动。意识形态对多模态文化翻译内容的影响是巨大的，最直接地反映在影响译者对于内容的选择与处理上。比如，在改革开放初期，浩然的《金光大道》，周而复的《白求恩大夫》，孙犁的《风云初记》《荷花淀》，丁玲的《太阳照在桑干河上》等宣传抗日战争、解放战争、新中国成立后人民生活现状这些主题的作品，成为这一时期翻译内容的主流选择。另外，颇具时代批判性和反思性的作品亦均有翻译，如宗璞的《弦上的梦》、王蒙的《蝴蝶》、蒋子龙的《赤橙黄绿青蓝紫》、古华的《芙蓉镇》、谌容的《人到中年》等。这与改革开放初期的社会的意识形态是一致的，既强调真实地、丰富多彩地、生动活泼地、尽可能及时地传播新中国社会现状，也注意防止忽视政治宣传的倾向（王颖冲，2014）。同时，一个国家或社会里占主导地位的意识形态也左右着译者的多模态文化翻译实践，当原文作品所描述的信息内容与受众的主流社会意识形态互相抵触时，译者往往会采取相应的翻译策略，如舍"信"，以求得受众对译文作品的接受。

多模态文化翻译在内容的选择上，也体现了一定时期的社会文化风尚的影响。谢尔盖·图勒涅夫（S. Tyulenev，2014）指出，"翻译参与社会文化交际的过程，而不只停留在语言转换的层面，翻译是输入新事物的重要手段，是文化及其载体与外部世界联系的中介与纽带"。以欧洲为例，在文艺复兴时期，复兴古典文化成为当时的社会文化风尚，许多著名的人文主义者以古希腊、古罗马的哲学、文学和艺术为对象，悉心研究并大量翻译了柏拉图、亚里士多德、欧里庇得斯、西塞罗、贺拉斯等哲学家、古典作家的重要作品，重新发现了古希腊和古罗马文化。莱昂纳多·布鲁尼（L. Buruni）翻译了亚里士多德、普鲁塔克、狄摩西尼、柏拉图等古希腊鼎盛时期哲学家的作品，并且写成了著名的《佛罗伦萨人民史》（*History of Florence*）。这部佛罗伦斯史共有十二卷，采用古典修史的编纂方法，用拉丁文写成，被称为西方第一部现代史学著作。德西德利乌斯·伊拉斯谟（D. Erasmus）也是文艺复兴时期一位有代表性的文化翻译传播者，他翻译了古希腊修辞学家里巴尼乌斯（Libanius）和古希腊悲剧大师欧里庇得斯（Euripides）的文学作品，并且翻译了拉丁语的《圣经·新约》。伊拉斯谟在翻译《圣经》时，依据当时文艺复兴的社会风尚，注入了人文主义思想，对后世的《圣经》翻译和研究产生了深远影响。

总之，多模态文化翻译的内容只有符合目的语社会的意识形态，才可能被目的语的受众接纳和认可。若是两者之间不相和，甚至相悖，翻译传播的作品注定会在目的语社会遭到冷遇，无法达到预期的文化传播效果。同时，多模态文化翻译实践也会与社会文化语境形成积极的互动效应。一方面，社会的需要和文化风尚深深影响着多模态文化翻译与传播内容的选材以及作品的思想性，翻译内容的选取需要尽可能适应特定社会的文化风尚，满足社会的文化发展需求。另一方面，多模态文化翻译的内容也承载着文化翻译传播主体对于社会文化现实的关注和国家民族命运的担忧，能够为社会进步带来积极的文化效应。

4. 多模态文化翻译媒介

媒介即中介或中介物，是多模态文化翻译过程的基本组成部分，也是多模态文化翻译和文化传播行为得以实现的物质手段。对于一个国家来说，文化的力量不仅取决于文化本身价值的大小，更取决于文化是否被传播，以及文化传播的深度和广度。也就是说，文化要真正转化为软实力必需有文化传播力的推动，一个国家的文化观念与价值取向只有在国际社会得到传播并受到认同时，文化才成为真正意义上的软实力。而要实现文化的翻译与传播，必须要以一定的传播媒介作为信息承载的物质工具。

纵观人类文化翻译传播史，媒介的发展经历了一个从早期符号媒介、语言媒介、文字媒介、印刷媒介、电子媒介和网络媒介的发展过程。当前，书籍、报刊、广播、影视以及互联网等媒介构成了主要的媒介传播系统，这些媒介承载和传播的文化资源具有高度的扩散性、及时性和渗透性。即便如此，一个国家的文化要被另一个国家的受众接纳、理解与认同，却仍是相当不易的。正如鲁思·本尼迪克特（R. Benedict）所言，文化是一个民族、一个群体形塑本民族生活的“模具”，民族成员的生活长期以来已经被“模具化”，从而要通过文化传播来使得对方理解外来文化内涵、改变其文化行为是很困难的（吴瑛，2009）。彼得斯（J. D. Peters，2001）将这种不可能抵达受众心灵的文化传播行为称为是一种“对着空气说话（speakinng into the air)”的无奈的交流。而要实现真正的文化交流和思想认同，我们一方面要不断拓展文化翻译传播渠道，重视媒介技术创新与媒介融合发展。另一方面，也要推动文化翻译传播模式和传播方式的创新，建立多模态共存的文化翻译与传播机制。

从媒介技术融合发展来说，多模态文化翻译与传播的媒介和渠道是多种多样的，不同的传播媒介有着各自的特色和优势。尽管伴随新的传播媒介诞生，对原有的媒介会造成一定冲击，但是新媒介和旧媒介的关系并不是相互排斥、此消彼长的。新媒介的出现，并不以取代旧媒介为前提和条件，而只是迫使旧媒介改造自己，寻找更为适合的表现方式，以便在激烈的媒介竞争中生存下去。可以说，每种传播媒介总是在相互协调、吸收借鉴中不断发展的，共同改变着人类文化翻译传播的格局，影响着人们的文化思想、价值观念和生活方式。首先，要充分利用视觉传播媒介。事实上，视觉是一种十分复杂的文化行为，在当前的社会生活中，伴随信息技术和新兴媒介的迅速发展，以图片图示、视频图像、影视为主要载体的视觉符号强势崛起，视觉化的信息流动已成为多模态文化交流与传播的主导性形式，从根本上改变了现代社会的文化版图，促成了“视觉文化转向”(方刚，2019)。电视、电影、摄影、绘画、广告、时装设计等各类视觉化的媒介，都在构筑着现代社会的视觉文化符号传播系统，使得视觉观看越来越成为最主要的文化实践形式，成为我们文化环境中极为重要的组成部分。如同过去纸质书籍在“文字时代”中占据决定性地位一般，视觉文化转向的影响也渗入社会文化生活的方方面面：一是视觉媒介跨越时空限制，将人类的视觉延伸至整个人化的世界，成为文化意义传播的主要方式；二是视觉的可视性成为衡量文化存在性的标尺，当代文化形态日益呈现出向视觉化追求的趋势。也就是说，视觉媒介所传播的并不仅仅是单纯的视觉符号或者图像视频，隐藏在图像背后的是一种文化内容、文化态度以及文化思想观念的表达。视觉媒介的重要意义在于，它通过形成视觉化的观看模式，确立了视觉化的文化模态在文化整体中的统治性地位，重新定义了人类文化传播的方式以及人与外在世界的关系（李岩，2004)。相较于传统的文字符号传播，视觉媒介的最大特点在于，影像表意符号具有世界通用性，更容易推进世界文化交流。将文化翻译传播付诸视觉的传播载体，不仅能够传达文化信息，而且在吸引受众、帮助理解、加强记忆和形成文化风格与气质上，都有着不可估量的作用，能够极大地提升中国文化输出效果。

其次，要主动运用自媒体、社交媒介等新兴传播媒介，建立交互式、沉浸式的多模态文化翻译与传播媒介系统。云计算、大数据和人工智能技术等一系列技术革命不断更新迭代，实现形态与功能转型，推动媒介技术迅速发展，改变了原有的拟态环境，正在塑造着人与媒介互为延伸的全新的文化传播秩序。网络媒介、自媒体、社交媒介等新兴媒介的诞生为全民参与文化传播提供了极大的便捷，消解了传播媒介控制中心的权威地位，打破了多极传播中心的生成，让拟态环境成为独立的信息茧房，最大限度地展现客观环境，形成了媒介与人交互式融合的多元化、立体化文化传播模式。在网络媒介、社交媒介如此发达的时代，传统单一的、定向的信息传播媒介无法实现交换、创造并参与的传播环境，受众更多的时候只是被动地接受媒介灌输的文化认知，使得文化传播行为容易受到传播主体的权威地位限制而呈现窄化的发展特征（宗源，2019）。而自媒体、社交媒体技术使得文化传播的时空隔阂完全被打破，文化信息的传播活动不再出现延迟效果，同时，个人终于成为文化传播的自由主体，能够不断以自组织形式进行文化信息的选择与加工，真正实现文化传播实时互播，直达受众。在此背景下，我们必须加强多模态的媒介融合建设，推动由融媒竞争到融媒共生，利用虚拟现实技术、人工智能技术等新兴媒介技术赋能多模态文化翻译与传播实践，加快构建模态化、精准化、智能化的文化翻译传播模式，将中华优秀文化的厚重内容转换为生动的可视可感的多模态文化形象，让中华优秀文化的多模态翻译与传播更加立体、更加有力量。

最后，要创新中华多模态文化翻译与传播机制，在继续“翻译世界”的同时，更加重视“翻译中国”，推动中国文化走向世界。创新多模态文化翻译与传播的模式，核心依然在于体制机制方面。一方面，多模态文化翻译与传播机制改革有助于激发我国翻译市场和文化产业潜力，形成多模态文化翻译与传播可持续发展动力，增强中国优秀文化“走出去”的底气和实力；另一方面，加快多模态文化翻译与传播体制改革是应对国际国内复杂形势，增强国家文化软实力，促进文化大发展大繁荣的必然要求。要实现多模态文化翻译与传播体制机制创新，关键在于释放多模态文化翻译与传播主体的活力，既要发挥好政府的主导作用，也要发挥好文化事业单位、翻译机构等各类力量的独特优势，理顺政府、事业单位、文化企业等主体之间的相互关系，科学平衡政府推动和市场化运行，实现高效、精准的宏观管理机制。此外，也要促进政府职能转变，积极发挥文化市场功能，加强规划和管理，合理调整文化产业布局，构建现代文化市场体系，形成动态高效的微观运行机制。重点建设和发展图书报刊、电影、曲艺演出、影视剧等产品市场，进一步拓展和完善中国多模态文化翻译传播平台，充分运用好互联网、自媒体传播新平台，通过动漫、微电影、手机视频等新兴传播媒介，开展富有中国特色、时代元素的多模态文化翻译与传播活动，增强中国文化在国际文化传播中的竞争力，在多元文明碰撞与交流中构建自己的话语体系，在文化信息传播的基础上实现文化价值传播。

5. 多模态文化翻译受众

英国传播学者丹尼斯·麦奎尔（D. McQuail，2006）在其著作《受众分析》中，对受众这一概念给予了如下描述：“受众既是社会环境——这种社会环境导致相同的文化兴趣、理解力和信息需求——的产物，也是特定媒介供应模式的产物……因此，受众可以按照各种不同的、彼此相交的方式来定义，可以由地点、人口特征、各种媒介或渠道、讯息内容和时间来界定”。对于一个完整传播过程而言，受众与传播者两者缺一不可。离开了传播者，受众无法接收信息，传播行为便不会发生。离开了受众，信息就失去了传播对象和归宿，传播目的也就不能实现。要对多模态文化翻译受众进行研究，我们首先要解决的一个前提性问题便是如何对多模态文化翻译传播受众的范畴进行界定。在此基础上，再对文多模态文化翻译受众的需要进行详细考察和解析。对于这些问题的回答是本书的理论要素考察范围，同时，也能够使我们更好地理解多模态文化翻译与传播过程中受众的独特地位以及对于多模态文化翻译与传播效果的重要意义，从而帮助我们建构起与受众紧密相关的多模态文化翻译与传播模式。

5.1 受众的定义

多模态文化翻译的受众实质上就是文化传播的受众，翻译在其中更多的是扮演着桥梁与中介的作用，而文化传播才是目的之所在。因此，多模态文化翻译的受众与文化传播的受众大致属于同样的范畴。文化传播作为自文化诞生起而产生的一种悠久的社会现象，既源自人类进行社会交往的客观要求，也是实现文化进步和发展的内在需要。在文化传播过程中，传播受众是其重要组成部分，对文化传播受众进行内涵与外延的界定是文化传播以及翻译实践活动取得理想效果的必要前提。

要赋予文化传播受众一个科学适当之定义，我们必须首先回答文化传播是什么，进而才能够进一步建构文化传播受众的范畴。在第一章基本概念部分，本书已经对"文化传播"的概念进行了初步的界定，所谓文化传播，是指人类文化从一个社会群体向另一个社会群体扩散、流动以及交往的过程。具体而言，文化传播就是通过各类有效的媒介，将人类在社会实践当中所产生的器物文化、制度文化或者思想文化在不同的社会群体成员中传播开来。在阐释何为文化传播的受众之前，我们有必要先对受众（audience）这一概念本身进行溯源和考察。

从词源来看，"受众"一词的英语是"audience"，源自拉丁语的"audientia"。在英语辞海中，对 audience 的定义大致如下：(1) 倾听，特指注意所听的话；(2) ［古］听，指处于听觉距离内的听的状况；(3) 正式会见，正式接见；被听取的机会；(4) 听众，成群的听者；观众；(5) 读者，指书籍、报纸、杂志或其他类似宣传工具所能影响到的公众。在对受众的相关研究进行回顾时，我们发现，作为今天传播媒介的受众，最初意义上是指人们在某个物理地点的聚会，来源于古希腊、古罗马时期的戏剧表演、音乐演出以及体育竞赛（M. N. Philip，2011）。拥有戏院或竞技场的古希腊和古罗马，其受众概念有许多的特征与今天相似，包括举行表演和组织观众观看，以获得愉悦、教育性或者身临其境的情感体验。可以说，长期以来，在传播学领域，受众都被传播学研究的先驱们看成是传播过程中信息的接受者。日本传播理论学家竹内郁郎（1989）对受众的定义是，"'受信体'是注意信息、对其意思内容发生反应的个人或集团"。英国传播学家丹尼斯·麦奎尔（D. Mcquail）和瑞典传播学家斯文·温德尔（S. Windahl）认为作为"接受者"的受众始终是以个体为单位，但经常被信息发送者看成是具有普遍特征的群体（Mcquail & Windahl，1997）。在国内，也有不少传播学研究者对受众进行了界定。传播学家张国良认为，受众即传播信息的接受者，包括报刊、书籍的读者、广播的听众以及影视观众等（张国良，2009）。

从上述关于受众定义的考察中，我们不难发现，受众这一概念与"听""看""接受"等感官的注意及反应密切相关，这也说明对于受众的研究需要对受众期望和需要、注意、理解和接受等进行深入阐释。与此同时，信息技术不断推动着媒介向前发展，传统的受众概念，即单纯地将受众看成是信息接受者，变得不合时宜。在当前社会的文化传播活动中，我们要首先明确的是，受众并不只是被动地接受信息，而是依照自己的价值判断和意愿选择文化信息。换言之，受众在传播活动中具有相当的"主体性"，在多模态文化翻译实践中要凸显作为主体的人的受众的"主体性"。实际上，西方学者一直对受众的主体性颇为关注，其研究历程历经了从受众的"类主体化"倾向到"批判视野中的受众研究"，再到"作为意义生产者的受众研究"之转变。本质上来讲，这一过程反映的就是受众主体性不断增强、不断凸显的过程。同样地，文化传播受众也不应该被视为处于被动地位、被动接受的客体，更应该被视为文化传播实践的积极主体，同时在相当程度上影响文化传播的内容选择，并决定着文化传播的最终成效。尤其是各类新兴媒介技术的引进，使得受众的主体性愈加凸显，通过社交网络、视频分享、Youtube、Twitter、微博、微信等UGC（用户自创内容，即User Generated Content）工具，受众可以充分实现与传播主体及时、实时地进行交流、反馈与互动，受众彼此之间也可以自由交流、随时互动，从而实现了从“以传播者为中心”到“以受众为中心”的历史性跨越。因此，强调文化传播受众的“主体性”，是本书关于文化传播或者多模态文化翻译的传播受众研究一个重要理念。

综合学者们对受众的各种定义，结合受众的主体性特征，我们可以对多模态文化翻译的受众做出以下界定：在文化传播中，基于自身对不同社会背景中的文化的主体性期望和需求，通过有效媒介对传递的各类外来文化信息进行选择性注意、并加以理解和接受的特定社会个体或群体成员。这里需要强调的是，尽管文化传播与多模态文化翻译的受众基本类似，但不同的在于，多模态文化翻译是在不同语言背景、不同文化体系的个人、组织、国家之间的传播。因此，其受众是分别来自不同社会、不同文化体系的社会成员。换言之，多模态文化翻译的受众主要是指国际受众。

5.2 受众需要

在多模态文化翻译与传播实践过程中，受众作为具有主体性的个体，对于来自不同语言、不同社会背景的文化信息有着各自的期待和需要，而正是这些需要和期待构成了多模态文化翻译活动启动和延续的动力之源。我们将首先对受众需要进行诠释。在《辞海》中，对“需要”一词的解释主要有两条：(1) 有机体因感到某种缺乏而对一定客观事物表现出的力求获得满足的心理倾向。人类在种族发展过程中，为维持生命自身和外部生活条件的要求在头脑中的反映，形成对社交、劳动、政治、科学、文化、艺术生活等的需求，并且成为行动的一种直接原因。人的需要具有社会历史性，是在一定的社会实践中得到满足和发展的；(2) 应该有、必须有。如解决问题需要时间。概而言之，需要是指个体和社会所必需的事物在人的头脑中的反映，是个体有所缺乏时所产生的一种内在状态，是主体积极性的源泉和动力。所谓受众需要，也就是指受众媒介接触行为发生的内在动因（郑兴东，1999）。广义上来说，多模态文化翻译受众的需要自然也包含在上述范畴当中，本质上是指受众对于文化交往、文化理解和文化体验的内在动因。

为了对多模态文化翻译受众需要有更深的了解和把握，我们将在这里介绍一个在传播学中广泛流行的受众理论——“使用与满足”理论（uses and gratifications approach）。区别于传统的理论研究信息或媒介如何作用受众的思路，使用与满足理论更为强调受众的主体地位和能动性，关注传播过程中的“受众需要”。一般意义上来讲，该理论认为受众对传播信息、传播媒介的选择和使用是基于个体自身需要，并且，受众通过对传播媒介的积极使用，一定程度上制约着媒介传播的过程以及传播效果，从而对传播学中关于传受关系的认知进行了革命性的修正和推动。1974 年，社会学家伊莱休·卡茨（E. Katz，1974）在其著作《个人对大众传播的使用》中率先提出了使用与满足理论，同时建立了一个“使用与满足”过程的基本模式，并且将媒介接触行为概括为“社会因素＋心理因素＋媒介期待—媒介接触—需求满足”的因果连锁过程，具体包括：（1）需求的社会心理根源；（2）需求制造了对（3）大众传播媒介或其他消息的来源的（4）期待，（5）而期待又导致不同的媒介接触行为或参与其他活动，从而出现（6）需求和（7）其他结果，很有可能是预想不到的结果。

总体来说，使用与满足理论可以用一句经典的句子来表达，即“受众用媒介做了什么”，而非“媒介对受众做了什么”。使用与满足理论的基本假设是：（1）受众对传播媒介和传播内容的选择是为了实现某种目标或获得满足，这类选择通常是理性的；（2）受众能够意识到来自个人和社会的媒介需求，并且受到各种动机的推动来表达这些需求；（3）在影响受众选择的各种因素中，对受众个体的实用性，要比文化因素、审美因素对于受众决定的影响作用更大；（4）理论上而言，大部分影响受众决定的因素，诸如个体背景、动机、意识、媒介选择等变量是能够测量的。总之，这一理论强调受众并非是毫无思想、被动接受的大众，而是有目的、有意识且在很大程度上掌握着控制权，引导我们更加关注受众，把满足受众的需要作为传播活动的重要目的以及衡量标准。在这一理论视角下，其具体的理论模式如下图所示：

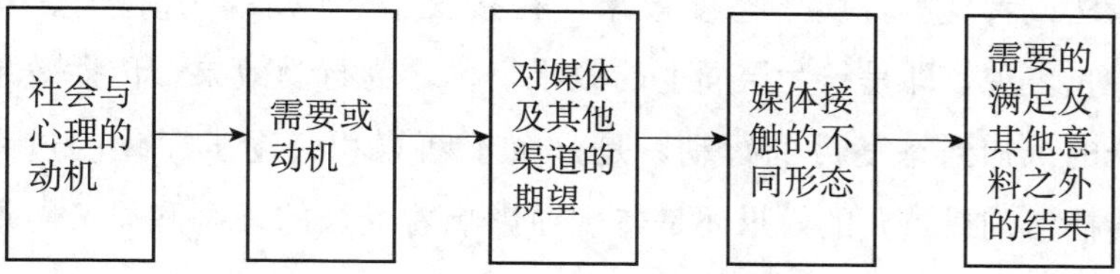

图 3-1 "使用与满足"理论模式图

依据"使用与满足"理论，我们在多模态文化翻译的受众研究中主要有两个目标，其一，要对受众的社会及心理的基本需要予以充分关注，了解受众如何使用媒介来满足自身文化需求和期待；其二，通过研究尽可能把握不同社会的受众使用文化传播媒介行为的动机和背景。尤其是第二点，对于我们了解不同社会土壤和文化语境的受众多样化需要，以提供满足受众需要的文化内容和文化产品，提高多模态文化翻译的受众接受度和认可度，具有非常重要的意义。由此，在多模态文化翻译过程中，译者首先要认识到目的语社会受众的主体性，加强受众意识，增强与不同文化之间接触、对话、相处的能力，尽量使用符合目的语社会受众的接受习惯，努力寻找目的语受众能够顺利接受的视角和表达形式。另外，在选择文化内容的时候，要关注译入语社会的受众需求，将自己摆在与传播对象平等的位置上，考虑传播对象对文化的理解程度和接受程度，让海外受众乐于倾听中国声音、欣赏中国文化，使中国和中国文化真正"走出去"。

6. 多模态文化翻译效果

传播效果是指传播行为所产生的有效结果，即传播者发出的信息通过一定媒介，所引起的受传者在知识、行为、态度以及情感等方面的变化。传播效果是检验传播过程和传播活动最终成败得失的重要尺度，若受众关于传播信息的接受效果与传播者的初始动机具有高度吻合性，说明传播活动的效果佳，反之，则代表传播效果不甚理想（刘进，2010）。传播效果可以分成不同的层面，作用于受众的知识、观念层面，加深了受众对于信息的了解，属于认知效果；作用于受众的价值体系，改变了受众对某一事物的看法或者理解，属于态度效果；在接受信息以后，引起了受众的言行、举止表现，即是行为层面上的效果，称之为行为效果。传播效果从影响受众的认知到态度再到行动，是一个不断累积、逐步深化的过程。不过，传播活动最重要的效果还是体现在影响着受众的理解和思考习惯，也就是认知效果层面（Severin，2000）。

在传播学的众多研究领域当中，效果研究一直是学者们研究的重点，其重要性可见一斑。正如英国传播学者麦奎尔（1987）指出，“在大众传播理论中，大部分或绝大部分研究的是效果问题”。诚然，无论是研究传播主体、传播内容、传播媒介，或是探讨传播过程及其规律，其最终目的都是提高传播活动的效果。对于多模态文化翻译活动而言，传播效果的研究同样是其重点部分。当前，中国文化“走出去”战略掀起了中国文化翻译和传播的高潮，文化作品的翻译数量显著提高，但总体来说，多模态文化翻译的传播效果还不尽如人意。毫无疑问，译者的翻译能力是多模态文化翻译以及传播取得良好效果的关键要素之一，但翻译作为文化传播的载体，我们有必要从传播学的视域出发，探究影响文化翻译作品以及产品接受度的相关因素，思考如何创新多模态文化翻译与传播实践路径，以帮助多模态文化翻译主体选择和完善传播内容、方式和行为，让中国优秀文化得以真正走进国外受众，实现多模态文化翻译和文化传播效果的最优化。同时，多模态文化翻译与传播是一个十分复杂的实践过程，在每一个环节上，都有许多因素或多多少地影响着传播质效，诸如国家间关系、译入语文化背景、译者与翻译内容选择、翻译策略、传播媒介、受众需要等。在本书中，我们主要将这些影响因素概括为内部因素和外部因素两大类，分别对其进行阐述，以从中获得对于提高当下多模态文化翻译与传播事业的借鉴和启发。

从内部要素来说，影响多模态文化翻译与传播效果的要素主要来自多模态文化翻译过程中的各类因素，包括传播主体、传播内容、传播媒介以及传播受众。因前文已分别对这四种构成要素进行了详细介绍和分析，故在此不再一一予以说明，而主要以多模态文化翻译与传播主体为例进行阐释。多模态文化翻译与传播主体，主要是指文化传播活动的发起者和译者，既包括个人，也包括组织机构。无论是个人还是机构，其共同特征主要有：权威性、专业性和知名度。权威性是指传播者和译者在国内外有着较高的社会地位和资历威望。以中国文学作品的翻译传播为例，如果传播主体是政府机构，那么传播效果很可能不及大学、商业出版社等非官方组织发起的传播活动。这是因为西方受众对我国政府的误解依然存在，因此对由我国政府机构发起文化翻译出版工程抱着一种怀疑的态度，更有甚者将其贴上“中国威胁论”的标签，认为背后隐藏着某种政治目的（耿强，2010)。专业性则是指传播主体，尤其是译者，在与文化传播内容相关的领域专业见长。在文化传播过程中，具备专业性的译者不但要有深厚的语言功底，熟稔目标语的结构、句法、语用规则等，还要对目的语国家的文化习俗、风土人情等社会文化背景知识有一定的掌握。一般来说，权威性较高、专业性较强的传播主体拥有更高的可信度，更容易获得受众的信赖和认可。所谓知名度，即传播主体被译入语社会的受众所知晓、了解的程度，知名度越高的传播者对目标受众的影响也越大，越有助于实现理想的文化传播效果。譬如，巴尔扎克的某一部文学作品被传入至中国，其中的一版是由法国的汉学家翻译的，另外的一版是由傅雷翻译而成的。那么，对于大多数中国读者来说，会更倾向于选择傅雷的译本，因为傅雷先生作为我国著名的翻译家，在中国读者中的知名度甚高。

外部要素主要是指多模态文化翻译与传播活动周围的文化语境和社会环境中的相关要素，例如国际形势、政治环境、经济发展水平、科学技术等。多模态文化翻译与传播是由不同民族、不同国家的个人及组织之间跨越语言和文化的信息交流现象，与一般意义上的大众传播不同，其传播主体和传播受众分属于各自的文化和民族，要求我们更多地关注传播内容和传播效果，以促进不同文化和民族之间的沟通、协调和理解。从国际形势来看，自 20 世纪 90 年代开始，西方国家不断抛出“中国军事威胁论”“中国环境威胁论”“中国能源威胁论”等负面言论，使得相当数量的海外受众对中国文化持有偏见。当前，随着我国综合国力不断提升以及海内外文化交流日渐频繁，海外受众对中国的刻板印象开始有所改观，但由于传播信息的不对称、不平衡，部分目的语国家的受众对中国和中国文化的偏见依然存在，很大程度上影响了中国文化的传播效果。就经济发展水平而言，毋庸置疑，经济实力为文化传播活动的展开提供了必要的物质基础，多模态文化翻译与传播事业的发展与国家的经济发展水平密切相关。经济的发展使得各国之间的贸易往来愈加密切，经济上的交流也推动着文化交往的深入与扩大，为多模态翻译文化传播事业的繁荣与发展提供了强大的物质基础和稳定的市场。此外，科学技术始终是文化传播的外在助力，翻译技术和传播媒介的发展离不开科技的支持与推动。先进的科学技术不断为多模态文化翻译与传播提供着更加便捷、及时、互动的媒介工具，加速着中国优秀文化多模态翻译传播的进程。

7. 小结

考察多模态文化翻译研究就是考察其过程中各个要素的具体构成及其负载功能的问题，也就是考察多模态文化翻译主体、多模态文化翻译内容、多模态文化翻译媒介、多模态文化翻译受众和多模态文化翻译效果这五大要素的内涵和运行过程。对这五大要素形成的研究内容和提出的观点共同构成了中国多模态文化翻译与传播理论模式建构的主体。在当前中国文化“走出去”战略以及“一带一路”倡议建设背景下，我国与世界各国的交流往来日渐频繁，多元文化趋向融合共生，对中国“文化软实力”的建设与发展要求日益增强，也对我国多模态文化翻译事业和文化传播提出了更为严格的要求。

基于上述对多模态文化翻译理论要素的阐释和分析，结合当前中国的国情和国际文化语境，我们可以从中思考一些或可提升中国多模态文化翻译和传播能力的有效途径。首先，要培养更多的高质量的翻译人才，充分发掘译者的“文化使者”作用，提升译者的文化自觉，以语言、文字为依托促进中国优秀文化在西方社会的传播与接受，实现一种文化与另一种文化之间的对话。再者，多模态文化翻译的内容与形式要随着时代的脉动吐陈纳新，既要深入挖掘中国优秀传统文化思想内涵，又要着眼于新时代我国社会主义建设的伟大实践，运用合理的翻译策略与传播形式，主动借助新兴媒介传播优势，注重在不同文化语境之下转换文化传播内容、形式、手段和侧重点，以有效促进中外文化交流。最后，要重点面向海外受众展开研究。中国多模态文化翻译与传播的受众覆盖范围广阔、社会文化差异很大，要求我们必须把握不同社会环境的受众主体差异，充分考察受众的文化背景、思维习惯、宗教信仰、风俗人情等，关注受众接受语境和对文化可接受性的考察，实施差异化、多元化的分类翻译传播策略，尽力贴近不同受众的文化偏好、思维方式，找准中国与外部世界的文化共同点和情感共鸣点，使得中国文化和中国故事能够被更多目的语受众认同，增强中国文化的国际影响力。

第三节 生成逻辑

1. 引言

文化兴则国运兴，文化强则民族强。随着我国综合国力提升和国际话语权增强，推动中国文化“走出去”，提升中国多模态文化翻译传播质效成为一项极为重要的发展任务。翻译作为实现不同国家和民族间言语交流和文化沟通的桥梁纽带，是推进我国国际传播能力建设、提高中国文化国际影响力的关键因素。在当下的翻译实践与翻译研究中，学者们越来越认识到，翻译并不仅仅是从一种语言转化为另一种语言的活动，更是不同文化之间的交流和传播过程。或者说，翻译本身就是一种文化传播，我们有必要从文化交流与传播的层面对翻译活动进行考察。在翻译过程中，译者作为实践主体，既要了解源语所表达的文化内涵，也要熟谙源语和目的语背后的文化差异，以促进不同民族之间的文化交流与互动。然而从总体上看，现有关于翻译与文化传播的研究多是从翻译与文化传播的实践层面以及具体案例进行分析，而对于学科归属、理论建树等问题尚未给予足够的关注，不利于多模态文化翻译研究的长远发展。因此，就翻译与文化传播的相关问题展开进一步探索，促进多模态文化翻译的理论建构，成为中国文化“走出去”和国家文化形象建构的重要课题。那么，多模态文化翻译理论能否真正建构起来，以及如何进行建构？这就需要我们从现实层面和学理层面展开相关探索，对该理论的生成逻辑进行详实地论证，为多模态文化翻译理论的建构奠定坚实的科学基础。下文我们将分别从认识论逻辑、学科发展逻辑以及实践逻辑三个层面，对多模态文化翻译理论的建设逻辑进行系统的论证和阐释。

2. 认识论逻辑

翻译是人类一项古老的活动，从一开始就具有文化属性。长期以来的中外翻译实践都表明，传递源语信息只是翻译的众多目的之一，在语言的背后，翻译还承载着不可替代的文化功能。事实上，翻译的文化功能源自语言本身所蕴含的文化内涵和文化记忆。众所周知，任何一种人类语言都不只是单纯的单词、句子和语法的组合，而是使用该语言的民族在漫长的社会历史、文化甚至心理情感等各方面的积淀。与之相应地，从一种语言向另一种语言的传递也就不可能仅限于词句、语法之间的机械转换，其背后涉及的是一种文化向另一种文化的迁移、适应与融合。英国翻译理论家巴斯奈特（S. Bassnett，1991）在探讨语言和文化的关系时，将语言比作“文化体内的心脏”，并进一步指出“外科医生在给心脏做手术的时候，不能无视其周围的机体，因此译者也不能将文本孤立于文化之外，否则必有不妥”。爱德华·霍尔（E. T. Hall）曾经提出“文化即交流”这一命题，强调了交流的重要性（Rogers et al.，2002）。交流是文化之载体，亦是文化本身。翻译作为一种跨语言的交流活动，也必然具有文化之属性，其本质上是一种不同文化系统之间的信息传播方式。我国翻译研究学者王东风也对翻译的文化性质进行过论述，认为翻译活动不仅是一种语言活动，文化的方方面面会以不同的程度作用于翻译的过程，介入译者的逻辑判断和语言选择。基于翻译过程中的文化要素，他还强调，任何声称是翻译学的理论体系，若是未能包含文化与翻译的系统研究，都将是苍白且不完善的（王东风，1998）。可以说，翻译活动自诞生以来就被印上了文化的烙印，不可避免地会受到两种文化的影响，有着鲜明的文化属性和文化特征。或者，从广义的文化意义而言，翻译本身也是一种文化实践，是一种有目的的文化互动行为。建构多模态文化翻译理论，不仅仅是在翻译研究中增加文化变量，发现翻译过程中的文化意蕴与文化元素，更是为了寻求传递人类各种文化精神的翻译形式，找到不同民族文化之间进行深层对话的可能性。

另一方面，翻译也是一种特殊的传播行为。奈达提出了翻译交际理论，将翻译视为一种语际传播（interlingual communication）活动，认为“翻译是复制原语的信息的最近似的自然等值”。奈达把翻译视为一种特殊的信息传播形式，关注翻译的内容和传播结果。同时，他借鉴信息论和传播学理论，指出了翻译活动所包含的 8 种要素，包括信源、信宿、信息、信道、信道容量、编码与解码、噪音。在奈达看来，译者在翻译过程中既是信息的接受者，又是信息的传播者，译者必须关注读者反映，尽力实现翻译转换前后的语言符号所传播的信息的相似性。奈达将信息论和传播学的相关理论引进了翻译研究，对后来的学者从传播学视域审视翻译活动，推动翻译传播研究发展具有重要意义。1982 年，威尔斯（W. Wilss，1982）在其著作 *The Science of Translation*：*Problems and Methods* 中写道“翻译乃是语言行为和抉择密切相关的一种语际信息传递的特殊形式”，这一论述充分体现了翻译活动的传播性质。此后，传播学视角下的翻译研究取得了长足发展，为翻译学研究提供了新的研究视角和研究范式。国内基于传播学的翻译研究肇始于1997年，吕俊（1997）从对翻译学性质的探讨出发，分析了翻译过程的跨文化信息交流与传播本质，提出“翻译学是传播学的一个特殊领域”的观点。唐卫华（2004）认为，传播的概念有广义和狭义之分，广义的传播包括人类社会和非人类社会一切的信息流动过程，狭义的传播仅指人类社会的信息流动。从这一角度看，翻译过程必然是一种传播过程，因为翻译之目的便是通过源语和译语系统之间的转换，以实现信息的传递。谢柯、廖雪汝（2016）在前人研究的基础上，提出建立一个新学科——“翻译传播学”的设想，并从“名”和“实”的角度论证翻译活动的传播性质以及翻译传播学的研究对象与研究方法。

综观现有研究成果可知，随着翻译研究内容的不断深化和传播技术的日臻完善，翻译传播学研究日渐受到翻译研究者的关注，翻译的传播属性也得到了越来越多学者的接受和认可，将翻译看成是涉及两种语言的、特殊的传播活动。同时，我们也必须认识到，翻译实践本身也是一种文化实践，翻译问题广义上而言是一个文化问题。尤其在全球化语境下，文化全球化深入发展，我们对翻译活动的理解和研究必须从囿于字面形式的语言转换拓展为跨越文化的交流和传播，关注翻译所承载的文化内涵和文化互动关系，多模态文化翻译理论建设的认识论逻辑也正在于此。

3. 学科逻辑

所谓学科，是主体为了教育或发展的需要，通过自身认知结构与客体结构，包括原结构（客观存在的现象）和次级结构（对客观现象进行研究所形成的知识）的互动而形成的一种具有一定知识范畴的逻辑体系（孙绵涛，2004）。从学科的发展逻辑来看，学科的形成和发展实质上是“分化——整合——再分化——再整合”这样一个循环往复的过程。在古代西方，哲学是所有其他学科之“母”，其他学科的知识以哲学的形式统一为一个整体。之后，随着人类对客观世界的认识逐渐深入，学科也开始了专门化过程，逐渐分化出数学、经典力学、天文学、化学、生物学等基础科学，社会科学在不久之后也从道德哲学中分离出来。整体来说，自然学科和人文社会学科的分化是并驾齐驱的，而学科分化作为学科专业化和精细化发展的必然结果，促进了现代科学的进步与发展。但同时，学科分化的过程也“把科学知识领域条块分割，形成了一个个孤立的领地，大批具有奇思妙想的专家占据着这些大大小小的知识领地。然而这些专家们固守在沿袭了中世纪传统的、一贯自治的学术堡垒中，并且培养和回味着自己的学术民族主义（academic nationalism），从而小心翼翼地保护着各自的专业领地，精心地呵护着每一个这样的领地得以构建和发展的前提假设，以免外来者侵犯和干扰”（J. T. Klein，1990）。学科内部的不断分化往往容易导致“学术部落化”。不同学科的学者们渐渐形成了各自独立的学术社群，即“学术部落”，每个部落都拥有自己的学术语言、研究方法、专业要求以及认知范式。依靠知识范式和学科边界，各个学术部落不断凝聚集体身份意识，有意识地凸显、制造学科差异，以捍卫自身的学术领土，强化本学科的合法性地位（黄文彬 胡春光，2010）。

19 世纪中叶以后，随着学科的自身发展以及社会现象的日益复杂化，许多复杂的社会问题超出了传统学科的知识范畴，无法通过单一的学科研究予以解决，在此情形下，学科整合日益成为学科发展的主要趋势。例如，以华勒斯坦（L. Wallerstein）为首的科学家们提出了建构“开放的社会科学”学科体系的设想，试图在学术体制和学术组织上有所突破，改变原先的社会科学分科的学术制度。同时，在学科发展的社会环境层面，新的知识生产方式逐渐不断突破学科边界，知识生产主体也从大学扩展至企业研究机构、社会咨询机构、政策研究中心等各类机构，这些机构都成为了知识生产的主体。知识生产者的多样性科学造成了科学知识生产过程的多元性和混杂性，新的知识生产发展往往要对资源、知识进行重新配置，进而影响到学科专业知识的供求关系。由这种新的学科知识生产方式生产出来的学科知识也称为后常规科学，亨利·埃兹科维茨（H. Etzkowitz）和洛埃特·雷迭斯多夫（L. Leydesdorff）用三重螺旋模型表示“政府——

产业界——学界”之间的协同互动关系（Etzkowitz & Leydesdorff, 1996）。吉本斯（M. Gibbons, 1994）等学者在其基础上，提出了在应用语境下通过跨学科合作进行学科知识生产的新方式。与传统的以大学为主体的学科知识生产方式相比，新的科学知识生产更加关心社会实践中的现实问题，超越了现有学科框架的限制和既定的学科边界，强调对知识的重新解读和建构。与此同时，全球化浪潮推动了各国之间的合作与竞争，为提高国家综合实力和国际竞争力，国家力量越来多的越介入学科研究，任务导向的研究不断提出超出传统的学科边界的新命题，促使人们更加频繁和深入地思考一些跨越学科边界的问题，如气候变化、环境保护、能源危机、文化冲突等全球性的复杂问题，为学科的整合发展推波助澜。

当前，学科发展呈现为学科分化与学科整合两种趋势同时并存、互为补充的局面，在可以预见的未来，两者也将是长期共存的情况。不过，随着社会的快速发展，人类所要面对的社会现象和各类挑战越来越复杂，学科整合受到学者们的普遍重视，成为学科发展的主流趋势，而在学科整合的发展逻辑中，跨学科尤为引人注目。或者，我们可以说，现代学科整合的显著标志和重要成果之一就是跨学科时代的到来（蔡昊君 李小涛，2015）。跨学科研究作为学科自身演变与发展的内在逻辑，已成为如今学科发展的显著特征，现代科学研究和学科知识生产越来越依赖不同学科之间的交叉、渗透与融合。一方面，跨学科研究有助于消除各门学科之间的边界壁垒，加强不同学科领域的学者们相互交流与合作，激发学术思想的碰撞与交融，推动知识创新和学科发展。另一方面，跨学科研究能够实现自然科学与人文科学的融合，使现代科学系统真正成为一个完整的统一体，有利于综合性地解决经济社会发展所面临的重大问题以及全球性难题，促进人类社会的可持续发展。

翻译作为一种涉及多种变量的高度复杂性的社会活动之一，传统单一学科的理论很难有效地解释翻译活动的本质特征及其规律，从而无法真正指导翻译实践的发展。由此，运用跨学科的理论视角和研究方法进行翻译研究也就成为大势所趋、持之有故了。在翻译研究领域，推进跨学科研究已然成为学界的共识，并且是推动当前翻译学科建设和翻译实践发展的重要动力。就翻译学和传播学的跨学科研究而言，随着翻译研究内容的不断深化和传播技术的日臻完善，翻译的传播学研究日渐受到学界关注，越来越多的学者开始关注翻译的传播学研究，积极探讨翻译学与传播学的相互关联，对翻译传播学研究的理论建构进行了有益的思考和探索，促进了翻译学研究从单一学科视野向跨学科整合一体发展的转向。

此外，在当今这样一个文化碰撞、文化交流日趋频繁的世界中，多元文化的共生是不可阻挡的历史潮流，文化取向的多模态文化翻译研究，即多模态文化翻译跨学科研究，现在是，将来也还会是一个颇有意义的研究领域，是翻译学科未来发展的一个重要方向。这也符合学科发展的内在逻辑。目前翻译与文化传播的跨学科研究仍处于起步阶段，尚未成熟，需要我们进行大量的理论和实际探索。但这的确是在全球化文化语境下，能够解决超出传统单一语言学科研究范畴的复杂文化问题的未来研究模式，能够促使多模态文化翻译与传播实践扎下中国文化之根，宣传中国文化特色，促进中国与世界各国之间的文化会通与融合，向海外受众展示中国文化别具一格的魅力。

4. 实践逻辑

实践是人类改造和探索客观世界的有意识的社会性活动，是人类社会发展的普遍基础和动力。由于客观世界的复杂性、不确定性，在人类实践过程中，必然会面临各种问题，实践过程就是不断解决问题的过程。而理论就是对实践问题的回答，所以理论来源于实践，理论的建构也离不开实践逻辑的支撑。多模态文化翻译理论正是对当前多模态文化翻译工作实践中众多问题的系统性解答。

一方面，从国家的文化建设和国际传播实践而言，随着“全球化”概念在世界各国交往实践中成为现实，国际社会日益成为一个你中有我、我中有你的“命运共同体”。世界各国之间的相互联系和彼此依存日益加深，思想文化领域的交流与碰撞比以往任何一个时期更加频繁，文化软实力和文化影响力越来越成为综合国力竞争的重要构成要素，提升中华文化国际影响力的要求更加紧迫。一个大国要真正屹立于世界之林，需要硬实力和软实力相得益彰，必然要求文化影响力的大幅提升，以坚韧的文化之脊予以支撑。党的十九大报告明确指出，建设社会主义文化强国必须“加强中外人文交流，以我为主，兼收并蓄”，“推进国际传播能力建设，讲好中国故事，展现真实、立体、全面的中国，提高国家文化软实力”（习近平，2017）。翻译作为沟通海内外文化交流与合作的重要桥梁，已成为促进我国国际地位和国际影响力提升、塑造国家文化形象的重要力量。译者既是中国当代先进文化的积极践行者，又是中华优秀传统文化的忠实传承者和弘扬者。在国际交流和对外传播过程中，翻译挑战的不仅是语言和文字，还有各类文化要素。翻译研究者和实践者需要重视研究翻译及翻译活动的传播因素与传播效果，关注翻译背后的多模态文本、文化脉络以及传播特定的文化内涵，承担起文化传播者的重要角色，充分发挥翻译在国际传播中的应有之用，积极助力国家形象建构和文化传播体系建设。据此可以理解，我们为何要注重作为国家文化传播与形象建构之载体的翻译的文化阐释，为何需要建构多模态文化翻译理论。这既是回应时代的发展需求、提升文化软实力的必经之路，也力图为解决传播过程中的文化差异、实现不同文化的共生共存之道提出科学的解释和策略。

另一方面，从学界关于翻译研究的实践来看，基于传播学的视角进行翻译研究已经引起不少国内外学者的兴趣，并逐渐形成了翻译研究的一种新范式（谢柯 廖雪汝，2016）。在西方，将翻译和传播学结合的研究可追溯至 20 世纪 60 年代，美国翻译理论家尤金·奈达率先将符号学、信息论的相关成果引入到翻译研究当中，由此，翻译被看作是产生于社会场合的语言传播活动，是一种将信息发送者和信息接收者串联起来的方式，如果把翻译从这个场合中抽象出来，无法发挥其传播作用，无法使信息接受者理解和接受，那么翻译活动的意义也就不复存在了。1977 年，德国翻译研究者沃尔夫拉姆·威尔斯出版了其著作——*The Science of Translation*:

Problems and Methods，在书中，威尔斯总结了前人的翻译研究过程和主要方法，研究发现，过去翻译研究存在的一个明显不足在于对翻译行为诸多特征的忽视，尤其是对于翻译活动的信息传递特征未能予以应有的关注。为此，威尔斯明确指出，翻译是与语言行为密切关联的一种语际信息传播的特殊方式。英国翻译理论家罗杰·贝尔在 *Translation and Translating*：*Theory and Practice* 一书中，将翻译置于信息论的视角下进行研究，提出了翻译过程模式。基于这一模式，翻译过程可以看成是信息接收、信息识别、解码、信息获取、信息理解、编码、传输、再接收等一系列步骤的集合。随后，美国学者斯科特·L·蒙哥马利（Scott L. Montgomery，2000）开始从跨文化传播的视角研究翻译活动，阐述了翻译的跨文化传播特征以及翻译对于人类跨文化传播实践的巨大影响和意义，并将相关研究汇总至 *Science in Translation*：*Movements of Knowledge through Culture and Time* 一书中。英国曼彻斯特大学翻译与跨文化研究中心学者莫娜·贝克（M. Baker，2006）在她的著作 *Translation and Conflict*：*A Narrative Account* 中，将"再叙事"理论引入翻译研究，强调了翻译在跨文化传播中的重要地位，并认为翻译有可能挑战文化霸权话语。可见，西方许多学者纷纷借鉴信息论、传播学以及跨文化研究的相关理论与方法，对翻译的生产、传播和接受等过程进行研究，为翻译的跨学科研究构建了新的参照系统。

在我国，也开始有学者从文化传播视域进行翻译研究，但从目前的发展趋势来看，尚未形成势头。1997 年，吕俊（1997）发表了"翻译学——传播学的一个特殊领域"一文，认为翻译学是传播学的特殊研究范畴，将翻译看成是一个包括传播主体、传播内容、传播场合、传播目的、传播对象、传播渠道、传播效果等诸多要素的传播过程，这是国内学者首次提出借鉴传播学的理论来研究翻译活动。从传播学的理论视角出发观照翻译研究，无疑具有一定的创新性和适用性，然而，仅从理论视角和研究方法出发，将翻译学视为传播学的分支学科这一主张，恐怕会削弱翻译学作为一门独立学科体系建构的努力，甚至可能使得翻译学重蹈附庸于其他学科的覆辙。在此，我们有必要来探讨多模态文化翻译研究的学科归属问题，事实上，我们发现，无论是从研究目的还是从研究主体来看，传播学视域下的翻译研究归根结底还是翻译学的研究，其学科归属应归于翻译学。因为学者们从传播学的角度对翻译及其传播因素进行研究，其研究目的是为了更好地了解翻译及翻译传播过程，增强翻译活动传播质效，换言之，是为了促进翻译学科与翻译实践自身的发展。另外，不难发现，目前翻译传播研究的实践主体大都是从事翻译教育或翻译研究的广大教师和科研人员，其学科出生背景多为翻译专业毕业生。而如果将其划归至传播学的辖属学科，则可能失去在翻译学门类下从事研究活动的合理性，亦与多模态文化翻译研究的实际相去甚远。因此，九年以后，吕俊修正了其原先的观点，不再将翻译学看成是传播学的学科范畴。在《翻译学——一个建构主义的视角》一书中，吕俊（2006）指出，翻译是一种以语言为媒介的社会传播活动，并且把传播学的知识框架加以改造，从适用于翻译学的机体结构模式进行研究，为翻译学的建构和发展服务。廖七一（1997）在《四川外语学院学报》第三期上发表了“翻译与信息理论”一文，提出将信息论的相关研究成果和基本理论应用于翻译研究，试图为翻译理论和翻译实践提供新的研究视角与方法。张俊（2001）从传播学理论出发，探讨传播学理论在翻译研究中的地位、已有成就以及对于翻译学理论建设的指导意义。方守江、谢应喜（2004）借鉴信息理论框架，提出了平衡翻译概念，探讨了译者在翻译过程中的传输负载问题，并基于平衡翻译模式为译者顺利进入译入语系统，平衡传输负载以达到交际目的提供了具体建议。萧立明（2001）从翻译的社会属性和文化功能思辨出发，认为翻译是语际之间的信息传播和不同语族之间的文化交流活动，是不同语言民族之间的文化交流和发展的动力。罗选民（2008）在“文化传播与翻译研究”一文中提到，翻译与文化传播在语言和符号的特征、鲜明的意图性、场依存性、互动性等方面都存在着共同点，甚至可以说是你中有我、我中有你。因此，罗选民指出，我们应该超越语言表层的局限，从更高更广的文化层面来思考和进行翻译研究，使翻译研究在文化传播领域获取更大成功。谢柯、廖雪汝（2016）以名实问题为核心，提出了建立翻译传播学的构想，并对这一学科存在的合理性、科学性、有效性以及相关研究对象与研究方法进行了阐释。

整体而言，对于多模态翻译与文化传播的研究已经受到越来越多国内学者的关注，学者们开始从更宏大的文化角度和传播语境来考量翻译问题。但同时也应该看到，现有研究成果仍然呈现着一种表层的、零散的、非连续性的状态，且大都是从传播学的视角研究翻译的跨语际传播过程，仅着眼于如何将传播学的理论和研究方法引进翻译实践，而深入的理论研究相对匮乏，相关理论建构问题未曾引起学界广泛关怀。同时，在传播学理论视域下，对于翻译本身的文化特性和文化功能，一直未能给予足够的重视，对翻译传播过程中的文化差异性与文化多样性缺乏有效认知和必要关注，这在很大程度上阻碍了中国文化的远行。对此我们认为，从当前文化建设和学术研究的实践逻辑来看，除了反思整理现有的研究成果外，还应该对那些尚未深入挖掘的领域进行更为系统的研究，尤其是对于翻译在传播过程中负载的文化属性，要给予充分的关怀和探索，以进一步拓展翻译与传播学的跨学科研究的领域，襄助翻译学科的理论建设与发展，更好地实现中国优秀文化的有效传播。

5. 小结

总体而言，翻译作为一种人类社会的实践活动，既是一种综合多种模态文本的传播行为，也有着与生俱来的文化特征，具有文化和传播的双重属性。本章节首先从认识论的逻辑出发，论证翻译活动的多模态传播功能和文化本质，建立起多模态文化翻译理论作为翻译与文化传播领域跨学科研究理论的合理性。在此基础上，基于学科发展逻辑，对学科“分化——整合——再分化——再整合”的发展路径进行简要梳理。随着社会实践问题的复杂性演变，以及学科自身的发展，出现了许多单一学科本身无法解决的问题，学术组织的边界被不断突破，学科发展不断诉诸其他学科或者非学科领域的相关理论和研究方法。翻译学与传播学、文化研究之间彼此交叉形成的新的研究领域——多模态文化翻译研究，既符合翻译学科自身发展的内在逻辑，也奠定了多模态文化翻译理论建设的科学基础。最后，在实际的文化建设和翻译研究过程中，我们可以看到，在全球化潮流不可逆转、信息化高速发展的时代，东西文化碰撞日趋激烈，文化交流日渐频繁，翻译作为不同国家、不同民族文化交流活动中的传播中介，越来越成为国际交往和国家文化能力建设的不可或缺的组成部分，是实现世界各国文化对话、文化沟通、建立文化共识的重要使者。在这样多元共生的世界文化生态中，翻译传播研究的多模态转向和文化转向几乎是历史的必然，翻译观念和翻译研究范式都业已发生巨大变化。这也要求我国广大翻译研究者和实践者至少需要在两个方面进行努力：一是保持对人类文化交流与对话的不懈追求，扎根于人类文化的丰厚土壤，不断吸收历史文化的养料，丰富自身文化涵养；二是扎根于现实社会生活，不断研究时代的发展，研究当代世界出现的新的文化问题。因此，从传播学和文化研究的理论视域来审视翻译活动，进行跨学科的多模态文化翻译理论探索，不仅合乎学理，而且合乎现实，是中国特色社会主义文化建设实践和翻译研究实践的必然要求，这一点也构成了多模态文化翻译理论建设的实践逻辑。

第四节 理论模式

1. 引言

每一个国家都有自己的文化，但并非每一个国家的文化都可以或能够顺利地走向世界，实现文化真正走向世界是一个国家文化发展的飞跃。实现这个飞跃的关键在于国家如何推动文化传播，如何构建文化走向世界的战略。而在文化走向世界的过程中，翻译的作用尤为重要，是促进国际文化传播、塑造国家文化形象、提升文化软实力的有效途径和重要手段。可以说，翻译与一个民族的文化记忆与发展、与一个国家的现代性和振兴息息相关，其功能是任何其他学科都无法替代的（罗选民，2019）。然而，就目前的研究情况来看，我们的翻译研究依然多停留于语言、文本分析层面，对于图像、语音、音乐、视频等其他模态文本和翻译的文化传播未能予以充分关注。处在一个世界各国文化交流频繁但同时国际形势风云变幻、文化冲突不断加剧的全球化时代，对翻译活动的认识仅限于两种语言之间意义的传达或功能对等是远远不够的。我们还应该看到，在语言和文字之外，翻译文本还存在着漫画、广告、戏剧、动画、电子游戏等多种模态形式；另一方面，在意义与功能之外，翻译也积极发挥着传播中华民族的智慧、化解文化差异、共建人类命运共同体的重要作用。因此，我们必须站在全球文化交流的大环境当中考察翻译问题，从文化传播、文化传承的角度去理解多模态文化翻译活动的本质，拓展研究视野，进行跨学科翻译研究。

基于这些思考，以及前文对多模态文化翻译基本原则、理论要素和生成逻辑的研究，本节首先论述翻译的文化传播本质及其意义，探索多模态文化翻译生成、传播与接受过程中的关键要素，建构针对“多模态翻译——传播——文化”三重互动的文化翻译理论模式框架。在此基础上，对多模态文化翻译理论框架的各研究维度及其逻辑关联进行阐释，以期帮助发展中国自成体系的翻译理论研究，使翻译在促进世界各国之间的文化传播与融合中发挥更大作用，向世界展示中华民族的伟大智慧。

2. 理论框架

2.1 多模态翻译与文化传播的内在关联

要建立一个多模态文化翻译理论框架模式，就必须对多模态翻译与文化传播的内在关联有所把握。在传统的翻译研究中，人们对翻译的认识多从语言学的研究视角出发，将翻译看成是两种语言之间意义的传达和功能的对等，翻译研究旨在描述如何在词汇、语法结构等层面构建与源语意义对等的译语文本。这种对于翻译的认识具有高度规范化、标准化的特征，增强了翻译研究过程的可操作性，但这种认识本质上是规定性的，不可避免地导致了翻译研究对语言结构性和规律性的过度依赖，忽视了翻译的人文学科特征。对此，有学者指出，“翻译绝不是从一个文本到另一个文本的封闭过程，翻译不可能发生在真空之中，必然要受到两种语言赖以生存的文化制约”（贺爱军，2008）。到了20世纪80年代末期，随着文化学研究的兴起以及各民族间文化交流的日益频繁，越来越多的学者开始从文化层面探究翻译活动的本质。苏姗·巴斯内特（S. Bassnett）、安德烈·勒弗维尔（A. Lefevere）在*Translation，History and Culture*一书中正式提出了“文化转向”这一口号，将翻译研究置于一个广阔的文化背景之中，聚焦译语文化、意识形态、权力操纵等方面，强调翻译研究的文化要素和历史意识（Lefevere，1992），使得文化研究的理论视野和研究方法得以跻身译学研究的殿堂。

与以往翻译研究的文艺学范式或语言学范式不同，文化研究范式在翻译理论界具有很强的“革命性”因素，甚至不少从事翻译研究的学者认为，这对于之前的翻译理论有着颠覆性的影响（潘文国，2002）。因为在文化研究视角之下，人们对翻译的认知不再局限于一一对应的语言转化，而关注到翻译活动背后的宏观文化语境，将翻译视为一种不同文化间的改写行为。如勒弗维尔（A. Lefevere，2004）所言，“翻译当然是对原文的改写。所有的改写，无论它出自何种目的，都反映了某种特定的意识形态和诗学，从而能够促使翻译文学在这种特定的社会中，以某种方式发挥作用。改写是某种权力背景下的操控，就其积极作用而言，能促进文学与社会的发展。它引进了新的观念，新的文学体裁和技巧。翻译的历史就是文学变革的历史，同时也是一种文化对另一种文化发生作用的历史。”也就是说，翻译除了在形态和语法层面转换语言以外，还会因适应目的语的文化环境而进行增删、变形等改写，使得译文打上文化的烙印，负载特定社会的文化意蕴。与此同时，翻译的功能也得到了极大的拓展。翻译学者兰博（Lambert）和雷恩（Robyns）认为，翻译，与其说是不同语言之间的文字转换活动，不如将其看成是跨越两种文化的沟通与交流活动。翻译活动最重要的功能在于文化的转换（Gentzler，1993）。在翻译过程中，译者可以通过引进新概念、新表达和新的文体方式来推动不同民族间的文化交流、促进社会文化进步。

总之，翻译研究领域的“文化转向”向我们揭示了多模态翻译的文化属性，提升了文化因素在翻译研究中的地位，把翻译研究从“忠实”“信与不信”“功能”等狭隘空间中解放出来，并且构成了翻译活动的外部研究范畴。它将翻译活动放入社会文化、意识形态、权力关系等更为宏观的语境当中去考察，将翻译研究从语言、文本层面上升至文化层面，给予多模态翻译研究以新的研究视角和理论支撑，极大地拓宽了翻译研究范畴，深化了人们关于翻译活动本质的认识。此外，随着传播学的发展，越来越多学者从传播学理论出发，探讨其对翻译学理论建设和多模态翻译实践的指导意义。从传播学的意义而言，人类文化是各民族之间文化交流、汇聚和传播的产物，文化传播是文化存在的本质特征，也是文化不断发展的重要源泉，而多模态文化翻译正是不同文化交流过程中的重要载体。因此，翻译的文化传播属性与功能逐渐受到学者们的重视，许多学者对翻译与文化传播的关系进行了研究，如尤金·奈达（E. A. Nida）、沃尔夫拉姆·威尔斯（W. Wilss）、罗杰·贝尔（R. Bell）以及斯科特·L·蒙哥马利（Scott L. Montgomery）等学者均从信息论或传播学的视角出发，把翻译和文化传播联系起来，阐述了翻译在人类文化传播中的重要作用和功能。我国学者，如吕俊、廖七一、萧立明、谢柯、罗选民等也认为，翻译是一种不同文化之间的信息交流与交换活动，译者的任务不仅是再现源语的语言信息，还要尽可能地传递好源语中所蕴含的文化信息。

行文至此，我们对多模态翻译与文化传播二者的逻辑关联有了更加清楚的认识。一方面，多模态翻译是文化传播系统的重要组成部分，任何形式的文化传播都离不开翻译这一文化桥梁。另一方面，多模态翻译是文化传播本身，多模态翻译从本质上来看就是一种文化传播实践。正是在这一意义上，我们倡导建构多模态文化翻译理论，这既是对翻译本身所包含的文化要素的凸显，也是对文化传播过程中翻译的作用与功能的强调。具体而言，多模态文化翻译理论以不同文化间的翻译及翻译传播活动为研究对象，以翻译的文化属性和文化的多元性、差异性为逻辑起点，始终关注翻译过程中的文化传播因素和文化传播问题。其基本逻辑是：文化是多元的，翻译活动要实现不同文化间的交流与传播是困难的，寻求人类文化间的相似性和理解不同文化的差异性是翻译传播活动可能和实现传播效果的必然路径。因此，理解和诠释翻译活动的传播因素和文化属性，关注翻译过程中文化意义如何被建构、被传播与被理解，如何发挥翻译的文化传播功能以促进国家文化传播能力建设和文化话语权提升，构成了多模态文化翻译理论的主要问题域。在文化翻译理论视域下，翻译是一种不同文化之间的信息传播实践，多模态翻译活动的生产、传播、接受整个过程实际上就是文化传播的过程。多模态翻译的生产是文化意义上的生产，多模态翻译的传播也是文化语境中的传播，多模态翻译的接受也是文化层面上的接受。在此基础上，我们基于多模态文化翻译活动的生产、传播与接受的三个主要过程，构建多模态文化翻译的理论框架。

2.2 理论框架

多模态文化翻译理论实际上是立足于一个更为宏大的社会文化语境，将翻译从单纯的语言、文字转换扩展至不同文化之间的传播，强调翻译在文本信息传递和表达过程中的文化交流以及文化形象建构的功能，以充分彰显翻译在国际文化传播中的重要地位。要建立多模态文化翻译理论框架，我们必须从多模态文本实践出发，解构其所建构的文化形象和传播过程，进而深度剖析翻译背后的社会文化语境以及文化关系。事实上，从译者的认知到翻译信息的产出，这一传播过程中间存在着一个类似中介地带的文化元素，使得翻译行为超越了传统的文字、语言层面，而与文化有着千丝万缕的联系。因此，多模态文化翻译理论之目的便是研究翻译活动对于社会文化的建构作用。从这一研究目的出发，要求我们将翻译作为社会文化实践进行研究，深入分析多模态翻译行为、传播过程和社会文化语境之间的关联，以及译者在多模态文化翻译实践中如何回应这种内在联系。这一目的已经认识到翻译作为文化传播活动的本质属性，有助于我们探究翻译研究的实质。然而，在实际的研究中，如何将这一复杂的多模态文化翻译与传播过程置于可操作的理论框架和研究程序当中？为解决这一问题，我们可以参考诺曼·费尔克劳（N. Fairclough）提出的三维分析框架，构建翻译作为多模态文化实践的具体研究框架。

在把话语视为一种社会实践进行研究的过程中，费尔克劳（1992）提出了一个颇具影响力的三维分析框架，揭示了语言与社会实践的内在关系，具体如图 3－2 所示。从该框架模型可知，费尔克劳将话语视为由文本、话语实践和社会实践三个维度构成的统一体。其中，文本处于最底层，是话语与其他社会实践成分互动的结果。处于中间层次的话语实践包括生产、分配和接受过程，这三个过程均是以社会实践为条件的。最外层的社会实践是指多种成分相互作用的社会活动，例如生产方式、社会关系、社会身份、文化价值、意识以及话语之间相互作用的社会活动。这些成分彼此各不相同，但又相互联系，在保持自身特性的同时将其他成分内化于自身（Fairclough，2012/2001）。这一框架强调话语是一种行为模式（a mode of action），充分体现了费尔克劳把话语作为一种社会实践的话语观，强调话语的发出者和接受者之间的交际过程。在话语实践过程中，由于话语生产、分配和接受的主体都是作为社会成员的人，与内在的社会结构紧密相关，所以话语实践既会受到社会实践的制约，同时也对社会实践具有建构和推动作用（王泽霞 杨忠，2008）。

在三维分析模型的基础上，费尔克劳将话语研究过程分为三个主要步骤：（1）描述（description），即基于文本形式、结构等语言特征的分析；（2）阐述（interpretation），在文本描述的基础上，论述文本与话语生产、传播和接受之间的关系；（3）解释（explanation），即探究文本与社会历史语境的关系，解释隐藏的文化关系、意识形态等。总体而言，费尔克劳的

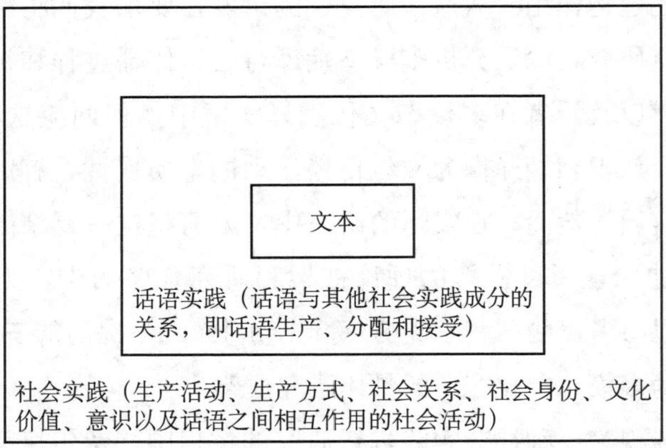

图 3-2　费尔克劳的三维分析框架

三维分析模型理论是一种具有阐释性和建设性的话语分析方法，对于我们研究语言和社会的辩证关系在理论上和实践上都具有指导作用（Richardson，2007）。在多模态文化翻译研究中，翻译被认为是一种文化实践，将费尔克劳的三维分析框架投射到多模态文化翻译研究，能够为作为文化实践的翻译研究提供一套可操作的研究程序与研究路径。因此，参照费尔克劳的三维分析模型，基于多模态文化翻译实践的独特性，我们构建了多模态文化翻译理论三维分析框架。如图 3-3 所示。

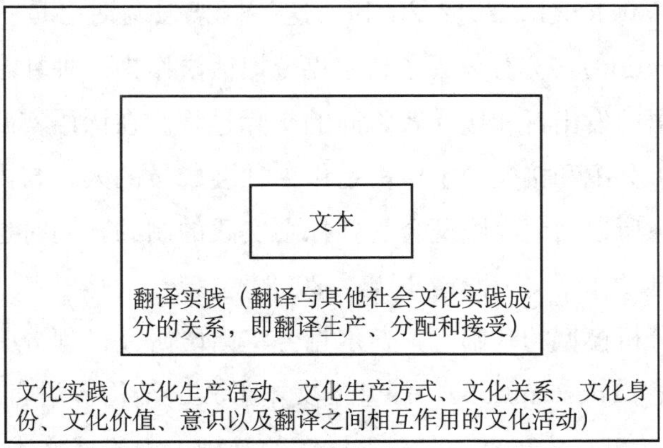

图 3-3　多模态文化翻译理论三维分析框架

在这个框架中，“文本”主要是指译本，即多模态文化翻译过程中的各类多模态文本，如文字、图像、音频、视频等。“翻译实践”对应三维分析框架中的“话语实践”，即将翻译作为文化实践中的一个成分来进行分析。探索翻译作为文化实践的具体研究实际上就是分析翻译的生产（多模态文本如何产生）、翻译的分配（文本如何传播）、翻译的接受（文本如何被受众接受）的过程。“文化实践”则是指译者通过翻译活动将各种可能的文化因素转化为具体文化事件的活动，以及翻译传播活动的相关主体之间的相互作用。这一框架将翻译作为一种文化实践，既包含了微观层面的文本分析，也涵盖了宏观层面的文化实践研究，同时借助翻译实践将微观与宏观之间的鸿沟联系起来，形成了一个系统的多模态文化翻译理论研究体系。以此框架为依据，多模态文化翻译的相关研究可以分为“多模态文本——翻译实践——文化实践”三个维度。这三个研究维度彼此关联、层层递进，既突破了翻译文本层面研究的局限性，又为翻译作为一种文化传播实践研究奠定了理论视角。下文我们将对这三个研究维度分别进行阐述。

3. 研究维度

多模态文化翻译理论框架是一个多层次、多维度、实践性很强的研究框架，涉及不同国家、国际组织、翻译机构、传播者、译者、受众等多重主体，而且覆盖政治、经济、文化等各类复杂关系。以这一理论框架为依据，关于多模态文化翻译的具体研究可以分为“多模态文本——翻译实践——文化实践”三个维度。这三个研究维度彼此关联、层层递进，既为翻译作为一种文化传播实践研究奠定了理论视角，突破了翻译文本层面研究的局限性，又形成了具有系统概括性、内部关联性而又具有外部融通性的理论研究体系，有助于推动多模态文化翻译研究不断走向深入。在这里我们将对这三个研究维度分别进行阐述。

第一维度的研究是“文本”研究，“文体”研究构成整个研究体系中微观层面的研究部分。这一层面的研究主要着眼于多模态文化翻译系统内部的多模态文本要素，即多模态文化翻译的信息内容，梳理多模态翻译文本的语言功能如何将背后的文化内涵和文化意义体现出来，同时通过多模态翻译文本的选择反映出译者对源语传播者意图的理解。也就是说，翻译作为一种文化传播活动，其所指涉的文本是一个广义的概念，即包含了文字、图像、色彩、音频、视频等多模态文本，而非纯文字或语言的单模态文本。随着互联网技术和媒介技术的不断进步，译者在翻译过程中所接触的文本类型日益增多，常常涉及多种模态文本类型的综合与交互。因此，在多模态文化翻译研究中，我们必须强化多模态文本意识，将文本研究的对象从文字扩大到图像、色彩、语音、视频等各种模态，将翻译文本视为多模态符号共同协调而建构文化意义的整体来考察。

第二维度的研究是“翻译实践”研究，主要是对多模态文化翻译的生产、分配（传播）和接受过程进行研究。从多模态文化翻译的生产来看，多模态文化翻译文本的生产主体既可以指向生产个体，也包括生产群体，诸如源语传播者、译者、赞助人、文化输出组织等。对于多模态文化翻译研究而言，我们主要关注译者作为生产主体的具体实践。译者首先需要对庞杂的源语文化信息进行选择，理解语言背后承载的文化内涵，再运用恰当的翻译策略将源语信息内容和文化意蕴传递给译入语受众。在这一过程中，译者虽然可以基于自身的文化立场发挥一定的主观能动性，但也必须考虑与源语作者、目的语受众以及多模态文化翻译实践的赞助人之间的关系。因为翻译活动不是在真空中发生的，而是一个由传播关系构成的动态的、有结构的信息传递过程，翻译实践体现了传播者、传播渠道以及受众之间的一系列关系（陈敏，2006）。换言之，多模态文化翻译实践具有主体间性，是多位主体相互协调、共同发挥作用的社会实践活动。从多模态文化翻译的传播研究来看，多模态文化翻译的传播过程又可以细分为文化产品选择、翻译策略制定、传播媒介运用、传播流程控制和传播效果评价等。在全球经济一体化进程加速、信息化技术迅猛发展的形势下，多模态文化翻译和传播过程与出版业、媒体、互联网和市场推广等行业的联系日益密切，推动多模态文化翻译朝向目标市场的新模式发展。因此，我们要关注跨国文化合作、翻译协会承接文化业务、机器辅助翻译、翻译产业结构调整等新现象，以实现多模态文化翻译多领域、多层次的全面发展。与此同时，文化传播不仅需要文化本身具备魅力和吸引力，而且需要与时俱进地提高文化传播的手段和方式，重视传播媒介的发展与创新。尽管中华优秀文化源远流长、博大精深，传播手段却相对单一，当下最重要的是充分挖掘数字化技术和新媒体技术在文化传播过程中的价值，利用数字杂志、数字电影、网络、桌面视窗、触摸媒体等新兴媒介平台，融合图像、音频、视频、文本等多种模态文本信息，开辟多模态文化翻译的多渠道、多途径传播空间，提高文化传播质效。就多模态文化翻译的传播接受研究而言，我们需要重点关注的是多模态文化翻译的对象，即受众。今天不同文化之间交流的一个关键就是要努力了解“他人”的语言、文化传统，设身处地用当地人的眼光来看待周围的事物（费孝通，2005）。就是说，多模态文化翻译作为文化交流活动本身，要求我们站在“他人”，也就是受众的角度来考虑问题，关注受众的文化特征、文化期待以及文化需求，探索与目的语受众最好的交流方式，从而促进中国文化传播效果的提升。

第三维度是“文化实践”研究，构成多模态文化翻译体系的宏观层面。在翻译实践的基础上，关于文化实践的研究着重于分析翻译的文化生产活动、文化生产方式、在社会文化背景中体现的文化身份、文化关系、文化价值、意识等，以及由翻译活动所产生的相关主体之间的相互作用。上文指出，多模态文化翻译的翻译实践的研究包括翻译的生产、分配（传播）和接受的过程，那么文化实践则是进一步探索翻译的生产、传播、接受这一系列过程在文化语境下发生的建构意义。在多模态文化翻译实践中，我国面向的是译入语的社会文化语境，尤其是译者作为传播主体，需要跨越源语文化语境与译入语文化语境两个领域，因此必须考察多模态文化翻译过程的动态发展规律以及与社会文化系统的互动过程，探寻多模态文化翻译行为所涉及的各种文化身份、文化价值以及造就的社会文化关系。以文化身份为例，在多模态文化翻译过程中，源语传播者的身份实际是在传播过程中被建构出来的。这就要求译者要深入分析译入语的文化语境，尽可能减少对源语传播者传达出的身份建构的文化认知偏差。总而言之，对于文化实践的研究需要我们以联系的观点去思考，既要关注多模态文化翻译实践自身的各类要素，也要考虑与社会文化系统之间的双向联系，在此基础上探索文化形象的身份建构、文化价值与文化意识的有效传播。

4. 小结

多模态文化翻译理论建构是一项复杂庞大的系统性工程，涉及基本要素、理论原则、生成逻辑、理论框架、理论模式等理论建设的方方面面。在国家大力推动文化建设、寻求中国文化“走出去”、提高国家文化软实力的今天，加强对多模态文化翻译主体、内容、媒介、受众和效果的研究，探索多模态文化翻译理论模式，是推动中国优秀文化“走出去”、建设具有强大感召力和影响力的中华文化软实力的重要任务，完成这一任务在当前尤为紧迫。

本章通过对多模态文化翻译研究的目标和关键内容的考察，确立了多模态文化翻译的理论原则。然后以传播学的经典理论——“5W”理论为依据，系统论述了多模态文化翻译理论的具体要素，包括多模态文化翻译主体、多模态文化翻译内容、多模态文化翻译媒介、多模态文化翻译受众以及多模态文化翻译效果。在此基础上，从认识论逻辑、学科逻辑和实践逻辑三个方面，详细论证了多模态文化翻译理论是生成逻辑，为理论的建构提供充足支撑。最后，参考费尔克劳的三维分析框架，构建了多模态文化翻译理论三维分析框架，将多模态文化翻译研究概括为“多模态文本——翻译实践——文化实践”三个维度，建立了多模态文化翻译理论的发展模式。希望能够帮助译者在多模态文化翻译实践中更好地进行文化传递，弥补不同民族之间的文化隔阂，使得多模态文化翻译成果达成文化传播的目标，服务于中国优秀文化“走出去”的重大战略需求。

第四章

理论应用

第一节 微观研究

1. 引言

随着“一带一路”倡议和中国文化“走出去”战略的提出，促进中国文化海外交流与传播，实现中华文化伟大复兴，是时代赋予翻译活动的光荣使命，也是多模态文化翻译理论研究的一项重要课题。在这一形势下，建构多模态文化翻译理论有助于跨越地域、民族、国家界限，推动不同文化之间的交流与融合，真正地以共同体形态聚合在中外文化对话前沿，用中国韵味传播中国文化，为世界贡献中国智慧。与此同时，理论只有同实践相结合，在实践中得到应用和检验，才能不断发展，转化为强大的物质力量。多模态文化翻译理论把翻译学和传播学、文化研究相结合，揭示了多模态翻译活动的文化传播本质，建构了多模态文化翻译传播过程模式，开拓了一个新的、系统的研究领域。在前一章构建的多模态文化翻译理论框架的基础上，本章主要讨论多模态文化翻译理论在实际翻译研究中的应用，具体而言，可以分为三个层面的应用，即“多模态文本”研究、“翻译实践”研究以及“文化实践”研究，这三个维度的研究分别构成了多模态文化翻译理论应用的微观研究、中观研究和宏观研究结构。

在本节中，我们将对多模态文化翻译理论框架的第一个研究维度——“多模态文本”研究进行分析，首先阐释多模态文化翻译过程中的文本类型，然后探索不同多模态文本类型所承担的不同的文化意义与功能，具体包括多模态文本的概念功能、人际功能以及语篇功能，并结合多模态文化翻译实践中的相关文本进行阐释，在分析不同语言转换过程中的文字、语法层面的特征之时，也对多模态文本所再现的功能进行文化研究以及传播学思考。

2. 多模态文本类型研究

文本类型是文本功能得以实现的基础，是译者选择翻译策略的必要前提，对于文本类型的研究构成了多模态文化翻译研究的基本环节。关于文本类型，学者们基于各自的理论视角和研究内容，对其有着不同的划分。其中，最具影响力的当属德国翻译理论家卡特琳娜·莱斯（K. Reiss）和英国翻译家彼得·纽马克（P. Newmark）。

20 世纪 60 年代，莱斯在 *Translation Criticism——The Potentials and Limitations: Categories and Criteria for Translation Quality Assessment* 一书中首次提出了"类型分类法（a typology of texts）"，将语言功能与文本类型联系起来，形成了文本类型理论。溯其根源，莱斯的文本类型理论是在德国功能语言学家卡尔·布勒（K. Bühler）语言功能"工具模式"理论（见图 4－1）的基础上建构而成的。语言功能"工具模式"理论的核心要素主要包括四类：符号（sign）；语境（context）；说话者（speaker）；受话者（hearer）。这里的符号也就是语言，布勒依据语言和其他成分之间的相互关系，指出了语言的三种功能：信息功能（informative function）、表达功能（expressive function）、感染功能（appellative function）（Munday, 2001）。布勒的这一理论着眼于从语言的外部，即语境来审视语言的功能，并以此来解释语言使用的不同方式，在学界影响甚广。基于语言功能"工具模式"理论，莱斯（2000）将语言文本分为以下四类：（1）信息型文本（informative text），即用于传递某类信息、知识或者观点的文本，语言逻辑性较强，更为关注文本的内容和主题（content or topic），而非形式；（2）表达型文本（expressive text），旨在表达信息发送者对人、事物的情感及态度，其文本具有创造性建构（creative composition）和语言的美学特征，强调信息发送者本身和文本形式；（3）感染型文本（operative text），主要指感染或者说服文本接受者并使其采取某种行动，文本的重点在于感染作用，以接受者和效果为导向，语言形式通常是对话式的；（4）视听型文本（audio-visual text），这一类型的文本主要作为其他三种文本类型的补充，侧重于视觉或听觉的意象，包括电影、音乐、戏剧、广告等。

分析文本类型的目的在于把握不同文本的主要功能及其语言特征，从而依据预定的功能选择适当的翻译策略，因此，莱斯也对各种文本类型相应的翻译方法也进行了具体描述。例如，在翻译信息型文本时，译者并没有太多的发挥空间，应当侧重于文本内容，尽量忠实地传递源语的信息内容，使译文与原文在概念和意义上保持对等。而当面对感染型文本，译者拥有更大的自由度，可以运用"适应性手段"（adaptive method）进行翻译，以尽可能地感染更多译入语社会的受众，彰显文本的感染功能。

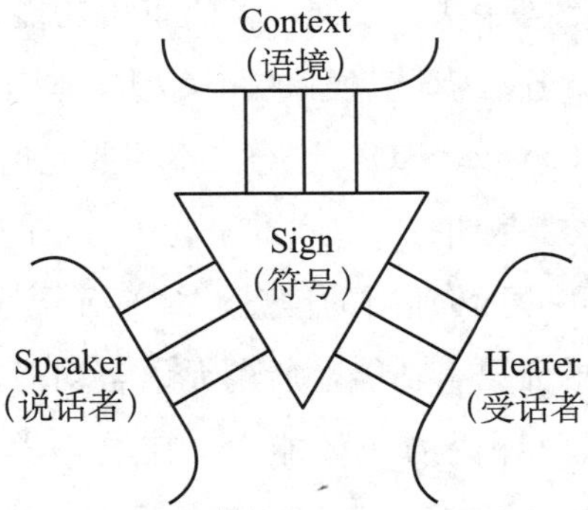

图 4-1　布勒的语言功能"工具模式"图

与莱斯相似，英国翻译家纽马克在借鉴前人研究成果的基础之上，对文本类型进行了探究。依据语言哲学家卡尔·布勒和雅各布森对语言功能的描述，纽马克（1981）在 *Approaches to Translation* 中对语言功能进行了分类，具体包括表达功能（the expressive function）、信息功能（the informative function）、祈使功能（the vocative function）、审美功能（the aesthetic function）、人际功能（the phatic function）、元语言功能（the metalingual function）六种类型。以此为基础，纽马克认为，文本也可以划分成相应的六种类型：（1）表达型文本（expressive text），即表达信息发送者的思想情感、态度观点或者情感愿望的文本，其核心是信息发出者的思想。典型的表达型文本包括严肃而富于想象力的文学作品、政府官员的演说、权威性的法律条例或文件以及直抒胸臆的自传等；（2）信息型文本（informative text），在交往过程中用来描绘、叙述或说明某一事物的具体特征，关注言语之外的现实，常常有固定的格式。这一类文本包括教科书、会议记录、报刊文章、技术报告等；（3）祈使型/感染型文本（vocative text），旨在通过语言来唤起受众的同情，或者促使受众在行为上做出某种反应。文本关注的核心是目标语的接受者，希望接受者能够按照文本表达的意图去思考、去感受或者采取行动。通知、广告、宣传手册、倡议书以及以取悦读者为目的的通俗小说等都属于祈使型文本的范畴；（4）审美型文本（aesthetic text），在语言形式上富有艺术性和形象性，经常运用句式、节奏、对仗、头韵等手法，强调语言的审美功能，给受众以强烈的震撼和愉悦的审美感受。比较有代表性的审美型文本有诗歌、童谣、广告词等。（5）人际型文本（phatic text），这类文本主要包括信息传播者与接受者彼此之间的寒暄、问候、致谢等，其目的是为了与目的语受众建立或者维持一定的人际关系，而不在于传递新的信息；（6）元语言型文本（metalingual text），意在强调语言的元语言功能，所谓元语言功能，就是指语言对其自身做出解释、分析以及评论的一种能力。在语言学中，诸如“literally”“strictly speaking”“by definition”等类型的词汇、插入语等，大都具备元语言功能，属于元语言型文本的范畴（Newmark，1988）。

在上述纽马克划分的六种文本类型当中，前三种文本属于常见的文本类型。依据不同的文本类型，纽马克提倡在翻译过程中使用语义翻译法和交际翻译法。对于这两种翻译方法，纽马克给出了如下定义：语义翻译法即“在目标语言的语义和句法结构容许的范围内，尽量译出原文确切的语境意义”；交际翻译法则是“为译文读者制造的效果尽量近似于对原文读者所产生的效果”（Newmark，1981）。也就是说，语义翻译法更加强调翻译的客观性，讲究译文的准确性，要求译者在翻译过程中尽量贴近原文风格，最大程度地保留原文的语言形式和表达，尊重源语文化和原作者的本意。交际翻译法则更为主观，关注交际语境和受众感受，源语往往要屈从于译语和译语的文化，译者可以重新组织句法，选择更为地道的表达方式，从而使译文更简明易懂，更容易被目的语受众理解、接纳。在纽马克看来，如果译者处理的是表达型文本，应当更多的选择语义翻译的方法，而当面对信息型和祈使型的文本时，则以交际翻译法为主。

事实上，无论是莱斯划分的四类文本类型，还是纽马克提出的六大文本类型，都只是基于语言功能对文本进行的理论层面的划分。在实际的语言表达和翻译过程当中，翻译文本的类型并不是泾渭分明、截然分开的，一个文本可能多种功能兼而有之，只不过各有侧重。正如莱斯所言，当文本跨越了语言以及文化的边界，文本功能往往受到社会文化语境、译者主观意图以及受众差异等要素的影响而发生变化（Reiss，1987）。因此，在多模态文化翻译的文本研究过程中，一方面我们要看到文本类型理论对于多模态文化翻译活动的指导意义，把握不同模态文本所具有的特点，进而采取适当的翻译策略，帮助提高文化传播的效果。另一方面，在具体的多模态文化翻译实践中，文本类型与翻译方法可能没有必然的对应关系，不同文化背景、文化空间、传播语境等都可能导致文本类型发生改变，另外，译者主观立场和目的语社会受众需求等因素也在一定程度上影响着译者对于多模态文化翻译与传播策略的选择。对此，我们需要审慎思考，在多模态文化翻译实践中保持应有的文化理性。

3. 文本功能研究

文本功能是文本所发挥的效用，在翻译实践中，文本功能对于译者翻译的策略选择和译文的传播效果具有直接影响（平洪，2002）。著名语言学家韩礼德（Halliday）指出，语言映射着人们对语言的期望和要求，担负着必须完成的功能，虽然由于人们的期待和要求千变万化，语言的功能具有无限的可能性，但概括而言，语言的功能可以被归纳为多个高度概括性的抽象功能，也就是语言的“元功能”或“纯理功能”（metafunction）。韩礼德将语言的元功能分为三类：概念功能（ideational function）、人际功能（interpersonal function）、语篇功能（text function）。这三种语言元功能既关注语言的内在问题，也充分考虑了外界的社会文化因素，深化了人们对语言的认识。具体来说，概念功能指涉语言对于客观世界的表述功能，即语言能够描述客观世界中各类事物的本质、特征以及发展进行，同时也能够对人类的内心世界进行阐释；人际功能主要用于交际，是指语言使用者之间通过语言进行交流，进而建立、维护人际交流关系的功能；语篇功能指的是语言具有组句成篇、构造语义连贯并与特定语域发生关联的功能，主要体现为主位结构、衔接系统等（王楠 李洋，2010）。随着语言功能研究的不断深入，关于语言功能的描述和研究不仅构成了功能语法的核心内容，而且逐渐形成了系统的理论模式，成为各类语言现象和翻译研究领域所关注的重点课题。

在多模态文化翻译研究中，语言对应的即是多模态文本，系统了解语言功能的思想和理论对于多模态文本研究有着重要的意义。不过，在具体的研究实践中，我们需要注意的是，多模态文化翻译活动面向的是不同文化背景的受众，译者要充分考虑到两种语言系统之间存在的文化差异，关注文本的概念功能、人际功能及语篇功能是如何再现的。罗杰·贝尔（R. Bell，2005）通过对这三种元功能的分析，提出了元功能的信息处理模式（见图 4-2），建构了一个系统的、相互关联的选项系统网络（system of option）。在这一系统网络中，三种纯理功能往往是同时激活的，为多模态文化翻译模式提供了“串联”与“互动”架构。下文我们将结合多模态文化翻译实践的相关语料，将译文对原文的概念功能、人际功能及语篇功能的再现进行分析。

3.1 概念功能的再现

对于任何语言来说，语言都是有层次的。韩礼德将语言的层次概括为三个层面：语义层、词汇语法层（结构）和音系层（或文字）。文本作为书面语言的表现形式，同样也包含这三个层面。同时，语言的三个层次之间呈现为一种体现关系，也就是说，语义层要通过词汇语法层表现出来，

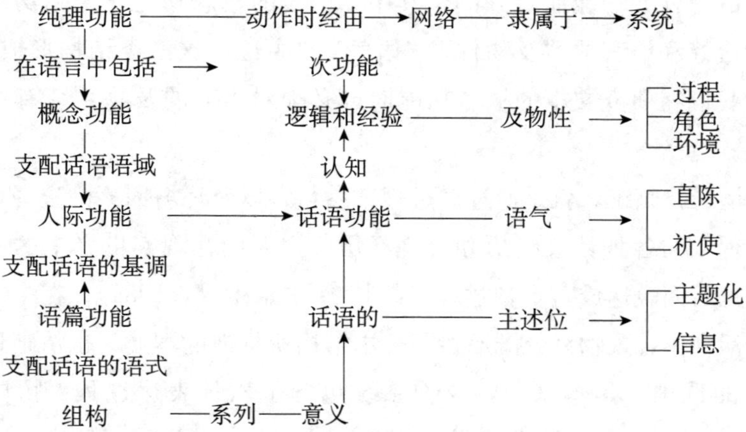

图 4－2　贝尔的选项系统网络图

词汇语法层又要借助音系层或文字层来实现。语言层次的体现关系如图 4－3 所示（Halliday，2002）。

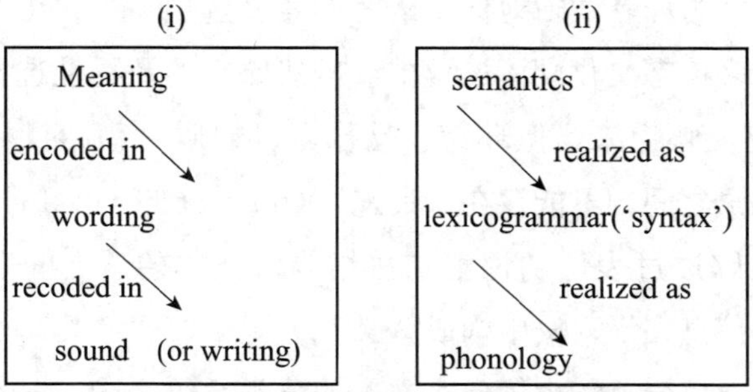

图 4－3　语言层次的体现关系

图 4－3 描述了日常语言层次的体现关系和专业术语语言层次的体现关系，从图中可知，无论是日常语言还是专业术语，语义层和词汇语法层之间都表现为一种体现关系，即语言的意义是由词汇结构来实现的。譬如，当我们试图弄清语篇表达的概念意义时，我们需要对句子的及物性结构进行理解；或者当我们想要把握语言的人际意义，就必须分析句子的语气结构；而如果我们想要理解的是语篇意义，我们要关注的则是句子的主位结构（Eggins，1994）。不难发现，语言的这三个结构实际上就是围

绕语言的三种元功能而展开的，其中，语言的概念功能、人际功能和语篇功能恰好和语言的“及物件”“语气”“主位”这三类结构形成对应。由此，我们在研究文本的概念功能时，必须对语言的及物系统有所了解和把握。

所谓及物系统，就是通过对过程、参与者以及环境因素的选择，在语言中再现人的各种社会经历和心理经历，把人们在现实世界中的所作所为、所见所闻表达成若干种过程（胡壮麟 朱永生等，1989）。在多模态文化翻译活动中，及物系统既反映了文本结构所指涉的本质，也清晰地标示了意义的选项。具体来说，及物系统包含了六种表达过程：物质过程（material process）、心理过程（mental process）、关系过程（relational process）、言语过程（verbal process）、行为过程（behavior process）和存在过程（existential process）。对于多模态文化翻译活动而言，理解及物系统一方面有助于明确文本结构所指涉的本质，帮助实现文本的概念功能；另一方面也能够为译者清晰地标示语言的意义选项，反映出文本的内在意义。不过，在多模态文化翻译过程中，虽然原文的及物性选择可以通过词汇及语法系统反映出来，但环境、动作者、物质过程、目标与主语、谓语、状语及补语之间却可能存在“失配”（mismatches）（Bell，2005），这就要求译者能够透过表层的词汇句法结构对文本的“失配”情况进行辨认，使得源语信息在译入语中构成意义。

另外，文本概念功能也体现在文本的分类系统之中。分类是语言赋予世界以秩序的重要手段，“我们是沿着语言留下的痕迹来切分自然和社会现实，并将它们组织成概念，赋予以意义”（丁建新，2007）。分类系统往往通过词汇的选择而形成，主要指文本对客观世界中人物、事件等进行描述或者命名。

分类系统反映了人类对外部世界的认知以及特定社会环境的影响，一般而言，选用何种原则、方式对事物进行命名是由人们的认知发展水平和社会意识形态决定的，面对同样的事物，不同的主体采用的描述方式是不一致的，体现了不同主体之间认知水平、文化立场的差异。另一方面，分类系统对个体认知发展也具有反作用，影响着语言使用者对于世界的认知方式和认知水平（王彦，2009）。下面我们来看两则翻译实例，以便更加清晰地观察译者在分类系统语言转化过程中的思考：

1）原文：这是政府自身的一场深刻革命，要继续以壮士断腕的勇气，坚决披荆斩棘向前推进。

译文：This is a profound reform of government itself，which we need to continue to pursue with the courage to make painful self-adjustments and overcome all odds.

2）原文：这是一个化蛹成蝶的转型升级过程，既充满希望又伴随阵痛，既非常紧迫又艰巨复杂。

译文：Like the struggle from chrysalis to butterfly，this process of transformation and upgrading is filled with promise but also accompanied by great pain.

从这两则语料中，我们可以发现，其中涉及许多具有中国文化特色的成语、俗语或者相关的隐喻词汇，译者在翻译的过程中既要准确传达信息，又要保留文本的文化内涵，可谓是一大难点。在第一个例句中，原文中的“壮士断腕”和“披荆斩棘”是典型的具有中国历史文化内涵或者具有中文特色的成语。尤其是“壮士断腕”，源自唐·窦皋《述书赋下》：“君子弃瑕以拔才，壮士断腕以全质”，原意是指勇士手腕被蝮蛇咬伤，应立即截断，以防止毒性扩散至全身，比喻做事要当机立断，不可迟疑。这类成语在其他语言中难以找到直接对应物，称之为译语中的文化空缺。在翻译过程中，译者如果按照中文的字面意思进行翻译，则会使得国外受众感到费解，甚至可能导致误解，但若补充相关文化背景知识，又会造成文本冗长。因此，此处翻译为“to pursue with the courage to make painful self-adjustments”，“painful”一词能够将原文的意思准确地传达出来，也容易被受众所理解。同时，“披荆斩棘”被译为“overcome all odds”也是较为合适的。而在第二个例句中，“化蛹成蝶”的意义则很容易去解释，因为这一成语与外国文化在意义上是相通的，都是指蝴蝶的孵化过程，即由蚕蛹吐丝结茧、然后从茧化为蝴蝶的过程。这一过程虽然充满着希望，但往往历经了痛苦的挣扎，需要付出不懈的努力，生动地比喻了改革任务的艰辛与紧迫。

通过上述语料分析我们可以看到，面对文本中大量负载中国文化特色的词汇，译者在多模态文化翻译实践时，必须具备高度的文化自觉意识，对于源语的文化特点和受众的文化背景、接受程度等有所把握，运用分解、展开、意译或者辅以注释等翻译策略，尽可能地化解文化空缺所造成的理解障碍，在保留源语言文化特色同时又使目的语受众易于理解、接受，努力实现中国优秀文化对外传播的良好效果。

3.2　人际功能的再现

人际功能反映了信息发送者和受众之间的交往、互动关系，呈现出信息发送者的身份、地位以及对世界的看法和态度，一般见诸文本中语气、情态系统、语调系统、呼语等的用法上（Halliday，1994）。人际功能继承了索绪尔（Ferdinand de Saussure）、弗斯（J. R. Firth）等人的社会学、人类学思想，关注语言和文本的社会意义。汤普森（G. Thompson，1996）通过研究，认为人际功能具体包括分为人际层面和互动层面，如图 4－4 所示。

- 人际功能
  - 个人的
    - 情态意义
    - 评价意义
  - 互动的
    - 扮演角色
    - 投射

图 4－4　人际功能的构成图

在实际的交往或传播过程中，交际双方需不断进行角色交换，但无论如何交换，人际功能互动性涉及的基本的交际角色只有两个，即“给予”（giving）和“需求”（demanding）。作为需求和给予的交换物品（commodity）既可以是信息，也可以是货物或劳务（Halliday，1994）。当我们将交际角色和交换物品进行组合，便构成了表 4－1 中的四个言语功能。

表 4-1　　言语功能

	信息	货物或劳务
给予	声明（statement）	提供（offer）
需求	问题（question）	命令（command）

这里我们以中国优秀文化的代表——古典诗词为例，分析唐代诗人杜牧的《清明》一诗的各类英译文本，以便更加直观地体会多模态文化翻译过程中文本的人际功能。《清明》是杜牧清明时节在行路中途遇见春雨而作，是其代表作之一，历来广为传诵。《清明》原诗为："清明时节雨纷纷"/"路上行人欲断魂"/"借问酒家何处有"/"牧童遥指杏花村"。关于这首诗的英译文本，我们一共收集到了六个版本，下面我们对这六个英译版本的语气系统、呼语和情态系统等进行试探性分析，以探讨文本所体现的人际功能。为了叙述方便，我们分别以吴译（吴钧陶译，见张保红，1996）、蔡译（蔡廷干译，见文殊，1989）、孙译（孙大雨，1997）、杨戴译（杨宪益、戴乃迭，2000）、万王译（万昌盛、王中，1999：166）、许译（许渊冲，2000）代表这六种译文。

对于原诗第三句"借问酒家何处有"的表达语气是间接疑问还是直接疑问，不同研究者的看法不一，见仁见智。周汝昌、费振刚、季羡林、孙大雨等学者在书写上将其句末处理为逗号，认为这是间接疑问。但另外一些学者，如陈雪军、黄洁、杨宪益、戴乃迭、文殊、许渊冲等，将其视为一种直接疑问，在句末使用问号。以下是我们搜集到的关于第三句（"借问酒家何处有"）的六种英译文，具体如表 4-2 所示。

表 4-2　　"借问酒家何处有"译文文本

	译文
蔡译	They ask where wineshops can be found or where to rest,
杨戴译	When I ask a shepherd boy where I can find a tavern,
万王译	When asked where could be found a tavern bower,
吴译	Is there a public house somewhere, cowboy?

续前表

	译文
许译	Where can a wineshop be found to drown his sad hours?
孙译	When asked " Where a tavern fair for rest is hereabouts to be found",

在杜牧的原诗中，关于提问者（questioner）是谁，诗中并未明确指出，因此不同的译者对此会有着自己的理解。在上述六种译文文本中，有蔡译、杨戴译、万王译把这句话处理为一种是间接疑问，孙译则将其译为含有直接引语的间接引语，吴译把它处理成是直接疑问，许译中则是自由直接引语和自由间接引语的混合形式。在杨戴译（When I ask a shepherd boy where I can find a tavern）中，提问者和被提问者都被明确表示出来了，即"I"和"a shepherd"。在蔡译中，提问虽然没有被明确表示出来，但我们从下文（And there the herdboy's fingers Almond-Town suggest）中可以推断得出，提问者为"the herdboy"。万王译（When asked where could be found a tavern bower）中出现了省略，提问者并没有出现，不过我们依据上文（So broken-hearted fares the traveler on the way）不难判断提问者是"the traveler"。从吴译（"Is there a public house somewhere, cowboy?）的文本来看，对于谁是提问者同样没有明确指出，我们也需要依据第二句（I travel with my heart lost in dismay）进行推测，由于第二句中的"行人"为"I"，据此可以推断第三句的提问者也就是"I"。在许译（Where can a wineshop be found to drown his sad hours?）中，因其整个译文中只出现"the mourner"和"a cowherd"两个人物，通常来说，提问者自然是"the mourner"，"a cowherd"则是听话人。但是，第三句中使用的是"his"而非"my"，这又表明，提问者并非第二句所提及的"the mourner"。因此，这里所指的提问者很可能是"画外音"，即"叙述者"。在孙译（When asked "Where a tavern fair for rest is hereabouts to be found",）中，虽然提问者同样没有明确，但我们根据第二句（Pedestrians on country-side ways in gloom are pinning a way）可以推断出提问者是

"pedestrians on country-side ways"。

我们再从呼语的使用来看，在吴译（"Is there a public house somewhere, cowboy?"）中，使用了"cowboy"这一呼语。在英语中，呼语的使用往往受到一定规则的制约。比伯（D. Biber，2000）、约翰森（S. Johansson，2000）等学者的研究指出，英语句子中，位于句末的呼语通常用来确定受话人（identifying someone as an addressee）或者用来保持、增强已经存在的社会关系。根据《清明》一诗描述的情境来看，说话人"I"与受话人"cowboy"之间原先并不认识，因此该呼语不可能是用来保持或者增强并不存在的社会关系，而是为了确定受话人。然而，需要注意的是，在语言的使用规则中，有呼语的句子从语体层面来讲，多为非正式语体。若交际双方彼此并不认识，很少在初次对话的时候使用到呼语。因此，英译文本中"cowboy"这一呼语的翻译是否妥当，或许还有待商榷。

总而言之，在多模态文化翻译过程中，我们需要关注文本所表达的人际功能，明确文本所涉及的人物之间的参与关系和交际关系，这样既能帮助译者提高译文的准确性，也能增强文本的交际功能，从而更好地实现文化内涵的传递，促进传播者和受众之间的文化交流。

3.3 语篇功能的再现

语篇，即 discourse 或者 text，被认为是具有功能的语言，是指实际交流过程中，由一系列相互关联且语义连贯的句子或者语段组成的具有意义的语言整体。语篇功能则是指语言本身所具有的构建语篇的使能功能，主要通过主位结构、信息结构和衔接手段三类系统来实现（Halliday，1994）。语篇功能将概念功能和人际功能联系起来，能够将其和语境建立联结，从而为概念功能和人际功能的实现服务。对于语篇功能的分析和研究必须结合具体的语境，因为语言不可能脱离语言使用者而独立存在，语言的使用者也无法脱离其生存的社会语境（Bell，2005）。多模态文化翻译作为一种跨越不同国家和文化的传播行为，在多模态文化翻译实践中，自然无法脱离文化语境和译入语社会语境。同时，多模态文化翻译的效果也离不开目的语受众的可接受性（acceptability）。基于这一考量，在多模态文化翻译的文本研究中，语篇功能的实现需要从可接受性的视角进行判断，其具体的操作层面主要体现于主位结构。主位结构是功能语法中的重要组成部分，韩礼德认为，从交际功能的角度出发，任何句子均可分为主位和述位（Halliday，1994）。具体而言，主位系统主要由两大系统来运作：一是主题化，包括主位（theme）和述位（rheme）系统；二是信息，分为信息分布和信息焦点（Bell，2005）。一般而言，主位传递的是传播者和受众双方比较熟悉或有所闻的内容，也就是已知信息，述位传递的则通常是新信息，是接受者未知的内容。

在多模态文化翻译过程中，主位有着十分重要的意义。捷克语言学家丹尼斯（F. Danes）认为，从句子成分的叙述价值看，述位起着重要的作用，因为它传递的是新信息，但是，从篇章结构看，重要的还是主位。主位担负着少量的信息负荷，这就使它成为语篇的重要构成手段，在语篇信息流中起着承上启下的作用（黄国文，2001）。换言之，主位是篇章结构的重要构成要素，体现着篇章结构的框架以及语义上的领属层次，并反映出段落、语篇和语境之间的复杂关系。对于翻译活动而言，每一个语篇或者段落都可以视为一个主位的序列，通过对主位的分析可以帮助译者快速把握原文文本表达的主要信息，把握原文的主要内容，同时，对译文主位的选择也决定着文本的发展方向，因此，译者在多模态文化翻译实践中，对主位的翻译就显得尤为重要。而在不同的语言系统当中，主位和述位结构往往会存在差异。这是因为语言是社会实践的产物，不同的文化背景、社会氛围以及思维方式等均会对语言的形成和发展产生影响。我们以英汉两种语言为例，对这两种语言的主述位结构差异进行简要分析。

主位是小句的起点，因此，无论在英语或者汉语当中，主位一般都位于句首，主语和主位大部分情况下是重合的，但是二者在句法、语义上却具有显著差异。对于英语来说，由于英语是一种主语突出性语言（subject-prominent language），故其最基本的形式架构是主谓一致，即主述位结构和主谓结构之间存在高度相关性。但是对汉语而言，汉语是一种话题突出性语言（topic-prominent language），主语和谓语的形式不像英语那样严格。李运兴曾指出，汉语句子从本质上讲是一种以“话题评论”为铺排格局的语义结构，汉语的主位基本上就是话题，可以说，汉语的重意句法结构从本质上更趋同于“主位＋述位”这一信息结构（李运兴，2001）。在汉语中，主谓之间的关系多为话题与说明的关系，并且，主语和谓语被看成是一个整体结构，当省略主语或者谓语时，同样可以传递原作者或者讲话人的思想，所以主语或谓语被省略的情况也就时常发生了。我们以下面这段话为例，对英汉这两种语言的主位结构进行分析。

原文：脱下衣服的时候，听到外面很热闹，阿Q生平就本来爱看热闹，他便寻声走出去了。他寻声渐渐地寻到赵太爷德内院里，虽然在昏黄中，他却辨得出很多人，赵府一家连两日不吃饭的太太也在内，还有间壁的邹七嫂，真正本家的赵白眼，赵司晨。

译文：When he was taking of his shirt，(he) / heard an uproar outside and since. Ah Q always liked to join in any excitement that was going：(he) / went out in search of the sound. (He) / traced it gradualy into Mr. Chao's inner countryyard although it was dark (he) / could see many people there all the Chao family including the mistress who had not eaten for two days. In addition to their neighbor Mrs. Tsou/ was there as well as their relatives Chao Pai-yen and Chao szu-chen.

这是选自鲁迅的中篇小说——《阿Q正传》中的一个小语篇。在汉语原文中，有几处句子的主位被省略了，但根据上下文结构，读者依然可以理解整个语篇的意义。但是在译者将文本译成英文时，被省略的主位“he”是构成句子的必要成分，译者需要把省略的部分补充进去，以保证英语句子结构的完整。鉴于此，在多模态文化翻译过程中，当译者将中文文本翻译成英语时，要注意将原汉语文本中的省略部分进行补充，以符合中文句子的框架结构，从而准确地传译原文意义及文化内涵。

另一方面，文本中主位推进模式也反映出篇章结构的框架，体现着译者对文本的理解和思考。在韩礼德研究的基础上，丹尼斯通过对大量文本材料的研究，提出了 5 种基本的主位推进模式（patterns of thematic progression）。我国学者也对主位和述位进行了许多研究，徐盛恒分析英语句子组合中主位、述位彼此的联系和衔接时，归纳了四种主位推进模式：平行模式，集中模式，延续模式（梯形），交叉模式。此外，黄衍、黄国文、胡壮麟等学者通过研究，也提出了各自的主位推进模式。集各家之所长，本研究主要介绍三类常见的主述位推进模式，即平行模式、集中模式和延续模式。

（1）平行模式（parallel progression），也称为主位同一型。这种模式的基本特征为主位相同，述位不同，也就是说，文本的第一句为主位，余下的所有句子都沿用第一句为主位，对主位进行补充和论述，即：

T1 ———R1

T1 ———R2

T1 ———R3

如：My brother（T1）is in America（R1）. He（T1）has been there for 5 months（R2）. He（T1）is an programmer（R3）and he（T1）is working for a big firm（R4）.

这种模式的语篇通常是从不同角度对同一事物进行描述，描述的人物、事件或物体即为主位，述位负责从各个视角阐释、说明主位。在平行模式的文本中，读者对于原文作者或说话人的谈论主题一目了然，译者在翻译的过程中，也要尽可能求得主位推进模式的对等，使得受众对文本探讨的核心内涵有清晰、直观的认识。

（2）集中模式（constant progression），或称述位同一型。在这一模式中，段落或者文本的每个句子，主位一直在发生变化，而述位不变，即：

T1 ———R1

T2 ———R1

T3 ———R1

如：Sparrow（T1）is a bird（R1）；Lark（T2）is a bird（R1）；Hummingbird（T3）is another bird（R1）；Ostrich and turkey（T4）are all birds（R1）.

这种推进模式的述位均相同，句子结构较为单一。在翻译这种分布模式时，译者应注意突出述位，可以适当运用表示递进概念的词汇，使得意义传达的中心落于述位结构。

（3）延续模式（linear progression），也可以称作梯形模式。延续模式的前一个句子的主位在下一个句子中充当述位，这个述位又发展成下一句的主位，形成一个延续性的结构，即：

T1——R1
↓
T2——R2
↓
T3——R3

或

T1——R1
↓
T2——R2
↓
T3——R3

对于这一模式来说，信息分配原则一般是已知信息位于前面，新信息放于后面，同时新信息又会在下一句成为已知信息被进一步解释、深化，在深化之后又引出其他的新信息。通过这样一个循环往复、逐层递进的过程，能够实现文本意义传递的逐步深入和完善，帮助受众更好地理解文本背后的文化意蕴。

4. 小结

多模态文化翻译作为一种跨语际、跨文化的实践活动，离不开对多模态源语文本和多模态目的语文本的深层理解和文化重构。传统的翻译研究多停留在词汇、句法层面，难以真正考察作为传播载体的多模态文本的交际功能，也难以体现出多模态文本背后传递的深层社会文化内涵。因此，本章依据前一章节中所建构的“多模态文本——翻译——文化”实践理论框架，聚焦多模态文化翻译过程中的微观研究层面——文本研究，从文本类型和文本功能两大模块出发，首先阐述了各种模态文本类型与翻译策略的内在关系，进而结合具体翻译实例，分析了多模态文本的概念功能、人际功能以及语篇功能对于多模态文化翻译实践的重要指导意义。最后需要特别说明的是，如今，我们生活在一个信息化、数字化、智能化的世界，新兴技术层出不穷，传播手段日新月异，文本模态也随之发生了巨大变化。单一的语言模态的文本不再是意义表达的唯一方式，图片、动画、音频、视频等多模态文本已成为多模态文化翻译过程中不可或缺的载体。在这一趋势之下，我们不能将文本单纯理解为单一模态的语言或者文字文本，而应从多模态的视角出发，关注文本的多模态特征。因此，多模态文化翻译中所指涉的文本是一个大文本概念，即包含语言、文字、图像、语音、视频等多种模态在内的多模态文本。一方面，译者需要关注每一类模态文本各自的意义功能和文化内涵表达；另一方面，也要对传统文本和其他模态文本之间的关系予以充分关注，重视多种模态文本的互动和联系，使其互为补充、互为促进、互为支撑，共同创建文化意义。

第二节 中观研究

1. 引言

语言，具体而言为话语及文本，承载着某种特定的社会文化，同时为实现不同民族、不同历史时代的差异性服务。可以说，语言是一种较为直观的文化现象，如反映史前文化的神话传说、记录殷商王室占卜的甲骨文等等，不同文化通过语言的符号性特质得以源远流长。语言符号的多样性是翻译实践存在的前提，同时翻译使得不同语言文化有了交流和发展的可能，恰如季羡林先生（1997）对翻译在中国文化中贡献之评价：“倘若拿河流来比作中华文化这一条长河，有水满的时候也有水少的时候但却从未枯竭。原因就是有新水的注入。注入的次数大大小小是颇多的。最大的有两次：一次是从印度来的水，一次是从西方来的水。而这两次的大注入依靠的都是翻译。中华文化之所以能常葆青春，万应灵药就是翻译。”本节将主要从翻译之文化生产、文化传播、文化接受三个角度切入，展开多模态文化翻译实践层面的中观研究。

2. 翻译之文化生产

相比于翻译对于文化交流传播的贡献，文化对翻译的影响则是更为隐形且潜在的。蔡平（2008）曾从微观和宏观两个角度阐述这种影响：从宏观角度看，译者对翻译材料的选择绝非随意，而是受译者社会历史背景及个人意识形态等因素影响下的有意行为，翻译策略、翻译工具都有着深深的文化烙印；微观影响则是指在具体的翻译实践中译者对字与词的把控同样为文化因素左右，不单是指源语文化，目的语文化更是如此，而找出富含文化底蕴且有效解决文化差异的对等语句是翻译之关键。可以说，翻译、语言与文化这三者相互影响，互为制约，通过译入及译出工作，翻译使更深层次的文化交流得以实现，同时在构筑本民族文化中起着关键性作用，其次，不同识解方式所形成的文化也使得翻译实践常常不能做到真正意义上的传文达意。鉴于此，译者的主观能动性则在翻译实践中显得尤为重要。自20世纪九十年代以来，关于译者的研究已经成为译学研究中的一个重要角度，无论是译者自身的技能与技巧研究（W. Wilss，1996），或是译者身份及主体性（D. Robinson，2001）的讨论，都引起翻译学界的广泛关注。胡庚申（2014）从生态翻译的角度不仅重申了译者在翻译过程中的主导作用和中心地位，更进一步从宏观理性和翻译伦理层面提出“译者责任”的概念。

在全球文化交流日益加深的时代背景下，翻译的意义已经不再局限于传统视角下“把一种语言的言语产物在保持内容，也就是意义不变的情况下，改变为另一种语言的言语产生过程”（巴尔胡达罗夫，1985），而是作为跨文化传播的一种集中的主要途径，借助媒介、符号等在异质文化间完成信息推广及思想感情的输送。如文学翻译是对美学信息的传递，而科技翻译则是对科学技术信息的跨文化传播。译者在这翻译过程中，对跨文化传播的效度起着决定性的作用。如段连城先生（2017）所言，翻译作品的问题与歧义往往产生于两种根源性的“病状”，一是由于译者本身翻译能力及专业水平的不足而产生的句法错误、用词不当，二是由于文化意识的偏差或匮乏而导致对原文涵义的误解。这就要求译者在文化交流传播的过程中有较高的文化信息感知力及整合、创新文本信息的能力。

同时，我们也应明晰的一点是，翻译作为通过语言符号及意义阐释来为人们消除异语理解障碍的一种对象性语言服务，客体即需要这种帮助的跨语交际者，而译者并非多模态文化翻译的唯一生产主体，源语传播者、赞助人、文化输出组织等同样可以作为这种语言服务的主体。例如官方或民间自发的翻译机构组织，其规范性和流程化比个体译者更为突出，如国家成立的中央编译局承担着马克思主义经典著作的编译，以及中央文献对外翻译等重要研究工作，同时还有各种盈利性质的翻译公司或是各级政府部门所设立的翻译机构。正如蓝红军（2017）所言，翻译的社会属性通过跨文化交流来建构社会、民族身份及语言文化得以体现，所有有意识或无意识参与、推动或是执行这种建构行为的人与组织都是活动主体，“包括翻译研究者、翻译政策制订者、翻译政策执行者、实施翻译行为的译者、发起翻译活动的原文作者或赞助人、对译文进行解读和评价的译文读者，以及翻译作品传播者等”。这些多模态文化翻译的生产主体有着其各自不同的特性及选择。就主体性而言，一个独立的译者与一个翻译团体内的成员必然不能相提并论，因为独立译者和翻译组织虽可能有不同的行为范围，却享有平等的翻译主体地位，具体表现为都为其翻译行为负责。

传播学理论指导下的翻译创造性虽然也存在偶尔违背了翻译之“信”

的要求的可能性，但却可以使翻译流程各个环节的开展更为系统科学。譬如，针对外宣翻译的工作特点，黄友义先生（2004）提出“外宣三贴近”的原则，即“贴近中国发展的实际，贴近国外受众对中国信息的需求，贴近国外受众的思维习惯”。他认为，应尽量避免将一些汉语中约定俗成的表达直接原封不动地翻译成英语，否则不但难以表述忠于原文的内容，可能还会引起国外受众的误解。程永生（2001）认为翻译交际的成功与否主要在于译者和作者及读者之间是否存在共有的知识、文化和经验。即翻译传播活动并非仅仅围绕传播者一人而产生，翻译实践体现的是传播者、传播渠道以及受众之间的一系列关系及动态的主客体交互。因此，译者往往需要提高对原文文本或是说话人的认知机制、话语意图、话语风格、语言文化背景有着充分的了解和精准的判断。

综上所述，翻译工作者需要对外国文化风俗有着充分的了解，潜心研究外国文化和外国人的心理思维模式，善于发现和分析中外文化的细微差异和各自特点，善于把握两种不同文化和语言的内在逻辑及其表达的差别，时刻不忘按照国外受众的思维习惯和语言习惯去把握翻译，以期达到最好的传播效果从而实现翻译的初衷。纵然译者的创造性及主观能动性总是在多模态文化翻译中受源语和译语语言文化的双重意识形态规范约束，但若真能做到“随心所欲而不逾矩”，那或许才能真正意义上为原作注入新的生机活力，从而发挥其文化及社会效益，实现译者的主体责任。

3. 翻译之文化传播

众所周知，多模态文化翻译以在全球范围内迁移、扩散或是变动各种文化因素为主旨，影响着不同文化、社会、群体、国家甚至全人类，同时涉及各种不同文化背景下的人际交往及信息传播（索微微，2018）。多模态文化翻译过程又可以细分为文化产品选择、翻译策略制定、传播媒介运用、传播流程控制和传播效果评价等。

首先，文化产品的选择是决定主体文化传播效能的关键所在。具有民族特色的文化产品不仅有助于向他国展现自己的优秀文化，更有助于树立一个真实而有文化魅力的民族、大国形象。因此，文化产品的选择需要不断适应新的时代要求，融入新的时代元素，同时还要考虑同接受群体间的文化差异，确保文化产品与受众的欣赏水平相匹配。此外，制定或选择较为全面具体、切合实际的翻译策略也是影响多模态文化翻译传播效果的重要一环。例如美剧《荒原》，塑造了以中国古典名著中的神话人物唐三藏和孙悟空等中国元素为依托，以好莱坞英雄主义形象为外在表现形式的人物角色，将中国文化观念植入欧美商业逻辑中，创造性地构建了符合接受文化逻辑，益于提升受众接受体验的文化产品，体现了一种跨文化传播的有效路径（田浩，2019）。从宏观角度来看，不同文化间的对话，在考虑文化主体差异的同时，更要确保主体间对话交流的可能性。譬如关于中国功夫片、武打巨星李小龙这种集体记忆的文化背景，就是跨文化交流的重要基础。具体到翻译这一微观层面来讲，异化或归化翻译策略的选择也要依据不同文本、不同语境，视可接受情况而定。

媒介作为一种极其重要的社会交流通道及治理机制，是构建具备发达媒体网络的信息化社会的基础。在当今全球经济一体化进程加速、信息化技术迅猛发展的背景下，传播媒介承担着为对外文化传播营造舆论氛围的宣传功能。因此，要引导多模态文化翻译朝着积极方向发展，这在很大程度上依赖于建立大众媒介和传播文化间的良性互动。回顾历史，人类社会传播活动的大众媒介发展大致经历了口语传播、文字传播、印刷传播、电子媒介传播、数字技术传播等五个阶段。最终，数字技术传播凭借信息传递的高效性、信息内容及形式的多样性以及信息主体交流反馈的及时性，为信息社会的发展奠定了扎实的基础，也为文化传播的时效性做了充分的铺垫，文化翻译传播正逐步实现针对目标市场的新模式发展（张泗考，2016）。譬如国家或地方政府层面举办的综合性文化交流活动，以机器辅助翻译为主的数字微波技术，翻译机构或翻译服务机构等的团体组织和翻译协会等承接文化业务，设立专门的研究机构，培养外宣翻译的专业人才等，以实现多模态文化翻译多领域、多层次的全面发展。就媒介融合的内涵而言，不仅涉及传播内容的整合创新，更包含传播渠道的多元化及传播新形态的衍生。在新媒体时代，负责主流媒体舆论场的传统媒介和影响着民间舆论场传播和扩散的新媒体都发挥着不可比拟的作用，创造性地创建融合传播机制，强化互联网思维，借力不同方面的传播力量，有助于中华民族文化在新的时代背景下绽放新的光芒。因此，重视传播媒介的发展与创新对于弘扬中华优秀文化有着极为重要的意义，充分挖掘数字化技术和新媒体技术在文化传播过程中的价值。同时，在文化传播的过程中，应充分重视多元传播符号的综合应用，利用数字杂志、数字电影、网络、桌面视窗、触摸媒体等新兴媒介平台的兼容性、共享性及超文本特征，融合图像、音频、视频、文本等多种模态文本信息，开辟多模态文化翻译的多渠道、多途径传播空间，尽显中华文化之魅力。

此外，信息传递作为大众传媒的核心环节，当今社会的信息化特性及传播的时效性也使得对传播流程的控制工作显得尤为重要。就记者、编辑等传统传播媒介而言，其传播流程较为有序性，在信息选取及价值取向方面更具有核心意识及文化导向，传播内容的审核具有一定可控性，同时受众对于传统媒介所发布的信息反馈相对迟缓。而网络媒介所承载的信息更为多元化，信息化时代及传播工具的普遍性、高效性也使得传播环节更为精简，信息发布及反馈之间的同步性也较传统媒介更强。因此，在文化传播依托不同媒介所进行的传播流程中也应依据传播媒介的特性，采用切实可行的具体策略进行把控。媒介传播能力不仅依赖于传播平台及技术，同样强调受众对文化包容度、接纳度及喜爱度的效果反馈。首先，应建立现代化的传播控制理念，这是提升大众传播效果的基础前提，树立沟通、协商及共识的理念，打造民主的公共信息环境。再者，借助一定的数据挖掘手段，通过数据平台所呈现的传播广度及深度的指标，可以有效分析多模态文化翻译的传播效果，也使得信息传播者可以及时掌握受众对于传播内容的反馈。

4. 翻译之文化接受

“文化自觉”这一名词是由费孝通先生 1997 年在北京大学重点学科汇报会关于《开创学术新风气》的报告中首次提出，他认为生活在一定文化环境中的人不仅要对文化知其然，还要知其所以然，了解文化的内在成因、其他文化带来的影响及文化本身发展的内生动力，力求文化在适应环境变化及时代发展的过程中不断迸发新的生机活力。“各美其美，美人之美，美美与共，天下大同”这十六个字是费教授在新的时代背景、历史机遇下赋予“文化自觉”的新内涵。在全球化背景下，多元文化间不断交融、碰撞，环境危机、生存挑战加剧，种种问题摆在各个民族、国家面前，如何坚持本民族文化的主体性，处理不同文化之间的友好对话交流，成为当今世界共同的时代要求。首先，各民族对自身的文化认同感毋庸置疑，这是源于人类本身的文化本性。但是不同的文化人群不应只允许自身文化被欣赏、接纳，而应该也给予其他民族或群体赞同其文化的权利。同时，当今的时代特性及文化多元性要求我们在做文化比较研究时，首先应对自身文化有着充分、全面且系统的认识理解，才有可能做到“各美其美”。其次，在文化交流的过程中，应充分理解不同价值标准下的优秀文化，不一概而论，不用自身的价值标准衡量或评判其他文化，这样才有认识其他文化长处及优点的可能性，使得不同文化在对话交流的过程中能和平共处。最后，尊重文化的多样性，营造“你中有我，我中有你”的动态文化交流环境，相互学习，取长补短，共同进步（鲁谆，2012）。从这个角度看，传播过程并非是受众的被动接受，而是由传播者及传播受众共同推动——传播者提供信息，传播受众依据自身需求、意愿及价值取向选择信息。由此可见，多模态文化翻译作为一种文化交流活动，要求我们能够站在受众的角度来考虑问题，选择传播受众能够接受的视角及表达形式，并且始终关注受众的文化特征、文化期待以及文化需求，探索与目的语受众最好的交流方式，从而促进中国文化传播效果的提升。

文化价值具有非中立性的特点，强势的经济扩张必然伴随着文化渗透，譬如“麦当劳”“赛百味”等快餐品牌早已成为时代性的文化符号，韩剧的兴起也造成了“韩流”对中国文化市场的入侵。在这些基础上，中华文化如何把握文化冲突及深层的文化矛盾，如何保留自身的文化基因，如何在时代浪潮中获得生存与发展，都是具有时代意义的问题。首先，加强中华民族的文化建设，树立可以统领新时代文化发展的核心价值观，以高度开放的心态来对待文化冲突与碰撞。其次，充分把握中华优秀传统文化资源，同时将自身文化建设融入世界文化发展的总体进程中，顺应时代潮流，自主调适，广泛吸收先进的世界文化资源，依据自身具体情况加以改进再创造，使得中华文化更加熠熠生辉（欧阳康，2010）。

同时，我们应具备时刻关注受众对中华文化的期盼及需求的思想意识，把握受众对文化交流及传播的效果评价及反馈。譬如欧阳康教授（2010）曾以不同国际学术群体对中国文化的评价及功能期待为出发点，辨析了跨文化交流中的前提性问题，即中华文化的传播责任及实现途径。首先，具有不同文化背景及价值选择的个人或群体对中华文化的理性思考程度不同且有着不同的期待与需求。其次，东西方文化的评价标准、跨文化理解的可行性及有效路径以及在比较研究中的合理把握与有效对话，都是跨文化传播中值得深思的问题。因此，欧阳康教授认为立足于当下现代化进程，创造性地运用马克思主义文化资源，对中华文化进行创新，将当代中华文化建设纳入世界文化发展的总体进程和发展趋势中，争取更大的发展空间和发展资源势在必行。中华民族应当保持开放、批判、变革、创新的文化心态，在整合古今中外各种文化资源的基础上，积极建设中华民族的共有精神家园，创造出具有时代性内容和全新形态的中华文化，更好地履行当代中国的世界文化责任。

5. 小结

这一小节主要涉及对多模态文化翻译的生产、分配及接受过程的主要特征及研究切入点的讨论，进一步探讨了新时代背景下多模态文化翻译中观层面的发展状况及新思路。首先，就多模态文化翻译的生产来看，新时代背景下的多模态文化翻译对译者的个人能力及“译者责任”有了新的时代要求，在完善自身专业水平的同时要对文化信息保持较高的感知及整合能力，还应关注到传播者、传播渠道以及受众之间的一系列主客体交互关系，加深对原文文本或是说话人的认知机制、话语意图、话语风格、语言文化背景的了解。同时，进一步明晰了生产主体的概念及范围，即除译者外，源语传播者、赞助人、文化传播组织等，都可以作为语言服务的主体在文化传播中发挥主观能动性。其次，我们又将多模态文化翻译的传播过程细分为文化产品选择、翻译策略制定、传播媒介运用、传播流程控制及传播效果评价几个方面。其中，文化产品的选择对于主体文化传播效能有着最为直接、直观的影响，这就要求我们不仅要选择能够展现自身优秀文化的传播产品，还要充分吸纳时代元素，使之更具有包容度，更能与受众的欣赏水平匹配。同时，要在翻译策略的制定方面差异化考量，从而完善更具实际效力的新举措。此外，传播媒介作为承担着为对外文化传播营造舆论氛围的重要载体，负责主流媒体舆论场的传统媒介和影响着民间舆论场传播和扩散的新媒体都发挥着不可比拟的作用。因此，创造性地创建融合传播机制，也将有助于中华民族优秀文化在新的时代背景下绽放新的光芒。

最后，建立现代化的传播控制理念，打造民主的公共信息环境，借助一定的数据挖掘手段，从而有效分析多模态文化翻译的传播效果，使得信息传播者可以及时掌握受众对于传播内容的反馈。第三个角度从文化接受入手，探讨了多模态文化翻译的宏观把控，提出关注受众的文化特征、文化期待及文化需求是提升传播效能的有效路径。全球化背景下的文化传播应秉持开放与共享并存、批判与变革同在的文化心态，充分吸纳、借鉴并整合古今中外各种文化资源，积极建设中华民族共有精神家园，创造出具有时代性内容和全新形态的中华文化，更好地履行当代中国的世界文化责任。

第三节 宏观研究

1. 引言

上一小节，我们讨论了多模态文化翻译在文化传播中作为一种集中的，借助媒介、符号等在异质文化间完成信息推广及思想感情的输送的主要途径，了解了翻译之于文化传播的特殊意义，掌握了多模态文化翻译的生产、传播及接受过程的具体实践。同样，从文化语境及文化实践层面再一次挖掘多模态文化翻译各流程的动态变化规律及发展新思路，也是创新传播渠道、提升传播价值的必由之路。这一小节将主要从多模态文化翻译活动的宏观层面展开探讨，即结合社会历史背景，考察多模态文化翻译活动的“文化实践”。所谓文化实践，即考究在特定的文化语境下，翻译生产、传播、接受等系列流程所发生的建构意义，把握在特定社会文化背景下，多模态文化翻译实践过程中的文化生产活动、文化生产方式所能体现的文化关系、文化主体、文化价值观、意识形态等，以及各相关主体之间的互动与张力。

2. 多模态文化翻译与文化关系

当今世界，全球化趋势从经济逐渐扩散到政治、文化等方面，文化全球化趋势不断增强，人类文化、文明交流程度较以往更深，与文化传播相关的人才、资金、资源及市场的全球流动性也不断增加，世界范围的文化集体成就感也愈加明显。作为一种发展趋势，文化全球化对于多模态文化翻译、多元文化间的互惠共处，有着关键的时代意义。赫尔德（2001）认为，文化全球化是一种“文化关系和文化实践的延伸与深化，即人和物的运动有助于在广泛的范围内建立一种共享的文化信息模式，从而有助于在不同地方之间建立一个地方的文化思想影响另一个地方的思想。”在文化全球化的背景下，文化生产活动、文化资源开发、文化传播方式等环节都应符合全球化的特质及要求。首先，文化全球化得以实现的基础是由于当今世界各国家、各民族的生活方式、消费观念等的趋同，导致关于文化价值的观念认知寻得更多共鸣，为不同文化间的交流提供了一定的可能性及可行性，而传播媒介日新月异的发展又使得这种沟通的可能得到了切实的发展渠道及途径。另一方面，各种涉及环境、资源、经济、政治等等方面的全球公共问题的出现，使得沟通与合作成为当务之急，不同文化的传播交流则显得更为关键。其次，文化全球化的本质内涵就是指世界各国、各民族文化克服地域空间的阻隔和文化认同方面的障碍，在全球范围内实现文化交流、文化渗透、认同和共享的过程，这个过程造就了“全球文化”的形成，并使文化交流成为文化全球化的主流形式（张泗考，2016）。再者，在文化全球化的大格局中，各种意识形态及文化文明体系都有着自身的发展规律及存在的必要性，可以说，文化内容、形式的多元化及对文化差异的包容性都是文化全球化的核心要求及本质特征，这就一定程度上为多模态文化翻译各环节的实施提供了优质的土壤环境。

首先，就文化传播内容的生产而言，不同于翻译层面的异化及归化策略，宏观文化层面更多地涉及对译入及译出的思考。为避免文化文学交流中逆差现象的产生，以翻译为平台的文化传播应注意翻译输入及输出之间的平衡，把握多方面的统筹均衡发展。同时，传播主体需要考量源语与译入语两种文化语境，并且考察多模态文化翻译过程与社会文化系统的互动，探寻多模态文化翻译行为所涉及的各种文化身份、文化价值以及造就的社会文化关系，这就使得互动及交融的过程往往存在一定的交流障碍。

第一种障碍属于固有结构性方面的障碍，譬如认知结构的多样性、语境的复杂性及思维方式的不同，这种障碍往往根深蒂固且难以避免，需要较长时间来探索解决的路径。具体而言，文化折扣（cultural discount）的概念由霍斯金斯和米卢斯首次提出，用以指代在文化交流对外输出的过程中因文化背景所导致的文化产品或商品不被受众国家和地区接受并认同，从而致使文化产品的价值大打折扣（张泗考，2016）。这样状况的产生是多方因素共同作用的结果，首先，文化的语境性特征主要体现为高低语境间的内容表达形式及情感程度体现方面的极大差异。高语境的文化主要使用暗码信息，有含蓄、内隐性特点，同时注重非语言信息的传递，多需要他者去利用情境、文化背景、动作表情等非语言类信息去揣摩说话者的意图（赖凯利，2018）。就中华文化而言，由于深受儒家、道家、法家等诸子百家思想的熏陶，善于营造高语境交际，推崇“寡言”“慎言”“明心见悟”的真理和顿悟。而西方文化受苏格拉底、亚里士多德等哲学思想的影响，表达方式的核心更强调逻辑、准确与理性，沟通往往直奔主题，语言直截了当，知无不言，不用意会。所以，如何在翻译过程中把握高低语境间的灵活转换就成为了对外文化交流中需要攻坚的关键所在。就拿较为成功且广受好评的历史古装宫斗剧《甄嬛传》来说，它在美国主流市场的成功着陆就体现了高低语境调整及文化适应在对外传播中的重要性。首先，作为一部背景为清朝雍正元年的古装电视剧，《甄嬛传》当中古典元素颇多，古文诗词、古典戏曲较为丰富，能够凸显人物性格及剧情推进的情节也不在少数，因此美方团队为减少观众在剧情理解方面的障碍，对部分情节进行了删减及补充说明。其次，人物台词并不完全白话，隐晦语句较多，这就要求在台词翻译上从文化维度入手，采用解释性及内涵性的直译策略，以保证观众不因文化差异而对剧情产生误解，即尽量实现高语境文化向低语境文化的过渡。另外，中国古典作品所呈现的价值观与西方价值观完全不同，譬如妃嫔的受宠程度与家族命运的紧密联系在《甄嬛传》中尽得展现，而这在崇尚个人主义、自由主义的西方价值观中是无法找到对应解释的，因而有必要将剧情重点转移到关于凸显独立自强的女主人公甄嬛如何步步为营、运筹帷幄，最终成长为一个善于谋权的一代太后的个人英雄主义具体描写，而弱化其他关于家族没落的背景叙述。还应值得注意的一点便是美版《甄嬛传》将剧集由原来的76集剪为6集，这是出于适应美国电视剧播放方式及环境的考虑。并且这一成功案例还充分说明了选择普世性话题，如爱情、亲情、人性等主题，兼容民族性与国际性，更能提升文化传播的效果及意义。如在“一带一路”建设中家庭伦理电视剧《媳妇的美好时代》在非洲多国获得广泛欢迎及好评，正是因为该电视剧叙述了最为寻常的中国式“家长里短”“婆媳关系”及现代婚恋观，不仅让其他国家了解到中国普通百姓的家庭生活及情感事业，也在一定程度上引起受众的价值共鸣。由此可见，利用影视作品视听性和综合性的艺术特点，世俗性及大众性的表达特色，可以有效地展现中国特色的社会风貌，充分传递中华优秀文化的精神意蕴，构建中华民族良好的文化形象，讲好中国故事，传播中国声音，从而在一定程度上打破文化差异的壁垒。

第二种则是人为导致的交流障碍，譬如文化霸权主义，这种障碍则需要一定的文化策略来突破。当代的文化霸权主义主要表现为在霸权主义、强权政治背景下展开的，一些国家凭借自身优势，利用强势行径，对其他国家甚至世界强行渗透他们的文化及思想观念，企图达到改造受众思维意识的目的，使自己在文化秩序中占据独一无二的霸权地位，这极其不利于构建多元文化的世界体系。另一方面，文化保护主义也是文化交流传播中的一大主要障碍，譬如美国对“孔子学院”的偏见及政府干预方式下的设障，都体现了文化保护主义堡垒对于我国对外文化交流的不良影响。对于这些文化传播中的不利因素，增强中华民族的文化自信、珍视本民族文化价值，对于中华文化传播的繁荣发展有着极为深刻的意义。在各国家、民族文化共存激荡的多元化背景下，我国对外文化交流的话语方式转化、话语元素整合重塑等在及时性和灵敏度方面还有很大的提升空间。

其次，文化传播的策略选择及内容产出也应因地制宜，采取差异化举措，把握不同文化区域受众的心理状态和思维方式。同时，要对中华民族优秀文化的内涵进行充分的挖掘和创新，与时俱进，译出更多体现新时代中国特色社会主义思想的作品，并且加强与世界的交流，探讨提升文化传播效能的有效举措，如制定长期的文化传播战略规划，寻找文化传播的突破口，以点带面，逐步扩展文化传播区域的范围，建立便捷、高效的文化产品及服务输送渠道，提升国际认同感及影响力。建立良好的国际关系网络，开展对外文化合作交流，如中国好声音之类的全球化商业运作的文化合作模式。此外，对国外市场展开有针对性的市场调研也是关键所在，研究国外公众的心理、分析国外受众接受习惯，有针对性地调整和组织对外交流项目，拓宽对外交流平台，着重把握驻外机构如领事馆、大使馆、办事处、代表机构等在对外文化传播中的平台地位，充分挖掘、发挥其在传播中国文化上的桥梁作用。提升国际文化话语权，在国际文化交流规则制定中发挥积极参与作用，同时加强公民在国际文化机构中的参与性。另一方面，发挥多元文化交流载体的文化传播作用，借助国外的各类文化交流平台，如国际电视电影节、艺术节、博览会，大力宣传中国优秀的文化产品和文化服务；精心挑选、培育对外展演团、剧组，提升对外文化、文艺演出的水平；积极参与或主办国际性书展、节展，大力发展、扶持各类对外文化中介机构。

3. 多模态文化翻译与文化主体

十九届四中全会指出："发展社会主义先进文化、广泛凝聚人民精神力量，是国家治理体系和治理能力现代化的深厚支撑。必须坚定文化自信，牢牢把握社会主义先进文化前进方向，围绕举旗帜、聚民心、育新人、兴文化、展形象的使命任务，坚持为人民服务、为社会主义服务，坚持百花齐放、百家争鸣，坚持创造性转化、创新性发展，激发全民族文化创造活力，更好构筑中国精神、中国价值、中国力量。"实施文化对外交流传播事业，是一项长远的、系统的事业，需要充分调动政府机构、企业、民间组织及个人的传播力量，各种传播主体发挥自身特性，协调合作，共同参与。

首先，政治环境中的多模态文化翻译主体主要指国家权力机关及相应的执行机关，即政府层面的文化传播主要由中央政府垂直管理，各省市自治区政府等相互配合协调、有序开展。这样的战略举措将可以充分发挥政府部门的引领作用，使得重大国家文化交流活动可以实现最优的传播效能。1997年，新中国成立以来最大规模的中华文化展示活动在俄罗斯举行，自此以后，我国的世界文化交流合作日渐增多，在世界文化体系中的主动性及话语权日益加强，多渠道、多方式、多平台的文化传播格局逐渐形成。据统计，截至2019年11月，中国已经成立中俄、中美、中法、中英、中欧盟、中印尼、中南非、中德八大中外人文交流机制，主要的文化交流形式为海外文化交流访问、设立中华文化论坛、文化传播机构及一系列综合性文化交流互动。其中，“文化交流年”是对外文化交流中的一个重大文化项目。譬如在2020年3月，为期一个月的“大宋文化年”交流活动在英国曼彻斯特圆满结束，开封市杂技团共走访了英国20多个城市及大学，演出42场，所到之处无不受到观众的喜爱和欢迎。邀请方盛赞道：“今年的活动在英国产生了震撼性的效果，牢牢吸引着络绎不绝的观众，欢迎来年再次相聚。”这类文化交流活动以国家层面的宏大文化视角向全世界人民推介中华文化，展现中华民族精神和文化价值观，更容易产生文化集群效应，影响范围更为广泛，传播效能更为深远。此外，派遣文化交流团进行海外访问演出活动是另一种更为艺术直观性、传播普及性的文化交流形式。如2020年1月，中国内蒙古文化交流访问团应邀前往日本参加了大阪的春节祭活动，走访了明治制药等日本企业，内蒙古东方民族艺术团及内蒙古马头琴博物馆团队也为日本民众带去了精彩绝伦的艺术表演。此外，改革开放以来一系列外宣翻译活动的进行，使得全世界对源远流长、博大精深的中华文化有了更为清晰的认识和理解，利于中国在国际社会树立更为全面、准确的社会主义国家形象。譬如，作为中共中央直属翻译机构的中央编译局，主要负责中央文献的对外翻译工作，先后以多语种翻译出版了领导人著作及中央重要文献、大会文件等，在对外宣传中国特色社会主义伟大思想及新论断方面做出了突出贡献。

另一方面，经济环境中的多模态文化翻译活动，则主要由非政府层面的各类主体完成。由于这类社会团体及个人或社会组织往往具备半官方半民间的特性，意识形态下的政府行为减弱，使得其灵活性及亲和力更强，更容易为受众所接纳，且对于文化传播事业更为专业，在对外文化传播中发挥着不可替代的重要作用。其中，以“诗译英法唯一人”的许渊冲先生为代表的一众国内外翻译名家、汉学家先后翻译了古典诗歌、古典名著、现当代文学作品等。如杨宪益先生曾与夫人戴乃迭合作翻译了《红楼梦》、《儒林外史》等经典著作，汉学家宇文所安先生与夫人田晓菲将大量的初唐及盛唐诗歌翻译成英文并出版，许渊冲先生则一生致力于翻译唐诗宋词、《诗经》、《楚辞》等古典著作。这种民间层面的文化输送使得国外受众更能充分感受中华文化的魅力所在，极大地提高了文化走出去的效率。此外，就社会文化团体机构而言，1984 年，我国成立了中国国际文化交流中心（China International Culture Exchange Centre，CICEC），这是首个从事民间国际交流活动的文化社会团体。该团体以“加强中国和世界各国、各地区人民的相互了解与友好合作，开展多层次、多渠道、多形式对外文化交流，为我国文化繁荣、经济发展、科技进步服务，为世界和平、人类文明做贡献”为宗旨，多次开展高水平文化艺术交流活动，充分发挥了民间文化团体在开展中外文化交流、文明互鉴活动中的重要作用。以跨国公司为主体的文化企业在合作研发、投资运营等方面不断发力，使得中国在对外文化交流中有的放矢、传播实力不断增强。其次，文化企业在推动国内文化产业发展的同时，也在加速国内与国外文化市场接轨，拓宽文化对外交流途径等方面发挥巨大效能。文学作品、影视作品等文化商品以文化符号等形式的输出为传播中华文化的价值理念提供了直观的参考，而展览、表演、咨询、培训等文化服务产业则为文化传播打开了更为便捷的渠道。另一个值得关注的是，自 2004 年起，孔子学院作为推广和传播汉语文化的非营利性教育机构，采取孔子学院总部和国外合作的形式在全球范围广泛设立，为汉语学习者提供了便利的学习平台和丰富的学习资源，也为传播中华文化，加深世界人民对中华文化的了解和认同建立了有效渠道。随着各类民间机构组织不断发展壮大，中华文化对外交流体系机制逐渐完善，国家对外交流活动日益繁盛。

同时，我们也应关注到，中华文化的世界竞争力及影响力仍有很大的提升空间。作为对外文化传播的引导者、引航员，政府部门决定了文化走向世界的宏观政策、发展路径、传播模式等等。因此，在新时代背景下，需要在相关文化管理体制机制改革、相关文化项目政策及资金扶持、解决相关部门职能分散的问题、整合配置相关文化资源等方面再下功夫，从而使得在政府引导下的全面文化自主创新得以顺利开展。同时，应避免全面包办一头重现象的出现，减轻政府负担，为非政府层面的文化机构及企业、社会民间团体的自主发展营造良好环境。在国家文化宏观文化传播战略的指导下，各级地方政府、企业、高校、民间组织等可以开展积极探索，结合本地域文化资源情况，寻找利于自身文化发展的路径，努力促进区域文化的对外交流传播，这不仅丰富国家文化“走出去”战略的实践形式，也为本区域发展创造了有利条件，带来了可观的经济、社会效益（吴霁霁，2014）。例如江西省举办的“鄱阳湖国际生态文化节”，是在国家宏观规划下，以招商招展和交易为核心，全力打造的面向国际及未来的一个生态文化产业和生态文化产品交易平台，它向世界人民全方位多角度地反映了生态文化建设的成果，传播了生态文化理念。就非政府层面来看，大多民间文化组织及社团由于资金保障不足、内部机制不健全等问题而发展较为迟缓，自主能动性较差，民营文化企业也同样面临着专业人才不足、产业模式及结构单一、资金链薄弱等导致的发展内生动力不足等问题。

首先，语言障碍是文化传播中导致文化产品类型单一的一个内在原因，当前我国的海外文化交流演出类型多以舞台剧及杂技等动作类表演为主，如兰州歌舞剧院打造的舞台剧《大梦敦煌》，是以敦煌艺术宝库的千百年创造历史为背景的民族舞剧，已应邀在海外多国演出，盛况空前，广泛好评，当属现代最为成功的文化传播成果之一。而其他语言类表演项目却远不如这类节目叫座，究其原因是语言翻译所导致的文化折扣所产生的阻力。因此，若要在海外文化交流中打开新局面，变多模态文化翻译的阻力为动力是关键所在。同时，我们也不应小觑知名文化品牌在文化交流传播中的重要作用。如美国百老汇戏剧产业的成功推广，对于我国演艺事业的海外发展及交流有着丰富的借鉴意义，如商业剧与非盈利剧双重身份的融合协调、政府的宏观政策支持及保障等。

此外，教育交流也是对外文化传播的一股中坚力量，如同海外高校签署学历学位互认协议、开设汉语教学点，加大对外汉语教育事业的发展动力。如孔子学院的开办，一定程度上将我国对外文化交流引入了发展的新阶段，但同样也面临着前期宣传定位工作不充分、教材编撰针对性不足、师资力量薄弱、合作办学模式不完善等根本性问题。因此，我们仍应加强中华优秀传统文化的教育力度，培养一批专业人才，提升师资队伍水平，着力增强中华优秀传统文化教育的多元支撑，这些举措都将为充分展示中华文化魅力、增强全世界对中华文化及价值观念的认同感，从而为全面提升国家软实力奠定扎实基础。

4. 多模态文化翻译与文化价值观

在中观研究部分，我们曾探讨过文化价值及文化建设在对外文化传播中的重要作用。的确，文化对外传播的深层涵义就是核心文化理念及文化价值观潜移默化的渗透。一个国家、社会及时代的主流文化是指人们普遍认同、提倡的价值观、信仰及习俗习惯等，而文化价值观就是指每一种文化背后所隐藏的主流意识形态和价值取向。如我国传统文化以修身、齐家、治国、平天下为价值取向，多受儒家、道教及佛教等哲学思想的影响，而西方国家早期受亚里士多德哲学思想的影响，以基督教文化为主流，更崇尚个人主义、个人发展及个性的展示。但是，我们应注意到，主流文化价值观是在不断发展变化的。现阶段的中国主流文化价值观是通过对传统文化价值观“去粗取精”式的传承、对西方价值观中利于中国文化发展的部分积极吸收、对于中国社会主义核心价值观的坚持等几部分共同支撑、相互促进而形成的。

在上述的文化背景下，我们应充分注重大众传媒在文化价值观传播中的积极作用。以电视纪录片这一传播媒介为例，它不仅用纪实手法记录着客观历史事实，同时人为的创作及编排，使其更具有感染力，通过创新思维和艺术手法使得受众更容易接受并认同主流文化价值观。如《我在故宫修文物》《舌尖上的中国》等人文历史纪录片的播出，不仅使世界人民感受到我国非物质文化遗产的魅力，也能充分引导人们建立起中华民族所提倡的核心价值观。黄丹（2014）认为，人文历史纪录片通过人文化的艺术手法述说历史，以现代的主流观点进行反思，观察与探寻民族特性、部落生活，探索历史谜团并发现珍贵的历史遗产。人们在创作、观看、品读人文历史纪录片的过程中，确认了自己的历史身份与血脉，认识到生命的奇迹、宇宙的宏大和文化的传承，树立了主流的人生观、世界观与价值观。而这整个认知过程是通过纪录片这一媒介形式传递的。因此，要提升一个国家的文化软实力，务必要重视各种传播媒介的感召力、说服力及舆论影响力，使得主流的价值观及意识形态通过融入视听符号中得以传播，从而令国外受众能够更深层次领悟中国的文化精髓与优秀的文化价值观。

5. 小结

这一小节立足文化全球化的时代背景，进一步探讨了多模态文化翻译实践过程中的文化生产活动、文化生产方式所能体现的文化关系、文化主体、文化价值观等等。总而言之，新时代对多模态文化翻译与传播也提出了新的要求：首先，要树立中华民族文化自信，呼吁国人珍视自身文化的价值，提升民族文化繁荣发展的自信心是解决西方文化对我国民众的价值观念、思维方式、审美情趣等长久以来所产生的影响的本质要求。同时，提升对外文化交流的话语能力，不断寻求有效传播路径及方式，培育关于新时代精神及价值观念的话语元素，因地制宜，采取差异化传播方式及针对性传播内容，不断提升文化创新性，挖掘中华优秀传统文化的时代新内涵。宏观维度上，不断扩大对外交流的深度和广度，加大对国外文化市场的调研，掌握国际最新的文化发展动向，把握国外受众的大众心理、分析他们的接受习惯，有针对性地调整和组织对外交流项目，针对不同的受众群体，开展不同的文化传播形式，输出不同的文化产品及服务。完善和创新国际文化人才机制，熟悉国际文化运作的规则。简言之，对于文化实践的研究需要我们以联系的、发展的角度去思考，既要关注多模态文化翻译实践自身的各类要素，也要考虑与社会文化系统之间的双向联系，在此基础上探索文化形象的身份建构、文化价值与文化意识的有效传播。

第五章

理论方法

第一节 量化取向

1. 引言

“工欲善其事，必先利其器”，对于一门学科而言，科学的研究方法是实现学科科学化的基本要求。所谓研究方法，是从事研究的计划、策略、手段、工具、步骤以及技巧的总和，是研究的思维方式、行为方式以及程序和准则的集合。（张蕾、支庭荣，2008）黑格尔（Hegel）也认为“方法”是与“内容”相对应的概念，是探索认识中的方法和工具。因此，明确多模态文化翻译研究的方法，形成相对完整的研究方法论系统，对于构建科学的多模态文化翻译理论体系具有重要意义。多模态文化翻译的理论基础是由文化研究、话语研究、翻译学和传播学理论交叉形成的，是一门多层次、多维度、实践性强的新兴学科。多模态文化翻译理论的研究方法是利用文化研究、话语研究、传播学等理论的研究方法，创新性地融入翻译学的研究当中，是将文化研究、话语研究、传播学等领域的研究方法融合到翻译学研究当中，作为翻译学研究的有力补充。

当今世界，随着全球化发展日益深入，中华文化得到世界文化滋养的同时，也要适应世界文化的土壤，因此从文化研究的视角研究翻译学理论具有极大的现实意义。而传播学的研究方法则存在三大主流学派，即经验—功能学派、技术控制论学派、结构主义符号—权力学派。经验—功能学派，即根据某些先验的认识和多数人的生活经验，来探索传播现象，并确定传播的社会功能。经验一功能学派具有明显的实用主义特征，他们以可感知的传播现象为研究对象，研究方法以定量研究为主，主要运用了控制心理实验、抽样调查、文献分析和实地了解四种研究方法，具有极大的实证性。技术控制论学派认为传播涉及信息、信息传递、信道、编码、解码、再编码、信息冗余、噪音等，传播不是一个偶然的过程。研究方法以文献分析为主。结构主义符号一权力学派则是承认传播学研究主体的思想性和主观能动性。这种学派在历史、社会、文化等条件下研究传播学，认为传媒是“有一定价值倾向的中介”，具有很强的理论思辨色彩。研究方法主要是定性研究，辅之以定量研究。撇去流派，传播学的研究方法中一直存在定量和定性之争。而多模态文化翻译的研究方法主要就包括定性和定量。

首先，学界对于量化研究有较为清晰统一的认识。量化研究即研究者通过观察、测量、记录、统计，借助数量、频率、程度、值以及强度等工具，将研究现象分解成各种变量形式置于数据化的框架中加以描述和解释，确定各种变量之间的因果关系，进一步对假设进行证实或证伪。（任中峰、张敏，2011）量化研究的基本流程是：（1）提出研究问题，作出假设；（2）确定研究方法，制定研究方案；（3）找到测量对象，获得量化数据；（4）整理分析数据，证实或证伪假设。具体的研究方法包括抽样调查法、内容分析法和实验研究法等。作为经验主义的代表研究方法，量化研究主张用自然科学的模式来研究社会的传播现象。传播学能作为一门学科构建起来，在很大程度上要归功于经验主义的量化研究。总的来说，相对于质化研究，量化研究在社会科学领域的起步较晚。过去的社会科学领域研究注重质化，研究成果中存在大量研究人员的主观判断，缺乏实证性。因此，量化研究在社会科学领域，尤其是多模态文化翻译研究的运用将极大地提高学科科学性，能够直观地回答翻译过程中的本质问题，对翻译实践产生的指导作用也更为实际、直观，也反过来深化三门交叉学科之间的系统概括性、内部关联性和外部通融性。

2. 抽样调查法

抽样调查法是传播学的重要研究方法之一，是通过数据采集、统计和分析等步骤，探索客观事物的现状、过程和内在规律的研究方法。使用抽样调查法首先要确定调查方案，即调查目的、调查对象、调查范围、调查方法、数据分析和处理技术、实施日程等。其次，要通过抽样的方式找到测量对象，包括简单随机抽样、系统随机抽样、整群随机抽样、分层随机抽样和多级随机抽样。多级随机抽样是使用频率最多，科学性较高的一种抽样方法。接下来就要进行问卷设计，问卷应至少由前言和问题组成，问题设置应该尽量多元，由开放式、封闭式、混合式问题构成。最后整理分析数据，应计算问卷信度、效度、抽样方差、置信区间，归纳总体情况，进行因果分析。在传播学研究中，研究人员通过抽样调查，根据少数受调查者的调查结果推断整体，问卷中设定了一系列社会学的分类，诸如性别、年龄、受教育程度、宗教信仰等等。这种透过分析一个变量与其他变量之间的因果关系，推断其中具有共性的规律，就是传播学中最基本的研究方法。

那么，抽样调查法在多模态文化翻译研究中是否具备适用性呢？目前国内在传播学视域下进行的翻译研究日益深入，但研究方法还是偏向传统的质化取向，采用量化取向的研究较少，其中采用抽样调查法的研究更是少之又少。但这并不能否认抽样调查法在多模态文化翻译中的适用性，反之，这为我们进行多模态文化翻译研究提供了一个全新的视角。叶颖在“戏剧主义修辞观之于互联网对外新闻翻译——以‘中国上海’门户网站新闻英译为案例”一文中，就运用了抽样调查法，制定了详细的问卷，以客居上海的外国受众为调查对象，研究网媒新闻外译的传播效果。围绕着“受众是否、如何利用网媒新闻译文”以及“受众如何评价网媒新闻外译”这两个问题展开了调查。问卷调查共收回 31 份有效问卷，问题形式包括开放式和封闭式，以开放式为主。在“五位一体”的框架下，通过问卷调查的形式，找到了上海网新闻英译传播效果不佳的机构性原因，同时给相关的政府部门提出建议，修正其在网络对外传播作品中的修辞动机，使这些作品真正发挥外宣文本的作用。在叶颖的文章中，抽样调查法之于翻译学研究的适用性得到了充分的验证，也为我们提供了一个创新的视角。

尽管国内的翻译学中结合传播学中的抽样调查法的研究比较有限，但抽样调查法在多模态文化翻译理论中的适用性却不容置喙。事实上，抽样调查法之于多模态文化翻译理论有更大的发挥空间。1948 年，拉斯韦尔（H. Lasswell）提出了传播过程中的五种要素（5W 模式），即 Who（谁）、Says What（说了什么）、In Which Channel（通过什么渠道）、To Whom（向谁说）With What Effect（有什么效果）。这一观点论证了传播过程是一个目的性的行为，同时也和翻译过程中的口译实践高度相似。结合 5W 模式，口译行为中的五要素分别是：讲者、译员（Who），口译内容（Say What）、口译环境（In Which Channel）、听众（To Whom）、口译表达与理解效果（With What Effect）。过去的翻译研究中，人们更多的重视 5W 模式中的前四项，对于口译作为一种交流方式所产生的效果研究较少，即便是有，也是局限于质化取向的研究，即口译文本与翻译理论相结合，依据个人的理解判断，对口译效果下定论。这样的研究缺乏数据支撑，没有量化的科学性。正如常昌富所说“科学地思考问题、科学地解决问题，对于中华民族而言是非常、非常重要的事情。”多模态文化翻译理论依托传播学的 5W 理论，借助抽样调查法对口译过程中的译员和听众进行传播效果的调查，取得量化数据，从本体论出发回答口译过程中遇到的问题，以增强口译研究的科学性。

总而言之，多模态文化翻译理论尚处于构建阶段，依托传播学的研究方法，尤其是抽样调查法进行的翻译研究仍需补充，但已有的研究实践和理论成果充分证明了以抽样调查法为代表的量化研究之于翻译研究不仅具备适用性，更是极具科学性和创新性，是未来翻译研究和交叉学科发展的大方向。

3. 内容分析法

内容分析法也是传播学研究的重要方法之一。传播学家克劳斯·克里彭多夫（K. Krippendorf）将内容分析定义为一种通过分析数据，进而推论传播情境、效果的研究方法（陈阳，2007）。在这一定义中，作为量化取向的内容分析法具有可重复性、可测量性，同时包含了内容分析法中的基本概念，即数据、情境、研究目的、信度和效度等。从研究形式来看，内容分析可以分为三种基本形式：描述传播内容的倾向或特征；描述传播趋势的变化内容；比较不同样本的内容特征与风格（赵蓉英、邹菲，2005）。在多模态文化翻译研究中，内容分析法具备如下的特点和优势：(1) 内容分析法以文献为唯一研究对象，研究对象不受打扰。这是内容分析法和抽样调查法有所区别的部分。抽样调查法以具备主观能动性的人为研究对象，而内容分析法则是以客观的文本为研究对象，研究效果不受任何的主观因素影响。它具备非常明确、固定的客观规则，使不同素材在不同研究者的分析下得出来的结论相同，这是内容分析法的客观性所在；(2) 内容分析法以某些特定社会现象中不同社会群体的思想、感情、态度和行为为主要研究内容；(3) 内容分析法以说明当时当地的经济、政治、文化、社会结构的变化发展趋势为主要研究目的，不仅仅满足于对社会现象的简单描述；(4) 内容分析法的研究过程可重复，同样的议题、同样的类目和抽样方法，可以对不同媒介进行研究；(5) 内容分析法能够运用定量的方法进行研究；(6) 内容分析法将信息属性与传播者以及受传者的特性联系起来进行分析以获得具有科学价值和理论意义的结果，而非对现象进行单一的描述。正是这些特点使得内容分析法能有效减少研究对象的主观原因造成的误差，研究结果也具有更高的可信度。同时，因为研究内容的客观性，内容分析法比较节省人力和研究成本，获得样本的途径也较其他方法要更为丰富。

然而，事物都是两面的，我们要用一分为二的观点看问题。内容分析法当然也有不足之处。一般而言，量化取向的内容分析法更适用于明确的、显在的媒介内容研究，对于诸如传播意义、文化价值、意识形态等内隐性概念的分析则较为薄弱。同时，面对海量、繁杂的媒介内容，要对其进行分类和编码也是一项浩大的工程，对研究人员的要求也相应较高。在使用内容分析法进行研究时，研究者首先要制定一套详细的研究方案，明确研究目的和测量对象，然后对测量对象进行抽样，以确定最终的研究样本并收集研究数据。之后开始对调查数据进行整理和编码，编码是内容分析法中颇为关键的一步，研究者必须界定好内容分析单元，明确分析对象是某一个字、词或者句子，还要预先制定内容分析类别和量化评价标准，最后对内容样本进行系统化归类和评价。在传播学研究中，内容分析法的运用十分广泛，既可以用于文字记录、文本作品等静态材料的分析，也可以分析广播、电视节目、影像视频等多模态材料；既可以对材料的内容进行研究，也可以对材料的结构进行考察。正是基于内容分析法的这种多用途性，从本质上决定了它作为一种多维度、跨学科的研究方法对于多模态文化翻译研究具备一定的适用性。

从目前的多模态文化翻译研究现状来看，由于多模态文化翻译理论尚处于建构阶段，利用内容分析法进行的翻译研究还十分有限，仅有少数学者在研究过程中借鉴了内容分析的研究方法。郑凌茜在“伴随文本框架下中国政府记者招待会口译活动的新闻报道传播研究（1998—2016）”中就为我们证实了内容分析法之于口译研究的适用性，以及传播学方法之于翻译学研究的创新切口。她基于从 1998 年—2016 年的 52 篇中国政府口译活动国内中文媒体的新闻报道建立了一个微型的语料库，对语料库的内容展开分析。文中对新闻报道的内容、新闻报道的副标题和新闻报道的链文本都展开了内容分析。以新闻报道的副标题为例，作者从报纸的版位、新闻内容的层级进行对样本内容进行归类和评分，结果显示报道所属板块与“两会”关联性最大，得出结论认为口译活动报道的生产与政治活动的受关注度关联性较大，数据信度高，结论也更具科学性。在目前为止的多模态文化翻译研究中，内容分析法主要还是见于口译研究当中，尚未形成类似传播学研究中的一套系统化的研究程序和研究范式。在已有的研究中，研究者虽然运用了内容分析这一研究方法，但也只是确定样本内容，界定研究单位，对样本内容的归类和评分，却忽视了内容分析中十分重要的编码阶段。传播学领域中，学者们在利用内容分析法进行研究时，通常会依据某种规则，对媒介内容进行分类，在确定分析单位之后，会制作编码表，即分析类目，并对分析单位进行编码，从而形成表格化、系统化的分析数据。编码表中的每个测量指标都对应着一个分类系统，每一个测量指标的某种结果都能够归入到某一个类别当中。而目前国内的多模态文化翻译研究，正是缺乏这一科学的编码体系，所以即使研究中采用了内容分析法的雏形，在数据的处理和分析上往往会受到研究者个人主观判断的影响，实际上是以定量研究为主，定性研究为辅的内容分析法。当然，运用这种内容分析法所得出的研究成果具有一定的客观性，但很大程度上无法避免主观判断对研究结果的影响，因而未能实现研究科学性的最大化。

统而言之，应用传播学的内容分析法进行多模态文化翻译研究依然是道阻且长。这种跨学科研究方法的借鉴和运用不可能一蹴而就，仍待千千万万学者利用多模态文化翻译的视角去慢慢开拓出一套系统的、科学的、适用于多模态文化翻译领域的内容研究方法。而无论如何，内容分析法的特质和目前翻译研究中对内容分析法的运用都足以表明，这种研究方法不仅具备自身的科学性和合理性，更是对于传统文化翻译研究方法的重要补充，有助于进一步丰富和深化多模态文化翻译理论的研究方法体系。

4. 控制实验法

控制实验法来源于心理学中的实验研究。最初，控制实验法是由卢因（K. Lewin）和霍夫兰（C. Hovland）两位传播学先驱从实验心理学中引入传播研究领域的。在传播学的应用中，控制实验法多用于探索传播效果，也就是是拉斯韦尔的“第五个 W”。上文所介绍的内容分析法着重于传播信息内涵的研究，控制实验法关注的则是传播信息与受众的关系以及对受众的影响效果。在传播学研究中，控制实验法主要是用于测试特定的信息刺激或环境条件与人的特定心理或行为反应类型之间的因果关系（风天笑，2005）。作为一种实验研究法，顾名思义，是需要在专门的实验室中展开实验的。传播学的研究中，实验室需要配备有阅读机、录音机、放映机以及各种记录、测量反应的仪器，对实验室的形状、灯光、色彩等也会有特殊的要求。试验进行时必须人为地控制某些变量以观察特殊变量与传播效果的因果关系。这里就需要引入自变量和因变量的概念。自变量指的是由研究者操纵或控制的变量，它是因果关系中的“因”；而因变量是研究人员所要观察、解释的变量，它是因果关系中的“果”。和调查法不同，控制实验法旨在探求少数变量和传播效果之间的因果关系，因此，研究对象较抽样调查法要少得多，一般控制在10人以内。另外，实验研究法的研究环境是实验室，这是一种人为的环境，具有非自然性的特点，这也是这种研究方法的缺陷所在。但是通过小样本和人为环境做出来的研究能够使得研究者可以有效控制环境、变量和被试，从而更为精确地认识到研究内容中的因果关系。同时，这种研究方法还具有成本低、可复制性的优点，可操作性也更强。

诚然，任何一种研究方法都不是完美的。控制实验法在提高可操作性的同时，同样无法避免实验成果受到人为因素的影响，这是实验环境非自然性的本质决定了的，研究结果也会受到研究者个体主观性的影响。具体而言，控制实验法应遵循以下步骤：首先，确定假设命题，简化因素，确定变量。之后，需要把研究对象分为“实验组”和“控制组”两组，应尽量保持两组成员人数、年龄、性别和教育程度等变量的相同，从而排除这些变量对实验结果的影响。实验过程中，两组唯一的区别就是自变量的不同，从而准确地实验出因变量所带来的影响及其影响程度；最后才是进行统计分析，而在传播学中，通过控制变量法，观测受测对象对刺激的不同反应通常是以问卷的形式实现的，研究者要对受测人员的问卷调查的结果进行分析。那么，怎样才能说明自变量和因变量之间存在或不存在因果关系呢？这是控制实验法中的最重要的环节，即统计观测的数据，并对实验假设进行证实或证伪。控制实验法中，实验组和控制组之间的差异是“总误差”，而其中由随机因素引起的误差是“组内误差”，由实验条件引起的误差则是“组间误差”。只有当“组间误差”达到P=0.05—0.01，也就是统计意义上的“显著程度”，我们才能说假设成立，即自变量和因变量中间存在因果关系。

与抽样调查法、内容分析法不同的是，控制实验法在翻译研究中的使用比较普遍，近些年来在诸如认知翻译学和翻译教学等跨学科研究方面有非常好的研究效果。王建华在“元认知理论与交替翻译实证研究”一文中就以美国心理学家弗拉维尔（J. H. Flavell）提出的元认知理论为依托，以科学的控制实验法为研究方法，对北京某高校外国语学院30名大三学生的口译学习进行了为期3个月的实验研究。他把学生分为控制组和实验组，实验前的前侧表明，两组被试学生的口译能力相近，通过访谈也表明两组学生能对自我进行比较正确的评价。而实验组的学生在为期3个月的实验中，都要定期在课前课中课后填写自我认知的量化表格，进行自评和他评。通过对30名同学3个月内的数据分析，发现元认知能力的提升与口译能力提升成正比，在元认知指导下展开口译教学的实验组的学生口译能力有质的飞跃。这就是控制实验法在翻译领域最好的应用。然而在翻译领域，控制实验法的应用目前大多局限于研究口译策略或口译教学方法等。也就是说，结合传播学的5W理论，目前控制实验法在翻译领域更多的是研究内容分析，就是衡量翻译内容是否符合各种翻译标准或者是对译员的翻译行为和翻译策略进行分析。然而，对受众和传播效果的分析却缺乏一个系统的研究方法。而控制分析法恰恰是进行受众和传播效果分析的最合适的方法。

那么，如何利用控制实验法进行受众和翻译传播效果的分析呢？下面将以传播效果为例，利用传播学的控制分析法，对翻译过程中的传播效果进行衡量分析。比如，为了了解中国特色社会主义词汇官方翻译的可读性，我们可以以在华外国人为实验对象，将其分为两组，控制组阅读中国政府工作报告和中国日报等中国官媒，而实验组则阅读相同题材下的政府报告和官媒报道的改写版，对文中的中国特色社会主义词汇进行释意，实验之后通过访谈、问卷等形式收集受众在阅读相同题材的不同英文表达下后对中国国家形象、国情认知以及态度和行为的差异，从而了解中国特色社会主义词汇官方翻译对于受众而言传播效果如何，能否有效提高受众对中国国家形象的建构，正确认识中国。同样的方法也可以用于从其他维度衡量中国特色社会主义表达的英译。再以受众分析为例，在进行翻译研究时，我们可以从传播学的“使用与满足理论”出发。该理论是由美国社会学家卡兹（E. Katz）提出的，主张以满足受众的需求作为衡量传播效果的基本标准。以“使用与满足理论”为依托，我们可以对笔译的读者或口译的受众进行控制实验，了解在不同翻译策略指导下受众的反馈，从而更加科学地指导翻译行为。当然，要想依托传播学构建属于翻译学的一套系统的、科学的、多维度的量化研究方法仍有许多其他问题亟待解决，比如要想衡量中国特色社会主义表达英译的传播效果，对于受众而言本身就是一种主观的判断，如何将这种定性的判断量化为具备实证性的数据？是否再结合心理学的元认知理论量化数据？在实验条件下的实验结果在翻译实践的具体应用方面是否适用？这些都是在后续研究中需要考证和尝试的方面。

多模态文化翻译理论作为一种综合性、实践性很强的理论体系，具有翻译学、文化研究、传播学研究等多重理论属性，这也决定了多模态文化翻译的研究方法应当具有多样性。从单一的定性研究中脱离出来，结合其他学科的量化方法进行文化翻译传播研究，是目前翻译学及整个人文科学的研究方向。在实际的多模态文化翻译与传播生产实践中，多模态文化翻译与传播从来不是独立工作的，与社会各行各业都存在着密切的内部关联。为了适应各个行业的环境，多模态文化翻译研究更应该开拓研究视野，积极汲取跨学科理论和研究方法的养分，推动多模态文化翻译实践更好的走向世界，为多模态文化翻译实践开辟更多发展空间，提高中国优秀文化“走出去”的质量和效果。

5. 小结

当前，习近平总书记指出“要加强国际传播能力建设，精心构建对外话语体系，发挥好新兴媒体作用，增强对外话语的创造力、感召力、公信力，讲好中国故事，传播好中国声音，阐释好中国特色”（汤素娜，2019）。

同时，在党的十九大中提出的“四个自信”中，“文化自信”是一种更基础、更广泛、更深厚的自信，是其他三个自信构建的基石、基本和基础。而要想构建好具有中国特色的对外文化话语体系，塑造良好的国家文化形象，增加中国文化话语权和文化影响力，从传播学角度深化多模态文化翻译研究是其中的应有之义。我们只有从多模态文化翻译过程中的传播主体、传播内容、传播媒介、传播受众、传播效果五个角度出发，研究多模态文化翻译过程中各种翻译传播要素之间的关联，方能帮助我们采取有效的多模态文化翻译策略，提高文多模态文化翻译的传播质效，最终回归到树立文化自信的目的中去。

翻译是一种文化、语言、意识形态对另一种文化、语言、意识形态施加影响、进行概念的活动。正是在这个意义上，多模态文化翻译的跨学科研究才有了施展的空间。因此，结合翻译的学科性质和传播学各种研究方法的本质，我们有理由相信传播学的研究方法对于多模态文化翻译研究具备强大的适用性。本节针对传播学中的量化研究方法及其科学性进行了具体介绍，并详细地阐释了抽样调查法、内容分析法和控制实验法这几种主要的量化研究方法的性质、特点以及操作步骤等。之后，通过对目前已有的跨学科研究案例的归纳与分析，探寻这三种量化研究方法在多模态文化翻译研究中的科学性和适用性。至此，本节得出了以下三点结论：（1）当前多模态文化翻译研究中的研究方法以定性研究为主，研究成果受研究人员的主观判断影响较大，缺乏实证性研究。而传播学中应用广泛的抽样调查法、内容分析法和控制实验法对于翻译研究都具备一定的适用性。本文通过案例分析，力证传播学的研究方法之于翻译研究具有可操作性和实证性；（2）任何研究方法都不是十全十美的，而是存在着两面性，如控制分析法在有效控制环境、变量和被试的同时，也存在非自然性和基数小的缺点；而抽样调查法保证了调查过程中的自然环境和较大基数的同时，也存在调查结果受研究对象的主观性影响较大的缺点。据此，本研究认为，在多模态文化翻译研究中应将进一步促进量化研究和质化研究方法的有机融合，推动量化研究与质化研究的相辅相成，从而实现多模态文化翻译研究方法科学性的最大化；(3) 在目前的多模态文化翻译研究中，尚未构建一套系统化、科学化的研究方法体系，因而未能对多模态文化翻译实践予以深刻的方法论指导。多模态文化翻译理论作为一个新兴的理论，涉及诸多学科，其内在的理论逻辑性和关联性非常复杂，因此，要建立一套完整系统的多模态文化翻译研究方法体系不可能一蹴而就，对于未来的研究人员而言，多模态文化翻译研究的方法论建构依然任重而道远。

第二节 质化取向

1. 引言

质化研究，是社会科学领域的研究方法。通常，我们把质化研究理解为研究者在自然情境下，透过与研究对象的互动，采用多种数据收集方法对社会现象进行整体性探究，以获得解释性理解的一种研究活动。谈到质化研究，“扎根理论”是其中的一个著名的方法。扎根理论是指研究人员跳过预先的理论假设设定，直接对研究现象展开观察，并基于观察得出的第一手资料开始分析、总结和归纳，进而形成理论成果的过程。因此，扎根理论是一种基于经验资料建立理论的方法，本质上是一种自下而上的方法。到了今天，受经验主义的影响，质化理论并没有一套非常系统的、标准化的研究程序，但是它的大致过程可以细分如下：(1) 提出研究问题，做出理论假设；(2) 查阅第二手资料；(3) 通过观察、访谈、文件等形式获取第一手资料；(4) 在某个理论基础上进行思辨；(5) 最后回答研究问题，验证或者推翻研究假设。实际上，质化研究指的并不是一套独立的研究方法，而是任何以研究对象的“质”为重点进行深度的研究，任何不是通过统计程序或其他量化的方法达到研究目的的研究方法。

那么，相较于量化取向研究方法，质的研究方法又存在何种特征呢？支庭荣、张蕾在《传播学研究方法》中对质化研究的特点归纳为以下五点：(1) 存在自然主义的传统，利用访谈、分析等人为工具，探究实际发生的现象，有强烈的人本主义色彩；(2) 不设定假设，注重对意义的及时性理解，通过调整变向为“理想型态”，了解人类行为及其过程；(3) 在原始数据的基础上使用大量的归纳法，从而理解复杂的现象；(4) 质化研究是一个动态过程，研究设计具有可操作性，会依据具体情况进行动态调整；(5) 质化研究对象贴近实际，具有非随机性。正是基于这样的特征，使得利用质化取向的研究能够获得丰富的研究资料，增进研究对象和问题的深度，从而给予研究者丰富的诠释空间，与量化研究相辅相成。在多模态文化翻译研究过程中，常常会出现有关传播的历史过程、人群的互动行为等问题，在这种情况下难以将数据量化，只有通过访谈法、观察法、分析法作为量化研究的有益补充，提高研究的科学性。下面，就多模态文化翻译研究中常用的质化研究方法——访谈法、观察法、个案研究法作一下介绍。

2. 访谈法

访谈法作为质性研究的一种典型方法，常常应用于各类社会科学领域，包括心理学、教育学和传播学等。研究者的出发角度不同，对于这一方法自有不同的理解。裴娣娜在《教育研究方法导论》一书中将访谈法理解为一种“研究性交谈”，就是以口头的形式，根据被询问者的答复搜集客观的、不带偏见的事实材料，从而准确地说明样本所要代表总体的一种方式。卜卫在《论传播学定性研究方法》中提到，访谈法是一种对话的技术，以使研究者能够理解并解释被研究对象的行为或看法。而在心理学的研究角度下，访谈法是一种通过与研究对象进行口头交谈的方式来收集对方有关心理特征和行为数据资料的一种研究方法。但无论是在教育学、心理学还是传播学中的定义，访谈法都是一种以口头交谈作为研究方式从而获取第一手资料作为研究内容的研究方法。在利用访谈法进行研究的时候，我们需要将“访谈”和“谈话”区别开来。访谈和日常交谈最大的区别在于，谈话的目的性不同。作为一种以研究为目的的谈话，访谈法有一套科学系统的研究设计和原则，绝对不是松散的聊天。

基于不同的标准，访谈法还存在以下几种不同的分类：(1) 根据访谈内容和过程有无一定的结构，可以分为结构型访谈和非结构型访谈。结构型访谈通常以问卷的形式呈现，有利于对研究数据进行统计分析；而非结构型访谈一般有访谈大纲，具体问题可以根据具体情况灵活调整，这种方法能够调动研究对象的积极性和主动性，从而对研究问题进行更为深入的剖析；(2) 根据接触方式的不同，可以分为间接访谈和直接访谈。相比以电话访谈为代表的间接访谈，直接访谈能够通过面对面交流观察到受访者的情绪波动、肢体语言和精神状态，更加有利于研究问题的深入；(3) 根据访谈次数不同可以分为一次性访谈和多次性访谈。一次性访谈主要是对事实数据进行收集，多次性访谈主要是通过一整套访谈设计，循序渐进地对研究内容继续追踪调查，由浅入深，由事实到意义，具备系统性和科学性；(4) 根据受访者人数，可以分为个别访谈和集体访谈。个别访谈和集体访谈通常可以结合起来使用，这样可以使得研究结果更加充实可靠。(5) 根据访谈发生的研究阶段不同，我们又可以分为民族志访谈法、知情人访谈法、应对式访谈法、叙事访谈法和焦点组访谈法。民族志访谈法是发生在参与性观察中的情景对话，具有非正式性、对话性和自发性的特点；知情人访谈法通常是在实地考察过程中，研究者对能够提供有价值信息的人进行访谈；应对式访谈法是指受访对象根据研究者设计的一系列问题进行被动回答；叙事访谈法是指研究者作为故事的推动者，鼓励受访者说出故事的一种访谈方法，这种方法对于人际关系和群体文化的建构有很大的意义；最后是焦点组访谈法，这种方法是一种群体访谈法。将具有一定共性的研究对象放在同一研究小组，他们互不相识，对研究问题一起进行阐释讨论以实现互补，从而得到全面、具体、科学的研究数据。总而言之，访谈方式凡此种种，但是对于访谈形式的选择需要我们依据研究问题、研究对象等条件具体情况具体分析，不能以偏概全地认为某一种访谈类型是最科学的。必要的时候，我们可以结合多种类型进行访谈，从而提升多模态文化翻译研究方法的科学性。

近年来，访谈法在认知翻译研究和翻译教学研究中都有广泛的应用，极大地推动了翻译研究的发展。认知翻译研究主要是回答“译者大脑里到底发生了什么?”这一课题。过去的研究方法比较单一，主要采用口语报告法收集实验数据（韩淑芹、孙三军，2010）。20世纪90年代末，随着按键记录法的诞生，它与翻译日记法、访谈法、反思法都一起应用到了认知翻译的研究当中。其中，访谈法为研究认知机制提供了极大的补充。在认知翻译研究中，研究人员采用三角互证的方法，通过收集不同类型的数据，对数据进行综合分析，同时进行彼此验证，得出最为科学可靠的结论。而在周亚莉、何东敏的《基于职业笔译员胜任特征的翻译人才培养》一文中，运用了行为事件访谈法对28位职业笔译员进行深度访谈。“行为事件访谈法”(Behavioral Event Interview，简称BEI)，是一种开放式的研究技术。BEI的访谈对象为岗位人员，通过采访受访对象描述其在任职期间所经历的成功和不成功的事件，并进行深入分析，找到影响目工作绩效的细节行为。之后再对收集到的数据进行汇总、分析、编码和对比，从而找到目标岗位的核心素质。因此，在该研究中，研究人员事前设计了访谈提纲，并将受访对象按照从业时间和职称分为普通组和优秀组两组。在访谈过程中采取双盲设计，即被访者和访谈者在访谈前都不知道分组的事实，以求进行公正的采访和收获公正的回答。访谈结束后将15万字访谈录音整理成文本，并使用SPSS软件工具对研究数据进行分析，从而从知识、技能、职业操守、市场倾向、创新导向、成就取向和价值观这7个维度总结了职业笔译员的胜任特征，为国内翻译硕士的培养、人才选拔、招聘以及考核等提供了有益指导借鉴。

当下，随着全球化的日益深入，国家与国家之间的联系日益紧密。在这样的背景下，要想推动中华文化“走出去”，多模态文化翻译便承担着艰巨的任务。具体而言，这对翻译人才培养和翻译过程研究都提出了更高的要求。在翻译过程研究领域，访谈法也为我们进行三角互证，获取科学的研究结果提供有益补充。而从翻译人才培养的角度来看，国内翻译硕士专业学位（MTI）自2007年经国务院学位委员会批准设立，一直以培养“高层次、应用性、专业性口笔译人才”为培养目标，近年来也得到了迅猛发展，但同时培养效果与培养目标相去甚远的缺陷也暴露出来。为了提供更为职业化的翻译人才培训，为人才选拔与考核提供理论依据，研究人员借鉴传播学中常用的访谈法展开翻译教学研究，从多模态文化翻译的角度提出了更为科学、具体、系统的人才培养目标。这说明国内翻译教育从学习国外先进经验，不断发展内化出自己的特色，根据我国的高等教育发展现状和翻译实践要求，积极培育高层次的翻译人才，为翻译硕士培养模式改革、翻译学科建设和翻译事业发展都提供了极大的帮助。

3. 观察法

除了访谈法，观察法也是传播学定性研究中的主要研究方法。观察是什么？日常生活中的观察一般是一种无意识、无系统的观察，而社会科学研究领域中，我们所说的观察指的是带有明确的目的，用自己的感官和辅助工具去直接地、有针对性地了解正在发生、发展和变化着的现象。这种观察和日常生活中人们对各种事物的观察具有明显的不同，要求观察者的活动具有系统性、规划性和目的性而且要求观察者对所观察的事实做出实质性的和规律性的解释。和访谈法类似，观察法也存在以下几种不同的分类：(1) 根据观察的场所划分为实验室观察和实地观察。实验观察法就是指在备有各种观察设施的实验室内，对研究对象进行的观察。这种观察方式在心理学中使用广泛，例如对儿童的交往、模仿等互动行为进行测量等。实地观察法就是在现实社会生活场景中进行观察。这是一种直接的、无须借助其他工具或仪器展开的观察；(2) 根据观察的程序可以划分为结构式观察和非结构式观察。结构式观察指的是按照程序和观察提纲对现象进行的观察。它与结构访谈的形式有点相似。通常，结构式观察多采取局外观察的方式进行。观察者对所有观察对象进行观察，并留下记录。非结构式观察与之相反，没有任何统一的观察内容和表格，对各种现象的发展变化展开自然的观察。它与无结构访谈的特征相类似。并且，无结构观察多采用参与观察，其结果也并不统一，观察所得资料因而只能用于质化研究。这种无结构的观察是实地研究中最主要的观察方式；（3）根据观察对象的不同可以划分为直接观察和间接观察。直接观察是对那些正在发生的社会行为和社会现象进行观察。而间接观察的观察对象通常不是正在活动的人们，不是人们当时的行为和表现，不是正在发生的时间和行动，而是对人们行动以后，事件发生以后所遗留下的痕迹这一中介物进行观察。间接观察包括痕迹观察和行为标志观察。痕迹观察是对人们活动后所遗留下的痕迹进行观察，而行为标志观察是通过一些表面的或无意的现象推测人们行为方式和价值观；（4）根据观察者的角色可以划分为非参与式观察和参与式观察。非参与式观察也称为局外观察，即观察者在被观察的群体或现象之外，最大程度减少观察对于环境或现象产生的影响。参与式观察是指研究人员参与到研究对象的环境中，在实际参与中进行观察，从而收集有关资料，这是一种非结构式的观察。这种方法是人类学与民族志研究中最常用的方法。由此可见，观察法类型多种多样，研究人员在利用观察法进行研究时要根据研究主题以及现实条件选择最为合适的观察策略。

在传播学研究领域，由于研究的现象较为集中，使用观察法的场景更多，研究步骤大致总结如下：（1）确定研究目标；（2）确定观察对象；（3）取得参与的权利；（4）与研究对象建立联系；（5）通过持续数周、数月甚至数年的观察和实地记录进行研究；（6）处理危机；（7）撤离观察实地；（8）分析数据资料；（9）撰写观察报告。

在我们对观察法的定义、类别和步骤都做了简单的总结后，我们必须明确，观察法并不是一种完美的研究方法。他可以帮助我们最大程度地获得第一手资料，展开试验性、先导性研究，但同时它不可避免地会存在观察者的主观性偏见，外在因素也难以得到适当的控制。这启示我们，在利用观察法展开研究时，必须根据研究条件选择合适的研究方式，当然可以使多种方式的结合，从而最大程度降低不可操控因素的影响。在“翻译过程实证研究：成就、不足和启示”一文中，谭思蓉、付莉萍对西方翻译过程实证研究的两大阶段进行了概括梳理。文中提到西方翻译过程实证研究可以分为两大阶段：反思法阶段和观察法阶段。在反思法阶段，研究人员运用有声思维法作为主要的研究方法来展开翻译过程研究。这一研究方法有效地帮助研究人员在翻译策略和翻译单位两大方面取得了实证性研究成果。

然而，将反思法应用于翻译过程研究时，所采集数据的效度一直备受争议。一些学者开始利用更为直接客观的实验数据展开研究，翻译研究中的观察法也就应运而生。1999 年，哥本哈根商学院制作了 Windows 版本的 Translog，它的设计师雅各布森倡导利用有声思维法收集定性数据，利用键盘记录法收集定量数据，并将二者结合起来进行多元数据分析，这便是键盘记录法的发明。利用观察法，尤其是键盘记录法，研究人员对翻译辅助工具如字典对翻译过程的影响展开实证研究。研究人员将 10 名优秀的英语专业的研究生分为两组，一组使用翻译辅助工具进行翻译，另一组不能借助任何翻译辅助工具。结果发现没有使用翻译辅助工具的译员译文更加流畅，更加宏观；而有参考工具的翻译组译文较为准确，更为微观。除此之外，观察法还应用于翻译过程理论和方法论研究、翻译过程研究、翻译能力发展过程研究、翻译职业素养研究和译后编辑研究等。由此可见在观察法尤其是键盘记录法的帮助下，翻译过程的实证研究经历了单一的定性研究到定性与定量结合的发展，大大增强了相关翻译研究的信度和效度，大大地拓展了研究思路。

综上所述，在前人的研究基础下，观察法已经具备系统性和科学性。而观察法之于翻译过程研究更是出现了键盘记录法这样的研究方法，为我们的质化研究提供了极大的便利，也使得翻译过程研究能够将定量的数据和定性的数据相结合，一定程度上提高了翻译研究的科学性和系统性。观察法在翻译学中的应用使得研究人员愈发注意到翻译学的跨学科本质，研究人员开始着力对翻译过程进行全方位研究，有效说明了观察法之于多模态文化翻译理论具备极大的适用性，为多模态文化翻译提供了真正系统科学的研究思路和方法。

4. 个案研究法

个案研究法有着较长的发展历史，最初在法学和医学的研究领域中得到广泛的应用。20 世纪以来，个案研究法开始应用于社会科学研究领域，但总的来说尚处于发展的初级阶段。那么，个案研究中的“个案”究竟是一个怎样的概念呢？过去，在医学领域中，个案通常是指对个别病例做详尽的临床和病史考察，以判断其病理和诊断过程中的变化。而作为一种社会科学领域的研究方法，它通常是指对现实中某一复杂的和具体的现象进行深入和全面的实地考察，是一种经验性的研究方法。这种方法是一种着重于典型事例、分析工作的研究，着重于诊断和缺陷补偿、信息反馈和经验总结。因此，个案研究法适合研究的问题类型是“怎么样”和“为什么”，研究对象是目前正在发生的事情，研究者对于当前正在发生的事件不能控制或极少能控制。个案法的研究遵循以下的过程：（1）根据研究对象与问题、研究目的与重点等来制定研究方案；（2）确定研究对象，进行个案现状评定；（3）收集资料，诊断与因果分析；（4）问题的矫正与指导；（5）追踪研究；（6）撰写个案研究报告。当然，上述只是个案研究的基本步骤，具有概括性和普遍性，在实际的研究过程当中，应当根据不同研究的类型和研究条件进行具体操作。

另外，我们有必要对个案研究法的类型进行简要介绍。个案研究法可以依据研究对象、研究内容与目的进行分类。根据研究对象的个数不同，可以分为单一案例研究和多案例研究。单一案例研究主要用于证实或证伪已有理论假设的某一个方面的问题，它也可以用作分析一个极端的、独特的和罕见的传播学情境。通常，单一个案研究可以对其中的传播现象进行深入研究，提高研究的可信度。在多个案研究中，研究者首先要将每一个案例进行独立分析，也就是案例内分析；之后再对所有案例进行归纳和总结，从而得出结论，这一分析被称为跨案例分析。研究人员们认为多个案研究能够更好、更全面地反映整个案例。根据研究目的分类，个案研究法可以分为描述性、解释性和评价性的个案研究。描述性研究是指对研究的对象、背景进行描述；解释性研究是指把研究对象和结果做归纳，从而得出结论；而评价性研究是通过对案例提出自己的意见和看法后，研究人员再去寻找新的研究和观点。由此可见，个案研究与经验主义不同，其最大价值在于通过分析细节，总结或提取普遍性原理。

正是由于这样的特性，使得个案研究法之于传播学的研究具备极大的优越性。首先，个案研究法有其特殊性。它着重于某一种已定的情况或现象，从而研究现实的问题。其次，个案研究法能为研究问题和研究对象提供一份描述性的报告，这是由这种方法的本质所决定的。第三，个案研究有助于人们了解被研究的主题是什么，提出新的观点，新的解释，新的意义，从而有助于更好的展开研究。最后，个案研究存在渐进性的特点。它通过检测大量的资料，归纳推理出形成原理和普遍的原则，有利于我们探索出新的联系。尽管如此，我们依旧需要客观的、一分为二地去看待这一研究方法，它同时也存在一定的劣势：（1）缺乏科学的严谨性。在许多个案中，研究人员使用模棱两可的证据或有倾向的观点影响结果和结论；（2）个案研究的结论难以被推广，难以说明结果的普遍性；（3）个案研究法中会产生大量的难以概括的数据，操作起来也非常费事；（4）作为对社会处境中具体的人际互动的研究，个案研究具有微观性和反历史性，往往忽略宏观因素的作用。

那么，个案研究法之于多模态文化翻译研究是否有一定的借鉴意义呢？答案是肯定的。事实上，个案研究法不仅是传播学的重要研究方法，在翻译学研究中更是有广泛的应用。在“试论翻译史个案研究法中微观与宏观的关系”一文中，作者指出了以微观史学和宏观史学为借鉴的个案研究路径。其中，在微观史学的个案研究路径中，我们注意到作者以周瘦鹃于 1917 年出版的《欧美名家短篇小说丛刊》作为个案。选择这样的个案，不仅可以将周瘦鹃同其他“鸳蝴派”人物联系起来，比较他们对翻译的认识上的异同，也可以将旧式文人与同时代的鲁迅置于同一话语空间。此外，还可以将周瘦鹃在清末到五四转型期间在《丛刊》上发表的译文进行对比。只有这样的个案，才能让研究人员顺着起初微小的线索论及其相关的其他人和事物，从而在史实中将研究对象置于多层次、多侧面、复杂的网络之中，使得研究对象不仅仅局限于周瘦鹃或《丛刊》，更是这一时期概念的变与不变。由此，也为我们在多模态文化翻译学中展开个案研究提供了可借鉴的研究路径和行动指南。

5. 小结

21 世纪以来，跨学科研究成为科学创新最为常见的手段和方法，在不同的学科领域都得到了极大的重视。跨学科研究的重要表现之一，便是体现在研究方法的跨学科之上。早期的翻译研究大多是感悟式、随想式的研究，没有严格的研究方法可言。通过借鉴其他学科的研究方法、研究手段和研究工具，极大地提升了翻译学研究的科学性和系统性。

本节内容介绍了传播学中质化取向的几种常见的研究方法，即访谈法、观察法和个案研究法，并结合翻译研究实例展开适用性研究，力证翻译学和传播学在本质上就是“你中有我，我中有你”。同时需要注意，没有任何一种研究方法是十全十美的，在多模态文化翻译研究过程中，我们希望借助跨学科的方法，最大程度地弥补多模态文化翻译研究本身的短板，从而在全球化和中国综合实力不断增强的背景下，助力中国优秀文化走向世界、融入世界并影响世界。跨学科研究虽然是大势所趋，但跨学科本身并非多模态文化翻译研究的终极目的。我们应当以多模态文化翻译研究为本，以解决多模态文化翻译研究和实践中的问题为目标，如此才能真正开创多模态文化翻译研究的新局面。

第六章

理论价值与未来发展

第一节 多模态文化翻译理论价值

1. 引言

在中国的历史长河中，翻译作为联结中西文化的桥梁，对促进文化交流、经济发展、科技进步和思想启蒙发挥了重要作用。今天，随着中国经济蓬勃发展、“一带一路”建设持续推进，中国正日益走近世界舞台的中央，广泛参与世界文明对话，推动中华文化“走出去”成为实现中华民族伟大复兴的应有之义。在这一宏大语境下，翻译又面临着讲好中国故事、传播中国优秀文化、提升国家文化软实力的庄重使命。在此背景下，翻译的传播学研究也开始受到学者们的关注，相关研究成果日渐丰富。但遗憾的是，现有研究多是从传播学的视角研究翻译的跨语际传播过程，论述翻译活动的传播本质，深入、全面的理论研究相对匮乏，连续性不强，学科归属性未曾引起学术界的广泛关怀。尤其是对于翻译的文化特性和文化功能，一直未能给予足够的重视，对翻译传播过程中的文化差异性与文化多样性缺乏有效认知和必要关注，这样的研究现状既不利于翻译与文化传播实践经验教训的总结，也不利于翻译研究的理论发展，很大程度上阻碍了中华优秀文化的远行。

有鉴于此，本书提出了建构多模态文化翻译理论这一设想，考察了多模态文化翻译理论的概念内涵、基本要素以及发展现状，追溯多模态文化翻译的理论渊源并着重梳理、总结多模态文化翻译研究的主要理论特征和研究范式发展，在此基础上，进行了多模态文化翻译理论建构的尝试，探讨了多模态文化翻译理论建设的基本原则与发展逻辑，最终建立了“翻译——传播——文化实践”的多模态文化翻译理论模式。在本章节中，主要通过对目前国内文化翻译与传播研究的现状及主要问题进行总结反思，进而阐释多模态文化翻译理论的价值内涵，分析多模态文化翻译理论对于促进中国文化传播、推动中国文化“走出去”的重要意义，思考如何更好地利用多模态文化翻译理论进行中国文化翻译与传播实践，以有助于中国国际文化传播体系和国家文化形象的建构。

2. 研究现状

我们以 CiteSpace 可视化分析软件作为研究工具，对 2000—2020 年有关“文化翻译传播”研究的相关文献进行定量分析，通过梳理近 20 年文化翻译与传播研究的发文趋势、关键词共线图谱以及突发性文献信息等特征，对当前中国多模态文化翻译与传播知识结构热点、研究主题演变与发展态势等进行总结和分析，以期较为全面地描绘近期我国文化翻译传播的研究图景，同时也为学者们今后进一步的研究提供一定参考与借鉴。

本研究数据源自 CNKI（中国知网）收录的中文核心期刊和 CSSCI 来源期刊数据库，以“文化翻译传播”为主题词，对 2000—2020 年的相关文献进行检索，共获取 668 篇文献。经过人工剔除会议通知、论文征稿、期刊寄语等相关度较低的数据以后，最终得到有效文献 629 篇作为本研究的数据分析样本。

2.1 研究热点分析

关键词往往体现了一篇文献的核心内容，在一个研究领域中，通过对高频关键词的抓取和分析，能够映射该领域的研究热点、演进特征以及研究趋势（李伯华等，2017）。由 Citespace 生成的关键词共现网络时区视图可知，文化翻译传播领域的研究主要聚焦于以下 10 个方面：“翻译”“隐喻”“归化”“中译外”“中医英译”“文化研究”“学术论著”“传播受众”“外译”“中西文化差异”，如图 6－1 所示。这些高频关键词基本反映了文化翻译传播领域的研究热点，为了更清晰地呈现文化翻译传播研究的热点

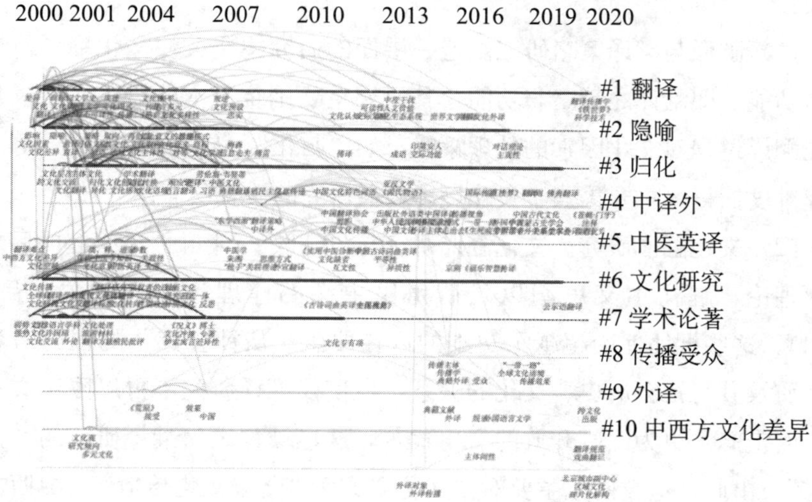

图 6-1　文化翻译传播研究关键词共现视图

关键词，我们提取了出现频次排名前十的关键词及其初始年份，具体见表 6-1。

表 6-1　文化翻译传播研究关键词频次统计表

排名	频次	关键词	初始年份
1	120	翻译	2000
2	38	翻译策略	2004
3	37	文化翻译	2001
4	31	文化差异	2000
5	23	异化	2002
6	21	外译	2015
7	19	归化	2002
8	16	文化传播	2012
9	14	传播受众	2008
10	13	外宣翻译	2013

通过对上述高频关键词的整合、文献分析与二次梳理，我们能够对文化翻译传播领域的研究热点有所把握，其研究主题大致可归结为以下三个

方面：

（1）翻译与翻译策略研究。这一层面的研究主要关注文化翻译传播的本体功能，即翻译之策略与功能，其研究主要围绕文本的语言功能以及译者在翻译过程对文化因素的处理策略，如“归化”“异化”“隐喻”等。从研究维度而言，主要聚焦于文化翻译传播研究的微观层面；

（2）文化翻译研究。文化翻译研究与20世纪下半叶西方兴起的后现代批评理论、解构主义思潮以及后殖民主义翻译理论密切相关（吕俊，2004），这些批评理论超越了文本的内在要素，从社会文化的视野考察文本性质及其与社会历史、文化的关系，也使得翻译研究不再局限于文本之内，而走向了更为广阔开放的文化背景，这也被称之为翻译研究的“文化转向”。由此，这类研究主要对“文化研究”“全球文化传播”“中西方文化差异”等宏观研究议题进行探讨，着眼于翻译文本的背后与潜层，关注全球文化语境和文化关系；

（3）外译与翻译传播研究。随着我国综合国力和国际影响力的不断增强，文化走出去的呼声日渐高涨，中国文化“走出去”成为我国文化建设的基本战略。在这样的语境下，“外译”“外宣翻译”作为文化交流与传播的重要载体，受到了越来越多学者的关注。与此同时，已有学者从传播学和跨文化交际的理论视角出发，论述翻译活动的传播本质，并借鉴传播学的相关理论阐释和研究翻译传播过程（吕俊，1997；唐卫华，2004；谢柯 廖雪汝，2016）。具体而言，这一层面的研究可纳入文化翻译传播理论框架的中观研究维度，多涉及翻译传播原则、传播主体、受众研究等。

2.2 研究前沿分析

通过CiteSpace软件对文献数据进行突发性探测，可以提取某研究领域的突变术语，突变术语一定程度上反映了这一研究领域的前沿和发展趋向（吴晓燕 王菲，2020）。由此，可以得出文化翻译传播领域的9个突变值较高的术语，包含“文化差异”“归化”“异化”“翻译研究”“英译”“中译外”“文化翻译”“外宣翻译”“外译”，如图6-2所示。从这些突变

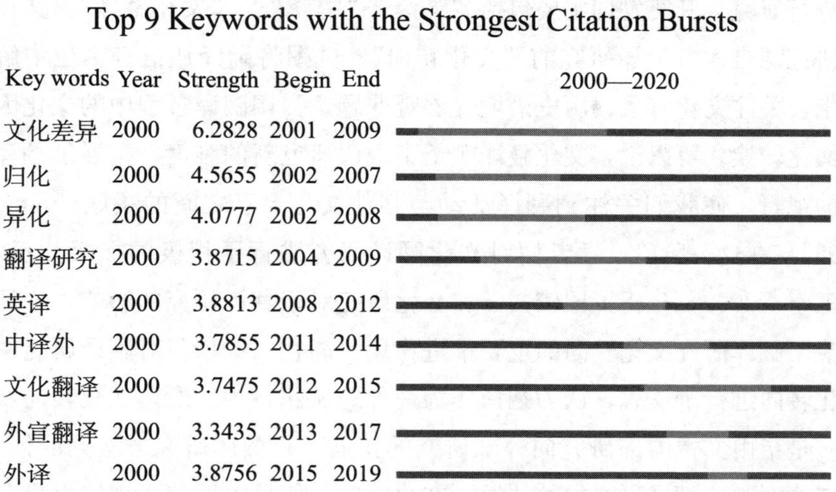

图 6-2　文化翻译传播研究领域关键词突发性检测

术语中，我们能够发现文化翻译传播领域的最新研究动态，具体而言，文化翻译传播的研究热点可概括为 3 个阶段：

第一阶段（2001—2009 年）的突发词包括“文化差异”“归化”“异化”“翻译研究”，说明该阶段学者们开始关注翻译过程中的文化要素及文化差异，并且对相应的翻译策略，尤其是归化和异化这两种翻译方法展开了讨论。如孙致礼（2002）通过梳理中国文学翻译历程，探讨了文学翻译中的归化和异化问题并预测了翻译策略的发展趋势，认为未来的翻译方法将进一步趋向异化，以便尽可能地传递源语文本的异域文化特色。蔡平（2002）分析了异化和归化的概念，并将其划分为语言形式和文化内容两个层面，认为在翻译过程中异化和归化的关系并非固定不变的，而是呈现为异化向归化转化的发展规律，也就是说，归化在翻译过程中发挥着主导作用。罗选民（2004）从文化和语言的层面对翻译的归化和异化进行了比较，澄清了国内关于归化和异化翻译讨论的一些误区，最后指出，要结合中国特定的社会文化语境，辩证地看待归化和异化翻译问题，并从文化层面对此进行更多的思考。

第二阶段（2008—2015 年）主要围绕文化翻译和中译外活动这两个主

题进行研究，其突发词主要包括“英译”“中译外”“文化翻译”。文化翻译研究源自西方翻译研究的“文化转向”，试图将翻译从语言本位中解放出来，关注文化背景、历史语境等宏观课题，强调翻译过程中的文化因素及文化转换。可以说，文化翻译赋予了翻译研究新的维度，拓展了翻译研究的视野，使我们关注到翻译活动与其他文化要素之间的关联（Simon，1996）。在这一阶段，学者们对文化翻译研究进行了积极的探索与反思，如王宁（2009）分析了比较文学和文化研究对于翻译研究的影响，论证了其对于翻译研究文化转向的重要推进作用。胡牧（2011）对翻译研究中的文化转向进行了反思，认为翻译作为一种跨文化行为，所谓文化转向，其实质是指由文本内部研究向外部研究的拓展，是翻译研究方法论的体现，但应注意避免翻译研究中的“泛”文化倾向，使译本回归于现实世界。与此同时，伴随中国文化“走出去”战略的大力推进，中译外的研究得到了学者们的广泛关注。谢天振（2014）对中国文学外译实践的主要问题及其原因进行了探究，发现学界对中译外活动的认识有失偏颇，同时对译出行为（out-going translation）的特殊性以及跨文化传播规律缺乏应有了解，从而使得中国文学外译活动未能获得预期的理想之效。

第三阶段（2013—2019 年）的突发词主要包括“外译”和“外宣翻译”，该阶段更多地关注文化翻译传播的生产与实践层面，同时开始借助传播学的理论视角来重新认识翻译活动。谢柯（2016）从名与实的角度，论述了翻译过程的传播本质，并进行了建构翻译传播学的探索，阐释了翻译传播学的理论基础和研究内容。孙利（2016）基于传播学者理查德·布雷多克（R. Braddock）的“7W”模式探究翻译损失背后的根源，分析了“7W”模式对于翻译传播过程和传播效果的阐释力。罗选民（2019）从大翻译的理论框架出发，明确了翻译和翻译研究对于中国国家形象建构与文化传播的重要意义。另一方面，外宣翻译作为事关国家传播能力建设和国际形象的战略性任务，在文化“走出去”和“一带一路”倡议背景下，外宣翻译的重要性不断凸显，近几年关于外宣翻译的研究呈现出快速发展之势，学者们运用多种学科理论和方法，对外宣翻译展开了多视角研究。如陈小慰（2013）借鉴当代修辞理论框架研究了外宣翻译中的文化自觉和受众意识；卢彩虹（2016）运用传播学的理论研究外宣翻译并提出了新常态下外宣翻译的原则与策略；吕红周（2018）从翻译符号学的视角诠释了外宣翻译的符号转换本质及其过程。

总体来说，文化翻译传播领域的研究历经了从微观的文本要素到宏观文化语境，进而又关注中观翻译传播实践研究的演进，研究维度和理论视角日益丰富，深化了人们对文化翻译传播活动本质的认识。同时，文化翻译传播研究也呈现出与时代背景相结合的特点，强调了中国文化“走出去”战略实施下翻译的功能与重要性，并积极采用传播学、文化研究、社会学等跨学科理论视角和研究方法对翻译活动进行探究，推动文化翻译传播这一研究领域的形成和发展。

然而，不可否认的是，目前的文化翻译传播研究依然存在一些不足之处。首先，文化翻译传播研究尚缺乏一个具有较强指导力的理论框架模型。就当前的研究态势来看，学者们对文化翻译传播的研究侧重于微观层面的翻译策略以及文本中文化差异的研究，后续研究应对文化翻译传播研究的中观层面和宏观层面，尤其是对文化翻译传播的生产、传播和接受过程予以更多关注，以形成系统的文化翻译传播理论体系。其次，从研究方法方面而言，目前大多数研究仍然以思辨性研究方法为主，对于文化翻译传播的可接受性、文化传播效果等方面的实证研究以及文化翻译传播的文化身份建构、文化价值与文化意识等方面的理论研究需要进一步改进与提升。因此，未来的文化翻译传播研究应开阔研究视野，充分融合传播学、文化研究、话语研究、社会符号学等跨学科领域的研究理论和研究方法，更广泛地采用实证研究方法，并积极尝试对多模态文化翻译与传播理论建构的探索，力求产出更具价值的研究成果，不断丰富、深化文化翻译传播研究理论体系。

3. 理论价值

文化是一个民族的根基和灵魂，是实现民族振兴和国家发展的强大精神力量。当前，在信息化与全球化浪潮下，国际文化交流与合作日益频繁，文化软实力在国际竞争中发挥着越来越重要的作用，提高文化软实力成为党和国家的一项重大战略任务。习近平总书记（2014）多次强调文化软实力建设的问题，明确指出，提高国家文化软实力，要努力展示中华文化的独特魅力，要把继承传统优秀文化又弘扬时代精神、立足本国又面向世界的当代中国文化创新成果传播出去。文化翻译与传播作为中国文化"走出去"的重要载体，是增强中国文化传播影响力与感召力、提高国家文化软实力的关键。在这样的语境下，深入探究多模态文化翻译与传播实践，建设中国特色的多模态文化翻译与传播体系，无疑是中国翻译学界的重点研究课题和任务。而从当前文化翻译传播领域研究成果来看，虽然日渐丰富、视角多元，但仍然存在着跨学科研究不深、高水平理论研究成果不足等问题，尤其是未能从整体着手、系统地进行文化翻译传播理论体系建设。基于此，本研究对文化翻译传播展开整体研究，探讨中国特色多模态文化翻译实践和理论，尝试建构了中国优秀文化多模态翻译理论体系。具体而言，本研究的理论价值体现为以下几个方面：其一，有助于推动关于翻译本质的思考；其二，有助于促进人类主体间的文化沟通；其三，有助于提高中国文化话语权。以下将分别予以阐释。

3.1 推动关于翻译本质的思考

对于"什么是翻译"这一问题，学者们从来没有停止过探索的脚步，基于各自的视角对翻译的本质进行了阐述，丰富了人们对翻译活动的理解和认知。在翻译研究的初期阶段，学者们多从结构主义语言学范式出发，将翻译看成是不同语言之间的一种语际转换过程，强调翻译对于源文本的忠实、对等。如费道罗夫提出，"翻译是用一种语言手段忠实、全面地表达另一种语言表达的活动"（蔡毅，1995）。卡特福德（Catford，1965）对翻译本质的解释是"the replacement of textual material in one language（SL）by equivalent textual material in another language（TL）"，即译语对源语中的话语材料的替代。在这一时期，翻译理论者或实践者对翻译本质的追求在于实现对原文的“忠实”，正如斯坦纳（Steiner，1975）所言，忠实的译者能够创造一种有效转换的条件，从而实现最理想的翻译，也就是在转换过程中不遭受任何损失。可见，传统的翻译研究者们往往将翻译的本质看成是一种类似于“形而下”的、具有一定技术性的语言转换活动，译者的最高理想就是做到忠实的翻译。这种关于翻译本质的认识存在一个明显的不足，就是似乎只将翻译看成是源语、译语两种存在状态的形式，对于翻译主体和翻译过程却避而不谈，从而难以揭示翻译活动的实质。

随着翻译研究和实践的不断拓展，关于翻译本质的认识也不断深入。威尔斯提出，“翻译是尽可能地将源语变成等值的译语的过程”（蔡毅，1995）。与之前对于翻译结果的关注不同，威尔斯（W. Wilss）在这里强调的是翻译的过程，这一区分是十分重要的。因为翻译不仅指涉翻译行为也包含翻译过程，只有将“结果”与“过程”进行限定，对于翻译本质的论争才有意义（杨大亮 张志强，2001）。贝尔（R. T. Bell）也对翻译的“过程”与“结果”进行了区分，在 *Translation and Translating* 一书中，贝尔将 translation 一词的含义予以详细论述：（1）translating，指翻译的过程；（2）a translation，指翻译过程的产物；（3）translation，既包括过程，也包括产物的抽象概念（王克非，1997）。另外，威尔斯并没有硬性地规定源语文本和译语文本的等值，而是采用一种宽容性的表达，即“尽可能等值”，从而使得“忠实”这一翻译标准更具弹性和多元性，并且将“摘译”“编译”“改译”“节译”等活动纳入了翻译的范畴。此后，伴随翻译实践的进一步发展，越来越多学者认识到，传达源语的意义只是翻译的众多功能之一，在语言意义的背后，翻译还承载着不同主体之间的文化沟通与传递功能。对此，功能派翻译理论从翻译的功能出发，把翻译置于跨文化交际与传播这一范畴进行研究，认为翻译是一种有目的的跨文化传播行为。如曼塔莉（J. H. Manttari）基于交际理论和行为理论，提出“翻译行为”（translational action）这一概念，并将其界定为一种“为实现信息的跨文化传播、跨语言转换而设计的复杂行为”（仲伟合 钟钰，1999）。在认识到翻译的跨文化传播功能以后，威尔斯（2001）在其著作 *The science of translation: problems and methods* 中又赋予了翻译新的界定，认为翻译是“与语言行为和决策密切相关的一种语际信息传播的特殊方式”。也就是说，翻译是一个信息传播的过程，具有传播的一般性质，翻译活动有其自身之独特性和复杂性。这主要体现于翻译跨越了两种语言文化系统，同时译者既是原文信息的接受者也是译文的发送者，承担着双重身份角色，因此，翻译是一种跨语言、跨文化的两级传播过程。

由此可知，翻译从本质上来讲，是一种文化传播实践，是将一种语言所传播的信息及其文化内涵用另一种语言加以表达的动态过程。在这一过程中，译者必须进行文化转码，而非只是语言符号系统的转换。基于这样的认识，我们可以对翻译的本质有着更为广泛和深入的理解，即翻译是一种跨语言、跨文化的信息传播过程。尤其是在国际交流和文化传播中，翻译的挑战不仅仅是语言，还有文化。这就要求翻译研究者和实践者要理解和诠释翻译活动的传播因素和文化属性，关注翻译过程中文化意义如何被建构、被传播与被理解，进而发挥翻译的文化传播功能，推动中国优秀文化走向世界以及国家文化形象建构。

3.2 促进人类主体间的文化沟通

文化沟通是指来自不同文化背景的文化群体或文化成员之间相互交换信息、相互影响和建构意义的过程。文化的交流与沟通是文化发展的动力，自古至今，各民族、各地区的文化正是经过人与人之间的相互交流借鉴而不断融合、发展的。在世界各民族文化交流以及人类主体间文化沟通的进程中，翻译所发挥的作用是巨大的，也是不可替代的。我们将翻译放在人类文化沟通的背景中去考察便可发现，翻译远远不止于语言符号层面的转换，而是关联着文化沟通的方方面面。尤其在当今世界，各国交流空前频繁，外国人比历史上任何一个时期都更加想要了解中国和中国文化，多模态文化翻译实践作为国家对外文化交流与传播的重要桥梁，能够将中国优秀文化传递给世界，促进不同社会主体之间的文化沟通，为世界各族人民实现精神层面的价值认同与文化融合提供纽带。具体来说，多模态文化翻译理论对于文化沟通的促进作用主要体现为以下两个方面：

其一，有助于发展人类主体间共感。所谓共感，就是指一个人能够站在他人的立场和角度，设身处地地考虑他人的感受，体验他人的际遇，由此而萌生情感上的共鸣与认同。在跨文化交流与传播过程中，由于不同社会主体的文化背景和文化归属不同，往往容易缺乏共感，从而导致对异域文化现象和文化内涵的理解产生偏差，形成文化沟通的障碍。而多模态文化翻译活动作为文化沟通的桥梁，译者能否透过字面和语言符号，捕捉文本字里行间留下的文化意蕴和文化情感，是能否实现深层次的文化沟通之关键。一方面，要求译者学习和理解不同民族的文化内涵，在面对异域文化、思维方式和风俗习惯之时，以一种平等、开放、包容的心态去接受，承认并尊重不同文化之间的内在差异，在翻译过程中设身处地地站在目的语社会受众的角度去理解文化现象，尽可能考虑受众的文化需求和文化期待，进而为发展文化共感找寻方向；另一方面，译者作为多模态文化翻译主体，应当清醒地明确自己的任务，吸收异域文化并非为了淘汰或抑制本民族文化，类似地，学习异语的语言结构、表达形式，也绝不能失去了本民族语言的本色。正如赫尔德（J. G. Herder）所言，“学习异族语言并不意味着忘本，周游列国也并不是想彻底改变自身的风俗习惯”（A. Berman，1984）。换言之，译者必须明确自身的文化立场和文化身份，关注本民族的文化利益和文化发展，坚持“以我为主、为我所用”的原则，通过吸收优秀异域文化而实现丰富、弘扬本民族优秀文化之目的。

其二，有助于消解文化中心主义。在全球化不断发展、科学技术日新月异的背景下，文化扩张的途径也更加便捷，“以英美文化的规范、价值观和美学观为标准来影响其他民族文化，表现出一种以英美文化模式为核心与标准的文化中心主义”（郭建中，2000）。文化中心主义（ethnocentrism），又称种族中心主义，是各个国家、各个民族对于自身文化的一种倾向或立场，通常表现为对于本民族文化的高度认同感，从而对其他民族文化持有消极偏见或敌对态度。对此，我们要有清醒的认识，文化的发展有其自身规律，每一个民族的文化都有自己的独特的魅力和价值，只有保持各民族文化的多样性，才能促进世界文化的交流、融合与发展。因此，在多模态文化翻译实践中，我们既要警惕文化中心主义对本民族文化的冲击，也须摆脱文化中心主义的偏见，对其他民族文化抱有正确的态度，不可固步自封、盲目排外，还要将多模态文化翻译实践置于多元文化语境下加以考察，以开放的心态接纳世界其他民族的优秀文化，自觉承担起促进各民族文化沟通与交流的重要使命。

3.3 提高中国文化话语权

福柯（Foucault，2007）认为，话语即权力。话语权就是指发言的资格和权力，是信息传播主体潜在的现实影响力和舆论控制力（Bourdieu，1991）。随着经济全球化、政治多极化、文化多元化深入发展，对话与合作成为当今国际社会的主要趋势，话语权在国际交往中扮演着越来越重要的角色。从内容来看，话语权一般体现为“对国家事务和政治主张的阐发权、对各类国际事态的解释权，对国际标准和规则的制定权、对国家利益要求的申诉权以及对是非曲直的评判权等”（梁凯音，2010）。但根本上而言，话语权总是包含着文化和价值观的因素，这些文化因素往往可能成为国际间话语权竞争的主导性因素。尤其在全球化语境下，文化软实力逐渐成为综合国力竞争的关键，国际交往中的话语权日益体现为文化话语权。因此，掌握文化话语主导权，提升中国文化与世界文化对话的能力，是推动中国优秀文化“走出去”、增强中国话语影响力和感召力、构建中国特色社会主义话语体系的重要基础。而要实现中国优秀传统文化和社会主义先进文化的传播，实现中国文化话语权提升，必须依靠多模态文化翻译活动这一重要桥梁，依靠具有扎实专业基础、深厚文化涵养且具备国际视野的多模态文化翻译人才。具体而言，文多模态文化翻译作为一种以译语话语再现原语话语意涵和文化的传播实践，对于我国文化话语权提升的促进作用主要体现为以下两个方面：一是实现中国优秀传统文化的当代阐释和深层表达；二是推动中国社会主义先进文化与核心价值体系的对外传播和国际认同。

中国优秀传统文化是中华民族的文化根基，凝聚着中华民族深沉的精神追求，体现着中国独特的精神风貌，是支撑中华民族生生不息、代代相传的力量之源。习近平总书记指出，“讲清楚中华优秀传统文化是中华民族的突出优势，是我们最深厚的文化软实力”。因此，在全球化语境下，面对西方强势文化话语的冲击，我们有必要重新审视和发掘中华优秀传统文化的当代价值，通过多模态文化翻译实践助力中国优秀传统文化的传承与传播。一方面，在多模态文化翻译活动中，译者作为文化传播的主体，要充分权衡源语和译语两种不同的话语体系，理解话语背后的文化内涵，遵守译语话语的文化规范，关注目的语社会受众的文化需求，运用适切的译语形式和翻译策略，使得中国优秀传统文化能够为译语受众接受和认知。另一方面，要主动发挥译者的主体性，树立正确的民族观、历史观、文化观，立足于本民族文化话语立场和文化利益诉求，坚持“以我为主”的文化传播原则，把中华优秀传统文化的当代价值和文化精髓译介出来、展示出来，不断增强中华优秀传统文化的吸引力。

中国特色社会主义先进文化是指以马克思主义为指导，面向现代化、面向世界、面向未来的，民族的科学的大众的社会主义文化，根植于中华优秀传统文化和中国特色社会主义伟大实践，具有鲜明的科学性、实践性、时代性和前瞻性等特征，是中华民族生命力、凝聚力和创造力的集中展现。核心价值观作为社会主义先进文化的重要构成部分，是一个民族长期认同并遵循的基本原则和价值取向，是文化软实力建设的灵魂和重点，是决定社会主义先进文化性质和方向的最深层次要素（习近平，2014)。多模态文化翻译是社会主义先进文化和核心价值观向国际受众传播的基本途径，然而，在当前的文化翻译和传播实践中，中国特色的社会主义先进文化与核心价值观，以及在政治、经济、科技等领域所积淀的丰富文化成果和理论思想尚未被很好地翻译和阐释出来，没有形成应有的文化自信和文化自觉。在这样的形势下，必须建立系统的中国文化多模态翻译理论体系，推动多模态文化翻译话语体系创新，增强社会主义先进文化和核心价值观念的传播效果和国际认同，不断提高中国先进文化话语主导权和影响力。同时，译者作为多模态文化翻译的主体，则必须从国家文化传播和文化话语权建设的战略高度出发，坚守文化自信和文化自觉的立场，弘扬本民族核心价值观念，促进中国当代先进文化与核心价值体系在国际社会的传播与接受，让世界更好地理解中国特色社会主义文化，认识一个更加真实、更加立体的中国。

4. 小结

伴随经济全球化、政治多极化、文化多元化的深入发展，世界各民族之间的文化往来和文化沟通愈加密切，作为文化沟通的重要途径，翻译研究和翻译实践也必将跟随时代的脉动而吐故纳新，不断发展。本节对我国多模态文化翻译领域的研究现状进行了梳理，总结归纳了当前文化翻译传播领域的主要研究成果和存在不足，发现文化翻译传播研究实践和维度逐渐丰富，并呈现出与跨学科理论、方法相结合的发展势态。但是，已有研究对于文化翻译传播理论研究的关注相关不足，目前尚未形成系统的文化翻译传播理论框架，不利于文化翻译传播研究的进一步深化和多模态文化翻译与传播理论的建立。在此基础上，继续阐释了多模态文化翻译理论的价值，主要体现为推动关于翻译本质的思考，促进人类主体间的文化沟通以及提高中国文化话语权这三个方面。当然，多模态文化翻译理论尚处于建构之初，很多地方还需要进一步地探索和完善，本研究旨在启发同行思考，尤其是就多模态文化翻译理论建构的相关问题进行更多的探索，以推动文化翻译传播这一研究领域不断深化，着力提升中国优秀文化传播力和影响力。

第二节 多模态文化翻译理论未来发展

1. 引言

近年来，随着我国综合国力日益增强以及中外文化交流与合作日渐频繁，愈来愈多学者开始从文化传播的层面来思考翻译活动的本质，关注多模态文化翻译与传播实践。然而，中国优秀文化的翻译传播效果与我国的经济发展成就相比而言，仍不匹配，多模态文化翻译与传播的综合能力仍不够强，仍然面临着文化引进和传播之间逆差较大、中国文化的真实形象与西方主观印象形成反差等一系列窘迫的局面。甚至在某种程度上，中国文化或主动或被动地成为了凸显西方文明和文化优越性的工具，被建构成为与西方文明相对立的落后形象（谢清果，2016）。因此，要实现中国文化多模态翻译传播应有之效，必须深入把握翻译活动的文化内涵与传播本质，重新审视中国优秀文化资源，推动对中国优秀文化的译介和传播，进而提炼出本土的文化要素和理论范畴，发展独树一帜的中国文化多模态翻译传播理论体系。

对此，学界已经展开了相应的研究，学者们开始关注并从各自的视角对翻译的文化本质和传播功能进行了探讨，一定程度上推动了中国多模态文化翻译和传播的实践。但是，从上一节对于研究现状的分析来看，目前学界在继续深入挖掘中国文化思想内涵和传播方式，以及多模态文化翻译理论建设方面做得不够，这也导致难以对中国优秀文化进行深入解读和转换，文化翻译传播深度广度及效果也有所限制。基于此，本研究融合翻译学、传播学和文化研究的理论视角，进行了多模态文化翻译理论建构的尝试，并对多模态文化翻译理论的基本原则、理论要素、生成逻辑、理论框架以及理论应用予以具体阐释，希望能够丰富和推进多模态文化翻译这一领域的研究。另外，多模态文化翻译理论体系建设是一项颇为复杂的系统性工程，涉及诸多环节和要素，本研究只是对于多模态文化翻译理论的初步探索，未来的多模态文化翻译研究可以从以下两个方面深入发展：一是深化多模态文化翻译研究理论研究；二是推进多模态文化翻译跨学科研究。

2. 深化多模态文化翻译研究理论研究

通过前文对文化翻译传播研究现状的分析显示，目前我国文化翻译传播研究主要集中于微观层面的异化、归化等翻译策略的研究，对于文化翻译传播的生产机制、传播渠道、文化翻译传播过程和效果等中观层面研究以及文化翻译传播的文化语境、文化价值观以及文化翻译传播理论模式等宏观理论研究的关注略显不足。文化翻译传播作为中国文化“走出去”的桥梁，是我国文化传播能力建设的重要组成部分，我们不能将其简单地视为语言转换或是信息传播，也不能仅看成是一种特殊的翻译传播形式或是依赖于其他学科的附属存在，而要看到文化翻译传播所具备的多元化理论基础以及翻译本体学科属性，从而进行成熟的理论体系建构。因此，未来的文化翻译传播研究应向系统的理论体系建设和学科建构方向推进，建构起具有中国特色的多模态文化翻译与传播理论模式，以更好地指导多模态文化翻译传播实践，讲好中国故事，传播好中国声音。

3. 推进多模态文化翻译跨学科研究

随着社会的高速发展和科技的更新迭代，人类面临的各种社会现象和问题日趋复杂，跨学科发展成为当前学术研究和学科发展的主流趋势（蔡旻君 李小涛，2015）。多模态文化翻译作为一种高度复杂的社会活动，传统基于单一学科视角和理论方法的研究难以有效地概括和述清多模态文化翻译的本质特征及内在规律，使得对中华优秀文化传承与传播的指导较为有限。由此，从跨学科的理论视野考量多模态文化翻译活动，探索翻译与传播学、话语研究、文化研究之间的关联，是推动多模态文化翻译研究理论创新和实践发展的必要途径。从目前的研究成果来看，学界关于多模态文化翻译的研究在边缘交叉型学科的研究领域已经有所尝试并取得了一定的研究成果，但在更高层面的超学科研究视角上依然存在继续拓展的空间。未来的多模态文化翻译研究可以进一步借鉴传播学、文化研究等相关学科的理论与方法，为多模态文化翻译研究提供理论滋养和新的创意，进而更深入地探索多模态文化翻译过程中所涉及的多模态文化翻译主体与受众、多模态文化翻译内容生产、多模态文化翻译传播效果等具体要素及其相互之间的制约关系与影响机制，推动多模态文化翻译研究领域的丰富和拓展。

4. 结语

在全球化不断推进的语境下，不同国家之间的文化传播与交流空前加强，而要实现多元文化之间的顺畅沟通、融合，必须通过多模态文化翻译这一媒介，因此，深化多模态文化翻译的理论研究是推动中外文化交流和中国文化“走出去”的重要基础。然而，传统的翻译研究主要是从语际层面来思考翻译活动，关注不同语言文字之间句法的转换或者信息意义的传递，对于翻译背后的文化要素以及翻译的文化传播性质未能给予应有之关注。事实上，翻译作为文化交流的重要载体，不仅涉及两种语言文字之间的信息转换，更是不同民族文化交流与融合的过程。本研究借鉴翻译学、传播学和文化研究等理论成果，探究了多模态文化翻译的概念内涵和本质属性，并通过对理论要素、理论原则、生成逻辑等层面的分析和阐释，初步建构了多模态文化翻译理论框架，最后对多模态文化翻译这一理论的具体应用、价值及未来发展进行了概述和展望。

总而言之，本研究旨在抛砖引玉，希望能够引起学界对于多模态文化翻译理论研究的更多关注，从而促进中国特色文化多模态翻译与传播理论体系研究和实践不断深化与完善，推动中国文化与世界文化的对话交流，让海外受众领略到中华优秀文化的独特魅力和时代风采。

参考文献

［1］ Baker，M. 1998. *Routledge Encyclopedia of Translation Studies* ［C］. London & New York：Routledge：176－179.

［2］ Baker，M. 2006. *Translation and Conflict：A Narrative Account* ［M］. New York：Routledge：3.

［3］ Bassnet，S. & Lefevere，A. （ed.）. 2001. *Constructing Cultures：Essays on Literary Translation* ［M］. Shanghai：Shanghai Foreign Language Education Press：6.

［4］ Bassnett，S. 1991. *Translation Studies*（*revised edition*） ［M］. London and New York：Routledge：14.

［5］ Bell，R. T. 2001. *Translation and Translating：Theory and Practice*（*1st Edition*）［M］. New York：Routledge：29.

［6］ Berman，A. 1992. The Experience of the Foreigh：Culture and Translation in Romantic Germany ［M］. trans. by Albany，S. H. New York：State University of New York Press，1992.

［7］ Biber，D.，Johansson，S.，Leech，G.，Conrad，S. & Finegan，E. *Longman Grammar of Spoken and Written English* ［M］. London：Pearson Education Limited/Beijing：Foreign Language Teaching and Research Press，1999 /2000：1112.

［8］ Carey，J. W. 2008. *Communication as Culture：Essays on Media and Society*（*2nd Edition*）［M］. London/New York：Routledge：12；63－64.

［9］ Catford，J. C. 1965. A *Linguistic Theory of Translation：An Essay in Applied Linguistics* ［M］. London：Oxford University Press：27.

[10] Dance, F. 2006. The "Concept" of Communication [J]. *Journal of Communication*, 20 (02): 201－210. https://doi.org/10.1111/j.1460－2466.1970.tb00877.x

[11] DeFleur, M. L. & Dennis, D. 1981. *Understanding Mass Communication* [M]. Houghton Miffin Company, U. S. A: 53.

[12] Eggins, S. 1994. *An Introduction to Systemic Functional Linguistics* [M]. London: Pinter Publisher: 84.

[13] Etzkowitz, H. & Leydesdorff, L. 1996. A triple helix of academic-industry-government relations: development models beyond "capitalism versus socialism" [J]. *Current Science*, 70 (8): 690－693.

[14] Fairclough. N. 1989. *Language and Power* [M]. London: Routledge.

[15] Fairclough, N. 1992. *Discourse and Social Change* [M]. Cambridge, Polity Press: 73.

[16] Fairclough, N. 2012/2001. *The Discourse of New Labour: Critical Discourse Analysis* [C] //Hailong Tian and Peng Zhao. Critical Discourse Analysis: Essential Readings. Tianjin: Nankai University Press: 181－225.

[17] Fowler. R, Hodge. B & Kress. G & Trew. T. 1979. *Language and Control* [M]. London: Routledge & Kegan Paul.

[18] Gentzler, E. 1993. *Contemporary Translation Theories* [M]. London & New York: Routledge: 186.

[19] Gibbons, M., Lirnoges, C. & Nowotny, H., et al. 1994. *The New Production of Knowledge: the Dynamics of Science and Research in Contemporary Societies* [M]. London: Sage: 98.

[20] Glaser, B & Strauss, A. 1967. *The Discovery of Grounded Theory: Strategies for Qualitative Research* [M]. Chicago: Aldine.

[21] Gramsci, A. 1988. *Gramsci's Prison Letters* [M]. Translated by Hamish Henderson, London: Zwan Publications: 213－214.

[22] Halliday, M. A. K. 1994. *An Introduction to Functional Grammar* (*2nd Edition*) [M]. London: Edward Arnold: 63; 68－69.

[23] Halliday, M. A. K. 2002. *On Grammar* (*Vol. 1, Collected Works of M. A. K. Halliday*) [M]. Edited by Jonathan J. Webster. London. New York: Continuum: 197.

[24] Hegel, G. W. F. 2010. *The Science of Logic* [M]. Translated by George di

Giovanni, New York: Cambridge University Press.

[25] Holmes, J. 1972. The Name and Nature of Translation Studies [A]. 1972. in Holmes 1988, 67-80.

[26] Jakobson, R. 1959. *On Linguistic Aspects of Translation* [M]. Cambridge: Harvard University Press: 233.

[27] James, A. H. Murray, Bradley, H., Craigie, W. A. & Onions, C. T. eds. 1989. *The Oxford English Dictionary* (*Vol. VII*) [Z]. London: Oxford University Press: 620.

[28] Jewitt, C. 2009. *Introduction: Handbook Rationale, Scope and Structure* [M]. //Jewitt, C. *The Routledge Handbook of Multimodal Analysis* [M]. New York: Routledge: 1-7.

[29] Katz, E., Blumler, J. G. & Gurevitch, M. 1974. Utilization of mass communication by individual [A]. In Blumler, J. G. & Katz, E. (eds,) *The Uses of Mass Communication: Current Perspective on Gratifications Research* [C]. Beverly Hills, CA: Sage: 19-32.

[30] Katz. E & Lazarsfeld. P. F. 1955. *Personal Influence: The Part Played by People in the Flow of Mass Communications* [M]. Illinois: The Free Press.

[31] Katz. E & Blumler J G. 1974. *The Uses of Mass Communications: Current Perspectives on Gratifications Research* [M]. Thousand Oaks: Sage Publications.

[32] Klein, J. T. 1990. *Interdisciplinarity: History, Theory, and Practice* [M]. Detroit: Wayne State University Press: 77.

[33] Krippendorf, K. 2013. *Content Analysis: An Introduction to Its Methodology* (*3rd Edition*) [M]. Thousand Oaks: Sage Publications.

[34] Lasewell, H. 1948. *The Structure and Function of Communication in Society: The Communication of Ideas* [M]. New York: Harper and Brothers.

[35] Lefevere, A. 1992. *Translation, History and Culture: A Source Book* [M]. New York and London: Routledge.

[36] Lefevere, A. 2004. *Translation, Rewriting and the Manipulation of Literary Fame* [M]. Shanghai: Shanghai Foreign Language Education Press: 7.

[37] Lindon, R. 1936. *The Study of Man* [M]. New York: Appleton Century Crofts, Inc: 324-325.

[38] McLuhan, M. 1964. *Understanding Media: The Extensions of Man* [M]. Cambridge: MIT Press.

[39] Montgomery, S. L. 2000. *Science in Translation: Movements of Knowledge through Culture and Time* [M]. Chicago: The University of Chicago Press: 5.

[40] Munday, J. 2001. *Introducing Translation Studies: Theories and Applications* [M]. London & New York: Routledge: 199.

[41] Newmark, P. 1981. *Approaches to Translation* [M]. Oxford: Pergamon Press: 21; 39.

[42] Newmark, P. 1988. *A Textbook of Translation* [M]. London: Prentice Hall International (UK) Ltd.: 19-44.

[43] Nida, E. A. & Charles R. Taber. 1969. *The Theory and Practice of Translation* [M]. Leiden: E. J. Brill: 12.

[44] Nida, E. A. 2004. *Toward a Science of Translating* [M]. Shanghai: Shanghai Foreign Language Education Press: 125-144.

[45] Nord, C. 1997. *Translating as a Purposeful Activity: Functionalist Approaches Explained* (*2nd Edition*) [M]. London: Routledge.

[46] Packer, J. & Robertson, C. 2006. *Thinking with James Carey: Essays on Communications, Transportation, History* [M]. New York: Peter Lang Publishing: 202.

[47] Perelman, C. & Olbrechts, T. 1969. *The New Rhetoric: A Treatise on Argumentation* [M]. London: University of North Dam Press: 45.

[48] Peters, J. D. 1999. *Speaking into the Air: A History of the Idea of Communication* [M]. Chicago: University of Chicago Press: 6.

[49] Peters, J. D. 2001. *Speaking into the Air: A History of the Idea of Communication* [M]. Chicago: University of Chicago Press: 44.

[50] Philip, M. N. 2011. *Audience Evolution: New Technologies and The Transformation of Media Audiences* [M]. Columbia University Press: 23-39.

[51] Pym, A. 2012. *On Translator Ethics: Principles for Mediation between Cultures, a version of Pour Une Ethique du Traduteur* [M]. Translated by Heike Walker and revised and updated by the author, Amsterdam/ Philadephia: John Benjamins: 120.

[52] Ratzel, F. 1921. *Anthropogeography* (*Vol. 1*) (*Reprint*) [M]. Viken: Pranava Books Publishing: 24.

[53] Reiss, K. 1987. Text Type, Translation Types and Translation Assessment [A]. In Chesterman, A. (ed.). *Readings in Translation Theory* [C]. Helsinki: Finnlectura: 114.

[54] Reiss, K. 2000. *Translation Criticism——The Potentials and Limitations: Categories and Criteria for Translation Quality Assessment* [M]. Translated by Erroll, F. R. New York: American Bible Society and Manchester: St. Jerome Publishing: 16-17; 30-45.

[55] Richardson, J. E. 2007. *Analyzing Newspapers: An Approach from Critical Discourse Analysis* [M]. New York: Palgrave Macmillan: 15.

[56] Robinson, D. 2001. *Who Translate? Translator Subjectivities Beyond Reason* [M]. Albany: State University of New York Press.

[57] Rogers, E. M., Hart, W. B. & Miike, Y. 2002. Edward Hall and the History of Intercultural Communication: The United States and Japan [J]. *Keio Communication Review*, No. 24: 3-26.

[58] Rothenbuhler, E. W. 1998. *Ritual Communication: From Everyday Conversation to Mediated Ceremony* [M]. Los Angeles: Sage Publications, Inc: 27.

[59] Schramm, W. L. & Porter, W. E. 1982. *Men, Women, Message, and Media: Understanding Human Communication (2nd Edition)* [M]. New York: Harper & Row: 203.

[60] Simon, S. 1996. *Gender in Translation: Cultural Identity and the Politics of Transmission* [M]. London: Routledge: 7.

[61] Steiner, G. 1975. *After Babel: Aspects of Language and Translation* [M]. Oxford and London: Oxford University Press: 302.

[62] Thompson, G. *Introducing Functional Grammar* [M]. London: Edward Arnold, 1996: 69.

[63] Tyulenev, S. 2014. *Translation and Society: An Introduction* [M]. New York & London: Routledge: 36.

[64] Venuti, L. 1998. *The Scandals of Translation* [M]. London & New York: Routledge: 359.

[65] Vermeer, H. 1987. What Does It Mean to Translate [J]. *Indian Journal of Applied Linguistics*, (13): 2: 139-154.

[66] Vermeer, H. J. 2001. *A Framework for a General Theory of Translation*

[M]. Shanghai: Shanghai Foreign Language Education Press.

[67] Wiener, N. 1948. *Cybernetics or the Control and Communication in the Animal and the Machine* [M]. New York: John Wiley & Sons, Inc. Paris: Hermann et cie: 113.

[68] Wilss, W. 1982. *The Science of Translation: Problems and Methods* (*Tübinger Beiträge zur Linguistik*) [M]. John Benjamins Pub Co: 49.

[69] Wilss, W. 1996. *Knowledge and Skills in Translator Behavior* [M]. Amsterdam / Philadelphia: John Benjamins Publishing Company.

[70] Wilss, W. 2001. *The Science of Translation: Problems and Methods* [M]. Shanghai: Shanghai Foreign Language Education Press: 14.

[71] Zohar, I. E. 1990. The Position of Translated Literature within the Literary Polysystem [J]. *Poetics Today*, vol. 11 (1): 45-51.

[72] [德] H. R. 姚斯，[美] R. C. 霍拉勃 . 1987. 接受美学与接受理论 [M]. 周宁，金元浦译 . 沈阳：辽宁人民出版社：135.

[73] [德] 诺尔·诺依曼 . 2013. 沉默的螺旋：舆论——我们的社会皮肤 [M]. 董璐译，北京：北京大学出版社 .

[74] [俄] 巴尔胡达罗夫 . 1985. 语言与翻译 [M]. 北京：中国对外翻译出版公司 .

[75] [法] 米歇尔·福柯 . 2007. 规训与惩罚 [M]. 刘北成，杨远婴译 . 北京：生活·读书·新知三联书店：29.

[76] [法] 让-保尔·萨特 . 1998. 什么是文学 [A]. 施康强译 . 萨特文学论文集 [C]. 合肥：安徽文艺出版社：84.

[77] [美] 本·阿格，2010. 作为批评理论的文化研究 [M]. 张喜华译，郑州：河南大学出版社 .

[78] [美] 卡罗尔·恩伯，梅尔文·恩伯 . 1988. 文化的变异 [M]. 杜杉杉译，沈阳：辽宁人民出版社：47.

[79] [美] 克莱德·克鲁克洪等 . 1986. 文化与个人 [M]. 高佳等译，杭州：浙江人民出版社：6.

[80] [美] 沃纳·赛佛林 . 2000. 传播理论——起源、方法与应用 [M]. 北京：华夏出版社：296.

[81] [美] 伊曼努尔·沃勒斯坦等著 . 1993. 学科·知识·权力 [M]. 刘健芝等

译，上海：三联书店：35.

［82］［日］竹内郁郎．1989. 大众传播社会学［M］. 张国良译，上海：复旦大学出版社：79－80.

［83］［英］爱德华·伯内特·泰勒．1992. 原始文化［M］. 上海：上海文艺出版社：1.

［84］［英］戴维·赫尔德．2001. 全球大变革［M］. 杨雪东译，北京：社会科学文献出版社：60.

［85］［英］丹尼斯·麦奎尔，［瑞典］斯文·温德尔．1997. 大众传播模式论［M］. 祝建华，武伟译，上海：上海译文出版社：59；102.

［86］［英］丹尼斯·麦奎尔．2006. 受众分析［M］. 刘燕南，李颖，杨振荣译．北京：中国人民大学出版社：20；88.

［87］［英］罗杰·贝尔．2005. 翻译与翻译过程［M］. 秦洪武译．北京：外语教学与研究出版社：156；168－169；194；209.

［88］［英］诺曼·费尔克拉夫．2003. 话语与社会变迁［M］. 殷晓蓉译，北京：华夏出版社．

［89］［英］斯图亚特·霍尔．2000. 文化身份与族裔散居［M］. 载于罗刚、刘象愚主编的《文化研究读本》(2000 年版)，北京：中国社会科学出版社：209－223.

［90］［中］刘尊棋等［美］吉布尼等主编．1985. 简明不列颠百科全书（第二卷）［M］. 北京：中国大百科全书出版社：259.

［91］包雨苗．2019. 试论翻译史个案研究法中微观与宏观的关系［J］. 外语教学，(03)：93－97.

［92］鲍晓英．2014. 中国文学"走出去"译介模式研究［D］. 上海：上海外国语大学：66.

［93］卜卫．1996. 论传播学定性研究方法［J］. 国际新闻界，(06)：46－51.

［94］蔡旻君，李小涛．2015. 学科分化与学科整合——教育技术学发展的原动力探讨［J］. 电化教育研究，36 (09)：20－24.

［95］蔡毅．1995. 关于国外翻译理论的三大核心概念［J］. 中国翻译，(06)：11-15.

［96］蔡平．2002. 翻译方法应以归化为主［J］. 中国翻译，2002 (05)：41－43.

［97］蔡平．2008. 文化翻译研究［D］. 长沙：湖南师范大学．

［98］常昌富．李依倩．2000. 大众传播学——影响研究范式［M］. 北京：中国社

会科学出版社.

[99] 陈华文.2001. 文化学概论 [M]. 上海：上海文艺出版社：7.

[100] 陈敏.2006. 传播学与翻译的创造性 [J]. 怀化学院学报 (10)：150－152.

[101] 陈小慰.2013. 对外宣传翻译中的文化自觉与受众意识 [J]. 中国翻译，34 (02)：95－100.

[102] 陈阳.2007. 大众传播学研究方法导论 [M]. 北京：中国人民大学出版社.

[103] 程永生.2001. 描写交际翻译学 [M]. 合肥：安徽大学出版社.

[104] 丁建新.2007. 叙事的批评话语分析：社会符号学模式 [M]. 重庆：重庆大学出版社：45.

[105] 杜黎明.2018. 文化自信的底气与根基 [J]. 人民论坛，(04)：127－129.

[106] 方刚.2019. 视觉文化转向的三种理路 [J]. 中州学刊，(10)：137－140.

[107] 方守江，谢应喜.2004. 信息理论与平衡翻译 [J]. 中国翻译，(03)：25－27.

[108] 费孝通.2005. 论文化与文化自觉 [C]. 北京：群言出版社：533.

[109] 风天笑.2005. 社会学研究方法 [M]. 北京：中国人民大学出版社.

[110] 耿强.2010. 文学译介与中国文学"走向世界"——"熊猫丛书"英译中国文学研究 [D]. 上海：上海外国语大学：39.

[111] 顾曰国.2007. 多媒体、多模态学习剖析 [J]. 外语电化教学，(2)：3－12.

[112] 关世杰.1995. 跨文化交流学：提高涉外交流能力的学问 [M]. 北京：北京大学出版社：15.

[113] 郭建中.2000. 当代美国翻译理论 [M]. 武汉：湖北教育出版社：198.

[114] 郭庆光.2011. 传播学教程 [M]. 北京：中国人民大学出版社：60.

[115] 韩淑芹，孙三军，2010. 基于实证角度的翻译过程之变量分析 [J]. 山东外语教学，(03)：68－71

[116] 韩震.2006. 论全球化进程中的多重文化认同 [J]. 求是学刊，(05)：21-26.

[117] 贺爱军.2008. 中国译学三路向：文艺科学文化 [J]. 上海翻译，(03)：20－25.

[118] 胡安江.2014. 再论中国文学"走出去"之译者模式及翻译策略——以寒山诗在英语世界的传播为例 [J]. 外语教学理论与实践，(04)：55－61.

[119] 胡牧. 翻译研究：回归现实世界——对"文化转向"的再思考 [J]. 中国翻译，2011，32 (05)：5－10+96.

[120] 胡适 . 1991. 胡适选集 [C]. 天津：天津人民出版社：188.

[121] 胡壮麟，朱永生，张德禄，李战子 . 1989. 系统功能语言学概论 [M]. 北京：北京大学出版社：11 - 19.

[122] 黄丹 . 2014. 论人文历史纪录片对主流文化价值观的隐性表达 [D]. 长春：东北师范大学 .

[123] 黄国文 . 2001. 语篇分析的理论与实践 [C]. 上海：上海外语教育出版社：88.

[124] 黄文彬，胡春光 . 2010. 试论大学学科边界的形成与分化 [J]. 中国高教研究，(07)：49 - 53.

[125] 黄旭东 . 2009. 美国文化安全战略及其对我国的启示 [J]. 贵州师范大学学报（社会科学版），(03)：41 - 46.

[126] 黄友义 . 2004. 坚持" 外宣三贴近" 原则，处理好外宣翻译中的难点问题 [J]. 中国翻译，(06)：29 - 30.

[127] 季羡林 . 1997. 中国翻译词典（序言）[M]. 武汉：湖北教育出版社 .

[128] 季羡林 . 2007. 季羡林谈翻译 [M]. 北京：当代中国出版社：10.

[129] 金涛 . 2005. 中国传统文化新编 [M]. 杭州：浙江人民出版社：4.

[130] 康志峰 . 2012. 现代信息技术下口译多模态听焦虑探析 [J]. 外语课程与教学研究，(145)：42 - 45.

[131] 赖凯利 . 2018. 跨文化传播理论视角下的美版《甄嬛传》对外传播分析 [J]. 东南传播，2018 (08)：60 - 62.

[132] 李晶晶 . 2019. 多模态批评话语分析视角下的口译过程研究 [J]. 外国语，(6)：60 - 70.

[133] 李强 . 2012. 从社会学角度看文化与文化建设 [EB/OL]. 社会学视野网，http：//www. wenming. cn/ xxph/sy/ zywz/201204/t20120420 _ 621231. shtml.

[134] 李岩 . 2004. 视觉传播中的技术理性批判——来自麦克卢汉“冷媒介”说的议题 [J]. 新闻与传播研究，(04)：34 - 40+95.

[135] 李艳芬 . 2009. “等新闻”还是“要新闻”——中西受众心理比较 [N]. 人民网，2009 - 03 - 12.

[136] 李运兴 . 2001. 语篇翻译引论 [M]. 北京：中国对外翻译出版公司：200. 李伯华，罗琴，刘沛林等 . 2017. 基于 Citespace 的中国传统村落研究知识图谱分析 [J]. 经济地理，37 (9)：207 - 214. 吕俊 . 2004. 论翻译研究的本体回归——对翻译研

究“文化转向”的反思［J］．外国语（上海外国语大学学报），（04）：53－59.

［137］李宗桂．2013. 试论中国优秀传统文化的内涵［J］．学术研究，（11）：35－39.

［138］梁凯音．2010. 对中美关系中的中国国际话语权问题的研究［J］．东岳论丛，（07）：174－177.

［139］梁启超．2006. 梁启超说佛［M］．北京：九州出版社：168.

［140］廖七一．1997. 翻译与信息理论［J］．四川外语学院学报，（03）：83－87.

［141］刘进．2010. 对外文化传播翻译策略研究［J］．学术界，（12）：78－82.

［142］卢彩虹．2016. 传播视角下的外宣翻译研究［M］．杭州：浙江工商大学出版社．

［143］鲁谆．2012. 费孝通的文化自觉论［J］．华夏文化，（02）：4－11.

［144］罗豪才．2007. 弘扬中华优秀传统文化 增强民族认同感和凝聚力［J］．中央社会主义学院学报，（02）：5－7.

［145］罗荣渠主编．1990. 从“西化”到现代化［M］．北京：北京大学出版社：58－59.

［146］罗新璋，陈应年编．1984. 译书感言［A］．翻译论集［C］．北京：商务印书馆：36；275.

［147］罗选民．2008. 文化传播与翻译研究［J］．中国外语，（04）：91－94.

［148］罗选民．2019. 大翻译与文化记忆：国家形象的建构与传播［J］．中国外语，16（05）：95－102.

［149］罗选民．论文化/语言层面的异化/归化翻译［J］．外语学刊，2004（01）：102－106＋112.

［150］吕红周，单红．2018. 从翻译符号学看新时期外宣翻译［J］．中国科技翻译，31（02）：44－46.

［151］吕俊，侯向群．2006. 翻译学——一个构建主义视角［M］．上海：上海外语教育出版社：30－32.

［152］吕俊．1997. 翻译学——传播学的一个特殊领域［J］．外国语（上海外国语大学学报），（02）：40－45.

［153］闵家胤．1995. 西方文化概念面面观［J］．国外社会科学，（02）：64－69.

［154］欧阳康．2009. 全球化时代的文化悖论与文化心态——21世纪中华文化的战略选择［J］．学术月刊，41（09）：5－11.

［155］欧阳康．2010. 世界的中国文化期待与中国的世界文化责任［J］．社会科学

战线，(08)：51 - 56.

[156] 潘文国．2002. 当代西方的翻译学研究［J]. 中国翻译，(02)：36.

[157] 潘忠岐．2004. 世界秩序：结构、机制与模式［M]. 上海：上海人民出版社：431.

[158] 裴娣娜．1995. 教育研究方法导论［M]. 合肥：安徽教育出版社．

[159] 平洪．2002. 文本功能与翻译策略［J]. 中国翻译，(05)：21 - 25.

[160] 任中峰．张敏．2011. 传播学沿着哪条道路奔跑——量化和质化之争的历史回顾与理论启示［J]. 当代传播，(05)：4 - 7.

[161] 申楠，李明德．2019. "传播"的本质及其对传播学建构的意义［J]. 人文杂志，(07)：115 - 121.

[162] 孙大雨译．1997. 古诗文英译集［M]. 上海：上海外语教育出版社：435.

[163] 孙利，林宗豪．2016 "7W"模式对翻译传播要素协调性的阐释力［J]. 外语电化教学，(01)：67 - 72.

[164] 孙绵涛 2004.. 学科论［J]. 教育研究，(06)：49 - 55.

[165] 孙阳，王永．2017. 论"大数据"时代背景下译者主体性的动态变化趋势［J]. 江西师范大学学报（哲学社会科学版），50 (03)：134 - 138.

[166] 孙英春．2008. 跨文化传播学导论［M]. 北京：北京大学出版社：13；21 - 22

[167] 孙致礼．中国的文学翻译：从归化趋向异化［J]. 中国翻译，2002 (01)：39 - 43.

[168] 索微微．2018. 跨文化传播视域下的译介转向［J]. 出版广角，(11)：80 - 82.

[169] 谭思蓉，付莉萍．2016. 翻译过程实证研究：成就、不足和启示［J]. 东方翻译，(05)：23 - 27.

[170] 谭载喜．1991. 西方翻译简史［M]. 北京：商务印书馆．

[171] 汤素娜．2019. 助力中国政治话语国际传播的多模态翻译方法探析．黑龙江教育学院学报［J]. 38 (12)：119 - 121.

[172] 唐卫华．2004. 论翻译过程的传播本质［J]. 外语研究，(02)：48 - 50.

[173] 田浩．2019. 讲好中国故事的跨文化传播路径——基于对西游记故事海外接受实践的考察［J]. 新闻春秋，(06)：52 - 60.

[174] 万昌盛，王中译．中国古诗一百首（朱丽云编）［M]. 郑州：大象出版社：166.

[175] 汪庆华．2015. 传播学视域下中国文化走出去与翻译策略选择——以《红楼

梦》英译为例［J］. 外语教学，36（03）：100－104.

［176］王东风 . 1998. 论翻译过程中的文化介入［J］. 中国翻译，（05）：7－10.

［177］王东风 . 翻译文学的文化地位与译者的文化态度［J］. 中国翻译，2000（04）：3－9.

［178］王国炎，汤忠钢 . 2003. “文化”概念界说新论［J］. 南昌大学学报（人文社会科学版），（02）：72－75＋100.

［179］王宏印 . 2006. 文学翻译批评论稿［M］. 上海：上海外语教育出版社：7－13.

［180］王建华 . 2015. 元认知理论与交传口译的实证研究［J］. 中国翻译，（04）：15－20.

［181］王建华 . 2015. 口译认知研究［M］. 北京：外文出版社 .

［182］王克非 . 1997. 翻译文化史论［M］. 上海：上海外语教育出版社 .

［183］王楠，李洋 . 2010. 韩礼德元功能思想在翻译实践中的应用［J］. 沈阳师范大学学报（社会科学版），（05）：193－196.

［184］王宁 . 比较文学与翻译研究的文化转向［J］. 中国翻译，2009，30（05）：19－26.

［185］王逸舟 . 2007. 中国学者看世界（2）：国家利益卷［M］. 北京：新世界出版社：10.

［186］王颖冲 . 2014. 中文小说译介渠道探析［J］. 外语与外语教学 .（02）：79－85.

［187］王泽霞，杨忠 . 2008. 费尔克劳话语三维模式解读与思考［J］. 外语研究，（03）：9－13.

［188］文殊 . 1989. 诗词英译选［M］. 北京：外语教学与研究出版社：174.

［189］吴霁霁 . 2014. “孔子文化走向世界”问题研究［D］. 曲阜：曲阜师范大学 .

［190］吴晓燕，王菲 . 2020. 近 20 年国际二语阅读研究进展［J/OL］. 现代外语，（03）：424－434［2020－05－06］. http：//kns. cnki. net/kcms/detail/44. 1165. H. 20200326. 1019. 024. html.

［191］吴瑛 . 2009. 文化对外传播：理论与战略［M］. 上海：上海交通大学出版社：51.

［192］习近平 . 2014. 青年要自觉践行社会主义核心价值观——在北京大学师生座谈会上的讲话［J］. 中国高等教育，（10）：4－7.

［193］习近平 . 2014. 习近平谈治国理政［M］. 北京：外文出版社：160－162.

［194］习近平．2017. 决胜全面建成小康社会夺取新时代中国特色社会主义伟大胜利——在中国共产党第十九次全国代表大会上的报告［M］. 北京：人民出版社：44.

［195］萧立明．2001. 新译学论稿［M］. 北京：中国对外翻译出版公司：14.

［196］谢柯，廖雪汝．2016. “翻译传播学”的名与实［J］. 上海翻译，（01）：14－18.

［197］谢清果．2016. 中国文化的话语权提升之道［J］. 人民论坛，（23）：10－14.

［198］谢天振．2008. 当代国外翻译理论导读［M］. 天津：南开大学出版社：142.

［199］谢天振．2014. 中国文学走出去：问题与实质［J］. 中国比较文学，（01）：1－10.

［200］许多，许钧．2019. 中国典籍对外传播中的“译出行为”及批评探索——兼评《杨宪益翻译研究》［J］. 中国翻译，40（05）：130－137.

［201］许勉君．2017. 中国多模态翻译述评［J］. 广东外语外贸大学学报，（28）：40－46.

［202］许渊冲译．2000. 唐诗三百首［M］. 北京：高等教育出版社：537.

［203］阎学通．1997. 中国国家利益分析［M］. 天津：天津人民出版社：10.

［204］杨邦宪．1987. 对中国传统文化的再评价［A］. 张立文，等．传统文化与现代化［C］. 北京：中国人民大学出版社：3.

［205］杨大亮，张志强．2001. 翻译本质再认识［J］. 上海科技翻译，（03）：6－10.

［206］杨翰卿，李保林．1999. 论中国传统文化的当代转换［J］. 中国社会科学，（01）：80－89.

［207］杨宪益，戴乃迭译．2001. 唐诗［M］. 北京：外文出版社：266.

［208］杨自俭．2002. 关于译学研究的一些想法［A］. 张柏然，许均．面向21世纪的译学研究［M］. 北京：商务印书馆：10.

［209］姚亮生．2004. 内向传播和人际传播的双向对话——论建立传播学的翻译观［J］. 南京大学学报（哲学．人文科学．社会科学版），（03）：135－139.

［210］叶颖．2019. 戏剧主义修辞观之于互联网对外新闻翻译——以“中国上海”门户网站新闻英译为个案［C］. 上海：上海世纪出版股份有限公司学林出版社：98－100.

［211］衣俊卿．2001. 文化哲学［M］. 昆明：云南人民出版社：7－8.

［212］俞新天．2006. 中国国家利益的文化思考［J］. 国际问题研究，（02）：12－16.

[213] 张保红.1996. 汉诗英译中意象的处理 [J]. 外语与翻译，(03)：30.

[214] 张岱年.1993. 中国古典哲学中的优良传统 [J]. 高校理论战线，(01)：63-66.

[215] 张岱年.1996. 传统文化的发展与转变 [N]. 光明日报，1996-05-04.

[216] 张国敬.2003. 译者、其地位和作用 [J]. 西安外国语学院学报 (03)：24-27.

[217] 张国良.2009. 传播学原理 [M]. 上海：复旦大学出版社：201.

[218] 张继功，李反修，李森.1998. 中国优秀传统文化概论 [M]. 西安：陕西师范大学出版社：18.

[219] 张俊.2001. 翻译学的传播理论探究 [J]. 解放军外国语学院学报，(01)：77-79.

[220] 张其学.2005. 关于"文化霸权"概念的再思考 [J]. 广东社会科学，(05)：64-68.

[221] 张生祥.2013. 翻译传播学：理论建构与学科空间 [J]. 湛江师范学院学报，(01)：116-120.

[222] 张泗考.2016. 跨文化传播视域下中华文化走向世界战略研究 [D]. 石家庄：河北师范大学.

[223] 章国峰.1993. 文学批评的新范式——接受美学 [M]. 海口：海南出版社：89.

[224] 赵蓉英. 邹菲.2005. 内容分析法学科基本理论问题探讨 [J]. 图书情报工作，(06)：14-18.

[225] 郑凌茜.2018. 伴随文本框架下中国政府记者招待会口译活动的新闻报道传播研究 (1998—2016) [J]. 国际新闻界，(08)：39.

[226] 郑兴东.1999. 受众心理与传媒引导 [M]. 北京：新华出版社：41.

[227] 支庭荣，张蕾.2008. 传播学研究方法 [M]. 广州：暨南大学出版社.

[228] 中共中央马克思恩格斯列宁斯大林著作编译局.1979. 马克思恩格斯全集 (第8卷) [M]. 北京：人民出版社：121.

[229] 中共中央马克思恩格斯列宁斯大林著作编译局编译.1995. 马克思恩格斯选集 (第1卷) [M]. 人民出版社：96.

[230] 仲伟合，钟钰.1999. 德国的功能派翻译理论 [J]. 中国翻译 (03)：47-49.

[231] 周红民.2008. 论读者接受与翻译手段之关系 [J]. 西安外国语大学学报，

(03)：58－63.

［232］周蕾，徐文慧.2019. 翻译传播学视域下政治话语对外翻译研究——以《习近平谈治国理政》第二卷英译为例［J］. 华中师范大学研究生学报，(02)：87－92.

［233］周亚莉，何东敏.2013. 基于职业笔译员胜任特征的翻译人才培养［J］. 中国翻译，(06)：67－69.

［234］朱琳.2017. 社会认知视角下的翻译规范形成与变化过程解析——以中国历史上三次翻译高潮为例［J］. 中国外语，14（04）：103－111.

［235］朱永生.2017. 多模态话语分析的理论基础与研究方法［J］. 外语学刊，(5)：82－86.

［236］庄锡昌，顾晓鸣等.1987. 多维视野中的文化理论［M］. 杭州：浙江人民出版社：373－374.

［237］庄晓东.2003. 文化传播：历史、理论与现实［M］. 北京：人民出版社：41.

［238］宗源.2019. 新型拟态环境中文化传播的社会关系重构与媒介传播想象——基于"再中心化"媒介语境的创新探讨［J］. 出版广角，(11)：34－36.

［239］辞海编辑委员会. 辞海［Z］. 2001. 上海：上海辞书出版社：2408.

中国人民大学出版社外语出版分社读者信息反馈表

尊敬的读者：

感谢您购买和使用中国人民大学出版社外语出版分社的 ____________ 一书，我们希望通过这张小小的反馈卡来获得您更多的建议和意见，以改进我们的工作，加强我们双方的沟通和联系。我们期待着能为更多的读者提供更多的好书。

请您填妥下表后，寄回或传真回复我们，对您的支持我们不胜感激！

1. 您是从何种途径得知本书的：

   □书店　□网上　□报纸杂志　□朋友推荐

2. 您为什么决定购买本书：

   □工作需要　□学习参考　□对本书主题感兴趣　□随便翻翻

3. 您对本书内容的评价是：

   □很好　□好　□一般　□差　□很差

4. 您在阅读本书的过程中有没有发现明显的专业及编校错误，如果有，它们是：

   ____

   ____

   ____

5. 您对哪些专业的图书信息比较感兴趣：

   ____

   ____

   ____

6. 如果方便，请提供您的个人信息，以便于我们和您联系（您的个人资料我们将严格保密）：

   您供职的单位：______________________________

   您教授的课程（教师填写）：______________________________

   您的通信地址：______________________________

   您的电子邮箱：______________________________

请联系我们：贾乐凯　吴振良　黄婷　程子殊　王琼　鞠方安

电话：010-62515580，62515538，62512737，62513265，62515573，62515576

传真：010-62514961

E-mail：jialk@crup.com.cn　wuzl@crup.com.cn　huangt@crup.com.cn
chengzsh@crup.com.cn　crup_wy@163.com　jufa@crup.com.cn

通信地址：北京市海淀区中关村大街甲 59 号文化大厦 15 层　邮编：100872

中国人民大学出版社外语出版分社

多模态文化翻译理论与传播研究

多模态认知与文化传播

王建华　总主编

王建华　任岳涛　著

中国人民大学出版社

·北京·

图书在版编目（CIP）数据

多模态文化翻译理论与传播研究．多模态认知与文化传播/王建华总主编；王建华，任岳涛著．--北京：中国人民大学出版社，2020.9

ISBN 978-7-300-28564-1

Ⅰ.①多… Ⅱ.①王… ②任… Ⅲ.①翻译-研究 Ⅳ.①H059

中国版本图书馆 CIP 数据核字（2020）第 169350 号

多模态文化翻译理论与传播研究

多模态认知与文化传播

王建华　总主编

王建华　任岳涛　著

Duomotai Wenhua Fanyi Lilun yu Chuanbo Yanjiu

Duomotai Renzhi yu Wenhua Chuanbo

出版发行	中国人民大学出版社		
社　　址	北京中关村大街 31 号	**邮政编码**	100080
电　　话	010－62511242（总编室）		010－62511770（质管部）
	010－82501766（邮购部）		010－62514148（门市部）
	010－62515195（发行公司）		010－62515275（盗版举报）
网　　址	http://www.crup.com.cn		
经　　销	新华书店		
印　　刷	天津中印联印务有限公司		
规　　格	170 mm×228 mm　16 开本	**版　　次**	2020 年 9 月第 1 版
印　　张	99	**印　　次**	2020 年 9 月第 1 次印刷
字　　数	1 377 000	**定　　价**	488.00 元（全 8 卷）

前言

文化翻译与传播架起了不同国家和不同民族之间文化交流互鉴之桥。世界上的不同国家和不同民族在漫长的历史发展中创造出了各自灿烂的文化，民族的特性和国家的差异造就了各自文化间的差异性，唯有不同文化相互交流和相互借鉴才能推动国家与民族间的相互理解和相互促进。交流的前提是语言相通，语言通则路路通，翻译则是实现不同语言相通的手段，翻译质量的高低决定着语言相通的高度，提升翻译质量就是提升语言相通的能力。语言是文化的载体，任何民族和国家的文化都必须通过语言的交流才能得以传播和传递，因此，文化翻译是文化在语言间的转换，文化传播是文化在语言间的传递，文化翻译是文化传播的前提，文化传播是文化翻译的结果，文化翻译与传播实现了不同民族和不同国家人民之间的文化交流互鉴，促进了不同语言之间民族文化和不同国家文化的发展，为当前中国倡导的“一带一路”和中国文化“走出去”提供了支撑，为人类命运共同体理念的落实提供了基础和保障。

新的信息技术的发展使得文化传播形式发生了颠覆性变化，原来以文字表述为主体的文化传播形式已经转变为文字与图片相结合的传播形式，而这种图文结合的传播形式现在正被视频传播形式替代，视频和音频相结合的文化传播形式逐步成为文化传播的主要方式。这种融合视觉、听觉和

感觉等多个信息通道的文化传播方式称为多模态文化传播，不同民族和不同国家的文化翻译与传播自然变成多模态文化翻译与传播，这种翻译与传播形式对传统的翻译实践和翻译研究提出了全新的挑战，文化传播的过程和传播的效果自然受到多模态文化翻译与传播理论发展的制约。所以，多模态文化翻译与传播理论建构研究成为当下紧要的研究课题，其理论指导能力决定着文化翻译与传播的效果，更决定着不同国家与不同民族文化交流的能力和水平。本研究针对中华文化翻译与对外传播的现状和主题内容建构文化翻译理论和文化传播理论，通过撰写四本专著《多模态戏曲翻译理论》、《多模态影视翻译理论》、《多模态文化翻译理论》和《多模态认知与文化传播》对相关理论进行建构，以期实现对中华优秀文化外译与传播发挥理论指导作用，并在理论建构过程中逐步实现中华优秀文化外译话语体系建设。

北京正在建设“四个中心”，其中全国文化中心和国际交往中心需要把北京的优秀文化国际化，此过程必然涉及北京优秀文化的外译与传播。北京优秀文化主要包含北京民俗文化、北京建筑文化、北京历史文化和北京戏剧文化，因此，本研究通过撰写四本专著《北京民俗文化多模态翻译传播研究》、《北京建筑文化多模态翻译传播研究》、《北京历史文化多模态翻译传播研究》和《北京戏剧文化多模态翻译传播研究》以及其英译本把北京优秀文化传播到国外去。国外受众如果学过一些汉语且对中国传统文化感兴趣，通过阅读这套丛书就会对北京优秀文化有更加全面的认知。这四本北京优秀文化图书是在本研究前四本专著所建构的多模态翻译理论与传播理论指导下进行的内容筛选和结构设计，整套八本专著形成一个完整

的系列，国外对中华优秀文化感兴趣的受众和国内对对外文化传播感兴趣的受众都可以从中受益。本研究旨在在多模态信息技术条件下以传播中华优秀传统文化为目标，解决以往单模态呈现中华优秀文化的瓶颈，顺应新技术和读者新期待的要求，建构多模态文化传播理论，以多模态形式传播中华优秀文化，从而使中华优秀文化更好地传播出去，充分调动国外受众的听觉、视觉和感觉等多个信息通道，帮助他们实现对中华优秀文化的真实体验和具身体验，以达到更好的传播效果。这套丛书的出版将为未来中国优秀文化对外传播提供理论支持和案例参考。

“多模态文化翻译理论与传播研究”系列丛书从论证到立项，从研究团队建设到文献收集，从专著体例设计到撰写成文，从初稿到校稿经历了一个漫长的过程，课题组成员每周定期的讨论都为项目进展提供了强大的智力支持。感谢我的学生李玖博士、蒋新莉博士、张星博士、李静博士、黄婕博士、任岳涛博士、张茜博士和陈昱博士以及硕士生张静茗、张玉玲、秦雯鑫鑫、车祎萌、黄嘉嘉、王天笑、寿盼和郑淑媛同学，学生们都是从项目的论证开始参与其中，对整个项目的推进付出了大量的时间和心血，他们承担了项目前期的资料收集和大部分的专著写作任务，他们能够分工协作、相互帮助、群策群力，展现出了良好的团队精神，令我欣慰不已。特别要感谢北京理工大学张丽华副教授、西华大学李红梅副教授和中国人民大学王筱依博士。张丽华老师和李红梅老师积极参与北京历史文化卷的写作并提出宝贵的改进意见，对我启发很大。王筱依博士和北京交通大学的连亦紫同学承担了北京建筑文化卷的资料收集和大部分写作任务，她们总是在需要的时候能够提出真知灼见，对整个项目方向的把握给予很

好的帮助。山西师范大学史俊老师和王磊老师参与了项目的部分研究工作，对两位老师也表示感谢。

本研究得到“北京市与中央高校共建双一流大学基金”资助，是“北京多模态文化国际传播及人工智能译述系统开发”项目一部分；中国人民大学出版社的编辑在丛书写作和出版过程中给予大力支持，在此一并表示感谢！

王建华

于人民大学明德楼

2020年8月

目 录

第一章

概　　述

第一节 基本内涵

一、多模态的定义

模态涉及信息感知的不同感官和不同的感知方式，这些不同的感官包括人的视觉、听觉、触觉、嗅觉和味觉。这些感官所产生的不同的信息感知方式就是不同的模态。信息传播也有不同的信息传播媒介，常见的信息传播媒介包括语音、视频、文字等，每一种媒介都可以称为一种模态。根据朱永生（2007）文中的模态定义："模态就是指信息交流传播过程中所使用的不同渠道和不同媒介，这些模态包括语言、技术、图像、颜色和音乐等多种符号系统"；而根据顾曰国（2007）文中的定义：模态是指"人类通过感官跟外部环境之间的互动方式"。相应地，多模态就是指信息交流过程中多种不同模态同时发挥作用、来自不同语言和非语言的符号系统所形成的媒介的结合使用。从本质上来讲，多模态指在某一种具体信息交流的语境中所存在的一种以上的不同模态的并存现象。根据吉博思（Gibbons）（2012）文中的定义："这些模态可以包括书面语言、口头语言、图画、形象、声音等"。通常来说，如果只有人的一个感官或者一个信息传递媒介参与互动就是单模态，我们日常生活中接触和使用的信息传播方式多是单模态方式，一般有两个或两个以上感官参与互动的就称为多模态。在多模态信息传播与交流中，各个模态既各自独立发挥其应有的信息传播作用，也互相影响从而产生共同的信息传播效应（Kress，2001：14）。同一内容的交际活动在多种不同模态作用下的呈现方式、呈现效果也会大有不同。因此，探讨不同模态对交际活动的影响作用具有重要价值和信息传播研究的指导意义。

多模态在一些研究中表述为符号模态概念，多模态翻译以此可以定义为多模态符际翻译。要从多模态的角度来探讨翻译，必须界定符号模态及其相关术语。符号模态的概念是基于某些社会符号学学者们的研究而提出的，他们注意到在创造和解释符号及意义时事情本身属性的重要性。因此，符号模态的概念定义如下：我们使用媒介来指代现实生活中发生的事情，这些事情本身随着时间的推移被赋予文化属性或塑造成有组织的、规则的、社会特定的表征意义，即创造这些事情意义不同的表征或模态。我们采用这种模态定义来指导字幕翻译。但是，应该注意的是，不同模态的符号之间如何转换还没有找到令人满意的解决办法，因为根据社会的交际需求，模态是不断变化或更新的。因此，将书面语与口语模态区分开来有双重原因：第一，它们是由不同的物质基础构成的；第二，它们都有社会特定的表征意义，表征意义不同。所以，不同模态之间的本质区别主要由以上两个原因造成。

基于这一符号模态概念，语言符号学学者提出了“多模态语言符号学”的概念来解释多模态交际，即不同意义的符号总是会采用不同的表征模式。这个概念描述如下：无论是在口语还是在书面语中，语言总是作为任何语篇的表现形式所涉及的所有模态中的一种模态而存在。口语文本不仅有口语模态，而且涉及视觉模态，结合了非语言的信息传递方式，如面部表情、手势、姿势和其他形式实现自我呈现。同样，书面文本涉及的不仅仅是语言，它写在某种材料或某种东西上，用某种东西写成，成为多模态的形式；表征语意的文字是在受审美、心理、语用等因素影响的系统中形成的，并在页面、计算机屏幕或抛光的黄铜牌匾等载体上进行呈现。因此，多模态涉及如何将这些不同的模态组合在一起以设计一个符号产品或事件。在多模态信息传递中，各种模态可以单独起作用，也可以同时起作用。这意味着，模态本身以及通过它们之间的相交或相互作用传达意义。意义传递的可能性是由不同模态的物质属性引起的，并且这些属性的差异带来了模态差异问题。

在此基础上，人们提出了关于模态和多模态的四个理论点。首先，不

同模态具有不同的意义表征形式和模态属性，这对于受众来说并不总是可以通达其意义的或过度理解的。其次，所有模态都有特定的社会评估标准和社会需求，因此模态的意义表征取决于所处不同环境的人们的实践需求和不同的社会语境。再次，所有模态通过在交际语境中的彼此交互而产生意义。最后，所有模态都是根据社会符号过程的需要而被塑造、创造和转换，所以它们不是静态的而是流动的。

二、多模态翻译

翻译作为不同文化、信息交流的一项重要交际活动，在语言交际、信息传递过程中不可避免会同时受到多种模态的共同影响。雅各布逊曾就指出，翻译从语言和符号学的角度来看在同一语言内为“语内翻译”，在不同语言之间为“语际翻译”，在不同的符号之间为“符际翻译”。广义的翻译指不同符号系统之间的信息传递活动，它包括语言与语言之间、语言与符号之间以及符号与符号之间的模态转换活动。翻译中存在着大量的模态转化，译者不仅需要关注文字信息，还需要关注其他模态符号所呈现的意义。因为无论是口译过程还是笔译过程，都会涉及不同渠道、不同媒介的信息输入和信息输出，即多种不同的模态之间的信息转换。在翻译的过程中，译者不仅要关注语言模态，还要关注与语言同时存在的其他声音、图像、动作、表情等多种非语言模态，即多模态话语分析。进行多模态话语分析时，虽然语言仍是分析的主要内容，但需要把语言放在一个更大的多模态语境中进行，并考虑语言与多模态语境的关系（Jewitt & Kress，2003：2）。在多模态文本的翻译过程中，需要对文本中的多种模态信息进行翻译、传递，即除了需要对语言文字模态进行翻译，还应该关注图片、声音、颜色等其他非语言模态的翻译、转化，以实现完成整体意义的阐释和建构。如果将不同的模态信息看作不同的符号系统的话，整个翻译过程可以认作为符际翻译过程，将各种媒介形态都纳入翻译研究范畴，强调多模态之间的互动。

三、多模态文化传播

进入21世纪以来，以视觉图像为代表的多模态符号已经成为和语言文字同等重要的交际传播模式。多模态传播运用多模态的符号进行意义生产，进而达到高效准确地传递和接受信息的目的。翻译作为一种跨文化的交流活动，其载体是以语言符号为主的社会符号。翻译的过程是一个信息传递与接受的过程，涉及诸多的因素，包括原作者、原文、译者、译文、读者以及他们所处的不同社会文化背景等。因此，翻译的本质就是传播。

自从翻译研究的文化转向以来，越来越多的翻译学者开始从社会文化的角度对翻译现象进行研究。归化、异化、改写和标准化等一系列翻译理论，背后所体现的是对文化的翻译、改写、解读等。除此之外，科技的发展也在不断地影响着翻译的形式。媒体技术的不断发展使得翻译的文本不再局限于传统的书面文本，电视、电影、动画、儿童读物等文本媒介将多种符号和感官融为一体。视觉信息、听觉信息、文字、图像、影音、建筑、空间、事件等均可以成为多模态文化传播的文本。文本泛化是多模态文化传播中最为突出的特征之一。

多模态文化传播是运用多模态的社会符号进行翻译传播的过程。首先，多模态文化传播运用多模态符号进行意义建构。图像、颜色、音乐、三维空间、肢体动作等在意义建构中具有同等的地位。这些多模态符号在表达观点、立场、态度和事实等方面可以各自发挥不同的作用。其次，社会符号学认为人们交际所使用的符号资源依托于特定的社会文化背景。这一背景对符号的选择和意义的生产有着至关重要的影响。符号本身的生产过程也是一个社会过程。最后，符号的选择与生产不仅取决于特定时刻特定语境中最佳表达方式的选择，而且受到传播者自身因素的影响。这一过程不仅涉及对原文和原作者信息的传播，还涉及读者对译文信息的接受(reception)。

多模态文化传播理论包括传播媒介、传播机制、传播策略、传播接受和传播场域五个方面。多模态文化传播所依托的媒介包括图文、视听、空间、互动等；涵盖意义、隐喻、修辞、互动和认知神经等机制；文本泛化、受众生产和多模态素养是其主要的传播策略；常发生在文化、商业、教育、科技等社会生活场域之中；对于多模态文化传播的受众接受研究主要包括模态类型、模态衔接、时间空间和信息层次四个维度。

第二节 理论溯源

一、多模态理论

1. 系统功能语言学理论

尽管对多模态现象的关注与研究有着久远的历史，当代的多模态研究以克雷斯（Kress）和范莱文（van Leeuwen）所著的《阅读图像》（*Reading Images*）和《阅读图像：视觉设计的语法》（*Reading Images：The Grammar of Visual Design*）两本书为开山之作。多模态研究的第一个理论基础是韩礼德（Halliday）（1994）的系统功能语言学理论。该理论将语言看作是一种符号系统，人们在社会和文化的语境中进行使用。这种对社会语境的强调是系统功能语言学与传统的结构主义语言学和转换生成语言学的差异所在。传统语言学将句子与文本和语境剥离后进行单独的分析，而系统功能语言学则认为语境对于人们进行社会互动时的符号结构有着重要的影响。这种符号结构从三个维度建构出三种不同的意义：概念意义（ideational meaning）、人际意义（interpersonal meaning）和语篇意义（textual meaning）。这三个维度的意义为社会语境提供了概念框架，也构成了语言的三种元功能，即概念功能、人际功能和语篇功能。

2. 社会符号学理论

克雷斯、范莱文以及奥图尔（O'Toole）等学者将韩礼德的三种语言意义形式扩展至符号模态当中。克雷斯和范莱文对图像符号进行研究，主要的图像形式包括绘画、图片、图表、地图、肖像、照片等。研究的主要问题包括：1）表征形式，即人们如何将自身的经验视觉化，与概念意义相对应；2）互动模式，即图像的制造者和观众之间存在哪些联系，与人际意义对应；3）创作原则，即如何通过信息值、凸显和框架将图像进行视觉化的组织（Kress & van Leeuwen，2006）。

奥图尔（1994）运用系统功能语言学理论对艺术作品展开研究，主要关注雕塑、建筑和绘画。他认为系统功能语言学所提出的三种元功能适用于所有的符号类型，可以用来对艺术作品展开研究。符号所具有的三种功能分别是：1）模态功能（对应人际功能），即观众的注意力、思维和情绪如何与艺术品产生关联和融合；2）表征功能（对应概念功能），即向观众呈现艺术所描绘的内容，包括绘画或雕塑中的人物、物体、行动、事件、场景和风景等；3）创作功能（对应语篇功能），体现出艺术创作者对空间、形式、线条、颜色等元素的组织。同语言的三种元功能一样，这三种功能不能分离，需要共同发挥作用。只有在关注其中某一个功能时才会将其分开来看。

3. 话语分析理论

系统功能语言学理论为多模态研究提供了语言学的理论基础，而话语分析较早地将多模态作为一种研究方法在其研究中加以运用。传统的话语研究，早期称作篇章语言学，关注的是语篇层面的语法结构，研究句子之间的衔接与连贯问题。研究的对象包括书面文本和口语文本，且将其视作单模态的现象。但实际上，完全单模态的话语并不存在。口语无法摆脱手势、表情、身体姿态和眼神而单独存在，书面文本也摆脱不了框架、空间、字体和颜色。所以，严格地说并不是从单模态话语分析转向多模态话语分析，而是重新正视了文本的多模态本质属性。

例如，在以电脑和手机为工具的交际中，由于交际所发生的环境发生了改变，电子邮件、手机聊天等话语形式的语境概念也随之发生了改变。在视频会议中，人们如何运用质询、暗指和引用等修辞手法来建构权威和身份；多模态表征技术和多媒体传播技术在教育软件中是怎样的关系，它们如何影响学习者、学习环境和学习的内容，这些都是多模态话语分析所关注的研究问题。

4. 其他相关理论

多模态研究是一个跨学科的研究领域。除了上述三个理论外，多模态研究的理论依据还有：

1）地理符号学。该理论是一种社会符号学的研究路径，将语言人类学和空间符号学相结合，强调符号和互动的空间属性。

2）多模态互动分析。该理论将互动社会语言学与社会符号学的路径相结合，强调通过互动的形式进行身份建构。

3）多模态人类学。该理论依托社会符号学和人类学研究路径，探讨语境中的互动形式。

4）多模态语料库分析。该理论将语料库分析方法与系统功能语言学和社会符号学路径相结合，通过实证的方法对有关多模态表意的理论和假设进行评估和验证。

5）多模态接受分析。该理论运用眼动的技术手段，将认知路径和文本接受研究相结合，关注接受的认知过程。

二、翻译学理论

1. 从“符际翻译”到“多模态翻译”

英语中间的翻译（translation）来源于拉丁语“*translatus*”一词。在词源学中的解释为“传递”，其传递的对象是跨文化、跨语言的意义。这种传递的背后是语义和符号系统的转换，在当今数字化文本的时代更是如此。语言、符号和文化等多重因素催生出不同的文本符号和文本体裁。

雅各布森（Jakobson）提出的三种翻译类型，包括语内翻译（intralingual translation）、语际翻译（interlingual translation）和符际翻译（intersemiotic translation）。语内翻译是在同一语言内部进行的符号转换（如方言之间的翻译）。语际翻译，即人们普遍理解的翻译，是在两种语言之间进行的符号转换。符际翻译是在语言符号和非语言符号系统之间进行的转换。面对当今复杂多样的翻译文本，翻译研究也越来越多地向着符际翻译靠拢。需要指出的是，雅各布森所讲的符际翻译依托的是传统符号学的理论，即不同符号之间可以进行翻译或转换。多模态翻译所依托的是社会符号学理论，其主要关注点是人们如何使用对不同的符号资源来产生意义，以及这一意义生产的社会实践和自我以及他者之间的关系。

克雷斯提出"transduction"一词，指跨模态的生产、建构意义。翻译的过程可以被视作是一个跨模态的过程，在再生产的过程中媒介、体裁、意义等都会发生一系列的转换（Kress，2003）。这种跨模态的再设计将意义、形式与社会背景所结合，模态间的转换是符号资源的选择过程，其目的是保证意义的一致性。也就是说，作为一种再生产形式的翻译，它不仅只是符号资源之间的转换，而是一个重构意义的系统。

2. 多模态翻译研究的主要问题

目前，多模态翻译的研究大多集中在影视作品、漫画、儿童读物、画面诗歌、广告、展览介绍的翻译等方面。这些多模态视角的翻译研究都呈现出一个共同的特点：翻译的思路和内容依旧根据书面文字的翻译展开，仅有的一些多模态翻译研究也是以翻译教学、翻译压力缓解为主，这些翻译研究的成果对翻译过程的多模态研究几乎没有。然而，多模态翻译作为一种信息转换的交际方式，其过程会涉及多种多样的模态，如多模态视听中发言人的声音、语气、动作、现场环境、图像等，这些多种模态在分别作用于翻译过程的同时，又会彼此相互作用，对整体的翻译认知、理解、记忆和转换的过程产生综合性影响。到目前为止，字幕翻译重心放在将口语模态转换为书面语模态上，特别是视觉和听觉模态上。也就是说，多模态视听翻译尽管考虑了视觉和听觉模态，但译者将这些多模态视听因素作为处理字幕的语境对待，主要是因为这些多模态语境因素是预先存在的，不能被译者根据自己的多模态理解而改变。

虽然我们可以将视觉和听觉两种不同模态用于口语和书面语模态的语境进行考察，但是它们对电影文本所传递意义的贡献却无法充分发挥出来。也就是说，将视听两种不同模态视为语境意味着它们与口语和书面语模态的交互是被认可的，但是已有的研究和影视制作者并没有解释它们是如何交互的，也没有显示它们的交互是如何在带字幕电影的文本中进行的。翻译时，对于多模态的交互过程翻译如何体现在翻译过程中是一个值得研究的问题。

例如，在多模态信息呈现方式中，电影文本中包含的所有符号模态都被视为一个整体来向观众表达和表征意义。因此，尽管书面语模态是译者在字幕翻译中最常使用的形式，但这并不意味着译者不能将文本的意义通过其他符号模态表达出来。例如，译者可以将口语模态如对话的意义通过视觉模态如动态图像传递，也可以通过听觉模态如音乐或音效等传递；也就是说，译者没有必要将对话中的所有内容都通过字幕表达出去，他可以选择忽略那些在其他符号模态中所表征的意义，这就会造成多模态翻译过程中的困难，如何忠实翻译和传递原作品中的多模态信息是多模态翻译过程中的一大挑战。因此，字幕翻译不是一对一的关系，而是多对多的关系。

总之，在多模态翻译过程中，源文本和目标文本之间的对等关系比单模态情况下的语际转换要更复杂。从事字幕翻译的译者在进行字幕翻译时被要求译出可放映的电影目标文本，即带字幕的电影，而不仅仅是字幕。此外，源文本的语言形式与目标文本的语言形式不同，在将源语篇模态的蕴含意义翻译到目标语文本的过程中，某些意义可能会在一些方面失去或保留或增添或改变模态，因此源文本和目标文本在意义、感觉、功能和表现上的整体性就会有所不同，这就需要译者充分考虑源语文本多模态信息综合性特点，从而实现翻译转换为目标语文本时信息不丢失、不失真，实现意义的等值翻译。而且，在翻译过程中，某一模态的实现不一定是在模态对等下实现的，某一源语模态的蕴含意义可能在目标文本中以不同模态或多种模态实现，其中可能包括对等模态形式。不同模态的信息对等翻译传递是多模态翻译过程中译者必须考虑的问题。

3. 多模态翻译的分支——影视翻译

视听翻译（AVT）虽然是翻译研究（TS）领域一个相对新的概念，但在过去 20 年间已经从翻译研究的边缘地带发展到了该领域研究的中心位置。电影诞生于 19 世纪 90 年代，已有一百多年的历史，随着现代信息技术的发展，影视业得到快速发展，全球化的推力使得影视制作必须考虑国际化因素，配音和字幕已经成为影视制作的必备条件。在此大背景下，影视翻译得到了快速的发展，在翻译研究中影视翻译成为一个重要领域，其研究的相关主题愈发常见，其内容也更加频繁地被讨论，此时也恰逢多模态理论兴起并快速发展的阶段。然而，在电影史上，翻译一直是一个挑战，最初人们接触的多是无声电影，后来无声电影不再是无声的，开始出现了声音，如钢琴声、音效、在帷幕后面讲故事的叙述者和字幕翻译等。而后在 20 世纪二三十年代出现了有声电影。由于电影从一开始就被视为一种艺术和一个产业，电影艺术和电影产业快速发展，其发展会带来巨大的经济效益和文化影响力，对于一个国家的经济发展和文化传播具有不可替代的作用，所以，各国间对于电影和电影技术的争夺从未间断。当然，电影的输入与输出更是一个普遍的现象，因此很快就引发了语言问题。如果听众听不懂法语、英语等语言，电影的输出就无从谈起。

20 世纪 20 年代和 30 年代初，所有电影制作都采用了音轨技术，以便于在电影制作过程中用说不同语言的演员进行表演，因此，拍摄剧本、导演方式和取景方式都发生了变化。为了满足不同国家不同的观众对电影新的需求，电影导演会制作同脚本但说不同语言的演员表演的电影，让说不同语言的演员们用自己的语言表演。有时为了更好地满足特定的观众，会加入不同的镜头，或通过最终剪辑以适应特定的观众需求。在美国，不同语言版本的电影最初都是在相同的背景下拍摄的，现场的演员多是从法国或德国等地来的。在20世纪20年代和30年代初，语言的差异和翻译问题通过说不同语言的演员表演同一个脚本的电影得以解决，但是，由于许多不同语言但内容类似的多个电影版本大幅度提高了电影的制作成本，此时，电影拍摄就被迫采用外包的形式；美国好莱坞在欧洲不同国家如德国、法国和英国等地建立了自己的工作室。20世纪30年代，配音技术出现了，但配音技术费用较高，对各个影片制作公司来讲是一笔不小的费用。从那时起，语言上的挑战就不再由制片公司承担，电影发行公司和进口国承担起语言本地化的挑战。

语言和翻译问题在20世纪30年代找到了解决方案：影片制作开始采用翻拍技术。翻拍技术首先对影片语言进行改变，根据不同的观众需要翻拍出这些观众能听得懂和看得懂的电影，并且根据需要在一定程度上改编电影的情节包括其核心价值和文化背景等，从而成功地实现电影的国际交流。20世纪30年代到50年代，大部分电影翻拍都是以欧洲为背景改编的美国黑色幽默电影，只是到了20世纪80年代之后，受欢迎的欧洲电影才得以在美国翻拍放映。电影总能够展现语言的多样性、语言的关联性和可接受性以及语言的特性，电影还可以将译者和口译员表现为电影中的角色人物。

早在多模态视听翻译发展之初，尽管人们看法不同，但是字幕和配音就形成了无形中的对立，多模态视听产品制作只能用其一，要么用字幕翻译要么用配音翻译。人们经常搞不清楚为何在一种情况下选择了字幕，而在另一种情况下选择了配音。字幕和配音这两种形式之间的选择是由各种经济、意识形态和实用因素决定的。字幕和配音对视听翻译发展前景有显著的影响作用，大多数采用字幕呈现方式的国家的语言被较少使用，而大多数采用配音的国家所使用的语言多是国际语言包括英语、法语等，并且受众群体较多。但是，现代数字技术的快速发展逐步消除了这种对立。

在人们的术语运用和讨论中，多模态视听翻译取代了影视翻译，在一定程度上反映了数字技术的发展所带来的影响作用，也反映了多模态视听翻译实践与研究的扩展和专业化的发展。20世纪中叶，有关视听多模态翻译研究的最初出版物只关注电影翻译，电视和视频以及长篇电影以外的其他类型的节目如脱口秀和纪录片等都不包括在内。在20世纪八九十年代，语言转换变得很普遍，但由于多模态视听翻译研究只关注语言，而忽略视听文本的多模态属性如音频、视觉和语言信号等因素，所以在此之前的多模态视听翻译研究一直被称作影视翻译研究。大约20年前，“视听翻译”一词的引入使所有广播节目如电视、电影、广播等的多语言维度受到关注。而今天，多模态视听翻译是这个领域中最常用的术语。必须指出的是，在该领域的研究中，译文有时是一个通用语，包含字幕和配音等。学术界所研究的屏幕翻译涵盖所有以屏幕为媒介传播的产品如电视、电影或计算机屏幕：它不包括舞台演出的唱词字幕。

视听翻译已从翻译研究的边缘地带发展到了该研究领域的中心位置。多模态视听翻译最早的形式可能要数无声电影中的插卡字幕翻译，20世纪20年代，随着有声电影的出现，为了保证成功的出口，电影需要配有翻译，尤其是对美国电影业而言，翻译的需求大幅增加。人们尝试了各种不同的翻译形式，甚至一部电影会推出多语言版本，其中字幕和配音很快成了首选模式。具体选择字幕还是配音取决于目标国家的经济、意识形态和实际需求。多模态视听翻译早期的研究和出版可以追溯到20世纪中期，但直到90年代初多模态视听翻译才迎来了真正的研究和出版热潮。

三、传播学理论

英语中的“communication”一词有“交际”和“传播”两层含义，其中“传播”指的主要是大众传播。“大众传播”的概念起源于20世纪30年代末期。在概念形成的初期，“大众”（mass）指的是普通民众，往往带有负面的感情色彩，因为大众常与无知、不理智和暴力等联系起来。这一含义后来被逐渐地淡化，可以用来指代传播的受众。传播的模式可以分为以下的四种模式。

1. 传递模式

第一种传播模式是传递模式。传播是将一定数量的信息进行传递的过程。拉斯韦尔（Lasswell）认为，大众传播的研究是为了回答 5W 的问题，即谁（who）、说了什么（what）、对谁所说（to whom）、通过什么渠道（through what channel）、取得什么效果（with what effect）。这种线性的传播模式成为大众传播的主要形式之一。大众传播成为社会和受众之间的一个全新的传播者角色。因此，大众传播不是简单地将信息从传播者传递给潜在受众，而是将社会上涌现出的事件与声音通过传播者角色将信息传递给受众。大众传播不是将社会上发生的事件进行选择和解读，进而传递给受众，而是给受众一个接触到观点和声音的渠道。

因此，大众传播是一个自我调节的过程，受到受众兴趣和需求的影响。这一过程还会受到其他两方面的影响，一是受众对媒介的反馈，二是受众对传播者的反馈。总的来说，尽管这种模式将大众传播视为社会中一种开放且中立的服务组织，为整个社会的运作贡献力量，但是这种模式本质上还是一种从传播者到受众的传递模式。

在传递模式中，媒介的功能和运作方式得到了充分的体现，但是这一模式对其他不同的媒介活动和多样化的传播过程并未给出完整准确的描述。究其原因，传递模式将传播仅仅视为信息传递的问题，其核心的观点是信息的传递有着明确的控制目的。因此，这种模式体现了信息传递过程中的作用性和因果关系，而且信息是单向流动的。

2. 表现模式

第二种传播模式是表现模式。传播与分享、参与、关联和共同信念等概念密切相关。信息在空间中的扩展并不是关注的重点，相反，信息在时间上的维持受到更多的关注。这种传播不以信息的行为为目的，而是共同信仰的表现。表现模式关注传播者与受众的内在满足，而不是某些工具性的目的。表现模式以共同的理解与情感为基础，具有庆祝性、享受性、装饰性和非功利性的特点。为了实现传播效果，常常会有某种表演的成分。这种为了受众的愉悦而进行的传播，与其他实用目的的传播同等重要。表现模式的传播对于社会融合和社会关系的都有着较大的影响。

3. 宣传模式

第三种传播模式是宣传模式。这种模式认为，媒介的主要目的既不是传递信息，也不是通过文化、信仰或价值的表达来团结受众。相反，传播是为了吸引和保持受众的注意力。通过这种手段，媒介可以达到某些经济目的，从受众处获益，或将受众的注意力出售给广告商而间接获益。

采用大众媒介进行传播，传播者有某些效果的预期，如销售或劝服等。能否获得宣传和注意力，成为判断传播成功与失败的标准。因此，大众媒介常常会将娱乐、社会、经济、政治设置为议题，目的就是通过引起注意、唤起情感和激发兴趣等手段获得并保持受众的注意力。

一方面，媒介以受众的注意力为目标，另一方面，受众利用媒介进行娱乐和消磨时间，这两方面的感知是一致的。受众通过在媒介上花费时间来逃避现实。传播者和受众之间不一定是消极或牵连的关系，媒介不仅要做到道德上的中立，其本身也并不创造或传递意义。

4. 接受模式

第四种传播模式是接受模式。这种模式起源于批判理论、符号学和话语分析。这种模式对有关受众研究的实证研究方法以及有关内容研究的人文主义研究方法提出质疑，原因在于二者都没有考虑受众在传播过程中的意义建构问题上所发挥的作用。

接受模式将意义与受众联系在一起。媒介信息具有开放性，且具有多重的意义。信息的诠释需要依托于受众所在的情境和文化。有意义的信息由符号所构建，且这种意义既可以是外延式的（denotative），也可以是内涵式的（connotative），对这两种意义的理解取决于受众的选择。一方面，传播者出于其自身的目的，有选择地对传递的信息进行编码，对语言和媒介进行操控；另一方面，受众并不会被迫接受传递的信息，而会根据自身的经验对信息进行理解和诠释。

四、认知科学理论

1. 多模态信息理解

理解是翻译过程中处理信息的第一步，也是后续包括信息记忆、加工、存储、转换和语言产出在内的一系列翻译过程存在的基础。如果译员无法充分理解多模态翻译信息，也就不能进行进一步的记忆、转换和表达，翻译的交际功能便无从实现。在传统的观念当中，翻译过程中的信息输入主要来源于视听材料中说话者的声音，即发言人所说的话。实际上，翻译信息输入的来源涵盖许多模态，如发言人的语气、肢体动作、配合声音信息同步出现的演示文稿、视频、画面等。多模态共同作用对翻译信息理解过程来说既能够起到辅助作用，也具有一定干扰性。语气、动作、画面这些模态与声音模态配合出现，能够从不同的维度提供信息支撑，帮助译员更快、更清晰和更准确地理解源语信息。比如，在介绍某一事件时，发言人配合使用演示文稿，并在演示文稿中展示出基本的逻辑关系，这种多模态的信息输入就会在很大程度上减轻译员的理解负担。但与此同时，由于多种模态同时出现也可能给理解过程带来附加的困难。翻译本身是一个进行多任务处理的过程，在单模态信息输入的情况下，信息理解的过程尚且需要译员同时分神处理理解、认知、加工、转换和产出等多种任务，多种模态信息同时出现就更要求译员同时接受听觉、视觉等多种感官上的信息并将其信息进行匹配、理解，对译员多模态信息分布与整合理解技能的要求也就更高。比如，视听材料中发言人所使用的演示文稿中出现一张数据密集的图表，但其陈述的内容又并不完全符合图表展示的所有内容，这就需要译员进行正确高效的信息匹配，从图片信息中找到与所听内容相符的信息，这个过程则会加重译员的理解负担，甚至还会影响所听信息的输入。总的来说，一些内容较为简单、结构较为清晰、与听力信息输入匹配程度高的附加多模态信息可能会帮助译员的认知、匹配和理解过程，然而，内容困难、结构复杂、与视听内容匹配程度低的附加多模态信息反而会消耗译员的精力，给信息理解增加难度。

2. 多模态信息加工与转换

20 世纪 60 年代末，巴黎学派的塞莱斯科维奇（Seleskovitch）和勒代雷（Lederer）提出了释意理论，主张翻译过程要“脱离源语语言外壳”，认为译员在翻译过程中不仅要处理语言意义，还需要考虑认知情景、翻译场所和世界百科知识等因素，翻译出文字背后的信息和意思而非原文字词的意思。这个“脱离源语语言外壳”的过程，就是译员对多模态信息进行加工和转换的过程：将源语语言背后蕴含的多模态信息进行理解、加工，再把多模态信息转换成另外一种语言表达出来。在多模态的背景之下，“脱离语言外壳”相对于单种声音模态的输入来说可能更加简单易行，因为图片、语气、动作、视频等其他模态原本就是存在于语言符号系统之外的内容，本身就已经脱离了语言外壳。多种模态共同作用于信息的加工与转换过程，能够在一定程度上辅助语言“脱壳”的过程。当然，多模态信息除了辅助语言信息的加工与转换之外，这些信息本身也需要加工和转换。一些非语言信息，如动作、手势、语气等，在不同国家、不同文化背景下也可能具有不同的含义，译员在翻译过程中也必须兼顾非语言信息的加工和转换，包括信息的增补、删减、转换等。比如，在翻译过程中出现发言人用一张图片展示了某种特定文化中的特定文化现象，而目的语文化中不存在这种现象，译员在翻译的过程中就要注意对这种模态的信息进行加工和处理，增补适当的解释，还原该信息本来的作用。

3. 多模态翻译中的信息记忆

记忆在视听多模态翻译中扮演着重要的角色，自 20 世纪 60 年代起，信息的记忆能力与视听翻译之间的关系一直都是研究的热点问题。1968年理查德·阿特金森（Richard Atkinson）和理查德·谢夫林（Richard Shiffrin）提出了三层储存模型，即记忆的信息处理模型。按照三层存储模型，记忆被存在三个层面上：第一个层面是感觉存储，可以在非常短的时间内记下相对较少的信息；第二个层面是短时记忆，可以储存相对长的时间，但信息量有限；第三个层面是长时记忆，可以将信息储存很长时间，而且储存的信息量也可以无限大。在视听翻译过程中这三个层面的记忆都会分别起到不同的作用，并且能够从不同维度上支持译员的信息处理、输出过程。在三种记忆存储中，短时记忆即工作记忆是视听翻译记忆研究中的主要研究对象，视听翻译中的短时记忆主要存在于从听到信息、记下笔记到输出信息之间。

王建华（2015）在《口译认知研究》一书中指出，瞬时记忆又被称为感官记忆，是通过人的感官接受来获得可读信息并在几秒钟之内进行储存。感官存储是指将我们每天接触的感官事物储存起来，例如语调、气味、颜色等，并将其以未经加工分析的形式保存下来。从这层意义上讲，可将感官存储视为对新信息最初的短暂性的存储，也可称为感官登记，目的是将一定长度的多模态信息输入转化为短时记忆，以供进一步处理。感官系统中最重要的便是多模态信息选择性过滤，它可以判断该接受哪些模态的信息，而哪些模态的信息该放弃。换言之，在感官上简单储存的各种信息中，仅有能够引起人们注意的才能被区分出来并通过上述渠道供人在进一步短时记忆中处理。

短时记忆作为视听翻译过程中最为主要的部分，也是对译员最有用的记忆形式。而如何将声音、图像、动作等感官信息输入形成的瞬时感官记忆转换为对视听翻译过程有重要作用的短时记忆也是译员训练时的一项重点内容。在单模态的背景之下，译员只需处理听觉产生的感官记忆，处理过程较为简单，无须考虑其他模态的信息记忆与转换，当然，这也就意味着信息更加单一。在多种模态共同作用的基础上，首先从信息输入的角度来讲，感官系统感知到的信息更加多样、更加全面。也就意味着可供转换为短时工作记忆的信息素材更加全面。另外，由于视觉感官在头脑中形成信息反射的时间比听觉感官形成反射的时间更短，图像记忆也比抽象记忆给人带来的形象更加深刻，所以多模态信息输入在很大程度上能够辅助信息的记忆；从记忆能力上来讲，多模态的信息输入有助于视听译员在头脑中对信息的综合加工处理，也就能够帮助视听译员进一步理解、进一步加深记忆，扩大短时记忆的容量。但是，从另一个方面来看，多模态信息带来的多种感官系统的输入必定会导致视听译员的信息过滤过程变得更加复杂，在判断“哪些模态的信息应该接受、哪些模态的信息应该放弃”时需要耗费更多的精力。比如，视听翻译过程中同时出现了声音文字和语调动作两种不同模态的信息输入，视听译员通过常识判断这两种信息又是互相矛盾的，那么，选择接受并储存哪种信息并放弃另外一种必定会耗费一定的精力，这一过程也必定会影响记忆的能力。所以，多模态视听信息对于视听记忆过程的影响也同样是双面的。

4. 多模态认知 CTML 模型

CTML（Cognitive Theory of Multimedia Learning）模型是梅耶（Mayer）（2009）在多媒体学习的研究基础上提出的认知模型。该模型最初用于解释科技文本中的插图理解问题，后逐渐被用于解释各种图文交互类多模态材料的认知过程，在影视字幕翻译研究中也曾被使用。

（1）CTML 模型的理论基础

第一，双通道假说。双通道假说认为，人类信息处理系统包含一个听觉（言语）通道和一个视觉（图像）通道。如果信息经由眼睛感知（如插图、动画、视频或屏幕上的文字），人们首先在视觉通道中处理这些信息，而当信息经由耳朵感知时（如叙述或非语言的声音），人类首先在听觉通道中处理这些信息。信息处理通道分离的概念在认知心理学中有很长的历史，目前与佩维奥（Paivio）的双编码理论（Clark & Paivio，1991；Paivio，1986/2006）和巴德利（Baddeley）的工作记忆模型（Baddeley，1999；Baddeley et al.，2009）联系最为紧密。

第二，有限容量假说。每个通道同时所能处理的信息量是有限的。当呈现插图或动画时，受众在工作记忆的视觉通道中只能同时保留少量的图像，这些图像可以反映所呈现材料的部分内容，而不能精确复制所呈现的材料。然而，当呈现一段叙述时，受众在任何时候都只能在工作记忆的语言通道中保留几个单词，这些单词只是所呈现文本的部分内容，而不是逐字记录。在心理学中，工作记忆理论（Baddeley，1999；Baddeley et al.，2009）和认知负荷理论（Sweller，1999；Sweller et al.，2011）都很好地阐述了有限能力这一概念。

第三，积极加工假说。人类积极参与认知过程是为了构建连贯的心理表征。这些主动认知过程包括与注意相关的主动信息输入，将输入的信息组织成一个连贯的认知结构，以及将输入信息与先验知识相结合。简而言之，可以把人类比作一种寻求理解多模态表征的主动处理器，这与把人看作是向内存中尽可能多地添加信息的被动处理器的普遍观点相反。也就是说人们就像录影机一样，将自己的经验复制到内存中，以便以后检索。

（2）CTML模型中的认知过程

要在多模态环境中进行信息加工，受众必须经历五个认知过程：第一，选择相关词语在言语工作记忆加工；第二，选择相关图像在视觉工作记忆中加工；第三，组织选定的词汇为语言模型；第四，组织选定的图片为图示模型；第五，整合语言和图像表征与相关先验知识激活长时记忆。这五个认知过程不一定以线性顺序出现，因此受众可能会以不同的方式在这些过程中进行转换，而成功的多模态认知加工需要受众对这五个过程进行协调和监督。

第一，选择词语。第一个步骤是信息表征的变化，即从口语单词的外部表征（比如电脑生成的旁白）到声音的感官表征（比如叙述中的一些词语），再到单词声音的内部工作记忆表征。这里的输入信息是多模态信息中的口语信息，而输出的信息是一个单词的语音库，即受众对所输入单词或短语的言语工作记忆中的心理表征。调节这一变化的认知过程称为选择相关词汇，包括在通过听觉感官记忆时注意多模态信息中呈现的一些词汇。如果文字以语音的形式呈现，这个过程从听觉通道开始；如果文字是屏幕文本或印刷文本，那么这个过程则开始于视觉通道；如果受众可以在心理上阐明印刷文字，这一过程后来可能迁移到听觉通道。由于认知系统的每个通道的容量有限，所以只能选择信息的一部分进行呈现。如果能力是无限的，就没有必要把注意力集中在部分言语信息上。此外，词语的选择不是随意的，受众必须确定哪些词最为相关，这与受众作为主动意义创造者的观点是一致的。

第二，选择图像。第二步是信息表征的转变，即从图片的外在表征到未经分析的视觉表象的感官表征，再到工作记忆中的内部表征。此步骤的输入信息是在视觉记忆中短暂保存的多模态信息中的图形部分，而输出信息是一个视觉图像库，即受众工作记忆中对选定图像的心理表征。这种变化背后的认知过程涉及关注多模态信息中呈现的部分动画或插图。这个过程开始于视觉通道，也有可能把一部分转换成听觉通道。由于认知系统的处理能力有限，所以只能选择图像材料的一部分进行呈现，同时处理一个复杂的插图或动画的所有部分是不可能的，受众一次只能关注输入图像材料的一部分。图像的选择过程也不是任意的，受众必须判断哪些图像对多模态信息的整体理解最有价值。

第三，组织词语。受众从一段输入的多模态信息中形成了一个单词的读音，下一步就是将这些单词组织成一个连贯的表达（言语模型）。这一步的输入信息是单词的语音库（从输入的言语信息中所选择的单词的读音），而输出信息是言语模型（受众对所选择的单词或短语的连贯或结构化的表征）。这种变化涉及的认知过程是受众对所选择的词汇进行组织，并在这些词汇之间建立联系。这个过程最有可能发生在听觉通道中，并且也受到容量的限制。由于容量有限，受众无法建立所有可能的联系，所以他们必须专注于建立一个简单的结构。这一组织过程并不是随意的，而是反映了对意义建构的努力。

第四，组织图像。组织图像的过程与选择单词的过程相似。受众从一个多模态信息片段的图像中形成了一个图像库，下一步是将这些图像组织成一个连贯的表征（图像模型）。这一步的输入信息是视觉图像库，而输出信息是一个图像模型（受众工作记忆中基于所选图像的结构化空间表征）。从图像到图像模型的转变需要受众组织选定的图像，并在图像知识之间建立联系。这个过程发生在视觉通道中，同样受到容量限制。受众缺乏在工作记忆中建立所有联系的能力，所以必须专注于建立一套简单的联系。与组织词语的过程一样，组织图像的过程也不是随意的，而是反映了受众努力建构一个能够理解的简单结构。

第五，整合语言和图像表征。多模态认知中最为关键的一步是在文字和图片表征之间建立联系。这个步骤涉及从两个单独的表征（言语模型和图像模型）到一个综合的表征，其中对应的元素和关系从一个模型映射到另一个模型。该步骤的输入信息是受众迄今为止所构建的所有言语模型和图像模型，而输出信息是连接这两种表征的综合模型。此外，这一综合模型还包含了与相关先验知识的连接关系。这个整合文字和图像的认知过程涉及在图像和言语模型的对应部分以及与长时记忆相关的知识之间建立联系。这个过程发生在视觉和言语工作记忆中，并涉及它们之间的协调，需要受众高效地使用有限的认知容量。这一过程也是理解的缩影，因为受众必须关注视觉和言语表征的隐含结构。此外，受众也可以使用由长时记忆激活的先验知识来帮助协调整合过程，如图 1.1 中由长时记忆指向工作记忆的箭头所示。

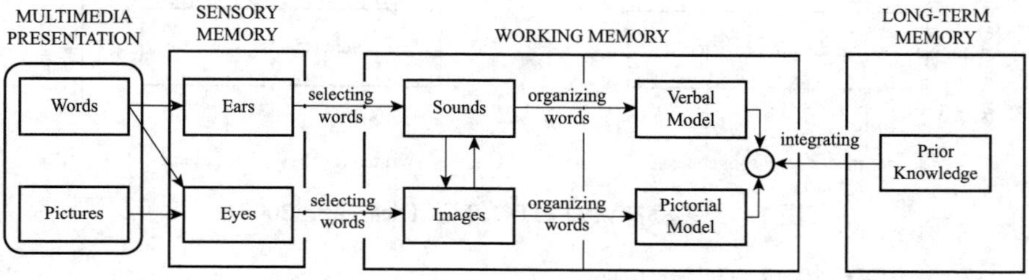

图 1.1　多模态认知 CTML 模型（Mayer，2009）

5. 多模态认知 ITPC 模型

ITPC（Integrated Theory of Text and Picture Comprehension）模型也是用于解释图文理解过程的认知模型，后来在图文的基础上延伸至对其他视觉、听觉形式的多模态认知过程解读（Schnotz，2005）（参见图 1.2）。

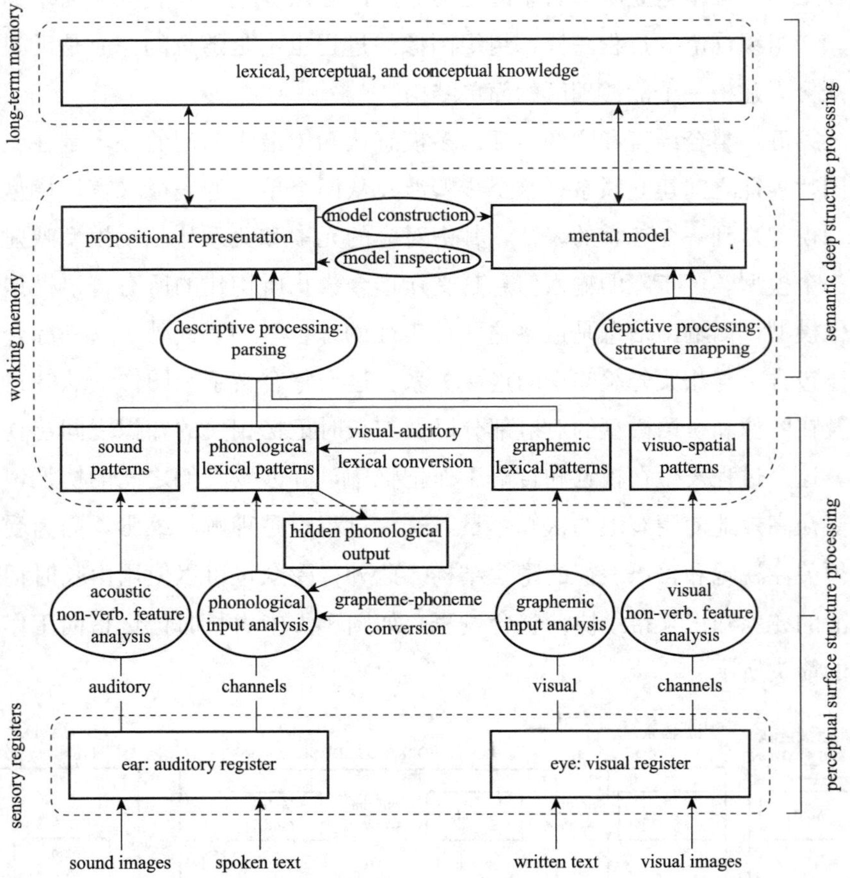

图 1.2　多模态认知 ITPC 模型（Schnotz，2005）

（1）ITPC 模型的理论基础

与 CTML 模型的理论基础有所不同，ITPC 模型的理论基础课概况为以下四点：第一，文本和图像的理解所发生的认知结构包括作为信息输入系统的感觉登记、容量有限的工作记忆和长期记忆。第二，言语信息（口语或书面文本的信息）和图像信息（视觉图像或听觉图像中的信息）通过视觉和听觉通道传递到工作记忆中。这些通道处理和传输信息的容量有限。第三，工作记忆中的进一步语义加工在两个不同的子系统中进行，分别是描述（descriptive）子系统和描绘（depictive）子系统。文本（口语或书面）首先在描述子系统中加工，然后才在描绘子系统中加工。图像（视觉或听觉的）首先在描绘子系统中加工，然后在描述子系统中加工。第四，文本理解和图像理解是形成连贯的主动过程。在理解中，个体从可用的外部语言和图像信息以及先验知识中建立起连贯的知识结构。

（2）ITPC模型中的认知过程

与CTML模型的认知过程不同，在ITPC模型中言语和视觉信息会分别形成描述型表征（descriptive representation）和描绘型表征（depictive representation）。这两种表征最终不会融合成综合的表征形式，而是保持着相互独立的表征形式。但是，在整个认知过程中，这两种表征形式会不断地相互影响、相互促进，最终都会形成长时记忆中的心理模型。下面就几种典型的多模态认知过程分别进行介绍。

● 听力理解

理解口语文本时，听觉言语信息通过耳朵进入听觉登记，然后通过识别声音输入中的音素对听觉登记的信息进行语音输入分析，进而形成若干语音词汇模式。随后的描述型加工（词序的解析和语义分析）促成命题表征，最后引发心理模型的构建。

● 阅读理解

理解书面文本时，视觉呈现的言语信息通过眼睛进入视觉登记，然后通过识别视觉输入中的字符对视觉登记的信息进行字符输入分析。在熟练阅读中，这种分析会形成若干字形词汇模式。这些模式在描述子系统中进一步加工，从而形成命题表征，进而触发了心理模型的构建或细化。例如，在一篇关于鸟类迁徙的文章中，对“bird”这个书面单词的字形分析（通过心理词汇）激活了它在视觉记忆中的字形模式。描述子系统的进一步处理又激活了“bird”这一概念，并将其包含在命题表征中。这种表征最终引发了鸟类迁徙心理模型的构建。

在缺乏字形心理词汇的非熟练阅读中（如阅读初学者），读者必须运用字形和音素间的转换规则，对视觉输入进行冗长的语音记录，最终才能理解内部口语文本。字母和音素的转换规则既不涉及词汇也不涉及语义，而是将字母串转换为音素串。相反，如果具有较为全面的字体词汇库，则可以通过激活字体词汇模式来理解文本，而不包含任何声音模式。然而，即使是熟练的阅读者也至少在一定程度上参与了字母和音位的词汇转换，这种转换发生在完整单词（词汇）层面而不是（亚词汇）字母和音位层面。此外，这种转换本身代表了一种非语义的词语识别路线，也就是即使不理解单词的意思，也允许进行单词识别。

因此，当熟悉的书面单词被识别时，激活的字形词汇模式通常也会激活语音词汇输出模式，使读者能够读出这些单词发音。这种读音并不是要大声朗读，而是可以采取内部语音的形式，作为一个隐藏的语音输出，读者可以通过内耳听到。内部语音输入会影响语音输入分析并激活语音词汇输入模式，这些模式通过描述子系统进一步加工。因此，阅读的单词可以通过字形和音位词汇模式进行加工。字素和音位的词汇转换对于触发解析过程（如句子结构分析中的词序分析）尤为重要。与抑制内部言语相比，当内部言语有可能出现时，更容易发现句子句法的异常。虽然从图形词汇模式的阅读到描述子系统的语义分析有一个直接的路径，但这个路径显然不会触发句子的句法分析。句法过程似乎是在基于语音的代码上操作的，因此，如果要进行句法分析，书面句子必须首先转换为口语形式，然后再循环回到听觉理解过程。

- 视觉图片理解

理解一幅视觉图像时，视觉图像信息通过眼睛进入视觉登记，经过视觉特征分析，在工作记忆中形成视觉空间模式，这是图像的视觉感知表征。所选择的感知结构经过映射，再经过进一步的描述加工，相应的心理模型得以构建。该模型可以通过模型检查来读取工作记忆中以命题形式编码的新信息。以理解欧洲鸟类迁徙的地图为例，地图的视觉模式会通过视觉特征分析在视觉工作记忆中创造出地图的内部视觉图像。通过结构映射进一步加工选择的信息，从而构建或细化欧洲鸟类迁徙心理模型，人们可以从模型中读到更多的信息（比如候鸟会在秋天从北欧飞到地中海地区）。

● 听觉图片理解

对声音进行理解时，听觉图像信息通过耳朵进入听觉登记，成为声学特征分析的对象，从而在工作记忆中形成声音模式，这是声音的听觉感知表征。所选择的感知结构经过映射，再经过进一步的描述加工，相应的心理模型得以构建。该模型可以通过模型检查来读取工作记忆中以命题形式编码的新信息。例如，如果听到沼泽鹞（一种猛禽）的叫声和小鸟（沼泽鹞的猎物）的叫声，声学特征分析会促使声音模式形成听觉工作记忆中的听觉感知。如果人们足够了解不同的鸟类，选择的信息将通过结构映射进一步加工，进而建立或细化包含捕食者和被捕食者情景的心理模型。此后，人们可以从心理模型中获得更多的信息（比如一只小鸟有被沼泽鹞捕食的危险）。

根据ITPC模型，与理解文本相比，对图像的理解更容易促成心理模型的构建，因为图像立即由描绘子系统进行加工，而文本首先由描述子系统进行加工，这通常会留下一些歧义，需要通过描绘子系统来消除这些歧义。

此外，ITPC模型与CTML模型的本质差别在于图像和文字最终能否形成一个统一的表征，导致这种差别的原因是图文信息的一致性问题。当图像与文字信息一致时，图像与文字的信息在认知加工的过程中可以相互促进，受众更容易将二者融合，形成统一的表征，即CTML模型；当图像与文字信息不一致时，受众则需要在两种模态之间进行意义的协商，其最终的结果更容易形成两个独立的表征，即ITPC模型。

第三节 研究现状

一、近十年研究趋势

在中国知网全文期刊数据库中使用“高级检索”功能，将搜索时间限定在 2010 年至 2019 年，来源类别为“CSSCI”，分别输入“主题”＝“视觉文化”、“听觉文化”、“味觉文化”、“嗅觉文化”、“触觉文化”、“感官文化”和“多模态文化”进行文献检索，得到文献共 1 044 篇。在将非研究型论文（如书评、访谈等）和与主题相距较远的文献删除后，最终获得有效论文 836 篇。其中，视觉文化论文 585 篇，听觉文化论文 101 篇，多模态与其他模态论文 150 篇（参见图 1.3）。

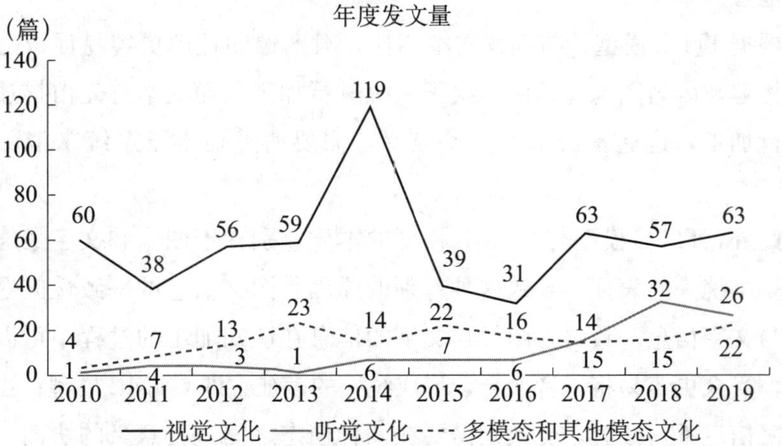

图 1.3　多模态文化研究年度发文趋势图

如图所示，多模态文化研究的各类论文的年度发文量总体都呈上升趋势。其中，视觉文化研究论文年度发文量在三类论文中占比最大走势有升有降，近十年发文量峰值出现在2014年，年度发文量高达119篇。而听觉文化及多模态和其他模态文化研究论文数量占比较少。在2017年前，多模态和其他模态文化年度发文量均超过听觉文化，而自2016年起，听觉文化研究论文激增。截至2018年，听觉文化年度发文量已是2016年的5倍。2017年至2019年，听觉文化研究论文年度发文量连续三年超过多模态和其他模态文化研究论文年度发文量。由图可知，视觉文化研究是多模态文化研究的重点，听觉文化研究近年来也愈发受到关注，而多模态和其他模态（如味觉、嗅觉和触觉）文化处于多模态文化研究的边缘地带。下文将主要从中国视觉文化、听觉文化和多模态与其他模态文化研究的主题角度，分析其近十年来的研究重点，明晰研究现状。

二、视觉文化研究现状

视觉自古以来就是人类赖以使用的重要感官，也是人类获取信息的主要途径。20世纪60年代以来，随着后现代文化的出现，逐渐出现了“视觉转向”，甚至一度出现视觉中心主义、视觉霸权主义等现象（陆涛，2014）。图1.4是中国视觉文化研究在十年间（2010—2019年）的主题分布。2010年之前，中国视觉文化传播研究具体可划分为两大阶段。第一阶段（1995—2004年）奠定了中国视觉文化研究的五大基本格局，深受文艺学、艺术学、传播学、人类学和教育学五大学科的影响。第二阶段（2002—2010年）则形成了中国视觉文化研究的五大主要议题，即大量译介、理论阐释、谱系梳理、系统建构和中国问题（苏状，2011）。而近十年可以算是中国视觉文化研究的第三阶段，研究路径和主题更加多样，如从文艺学角度对视觉文化进行探究；从艺术学角度追溯艺术史、进行图像研究；从哲学角度分析视觉的本质，讨论视觉性、视觉化、视觉中心主义等核心问题；从传播学角度研究文化通过视觉模态的传播；从教育学角度研究视觉素养和媒介素养。而国外视觉文化研究则主要从人类学、文化学、符号学、民族计量学等角度，从成分分析、内容分析、话语分析、精神分析等路径，在生产、图像、流通和受众等场域对视觉文化进行全面的探究与分析（Rose，2016）。显然，虽然近年来中国视觉文化研究已经有了较大的进展，并产生了丰富的学术成果，但与国外相比，发展仍较为滞后。国内研究依赖于引介国外视觉文化研究理论、方法和路径，尚未形成系统的理论，方法论框架也有待进一步完善。

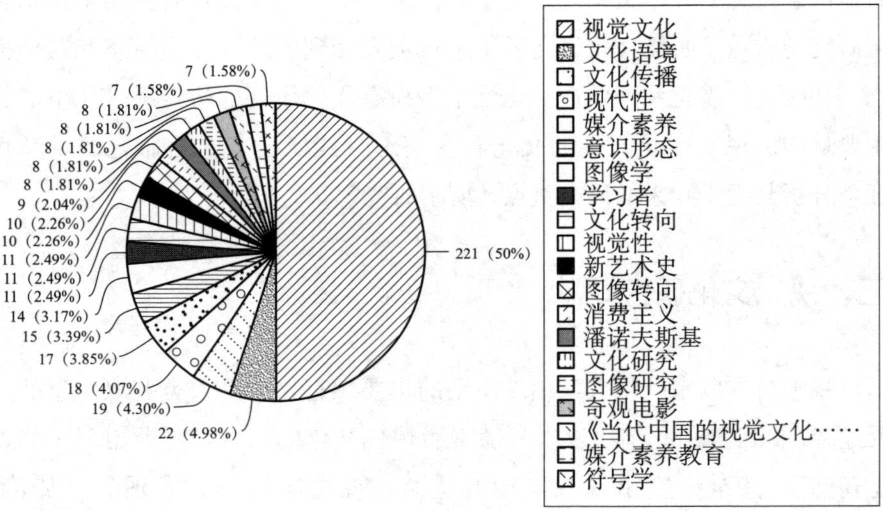

图 1.4　视觉文化研究主题分布

三、听觉文化研究现状

在多模态文化研究领域，学者对视觉文化研究的关注度要远高于听觉文化。作为人类获取信息的第二大感官路径，听觉并没有受到足够的重视。2009 年，美国得州大学奥斯汀分校主办了一场名为“对倾听的思考——人文学科的听觉转向”的学术研讨会。在会议上，与会者批评了视觉中心主义，并呼吁建立视听平衡的“听觉空间”（肖惠荣、曾斌，2015）。近年来，听觉维度愈发受到重视，研究主题主要集中在从文艺学角度对听觉文化本身及其与视觉文化的关系进行解读，从叙事学角度对听觉叙事进行分析，从哲学角度探究听觉本质等。徐秋石和刘兵（2018）认为，声音研究发展经历了三个阶段，即起源、发展和成熟。起源阶段注重声音文艺研究，主要集中在音乐学和艺术学领域；发展阶段聚焦于声音研究，关注新技术的出现及声音形态和景观的变化；成熟阶段则是作为独立的研究领域出现，有了更强的独立性。有关听觉文化研究的主题分布参见图 1.5。

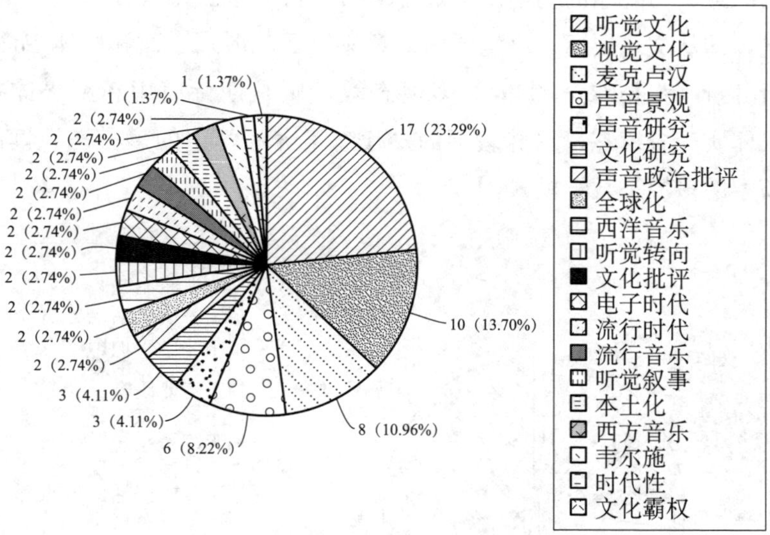

图 1.5　听觉文化研究主题分布

四、多模态及其他模态文化研究现状

多模态及其他模态文化研究处于多模态文化研究的边缘地带。嗅觉、触觉和味觉并不是人类获取信息的主要感官途径，自然也未得到广泛关注。而多模态则是近年来的研究热点，虽然年度发文量仍无法和视觉、听觉两大文化研究相提并论，但其发展态势不容小觑。众多学者对模态和多模态的看法不一，现学界对此的定义主要有两种不同的理解：一是认为模态即视觉、听觉、味觉、嗅觉、触觉等五大感官，多个感官即为多模态；二是从符号学角度定义模态。图像、语言、手势等都是表意符号，多个表意符号即为多模态（冯德正，2017）。

由图 1.6 可知，近 10 年的多模态文化研究主题多以多模态修辞、多模态话语分析和多模态教学为主，主要集中在语言学和教育学两大学科。多模态修辞研究的热点是多模态隐喻，如冯德正（2010）从系统功能语言学角度将视觉图像的元功能资源看作隐喻潜势，并分析了再现意义、互动意义和构图意义与隐喻的构建。多模态话语分析的重点则放在其分析框架的构建上，即从文化层面、语境层面、意义层面、形式层面和媒体层面对话语进行分析（张德禄，2009）。多模态教学则是期待使用新型媒体技术，用多媒体实现多模态，培养教师的多模态素养和学生的多模态识读能力，构建新型的多模态教学模式。

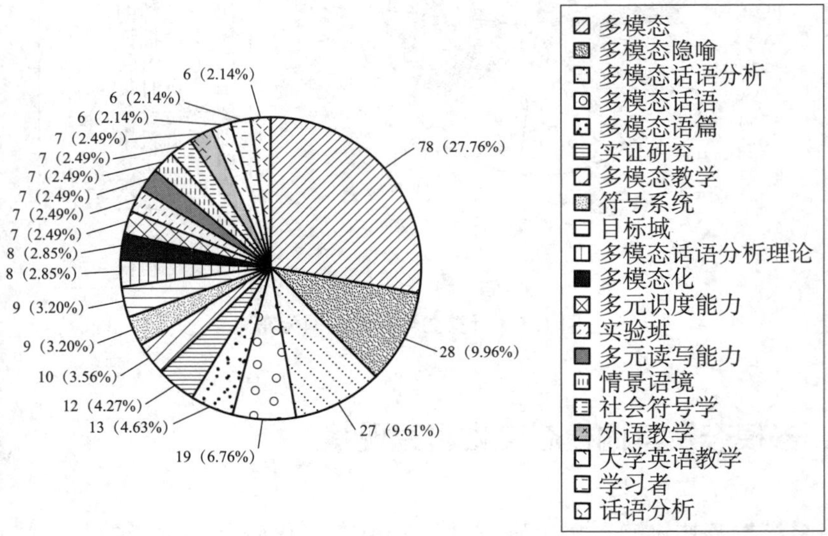

图 1.6　多模态文化研究主题分布

与国外多模态文化研究相比，国内的研究大多是将多模态作为一种方法或理论视角对相关研究问题进行解读，鲜有对多模态自身理论问题的探讨，研究方法、路径和范式仍较为单一，缺乏对文化现象和文化产品的深入分析。

第二章

多模态文化传播媒介认知研究

第一节 图文媒介

一、图文媒介的特征

1. 图像的分类

目前用来描述非语言符号形式（这里主要指图像）的用语千差万别，每个作者对图画、形象化、图表、图片或插图等的含义都有自己不同的见解。这里我们采用心理学里的分类方法，将图像分为抽象图像、具象图像、图形、图表、图标、地图和复杂图像等七类。

（1）抽象图像

抽象图像实际上并不代表任何特定的东西，而是在传达一种审美体验。图形元素、摆设、装饰品或抽象画都属于抽象图像。它们既可以是建立首个形象的决定性因素（如企业的标志），又可以是简单易懂，但同时能投射出相应意义的构图。

（2）具象图像

从知觉心理学的观点来看，具象图像是一个经过处理的表象，属于信息型和非活动型图像。这类视觉信息通常难以用语言形式进行交流。

实际上，使用基于图像的文档形式可以节省翻译所需的时间、精力和成本。然而人们必须在特定文化背景下来分析和理解图像，才能做到真正的理解。那么，图像代表什么？为什么作者要使用某个特殊的图像？想要解决相关问题，有效地利用视觉图像，就必须经过训练和实践，培养视觉素养。

以下图像除了基本的交际功能外，还具有各自的优势。自上而下，图像的具体化程度依次递减。

● 真实图像：照片和现实主义绘画。

● 纹理图像：与照片相似，但细节较少，强调表面特征和光线以增加空间效果。

● 基于线条的图像：线条图，将现实还原为边角、边缘和其他形式，从而将图像还原为其主要特征。

● 轮廓图像：仅显示对象的轮廓（例如，用于表示危险）。

● 图解图像：电路图和示意图；这类图像可以夸张到漫画的程度。

（3）图形

图形表示不同元素之间的链接。复杂图形在复杂的结构关系中提供方向性支持，而简单图形则帮助我们记忆事物。对图形的理解基于空间安排可以转化为概念关系的假定。因此，它们受到文化特有的惯例的影响。我们可以在这里将以下基本类型的图形进行区分。

● 类别图：在定性表格中，类别之间的上下文关系是重复的，因此可以用行和列进行分类，并将其直观化。表格比文本更能清楚地呈现信息。然而，它也可能取决于普遍的动词/文化—句法的关联，因此在翻译中需要大量的编辑工作。此外，使用过于简短的关键词和标题也会造成理解障碍。

● 时间图：在时间轴上绘制回顾性或前瞻性事件。

● 流程图：这种可视化的形式最初是在信息学中发展起来的，用于表示程序序列，但后来被扩展到所有事件和过程。流程图将程序知识以一个动作和决策的序列呈现出来。在技术文档中，流程图的布局现已实现标准化。

● 组织结构图：起源于社会学，用于表示个人和群体之间的关系。可以用其表示一个组织的内部结构（包括组织部门及其职责范围）。

● 思维导图：这种形式的图表来自对人工智能的研究，用于表示概念性的、可定义的知识。

（4）图表

图表用于可视化定量关系，不仅可以呈现精确的数值，还可以让人们在视觉上快速地进行粗略比较。图表是一种图形化的、文化上的约定俗成，必须通过学习才会使用。研究表明，许多人甚至连最简单的图表都无法理解。图表是可视化的一种形式，经常使用一些可视化操作：显示的数据可能在数字上是正确的，但是可视化的图表会削弱或加强某些信息。有大量不同类型的图表可供选择，如饼图、水平条形图、垂直条形图、折线图、范围图等。

（5）图标

图标是一种简单的、图示化的符号或图片。例如，它可以诱导（提示、指示）或抑制（警告、禁止）某个特定的动作。图标在计算机世界中非常流行。根据具体情况和接受者的不同，既可将其理解为图标也可理解成符号。美国人把邮箱或垃圾桶符号理解为图标，而许多欧洲人则不得不把这些象形图理解为符号，因为对他们来讲，邮政信箱和垃圾桶在现实中看起来差异巨大。因此，图标不能简单地传递一种“跨语言和文化”的信息。

（6）地图

地图呈现的图像通常也包含不可见的符号信息，可以给我们提供空间方位信息。读图能力也必须通过学习获得。由于地图所包含的信息通常有一部分是非常抽象的，因此地图必须遵循特定的语言和文化惯例。

（7）复杂图像

以统计数据可视化的 Isotypes 为例，这些图像主要用于向那些不懂相关数字和统计数据的人传递信息。信息图表最初是为新闻印刷媒体开发的，但后来在技术交流中得到了应用。它们是文字和图像的结合体，其中语言和非语言的表现形式是紧密联系在一起的。它们的目的是使复杂的关系便于理解。然而，这种复杂图像有时对读者或用户的解读能力有较高的要求。

2. 图文互动关系

这里我们以茶具博物馆为例对图文互动关系进行具体分析，在此之前有必要对博物馆环境中“符号学”的性质进行更为细致的阐述。近年来，博物馆学已经开始将博物馆视为一个“说明性空间”。在这个空间里，各种各样的符号作为一个“文本”系统在“符号学内”和“符号学间”两个层面都发挥着作用。无论是言语的还是视觉的，每个符号化领域中都存在一些不同的符号内部互动。在视觉中，最明显的互动也许是给定文物之间的互动：文物“群”的形成是一种公认的强化特定解释信息的方式。它涉及通过“串联”文物符号来产生“神话”。例如，对博物馆中视觉文化的研究，展现了当同一文物从一个环境中抽离出来，并与一组不同的文物重新联系在一起时，是如何解锁完全不同的解释可能性的。这种个别文物间的关联原则也适用于不同文物群体之间的关系，而这种群组的特定结构也会对解释造成影响。在视觉领域内，一些次要的符号内部互动同样会凸显出意义的不同可能。文物与照片或图片之间的关系就是一个极为复杂的例子：照片可以从多方面揭示一个文物，通过特写、现场或者从观看文物本身所不能发现的角度来展示它，从而作为一种标志性的镜像来展示实际的文物。另外，它们也可能仅仅是一种意象。这些图像不如意境那样具有说明性，所以它们与被对比的文物之间有着不同的关系。最后，除了这些图片或照片外，我们还必须提到其他视觉符号，如“精品照明”，即利用戏剧性的照明来营造出文物的神秘感或奇特感。

在言语领域中，不同文本形式之间也存在着类似的复杂关系。博物馆内的文本往往是根据陈述语在整个展览框架中的位置、排版和功能按层级排列的。人们把通过不同的互锁体裁实体化的文本信息分为了各种类型：标题标志、副标题、介绍性文本、群体性文本、物体标签，以及分布式材料。但是，这些体裁的分界线模糊不清且备受争议。每种体裁下还有各种子分类。例如，分布式材料代表了不同的文本，包括从展览传单到完整的展览目录的所有内容。这些有关分类的明显问题，以及不同博物馆的灵活多变使一些人对这种传统类型学的有效性提出了质疑。然而，人们却在博物馆学的文献中发现了大量的广义文本层次结构概念。

在处理博物馆内的文本时，需要注意代际互补（intergeneric complementarity）的问题。这是一种文本间的实践形式，层级中不同的文本体裁可以在不同形式的互补关系中发挥作用。这些形式可能包括简化、补充和替代性文本化的不同形式。迄今为止，这些相互作用几乎没有受到学界的关注，仍有待于进一步研究。然而，多元化文本或多或少地发挥着翻译的作用，从不同的解读角度呈现出关于特定对象或主题的相似信息。这种多面方法对访客的学习至关重要，因为从不同角度传递信息不仅能更有效地强化中心信息，还可以考虑到受众中不同的认知水平，从而确保最大限度地发挥教育的潜力。

上述各种言语和视觉上的语义内互动又在语义间共同发挥作用生成意义。这种互动的性质取决于展览的目的，也取决于视觉和语言元素的比例。我们可以将这种语言视觉互相融合创造的“文本”形式称为“多模态”，也可以将其理解成“任何文本的意义都是通过一种以上的符号学代码来实现的”（Kress & van Leeuwen，2006：183）。多模态文本以一种非线性的方式运作，读者可以自行编造出一条“阅读路径”来协调页面上的各类元素。他们认为，这种非线性文本对读者“强加了一种聚合关系”（Kress & van Leeuwen，2006：223），与传统的线性文本直接形成了对比。在传统的线性文本中，组合关系代表了阅读的主导模式。而作为一种多模态文本，博物馆文本系统受到了多方力量的制约，而这些力量也暗示着博物馆参观者的聚合关系。实际上，参观者的体验往往是非线性的。即使是在极具线性特点的交通展览群中，参观者都没有以线性或顺序性的方式在展品群间进行互动。虽然这种参观者体验的“聚合”关系在某种意义上促进了个人观念的形成，但也很容易产生一种过度的“离心力”，使更为广泛的信息和主题消解在不连贯的事实和半知半解中。

出于这个原因，口语文本可以对博物馆聚合关系产生制衡效果，通过重申阅读中的组合关系来制衡潜在的解释混乱。文本控制着展览的解码，以限制后者产生意义分歧。

那么，在博物馆内的视觉—言语互动领域，可将言语视为解释背后的驱动力。因为视觉是一个极为“开放”的符号系统，所以其意义至少受到文本解释的些许影响。有些人可能认为，言语文本在言语与视觉关系中的主导地位已经成为目前博物馆许多代表性实践的特征，但情况并非总是如此。在启蒙运动前的欧洲，言语和视觉模态享有较为平等的地位，直到后来印刷语言的具体化才成了所有严肃意义的主要范式。

学者们在阐释框架中对博物馆中阅读的组合范式和聚合范式之间的对立关系，以及这种风格对参观者体验的影响进行了探讨。有学者认为，可以通过提喻或隐喻的方式对博物馆中的文物进行解读。在提喻模式下，我们将文物看作提喻，并将其作为更大整体的一部分来解读，民族志博物馆就属于这种情况。相比之下，在艺术博物馆中占主导地位的是隐喻性的阅读模式，即将艺术品理解为特定审美的代表，而不必将其理解为文化整体的一部分。

这样看来，将对象作为提喻或隐喻进行解读，直接取决于展览是倾向于组合还是聚合的呈现模式。因为当文物、文本和展览空间内的各种符号之间的组合关系很强时，某些角度的解释就更为明确。作为手工艺品而非精美的艺术品，文物常与说教性的标签、图表、时间线、表格以及其他物品一起进行展示。这种情况导致了指导性理解。相比之下，如果这种明确的历史文化语境的指向性被有意识地“抹去”，那么就会引起组合阅读模式到聚合阅读模式的转换。在这种情况下，观众被迫自行建立联系，试图解释文物的“潜意识指数”，即以“隐喻”的方式进行阅读。

如果说这是民族学博物馆和艺术博物馆之间的区别，那么应当指出，这种模式很少会相互排斥，并且在特定的时间内，可能会同时使用两种模式的展览。此外，在双语博物馆的语境中，两种模式可以根据提供的语言资源同时运作。例如，对捷克读者来说，明确的物品标签及其意义有利于进行提喻性的阅读。但是对非捷克语游客来说，由于没有任何英文翻译，只能进行隐喻性的阅读，从而导致了与预期截然不同的反应。这样的例子很好地说明了去除言语信息可以在多大程度上限制或排除视觉符号的阅读。然而，抹去言语信息并不是限制这类阅读的唯一因素，构思不周或结构不严谨的言语信息也会造成类似的限制。要么使解释变得模糊，要么让用户大受挫败，最终选择退出解释过程。

从场所符号学角度，即在某一特定地点内对符号进行空间定位的研究，可以进一步得出，言语和视觉元素之间的组合关系会促进提喻式阅读的发展。一个标志的某些方面必然在对环境敏感的层次结构中共存。在这个层次结构中，标志的功能可能会在“索引性”、“象征性”或“标志性”的模式之间摇摆不定。在博物馆的展品旁没有说明性文本的情况下，它们具有一种特殊的符号学地位。鉴于隐喻是一种基于相似性而不是连续性的特例，如果它们作为“隐喻”说话，我们就会期望它们作为符号或图标在符号学术语中发挥作用。相比之下，要实现文化的提喻功能，这些文物就必须表示为索引。那么，解释性文本似乎起着“索引化”对象的重要作用，并引起了从符号化到索引化的转换。当一个符号通过与另一个符号或对象放在一起而产生意义时，便可获得索引性。在博物馆中，言语文本具有对视觉物体进行索引的潜能，但这种潜能是否实现将取决于语言—视觉组合关系的强度。当言语文本和视觉对象之间的组合关系最强时，即当言语文本在与对象的关系中表现出高度的去符号化时，这种文本的索引性就被描述为“exophoric”（一个从语言学发展出来的术语）。其中“exophor”指的是一种特殊的隐喻关系。相比之下，当动词和视觉符号之间的句法关系较弱时，就不存在这样的 exophor 关系。因此，非索引化的物品或图片本质上仍然以一种隐喻方式来阅读。

二、图文媒介的机制与分析框架

1. 感知、结构和意识形态的三元框架

在塞拉菲尼（Serafini）的感知、结构和意识形态的三元框架中，感知位于中心位置，指的是多模态文本的设计和视觉元素（如网络漫画或 GIF 动图）以及向读者表达的寓意。因此，它关注的是多模态文本中的一个图像或一系列图像的外在内容，即设计元素、边框和字体，以及这些文本中所包含的其他视觉和文本元素。感知是指人对多模态文本的理解，以及背景知识、社会文化和历史观点与个人经验间的关系。具体来说，观者或读

者通过感知做出反应和解释（Serafini，2010）。

结构考虑的是图像—文本关系及其设计。因此，对图像设计的解释有助于读者理解图像创作者所要表达的意义。塞拉菲尼强调了“命名”的概念，即“将语言赋予视觉图像的某一方面是从一种模态（图像）转换到另一种模态（语言）的行为”。然而他强调了克雷斯提出的图像和设计元素中固有的符号资源和语法的重要性（Serafini，2010）。因此，“观者”通过使用社会文化和联想、隐喻和提喻关系，并根据这些资源从中建构意义和解释。

意识形态受感知和结构的影响。政治图像是传递信息的重要手段，意识形态往往蕴含在其中。探讨图像的意义，就是要认识到图像是在社会权力和意识形态的动态中产生的。意识形态是根据视觉形象的设计和视觉形象中所采用的感知特质来进行社会活动的。而图像影响观众的能力取决于它们所唤起的文化意义，以及它们所处的社会、政治和文化背景。

2. 视觉设计要素

克雷斯和范莱文提到了图像结构设计的三个元功能，即表征性、人际性和构成性描述了社会符号学提出的设计和构成性结构的基本要素。他们将表征描述为：在这个过程中，无论是儿童还是成人，标志的制造者都试图对某种对象或实体进行表征。他们在制造表征时对物体展现的兴趣十分复杂，这种兴趣和标志制造者的文化、社会和心理历史有关，并由标志制造者产生标志的特定语境所集中（Kress & van Leeuwen，2006）。

克雷斯和范莱文认为，每一个符号行为都有两种类型的参与者：交互式参与者和被代表的参与者。交互式参与者是指从图像中引申出来的有意的或隐含的人（例如通过整个图像的取景方式、角度以及参与者的表现方式，来投射图像制造者的身份）。交互式参与者也指图像的制作者和观看者。而被代表的参与者，则是指人、地方和事物在言语、文字或图像中所代表的人、地方和事物，也就是我们在谈话、书写或制作图像时的参与者。而人际元功能描述了被描绘的参与者（人和地方）与交互式参与者

（制造者和观看者）之间的互动关系（Kress & van Leeuwen，2006）。

最后，他们认为，构图通过三个相互关联的系统将图像的表征意义和交互意义联系在一起。这三个系统分别是信息价值、显著性和框架。信息价值指的是将元素间以及与观者之间联系在一起的参与者和句法；显著性指的是通过在前景或背景中的位置、相对大小、色调或色彩的对比等因素来吸引观者不同程度的注意力；框架指的是框架装置的存在与否。框架也可以通过创造分割线的元素或实际的框架线来实现（Kress & van Leeuwen，2006）。

视觉设计的元功能源自韩礼德（1994）提出的三个语言元功能：意象性、人际性和文本性。意象性描述了文本或命题的内容、参与者和事件的环境。人际性是指文本或言语的功能。文本性涉及文本中的信息流，以及"文本中的元素如何在内部凝聚，而这些元素本身又是如何与其相关的环境相协调的"（Kress & van Leeuwen，2006：15）。这三种元功能是相互联系的，即意识形态要捎带着人与人之间的关系，反之亦然。然而，在其中一种模态中，某种元功能确实可能占据主导地位，而在所有情况下，读者或观众对图像意义的解释都取决于他们的经验、文化以及对社会和图像惯例的认识。

3. 副文本

热奈特（Genette）和麦克林（Maclean）认为副文本是一本向读者和公众传播的书。副文本的特征包含空间性、时间性、实质性、实用性和功能性五种。空间上的准文本特征由"peritext"和"epitext"两个要素组成。前者描述的是与文本本身相关的准文本特征（如一本书的章节标题），而后者描述的是位于文本之外的准文本要素（如访谈或私人交流）。暂时性副文本包括：1）前身。在文本本身之前发生的，如关于即将出版的书的广告；2）原文。与原文一起出现的文本，如序言；3）出现在正文之后的分句，如一本书的翻版。此外，他们还区分了作者死后出现的副文本和作者在世时可能出现的副文本。而实质性的副文本是言语的（如前言）。它们共享文本的语言惯例，也可以采取如插图这样的其他表达形式

(Genette & Maclean，1991)。

热奈特和麦克林指出，准文本要素的实用主义地位描述了发信人的性质、收信人的性质、收信人的权力和责任的程度，以及其信息的言外之意。收信人通常是作者或出版人，但也可能是另一个受委托承担部分责任的人。也就是说，发信人是由假定的归属和责任来界定的。副刊可以是“作者的”(由作者写的)或“编辑的”(由出版商设计的，如书的封面)，也可以用来划分作者身份的特征(如作者和受访者之间的访谈)。受访者可以是一般的公众(如书名)，也可以是文本的读者(如书的前言)，还可以是作者本人(以日记的形式)。因此，准收件人可以是一般的、私密的，也可以是亲密的。他们认为文本的责任可以是“官方的”或“非官方的”。前者描述的是作者或编辑所承担的一种不容否认责任，而后者则出现在作者的“旁证”(如采访)中，作者或编辑可以提出异议或否认。副文本不仅传达事实，还可以显示作者或编辑的意图或解释，以及作者的决定、承诺或建议。最后，准文本要素的功能是经验性的、多样的，从属于文本的功能，因此它决定了文本的方面和存在(Genette & Maclean，1991)。

笔者将综合运用各种工具进行案例分析，即以塞拉菲尼的框架作为总体框架，将元功能分析嵌入到塞拉菲尼的结构层面，然后在表征元功能层面进一步嵌入对准副文本要素的分析。这种方法的组合，旨在详细解释每一个图像所产生的意义，以拓宽观看者或翻译者对意义的塑造和解释的知识面。

三、图文媒介的翻译传播策略

1. 图像的可译性与不可译性

在其非隐喻性的用法中，“翻译”一词通常被定义为言语层面的行为，即把口语或书面的某一事物改成另一种语言的行为，或者是侧重于这种行为的产物，即被翻译的文本或词语。其中“文本”与“词语”的关联使得“翻译”的含义扩大到了非语言表达方式。而翻译学校的培训往往集中在与语言相关的文本或口语层面，将非语言因素视为附带因素。但从广义的符号学角度出发，这些非语言因素可能会有助于文本意义的建构。在高度多模态的语言训练中，以语言为中心的说教实践是个例外，因为在这些训练中非言语和非语言学的维度非常突出。然而，这类翻译很少被纳入主流翻译课程，通常包含在单独的、高度专业化的课程中。

开展这种语言翻译培训方式并非没有动机。相反，我们必须承认它有着非常实际和合理的原因。首先，它为教师和学生提供了明确的重点，同时减少了需要单独或特殊处理的文本变量。换句话说，仅仅通过语言学的手段来划分文本类型，而且只关注语言层面会使事情变得更加简单。例如，在一个专门研究短篇小说的模块中，分析源文本的一个或多个版本的插图并重新研究目标文本的插图会占用很多时间。此外，有人认为这样做会分散注意力，不利于获得在翻译市场上所需的主要技能，于是引出了第二个理由：分工。

在现实生活中，语言内容的翻译只是目标文本生产的几个部门之一。就像流水线上的工人是由专门从事某一方面生产的工人组成的，他们永远不会对整个生产过程有一个总体了解。那些处理文字的人并不与负责文字视觉方面的人密切配合，所以当这两个领域重叠时，很可能会出现冲突。例如，图形设计者可能会在没有征求译者意见的情况下，因为 PDF 文件空间不足而省略最后一段，或者译者可能对图形设计者的警告不以为意，即仍旧让目标文本与源文本保持相同长度。因此，译者在培训中了解到，他们不会参与到综合文本制作过程中，而这一过程涉及文本的所有编码模式；但是在职业生活中，他们会自觉或不自觉地淡化这种现状，直到他们找到了被视为传统翻译领域之外的技能市场，并慢慢掌握排版、校对、编辑防伪文件或网络编辑这些技能。

我们并不一定要通过理论将符号学纳入翻译。当我们将注意力从翻译过程转移到作为脱离这一过程文本的产物时，符号学就自然而然地出现了。翻译通常被视为言语活动，不仅仅是因为其需要通过将目标文本分开来促进目标文本的生成，还因为在目标文本的生成过程中，很少考虑到翻译和修改文本在视觉层面上的可能性。人们似乎普遍认为视觉符号不同于言语符号，它们具有普遍性、即时性，不构成语言间和文化间交流的障碍。这意味着它们不被编码在只能为特定群体用户所理解的符号中。最直接的、最普遍的视觉符号是照片。它描绘的是外在的现实，而不是直接由作者产生的图像。

事实上，照片确实传达了一种意义。但由于照片在本质上仅仅是类比，其创作过程并没有转化或编码它所描绘的现实，因此这种信息是没有代码的信息。他指出阅读所传达的信息是意义上的信息，是与我们的感知联系在一起的知识，是一种属于人类的知识，从而为照片的不可译性提供了一个论据。此外，照片是不能用语言来描述的，因为言语必然会在指称意义上叠加内涵。并且照片的指代性和客观性地位是神话性的，而这一神话因图像的机械性生产手段而得以延续。但事实上，照片本身就有其内涵意义。特别是在广告中，照片是表意过程的工具，而这些表意过程已经事先编码到了照片中。这个悖论显然是通过假设图像的标志性（非语言性）维度可以携带两种信息来解决的。其中一种是基于感知的指称意义，是不编码的；而另一种是基于文化的内涵意义，是编码的。这种区分在实际上是可操作的，因为它在普通的阅读中并不是自发地进行的，即图像的观者在同一时间接受感知信息和文化信息。同样，图像可以成为神话系统的材料，即应该将次要的符号学系统看作不可分割的整体。我们只能从分析的角度出发来看符号之间的区别，并进行艺术性的区分。

2. 图文翻译传播的注意事项

下面我们讨论翻译图文并茂的技术类文本时，图像对翻译产生的认知影响。译者的阅读理解过程始于构建两种模态所传达的信息的独立表征。如果这些信息是一致的，那么相对来说比较容易在两个表征之间建立起牢固的联系，类似于形成一个单一的、融合的心智表征。如果这两种模态所传达的信息不一致，表征之间就不可能建立起有意义的联系。这样一来，理解过程会涉及在两种模态所传达信息间的谈判、辩论。由此可见，无论源文本所传达的言语信息和视觉信息是否能合并在一起，或者是否有争论或比较，每种信息都是有意义且势必会影响到其他解释方式的。

言语文本有无图像或图像是否相同都会对翻译文本产生影响。特定的文字图像的组合可能会产生特殊含义，而这种含义是不为任何单独文字和图像所具备的，所以在言语文本中加入插图可以改变译者对言语文本内容的解读，不同的插图也会以不同的方式影响译者的解读。

图片可能会对不同译者的解读产生不同影响。由于观者对图像的解读受到个人偏好和先验知识的影响，所以译者对图像的解读方式各有不同，因此特定图像对翻译产生的影响的方式取决于译者。

图像可能会巩固译者对词源文本元素的解释。当视觉模态所传达的信息与言语模态所传达信息一致时，前者可以指定后者所传达的信息。此时，图像所提供的信息可能会帮助译者解释言语文本中一些含糊不清的信息。

视觉信息和言语信息相矛盾时，译者的任务可能会受到影响。如果一个言语文本旁配有不符合其主题的图像，那么这些图像很可能会对言语文本的理解产生负面影响。译者的语言加工也包括对言语文本进行理解，因而这些情况可能会使译者的翻译工作变得更加复杂。但是研究并没有进一步考察两种模态传达信息相互矛盾的情况，但可以推测这些情况也可能使译者的任务复杂化。

不同类型的图像以不同的方式影响着翻译过程。上述讨论是在对技术性图像解释的研究基础上进行的，但是有学者认为，不同类型的图像会在不同程度上指导着随文文本的阅读。虽然解释性的技术图像很可能对随文信息在认知系统中的组织和整合方式产生影响，但仅仅是为了装饰随文文本而添加的图像可能并不能显著地引导认知过程（如随意在一首爱情诗旁增添一个花卉图像）。因此，不同类型的意象会以不同的方式影响译者对言语文本的解读和翻译，即源文本中含有图像的事实并不意味着图像的内容会影响翻译。

总之，在翻译图文并茂的技术性文本时，翻译方案是建立在两种不同模态的信息协商基础上的。这里需要强调的是，读者自己会有意识或无意识地决定他们对图像的处理程度，因此在翻译图文并茂的技术性文本的每个片段时，多模态的意义整合是极不可能发生的。这一概念对翻译研究具有重要的意义。图像在插图文本的整体意义建构中起着至关重要的作用。它们可以塑造对言语文本的解读，并进而影响到翻译方式，因此不得不承认图像本身就是研究对象。此外，如果说可以通过翻译后的图示文本片段来反映如何从言语和视觉信息的互动中提取意义，那么可以借助研究这些翻译方案来说明这两种模态之间的符号学性质。换句话说，多模态意义生成的研究可以借鉴翻译研究的成果。

3. 图文翻译传播的策略

关于图文翻译传播策略有两大类定性的描述，它们代表了译者对源文本中的言语信息和视觉信息相互作用的概念化方式。这两类描述分别是：1）把言语和视觉作为一个整体感知的实体进行概念化；2）将言语和视觉作为相互竞争的信息源来概念化。其中第一类主要是指感知文字和图像的结合是一个不可分割的整体，第二类则侧重于有意识地剖析文字和图像的结合。

第一，将言语和视觉作为一个整体感知的实体进行概念化。

文字与图像的结合被概念化为一个整体进行阅读、解释和翻译。其特点是：两种模态所传达的信息被合并成一个单一信息，保留了其整体性而没有受到质疑，这在信息不对称的情况下取得了很好的效果。

阅读中的言语与视觉的关系。这个子类别集中描述了译者在翻译的不同阶段，其注意力是如何在视觉和言语之间进行交替的。因此该子类的重点在于外在表现形式，即实际的口语源文本和插图。图像被概念化为多模态源文本的一个组成部分，并在翻译的不同阶段参与到源文本的检查中去。

解释言语与视觉的关系。相对于前一个子类别而言，这个子类别更加完整。它包括对多模态源文本的整体解读，而不仅仅是在两种模态之间切换注意力。换句话说，这个子类别的重点在于解释和形成两种外在表征的内部或心理表征，在逻辑上包含了上面介绍的低级子类别。而解释这两种模态间关系的前提是译者对这两种模态都进行了考察。这些策略很多都与依靠图像来确认已获得的言语文本内容有关，但也只是描述了译者自己的主观理解过程。

翻译中的言语与视觉的关系。这是一个最全面的子类，其重点在于转化由外部表征形成的内部表征，也就是视觉信息和口语信息的相互作用。它在层次结构中是最高的，因为解读是翻译的前提。尽管翻译可以被描述为言语活动，即译者产生的是言语文本，但这些策略清楚地反映了图像如何定义最适合或正确的翻译策略。

总而言之，第一类中的策略表明，译者努力在视觉信息和言语信息中形成相互映射，并将每一种模态理解为另一种模态，然而即使两者之间存在明显的信息不对称的情况，这种概念化模态间的互动并不包括质疑任何一种模态的准确性。

第二，将言语和视觉作为相互竞争的信息来源进行概念化。

这类策略有意识地剖析多模态源文本，并将文字和图像作为独立的信息来源对策略进行概念化。这些策略包括将言语和视觉模态作为信息来源进行评价，或评估它们之间的有用性和可信度，且其中的大多数都与两种模态之间的信息不对称有关。而当多模态源文本没有直接提示理由时，译者就会在更一般的层面上评估模态的有用性和可信度。

将言语信息概念化为更多的相关信息。在这个子类别中，视觉信息主要是言语信息的附属品，其特点是当两种模态提供的信息不对称时，图像的有用性将受到质疑。

将言语信息和视觉信息概念化为同等信息。这个子类别将文字和图像视为具有同等地位的信息来源，没有明确指出其中任何一个比另一个更值得信赖。

将视觉信息概念化为更多的相关信息。这个子类别将言语信息作为视觉信息的附属品，也就是说视觉信息可以提供言语文本所不具备的信息，也能在两种模态相互矛盾的情况下否定言语文本的内容。这些策略并不局限于讨论两种模态之间信息不对称的情况，而是在更普遍的层面上进行的。而视觉模态往往与对主题的理解有关，比言语模态包含了更多的信息。

第二节 视听媒介

一、视听媒介中的互动关系

视听媒介中的互动关系有多种不同的描述。图片可以通过加倍或并行化的方式促进言语理解，也可以通过偏离言语信息的方式为理解带来障碍。文字和图片可能会同时出现或依次出现，但无论以何种方式，图片总是通过提供额外的信息（时间、地点、文化、社会、人物形象和人物关系的详细信息）来增加叙事效果。总之，视觉信息起到了对言语信息补充和放大的作用。

人们常说，图像是即时的，指的是空间，而文字则指的是时间，描绘并创造了实体。可以用“回声”一词来描述图文间的关系，即文字和图像处于对话状态并相互回应。在电影和画册中，文字和图像扮演着不同的角色。人们可能只使用图片或只使用声音来讲述故事，但故事最终总是在与读者/观者/听众的互动过程中重新得以创建。归化或异化策略也可以描述言语与视觉之间的关系。通过归化策略，插图可以增加流畅的实体并使故事更接近目标语读者。但有时书中奇怪或陌生的插图也可能会使读者觉得故事更难以理解。

此外，符号学是解决言语和视觉之间关系的另一种方法。画册中的图片或电影中的声音都可以描述成表示现实世界中事物的符号。书或电影中的单词可以根据协议描述为符号。例如，我们需要学习如何用不同的语言来称呼猫。言语和视觉间也存在索引关系，比如言语是指视觉，反之亦然。在艺术品中，视觉可以理解为言语和其他方式的原因。当然，索引的关系在书与书之间、电影与电影之间、页面与页面之间、场景与场景之间是不同的，这一点对于理解画册、电影及其叙述极为重要。

克雷斯和范莱文运用符号学以及韩礼德的语法来读取图像。他们的视觉语法基于这样一种观点，即图片具有与文字相同的规律性和可靠性。使用视觉语法可以分析图像及图文间的关系，图片包括具有特定目的的活动以及有关故事中出现的人物或事物之间关系的信息，使故事形象化和概念化。他们在书籍和电影中使用"多个符号模态"来描述多模态文本（Kress & van Leeuwen，2006）。

电影和书籍用途广泛。它们可以是彩色的，也可以是黑白的。它们可能包括人物角色在黑暗中讲话的场景，也可能包括无声场景或开源页面。例如，芬兰电影导演阿基里斯（AkiKaurismäki）的影片和森达克（Sendak）的画册也用无声场景和开源页面来描绘麦克斯（Max）和野生动物的夜间骚动。因此，译者能够认识到文字、声音、图片和空间的使用有着不同方式，这一点是非常重要的。这些细节都包含有关故事和角色的重要信息，也创造了一定的叙事节奏。而且在两种类型中，风格和技巧可以结合起来，比如写实和超现实主义、漫画和连环画等。导演、编辑、插图画家、作家和翻译也会影响整个艺术作品。

声音与文字叙述尽管存在差异，但二者的功能和关系与图像类似。声音也可能与言语或视觉信息不一致或相符。例如，如果一个巨人说话的声音很洪亮，那么他是可信的，并营造出令人恐惧的气氛，但如果他声音高亢或尖锐，他则会变得可笑且不那么令人害怕。

此外，声音还可以营造不同气氛。像图像一样，声音可以使读者/观者注意到故事中的某些细节。有芬兰学者认为，声音可以增强或减弱图片中的任何内容，例如通过增强脚步声突出走路的行人，而通过减弱台阶的声音让城市和气氛变得更加重要。

自然声音和机器声音有很多种。例如，引擎嗡嗡声或汽车的噪音这些属于机器声音，而自然声音可能是风声、海浪声或哭声、笑声和打哈欠之类的人类发出的声音等。人类语音还具有诸如语音和语调之类的特征，这些特征都会影响实体的接受方式。声音和嘴形同步在创建逼真的角色中非常重要，而且通常会为动画配音电影带来问题。例如，尽管芬兰语版《小熊维尼》（*Pooh's Heffalump Halloween*）是由专业的导演、翻译和演员制作的，角色说的是芬兰语，但还是很容易在嘴形上看出来英语单词。也就是说，在这种情况下，视觉与言语相冲突。虽然某些动画电影与平滑绘制或电脑制作的电影相比，动作更具风格化，并且可能不会出现声音和嘴型同步的问题，但是总体而言，建立一个合理的实体并让观众相信是非常重要的。

除了创建背景并再设置故事时间地点之外，声音还可以描绘某些行为(如刷牙或关门的噪音)。特殊效果通常会增加场景的可信度并创建一个角色。比如，尽管妖精没有在画面上出现，但重重的脚步声可以使这个角色形象化。特技效果和音乐还可以通过组合不同的场景来为故事的讲述提供连续性。在芬兰电影《女孩和冬天》（*Tyttö ja talvi*）中路易吉·博切里尼（Luigi Boccherini）的音乐就与一些独立的小事件和自然的变化相结合。总而言之，听觉、视觉和言语都会影响故事的叙述和实际观看情况。人们还可以借助音乐营造出不同的氛围，比如恐怖音乐可能会使走廊上的普通步伐变得令人恐惧。

总而言之，看书和看电影并不是完全分割开来的。读书和看电影是视觉和听觉的双重享受：除了口语和视觉信息，听觉也是存在的，比如儿童读物经常是朗读出来的。影片的字幕使口语文字也变得清晰可见。在看或读图画书时，观众会聚精会神地看和听，并根据所经历的一切得出结论。

二、视听媒介中的文本特征

文本分析应该成为严肃翻译任务的序幕。对于多模态文本而言，这种分析应从排他性引用转移到单词、从句和句子，并识别其他的意义形成单元，从而构成部分内容，即影视语言。但要强调的是，在多模态文本中，是所有符号模态的整合创造了意义。虽然这种意义被翻译成文字，但视听译者的任务是在其语言中找到最能表达这种符号学力量整合的措辞。识别各种符号资源十分重要，但是如果缺乏相互参考，就无法以有意义的方式对它们进行分类。

1. 叙事因素

电影和电视连续剧通常以多模态的方式讲故事。在没有深入叙述理论的情况下，这些故事会涉及具有个人特征的角色，以及他们所采取的行动和时空环境的变化。观众在观看电影的各阶段，通过激活心理框架，对叙事的发展抱有期望，并通过对符号学线索的组合来满足这些期望。因此，故事的创作以及目标受众对故事展开方式的理解应成为屏幕翻译工具包的重要组成部分。所有翻译都包括在某种程度上对源文本的格式进行重新调整，并且视听翻译人员必须做出决定，以确保他找到能够在目标语言和文化中实现整个符号事件的词。

与单纯的对话形式相反，电影剧本可能会启发电影文字的精神。编剧对他希望描绘的内容有一种心理印象，这在“舞台指导”和描述中最为明显。昆汀·塔伦蒂诺（Quentin Tarantino）的电影《无耻混蛋》（*Inglourious Bastards*）令人痛苦的开场场景中有这么一段：“朱莉（Julie），从水泵接点水给我，然后和你妈妈一起进屋。”小姐跑到房子旁边的水泵处，捡起一个盆，开始抽水，几泵之后，水溅入盆中。法国农民在他砍过的树桩上坐下来，从口袋里拉出一条手帕，擦去脸上的汗水，然后等待纳粹车队的到来。在头顶悬着达摩克利斯之剑地生活了一年之后，这很可能就是他的末日。

塔伦蒂诺希望制造一种痛苦的感觉，这种痛苦的感觉会影响到纳粹占领法国时将整个犹太家庭藏在自己家里的人。随后与纳粹军官之间的对话在恐惧和自我厌恶中扩散开来，纳粹军官则在言语和肢体语言上都表现出反讽。不同的语言使用不同的话语模态来表达这种特征。视听转换器必须调整其风格和措辞，从而避免保持源文本模态的固有陷阱，并且还要考虑肢体语言和面部表情。

2. 语言因素

迄今为止，视听翻译的许多方法都集中在培养应对翻译可能需要处理的各种问题的策略上，而不是侧重于语言解决方案。许多学者对缩合、释义、对等、扩展等主题的变体进行分类，但是这些方法并未对多模态文本的众多方面展开深入研究。翻译所基于的语言理论需要更全面地扩展到多模态领域。例如，书面和口语文字的连贯和衔接概念对于理解多模态文本至关重要。将听觉和视觉元素的语义内容结合起来，有利于清晰理解故事或情节。

衔接通常是从文本内部连接的角度出发，作为用来增强衔接的语言技术来研究。但是对所要翻译的文本进行分析时，需要分析它的所有内聚关系，包括文字本身、文字和图像间和音带各部分间的关系。如果翻译后的文本中多模态衔接不正常，那我们对文本的理解就会受到影响。举例来说，在《老友记》（*Friends*）的一集中，钱德勒（Chandler）和乔伊（Joey）试图说服沮丧的罗斯（Ross）去参加冰球比赛。罗斯最终同意了，但前提是钱德勒和乔伊要给他买一个“大泡沫手指”。这个带有运动队颜色的大泡沫橡胶手套具有文化内涵。按照“对等效果”，该项目的意大利语翻译是指巨型啤酒。在接下来的场景中，我们会看到男孩们进入体育场。这时观众笑了起来，因为罗斯标志性地挥舞着他的“泡沫大手指”（而不是啤酒）。在这种情况下，文字、图像和其他声音元素的共生应该有不同的解决方案。

3. 符号因素

视听翻译的关键在于文字以外的符号资源可以补充甚至强调言语信息。以手势、动作和面部表情为例，这些方式甚至可以表达人类情感的整个范围，并通过言语成分来增强。杰克·尼科尔森（Jack Nicholson）在《闪灵》（*The Shining*）中表现出的愤怒，有力地体现在他的面部扭曲上。这便是“存在感”——视听产品参与的关键。“存在感”指的是观众的物理空间感和参与感，是指所有的符号资源都被感知的感觉。在进行字幕翻译的情况下，我们要意识到其他符号模态携带的认知负荷触发了认知负荷的减少选项。而对于配音翻译而言，需要考虑声音和唇形的同步。有时为了保持音画同步，我们需要增加或更改措辞。但是，无论是配音还是字幕，要想以不同方式识别意义的不同方面，多模态文本可能产生的张力和情感都是必不可少的。一旦可以理解视听流中语言方面的功能以及所言与所表现之间的相互关系，翻译者才能决定采用何种策略。译者在有了一定的多模态文本的翻译经验后，将文本翻译成自己的母语时，需要吸收这些因素来寻找目标文本的合适措辞。

口述影像（audio description）包括为视障者提供视觉文本的口语版本，亦可称之为“视觉语言”。对白转折间以及对白与任何其他重要声音（例如音乐）的间隙，提供了对电影或类似产品视觉组件的描述。显然，口述影像者的重点主要是视听文本的非语言特征。由于时间限制，口述影像者必须对标识最突出的项进行描述。眼动追踪研究能提供很大的帮助。这些研究成功地指出了在观看视听文本时人们关注的重点，还可以评估最终用户偏好的接受情况。译者可以通过这些研究发现来确定哪些非语言资源具有重要作用，以及在何种程度上可以帮助他寻求最有效的翻译解决方案。

4. 文化因素

与所有类型的翻译一样，视听翻译人员在处理国家、语言、社区之间的文化差异时需要格外小心。比如说，电影往往代表了一个民族的文化，甚至在反映美国的牛仔和印第安人层面上。“外部语言文化参考”和“翻译危机点”这两个术语很好地涵盖了视音频翻译人员所面临的陷阱。以美国电视连续剧《白宫风云》（*The West Wing*）为例，这种多模态文本充满了“外部语言文化参考”。有些口头上提到了度量衡和街道名称等民族特征，而其他则为一些符号模态所参考。例如，第一季第十集中的摄像头缓慢展现华盛顿的朝鲜战争纪念碑，这是本故事中的组成部分。字幕可以带有此信息，或者是带有配音的字幕。但是要想完美地处理带有如此强烈文化背景的场景，译者必须依靠其文化意识和背景知识，还要考虑到受众的知识理解极限。因此，除了在字幕中提供说明性信息外，翻译人员还必须决定在何种程度上对与“朝鲜”相关的后续对话进行本地化或异化处理。这份多模态文本包含了美国意识形态、军事策略、悲痛和感伤的所有成分。在这里，视听翻译者需要的技能是如何将所有的符号转换为自己的语言。虽然个别情况可以被识别、评论和应用解决方案，但如果要为视听翻译者提供有效的输入，就必须采取更全面的方法。

三、视听媒介中的连贯问题

1. 连贯性的基础

话语的建构和基于言语文本的连贯性建立依赖于两方面的基础。首先，文本受众使用最初的文本提示来假定文本包括的“含有该情况默认值的背景知识结构”。激活的知识为联系和解释文本信息提供了参考框架。此外，可以假设最初的知识情景会通过进一步的文本提示来进行扩展。除非文本另有说明，否则受众会在激活的情景内进行操作。其次，受众还依赖推理过程得出有关文本信息如何连接的假设，从而使它们能够处理激活的知识场景中未指定的信息。与话语建构的其他说明相反，此处所做的假设是知识的激活和推理的产生都有助于塑造当前文本的心理模型。

假设知识激活和推理的权重是不同的。熟悉文本的主题或体裁可以使受众立刻激活丰富的知识库，并在文本和实体之间创建广泛的连接，而无须过多地依靠显式的文本提示或推论。相比之下，如果缺乏知识，则需要仔细阅读，即增加了对文本提示和推理的依赖，以识别文本实体间的连接。多模态文本也可按照言语文本相同的原则进行处理。当然，不同之处在于，多模态文本的受众使用来自不同表达方式的线索来激活知识或进行推断，从而在表达方式内部或不同表达方式之间建立起联系。

2. 多模态文本的连贯性

为了说明多模态文本的连贯理解涉及哪些方面，本节将以电影《戴珍珠耳环的少女》（*Girl with a Pearl Earring*）的开场场景为例进行说明。这部电影改编自特蕾西·雪弗兰（Tracy Chevalier）的小说，以17世纪画家维米尔（Vermeer）的住所为背景，讲述了弗米尔的女仆格里耶（Griet）的故事，以及她如何成为画家的绘画模特，电影也因此而得名。在开始的场景中，即格里耶离开父母加入弗米尔家时，母亲说："他们的食物可能不太适合你的胃"，并敦促格里耶进行"天主教徒祈祷"。这些言论显然使格里耶感到震惊。

在文字提示的处理方面，母亲口头上对弗米尔一家的天主教祈祷以及格里耶的视觉反应将使一些观众或多或少地激活与17世纪荷兰宗教鸿沟有关的知识基础。这提供了映射其他视觉和言语符号的框架。缺乏相关知识的观众可能会发现，把母亲的言语表达与格里耶的视觉回答联系起来会更加困难。他们最初的心理状况会较差，但至少可以推断出存在宗教教派问题。不管先前的知识如何，格里特的困扰使人们推断出她的家人不是天主教徒，而依据母亲对食物的看法可能会进一步推论出宗教分歧会导致饮食习惯上的差异。这些包括关于两个家庭的宗教和饮食习惯的假设，以及关于通过捆绑销售的视觉行为和言语表达的假设。一方面，由于母亲说的话，受众可以假设捆绑的内容与食物有关。换句话说，尽管仍有解释的余地，但母亲的话语依然限制了受众对视觉动作的理解。另一方面，这两种假设均可以使观看者（口述影像者）以连贯的方式解释母亲的言语表达，并以此作为视觉传达动作的依据。

仅根据符号间的内聚力（外部分析师识别的潜在联系）对该场景进行分析，将会错过视觉和言语线索，以及知识和假设间的交互作用。而这些交互作用是推导出连贯的解释所必需的。

3. 口述影像的连贯性

在翻译的背景下，众多学者已经认识到连贯性不依赖于形式上的内聚装置，文本作者和译者可以通过适当的表达方式来支持受众的创造连贯性。但他们也强调，支持连贯性的可用手段和要求往往是特定于语言或文本的。实际上，口述影像（audio description）的文本是特定的，因为它们是指未改变的多样元素以短块形式传递，并且它们只是目标受众实际处理的一部分，替换了视听源文本中的某些元素，而其他元素则保持不变。关于电影文本中的多模态翻译问题，口述影像涉及将图像、声音和对话之间的多模态翻译成声音和口述影像之间的模态间联系或者对话和口述影像间的模态内言语联系。

例如，在前文讨论的场景是基于复杂的言语—视觉连接。如果无法用声音描述，将会给盲人听众带来不连贯的对话。同时，连贯性模型中有一个双重解释性的过滤器。视听资源中实际连接的标识以及广告语中连接的明确程度都取决于描述者的判断。这不仅取决于描述者的知识、推断和偏好，还取决于他们是否了解不同的解释。

除了视听源中的多模态连接之外，口述影像者还必须识别多模态视觉连接并将其重新创建为显式或隐式多模态言语连接。第一个困难来自视觉模态中固有的自然连通性，即在视觉图像中一起出现的项目很容易被假定为被连接的事实，这与语言模态的顺序性质相反，后者顺序地引入实体，结果可能必须使连接更明确。第二个困难是，因为电影（相对于静止图像）会反复指向某些内容，所以必须在口述影像的文本中指出共指的连接之处。言语模态的线性特征以及口述影像文本的语块化特征，对口述影像段落内和跨口述影像段落的模态内连接提出了特殊要求。但是，它们在一定程度上受到了口述影像的时间限制，并且可能会抑制显性连接关系的使用。

第三个困难是电影通常会利用各种编辑技术。其中最简单的是利用连续性编辑节省时间，而镜头和后镜头编辑则创建了一种特殊的观点，以解决在二维介质中呈现三维“现实”的问题。在整个编辑过程中，查看者尝试创建时间、空间以及动作或事件的连续体，而正是这种连续体的错觉最终需要由口述影像文本传达，以支持盲目的接收人在一个连贯的心理模型中创建口述影像。

4. 部分连贯性

文本受众在识别文本引用对象及其之间可能存在的连接方面的作用。在这方面，受众之间的差异有助于解决文本连贯性感知强度之间的主体间差异。但在某些情况下，许多受众会认为识别或实现连贯性非常困难。

另外，学者们还在“部分连贯性”和“受干扰的连贯性”之间做出了区分。他们指出，如果我们接受的不是具有意义、力量或连贯性的文本，而是说话者和听众将含义、力量和连贯性赋予文本，那我们可以肯定地说：连贯始终只是部分连贯。相比之下，当文本无法连贯时，听众却假定文本是连贯的，那么文本的连贯性就会受到干扰。也许这两个概念间没有明确的界限，但这并不意味着它们是无效的。连贯性是关系性的、个体的、程度的问题。

干扰可能是受众缺乏知识的结果。但这也可能是由于作者没有足够的基础而造成的，即对文本实体的引用不足或与文本实体的连接不充分或不适当，会导致受众无法得出推断。

四、视听翻译传播的理论基础

1. 约束翻译

从翻译研究的角度来看，关于视听文本的早期文章集中在这些文本的特定方面，以区别于其他类型的文本。他们着重于翻译人员在尝试将视听文本的组成部分翻译成另一种语言时所面对的“约束”。迪特福德是第一个引入“约束翻译”概念的研究人员，主要关注字幕制作和字幕阅读。之后的学者分析了“约束翻译”的概念。研究不仅限于视听翻译，还包括不止一种交流渠道介入的所有类型的翻译，如广告、漫画、歌曲、字幕、配音等。他们建议当文本由语言或语言外的多媒体组成时，翻译应始终保持与其他消息成分的内容同步。他们还强调，翻译文本的不同部分在含义上不应相互矛盾且必须将翻译的文字和图片或音效同步。除了约束翻译的概念，还需要注意以下视听翻译研究的基础：

1）当今的语言学不足以解释语言符号文本的翻译过程；

2）对沟通过程的描述和解释；

3）以交流的方式理解"噪音"在这种类型的文本转移中所包含的内容和所起的作用；

4）通信系统而不是言语系统的重要性，因此，使用其术语或言语文本翻译与消息的其他组件（如图像）之间必须存在连贯性、同步内容和音乐等；

5）在话语模态复杂的各种翻译中，要找到不同程度的限制条件。

由此可见，在确定优先级和评估翻译工作的限制时，翻译人员不应将自己局限于语言水平。在源文化和目标文化的信息中，音乐、噪音和图像都属于源文本，翻译人员不仅需要翻译语言短语（文本或语音），也需要将源文本中的其他媒体转换为翻译后的目标文本。另外，在"噪音"方面，通过翻译进行交流的行为所产生的意义不仅源于两种不同语言的使用，还源于受众之间的文化差异。因此，文化成分是产生清晰易读的目标文本的必要因素。并且，如果在翻译过程中产生过多的"噪音"，就会出现交流行为失灵，至少在解码方面会存在困难。

还可将约束翻译理解为试图通过各种方式传达信息的方法。视听翻译的特殊性在于其传播方式，而不是其涵盖的主题。在视听文本中，图像和文本的同时呈现，并且对翻译过程的影响存在符号学上的相互作用。视听文本的一个特征是它的冗余性，即口语和书面消息都带有声音和图像。正是这种"冗余"使视听文本的翻译变得困难，译者不仅要考虑口头语言的含义，还要考虑相关媒介。

2. 视听翻译中的视听代码

《翻译和大众传播：电视和电影翻译作为文化动态证据的翻译》（*Translation and Mass-communication*：*Film and TV Translation as Evidence of Cultural Dynamic*）是最早的有关视听翻译的学术研究之一。文中着重介绍了视听翻译的特征，并强调电影是一种多渠道、多代码的交流形式，还专注于电影交流中的两个渠道：视觉和听觉。

德拉巴斯蒂塔（Delabastita）认为，电影是一个由许多代码组成的复杂且有意义的标志。代码包括言语（包括各种方言和社会语言）、文学和戏剧（故事情节、对话）、非语言表现和电影。他还指出了定义视听文本的四个基本元素，即言语（如对话、独白、歌曲和配音）、非言语（如乐谱、声音效果和噪音）、视觉语言（在电脑屏幕和报纸头条上插入的横幅、字母、消息等）和视觉非语言（如图像、摄影和手势），并为其符号学基础奠定了基础（Delabastita，1990）。

德拉巴斯蒂塔认为电影是使用多种渠道和代码的一种交流形式，并指出该渠道是信息传递给观众的媒介，不能与所使用的代码混淆创造电影的真实含义。此外，可以通过多种方式组合不同代码的符号，以组成整个电影的宏观符号。就此而言，电影院和剧院是相似的。但是，德拉巴斯蒂塔（1990）也指出，电影院和剧院之间的交流存在巨大差异。这个差异和电影翻译的潜力有关。最大的符号学差异之一是，电影院呈现出的预先确定的复杂符号总是以精确的方式重现，而剧院对翻译中同时实现的符号的呈现是一个单一事件。电影的这种可复制性正是其广泛传播的原因。也就是说，剧院的制作在每种不同的表演上体现得略有不同，而每次在特定时间向特定观众放映电影时，电影都保持不变。因此，电影的音频和视觉通道与文本的言语成分相互依存，成了电影翻译的制约因素。

视听文本的视听代码特征有：通过两个渠道（视觉和听觉）进行接受；非语言元素的大量存在；言语和非言语元素之间的同步；屏幕外观——可复制的材料；和预定连续的运动图像——记录的素材。这些特征决定了视听文本的翻译，因此，在进行研究时要将其考虑在内。

3. 多模态

如今大部分正在翻译的视听文本的性质都是多模态的，即他们使用多模态的符号资源，如语言、声音和图像。实际上，多模态分析尤其关注包含两个或多个符号资源的交互和整合的文本，以实现文本的交流功能。随着信息技术的发展，翻译中的多模态概念变得越来越重要。因此，需要核查言语和多模态之间的相互作用，即符号、视觉、听觉和动力学元素之间的相互作用，以定义视听翻译的特定特征。

视听翻译中也存在悖论。声觉与视觉之间、语言与非语言之间的相互关系已经在翻译研究中得到了认可。但视听翻译的主要研究视角还是集中在语言上。这一悖论可以由以下原因解释：大多数视听翻译研究的背景是语言和文学研究，在视听翻译文本中收集数据和注释困难且费时。然而，多模态话语分析将有助于发展对视听和网页等多媒体产品中的符号资源整合的认识和分析。

另外，有一种有效的对视听文本进行详细分析的工具，即多模态转录。这种方法涉及将胶片分解为单个帧、镜头或阶段，并分析在其中运行所有符号的模态。这种方法经常用于制定字幕策略并通过各种符号形态的结合，提供关于如何创造意义的见解，以及字幕形式的口语信息与其他意义来源的互动方式。研究者使用此工具已对各种类型的视听文本进行了分析，包括故事片、广告、新闻节目、肥皂剧等，从而提供了在字幕策略方面比较这些类型的可能性。

4. 预制口语

视听文本，特别是类似于故事片和电视剧的叙事文本，对于口述的再现有其特有的规则和约定。这些文本是一种预制且自发的口语形式。尽管这些视听文本的口述性看似自然，但它们实际上是“写出来的”。这种“预制的口头语言”不管起源如何，都是大多数视听文本的共同特征。

从源文本的角度来看，口语代码的语言特征与自发的口语并不完全相同，因为实际上，屏幕上演员的口语演讲不过是朗诵书面稿子罢了。但是，它必须像叙述一样是口语的。电影对话的所谓口语表达实际上是一种虚构的人为幻想，因为对话通常源于先前编写的剧本。不可避免的是，街道上的自然语言与试图创造自然和自发性印象的电影对话之间会有一定区别。

加泰罗尼亚电视台对此类文字语言的定义提供了指导，主要侧重于配音。这家电视公司遵循的原则是使翻译后的对话看起来合理，并遵循目标语的约定。加泰罗尼亚电视台在其语言标准中表示，配音需要一种特定的语言形式，即伪造自发性时要说的非自发语言。同样，规定必须在配音时将自己置于口语的特殊性中。口语的语法结构与书面语不同，但还要考虑到它不是自发的口头语言。

叙述性视听文本中的语言可以说是介于自发的口语演讲和预先准备好的书面演讲之间。预制的口语演讲是根据某些电影惯例创建和编写的。要朗读的文字与自发的语音之间的区别在于，前者是计划好的，而后者是没有计划的。

从事配音文本翻译的译者需要注意原著的语言多样性，需要改编人物和叙述者的语气。每个角色的说话风格是不同的。其语气取决于历史和社会背景、角色的性格和他所经历的情感状况。但是，当将源视听文本的预制口语渲染为配音的目标文本时，结果可能是相当不自然的。人为的虚假是配音版本中的主要缺点之一。观众可以听出来配音不是原声，毕竟配音语言根本不符合普通人的讲话方式。

视听文本中的预制口语性质使翻译人员陷入双重困境。源语言和目标文本的语音位于自发性和计划性话语之间的连续区域中，显示了两种极端的特征。在实际计划中，配音必须听起来自然，就像口头讲话一样。毫无疑问，参与配音过程的翻译人员面临着巨大的挑战。

五、视听翻译传播的策略

首先，关于文本的概念。屏幕文本是短暂的，不容易适应源文本和目标文本之间的传统二分法，此外还具有独特的多模态性。游客手册、新闻文章、艺术书籍、儿童书籍、说明手册、展览目录、插图书籍和广告等都结合了文字和插图，标点和布局空间在印刷页面上有很大的变化余地。那么，言语单位是否还在这里适用？文字在文学翻译、会议口译和视听翻译中含义是否相同？线性和口语文字的传统概念无法解决多种符号语种的文字现象。这里没有提及超文本，一种通过电子链接进行文本间互连的概念，可用于构造和访问远程通信中的文档。屏幕文本和多媒体文本之间的融合可能比屏幕文本和传统文本之间的融合更多。无论如何，可以发展文本性的构成标准并使其适应屏幕文本，如连贯性、情境性、信息性和互文性之类的标准。

其次，视听翻译人员还必须对意义的概念进行批判性思考，因为它既不是以线性顺序产生的，也不是由单一符号系统产生的。不仅在创建视听产品时涉及的各个人物之间，还在他们与观众之间，甚至在不同的视听产品之间都存在交互作用。鉴于电影通常提供各种版本，原始发行和后续发行或广播的层次结构都变得令人质疑。那么在提到视听翻译时经常提到的损失概念又如何呢？它不能仅限于言语元素。当人们阅读字幕时，图像的含义是否有一定的损失？文本和意义问题牵涉到有关视听翻译中翻译单元的问题。这些单元可以基于语言使用和出现的可预测性。它们本身与场景类型有关，如认知语义中定义和描述的场景。

翻译本身的概念体现出缺乏共识的问题，在适应、操纵、审查、转移和翻版等方面存在重叠。重要的是，要重新考虑在社会背景下起源和传播的翻译规范与技术约束之间的联系。在这方面，字幕可以说被滥用了。例如，那些网络中日本动画片的字幕是由业余爱好者制作的。他们忽略了公认的字幕惯例，并引入了印刷字体的变化，添加了注释或评论，或者改变了字幕线的位置。电影在电影院中越来越少见而更多是以 DVD 形式或在网络上发布。因此，规范的改变是可以预料到的。另一个相关的问题是书面和口语之间，书面文本规范与字幕书面语言之间，以及普通语言与配音之间的关系。从更广泛的角度来看，这会导致基于符号和缩写的书面交流的长期影响（例如 SMS 消息以及在线聊天）。

最后，视听产品接受的概念还没有达成共识，这个广义概念可能包括认知水平上的反应、行为方面的反应以及文化秩序的影响等诸多方面。

第三节 空间媒介

一、空间媒介研究的三个前提

1. 空间的文本性

分析的出发点包括一些假设。首先，空间具有文本性。作为一个在特定社会背景下发挥作用的意义生成的整体，建筑环境被理解为一种社会和文化产品，并通过使用而不断地再生产。其次，意义是系统性的，因为它们产生于社会文化实践；但它们并不是固定不变的，因为它们除了受制于非时空和系统性的变化之外，还受使用者的特定阅读立场的影响。重要的是，这些文本是社会符号学的社会建构；就像语言一样，它们并不代表某种预先存在的“现实”，而是主动地建构了它。

2. 意义的多元功能

分析的第二个假设是意义具有多元功能。意义不止有一种类型，这源于韩礼德对语言的元功能假设，并延伸到其他交际文本（如视觉文本和空间文本）。该假设指出，有三种关键的意义类型。第一种类型的意义涉及传统意义上的“内容”，即文本是关于什么的：它指的是什么或代表什么。这与韩礼德的三种意义形式相类似。在建筑中，这包括了建筑的字面功能和用途。然而，意义不仅仅是指在文本中的内容或它所代表的意义，还包括文本如何使参与交流过程的人之间产生互动。互动者可以被称为建筑物的生产者、机构所有者或使用者。这种互动被称为人际意义，也被称为互动性或定向性。

通过人际资源，互动者的特定角色和关系被建立和启用，对文本的立场或态度被传达出来。在建筑中，我们看到了使用者以不同的方式进入和使用建筑，也看到了建筑以不同的方式为自己建构与周围人的角色关系。这两类意义需要作为一个连贯的整体被整合在一起，因此，第三类意义是文本意义，也被称为构成性意义或组织性意义。文本意义创造了联系并提供了连贯性；它们将某些意义放在优先地位，而将其他意义放在次要地位。表象性、互动性和组织性同时存在于所有文本中，任何一个文本都是这三种意义的综合体。尽管在某一特定点上，注意力可能会被吸引到其中一种而不是另一种意义上，尽管理论上的描述将它们分开，但它们依然可以同时存在，并且可以被看作是用来检查同一文本的多个镜头。

3. 空间文本的层级性

空间文本不是单一的、不可分割的单位，而是由相关单位组成的复合体，类似于语言中的等级概念。因此，研究空间文本，确定分析的等级非常重要。是将建筑作为一个整体来考虑还是考虑它的组成部分（如房屋内的房间或商场内的商店）？还是将其考虑成一些较小单元（如房间内的墙壁或商店内的陈列品）？实际上，与等级的类比主要是一种启发式的建议，并且对一个文本的分析可以关注于该文本完全不同的各个方面。

二、空间的三重功能

1. 组织功能

组织框架包括用于塑造文本的资源：使之连贯或零散，以及将某些意义优先于其他意义。克雷斯和范莱文注意到了与组织意义相关的五组关键资源：信息价值、显著性、框架化、阅读路径和节奏。信息价值涉及文本的构图布局，以及项目之间的位置关系如何赋予这些项目以特定的信息价值。显著性是指通过各种资源使之突出，如大尺寸或对比鲜明的颜色、特殊的照明、文化价值和与信息价值的混淆等。框架化指的是相似单元之间的无缝或分离程度。弱框架化表明项目之间的无缝性；强框架化表明分离性。框架化可以通过各种资源来实现，如利用物理屏障如栅栏、墙或窗等物理屏障表示建筑风格的对比或延续；利用设计特征如涂料的颜色来表示连续性或对比度等。在二维文本中，阅读路径是指读者可能会以何种方式接受一个视觉上复杂的文本；在建筑中，阅读路径是指"看"如何在视觉上接受文本。在后一种情况下，它是通过诸如构图向量等资源来实现的，如使用人行道或使用构图实践来引导使用者沿着路径，并建立单位之间的关系。节奏是指设计实践的重复或中断，以创造凝聚力（Kress & van Leeuwen，2006）。

2. 互动功能

互动框架既包括文本的生产者/使用者之间的角色和关系，也包括通过文本特征传达的任何立场或态度。在克雷斯和范莱文的框架中，构建交互意义的关键资源包括：权力、参与、社会距离、接触和模态，在此基础上，我们还将添加控制及约束与结合（Kress & van Leeuwen，2006）。

权力的维度涉及互动者之间的相对平等，或者说缺乏相对平等，而这主要是通过垂直角度来实现的。如果角度较低，那么用户就会"仰望"被代表的参与者，这就给了被代表者权力；反之，则给了观看者权力。通常情况下，巨大的高度被用来暗示建筑的力量。在建筑中，水平维度也可以建构权力关系：如果一个建筑在垂直维度上特别坚固，或特别大，那么这是一种额外的权力内涵方式。

参与性指的是观看者参与到文本中的方式，与横向角度有关。向心视角给人以正面观看的感觉，是指观看者对文本的主观参与。倾斜的角度提供了一个侧面的视角，反映了对文本更多的脱离性参与。在建筑中，这种角度通常表现在为进入建筑提供的直接或间接入口上：我们可以直接走进去，还是需要绕道而行？然而我们将看到一些"价值"或多或少是相反的。

社会距离可以从亲密的、个人的，到社会的、公共的、非个人的，通过观看位置的距离来实现。与“远处”相比，“近处”显然代表了更近的社会距离。在建筑中，这可能与围墙等特征有关。因为围墙的设计可能是为了让人远离，也可能与建筑或其入口与街面的距离较近有关。当然，如果可以“穿越”三维空间，社会距离的程度可能会因为接近的性质而改变。

接触系统。就视觉图像而言，接触系统反映了图像作为一种需求或邀约的功能，并通过凝视的存在或不存在来实现：直接的眼神接触构造了一种需求，而这种凝视是一种邀约。一座没有多少窗户或窗户不明显的建筑，并不会以这种方式邀请人们参与进来，因此有些东西是需要进一步考虑的；当人们的目光从窗户进入建筑内部时，就有了互动的需求。总的来说，联系系统需要进一步发展，以考虑到需求中的联系等变量。在图像中，这可能指的是“直接”的凝视是否可以部分地被遮蔽（例如被眼皮遮挡）；在其他模式（如网页）中，它指的可能是实现凝视的方式是动态还是静态。

模态系统与文本的“真实性”有关。模态高的文本被认为“更真实”，而模态中位数或低位数的文本则是“不那么真实”。对模态的评估取决于文本的编码取向，然而在建筑中，新型非常规的风格的使用预示着编码取向的转变。在这种情况下，一栋建筑可能被解读为低模态。新的编码方向的使用有很多影响。从组织上看，它在新建筑和邻居之间创造了一种强烈的框架感，突出了对比和差异。但在人际关系上，这些选择为机构创造了一个特定的“面孔”或“角色”，使参观者对机构的角色有了初步的认识。

互动框架的其他维度包括用户在三维空间内以及周围的控制和自由度。控制和自由度是通过用户可以自由进入建筑及其内部的程度，用户的通道开放或关闭的程度，以及他们的行为有无监控实现的。

此外，还可以从空间的约束和结合程度来考察。约束度指的是用户所能获得的安全或不安全感的程度，其范围从被约束到无约束分级。中心代表安全，极端代表不安全感。它是由不变性特征（如基座、墙面和顶面平面的高度与摆放等）和可变性特征（如利用色彩、光线、质感来改变空间内的氛围）的复合体来实现的。结合指的是用户在多大程度上与一个空间“认同”，利用图标和特征来创造或抑制一种归属感和团结感。

3. 表征功能

表征框架最接近传统意义上的“内容”，即一个文本“代表什么”或“关于什么”。关于文本中使用的“标志”的基本含义和内涵，就建筑而言，可能是指建筑中使用的材料，也可能是指设计中的形状等。此外，还要考虑到文本的功能和用途，即文本能发挥出什么样的功能。此外，对特定对象或选择可能暗示着表征意义。克雷斯和范莱文（2006）特别提醒注意视觉图像中所表现的过程类型，当“看”建筑和“走过”建筑时，考虑到在特定空间内有什么样的行为。过程类型包括叙事过程，即通过叙事向量的存在来实现某种“行动”，表现为行动、反应或心理和言语过程，或者它们可能是概念性的。

三、空间媒介的翻译传播

对于关于翻译文本的研究，我们需要在空间和言语文本之间建立起联系。斯科隆（Ron Scollon）和斯科隆（Suzie Wong Scollon）提出的地理符号学理论比较有借鉴意义。地理符号学研究的是标志在世界中的物质安置的社会意义。这一理论将以前未曾整合的成熟研究汇集在一起，形成一个单一的、连贯的场所意义分析框架，如话语分析、社会心理学、传播学和文化地理学等。具体来说，地理符号学体系由四个部分构成：社会行为者、互动秩序、视觉符号和场所符号（Scollon & Scollon，2003）。

社会行为者是个体生命的习惯。每一个位于特定环境中阅读特定文本的个体都有自己的历史（例如他们所讲的语言、他们来自的地方），这些都影响着他们在特定场合下解读文本的方式。在博物馆环境中，不同的人站在陈列品前阅读同一标签，会因为个人背景的不同而产生不同的展览叙述。甚至可以说，这些参观者在参观博物馆之前，他们的习惯就已经塑造了他们的博物馆体验。

互动秩序指的是传统的社会关系集。我们可以观察或挑战这些社会关系，这与我们如何看待这种社会关系中的自我和他人密切相关。馆长以圣芒格博物馆的遗址为例来说明这一概念。他回顾了一些宗教信徒是如何将博物馆视为一个宗教而非世俗的地方，并对宗教物品的摆放需要遵循宗教惯例提出异议。不认同博物馆对某些宗教习俗的解释方式甚至引发了参观者对展品的损坏。

视觉符号被广义地定义为“意义在我们的视觉领域中被结构化的任何和所有的方式”（Scollon & Scollon，2003：11）。克雷斯和范莱文提出了一系列考察视觉组成的工具，如模态（色彩饱和度、色彩调制、亮度等）和构图（向心、偏振等）。然而，该理论中视觉分析的一个重要延伸是关注视觉图像被放置在现实世界中的方式，以及社会行为者如何对这些图像进行索引，从而建构其持续的社会表现。

最后，场所符号是四种符号中最为关键的组成部分，包括建筑、城市规划和景观分析等。它指的是符号学系统的巨大集合。这些符号学系统并不位于社会行为者的人或视觉符号的框架化的人工制品中，因为地理符号的中心论点是：一个行动在地球上的确切地点是其意义的重要组成部分。

总的来说，地理符号学的框架可以概括为：场所的意义是通过特定的人，以其话语背景，在其所处物理场所，并在他们认为相关和适当的社会关系中，通过其视觉领域内的任何视觉符号学的影响，创造出场所的意义。这个框架使我们能够研究源文本中的展览文本和圣芒格博物馆提供的目标文本中的展览文本之间的差异，属于地理符号学系统中视觉符号学的组成部分。

尽管地理符号学为目前的研究提供了有益的启示，但仍存在一些局限性。第一，该理论主要用包含相对较少的文字的多模态文本来说明，如商店的招牌和路标等。斯科隆等认为，因为涉及的语言太少，所以我们可以清楚地看到索引性—可索引性联系的不同要素的运作方式。例如，“ONE WAY”这两个词的交通标志是如何与箭头矢量的视觉符号学，以及箭头所处的位置相互作用，从而产生“只往一个方向行驶”的意义的。这里我们没有举出较长的言语文本的例子，如博物馆中的标签等。在较长的文本中，很可能不是所有的文字都是索引性的或脱口而出的，或者文本中可能索引的地方结构比较复杂。第二，由于这些例子大多取自开放的公共空间，与博物馆等有目的的空间相比，该理论并没有为分析场所符号学提供一个系统的工具。文中对场所符号学的分析主要是对具体与所举例子相关的语境背景的临时性描述（如不同华人社区的阅读习惯）。第三，尽管认识到社会行为者及其个体背景在地理符号学中的作用，但没有提供任何方法来考察这部分内容，只有一些顺带的评论，如“为了检验这些想法，我们和我们的同事进行了焦点小组和访谈。在访谈中，参与者被要求讨论各种迹象的照片”（Scollon & Scollon，2003：134）。

最后，该理论的一个明显的局限性是，尽管有一些关于多语言社区公共标志的评论，但它并没有直接涉及翻译文本在空间中的作用。我们认为，言语文本引导游客感知博物馆空间的方式与翻译研究相关性较强，因为译文的使用者往往是来自其他国家的游客或多语言社会中的少数民族社区成员。因此，他们可能不像源文本的读者那样熟悉博物馆及其相关文化。并且，游客更难以与来自遥远的、陌生的文化中的物品建立共同点。因此，随文文本起着在潜在、复杂和陌生地形中引导读者的作用。对于不熟悉博物馆的源文化或展品的参观者来说，他们可能更依赖于博物馆提供的各种形式的解释，如文物标签、语音指南和互动式触摸屏等。因此，研究博物馆中的源文本和目标文本是否可以引导游客构建不同的现场意义将是一个很有意义的研究问题。

第四节 互动媒介

一、互动媒介的传播功效

社交媒体中话语权的性质、位置和动态都是流体，是可变且非静态的。社交媒体通过电子设备提供各种形式的正式通信，通过社交媒体在大众和人际交流的交汇处提供的交流能力，人们将其定义为一种新的交流范式。社交媒体传播可视为跨任何电子平台、空间、站点和技术的电子媒介传播。用户可以在社交媒体上共同制作和编辑内容、同时或分别进行人际交流和群众交流且有权查看和回应机构和用户生成的内容/文本。

社交媒体包括社交网站（如 Facebook 和 Instagram）、专注于众包内容的网站（如 Wikipedia）、电子论坛、链接共享/管理站点（Digg 或 Balatarin）、博客站点（Tumblr 和 Twitter）和即时消息应用程序（如 What's App 和 Telegram）。社交媒体的本质是促进参与和互动，在互联网上开发和分享的内容既是参与的产物，也是传统创意和出版广播过程的产物

新的通信协议打破了文本生产者和消费者之间的清晰界限。话语练习的多对多动态已经取代了大众传媒单向的一对多界面。社交媒体对政治传播也存在潜在影响，一种新型的参与式交流正在慢慢瓦解大众媒体的集中力量，这可能会导致话语权分散化和大众化。就社交媒体批判性话语研究（SM-CDS）方法而言，尽管社交媒体的本地传播动力似乎削弱了，但宏观、政治、工业和地方传播权概念仍在话语背后发挥着作用。

二、互动媒介的文本属性与表意机制

1. 文本属性

大多数人通过各种形式的产出（媒体生产的最终结果）以消费者的身份体验媒体，比如阅读报纸、杂志和漫画，观看电影和电视节目，收听广播和音乐，以及使用互联网和玩电脑游戏。而且人们可以在不同的地方体验多种媒体产品，比如流行歌曲可以出现在广播中，也可以作为电影的配乐或电视节目的背景。

通过考虑以下三部分关系，人们可以区分标记媒体产出方式和理解功能与意义的方式：

首先，媒体产出具有人工制品的物理形式。它们包括 DVD 光盘、小

报、胶片卷和冲洗照片等，甚至是任何音乐乐队均可下载的歌曲的数字信号。

其次，就商品地位而言，媒体产出具有经济价值。在这里经济价值指的是媒体制作和媒体产品的成本和价格，比如电影票的成本就是电影以及DVD的出租和销售收入的一部分。即使人们不一定会直接购买媒体产品，但也会参与到一条包含媒体制品的价值和成本在内的经济链中，这些价值和成本可能与其他一些支出有关。无论以哪种方式，消费者都完成了支付，并获得了生产者期望的某种投资回报（极可能是利润）。

最后，可以将媒体产出视为产生意义价值的场所，即媒体产出的内容和方式，以及它们对于个人和社会所存在的意义。这里指的是媒体产出在心理、情感、文化、身体和智力上影响人们的方式，即媒体形式的娱乐、刺激和告知会让人们感到愉悦、震惊或给人提供精神食粮。

当研究文本时，相比询问生产、分配和消费的实际结果，或者是根据其经济状况所定义的商品生产、销售和出售方式，人们更有兴趣关注有关意义的问题。当然，人们应该意识到这三种标记媒体产出的方式间的相互关系，这些区别是探索文本特殊性以及意义的构造和传递的一种手段。

在这里，不同于“人工制品”和“商品”这些术语，“文本”的使用显示了媒体研究领域对英语文学的亏欠。在文学研究中，文本的形式包括书籍、诗歌和戏剧，它们是仅通过文字选择和使用中产生的含义来进行阅读和分析的。人们几乎不认为字体、封面图像、纸张质量、出版商和价格与解释行为中的叙事、计量或结构的主旨有关。

有时也将“分析”称为包括照片、电影、流行音乐等在内的文本的“阅读”，这也反映了对英语文学的亏欠。同样，将文本解释为各种媒体的“创造性”和有意义的产品，是为了超越单纯的描述，以便充分阐明文本表达的世界。

2. 表意机制

理解媒体产出作为文本的含义似乎是一件非常简单的事情。人们登录网站，收听广播或者看电视时，会遇到各种媒体形式的广告。广告出现得如此之快且频繁，以至于几乎没有在人们的意识中留下印记。但是，人们不必在遇到任何广告时都停下来注意它们，如果人们沿着街道公交车站两侧（或在商店橱窗中）的广告牌和海报看，很可能会发生道路阻塞。因此，人们看到各类媒体产出时都能快速理解其含义（至少是表面含义）。理解媒体文本是一种习惯，也是人们生活中的一个常态。

当人们看电视或收听广播时，主持人和演员通常会用通俗易懂的语言描述人们认识的事物、地点和人物来吸引大家的注意力。此外，媒体产出的某些方面是很难用书面、口头语言或可识别的图像来解释的。流行音乐不仅使用文字，有时也混杂着乐器声以及从电脑游戏和移动电话中发出的电子提示音和哔哔声。电影、电视和摄影等视觉媒体也充满创造性，通过使用光、色彩等来达到引人入胜的效果。

由此，人们可以通过三种方式来思考实现意义的工作。人们经常考虑媒体如何使意义或意义的范围成为个人或目标人群所包含的数千种媒体产品中的任何一种。看报纸、看电影、看照片或玩游戏的含义似乎很简单，不需要回想起为阅读或解释做准备的工作。

首先，这项工作是媒体制作人本身的工作。作家、电影制片人、音乐家、程序员和设计师的期望和想法，他们所从事的惯例和机构以及与消费者分享的情境，这些都为意义的产生做出了贡献。其次，媒体消费者所做的工作源于其成长经历以及生活中更广泛的文化、社会和历史背景。最后，人们定期了解报纸、电视等各种形式可以使人们为不断的消费和娱乐做好准备。对媒体的接触以及对各种运作方式的了解类似于人们学习母语，人们自打出生通常是无意或无选择地学习母语。人们生活在一个充满媒体的世界中，周围都是媒体文字，即使那些反对这种情况的人也无法避免。

因此，作为生产者和消费者之间关系的一部分，媒体产品具有多种形式和目的，并通过多种手段创造意义。因此，人们可以看到文本和文本含义总是和语境相关。在每种情况下，意义首先取决于沟通的方式。

这里举一个非常简单的例子，如果人们可以在任何计算机上使用本书中的字体，那么诸如“恐怖”之类的简单词语的含义会受到哪些排版选择的影响？如果这个词（或任何可用的字体）出现在电影海报、漫画书、互联网网站的弹出页面、T 恤或 DVD 封面上，也许人们无需相应的图像，甚至不使用任何颜色，就可以想象这些事情。但即使如此，此类缺失在每种媒介的文字含义中也是重要的选择。

通过开发分析媒体形式和含义的关键技能，人们希望引起对媒体及其产品不自然这一事实的关注：媒体的运作和向人们传达世界的方式不一定是显而易见的事情。

人们有时会随意地用一些短语指代各种媒体及其提供的内容（比如“世界之窗”“真实事物”等），这些短语反映了人们消耗任何媒介的习惯性方式。人们很少会与媒介建立临界距离。因为已经知道媒体在说什么，所以人们很少会问有关意义表达方式的问题。

人们想发展一种分析模式，以解决媒体如何发挥意义的问题，以便思考与生活和社会中密切相关的利益问题。这种方法加以适当执行、呈现和说明后，可以说服他人进行解释，支持任何论点，或就社会价值、文化见解甚至媒体文本的影响发表更广泛的观点。

三、互动媒介的分析框架

1. 语境

巴赫汀（Bakhtin）（1986）将体裁与语境的概念联系起来。体裁理论，特别是那些涉及语境体裁的理论，强调了语境在体裁和解释中的作用，即一种体裁在针对特定语境执行特定动作方面是有效的，并且语境为个人提供了有用知识和技能以识别和调动体裁。体裁和语境之间的区别是纯分析性的，这两个互补概念可用于思考任何参与过程中参与者之间的关系，可以将相同的参与组件（如技术或受众）视为体裁或语境的元素，因为这两个概念都涉及该组件在参与过程中扮演的不同但相互依存的角色。作为一种分析工具，语境这一概念使人们开始考虑起制定或解释该体裁的环境。

一方面，语境通过限制可用选项的范围（参与者可以访问的类型或适合于参与者的类型），不仅在特定参与性事件的规模上，也可以在公民参与的历史规模上，影响着可行或可识别的类型（尤其是形式和内容），因为随着语境转换，参与类型会随着时间的流逝而发展。另一方面，体裁的使用塑造了语境，加强或改变了交互和解释的框架。从战略角度来看，在某些情况下，可以通过实施替代类型来改变背景。与阿尔芒格（Armengaud）（1985）提出的实用交流语境类型相一致，人们探索了公共政策制定中参与性体裁的用法和解释的两个语境维度（语境和社区）。

阿尔芒格（1985：60）的环境、事实、存在和指称语境包括“说话者的身份、所处的自然环境、谈话的地点和时间”。公民参与公共政策制定时所使用的间接语境这一概念引起了人们对当前和现在参与的社会、物质、空间和时间方面的关注。这种情况对参与类型的范围进行了适当限制，还可以作为一种资源来识别和推断在互动中采取的体裁。

有关参与类型研究的第一个维度是参与者之间的权力关系状态。因为参与性体裁会重新确认参与者之间的权力关系，所以参与类型的使用确实是权力斗争的结果。尽管充分参与的乌托邦将后者视为通往统治者与被统治者之间更横向关系的皇家之路，但现有研究结论尚不明确。虽然相关研究已经证明，政策参与会鼓励决策透明化，并消除制度化的等级制结构，但一些学者认为权力的分享仍存在弊端（例如，而且还有很多研究强调，参与性倡议往往会重现［甚至加强］现有的权力关系，即支持那些制度化权力的人）。

在公民参与公共决策的文献中经常强调的另一种情景因素是技术（如基础设施、应用、接口）。这些技术诱发、促进或阻碍某些参与类型，并对参与者的解释造成影响。在参与性活动中引入技术可以产生三个效果：更多人或不同的人可以参加；活动的效果聚焦于新演员；活动本身的形式发生改变。

听众的本性是另一个相关的语境元素，它在很大程度上取决于所使用的交流工具。听众是指经过批准和未经批准的参与者，即所有可以使用参与空间的人，那时正在撰写有关广播和电视内容的戈夫曼（Goffman）（1981：138）也说道，参与是通过想象中的接受者来进行的。比如基于文本的在线对话沙龙 Cafe Utne 的受众是匿名的，没有面对面的参与者，也没有参与者的视觉显示，并且规模未知，因为有大量的潜水者只阅读而不发布消息。

在公共政策制定中的参与体裁理论中，还有其他相关的语境因素，比如参与地区（本地、区域和全球）和参与地点（如辩论论坛是在政治团体或机构的网站，还是在大众媒体的网站上，或是在个人网站上举办都无关紧要）。在有关公民参与的研究中，应该更加谨慎地考虑语境因素，并更好地将其融入当前理论中。

当谈到宏观语境或预设语境时，语境体裁理论中要考虑社区的概念。社区问题对公民参与公共决策的研究来说并不陌生，因为听众具有多种多样的性质，假设所有公民都成为目标听众是非常困难的，所以项目组织者反复建议人们明确其“目标受众”的特征（文化规范、计算机技能等）。此外，任何电子参与系统都必须适应每个国家的文化和传统。德萨热（Desages）和戈达尔（Godard）也认为，公民参与运动的制度化遇到的最大障碍是，它不取决于共同意义的共同体（Desages & Godard，2005）。在以后的研究中，需要进行进一步掌握社区在公民参与公共政策制定中的作用。给定社区的首选参与类型是什么？社区如何分散对参与式的理解？如何划定参与性社区的界限？这些问题对政治能力、政治共同体和政治文化的观念都提出了要求。

2. 目的

交际目的是体裁理论中的关键概念。斯威尔斯（Swales）（1990：58）将言语类型定义为“一类交际事件，其成员具有某些交际目的”。因此，交际目的是一种描述体裁目的的方式。交际目的是指给定社区内社会上可接受的目标，而不是个人或特定的动机。海姆斯（Hymes）（1986：61）在这方面将传统上预期的目的（结果）与纯粹是情境或个人的目的（目标）区分开来。值得注意的是，体裁理论在目的与体裁之间的理论关系的解释上是模棱两可的。有些作者认为目的是情境的组成部分，另一些人则将其视为体裁剧目的一个组成部分，而其他人将其作为理论框架的独立组成部分，还有一些人在这个问题上持回避态度。

现有的关于公民参与公共政策制定的文献都没有提及参与的目的。范戴克（van Dijk）一方面区分了政府和行政部门的目标，另一方面又区分了公民的目标。前者目标包括其合法性的增强、政策和服务质量的提高、与公民的联系以及民意调查等。至于后者，则包含充实政治议程、获取有关公共问题的信息，以及控制政府或行政管理等目标（van Dijk，2010）。许多参与类型的定义也都提到了这些目标，比如请愿书旨在通过提出建议来影响决策者的议程从而影响要解决的问题或挑战，调查旨在衡量给定时间点的舆论状况，而协商旨在为利益相关者提供机会表达观点。因此，应将参与目的作为公共政策制定中参与类型的组成部分。当然，还有一些问题有待解决。比如社区归因于参与类型的目的是什么？参与式体裁是通才（适于实现多个不同目的）还是专家（适于实现特定目的）？参与目的在多大程度上产生了对参与剧目其他要素的期望？

许多学者都区分了政府或行政机关的宗旨，而公民的宗旨则提醒人们，作为一种体裁的组成部分，参与的目的是依赖于社区的文化习俗的，因此区分政府和外行公民是很重要的。这意味着对参与目的的不同见解在任何参与事件中都可能带来误解甚至冲突。而且，参与目的通常由具有特定动机的利益相关者来协商。对参与性类型的定位方法有可能使人们考虑到这些特定动机和利益如何与社会或随意性赋予的目的产生冲突或共鸣。除了参与的崇高目标和社会认可的目标（加强民主、向平民表达声音等）之外，通常还有一些特殊的（或多或少被贬低的）意图。如果特定动机或个人动机变得过于突出，就可能会干扰参与目的，并在利益相关者间产生紧张或冲突。

3. 方式

体裁理论通过形式规则来定义体裁。例如在线对话休息室的特征是文本的使用、消息的结构和线性的对话线程。一种体裁的形式包括材料（沟通媒介），结构和语言/符号等方面。而页面类型（如档案）包括博客、软件（如 Blogger）、功能（如日历）和链接（如与其他博客的链接）的结构元素。在关于科学博客的研究中，可以根据口语和视觉元素来定义体裁的形式。

我们可以在四个方面对公共政策制定中的参与性形式或形式要素进行特征描述。首先，适当地回到关于参与的概念性辩论中，因为它们可以澄清参与体裁方式的程序维度。有关参与方式的争论导致参与程度或水平的几种模型通常以阶梯的形式出现。阿尔斯坦（Arnstein）区分了：1）操纵和治疗（不参与）；2）信息、咨询和安抚（象征性参与的形式）；3）伙伴关系、授权和公民控制，这些赋予公民有效的决策权力（Arnstein，1969）。卡彭铁尔（Carpentier）（2007）虽然对阶梯隐喻持批评态度，但他对进入、互动和参与进行了区分，后者在媒体参与的背景下，将公众与决策过程中的权力关系联系起来。范戴克（2010）提出了参与公共政策制定的阶梯，其中包括信息、咨询、建议、共同制作和共同决策五个方面。

除了每个模型引入的细微差别外，人们还发现了一些重复出现的参与程度类型，例如告知（或被告知）、建议（或表达观点）、共同制作和共同决定。在这方面，文献中有很多参与失败的例子，人们建议将其重新解释为在参与程度的定义上存在分歧。在文学中有一个反复出现的例子，那些对重要的政治决定充满想法的公民“参与”了磋商，但结果他们发现决定是在没有他们的情况下做出的，该一决定似乎与他们所表达的担忧相去甚远，而且决策者对于如何考虑公民的意见保持沉默。有许多原因可能导致参与程度的分歧，比如不够明确的参与程序、公民缺乏对制度化参与类型的了解，或者深刻的政治挫败感无法有效地为积极的公民做出决策。

参与式剧目“如何”的第二个方面涉及传播媒介。参与类型确实可以归因于适当的交流工具。信息和通信技术（ICT）为面对面的交流和纸质与邮政邮件等传统的通信工具开辟了新的通信可能性。那么，人们是否可以将信息通信技术视为参与式节目的组成部分呢？事实上，大量研究（和实践）都集中在电子参与上，电子化的公民参与形式没有被边缘化，甚至当今公民参与方式必须是电子化的。在某种程度上，信息通信技术更能使公民参与其中。另外，实践的多样性要求深入探讨参与式体裁和传播工具之间的关系。某些参与类型，例如在线辩论论坛，显然具有明确的传播媒介特征。但是，定义不是很清晰的其他参与类型又如何呢？在哪种情况下，给定参与类型会涉及哪种沟通媒介的使用？参与领域影响了通信媒介的选择，比如在欧洲，如果没有互联网，大型公众几乎不可能实现跨国参与，这意味着在这种情况下，在线媒体主要是一种体裁的组成方式，尽管不是排他性的，而在本地范围内共存仍然是参与的主要方式，即使主管部门希望使用在线交流工具（例如网站、电子邮件或电子论坛）。

有关公民参与的研究表明，参与类型的“如何”要素至少有两个维度。一方面，参与式体裁形式或多或少具有特定的交流风格。在线政治辩论论坛概括为以下几个重复出现的特征，这些特征共同构成了人们所说的传播方式。比如由于缺少特定的收件人，口语和写作之间以及人际和大众传播之间的界限越来越模糊，个人的表达方式深受影响。另一方面，参与类型可以根据以下三种模式来构建利益相关者之间的交流：一是采取传递形式，即信息以单边方式传递给公民，二是根据公民向决策者的“信息反馈”模型采取回应形式，或者采取互动形式，使利益相关者之间的对话得以持续。在这方面，援引审议性民主概念的参与性项目在互动方面产生了实质性期望，但通常情况下的制约因素限制了其实施，例如在爱沙尼亚辩论论坛 TOM 上，技术特点减少了回应式交流。该网站并未促进讨论，尽管用户可以对原始想法发表评论，并通过投票来支持这些想法，但这些想法的格式仍然合理，系统功能不允许这些想法的作者对评论做出反应或进行讨论。作者确实有时间和机会来修改建议，但是双向沟通的缺乏仍然降低了 TOM 的审议潜力。

4. 内容

体裁理论涉及实质的规律是体裁理论的核心。从理论上讲，实质通常是指主题内容，但从经验上讲，它在研究对象中的再现并不总是很明显的，有时甚至是不正确的。凯尔伯格（Kjellberg）（2009：13）指出，“科学博客”中的主题多样性（思想或个人事件、研究笔记等）使研究人员很难界定“科学博客”的类型，即很难将博客作为单一类型来谈论，但也许恰恰是研究博客类型的鲜明特征。关于公共决策中的参与式体裁，人们建议从体裁的顺序、问题的类型和重点的类型方面来检查它们的实质。

到目前为止，人们假设每种参与方法、活动或应用都可以视作一种特定类型。但是，根据上述体裁系统的概念，从相互联系的体裁的顺序上考虑这些也是明智的选择。换句话说，参与式体裁的内容可以被视为构成系统的体裁序列。经合组织将协商定义为“公民向政府提供反馈，而政府在邀请公民发表意见的同时，对问题进行磋商，提出问题和管理程序的这样一种双向关系”。正如该定义所述，协商构成了一个体裁系统，包括一个相对稳定且受约束的特定体裁序列，即宣布磋商和解决的主题，告知利益相关者（有关各方、主要问题、社会历史背景、技术方面等）以及提交调查表以征询参与者的意见。决策者对公民的反馈可被视为咨询系统的第四类。确实，现有研究坚持向公众通报协商结果以及决策者使用他们的意见的重要性，决策者对公民缺乏反馈可能会增加类似于选民的“咨询疲劳”。

首先，将参与类型与主题内容相关联似乎是无关紧要的。但是，有关公民参与公共政策制定的研究表明，参与性体裁优先解决的问题类型有：道德问题与技术问题；一般抽象问题和特定具体问题。同样，在线社交网络主要针对休闲和维持社会关系，通常“它们不参与社会公共政策制定领域”（van Dijk，2010：17）。那么在给定参与类型的框架内应该解决什么样的问题？提交讨论的问题类型是否会产生其他一般期望？就所讨论的问题而言，给定的参与性活动是否能满足该类型的期望？这些问题引起了一些学者的关注。

参与体裁在公共政策制定中的一种相关变化可以称为焦点类型。公共政策制定周期中的每个阶段都可能是参与性活动的焦点。艾格兰

(Aigrain)(2007)等人确定了六个阶段，这六个阶段分别是不公平的状态和问题的确定、紧要关头的确定和优先级的评估、公共行动可用选项的确定、立法的制定和审议、政策的制定和实施、实施和政策评估。范戴克分析区分了五个阶段，即议程设置、政策准备、决策、政策执行和政策评估。他认为，公民参与本质上集中在议程制定、政策准备和政策评估上(参与决策和政策执行与代议制民主几乎不相容)(van Dijk，2010)。除了一般性观察之外，还有其他一些问题值得探讨，比如：参与类型的首选焦点是什么？参与焦点是否带来了其他普遍期望？将类型归因于参与性事件是否有助于澄清重点类型？

5. 主体

我们在奥里科夫斯基(Orlikowski)和耶茨(Yates)(1998)的基础上假设参与式体裁以清晰和稳定的方式成为戈夫曼所称的已批准参与者(Goffman，1981)。已批准参与者是那些与未批准参与者不同的参与者，利益相关者也将其称为第三参与者，认为他们具有参与当前互动的全部权利。人们建议参与式公共政策的制定可以定义首选的参与者类型，并通过以下几种方式来表征：随机公民(如公共小组)与代表公民(如公共陪审团)；匿名公民与已识别公民；广泛的公众(如公共陪审团、调查组)与特定的社会群体(如焦点小组、公民论坛)；专家公众与非专业公众；权利(如全民投票)参与者与临时参与者；个人政党与集体政党(有组织的团体)。

奥里科夫斯基和耶茨(1998)提出了关于参与类型的主体维度的第二种假设，即后者确定了参与过程的合法发起者。范戴克(2010)指出，Web 2.0技术促进了电子参与公民倡议的重新部署，而参与性项目几乎完全来自政府和行政部门。在对当地电子论坛的分析中，里德尔(Ridell)(2005：39-40)在提到公民查询类型时强调了相同的想法，即与主流媒体报道并行的民意调查和其他类似盖洛普调查以及市政网站上经常出现的调查不同，公民问题是由基层民众定义、制定和提出的。如果某些参与形式在很大程度上取决于政府或主管部门的倡议(如咨询和电子投票)，那么其他类型则为公民倡议（如电子请愿书和电子社区）提供了更多的空间，还有一些则可能来自政府/主管部门或公民（如电子论坛和电子战役）。

最后，第三个假设是参与式体裁通过潜在话语（特别是组织机构的话语）的称呼模式，以某种方式将参与者定位为决策者，包括客户、用户、公民、活动家、公众或其他人士，这不仅与组织机构有关，而且与其他参与者有关。里德尔（2005）在分析当地电子论坛中的公民体裁时也提出了问题，即人们可以询问互动是如何进行条件化和框架化并以生产和话语实践进行组织的；与类型有关的调解在什么样的社会演员角色中定位人们，是作为旁观者观察社会现实还是作为公共代理人来对待和解决这些问题；谁可能有兴趣积极参与塑造现实的过程。现有研究表明，尽管信息和通信技术具有民主潜力，但公民参与公共决策似乎仍以自上而下的方法为主导，这种方法可以促进获取行政信息或表达公众意见，将参与者限定为（政府或行政部门的）委托人或（政策）使用者的角色，而不是将公民视为合作伙伴或共同生产者或联合制作人。

6. 场域

体裁理论提出了两个理论假设，用于思考公共政策制定中参与性体裁的时间维度。这些特征以临时性或永久性为特征，并依照惯常的持续时间（如填写问卷需要几分钟，参加焦点小组需要几个小时，参加辩论论坛可能要花几周或几个月的时间）。

此外，体裁构成了交流空间，规定了适合给定互动的（离线或在线）的位置。人们建议使活动的地点作为公共政策制定中参与类型的组成部分之一。例如，在地方层面，市议会或一些官方政府部门（注重面对面参与），政府或行政部门网站（注重远程参与）。在欧洲层面上，我们可以说EUROPA网站是由许多欧洲参与类型组成的。鉴于远程访问参与性活动的可能性越来越大，因此有必要考虑到参与的来源，换句话说就是将活动的位置与活动的访问地分离。虽然这两个地点在面对面的参与式体裁中融合在一起，但是它们在远程实施中在物质上是分离的（仍然是相互依存的），因为访问（在线）活动地点是在另一个地点进行的（通常是从家里或是工作地点），由于移动通信技术的普及，从不确定的公共地点进行访问的情况也越来越多。

第五节 多模态语料库

一、多模态语料库

1. 什么是多模态语料库

多模态语料库是基于多个模态的语言和与交际相关材料的标注集合。多模态语料库不仅涉及传统语料库中常见的文本，还涉及其他感官（如听觉）和表达（如手势和语音）模态。因此，多模态语料库中的语料库设计和构建十分复杂。多模态语料库中对交际事件的语篇、听觉和视觉记录的整合，为探索会话的一系列词汇、韵律和手势特征，以及探讨这些特征在真实交际中的交互方式提供了平台。与语言学中使用历史悠久的单模态语料库不同，多模态语料库的构建和使用处于较为初级的阶段。尽管如此，使用多模态语料库仍然能够解答各种语言研究的相关问题。

2. 多模态语料库的基本要求

在各种类型的多模态语料库中，需要区分两种基本类型：仅附上书面标注物的视频记录和在多个级别上注释的视频和音频记录（分别基于音频和视频）。语料库需要满足代表性、有效性、概括性和标准格式四个要求。而对于多模态语料库，我们还应要求它们的标注方案独立于域和工具，且标签至少在单个级别中应该是互斥的。除了音频和视频内容之外，一个可供使用的多模态语料库还必须有元数据描述、标注指南和用户指南，以便为其编码者提供具体的指导。

3. 建立多模态语料库的必要性

多模态语料库的必要性体现在信息表达和接受的多模态上。手势是语言的一部分：言语和手势是两种表达方式，它们可以被视为话语过程的两个方面。同样，话语理论不应该从言语和手势之间的划分开始。手势是人类表达的一种形式，对理解说话者的表达有着重要意义，且它们经常表达与口头内容互补的内容。此外，不只是我们的表情，我们的感知也是多模态的。因为我们不仅处理我们听到的，还处理我们看到的（如面部表情、嘴唇动作、眉毛动作、发言人的手势等）。说话者之间既有听觉上的联系，也有视觉上的联系，听觉和视觉同时被感知被称为多模态感知。对来自各种模态的刺激的处理基本上是一个无意识的过程。由于听觉和视觉感知是同时发生且无意识的，因此在解释一个交际事件时也必须考虑到互动的非语言成分。

二、多模态文化传播语料库

1. 多模态文化传播语料库的现状

顾曰国（2006：132）指出，有两类研究者对多模态语料库语言学感兴趣。第一类研究者，对开展“多模态和多媒体话语研究”感兴趣，关注“人”，致力于解决更多基于社会科学的问题。第二类研究者对构建多模态语料库感兴趣。他们将其作为一项探索性工作，处理组装和重新使用这些数据集的具体技术问题，并评估如何最好地实现这一目标；也就是说，使用哪些软件和硬件工具等。其中许多研究人员更感兴趣的是“如何改进人机交互”（Gu，2006：132）。

与当前的单模态语料库类似，多模态语料库的内容、记录方式、大小等都高度依赖于它们要实现的目的和目标，以及需要探索的研究问题、技术或方法。有鉴于此，各种不同形式的多模态语料库和相关研究项目在某种程度上都具有以下特征：

1）设计与基础设施：关于语料库中数据的描述、记录的类型和用于收集、编译、标注和表示这些数据的基本设计方法。

2）规模与范围：数据量（以小时或字数计）和所包含类型的变化（以说话人的范围或所包括的不同上下文计）。

3）自然性：关于如何“自然”或“真实”地感知数据，以及它是脚本化和结构化的还是更自然的。

4）可用性和再可用性：对数据的访问权，语料库是否已出版、是否可供其他研究人员使用和分析等。

2. 多模态文化传播语料库的应用实例

比较著名的多模态语料库是诺丁汉多模态语料库（NMMC）。它以三种不同的模式呈现其数据：自然发生交互的文本、听觉记录和视频记录，并在一个功能性的、可搜索的语料库界面内对齐。通过对口语语篇的词汇和手势特征的了解，可以分析它们在创造真实互动中的互动。例如，与话语标记语相关的特定手势序列在学术会议中起着管理话语的作用。点头与用来表示活跃的听众关系之间语言形式的相关性。仅仅从交际的语篇转录来看，将言语语篇功能码映射到言语中的非言语手势是不可能实现的。然而，所有的数据都是从博士生和他们的导师之间的学术会议上收集的，这意味着观察到的那些特定行为是依赖于语境或体裁的。特定的谈话或手势序列可能只是针对特定的对话、特定参与者之间的对话或特定的学术背景。因此，这些行为可能会也可能不会在这种有限的背景下转移。

目前的多模态语料库也倾向于只提供相对少量的数据或关注特定的语篇语境，而对于描述语境之外的语言几乎很少提及。如水果购物车语料库（Fruits Cart Corpus），包含了一些任务的对话视频，其中说话人的言语请求和执行动作被标注了出来。它由 13 名参与者的 104 个数字视频组成，每个视频的持续时间从 4 分钟到 8 分钟不等，共计在语料库中产生了大约

4 000个话语。其他例子还有任务生存语料库、NIST会议室二期语料库和VACE多模态会议语料库。这些都是多模态语料库，每个特征都是从一个特定的话语语境即专业的会议室中提取的互动记录。在其中一些语料库中，内容在一定程度上是脚本化的或预先计划好的，并且记录发生的条件是受控的和实验性的（例如参与者被告知具体讨论什么）。因此，虽然多模态方法在识别传统单模态语料库无法识别的模态和关系方面已被证明是有效的，但这些方法不一定适用于解决研究问题。这些研究问题的重点是人际方面的沟通，而不是正式、专业的语境领域。

3. 多模态文化传播语料库的局限

多模态文化传播语料库的发展还存在一些局限性。第一，每个语料库及其设计和标注方案都有特定的用途。因此，它并没有涵盖交际事件的所有要素和类型。大多数手势标注方案只描述手势所包含的动作的大小、轨迹和方向。其中一些研究仅限于根据人体运动特性分析人体非言语表达的一个大的成分，如面部动作编码系统（FACS）对人脸的详细分析。第二，如果语料库的规模相对较小（数十或数百小时的标注交互），那么就不可能以自然比例观察各种语言现象。第三，参与者通常是坐着的，这就限制了他们动作和姿势的改变。第四，摄像机的数量和位置限制了与每个发言者相关的可分析环境的大小。通常情况下，每一个说话人都被不同的摄像机记录下来，使得人们无法调查共同关注、眼神交流等现象。在这些情况下，可以尝试在标注软件（如ELAN）中同步摄像机及其联合流。第五，我们必须认识到标注（如语用标注）在某种程度上与解释有关，因此它从未完全与直觉分离开来。但是，如果标注者始终遵循标注准则且定期参与相关会议，就可以处理此类问题。

虽然我们已经意识到了多模态语料库的不足，但我们仍然认为在分析使用中的自然语言方面，没有比多模态语料库更好的替代资源，当前的语料库语言学为我们提供了各种途径，足以处理和分析整个多模态性质的交互。

三、多模态文化传播语料库的标注与检索

通常来说，我们可以设计和使用不同的标注工具来标注语料库中的音频和视频，并可以将相关内容合并到查询系统和数据库中。例如，HuComTech语料库的视频内容在Qannct中进行了标注，而音频内容在Praat中进行了标注。Praat是一个声学分析工具，能够比Anvil或ELAN等紧凑的多模态标注软件实现更精确和详细的声学分析。然而，Anvil和ELAN为用户提供了很多便利，因为它们可以在单独的窗口中同时对音频和视频文件进行流式处理和标注，且用户可以专门设计自己的标注方案，并在两个软件程序的同一个段上附加多个标记。此外，Anvil允许多个标注者在同一个文件上操作，因此它能够测量标注者间的一致性。在视频标注工具方面，一个新的软件程序Qannot即将代替Anvil。因为Anvil有时似乎无法处理大文件，而且在这些大文件中标注会存在过期的风险。随着标注的完成，HuComTech语料库的各种标注文件被合并到一个SQL数据库中。标注仍然被存储在SQL中，也可以使用ELAN软件以非常便捷的方式进行查询。ELAN的自定义查询选项包括：标注中的N-gram；多个文件的结构化搜索；在同一文件中查找重叠标签；在同一文件中查找左重叠等。使用多模态标注层能够系统地搜索时间对齐和同时出现的转折、子句或特定词汇项与使用手势、头部动作类型、注视方向、眉毛动作类型及姿势变化的自发互动语料库。

在多模态语料库搜索功能的帮助下，研究者能够实现手势和会话的时间对齐。与研究多词序列的语料库驱动方法类似，一些多模态语料库的研究受到符号学相关概念的启发。一些功能性标注方案尝试系统地编码手势与共现言语的意义关系，并根据言语与手势的一致性标注交际事件。手势常与言语同时出现，但它们的话语功能并不总是相同。手势和语音的基本功能要么“重叠”要么“分离”，有时同步的言语和手势可能比标注中给定时间戳的其他符号更“具体”。语料库中的频率证据支持统计方法在语

言分析和建模中的应用。大量的同步数据使我们能够实际而高效地运用因素分析或多维分析等先进的统计方法来揭示某些交际行为中同时出现的典型特征。因此，这些方法有助于解决对话建模和对话管理中的一项具有挑战性任务，即自动识别对话结构和交际行为类型。

四、多模态文化传播语料库的未来发展

首先，为了解决与多模态语料库的规模、范围和可用性有关的局限性问题，可以开发规模更大、更加多样化的数据集。然而，在传统的语言学研究中，大型语料库的含义是一个相对的概念。例如，在句法学领域，使用了几百万个单词的语料库，而在韵律学中，大多数标注都是手工完成的，几个小时的语音就算是一个大型语料库了。因此，一个语料库的大小是否适当，无论是单模态还是多模态，只能根据它的用途来确定。这就意味着，将大小限定为这些语料库的优点或缺点可能是不明智的，因为多模态语料库中的数据往往是特定于研究、专业和领域的。

此外，因为语言文本是一个无限制的群体，所以一个语料库在任何一点上都必然是有限的；一个语料库，无论有多大，都不能保证以大致正常的比例例示语言的所有模态。语料库必然是不完整的，因为记录自然语言的方法和实际过程是有选择性的，所以不可能将所有内容都包含在语料库中。这与语料库是专用型语料库还是一般语料库无关。

在理想的情况下，当前的多模态语料库规模将更大、范围将更广，以便使它们能代表更加宽泛的语言样本或类型，使语言学家能够从多种不同角度对正在使用的语言进行更详尽的观察。除此之外，多模态语料库还应容纳一系列其他形式的媒体，即超出视频、音频和文本数据以及相关元数据的标准。因此，这种预测性的语料库研究和汇编工作基于这样一种理解，即交流不仅是一个语言过程，还是有意义信息的多模态交换。数字时代的通信是通过多种多媒体平台进行的，现实生活中的日常话语见证了数字设备在不同环境中日益广泛的应用。因此，在多模态语料库开发的下一

个阶段，我们必须接受这种变革。

如前所述，开发 SVC 语料库的研究人员早期已经在尝试捕捉现实生活中语境的流动性和复杂性了。位于诺丁汉大学的 DReSS Ⅱ项目正是在此基础上进一步发展起来的。该项目的重点是收集来自不同资源的日常交互操作的语料库，不仅包括基于文本的数据（如短信、虚拟环境中的交互），还包括来自面对面对话的音频和视频记录（如 GPS 日志和其他一系列的媒体类型）。

对这些异构数据的汇编可以使我们推断出关于不同演讲者、媒体和环境之间交际的深度信息。在理论上，这有助于质疑语言选择在多大程度上由交际中不同的空间、时间和社会语境所决定。在现实层面，构建这样的语料库显然需要面对一系列伦理、实践和方法上的问题。这些目标的实现和异质多语境语料库的成功开发在很大程度上依赖于技术的进步、系统的完善以及软件的开发。由于可伸缩性问题而产生了限制和记录、转录的过程，因此尽管有相关软件，但时间戳和编码数据仍然非常耗时。这些问题可能会阻止语言学家试图创建这种性质的多模态语料库，毕竟迄今为止，仍然没有有效的解决方案。

其次，鉴于 NELC（诺丁汉语言语料库）将包括多种形式的不同媒体类型，关于语言学家记录、处理、存储和访问这些媒体类型的最佳方式，有许多问题亟待解决。在这些阶段中的每个阶段使用的方法自然不同于每种媒体类型，因为它们存储在不同的文件格式中，并且通常以不同的方式进行可视化和表征。因此，需要开发在同步性和质量方面更高级的设备以记录多种形式的数据。这将有助于提高语料库的合成速度，并使研究人员有机会快速扩展其语料库。

尽管正在开发摄像机、录音机和其他越来越高规格的录音硬件，但这些设备的移动性和功能性效果未达到预期标准，仍然不如在实验室中进行记录。在实验室中，可以在房间周围的不同位置放置许多摄像机，以便从多个角度捕捉参与者：从近距离和正面到鸟瞰视图获得更多全景照片。同样，参与者也可以根据需要在静态环境中佩戴眼镜或运动跟踪设备。另外，越来越多的移动工具包正在投入使用，尽管它们在录音质量、录音允许长度等方面仍然较为原始。事实也证明，寻求开发更多的升级工具来自动转录数据是有益的。虽然目前已经存在类似工具（如 Speechware10），但人们普遍认为这些工具远不精确，因此这些工具很少用于单模态或多模态语料库的构建。

再次，半自动化的数据标注过程也将加快多模态语料库的开发和分析速度。这可以采取上述数字跟踪装置的形式，其设计允许用户自动定义并随后编码视频数据中感兴趣的特定特征，以便进行更大范围的语言和手势探索。实际上，由于这些技术仍处于发展中阶段，跟踪技术还远远不够完善，因此目前它们仍然是多模态语料库语言学中一种潜在的方法，尚不属于功能部分。

最后，需要开发软件来支持这些数据集的表征和有意义的查询。因为在当前的多模态语料库方法中，还没有针对这一点的标准程序。需要注意的是，以下特性是查询异构语料库工具包时不可或缺的：设备或数据类型；时间和地点；参与者的特定贡献；允许对域内和域间的事件或元素进行频率分析的工具；转录规定的可变性以及表示同时讲话和发言者重叠的能力；用于映射单词或事件发生率的绘图工具。它们将寻求建立、组合和扩展常见的单模态语料库分析工具的功能，如 WordSmith 工具、Sketch 引擎和 WMatrix 提供的功能，以及其他形式的社会科学和定性数据研究软件。理想情况下，这些工具也应该是免费/开源的，然而迄今为止，许多领域都被付费方工具和数据集垄断。这在一定程度上也限制了某些用户对工具的使用。相比之下，开源软件和工具将增强所有人的可访问性，并将促进基于语料库的方法在其他领域的交叉应用。

值得关注的是，一系列复杂的语料库工具正在研究空间中开发，旨在支持上面列出的一些或所有实用程序，即 ELAN、DRS、Exmeralda 和 Anvil。虽然这些工具主要支持语料库的构建、维护和分析，而不提供任何自己的语料库数据，但它们为未来语料库工具的可用性树立了很好的榜样。

第三章

多模态文化传播机制认知研究

第一节 意义机制

一、意义的来源

以多模态的视角看待表征和传播问题，源于人们对实践和资源两个概念的关注。在意义问题上，这一点尤为关键。传统语言学认为意义是一次性产生的，或者说意义是一次性的。相比之下，我们看到了文化中的多模态资源，这些资源在文化中的任何层次、任何方式上都能被用来制造意义。概括来说，意义的来源包括话语（discourse）、设计（design）、生产（production）和分配（distribution）四个方面。

1. 话语

话语是社会上对现实知识的社会建构。所谓“社会建构”是指这些话语是在特定社会背景下形成的。无论背景广泛与否，其发展方式都符合这些背景下社会行为者的利益。例如，西方记者在报道非洲或南斯拉夫的内战时，可以借鉴民族冲突的战争话语，但在机场惊悚片或以非洲为背景的电影中，战争话语也是可用的资源。战争话语既涉及战争中实际发生的事情、谁参与了战争、他们做了什么、在何时何地、何人参与，也涉及与战争或战争的某些方面有关的一系列解释、评价性判断、批判性论证等。例如，报纸上关于战争民族冲突的论述，是为报纸所在国家的利益服务的。因此，它们通常不提殖民化和非殖民化的影响，而通过将冲突建构为数百年或更长时间的冲突来为不干预辩护，这只是其中的两个方面。还有其他一些关于战争的论述，例如以“经济或意识形态”作为解释范畴的论述。这些论述会包括或排除其他参与者和事件，将他们对战争中实际发生的情况与其他解释、判断会论证等联系起来，并为其他利益服务。虽然有些论述非常强调实际事件，很少提供解释或论证，但另一些论述则含有抽象的解释和论证，只对正在消亡的各方的实际行动做广义且笼统的解释。

任何论述都可能以不同的方式实现。例如，关于战争的民族冲突的话语，也许可以以餐桌上的对话、电视纪录片、报纸专题片、机场惊悚片等的一部分来实现。换句话说，话语是相对独立于体裁、模态和设计的。然而，话语只有在符号模态中才能实现，符号模态已经形成了实现话语的手段。在 20 世纪 20 年代俄国革命之后，电影还没有发展出实现马克思主义话语的手段。因此，像艾森斯坦（Eisenstein）这样的电影制作人，他梦想着拍摄马克思的《资本论》（*Capital*），于是开始创造辩证法蒙太奇，并在这个过程中扩大了媒介的符号学范围。

2. 设计

设计站在内容与表达之间的中间位置，是表达的概念面，也是构思的表达面。设计是符号学源泉，存在于所有符号模态和其组合中。设计是在特定的传播情境中实现话语的手段。但设计也增加了新事物：实现了将社会建构的知识转化为社会互动的传播情境。比如说，考虑到那些在“民族冲突”背景下写惊悚小说的作家，他们在实现战争的民族冲突话语的同时，也实现了一种特定的互动模式。在这种互动模式中，他们的目的是娱乐特定的观众。在此过程中，设计可能遵循习惯、惯例、传统或规定，也可能是创新的、突破性的，就像话语可能表达常识，也可能是创新的、甚至是颠覆性的。

但是，设计仍然脱离了符号学产品的实际物质生产，或者说脱离了符号学事件的实际物质衔接。设计所依赖的资源，即符号模态，仍然是抽象的，能够在不同的物质性中实现。比如说，语言是一种符号模态，因为它既可以作为言语实现，也可以作为文字实现，而文字也是一种符号模态，因为它可以作为石刻上的文字实现，可以作为证书上的书法实现，可以作为光面纸上的印刷品实现，并且所有这些媒介都增加了一层符号化的意义。然而作者在设计民族冲突惊悚片时，除了使用语言之外，还利用了叙事模式。而这种模式是不同于印刷书这种媒介的。同样的设计可以在不同的媒介中实现。同样的故事，如果有了共同的传播目的和受众的概念，也可以成为主流电影或机场惊悚片。当然，在实际写书或制作电影的过程中，需要的技巧千差万别。

这种设计观也适用于没有如此明确的“主体性”的符号学实践。例如，一个建筑师设计一栋房子或一幢公寓。这种话语提供了一种关于房子是如何居住的、有多少人、哪种人住在房子里、他们在房子里做什么，以及解释他们为什么要这样生活，以及对这些生活方式的批判或辩护。然后房子的设计稿会展示出如何以房屋或者公寓的形式塑造这种话语概念。实际上，有些建筑项目永远不会被建造出来，而是留在纸上，留在脑海中，留在硬盘上。它们往往是突破性的建筑，是那些可以奢侈且自由的设计空间的建筑，而不是现实生活中的经济适用房。建筑可以以几种不同的物质形态来实现，还可以以交互式的计算机程序来实现。虽然主题城市曾经是围绕着大门和港口建设的，但现在的远程主题元城市是围绕着窗口和远程传送，即围绕着屏幕和时间段重建的。

3. 生产

生产指的是表现形式的组织，指的是符号学事件的实际物质表达，或者说是符号学艺术品的实际物质生产。我们在这里使用的“媒介”一词是指执行媒介，也就是艺术家们在说到油彩、纸上的水墨画或大理石底座上的青铜器时使用的媒介；当然，它也适用于那些不产生超越语言或音乐等艺术表现形式痕迹的媒介。

有时候，设计和生产、模态和媒介很难分开。比如说即兴音乐人既要设计，又要表演音乐。他们也许会排练，但即使是在排练中，也很难知道设计和表演在哪里结束。在这种情况下，表演者的工作往往会被看作是几乎没有附加意义的，因为只是尽可能忠实实现作曲家的意图，并尽可能地让人听得懂，充其量只是增加了纸上黑点所没有的表现力。语言学家对语言的看法也是一样的：表达平面不增加意义，只是在不破坏基本意义的同时实现了那些也可以写下来的表达。即当设计和生产分离时，设计成为控制他人行为的手段，话语、设计和生产之间统一的可能性就会减少，生产者就没有空间做自己的设计。在这一切中，写作及其为行动提供详细的脚本和处方的能力无疑起到了举足轻重的作用。

4. 分配

表达需要进一步分层。音乐表演者可能需要技术人员将音乐录制成磁带和光盘以便保存和传播；产品设计者可能需要制作产品原型的手艺人，而其他手艺人则需要制作模具的手艺人来批量生产。

分配，也往往被认为不具有符号学意义，因为它只是促进了保存和分配的实用功能，而没有任何附加意义。正如表演者的工作是忠实于作曲家的意图，所以录音和混音工程师的工作是实现高保真：制作人希望自己制作的唱片，哪怕在公众的家里，听起来也如他们在一个声学上完美的大厅里最好的座位上听到的声音一样。但公众的家不是音乐厅，声学上完美的音乐厅并不存在。将管弦乐引入家庭，能够一遍又一遍地听到同样的演出，其实已经从根本上改变了音乐的意义。随着时间的推移，传播媒体可能会部分或全部转化为生产媒体。音响工程师的贡献可能会变得与音乐人的贡献相等。使用混响等参数，不是为了重现声学上完美的大厅，而是作为独立的符号能够发出内部和主观的声音或外部和客观的声音。就像许多当代舞曲混音中的鼓和贝斯的契合，甚至感觉他们似乎不是在一个实际的空间，而是在人的大脑或身体内部，而在这样的空间中，所有的声音可以被瞬间吸收。

二、意义的组成

在符号生产的社会组织层面，可能会出现不同的话语、设计、生产和分配的配置。例如在日常会话中，任何说话者或听者都会将话语、设计和生产技能结合起来，并可能在主观上将它们作为一个整体来体验。然而，即使在这里，它们仍然是不同的阶层。演讲者需要获得话语和知识，而这些知识是为了达到社会结构化的目的；他们需要知道如何在适当的语序中形成这些知识，以及如何将其嵌入到互动事件中；他们需要会说话。尽管我们可能会认为这些技能是理所当然的，并把它们视为一个统一整体。但它们是不同的，如果其中任何一项技能受损，这些特征很快就会变得明显。

在日常对话的另一端，我们可能会有专业配音专家的演讲。分工此时被最大限度地发挥了出来。每个阶层都有不同的人和技能。专家提供话语源，编剧负责设计，配音专家负责配音，录音师负责录音，等等。然而这种分工并不是完全的分工。专家们精挑细选，因为他们了解媒体的需求，能够提供适合电视纪录片的话语。编剧要对电视制作有一定的了解，以避免写出那些拍不出来的东西，也不至于写出太过昂贵的片子，这样才能很好地发挥媒体特有的制作价值。画外音专家必须了解自己所读的内容，并考虑到录音师的要求，使自己的声音保持在一个均匀的水平上，不至于沙沙作响等。换句话说，我们所称的“层解耦合”（stratal uncoupling）从来都不是绝对的。

这两种符号生产存在于同一社会。我们生活在一个话语、设计和生产不再统一的世界里。在这个世界里，培训教师在不用提及教学内容的情况下进行教学，管理者们在无形中进行管理，被采访者接受采访而不会提及采访内容。我们被鼓励甚至被迫用自己的话再现话语，即不必再现它们的设计。设计和制作有时是耦合的，因此同一设计的不同产品可以被视为在讲述同一件事；有时又是不耦合的。例如在爵士乐表演中，同一首曲子的两个不同版本可能是在讲一些完全不同的东西。这使得我们的符号与言语有着根本的区别。在言语中，知识与其外在形式不可分割地结合在一起，因而很难理解话语内容和说话方式之间的区别。

最重要的是，写作的出现打乱了话语和生产之间的直接联系。例如，在幼儿的符号生产中，写作使语言成为一种符号资源，不再依赖于它的物质实现。graphic 一词最初是指 make marks 或 scratch，但 syntax（一个起源于军事术语的词）意思是 organization 或 battle formation，仅指军阵。因此，写作无论作为一套内化的语法规则，还是作为外化的脚本、书面流程、程序、教学大纲等，都可以用来指组织创造秩序，支配人类行为，并使之可预测、可重复。它只存在于某些边缘或边缘化的领域，或者在需要新话语、新设计或新生产和分配模式时，保持或恢复话语和生产之间更直接的联系，从而出现了其他不那么规范和系统的符号学原则。

多模态文化传播中的意义转换不仅仅是将一种符号资源的意义转换为另一种符号，而是将这些符号资源作为一个整体的系统重新组合，进而重新建构意义。换句话说，这个过程是一个跨模态重新设计的过程，形式和意义在社会框架的影响下重新组合。为了保证意义的一致和对等，需要进行模态的转换，并重新选择符号资源。

第二节 隐喻机制

一、概念隐喻

《隐喻与思想》(*Metaphor and Thought*) 和《我们生活的隐喻》(*Metaphors We Live By*) 两部著作在隐喻研究领域具有里程碑式的意义，标志着对隐喻的研究从语言隐喻转向概念隐喻。概念隐喻理论中的一个关键概念是思想是内在的体现，理性是由身体塑造的。简而言之，这说明与不能通过感官感知到的现象相比，人类更容易理解能通过感官感知到的现象并对其进行分类。正是感知力使后者变得具体，而缺乏感知力使前者的现象变得抽象。为了掌握抽象的概念，人类要用具体的概念来进行系统的理解。因此生命、时间、情感等抽象概念，就被系统地理解为具体现象。生命被视作一段旅途或一个故事；时间被视作空间运动；情绪通常借助“力”的概念来表现。概念隐喻理论认为，许多现象的概念化都有着根深蒂固的隐喻形式，其中隐喻的目标域（主题、基调）是抽象的，而其源域（载体、基础）是具体的。隐喻的解释可以归结为从源域到目标域的相关特征的“映射”；这种映射是自动发生的。由于“具体性”是通过感知获得的，所以隐喻的源域是强烈地植根于人的身体运作中的。概念隐喻理论的一个较新的发展是“混合理论”。该理论没有目标域和源域的假设，而是提出了两个（或多个）“输入空间”的概念。输入空间既有共性又有特性，正是这种组合使得所谓的“混合空间”得以构建。混合理论是一种描述性的模型，在解释随机创造语言现象、隐喻性和其他方面都比隐喻理论更有优势。

然而，概念隐喻理论至少在以下几个非常重要的方面受到限制。尽管隐喻的本质是从另一个角度理解和体验一种事物，而着重避免了“言语”或“语言”，但概念隐喻理论关于其存在的主张的有效性几乎完全取决于言语隐喻中可检测到的模态。由此产生了两方面的问题：一是存在循环论证的风险。认知语言学研究从语言分析开始，推断出有关身心的事物，进而激发语言结构和行为的不同方面，因而受到循环论证的影响。显然，要想进一步证实语言表达隐喻，而非隐喻本身具有语言属性，则需要证明隐喻可以以非语言、多模态以及纯语言的形式存在。二是研究人员可能会过于关注隐喻的言语表现形式，而忽略其他方面。但这些方面通常只出现在非语言和多模态的表现形式中。当然，后一种认识体现了一个更普遍的原则。自从麦克卢汉（McLuhan）提出“媒介即信息”以来，一旦传达信息的媒介发生了改变，信息的内容也随之改变。每种介质（这里定义为信息的物质载体和传递介质）通过一个或多个信号系统进行通信。例如，非插图书籍的媒介完全利用书面语言的模态；广播依赖于口语、非语言声音和音乐的模态；广告牌依赖于书面语言和视觉效果；而无声电影则依赖于视觉效果、书面语言、口语、非语言声音以及音乐。如果每一个信号系统（模态）都能独立或组合起来表示隐喻目标域和源域，那么一个成熟的隐喻理论就不能仅仅基于其语言表现形式，以防对隐喻的构成产生片面的理解。

二、单模态隐喻

1. 定义

我们把单模态隐喻定义为目标和源头完全以一种模态呈现的隐喻。典型的单模态隐喻是最近才发展起来的，与“隐喻”有着相同的语言样本，并引发了大量研究。单模态隐喻研究中较为代表性的有图像隐喻和电影隐喻。

2. 图像隐喻

关于图片中隐喻的早期讨论要追溯到肯尼迪（Kennedy）（1982）从文学中的比喻、修辞手法、描写手法等方面对隐喻的全方位理解。他指出了25种隐喻类型，如转喻法、重言法和反叙法等，并试图用本体和喻体的区别来描述“描写手法”，但发现并不能涵盖所有的问题。此外，他所选择的例子是否最为恰当，是一个值得讨论的问题，而且每种类型都只用了一两个例子来说明，很难将其推广到所有情况。

即便如此，肯尼迪提出的一些观点对狭义的图像隐喻理论仍然具有启发性。第一，他认为一个现象被贴上图像隐喻的标签是可以理解的，因为它有意违反了表现准则。第二，他强调目标域和源域原则上是不可逆的，这就确保了他所定义的隐喻仍然符合言语隐喻理论中普遍的标准。第三，肯尼迪引入了“符文”的概念。符文是一种在漫画和卡通中大量使用的非标志性符号，是在人物或移动的物体周围用直线或曲线、星星、气泡等来表示速度、痛苦、惊奇、快乐、愤怒和许多其他现象。

3. 电影隐喻

电影隐喻可分为十类，超越了狭义的隐喻，包含了转喻和提喻等，但这种分类没有考虑到视觉混合体。此外，视觉隐喻与语言隐喻的不同之处在于，视觉隐喻往往允许目标域和源域的转换，而语言隐喻则不允许。电影隐喻的模型主要针对广告表征和隐喻互动理论，围绕着以下三个主题进行讨论，即图像隐喻的两个术语目标域和源域的确定以及从源域到目标域的映射特征。最后一个主题涉及隐喻的解释：原则上，所有与源域相关的隐喻元素（由整个群体或单个个体）都有资格成为潜在的映射对象。关联性原则也决定了在特定的情况下，什么是由特定的受话人实际映射的。

三、多模态隐喻

1. 定义

多模态隐喻是指目标域和源域分别以不同模态来专门或者主要表示的隐喻。限定语“专门或者主要”是重点，因为非言语隐喻往往含有在多个模态中被同时提及的目标域和源域。例如，当有人想在动画片中形象地表达“猫是大象”的隐喻时，就可以描绘一只长着象鼻子、扇动着大耳朵的猫；展示猫的背部有一个华盖，而一个典型的印度大象骑手正坐在上面；把猫和大象并列在一起，摆出相同的突出姿势；或者让猫咪的行为像大象一样。这些变体将构成图像类的单体隐喻，分别以混合型、语境型、明喻型和综合亚型为特征。当然，这些亚型也可以组合在一起。如果制作者希望通过多模态的方式来表达同样的隐喻，那么可以让猫咪吹喇叭，或者让另一只猫咪对第一只猫咪喊“大象!”。在这些情况下，源域大象会以声音和语言的模态被触发。由此来看，这个隐喻将是真正的多模态。但是，就单在视觉模态的情况下，制作者当然不必在其中任何一种模态中做出选择：她可以描绘出一只长着象鼻子和大耳朵的猫，吹着喇叭，然后让另一只猫喊“大象!”此时，信息源被三种模态同时表达，其中只有视觉模态与目标域相同。这种情况也属于多模态隐喻。当然，表达源域的转喻本身往往是因其特定内涵而被选择的。象牙和象鼻都能使人联想到“大象”，但前者意味着侵略性、白色、昂贵，而后者则意味着灵活性、敏感性和用来喷水或撒沙子的工具。关于涉及语言和手势的多模态隐喻的文献数量也在不断增加，其中手势模态表达的是源域而不是目标域。

2. 形成机制

由于非言语交际模态并不具备“是”或“像”这种能表明在给定语境中属于不同类别的两个实体之间的隐喻性身份关系，因此需要关注触发相似性的文体手段。当然，这一点对于没有这种“A 是/像 B”格式的动词隐喻也是如此。但在后一种情况下，无论选择什么手段，表达本身都是言语性的。在非言语隐喻和多模态隐喻中，表达两个现象之间隐喻相似性的信号是不同的，而且必然会因隐喻术语所代表的模态的不同而不同。以下是一些单独或组合部署的可能性。

（1）感知相似性

感知相似性只能在单模态隐喻的情况下作为一种触发条件，如只有一个视觉表征同另一个视觉表征在感知上相似或者只有声音与另一个声音在音量、音色或音调上具有感知相似。在视觉相似的情况下，选择范围更大：两个事物可以彼此相似，因为它们有相同的大小、颜色、位置、姿势、质地、材质等。但相似性不需要存在于“事物”本身，而是以它们的表征方式显现出来（如它们可以从同一个独特的视角拍摄，或者用一样独特的镜头运动）。

（2）填补图示空缺

当给定语境是自然或传统的环境时，将某一事物置于特定的语境中，可能会强烈地、甚至不可避免地唤起另一种事物。换句话说，我们可能会遇到偏离典型的意象或模态的情况。例如，在音乐环境中，当一个小提琴盒里有一把活动扳手时，这或许暗示了“活动扳手是小提琴”的隐喻。

（3）同步提示

如果两个事物以不同的模态发出信号，则同时表示目标域和源域可以实现隐喻识别。例如，一个亲吻伴随着汽车撞击声、吸尘器的声音，或者铁链的叮当声，可以分别隐喻性地映射出灾难、沉闷的家庭生活和监禁。另外，在前一种机制的变体中，两个不同事物可以因为一个意外的空缺填充而被联系起来，比如当一张亲吻的照片上有“监禁”的说明时。

第三节 修辞机制

一、视觉修辞

1. 视觉修辞

传统的修辞学研究并没有过多关注语言修辞学转置和视觉修辞学的争论。实际上，英语文学中的转置（transposition）并无问题或争论可言。语言形象具有视觉对等物，并存在于各种广告中。此时，一种权威性的论证取代了激烈的讨论。而且，由于忽略了对立的观点，这种论证并不是完整的。

首先，与法语文学中的争论相比，在英语文学中，视觉修辞并不局限于形象修辞。对视觉修辞学的理解方式多样。其次，争论的焦点似乎已经从言语形象与视觉形象的关系转移到了文本与图像的关系。尽管《视觉修辞学》（*Defining Visual Rhetorics*）中有“视觉修辞学”的字样，但它并没有提出统一的视觉修辞学定义，因为所有的撰稿人都有自己的定义。然而，所有论文都有一个共同点，即“所有的撰稿人都拒绝承认视觉文本和言语文本”之间可以有明确的分界。这种立场或许可以解释为什么撰稿人能轻易将言语修辞转变为视觉修辞。在这本书中，撰稿人并没有止步于论证视觉和言语传播模态以复杂的方式共同发挥作用；相反，他们分析了三种相互关联的模态在各种修辞手法中的运作情况。然而，编辑们混淆了一些东西：文字和图像在许多视觉混合媒体中共同作用，并不意味着在它们之间没有“明显的分界线”。恰恰相反，在分析它们之间的相互关系时，必须考虑到其差异性和互补性。

最近的一些视觉修辞学文集认为，我们需要研究多模态文本中的文字和图像之间的相互作用、视觉修辞学的可能性和特点、视觉和言语相互作用的方式及组合方法等问题。学者们研究视觉修辞学的方法建立在如下的假设之上：原则上，文字和图像常常以有趣的修辞方式组合在一起。如今，这样的假设已经成为规则，大量的研究集中在混合媒体中文字和图像的互动方式上。

语言修辞已经发展了几个世纪，而修辞所具有的语言属性，使得它可以移植到视觉形象的问题上。然而，亦有学者认为隐喻不是一种修辞手法，而是一种思维模式。除了语言之外，隐喻还可以以其他模态出现。如果隐喻是一种认知过程，那么，多模态隐喻就可以作为同一概念过程的不同模态来研究。

二、视觉论辩与多模态论辩

实际上，对修辞学的定义存在着巨大的差异。在对视觉修辞学进行定义时，也存在着这种差异性。学者们对视觉修辞学的研究有着不同的本体论假设和概念基础，导致理论建设进展缓慢。而当学者们将修辞学的思想与符号学、文化研究、后现代主义、女性主义研究、认知心理学和行为心理学的思想融合在一起时，事情就会变得更加混乱。研究多模态话语的学者观察到，在“图像”、“文本”和“模态”等术语的使用上也有同样的差异性。

论证可以作为一种产品、过程或两者的结合来研究。“论证”一词被用来指代两种不同的现象：一是进行论证时的交际行为，二是进行论证时的互动。因此，作为产品的论证被理解为由支持结论的前提构成，而作为过程的论证则被理解为交际和交互活动，其中，论证者通过为特定听众提出支持某一观点的理由来捍卫该观点的可接受性。对于论证的第二种概念，一般倾向于使用“论辩”一词，以避免与“论证”一词相混淆。无论是作为一种产品还是作为过程，人们都可以进一步开展对论证的研究，最终描述性地说明其组成部分和“现实生活”中的各种现实情况，或者规范性地说明有说服力的论点如何符合合理性的标准。

在研究论辩的过程中，人们可以采用三种观点：逻辑学、辩证法或修辞学的观点。不管这三种观点是被理解为相互排斥的关系还是指论辩的某一特定方面，它们都是全面研究论辩的必要条件。一般来说，从逻辑的角度看，从前提到结论的论证和推理过程是核心；从辩证法的角度看，正是规则和惯例掌控着最受关注的论证程序；从修辞学的角度看，重点在于论证在特定的语境中和针对特定受众论辩的有效性。因此，在确定论证或论辩的实例时，其结果取决于采用三个观点中的哪一种。虽然从修辞学的观点看，只要它的功能可以获得受众的认同，任何传播手段原则上都可以作为论证分析；而从辩证法的角度看，只有考虑获得认同的合理方法才会被考虑；从逻辑的角度看，可以分析一个论点的形式属性，而不一定需要用任何自然语言来传达。

因此，人们会倾向于认为，正是修辞学的视角最容易将视觉和其他非语言交流手段作为适当的分析对象。然而，尽管修辞学家们早在逻辑学家和辩证法学家之前就率先承认可以用言语以外的其他模态来实现论证，但这种认识并没有直接提出来。最初人们严重质疑视觉和其他非言语的产物是否应该作为修辞分析的对象。毕竟，传统的修辞学范畴最初只适用于口语演讲和书面文本的生产和分析。对于辩证法学家和逻辑学家来说，保留意见的原因在于，图像和非言语行为在本质上是非命题性的，因此一旦该言论受到质疑，就无法断言其内容的真实性，而这种行为是论证性交际的核心。直到 20 世纪 70 年代末，关于视觉修辞的研究才开始出现，而伯塞尔（Birdsell）和格罗尔克（Groarke）直到 1996 年才出版第一本关于视觉论证的专著。

与其试图将“视觉论证”或“视觉修辞”置于论证研究的单一视角之下进行研究，不如从传播的多模态性角度入手。在这个意义上，信息通常是通过符号模态的组合来传达的。然而，学界对多模态这一术语的定义至今尚未达成一致。模态以及模态之间的互动关系是由社会、文化和历史因素共同塑造和解释的。可以将以下几种模态视为符号模态：书面语言、口语、静态图像、移动图像、音乐、非语言声音、手势、凝视、姿态。这些模态中的任何一种交际方式结合在一起的例子比比皆是。例如，一种理性的社会活动、两种或两种以上的模态在推进某一观点并检验其可接受性的过程中发挥作用等。这种社会性、理性和认知现象可以从描述性或规范性的角度来研究，关注产品或过程，并借助于逻辑学、修辞学和辩证法的观点。《视觉论证》(*Visual Argumentation*) 第三期特刊的导言中列举了一些对论辩研究有贡献的理论方法和学科，如修辞学、哲学、逻辑和认识论、传播理论、实用辩证法，以及诸如批判理论、认知和社会心理学、人工智能等子学科。这些理论方法和学科在多模态论证研究中也发挥了重要作用。

根据对“多模态论辩”含义的理解，在论辩和修辞学领域进行的大部分研究对象都可以被描述为“单模态言语论辩”。实际上，“视觉修辞”和“视觉论辩”这两个区分“非言语论辩”的文学术语，由于两个原因而使人感到困惑：一是它们表明研究的对象是完全以视觉模态传达的论证；二是它们把“视觉”当作是任何独立地或与其他模态结合使用以传达意义的非语言模态的术语。相比之下，在以下两种意义上的多模态性下，我们选择将修辞学和论辩定义为“多模态性”：一是将修辞学和论证作为某种文本的属性，借鉴了一种以上的模态；二是将修辞学和论证作为一种视角，从这个视角来研究任何文本，都可以包含传播和互动的多模态性。此外，我们对“修辞”和“论证”的理解，既可以是指前面提出的观点，也可以是描述多模态传播的不同却互补的方面。在第二种情况下，对多模态修辞的研究将主要关注各种符号学源域的组合，而对多模态论辩的研究则主要关注各种符号资源的组合。

三、图像的论辩功能

视觉论证面临的主要理论问题是：图像是否是论证，或者是否可以是论证。怀疑论者声称这是不可能的，因为非语言话语无法表达真假命题。但是将论证视为“视觉化”的论证是否合理取决于人们对“论证”和“论辩”概念的理解。批评者提出的反对意见似乎理所当然地认为，论证首先是“言语”，只有语言才能表达命题。然而人们不需要将论证理解为本质上是言语或视觉的范畴，而是将其理解为与隐喻类似的认知范畴。“言语论证”和“视觉论证”将分别被认为是“纯粹以言语模态传达的单模态论证”和“纯粹以视觉模态传达的单模态论证”。因此，使话语具有论证性的并不是话语的物质性，而是话语的制造者在特定情境中对话语的理解。此外，非言语符号传达的是意义。因此，非言语符号可以表达用于论证性交际的命题。

迄今为止，关于多模态论辩的理论研究主要集中在反驳图像缺乏命题性以及图像与言语的不可还原性问题的批判上，且已经就视觉和多模态论证的分析进行了大量研究。近年来，论证学者和修辞学家们对各种多模态论证进行了探索。有学者将广告、社论漫画和科学传播列为被广泛研究的三种类型。事实上，大多数人很早就注意到了商业和政治广告的宣传体裁、印刷品和电视广告以及政治漫画。其他受到关注的多模态论证的背景还有科学传播、摄影和电影。

在各种符号模态中，主要研究的是书面语言模态与已经过检验的视觉模态的组合。一些关于视听移动图像的研究也集中在音频模态上，但在这方面还有很多工作要做。此外，在修辞和论辩研究中，身体姿势和手势也受到了一些关注。

随着多模态论辩研究的发展，言语论辩的语境也得到了更多的关注。对分析和评价视觉论证很重要的三种语境包括直接的视觉语境、直接的言语语境和视觉文化。一个图像或任何其他非语言模态的显性和隐性内容的衍生，在很大程度上取决于对认知话语所属体裁的激活。一旦我们将多模态话语实例理解为归属于特定的流派，我们就会瞬间，而且可能是在很大程度上自动激活由该流派的惯例所引起的所有预期。

四、多模态论辩的建构

多模态论辩重构的翻译、转换和最终呈现是另一个备受关注的问题。虽然完全以言语模态传达的论证话语的解释和重构也被认为是一个复杂的问题，但除了语言学的语义系统外，使用以不同程度编码为特征的语义系统，使得分析者难以确定其潜在意义。尽管这种意义在大多数时候可以被认为反映在语法和语义的选择中，但在视觉或任何其他非语言模态的某些选择中，不可能有明确而直接的方法来恢复预期的意义。非言语符号系统的这种特殊性，使多模态论辩的批评者们得出结论，即不可能从图像中提取命题，也不可能将义务归于那些在论证交际中使用过图像的人。然而，这种观点忽略了同样因为语言意义的不确定性而产生的问题，也就是是“说的是什么”和“指的是什么”之间的差距。研究视觉论证的学者们也提出了反面观点，即言语手段实际上不足以捕捉图像向受众传达的丰富的信息。

尽管有一些表述错误地认为，要从视觉描述中解读论证，就像从言语文本中读出有效的演绎性论证一样。但视觉和多模态论证的研究者们普遍认为，在从多模态文本中提取论点之前，必须先对图像进行解读，然后才能从中提取论点。这个过程的结果被语言化，以便于分析者谈论和分享结果。然而论证性分析绝不是直接地、专门地应用于多模态文本的语言化内容。言语被理解为视觉的“占位符”，而不是视觉的“翻译”。

谈到确立各种符号模态在构建论证或实现修辞效果中的作用和功能时，人们提出了各种建议。最明显的方法是从论证的两个组成部分，即结论（主张、立场）和前提（理由、证据、论据）两方面入手，探索形象在特定情境中的作用。沿着这个思路，有人提出了一些分类标准。然而，在这种观点中，人们将图像作为一个整体与书面文本进行了对比，将注意力集中在内容（言语和视觉）上，而不太关注风格/形式以及关于这些模态不同属性的选择。但是，每一种符号学系统都有其特定的承受能力。同时，每个符号学系统都由可以做出选择的众多层次组成，每个层次都有不同的潜在意义。因此，一个静态的图像可以从质地、构图和色彩的使用等方面来分析，而一个移动的图像，除了静态的图像适用的层次之外，还可以从时间上的顺序来分析。在每一个层次上做出的选择都可以在解释和重构论证方面发挥作用。

对非言语模态的论证相关性进行核算的另一个方向是根据各种符号模态的指示性潜力来区分其功能。在这种观点中，图像的内容或形式并不直接为论证的重构提供内容，而是提供了一个指示，说明该内容的功能可能是什么，或者该内容应该如何解释。例如，关于页面布局或图像构图的选择，表明哪一部分包含立场，哪一部分是支持论据，但并不表明立场或论据的内容是什么。

识别视觉和其他符号模态（与言语模态相结合）功能的另一种方法是考虑其修辞效果而不是论证功能。通过言语和视觉元素（如广告中使用的视觉元素）的结合所传达的修辞手法，通过将观众的注意力引向某些元素并提供推理模式，起到了论证功能。隐喻要求从其他事物的角度来看待某件事情；对比要求对立面；而交错法只有当它以颠倒的顺序呈现出思想的重复时才是交错法。另外，图像还有四种修辞内涵，即存在感、现实主义和索引性记录的潜力、即时性和语义凝结。这种分类为理解图像的修辞效果提供了一种更细致的方式，使我们能够超越单纯的视觉形象识别的修辞效果，更好地理解图像的使用。

五、多模态论辩的评价

最后一个涉及多模态论辩理论和分析的问题是多模态论证的评价问题。关于多模态论证的评价规范和方式也是一个相对较新的议题。最初的方向（主要来自对视觉论辩的批评）是认为任何使用视觉或其他非语言模态部分或全部传达的论证都是内在的谬误，因为除了言语之外的任何符号模态的使用都被认为是为了解决交流的情感和本能层面的问题，从而回避了所谓的辩证层的批判性审查。然而，这种观点忽视了图像（以图示和数字的形式）在科学传播中的使用不仅仅是为了说明言语文本所传达的信息，也是为了论证复杂的现象。它还忽视了推理过程可以完全根据视觉刺激来激活和评估的事实。评价论证力的规范并不适用于可能被用来推进某一观点或支持该观点的论据的符号资源，而是适用于推理关系和检验某一观点的程序所遵循的步骤。

尽管对多模态论证的评价非常具有挑战性，但这并不是一项不可能完成的任务。剩下的问题是现有的规范是否需要调整或是否需要增加新的规范。有人认为没有必要修改用于评价视觉或多模态论证的规范。假设一个标准的非修正主义立场，用现有的、非专业化的理论、方法、标准和论证评价标准，视觉论证可以被正确评估。而从论证方案的文献出发，虽然论证方案的机制与伴随的批判性问题同样适用于视觉论证的评价，但需要根据视觉模态调整批判性问题来制定特殊的方案。规范性修正主义和规范性非修正主义之间的差异，也许可以通过区分规范性标准来弥补，该标准适用于评估任何论证实例（无论其在实际实践中的符号学实现情况如何）和特定模态的标准，他们可以帮助决定在什么特定情况下，特定的可供性和视觉模态或其他非语言模态的属性可能会影响论证力。

第四节 互动机制

人与人之间对话互动的构思、定位和协调细微且复杂，很大程度上得益于人体肢体活动的灵活性。头部、眼睛、嘴巴、脸部、躯干、腿部、手臂、手、手指，甚至是脚，都是人体的可移动元素，而在谈话中可以安排和调动这些元素，并以各种配置来配合谈话。这些配置传达了参与者的互动准备、他们关系的性质和质量、当前和正在展开的即时互动的基调、他们作为演讲者和听众、故事讲述者和接受者、医生和病人的身份的瞬间分化，以及其他与各种互动、人际关系和制度性的互动活动相关联的身份。这些活动是通过参与者的言语和肢体动作的特殊性来构成的，是指向某种目的、关于某事的可识别性活动，构成了互动中的意义和行动的框架。

在互动中身体和语言的研究起源要归功于学科间学者的交流和技术的发展（电影和录像）。在大多数人看来，1955 年学者们在斯坦福大学的行为科学高级研究中心举行的会议，以及 20 世纪 60 年代末通过简短会议进行的延伸是这一研究领域的一个关键点。

斯坦福大学的 Palo Alto 小组由 20 世纪早期和中期的精神病学家、语言学家以及人类学家组成。早期的人类学家在某种程度上继承了他们对文化和交流的兴趣（包括手势和肢体动作），并希望通过电影仔细研究这些现象。此外，他们还受到了网络学和信息理论的影响。最初的目标是利用电影来理解非语言行为在治疗精神病患者中的作用，但他们的工作与语境分析这种研究方法的出现有关。语境分析将传播视为一个综合的系统，既体现在语言的行为上，也是语言行为本身。这些行为不是孤立的，而是在其他行为和事件的背景下产生的意义。

戈夫曼从另一个角度出发，不再用电影和微观分析的方法来研究互动，而是通过敏锐的人种学观察和轶事来进行研究。他在社会学中倡导将互动作为其本身的研究对象，并为理解互动的基本组织提供了一个分析工具。例如，他对工作共识的概念化、参与框架、主导和从属关系的管理以及面子工作等，都是值得称道的。通过戈夫曼，我们理解了互动过程中所涉及的基本行为性。他的学生有时与他产生分歧，后来发现了对话分析（Goffman，1983）。这种方法涉及使用记录的、自然发生的数据对对话互动进行严格的经验性的详细研究。

上述学者的研究成果颇丰。首先是关于身体行为的特定形式如何促进互动的研究；然后是更详细地研究这些行为如何协同完成反复出现的互动活动。虽然迄今为止关于互动中的身体行为的研究主要集中在以英语为母语的美国人和英国人身上，但本节中的一些研究也借鉴了来自其他国家

（如日本、意大利、芬兰和巴布亚新几内亚等国）的互动者。这或许表明，至少跨文化的一致性存在于互动中的身体的某些使用中。

一、身体姿态

当两个或两个以上的人互动时，他们会调整自己的身体来传达其交往方向。“生态堆积”是指一个人的身体向着另一个人的位置，以将不同程度的参与传递到任何其他可能是竞争性的活动和事件中。通过他们的身体，参与者创造了一个参与的“框架”，并显示出他们作为互动者对彼此的一致。

许多研究者指出，人体提供了一个分段式的资源层次结构，以传达参与者参与互动的情况。特别是头部、躯干和腿部可以成为不同的注意集中点，三部分可以朝向不同的方向。当三者在同一方向上对齐时，就会传达出一个单一的主导方向；当它们不在同一方向上时，就会传达出多个主导方向，而这些方向是根据每个身体部分的相对稳定性来排序的。即这些身体部位中最稳定的部分——腿部传递的是一个人的主导方向，与躯干和头部相对应，而躯干传递的是相对于头部而言更多的主导方向。当这些身体段的排列方式不同，并因此传达出多个同时发生的牵涉时，它们就会传达出一种姿势的不稳定性，从而投射出一种分辨率。如最不稳定的身体段——头部，回到与更稳定的身体段——躯干和腿部的对准。因此，一个人转瞬即逝的、短暂的牵涉性事件相对于其更主要的、更长期的牵涉性事件而言，就是以这样的方式传达的。这对互动的前行，或者说是对互动的停止有重要的影响。

研究发现，对话的共同参与者将对话者的不稳定或“扭动”的身体姿势作为限制谈话序列扩展的原因。例如，当共同参与者转过头而不是转过下半身参与谈话时，他发现下半身与扭动的头部对齐可能是序列扩展的原因。在医疗会诊中，进入会诊室的病人可能会发现，坐在办公桌前的医生虽然双腿和躯干仍然朝向前方，面向前方桌子上的病历，但他已经转过头来迎接病人了。这样一来，医生的身体（代表着不同的层次结构）将他与病人的初次接触投射为转瞬即逝，而与病历的回归作为一种即将到来的主导性参与。患者对这件事很敏感：当医生转身回到病历上时，他们会忙于安顿好自己（如：关上门、坐下来）。当医生准备好正式谈话时，一般会将整个身体转过来朝着病人的方向，即头、躯干和下半身同时对准，并发出“有什么问题吗？”或“今天我们能为你做什么？”等话题性的启动语。

二、眼神

凝视与身体姿态共同作用，也是沟通参与者参与方向的一个不可或缺的因素。凝视他人和他人的回望，是从“纯粹的、单纯的共同存在”到认可的相互参与的关键一步。人们可能会避开他人的目光，和/或避免将自己的目光投向他人，以阻止互动。在互动开始后，对说话者—接受者角色的管理已经被许多研究者所重视。说话者和接受者通常不会连续地凝视对方，而是断断续续地凝视：接受者凝视说话者，表示他们在认真聆听，而说话者则将目光投向接受者，以表示是在向他们倾诉；接受者通常会长时间地凝视说话者，而说话者则会在较短的时间内凝视。当说话者没有得到接受者的注视时，他们可能会产生截断、重启和其他不流畅的动作，直到获得接受者的注视。说话者还可能会做出轻拍或触摸对方，将自己的脸和眼睛移到对方的视线中，甚至在某些情况下，抓住对方的脸并将其转向自己的脸等动作；这些动作都是与努力弥补与抗拒和/或不愿意的互动者的相遇有关。接受者也可以采取行动，让说话者开始交谈或对正在进行的交谈进行回应，如将目光（表示受话者）投向可能的说话者、突然做出身体动作，或通过某种触摸方式接触对方的身体。

三、表情

脸部虽然是心理学中研究身体交际的一个重要课题，但在协调和管理对话互动中却往往被忽视。脸部的巨大流动性，以及它在互动中的速度，使它成为一种有用的资源——既是谈话的替身，也是谈话的阐述者。关于人脸与言语结合的句法和语义功能的研究非常丰富。然而，人脸也可以作为调节谈话和其他互动活动的手段，如接吻时男女的互动。女人闭上嘴唇的微笑是在等待接吻，而露出牙齿的微笑则不会。这样一来，女方的表情就成了一种资源，不仅可以反映出她下一步要做什么，还可以反映出女方想让男方做什么。脸部在互动中，尤其是在表达积极情绪的作用时可能会很突出。但在表达悲伤的互动中，脸部也可能被屏蔽。因此，参与者会用手或纸巾遮住眼睛，转过身去，或低下头来防止他人在情绪痛苦的时刻看到自己的脸。脸部本身是个人外貌中最微妙的组成部分之一，并整体性地参与到互动的工作中。参与者通过不断地控制自己的面部动作来展示自己，使自己在情境中或者说是“在游戏中”存在，并在与他人的交往中积极履行自己的义务。

最近的一项关于互动中的脸部研究中证明了脸部不仅伴随着特定的谈话要素而变化，还可以以冗余和非冗余的方式投射和跟随这些要素。实际上是利用脸部来扩展谈话时的行动的时间界限，超越了谈话时的转折。研究表明说话者可以利用脸部表达对被描述的事物的立场，并通过这种方式让听者准备好如何回应。在发言之后，说话者可能会用脸部来追问没有回应的听众。他们还表明，听者不仅可以用言语上的回应来表示对说话者立场的理解，还可以用类似的面部表情来回应：即听者可能会对说话者的面部表情做出回应，以此来产生对等的立场。也有报道称，听者可能将面部动作与“嗯嗯”“好的”等词一起使用，也可能作为对他人谈话的独立回应。

四、身体动作

在对话互动的协调和管理中，动作并不是一个被忽视的因素。一个人对另一个人的注视是最基本、最普遍的互动方式之一。而随着这个人的移动，互动也会随着这个人的离开而终止。这对于处于语言使用前和早期语言使用阶段的幼儿来说，是一种极其强大的资源。身体运动作为一种互动资源，也被认为是其他方式的互动资源。例如，警察在谈话的同时，会有策略地将身体向嫌疑人移动，以促使其招供；在博物馆这样的公共场所，参观者会被他人的展品所吸引，当他们转到下一个展品时，会移动到他人留下的空间中去。关于身体运动的基本组织，运动的身体（包括运动的手和四肢）通常会回到他们开始的地方（“原地”）。

在谈话过程中，参与者可能会表现出“互动同步”，即身体动作的流动大致相似，如姿势的转变、四肢的定位和头部的动作。通过这些动作，他们可以看到并调节彼此的参与。人们发现，头部运动具有相当多样的功能。作为一个语义问题，头部可以用语言或非语言来表示肯定或否定的反应。此外，还有一些额外的语义模式：例如结合某些单词或短语，侧头扫动可以用来表示包容；侧头摇动可以用来表示强度、不相信或不确定。头部运动由说话者以更大的频率产生，说话者的头部运动可能会触发听者的头部运动。听者会产生头部动作以表示他们对谈话的注意。点头可以单独产生，也可以与承认“嗯嗯”“好的”等接续语一起产生。此外，点头和言语代词的使用有着明显的差异。具体而言，位于话语中间的点头，显示出说话者在事件的表述中所表现的亲和姿态，而语言的使用则有距离感。听者也可以用头做出更多的情感反应，比如当他们突然抽搐着回过头来表示惊讶，或者是一种特殊的理解。

第五节 认知神经机制

感知理论由安·玛丽·巴里（Ann Marie Barry）提出，通常用来描述神经研究和心理学原理在视觉传播研究中的应用。通过研究大脑如何接收和处理信息、从中获得意义并加以利用，这一理论为视觉传播的研究增加了新的医学信息，并帮助我们评估现有社会研究传播理论的有效性。实际上，为了实现有效性，所有的传播理论和处理图像的方式及其影响的假设都必须与神经科学的研究相一致。

简单来说，这种传播理论的感知路径认为情感在传播中至关重要，并将视觉传播视为依赖于主要情感反应系统的平行感知过程。目前的神经科学研究表明，视觉信息可以不经过意识的处理，直接形成未来行动的基础。儿童和青少年的思考过程主要是通过情绪进行的，因此他们的思维和行为方式很容易受到视觉上的情感诉求。感知的各个方面都对传播领域有着深刻的影响，而不仅仅局限于视觉传播。因此我们可以得出结论：理解所有视觉传播的关键在于大脑的神经运作。

一、认知神经研究对多模态研究的启示

在过去的30年里，由于功能磁共振成像（fMRI）、计算机断层扫描（CT）、正电子发射断层扫描（PET）和近红外光谱（NIRS）等技术的快速发展，我们现在已经可以查看精细的大脑图像，并了解哪些部位在执行各种视觉、语言和计算方面等的任务。fMRI的工作原理是通过磁性，将人体组织中的原子和粒子排列起来，并在这些粒子受到无线电信号的轰击时记录反馈。然后通过一个复杂的软件系统CT，将这些信息转换成三维图像。fMRI通过揭示哪些部位使用了最多的氧气来显示大脑活动最活跃的区域，并对三维图像进行补充。通过每秒记录四幅图像，fMRI可以快速扫描大脑在执行各种任务时的活动流程。实际上，fMRI提供了迄今为止大脑活动的最高分辨率图像，只是其价格高昂，不是所有学者和科研机构都具备实验条件。PET扫描也显示了大脑中的活动区域，但没有fMRI的分辨率高，并且还需要在血液中注入放射性标记物。NIRS也能显示出活跃的大脑区域，但它是通过将光波反射到大脑并测量反射来实现的。如今，结合这些技术的多模态成像正变得越来越流行。

有了这些技术，神经科学已经能够绘制出大脑模块在解决特定问题和执行特定任务时的功能及互动的图谱了。我们最终感知到的图像是统一的，并不是因为大脑看到了一幅真正"存在"的图像，而是因为视觉皮层中的特殊区域将四个平行系统连接成了一个巨大的网络。在这个网络中，可允许信息以两种方式流动，以解决细胞间的冲突。神经研究者推测，该网络允许通过同步触发将不同地方处理的信息组合起来，而这种同步性同时产生了感知和理解。许多神经学家认为，大脑中没有单独的区域，所有不同的感觉区域都以某种方式汇聚在一起，从而形成一个"综合思维"的基础。相反，大脑里有一个模块系统。每个模块都有自己的局部注意力和工作记忆装置。我们认为自己是一个有着理性整合意识的人，但这其实只是一种幻觉。实际上，我们强烈的心灵整合感是由大规模系统的协同作用产生的，而这种协同作用则是通过同步不同大脑区域的神经活动集合形成的。其实这是一种时间整合技巧。

这种模块化的功能也使我们能够洞察语言和思想之间的关系，并最终洞察视觉传播理论中符号批评的功效。语言理论家发现，语言和思想虽然相关，却是精神信息的两种不同形式。我们用语言思考二者的区别时，得到的答案是：我们在思考时大脑听到的语言是思想的有意识的表现，而不是思想本身，思想本身并不存在于意识之中。《语言本能》（*The Language Instinct*）一书的作者斯蒂芬·平克（Stephen Pinker）（1994）解释说，人类大脑在表达思想时至少使用了四种不同的形式：1）与二维马赛克图片相似的视觉图像；2）像磁带一样运转的语言表征；3）按树状图排列的语法表征（包括名词和动词、短语和从句、词干和词根、因素和音节）；和4）"一种用于表达我们理性认识的思维语言"。平克认为第四种形式是大脑的通用语言，是一种捕捉主旨和存储概念的媒介；这种格式与图像概念类似，都是一个同步放电的神经元生物簇。"精神意象是驱动我们思考空间物体的引擎；意象既能驱动情感，也能驱动智力"（Pinker，1997：284－285）。

例如，伟大的创造性思维一次又一次地用视觉意象来解释其创造性思维的产生，并把它们对心理意象的依赖作为跳板，使它们的理解远远超出语言的参数。平克记述了爱因斯坦如何通过观察自己的心理图像来解释他的理论，而图像也促进了理论的生成："我（爱因斯坦）的特殊能力不是数学计算，而是可以将效果、可能性以及结果生成相应的视觉图像。"（Pinker，1997：285）在众多科学家中，平克认为运用图像思维的还有法拉第（Faraday）、麦克斯韦（Maxwell）、凯库勒（Kekule）、沃森（Watson）和克里克（Crick）。认知心理学家认为，创造性思维之所以可以在图像中起作用，正是因为心理图像让我们能够通过另一个概念来理解想法。

因此，所有意识、意义、意象的形式似乎是一种功能，与语言或语法本身的处理形式完全不同。意识的表象更类似于视觉感知的过程，而不是语言的处理过程，包含在意义的模式中。在这种模式中，神经元结合成完形，其意义大于或不同于单个部分的总和。

因此，像所有的言语交际一样，符号批评或修辞批评都有一个固有的弱点，即使用言语语法和表达来解释固有的非言语。因为图像是大脑的基本交流媒介，所以符号学和修辞批评在看待关系和比喻时，最接近于理解视觉交流。但即使在这个层次上，他们仍然是一个远离"通用语言"和视觉交流的大脑理解层次。当我们所读的、所听的、所看的达到了思想的水平时，它们都以不同的形式出现，即神经图像的形式。而这种神经科学上的转变正是产生意义的原因。

除了模块性和同步性之外，理解知觉如何工作及其在视觉交流中的含义的另一个重要方面是理解大脑的半球结构。大脑由两个半球组成，即左半球和右半球，每个半球都是另一半球的镜像，且每个半球的特化程度略有不同。

每个半球都控制着身体另一侧的运动，并通过胼胝体来实现两个半球间的平衡。尽管最早对大脑的生物学研究主要是对脑损伤患者进行死后检查，但对患有严重癫痫的分裂脑患者的研究结果显示当大脑两半球之间唯一的信息管道胼胝体被切断时，左右半球不能再交流思想或复杂的情感。每个大脑半球都是彼此的镜像，而它们都各有优缺点，有不同的处理信息的方式和特殊技能。虽然该领域的后续研究表明，这种分割比最初想象的要复杂，但我们仍然可以用左右脑的一般术语来表达。虽然这是两个半球，但她们却可以进行连续和谐的交流，充分互补和融合，看起来就像是一个单一的意识流。

一般来说，左半球是分析性的、逻辑性的、抽象的，对时间较为敏感；而右半球则更为全面和情绪化，也更容易感到恐惧、伤心和悲观。识别面孔、在太空中寻找方向、辨别伪装中的形状、一目了然地看到图案等都是右脑的活动；把复杂的图案分解成组成部分、专注于细节、紧张地分析等都是左脑的活动。在正常人中，大脑的两侧不断地在胼胝体的数亿个神经纤维上进行交流，但特殊的任务是由一侧大脑完成的。

世界上 95%的右利手人的语言能力受控于大脑的左半球，而左半球也拥有根据各部分的排列来识别和想象形状的能力。相比之下，右半球在估计整个形状的测量方面表现出色，可以很容易地判断长度和宽度，并全面地处理信息。大多数感觉输入从传入侧穿过大脑的另一侧（例如，来自每只眼睛的右半部分的视觉输入进入大脑的左侧进行处理，来自左侧的视觉输入进入大脑的右侧）。

在视觉传达的科学和艺术中，以上发现具有巨大的意义。因为图像对大脑的右侧更具吸引力，而文字则需要靠左侧进行处理。例如，许多广告是为了利用易受影响的右脑和关键的左脑之间的差距而设计的。那些使用视觉图像而不是文字来传达信息的广告，特别容易冲击到右脑，并且被左脑忽视。其实，艺术家在某种意义上是神经学家，他们用自己独有的技术研究大脑，却在不知不觉中研究大脑及其组织。广告大亨长期以来也是凭直觉理解半球现象。例如，FCB 广告公司早在 20 多年前就开发了一个购买决策的广告规划模型。该模型将感觉和思维视为同一连续统一体中明显独立的部分，并以此作为在广告活动中制定有效创意策略的基础。

布罗德本特（Broadbent）指出，广告商李奥·贝纳（Leo Burnett）眼中最有效的图像可以在心灵深处产生共鸣："最有力的广告创意是无法用语言表达的，需要从原型中提取出视觉信息进行创作，而无法仅用词语来表达它们真正的含义。"（1984：3）强壮的骑马人、仁慈的巨人、顽皮的老虎，这些原型根植于我们的历史、神话和民间传说（Broadbent，1984：3－4）。这样的图像利用了右半球辨别模式，忽略细节、情感反应以及视觉和整体学习的能力。然而，警告标签出现在语言中，会被大脑的另一个区域识别。FCB广告策划网和脑神经病学都认识到，当高度的社会或自我参与是主要的激励因素时，认知诉求可能是无效的。

这一点在青少年观看烟草广告的眼动跟踪研究中得到了证实。44％的观众没有看到警告标签，而在那些看到了的青少年中，平均花费的时间仅占他们注意力的8％左右。在比较青少年观看广告的整体时间时，使用Joe Camel的广告（一个专为吸引年轻人和认知不成熟的观众而设计的商业角色），被观看的时间（16秒）明显长于任何其他广告。视觉设计元素总是把视线从文字上移开；警告的文字格式也确保了信息如果被阅读，将得到不同的处理。文字不仅在大脑中的处理方式不同，而且它们的性质在经验上更为遥远，在情感上也不那么直接，对年轻人来说尤为如此。

简言之，视觉图像对右脑的吸引力更强，而语言争论则由左脑进行处理。这就是为什么左半球受损的患者可能会出现言语问题，而右半球受损的患者更容易出现知觉和注意力问题。如果胼胝体被切断，大脑一侧的认知信息将被困在大脑一侧。然而，情感信息很容易通过大脑边缘系统泄露出去，并在不知不觉中被分享和学习。这一发现说明应将视觉信息的情感处理置于所有视觉传播研究的前沿。

二、感性的发展与研究

1. 发展

人类有意识的头脑和情绪系统通常是平稳地协同工作的，就像大脑的左右半球通过持续的对话在整个集合体中协同工作一样。然而，如果他们不这样做，可能造成灾难性的后果。在心智发育成熟的过程中，受伤可能会妨碍形成完备的情绪功能或认知能力；剥夺或缺乏使用可能会妨碍发育进化窗口中的正常发育。发育窗口的开闭是由内在的基因决定的；消极的态度和行为模式可能过早地关闭更广泛的选择，或强化破坏性的心理或行为习惯。

例如，《笛卡尔的错误》（*Descartes's Error*）一书讲述了笛卡尔的病人埃利奥特（Elliot）的故事。埃利奥特切除快速生长的额叶肿瘤的手术切断了从产生情绪的杏仁核到记录情绪的额叶皮层的神经通路。前额叶皮层是前额后面的额叶皮层的一个区域，也是做决策的地方。手术使埃利奥特没有感觉情感的能力，因此也没有做出决定和准确判断的能力。埃利奥特冷静且理性，但没有情感系统的帮助，他失去了确定优先级的能力，失去了选择一条而不是另一条行动路线的能力，也失去了准确评估他人动机和性格的能力。他不知道什么是更重要的，也不知道有多少细节才是足够的。即使他的知识基础和智力仍然完好无损，但决策能力却比较弱。最终，由于右额叶皮质的手术损伤，埃利奥特失去了家庭、社交能力、工作、财富和先前生活的记忆。病人不仅揭示了理性和情感的相互依赖关系，还揭示了无意识情感处理中的进化智慧，为逻辑和理性做好了准备。

神经科学研究也揭示了发育的遗传窗口的存在。例如，从出生到3岁期间，大脑特别脆弱。在此期间，反复的虐待、忽视或恐怖会导致大量与压力有关的化学反应，这些反应会重置大脑的激素，使孩子在一生中或多或少地对压力做出反应。在这一点上，虐待甚至反复的媒体曝光，都会改变大脑在正常情况下的反应（如对负面影响过度反应或完全没有反应）。因为情绪系统对恐怖电影的自动反应和对真实事物的反应是一样的，所以无意识的情绪记忆储存在杏仁体中，而压力事件和创伤记忆可能会消失。尽管大脑皮层的思维可以忽略这种视觉体验的直接影响，但情感系统仍在继续工作，使身体做好战斗或逃跑的准备，如心跳加快、呼吸加快、瞳孔扩张、体温下降、血液重新流向肌肉等。最重要的是，当我们在身体上体验到战斗或逃跑的反应时，一种情感记忆就会被建立起来以指导未来的行动。情感体验的影响越大，对情感记忆的刻蚀越深。由于这种记忆属于一个以生存为基础的系统，旨在从创伤经验中学习，所以可能永远无法根除。

当主题活动以及思想和行动的模式一次又一次地重复时，它们也会深深地嵌入到无意识的记忆系统中，并成为模板。于是，对媒体的情感回应就成为我们回应节目的永久组成部分。例如，1973年在宾夕法尼亚大学发起的长期文化指标项目得出了培养分析理论。该理论集中于媒体的故事叙述功能，并着重于发展的态度模式。神经研究人员发现，该理论是无意识情绪学习的基础。他们将这些与电视观看习惯联系起来，得出结论：电视产生的大量信息和图像的重复模式形成了共同象征环境的主流，而这种环境培养了最广泛共享的现实概念。我们生活在这样的故事中：我们讲述关于事物存在的故事，关于事物如何运作的故事，关于该做什么的故事，而电视在大部分时间里通过新闻、戏剧和广告几乎向所有人都讲述这些故事。

由于我们的哺乳动物大脑将媒体图像解释为现实，并根据呈现给它的环境做出情感反应，所以理解感知处理对媒体效果有着重要的意义。平克（1997：29）解释说：在看电视时，我们盯着一块闪闪发光的玻璃，但是我们的表面感知模块告诉大脑的其他部分，我们看到的其实是真实的人和地方，即使在一个终生都是电视迷的大脑里，视觉系统永远不会"知道"电视是一块发光的荧光点，而这个人永远有这样的错觉——窗格后面有另一个世界。

尽管在讨论媒体效果时，视觉媒体导演和制作人的意图往往被考虑在内，但在感知方面，图像制作人的意图是无关紧要的。无论他们参与或者不参与，神经效应都会发生。当格布纳（Gebner）等人发现，电视曝光具有一阶和二阶效应，在这两种效应中，事实和假设模式都是后天习来的时候，他们的研究完全符合感性研究。根据格布纳的平均世界指数，观众们大大高估了现实世界中的实际暴力的数量，更有可能认为世界是恐怖的，并且不信任其中的人。因为在神经科学上，持续刺激脑细胞群会使它们更敏感、更容易被激活，所以具有相同主题或情感内容的重复性神经刺激会增加态度和行为重复的可能性。与创伤暴露一样，这一认识对于媒体的习惯性使用以及媒体内部态度和行为的反复模式有着深远的影响。

2. 相关研究

如前所述，大脑中基本上有两个信息处理系统：皮质通路和丘脑杏仁核通路。直到20世纪80年代中期，人们普遍认为情绪必须经过有意识和无意识的思维加工。然而现已证明，大脑可以在无意识的情况下完成目标。感知本身不是一个系统，而是对一些特定神经系统中发生事情的描述。杏仁核是一个深埋在颞叶内的皮质下区域。情感的意义被附加到输入的数据上，并在大脑做出有意识的行动决定之前，让身体做好行动的准备。在第二个信号到达大脑皮层之前，眼睛发出的感觉信号先传到丘脑，再以某种短路的方式传到杏仁核。

大脑皮层下面是前连合，它连接大脑的深部皮层下（非思考的）区域，因此即使大脑分裂的人的左半球不能说出刺激物的名字，它仍然能够接受到有关它的情感信息。事实上，大脑中存在一种基本的二分法——在思维和感觉之间、认知和情感之间，这种说法甚至比左右脑不对称的说法还要久远。旧的情感途径，允许原始情感与大脑半球的思维区域相联系，是“快速而肮脏”的情感途径，将大脑皮层和新皮层与边缘系统连接起来。

因此，在行动和行动意识之间有一个可测量的时间间隔。早在20世纪50年代就有实验证明，有意识的行动意志只能在我们开始行动之后产生。由于这一延迟，大脑也已经准备好调用过去经验的模板来预测未来。加扎尼加（Gazzaniga）（1998：75）认为，“我们所看到的并不是在任何特定时刻视网膜上的东西，而是对将要出现的东西的预测。大脑中的某些系统接受旧的事实并做出预测，就好像我们的感知系统是我们头脑中一部虚拟的、连续的电影一样”。这确实有利于我们的生存，因为在危急的情况下，本能反应不仅必须迅速通过边缘系统，还必须预测性地使用情感记忆，只有这样我们才能生存。

加扎尼加（1998：13）还指出，尽管这与我们的理性意识背道而驰，但我们使用认知能力的主要方式之一是使已经由情感决定的事情合理化。

他解释说，人类以世界为中心，喜欢把自己想象成“大部分时间都在指挥演出”的人。他认为，我们指挥自己行动的幻觉“似乎是真的，因为我们的左脑中有一种特殊的装置，叫作翻译机”。这个装置制造了一种错觉，认为我们负责自己的行为，并通过解释过去神经系统的先前行为来做到这点。事件的重建从感知开始，直到人类的推理。大脑是最后一个知道事情的人。加扎尼加的“翻译机”是大脑左半球的一种特殊装置。它通过进化作用于大脑的其他适应活动，并重建大脑的自动活动，以保持对世界的完整看法和整体的自我意识。尽管这些自动活动是基于大脑皮层的，但它们仍然超出了我们的意识范围，而口译员的角色是“构建理论，将感知到的信息吸收为一个可理解的整体……我们需要把我们的实际经验扩展成一个持续的叙述。持续不断的自欺欺人让我们相信自己是好人，相信自己是有控制力的，且有做好事的意图。它可能是人类拥有的最神奇的机制”(Gazzaniga，1998：26－27)。因此，合理化并不是一种与逻辑联系在一起的认知工具，而是一个与感知本身密不可分的过程。

一些实验中相同的刺激产生了一系列合理化的结果，这或许能证明以上结论。在一个实验中，许多相同的尼龙长袜在不同的选择中都有不同的原因，从颜色到质地和质量都有差异。理性的认知被用来证实非理性的选择。就像我们倾向于在事后有意识地将无意识情绪合理化一样，我们也倾向于在理性认知前就通过图像建立先入之见。但这种弱点也是一种感性的力量。当一切正常运作时，预感通过激发情感学习，帮助大脑皮层做出理性决策，为我们指明了正确的方向。

第四章

多模态文化传播策略研究

第一节　文本泛化

一、文本的多模态化

在媒介景观中，符号学的表现方式主要为视觉图像。虽然人们没有忘记单模态文本文档这种形式，但随着媒体的不断发展，以各种模态（包括图形、图片、布局技术等）保存和显示文本的能力不断增强，而单模态文本的重要性有所减弱（Goodman，1996）。过去的一个世纪里，在不同的媒体技术中，都出现了从以文字为主导到以图像为主导的转变（Jewitt & Kress，2003）。印刷术使得文字或文本能够超越其他所有符号模态，而这些“素养”（literacy）正从印刷文字向图像转移。克雷斯认为，图像在当前媒体环境中越来越重要，甚至领先于文本，而屏幕也优先于书籍。他还补充道，屏幕是一个视觉实体，而屏幕上出现的文本被视为一个图像，应该遵循同样的视觉设计原则。因此，与图像一起出现的书面文本在传达意义方面起着次要的作用（2003）。可以说，电影和电视的普及改变了报纸、杂志和书籍等印刷媒体的格式，使得视觉图像越来越突出。因此，在这个信息时代，多模态表达并不新奇，它反映了媒体（特别是视觉媒体）对多种传播模式的强化使用。值得注意的是，尽管电视、电影和印刷文本长期以来一直与文本和视觉内容相结合，但信息技术的出现使多模态交际变得更加普遍。除了将文字、照片、视频、音频和图形组合在一个演示文稿中，信息产出的分散性进一步促进了多模态交际现象的扩散。总之，多模态表达（multimodal representation）绝不是一种新的现象，只不过新的信息和通信技术的引入使其强度、规模和复杂性都发生了变化。

二、文本内容的可操控性

数字化使媒体和信息变得极易被修改与操纵。模拟媒体重塑信息的过程往往是“困难的、缓慢的、杂乱的”，而用户通过数字媒体则可以又快又轻松地进行信息重塑。这种先进的数字工具对信息表达的所有阶段都产生影响，无论是以数字形式创建和捕获信息，还是信息的传播，抑或是受众参与信息及其他各个方面。

虽然人们可以很容易地修改和改变不同模态的媒体内容，但鉴于图像在当今媒体景观中如此重要，我们有必要考虑一下如何才能更简易地操作图像。数字图形用途广泛，可用于创建交互式用户界面、虚拟现实、动画，以及从“二维投影展示”（2D projectional presentation）中重建三维对象。图形的数字化使我们能够以前所未有的方式处理图像，包括修复旧照片和受损照片，以及无缝重组和改变不同图像片段。艺术家和媒体制作人利用该技术，效果十分富于创造性。但修改数字图像的技术也让不实信息的传播和欺诈有了可乘之机。

不少人担忧路透社和《洛杉矶时报》（*Los Angeles Times*）等知名媒体机构会传播篡改过的图片，这并非毫无根据。美国博客以照片篡改为由，对路透社 2006 年的一张贝鲁特大楼冒出浓烟的照片进行攻击。经调查发现，路透社摄影师阿德南·哈吉（Adnan Hajj）确实篡改了照片，使大楼看起来浓烟滚滚，受到极大程度的破坏。此外，布莱恩·沃斯基（Brian Walski）将其为《洛杉矶时报》拍摄的两张照片合成为一张新照片。在第一张照片中，一名美国士兵的枪水平放着，而在第二张照片中，一名带着婴儿的男子站在他身边时，士兵的枪放了下来。两张照片合成后的图像看起来就像是士兵正拿枪指着带着婴儿的人，这么做大概是为了增强照片的戏剧性效果，来吸引读者的眼球。

即便是知名新闻机构的专业人士，也会做出这样令人震惊的举动，所以现在人们在观看媒体内容时，需要比以往任何时候都更加具有批判意识。而上述两种情况也是对人们视觉素养能力的一种考验，毕竟他们看到的也许都是经过数字处理的照片。现在复杂的图形应用程序使图片修改效果变得毫无破绽，即使是有良好视觉素养能力的媒体消费者也很难觉察出来。因此，不论信息的媒体来源有多么成熟、声誉如何，媒体消费者都应当不断去质疑并对看到的东西加以辨别。过去为媒体消费者提供良好服务的质量指标，在今天的媒体环境中，其价值也正在下降。

除了媒体本身之外，对媒体内容（尤其是网络内容）的访问也是可操纵的。网络信息的重要性也可以受到引导，以至于一些内容重复出现，而另一些内容却难以访问。即使互联网的信息量看似无限，但媒体消费者只能使用搜索引擎在网上查找信息。搜索引擎结果的排序方式取决于多种因素，包括算法设计、收入流、业务模式以及内容的原始来源。用户经常访问这些网站获取在线内容，也会为网站带来商业利益。而大多数用户不愿意浏览第三页以外的结果，所以搜索引擎结果的顺序也非常重要。

因此，媒体消费者在某种意义上是由搜索引擎所摆布的。搜索引擎和目录有意或无意地排除某些网站，以利于其他网站呈现信息。例如，与Google. com 相比，Google 将某些网站排除在其搜索范围之外，有 113 个网站全部或部分排除在法国的 Google. fr 和德国的 Google. de 之外。在这方面，敏锐的媒体消费者能够意识到，媒体行业的这种做法可能会遗漏特定内容而强调其他内容。他们也知道网络来源的信息可能是带有偏见的。但是对于一般的媒体消费者而言，如此深奥的搜索引擎工作原理还是难以理解的。

三、文本的泛化

传媒业常常将媒体形式淡化，纪录片、新闻、信息、娱乐、戏剧、喜剧片、社论和广告之间的区别已经变得模糊，而折中主义的趋势也愈发明显，“文化文本创造性地混合、融合或重组了先前存在的和相对独立的文化形式、公式和技术”。因此，文本对媒体消费者来说十分具有挑战性，因为消费者对于媒体内容传统框架的理解可能是不充分的，甚至是不适当的。电视无疑是滋生混乱流派的沃土，曾经在花岗岩中凿出的鲜明棱角最终交叉影响、融于一体（Campbell et al.，1993）。同样，随着报纸、杂志等平面媒体扩展为与读者互动的在线平台，报告文学、意见社论和读者来信也被读者博客和论坛等混合形式部分取代，而“第一人称”公民记者的报道充斥着业余照片。

混杂的体裁和多模态的结合催生了更多的跨国界媒体类型。日益成熟的计算机动画和制作技术，有利于创作高质量的多模态内容，从而为电视和电影的题材混搭开辟了新的天地。英国的电视节目《史前公园》（*Prehistoric Park*）就是一个很好的例子，著名的英国野生动物纪录片主持人奈杰尔·马尔文（Nigel Marven）在节目中的任务就是借助一个时间旅行装置，寻找史前时代灭绝的动物，并将它们带回来在史前公园展出。史前动物是由计算机生成的图像和动画制作而成，并以逼真的方式与人类演员和自然景观互动。马尔文经常在自然栖息地里对史前动物进行暗中观察，在它们被囚禁时触摸它们。

虽然剧中人物本质上是多模态的，但其风格多种多样，因此难以将其归类。马尔文以一贯的伪装形式出现在著名的野生动物专家面前。他直接与观众讲话，就好像观众们在看纪录片一样。野生动物的场景是真实的物理环境，并带有自然科学节目的色彩，因此显得非常逼真。然而，史前公园大多是虚构的，所以这更像是一部情感、幽默、悬念甚至悲剧等典型元素混合而成的戏剧。这种多模态和体裁的混合向观众发出了两者结合的信号，因为“传统”的制作技术既有常理，也有颠覆性。观众对 YouTube 网站上播放的节目片段的评论抽样，揭示了一些观众所经历过的感想，从“这是我最喜欢的纪录片电视节目”，到“但它看起来如此真实，这是真的吗?”，“你是说这里面的一切都是真的?”还有“我现在在电视上看这个，这是真的还是假的!?”由此可见，多模态和体裁的有效结合可以考验受众的媒体素养能力。

四、文本的表意

从“怎么样”而非“什么样”的角度来区别研究意义的概念，会使人们偏离对表达对象（如绘画、插图或电视广告）所包含的本质和意义的理解。相反，从“是什么样”的角度看待某物，会暗示受众认识到了创造者（画家、导演或摄影师）如何期望受众欣赏他们的作品，受众也会主动向这些作品靠拢，期待能够发现些什么。如果问同伴一幅画是如何表意的，可能希望他们能谈论诸如颜料的颜色、内容结构中的主要形状、视角和视野等一些选择的问题。接下来我会解释画家的这些选择是如何向受众进行暗示的，比如受众能从这些线索中获得哪些意义。

这样一来，画家选择各个图像元素的理由也就十分明了，进而有助于我们理解和接受理论。解释图片的含义意味着要解释说明演绎方式，但如果解释图片是如何产生意义的，这就意味着图片是意义产生的结果，而不是一种反应，并且视觉文本中编码的意图是为这一意义创造机会，使受众发挥自身作用。而这种观点使文学作品的概念发生了变化，文学作品是存在于其生产者和消费者之外的东西，它是“能够实现的”或是“通过读者和文本的融合”而产生的概念。接受理论家的现象学观点认为意义产生于偶然性并由偶然性构成，它是一个人与现象的互动经验所能了解和创造的东西，即意义是由某种东西构成的，而不是存在于某一现象体验之外。

虽然我们一直关注中介现象，但作为一个哲学体系，现象学对意义的定位并不局限于由符号系统构成的事物（无论是图片、段落、舞蹈或音乐表演），也不局限于人造的桥梁、建筑物或城市等事物。我们也会根据与大自然的互动或体验，对自然界中存在的事物（如大峡谷或沿着乡村道路生长的花朵）赋予意义。与此同时，这些事物在自然界中的存在不是为了与人们互动或让人们对其进行解释。与中介物不同，并不是因为它们的存在，人们才对其进行。它们并没有把人们牵扯到一种交流关系中，就像用符号系统（如图画）和媒介（如电影）制作的东西一样。虽然可能会把乡间小路边的野花看作夏天的标志，但不会像花匠一样去阐释花的外形。相反地，我可能会结合自己对于花和季节的了解，连同以前的经历，再加上在乡间小路上所碰到的各种花，来共同赋予这朵花意义。一旦那朵花被描绘出来，它便是另一种现象学的表现了，可以是一直在鉴赏的那幅画，或者是《科学美国人》（*Scientific American*）封面上的一张照片，抑或是某个人物在电影的剪影序列中注视的焦点。虽然我也通过自身经历来赋予图像意义，但我们应该通过现象学的角度来更好地阐释其意义。正如伊瑟尔（Iser）所说，她对图像文本的理解“不是通过与现实的毁灭性比较”而达成的。即使它是摄影图像，她也知道它只是一个虚构的或模拟的现实（Iser，1978：181）。古德曼（Goodman）（1976）进一步阐明，中介对象所指的虚拟事物是有意而为之的，因此它的构造极富推理性。换言之，尽管这幅图画并不代表乡村道路边上的一朵花，但它所创造的虚构的现实是道路边上一朵特别形成的花（例如特写、高角度、全彩色、平面光），能够被大家所理解，且具有代表性的功能。接受理论家将其视为小说的交际功能，其目的是使人们能够用新的眼光看待现实。文本通过传达“自己组织起来的现实”使人们用新的眼光来看待它并以此来训练人们的洞察力。

接受理论家还认为文本是一种与现象学上的交际概念密不可分的交际结构，即对话与他者经验。这种观念是建立在与他人直接接触的经验之上的。“不仅是对我来说的他者，我自己其实也是他者”的他者体验在这次相遇中产生。因此，交际的过程产生于并由参与交流过程的两个伙伴的偶然性构成。交际互动中，每个伙伴的“经验场”包括一个人对自己和对方的看法，以及想象对方对自己的看法。选民之所以产生，是因为双方看待自己都不是真正的对方看待自己的样子，所以总是“不断地假设”对方会以什么方式看待自己，并且“不断地按照自己假设出来的对方的态度、观点和需要”来行事。这正是处在一段关系中的感觉，通过经历这种关系，人们体验到了伴侣和自己的“他者性”的感觉。简言之，接受理论家把文本理解为一种交流结构，它记录了“恒定假设”和“恒定作用于光”的二元过程。

当互动作为一种技术中介时，某种偶然的交际结构又是如何促进理解的呢？阅读一本书时，把二元过程中的伙伴看作是文本和读者。与面对面的交流一样，偶然性或差距也是由读者和文本的竞争行为构成的，同时文本和读者都无法知晓其他人是如何体验的。由于文本本身无法改变，在这种偶然性中相互作用的两个伙伴的关系是不平衡的。也就是说，文本和读者之间的关系只能通过改变读者的投射来成功实现，而这些投射必须由文本通过某种方式来控制。关于面对面互动中的这种权变结构，合作伙伴 A 放弃实施自己的行为计划，毫不犹豫地跟随合作伙伴 B。他适应了 B 并被 B 的行为策略所同化。尽管面对面对话中还存在其他类型的沟通偶发事件，但正是这种偶发事件才体现了“中介”对话的沟通关系。因此，正是从这个角度，对话的概念扩展到了中介沟通，而文本和读者的融合被视为一种不对称的偶然性交流。在这种情况下，读者和文本形成合作的关系，文本想传达出能够令读者明白的知识，并且引导读者学会掌握这些知识的策略。

第二节 受众生产

一、文本与受众的失衡

根据文本与二元关系体验的相似性，阅读现象学将文本理论化，并为中介的他者对话或经验的理论化提供了基础。显然，受众在面对一幅画、一个网站或一个广告牌时，并不是接触活生生的对象，更无法接触创作者。每一个他者的经验都必须构成他者的存在，而如果想把通过介质的传播理解为话语式传播，就必须想象创造者和受众分别参与了意义的创造过程。此时，他们感觉到每个人都是另一个人思想的主体。因此，如果我看一部电影，受众会把它分别与自己的观点以及另一个创造者的观点相结合，并且认为创造他者的观点与我一致。由于有可能在心理上想象或构成一个界定两个伙伴间对话过程的“经验场”，现象学进一步将文本理论化为两个“准独立”的意义创造活动（Traudt et al.，1987)。这些构成实践不仅包括产生中介语篇的活动，还包括解释语篇的活动。就像生产商和设计师都不需要建立沟通关系来完成工作但是如果他们这样做也是基于这种对话体验的他者性一样。

因为过程中的两个合作伙伴既不出现在对方面前也互不相识，所以必须通过生产或编码实践来实现差异性体验。在这个过程中，生产或编码实践能够反映观众结构，而通过接受或解码实践则可以设想出制作者意图。在视觉传达领域，无论是照片、视频、绘画还是网站，接受理论和研究都试图通过关注和描述这些经验结构来阐明视觉文本的现象。在文本编码方面，如果文本和读者的互动中没有实际存在性，那么以读者为导向的批评则是一个非常有用的方法，这种方法可以用于从理论上说明和关注经验的差异性结构如何在文本与读者的互动中提供对话伙伴的。

二、受众角色的转变

与传统媒体和受众理解截然不同的是，那些将大众传播作为接受的理论将媒体内容和受众概念化，以及将其视为媒介和受众间的意义交互关系(Jensen，1987)。以读者为中心的批评方法引入了互动和解释性的阅读概念，与之相似，传播学学者将媒体受众视为听者或积极产生意义的人。20世纪80年代后的受众实证研究集中调查这些意义的创造，并提供了大量证据来证明受众理解媒体内容的复杂性和方式的特殊性。

受众是与媒体内容相关的积极意义创造者，这一概念建立在关于意义的现象学假设之上，而这种假设将受众置于日常经验世界中，即意义产生于偶然性并由偶然性构成，此外，意义是可知的，而且是由某人根据某种现象的经验创造的。此外，媒体内容是一种中介或符号现象，所以意义也同时具有社会性和话语性特征。詹森（Jensen）（1990：4）将其描述为“由社会代理人执行且受利益驱动的情境解释行为的结果”。这一概念成功地将媒体内容的含义定位在人们生活的真实世界中，而不是特定的媒体文本中。有趣的是，当一个媒体文本的意义是从一个听者或解码的角度提出的问题时，人们感兴趣的不仅仅是作为一个概念对象的“作品的命运”。事实上，早期的受众接受中的许多作品都是从文学学者们所研究的审美反应之外的角度出发，承担了媒介的许多社会角色。

林德罗夫（Lindlof）（1991）认为其是社会现象学中一种典型的受众研究风格。拉尔（Lull）（1982）对这项工作进行了阐述，并将看电视视为家庭中的一种社会建构体验，而沃尔夫（Wolf）（1982）等则重点讨论纵向研究中看电视对于已婚夫妇的作用。霍布森（Hobson）（1980）早期对英国家庭主妇和大众传媒的调查也涉及电视收视的社会作用，其他研究则从媒体内容的含义出发，考察了媒体—受众关系在社会现实建构中的作用。还有学者提到媒体内容构成中的“传统形式”是如何成为“日常社会行为”的一部分的。其他受众研究则主要探究形式的构成特征是如何在观众与电视文本的互动中发挥作用的。

然而，读者反应或接受分析关注的是文本受众的遭遇，与受众研究的这种社会现象的逻辑“风格”不同。通常情况下在接受分析中，受众将观看、阅读或聆听行为中产生的解读与观众、听众或读者互动的媒体文本进行比较，以提供关于受众如何进行意义建构的见解。受众话语是在小规模的实证设计中产生的，尤其依赖于深入访谈和参与者的观察，接受研究将这些话语与媒体内容的结构进行比较，表明特定的类型和主题可以由特定的受众吸收。

菲斯克（Fiske）关于电视节目《拖家带口》（*Married with Children*）的观察性研究就是一个很好的例证。从对媒体文本的描述开始，菲斯克（1994：190）指出，一个性别和年龄差异都和谐一致的规范家庭会同时受到节目的嘲笑和歪曲，然后他将分析的中心放在“狂欢的冒犯”上，即“从攻击性的身体延伸到攻击性的家庭关系，再到攻击性的社会关系”。他还指出，许多学生观众将其称为电视上最“现实”的节目，并利用其狂欢元素作为表达家庭生活体验与主流社会规范体验间的差异（Fiske，1994：191）。给定信息和未给定信息的作用间也存在差异，但这些差异是在听觉而非视觉的概念过程中构建的。

简而言之，《拖家带口》这档节目的意义在于青少年观众在节目中能体验到知识和创造力。此外，它与其他社会受众的话语中可恢复的意义大不相同。这些意义也包含社会意义和话语意义的概念，并伴随着对研究文本现象的方法的独特思路，因为文本是由受众体验的，以及对受众理解的重新评价。这两种方法对将大众传播理论化为接受是至关重要的，并将这种受众研究方法与传统的“发送者—消息—接受者”模型的方法区分开来。

三、受众生产内容

媒体消费者可以利用信息技术来创建、复制和传播媒体内容。随着媒体制作硬件和软件的普及，以及网络上大量共享内容的出现，用户生成内容增长显著。在过去，信息生产和传播的高成本限制了内容提供商的数量。现如今，只要有技术和获得该技术的途径，就能成为一名作家。当然，个人能够在何种程度上利用这种自我创造机会也因动机、技能和兴趣而异。

简而言之，媒体消费者现在能够形成自己的表现形式（包括单模态和多模态）。由于每一种模态都可能为用户提供不同的“代表性和交流性行动”，用户生成内容的激增使信息的主观性更加复杂（Kress，2003）。大多数媒体消费者现在同时拥有代表资源、生产资源和传播资源，这些资源在使用和信息设计方面（在消费者的接受和表达模式方面）都需要特定的能力（Kress，2003）。换言之，对于普通消费者来说，了解设计师在资源潜在意义方面的作用尤为重要。半生物资源（模态）和物质实体（媒介）之间的相互作用使这一问题更加复杂。

虽然计算机、手机、相机、平板等不同形式的数字媒体间有着协同作用和融合潜力，但其还需要自反性。随着这些媒体工具的可操作性越来越强，再加上各种各样的信息模式，人们通过各种模态和资源来产生和交换信息的能力大大提高了。不可避免的是，媒体消费者对多种传播形式的接触只会越来越多，所以知道如何利用各种模态和物质资源来影响信息表征潜力，不仅需要对信息产生的背景进行批判性反思，还需要在自己的信息产生中进行反思。

第三节 多模态素养

一、新媒体时代的素养要求

随着多模态表征在当今媒体领域不断扩散，意义的创造和理解方式也发生了变化。不同模态、媒介和材料的应用愈加广泛，每一种应用都有自己的逻辑和能供性，因此媒介消费者的意义创造过程变得更加复杂。对多模态影响感兴趣的学者们十分关注当今世界意义创造和传播的不同方式并把重点放在了形象、写作、演讲和多模态文本的符号性功能上。此外，他们还关注两个（或多个）符号赋权或夺权模式及多模态文本的创造者和接受者间是如何通过相互作用来产生“符内和符际的指号过程”的。

多元文化媒介消费者有三个主要特征：一是他们可以理解文本是如何产生意义的，以及这些意义是如何通过语言、图像、声音、手势等不同的交际形式来传达的；二是能将文本分析与鉴别观众如何在检查下参与文本相结合；三是能将文本分析与文本产生和消费的政治、经济和社会背景相结合。多模态文学强调去批判地解读符号资源的潜在意义构成，相比之下，媒体素养更侧重于获取、消费、评估和生产内容的技能，并转向关注批判、反思和判断。因此，批判性地分析象征性文本的关键在于建立多模态素养和媒体素养间的联系，而现在考虑媒体素养时，也必须将多模态素养纳入其中。显然，媒体素养的文学范围已经有所扩大。为了利于理解社会实践中的后印刷形式，有人在生产和消费媒体内容的过程中，呼吁“新素养”和“多重素养”，因为只有拥有多重素养，个体才能有效地参与到高度媒介化的信息社会中。

二、视觉素养

1. 视觉素养的定义

国际视觉素养协会（IVLA）是一个非营利组织，于1968年在纽约州注册成立。该组织为世界提供了一个多学科论坛，通过视觉图像、视觉素养和总体素养来探索、展示和讨论多种视觉传播技术及其应用。IVLA将各学科对视觉素养感兴趣的专业人士组织了起来，并为他们搭建了沟通的桥梁。此外，它还鼓励和资助创新型视觉素养项目，并宣传和评估那些促进视觉素养在教育和传媒中使用的项目。IVLA协会成员可以阅读《视觉素养评论》（*The Visual Literacy Review*）和《视觉素养日报》（*Journal of Visual Literacy*），还可以查阅亚利桑那州立大学视觉素养中心的《视觉素养收藏》（*Visual Literacy Collection*）等资料。

国际视觉素养协会官方给出了四种视觉素养的定义：

1）通过观察、同时拥有和整合其他感官经验来形成的一系列视觉能力。

2）解读视觉符号（图像）的传播和使用视觉符号创建信息的学习能力。

3）将视觉图像翻译成语言的能力，以及将语言翻译成视觉图像的能力。

4）在视觉媒体中搜索和评价视觉信息的能力。

2. 视觉素养的发展历程及理论框架

视觉素养并非一个新的概念。关于图像使用的讨论由来已久，古代哲学家早已会使用图像进行视觉传达，亚里士多德（Aristotle）在解剖学和医学中使用过解剖学插图，毕达哥拉斯（Pythagoras）、苏格拉底（Socrates）和柏拉图（Plato）在数学中曾用视觉形象来教授几何学，而一些虔诚的教育家和先知使用隐喻来帮助受众创造内在形象。

到了夸美纽斯时代，文艺复兴的哲学思想在知识论和学习论中更加强调视觉形象，比如在夸美纽斯（Comenius）的《世界图解》（*Orbis sensualium pictus*）一书的插图中就有一些用不同语言来表达的数字。他还认为父母和孩子之间的非言语交际都是后期语言习得和发展的前提与基础，这一结论也是视觉语言的一部分。

第一届视觉素养大会在美国罗切斯特召开后，黛比（Debes）（1969：26）给出了视觉素养的第一个定义："视觉素养是指一个人通过观察、同时拥有和整合其他感官体验而发展起来的一组视觉能力。这些能力的发展是人类正常学习的基础，可以使一个有视觉素养的人辨别和解释他在环境中遇到的可见的动作、物体和自然或人为的符号。人们通过创造性地运用这些能力能够实现与他人沟通，而通过对这些能力的鉴赏性运用，能够理解并享受视觉传媒的杰作。"

一些研究人员根据个人背景对视觉素养进行了讨论，而个别研究者把重点放在视觉素养的不同方面上。研究者和实践者在"视觉素养到底是什么"这一问题上存在着大量的分歧，很难用只言片语来描述一个非语言的概念。多年来，理论家和实践者对视觉素养这一概念纷纷下定义，这些定义从狭义到广义不等，但也有一些研究者或多或少地否定了视觉素养的整体概念。

一些研究者从不同的理论角度对视觉素养进行了界定。根据唐第斯（Dondis）的观点，视觉素养意味着理解，是一种看到和分享意义的手段，在某种程度上具有可预见的普遍性（1973）。但是如果要做到这一点，就需要超越人类固有的视觉能力、直觉能力、个人偏好和个人品位。唐第斯所要求的“普遍性”实际上是指洞察力，这是教育的最高目标。视觉素养根本不要求一个人是否是擅长勾勒、涂色或电影制作的艺术家。

视觉素养要求人们利用视觉媒体（包括肢体语言）培养自己的沟通技能。布拉登（Braden）和霍丁（Hortin）提出了视觉素养的定义，他们在定义中引入了形象思维的概念，并认为视觉素养是理解和使用形象的能力（包括在图像方面思考、学习和自我表达的能力）（1982）。

麦基姆（McKim）（1980）提出视觉思维是通过使用三种视觉图像来进行的，这三种图像包括我们看到的图像、我们想象的图像和我们画的图像。由三个部分重叠的圆圈组成的“麦金图”（McKim diagram）解释了下意识情况下发生的流体动力，其中圆圈象征着所看、所想和所画积极交融从而使视觉思维得到充分体验。视觉思考者利用视觉、想象和绘画的流动性和动态性，从一种图像移动到另一种图像。

此外，海尼克（Heinich）（1982）等认识到视觉素养有不同的方面，对视觉素养和印刷素养进行了比较，将视觉素养定义为能够准确解读视觉信息并创造这种信息的习得能力，而视觉素养中的解读和创造相当于印刷素养中的读写。

在理论基础上，西纳特拉（Sinatra）将视觉素养与思维、阅读和写作联系起来，并指出，视觉素养是阅读和写作的基础，也是理解和写作思维过程中的基本素养。他认为，视觉素养的非语言成分是素养学习中真正的基础，视觉素养是过去视觉经验的积极重建，受众通过输入视觉信息来获得意义（Sinatra，1986）。

康西丁（Considine）（1986：86）也认为，视觉素养试图解释输入和输出的过程。因此，视觉素养可以定义为“为了更有效地交流，通过各种媒体理解和创造图像的能力”。拥有视觉素养的受众能够产出和解读视觉信息。由于视觉素养是一个需要能够有效地发送、接受和处理视觉信息以实现双向交流的过程，视觉素养者必须培养多种技能。

巴卡（Baca）（1990）的德尔菲研究（Delphi Study）征集了视觉素养

领域52位专家的意见，在最后一轮测试中产生了167个表述，并将这些表述确定为定义、描述或阐述视觉素养的构架。

3. 视觉素养的相关研究

一些研究者和实践者对视觉素养的定义，强调了视觉素养技术在现实生活中实现了全面应用，涉及视觉信息生产、艺术、日常生活以及教学等领域。此外，视觉素养应该整合到所有课程领域，以扩展学生能力并且避免限制视觉素养技能的学习和使用的类别化。

视觉素养是一种类似于语言素养的沟通技能。视觉素养可以定义为识别、分析、解释、评估和产生视觉信息的能力。一个具备视觉素养的人已经掌握了从其他人的身体语言等直接的视觉信息，或者由视频、计算机和增强摄影等新技术组合的复杂的视觉图像中收集信息的技能。具备视觉素养的人也可以通过自己产生视觉信息，在精神上塑造形象并与他人交流。

席勒（Schiller）认为，在所有富有想象力的视觉艺术中，构图是最基本的单元，也是最基本的过程。他指出，所有关于视觉素养的不同观点都表明，每种视觉媒介都有其独特的形式（Schiller，1987）。因此，视觉素养的特点明显不同，在表现手法和典型技巧上不同的技能也有待学习。因此，我们应该注重诸如计算机素养、电影素养、视频素养和电视素养等更为有限的概念，实际上，视觉素养的广义概念也许没有一个单一的定义。

汉森（Hanson）等认为，学校没有以任何有组织的方式教授视觉素养的技能和认知，但是这些技能直接关系到学业的成功，在阅读方面尤为显著。而具有视觉素养的学生可以：

1）在不同的环境中识别同一元素的对象；

2）创作相似图形；

3）从不同的角度认知事物；

4）通过想象各部分之间的运动、旋转、反转或内部位移，将一个元素转换成另一个元素；

5）识别或正确配置空间中的元素，否则这些元素可能会因观察者的方位而产生扭曲；

6）确定力线、张力、平衡和构图，从而确定使视觉艺术在美学上令人满意的原则；

7）确定现有知识或个人经验中看似不相关的领域的相似性、符号或标志（Hanson et al.，1988）。

一些国家、学院和大学正准备增加视觉素养课程，特别是在艺术、传播和教育系。怀特塞德（Whiteside）讨论了大学教育水平中媒体课程的视觉素养意识。他采用了七个步骤的方法来规划和实施视觉素养模块。这些步骤可概括为以下几点：1）定义视觉素养；2）确定视觉素养需求；3）选择需求、目标和客体并确定其优先级；4）选择适当的媒介；5）规划课堂活动；6）实施视觉素养模块；7）规划未来活动（Whiteside，1985）。

三、媒体素养

1. 媒体素养的定义

媒体素养可以定义为通过各种形式解码、评估、分析和产生信息的能力。这一定义充分反映了媒体素养的多方面性质，但其定义方式不仅取决于定义媒体素养的实体，还应根据媒体格局的演变而改变。事实上，重新评估媒体素养的概念是符合时宜的，特别是在对媒体内容进行批判性分析和评价时，应考虑到多模态对媒体素养的影响。

2. 媒体素养的主要内容

（1）驾驭多模态、超文本的能力

适用于传统印刷和大众媒体环境的基本批评素养原则在当前多模态和超文本媒体环境仍然具有现实意义。批判性地评估信息来源的异质性，挑战权威、非线性或视觉表现形式的能力，并不是多模态媒体环境特有的技能，而是长期以来消费文本所必需的技能。不过，卢克（Luke）确实对一些特定素养的定义进行了完善，增强了人们对超文本环境的驾驭能力和对在线信息的评估能力。这些特定素养的定义包括以下三个方面：1）拥有充分的元知识，了解不同媒体类型中的思想和信息位的构成方式，以及它们对信息的阅读和使用的影响；2）掌握技术和分析技能，并在不同的背景下调动这些系统；3）在运作社会机构内部和跨社会机构的权力关系和利益时，可以理解和联系这些制度和技能（Luke，2000：70）。

杰维特（Jewitt）和克雷斯也指出单模态文本环境和多模态超文本环境之间具有显著区别。他们认为，前者倾向于水平和线性的内容，而后者则是一个由视觉、听觉、符号和语言意义系统组成的互文和多模态的世界，其中这些系统是横向连接的，因此阅读和驾驭文本更具挑战性（Jewitt & Kress，2003：73）。读者在多模态文本阅读中，还要承受多层次、多编码的动画、符号、语言文本、照片带来的额外负担。在这样的环境下，媒体消费者不仅需要对不同信息片段所承载的思想有一个语境化的知识还需要理解这些想法之间的关系，以及这些想法是如何通过不同的模态受到其表现的影响。

此外，受众还必须了解使用超链接跳转网页过程中所产生的影响。每个不同的网页都嵌入了不同的表示模式，读到大量鲸鱼被驱赶上岸，与看到鲸鱼在海岸线上的图像相比，会引起不同的反应。这一过程可能影响受众的认知状态和情绪状态，从而影响他们正确判断信息可信度的能力。因此，解读和驾驭多模态和超文本媒体环境的能力是当今媒体环境所需的多种素养的一个关键组成部分。

（2）认识既有知识结构不足的能力

对媒体内容的批判性评价取决于一个制作媒体内容的广泛知识体，包括更广泛的社会、文化、经济、政治和历史背景。除了这些背景知识之外，波特（Potter）（2004）还假定了一套更为全面的基础知识结构，媒体用户人需要具备这些结构才能对信息进行批判性评估，他们需要了解媒体内容、媒体效果、媒体行业、现实世界和自我。这些知识结构使媒体用户能够使用更多的工具来解决问题和创造意义。然而，这些知识结构的稳健性也受到在线交流的多模态性质以及上述三个共同趋势（媒体的可操作性、媒体类型的混合和用户生成内容的出现）的挑战。与传统出版相比，互联网上发布的内容可能缺少专业把关，也并非所有网站都设定了权威指标（如作者身份或关联关系）。网上发布信息没有共同的标准，数字信息很容易被更改、滥用、剽窃或匿名创建。此外，由于用户生成的内容经常以类似于已有的媒体组织的格式呈现，所以其中存在一种"均衡效应"，即所有信息都变得同样容易访问，因此，有人认为所有作者为互联网消费者提供的可信度的程度是相同的。

在这种情况下，一个人对媒体效果或媒体行业的了解对于评估信息来源有多重要？一个值得信赖的在线新闻机构提供的信息是否比博客上带有事件照片和视频片段的实际事件更为可靠？在这种情况下，相比媒体制作人或整个媒体行业的知识，表现方式可能更能揭示信息可靠性的指标。此外，媒体生产者和消费者之间的划分日益模糊，很难建立有效和可靠的标准来确定在线内容的质量、意识形态、市场影响或专业生产价值。

现在有一个新兴的灰色领域，那就是主流媒体组织将用户生成的内容纳入其中。这些主流媒体试图借助公民新闻的浪潮，鼓励观众和读者提供内容，然后将其加入公司的专有材料中。韩国的 OhMyNews、新加坡海峡时报的 STOMP 和有线新闻网（CNN）的 iReporter 上就经常展示读者和观众提供的内容，而 BBC 在线新闻从推特（Twitter）上获取的互联网流量比对其贡献的还要多。然而，这些组织也会发布免责声明，避免受到观众所提供内容中的错误和不准确之处的影响，所以纳入用户生成内容的并不等于编辑的背书。

在这样的媒体环境中，作为主要质量指标的批判性媒体素养的基础（了解媒体制作者的运营和后果）不再像过去那样有效。虽然媒体消费者需要维护和发展与媒体相关的知识结构，但他们必须具备的另一种素养是，能够认识到这些结构的不足，并辩证地利用这些结构来适应不断变化的语境需求。

第四节 多模态口译

一、口译话语的多模态特征

1. 多模态交际过程

波赫哈克（Pöchhacker）（2004）认为口译是一种在源语一次性陈述的基础上，用另一种语言产生第一次和最后一次翻译的翻译形式。大多数对口译的定义都强调翻译的口语媒介而非书面媒介，而该定义则包含口译，但强调了口译中源语文本和目标文本（或产品）的短暂性。此外，同声传译是一种特殊的口译模式，可以称之为“在隔音室中使用同声传译设备的口译形式”（Pöchhacker，2004：19）。描述同声传译时，必须注意的是，同传译员可能从属于说话者或听众的语言文化群体（或两者都不属于）。两个对话者中，一个是扮演着积极角色的说话者，另一个通常扮演着较为消极角色的听众，而同传译员则构成了两个对话者之间的中介因素。演讲者和听众的积极和消极程度，大部分取决于特殊场合整体的社会正式性和接受性程度，但同传译员永远是处于中间的。同传译员作为双方指定的“协调人”，必须用另一种语言再现说话人的发言，在监控自己表达和表现的同时，还要理解接下来的讲话以及发言人的伴随手势或其他身体动作。因此，口译员处于双重从属地位，既要依赖于发言者的演讲（常常还依赖于 PPT 展示、图像等）来为听众传达意义，又要为演讲者和听众服务。此外，虽然演讲者可以用言语和身体向观众传达自己的信息，但必须依靠口译员才能与那些不懂自己语言的听众交流，然而口译员却被限制在同传箱里。观众竟然能够用耳机听到一个非实体声音，并通过看发言者发言来构建意义。这个声音实际上就是发言者的讲话，只是换了一种语言而已，但这个声音终归是译员的声音。如果大多数手势都发生在说话的过程中，那么在口译产出时，观众们就会好奇发出这个声音的人在做什么，也在做手势吗？如果是这样的话，口译员的言语和手势在形式、语义或功能上是否与说话者的言语和手势相似呢？实际上，口译话语具有多模态特征，无论是源语还是译语，都可以看作是一个立体语篇，其意义分别是由发言人和译员的言语信息、副言语信息和非言语信息复合而成的。而观众对信息的接受也是多模态的，需要同时运用视觉和听觉等感官，接收语言、副语言和非语言等复合信息。

2. 口译中的非言语交际

言语交际不仅包括说话内容，还包括说话的方式，比如译员在讲话时是脸色阴沉语调烦躁还是微笑和点头。波雅托斯（Poyatos）（1997：259）对言语交际进行了的描述，所谓的口语性，实际上是通过内部（语音）发音和声音修改，以及依赖于我们面部和身体解剖的外部发音，以听觉和视觉的方式产生的。

事实上，言语交际包括了言语语言、副语言（音调、语调、停顿、音量等）和动觉这三个要素（Poyatos，1987），它们共同促进了交际过程。这些要素可以单独出现，也能以不同的组合形式出现，实现许多不同的功能。视觉非言语交际不仅包括动作（手势、面部表情、注视方向），还包括动作学（人际距离）、文化和社会特征（衣着、社会决定的行为）和某些可见的生理反应（如脸红或流泪）。非言语交际符号总是传递信息，但信息的发送通常不是由发送者有意或完全控制的，而且信息通常也不是由接受者有意识地接受或解码的。

虽然副语言是非言语交际的一个重要方面，也是非言语交际的一部分。但事实上，没有副语言，言语交际就不可能完全发生，即使口译员没有视觉输入，也可以使用副语言，这也可能是口译员传达说话者所表达动觉的唯一方式。一些视觉上的非语言交流形式（如衣服、脸红）提供了语境信息，这些语境信息不一定必须译出来。但是当我们把视觉上的非语言交流看作是口译的时候，通常指的是身体语言。波雅托斯（1997：259）将其定义为一种以肌肉为基础，有意识或无意识的身体心理运动。视觉、视觉—听觉、触觉或动觉—知觉的干预或产生的部位，无论是习得还是触发而生，无论是与语言和副语言结构以及其他身体或客观行为系统分离与否，都具有有意或无意的交际价值。动觉可进一步分为手势、举止和姿势。手势是指头部、面部（包括眼睛）或四肢有意识或无意识的动作，它们在交流中起着重要作用。举止则主要依赖于特定情况（如我们问候他人的方式）。而姿势更为静态，且受到社会规范的约束，可能会揭示文化背景和心理态度。“语言—副语言—动觉”的三重结构可以以不同的组合出现。虽然视觉上的非言语交流（如手势）可以在不伴随言语交流的情况下发生，但言语信号不会完全独立于副语言和身势语。

非语言信号可以在之前、伴随或跟随的语言信息中实现许多不同的功能。它们可以添加信息、支持、重复、强调、去强调甚至反驳口头语言，在动觉的情况下，非语言信号甚至可以代替文字，作为一种有效的表达方式，尤其是在说话者不知该如何用语言表达一个词时。非语言元素有着许多不同的功能，这里将视觉元素主要分为象征、插图和适应这三大类。这些视觉非语言元素可能需要在同声传译中进行口语表达或以其他方式表达，有时可能伴随副语言或由副语言替代。

象征是一种非歧义的手势（有时是副语言），在一种文化中具有明确的含义。它们可以用一个词或短语（如“Okay”“Stop”“Yes”“No”“Hush”）来代替，反之亦然。虽然某些手势在大范围内（主要是通过大众媒体）已得到认可，但同一个手势在不同文化甚至亚文化中的含义可能完全不同。象征通常是传达信息的有意识的信号，同一文化的听众理解起来毫不含糊。它们可以完全独立于语言而发生，比如在由于距离、噪音等原因无法进行语言交流的情况下。

人们用适应这类手势来感知自己（自我适应，如深思熟虑地揉下巴）、他人（改变适应，如问候和道别、拍拍某人的肩膀）、物体（物体适应，如转动笔、移动桌上的纸张）或与之相关的物体或与身体有关的物质（身体适应，如无意识地在手指上转动戒指）。并非所有涉及接触的手势都是适应手势，它们也可能是标志和某些类型的插图。

插图是动觉和副语言的元素，通过强调、添加信息或替换语言信息来直接指代语言。与象征不同的是，象征与语言交流密切相关，通常没有直接的语言对等物，很难用语言表达。插图被分成几个有重合的类别。他们的人数根据作者的不同而略有不同。

语言标记语在一定程度上存在于语篇中，与文化密切相关。语言标记是头部、手和面部的小动作，按照讲话的节奏和信息的内容来突出和给语言加标点。它们的功能可以是代词（如表示“我”的手势，指对在场的人或甚至不在场的人点头或凝视），介词（如伴随“直到”“但是”“没有”的简短手势或表达），连词（如“但是”的手势）或动词（主要是暂时的，有时是情态的），也可以进一步强调信息或遵循语调（点头、面部表情、手势）。空间和时间标记说明了大小、距离、位置以及时间（过去、现在和将来），还可以说明事件的持续时间。指示语指的是人、地点或时间点，通常伴随着副语言。

象形文字、回声文字、五项图和五线谱模仿它们的参照物。象形文字描绘的是一个物理参照物的形状或轮廓（有时是由于语言缺陷，但也可能与语言一起出现），而五项图描绘的是运动（如波浪运动、摇动）。回声文字模仿通过副语言（“vroom”指启动的摩托车）或非语言（用手指敲击来代指疾驰的马）产生的声音，而五线谱模仿运动和声音（如用投掷运动和口哨声来描述投掷石头）。

表意文字和事件追踪器可以追踪思想的方向或事件的发展，可能伴随着副语言。表意文字可以用来描绘英雄事迹或美丽的艺术作品，而事件追踪器则可以描述一个人的来去或一次会议的时间。

标识符用身体形式来描述抽象概念（如“荒谬”“不可能”）、道德和身体素质（如“冷酷”“谨慎”“强硬”）以及物体或环境素质（如“肮脏”“平滑”）。它们可以一起出现或与语言交替出现，有时比语言更具表现力。

外部因素并不一定是语言的形式，而是对他人的过去、现在、预期或想象的现实，对我们或其他人所说、正在说或将要说、沉默、做或不做的事情，对过去、现在、预期或想象的事件的反应、审美体验与精神体验。它们通常是无意识的反应，并不总是由口译员以口语的形式进行表达（如一个演讲者努力克制但还会紧张）。

二、多模态的口译策略

虽然同声传译的实践者和研究者都认为同声传译不应该传达文字，而应该传达信息，但文字仍然被公认为这一信息的唯一来源。通常只有背景信息和一般知识被称为语言外因素，而非语言输入大多被忽略。但是在"基本结构语言—副语言—身势学"语境的语言和交际中，口译员有意识或无意识地接受其他形式的输入，而不仅仅是口语输入。

口译不仅应促进语言层面的交流，还应促进文化层面的交流。当不能逐字逐句地传达特定文化的表达和手势时，口译员应考虑信息发送者和接受者的特定文化和背景知识，并据此传达信息。布勒（Bühler）（1985：49）认为会议口译不仅仅是一个用另一种语言重复单词或短语或语码转换的问题，更是一个理解和使自己被理解的问题，一个作为被打断的交流渠道中的第二个发送者承担促成交流过程成功的问题。因此，口译员的任务是在不丢失信息内容的情况下，实时地传递原始发送者的信息。

听力和分析、存储信息和生成目标语言语音的任务通常或多或少地会同时发生，即口译员在听辨、分析和存储下一部分信息的同时传递信息的一部分。这意味着口译员总是要分心工作，但人的处理能力是有限的，因此需要在这三方面进行必要的分工。如果源文本很难理解（无论是因为其内容，还是由于音响效果差、口音重等原因），口译员必须更多地集中精力于接受和分析信息，存储和传输信息的资源就减少了，这可能进而导致目标文本中出现问题或错误。由于对原文的分析和理解是至关重要的部分，口译员应利用任何能使这一过程更容易或更快的信息。由于非语言信号通常是下意识解码的，它们不会产生额外的认知压力，而是支持认知过程。

口译员不传达文字，而是传达含义。因为不仅说话人的话，他的副语言和身势语也有意义。非言语交际不仅可以补充言语信息，而且在某些情况下可能是部分信息的唯一传达者，缺乏视觉输入会使原文相关部分更难理解甚至导致误解。译者需要记住所有动觉可以与语言和副语言信号互动的不同方式，必须注意说话人演讲的全部内容，以免遗漏仅用肢体语言表达的内容。这就意味着口译员可以在视觉和听觉上进行翻译，不仅是对语言进行翻译，而且是对整个三重结构进行翻译。

清晰的说话人视角不仅有利于更好、更容易地理解演讲本身，还可以作为信息的备份。如果口译员漏掉了一部分声音输入（如由于技术问题、口音太重或只专注于输出），他可以通过视觉通道接受这些信息，比如译员漏掉了下一位发言者的姓名，但是看见了主席把话语权交给下一位发言者时的手势，他就可以根据手里代表姓名的名单来补充这一信息。

非语言信号通常先于语言信息，因此它们可以成为预测信息的有价值的信息来源。如果说话者在开始说话前叹气并微微摇头，那么口译员可能会得到否定的回答。动觉还可以指示下一个发言的人，比如通过主席点头和手的移动，或者有人坐得更直了，并做了一些笔记。口译员似乎对这些言语准备动作或转向线索特别敏感。他们通常可以猜出下一位发言者是谁，这可能会提示他们要开始翻译了，并留出了准备时间。在两个以上参与者的讨论中，文字本身有时只能表示赞同或不赞同，而手势、点头或凝视方向可以表示文字的指向，这使口译员可以为随后的论点做好准备。

译员需要清楚地看到会议室并不单单是因为视觉上的非语言交流。“言语—视觉”信息（如演示文稿中的数据或引用）通常以高速呈现。如果时间紧迫，口译员可能会选择说“正如你在这张图片中看到的那样”，而不是再次描述观众无论如何都能看到的东西。此外，即使听者不知道如何读唇，观察嘴形运动也有助于理解信息，特别是声音质量有限时。在同声传译中，说话人和口译员之间的距离有时会非常大，这在同声传译中是否起到很大作用还有待进一步研究。

口译员不仅要看到沟通过程中的各方，而且要有相同的视觉信息。一般不会明确提及语境中显而易见的信息，因为对于无法获得这些信息的口译员来说，提及这些信息可能会相当混乱。如果演讲者要引用某些视觉信息，这些信息可能是正在分发的文件，其他小组成员或观众的行为，甚至是窗外的事物。看到听众的肢体语言也是口译员了解信息是否被传达的唯一途径，也是获得反馈的唯一途径。在正常的交流情况下，小的暗示表明听者正在注意和理解，而缺乏这些线索是焦虑的根源。虽然口译员不是信息的主要发送者，但听众的反馈对他们来说仍然很重要。在同声传译的情况下，听者通常会看到说话者的肢体动作，而在短时间内听到口译员（视觉缺失）的语言和副语言。由于文化差异，听者可能很难正确解读甚至误解说话者的动觉，携带很多意义的符号尤其如此。口译应该传达整个信息，而非言语交际是交际的重要组成部分，因此，非言语因素应该以某种方式在目的语中被传达，这尤其适用于没有用源语言表达的标志。

当然，非言语交际的大部分不是有意识地感知或解码的，但它们仍然影响着听者对信息的理解。一种情绪与否取决于说话者是有意的（如讽刺、仁慈）还是无意的（如紧张），口译员应判断通过口头语言或副语言传达是否符合说话者的利益，或是否侵犯个人隐私。如果非言语交际通过强调或替换词语来增加信息，特别是如果口译员假设听者不会正确解码这一动觉陈述，那么解释非言语交际无疑是很重要的。当出于言语缺陷而使用身势语时，口译员应在其口译中说出该词。当源语言中的一个手势存在于目标语言中，且具有不同的含义时，或者根本不能成为一个动觉信息时，提供言语脚注是有意义的，也就是说，以一种本族语听者可以解码的方式，用语言替代非语言表达的内容。当然，这需要口译员对源语言和目标语言中的符号和其他动觉表达有很好的了解。更为重要的是，手势通常会被目标语言听众误解。在某些文化中，点头表示“是”，摇头表示“不”就是此类虚假同源词的明显例子，还有一些象征在一种语言中传达了完全无辜的信息，但在另一种语言中却是严重的侮辱。

伴随言语信息的标志（如说“我不知道”并耸耸肩）也是整个信息的

一部分，并且有一定的效果，但这些标志可能是多余的，如果时间紧迫，口译员可以省略它们。最经常需要口头解释的手势是标志、标识符和象形文字（如果它们是用来代替文字的话）。当然了，并不是所有形式的非语言交流都可以通过语言来表达。观众通常看不见口译员，而口译员所接受的信息是由语言、副语言和身势语组成的，但只能用声音（用词和副语言）来表达，而仅用语言通常不足以传递非语言内容。一个简单的“什么?”可以有许多不同的含义，这取决于伴随它的身势语和副语言。用一个词来表达惊讶或愤怒是很费时的，而且通常几乎是不可能的。虽然口译员不能通过动觉的方式传达信息，但仍然可以使用自己的副语言来创造类似的效果。

三、多模态口译研究

1. 多模态口译研究概况

在对话口译研究领域，越来越多的研究者开始关注那些补充、替代或整合对话的多模态资源，以及起到触发、消除歧义或协调作用的互动动作。瑞尼尔·郎（Rainier Lang）（1978）调查了一个由口译员调解的法庭案件的注视、姿势和手势模态，注意到参与者系统地使用（间接或直接）注视和手势（如伸出的手）来参与和排除信号，并在谈话时分配话轮。他还发现，口译员倾向于避免注视，以表示中立，这可能会干扰轮流发言的顺利进行，可能会遗漏重要的线索。波雅托斯（Poyatos）（1997）的多通道交际三元模型研究了言语、副语言和体态语之间的相互作用，并成功应用于同声传译和交替传译。

21 世纪以来，关于语言以外资源的研究不断涌现，大多数研究都是基于面对面场景中自然发生的数据分析。这些研究主要从以下四个维度展开：探索环境、整合资源、调查现象和多模态框架。

在第一个维度（探索环境）中，医学领域的研究占主导地位。研究内容从医患接触到心理治疗和精神健康，再到阿尔茨海默病评估设置。第二个维度是法律环境下的研究，包括警察访谈、法庭以及教学环境。此外，还有研究着眼于寻求庇护和社会服务环境下的互动。

在整合资源维度，凝视和头部定向与言语互动分析相结合，参与者在相互注视和厌恶凝视方面有着显著差异，并且参与者的座位安排和相对位置可以影响谈话的节奏规律和共同叙述的结构。近来，有一些研究将手势、动作学和人工制品的处理整合到交互动力学分析中。

互动中符号资源的多样性的研究主要集中在对主要参与者的包容和排斥的动态以及口译员的协调作用的表现方式上。这些研究突出了三元和二元互动模式之间是如何进行协调转换的，以及具体的行为是如何通过协作实现的，这些行为包括给出指示、提供评估、解释程序等。

这些研究依赖于不同的多模态研究传统。一些人已经采用多模态方法进行话语分析，来研究以谈话和身体动作为重点的社会互动组织，而其他人则在话语分析框架内整合了具体线索或采用混合方法进行研究。

由上可见，在对话口译中，多模态方法有可能再现已知现象，并使人们看到对话口译互动的复杂性，而这往往是口译的从业人员和用户容易忽视的一点。

2. 多模态口译研究的基本框架

如前所述，对话口译的多模态研究所使用的框架具有多样性，这导致具体模式或概念的使用缺乏一致性，造成了一定跨学科研究的困难。因此，有必要对概念和方法取向上的分歧进行反思，努力为对话口译的多模态调查制定一个更全面的框架。对话口译的“多模态转向”认为语言和对话为最基本的表现形式，语言和符号资源存在内在联系，它们之间通过不断的相互作用产生对话互动。

多模态研究的第一个原则是将所有符号资源整合在一起，而不是优先考虑一种资源（如语音）。换句话说，互动的语言维度不再是分析特定互动现象的唯一跳板，而是其他互动加载现象，比如谈话间隙或特定的具体行为表现（与谈话结合或不结合）需要纳入考虑范围。达维蒂（Davitti）

和帕斯昆德拉（Pasquandrea）（2007）对教学中的中介互动对教学参与的改变展开了研究，他们从同一个家长会的语料库中选择两个序列来研究如何处理特定的对象（学校报告），发现在不同的行动生态系统中，同一个行动（阅读和签署学校报告）的执行方式是不同的，这在家长会中是典型的，对参与者的包容和排斥产生了不同的影响。

在对话口译研究中，将分析视角的范围扩大到多模态，对如何描述现象中的各种符号资源提出了挑战。第一，需要一个统一的术语来描述不同的资源，摆脱在对话口译研究中普遍存在的一种误区，即用“非语言”（或“非言语”）这一总括性术语来表示除对话以外的所有符号资源，这样的划分是对语言和其他模态之间的一种误导性二分法。术语的初步系统化可以借鉴恩菲尔德（Enfield）对声音—听觉和视觉—空间资源的分类，声音—听觉包含语言和韵律资源，视觉—空间包括具体资源和空间安排。后一类把对话口译研究中尚未系统说明的符号资源（如座位安排、器物的存在等物质制约因素）包括在内（Enfield，2005）。

第二，对话口译研究中互动产生的行动是分层实体，没有一种资源优先于其他资源。但是对话口译所包含的资源往往被视为话语的辅助资源，而不是相互关联、相互依存的资源，它们具有同等的权重，并形成复杂的多模态格式塔或成为一个整体。

第三，将分析范围扩大到谈话以外的资源还需要调查这些多模态资源的协同工作方式。暂时性这一概念很好地解释了这一点，它涉及在展开调查的特定序列中，不同资源何时以及如何出现的问题。时间性可以是一个包含同时性和顺序性的总括概念。需要一种精细的微观分析方法来揭示复杂而微妙的动态，而如果采用谈话分析的“严格连续性”原则，这些动态将被抛弃。

第四，分析性的“焦点”需要从口译员转移到谈话各方如何定位和适应互动中的“前一个和下一个”之上，不仅在言语上，还在互动的具体表现上。说话者与听话者通过共同构建谈话和非本地行为参与社会组织，这种非本地行为与暂时展开的互动有关。

这种立场的转变为方法论和认识论带来了挑战，比如从口译的角度确定多模态所强调的互动时刻、符号资源对特定行动的贡献以及它们协同工作的方式。深入了解各种单语互动的多模态分析已经对互动现象进行了说明，比如通过单语互动的会话分析开发的转向管理系统随后适用于三合会，这对于理解口译员在互动中协调作用的本质是至关重要的。对单语相互作用的多模态研究通过一系列符号资源进一步揭示了转向分配和自我选择等转向现象。这可以将对协调行为的探索和理解扩展到通过多模态角度引入对话口译研究。

在进行对话口译多模态研究时，采用分阶段的方法，整合不同层次的分析。这种模型在初始分析阶段应该呈现出丰富的描述层次，对话口译研究要深入到各个不同的层次，以便根据互动中实际发生的情况来评估这种实践形式。此外视频记录的数据能够使对话口译研究人员拓宽分析视野，这些资源与对话录音同等重要。对话口译中的多模态转换需要借鉴多模态语料库的相关方法。此外，鉴于视频记录互动十分复杂，多模态研究需要有针对性地进行分析，从对话口译研究中已经确定的广泛互动模式中选择值得分析的互动时刻。

第五章

多模态文化传播接受研究

第一节 模态类型的接受研究

一、符号模态的接受研究

1. 图片与文字承载信息的属性

在传递模式的观点中，传播者的作用是传递信息，而受众的作用是将信息储存在记忆中。只要信息传递了，传播也就完成了，所以传播者只需选择一种形式进行信息传递即可。受众通过呈现的文字将信息添加到记忆中，从而在记忆中增加了一个因果联系。同样，相同的信息也可以通过图片的形式来进行传递。文字是传递信息最直接的方式，文字信息传达高效且容易生成，是最常见的信息呈现方式。图片的传递形式更加形象直观，与文字信息相比虽然形式不同，但其承载信息的功能相同。所以，图片和文字的传播效果是一致的。

多模态认知理论认为，人类拥有两种不同性质的加工通道——一种以视觉为基础，而另一种以言语为基础。这种观点实际上是认为图像心理表征和言语心理表征有本质差异，它们的信息承载功能也不相同。也就是说，语言和图画是两种性质不同的知识表征系统。一方面，语言是人类有史以来发明的最重要的认知工具之一。通过使用语言，我们可以用解释或抽象的方式来描述材料，而这也需要我们花费一定的脑力去翻译。另一方面，图片可能是人类最原始的知识表征方式。通过图片，我们可以用更直观、更接近视觉感官体验的形式来描述材料。虽然同样的材料既可以用文字描述，也可以用图片来描绘，但由此产生的言语表征和图画表征在信息上并不等同。虽然言语表征和图画表征可以相互补充，但它们不能相互替代。

传播者不仅要呈现材料，还要引导受众对所呈现的材料进行认知加工。受众需要搭建起言语和图像表征，并在它们两者之间建立联系。根据多模态认知理论，与以单一的形式呈现信息相比，多模态的呈现方式会促进更深层次的理解和接受。也就是说，多模态文化传播使受众更容易在文字和图片之间建立联系，促进信息的生成加工。多模态的呈现方式引导受众既建立起言语心智模型，又建立起图像心智模型，并在两者之间建立起联系。通过多模态的呈现，受众可以在工作记忆中同时持有相应的言语和图像表征，从而增加了受众建立两者之间心理联系的机会。根据多模态认知理论，在言语和图画心智模型之间建立联系是概念理解，也是达成传播效果的重要步骤。

2. 媒介的传播效果研究

这里要将传播的效果和媒介效果进行区分。有关传播效果的研究问题是，当材料通过两种方式呈现（如文字和图片），而非使用单一的文字形式时，受众是否能够获得更好的接受效果？简而言之就是“同时使用文字和图片是否比单独使用文字更有效?”。而媒介效果的研究问题则是，当材料通过一种媒介（如电脑动画和旁白），而不是通过另一种媒介（如书上的插图和文字）呈现时，受众的接受效果是否更好？这种传统的媒介比较研究的研究意义不大。

学者们从实证、方法论、概念和理论等多个方面对传统的媒介研究展开了批评。首先，媒介实证研究结果并没有新的突破。尽管媒介效应不是这里的研究重点，但还是要对新媒体和传统媒体的传播效果进行比较。与先前媒介效应的研究结果一致，动画和旁白讲解的传播形式与插图和文字讲解的传播形式没有实质性差异，而动画的传播效果与静态图片基本一致。

其次，在两种媒介接受效果的比较方法上存在问题。例如，视频中的语气和文字强调的方式与传统文本以段落格式在页面上铺排的方式不同；传统图文媒介的受众可以反复阅读观看上面的内容，而观看直播形式的视频时则受到一定的时间限制，无法反复观看。因此，无法确定受众从图文媒介和视频直播中接受到的内容差异是由媒介本身造成，还是由媒介相关的内容或接受环境导致的。

再次，在概念方面，接受效果取决于传播信息的质量，而不是媒介本身。比如一本书的设计既可以增加读者的阅读难度，也可以让读者更容易理解所呈现的材料；同样，视频的设计也可能阻碍或促进观众的接受。研究表明，在书本中有助于读者理解的要素，在视频中也可以对观众的理解起到促进作用。这些要素包括：在文字中加入图片，让文字与相应的图片更加紧凑，以及去除无关材料的干扰等。在这两种媒介中，通过相同的传播设计原则，无效的传播信息可以转化为有效的传播信息。

最后，媒介研究涉及媒介研究理论依据。媒介效应的研究主要是基于信息传递的传播观，即媒介是将信息从传播者传递给受众的传递系统。"哪种媒介在传递信息方面更有效？"这一问题便是信息传递的传播观的体现。然而，这种理论与多模态认知理论以及认知科学中的一些观点相冲突，比如双通道加工、有限容量和主动加工等。多模态认知理论是基于知识建构理论，受众会主动地构建心理表征，并试图从自身经验中获取意义。因此，与其探讨哪种媒介的传递效果最好，不如讨论哪种传播技术有助于引导接受者对所呈现的材料进行认知加工。

总之，上述的讨论表明，哪种媒介传递效果最好难以验证。从经验论来讲，媒介的效应很小，而从方法论角度看，媒介的效应与传播方法的效应无法分离。此外，从概念角度出发，接受结果取决于传播方法的质量而非媒介本身，而理论探讨也说明受众的接受是知识建构而非信息传递。可见，媒介研究的重点发生了转变，先前是媒介作为方法的传递者，而现在是媒介和方法作为接受者的知识建构和意义生成的促进者。研究的重点是传播手段对接受者认知加工的影响，而不是媒介本身的影响。

二、感官模态的接受研究

1. 单模态传播的接受

如果不考虑模态，那么文字既可以在屏幕上显示，也可以通过叙述的形式呈现。从传统的信息传递的角度来看，传播者需要通过尽可能多的途径向受众展示信息。以影音媒介为例，文字和图像有两种传播的方式，一是图像呈现加配音的形式，二是图像加字幕的形式。如果不考虑模态，两种传播形式传递的是同样的文字和图片信息，但是受众的接受效果可能不尽相同。

显然，图像是以视觉方式呈现的，但文字的呈现方式则有视觉和听觉两种。如果均以视觉的形式呈现文字和图像，即图像加字幕的呈现形式，当信息量较大时会造成观众的视觉信息过载。

2. 多模态传播的接受

当传递的信息量较大，或信息较为复杂时，视听两个渠道都可能产生过载。例如，当文字和图片都以视觉方式呈现，视觉通道因基本加工而负载时，则需要进行模态卸载（modality off-load），即将文字以叙述的方式，而不是在屏幕上进行呈现，以保证必要的基本认知加工。也就是说，将一些必要的认知加工从视觉通道卸载到听觉通道。多模态信息中的文字以口语而不是文本的形式呈现，或以叙述画面替代字幕画面，都是模态卸载。

当字幕画面的节奏较快时，观众的视觉通道很可能会不堪重负，因为观众不能同时看屏幕上的文字和动画。相比之下，当我们把文字卸载到口语形式时，我们就会创造出一个叙述式的动画。

双通道假说认为，人们有两个独立的信息处理通道，其中一个是视觉（图像）处理通道，另一个是听觉（言语）处理通道。当文字以叙述的形式呈现时，听觉（语言）通道可以用来处理文字（叙述），视觉（图像）通道可以用来处理图像（动画）。这样一来，两个通道之间的负载是平衡的，任何一个通道都不会过载。

相比之下，当文字作为屏幕上的文字呈现时，视觉（图画）通道被用来处理文字（屏幕上的文字）和图片（动画），而听觉（语言）通道的使用较少。每个通道的容量都是有限的，即每个通道一次只能处理有限的材料，所以一个通道在处理文字和图片的时候发生超载的同时，另一个通道则使用不足。

根据多模态认知理论，当视觉通道过载时，即图片和文字在视觉通道中争夺有限的认知资源时，受众就无法完成信息的接受，因为图片和文字都是通过视觉进入受众的大脑中进行信息加工。相比之下，呈现语言材料最有效的方式是语言（听觉）通道。因为在这种方式下，文字不会与图片争夺视觉通道中的认知资源，并且对文字的处理被转移到了先前未充分利用的听觉通道上。

3. 视觉听觉传播的接受

穆萨维（Mousavi）等学者曾用“模态效应”一词解释“同时使用听觉和视觉工作记忆来处理多模态信息，认知加工的容量会增加”这一现象。简而言之，通过混合模式（听觉和视觉）而不是单一模式呈现信息，可以增加工作记忆的容量。穆萨维等使用广义的“模态效应”一词来包括同时呈现视觉和听觉材料优于连续呈现相同材料的情况，也可称为“时间连续性效应”。穆萨维等认为，模态效应是注意力分散的例证，在这种更广泛的多模态接受情境中，视觉注意力必须同时分配给图像和语言材料。狭义的模态效应指呈现图片和口述（如动画和旁白）比呈现图片和文字（如动画和屏幕上的文字）更有效的情况（Mousavi，1995）。

模态效应的第一个基本理论思想是双通道理论，即有单独的通道来处理视觉呈现的材料和听觉呈现的材料。例如，巴德利（Baddeley）的工作记忆模型就将处理视觉材料的视觉空间模板和处理听觉材料的语音回路区别开来，而佩沃（Paivio）的双重编码理论也做了类似的区分。模态效应的第二个基本理论思想是有限容量理论，即每个通道在同一时间能支持的处理容量是有限的。第三个基本理论思想是主动接受理论，即当受众选择、组织和整合每个通道中的知识时，有效的接受就会发生。这些过程都需要认知能力，因此当一个或两个通道过载时，这些过程就会受到限制。

三、个体差异对接受的影响

由于人们对信息的接受方式存在个体差异，在进行多模态文化传播时，如何呈现信息可以达到最佳的传播效果是人们致力于研究的。例如，将屏幕文本添加到简明的叙述式动画中，如果受众喜欢通过听觉接受信息，那么可以多关注旁白，如果受众喜欢从文字中接受信息，则可以关注屏幕上的文字。通过使用多种呈现形式，传播者可以满足每个受众在接受信息时的偏好。

个体差异的作用早已受到教育心理学界的关注。个体差异在学习中起到过滤作用。在多模态文化传播中，如果仅以视觉的形式呈现材料，喜欢接受听觉信息的受众的接受效果会受到影响，而如果仅以叙述的形式呈现材料，喜欢接受文字信息的受众也会受到影响。受众偏好假说认为受众会选择最适合自身的传播方式，包括选择信息呈现的形式。如果同一材料以多种形式呈现（图片、文本和口述），那么受众可以专注于最适合自身偏好的形式，但是当受众偏好的呈现方式不包括在内时，其接受信息的难度就会大大增加。

受众偏好理论是基于传播学的传递模式，即把传播看成是从传播者向受众传递信息的过程，也就是说传播是在传播者呈现信息、受众接受信息这个过程中发生的。由此可见，当信息传递路径越多时，尤其是在某些路径受阻时，受众接收效果越好。这一观点与多模态认知理论相冲突，在多模态认知理论中，受众在其信息处理系统中主动构建心智表征。

基于能力限制假说，在屏幕上添加文字对传播效果并不能起到促进的作用。能力限制假说认为人们处理视觉或听觉呈现的材料的能力是有限的。根据多模态认知理论，有效的传播是受众注意到传入的视觉和听觉信息的关联之处，并将材料组织成连贯的言语和图画表征以便进一步整合。但是当图片、文本和口述同时呈现时，认知系统就会因为两种额外处理方式而过载。首先，图片和文本在视觉通道中争夺有限的认知资源，当受众的视线在文本和图片间扫描时，就会产生额外认知加工。其次，当言语信息同时以视觉和听觉的方式呈现时，受众可能会同时关注并试图协调这两种信息流，认知资源需要花费在这种额外加工上，因此无法用于有效传播所需的必要的生成性加工。相比之下，最有效的方式是通过言语通道（只作为口述）来呈现语言材料，因为这种方式不会与图片争夺视觉通道中的认知资源。

四、冗余效应对接受的影响

冗余效应广义上指在传播中删减掉冗余信息的材料比包含冗余信息的材料所达到的传播效果更好（Kalyuga，Chandler & Sweller，1998）。由于文字信息与通过图片或其他渠道呈现的信息发生重复，所以在多模态文化传播中添加文字会对受众接受信息造成不利影响。而冗余效应在狭义上是指受众从动画（或插图）和旁白中接受信息的多模态情境。在此情境中，受众更容易从动画（或插图）和旁白中接受信息。

受众偏好假说和能力限制假说在对信息冗余的看法上存在差异。首先，受众偏好假说的基础是一种常识性概念，即以两种方式呈现文字（如口述和文本）比只用一种方式（如只用口述）呈现的传播效果要好，即两种感官模态优于单一感官模态。而有限能力假说认为，以单一模态（如口述）呈现文字比以两种模态（如口述和文本）呈现文字取得的效果要好。简而言之，信息冗余对传播的效果并不一定起到促进作用。

其次，受众偏好假说是基于传播学的传递模式，即传播者负责呈现信息，而受众负责接受信息。每一种呈现形式都是一种信息的传递系统，所以两次信息传递的效果要胜过单次传递。如果一种方式受阻，那么信息仍然可以通过另一种途径进行传递。能力限制假说则是基于多模态认知理论，即受众会主动建构一个对受众有意义的心理表征。知识建构的过程要求受众在视觉和听觉加工的限制下，选择、组织和整合相关的视觉和言语信息，而超负荷的呈现模态（如通过视觉通道呈现动画和文字）会阻碍知识建构的过程。研究发现，在解说动画中添加了与解说词相同的屏幕文字，受众的接受效果受到影响，即冗余效应，在解说动画中添加冗余的屏幕文字会减损多模态文化传播的效果。

冗余原则为多模态认知理论及能力限制假说提供了重要依据，而且冗余原则与能力限制假说相一致，即当动画和屏幕文字同时呈现时，视觉工作记忆会过载（如处理旁白—动画—文字），在这种情况下，可用来建立文字和图片间联系的认知资源就会减少，因此有效的传播也会减少。相反，当文字和图片分别在听觉通道和视觉通道中呈现时（如处理旁白—动画），这些系统的认知负荷就会最小化，就有更多的认知资源可以用于建立图文联系，有效的传播就会增加。

但是，冗余原则与受众偏好假说并不一致，即将冗余的屏幕文字添加到叙事动画中，是为了让受众选择最适合自己风格的文字呈现方式（视觉或听觉）。受众偏好假说预测，冗余文本会促进受众接受信息，但实验结果却与此恰恰相反。允许受众自行选择多模态文化传播的接受方式，以适应其受众偏好，同样可以促进有效传播。例如，在第二语言学习的多模态环境中，学生在图画和文字定义之间进行选择，有助于他们在阅读故事时学习单词。

冗余原则与多模态原则间有什么关系呢？冗余原则认为两种模态的效果比一种模态差，而多媒体原则否认这一观点。相比使用单一感官模态（语音）呈现文字，通过两种感官模态（文本和语音）呈现的效果更差。这种情况的一个显著特点是，视觉通道必须处理动画和屏幕文字两者，所以视觉通道会出现过载现象。而多模态原则认为，当旁白对相应的动画进行补充后，接受效果会得到改善，所以文字在听觉通道中呈现，并不会增加视觉通道的负荷。

根据多模态认知理论，并不是所有消除冗余信息的策略都能起到同样的效果。当在多模态文化传播中使用动画、旁白和文字的形式呈现信息时，可以通过减少文本信息来消除冗余，也可以去除旁白。根据多模态认知理论，文字和图片都以视觉方式呈现会使视觉通道过载。而多模态原则认为，从动画和旁白中接受信息比从动画和屏幕文字中更加有效。无论是冗余原则还是多模态原则，文字以口述形式而非文本形式呈现时，受众接受信息的效率都更高。其中冗余原则认为，在简明解说动画加入屏幕文字，不利于受众接受信息，而在多模态原则中，以屏幕文字代替旁白会对受众接受信息产生不利影响。

第二节 模态衔接的接受研究

一、图文衔接对接受的影响

在传播的过程中，可以通过语言和视觉两种模态的结合来引发受众的兴趣，即通过文字和图片共同使用促进多模态文化传播。使用引导性细节的方式呈现材料，包括引导性文字和引导性插图两种形式。

加入引导性细节的主要依据是情感唤起理论，即受众在被材料中表达的情感所唤起时，传播的效果会更好，也可称为情感兴趣。根据这一理论，添加引导性细节可以调动受众的兴趣，从而使受众的注意力更加集中，接受更多的信息。在这种情况下，情感会影响认知，即由引导性细节产生的高度愉悦感会使受众集中更多的注意力，将更多的信息从材料中进行提取和加工。

但是这一理论也存在一些问题。尽管这一方法符合常识，但其本质是认为传播只是从传播者那里获取信息，再将信息传递给受众的过程。多模态认知理论将传播视为受众知识建构的过程，即受众根据所呈现的材料内容和已经具备的知识来主动构建心理表征。由此可见，引导性细节可能会干扰受众的知识建构过程，从而影响传播的效果。

金茨（Kintsch）（1990）提出“认知兴趣”的观点：认知会影响情感，

当受众能够理解材料所要传递的信息时，对接收的信息会更有兴趣。与情感唤起理论不同，多模态认知理论认为，增加引导性细节会从以下几方面干扰知识建构的过程，包括选择相关信息以及将信息组织成一个连贯的结构等。首先，引导性细节可能会将受众的注意力从自身正在关注的内容上转移出来；其次，在材料中插入引导性细节，可能会破坏受众在自己的心理表征中建立起的因果关系；最后，受众可能会认为材料的主题来自引导性细节，从而按照引导性细节的提示建立自身理解的框架。

二、视觉听觉衔接对接受的影响

在多模态文化传播中增加文字或图片的引导性细节会影响传播效果，也许是因为引导性细节与传播材料统属于同一种性质（如文字或图片）。另一种添加引导性细节的方式是采用不同的模态，如背景或环境声音。例如，可以循环播放一段简短的纯音乐，既不会干扰到旁白，还能为画面的呈现提供一个温和的音乐背景或适当的声音效果。

和添加文字和图片一样，在多模态文化传播材料中添加背景音乐和声音的也是基于情感唤起理论。根据这一理论，音乐和声音效果会激起受众更大的兴趣，从而提升受众的情绪唤醒水平，进而使受众对所呈现的材料的注意力更加集中，以接受到更多的信息。但是这种添加音乐和声音的方法也存在一些问题，它所依赖的是传播即信息传递的观点。按照这种观点，信息只是简单地从传播者向受众传递，而背景音乐和声音可以加快信息传递过程。但是基于知识建构的传播观，即受众会主动寻求建立有意义的心理表征，而添加音乐和声音也会干扰这种意义建构过程。

根据多模态认知理论，受众在视觉和听觉通道中处理多模态信息，但是这两个通道的容量是有限的。当加工能力用于处理音乐和声音时，用于关注旁白并将其组织成连贯的因果关系，进而与输入的视觉信息产生的联系就会减少。简言之，多模态认知理论预测了一种连贯效应，而在这种连贯效应中添加音乐和声音等材料会有损受众的接受效果。

第三节 时间空间的接受研究

一、空间维度的接受研究

1. 空间的整合与分离

在呈现多模态材料（如文字和图片）时，可用的空间是有限的。一个页面只能容纳有限的文字或视觉材料，因此页面空间是一种传播中需求量很大但又有限的资源。多模态文化传播的空间策略是如何在页面上分配空间的一种决策。例如，科学教科书中约有一半的空间用于图形，而另一半用于文字。

传播者除了要决定分配多少空间给文字和图片之外，还需要决定如何在可用的页面框架中安排以文字为主或以图片为主的空间。以一篇有关闪电形成的科技文章为例，文章包含 600 多字和 5 个插图，有两页纸的空间来呈现这些材料。一种方式是把所有的文字放在一页，把所有的插图放在另一页；另一种方式是把每个插图放在描述它的段落旁边。为了更好地进行整合，还可以把段落中的一些关键词提取出来作为插图的标题。这不会增加任何新词，只是将最相关的词放在对应的插图旁边。

例如，用一个 2.5 分钟的动画来描述闪电的形成，需要在屏幕上呈现的文字大约有几百字。动画和文字都描述了同样的 16 个动作（如凉爽湿润的空气在地球表面移动），如何在屏幕上呈现动画和文字，才能达到最佳的传播效果呢？如果按照分离策略，可以把描述一个动作的文字放在与相应动画的不同位置；而如果采取整合策略，则将动画和相应的文字尽可能地放置在彼此靠近的地方。

在这两种情况下，受众看到的都是相同的文字和图形。但在分离策略的版本中，相应的动画和屏幕上的文字语句相距较远，而在整合策略的版本中它们相距较近。下面就这两种策略的受众接受情况分别展开讨论。

2. 空间一致性对接受的影响

一般来说，同样的材料呈现两次比呈现一次能让受众接受到更多的信息。在分离策略中，受众对描述闪电形成步骤的文字和图片进行了两次接受。将文字和图片分开的这种形式，可以让受众对同样的内容信息分两次重复接受。这里，视觉和语言的呈现模式是向受众传递信息的两种不同路径。相同信息在不同的时间传递时，产生的效果更好，因为受众有两次机会将信息储存在记忆中。相比之下，当描述相同信息的文字和图片同时传递时，产生的效果较差，因为受众只有一次机会存储这些信息。

在多模态文化传播中，这种将文字和图片分离的策略，认为传播就是将呈现的信息接受至记忆中。整合策略认为接受是一个主动的过程，在这个过程中，受众会努力理解所呈现的材料。当相应的文字和图片可以在大脑中融合到受众的工作记忆中时，意义就实现了表达的效果。

在整合策略中，文字和图片的呈现方式需要受众在它们之间建立心理联系。受众不需要在页面上搜索与文本相对应的图形，可以将认知资源投入接受的过程，比如建立文字和图片之间的联系。成功的多模态文化传播依赖于在相应单词和图片的心智表征间建立的联系。

在分离策略中，单词和图片的呈现方式阻碍了受众在单词和图片之间建立心智联系。受众必须在页面上进行搜索，试图找到一个与文本句相对应的图形，而这个外在的加工过程同样需要认知努力，这些认知努力本可以用来支持主动接受的过程。因此，相比整合策略，分离策略不利于受众的理解。

二、时间维度的接受研究

1. 时间一致与空间一致的差别

文字和图片在时间上的分离或整合的情况与在空间上的情况类似。空间一致性和时间一致性是多模态文化传播设计中的两种相关信息的毗连形式。空间一致性是指在页面上将相应的文字和图片紧凑地放在一起，而时间一致性则是指在时间上将相应的文字和图片紧密地衔接在一起。两者都是基于相同的认知机制，即同时对文字和图片进行心理加工，受众能够更好地建立起文字和图片之间的联系。

尽管两者有相似之处，但空间连续性和时间连续性并不完全相同。对于书籍的页面布局来说，空间一致性非常重要。这里主要涉及视觉信息，比如印刷的文字和图像，而且信息的加工与接受顺序并不取决于设计者，读者可以选择先关注文字或者先关注图像。相比之下，时间一致性对动态画面的时间安排尤为重要，它包括视觉信息（如动画）和听觉信息（如旁白）。在这种情况下，信息的加工与接受顺序是由设计者决定的，设计者可以选择先呈现文字或者图像。

2. 时间一致性对接受的影响

以雷电风暴的形成为例，要了解这一过程，我们可以在网络上进行搜索。打开一个介绍这一过程的网页，里面有用文字描述雷电形成的步骤；而在另外一个网页中我们能够看到一个描述雷电形成步骤的动画。对于传播的受众来说，这样的搜索过程存在着认知过载的可能。其原因在于呈现方式的不一致或不同步，使得受众在这一过程中必须将先阅读到的文字信息保持在工作记忆中，直到第二个网页里的动画呈现出来为止，这会占用较多的工作记忆资源，导致文字和图像信息之间无法建立起紧密的联系。

为解决这以问题，我们提出多模态文化传播的时间一致性原则，即相应的文字和图片应该同时呈现。例如，在讲述雷电形成的动画中，当讲述者说“带负电的粒子落到了云的底部”时，动画中应该展示带电粒子从云的顶部向底部移动的过程。也就是说，时间一致性是指受众在听到某一事件描述的同时，看到描述同一事件的动画（或静态图像）。

再比如，要制作一个介绍闪电形成的多模态网络页面，我们可以使用文字（如旁白或屏幕上的文字）或图片（如动画或插图）的形式。假设已经制作好了描述闪电形成主要步骤的旁白和动画，旁白有 300 个字，动画总时长 140 秒，都被分成了 16 个片段，那么如何利用这些材料来制作一个多模态的网络页面？一种较为直接的方法是将旁白和动画依次呈现。这样，受众可以先注意到闪电形成的语言描述，然后再注意到闪电形成的视觉描述，反之亦然。这种方式称为依次呈现，因为所有的文字与图片是依次出现的。这种呈现方式的文字和图片在时间上并不连续，缺乏时间上的一致性。另一种方法是将旁白和动画同时呈现。这样，当用旁白描述一个特定动作时，动画就会在同一时间进行直观的展示，所以受众在同一时间看到和听到的是同一个步骤。由于相应的文字和图片片段是同时呈现的，这种方式称为同步呈现。这里的文字和图片在时间上是一致的，即具有时间一致性。

与空间一致性的研究一样，时间一致性的研究目标是确定多模态文化传播中哪种条件最能促进受众对传播内容的接受。无论是依次呈现还是同步呈现，材料是一致的，都包含多模态的文字和图片，二者的区别在于叙述和动画的时间呈现方式。

（1）依次呈现模式

对于受众来说，相同的材料经过两次传递比仅有一次传递的接受效果更好。依次呈现的形式可以使受众分两次接触材料信息。首先，受众把全部注意力放在倾听雷电风暴是如何发展的语言叙述上，之后可以全神贯注地观看相应的动画（或者先看动画，再听旁白）。然而，同步呈现的形式只给了受众一次接触材料的机会，16 个片段每个都只展示了一次，声音描述和视觉画面同步展开。从时间上看，依次呈现所占用的时间是同步呈现的两倍。

如果受众对信息的接受仅仅是将所呈现的信息存储到自己的记忆当中，那么接受到两次信息传递（比如先文字后图片）就能将更多的信息存储在记忆中，也就是会有更好的接受效果。但是，如果只接受到一次信息传递，尽管是两个不同的途径，将信息存储到记忆中的可能性也会降低。连续接受信息传递的受众应该比同时接受信息传递的受众所接受的信息更多，但是实际的传播效果并非如此。

（2）同步呈现模式

将文字和图片在时间上分开呈现并不是最优的传播方式。人类不是信息存储机器，只负责接受信息并将其存储在记忆中。相反，人类是感觉的制造者，接受信息的过程是人类的主动认知过程，例如选择相关的文字和图片，将选择的材料组织成言语和视觉的心智模型，并将言语和视觉模型进行整合等。

当文字和相应的图片同时出现在工作记忆中时，受众会更容易理解多模态文化传播的内容。同步呈现会增加受众在工作记忆中同时保持的视觉和言语表征数量，这也有利于受众对言语和视觉表征进行心理整合。

同步呈现与人的信息处理系统相契合。在人们的信息处理系统中，视觉和言语通道是分离的，且每个通道的容量有限。同步呈现的口语叙述可以经由言语通道处理，而图片则在视觉通道中进行处理。也就是说，当受众通过视觉通道看到冷（蓝色的）空气在较暖的表面上移动，之后成为热（红色的）空气时，他们也可以听到“冷的、湿润的空气在较暖的表面上移动，从而变成热空气”。这样，在人的有限认知处理容量中，每一个表征都能够得到接受，并且相互之间建立联系。

当文字和相应的图片在时间上被分开时，受众对多模态信息的接受程度并不好。在依次呈现模式中，受众如果先听到旁白再观看动画，那么当动画开始时，只有一小部分旁白留在言语工作记忆中（或者当旁白开始时，只有一小部分动画留在视觉工作记忆中）。这样受众难以在文字和图片之间建立起联系。

依次呈现这一形式与人类处理信息的方式相冲突，它没有利用我们在视觉和言语通道中同时处理信息的能力，而是先在一个通道中呈现待处理的材料，然后又在另一个通道进行呈现。依次呈现忽略了人们工作记忆能力的局限性，要求受众在工作记忆中一直保留旁白信息，直到其以动画的形式呈现出来，事实上这是无法实现的。

由上可见，尽管依次呈现和同步呈现所使用的材料完全相同，即同样的旁白和动画，但它们传递信息的效果却大不相同。依次呈现模式与人的思维方式相冲突，而同步呈现则很好地利用了人们思维方式的特点。

第四节 信息层次的接受研究

一、层次化信息的接受研究

1. 信息的切分与分层

信息切分旨在帮助受众管理必要的认知加工过程。通过信息的切分，受众将一个复杂的多模态信息分成若干个小的部分，并控制其有节奏地依次呈现。因此，信息切分技术的两个关键特征是：1）将一个信息分成若干部分按顺序呈现；2）允许受众自主控制从一个部分到下一个部分的呈现节奏。

信息切分在教育场域中的运用较为广泛。以一段讲解闪电形成过程的快节奏解说动画为例，动画时长约 2.5 分钟，观众对其内容并不熟悉，在下一个步骤呈现之前，观看者还不太能够完全理解上一个步骤，又因其中一个部分的变化会导致下一个部分的变化，所以无法建立起一个系统的因果模型。因此，观众可能能够记住一些孤立的事实，但很难使用材料来解决新问题。在这种情况下，工作记忆是超负荷的，也就是说工作记忆所需的认知加工负荷恰恰证明了核心材料（比如上例中闪电形成的因果模型）的复杂程度超过了观众的可用认知能力。因此，信息切分可以帮助受众更好地管理核心加工过程。

2. 信息切分的方法

如果多模态文化传播中的核心材料（如快节奏动画）的复杂性超过受

众的认知能力时，受众的信息处理系统会发生什么呢？图片经由视觉通道进入工作记忆中存储为图像，而言语通过听觉通道进入工作记忆中存储为文字。但如果材料呈现节奏过快，受众可能没有足够的能力将文字和图片在头脑中分别组织成言语模型和图像模型。同样，受众可能也无法在头脑中将言语模型和图像模型与因果链中的其他步骤进行整合。总之，受众可以捕捉到一些片段信息，但无法对其进行深度加工，传播的效果也就大打折扣。

相比之下，当一个快节奏的解说动画被分成多个可以由受众自行控制的小片段时，受众在观看完每一个片段后，能够进行更深层次的认知加工，即将核心材料组织成连贯的认知结构，并将这些认知结构以及因果链中的其他步骤进行整合。受众可以在观看完后点击“继续”按钮，进入下一个环节，以此类推。这样一来，受众就能更好地对核心材料进行深度认知加工，从而达成较好的传播效果。

3. 信息切分对接受的影响

根据多模态认知理论，核心加工是认知加工的一种，其目的是在工作记忆中表征内容。当传播内容比较复杂时，受众必须进行高水平的核心加工，但同时可用于支持传输性能的较深层次的认知加工能力也会减少。因此，在处理复杂内容的过程中，管理核心认知加工过程可以增加深层加工的机会。

那么应该如何衡量传播材料的复杂程度呢？复杂度取决于必须在同一时间内处理的交互元素的数量，即元素间关系的数量。但是，它不仅取决于传播材料本身，还取决于受众自身具备的知识，这是因为元素构成在一定程度上取决于受众分块处理材料的模式。也可以说，复杂度取决于任务和受众个体的特点之间的相互作用。

应用信息切分原则的首要目的是将复杂的材料分解成更容易管理的部分，且这些部分可以按顺序处理，而不是一次性全部处理。信息切分原则的意义在于，当解说动画中的核心材料过于复杂时，也就是当处理核心材料所需要的能力超过了受众能力时，可以把解说动画分成几个有意义的片段，在受众的控制下进行呈现。每个片段应该表达一个过程中连贯的步骤（或一组步骤）。比如，如果要传播的材料是一个完整的事件，可以将其中的步骤分成有意义的片段（或模块），在受众的控制下呈现，且每个片段（或模块）都应该有一个明确的子目标。如果要传播的材料是一个包含两个以上变量之间函数关系的复杂图形时，可以将该图形分解成一组简易图形，只显示其中的一部分变量。

如果让受众控制呈现节奏是有效的，那么设计者是否应该在所有动画或视频片段中加入滑块或暂停/继续按钮？由于受众需要决定何时使用滑块条或暂停按钮，而这个决策过程也需要认知处理，这就减少了剩余可用于材料理解的认知能力。也就是说，受众通过使用滑块或暂停按钮控制材料的呈现，也会产生大量的额外认知加工。使用滑块条可能会增加额外处理的需求，因为受众可能难以找到片段的准确起点。另外，有的受众因为缺乏元认知技能，不知道在哪里暂停，也就是说受众可能无法准确地判断是否需要停下来消化部分内容。

多模态认知理论表明，当材料复杂、受众的先验知识较少且材料呈现节奏（或受众处理材料的节奏）较快时，信息切分的效果可能最强。例如，关于专业知识反转效应的研究表明，经验较少的受众可能更受益于传播者所设定的切分节奏，而滑块条和暂停/继续按钮对经验丰富的受众更有利。此外，另一个值得研究的问题是材料的复杂性和呈现速度是如何影响信息切分的原则。

最后，关于信息切分的最佳单元大小。工作记忆的有关研究表明，受众一次只能容纳几条信息，这表明最佳切分片段可能相当小。此外，还有一些研究表明，片段应该呈现出一个连贯的概念单位，如过程中的一个步骤。

二、背景信息的接受研究

受众在面对新的术语时，需要利用有限的认知资源来熟悉新名词的名称和特点，从而导致对信息的理解下降。因此，确保受众掌握适当的先验知识有助于解决认知过载问题。如果受众在多模态文化传播中需要花费较多的精力去理解新词的含义，那么其在理解主旨时可用的认知资源就会减少。因此，为了保证受众接受的效果，就不要对相关的背景信息进行补充。如果用新的术语来解释复杂的材料会削弱受众的接受效果，那么可以在前期对重点术语进行补充。总之，受众应该知道传播者所使用的单词（和符号）的含义，这样才能充分投入认知能力建立起连贯的认知表象。

当多模态文化传播中的材料对受众来说十分复杂且呈现速度很快时，受众可能不具备足够的认知能力来参与到对材料的思维表达过程中去，这就造成了核心处理过载的情况。为受众提供知识可以帮助受众管理核心加工。例如，通过一个讲解汽车的制动系统是如何工作的动画，帮助观众建立起汽车制动系统工作原理的心理模型。这需要受众提前了解制动系统中关键部件的名称和特点。如果材料呈现的速度非常快，受众仅仅能够弄清楚制动系统中一些关键部件的含义，却没有足够的时间来建立起制动系统工作原理的逐步因果关系模型。为了解决这个认知过载问题，在呈现动画之前可以对观众进行关于各部件的名称、位置和特点的介绍，让观众提前熟悉制动系统中每个关键部件的名称和特点。

观众观看动画时必须进行两种核心加工，即理解因果系统的工作原理和理解各部分的工作原理。如果观众已经知道每个部分的名称和特点，就可以参与到建立系统因果模型的认知过程中，从而达到更好的理解效果。这样就把一些必要的加工过程转移到对背景信息的加工过程中，使背景信息成为先验知识，减少了理解叙事动画所需的认知负荷。

麦尔（Mayer），马蒂亚斯（Mathias）和维采尔（Wetzell）提出了一个两阶段的传播过程理论。受众首先为系统中的每个主要部分建立成分模型，然后再建立因果模型。成分模型包括传播的各个部分的名称和动作，因果关系模型包括传播各部分间的因果关系。具备先验知识的受众已经知道了关键部分的名称和特点，因此通过运用核心加工和生成加工，将认知资源投入到因果模型的建立中去（Mayer et al.，2002）。但是，对于缺乏先验知识的受众来说，在快节奏的多模态呈现之前，如果能先了解各部分的名称和特点，将对传播的效果大有裨益。

受众的先验知识存在较大的个体差异，缺乏特定领域的先验知识的受众是背景信息的主要对象。这样，受众可以通过将必要的认知加工分配到两个阶段来进行管理，分别对背景信息进行加工建立组件模型，以及对主体信息加工建立心智模型。

背景信息的补充也存在一定的局限性。首先，不能一味补充信息，不能在每次呈现主体信息前都列出重点术语和定义。如果受众已经知道重点术语的名称和特点，对传播的重点信息和主旨的理解会更加深入。补充信息的最佳方式需要通过研究来进一步明确，比如把定义放在边框中，或者让受众在超文本中点击新的术语来了解定义。

其次，背景信息并不适合所有的受众，传播者需要了解受众对目标领域的了解程度，才能有效地进行补充。对于已经知道关键术语的受众来说，这些信息对他们的帮助不大，并且对于一部分受众来说补充的信息会分散他们的注意力。

最后，当无法补充背景信息时，可以通过信息切分原则和多模态原则等其他手段达到传播的目的（比如释放核心加工阶段的认知能力）。此外，空间一致原则也可以用来澄清关键术语的含义（例如在插图或动画中把术语的名称和描述放在图片旁边）。在多模态文化传播中，如何在最大程度上确保受众不会花费有限的认知资源去弄清楚各种关键术语的含义，还有待进一步研究。

三、提示信息的接受研究

删除冗余材料可以在多模态传播过程中尽量减少额外的认知加工，因为多余的材料会吸引受众的注意力，从而导致受众在接受信息过程中进行无关的认知加工。但是，在某些情况下传播者可能无法去除这些无关材料，所以在此提出另一种“发送提示信息”的解决方法，即通过插入线索将受众的注意力引导至主要材料上。比如可以对言语材料添加提示信息，这些提示信息包括：1）在开始时添加的一个大纲或中心句；2）围绕大纲的标题；3）对关键词语进行的语音强调；4）一些指示性词语。除了为言语材料添加提示信息外，也可以为图片材料添加提示信息，即把受众的注意力吸引到图形中的特定部分。视觉提示信息包括增加视觉提示（如箭头、特定颜色、闪烁、指向性的手势），或将非必要的区域灰化。

一种反对添加提示信息的观点认为，提示信息没有增加新的信息，对传播没有造成任何影响。这种说法与信息传递的传播观点相一致，即传播是将呈现的材料添加到记忆中的过程。这些多余的提示信息可能会破坏接受效果，因为提示信息并没有增加任何实质内容。另一种观点则支持添加提示信息。知识建构的传播观认为，受众努力在多模态文化传播的基础上建构一种认知表征，因此传播者不仅仅负责呈现基本信息，还要帮助引导受众处理信息，也可以帮助受众在头脑中组织关键材料。如果缺乏这样的引导，受众更容易进行额外的认知加工，如加工多余的材料并试图将其与其他材料组织联系起来。

使用提示信息是为了减少受众对多模态文化传播中的额外内容进行加工，具体来说就是引导受众将注意力放在主要内容上，并将这些内容组成一个连贯的结构。根据多模态认知理论，这种适当的处理对有效传播有促进作用。受众在多模态文化传播中可能会关注无关的内容，这时应该使用提示信息引导受众进行认知处理。这样一来，言语提示信息（如标题、语音强调和指针词）应该在多模态文化传播中进行精心设计。换句话说，如果增加了突出重要内容的组织线索，受众的信息接受效果会更好。

第六章

多模态文化传播场域研究

第一节 社会场域

一、视觉文化

现代生活中无处不是屏幕的身影。从公共汽车到商场，从高速公路到桥梁，甚至是ATM机旁，都有摄像头监控。越来越多的人通过传统摄像机、便携式摄像机和网络摄像机等设备来看回放，人们的工作和休闲也越来越以视觉媒体为中心，从电脑到数字视频光盘，皆是如此。现如今，从卫星图片到人体内部的医疗影像，人们的体验比以往任何时候都要更加直观化、形象化。在视觉屏幕时代，视角至关重要。电视、电影、计算机将人们的生活变得媒介化。18岁的美国人平均每年只看8部电影，但每天要看4个小时的电视。这些视觉化的形式正受到互联网和虚拟现实应用等交互式视觉媒体的挑战。在影像的洪流中，眼见为实远胜于耳听为虚，视觉文化不仅是日常生活的一部分，而是日常生活本身。

在利物浦一家商场里，监控拍下了一名幼儿被绑架的过程，为犯罪行为的定罪和侦破提供了铁证。尽管理论上认为全天候监控可以增加安全感，但事实上它对防止孩童绑架和谋杀案的发生毫无帮助。1996年，一台业余摄影机以及德国有线电视台采访美国游泳运动员珍妮特·埃文斯(Janet Evans)的录像机偶然拍下了亚特兰大奥运会上的爆炸事件，然而至今还没有人因此被起诉。日常生活的可视化并不意味着我们清楚自己看到的是什么。1996年7月，美国环球航空800号航班在纽约长岛坠毁，数十人目睹了这一事件，但他们的说法大相径庭，以至于FBI最后只认可了那些不太耸人听闻的说法。1997年，FBI发布了一个计算机动画，利用雷达和卫星图像等材料，对坠机事件进行了分析，除了坠机的实际原因（油箱为何爆炸）外，其他都一目了然，但如果无法从中得知原因，该动画基本上是毫无意义的。更令人震惊的是，当美国军队在海湾战争中对目标进行攻击时，全世界都在回放他们的“智能”炸弹的录像。后来，人们发现虽然这些武器“看到”了一些东西，它们在实际击中预定目标方面并不如传统弹药准确。1996 年 9 月，美军巡航导弹在两天内两次击中伊拉克的防空防御系统，结果几天后美国飞机才遭到伊拉克的攻击。难道海湾战争从未发生过吗？如果不再相信眼见为实，那我们又该相信什么呢？

后现代文化中丰富的视觉经验与分析视觉资源的能力之间存在差距，这说明将视觉文化作为一个研究领域，既是机遇也是需求。虽然视觉媒介在以前是一门独立的学科，但现在有必要将后现代全球化的视觉作为日常生活的一部分来解读。艺术史、电影、媒体研究和社会学等学科的批评家们将这一新兴领域描述为视觉文化。所谓视觉文化，是指消费者通过接触视觉技术来获取信息、探寻意义或寻找乐趣的视觉体验。视觉技术包括从油画到电视和互联网等任何形式的工具，这些工具都是为了供人观看或增强自然视觉而设计的。人们通常将后现代主义定义为现代主义的危机，这意味着后现代是由现代主义和现代文化自身视觉化策略的失败而引起的危机，即文化的视觉化危机，而不是文字化的落后造成了后现代性。虽然印刷文化不会消失，但现代主义十分重视视觉及其效果，因此产生了后现代文化，而后现代文化在视觉化的时候才是最具有后现代性的。

视觉化的繁荣发展使影视娱乐成为美国仅次于航空航天的第二大出口产业，1992 年影视娱乐业仅对欧洲的出口就达 37 亿美元。当然，后现代主义并不是单纯的视觉体验。人们在后现代主义复杂的、重叠的、分散的秩序中是不能期待其具有整洁性的。在过去，无论是 18 世纪的咖啡馆公共文化，还是 19 世纪的报纸和出版业的印刷资本主义，都无法找到这种整洁性。视觉文化是一种策略，可以从消费者而不是生产者的角度出发，来研究后现代日常生活的谱系、定义和功能。报纸和小说是 19 世纪的缩影，视觉文化则最好地诠释和呈现了分散破碎的后现代主义文化。这并不意味着我们可以在现代主义和后现代主义之间划出一条简单的分界线。后现代主义所代表的界限和对立的消失不是某一特定技术或后现代话语所特有的，而是现代化的基本条件之一。这样一来，视觉文化在现代和后现代时期都有一个需要探索和定义的谱系。而在一些批评家看来，视觉文化只是用符号学的表征概念来处理的图像的历史而已。该定义创造了一个庞大的材料体系，以至于没有一个人甚至一个部门能够涵盖这个领域。对于其他人来说，它是建立视觉文化社会学的一种手段，它将建立起一种视觉性的社会理论。实际上，视觉带有一种人为的且不同于其他感官的独立性，这种独立性与真实经验几乎无关。为了做跨学科的工作，仅仅拿一个课题来安排两三门学科是不够的。跨学科研究在于创造一个新的对象，而这个对象是不属于任何人的。比起当今常见的研究方法，跨学科研究的开展将带来更多的不确定性、风险性和随意性。如果打破旧有学科壁垒，只是为了在其原位设置新的学科壁垒，那么毫无意义可言。

对于一些人来说，视觉文化的范围太广，没有实际意义。诚然，视觉文化不会拘泥于现有的大学结构，它是后学科学术领域的一部分，涉及文化研究、同性恋研究以及非洲裔美国人研究等课题，其研究重点跨越了传统学科的边界。从这个意义上讲，视觉文化是一种策略，而不是一门学科。视觉文化是一种以理解个人和群体对视觉媒介的反应为中心的、流动的解释学结构。与上述其他的方法一样，视觉文化希望打破传统的学科局限，融入人们的日常生活中。

二、听觉文化

在亚里士多德的《灵魂论》（*De Anima*）中，他坚持认为触觉是不可或缺的，因为触觉是所有动物共有的感官。感官的主要形式是触觉，有的动物具有所有的感官，而有的动物只有其中的部分感官甚至只有一种感官，但所有动物都具有触觉。之所以触觉最重要，是因为触觉是动物生命运动的自动感性和自动感知，有灵魂的东西与没有灵魂的东西不同，前者显示了生命，而生命意味着思维、知觉、局部运动或休息、营养、腐朽和生长的运动。再者，触觉是通过吸收营养的方式来延续生命，是对食物的感觉。当比较触觉与其他感官时，亚里士多德发现直接接触的概念是有问题的，因此他便去寻找触觉的中介器官。他暂时得出的结论是，触觉与其他感官之间的区别在于触觉是直接接触，而其他感官的感受都隔着一些距离。虽然这种说法不完整，而且我们确实通过媒介来感知一切，但他在《灵魂论》的结尾再次强调触觉是通过直接接触其物体而发生的。实际上，其他感官都是通过接触来感知的，只有接触是中介性的，即只有触觉是通过直接接触来感知的。

亚里士多德由此提出了一个感官的首要性和等级性问题。德里达（Derrida）认为，任何重视触觉的行为，无疑都源于亚里士多德将生命视为自动移动的定义，以及人的具体生命形式的地位。德里达指出，自然界中可以用手感知的东西、人类的手所能创造的东西，都是实用主义人类学的研究对象。

实际上，听觉（hearing）带有一种中介性质，它动员了视觉去调整距离，也涉及了触觉。听觉是通过空气将身体接触的部位与听觉器官联系在一起而发生的。因此，听觉处于中介性和直接感觉性之间，这一位置使它在任何对等级区分的审视中都具有优势。

聆听（listening）和听觉是不一样的。我们是否只有在第一次听到声音之后才开始聆听，或者说聆听是一种被调动起来的、为了听而听的行为呢？聆听与听觉的区别似乎只能通过即时性功能来解释。聆听是将自己置于听觉的支配之下，并将注意力或接受能力与感官知觉联系在一起，使知觉与接受力同步。聆听者超越了自我反射并能立即记录他或她所听到的内容，比如自己可以问自己“你听到了吗?”。无论如何还原，这种即时的、非差异化的听觉或倾听是在正常的言语话语中运作的，绕过了言语的必要条件、重复和润色等。在与人交谈时，听见的内容就是聆听的内容，而且听见的东西与聆听的东西是共生的。而像不小心听到这样的事情，则是一种极端的情况。当偶然听到什么东西时，听觉已经发挥作用，但只有在它引起听者的兴趣时，才会作为一种可理解的偶然感知来接受。

因此，在言语交流时，即使听觉不等同于理解，但也近似于理解。尽管言语交流会产生误解，但人们仍天真地认为，这些问题可以通过充分的解释来弥补，即使一个人的理解力差到了无法理解的程度。但涉及非语言行为时，情况就完全不同了。而涉及音乐时，情况又不同了。在感知和接受音乐之间，人们能够脱离环境影响来识别音域。专家或是接受过专业训练的人，能够确定这种声音与哪种特定乐器有关，能够判断是从哪些音乐中截取出来或模仿而来的，也能够预测下一段的旋律、和弦以及停顿，甚至整段音乐的结构。假定每个听众听到的声音都相同，一个业余听众就不一定能够辨别上述音乐内容。因此，从传统意义上来讲，这种听者不能被称为音乐倾听者。

现在这些类型的音乐能力似乎以一种和谐的方式结合了感觉（听觉）和审美（听觉），像口语交流一样自然而然地由声音的产生直接转换到理解层面。然而倾听也是要有技巧的。倾听能改变听到的声音，并使它与身体和心灵相接触。倾听不是在接受声音之后才对声音进行处理的，它是一种身心的指导性技术，可以与操作、调解和处理声音等技术相媲美。

可以把听觉理解为身体和心灵的技术化。听觉的技术转化也是在身体之外进行的，并非未经训练或训练有素的人、音盲或音乐天才的有意识或无意识的活动，而是早已运作在声音本身在生产和接受的过程中。在口语对话的情况下，技术转换其实是语言本身：本来语言机器处理的是随机的声音，但它们只能被听者接受，而听者本身就具有语言处理能力。语言机器的运作方式是让说话者作为机器内的齿轮参与其中。实际上，人们很容易将参与语言对话的日常说话者与音乐听众进行类比，后者是作为音乐机器中的齿轮参与其中的，与语言机器运作方式并无不同。

三、多模态文化传播中的视觉与听觉

1. 翻译传播中的视觉与听觉

文本并不能传达出所有信息，由于语言和文化的差异，读者需要根据自己的背景知识和经验来填补文本中的信息空白。有时译者需要对源语进行归化、拓展和解释，使目标语读者更容易接受译文。在翻译图画书和电影等图文并茂的文本时，多渠道的信息有助于译者理解文本，进而阐述故事，但是丰富的信息也可能会诱导译者为读者填补信息的空白，从而带来一些问题。

约翰·伯宁汉姆（John Burningham）的《外公》（*Grandpa*）一书就很好地说明了译者在翻译绘本作品时遇到的问题。该书通过短小的文字片段和全色彩的图片来描写外公和孙女的关系。在第一部德文译本中，译者通过向读者解释故事，增加了故事的连贯性，破坏了这本书的思路。译者担心读者没有看到片段文字与图片之间的关系，这和是否按照常规顺序阅读这本书一样重要。

为了能够翻译电影和画册，译者需要具备媒介素养。媒介素养可能是一种十分普通的东西（如包含意识形态和社会后果的信息），我们很早就开始接触，也可能是指通过训练习得的专业技能。作为专业人员，译者需要始终关注细节和实体，需要对不同的风格和技巧，不同的时期和历史节点，不同的思想史、排版、风格、线条和颜色、形状和大小、声音效果、语言、视觉和听觉上的引用和典故等方面有深刻而广泛的认识，而这些有时是很难识别的，还需要认识到文化差异。总而言之，译者需要了解叙述的流程，了解语言、视觉和听觉信息是如何在独特的艺术作品中的细节和实体的构造之间产生张力的。

2. 视觉的翻译传播方式

视觉的翻译传播方式主要有三种，即直译图片中的文字元素、强调叙事和改编。

（1）直译图片中的文字元素

直译也许是将文字要素转化为视觉要素最为明显的方式。在这里并不是要把直译与意译对立起来，当文本中的事件或段落中的文字要素（具体和抽象的指代、色彩、维度、形状等）在画面中完全或大部分再现时，直译就会出现在插图中。

（2）强调叙事

通过特别强调某种叙事元素这种策略，一个或多个文本叙事元素（人物、观点、动作、主题等）指导着图画中的视觉叙事。比如，冒险小说中的插图可以通过封面、封底和扉页来强调主题，并通过图片的安排来浓缩故事情节，这不仅增强了故事的连续性、戏剧性和情感力量，而且在美学上也是相辅相成的，在主题、色彩和设计上也具有对比效果。

（3）改编

通过改编这种策略，可以根据图片的制作时间和插图者的价值观和意识形态，将插图引导到特定的受众、特定的意识形态或特定的艺术趋势中去。影响翻译的制约因素也是图片可以赋予一定文本不同方向的主要影响因素之一。比如，法国两版《伊尼德》的插图被用来宣传法国古代政权的价值观和反对拿破仑时期，然而拿破仑恰好是封建王朝没落后的新统治者。

3. 听觉的翻译传播方式

（1）符号模态的显著特征

符号模态的转录不是基于对其所有物理标准的描述，而是强调那些在知觉和符号学上最突出的特征。在分析声音时，不能局限于音量或音高等声学特性的研究，还应该包括声音效果和意义类型的转录。那么视听文本的声音可以传达哪些相关意义和音效类型呢？

电影的听觉和视觉模态有着极其紧密的联系，谈及其中一个时很难避开另一个。这种多模态的互动构成了电影媒介的核心，也就是所谓的“视听契约”。因为观众并不总是能意识到声音的附加价值，而是通过视觉来解读声音，自动将声音与画面联系起来，所以人们一直认为声音在这种关系中起着次要的作用。这便引发了一系列关于声音描述研究基本问题的猜想，比如在没有视觉支持的情况下，观众可以在多大程度上清晰地识别出来声音？

在多模态和电影研究中，声带的作用愈发突出，并产出了一系列分析声音本身作为符号资源的文献。在这些文献中，声音表面的关键属性有以下几个方面：声音的类型、声音的声学属性和声音呈现的效果。

第一，声音的类型多种多样，其界定术语也不尽相同。音频描述分析的相关性在于，声音通常根据其来源进行分类，这也是为什么建议描述者主要识别不容易识别的声音来源。声音可以根据其来源在故事世界中的位置（diegetic）或在故事世界之外的位置（non-diegetic），或根据声音在屏幕上或屏幕外的位置进行分类。声音也可以根据声源的性质进行分类，比如与屏幕上的人物行动同步的声音、再现地点或情景的声音（氛围声音）、为场景增加内涵层次的声音（冲击声），甚至是沉默的声音。最后，还有一些声音是在不知道其来源或在屏幕上看不到的情况下听到的。

第二，一些学者讨论了声音的各种属性。电影制作者可以借鉴和操控声音的各种属性（如响度、音高和音色），来创造出不同的效果。这些声学属性是在后期制作中创造或操控的，许多声音效果与现实生活中的声源几乎没有什么相似之处。电影声音除了具有再现性外，已经超越了索引性的领域，即在电影后期添加的声音与前期制作中的声音之间并没有直接的关系。电影制作者并不是简单地选择一个合适的声音类型，他们还要积极运用其属性，以增强某些效果和突出其叙事功能。那么问题来了，在描述的版本中，受众可以在多大程度上识别电影声音及其来源？另外，电影声音的选择和操控是为了增强其叙事功能。与其他随机混杂的声音不同，电影声音的叙事重点可能会提高观众正确解读声音的能力。

第三，弗莱尔（Fryer）从音频戏剧的角度出发，根据声音效果与对话的关系，或声音本身所产生的效果来定义声音效果。文献中描述的电影中的声音效果大多可以归纳为以下六大类：1）逼真的确认性效果（当声音与影片文本中提到的信息相对应时）；2）逼真的呼唤效应（当只有声音才是识别某条信息的来源时）；3）象征性效果（当声音用来象征某条信息时，比如凶手每一次犯罪时都会有重复出现的声音效果）；4）常规化效果（日常生活中常见的声音，如手机铃声等）；5）印象派效果（当声音影响情感时）；6）音乐效果（用音乐来传达效果时）（Fryer，2010）。

（2）切分文本为若干阶段

多模态转录的第二个原则是：在多模态转录表中，文本被切分为若干阶段后，将文本纵向分解成行，而给定的阶段具有高度的元功能一致性或同质性的特征。

在显示哪个符号资源系统中的哪些选择与给定相位的实例化相关时，布拉格学派的前景概念尤为重要。前景概念经常应用到视觉模态的研究中，也可以应用到声音的分析中。

第一个要考虑的参数是距离感。声音能够在特定对象与其观众或听者之间产生距离感或接近感。这种距离感可以解释为物理距离、空间方位或叙事相关性。在叙事相关的情况下，如果它在知觉上不明显，并形成了行动发生的背景，那么这个声音则处于图或地面的位置。第二个要考虑的参数是节奏，从一个文本阶段到下一个文本阶段的过渡与文本整体节奏模态有显著关系。节奏的转录应该试图揭示模态之间的同步性及其组织模式，比如通过指示重音节奏单元或脉冲、信号节奏群，指示响度、持续时间、节奏或停顿的程度，来揭示模态之间的同步性。

（3）分析模态在各阶段间的相互作用

为了分析长篇电影中跨阶段模态之间的相互作用，鲍德里（Baldry）和瑟伯特（Thibault）（2006：232－234）提出了“参与者链”的概念，即参与者（如人物、对象或设定）在不同镜头和阶段的跨模态重复。郑（Tseng）（2013）则为叙事电影建立一个分析框架，这个框架植根于传统的社会符号学。郑论证了电影观众在构建连贯的电影叙事时，会借鉴的四个元素，即人物、对象、场景和动作。将人物与对象的身份确定紧密联系起来是理解叙事的关键。他的电影内聚力分析模型遵循以下五个步骤。首先是人物、对象和场景的呈现系统，通过单模态或跨模态表达，以即时或渐变的方式呈现人物、对象和场景；其次是追踪参与者在整个剩余文本中的再识别方式的三种方法，这三种方法包括推定系统（对象或角色是显性还是隐性的重新出现）、比较系统（对象或角色的重新出现与先前的出现方式相似还是不同）和确定身份检索方向的系统（包括提前出现还是以后出现，身份检索是显性还是隐性提示，是单模态还是跨模态表达)；最后一个步骤是分析整个影片中的动作模态，将执行这些动作的人物、动作中使用的对象和动作发生的环境结合在一起（Tseng，2013）。

（4）整合元功能分析

多模态转录的目的之一是从阶段和元功能之间的关系来描述动态视频文本的短序列。元功能一词来自社会符号学和系统功能语言学，构成了多模态研究的根基，可以用来分析语言（包括言语和非言语）在不同的意义层面上运作方式。

多模态互动可以用传统语言学中"词性内聚"来概念化。重复指的是两种不同模态对某一信息的重复；同义指的是不同模态所表达的类似类型的意义；反义指的是相反类型的意义；近义指的是对某一事物的一般类及其子类的分类；而合义指的是指某一事物的整体及其组成部分。

这一观点与"信息链接"概念密切相关，是多模态凝聚力的一个关键参数。"信息链接"指的是受众在项目之间在因果关系或时间关系方面构建的认知联系，而词性凝聚概念可以看作是信息链接的一种类型。之前的研究表明，"信息链接"的概念还包括更多的隐性共生项。这通常是由"同步点"所产生的，当文本中的两个元素同步时，它们的相互联系在受众心目中是明确的。信息连接的过程通过信息项的共同出现或通过同步点的产生而产生，在视听文本的凝聚力中也起着关键作用。

第二节 教育场域

一、教育领域中的多模态需求

传统的素养观念认为素养仅仅是听说读写等基本技能，这些在 21 世纪的新交际环境中是远远不够的。新的素养观念将“文本”（texts）视为“体裁”（genre），旨在实现有目的的社会互动。在第四章中我们提到，多模态文化传播中的文本概念已经发生泛化，文本本质上是多模态的，通过一系列的视觉、听觉以及言语手段来实现其意义。复杂的意义制造系统为学生带来了更多的挑战。在识别图表、图像、动画、超链接轨迹、网站的口语和音频文本的单独意义和目的方面，他们可能需要一些帮助。如果想让学生成功地获取和使用这些多模态文本中所蕴含的意义，教师就需要知道如何识别这些文本的目的、结构和语言特点。为了确保学生能够成功创作或构建这些文本，从而实现教学目标，任课教师还需要使用元语言与学生交流。

例如，澳大利亚的师范教育课程将新的素养概念视为有目的的社会文化实践，目的是让新教师尽可能多地获得与学校相关的文本打交道的经验，而这些文本的形式和功能随着目的和技术的多样化而不断变化。墨尔本大学的师资培训体现了与信息和多媒体技术相关的各种文本形式的发展，师生在培训中去识别 K-12 课程中所要求的接受和制作文本的具体学科形式。在《教育中的语言》（*Language in Education*）这一课程中，各个科目的新教师一起合作研究语言和素养在学习内容领域中的作用，所有教师都有必要认识到新的素养方式会对学生学习产生重要影响。下面我们以澳大利亚的“跨学科素养”（LASS）项目为例，探讨多模态教学资源的设计原则和设计方法。

二、多模态教育资源的设计原则

LASS 项目旨在让素养教师和相关领域的教师了解到，一些有关语言结构的知识可以在不同的语境和模态下实现不同的社会目的，帮助学生发展他们专业所需的素养和多学科能力。LASS 由 8 个单元组成。第一单元“语言与素养入门”研究范围包括澳大利亚学校中第一和第二语言学习者，以及语言和素养的实践及模态。第二单元“支架式素养”介绍了支架式素养的概念，为中高年级素养学习提供明确且有计划的支持。第三单元“口头语言”考察了在不同的课堂情境中，从探究性学习到正式学习的各种形式的口头语言结构。第四单元“标准的书面体裁”介绍了学生在各学科中阅读和写作所需的六种主要体裁的结构和语言特点。第五单元“多题材文本”考察了学生需要理解和制作的印刷品和多模态文本中更多的不同结构。在第六单元“支持阅读”和第七单元“支持写作”中，分别明确了学生要想在各学科领域获得成功，需要理解的较为复杂的文本阅读和写作要求，并概述了教师帮助学生的方法。最后，第八单元“素养学习规划”建议教师在各学科领域中为学生提供一个框架，以支持学生完成他们的素养要求，并评估他们的学习效果。LASS 的设计基于一系列关于有效学习的性质和过程的社会建构主义原则，这些原则多以媒体设计和评估为基础。其中最重要的几个理论概念包括情境认知、认知学徒制、支架理论、真实的学习和评估情境以及学习者反思和学习责任。LASS 的设计原则可概括为以下五个方面：

1. 提供真实语境

LASS 的设计是为了提供一个真实的语境，反映真实课堂中的语言使用方式。这一过程的核心是使用 QuickTime 视频（QTVs）的课堂教学片段，来表示中学各学科领域和各年级的互动。这些互动是没有脚本的，代表了专业教师或新手教师所处环境的真实情况。通过课堂互动的 QTVs，可以清楚地了解到教师的计划、教学和评估决策，以及这些决策是如何影响学生的语言和素养发展的。新手教师通过这些 QTVs 将语言和素养知识带入意识思维，并反思其在自己的学习和教学中的作用，学生则在 QTVs 中评论自己通过语言学习学科内容的过程，并谈论对学科素养的感悟，为新手教师提供了重要的学生视角的信息。因此，用户可以体验到类似于自己的教学选择的虚拟课堂情境，而真实的学生和教师文本的可视化展示为引导分析和互动练习提供了载体，使教与学更具有实践性。通过这种深入的教学方法，DVD 的使用者可以方便且系统地审视课堂上使用的一系列语言并将其作为特定的语言共同体。

2. 注重发展真实活动

LASS 的第二项设计原则是注重发展真实的活动，即鼓励在建构主义范式中进行深度学习。支撑 LASS 的语言和素养的体裁模型是以功能为导向的，它关注的是在真实的社会和文化背景下，语言的意义是如何产生的，而在这种背景下，语言的作用是多种多样的。在每一个单元中，互动式任务都能促进用户作为“语言新手”逐步理解学校各学科的多模态文本的结构和功能。以动画、拖放和翻转功能为基础的活动可以使教师在一系列课堂背景下演练各种模态的语言知识，并学习如何应用这些语言知识来帮助学生有效学习。比如，词汇表按钮等工具可以让用户检查自己对语言术语的理解程度，而参考书目功能则可以让用户访问参考书目列表。除此之外，用户还可以利用超链接教程来加深对语言或文本结构中某些特征的理解。用户的学科背景不同且元语言学知识存在很大差异，因此他们可以根据需要访问教程，同时在单元内容中增加一些对语言术语的解释。LASS 中的所有学习活动都完全基于真实课堂的书面和口语文本，用户可以通过这些活动形成与素养和学习的功能模式相一致的语言理解。

3. 提供专家表现和过程建模的机会

LASS 设计的第三个原则是，它应该提供专家的表现和过程建模的机会。在 LASS 中，专家教师日常课堂互动的 QTVs 片段模拟了有效使用口语和书面语言进行学习的过程。对这些 QTVs 片段的反思性和引导性的分析使新手教师有机会定格这些复杂而又混乱的互动。视频片段中的课堂互动录音和一些突出了言语互动关键特征的脚本编码方式，对这些专家演示进一步加以分析，从而为新手教师提供了特殊的反思性元语言。学生的产品（通常以多模态的形式）可以通过放大的缩略图来仔细观察，并对其制作的互动过程进行建模。

4. 进行反思

LASS 设计的第四项原则是要进行反思。反思在 LASS 中分为两个层次，是语言、素养和学习模式的最后阶段。在这一阶段，新手教师通过使用 DVD 中各种多媒体资源，认识到反思阶段对于课堂学习的意义，教师和学习者在这一阶段能够回顾理解和评价已完成的任务，并规划未来的发展方向。DVD 的设计鼓励使用者通过多媒体资源对教学效果、自身学习的相关性、面临的问题或挑战以及自己的教学目标进行评价。在每个主题中都有定期的小型反思任务，在每个单元结束时还要求教师们对教学计划进行思考。

5. 支架理论

指导 LASS 发展的最后一个重要的原则是 LASS 教学内容和教学设计，即支架理论。支架理论的概念最初是用来描述父母的支持在幼儿语言发展中的临时性和必要性。这一概念在社会文化学习模型中是有吸引力的，特别是在语言学习的社会文化模型中。这种社会文化模型认为，认知的发展并不仅受社会过程的影响，而是深深植根于社会文化过程。学习的主体间基础可以使各级教师在组织课堂教学中最大限度地发挥学习作用。支架（scaffolding）的概念后来广泛地用于教育文献和各种机构语境中，通常指的是任何形式的教学或帮助学习者。支架包含三个特别的关键因素。一是支架化的任务、技能或理解是一种具有有限目标的具体学习活动。二是指导者或专家决定学习者目前所拥有的技能，以帮助他们积极发展这些技能。因此支架需要确定学习者的“近端发展区”（ZPD）或学生理解中的差距，并构建帮助学习者弥合这一差距从而进入新的 ZPD 的方法。三是学习者逐渐依靠自己的能力来独立完成任务。教师在构建学习活动的过程中，逐步减弱自身专业知识的作用直到学习者能够独立完成任务。

三、多模态教育资源的设计方法

LASS 第一单元鼓励教师在语言模式中对“阅读”和“写作”这种简单化的素养概念提出质疑。通过对一系列多模态文本进行互动和演绎，教师可以意识到他们对各种视觉和言语模式在意义产生中的关系的隐性知识，而多模态文本的理解和产生对于在社区和教育语境中取得成功至关重要。另一个受到质疑的问题是英语或以英语作为第二语言（ESL）的教师应该对学生的语言和素养能力的学习负有全部责任。用户有机会听到小学和中学高年级学科的模范教师如何应对各种不同类型的学生，学生中包括长期的 ESL 学生、国际学生和难民。这些教师明确阐述了素养模式的价值，以及多元素养中多学科知识发展的作用。

在第三单元中，口语模态是特定主题素养能力的核心。同样，通过互动和演绎的方式从 QTVs 和随附的成绩单中找出专家教师是如何选择精心设计的谈话形式，让学生在一系列的学校科目中学习到更多的推理形式的。通过各种交互式的方式（包括教程），架设元语言，鼓励用户建立自己的知识体系，了解口语和书面语间的主要语法差异。这些知识是后面单元的基础，教师在筹备课程和单元工作时，可以在后面的单元中为素养教学做准备。

教师可以利用体裁这一有目的的结构化文本的概念，来帮助学生达到其学科领域的素养要求（往往是无形的）。此外，如果教师了解语言是如何在这些体裁的不同功能阶段中运作的，那么这些知识就会为学生提供一个重要的支架，使他们能够理解和制作出所需的各种文本。第四单元明确了各学科使用的六种主要文体（叙事、记事、信息报告、论据、说明和程序）的社会目的，以及帮助它们实现这些目的的典型语言特点。有了这些标准的书面体裁知识，用户可以接触混合体裁的复杂课文。第五单元明确规定了一般阶段和出现这些阶段的模态组合的价值。比如一本历史教科书的单页，不仅以书面信息（附有图示）的形式描述封建时代英国社会结构等级制度，同时还给出了书面解释，概述骑士是如何准备战斗的，并附有骑士和侍从的图画。这样一来，阅读此类单页，就需要学生们综合不同体裁、不同模态下的不同编码方式的意义。这种多模态、多源文本在教育中是常见的，而了解其各部分如何融合有利于学生理解和制作这些文本的核心。第五单元的用户有机会通过一系列的动画任务在一系列日常和学校的文本中识别出视觉和语言材料的各种通用目的。一旦掌握了这些知识，教师就可以教学生阅读这些文本以获取相关信息，以及要求他们进行书面或多模态的制作。

随着学生的学习年限的增长，学生应对各学科日益专业化的要求也逐渐提高。LASS强调，教师在高中阶段的教学过程中，不应假定学生会潜移默化地掌握更复杂的高年级科目的语言，而是强调支架和教师的作用，使学生清楚地了解更复杂的高年级课文的语言要求，这一点仍然很重要。为了说明这些日益增长的要求，第五单元简要概括了学生在升学过程中的一般要求。例如，在科学课程中，低年级学生主要关注的是科学实践，最喜欢程序（对任务进行指导）和程序记录（按时间顺序记录完成的任务）这两种类型的课程。学生进入中学阶段后，还需要学习如何科学地组织，并学习控制信息报告和分类法（对信息进行描述和分类），还需要学习如何科学地解释并借鉴解释文本来阐明现象之间的顺序、因果关系或理论关系。学校教育的后期还要求学生挑战科学，利用论证体裁提出一个或多个具有支撑性的观点。

同样的，理解和产生历史学的要求也随着教学年限的增长而提高，但教师们普遍没有意识到这一点。LASS 在第五单元为教师们提供了一个明确历史学目的和相关体裁的模态。

此模式是建立在科芬（Coffin）的研究基础上的。科芬（1997）将历史作为一个故事来思考、阅读和写作，并将其转变为要解释和论证的一系列问题，这些问题一般没有在中学里明确说明。这可能会给学生带来很大的困惑，但是如果用一个框架来明确各种历史课文的目的，是可以避免这些困惑的。

高中历史课文将这些目的分为视觉和言语两个阶段，要求学生在不同的模态下整合各种意义。人们大大低估了这一任务的复杂性，而 LASS 正好为高中教师提供了一个反思的机会，让他们在规划教学内容的同时为学生建立支持。

LASS 的第八单元涉及学科教师在备课和教学中多学科素养的作用。本单元的十个指导性问题，可以帮助教师在五个阶段的学习教学周期中，规划多学科素养和内容成果。

根据 QTVs 对教师进行扫盲计划访谈和学生成果的样本，用户可以很好地制订课程和单元计划，将语言和素养模式融合为学习资源。用户必须明确考虑以下因素：不同学生的语言和文化背景；不同需求是如何得到满足的；哪些多媒体和实操资源可以吸引学生参与；目的性谈话的课堂组织；如何支持学生阅读多模态资源，进行研究性学习；如何支持学生确定这些资源的通用目的和阶段性；如何构建自己的展示方式使各种模态的信息相互融合。教师在最后一个领域中的支架作用越来越重要，但在教育环境中，学生的理解力越来越多地通过多模态的制作来评估。地图或图表在信息报告中的适当定位，在很大程度上表明了作者对两种不同模态的信息片段的符号学关系的理解。教师在示范如何将体裁和模态连贯融合在一起时，不只是帮助学生进行可评估的制作，也为理解其他多模态材料打下了坚实的基础。

第三节 商业场域

一、商业场域的标志——广告

广告作为一种多模态的商业手段，正为吸引消费者的注意力而进行着一场斗争。在广告的翻译传播中，译者首先会注意到信息的语言，但是许多广告几乎不包含言语信息，而是依靠插图的视觉信息，或是观众的脑海中产生的心理联想。除了在语言间的直接传递之外，译者在国际广告中是否还有其他作用呢？雅各布森（Jakobson）（2000：114）的语际翻译涵盖了言语符号向非言语符号的转换，而不同文化语境的广告改编中视觉特征或声音，都属于这一范畴。

人们必须谨慎对待广告形象引起的联想。如果某些联想来自人类的共同经验，那么就没有什么干预的必要。如果人们很容易通过国际贸易买到他国商品，这是否说明可以不再把一些他国产品看成是外来的？学者们在这一点上也尚未达成共识。尽管全球广告中所表现的许多生活方式有着明显的文化趋同特征，但仍不清楚这究竟是消费者驱动的趋势还是营销便利的趋势。

广告视觉特征研究可以追溯到20世纪中叶。特别是20世纪60年代以来，罗兰·巴特（Roland Barthes）的作品一直被用来解释广告中的视觉洞察力，但是在开发新的框架来研究当前广告形式的多样性，以及不同的传播模式的互动性方面却一直鲜有进展。人们通过多种表征和传播模式而不仅仅是语言来制造、分配、解释和重塑意义。在这种情况下，广告的视觉成分是整个信息组成部分之一，不能在翻译中忽视。克雷斯和范莱文（2006：3）建立了一个视觉传播的特定文化形式的基本要素和规则清单，该清单超越了符号学分析的范畴。但是译者在不同的目标语言和文化框架下呈现多模态信息方面的作用，以及在营销过程中的最佳干预时机，并不是一目了然的，因为营销活动通常是在策划一开始就决定的，远在文字和图像创作之前。

二、广告中的营销因素

对于消费者来说，广告可能是营销过程中最明显的标志，但实际上它只是促销组合中的一小部分。促销组合与产品、价格和分销组合一样，只是营销组合中的一个要素，甚至可能不包括广告。尽管语言和文化问题最终可能会影响消费者对产品或服务的接受程度，但其在整个过程中起的作用微乎其微。教科书往往只用一两页的篇幅来讨论这些问题，比如一些公司忽视了语言或文化因素，其产品名称或口号在原文或翻译中总会不经意地引人发笑或造成尴尬。但是当前情况正在逐步好转，营销人员意识到，相比只去避免语言障碍，创造一个全球性的广告活动更有必要，因为语言障碍会在文化冲突时对广告信息产生负面影响。

德穆伊（de Mooij）（1994：7）区分了国际营销、多国营销（multinational marketing）、全球营销、跨国营销（transnational）和超国家营销（supranational）这些概念。在广告的转化问题上，关注点主要是全球营销，而全球营销旨在寻求国际营销和多国营销的整合。国际营销是指将母国的营销计划延伸到其他市场，而多国营销则是每个国家制定特定的策略来应对本国独特的市场条件。因此，全球营销是基于市场的相似性和差异性的一项战略，也可以将其概括为“全球思维，本土行动”，即评估国际方法所产生的协同作用和节约下来的成本，取决于这种方法在本国市场之外是否能被接受。

在早期市场上，同质化、国际化营销方式的趋势已经失去了很大的吸引力，公司已经意识到，强行采用单一的战略可能会产生不利影响。大多数广告公司在许多国家都设有办事处，以适应当地的文化偏好。此外，尽管欧盟各国的收入水平日益趋同，但各成员国的文化价值观仍保持稳定。随着人们越来越富裕，这些价值观的表现形式将更多地体现在购买选择上。

三、广告中的跨文化因素

尽管广告中带有十分明显的当地文化偏好，但人们在看世界各处的电视广告或浏览外文杂志时，都会有一种似曾相识的感觉，这是因为大量的广告材料都是标准化的，未经过滤就能与其他文化的人们相接触。全球广告活动保留了视觉材料，特别是在电视广告中，虽然拍摄成本很高，但可以为新市场改变书面或口语文本。在这种情况下，有两种处理视觉材料的主要策略来避免改编，一是从景观特征及演员的民族性方面调整广告的语境，二是利用原产国效应及其假定的积极联想。

法国汽车制造商标致曾在英国和奥地利市场进行了两次几乎相同的宣传活动，并且只是采用了不同的方法来中和视觉的地理环境。第一部的拍摄背景是在美国，标致的圆润、精致的造型设计与高速公路上其他汽车的实用性、童趣的设计形成鲜明对比。这就避免了欧盟市场上诸如选择左手车还是右手车，或者是在哪边行驶等问题。第二部是以黑白动画片的形式拍摄，汽车在梦幻般的风景中行驶，与驾驶环境的背景同样无关。这两部宣传片都集中在视觉上，通过令人回味无穷的音乐来强调视觉效果，实际上是将书面语言排除在外，从而减少翻译工作，只需在最后打上模特的名字和口号。这些宣传活动在两个欧洲国家都起了作用，因为画面与所展示的文化脱节，没有给观众留下任何特定的文化元素。

另一个中性化的例子表明，通过使用框架和前景化的技术，可以为国际观众定制商业广告。巴尔德斯（Valdés）用一个单一的营销概念描述了一个 Orbit 口香糖广告。该广告有英语和西班牙语两个版本，在这两个版本中，一对金发夫妇和一对黑发夫妇一起在游乐场里游玩，游乐场环境是世界公认的，不涉及具体的文化。这两个版本的广告在表面上是相似的，但是拍摄角度和拍摄对象的框架都发生了微妙的变化，所以英国版的焦点是金发夫妇，而西班牙版的焦点是黑发夫妇（Valdés，2000：278）。

原产国效应的例子在特定产品类别中比比皆是。德国公司在销售汽车（如 Mercedes-Benz 和 BMW）时倾向于强调自己的原产地，而销售化妆品时（如 NIVEA）则更倾向于强调自己的出产地。你会发现绝大多数的名牌香水都来自巴黎，无论它们是否真的是在巴黎调制的。

法国有一项关于观众接受电视广告的研究，这项研究强调了这两个全球广告的一般原则及其对消费者的意义。当地市场中距离太近的商业广告传播效果并不好，因此本地市场以外的观众看不到这些广告。英国的一家杂志上刊登了一家德国企业设计的包括洗衣机的浴室图片，这在英国人看来十分奇怪，因为英国人通常在厨房而不是浴室摆放洗衣机。

此外，有必要对概念和执行概念进行正确区分。英国的广告频繁地使用英国文化中固有的特征（如阶级分化），并经常使用低调的幽默。尽管广告语言相同，但除了英国人，其他国家的人根本无法理解这些广告。那么全球化的广告真的能让人听得懂吗？在法国益普索公司的研究中，有来自法国、德国、荷兰、西班牙、意大利和英国的前87个广告，每个国家的100名消费者对其执行力的可看性和说服力进行评判。每一则广告都经过了翻译，并在结尾处附加了解释。在这87条广告中，只有三条广告在六个国家中得分都很高，这三个都是娱乐性和动作性强的影片。在这项研究中，我们发现前三名广告的成功因素主要是情感诉求的力度、娱乐价值和其所展现的简单的人文情境。

当涉及文化禁忌（如与社会角色和性别有关的文化禁忌）时，就会出现其他执行问题。在一则欧洲男性香水 Drakkar Noir 的广告中，一名男性的手紧紧抓住香水瓶，裸露的男性手腕又被一只女性的手紧紧抓住。而阿拉伯国家的版本则淡化了这种女性侵略性的元素，仍然是一名男性的手拿着瓶子，但手腕被深色西装袖子遮住了，女性的手也只是轻轻地抚摸着男性的手。

总之，尽管一些公司在当地市场有一定的自主权，但仍会选择采取全球战略。如果要采取全球战略，广告主应尽可能地将信息以非言语的方式进行编码，淡化文化特征（包括景观和演员的外貌），避免减弱其对单一本地受众的吸引力，不将其归为特定市场。但也有例外情况，如果产品的文化渊源是营销概念的一部分，例如一个产品强调了产品的声望、排他性或异国情调，那么这些文化属性就应该凸显出来。此外，那些多种族的市场会采取这样的策略，来尽可能面向多个种族以满足不同的消费者。例如，宝洁公司（Proctor & Gamble）在德芙和帮宝适的广告中，就以不同种族的妇女和婴儿为特色。德芙的广告甚至展示了不符合媒体常态的瘦弱和年轻的理想化女性。壳牌公司开展了一个活动，展示了不同国家的人们对壳牌公司为可再生能源的贡献，表明能源和地球的未来是每个人都关心的问题。然而，这种对多种族伦理的拥护并非没有问题，它是企业多元文化主义的表现，并以人类多样性的形象为交易对象，以产生一种满足和吸引全球市场的美感，但实际上却没有做任何反对不平等的事情。

根据法国的研究，至少在整个西欧市场，另一个成功的关键因素是开发娱乐性的创意。广告主经常利用文化定型观念来达到幽默的目的。刻意引用这些观念是为了让人们对广告信息的内容有即时的认同感，从而增加广告的娱乐价值。

Lurpak 黄油广告就是一个典型的例子。这支广告片很幽默，叙事台词强烈而简单，故事线生动有趣，通俗易懂。在第一支广告片中，一位年轻漂亮的黑发女子在丹麦的一个小镇上开了一家面包店。尽管不知道她的确切身份，但根据她在店内橱窗上挂出的招牌 Maria's bakery's bakery，可以推断她是意大利人。在另外两则广告中，她逐渐赢得了当地人的青睐，而玛利亚（Maria）也在她的冰箱里装上越来越多的 Lurpak 黄油。影片中的语言是英语，但每个人都带着明显的外国口音。玛利亚代表了意大利女性情色的刻板印象，她的低胸上衣和性感的声音充满着异国情调。然而她的举止是清醒的，她的勤劳也足以让她在社会上、尤其是中年妇女中获得认同。因此，她所带来的“没有快乐的生活只是半条命”的信息被当地妇女铭记于心，提醒她们多年来都没有享受到感官上的快乐（以及丰盛的黄油）。

显然这支广告有可能在某些市场上进行改编，但视觉上的翻译（重新拍摄或重构）是没有必要的，因为幽默是建立在家庭妇女与魅力女性的陈旧观念基础上的。它是以中年丹麦人和年轻的意大利人的身份来编码的，很容易把演员们的背景和社会行为保留下来。对白可以配音，既保留了外国口音，又不失效果，因为这个影片的魅力就在于两个截然不同的世界间的不协调性。可能夸大了严肃、朴实的丹麦女郎和性感的意大利面包店老板的刻板印象，但两者的并列对比恰恰代表了那种简单的人性情境。尽管如此，这个广告中的文化典故是否能够转移到亚洲市场，甚至是阿拉伯市场，还有待商榷。

四、广告中的生活化策略

生活方式产品的出现是全球广告商有影响的因素之一，这些产品不与任何特定的国家市场挂钩，可以在全世界范围内购买，并作为特定社会群体成员的标志。在这种情况下，在购买决策时，社会身份凌驾于任何其他身份之上。在过去，商务人士是这一领域最重要的消费群体，他们有类似的需求，比如需要利用手机或笔记本电脑这些工具在办公室以外的地方工作，另外还有旅途交通和酒店住宿方面的需求。目前，随着人们的时间和可支配收入越来越多，生活方式市场的焦点已经从专业领域转移到了更广泛的休闲领域。生活方式以意想不到的方式影响着消费，它们在很大程度上是由消费者驱动的，在一定程度上不受外部干预。尽管可口可乐、迪士尼、麦当劳等全球主要的生活方式品牌多年来一直保持稳定，但我们现在看到在服装、手机、娱乐等领域出现了一些“邪教”品牌，这些品牌的出现并不是为了吸引大众，而是为了希望自己的品牌成为一种自我表达的形式。矛盾的是，尽管“邪教”品牌似乎吸引了少数人，但这些品牌的公司却在努力培育这些品牌，使其能够在世界范围内扩展。

时尚品牌和生活方式品牌有以下共同特点：它们比客观上可以实现类似功能的其他品牌更昂贵，还具有排他性，这一是因为价格昂贵，二是因为限量销售，并且制造商尽可能地防止假冒产品出现。时尚品牌的关键属性在于它能引起消费者的情感反应，从而使消费者产生品牌认同感。这类产品的广告宣传注重产品与用户之间的关系和消费场景的描写，已经从以产品效用为支撑的理性论证模式，转向对使用产品所带来的满足感的表述(Falk，1997：68)。换句话说，广告是为了建立和维持一种情感上的依恋关系，时尚品牌的消费者是善变和可以发声的，这意味着他们会将对产品的失望通过网络博客等方式广泛传播。

创造情感依恋的最重要的策略是使用视觉形象，在支持视觉形象的媒体中使用声音形象。视觉意象是多义的，观众可以进行多重解读并挖掘出其中的意义。最近的研究表明，不应低估声音产生心理联想的力量，采用特殊的声音效果（包括噪音、音乐和声音质量，以及在语言信息中能够唤起图像的内容）来激活视觉联想的广播节目的记忆效果更好。

五、广告的多模态文化传播

广告是最适合分析语言和视觉元素相互作用的多模态体裁之一。就平面广告而言，广告主需要将一个复杂的参考系统浓缩在一页或几页的篇幅内，使读者能够理解和认同所代表的世界及其内在价值。因此它们通常会建立起丰富的、高度结构化的多模态框架，在这个多模态框架中冗余性起着重要的作用，因为它不仅可以在不同的时间和空间中重复传递信息，还可以同时重复或分散在多个共同的感官渠道和表达模态中，向读者传递信息。打个比方，香水广告除了语言和图画元素外，还可能包含一个香氛带，让人联想到香氛或暗示香氛。读者甚至可以通过掀开页面的盖子，获取一种主动的触觉体验，从而显示出产品的香氛带，或用它来摩擦手腕。然而在通常情况下，平面广告中的两种主要沟通方式是语言和视觉，并在复杂的互动中使其成为研究视觉传播的良好起点。

视觉符号的视觉代码或系统说明了视觉符号语法的存在。在真正的交流中，纯粹的表征是永远不可能的，只有在形式分析中才能脱离内涵和意义制造。这里的核心问题是，这种视觉代码的元素是否可以从一种文化或语义共同体中翻译成另一种文化或语义共同体呢？如果可以的话，这与翻译者又有什么关系？如果这种编码是普遍的，那么不仅没有必要翻译，而且翻译的前提条件也就不存在了。

谈到有意义的视觉元素的可转换性，在这里有必要考虑一些其他的因素。第一，视觉元素和语言一样，传达了文化价值观和陈旧的观念，有时可以识别出明显的指标性和象征性关系。比如不同的文化有不同的“高模态”色彩，而色彩可能只在一个群体中具有政治、社会甚至是商业性的索引价值。使用可识别的颜色对商标或银行办公室的身份识别来说是十分重要的。此外，颜色的概念也会应用于着装规范，黑色的鞋子更契合伦敦市的银行和办公室，而黑色和深蓝色的组合在意大利的工作场所会被视为不雅的标志。这可以说是对视觉元素的可转化性的一种论证。

第二，支持具有更多结构性的跨文化翻译的另一论点是高语境文化和低语境文化。在低语境文化中口头表达的信息有很大一部分必须从非语言环境中检索，包括非语言交流习惯。北美的美国人倾向于低语境文化，而大多数亚洲文化则倾向于高语境。第三，视觉构成的规范在不同的文化中可能会有很大的差异。第四，视觉化可以用来将一种文化的形象传达给其他文化：例如，在农业食品广告中，大量使用摄影技术和灯光来对意大利风情进行视觉渲染，进而传达一种真实性的概念，但可能产品并非真正的意大利制造。这种视觉化代表了旨在营销的跨文化翻译的第一个阶段，即用视觉语言翻译特定的文化，以使其更具商业吸引力。

在翻译广告时需要考虑到视觉模态。在广告（以及广告翻译）中，需要根据受众的社会和文化价值观来调整信息，这对广告或活动的成功至关重要。在这个过程中，往往还需要进行本地化处理，因为如果受众不完全理解广告内容，营销效果将大打折扣。评估一个广告翻译的成功与否要看其商业成果。传统的语言质量评估标准（如忠实度和尊重源文本）在这里就不起作用了。广告体裁对视觉效果的严重依赖表明需要将广告文本作为一个符号学的整体来对待，广告如果要在目标文化和社会中运作良好，就必须将文案与其他非语言成分结合在一起。

托雷西（Torresi）（2004）也论述过广告材料翻译中潜在的、容易被忽视的文化定型观念的重要性，列举了包含视觉翻译广告在内的情况，即当广告在不同文化背景下转移到不同文化中时，无论是在特定语境中的意义，还是在实际形式上都发生了变化。类似的例子也都是采用了本地化而不是全球化的方式。当一个产品的形象，甚至是整个品牌的形象以及它蕴含的价值观必须适应不同的目标文化时，跨文化翻译是一个特别有效的工具。

不同版本的玉兰油广告对这款产品的介绍是一样。广告上都提到玉兰油是一款抗衰老的面霜，可以防止色斑产生。而且广告中的两位模特在外貌上也没有明显差异。在这个例子中，广告和品牌形象的复杂的跨语境改编就是翻译过程的结果，但显然这不是由译者单独完成的，而是一个漫长的决策过程的产物，从市场分析和品牌定位开始，到艺术和文案的制作，而不是仅仅涉及语言翻译。因此，广告材料的翻译尽管不如语际、语内翻译（只对源文本的言语要素用不同的言语进行重新编码）那样频繁，但在理论上和现实上都是有可能实现的。

第四节 科技场域

一、多模态人机互动

人类与世界的互动是多模态的。人们运用多种感官，主动或被动地探索环境，感知新信息。人们通过视觉、听觉、触觉和嗅觉来体验外部刺激，而通过本体感觉来感知内部的感觉状态。特定传感方式可以用来同时估计一个人所处环境的几种有用属性，比如可以用声音线索来确定说话者的身份和位置，识别说话者的言语和解释说话者的语调，还可以估计周围物理空间的大小和其他特征，以及识别环境的其他特征和周围其他活动。多种传感方式为人们提供了丰富的信息，以支持与世界和彼此之间的互动。

人机交互以前一直集中在单模态交流上，即人与计算机之间主要通过单一的模态或渠道进行信息或数据的交流，如屏幕文字和键盘输入。虽然从技术上讲，几乎所有与计算机的交互都是多模态的（比如将输入的文字与开关、按钮、鼠标移动和点击相结合，并提供各种视觉和听觉输出信号），但单一数据输入主通道模式，以及不同数据输出主通道的模式一直是交互式计算的常态。

多模态界面是指利用人类的自然能力，通过语音、手势、触摸、面部表情和其他方式进行交流的交互系统，为人机交互带来更复杂的模式识别和分类方法。虽然这些都不可能完全取代传统桌面和基于GUI的界面，但多模态界面的重要性随着硬件和软件的进步而日益增加，它们可以为用户提供便利，还能够与移动计算环境自然契合。多模态交互的研究目标是开发技术、交互方法和界面，以消除现有的人机交互的限制，在人机交互中充分利用人的交流和交互能力。这是一项跨学科的工作，需要计算机科学家、工程师、社会科学家、语言学家们通力合作，他们运用自己的专业知识理解用户、系统和交互过程。

多模态交互系统的目的是通过识别技术，对自然发生的人类语言和行为形式进行识别。多模态界面提供自然而有效的交互，具有几个具体的优势。多模态界面可能比非多模态更受用户青睐，因为其更具灵活性和可靠性，可以提供交互替代方案，更好地满足不同用户的使用模式和偏好的需求。多模态界面可以提高任务效率，当信息以多种模态呈现时，人类可以更快、更好地处理信息。多模态界面的其他潜在优势包括以下几点：

- 允许灵活使用输入模式，包括交替使用和综合使用；
- 可以提高效率（特别是在处理图形信息时）；
- 与纯语音接口相比，可以支持更短、更简单的语音语句，从而减少不流畅性，提高语音识别的稳定性；
- 与纯语音接口相比，可以支持更精确的空间信息；
- 在交互技术上为用户提供了替代方案；
- 更能避免错误且更容易解决错误；
- 适应范围更广的用户、任务和环境情况；
- 能够适应不断变化的环境条件；
- 适应个体差异，如永久或临时障碍；
- 有助于防止过度使用单模态。

虽然每一个界面、任务、用户、环境的组合都是不同的，很难得出整个类别的一般性结论，但现有研究的趋势表明，多模态界面对用户在多个方面都有利。

二、多模态输入与输出

与多模态互动相关的一些术语，如模态、渠道、设备、多感官、多媒体和多模态，在不同的群体中具有微妙或显著不同的含义。除了凝视、手势、语言输入等，间接感知神经活动（如脑机接口）等新兴技术在将来可能会成为多模态交互系统的实际组成部分。

人类主要通过视觉、听觉、触觉、嗅觉和味觉五大感官与世界互动。在知觉中，模态是指从特定的感官接受刺激，而通信通道是一种特定的信息传递途径。在典型的人机交互中，通道属于一种交互技术，它利用了用户能力和设备能力的特定组合（如输入文字的键盘、用于指向或选择的鼠标，或手势识别的三维传感器），这些通道包括文字（在显示器上输入文字或阅读文字时，可能会使用多种模态）、声音、语音识别、图像/视频、鼠标指向和点击。因此，多模态交互可以指使用多种模态或多通道的系统。多模态系统和体系结构的关键维度或特征有所不同，包括输入模态的数量和类型，通信通道的数量和类型，并行、串行或同时使用模态的能力，识别语汇的大小和类型，传感器和通道集成的方法以及支持的应用程序类型。

在支持多模态输入的系统中，输入模态和特定的用户操作或者用户意图的映射（定义交流特定功能、命令或参数的方式词汇表）并不是直接进行的。系统设计者往往会根据直觉或一些初步测试做出决定，但如何将多模态输入词汇适当地分配给用户意图仍是一个开放的研究问题。

虽然多模态交互社区更多关注于输入技术（如语音和手势识别以及触觉输入），而多模态输出也是多媒体和可视化研究领域的一个关键要素，但多模态交互的总体目标是全面支持人与机器之间的双向交流，以及增强人机多模态交互。

多模态交互研究的不断发展，智能手机的商业化爆炸式增长，语音识别和语音理解系统的日益成熟和3D视觉传感器的引入（如微软的Kinect和Leap运动控制器）都为多模态交互技术和应用创造了大量的机会。

三、多模态融合

虽然人们比较了解生物系统是如何感知和处理感觉数据的，但仍有更多的未知有待探寻，尤其是感觉通道如何与更高层次的认知过程进行融合，以及多个感觉通道如何在任何层次上进行融合的。感觉输入的跨模态融合领域中大量研究聚焦于一些神经元是如何对多种模态的刺激做出反应的。初级感觉区的神经元中存在着连接和输出受跨模态源影响的神经元，即听觉和视觉刺激、视觉和触觉刺激、视觉和嗅觉以及其他刺激的结合。

在知觉层面上，听觉和视觉刺激的相互作用关系和对事件知觉的影响，在某些情况下激发了视听语音处理界的兴趣，同时也激发了人们寻找其他模态例子的兴趣。

多模态集成（也称为融合引擎），是多模态交互系统的关键技术挑战。一般来说，输入流的含义根据文本、任务、用户和时间的不同而不同。具有不同特征的模态（如语音和眼神凝视、面部表情和触觉输入、基于触摸的手势和基于韵律的情感）没有明显的相似点和直接的连接方式。时间维度是最具有挑战性的方面，不同模态可能有不同的时间限制和不同的信号和语义耐力。一些模态在稀疏的、离散的时间点上提供信息（如一些手势），而另一些模态则产生连续的、但时间较少的特定输出（如情感）。有些模态组合是并行解释的，而另一些模态组合通常是按顺序提供。

在排他性的多模态系统中，模态可以按顺序使用，也可以单独使用，但不能由系统集成，而在另一种多模态系统中，模态按顺序使用，并在某种程度上（跨时间）是集成的。在并行多模态系统中，模态信息是并行的，是单独提供的而非集成的。最后，在协同多模态系统中，这些模态是并行和完全集成的。虽然协同多模态系统是这里的假定目标，但与单模态系统相比，其他类型的多模态接口仍有不少优势。

尼尔森（Nielsen）（1986）提出了人机交互的七层协议模型，包括：1）目标——互动的当前运营目标；2）任务——实现目标的系统概念；3）语义——实现所需任务的具体操作；4）句法——输入和输出信息单位在底层词汇层面的时间和空间顺序；5）词汇——交互中最小的信息承载符号；6）按字母顺序排列——原始符号（字母、数字、列、线条等）；7）物理——物理编码信息（光、声音、运动等）。

前三个层次是观念上的，后两个是知觉上的，最后两个是物理上的，而融合可以在任何一个或所有层次上进行。这样可以将各种人机交互场景与各种模态一起进行形式化和模型化，并对特定交互所需层次的融合做出预测。这样一来，多模态交互不再是针对特定用户、模态、环境和任务的方法大集合，而是能够适应新情况的通用解决方案。虽然人们对集成/融合方法的兴趣愈加浓厚，但在多模态交互中还有很多内容有待研究。

既然多模态融合中的关键问题是如何以及何时融合各种模态，那么多种模态的数据流（如语音、三维手势和触摸等）在与其他模态的信息融合之前，是否应该先对数据进行单独处理并进行非模态化解释？这后期融合模式，是指只有在非模态处理和分类决策之后才合并多模态信息。早期融合模式是指立即进行跨模态数据融合（也许是经过低级处理后）。还有一种折中的中级融合方法，即在跨模态合并之前，可以进行一定程度的处理和分类。

在多模态系统中使用多模态后期集成有一些优点。在后期集成中，输入类型可以独立识别，不需要同时发生，而且训练要求更小，软件的开发过程也比较简单。QuickSet 多模态架构就证明了这一点，它使用了时间、语义过滤和统一作为基本的融合技术，并通过统计学的排序在多个一致的解释中做出选择，但这种方法需要对每种模态的输出进行预处理和分类。

另外，后期融合可能会忽略关键的跨模态交互作用，并强制在完整的多模态背景外进行非模态决策。在考虑感官信息应该如何融合的问题时，科恩（Coen）提出了早期融合在生物系统中的重要性。虽然我们的感官似乎是不同的（如视觉与听觉或味觉有质的区别），但他指出了感知中跨模态的影响是普遍存在的（Coen，2001）。连觉（synaesthesia）这种神经状态是一个极端的例子，在这种情况下，一种感觉或认知途径的刺激会导致第二种感觉或认知途径的自动和非自愿的体验。一个人听到的声音可能是对视觉运动或味觉的反应，或者在体验某种特定的味道时，感觉是某种物体所持有的。结合问题指的是大脑如何协调和组合来自不同感觉方式的信息，传统上来讲，只有在大脑皮层的最高功能水平上感觉流才会相融合，它们之间只有通过经验才能相互关联。因此，融合是一个后知觉的过程，在事后（也就是在感觉输入被归类之后）才会对感觉输入进行融合。这种后期融合模型将时间上接近的、抽象的非模态输入结合成一个综合事件模型。

这种后知觉融合的方法否认了跨模态影响的可能性，而跨模态影响在生物知觉中是普遍存在的，构建多模态界面的默认方法（晚期融合）也存在同样的问题。人们喜欢依赖后期集成来构建计算系统，但它并不适合处理知觉理解的跨模态相互依赖性。

科恩（2001）还质疑离散的、象征性的事件模型的恰当性，认为把感知看作是一个流动的、动态的过程可能更好。直到现在，这一论述对于多模态交互社区来说仍然相当贴切。除了关于早期融合与晚期融合的讨论，还有一个更大的问题，即多模态融合的产出应该是什么。多模态集成的任务是生成一个多模态事件，从而很好地符合离散事件、事件循环和事件处理程序的计算模型，还是生成一个更复杂的知觉活动表现形式来匹配系统要支持的人机交互？在不同的层面上，寻找模态之间的深层、复杂关系的方法，是该领域未来的发展方向。

第七章

多模态文化传播的应用前景

第一节 人工智能

多模态文化传播在人工智能领域主要关注的研究问题有多模态人工智能的交互界面、触屏电脑终端的人机互动、自动语音播报以及二维和三维的人脸成像等。这些问题的研究不仅依赖于微电子、精密制造和软件工程等高科技技术手段，同样需要对其背后的符号过程有较为深刻的理解。人工智能领域仍未解决的一个关键问题是机器对语言理解和产出的局限性。现有的机器语言处理系统只能处理某些固定的语义问题。比如，如果我们提的问题是“现在几点了?”，机器能够给出准确的回答，因为这种人机交互是高度标准化的。但是如果我们问“该吃午饭了吗?”，这时候机器很难给出准确的回答。

在全球化的今天，多模态文化传播在多语言人机交互系统中有着广泛的应用。例如，各类公共服务机构的自动客户服务系统，不论是自动电话客服系统还是自动在线客服系统，均可实现多语言的实时在线自动反馈。当然，如图 7.1 所示，现在这种自动反馈通常只能局限于某些固定的问题，对于用户个性化的问题无法给出十分精准的解答，无法与用户进行深入的互动，也无法与用户进行创造性的意义协商。这些都是未来需要解决的问题。由于目前的人机交互系统主要依赖于一些预制的多模态语料库，多模态文化传播语料库的开发有望为这些问题提供解决方案。

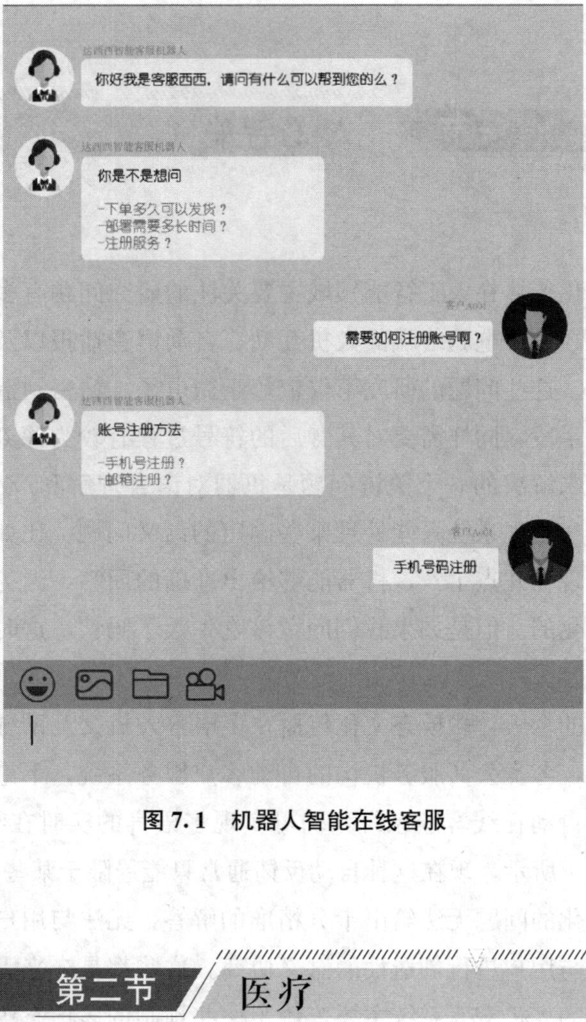

图 7.1　机器人智能在线客服

第二节　医疗

医疗领域与诸多不同的科学领域都有交集。多模态文化传播与医疗领域的结合主要体现在两个方面：一是交际层面的医疗场景的交际沟通，二是专业层面的医疗专业知识的多模态呈现形式。医院、康复中心、养老院等医疗机构成为多模态话语分析的关注对象。医患交流沟通，尤其是在多语言社会中需要译员进行交际协调的医患交流，是典型的多模态文化传播应用实例。在这类沟通中，医生所使用的专业医学用于对于其他的交际参与者来说是最大的交际障碍。为了克服这一障碍，医生、患者及译员往往会诉诸语言之外的其他符号模态（如图表等视觉材料），以引导患者了解病情和治疗方案。

例如，在新冠疫情期间，全国各地纷纷发布各式各样的新冠疫情防控的科普宣传画（如图 7.2），其中视觉模态与语言模态的结合是一种普遍的形式。此外，为了在有限的页面上尽可能多地向人民群众传递相关医学知识，并引导群众掌握核心、重点信息，这类宣传画将页面布局、字体、字号、颜色等多种多模态元素综合运用。

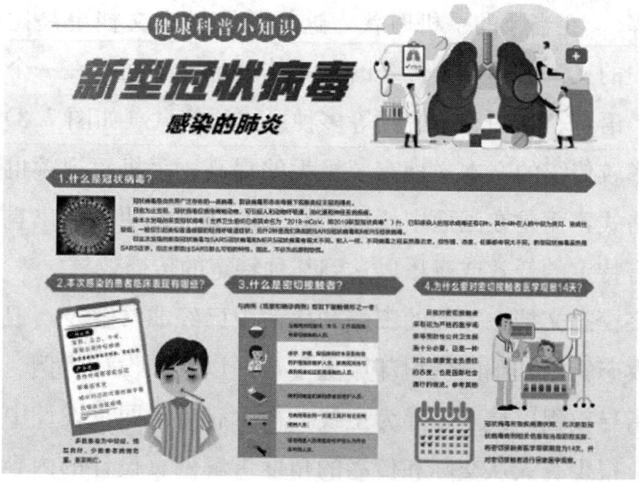

图 7.2　多模态医学宣传画

在医疗专业知识（如化验单、检查报告等）的呈现方面，多模态文本是普遍使用的一种形式。多模态文本中的图像与文字所传达的意义并不是独立的，而是在不同的层面通过符号间的互动来传达意义。这种符际互动主要包括以下形式：1）图像与文字的互换；2）图像与文字的并置；3）图像与文字的组合；4）图像与文字的深度融合。这些超文本形式的设计对于准确、精准、高效地向医生和患者传递信息有着至关重要的作用。

第三节 超文本设计

网络媒体技术的飞速发展催生出一种超文本形式，即将多种不同的模态资源整合在同一个页面当中，形成多模态文档（multimodal documents）。这种多模态文档包含的模态资源有：1）语言文本（包括文字和语音两种形式）；2）声音（讲话录音、音乐、实景音效、电子音效等）；3）图像（图片、绘画、卡通、图表、幻灯片等）；4）影像（纪录片、视频、动画等）。在当今的手机时代，这样的多模态文档更是比比皆是。例如，微信中的文章已不再是传统的文章体裁形式，而是在一个页面中同时包含文字、语音、动图、小视频等多种形式的信息（如图 7.3），人们接受的信息效率较传统的文本文档有了极大的提高；手机短视频也不是传统的影视画面格式，而是在画面中添加了必要的文字说明以突出重点信息，同时还会配有特定的音效或音乐以达到某种特定的传播效果。

尽管多模态文档在人们的工作和生活中已经非常普及，但是人们对其依托的多模态符号基础的认识却严重不足。以网页设计为例，绝大多数的网页设计指导教程以技术指导为主线，很少有关于网页设计中的语言和符号的问题，很少有人从交际和传播的角度讲解网页设计的内容。网页设计者的设计经验也大多是通过技术驱动的途径获得，即在实际的技术操作中积累经验，缺少传播学和符号学相关的理论指导。网页具有典型的多模态特征，文字、图像、布局、动画和互动音效等共同构建起网页的修辞和传播的效果。网页的“可用性”设计包含网页的“实用”和“可用”两个方面，其中可用性设计旨在为用户提供易于获取的相关内容，通过多种模态的使用提升网页文本的可用程度。例如，运用空间、图表、标识符号和图片等形式来呈现信息，同时还可以提升网页的视觉效果。

图 7.3　多模态微信文本（摘自新华社官方微信公众号）

面对全球市场，大多数公司的网站都为客户提供双语或多语种的网页。网页的用户来自全球的各个角落，有着不同的文化背景，因此进行网页翻译的译员扮演着文化协调者的角色，肩负着与网页设计者同等重要的责任。网页的多模态文化传播要充分考虑到以下几个问题：1）选择哪种模态呈现信息以及这样选择的目的是什么；2）怎样是最高效的信息呈现方式；3）如何利用多模态的符号资源达到网页的衔接与连贯的效果。比如，一个概念可能在一种语言中比较适合用语言文字表达，而在另一种语言中更适合用图像的形式表达，因此译员要将所有的多模态符号资源进行整合和再分配，运用不同的符号进行意义的再创造。这种翻译也常常被称作“创造性翻译”（transcreation）。

第四节 教育

1. 多模态学习资源

随着教育的数字化发展，传统的课堂教学模式以及传统的教学资源（如课本、磁带、录像）已经被数字化的媒介（如电脑教学软件、网络教学资源）所取代。在全球疫情爆发的特殊时期，在线教育更是成为全球教育行业的主要教学模式。慕课、在线直播课堂、在线自主学习平台等在线学习资源得到了快速全面地普及。有关数字化、网络化的教学模式研究主要从教育心理学、多媒体研究以及程序和界面设计的角度展开，从多模态和符际关系的角度展开的研究相对较少。

以英语口语教学的数字资源为例，口语教学不仅涉及听说两个方面的能力训练，还涉及相关的词汇、语法、情境和文化方面的知识。听力和口语训练中可以使用的多模态符号资源主要是音频和双语文本，而相关知识则可通过文字、符号、图片、视频、动画等多种视觉化的形式进行呈现。多模态文化传播不仅仅在双语文本的翻译中发挥主要作用，在其他多模态符号呈现中也同样发挥着重要作用。例如图 7.4 所展示的某英语发音教学软件，综合使用了多模态的符号资源，对单词发音的呈现方式可以以：1）音标的符号形式呈现；2）单词读音的声音形式呈现；3）口型的可视化图像形式呈现。在进行口语训练时，还可以对学生的发音进行录音，通过声学分析的手段将学生的发音与标准读音进行对比，从而为学生的发音进行打分，使学生对自己的发音问题有更加直观的认识。

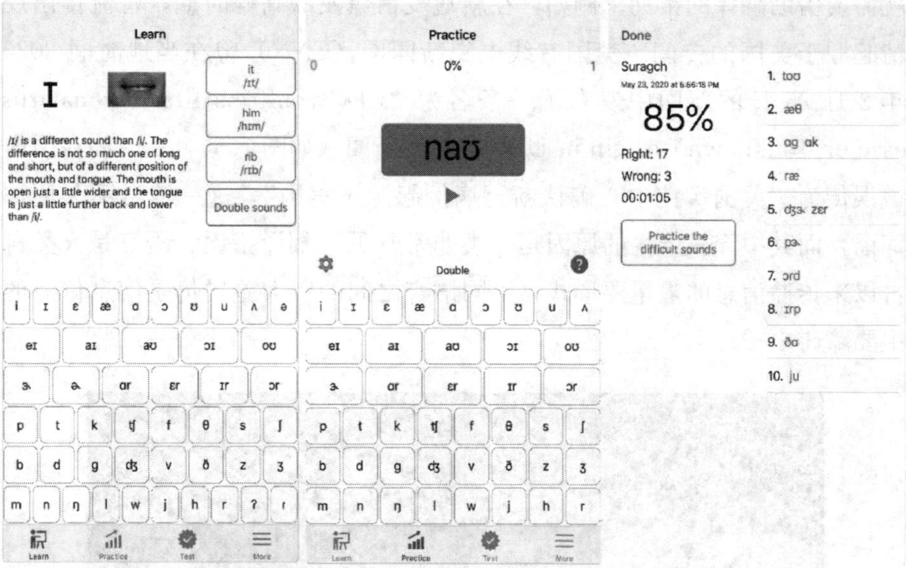

图 7.4　英语学习软件中的发音讲解、练习和反馈

2. 多模态素养

全球化对高等教育和科学教育提出了新的要求。学生通过相关的专业学习不仅需要掌握专业知识，还需要具备相关知识的可视化技能，即多模态素养。多模态素养主要包括视觉素养和媒体素养两个方面，其核心的技能是信息和数据的可视化。也就是说，图像作为一种直观、易于理解和传播的符号形式，在科学信息的传播中可以发挥非常重要的作用。科学信息中往往包含大量的抽象的数据信息，普通大众并不具备解读这种抽象数据信息的能力，需要通过可视化的图形将数据信息转换成图像信息，这样才能够将抽象的科学信息进行广泛的传播。多模态文化传播在语言层面和多模态符号层面都能够为科学信息的传播起到促进作用。

第一，在全球化的时代，科学和教育工作者的职责不仅仅是进行科学探索研究，还承担着将科学知识传递给大众的职责，也就是进行科学知识的传播。英语是国际通用的学术语言，大多数的科学研究成果都用英语进行发表。对于非英语国家的受众，如果要了解最新的科学发展前沿动态，就需要借助翻译的帮助。例如，在新冠疫情爆发的高峰时期，曾流传出疫情起源于美国的传闻。美国有线电视新闻网（CNN）曾在当地时间 2020 年 2 月 26 日的新闻中发布了一条名为“CDC confirms first coronavirus case of ‘unknown’ origin in US”的标题新闻（如图 7.5），一时间在国内被误传为“美国疾控中心确认新冠病例起源于美国”。这一消息不久便被辟谣，而其中谣言产生的原因是一类非常常见的翻译错误。语言是人类自古以来传播信息的最重要形式，不同语言之间的巨大差异仍是信息传播的主要障碍之一。

图 7.5　被国内误译的 CNN 标题新闻

第二，在多模态符号层面，对可视化数据和信息的呈现与解读是当代社会所必须具备的素养之一。可视化不仅仅在新闻传播领域（如数据新闻）有着广泛的应用，在工作和学习中也是必不可少的一项技能。例如，传统的科学课堂教师往往需要在教室里借助实验仪器甚至是化学试剂实现某些特殊科学现象的呈现，但是这样存在着较大的安全风险。通过短视频或者虚拟仿真（Virtual Reality）的形式，教师可以通过可视化的虚拟呈现形式向学生展示科学现象。虽然我们不能否认实验室学习和操作对于科学知识学习的重要性，但是多模态技术在科学知识的广泛传播中起到了至关重要的作用。

3. 多模态展览

博物馆展览不仅是对学校和课堂教育的一种补充形式，也是一种公共传播的形式，包含了极其丰富的多模态感官和符号资源。展览中不仅有实体物品的展出、双语或多语对照的文字说明和语音讲解，还有动画、虚拟体验空间、感官体验项目等。此外，展览本身的空间布局，展示内容的呈现方式和呈现顺序，都蕴含了丰富的时间、空间维度的多模态符号。例如，在科技类展览中，观众可以通过触觉亲身体验的形式体验静电效应或安全电压所带来的电流刺激；在文化类展览中，通过叙事手段对历史事件进行呈现，观众能够更加深刻地理解历史事件背后的时代背景；在实物类展览中，展品旁边的标签不仅需要双语或多语对照，还常常需要进行严格的语言形式的对应。不仅如此，如今的展览也越发体现出交互的特点。观众可以根据自己的需要有选择地收听语音讲解；展出的内容呈现顺序也可以由观众自助选择。这些又涉及了第一节当中多模态文化传播在人工智能领域的运用。图 7.6 是台北 101 大厦中的阻尼器原理介绍。图中分别用汉语、英语和日语三种文字介绍阻尼器的原理和应用实例，图中还配有阻尼器的图像。

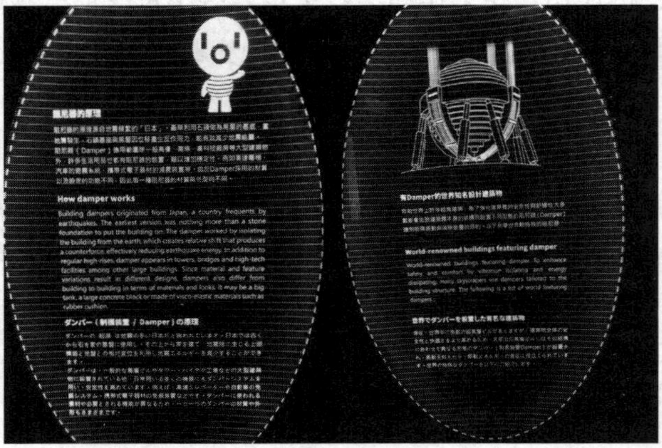

图 7.6　台北 101 大厦的阻尼器原理介绍

第五节　娱乐

1. 多模态影视翻译传播

影视行业已成为一个高度全球化的产业。商业影片常常同时制作出多个不同的语言版本，在全世界各地同步或依次上映。字幕和配音仍然是多模态视听翻译的两种主要模式。然而，20 世纪末视听文本大量涌现，使得多模态视听翻译模式也相应热起来，最终使得跨学科研究迅速增多。一些深刻影响了多模态视听翻译的理念和技术快速发展和普及，极大地影响了多模态视听翻译的运用，如互联网、手机等便携设备的普及。这些技术的发展使得字幕翻译和配音翻译逐步实现目标多样化，两种方式不再对立，相反，它们会根据用户需要在互补中发挥作用，用户在这些新技术的推动下也积极参与多模态视听产品的翻译，互联网用户可以为自己喜爱的作品添加字幕或配音，从而挑战了商业生产模式。当然，多模态视听模式的普及和技术发展也与使用多模态视听翻译的新环境如博物馆、歌剧院、火车站等的增加有关。

快捷的互联网搜索功能使得世界各地与视听相关的研究性学术项目都在培育视听翻译研究。学者们越来越觉得多模态视听翻译需要一个具有强大指导能力的理论，然而学者们又都或多或少心存疑惑，那就是是否存在这样一个能真正指导影视翻译的理论，即使有这样一个理论，它是否真的能有效指导影视翻译研究。虽然如今跨学科研究的特点日益成为多模态视听翻译研究的现实和未来的大趋势，但许多多模态视听翻译研究始终都局限于描述性翻译研究、多元系统理论以及最近的功能主义翻译研究等框架，直到现在也没有进一步理论建构上的突破。这些研究促进了部分描述性翻译理论的建构，研究人员仍在继续利用或再利用各种语言学科包括语用学、文本语言学和认知语言学的研究方法和概念进行影视翻译研究，但也会根据具体研究的问题和主题，融合文学研究、实验心理学、电影研究、统计学、人类学、历史学、教育学等学科的研究方法进行相关的研究。人们逐步认识到只研究视听翻译的语言问题是远远不够的，视听媒介也在朝着互动型文本的方向发展，观众不只是被动接受影视作品的内容，在观看的同时也可以实时进行反馈。如图 7.7 所示，弹幕已经成了一种特殊的文体形式。多模态视听媒体对社会和意识形态的影响不可估量，值得从多模态角度进一步深入研究视听平台，其翻译研究也不能只简单从语言角度进行相关研究，运用多模态理论对视听平台的翻译进行研究已经成为当下的一个趋势。

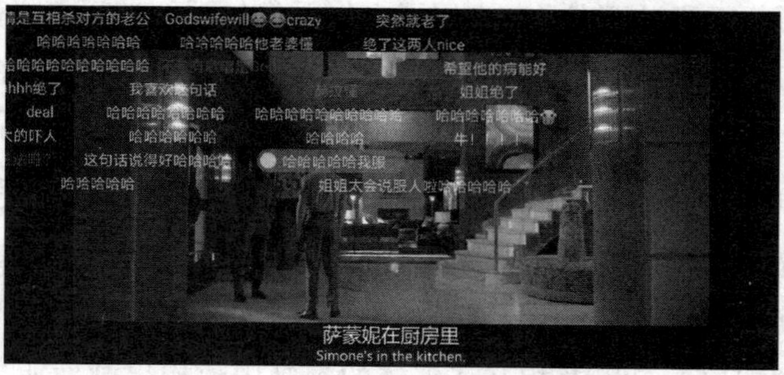

图 7.7　影视作品中的弹幕

目前影视翻译研究已逐渐开始从案例研究转向基于语料库的研究方法，从而进一步推动了数字化视听文本符号系统的研究，采用多模态理论结合语料库技术对视听翻译进行研究将会产生更多新的引领性成果。此外，新的录屏技术与眼动跟踪为定量研究提供了新的视角和新的语料。总体而言，数字化和互联网普及增加了人们获得视听多模态语料及其组成部分的机会，如获取脚本等，促进了视听翻译软件在教育、产品制作和出版方面的广泛使用，从而促进了新的研究工作的开展。多模态视听翻译将来一定会有更大的发展空间，不管名称如何变化，它仍将是一个值得探索的有价值的研究领域。

2. 多模态漫画翻译传播

漫画是传统的图书出版行业中一个重要的组成部分。漫画不仅具有娱乐功能，还具有教育和传播的功能。漫画的读者既可以是青少年群体，也可以是成人。漫画主要涉及图画、文字和空间三类符号模态。下面就漫画的多模态文化传播中的主要问题做一说明。

第一，图文关系的问题。在进行漫画翻译时，译者要对图画和插入文字之间的互动关系和衔接连贯问题有较为深入的考虑。由于页面空间的限制，漫画中的人物图像和表现人物对话的“对话框”（speech balloons）需要争夺有限的空间资源。这种空间的限制成了漫画翻译的一个最主要障碍。译员常常遇到的问题是难以将对话框中的语言精简至原文的长度，从而使得对话框面积过于庞大，占用了人物图像的页面空间。这种问题的来源是译员没有从多模态文化传播的角度看待翻译，而是以传统的文字翻译角度对待漫画中的语言翻译。

在漫画的翻译中，图像和文字两种符号之间都可以进行适当的转换，并非只有文字可以转换成另一种语言的文字。图像可以转换成文字，文字也可以转换成图像。译员需要对页面中所有的符号资源进行评估，考虑这些符号资源如何各自以及相互在整体的漫画中建构出画面所要传递的信息。如果一些信息在图画中已经得到了体现，则无须在对话框中以文字的形式重复表现；对于一些需要较多文字才能够表达出的信息，译员可以对图画进行针对性的修改，将这些信息转换成图像信息，从而达到图像和文字在空间上的平衡。

一些常见的图文转换形式包括：1）增加图画中的嵌入信息、增加对话框；2）重新刻画人物图像，或对整个漫画画面进行重新设计；3）移除或替换一些视觉符号；4）对文字信息进行压缩或补充。

第二，页面排版问题。日本是漫画产业中最重要的输出国之一，许多日本漫画形象在全世界范围成为经典之作。对日本漫画的翻译传播除了前面提到的图文关系的问题，另一个主要的障碍是阅读习惯的问题。日文文字常用从右往左或从上往下的排版形式，这与世界绝大多数国家的阅读习惯并不一致。大部分国家是从左往右地进行阅读或书写。因此，对日本漫画的翻译传播往往需要对页面进行重新的排版。这种重排并非简单地进行镜像旋转就能实现。由于图文之间紧密的互动和衔接关系，经过镜像旋转之后，图像和文字之间的衔接受到了破坏，传达出的信息也会受到影响。这对译员提出了更大的挑战。在进行图文重构的同时，还需要将排版因素考虑在内，综合所有的符号模态资源，进行“再创作”（transduction）。当然，这种再创作的过程难度很大。如图 7.8 中的日本漫画，其汉语版虽然对人物语言和动作拟声词做了翻译，但依然存在信息流失的情况。

3. 游戏及软件的本地化

除了在上述两方面的应用之外，多模态文化传播在游戏及软件的本地化方面也发挥着重要的作用。游戏（video games）是一种复杂的视听互动参与性媒介。游戏在不同国家推广的本地化过程，不仅包含游戏中语言文字的翻译，还包含其中的文化、法律、视觉、功能等诸多方面的调整。游戏中的语言翻译与字幕翻译有相似之处，但又存在着差异，因为游戏具有极强的互动性。这种互动性是双向的，既有游戏软件传递给玩家的信息，也有玩家通过控制器在游戏中进行的操作。同时，游戏中的意义传递也是双向性的。玩家通过视觉和听觉两种感官模态同时接受游戏中传出的信

图 7.8　日本漫画的双语版对照

息；与此同时，玩家也在不断地通过控制器进行操作，这些操作输入到游戏系统中，系统也会相应地对玩家做出实时的信息反馈。

在游戏中的多模态互动分为以下几种类型：1）任务互动，指以语音或文字形式提供给玩家的指令，可以转化为行动的开始或终止；2）行为互动，指玩家对行动的完全掌控，是一种全互动的形式；3）对话互动，指人物间的对话，可能会影响人物的行动，是一种半互动或全互动形式；4）影视互动，指游戏中的影视资源，会使人物停止行动。

同步是游戏本地化中的一个重要问题。游戏中的配音和字幕不仅要做到声音与画面同步，还要做到声音和动作同步。因此，在对游戏进行多模态翻译时，需要考虑影响同步的诸多因素：1）无须同步，指没有时间同步的限制；2）时间同步，指译语音频必须和原语音频等长，不一致的范围必须控制在 10%～20%之间；3）严格时间同步，指译语音频必须精准地与原语音频等长，此处不考虑语音上的停顿和语调影响；4）声音同步，指原语音频必须精准地与原语音频等长，且需要考虑语音上的停顿和语调；5）唇形同步，指译文文本必须和原文文本精准地等长，且需要把停顿和唇形相似考虑在内。

图 7.9 所示的游戏界面中，不仅有画面中的视觉元素，玩家在进行操作时还会有动作的音效和人物的语言。

图 7.9　多模态游戏界面翻译

由此可见，在游戏本地化中多模态翻译与传统的翻译存在着诸多的差异。译文和原文已不仅仅是普通文本的概念，而是包括音频和文本两种不同的形式。受到不同的同步性要求的限制，两种语言不仅要字数一致，还需要将语音停顿和唇形的因素考虑在内。这些对游戏译员来说都是不小的挑战。因此，对游戏本地化问题的研究除了可以从软件本地化技术的角度展开以外，从多模态文化传播的角度对游戏中的各种符号以及视觉、听觉、触觉等感官模态进行的多模态分析也将对游戏本地化有较强的借鉴意义。

参考文献

[1] AIGRAIN P，2007. Livre blanc sur la démocratie participative et le débat public utilisant internet [EB/OL]. (2007 - 04 - 23) [2020 - 06 - 10]. http：//grit-transversales. org/brevea9a7. html?id _ breve=36.

[2] ARMENGAUD F，1985. La pragmatique [M]. Paris：Presses universitaires de France.

[3] ARNSTEIN S R，1969. A ladder of citizen participation [J]. Journal of the American Planning Association，35 (4)：216 - 224.

[4] BACA J C，1990. Identification by consensus of the critical constructs of visual literacy：A delphi study [D]. Texas：East Texas State University.

[5] BADDELEY A D，1999. Human memory [M]. Boston：Allyn & Bacon.

[6] BADDELEY A D，EYSENCK M W，ANDERSON M C，2009. Memory [M]. Hove：Psychology Press.

[7] BAKHTIN M M，EMERSON C，HOLQUIST M，et al.，1986. Speech genres and other late essays [M]. Austin，TX：University of Texas Press.

[8] BALDRY A，THIBAULT P J，2006. Multimodal transcription and text analysis：A multimodal toolkit and coursebook with associated online course [M]. London：Equinox.

[9] BRADEN R A，HORTIN J A，1982. Identifying the theoretical foundations of visual literacy [J]. Journal of Visual Verbal Languaging，2 (2)：37 - 51.

[10] BROADBENT S，1984. The Leo Burnett book of advertising [M]. London：

Hutchinson.

[11] BÜHLER H, 1985. Conference interpreting: A multichannel communication phenomenon [J]. Meta, 30 (1): 49 - 54.

[12] CAMPBELL R, FREED R, 1993. "We know it when we see it": Postmodernism and television [J]. Television Quarterly, 26: 75 - 87.

[13] CARPENTIER N, 2007. Participation and interactivity: Changing perspectives. The construction of an integrated model on access, interaction and participation [M]//NIGHTINGALE V & DWYER T. New media worlds. Challenges for convergence. Melbourne: Oxford University Press, 214 - 230.

[14] CLARK J M, PAIVIO A, 1991. Dual coding theory and education [J]. Educational Psychology Review, 3 (3): 149 - 210.

[15] COEN M H, 2001. Multimodal integration: A biological view [C]//Proceedings of the Fifteenth International Joint Conference on Artificial Intelligence. Seattle: WA, 1417 - 1424.

[16] COFFIN C, 1997. Constructing and giving value to the past: An investigation into secondary school history [M]//CHRISTIE F & MARTIN J R. Genre and Institutions: Social Processes in the Workplace and the School. London: Cassell, 196 - 230.

[17] CONSIDINE D M, 1986. Visual literacy and children's books: An integrated approach [J]. School Library Journal, 33 (1): 38 - 42.

[18] DAVITTI E, PASQUANDREA S, 2017. Embodied participation: What multimodal analysis can tell us about interpreter-mediated encounters in pedagogical settings [J]. Journal of Pragmatics, 107: 105 - 128.

[19] DE MOOIJ M, 1994. Advertising worldwide: Concepts, theories and practice of international, multinational and global advertising [M]. New York/London: Prentice Hall.

[20] DEBES J L, 1969. The loom of visual literacy [J]. Audiovisual Instruction, 14 (8): 25 - 27.

[21] DELABASTITA D, 1990. Translation and the mass media [M]. BASSNETT S & LEFEVRE A. Translation, history and culture. London: Cassel, 97 - 109.

[22] DESAGE F, GODARD J, 2005. Désenchantement idéologique et réenchantement mythique des politiques locales [J]. Revue française de science politique, 55 (4): 633 - 661.

[23] DONDIS D A，1973. A primer of visual literacy [M]. Cambridge，MA：Massachusetts Institute of Technology.

[24] ENFIELD N J，2005. The body as a cognitive artefact in kinship representations：Hand gesture diagrams by speakers of Lao [J]. Current Anthropology，46 (1)：1-26.

[25] FALK P，1997. The Benetton-Toscani Effect. Testing the limits of conventional advertising [M]//NAVA M，BLAKE A，MACRURY I，et al. Buy this book：Studies in Advertising and Consumption. London/New York：Routledge，64-83.

[26] FISKE J，1994. Audiencing：Cultural practice and cultural studies [M]//DENZIN N & LINCOLN Y. Handbook of qualitative research. Thousand Oaks，CA：Sage，189-198.

[27] FRYER L，2010. Audio description as audio drama：A practitioner's point of view [J]. Perspectives：Studies in Translatology，8 (3)：205-213.

[28] GAZZANIGA M，1998. The mind's past [M]. Berkeley：University of California Press.

[29] GENETTE G，MACLEAN M，1991. Introduction to the paratext [J]. New Literary History，22 (2)：261-272.

[30] GOFFMAN E，1981. Forms of talk [M]. Oxford：Blackwell.

[31] GOFFMAN E，1983. The interaction order [J]. American Sociological Review，48 (1)：1-17.

[32] GOODMAN N，1976. Languages of art：An approach to the theory of symbols [M]. Indianapolis：Hackett Publishing Company.

[33] GOODMAN S，1996. Visual English [M]//GOODMAN S & GRADDOL D. Redesigning English：New texts，new identities. London：Routledge，38-72.

[34] GU Y G，2006. Multimodal text analysis：A corpus linguistic approach to situated discourse [J]. Text and Talk，26 (2)：127-167.

[35] HALLIDAY M A K，1978. Language as social semiotic：The social interpretation of language and meaning [M]. London：Edward Arnold.

[36] HALLIDAY M A K，1994. An Introduction to functional grammar：2nd ed. [M]. London：Edward Arnold.

[37] HANSON J R，SILVER H F，STRONG R W，1988. Learning styles and

visual literacy: Connections and actions [M]//BRADEN R A, BRADEN B, BEAUCHAMP D G, et al. Visual Literacy in Life and Learning. Blacksburg, Virginia: Virginia Tech University.

[38] HEINICH R, MOLENDA M, RUSELL J D, 1982. Instructional media and the new technologies of instruction [M]. New York: John Wiley & Sons.

[39] HOBSON D, 1980. Housewives and the mass media [M]//HALL S, HOBSON D, LOWE A, et al. Culture, media, language: Working papers in cultural studies, 1972—1979. London: Hutchinson, 105 - 116.

[40] HYMES D, 1986. Models of the interaction of language and social life [M]// GUMPERZ J J & HYMES D. Directions in sociolinguistics: The ethnography of communication. New York/Oxford: Basil Blackwell, 35 - 71.

[41] ISER W, 1978. The act of reading: A theory of aesthetic response [M]. Baltimore: Johns Hopkins University Press.

[42] JAKOBSON R, 2000. On linguistic aspects of translation [M]//VENUTI L. The translation studies reader. London/New York: Routledge, 113 - 118.

[43] JENSEN K, 1987. Qualitative audience research: Toward an integrative approach to reception [J]. Critical Studies in Mass Communication, 4 (1): 21 - 36.

[44] JENSEN K, 1990. When is meaning? Communication theory, pragmatism, and mass media reception [M]//ANDERSON J. Communication yearbook 14. New Brunswick, NJ: International Communication Association, 3 - 32.

[45] JEWITT C, KRESS G, 2003. Multimodal literacy [M]. London: Peter Lang.

[46] KALYUGA S, CHANDLER P, SWELLER J, 1998. Levels of expertise and instructional design [J]. Human Factors, 40 (1): 1 - 17.

[47] KENNEDY M, 1982. Metaphor in pictures [J]. Perception, 11 (5): 589 - 605.

[48] KINTSCH W, 1980. Learning from text, levels of comprehension, or: Why would anyone read a story anyway? [J]. Poetics, 9 (1 - 3): 87 - 98.

[49] KJELLBERG S, 2009. Scholarly blogging practice as situated genre: An analytical framework based on genre theory [J]. Information Research, 14 (3): paper 410.

[50] KRESS G, 2001. Multimodal discourse [M]. London: Edward Arnold.

[51] KRESS G, 2003. Literacy in the new media age [M]. New York: Routledge.

[52] KRESS G, VAN LEEUWEN T, 2006. Reading images: The grammar of visual design [M]. London: Routledge.

[53] LANG R, 1978. Behavioural aspects of liaison interpreters in Papua New Guinea: Some preliminary observations [M]//GERVE D, SINAIKO W H. Language, interpretation and communication. New York: Plenum Press, 231 - 244.

[54] LINDLOF T, 1991. The qualitative study of media audiences [J]. Journal of Broadcasting and Electronic Media, 35 (1): 23 - 42.

[55] LUKE C, 2000. Cyber-schooling and technological change [M]//COPE B, KALANTZIS M. Multiliteracies: Literacy Learning and the Design of Social Futures. New York: Routledge: 69 - 91.

[56] LULL J, 1982. The social uses of television [M]//WARTELLA E, WHITNEY D. Communication Review Yearbook. Beverly Hills, CA: Sage, 397 - 409.

[57] MAYER R E, 2009. Multimedia learning: 2nd ed. [M]. New York: Cambridge University Press.

[58] MAYER R E, MATHIAS A, WETZELL K, 2002. Fostering understanding of multimedia messages through pretraining: Evidence for a two-stage theory of mental model construction [J]. Journal of Experimental Psychology: Applied, 8 (3): 147.

[59] MCKIM R H. Thinking visually: A strategy manual for problem solving [M]. Belmont: Lifetime Learning Publications, 1980.

[60] MOUSAVI S Y, LOW R, SWELLER J, 1995. Reducing cognitive load by mixing auditory and visual presentation modes [J]. Journal of Educational Psychology, 87 (2): 319.

[61] NIELSEN J. A virtual protocol model for computer-human interaction [J]. International Journal of Man-Machine Studies, 1986, 24 (3): 301 - 312.

[62] O'TOOLE M, 1994. Opera Ludentes: The Sydney opera house at work and play [M]//O'HALLORAN K. Multimodal discourse analysis: Systemic functional perspectives. London: Continuum, 11 - 27.

[63] ORLIKOWSKI W, YATES J, 1998. Genre systems: Structuring interaction through communicative norms [J]. The Journal of Business Communication, 39 (1): 13 - 35.

[64] PAIVIO A, 1986. Mental representations: A dual-coding approach [M].

Oxford, England: Oxford University Press.

[65] PAIVIO A, 2006. Mind and its evolution: A dual-coding approach [M]. Mahwah, NJ: Lawrence Erlbaum.

[66] PINKER S, 1994. The language instinct [M]. New York: William Morrow.

[67] PINKER S, 1997. How the mind works [M]. New York: Norton.

[68] PÖCHHACKER F, 2004. Introducing interpreting studies [M]. London: Routledge.

[69] POTTER W J, 2004. Theory of media literacy: A cognitive approach [M]. Thousand Oaks, CA: Sage.

[70] POYATOS F, 1987. Nonverbal communication in simultaneous and consecutive interpretation: A theoretical model and new perspectives [J]. TEXTconTEXT, 2 (2/3): 73 - 108.

[71] POYATOS F, 1997. The reality of multichannel verbal-nonverbal communication in simultaneous and consecutive interpretation [M]//POYATOS F. Nonverbal communication and translation: New perspectives and challenges in literature, interpretation and the media. Amsterdam/Philadelphia: John Benjamins, 249 - 282.

[72] ROSE G, 2016. Visual methodologies: An introduction to researching with visual materials [M]. London: SAGE.

[73] RIDELL S, 2005. Mediating the web as a public space: A local experiment in the creation of online civic genres [J]. Nordicom Review, 26 (1): 31 - 48.

[74] SCHILLER H A, 1987. Visual literacy in ancient and modern man [M]//BRADEN R A, BRADEN B, BEAUCHAMP D G, et al. Visible & viable: The role of images in instruction and communication. Commerce, Texas: East Texas State University.

[75] SCHNOTZ W, 2005. Integrated model of text and picture comprehension [M]//MAYER R E. The Cambridge handbook of multimedia learning. New York: Cambridge University Press.

[76] SCOLLON R & SCOLLON S W, 2003. Discourses in place: Languages in the material world [M]. London: Routledge.

[77] SERAFINI F, 2010. Reading multimodal texts: Perceptual, structural and ideological perspectives [J]. Children's Literature in Education, 41: 85 - 104.

[78] SINATRA R，1986. Visual literacy connections to thinking，reading and writing [M]. Springfield，Illinois：Charles &Thomas.

[79] SWALES J，1990. Genre analysis：English in academic and research settings [M]. Cambridge：Cambridge University Press.

[80] SWELLER J，1999. Instructional design in technical areas [M]. Camberwell：ACER Press.

[81] SWELLER J，AYRES P，KALYUGA S，2011. Cognitive load theory [M]. New York：Springer.

[82] TORRESI I，2004. Women，water and cleaning agents：What advertisements reveal about the cultural stereotype of cleanliness [J]. The Translator，10 (2)：269 - 289.

[83] TRAUDT P，ANDERSON J，MEYER T，1987. Phenomenology，empiricism and media experience [J]. Critical Studies in Mass Communication，4：302 - 310.

[84] TSENG C，2013. Cohesion in film：Tracking film elements [M]. Basingstoke：Palgrave Macmillan.

[85] VALDÉS C，2000. Translated advertisements [M]//CHESTERMAN A，SAN SALVADOR N G，GAMBIER Y. Translation in context：Selected contributions from the EST congress，Granada. Amsterdam/Philadelphia：John Benjamins，271 - 280.

[86] VAN DIJK J A G M，2010. Participation in policy-making：Study on the social impact of ICT [R]. Brussel：Europese Commissie，DG Informatiemaatschappij en Digitale Agenda.

[87] WHITESIDE C，1985. Visual literacy awareness in college-level educational media courses [C]//MILLER L W. Creating meaning：Readings from the visual literacy conference at California state polytechnic university at Pomona. International Visual Literacy Association.

[88] WOLF M，MEYER T，WHITE C，1982. A rules-based study of television's role in the construction of social reality [J]. Journal of Broadcasting，26 (4)：813 - 829.

[89] 冯德正，2011. 多模态隐喻的构建与分类——系统功能视角 [J]. 外语研究，28 (1)：24 - 29.

[90] 冯德正，2017. 多模态语篇分析的基本问题探讨 [J]. 北京第二外国语学院学报，39 (3)：1 - 11，132.

[91] 顾曰国，2007. 多媒体、多模态学习剖析 [J]. 外语电化教学，114 (2)：3 - 12.

[92] 陆涛，2014. 文化传播中的听觉转向与听觉文化研究 [J]. 中州学刊，36 (12)：95 - 99.

[93] 苏状，2011. 中国视觉文化传播研究发展综述 [J]. 当代传播，27 (5)：37 - 40

[94] 王建华，2015. 口译认知研究 [M]. 北京：外文出版社.

[95] 肖惠荣，曾斌，2015. 叙事的无所不在与叙事学的与时俱进——“叙事的符号与符号的叙事：广义叙事学论坛”综述 [J]. 江西师范大学学报（哲学社会科学版），48 (1)：67 - 72.

[96] 徐秋石，刘兵，2018. 声音研究——一个全新的 STS 研究领域 [J]. 自然辩证法通讯，40 (4)：89 - 97.

[97] 张德禄，2009. 多模态话语分析综合理论框架探索 [J]. 中国外语，6 (1)：24 - 30.

[98] 朱永生，2007. 多模态话语分析的理论基础与研究方法 [J]. 外语学刊，30 (5)：86 - 90.

中国人民大学出版社外语出版分社读者信息反馈表

尊敬的读者：

感谢您购买和使用中国人民大学出版社外语出版分社的 ______________ 一书，我们希望通过这张小小的反馈卡来获得您更多的建议和意见，以改进我们的工作，加强我们双方的沟通和联系。我们期待着能为更多的读者提供更多的好书。

请您填妥下表后，寄回或传真回复我们，对您的支持我们不胜感激！

1. 您是从何种途径得知本书的：
   □书店　□网上　□报纸杂志　□朋友推荐
2. 您为什么决定购买本书：
   □工作需要　□学习参考　□对本书主题感兴趣　□随便翻翻
3. 您对本书内容的评价是：
   □很好　□好　□一般　□差　□很差
4. 您在阅读本书的过程中有没有发现明显的专业及编校错误，如果有，它们是：
   ____
   ____
   ____
5. 您对哪些专业的图书信息比较感兴趣：
   ____
   ____
   ____
6. 如果方便，请提供您的个人信息，以便于我们和您联系（您的个人资料我们将严格保密）：

您供职的单位：______________________________

您教授的课程（教师填写）：______________________________

您的通信地址：______________________________

您的电子邮箱：______________________________

请联系我们：贾乐凯　吴振良　黄婷　程子殊　王琼　鞠方安

电话：010-62515580，62515538，62512737，62513265，62515573，62515576

传真：010-62514961

E-mail：jialk@crup.com.cn　wuzl@crup.com.cn　huangt@crup.com.cn
chengzsh@crup.com.cn　crup_wy@163.com　jufa@crup.com.cn

通信地址：北京市海淀区中关村大街甲 59 号文化大厦 15 层　邮编：100872

中国人民大学出版社外语出版分社

多模态文化翻译理论与传播研究

多模态戏曲翻译理论

王建华　总主编
王建华　陈　昱　著

中国人民大学出版社
·北京·

图书在版编目（CIP）数据

多模态文化翻译理论与传播研究．多模态戏曲翻译理论 /王建华总主编；王建华，陈昱著．--北京：中国人民大学出版社，2020.9

ISBN 978-7-300-28564-1

Ⅰ.①多… Ⅱ.①王… ②陈… Ⅲ.①戏曲-翻译-研究 Ⅳ.①H059

中国版本图书馆 CIP 数据核字（2020）第 169352 号

多模态文化翻译理论与传播研究

多模态戏曲翻译理论

王建华　总主编

王建华　陈　昱　著

Duomotai Wenhua Fanyi Lilun yu Chuanbo Yanjiu

Duomotai Xiqu Fanyi Lilun

出版发行	中国人民大学出版社		
社　　址	北京中关村大街 31 号	**邮政编码**	100080
电　　话	010－62511242（总编室）		010－62511770（质管部）
	010－82501766（邮购部）		010－62514148（门市部）
	010－62515195（发行公司）		010－62515275（盗版举报）
网　　址	http://www.crup.com.cn		
经　　销	新华书店		
印　　刷	天津中印联印务有限公司		
规　　格	170 mm×228 mm　16 开本	**版　　次**	2020 年 9 月第 1 版
印　　张	99	**印　　次**	2020 年 9 月第 1 次印刷
字　　数	1 377 000	**定　　价**	488.00 元（全 8 卷）

前言

文化翻译与传播架起了不同国家和不同民族之间文化交流互鉴之桥。世界上的不同国家和不同民族在漫长的历史发展中创造出了各自灿烂的文化，民族的特性和国家的差异造就了各自文化间的差异性，唯有不同文化相互交流和相互借鉴才能推动国家与民族间的相互理解和相互促进。交流的前提是语言相通，语言通则路路通，翻译则是实现不同语言相通的手段，翻译质量的高低决定着语言相通的高度，提升翻译质量就是提升语言相通的能力。语言是文化的载体，任何民族和国家的文化都必须通过语言的交流才能得以传播和传递，因此，文化翻译是文化在语言间的转换，文化传播是文化在语言间的传递，文化翻译是文化传播的前提，文化传播是文化翻译的结果，文化翻译与传播实现了不同民族和不同国家人民之间的文化交流互鉴，促进了不同语言之间民族文化和不同国家文化的发展，为当前中国倡导的“一带一路”和中国文化“走出去”提供了支撑，为人类命运共同体理念的落实提供了基础和保障。

新的信息技术的发展使得文化传播形式发生了颠覆性变化，原来以文字表述为主体的文化传播形式已经转变为文字与图片相结合的传播形式，而这种图文结合的传播形式现在正被视频传播形式替代，视频和音频相结合的文化传播形式逐步成为文化传播的主要方式。这种融合视觉、听觉和

感觉等多个信息通道的文化传播方式称为多模态文化传播，不同民族和不同国家的文化翻译与传播自然变成多模态文化翻译与传播，这种翻译与传播形式对传统的翻译实践和翻译研究提出了全新的挑战，文化传播的过程和传播的效果自然受到多模态文化翻译与传播理论发展的制约。所以，多模态文化翻译与传播理论建构研究成为当下紧要的研究课题，其理论指导能力决定着文化翻译与传播的效果，更决定着不同国家与不同民族文化交流的能力和水平。本研究针对中华文化翻译与对外传播的现状和主题内容建构文化翻译理论和文化传播理论，通过撰写四本专著《多模态戏曲翻译理论》、《多模态影视翻译理论》、《多模态文化翻译理论》和《多模态认知与文化传播》对相关理论进行建构，以期实现对中华优秀文化外译与传播发挥理论指导作用，并在理论建构过程中逐步实现中华优秀文化外译话语体系建设。

北京正在建设“四个中心”，其中全国文化中心和国际交往中心需要把北京的优秀文化国际化，此过程必然涉及北京优秀文化的外译与传播。北京优秀文化主要包含北京民俗文化、北京建筑文化、北京历史文化和北京戏剧文化，因此，本研究通过撰写四本专著《北京民俗文化多模态翻译传播研究》、《北京建筑文化多模态翻译传播研究》、《北京历史文化多模态翻译传播研究》和《北京戏剧文化多模态翻译传播研究》以及其英译本把北京优秀文化传播到国外去。国外受众如果学过一些汉语且对中国传统文化感兴趣，通过阅读这套丛书就会对北京优秀文化有更加全面的认知。这四本北京优秀文化图书是在本研究前四本专著所建构的多模态翻译理论与传播理论指导下进行的内容筛选和结构设计，整套八本专著形成一个完整

的系列，国外对中华优秀文化感兴趣的受众和国内对对外文化传播感兴趣的受众都可以从中受益。本研究旨在在多模态信息技术条件下以传播中华优秀传统文化为目标，解决以往单模态呈现中华优秀文化的瓶颈，顺应新技术和读者新期待的要求，建构多模态文化传播理论，以多模态形式传播中华优秀文化，从而使中华优秀文化更好地传播出去，充分调动国外受众的听觉、视觉和感觉等多个信息通道，帮助他们实现对中华优秀文化的真实体验和具身体验，以达到更好的传播效果。这套丛书的出版将为未来中国优秀文化对外传播提供理论支持和案例参考。

“多模态文化翻译理论与传播研究”系列丛书从论证到立项，从研究团队建设到文献收集，从专著体例设计到撰写成文，从初稿到校稿经历了一个漫长的过程，课题组成员每周定期的讨论都为项目进展提供了强大的智力支持。感谢我的学生李玖博士、蒋新莉博士、张星博士、李静博士、黄婕博士、任岳涛博士、张茜博士和陈昱博士以及硕士生张静茗、张玉玲、秦雯鑫鑫、车祎萌、黄嘉嘉、王天笑、寿盼和郑淑媛同学，学生们都是从项目的论证开始参与其中，对整个项目的推进付出了大量的时间和心血，他们承担了项目前期的资料收集和大部分的专著写作任务，他们能够分工协作、相互帮助、群策群力，展现出了良好的团队精神，令我欣慰不已。特别要感谢北京理工大学张丽华副教授、西华大学李红梅副教授和中国人民大学王筱依博士。张丽华老师和李红梅老师积极参与北京历史文化卷的写作并提出宝贵的改进意见，对我启发很大。王筱依博士和北京交通大学的连亦紫同学承担了北京建筑文化卷的资料收集和大部分写作任务，她们总是在需要的时候能够提出真知灼见，对整个项目方向的把握给予很

好的帮助。山西师范大学史俊老师和王磊老师参与了项目的部分研究工作，对两位老师也表示感谢。

本研究得到“北京市与中央高校共建双一流大学基金”资助，是“北京多模态文化国际传播及人工智能译述系统开发”项目一部分；中国人民大学出版社的编辑在丛书写作和出版过程中给予大力支持，在此一并表示感谢！

王建华

于中国人民大学明德楼

2020 年 8 月

目　录

第一章

理论概述

第一节 研究背景

近几十年来，随着中国文化的走出去，传统的中国戏曲表演文化迎来了走出国门进行巡演的大时代，为展示和传播中国传统文化提供了良机，因为中国戏曲文化表演能够充分展示中国戏曲文化的传统元素，戏曲文化以多模态的信息传递方式展示着中国文化的魅力。戏曲表演的每一个模态都包含着其特定的意义传递，观众的视觉、听觉、触觉等感觉无不在戏曲表演过程中被调动。戏曲文化传播不可避免地要涉及翻译，戏曲表演组需要把演员用源语表演的戏曲节目翻译为观众的母语或生活用语，从而使观众能够听得懂、看得明白，并最终实现所表演的外来戏曲文化走进当地观众的心中。中国传统戏曲文化的多模态戏曲翻译已经成为一种为翻译业界普遍关注的翻译形式，也成了一个新的学术研究领域，主要内容涉及把一种语言下的多模态戏曲表演的特殊语言与文化翻译转换为另一种语言或文化下的多模态戏曲表演形式。通常情况下，一部戏曲表演的制作过程包括剧情策划、剧本选择、排练演出到正式演出并最终巡演，通常需要几年的时间，从编剧、寻找资金支持到最终宣传是一个较长的周期，但戏曲走向海外的翻译投入通常时间较短、资金少且重视度不够。所以，多模态戏曲翻译尚未引起戏曲界人士的高度重视。在国际化和文化交融的今天，多模态戏曲翻译的质量决定了不同民族多模态戏曲文化国际传播的效果。因此，越来越多的人认识到多模态戏曲翻译质量的高低影响一个民族戏曲表演的国际化效果，多模态戏曲的高质量翻译是解决其国际交流效果和国际影响力的创造性方案。

1. 多模态戏曲翻译的发展

多模态话语分析理论和实践进入中国有将近二十年的时间，随着多模态话语分析的深入展开，多模态翻译随之兴起。多模态翻译涉及影视翻译、戏曲翻译和舞台表演剧的翻译等，这些多模态翻译逐步被统称为视听翻译。其中，多模态戏曲翻译涉及演员的唱词、表演动作、伴奏音乐和舞台幕景等多种模态的意义翻译转换。早在多模态戏曲翻译发展之初，尽管人们的看法不同，但戏曲唱词字幕和演员唱词配音就形成了无形中的对立，多模态戏曲演出的产品制作只能选择其一，要么用字幕翻译，要么用配音翻译。人们经常搞不清楚为何在一种情况下选择字幕，而在另一种情况下选择配音。字幕和配音这两种形式之间的选择是由各种经济、意识形态和实用因素决定的。字幕和配音对戏曲翻译发展前景有显著的影响，大多数采用字幕方式呈现的语言被较少使用，而大多数采用配音的语言多是英语、法语等国际语言，受众群体较广泛。但是，现代数字技术的快速发展逐步消除了戏曲表演中翻译方式选择上的这种对立。

在术语运用和讨论中，多模态戏曲翻译取代了戏曲翻译，在一定程度上反映了数字技术的发展所带来的影响，也反映了多模态戏曲翻译实践与研究的扩展和专业化的发展。21 世纪初，有关多模态戏曲翻译研究的最初出版物只关注歌曲翻译，基于剧本的戏曲和舞蹈表演以及长篇戏曲表演以外的其他类型的节目如脱口秀和口述节目等都不包括在内。在 21 世纪的第一个十年，戏曲表演唱词语言转换变得很普遍，但由于多模态戏曲翻译研究只关注语言，而忽略戏曲剧本的多模态属性，如音频、视觉和语言信号等，在此之前的多模态戏曲翻译研究一直称作戏曲翻译研究。大约十年前，“戏曲翻译”一词的引入使所有舞台节目如歌曲、戏曲、相声、脱口秀等的多语言维度受到关注。而今天，多模态戏曲翻译成为这个领域中最常用的术语。必须指出的是，在该领域的研究中，译文有时是一个通用语，包含字幕和配音等。学术界所研究的屏幕翻译涵盖所有以屏幕为媒介传播的产品，如电视、电影或计算机屏幕，但它不包括舞台演出的唱词字幕，因此多模态的舞台演出唱词字幕和配音研究逐渐成为学术界重点关注的内容。

多模态戏曲翻译如同多模态影视翻译，虽然是翻译研究领域中一个相对新的概念，但在过去十年间已经从翻译研究的边缘地带发展到了该领域的中心位置。多模态戏曲翻译最早的形式可能要数皇家剧院特殊场合所提供的摘要式字幕翻译。21 世纪初，随着座椅背后屏幕技术的出现，为了保证戏曲演出的成功，戏剧院会在座椅背后提供小屏幕上的摘要式字幕翻译，尤其是对经典戏曲表演而言，翻译的需求随之大幅增加。人们尝试了各种不同的翻译形式，甚至一部戏曲表演会提供摘要字幕、字幕和配音等形式的翻译，其中摘要字幕和配音很快成了优选模式。具体选择字幕还是配音取决于目标国家的经济实力、意识形态和实际需求，通常情况下配音比字幕耗资更大，需要更多的投资才能实现。多模态戏曲翻译早期的研究和出版可以追溯到 21 世纪初，但直到 21 世纪第一个十年后，多模态戏曲翻译才迎来真正的研究和技术实现热潮。

2. 多模态戏曲翻译的未来

戏曲唱词字幕和戏曲表演配音仍然是多模态戏曲翻译的两种主要模式。然而，21 世纪初，戏曲唱词文本大量涌现，这使得多模态戏曲翻译模式也相应受到关注，最终使得跨学科研究迅速增多。一些深刻影响了多模态戏曲表演翻译的理念和技术的快速发展和普及极大地影响了多模态戏曲翻译的运用，如互联网、手机等便携设备的普及。这些技术的发展使得字幕翻译和配音翻译逐步实现目标多样化，两种方式不再对立，相反会根据用户需要在互补中发挥作用。用户在这些新技术的推动下也积极参与多模态戏曲表演产品的翻译，互联网用户可以为自己喜爱的作品添加字幕或配音，从而挑战商业生产模式。当然，多模态戏曲表演模式的普及和技术发展也与使用多模态戏曲表演的新环境如博物馆、歌剧院、火车站和机场等的增加有关。随着国际游客的大量增加，这些新技术的发展势必促使多模态戏曲翻译成为必然，这在某种意义上说也是吸引国际游客的一种手段。

快捷的互联网搜索功能使得世界各地与戏曲相关的研究性学术项目都在培育戏曲表演翻译研究。学者们越来越觉得多模态戏曲表演翻译需要一个具有强大指导能力的理论，然而学者们又都或多或少心存疑虑——是否存在这样一个能真正指导戏曲表演翻译的理论，即使有这样一个理论，它是否能有效指导戏曲表演翻译研究，这都有待观察。虽然跨学科研究的特点日益成为多模态戏曲翻译研究的现实和未来的大趋势，但许多模态戏曲翻译研究始终都局限于描述性翻译研究、多元系统理论以及最近的功能主义翻译研究等框架，直到现在也没有理论建构上的进一步突破。这些研究促进了部分描述性翻译理论的建构，研究人员仍在继续利用或再利用各种语言学科，包括语用学、文本语言学和认知语言学的研究方法和概念进行戏曲表演翻译研究，但也会根据具体研究的问题和主题，融合文学研究、认知心理学、实验心理学、电影研究、统计学、人类学、历史学、教育学等学科的研究方法进行相关的研究。人们逐步认识到只研究戏曲表演翻译的语言问题是远远不够的，多模态戏曲表演作为文化传播的平台和媒介对社会和意识形态的影响不可估量，值得进一步从多模态角度深入研究戏曲表演平台，其翻译研究也不能只简单地从语言角度进行研究，运用多模态理论对戏曲表演影视平台的翻译进行研究已经成为必然的趋势。目前戏曲表演翻译研究已逐渐开始从案例研究转向基于语料库的研究，从而进一步推动数字化影视文本符号系统的研究，采用多模态理论结合语料库技术对戏曲表演翻译进行研究将会产生更多新的引领性成果。此外，新的录制技术与眼动跟踪、红外线跟踪和携带式脑电仪都为定量研究提供了新的视角和新的语料。总体而言，数字化和互联网的普及增加了人们获得戏曲表演多模态语料及其组成部分的机会，促进了戏曲表演翻译软件在教育、产品制作和出版方面的广泛使用，从而促进了新的研究工作的开展。多模态戏曲表演翻译将来一定会有更大的发展空间，不管名称如何变化，它都会是一个值得探索的有价值的研究领域。

第二节　基本内涵

一、多模态的定义

模态涉及信息感知的不同感官和不同的感知方式。不同的感官包括人的听觉、触觉、视觉和嗅觉，由这些不同的感官产生不同的信息感觉方式不同的模态；信息传播也有不同的信息传播媒介，常见的信息传播媒介包括语音、视频、文字等，每一种媒介都可以称为一种模态。根据朱永生文中的模态定义："模态就是指信息交流传播过程中所使用的不同渠道和不同媒介，这些模态包括语言、技术、图像、颜色和音乐等多种符号系统"（朱永生，2007），或者也可以根据顾曰国文中的定义：模态是指"人类通过感官跟外部环境之间的互动方式"（顾曰国，2007）。相应地，多模态就是指信息交流过程中多种不同模态同时发挥作用、来自不同语言和非语言的符号系统所形成的媒介的结合使用。从本质上来讲，多模态指在某一种具体信息交流的语境中所存在的一种以上的不同模态的并存现象，根据吉博思文中的定义："这些模态可以包括书面语言、口头语言、图画、形象、声音等等"（Gibbons，2012）。通常来说，如果只有人的一个感官或者一个信息传递媒介参与互动就是单模态，我们日常生活中接触和使用的信息传播方式多是单模态方式，而一般有两个或两个以上感官参与互动的就称为多模态。在多模态信息传播与交流中，各个模态既各自独立发挥其应有的信息传播作用，也互相影响从而产生共同的信息传播效应（Kress & Van leeuwen，2001：14）。同一内容的交际活动在多种不同模态作用下的呈现方式、效果也会大有不同。因此，探讨不同模态对交际活动的影响和作用具有重要价值和指导意义。

多模态在一些研究中表述为符号模态概念，多模态翻译因此可以定义为多模态符际翻译。要从多模态的角度来探讨翻译，必须界定符号模态及其相关术语。符号模态的概念是基于某些社会符号学学者们的研究而提出的，因为他们注意到在创造和解释符号及意义时事情本身属性的重要性。因此，符号模态的概念定义如下：我们使用媒介来指代现实生活中发生的事情，这些事情本身随着时间的推移被赋予文化属性或被塑造成有组织的、有规则的、社会特定的表征意义，即创造这些事情意义不同的表征或模态。我们采用这种模态定义来指导字幕翻译。但是，应该注意的是，不同模态的符号之间如何转换还没有令人满意的解决办法，因为根据社会的交际需求，模态是不断变化或更新的。因此，将书面语与口语模态区分开来有双重原因：第一，它们是由不同的物质基础构成的；第二，它们都有社会特定的表征意义，表征意义不同。所以，不同模态之间的本质区别主要由以上两个原因造成。

基于这一符号模态概念，语言符号学学者提出了“多模态语言符号学”的概念来解释多模态交际，即不同意义的符号总是会采用不同的表征模式。这个概念描述如下：无论是在口语还是在书面语中，语言总是作为任何语篇的表现形式所涉及的所有模态中的一种模态而存在。口语文本不仅是口头的，而且是视觉的，结合了非语言的信息传递方式，如面部表情、手势、姿势和其他形式实现自我呈现。同样，书面文本涉及的不仅仅是语言，它写在某种材料或东西上，借助载体成为多模态的形式；表征语意的文字是在受审美、心理、语用等因素影响的系统中形成的，并在页面、计算机屏幕或抛光的黄铜牌匾等载体上进行呈现。因此，多模态涉及如何将这些不同的模态组合在一起以设计一个符号产品或事件。在多模态信息传递中，各种模态既可以单独起作用，也可以同时起作用。这意味着，模态本身以及通过它们之间的相交或相互作用传达意义。意义传递的可能性是由不同模态的物质属性引起的，并且这些属性的差异带来了模态差异问题。

在此基础上，人们提出了关于模态和多模态的四个理论点。首先，不

同模态具有不同的意义表征形式和模态属性，这对于受众来说并不总是可以通达其意义的或过度理解的。其次，所有模态都有特定的社会评估标准和社会需求，因此模态的意义表征取决于所处不同环境的人们的实践需求和不同的社会语境。另外，所有模态通过在交际语境中的彼此交互而产生意义。最后，所有模态都是根据社会符号过程的需要而被塑造、创造和转换的，所以它们不是静态的而是流动的。基于以上讨论，我们总结了电影文本中最常见的五种符号模态：口语模态、书面语模态、音乐模态、音效模态和动态图像模态。

二、多模态翻译

翻译作为不同文化、信息交流的一项重要交际活动，在语言交际、信息传递过程中不可避免地会同时受到多种模态的共同影响。雅各布逊就曾指出，翻译从语言和符号学的角度来看在同一语言内为“语内翻译”，在不同语言之间为“语际翻译”，在不同的符号之间为“符际翻译”。广义的翻译指不同信息符号系统之间的信息转换和传递活动，它包括语言与语言之间的信息转换与传递、语言与符号之间的信息转换和传播以及符号与符号之间的信息在模态层面的转换活动。翻译活动中存在着大量的不同模态之间的信息转换，译者不仅需要关注翻译活动中的文字信息转换，还需要关注其他不同模态符号之间所呈现的不同意义转换。在翻译的过程中，译者不仅要关注语言模态，还要关注与语言同时存在的声音、图像、动作、表情等多种非语言模态，即多模态话语分析。进行多模态话语分析时，虽然语言仍是分析的主要内容，但需要把语言放在一个更大的多模态语境中进行，并考虑语言与多模态语境的关系（Jewitt，2009）。在多模态文本的翻译过程中，需要对文本中的多种模态信息进行翻译、传递，即除了需要对语言文字模态进行翻译之外，还应该关注图片、声音、颜色等其他非语言模态的翻译和转化，以实现整体意义的阐释和建构。如果将不同的模态信息看作是不同的符号系统的话，整个翻译过程可以认作为符际翻译过程，将各种媒介形态都纳入翻译研究范畴，强调多模态之间的互动。

三、多模态翻译过程

目前，多模态翻译的研究大多集中在影视作品的字幕翻译上，少量研究也涉及漫画、儿童读物、画面诗歌的翻译等。这些多模态视角的翻译研究都呈现出一个共同特点：翻译的思路和内容依旧根据书面文字的翻译展开，仅有的一些多模态翻译研究是以翻译教学、翻译压力缓解为主，这些翻译研究的成果对翻译过程的多模态研究几乎没有涉及。然而，多模态翻译作为一种信息转换的交际方式，其过程中会涉及多种多样的模态，如多模态影视中发言人的声音、语气、动作、现场环境、图像等，这些多种模态在分别作用于翻译过程的同时，又会彼此相互作用，对整体的翻译认知、理解、记忆和转换的过程产生综合性影响。到目前为止，戏曲翻译重心放在将口语模态转换为书面语模态上，特别是视觉和听觉模态上。也就是说，多模态戏曲翻译尽管考虑了视觉和听觉模态，但译者将这些多模态影视因素作为处理字幕的语境对待，主要是因为这些多模态语境因素是预先存在的，不能被译者根据自己的多模态理解而改变。

虽然我们可以将视觉和听觉两种不同模态用于口语和书面语模态的语境进行考察，但是它们对戏曲唱词文本所传递意义的贡献却无法充分发挥出来。也就是说，将戏曲表演两种不同模态视为语境意味着它们与口语和书面语模态的交互是被认可的，但是已有的研究和戏曲作品制作者并没有解释它们是如何交互的，也没有显示它们的交互是如何在带字幕戏曲表演的唱词中进行的，翻译时，对于多模态的交互过程翻译如何体现在翻译过程中是一个值得研究的问题。

在多模态信息呈现方式中，戏曲表演唱词文本中包含的所有符号模态都被视为一个整体来向观众表达和表征意义。因此，尽管书面语模态是译者在唱词字幕翻译中最常使用的形式，但这并不意味着译者不能将文本的意义通过其他符号模态表达出来。例如，译者可以将口语模态如对话的意义通过视觉模态如动态图像传递，也可以通过听觉模态如音乐或音效等传递；也就是说，译者没有必要将对话中的所有内容都通过唱词字幕表达出来，他可以选择忽略那些在其他符号模态中所表征的意义，而这就会产生多模态翻译过程中的困难，如何忠实翻译和传递原作品中的多模态信息成为多模态翻译过程中的一大挑战。因此，唱词字幕翻译不再是一对一的关系，而是多对多的关系。

总之，在多模态翻译过程中，源文本和目标文本之间的对等关系比单模态情况下的语际转换要更复杂。从事戏曲唱词字幕翻译的译者在进行唱词字幕翻译时被要求译出可表演的戏曲目标唱词文本，即带唱词字幕的戏曲表演，而不仅仅是单字幕模态。此外，源文本的语言形式与目标文本的语言形式不同，在将源戏曲唱词语篇模态的蕴含意义翻译到目标语文本的过程中，某些意义可能会在一些方面丧失或保留或增添或改变模态，因此源文本和目标文本在意义、感觉、功能和表现上的整体性就会有所不同。这就需要译者充分考虑源语戏曲唱词文本多模态信息综合性特点，从而避免翻译转换为目标语文本时信息的丢失或失真，实现意义的等值翻译。而且，在翻译过程中，某一模态的实现不一定是在模态对等下实现的，某一源语模态的蕴含意义可能在目标文本中以不同模态或多种模态实现，其中可能包括对等模态形式。不同模态的信息对等翻译传递是多模态翻译过程中译者必须考虑的问题。

四、多模态信息理解

理解是翻译过程中信息处理的第一步，也是后续包括信息记忆、加工、存储、转换和语言产出在内的一系列翻译过程存在的基础。如果译员无法充分理解戏曲表演多模态翻译信息，就不能进行进一步的记忆、转换和表达，翻译的交际功能便无从实现。在传统的观念中，翻译过程中的信息输入主要来自戏曲表演说唱中说话者的声音，即表演者所说的话。实际上，戏曲翻译信息输入的来源涵盖多种模态，包括表演者的语气、肢体动作、配合声音信息同步出现的演示唱词字幕、视频、画面等等。多模态共同作用对戏曲翻译信息理解过程来说既能够起到辅助作用，也具有一定干扰性。语气、动作、画面这些模态与声音模态配合出现，能够从不同的维度提供信息支撑，帮助译员更快、更清晰和更准确地理解戏曲表演源语信息。比如，在介绍曲幕表演时，演员配合使用演示唱词字幕，并在演示唱词字幕中展示出基本的逻辑关系，这种多模态的信息输入就会在很大程度上减轻译员的理解负担。但与此同时，多种模态同时出现也可能给理解带来附加的困难。翻译本身是一个进行多任务处理的过程，在单模态信息输入的情况下，信息理解的过程尚且需要译员同时处理理解、认知、加工、转换和产出等多种任务，多种模态信息同时出现就更要求译员同时接受听觉、视觉等多种感官上的多种信息并将其信息进行匹配、理解，对译员多模态信息分布与整合理解技能的要求也就更高。比如，戏曲表演唱词中演员所使用的演示唱词字幕中出现一张数据密集的图文，但其陈述的内容又并不完全符合图表展示的内容，这就需要译员进行正确高效的信息匹配，从图片信息中找到与所听内容相符的信息，这个过程则会加重译员的理解负担，甚至还会影响所听信息的输入。总的来说，一些内容较为简单、结构较为清晰、与听力信息输入匹配程度高的附加多模态信息可能会帮助译员的认知、匹配和理解，然而，内容困难、结构复杂、与戏曲表演唱词内容匹配程度低的附加多模态信息反而会消耗译员的精力，给信息理解增加难度。

五、多模态信息加工与转换

20 世纪 60 年代末，巴黎学派的塞里斯克维奇（Seleskovitch）和勒代雷（Lederer）提出了释意理论，主张翻译过程要“脱离源语语言外壳”，认为译员在翻译过程中不仅要处理语言意义，还需要考虑认知情景、翻译场所和世界百科知识等因素，翻译出文字背后的信息和意思而非原文字词的意思。在多模态戏曲翻译中这个“脱离源语语言外壳”的过程就是译员对多模态戏曲信息进行加工和转换的过程：将源语语言背后蕴含的多模态戏曲信息进行理解、加工，再把多模态戏曲信息转换成另外一种语言表达出来。在多模态的背景之下，“脱离语言外壳”相对于单种声音模态的输入来说可能更加简单易行，因为唱词字幕、语气、动作、视频等其他模态原本就是存在于语言符号系统之外的内容，本身就已经脱离了语言外壳。多种模态共同作用于信息的加工与转换过程，能够在一定程度上辅助语言“脱壳”的过程。当然，多模态信息除了辅助语言信息的加工与转换之外，这些信息本身也需要加工和转换。一些非语言信息，如动作、手势、语气等，在不同国家、不同文化背景下也可能具有不同的含义，译员在翻译过程中必须兼顾非语言信息的加工和转换，包括信息的增补、删减、转换等。比如，在戏曲翻译过程中出现演员用一张图文展示某种特定文化中的特定文化现象，而目的语文化中不存在这种现象。译员在翻译的过程中就要注意对这种模态的戏曲信息进行加工和处理，增补适当的解释，还原该信息本来的作用。

六、多模态翻译中的信息记忆

记忆在戏曲表演多模态翻译中扮演着重要的角色。自二十世纪六十年代起，信息的记忆能力与戏曲翻译之间的关系一直都是研究的热点问题。1968 年理查德·艾提金森（Richard Atkinson）和理查德·石福仁（Richard Shiffrin）提出了三层储存模型，即记忆的信息处理模型。按照三层储存模型，记忆被存储在三个层面上：第一个层面是感觉存储，可以在非常短的时间内记下相对较少的信息；第二个层面是短时记忆，可以储存相对长的时间，但信息量有限；第三个层面是长时记忆，可以将信息储存很长时间，而且储存的信息量也可以无限大。在戏曲表演翻译过程中，这三个层面的记忆分别起着不同的作用，从不同维度上支持译员的戏曲信息处理、输出过程。在三种记忆存储中，短时记忆即工作记忆是戏曲表演翻译记忆研究中的主要研究对象，戏曲翻译中的短时记忆主要存在于听到信息、记下笔记到输出信息之间。

王建华在《口译认知研究》一书中指出，瞬时记忆又被称为感官记忆，是通过人的感官接受来获得可读信息并在几秒钟之内进行储存（王建华，2015）。感官存储是指将每天接触的感官事物，例如语调、气味、颜色等加以储存，并将其以未经加工分析的形式保存下来。从这层意义上讲，可将感官存储视为对新信息最初的短暂性存储，也可称为感官登记，目的是将一定长度的多模态信息输入转化为短时记忆，以供进一步处理。感官系统中最重要的便是多模态戏曲表演信息选择性过滤，可以判断该接受或放弃哪些模态的戏曲信息。换言之，在感官上简单储存的各种信息中心，只有能够引起人们注意的才能被区分出来并通过上述渠道供人在进一步短时记忆中处理。

短时记忆作为戏曲翻译过程中最为主要的部分，也是对译员最有用的记忆形式。而如何将声音、图像、动作等感官信息输入形成的瞬时感官记忆转换为对戏曲表演翻译过程有重要作用的短时记忆也是译员训练时的一项重点内容。在单模态的背景之下，译员只需处理听觉产生的感官记忆，无须考虑其他模态的信息记忆与转换，当然，也就意味着信息更加单一。在多种模态共同作用的基础上，首先从信息输入的角度来讲，感官系统感知到的信息更加多样，也就意味着可供转换为短时工作记忆的信息素材更加全面，另外，由于视觉感官在头脑中形成信息反射的时间比听觉感官形成信息反射的时间更短，图像记忆也比抽象记忆给人带来的形象更加深刻，所以多模态戏曲信息输入在很大程度上能够辅助信息的记忆；从记忆能力上来讲，多模态的戏曲信息输入有助于译员在头脑中对信息进行综合加工处理，能够帮助译员进一步理解、加深记忆，扩大短时记忆的容量。但是，从另一个方面来看，多模态戏曲信息带来的多种感官系统的输入必定会导致译员的信息过滤过程变得更加复杂，在判断“哪些模态的戏曲表演信息应该接受、哪些模态的戏曲表演信息应该放弃”时需要耗费更多的精力。比如，戏曲表演翻译过程中同时出现了声音文字和语调动作两种不同模态的信息输入，译员通过常识判断这两种信息又是互相矛盾的，那么，选择接受并储存哪种戏曲表演信息并放弃另外一种必定会耗费一定的精力，这一过程也必定会影响记忆的能力。所以，多模态戏曲表演信息对于戏曲表演信息记忆过程的影响同样是双面的。

第二章

戏曲的历史、特点及其翻译研究

第一节 戏曲的历史

作为中华民族的国粹，戏曲的发展源远流长，其起源可以追溯到人类文明的初级阶段，具有深远的艺术影响力，是中国优秀传统文化的代表之一。但是，戏曲的发展并不是一蹴而就、突如其来的，而是经过了漫漫长途，在千年历史中经历了一次次精粹和提炼，是不同历史阶段的社会缩影。

一般认为，古代巫觋是戏剧的萌芽。王国维在《宋元戏曲史》一书中指出："是则灵之为职，或偃蹇以象神，或婆娑以乐神，盖后世戏剧之萌芽，已有存焉者矣。"（王国维，1996：3）可以看出，巫觋们以沟通天人际遇为职责，通过装扮、吟唱、舞蹈等形式创造情境，来达到祈神、迎神、降神、娱神的目的。其浓郁的歌舞风采具有一定的戏剧性。随着宗教意识的出现，加之受封建礼制的约束，祭神仪式渐渐脱离巫风而更多沾染了人性色彩。屈原的《九歌》中就透示出了楚国民间祭仪的盛况。《九歌》一共十一章，包括东皇太一、云中君、湘君、湘夫人、大司命、少司命、东君、河伯、山鬼、国殇和礼魂。从《九歌》的歌词中可以看出，场面恢宏，人物众多，服饰艳丽，融汇了多样乐器，热闹非凡。尤其值得注意的是，《九歌》中描绘的神已经人格化，从高高在上、不可侵犯、令人敬畏的非自然力量，转变为和人亲近、音容笑貌毕具、具有人世情怀的形象（廖奔 & 刘彦君，2012a：25－29）。虽然这种民俗转变仍然未能摆脱远古巫术活动的桎梏，但其体现出的审美情趣已经向真正戏剧的产生迈出了一大步。

秦汉六朝百戏代表着初级戏剧雏形。在先秦诸多的表演形态中，尤以优戏为甚。优，亦称"倡优""俳优""伶人""侏儒""弄人"等，是用歌舞表演和滑稽调笑来供贵族声色之娱的职业艺人（麻文琦 et al.，2012：7）。史书中对优的文献记载并不多，只有一些用微言大义来讽谏匡正的优人留名青史，例如司马迁在《史记·滑稽列传》中对优孟的记载。

> 优孟者，故楚之乐人也，多辩，常以谈笑讽谏。楚庄王之时，有所爱马，衣以文绣，置之华屋之下，席以露床，啖以枣脯。马病肥死，使群臣丧之，欲以棺椁大夫礼葬之。左右争之，以为不可。王下令曰："有敢以马谏者，罪至死。"优孟闻之，入殿门，仰天大哭。王惊而问其故。优孟曰："马者王之所爱也，以楚国堂堂之大，何求不得，而以大夫礼葬之，薄，请以人君礼葬之。"王曰："何如？"对曰："臣请以雕玉为棺，文梓为椁，楩枫豫章为题凑，发甲卒为穿圹，老弱负土，齐赵陪位于前，韩魏翼卫其后，庙食太牢，奉以万户之邑。诸侯闻之，皆知大王贱人而贵马也。"王曰："寡人之过一至此乎！为之奈何？"优孟曰："请为大王六畜葬之。"于是王乃使以马属太官，无令天下久闻也。（司马迁，1982）

这则故事着重强调了优孟敢于挑战君主权威，言他人所不敢言。他利用自己优的身份，用极尽夸张的语言顺延楚庄王逻辑中的不合理之处，使其意识到自身的错误，用旁敲侧击的方式来讽谏君主，以达到严肃的政治目的。

随着秦汉封建大一统的建立，戏剧表演艺术逐渐成形。汉代百戏杂陈，虽未形成完整规范的艺术体制，却融合了音乐歌舞、杂技杂耍、体育竞技、滑稽表演等多种艺术形式，充分体现了包罗万象的时代精神，也对后世的艺术表演产生了不可磨灭的影响（廖奔 & 刘彦君，2012a：49）。角抵戏是汉代百戏的主体部分。"角抵戏"这一名词最早可见于秦朝，来源于战国时期的武备训练，后于秦时发展为优俳表演，成为一个具有娱乐性和观赏性的表演项目，并正式得名（麻文琦 et al.，2012：8；廖奔 & 刘彦君，2012a：54－56）。事实上，角抵戏在汉代常用来代指百戏，其演出情况具体可见张衡《西京赋》：

临迥望之广场，程角抵之妙戏。乌获扛鼎，都卢寻撞。冲狭燕濯，胸突铦锋。跳丸剑之挥霍，走索上而相逢。华岳峨峨，冈峦参差。神木灵草，朱实离离．总会仙倡，戏豹舞罴。白虎鼓瑟，苍龙吹篪。女娥坐而长歌，声清畅而蝼蛇，洪涯立而指麾，被毛羽之襳襹。度曲未终，云起雪飞。初若飘飘，后遂霏霏。复陆重阁，转石成雷。礔砺激而增响，磅盖象乎天威。（萧统，1986）

《西京赋》除了对广场百戏盛大场面的描写，还简略记载了《东海黄公》的故事："东海黄公，赤刀粤祝，冀厌白虎，卒不能救；挟邪作蛊，于是不售。"（萧统，1986）文笔带过，语焉不详，幸而《西京杂记》中有更为详细的描述：

有东海人黄公，少时为术能制蛇御虎，佩赤金刀，以绛缯束发。立兴云雾，坐成山河。及衰老，气力羸惫，饮酒过度，不能复行其术。秦末，有白虎见于东海，黄公乃以赤刀往厌之。术既不行，遂为虎所杀。三辅人俗用以为戏，汉帝亦取以为角抵之戏焉。（葛洪，2006：120）

《东海黄公》讲述的是一个古代方士以术厌虎最后却为虎所杀的故事。这出剧目在规定情境中演出，有两个固定对立的角色，既有完整的情节发展，又有一定的矛盾冲突。此番演出并非为了祭神，而是为了娱乐观众。从这个层面来看，《东海黄公》已经具备戏剧的基本要素：情节、演员、观众，从百戏中脱颖而出，是一场完整的初级戏剧表演，在中国戏剧史上具有里程碑的意义。

到了唐代，封建文化繁荣，政治经济稳定，一展开放包容、兼收并蓄的盛唐气息，丰厚的文化土壤滋养了戏剧的神思与灵感，歌舞戏和参军戏蔚然成风。唐代歌舞戏极其兴盛，著名的剧目如《代面》《钵头》《苏中郎》《踏谣娘》《苏幕遮》等，均具备完整的故事情节，综合了念白、歌舞等多种元素（廖奔 & 刘彦君，2012a：89）。

一、《代面》

《代面》，也叫《大面》或《兰陵王入阵曲》，是唐代著名歌舞戏，表演的是兰陵王戴面具突阵征战的故事，歌颂了其赫赫战功和美好品德。《北齐书·兰陵武王孝瓘传》对该戏的由来介绍如下：

> 突厥入晋阳，长恭尽力击之。邙山之败，长恭为中军，率五百骑再入周军，遂至金墉之下，被围甚急，城上人弗识，长恭免胄示之面，乃下弩手救之，于是大捷。武士共歌谣之，为《兰陵王入阵曲》是也。（李百药，1972）

又如《通典》卷一四六中记载：

> 大面出于北齐。兰陵王长恭才武而貌美，常着假面而对敌。尝击周师金墉城下，勇冠三军，齐人壮之，为此舞以效其指麾击刺之容，谓之兰陵王入阵曲。（杜佑，1982）

二、《钵头》

杜佑《通典》卷一四六则中记载："钵头出西域。胡人为猛兽所噬，其子求兽杀之，为此舞以象之。"（杜佑，1982）根据史料，可以得知，《钵头》是产自西域的歌舞戏，主要情节为人虎相斗，描绘的是子寻虎为父报仇的故事。其演出在《乐府杂录》中有简要描述："钵头，昔有人父为虎所伤，遂上山寻其父尸。山有八折，故曲八叠。戏者被发素衣，面作啼，盖造丧之状也。"（段安节，1988）

三、《苏中郎》

唐代对《苏中郎》的记录较少，如今只推测它是对于醉人形态的模仿表演。《乐府杂录》中有一段对它的描述："苏中郎，后周士人，苏葩嗜酒，落魄自号中郎。每有歌场，辄如独舞。今为戏者着绯戴帽，面正赤，盖状其醉也。"（段安节，1988）

四、《踏谣娘》

《踏谣娘》是唐代歌舞戏的突出代表。崔令钦在《教坊记》中对其演出是这样描述的：

> 踏谣娘，北齐有人姓苏，鲍鼻。实不仕，而自号为"郎中"。嗜饮，酗酒，每醉，辄殴其妻。妻衔悲，诉于邻里。时人弄之：丈夫著妇人衣，徐步入场行歌。每一叠，旁人齐声和之。云："踏谣，和来！踏谣娘苦！和来！"以其且步且歌，故谓之"踏谣"；以其称冤，故言"苦"。及其夫至，则作殴斗之状，以为笑乐。今则妇人为之，遂不呼"郎中"，但云"阿叔子"。调弄又加典库，全失旧旨。或呼为"谈容娘"，又非。（崔令钦，2012：24）

该戏主要有两个角色，即苏郎中和他的妻子踏谣娘，后者是由男演员扮演。该戏讲的是隋代末年一个姓苏的人，丑陋无业，酗酒成性，常自吹有中郎官衔，而他的妻子则貌美善舞。每当苏郎中酒醉，便殴打妻子，而他的妻子只好向邻居哭诉。该戏被唐代教坊吸收后，更名为"谈容娘"，主角踏谣娘也改由女人扮演。总的来说，《踏谣娘》这出戏虽情节简单，但将夫妻殴斗的过程戏剧化，既有悲剧色彩，又富含喜剧效果，表演手段丰富，向真正的戏剧形式又有所迈进。

五、《苏幕遮》

关于《苏幕遮》，唐代慧琳《一切经音义·大乘理趣六波罗蜜多经》有云：

《苏幕遮》，西戎胡语也，正云“飒磨遮”。此戏本出西龟兹国，至今犹有此曲。此国《浑脱》《大面》《拨头》之类也。或作兽面，或像鬼神，假作种种面具形状。或以泥水沾洒行人，或持羂索搭钩，捉人为戏。每年七月初，公行此戏，七日乃止。土俗相传云，常以此法攘厌，驱趁罗刹恶鬼食啖人民之灾也。(廖奔 & 刘彦君，2012a：92)

从这里可以看出，《苏幕遮》出自西域龟兹国，是用来祈福禳灾的歌舞戏，于每年七月举行，连演七天，主要特点是表演者头戴各种面具来扮演鬼神野兽。

除歌舞戏外，参军戏在唐代也很盛行。它继承了古代优戏滑稽调笑的风格，发展出“参军”和“苍鹘”两个固定的角色行当，在表演中加入歌舞的元素，使得表演性和娱乐性更加凸显，在当时社会受到了从宫廷到民间的广泛欢迎。关于参军戏的起源说法不一。据《乐府杂录》记载，后汉馆陶令石耽犯了贪污罪，但和帝因为爱惜他的才华不忍心给他判罪，只是在每次宴乐时命优伶戏弄他，参军戏由此而来。另一则说法是参军戏起始于后赵时期的馆陶令周延，此人贪污数百匹官绢，统治者石勒为了惩治他，每当群臣集会时便让周延扮作俳优供人调笑。其他俳优头戴发巾、身穿黄绢单衣，戏弄他道：“你是什么官？为什么会在我们中间?”周延只得答道：“我原本是馆陶令，正因为犯了贪污罪才会沦为俳优。”二者戏弄与被戏弄的关系形成了后世参军戏的演出套路（麻文琦 et al.，2012：11－12)。

历史的步伐迈入宋代以后，商品经济繁荣，城市不断扩大，市民阶层迅速兴起，隋唐以来的都市城坊制度被破坏，宵禁废弛，以瓦舍为代表的商业性游艺场所开始兴盛起来。瓦舍内建有众多的勾栏，供各种伎艺表演之用，其品类之繁，据《东京梦华录》卷五“京瓦伎艺”记载，有嘌唱、杂剧、傀儡戏、诸宫调、影戏、舞旋、讲史、说三分、五代史、小说、合生、商谜、杂技、叫果子、说诨话等等（孟元老，2006：461－477)。场所内汇集了众多每日固定表演的民间艺人，观众来来往往，气氛热闹非凡，《东京梦华录》中称汴京的瓦舍：“不以风雨寒暑，诸棚看人，日日如是。”(孟元老，2006)

宋代最流行的戏剧形态当属宋杂剧。“北宋以后，优戏被冠之以‘杂剧’的名称。杂剧成为一类专门化的表演形式，特指戏剧演出，从歌舞杂技和优人谑谈调笑的状态中超越出来。在中国戏曲史上，这是一个很大的转变，它标志着初级戏剧开始脱离原始庞杂混融的表演形态，而朝向单纯的戏剧形式迈进。”（廖奔 & 刘彦君，2012a：193）杂剧由北宋发展到南宋时，其演出结构也扩展为艳段、正杂剧和杂扮三个部分，但三段内容仍是各演各的，松散性较强，还未形成统一完整的故事结构。据宋吴自牧《梦粱录》记载：“且谓杂剧中末泥为长，每一场四人或五人。先做寻常熟事一段，名曰‘艳段’。次做正杂剧、通名两段。”（吴自牧，2004：312）所谓“艳段”，就是在开场前用来招揽观众的小节目，通常是些简单的杂剧段子；“正杂剧”是表演的主体部分，有歌舞故事和滑稽戏两种表现方式；而“杂扮”则可有可无，都是些散段，放在正式演出之后，用来满足观众的余兴。另外，南宋杂剧承袭了北宗杂剧中的四种固定的角色类型，包括末泥、引戏、副净和副末，有时还根据剧情需要增添“装孤”或“装旦”一角。相关记载可见于《梦粱录》：“末泥色主张，引戏色分付，副净色发乔，副末色打诨。或添一人，名曰‘装孤’。”（吴自牧，2004：312）这里可以确认，宋杂剧中的每种角色都有其不同的分工和固定的职司。末泥也称为“戏头”，以念颂诗歌为主，负责指挥整场演出；引戏通常由女性角色扮演，主要职能是登台表演歌舞；副净形象古怪，体现在涂面化妆和动作表演上，是供人调笑者，属于滑稽角色；副末造型诙谐，也属于滑稽角色，擅长插科打诨，常与副净一起出场，通过逗弄、击打副净来制造笑料；装孤就是扮演官员，装旦是扮演女子，二者并非角色名称，而是指扮演某种角色类型（廖奔 & 刘彦君，2012a：301－309）。

在继承前代优戏表演经验和吸收南方民间歌舞小戏的基础上，北宋末叶，南戏作为中国戏曲最早的成熟形态开始在浙江温州一带地区兴起。南戏题材内容多与伦理情爱相关，剧目繁多，但留存下来的剧本却寥寥无几，其中确定的仅有《赵贞女蔡二郎》、《王魁》、《王焕》、《乐昌分镜》和《张协状元》（麻文琦 et al.，2012：17－18）。前四本均已于近代失传，唯有《张协状元》收录于《永乐大典》，也是唯一现存的宋代南戏剧本（廖奔 & 刘彦君，2012a：336－340）。相较于宋杂剧的分段表演，南戏具有完整的长篇演出结构，采用双线或多线的手段展开情节，其中还穿插了插科打诨的表演，用来调剂正剧严肃紧张的气氛，整体具有悲喜统一的美学风格。在音乐形式方面，南戏的曲调大多来自当时流行的民间歌谣，曲牌连缀方式还没有形成严格的规则。这点在徐渭《南词叙录》中可以窥见："永嘉杂剧兴，则又即村坊小曲而为之，本无宫调，亦罕节奏，徒取其畸农市女顺口可歌而已，谚所谓随心令者。"（徐渭，1959）在角色行当方面，南戏分为生、旦、外、贴、净、末、丑七种角色。生和旦分别是男女主角，在剧中以唱为主，生是年轻儒生，旦是年轻女子。外和贴分别是二者的延伸，外指老年男性角色，贴相当于女配角。净、末、丑都是喜剧角色，用来发乔打诨，增加喜剧效果，调整剧情节奏。在舞台特征方面，南戏以歌唱、念白、舞蹈等多种伎艺手段来塑造人物形象，且初步表现出表演虚拟性和动作程式化的特点。

元代是中国戏曲发展的黄金时代，北方有北杂剧，南方有南戏。著名的杂剧作家有关汉卿、王实甫、马致远、白朴、郑光祖等。

一、关汉卿

关汉卿，大都人，号已斋，一生创作了大量的杂剧作品，创作题材广泛，风格多样。其作品包括：喜剧《赵盼儿风月救风尘》《望江亭中秋切脍旦》《炸妮子调风月》；悲剧《感天动地窦娥冤》《关张双赴西蜀梦》《邓夫人哭存孝》；悲喜剧《包待制智斩鲁斋郎》《闺怨佳人拜月亭》等（麻文琦 et al.，2012：32）。从他笔下一个个不甘心屈服于命运、敢于向黑暗现实发起挑战的主人公形象，我们可以看到关汉卿作为创作者时刻迸发的慷慨激情和强烈的社会责任感。戏曲作家贾仲明称赞其为"驱梨园领袖，总编修师首，捻杂剧班头"。王国维也对他给予了极高的评价："关汉卿一空依傍，自铸伟词，而其言曲近人情，字字本色，故当为元人第一。"（王国维，1996：90）

关汉卿笔下的女性角色，无论是老妪、寡妇、婢女还是妓女，虽身份低微，但只要是正面人物，无不体现着中国劳动妇女的传统美德，是身陷逆境却从不向恶势力屈服的正义力量。代表作《窦娥冤》的题材取自民间"东海孝妇"的故事。女主人公窦娥身世悲惨，三岁丧母，七岁被父亲送往蔡婆家抵债，十七岁守寡。一日，蔡婆到赛卢医家收债，险些被其害死，幸得张驴儿父子所救，却未曾想到，张驴儿父子见色起意，妄图强娶婆媳二人。面对如此胁迫，窦娥严词拒绝。张驴儿买来毒药企图毒死碍手碍脚的蔡婆，不料却害死了自己的父亲，他因此趁机诬陷窦娥毒死公公逼迫她就范，但窦娥坚决不从，宁肯"官休"也绝不"私休"。公堂之上，昏官桃杌听信张驴儿的诬告，对窦娥施以"千般打拷，万种凌逼，一杖下，一道血，一层皮"（关汉卿，1998：15）。为了不让蔡婆也受此皮肉之苦，窦娥不得已认下罪名，最终屈死刑场。剧中所描写的现象是当时社会的缩影，当时阶级矛盾和民族矛盾尖锐，统治阶级昏庸残暴，官场黑暗腐败，社会风气败坏，伦理道德土崩瓦解。窦娥的悲剧命运淋漓尽致地展现出当时底层劳动人民的生活境况，这不仅是她的个人悲剧，而且是整个时代的悲剧。面对生活中的种种厄运，窦娥仍然坚守贞洁、恪尽孝道，最后选择宁愿牺牲自我也要保全婆婆。这种"孝"体现了传统伦理道德，本应得到嘉奖，但却遭到了来自张驴儿和桃杌所代表的黑暗现实的无情摧残。在善与恶的矛盾之中，窦娥奋起反击，她的抗争精神寄寓了广大人民群众对封建社会的强烈愤怒与批判。

二、王实甫

据史料记载，王实甫共著有杂剧作品十四种，但现存完整的只有三种：《崔莺莺待月西厢记》、《四丞相高会丽春堂》和《吕蒙正风雪破窑记》（廖奔 & 刘彦君，2012b：241），其中尤以《西厢记》被奉为千古传颂的经典作品。《西厢记》讲述了崔相国家的小姐崔莺莺和母亲护送相国灵柩回博陵安葬，途中遇阻，暂住普救寺，在寺中与张生邂逅，二人隔墙对诗，彼此心生好感。此时恰逢叛将孙飞虎带兵围困普救寺，企图强抢莺莺为压寨夫人，相国夫人便许诺若谁有退兵之计便将女儿许他为妻。张生应声而出，在好友白马将军的帮助之下，成功击退贼兵。但不料崔夫人变卦毁约，让二人以兄妹相称，张生因此患病。夜晚，红娘出谋划策，让张生弹琴诉衷，莺莺听后大为宽慰，在红娘的奔走串联下，二人私定终身。老夫人觉察之后震怒，夜审红娘，红娘据理力争，晓之以理，动之以情，老夫人无奈同意了二人的婚事，但仍逼迫张生上京赶考，如若不中，则婚事作废。不久后，张生状元及第，回来迎娶莺莺，才子佳人终成眷属。老夫人作为封建家长的典型，在剧中几次三番阻挠莺莺和张生二人的结合，不仅出尔反尔，还派红娘对二人严加监管。其与莺莺、张生、红娘之间的矛盾反映了当时社会青年男女对于建立在封建门第基础上的传统婚姻制度的反叛，以及对爱情、婚姻自由的向往和追求，讴歌了剧中人物敢于直面封建传统的反抗精神。王实甫的语言风格温润自然，语言功力极深，言语间将人物性格特点、内心情感展现得淋漓尽致，音容笑貌历历可辨。

三、马致远

马致远，号东篱，被称为“元曲四大家”之一，其生平不可确考。一生共创作杂剧十五种，现存七种，包括《江州司马青衫泪》、《太华山陈抟高卧》、《吕洞宾三醉岳阳楼》、《破幽梦孤雁汉宫秋》、《邯郸道省悟黄粱梦》、《马丹阳三度任风子》和《半夜雷轰荐福碑》（廖奔 & 刘彦君，2012b：274）。从其作品中，可以看到马致远对仕途功名的执着，以及希望破灭后的失意苦闷。

《汉宫秋》对昭君和亲的故事进行了加工修改，讲述的是汉元帝在毛延寿的建议下从民间挑选美女入宫，王昭君因不愿贿赂毛延寿，其美人图便被落痣丑化，因而落入冷宫。偶然深夜元帝听到昭君的琵琶声，得见其美貌，便封她为明妃。毛延寿恐被斩首，逃至匈奴，将昭君画像献给呼韩邪单于，并怂恿单于向汉元帝索要美人。汉朝文武惧怕匈奴的兵马入侵，于是昭君被迫出塞，在行至番汉交界黑龙江时投水而死。为避免再生事端，单于将毛延寿送还汉朝，汉元帝最终将其斩首。马致远对相关历史事迹的修改主要体现在四方面：其一，将真实的社会背景由汉族和匈奴势均力敌改为匈强汉弱；其二，将王昭君从普通宫女改为宠妃，毛延寿由画师改为朝廷大臣；其三，昭君本是自愿请行，在剧中却是因为匈奴的强迫而被逼出塞；其四，将昭君的人生结局由久居匈奴改为投江殉国。通过这些改动，剧作家表达了对民族苦难的忧思和对元代社会政治黑暗、奸佞专权的痛恨之情。

四、白朴

白朴，字仁甫，号兰谷先生，生于金朝著名文人家庭，幼时家境优越，但好景不长，白朴七岁时，元蒙军队攻陷汴京，其父母均在战乱中失落，国破家亡的悲剧给他带来了不可磨灭的创伤。成年后，白朴虽以才学颇负盛名，但在心理上始终厌恶元蒙统治者的残暴掠夺，因此放弃追求功名，终身未仕。白朴一生著述颇丰，但流传下来的只有《唐明皇秋夜梧桐雨》、《董秀英花月东墙记》和《裴少俊墙头马上》三种（廖奔 & 刘彦君，2012b：287）。其悲戚的身世也隐映在作品当中，笔墨间充满了对理想和现实之间的矛盾的情绪，以及对往昔追而不得的失落感。

《梧桐雨》取材唐明皇与杨贵妃的爱情故事，将往日的山盟海誓、欢歌妙舞和如今的佳人已逝、悲凉落寞构成对比，凸显出物是人非、世事无常之感。剧作家借历史题材抒发了对时代兴亡的感叹和人生落寞的迷惘情绪，整部作品都笼罩在一股凄凉哀伤的意绪之中。《墙头马上》是白朴的另一部经典剧作，题材源于唐代白居易的新乐府《井底引银瓶》（廖奔 & 刘彦君，2012b：292）。它讲述的是洛阳总管的女儿李千金在后花园赏花时，与突然出现在墙头的长安裴尚书之子裴少俊一见钟情，二人相约晚上幽会，不料被李嬷嬷撞见，李千金毫不畏惧，不惜以自杀相威胁，最终说服李嬷嬷放二人私奔。私奔后，李千金在裴家后院躲藏了七年之久，其间还为裴少俊生下一双儿女。但不料被裴尚书发现，盛怒之下对她大加辱骂并刻意刁难，李千金坚决为自己辩护，但裴少俊迫于父亲的压力最终写下休书一封，李千金只得饮恨离开裴家。几年后裴少俊高中状元，前往洛阳总管府想与李千金重修旧好，裴尚书也在得知她是旧友之女后同夫人一道前来赔礼道歉，要求她与家人重聚，但李千金严词拒绝。无奈最后迫于儿女的哭诉哀求，与裴家重归于好。与其他娇弱的闺中小姐不同，李千金向往爱情自由、婚姻自由，性格大胆泼辣、敢爱敢恨、坚定不屈，面对封建礼教的压迫具有强烈的反抗精神。作家以李千金为视角，批判了封建伦理道德对女性的摧残，体现出女性主体意识的觉醒，表达了对美好真挚爱情的向往。

五、郑光祖

郑光祖，字德辉，平阳襄陵人，其作品现存有八种，分别是《㑇梅香骗翰林风月》、《醉思乡王粲登楼》、《迷青琐倩女离魂》、《辅成王周公摄政》、《放太甲伊尹扶汤》、《虎牢关三战吕布》、《丑齐后无盐破连环》和《程咬金斧劈老君堂》（廖奔 & 刘彦君，2012b：296）。郑光祖为人耿直清高、坚韧执着，其作品中的人物形象也大都豪迈慷慨，表现出积极进取、胸怀天下的时代精神。

《倩女离魂》是元代经典剧作之一，与关汉卿的《拜月亭》、王实甫的《西厢记》和白朴的《墙头马上》并称为元杂剧四大爱情剧。该剧讲述了张倩女和王文举二人指腹为婚，文举进京赶考途中经过张家便前去探望，张母以文举未考取功名为由不许二人成婚，文举无奈只得折柳亭辞别倩女。文举离开后，倩女思念成疾，卧病在床，但她的灵魂却追随文举一同赴京。文举高中状元后携倩女衣锦还乡，倩女的灵魂与躯体重新合二为一。作品采用了浪漫主义的表现手法，精心设计了身体和灵魂一分为二的情节，象征了倩女在现实与理想之间的矛盾，身体在饱受封建礼教的摧残，在离愁别恨中备受煎熬，但灵魂却已冲破束缚，追随自由和爱情而去。通过塑造勇敢、倔强的倩女形象，作家表达了对封建礼教的批判和对自由美好生活的追求。

元代后期，北杂剧由于体制僵化、内容贫乏，开始渐渐衰落，而南戏艺术进入蓬勃发展期，剧目不断丰富起来，代表作品有《荆钗记》、《白兔记》、《拜月亭记》和《杀狗记》。《荆钗记》全剧共四十八出，剧情围绕王十朋和钱玉莲矢志不渝的爱情为主线展开，结构简洁凝练，充满戏剧冲突。故事讲述的是寒门书生王十朋以荆钗为聘礼与贡生之女钱玉莲结为夫妻，后不久，王十朋高中状元，因拒绝丞相万俟招婿的要求，遂被派往偏僻之地任职，巨富孙汝权将其家书改为休书，逼迫钱玉莲改嫁，但玉莲誓死不从，幸而投河被救，经过重重磨难，夫妻二人终于团圆。《荆钗记》的成功在于它赋予了男女主角难能可贵的忠贞品质，立足平民百姓的道德立场，讴歌了男女平等、互敬互重的情感期望。与《荆钗记》相反，《白兔记》中的丈夫刘知远在投军并州后，抛弃了妻子李三娘，入赘岳府，独留三娘在家中被兄嫂李洪一夫妇恶毒磋磨。剧中女主角的悲惨遭遇反映出当时封建社会千千万万弃妇的不幸命运，淋漓尽致地抒发了对势利之徒的憎恶之情。《拜月亭记》歌颂了王瑞兰和蒋世隆患难与共的爱情故事，二人不同于大多剧作中男女主角一见钟情的模式，而是在兵荒马乱的旅途中相知相守、互生爱慕。作品在赞扬男女主角忠贞不贰的同时，也表达了反封建的思想。与前面三部剧作不同，《杀狗记》聚焦的是家庭伦理，描写了孙华、孙荣兄弟二人的故事。哥哥孙华是个纨绔子弟，整日与柳龙卿和胡子传两个酒肉朋友厮混，不思进取，还将屡次劝谏的弟弟孙荣赶去破窑。为了让丈夫认清现实，孙华的妻子杨月真买来黄狗，杀死后伪装成人尸抛于门外，半夜醉酒归来的孙华惊慌失措，急忙寻求柳、胡的帮助，但谁知二人反要诬告他杀人灭尸，此时唯有弟弟孙荣不计前嫌，愿为哥哥埋尸顶罪，孙华深受感动，兄弟二人重归于好。《杀狗记》中的语言质朴通俗，对于市井人情的刻画栩栩如生，提倡“亲睦为本”，强调同胞之情，在当时具有一定的现实意义。

明代戏曲创作是继元杂剧之后的又一座高峰。传奇是明代的主要戏曲形式，它往往篇幅较长，情节复杂，讲究格律。万历年间，传奇创作趋向繁荣。徐谓则是这一时期戏曲创作的先驱，他在戏曲上的声誉主要集中在被统称为《四声猿》的四部杂剧上，即《狂鼓史》、《玉禅师》、《雌木兰》和《女状元》。徐谓个性狂放不羁，这四部剧表达了他对现实的不满和义愤。汤显祖作为明代的传奇巨擘，一生自由豪迈，创作了很多成功的传奇戏曲和诗歌，包括《紫钗记》、《牡丹亭》、《邯郸记》和《南柯记》在内的“临川四梦”是戏曲史上的不朽名作。《紫钗记》是“临川四梦”中的第一部作品，讲的是李益和霍小玉历经曲折，最终重结连理的故事。其中反派角色卢太尉的形象是对于现实官场黑暗的映射，反映出了创作者对当时政治的不满。《牡丹亭》是汤显祖艺术创作的最高境界，作品通过杜丽娘和柳梦梅生死离合的爱情故事，沉重抨击了封建礼教对于人性的扭曲，表达了对解放纯真天性的呼唤。因长期在政治环境中受挫，汤显祖对于当时朝政的腐败有了更加清醒和深刻的认识，后创作了《邯郸记》和《南柯记》，充分表达了自己愤世嫉俗的情绪和对富贵功名的摒弃。

传奇戏曲在清代相当长的一段时期里仍继续盛行。但是由于朝代变更而带来的又一次外族统治中国，清初的传奇戏曲里常常充满着一种失落的情绪，带有明显的悲伤和怀旧之情（博鸿础：2012：16）。这一时期的剧作家有李渔、丁耀亢、吴伟业、唐英、李玉、杨潮观、蒋士铨等，但最有代表性的当属有“南洪北孔”之称的洪昇和孔尚任。洪昇，字昉思，号稗畦，浙江钱塘人，其历时十余年、易经三稿所创作出的《长生殿》是戏曲史上一颗璀璨的明珠。该作品描写了杨玉环和李隆基的爱情故事，全剧以情为题，赞美了男女至情。另一部经典名作是由孔尚任创作的《桃花扇》，该剧将男女主角的故事置于当时的历史环境之中，将南明灭亡的过程呈现在戏曲舞台上，激起了观众的情感共鸣。

20 世纪初，中国沦为半殖民地半封建社会，局势动荡不安。受西方民主思潮的影响，梁启超等学者开始有意识地将目光投向戏曲的社会作用，批判旧思想、旧文化，改良运动勃然兴起，一批关系时局大事的新作品应运而生，用以激励民族精神、鼓励救亡图存。此外，改良派人士还创办了刊物《二十世纪大舞台》，为宣传改良思想和发表戏曲剧本提供了平台。辛亥革命后，戏曲改良运动的高潮渐止。虽然改良运动失败了，但它却留下了很多值得后世思考的经验和教训。

抗日战争爆发后，无数的革命先烈抛头颅洒热血，为了夺取革命的胜利无私奉献。戏曲艺术家们将这些英雄事迹作为题材，谱写出一幕幕可歌可泣的动人篇章。与前一时期相比，各根据地和解放区的戏曲作品质量有了很大提高，涌现出包括《逼上梁山》《三打祝家庄》《小二黑结婚》《血泪仇》等在内的优秀剧目，不仅发挥了戏曲教育宣传的作用，还丰富了人们的文化生活，推动了戏曲现代化发展的进程。

新中国成立后，党中央提出了“百花齐放，推陈出新”的戏曲改革方针，要求去除封建糟粕，发扬民主主义和爱国主义精神。一大批被长期压抑的戏曲剧种得到扶持，重新焕发了青春，戏曲朝着多样化的方向发展。为了鼓励艺术家们的创作热情，肯定他们对戏曲事业做出的突出贡献，各级主管部门设立了多个戏曲类奖项，例如全国优秀剧本创作奖、梅花奖、文华奖等。同时，戏曲也开始走进课堂，各地纷纷建立了各类戏曲学校，戏由教育事业得到发展。

回顾历史，中国戏曲起源于原始歌舞，成熟于两宋时期，在元明达到高峰，在新时期继承发展，可谓是一路在风雨中坎坷前行。

第二节 戏曲的特点

当代戏剧学家张庚先生在《中国大百科全书·戏曲·曲艺》卷首概论中，将戏曲的特征归纳为三点：综合性、虚拟性和程式性（张庚 & 郭汉城，1989）。

一、综合性

什么是戏曲？王国维将其定义为："戏曲者，谓以歌舞演故事也。"（王国维，1984：163）又指出："必合言语、动作、歌唱，以演一故事，而后戏剧之义始全。"（王国维，1996：33）一出剧目，若只有剧本，而不被之歌舞，那并不能称之为戏曲。同时，若只演歌舞，而不咏故事，也并非戏曲。戏曲是一门综合性的艺术，讲求诗乐舞的有机统一。它不仅具有文学的审美内涵，以音乐和舞蹈为表现手段，更关涉舞台灯光、道具、美术等多方因素。这里的"综合"并不是简单地拼凑和堆砌，而是水乳交融地融合。只有所有艺术要素相互配合、互渗互融，才能真正展现出戏曲艺术的价值取向和精神力量。首先，剧本文学作为戏剧之根基，好比搭建房屋，基址未立，何以挥斤运斧，建构厅户。戏曲作品通过富有张力的戏剧语言，刻画了一个个鲜活的人物形象，展现了人性的善恶美丑和世间百态，表达了对时代的追问和批判，以及对真善美的终极呼唤。在元杂剧《窦娥冤》中，关汉卿通过塑造善良柔弱的窦娥、自私懦弱的蔡婆和阴险狡诈的张驴儿三个性格迥异的角色，用大胆巧妙的戏剧冲突，充分展现了主人公的悲惨命运和黑暗的社会现实，表达了古代知识分子对社会底层人民的关注以及对昏聩的封建官场的愤怒之情，从小人物的坎坷命运扩展到对整个封建社会的抗争。其次，戏曲艺术对音乐的运用极为讲究。音乐作为戏曲作品的核心部分之一，对于表达人物情感和推进情节发展具有重要作用。《窦娥冤》第三折音乐曲牌使用丰富，包括【正宫端正好】、【滚绣球】、【倘秀才】等十首，音乐的语言将窦娥的绝望、悲愤、仇恨表达得淋漓尽致。面对张驴儿的威胁逼迫和官吏的颠倒黑白，主人公窦娥绝望地哭诉"没来由犯王法，不提防遭刑宪"（关汉卿，1998：18），接着情感由绝望转为愤怒，她呐喊到"天地也"、"天地也"、"天也"、"地也"、"哎，只落得两泪涟涟"（关汉卿，1998：18），最终愤怒情感激化为血溅白练、六月飞雪和大旱三年"三桩誓愿"，将剧情发展推向高潮。从窦娥绝望的哭诉和激烈的唱词中，观众可以深切地感受到她顽强不屈的性格品质和对社会现实的不满反抗，情节在声腔激越中一步步推进。再次，演员的动作表情、身形姿态也极具艺术感染力。当语言不足以表达人物情感时，通过具体外化的表演，观众可以更加直观地感受到戏剧人物的内心活动，引起共鸣。在京剧程派名戏《锁麟囊》中，主角薛湘灵在挑选出嫁绣鞋时，左挑右拣、撒娇使性，娇俏的唱词配合水袖上下翻转，生动地表现出一个娇生惯养的富家小姐形象。最后是舞美、灯光、道具等在戏曲作品中的运用。《锁麟囊》从薛湘灵出嫁时得获一只内装奇珍异宝的陪嫁锁麟囊开始，之后避雨春秋亭中将锁麟囊赠予贫女赵氏，六年后因水灾流落他乡而入卢府为仆，再遇当年赠囊之贫女。整出戏的剧情都围绕着“锁麟囊”这一道具展开，贯穿始终，推动情节发展，起到了宣扬关怀弱者、善有善报这一主题的作用。

二、虚拟性

戏曲舞台的空间有限，不可能将剧情所需实物一一搬至台前，这就要求演员在台上呈现虚拟化的表演，而这种特殊性也打破了真实生活中时空的局限，使戏曲艺术具有虚实结合、自由灵活的特点。一方面，是舞台布景上的虚拟。在传统戏曲表演中，场上没有令人眼花缭乱的舞美设计，仅一桌二椅便可代表书房、客厅、公堂，亦可充当高楼、城墙、点将台。手持马鞭便可代表骑马，手拿木桨即意在划船。既有真实可见的实物，又经过艺术的夸张，使视觉画面富有想象空间。在《牡丹亭》第七出《闺塾》中，陈最良先生教授杜丽娘毛诗，学堂的场景仅以桌椅代替。另一方面体现在演员表演上的虚拟。在缺乏道具实景的情况下，演员需要凭借自己的动作和表演勾勒出周围的景物，将观众带入情境中去。如《寻梦》一出中，观众跟随着杜丽娘遍寻梦中的花园，走过湖山石、牡丹亭，最后来到梅树下。看着她或怅然，或悲泣。整出戏只有演员一人在空荡的舞台上漫步、吟唱，虽没有一个实景，但却处处为真，令人身临其境。又如在京剧

《贵妃醉酒》中，梅兰芳先生通过手势、姿态、神情等虚拟性地演绎了杨玉环在花园中赏花、拈花、嗅花的场景。场上虽无花，但演员这种“无中生有”的写意性审美表达，使观众仿佛看到真实的场景。

三、程式性

戏曲表演程式是无数前辈艺人在戏曲发展的历史长河中经过日积月累创造而成的，它的基本形态来源于生活，使观众感受亲切、自然，但它又不是对生活的照搬模仿，而是经过提炼、加工、装饰，有夸张、有省略，更规范、更直白、更具美感，是演员舞台表现的重要材料和手段。首先，动作程式化。“四功五法”是戏曲演员不可缺少的基本功，是独具美感的表演程式，二者相互依存，无功则无法，无法亦无功。“四功”即唱、念、做、打，“唱”分腔、调、板、眼，“念”分尖、圆、润，“做”有水袖功、扇子功、毯子功、甩发功等，“打”则根据剧情安排和使用道具不同有不同的套路。“五法”是指手、眼、身、法、步，“手”有云手、翻手、穿手等，“眼”有怒眼、媚眼、青眼等，“身”有转身、闪身、侧身等，“步法”有正步、碎步、云步、蹉步等（鲁荷，1997）。其次，角色程式化。戏曲行当将角色分门别类，每一种行当都有自己独特的程式，使观众更易于辨认演员所扮演角色的年龄、性别、身份、性格等特点。例如，京剧中有生、旦、净、丑四种基本角色。生角为男性角色，包括武生、小生、老生。武生是武士或将军一类角色，背后常插靠旗，一般头盔装饰越复杂越有权威。小生是年轻男性角色，不同的小生角色装扮又各有不同，袍带生头戴纱帽，扇子生手执折扇，翎子生头插雉尾等。老生又称须生，是中老年男性角色，扮相上常戴髯口，性格庄重沉稳，对唱功和表演要求极高，不容许半点差错。花旦、青衣、老旦是三种最常见的旦角角色，花旦或活泼俏皮或妖娆泼辣，常衣着鲜艳、头饰时髦，要求动作敏捷伶俐。青衣多扮演娴静庄重的中青年女性人物，服饰朴素，注重唱功。老旦一角则通常表现的是老年妇女的形象，举止沉稳，唱腔高亢。净角，也称花脸，观众通过演员脸上的脸谱可以来区分其个性，红脸忠勇正义，黑脸直率鲁莽，白脸阴险狡诈，黄脸凶暴残酷，紫脸刚正勇武，蓝脸凶猛桀骜。丑角因面部鼻梁中心涂有一块白粉，故也叫“小花脸”，有文丑和武丑之分，或诙谐幽默，或奸诈刁恶，以插科打诨、调节气氛为首要任务（傅鸿础，2012：54－57）。再次，音乐程式化。不同剧种对于戏曲音乐都有自己独特的表现方式，在腔调、板式、曲牌、节奏、锣鼓点、乐器演奏等方面都形成了稳定的程式组合，框架结构规范。西皮和二黄是京剧的两种主要唱腔，西皮的板式包括原板、快板、慢板、导板、流水、散板等，声调高亢明快，其句法结构规律是“眼起板落”。而二黄的板式有原板、慢板、导板、散板、摇板、回龙等，曲调深沉浑厚，句法结构一般是“板起板落”（王世萍，2016）。

第三节 戏曲翻译研究

18 世纪欧亚文化交流频繁，西方人对异域文明充满了好奇心和求知欲．在世纪中叶甚至出现了“中国热”的现象。现今可考的第一部通过翻译介绍到西方的中国戏剧作品是元杂剧《赵氏孤儿》，由法国来华传教士马若瑟（Joseph de Prémare）将其译成法文并于 1735 年收录发表于杜哈德（Jean Baptiste Du Halde）的《中华帝国全志》。但此译本并未完全忠实于原作，而是采用了“删曲留白”的翻译策略，省略了文中的唱词，只保留了念白（杨慧仪，2013；张莉，2013）。该书发行后，迅速被转译成英文、德文、俄文、意大利文等多个语种传到欧洲其他国家。1753 年，法国文豪伏尔泰（Voltaire）根据马若瑟版《赵氏孤儿》创作出剧本《中国孤儿》，并于 1755 年将其搬上了法国巴黎的舞台，随即引起轰动。1756 年，英国剧作家墨菲（Arthur Murphy）的改编剧本《中国孤儿》在伦敦剧院上演，该作品在英国广受欢迎（杨慧仪，2013）。

进入19世纪，中国戏曲在海外得到进一步传播，外译作品逐渐增加，也涌现出一批包括德庇时、儒莲、大巴赞在内的汉学家。德庇时（John Francis Davis，1975—1890）是19世纪英国早期汉学研究大家，他十八岁来到广州东印度公司任职，1816年被选为汉文翻译官，1833年被任命为东印度公司商务监督，1844至1848年担任第二任香港总督。他精晓中国文化，先后翻译了李渔的《蜃中楼》（1815）、武汉臣的《老生儿》（1817）、马致远的《汉宫秋》（1829）等戏剧作品，对推动中英文化交流做出了重要贡献。法国汉学家儒莲（Stanislas Julien，1797—1873）出生于奥尔良市，年轻时在法兰西学院学习古希腊语，不久跟随雷慕沙教授学习汉语，后担任法兰西学院汉语讲席教师，与沙畹、戴密微并称为法国"汉学三杰"。他的研究涉及哲学、宗教、地理、工农等多个领域，在戏曲方面更是译作众多，包括《灰阑记》《西厢记》《赵氏孤儿》等。同时期，法国另一位建著颇丰的戏曲译者就是儒莲的学生汉学家大巴赞（Antoine-Pierre-Louis Bazin，1799—1863）。他于1838年出版《中国戏曲选》，书中收录了《㑇梅香》《合汗衫》《货郎旦》《窦娥冤》四部译作，1841年出版译本《琵琶记》，另外他还节译了诸多剧目（李声竹，2012）。

与前一时期相比，19世纪时西方对中国戏曲的兴趣更加浓厚，翻译研究也更加广泛。但两个阶段戏曲翻译的主流仍然都是以文学体裁为依归，侧重译入语读者的阅读需求，译本以对白为主，可读性增强，但忽略了戏曲的舞台表演性和唱段的重要性，使译本缺失了中国古典戏曲唱念互为的特色，学术交流的深度和广度不够（杨慧仪，2013）。更加深入的研究还要等到20世纪。

20世纪是中国戏曲向海外推介的高潮期，译本丰富了许多。1901年，英国汉学家翟理斯（Herbert Allen Giles）出版《中国文学史》，内载有对《赵氏孤儿》和《琵琶记》的梗概介绍。1925年，美国祖克（A. E. Zucker）教授在《中国戏剧》中节译了《窦娥冤》第三折。1934年，熊式一先生将京剧《红鬃烈马》改写成英文剧本《王宝钏》（*Lady Precious Stream*），对原文中的情节进行大量删减，增添了不少喜剧场景和语言幽默，将女主人公重塑为坚毅、独立、自信的现代女性形象，与原作截然不同，迎合了当时英国观众的审美和价值观，一经上演便盛况空前。1937 年，哈罗德·阿克顿（Harold Acton）与美国汉学家阿灵顿（L. C. Arlington）合作编译《中国名剧》，收录了京剧译本《捉放曹》《长坂坡》《庆顶珠》《战宛城》《珠帘寨》《状元谱》《翠屏山》《黄鹤楼》《雪盂缘》《一捧雪》《奇双会》《打城隍》《击鼓骂曹》《妻党同恶报》。与陈世骧合译《桃花扇》，独译《春香闹塾》。1978 年，英国学者杜威廉（William Dolby）出版译著《中国古今八剧》，书中收有《浣纱记》、《双医斗》、《中山狼》、《买胭记》、《秋胡戏妻》、《霸王别姬》、《评雪辨踪》和《宦门子弟错立身》的英文译本。1980 年，美国汉学家白之（Cyril Birch）将汤显祖的《牡丹亭》译成出版，译文不仅文辞优美，注重处理原著中的音乐和节奏，还在文中多处加注，用以解释传统文化的内涵，此译本在多部翻译作品中堪称经典（蒋秀云，2011）。

进入 21 世纪，尤其党的十八大以来，习近平总书记在不同的场合曾多次强调要传承和弘扬中华优秀传统文化，他明确指出，中华优秀传统文化是中华民族的“根”和“魂”，是中华民族的“精神命脉”；是中华民族的突出优势，是我们最深厚的文化软实力。在新时代背景下，我们要深入挖掘其蕴含的价值和意义，推动中国文化走出去。做好戏曲翻译对于推动中国文化走出去、扩大中国文化的国际影响力具有重要意义。

经过简要回顾戏曲的外译之路可以看到，可不可译、能不能译是译者在戏曲翻译时经常要考虑的一个问题。中国戏曲融合了诗歌、音乐、舞蹈、表演等多种艺术形式，兼具综合性和复杂性，既有文学性又有表演性。有的学者认为戏曲翻译应以演员为中心，以演出为目的，曲辞归化处理，便于演员在舞台上表演。但也有学者认为，戏曲翻译要从原文出发，回归文学和文化，而不是只关注空洞的、缺乏定义的“可表演性”。同时，译者本身在翻译过程中也发挥着积极的主观能动作用，其目的和理念不同，会做出不同的适应和选择，译文最后的呈现效果也就不同。戏曲翻译既要追求达其意，又要有其味，要以推动文化传播、塑造良好国际形象为目的，兼顾“真实性”和“完整性”的原则，努力把原汁原味的传统戏曲介绍到国外去。这也对译者提出了更高的要求，不仅要有语言功底，更要有深厚的戏曲文化知识，能再现原文风貌（曹广涛，2011）。例如，汪榕培《牡丹亭》译本就常被拿来与美国汉学家白之的译本作对比，二者对于原文中文学典故的译法不同。白之在翻译时小心翼翼地保留了异质部分，没有采用格律和押韵，而汪榕培为展现原著文字的优美，追求韵式齐整、简洁明了，则大胆地对其中很多典故进行了删减。这也体现了译者在翻译时的主观动机不同，对原文和译文的适应选择不同，最后达到的客观效果也不同。

总的来说，现有的戏曲翻译研究大多只侧重“案头”或“场上”一方面，而没有综合考虑戏曲的整体特点。通过引入多模态话语分析的视角，可以打破这种单一符号系统认知的藩篱，使语言、声音、动作等多种符号资源得以参与意义构建，这对于戏曲翻译策略具有理论指导价值。

第三章

多模态戏曲翻译理论建构

第一节　多模态话语分析

早在1977年，法国符号学家巴特（Barthes）就在其论文《图像的修辞》（“Rhetoric of the Image”）中以Panzani广告为例，探讨了图像、语言和意义三者之间的关系与作用。他将广告中所传达的信息归纳为语言性信息（the linguistic message）、图像直观信息（the denoted image）和图像隐含信息（the connoted image），还指出了锚定（anchorage）和接力（relay）两种图文关系模式，但文中并没有明确提出“多模态”这一概念。直到20世纪90年代，多模态话语分析在西方兴起。作为一种新兴的语篇研究范式，它将之前只局限于语言本身的研究加以扩展，把图像、动作、颜色、音乐、声音等其他符号资源纳入意义构建之中。

简言之，多模态指“运用听觉、视觉、触觉等多种感觉，运用语言、图像、声音、动作等多种手段和符号资源进行交际的现象”（张德禄，2009：24）。随着时代的进步和科学技术的发展，话语已经不再是一个孤立、静止的抽象系统，人际交往也不再只依赖语言文字，而是多种模态互相作用、互相补充，共同表达意义。例如，在面对面交流中，除了语言之外，手势、动作、声音、面部表情等非语言活动也会对话语意义产生重要影响。朱永生教授提出，识别多模态话语主要有两个判断标准。第一个标准是看涉及的模态种类有多少，同时使用两种或两种以上的模态叫做多模态话语。比如打电脑游戏时，需要用眼睛看屏幕，用耳朵听，用嘴说话，用手敲击键盘。第二个标准是看涉及的符号系统有多少。如短信虽然只涉及视觉模态，但其中既有文字符号也有表情符号（朱永生，2007：83－84）。

经过近二十年的发展，多模态话语分析的跨学科属性变得越来越鲜明，其研究视野已拓宽到哲学、医学、符号学、行为学、人类学、政治学、心理学、传播学、新闻学等领域，研究对象涉及音乐、小品、电影、广告、绘画、教学、教材、舞台艺术等，学术研究不断深化，成果数量也越来越丰富。其中，社会符号学、多模态隐喻分析和多模态互动分析是三个较为活跃的研究路径。韩礼德（Halliday）认为，文化可以看作是一个信息系统，语言就是在社会语境中传递意义的一种社会符号，除了语言之外的其他符号系统也同样具有意义潜势（Halliday，1985）。这一理论推动了以社会符号学为基础的多模态研究。奥图尔（O' Toole）将韩礼德的系统功能模型应用于展览艺术、绘画、雕塑和建筑的研究，发展出一种自下而上的分析方法，其衍生框架也为其他领域的多模态研究奠定了基础（O' Toole，1994）。克瑞斯（Kress）和勒文（Leeuwen）基于社会符号学和系统功能语言学，构建出视觉语法框架（Kress & Leeuwen，2006）。勒文在与克瑞斯合作之后，又将声音和音乐纳入自己的研究视野，提出了听觉语法框架（Leeuwen，1999）。其他领域的探索还包括科学文本（Lemke，1998）、动作和手势（Martinec，2000）、数学语篇（O'Halloran，2005）、教育研究（Jewitt，2006）、超媒体（Djonov，2007）等。在社会符号学的启发下，认知语言学学者们将语言研究的隐喻理论和转喻理论与多模态话语分析相结合，提出了多模态隐喻的概念（Forceville，1996；Forceville & Urios Aparisi，2009）。而多模态互动分析（Norris，2004；Norris & Jones，2005；Scollon，2001）以中介话语分析、互动社会语言学和社会符号学为理论基础，关注不同符号语言在交际互动过程中的作用和关系，以及互动者在这一过程中是如何构建身份的。

国内学者对多模态话语分析这一课题的研究主要有两个方向，一部分是对国外研究成果的引介和理论探索，例如，李战子（2003）详细介绍了克瑞斯和勒文的视觉语法；朱永生（2007）论述了多模态话语的产生、性质、理论基础、内容、方法和意义；胡壮麟（2007）探讨了社会符号学研究中的多模态化；张德禄（2009）以系统功能语言学为基础从文化、情景、意义、形式、媒体五个层面出发尝试建立了多模态话语分析的综合理论框架；杨信彰（2009）讨论了系统功能语言学在多模态语篇分析中的作用；代树兰（2013）介绍了多模态话语研究的缘起与进展。而另一部分是对多模态语篇的应用和分析，包括胡壮麟的《谈多模态小品中的主体模态》(2011)，潘艳艳的《政治漫画中的多模态隐喻及身份构建》(2011)，张德禄和李玉香的《多模态课堂话语的模态配合研究》(2011)，严慧仙的《多模态视频话语分析对跨文化能力培养的启示——以〈舌尖上的中国〉为例》(2015)，张丽萍、孙胜难和周贤的《对话理论视角下多模态商品警示语的意义建构——烟盒警示语个案分析》(2016) 等。

在多模态话语分析中，“mode”、“medium”和“modality”是三个经常出现的重要概念，三者存在着内在的联系，虽界限模糊，但却有着各自的含义。克瑞斯和勒文认为，“mode”表示的是符号资源，而“medium”是指用于生产符号产品和事件所使用的物质资源，它既可以是材料，也可以是工具。二者的区别在于，“mode”侧重的是内容，“medium”是表达方式（Kress & Leeuwen，2001：21－22）。诺里斯（Norris）认为“mode”与“medium”不同，前者是一种抽象的符号资源，并非物质手段。在分析多模态相互作用时，他强调“mode”是一个开放性的概念，可以被不同地定义，反对将其具体化（Norris，2004）。我国语言学家胡壮麟教授也对“模态”（mode）和“媒体”（medium）进行了区分，他认为模态是可对比和对立的符号系统，媒体是符号分布印记的物质手段，二者归根结底是话语与技术的关系。例如，写文章是表达信息的模式，但书写所用的纸和笔则是媒体（胡壮麟，2007：2）。朱永生教授将“mode”译为“模式”，意指交流渠道，如口头模式、书面模式和电子模式等。将“medium”译为“媒介”，指的是语言交际所使用的技术（朱永生，2007：83）。另一个比较容易混淆的概念是“modality”。“modality”在语言学中指的是语言陈述的真实价值或可信度，表示说话者对事物认识的估量，是语言人际功能的重要组成部分。它借由情态标识语来表达意义，例如 must、will、would、can、could、may、might、should、certain、probable、possible 等。情态值越高，表示态度越肯定。克瑞斯和勒文将“modality”的概念从韩礼德功能语法延伸到图像的多模态研究中，用来表示符号资源的真实性程度，有高、中、低之分。例如，图像既可以呈现现实生活中的存在，也可以呈现不真实的幻想世界。同时，情态判断具有社会性，它取决于一个特定的社会群体是如何定义现实的（Kress & Leeuwen，2006：156－158）。从上述国内外学者对“mode”、“medium”和“modality”三个概念的定义可以看出，“mode”表示的是包括图像、颜色、音乐、动作等在内的符号资源，“medium”是媒介，“modality”则指符号语言在表达意义过程中的真实性程度（韦琴红，2009）。

本书对戏曲翻译的研究主要基于多模态话语分析的两个代表性成果：一个是克瑞斯和勒文在1996年合著的《阅读图像：视觉设计语法》（*Reading Images：The Grammar of Visual Design*）以及2006年的再版，另一个是勒文在1999年出版的《言语，音乐，声响》（*Speech，Music，Sound*）。下面将分别对书中提出的视觉语法和听觉语法这两个框架进行简要梳理。

一、视觉语法

克瑞斯和勒文（2006）在《阅读图像：视觉设计语法》一书中表明，他们对视觉图像的分析是基于社会符号学的理论框架，从中吸收了“符号”（sign）这一核心概念，关注符号制作的过程（sign-making）。在这个过程中，符号制作者展现出的对所表征物体的兴趣源于他们的文化、社会和心理背景历史，并集中于当下符号产生的特定语境。正是在兴趣的驱使下，符号制作者会做出选择，用主观感觉最合理、最恰当的符号模态去表达意义。对应系统功能语言学中语言的概念功能（ideational function）、人际功能（interpersonal function）和语篇功能（textual function），克瑞斯和勒文提出了视觉图像的再现意义（representational meaning）、互动意义（interactive meaning）和构图意义（compositional meaning）。

1. 再现意义

从语言的概念功能出发，根据包括图像在内的视觉符号的特点，再现意义包括叙事（narrative）和概念（conceptual）两大类。叙事再现呈现的是正在发展中的行为和事件、变化的过程、短暂的空间配置，而概念再现则表现出人、事、物诸如阶级、结构、意义等方面更为广义和稳定的内在特性。

1）叙事的再现

叙事的再现又可细分为行动过程（actional process）、反应过程（reactional process）、言语和心理过程（speech process and mental process）以及转换过程（conversion process）。

（1）行动过程

叙事图像的标志是矢量（vector），这是概念图像所没有的。矢量由图像中的元素构成，可以是人物的肢体，也可以是工具，这些元素形成一条斜线，通常是一条强烈的对角线，这就是矢量。当图像中的参与者被一个矢量连接起来时，他们就表示正在对对方或相互做某件事情。根据矢量的发出和指向，参与者被划分为行动者（actor）和目标（goal）。行动者在图像中往往也是最显眼的那个参与者，这可以通过比例大小、构图位置、背景对比、色彩饱和度等来判断。当图像中包含行动者、矢量和目标时，此结构称为及物行动过程（transactional）。当图像中只有一个参与者时，该参与者通常就是行动者，这样的图像结构中没有目标，行动者不会对任何人做任何事，类似于语言中的不及物动词，表示不及物行动过程（non-transactional）。

（2）反应过程

当矢量由图像中参与者的目光和目光方向构成时，这个过程就是反应过程。这里没有行动者和目标，而是反应者（reacter）和现象（phenomena）。反应者，也就是发出目光的参与者。克瑞斯和勒文强调，反应者必须是人类，或者是类似人类的动物，目光清晰，能够做出面部表情（Kress & Leeuwen，2006：67）。与行动过程一样，反应过程也可以是不及物的，这种图像结构中没有任何现象。

（3）言语和心理过程

在连环画中有一种特殊的矢量，即思维泡和对话泡的斜线，它在图像中将说话者和思考者与他们的言论和思想连接起来。就像是及物反应过程一样，言语和心理过程把人物和内容相联系。但不同的是，前者是感知的内容，后者是人物的心理过程，即其所思所感。韩礼德称后者的这种结构为“投射”。在这样的视觉呈现中，思维泡和对话泡中的内容并不是直接表现出来的，而是通过反应者的中介作用，这个反应者在思维泡中是感知者（senser），在对话泡中是言语者（speaker）。

（4）转换过程

在视觉传达中还有一类参与者，它既是其中一个参与者的目标，又是另一个参与者的动作发出者，这类对象叫作接力者（relay）。它不但能以不变的形式传递所接收到的信息，还总是将其转换为其他形式。当传达是一个循环模式时，其中所有的参与者都成为接力者，而这种过程也被称为转换过程，这在对自然事件的表征中尤其常见，例如食物链图、水循环图解等。

2）概念的再现

概念的再现包括分类过程（classificational process）、分析过程（analytical process）和象征过程（symbolic process）。

（1）分类过程

分类过程使用分类法将参与者彼此关联，其中至少有一组参与者从属于另一个参与者，表现出上下级的关系。分类过程有显性（overt taxonomy）和隐性（convert taxonomy）之分。当总的类别没有出现时，这种图像结构就叫作隐性分类，观众只能通过从属者（subordinate）之间的相似性和图片中的附文来推断上级角色（superordinate）。隐性分类的一个特点是，从属者之间的对等关系是通过视觉上的对称组合实现的，它们彼此间距离相同、大小相同、朝向相同。为了实现分类过程的稳定性，参与者通常以客观的形式在图像中呈现，背景是朴素、中性的，深度减小或没有，角度超前、客观，图片中经常带有文字。分类过程常被用在广告中，以此来展示品牌的各类产品或产品的不同使用者。

（2）分析过程

在分析过程中，参与者可以分为承载者（carrier）和所属特征（possessive attributes)，它们呈现的是整体与部分的关系。分析过程又可细分为非结构分析过程（unstructured analytical processes）、时间性分析过程（temporal analytical processes）、详尽和包容性分析过程（exhausive and inclusive analytical processes）、联体和复合详尽分析过程（conjoined and compounded exhausive structures）、地形和拓扑过程（topographical and topological processes）、空间维度和定量拓扑结构（dimensional and quantitative topography）和时空转换分析结构（spatio-temporal analytical structures）。

（3）象征过程

象征过程强调的是参与者的身份或意义，关于它意味着什么或是什么，分为象征属性过程（symbolic attributive）和象征暗示过程（symbolic suggestive）两大类。前者包含承载者（carrier）和象征属性（symbolic attribute）两个参与者，承载者的身份或意义会在关系中确立，而象征属性则是用来表示承载者的身份或意义。象征属性的特点有：第一，它通过前景配置、尺寸夸张、光线明亮、细节丰富、焦点尖锐、色彩鲜明等表现手法在视觉图像中显得很突出；第二，参与者被一种姿势所指出，可以是箭头或手指；第三，在某种程度上，显得与整体图像格格不入；第四，在传统上与象征价值相关联。象征暗示过程只有一个参与者，即承载者。在此类图像中，颜色可能全部混合在一起，呈现出更为朦胧或柔和的色彩，或者光线可能是极端的，将参与者勾画为轮廓或剪影。正是这种细节模糊处理的方式，赋予了承载者象征性的意义。因此，象征暗示过程所代表的身份和意义源于承载者本身的品质属性，而在象征属性过程中，承载者的身份和意义是被赋予的。

2. 互动意义

除了图像中人、事、物之间的关系之外，图像的生产者和观看者之间也形成了一种互动。在这个意义层面上涉及两种参与者，一种是表征参与者（represented participants），即图像中所描绘的人物、地点和事物，另一种是交互参与者（interactive participants），即通过图像进行相互交流的人，即图像的制作者和观看者。互动意义对应的是语言的人际功能，由接触（contact）、社会距离（social distance）、视角（attitude）和情态（modality）四个维度构成。

1）接触

根据参与者的目光是否直视观众的眼睛，图像可以分为索取（demand）和提供（offer）两类。当图像中的参与者直接看着观众，它的视线就构成了矢量，从而建立起二者之间的联系。画中人物通过面部表情、姿势等，似乎在向观众索取着什么，要求与之建立某种想象中的关系。这类图像就是“索取”。当画作中的参与者与观众之间没有接触，观众只是冷静的旁观者，参与者像是陈列柜中的标本，只为观看者提供信息，这类图像就被称为“提供”。

2）社会距离

互动意义的第二个维度是社会距离，与框架尺寸有关，有近景、中景、远景之分。图像的参与者既可以亲近也可以远离观众，不同的距离表示其与观众之间的关系不同。一般镜头越近，取景越大，表示关系越亲近。反之，则关系越疏远。例如，在亲密距离中，我们只能看到人物的脸或头；在个人近距离中，我们选取人物的脸部和肩部；在个人远距离中，可以看到腰部以上；在社交近距离中，我们可以看到整个人物形象；在社交远距离中，我们看到的是带有周围空间的整体形象；而公共距离中至少有四到五个人的躯干。

3）视角

图像的不同视角可以表达出制作者不同的主观态度，使观看者产生不同的感受。视角可以分为垂直视角和水平视角，垂直视角包括仰视、俯视和平视，表示观看者与图像参与者之间的权力关系。如果观看者是用俯视视角来看图像，那么图像参与者就被视为劣势，地位低于观看者。如果是仰视视角，那么则正相反，图像参与者处于强势地位，且权力要高于观看者。如果是平视，那么二者之间的关系是平等的，不存在权力的差异。水平视角包括正视、侧视和背面，表示卷入或超脱。

4）情态

情态探讨的是图像的真实程度，其量值高低可以通过以下情态标志来判断：色彩饱和度（colour saturation）、色彩区分度（colour differentiation）、色彩协调度（colour modulation）、语境化（contextualization）、再现（representation）、深度（depth）、光照度（illumination）、亮度（brightness）。图像的情态是通过不同的情态标志相互作用实现的，它要比语言的情态复杂很多。同一个图像可能在一个或几个标志方面是抽象的，但同时又在其他标志方面是自然的。例如，印象派绘画的亮度范围通常很小，光影抽象，但对色彩的处理却非常自然。所以，观看者要通过观察不同的情态标志，从整体上来评估图像的情态。

编码取向是用来指导特定的社会群体或体制语境对文本进行编码的抽象原则，包括以下四类：第一，自然主义的编码取向（naturalistic coding orientation）。它对视觉真实性的看法是，某些物体的图像如果越接近我们在现实中看到的它的样子，那么图像的情态值就越高。第二，技术的编码取向（technological coding orientation）。在该方向上，视觉的真实是基于图像的实际有用性。图像越能作为行动的蓝图或辅助，它的情态值就越高，例如地图、建筑图纸等。第三，抽象的编码取向（abstract coding orientation）。其主导原则是，图像越能体现其所描绘事物的本质特征，其情态值就越高。第四，感官的编码取向（sensory coding orientation）。在这个取向上，视觉真理是以情感为基础的，将视觉上的愉悦程度与情态值相联系。

3. 构图意义

构图意义是将图像看成一个整体，探讨其整体布局，以及图像中各元素是如何相互联系从而表达意义的。构图意义主要通过三个要素来实现，即信息值（information value）、显著性（salience）和取景（framing）。信息值指的是元素在图像中被放置的位置，有左和右、上和下、中心和边缘之分。放置在左边的元素是观者已知的信息，而放置在右边的元素是新信息；上方的元素代表的是信息理想化、广泛化的实质，而下方的元素是更具体、更实际的信息；中心的元素是核心信息，而边缘的元素是辅助信息。显著性指的是各元素吸引观众注意力的程度差异，这可以通过不同的放置位置、尺寸大小、色彩对比和聚焦度等手段来实现。取景指的是有没有用分割线条或框架来分隔或关联图像中的元素。

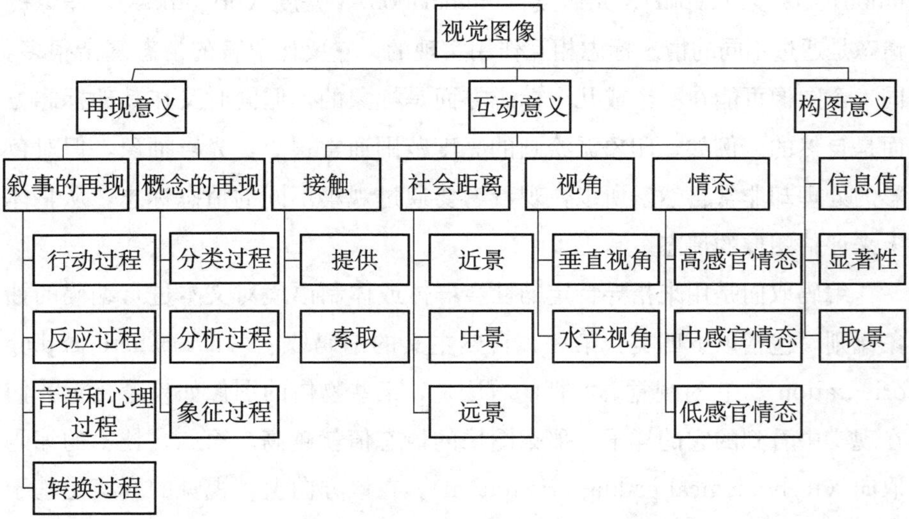

图 3.1　克瑞斯和勒文的视觉语法框架

二、听觉语法

勒文在系统功能语言学和视觉语法的基础上，又展开了对听觉世界的探索，他将言语、音乐和其他声音类型三者整合起来讨论其共性，打破了之前三者各自为政的状态。

1）视角（perspective）

声音的视角分为角度和距离。声音的角度又有静态和动态之分，静态的角度包括角色音（figure）、地面音（ground）和场景音（field）。当一组声音被放置在角色位置，那么它就会被当作是最重要的那个声音，听众也一定会对它进行识别，并自觉作出反应；如果一组声音被定位为地面音，那么它会以一种次要的方式融入听众的社交范围内，人们对待它就像是每天会看到的熟悉面孔和走过的熟悉地方一样，被当作是理所当然的语境，只有当它不再存在时才会被注意到；如果一组声音被定位为场景音，那么它就只会被视为存在，而不能进入到听众的社交范围中，人们对待它就像街上的陌生人或开车经过的树林一样。任何声音符号都可以成为角色音、地面音或场景音，这取决于听众所处的位置。

声音的距离可以分为亲密距离、私人距离、非正式距离、正式距离和公共距离。其中，亲密距离指声音和听众之间形成的想象或真实的亲密关系，在言语中是通过耳语或最大限度地柔和声音来实现的；私人距离指声音和听众之间所形成的关系就像是可以讨论私人问题的朋友之间的关系，在言语中是通过低音调、低音量、放松、温柔的声音实现的；非正式距离指声音和听众之间的关系就像是非正式场合的商业交谈，在言语中可以通过一定程度上提高音调和音量来实现；正式距离指声音和听众之间的关系像是在正式场合的交谈，在言语中可以通过更高的音调和音量来实现；而公共距离指只有通过最高音量才能实现的关系。

与视角相反的是沉浸式（immersion）、环绕式的声音，它采用低频低音，将整个空间完全环绕，很难将它联系到一个固定的地点，这样的声音使听众可以完全融入所处的环境中。

2）时间（time）

声音的时间可以分为两种：可测量的（measured）和不可测量的（unmeasured）。可测量表示声音可以被均匀等分，每段音长都会被一个规律出现的明显脉冲（pulse）所标记，可能是重音或节奏，通常出现在第一个音节或音符上，并通过增加音量或音高或时长或几种方式混合而显得比周围的声音更突出。可测量的声音又有单节奏和多节奏、有节奏和没节奏、规律和不规律之分。不可测量的声音主要有两种，即连续时间（continuous time）和波动时间（fluctuating time）。前者完全不改变音高，或者只以轻微、不规则的方式波动。后者或多或少以规律的间隔在不同的音高之间波动，但是因为时间太长而无法产生清晰、规则的脉冲。

3）互动（interacting sounds）

声音的互动包括顺序性（sequentiality）和同时性（simultaneity）两方面。言语中的顺序性指轮流讲话，同时性指同时讲话。言语的顺序性有两个极端，一个是独白（monologue），人际互动性低，另一个是对白（duologue）和多人对话（polylogue），人际互动性高。两者的中间还有不同的顺序形式，代表着不同程度的互动性，表现出不同的人际关系，是平等还是不平等，是竞争还是合作。

音乐的顺序性可体现为间隔（segregated）或重叠（overlapping），重复（repetition）或回应（response）。音乐的同时性分为结构性的（structured）和非结构性的（unstructured）。结构性同时指所有参与者共同产生同一个声音，所有个体既可以混合在一起使单个声音不再突出，也可以不被融合仍然在整体中凸显出来。非结构性同时指参与者同时同地参与同一个声音制作活动，但各自产生的声音并不相同，例如不同的鸟类叫声共同构成鸟鸣声。另外，同时性声音也可能彼此不同，分为平行结构和层级结构两种。当处于平行结构时，不同声音之间会形成合作或竞争关系，但没有地位高低之分。当处于层级结构时，其中一个或一组声音就会占据主导地位，在互动中发挥最大作用，而其他声音则不能独立存在，只为整体做出微小的贡献。

4）旋律（melody）

声音的旋律是从音高变化（pitch movement）、音高范围（pitch range）、音高水平（pitch level）和旋律发音（melodic articulation）四个方面来实现声音行为的。

音高变化包括上升、水平和下降，以及三者的任意组合。一般来说，音调越高，在发声方面所要付出的努力也就越多，因此上升音调听起来要比下降音调更活跃、更具有动态性。同时，音高变化对参与者还有激活作用（activation）。音调越升高，参与者越感觉有互动性。相反，音调越降低，参与者越不活跃，更容易进入放松、沉思的状态。

无论音调高低，音高范围都可以或大或小地变化，它不仅体现了声音行为的情感温度，更展现出不同时代、文化、个人或社会群体的情感风格。音高范围越大，表达感情和态度的空间就越大。音高范围越小，表达越容易受到限制。

人们在说话时很少会用到完整的音高跨度，反而会根据不同的声音行为采用不同的音高水平，例如表达伤感和表达喜悦所用的音高水平截然不同。同音高变化和音高范围一样，音高水平越高，所要付出的努力越多。音高水平越低，人越容易放松。根据我们现实生活中的经验，小人物、小动物、小乐器、小引擎往往是高音调，而大人物、大动物、大乐器、大引擎发出的是低音调。因此，低音常被视为有威胁、有危险，高音则会使自己显得渺小。另外，当音高水平与声音的距离相结合，可以传达出更多层次的信息。例如，低音高水平搭配正式距离体表现出确信和主导，而当与亲密距离或私人距离相结合，氛围就会显得黑暗和危险。

旋律发音分断续（disjunctive）和连续（connective）两种。前者单独强调旋律中的每一个音，可以用来表现强烈的攻击或富有生气的想法。后者则用一种平滑和感性的方式连接旋律中的声音，可以表示一种舒缓、轻松的感受。

除上述四个元素构成的声音行为之外，连续性（continuity）也会影响听觉符号的表达。一组旋律的结尾可以是连续的、开放的，也可以作为结尾戛然而止。它常用来标记言语或音乐表达是否尚未结束，从而表现出不同的互动态度。

5）音质（voice quality and timbre）

音质是声音的基本属性之一，是不同特征的混合体，具有多维特性。一个声音从来不是只有高或低、温柔或响亮、紧张或松弛，它给人的印象来自这些特征的组合，以及它所使用的语境，即是谁、对谁、为什么等。音质的特点并不是二元对立、非黑即白的，而是体现在等级和程度的不同。例如，一个音质并非不是紧张就是松弛，它可以用不同的级别来表示，有高度紧张、中度紧张、轻微紧张、不紧张等等。音质的意义通常是通过它所被赋予的形容词来实现的，但问题是，同一个特点可能会有不同的形容词，而采用哪一个取决于当下的语境。

勒文在书中主要探讨了音质的一些关键维度，把重点放在了言语、音乐和其他类型声音的共同特征上，其中包括紧张度（tension）、粗糙度（roughness）、气息（breathiness）、音量（loudness）、音区（pitch register）、颤音（vibrato）和鼻音（nasality）。紧张度除了与恐惧、痛苦、焦虑等情绪有关之外，还常体现在正式公开的场合，在此情形下人需要保持警惕，不能放松；粗糙度可以扩展到其他感官模式，产生摩擦和不规则的体验；气息的意义来源于我们对其发生情境的了解，例如我们会因为兴奋而控制不住呼吸；音量常被用来解释距离，与地位和权力相关；音区与声音的大小和音高有关，也与权力和地位相联系；颤音与情绪性或情绪不稳有关，平淡而坚定的语气可以被解释为稳定或迟钝，这取决于如何在语境下判断情感；鼻音与紧张度伴随而生，带有强烈的负面价值判断。同时，音质的意义可以与人的动作相关，例如，爵士鼓手在演奏紧张激烈的音乐时，会用鼓棒来击打乐器。而当声音不能与人的动作有关时，它们的意义取决于其产生背景，例如，可能与科技或超自然或外星世界有关。另外，音质的意义也可以取决于听者对声音的来源以及与之相关的人的态度。

6）情态（modality）

情态反映的是一个特定声音事件的真实程度，但再现类（representation）和表现类（presentation）作品对“真实”的定义略有不同。再现类的真实是指可以真实地再现人物、地点和事件，而表现类的真实指的是作品能够忠于它本身所属的类型以及当下的语境。情态判断基于以下八个参数：音高范围（pitch extent）、时长变化（durational variety）、响度范围（dynamic range）、视角深度（perspectival depth）、波动范围（fluctuation range）、摩擦范围（friction range）、混响范围（absorption range）和方向性程度（degree of directionality）。

再现类作品中，抽象-感官（abstract-sensory）情态取决于抽象再现和情感效应的同时存在。如果一个声音事件越符合这个标准，那么它的情态值就越高。例如古典乐的情态结构：合理的宽音高范围、合理的宽时长范围、宽响度范围、摩擦减少、常规波动以及自然的混响和方向性。另一方面，在表现类作品中，抽象-感官情态取决于音高范围和时长范围仪式化和情感约束的互动形式被合理化和减少，同时其他大多数参数也将减少，但混响和方向性可能被放大。

再现类作品中，自然主义（naturalistic）的情态是基于逼真的标准。当它听起来越像是在所表征的事件里会听到的声音，那么它的自然主义情态值就越高。另一方面，在表现类作品中，如果一个声音事件越不形式化、戏剧化和情绪化，那么它的自然主义情态值就越高。自然主义的情态需要将声音参数放大，但同时也必须留出可以进一步放大的空间，以表现那些“超真实”的声音。

再现类作品和表现类作品的感官（sensory）情态在于它能被感觉到是具有情感影响力的。情感影响力越大，感官情态值就越高。这可以通过放大发音参数来实现。

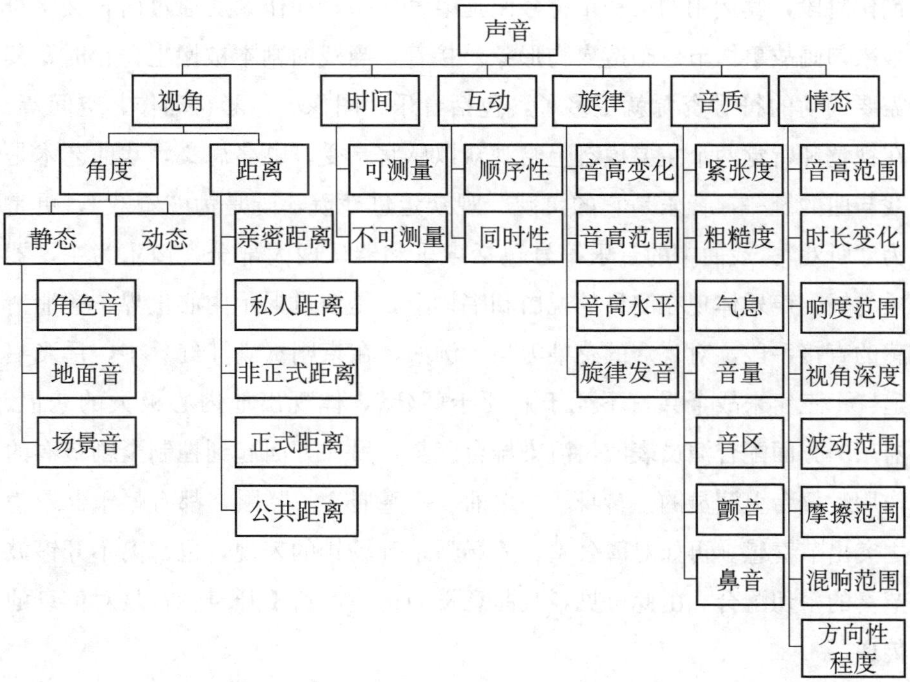

图 3.2　勒文的听觉语法框架

第二节 戏曲的多模态性

戏曲是一门综合性的艺术，它不仅融合了诗歌、音乐、舞蹈等多种艺术表现手段，同时还作用于观众的视觉、听觉等感官系统。从剧本的文学表现到舞台上的立体呈现，戏曲以唱、念、做、打为载体，将剧本中的意韵挖掘出来，结合演员、音乐、舞美、灯光等设计，使其可见、可听、可感受，从而引起观众的情感共鸣。

戏曲运用的符号系统密度大、种类多。首先，戏曲要经过文学剧本的创作阶段，其运用的第一个符号便是语言文字，即作家要通过语言文字符号来勾画故事情节、塑造人物形象。接着，当戏曲剧本被搬上舞台时，其需要调动的符号资源就更多了，包括音乐、图像、色彩、动作、空间等，在视觉和听觉两个主要模态上给观众以感官享受。顾名思义，戏曲艺术是戏与曲的统一，音乐是它的灵魂。观众走进戏院，既是为“看戏”，更是为“听戏”。戏曲中的音乐符号包括声乐和器乐两大部分，声乐为主，器乐为辅。声乐体现在演员的说白和唱词上，是演员揭示内心世界、宣泄情感的直接手段，对观众的感染力强。例如，在京剧《满江红》中，岳飞唱道“十三年来战金兵，不死于寇死于朝廷”，体现出他内心极大的悲愤。器乐一方面配合演员表演，渲染舞台气氛，另一方面起到控制全剧节奏的作用。舞台上演员的一转身、一甩袖、一蹙眉、一眨眼，都有赖于器乐为之突出节奏感。再如对簿公堂、战场厮杀等场景的表现，也都离不开锣鼓节奏的密切配合。由此可见，戏曲意义的构建，离不开声音符号对信息的传递。

色彩作为一种符号，其在表现象征意义方面的作用不可忽视。例如，演员的脸谱色彩暗示了他所扮演角色的性格特征。红脸的关公忠贞英勇，黑脸的张飞勇猛鲁莽，白脸的曹操阴险奸诈。通过演员脸上这一个个色彩符号，观众可以很快领会其背后的含义。另外，演员服饰的色彩，也暗示出角色的身份地位。在等级上，明黄是帝王专用色，其他又以红色最为贵重，紫色次之，绿、蓝、黑最末。平民多着白衣、青衣，衙役、车夫等以蓝、黑色调为主。

戏曲的程式性动作也是一种符号。不同于现实生活中的行为表现，演员在舞台上的身段动作更为夸张、简洁，观众需要通过联想和想象，将部分补充还原成整体。戏曲中常用的程式有起霸、趟马、走边、档子、对子、抬轿、跑圆场等。起霸表现的是将士出征前整盔束甲的情形，常被用来在规定情境中展示角色威风凛凛的气质；趟马表现的是骑马行路的情景，常以马鞭代指马或骑马，并配合相应的舞蹈动作，或打马，或勒马，或疾驰，用以体现人物的性格特征、行为目的等；走边表现了武士侠客轻装潜行的场面，根据人物数量的多少，可分为单走边、双走边、多人走边；根据有无曲牌，又分响边和哑边；档子和对子都是武打表演程式。档子指双方三人以上，或操戈持矛，或徒手相搏的战斗景象；对子表现的是二人对打场面；抬轿，一般为两人或四人抬，坐轿人与轿夫动作协调、步伐一致，演员会根据上坡、下坡、路段平缓、路段崎岖等不同情况，做出相应不同的动作表演；跑圆场指演员围绕舞台中心以圆形为路线行走，周而复始，由慢至快。

舞台空间设计直接影响着戏曲表演艺术的呈现。传统的戏曲舞台在空间设计上注重环境写意、虚实结合，通过运用戏曲程式，借用实际景物的部分特征，营造出亦幻亦真的效果，给观众和演员留出想象和发挥的余地。随着科技的进步，越来越多的戏曲表演开始将新兴的数字媒体技术运用到舞台设计当中，灯光、音效、布景赋予了戏曲新的表现形式，给观众带来前所未有的感官刺激。

戏曲的视觉之美通过意象、服饰、舞美等展现得淋漓尽致。首先，戏曲舞台虽是一个有限的既定空间，但它所表现的却是剧本中的整个世界。台上灯光汇聚、光影交错，演员们在这个虚幻的意象世界里演绎着悲欢离合的故事。台下的观众在接受艺术欣赏的同时也伴随着想象，感受到与众不同的生活体验，情绪跟着台上的演员或悲或喜，仿佛大梦一场，内心获得极大的满足。其次，服饰作为演员造型的重要部分，直接关系到戏中人物形象的塑造，使观众能够一眼辨别出人物的年龄、性格和身份。同时，戏曲服饰色彩明丽，具有东方意味的古典之美，能给观众带来视觉上的享受。例如，《牡丹亭》中杜丽娘的服饰以月白、浅绛和淡粉为主色调，袖口、衣襟和领口绣有牡丹、蝴蝶，造型华美，刺功精致，展现出女性轻盈的体态和典雅的气质。在《惊梦》一出中，杜丽娘跟随柳梦梅转过芍药栏、湖山石，衣角飞起，女子婀娜多姿，令观者心生涟漪。再次，为了营造出真实的氛围，戏曲多借助美学手段来装饰舞台空间，辅助演员表演和情节展示。例如，在青春版《牡丹亭》中，台后幕布用灯光色彩投射而成，充分展现出百花齐放、姹紫嫣红的游园场景，将舞台渲染得美轮美奂，使观众感觉身临其境。

不同于诗歌、散文等文学体裁，戏曲涉及除语言外多种符号系统和感官模式，它们各自具有独特的内涵，同时也相互配合、相互补充，其共建意义在与观众的互动交际中得以体现和表达。因此，我们说戏曲本身就具有多模态的特性。

第三节　多模态戏曲翻译的可行性分析

一、理论基础

随着科学技术的不断发展，我们进入一个数字化和信息化的时代，语言不再是创建意义的唯一手段，多模态成了当代生活的普遍内在特征。20世纪90年代，多模态话语分析在西方开辟了一个崭新的研究领域，将关注点转向了语言之外的符号系统。学者代表克瑞斯和勒文以韩礼德功能语言学为基础，提出了图像的再现意义、互动意义和构图意义，关注不同意义之间的交织和互动，从而构建了视觉语法框架。三年后，勒文借鉴在视觉领域的成果，把音乐、声音作为研究对象，提出了听觉语法框架。这两个理论框架的出现，打破了戏曲翻译长期在案头和场上二元对立的局限性，使我们可以从视觉和听觉的不同层面来分析作品，深入挖掘其中所蕴含的多模态信息，将戏曲以更加饱满、立体的形象展现在译入语观众面前。

国内对于多模态话语的研究始于21世纪，第一篇相关文献是李战子在2003年所著的《多模式话语的社会符号学分析》，其中详细介绍了图像分析的社会符号学框架。由此看来，多模态话语分析在我国的发展时间并不长，且并未广泛应用于戏曲翻译研究，还有很大的探索空间和研究价值。

二、内在需求

从上一节所探讨的内容可知，戏曲本身具有明显的多模态性，其意义的生成涉及多种多样的符号资源。因此，为了达到信息传递的目的，在翻译过程中，译者需要将包括语言在内的所有符号系统都考虑在内，重视各模态之间的内在规律和协同作用。

但在戏曲翻译领域一直存在着一个争议，主要是基于翻译的不同用途——文本阅读或舞台表演，分为案头翻译和表演翻译两种。早在20世纪70年代，英国翻译学家巴斯内特（Bassnett）就提出了“表演性”这一概念，认为戏曲不仅仅是一个文学语篇，还是语言和动作的结合体，主张译者要以演出为目的来进行翻译（Bassnett，2004：119－121）。但到了80年代中期，巴斯内特的翻译思想发生了极大的改变，她否定了“可演出性”的标准，认为这是一项不可能完成的任务（Bassnett，1985）。但这一理念的提出受到了很多学者的反对，他们认为舞台表演应当作为是戏曲翻译的主要目标。从这一层面来看，戏曲翻译需要多模态的理论指导。

三、外在动力

2001年昆曲被联合国教科文组织列为第一批人类非物质文化遗产代表作，2007年和2010年粤剧和京剧也先后入选，戏曲艺术日益受到海内外各界的关注，在跨文化交流中具有重要地位，包括戏曲在内的优秀传统文化"走出去"受到了政府的大力支持。1995年我国正式启动国家重大出版工程《大中华文库》，首次采用汉英对照的形式全面、系统地将中国文化典籍推介到海外去。2004年启动"中国图书对外推广计划"。2011年中共中央十七届六中全会明确提出"组织对外翻译优秀学术成果和文化精品"的要求。2011年9月"百部中国京剧经典剧目外译工程"正式启动，工程以中国人民大学、北京外国语大学、美国夏威夷大学为主体，汇集了郭汉城、许渊冲等一大批戏曲及翻译界的名家学者通力协作，将戏曲艺术推向了世界舞台。

由此，戏曲外译迎来了绝佳的环境与际遇，这无疑对译者提出了更高的要求。而多模态视角的介入，为戏曲翻译研究提供了丰富的理论资源。

四、案例分析

《西厢记》第一本第一折

【寄生草】兰麝香仍在，佩环声渐远。

东风摇曳垂杨线，游丝牵惹桃花片，珠帘掩映芙蓉面。

你道是河中开府相公家，我道是南海水月观音现。

案例选段为张生唱词。在普救寺与崔相国千金崔莺莺一见钟情后，张生目送其远走的背影，恋恋不舍地唱道："兰麝的香味仍然在此地弥留，但佩环的声音却越来越远。垂杨如细线般柔嫩的枝条在东风中摇曳生姿，空中的虫丝多情地牵系着一片片飘落的桃花花瓣，小姐姣好的容颜掩映在珠帘之后。人说你是相国家千金，但我说你清丽俊美好似水月观音。"从多模态视觉语法出发，这段是叙事再现中的言语和心理过程，体现了再现意义。前两句都属于客观描述，画面中的景物与观众并没有“接触”，属于互动意义中的“提供”类图像。但不同的是，第一句为远景，第二句为近景。在构图意义上，两句分别聚焦“佩环”和“垂杨线”、“游丝”“桃花片”、“珠帘”等意象，吸引了观众的注意力，具有显著性。

接下来，我们将通过分析许渊冲先生对这段话的翻译，来探讨其是否表现出了原作的视觉意义。

许渊冲译本：

The musk's and lily's fragrance she spread is still here;

Her tinkling ornaments I can no longer hear.

The willow branches wave in eastern breeze;

Gossamer threads retain the petals of peach trees.

Behind the beaded screen her lotus face disappears.

Is this the residence of former Premier Cui

Or Temple of Goddess of the Southern Sea?

译文中“she spread”、“her tinkling ornaments”、“her lotus face”、“I can no longer hear”和最后的问句都体现出口语化的特点，表现了再现意义的言语和心理过程。同时，译文对前两句的翻译采用陈述句的表达来提供信息，在距离上也表现出近景和远景的不同，体现了互动意义。另外，对于“佩环”的翻译，许渊冲先生对应英语中“装饰”一词，将其翻译为“ornament”，把“垂杨线”、“游丝”“桃花片”和“珠帘”分别译作“willow branches”、“gossamer threads”、“petals of peach trees”和“beaded screen”，保留了原作中的意象，凸显聚焦，传达了构图意义。

第四章

研究方法

研究方法是指研究的具体类型或研究所采取的具体形式（风笑天，20C6）。科学的研究方法是保障理论研究准确性、研究结论客观性和全面性的基础。这种科学的研究方法要将研究对象的各个部分、方面和因素综合地联系并加以考量，以便在整体上综合掌握事物发展的规律及其本质，而不是一味地在主观上随意地将毫无联系的部分、方面、因素拼凑在一起。

方法论一般包含哲学的、一般的和具体学科的研究方法论三个层次。哲学的方法论是最普遍的方法理论，是人类在认识世界和改造世界的过程中所能运用到的最一般的方法理论，广泛应用于所有人文社会科学的研究之中；一般的方法论则指的是可以普遍应用于许多相关学科领域的方法理论，具有广泛性、普遍性和灵活性的特点；而具体学科的方法论，顾名思义是指可以运用于某一具体领域或者学科的方法理论，具体性、特殊性和针对性则是其最显著的特点。同时，方法论是关于研究方法的研究，是哲学基础和世界观的具体反映。它体现为指导科学研究活动的一系列条件、原则和规则，反映了科学研究方法的逻辑。质化研究取向和量化研究取向恰恰反映出两种截然不同的方法论。前者采用的是特殊的、具体的、个别的方法论对研究对象或事件进行分析和描述，尽量对有限的、暂时的和单个的特殊对象或事件进行完整的记录、转述、表征、理解和分析。从性质上来看，其隶属于历史与人文科学，亦可被称为定性研究或定性分析；而后者采用的则是一般的、普遍的、规范性的方法论对研究材料或事实进行采集、转码、编制和同化，以了解、认识、分析和阐释普遍存在的一般规律为主要研究目的。从性质上来看，其隶属于自然科学，亦可被称为定量研究或定量分析。以上这两种方法论是同一连续体的两个极端，存在紧密的互动。

为了保证对研究对象分析的全面客观性，定量与定性研究一定要有机结合起来。一般来讲，定量研究是为了客观地确定研究对象各种成分的“量”，而定性研究则更偏向于相对主观的确定研究对象是否具有某种

"质"。换句话讲，定量研究回答的是"有多少"的问题，而定性研究则回答的是"是不是""是什么"亦或"有没有""有哪些"的问题。在进行完以上两种方法的分析之后，还要进行系统分析和因果分析，通过前者可以把客观的研究对象看成一个多层次的、复杂的、不断变化发展的系统，动态地监控各个因素在整体系统中所发挥的作用。而通过后者，则可以找出事物发展、变化的原因，确定导致某一现象不断变化的原因，从而发现并总结出事物发展的方向和规律。

在对研究对象进行各种类型的分析时，定量与定性分析是其他研究分析的基础。因此，通常在使用某个方法进行研究分析时，首先考虑的是能否将两者有机结合起来进行分析。"翻译既是一门艺术，更是一门科学。因此从事翻译理论研究这种特殊工作就要求其既具有艺术鉴赏的主观体验性，要求从质上把握其内在属性，也具有与其他科学研究一样的严谨性，即要求从量上保证分析的有效可靠性。"（潘智丹，2009）据此，本研究在研究方法上侧重于将定量与定性分析有机结合起来，根据研究的不同方面、部分、因素、作用的不同而采取相应的研究方法。以上两种方法在作用上有所不同，但在形成合理科学的结论方面，二者的重要性则几乎同等重要，相辅相成。

第一节 量化取向

量化研究取向秉承客观主义，将现实视为单个的、有形的；"量化取向侧重于演绎推理和解释，如检测观察到的科学现象及其联系，证明提出理论时的预测"（麻彦坤，2019：77）；它通常是由理论驱动的推论，如根据具体某学科或领域的理论为基础来观察特殊的科学现象；在量化分析研究中，假设预测是从理论中演绎推理出来的，通过以往的经验研究并辅助以证明。本研究所涉及的量化取向分别为以下几种研究方法：抽样调查、问卷调查、语料库和有声思维。

一、抽样调查

在一项社会调查中，研究者往往希望能够对某类现象或人群的总体进行研究，但这通常不太现实，因此需要从这类总体中选择并抽取出一部分样本进行调查研究，“但所得到的，却不仅仅是这一部分个体的情况，而是渗透在、折射在、体现在这一部分个体身上的总体的情况”（风笑天，2006：116）。也就是说，定量研究的目的是对研究对象得出总体结论，而这个结论是基于从样本中收集而来的数据产生的。样本在这里是指总体即目标群体的子集，而抽样指的是按照一定的方式从总体中抽取样本，它“主要解决的是对象的选取问题”（风笑天，2006：118）。

抽样技术分为以下两种类别：概率抽样（probability sampling）与非概率抽样（non-probability sampling）。概率抽样依据的是随机原则，而非概率抽样则主要基于研究者的主观判断。因此，概率抽样得到的样本更具代表性，可以将抽样的人为误差最小化。但是，如果研究需要一个更有针对性的样本，随机抽样很难达到这个要求。在这种情况下，非概率抽样可能更为合适。

概率抽样包括简单随机抽样（simple random sampling）、系统抽样（systematics sampling）、分层抽样（stratified sampling）和整群抽样（cluster sampling）四种类型。在简单随机抽样中，总体中的每一个个体都有同等的几率被抽中，且每一个个体都是相互独立的，随机被抽取。这种抽样方法很容易实施，但需要有完整、正式的抽样框架；系统抽样指的是从等距分布的总体中选择样本单位的过程。一般先用简单随机抽样的方法抽取第一个样本，然后再顺序抽取其余的样本单位；分层抽样是将总体按某种属性或特征分成不同的层次，然后从每一层中抽取一个单独的样本，所有子样本合起来构成样本总体。这种方法有助于确保一个群体中的各个层次都有代表性，即使样本总体规模小或其中一些层次是少数群体。如果一个研究需要充分体现不同的观点，那么就可以选择分层抽样的方法；整群抽样是从总体中选择若干整群，然后由这些整群内的所有个体共同构成样本，优点是操作简便、节省成本。整群抽样常被用来和分层抽样作对比。相同点是二者都需要事先按照一个标准将总体划分为不同的子群，但不同的是它们从总体中抽取的部分不同。分层抽样是在划分好的各个层次中随机抽取一些个体，而整群抽样是从总体中抽取一部分子群。

虽然我们强调概率抽样有利于最大化实现代表性，但在某些情况下它却是很难实现的，例如，研究人员通过随机抽样确定的对象可能不愿意参与研究。在这种情况下，就需要考虑使用非概率抽样的方法。非概率抽样可以分为立意抽样（purposive sampling）、方便抽样（convenience sampling）和雪球抽样（snowball sampling）。立意抽样指研究者通过自身的判断来从总体中选取适合研究的样本，比如说，翻译研究通常需要具有特定技能或特征的参与者。方便抽样也是非概率抽样的一种，它指的是研究者以方便为原则，将离得最近、最容易获得的对象作为样本，但这种抽样方法通常缺乏代表性。另一种非概率抽样方法叫作雪球抽样，通过滚雪球式的方法逐渐扩展人际关系网，对于接近少数群体或隐藏群体特别有效。有时因为可能无法对一个群体进行定位，研究人员就需要先将已知具有相关特性的人作为调查对象，依据他们所提供的信息再来确定其他成员参与，以此类推，逐步扩大人数范围，样本容量随着每个参与者识别出更多的潜在人员而增加。例如，研究人员希望研究单亲家庭长大的听障儿童，如果采用其他概率或非概率的抽样调查方法，那么识别目标群体的过程将会非常困难，很难将其准确定位，但是雪球抽样方法能够利用现有的社交网络来逐步追踪到更多的参与者，从而获得有效的样本。

在量化取向上，本文研究的戏曲英文译本运用了抽样调查法。研究的主题是多模态戏曲翻译，因而需要对戏曲原作及译本进行符号模态的对比分析。但因为戏曲作品数量实在过于庞大，无法一一述之，故需要从中抽样选取适合的剧作来作为具体研究的对象。本文选择的是英文译本数量最丰富且被搬演上舞台次数最多的《牡丹亭》和同样受到观众广泛欢迎的《西厢记》，两部作品都因其在语言、音乐、舞台魅力等方面极高的艺术造诣在中国戏曲史上占有重要地位。另外，选中的作品内容都比较丰富，《牡丹亭》共计有五十五出，《西厢记》是五本二十一折，如果逐词逐句分析，工作量非常庞大，难以掌控，所以还需要对样本进行二次抽样，选择其中多模态特征明显的字段来探讨。

二、问卷调查

问卷调查是用来发现复杂现象中起关键作用的变量以及变量之间关系的一种重要方法。它通常是描述性的，牵涉的样本比较大。有的描述用于变量特点的调查，有的描述则用于变量之间关系的调查。它可以是横向的或共时的，即在同一时间从不同的研究对象那儿收集数据；也可以是纵向的或历时的，即在不同时间从相同的研究对象那儿收集数据。

要想完成一项问卷调查，必须完成三项任务：设计数据收集的研究工具；选择研究对象；收集数据。本研究所用的问卷均通过问卷星在线平台进行发布和收集。问卷星是一个集调查、测评和投票为一体的在线问卷平台，其目的旨在为客户提供基于网络的问卷的设计、数据的采集和调查结果的分析等一系列服务①；对于研究对象的选择，一般来说，我们不可能去研究全部。其原因不言而喻："每个人都不可能将其见过的每一个人、到过的每一个地方、甚至是做过的每一件事进行研究"（Miles & Huberman，1994：27）。最常用的方法便是从总体中选择一个样本进行研究，并

① https：//baike.baidu.com/item/%E9%97%AE%E5%8D%B7%E6%98%9F

希望能把样本中的发现应用到总体中；对于收集数据而言，问卷是用来广泛收集定量数据的工具之一，和观察、访谈相比，问卷调查耗时少，费用低，利用在线平台收集数据更加快捷方便。

统计调查研究主要利用问卷法收集资料。而问卷既在描写研究和定量研究中广泛使用，也在解释研究和定性研究中广泛使用，其区别就在于对受试者的答案（response）是否量化（设计时已进行量化处理），是否可以作定量分析，即收集到的是需要归纳总结的文字资料还是可以直接统计的数字资料（刘润请，1999）。问卷的类型分为结构式问卷与非结构式问卷（穆雷，2011）。下表为二者的区别：

表 4-1　　结构式问卷与非结构式问卷的优缺点分析

	结构式问卷	非结构式问卷
定义	又称封闭式问卷，指设计问题时向回答者提供一定的答案范围，以作选择。常用于收集定量资料。	又称开放式问卷，指设计问题时不提供具体的答案，回答者根据问题自由回答，没有范围控制。常用于收集定性资料。
优点	资料数据可比性强，有较高的解释程度，便于统计问题。填答容易，便于回收。	问题设置简单，易于掌握，且便于回答者表达完整的看法。答案可能会给设计者意想不到的收获。
缺点	资料数据缺乏表现力；限于答案范围，可能难以发现被调查者更深层次的想法。	资料不易统计，解释程度低，只能作一定程度的定性分析，文字处理耗时。

从二者的区别可看出结构式问卷收集到的资料可直接用于定量分析，非结构式问卷收集的资料则需进行进一步的归纳处理。

本研究设计的问卷大致由以下几部分构成：封面信（段落）和问题与答案。其中封面信（段落）在调查中非常重要，能影响受试者对调查的态度和合作程度。问题与答案又分为受试者的个人信息和研究的正式问题及答案选项。详见下表：

表 4-2　　调查问卷设计的具体内容

<table>
<tr><td>封面信
(段落)</td><td colspan="2">包括调查者的身份、调查目的、调查内容以及为受试者保密的承诺和措施</td></tr>
<tr><td rowspan="2">问题
与
答案</td><td>受试者
的个人
信息</td><td>受教育程度/英语水平
对中国戏曲的了解程度/曾阅读的中国戏曲数目
是否观看过戏曲舞台表演
是否阅读过《牡丹亭》或《西厢记》
是否观看过青春版《牡丹亭》或沈广仁的《西厢记》的舞台表演</td></tr>
<tr><td>研究的
正式问
题及答
案选项</td><td>对于英译戏曲文本的看法
翻译戏曲文本的翻译策略（归化还是异化）
翻译戏曲文本需要注意的事项（选项：句式对等，词句长度，韵脚保留，文化转换，内容准确性，意蕴保留，音乐性）
对于中文演出戏曲剧目，配以英文字幕的舞台表演形式的看法
英文字幕的方式是否会影响观看和理解的效果
和阅读本的翻译相比，舞台表演本的字幕翻译有什么区别（选项：舞台本内容应更简洁，应更通俗易懂，应更有音乐性，应更鲜明，应适应舞美设计，应适应演员动作）
对戏曲中典故和诗词的翻译，更倾向于归化还是异化
具体给出典故所采取的异化翻译策略/收集观众的内容理解程度和翻译质量评分
有关中国戏曲中的动作（做功）在舞台演出中的作用（选项：渲染环境、表述剧情内容、解释唱词念白内容、传递角色情感、展示技巧、吸引观众注意）
中国戏曲在国外演出时，是否需要改变既定的程式（如规定动作）
收集观众对于给出的舞台演出图像中的动作（无字幕/配上英文字幕）所表明的角色状态
中国戏曲中曲调在舞台演出中的作用
对沈广仁用流行歌曲为调演出英文版《西厢记》的看法
观众对于具体给出唱词（英译版），配乐用《狮子王》的看法
对于中国戏曲翻译提出建议</td></tr>
</table>

为了保证本问卷的质量，研究者事先开展小范围的试验性调查，在高校翻译专业教师或带翻译相关课程的教师、英语专业本科生、翻译专业硕士生和博士生中征求对于本问卷的反馈建议。受试者认为问卷设置的相关问题能够较为准确地反映多模态翻译理论、戏曲翻译相关能力，以及两者结合的相关情况。此外，还提出了许多很有见地的意见，据此，笔者对调查问卷的内容、结构和形式等方面进行了相应修改，以确保问卷调查在更

大范围内的实施获得具有信度和效度的结果。

本研究选择以问卷的形式进行调查，目标群体是具有较高英语水平，且对中国传统文化较为了解的人群，预期调查对象是大学学生和教师。在确定问卷主题和目标群体后，本研究针对以上受众对戏曲、戏曲翻译的整体认知，设计“多模态戏曲翻译读者/观众认知情况问卷调查表”，对《牡丹亭》和《西厢记》英译本以及舞台表演形式的具体认知，以及通过填写以上两个认知情况对中国戏曲“走出去”有何新的理解这三个方面进行了问卷调查，整个问卷调查采用在线发布形式进行，共计收到有效问卷 72 份。戏曲翻译（此问卷指中国戏曲英译）涉及文本翻译及舞台表演等多个符号系统，此问卷选择《牡丹亭》和《西厢记》两个英文译本作为调查个案，旨在了解英语水平较高的读者/观众对文本和舞台翻译的认知和感受。

本次调查采用在线发布问卷的形式，调查对象包括大学教师及学生。其中 82％的调查对象教育程度为硕士研究生，52％通过了英语专业四级和八级考试。

三、语料库

从 20 世纪 80 年代中期开始，语料库作为一种工具，与翻译研究尝试结合，进行了有关翻译批评和语言对比方面的相关研究（Laviosa，2002：21）。从 90 年代初期开始，一种具有平行对齐功能的语料数据开始逐渐运用于机器翻译中（McEnery & Wilson，1993：8）。贝克（Baker）在其《语料库语言学和翻译研究：启示与应用》一文中，提倡将语料库的方法应用于翻译研究，成为标志着两者渗透和结合的里程碑（Baker，1993）。它利用大量的文本数据进行量化研究，是一种与计算机科学紧密相关的研究方法，它要求研究者不仅要懂翻译知识，还要懂计算机知识。当然最为重要的是如何利用大量的文本材料找出翻译中存在的规律性和普适性法则。较之其他研究方法，语料库不但适应性强、灵活、量大、涉及面广泛，而且能在翻译研究中真正做到分析的定量、数据化，在翻译研究中凸显出不可比拟的巨大优势。

在当前“大数据”的社会背景下，掀起了一股语料库的创建与使用的高潮，其发展也经历了语料库 1.0、2.0、3.0、4.0 阶段的四个发展阶段（邹瑶，郑伟涛 & 黄志勇，2018）。其中“语料库 1.0”指的是在“前电子时代”经手动搜集的语料阶段；“语料库 2.0”指的是借助计算机来代替手工搜集语料等工作，对搜集来的语料进行粗糙的、初步处理的阶段；“语料库 3.0”是指凭借科学日新月异的发展，计算机技术也随之有了很大进步，可以对数据进行大批量的搜集与处理加工，并将其储存转化为大型数据语料库，涉及的内容也从原来单一的纯文本数据拓展为形式多样的音频数据，进而将研究领域也扩展为多领域、跨学科。随着科学技术的进一步提高，被誉为“语料库 4.0”的多模态语料库则应时而生，与运俱行。“语言服务”一词也随之出现在研究热门话题中，它不再满足于单一的文本和音频语料的搜集和处理，而是将文本、音频与图片、动画、视频等形式融为一体，具备了可读、可听和可视，甚至可触摸的功能，侧重考虑使用者、观众的体验。

本研究运用多模态理论进行中国传统戏曲的翻译，据上述描述，可以考虑开展多模态语料库的建库。所谓多模态语料库是指“把文字语料、音频语料和静、动态图像语料进行集成处理，用户可以通过多模态方式进行检索、统计等操作的语料库。多模态的含义包括（a）用户要调用多种感官（如视觉、听觉）来处理语料，（b）检索语料时其方式是多模态的，如键盘输入文字检索（触觉），音频输入检索（发声、听觉），图像输入检索（触觉、视觉）”（顾曰国，2013：8）。国内外学者在此方面做了相关的研究（Taylor et al.，2000；Gu，2006，2009）。将他们的研究动态进行梳理和分析，大致总结出以下几个方向：关于译者风格的研究、关于中英语言对比以及翻译教学的研究和关于多模态语料库创建和应用研究。

1. 译者风格的研究

有关译者风格的研究是语料库应用在翻译研究中的一个重要方向。贝克认为用语料库方法研究译者的翻译风格，主要关注的是不同译者的译文所表现出的整体文学作品风格差异，如词汇和句型的多样性、体裁和叙事方式等方面的不同，不考虑受源文本的影响。他归纳出译者的译文风格具体表现在选择不同的文本类型和翻译策略上，以及译者所运用的前言、后语、文内解释、脚注、增译等策略上。从而将译者风格定义为以一系列语言或非语言模式所表现出的有别于其他译者的独特个性（Baker，2000）。赫曼斯（Hermans）认为译文中存在着译者自己独特的声音，即与源语文本作者的语言特征完全不同的“另一个声音”（Hermans，1996：27）。国内学者张美芳指出，“利用语料库进行研究，对一些难以捉摸的和不引人注目的语言习惯进行描述、分析、比较和阐释，能比较令人信服地说明译者的烙印确实存在”（张美芳，2002：57）。

2. 中英语言对比以及翻译教学的研究

句式特征上，王克非等对汉英平行语料库进行了句对考察，总结出源语和译语在句子层面上的对应比例明显高于其他对应类型，归纳出了译语在句式结构层面上的共性规律。（王克非，2004：105－106）。在词汇特征上，语料库与之相结合对语料进行量化分析，发现了很多传统方法无法观察到的语言现象，并据此对语言现象本体进行较之以前更加客观的描述和分析，为翻译教学提供更加科学的语料数据支撑，从而更有效地促进产学研结合。同时在以翻译产品（即译文）为导向的描述翻译研究中也可以充分运用语料库研究的优势，挖掘出潜藏在语料中的文本特征，以及发现翻译在特定领域的普遍规律，并在翻译教学中体现这些特征与规律的传授。如秦洪武、王克非通过基于对应语料库的英译汉语言特征分析看出，与中文原创文本相比，中文翻译文本在词类分布和某些词（素）的组合能力上有差异，如在词类分布方面，中文翻译文本较中文原创文本更多使用虚词，较少使用实词，等等（秦洪武 & 王克非，2010）。此类研究必须借助语料库工具的帮助才有可能迅速而准确地得到结果。

3. 多模态语料库创建和应用研究

在这方面，国外学者在语料库理论依据、语料搜集和加工、标注以及分析理论框架构建等方面形成了诸多成果（Laviosa，1997；Shlesinger，1998；Shapiro，2003；McEnery & Xiao，2007；Anferman & Rogers，2007；Ludeling & Kyto，2008）。而塞顿（Setton）则提出构建多模态口译语料库，指出口译研究更多侧重的是心理语言和认知的过程。从这个意义上讲，由于此类研究依照的是笔译语料库的研究范式，研究的重点是在翻译产品的开发上，故得出多模态口译语料库是一个非常丰富但并未得到开发的一块研究宝地（Setton，2011：34）。而多模态话语分析是指“从文本、声音、图像等多角度对语言交流活动进行描写的研究途径，这一方法正好适合口译研究的需要”（黄立波，王克非，2011）。因为口译研究不仅要对口译员的书面文本进行分析研究，还要对口译员的言语及说话过程中的停顿、口误等作出标注，此外口译员的手势、节奏、声音大小、现场环境等等都是不能忽略的因素。多模态语料库的创建与相关研究将为这方面今后的研究奠定基础。与此同时，国内多模态语料库的创建及相关研究如日中天，如中国社会科学院的“现代汉语现场即席话语多模态语料库”，以及其他领域和研究方向的若干中小型多模态语料库。刘芹、潘鸣威等学者先后探讨了多模态语料库构建的必要性和可行性（刘芹 & 潘鸣威，2010；顾曰国，2013；何美，2014；刘剑 & 胡开宝，2015）；冯德正等阐释了多模态语篇分析的进展与前沿（冯德正 & 张德禄，2014）。

依据语料的语种数量，语料库分为单语语料库、双语语料库和多语语料库；按照语料收集的原则和方式，可以分为异质类、同质类、专业类和系统类；根据语料的组织形式，可以分为比较语料库和平行语料库。根据语料的呈现形式，可以分为以文本为主的单模态语料库和集文本、音频、图片、视频为一身的多模态语料库（邹瑶，郑伟涛 & 黄志勇，2018）。通过查看国内外众多文献资料，笔者发现对各种语料库的研究参差不齐，其中对于单语语料库的研究数量较多，在国际上影响力较大的语料库有：美国国家语料库（ANC）、英国国家语料库（BNC）和美国当代英语语料库（COCA）；在国内影响力较大的有：解放军外语学院的“军事英语语料库”、上海交通大学的“新视野大学英语教材语料库”、北京语言文化大学的“大型中文语料库”、清华大学的“现代汉语语料库”以及国家语言文字工作委员会的“国家级大型汉语均衡语料库”等等。按照语料的组织形式划分的平行语料库而言，国内外颇有影响力的语料库有：绍兴文理学院的“中国法律法规汉英平行语料库”、上海交通大学的“英汉医学平行语料库”、北京大学的“Babel 汉英平行语料库”以及英国兰卡斯特大学的“巴比伦英汉平行语料库”等等。

综上所述，语料库与翻译研究在短短二十年里有机融合在一起，其中语料库的创建已由传统的纯文本单模态模式转变为多模态模式。两者的融合历经了从研究途径到方法论，再到一种新研究范式的发展过程，为各种不同类型语料库进行综合使用、构建多重复合对比模式提供了更多的研究新意和观点视角。在当前“互联网＋时代”社会背景下，语言服务的协同创新与发展以及以高新科技驱动的语言服务多元化已然成为全球性热门话题，多模态语料库的创建、发展与应用也借此东风拉近了翻译学科与其他相关学科和领域的距离，跨学科的特点进一步凸显，从而推动语料库与翻译学的融合研究不断向前发展。

截至目前，有关多模态戏曲翻译语料库的相关研究较少，在中国文化“走出去”、中华传统文化外译的国家背景下，戏曲翻译的多模态语料库构建就显得尤为重要了。

四、有声思维

有声思维的概念最早源自爱立信（Ericsson）和西蒙（Simon）对口述即 verbal report 的分类（Ericsson & Simon，1980，1984）。爱立信和西蒙根据口述发生的时间与完成指定任务的时间之间的联系，把口述分为共时口述，即 concurrent verbal report 和事后口述，即 retrospective verbal report（Ericsson & Simon，1984）。共时口述是指口述者在完成指定任务的同时用口头讲述自己的心理认知状况，即有声思维；而事后口述则是指口述者在完成指定任务之后再去追述自己的认知心理过程，具有延时性。

实际上，“有声思维”正如其名字所展示出的，是将头脑中思维过程的“有声化”，即将思维过程口述出来。日常生活中，有声思维的例子比比皆是。例如，小朋友在玩玩具的过程中，喜欢一边玩一边说；在学生独自做作业遇到不会的难题时，会不自觉地喃喃自语心中的疑惑和解题的过程；成年人在出门遇到迷路或找不到目的地时，也会出现一边自言自语一边找路的情况。以上所述场景就是所谓的“有声思维”，都是当事人在用语言口头表达出当时的头脑思维状态，将心里所想说出来。因此，有声思维调查主要是观察人们的内心活动。该类调查在心理学、认知学、教育学、语言学等研究领域有着广泛的应用。

关于有声思维，国内外有很多学者在此方面做了研究。有声思维是指“通过受试者在进行大脑思维活动的同时用语言记录活动的方式和内容，即一边想一边说，是一种‘内心活动的流露’（self-revelation）。这种对个体思维活动的描述是在自然发生状态下进行的，所记录的数据是未经编辑、修改或者加工的语言”（姜秋霞 & 杨平，2005：25）。这种对于大脑思维过程的记录，像极了飞机上的“黑匣子”，随时随地记录着飞机上发生的一切。这种“共时”（concurrent）思维记录方法，也就是储存在短时记忆中（short-term memory）的信息是有意识的，是主体可以直接表述的、感知的活动，它是在信息论原理的基础上推理出来的（Ericsson & Simon，1984），通过语言表述获取直接的、真实的思维活动数据。它还是认知心理学的一种研究方法，要求被调查者在执行指定的任务时，“将头脑中想到的一切都大声报告出来”（蔡寒松，2000：3）。将有声思维方法具体运用到翻译研究中则是被调查者在进行翻译材料的过程中，随时（理想状态是一直不停地在说）口述大脑中的思维过程，并同时用录音设备将全部过程记录下来，事后再将全部录音音频材料根据转码规定，将其转为书面文本数据材料，可供研究者进一步对数据进行分析、解码（李德超，2008）。

这一方法将以往以翻译结果、翻译产出为主的研究逐渐转变为翻译思维过程的研究，也从另一侧面证实了研究翻译过程的可行性，以及将研究成果运用于翻译教学的可能性。究其原因还是有声思维可以“揭示译者大脑的操作过程，并启示于翻译教学法研究和译者能力的研究”（苗菊，2005：43）。

有声思维调查方法早先广泛应用在外语教学研究中，如国外学者Hosenfeld（1976，1977，1984）、Cohen & Cavalcanti（1987）、Cohen（1987）、Carrell（1989）、Pritchard（1990）、Cavalcanti & Cohen（1990）等将有声思维这一研究方法运用在外语阅读教学和写作的认知过程和策略上。Norris、Cohen等应用有声思维进一步调查了二语学习者的测试策略（Norris，1992；Cohen，2000）。Beare、Roca、Qi & Lapkin运用有声思维的方法对比分析了一语写作与二语写作在策略上的异同（Beare，2001；Roca de Larios，2001；Qi & Lapkin，2001）。郭纯洁、刘芳，文秋芳、郭纯洁及Wang & Wen等人也运用有声思维的方式，分析了二语写作中一语的影响作用（郭纯洁 & 刘芳，1997；文秋芳 & 郭纯洁，1998；Wang & Wen，2002）。

最早在20世纪80年代时，国外学者运用有声思维方法开始有关调查翻译过程的研究。克林斯（Krings）最先探索了运用有声思维方法研究翻译过程，他把有声思维看作是“最方便、最适合、也是最自然地探究翻译思维过程的一种方法”（Krings，1987：166）。康迪特（Tirkkonen-Condit）利用有声思维对专业与非专业译员的翻译过程进行了对比研究（Tirkkonen-Condit，1989）。雷恩斯（Raines，1985）、扎迈勒（Zamel，1987）、塞古拉（Seguinot，1996）、勒舍尔（Lorscher，1991）、雅斯克莱宁（Jaaskelainen，2000）、弗雷泽（Fraser，1993）都曾用有声思维的方法，对翻译过程、翻译策略和翻译单位、翻译自动化程度以及影响因素等进行描述和分析。刘立香（2007：53）对翻译过程进行了综述研究，在翻译策略的研究上着重考察了译员的翻译过程，包括职业译员和非职业译员。研究结果表明：不同的译员在使用翻译策略上存在差异。职业译员将语篇看成整体，会把侧重点从词汇、句型等语言层面转移到译文整体的风格、文体流畅和受众的体验感受上，更加注重实用性。相比之下，非职业译员，包括大量的语言学习者，这其中也不乏翻译专业的硕士生和博士生，则主要关注语言层面的个别词汇或句式的问题，较少将译文作为整体语篇去考虑，更不用提关注受众的可接受程度了。同时，雅斯克莱宁也发现，在翻译策略的使用上，两种译员的表现也不尽相同，甚至可以说相去甚远。职业译员在决定了译文运用哪种翻译策略后，一般都会在翻译过程中系统地、连贯地、有意识地执行这个策略；而非职业译员在运用翻译策略时则缺少整体部署和计划安排，随意性相对较强（Jaaskelainen, 1993）。

自从进入 20 世纪以来，西方译学研究学者从一开始关注译作和译者，再到后来关注翻译成品和翻译过程，逐渐地，翻译界将认知科学的理论和方法论引入译者心理的过程研究中来。这门新的学科为翻译研究注入了新鲜血液，为翻译研究工作打开了全新的学科视野；它为研究译者大脑的思维运作机制、构建翻译过程实证研究范式提供了极具灵感和价值的新思路。由此而产生的对翻译认知过程的研究也吸引了大量学者的关注，并取得了卓越的成果。同时学科分类上也为认知科学增添了分支。翻译学与认知科学之间的融合态势逐渐显现出可行性和必要性（邓志辉，2011）。国内一些学者对有声思维在翻译研究中的应用给予了关注，研究内容包括介绍有声思维研究方法及其意义，指出了实证性研究的重要价值（蒋素华，1998；蔡寒松，2000；文秋芳 et al.，2004；李德超，2005）、英译汉过程中翻译单位的实证研究（郑冰寒 & 谭慧敏，2007），将翻译单位对于译者的影响进行了实证性研究、翻译策略和影响因素的有声思维个案研究，基于英语专业学生的调查研究（文军 & 殷玲，2010）。

本研究结合以上所述国内外学者的观点，给出有声思维的定义：所谓有声思维，就是受试者（本研究中特指观看英译戏曲舞台表演的观众）在完成指定任务的过程中（特指观看英译的戏曲舞台表演），随时随地口述出头脑里的“所想所思”。理想的有声思维是受试者在完成指定任务的过程中，将自己在完成任务时大脑内所想的任何信息不间断地说出来。与此同时，研究者用录制音频或视频的方式将受试者所说和所展示的全部记录下来，然后转码为文本数据，再进一步分析。

鉴于影响翻译的因素不止一个，总体看有来自环境的因素、来自译者学习经历和过程的因素、翻译材料的因素、翻译过程的因素、翻译任务的因素、译者自身身体或情绪的因素等等。本研究的戏曲翻译文本相对其他文学类普通文本来说难度偏大。而翻译材料的体裁、语体、文体、话题、难度等也是影响翻译策略应用、翻译过程和结果产出的主要因素。材料的难度既包括语言难度（如词汇的密度、选择、句式的长度、篇幅的长度等），也包括内容的难度（如涉及中国传统文化因素较多）。文体主要指古文、白话文、议论文、说明文、记叙文、诗歌、信函、笔记等不同种类的体裁；语体主要指正式语言、非正式语言、方言等不同语域的语言形式。话题主要包括专业性的强弱、译者对该话题是否熟悉等方面的因素。本研究采用的《牡丹亭》和《西厢记》戏曲翻译的英译本，已无法对译者开展调查研究。故对于研究中涉及的有声思维研究方法将通过问卷来调查多模态戏曲翻译读者/观众的认知情况，选择的研究视角是翻译文本的受众感受。

当然除上述因素外，翻译过程还可能受其他因素的影响。读者在关注本书所提及的因素的同时，也应积极探索其他影响翻译过程的因素。

在了解上述研究方法的各自性质的前提下，运用这些方法进行翻译研究，还必须考虑到翻译研究学科的特殊性。这种特殊性既包含语言文本的有形结构，亦称为客观现实，也包括译者主体特性的无形结构，即主观现实。“翻译研究的对象是人、人的行为过程及其结果”（姜秋霞 & 杨平，2005），而人的行为过程具有不确定性，受其主体意识的影响和控制，很难用一种单一的方法进行预测、判断和解释，需要从整体上，综合多种途径对其进行分析和判断。翻译研究的对象既包含艺术特点又包含科学特征，因而在研究方法上也需要兼具科学分析和人文社科的思辨，综合地进行多重探索和认识。正是由于翻译研究这门学科本身所具有的复杂性质，定性研究及定量研究被应用于翻译研究的各个子领域，有时甚至是交叉使用以期获得更贴近现象本质的结果。

从以上四种方法的概述中可以发现，定量研究是从一般的原理推广到特殊的情景中去，采用分析法。定量研究具有一套非常严密和规范的研究操作步骤，并且其囊括的步骤、材料数据本身和结果都是可以反复研究的，具有操作的可行性；可以随机抽取研究样本，代表了一定的总体数量特征，具有较强的概括归纳性；研究者保持价值中立；研究程序标准、系统；逻辑推理严谨，对现象之间普遍的因果关系进行精确分析，能够证实已形成的理论，或者伪证理论假设，并对其进行完善修改。因此，在进行翻译研究时，用定量的研究方法进行研究会使得研究结果更加客观准确。但值得注意的是，由于研究者以理论为基础，以假设为出发点，进行研究时可能为假设的内容所束缚。而且定量研究通常是从小样本推断出总体情况，收集和测量孤立的数据，虽然经过随机抽样，但不一定能代表所调查的事物的整体情况，存在抽样的误差，所得推断也未必准确。故将定性研究与定量研究结合起来，在翻译研究中显得尤为重要。

第二节 质化取向

量化方法是通过测量和计算等方法来对理论假设进行演绎推理，而质化方法则是通过观察、归纳等与研究对象进行深入、长期的互动，从而对事物的本质特征进行描述和理解。陈向明将后者定义为“以研究者本人作为研究工具，在自然客观的情境下，对于现存的或过去的社会现象采用多种资料搜集的方法对其进行系统整体的探索研究，运用归纳分析法阐释已搜集的资料并构建理论，对研究对象的行为和意义构建进行分析理解的活动，均是通过与其进行互动产生的。”（陈向明，2000：1）。常见的质化研究方法包括案例研究、访谈、民族志和田野调查，并经常与上文提到的量化研究方法相结合以达到研究目的。

一、案例研究法

我国戏曲发展历史悠久，现存剧种种类繁多，剧目更是不胜枚举。这样庞大的样本，在一本专著中难以驾驭，因此，本文在质化取向上选取的研究方法是案例研究法（case study）。依据视觉模态和听觉模态的理论框架，从舞台表演、念白唱词和动作展示三个方面，对在戏曲海外传播中较为典型的、获得了相对成功的三个剧本——青春版《牡丹亭》、汪榕培《牡丹亭》英文全译本和沈广仁《西厢记》进行分析研究。

什么是案例研究法呢？在社会科学领域，案例指的是现实世界中人类活动的一个单位，这个单位可以是一个人、一个机构、一个群体，还可以是一个社会事件。但无论哪一种，都只能通过语境去分析或理解。案例研究法就是研究者采用一种开放、灵活的方式对所选取的案例进行深入、细致的研究，系统收集数据来观察每一个案例的特点以获取丰富的细节资料，进而对总体的研究提出合理的假设。案例研究法研究的是自然发生的案例，关注点在案例发生的语境和案例本身，不介入事件的操控，没有变量，也没有事先设计好的数据。其最后产生的是叙述性和描述性的报告，旨在解释数据。如果将案例研究法用在翻译研究中，那么此时案例就指与翻译有关的活动、产品、人员等的组成单位，这个案例可以是译文、作者、译者，甚至翻译机构。同样，它也只能在所处的语境中去研究或理解，关注的是“如何”和“为什么”的问题。例如，某部作品是如何翻译的以及它为什么会被这么翻译等。目前，案例研究法不仅被广泛应用于心理学、社会学、人类学等学科中，还被用在了城市规划、社会工作、教育教学等实践领域。

案例研究法可以分为单一案例研究（single-case studies）和多个案例研究（multiple-case studies）。单一案例研究是指运用整体设计的方法，对一个案例的各个方面进行全面的分析。而在研究同时涉及主要分析单位的子单位时，它就变成了一个嵌入式案例研究（embedded case study），通过对子单位进行考察，最终回归到主要分析单位的研究中并得出结论。除了单一案例研究之外，还有多个案例研究。“多个案例研究包括了两个分析阶段——案例内分析（within-case analysis）和跨案例分析（cross-case analysis）。案例内分析是全面整体并且独立地看待和分析每一个案例；跨案例分析是在前者基础上统一将其进行归纳和抽象分析，从而才会对其进行更深刻的解释和准确的叙述”（孙海法 et al.，2004：108－109）。多个案例研究也可能是整体的或嵌入的，即可能包括多个整体案例或多个嵌入案例。

在实际研究中，多个案例研究方法的应用比单一案例研究方法更为广泛。前者受到更多青睐，因为单个案例往往不能很好地代表整个研究对象群体，不利于研究成果的推广。故后者适用的情况有限，包括：1. 当单个案例对检验一项理论非常关键时。例如，一个单一的案例可能包含所有反驳一个理论的特征，在它出现之前，这个理论似乎可以解释所有其他的案例，而这个关键的案例将会迫使理论重新制定；2. 当单个案例是非常极端或罕见时；3. 当单个案例具有启示性作用时，它的出现使得以前科学调查都无法获得的现象现在得以观察和分析，激发了对一个未知领域的进一步探索（Yin，1994）。

本文所采用的是多个案例研究法。首先，确定案例研究的理论框架，即克瑞斯和勒文提出的视觉语法框架和勒文提出的听觉语法框架。接着，选择合适的研究案例。由于戏曲数目之繁，本文选取了三个最具代表性的作品，深入挖掘其蕴含的多模态意义。相比个案研究，多个案例的分析更全面、更有说服力，能够提高研究的有效性。然后，搜集数据和分析数据。研究从舞台表演、念白唱词和动作展示三个主要方面展开，对选取的三个译本中的部分符号系统进行分析，分析各种模态之间的关系及其构成的整体意义、特点和功能。最后，撰写报告。作为多模态翻译理论的研究成果报告，本文主要内容分为六个部分：研究的背景和基本内涵；戏曲的历史、特点及其翻译研究；多模态戏曲翻译理论建构；研究内容；研究方法；理论价值与未来发展。

二、访谈法

访谈法（interview）是主要的定性数据收集方法之一，在本书后面即将要谈到的民族志研究和田野调查中被广泛应用。不同于日常谈话，访谈具有明确的目的性，通过与受访者交谈来了解其所思所想、生活经历、看法认识，从而为某一群体或某一社会现象的研究提供数据支撑。访谈可以分为非结构化访谈（unstructured interview）、半结构化访谈（semi-structured interview）和结构化访谈（structured interview）。

结构化访谈是指访问者严格按照预先设计好的问卷向受访者提问，所有的访谈都是按照同样的模式和标准进行，不允许有任何变动，且受访者只能在有限的几类答案之中选择回答，调查结果方便量化，常用于定量研究之中。也因为如此，结构化访谈常被认为过于僵化，因为访问者只能依从脚本来进行访谈而不能有丝毫偏离，同时所有受访者都是按照相同的顺序被问到相同的问题，缺少自由发挥的空间。有学者认为，由于研究人员在设计问题时本身就带有主观偏见，收集的数据也同样缺乏客观性。为了尽量减少偏见，使研究结果更普遍，采用高度标准化的访谈程序则可以大大降低研究结果受到访谈者影响的概率。也有学者认为，这种访谈的方式缺乏灵活性，使访谈者在与受访者交谈的过程中无法捕捉到更丰富、更详细的资料，不利于进行深入、细致的后续研究。

与结构化访谈相反，非结构化访谈灵活性强、弹性大，没有统一的格式和规范，只有一个主题或范围。访谈过程会根据受访者的不同情况和背景随机应变，旨在让受访者用自己的思路和语言对自己认为重要的问题进行阐述。在非结构化访谈中，访谈者就像是听众，访谈即在探索受访者的内心世界，其目的并不是要将预先的设想放进受访人的脑中，而是要从他们的角度来看待问题。因为没有固定的大纲，访谈者在访谈过程中需要不断根据研究目的和受访者的回答来自己发展、适应和产生后续需要访问的问题。

半结构化访谈，又称深度访谈（in-depth interview），是最常见的一种定性研究方法。它既有预先设计好的访谈大纲作为基本框架，允许访谈者根据实际情况更改提问的风格、速度和顺序，以唤起受访者最充分的回应，同时又给予受访者一定的自由度，使其能够以自己的话语习惯和思考方式来进行表达。也正因为如此，在非结构化访谈中，访谈者需要能对受访者的回答做出敏锐的反应，引导受访者对某一个特定的主题进行更完整的叙述。例如，当受访者突然对一个领域表达出兴趣，访谈者可以立即用一个问题跟进，如“关于这一点，你能不能再多告诉我一些信息?”

无论采用的是哪一种访谈方法，任何固定的格式和措辞都不是万能的。访谈的环境、访谈者风格和受访者的特点都为每次访谈创造了一个独特的情境，访谈者需要敏锐地去应对访谈过程中遇到的挑战。以下是可以用到的四种访谈技巧：其一，与受访者建立融洽的关系；其二，不要对受访者的回答发表意见或作出惊讶、震惊等表情，也不要使用点头、摇头等非语言的暗示。不要用质疑的口吻，要使谈话可以继续；其三，在实际访谈过程中，访谈者可能会无意间干扰到受访者的叙述，例如不等受访者说完就接上话茬，或对于受访者不理解的术语或问题没有及时解释。因此，访谈者要懂得什么时候打断对话，什么时候集中注意力，什么时候加快进度；其四，不要带有偏见，学会耐心倾听。

访谈中涉及的问题类型有很多种，可以分为意见/价值问题、知识问题、经验/行为问题、感受问题、感官问题和背景/人口统计问题六类。经验/行为问题的目的是了解受访者在某件事情中的行为和经验，意见/价值问题在于了解受访者对某个现象的认知和看法，感受问题是要了解受访者在经历某件事时的情绪反应，知识问题是为了发现受访者对事实知识的了解，感官问题是让受访者描述他们的感官经验，背景/人口统计问题是关于受访者年龄、职业、居住地、受教育程度等的基本资料（李晓凤 & 佘双好，2006：145－146）。

由于访谈难免涉及敏感内容，因此研究人员需要特别注意伦理问题，简言之就是要尊重研究对象。以下三个伦理规则是在访谈进行中需要遵循的：最小伤害原则（minimum harm）、知情参与原则（informed consent）和匿名保密原则（anonymity & confidentiality）。首先，在大多数情况下，访谈必须得到受访者的书面批准，一种广泛使用的做法是使用知情同意书，同意书中需要说明研究的内容、目的以及潜在的风险，使得受访者在了解了一定的研究目的、内容等情况的前提下，不受任何人、地方、时间的胁迫，分享自己的经验和观点，同时也要明确受访者有权拒绝回答问题、随时停止访谈或无后果地中途退出研究。“研究人员在进行完研究之后，要竭尽所能将结果汇报给受试者，将其作为受试者参与此次研究的正常回报”（孙晓娥，2012：102）。其次，访谈者在访谈开始前需预先设想到访谈过程中可能出现的负面情况，仔细斟酌提问内容，尽量减少潜在的隐患。访谈中要注意提问的方式方法，尤其是面对特殊群体时，避免对受访者的身体、心理等造成伤害。第三，要注意保护受访者的隐私权不受侵犯，特别是当他们谈及自己的工作和生活时。访谈者应与受访者提前达成协议，不向与研究无关的人员透露任何情况，在调查结果中隐藏受访者的个人身份和信息，研究所收集的数据需以匿名形式保存。

访谈结束之后，研究人员需要对访谈中所收集到的文本和音视频资料进行系统的整理和分析，而编码就是第一步，即根据多个标准对数据进行分类归纳和概念提取。三个级别的编码包括开放式登录，即一级编码；关联式登录，即二级编码；核心式登录或选择式登录，即三级编码（陈向明，2000：332）。首先从资料中发现概念类别，把研究对象重新组合并将其命名，之后在各个概念之间建立联系，最后归纳出更为核心的概念范畴。

本次研究在问卷调查的基础上，随机抽取了2—3名英语水平较高同时较为了解中国传统文化的受访者进行了访谈，要求受访者口述对于所选取的青春版《牡丹亭》内典故翻译的看法，以便进一步收集更为具体的数据。

三、民族志和田野调查

“民族志（ethnography）曾经是社会人类学者对特定社会以及其文化以参与观察的方法，进行搜集资料、记录、分析、评价，并用有关社会或者人类文化学的理论，来解释分析观察结果的一种质性研究方法，所以一般称为人种志或民族志法。不过，近十几年来，许多社会学者也建议，应当如同人类学者一般放弃自己所熟悉的生活，渗透到研究对象的群体中，取得他们信任以求得更深入的资料”（李晓凤 & 佘双好，2006：162）。民族志工作者在开始调查前也会有偏见和先入为主的观念，而偏见很可能会破坏民族志研究的质量，因此要加以控制，尽量减轻偏见的负面影响，对所研究的群体或文化保持开放的心态。

田野调查（field research）是民族志研究设计中最常用到的一种系统的研究方法，主要是通过对目标对象进行长期的、面对面的互动和观察来进行的，首要目标是从特定社会群体的视角来理解其日常行为模式。田野调查也被称为自然主义调查，因为不要求被调查者在研究过程中偏离自己的日常生活，以这种方式收集到的数据比实验更能全面地了解调查对象。田野调查人员也不必像实验员那样着眼于有限的预选变量，而是从更宏大的、更复杂的社会和历史等多个方面去分析数据。他们倾向于从动态的角度去捕捉调查对象的生活，关注的是事件发生的时间顺序及其随时间变化而产生的变化。他们并不控制事件的发生，而是试图成为它的一部分，这一点体现在田野调查人员直接参与并亲自体验调查对象的日常生活。

田野调查通常是以一个宽泛的总问题开始，进而再讨论其他更为具体的研究问题。为了回答这些问题，研究人员主要通过系统的观察和互动来收集数据。他们有时会在预先确定的时间进行观察，也会积极寻找与特定人群的互动，或者采用其他更加灵活的方式。除此之外，研究人员还会使用结构化、非结构化和半结构化访谈，或者分析文献和发放调查的方式，以补充在互动和观察中得到的数据。

采集完数据之后，研究人员会对其进行编码，以便后续的分析研究。有的研究人员会根据已有数据发展出不同的主题和类型，有的则会在数据的基础上完善他们的假设，还有一些研究者则强调其中的关键事件、不同的发现和重要的过程。最后，研究者自己决定从田野调查中得到了哪些发现，分析并解释数据，然后撰写最终的报告。由于研究者在生成和分析数据方面起着核心作用，因此田野调查在很大程度上受到研究者本身特点的影响，包括性别、种族、民族、年龄、个性、价值观、性取向、背景历史和社会阶层等。

第三节　量化与质化混合研究法

量化方法和质化方法是翻译研究中最常用的两种研究路径，前者关注的是“有多少”的问题，包括抽样调查、问卷调查、语料库、有声思维等；后者则关注“是什么”的问题，包括案例研究、访谈、民族志、田野调查等。虽然二者的理论基础不同，但并不是相互矛盾、彼此排斥的，而可以看作是从量和质两种不同的维度对同一事物进行考量，二者息息相关、互为补充，并不存在孰优孰劣的问题。近年来，随着研究的不断深入和延展，完全运用单一量化或质化的研究方法越来越少见，更多的是二者不同程度的融合，形成了新的混合研究模式。其可以定义为，“运用顺序法（sequential）或并行法（concurrent）等资料收集方法为研究策略，以能最好地理解所研究的问题为目标，资料收集包含数量信息（如工具性数据）和文本信息（如访谈数据）两方面，以使最后的数据库既能代表定量研究，也能代表定性研究”（穆雷，2011：98）。可以看出，混合研究是指综合运用多种方法、手段和概念来收集或分析数据的，它突破了传统观念上量化和质化非此即彼的局限，具有互补性优势，比单独使用某一种方法能更完整、更深刻地回答研究问题，使研究成果更准确、更可信、更有效。因此，混合研究也被称为继定量研究和定性研究之后的“第三次方法论运动”和“第三种研究范式”。

在研究设计方面，根据使用顺序和主导地位的不同，混合研究策略可以分为顺序法、并行法及其所包含的多种变式（克雷斯威尔，2007）。首先，顺序法指在采用定量和定性研究方法时存在先后顺序。一种是在定性方法之前使用定量方法，先通过收集定量数据来论证研究猜想，然后再对其中某些个案进行更为详细的探究。有时定量数据的结果会出现极端情况，即某些数值与总体数据集有巨大偏差，这通常是非预期性的。在这种情形下，可以对极端数据进行更深入的定性分析，以了解数据偏离的原因。另外，定性方法也可以用来补充定量结果。当定量数据在研究中建立起某种理论关系，但无法更进一步揭示其本质时，后续访谈等定性方法的运用可以帮助解答“怎么样”和“为什么”的问题。王湘玲等人（2016）在对比分析职业译者和学生译者翻译元认知监控的因子构成时就采用了这种顺序法。首先，通过翻译元认知监控调查问卷和翻译能力调查问卷，以及在翻译测试中进行的有声思维实验，对 65 名 MTI 学生和 20 名职业译者的元认知监控和翻译能力进行了定量测量。接着，对研究对象进行了面对面的半结构化访谈，进一步从质的向度探究了学生译者和职业译者在翻译元认知监控各方面的差异，用以对前面调查中得到的定量数据进行辅助说明。

另一种顺序方法是定性研究先于定量研究，即首先使用定性方法来提出研究假设并建立关键类别，然后利用定量方法对其进行检验。钱春花（2011）在关于译者翻译能力体系的研究中，首先对研究对象进行了非结构化、半结构化和焦点小组访谈，将定性数据合并、归类构建了包括内驱力、认知能力、语言能力和操作能力在内的翻译能力模型，然后采用了问卷调查、因子分析、路径分析和 T 值检验等定量研究方法，对概念模型进行了进一步的论证。

其次，并行法指研究者同时收集定量和定性两种类型的数据，并将二者进行对比分析，综合运用到整体研究之中，或者将其中一种数据嵌套入另一种数据中，以获得对研究问题更全面的理解。例如，研究人员想要调查青少年用户对机器翻译的态度，可以同时采用问卷调查和焦点小组（focus group）访谈的方法，并将得到的定量和定性结果进行比较，以评估两组调查中青少年的态度是否一致。如果结果出现分歧，那么研究人员将采取进一步的措施，通过重新检查结果、收集更多数据或反思数据库的质量来解释这种分歧。

根据伯克·约翰逊和拉里·克里斯滕森（2015）的研究发现，研究者在混合研究中有时会涉及对定性数据的量化分析，以及对定量数据的质化分析。量化（quantitizing）就是把定性资料数值化，通过统计分析等手段将其以一种更客观的方式展现出来。例如，通过访谈等定性方法得到的关键词可以转换成定量研究中的变量，然后用交叉表（cross-tabulations）来显示其频率分布以及彼此之间的关联程度，如在某项调查中研究对象的特定态度与其文化背景和受教育程度之间的关系。质化（qualitizing）则是将数字转化为可用于定性分析的叙述性语言。例如，在大学生心理健康调查问卷中，针对其中的题目，完全符合得 1 分，基本符合得 2 分，不太符合得 3 分，完全不符合得 4 分，定量量表通过最后的得分分数可以转化为质性数据（约翰逊 & 克里斯滕森，2015）。

研究方法的选择既与研究者的研究兴趣有关，也应该和研究问题相适应。在探索复杂的研究问题时，混合方法可以提供实用的优势，为从不同角度解决问题提供了可能性。但是，混合研究在应用过程中也存在不足和挑战。将定性数据与定量数据相结合的分析过程需要大量的时间、精力和经济成本，因此可能导致研究人员在预算紧张或时间有限的情况下减少样本量或访谈时间，不利于对定性数据进行广泛深入分析或对定量数据进行多元讨论。另外，也有学者认为，定性数据是多层面的，这意味着在分析过程中会衍生出大量相关的概念和主题，而量化却将丰富的定性数据简化成一维的定量数据，导致其缺失了本有的深度和灵活性。从这个层面来讲，量质结合的混合研究范式在未来各领域的应用与实践中仍有较大的成长空间。

第五章

研究内容

20世纪90年代，社会符号学研究者们注意到，在新媒介的环境下，文字、声音、图像和视频等在表达含义的时候已经开始融合。克瑞斯和勒文指出，多模态是指交际过程中参与其中的一切方式和媒介，除了语言这一广为研究的基本符号之外，还包括颜色、音乐、图像、表情、动作等一系列符号系统（Kress & Leeuwen，2006）。“多模态”一词强调除了语言符号之外的其他符号的重要作用，“研究的是独立的符号系统怎样通过不同方式共同构建整体语篇意义”（Baldry & Thibault，2006）。多模态话语分析的是各种模态之间的关系，以及多模态构成的整体意义、意义的特点和功能。这一新兴的话语研究领域范式关注文字、动作、表情、音乐等各个符号，从微观层面为话语分析提供更为全面的分析视角。特别是随着网络和多媒体技术的广泛使用，视觉符号和在过去被人们认为是副语言的其他符号，例如图像、音乐、手势、表情、颜色等，作为表达意义的各种手段和方式，越来越处于突出地位。

根据系统功能语言学理论，多模态话语分析理论框架包括文化、语境、意义、形式和媒体这几个层面：文化层面使得情景语境具有解释力，语境因素会制约交际过程；多模态话语的内容由意义和形式两方面构成，不同模态形式相互作用，共同实现意义；表达层面涉及话语意义的媒介，包括语言和非语言两个媒介。国内学者张德禄以此为基础提出了更具体的理论框架：文化层面、语境层面、内容层面和表达层面（张德禄，2009）。文化层面指思维方式、生活习惯等各种意识形态和可以具体实现这种意识形态的交际程序或结构潜势头；语境层面包括话语的范围、基调以及方式；内容层面包括以下四种形式及其相互关系：语言、图觉、声觉和感觉，有话语意义和形式两个方面。多模态语篇分析首先关注各个模态在建构语篇意义中具有的功能，然后再看这些模态是如何体现某种特定的意义。媒介理论家马歇尔·麦克卢汉指出：“十七世纪以来信息传播媒介的演变路径，由单一传统的抽象符号或文字，演变为具有高度造型化、感性化和具象化的视觉图像。”

中国传统的戏曲文化作为一种特定社会背景下的思维模式，存在多元的文化语境层面的话语意义，诸如文化传统、道德价值观、行为规范、风俗习惯等。只有使用该语言或者深入其特定文化习俗背景领域中的受众群体，才能较好地理解这些特殊的文化语境。这其中包括对于其特定语言、习俗、手势、表情、音乐等各种代表不同意义的符号系统的深入理解。

在中国文化“走出去”、向海外传播的大背景下，文化构建者和传播者（这里具体指戏曲文化的构建者和传播者）需要全面考虑本文化的内在语境以及目的语文化的特殊语境，从而对戏曲整个语篇的形式和内容，以及代表不同意义的各种符号系统进行重组、拆分、融合，从而消除由于不同社会或文化差异而造成的行为异同、意识隔阂等产生的对内容形式理解的差异。在这一过程中，我国本土的戏曲文化应尽可能多地考虑加入目的语地区和国家的文化社会资源，赋予原有的戏曲文化符号系统以更加契合目的语受众群体的文化内涵和历史意义，从而让我国的戏曲文化在海外受到更广泛的关注。

与其他的文学体裁有所不同，戏曲是集诗、乐、舞于一身的文学及表演载体。中国的戏曲源远流长、生命力旺盛。究其原因，在于戏曲所独有的艺术特征，最为突出的两个特征当属虚拟性和程式性。中国戏曲诞生于物质条件差、技术落后的时代，戏曲中所利用的虚拟手段极大地拓展了舞台的时间和空间，解决了艺术实践中因为缺乏物质和技术的问题，神似为主、形似为辅的舞台表现手法让戏曲在广大人民群众中长期受到欢迎。

戏曲的程式性是指作为一种表演模式所具有的固定或基本固定的表演手段，某些固定动作在长期艺术实践中逐渐成为规范性的表现方式。从一定程度上说，程式是中国戏曲必不可少的一部分，是戏曲之所以为戏曲的一大重要特征。中国戏曲虚拟和写意的表演形式和西方话剧逼真写实的艺术表现手段和风格截然不同，这背后更深层的原因在于中国戏曲所反映的中国传统的思维模式和文化内涵。“正由于戏曲的舞台空间和舞台时间是心理上的空间和心理上的时间，所以在演员虚拟表演的作用下，才能够或隐或显，可放可收，浓缩蔓衍，变化自如。”（沈达人，1995）

中国传统戏曲的英译主要有三种形式：一是舞台演出时的英译，包括用英语直接演唱戏曲和用中文演唱且同步滚动英文字幕；二是影视作品的英译，即给影视戏曲配英文字幕；三是文学作品的英译，即用英文翻译出供读者阅读的戏曲文本。相较之下，第一种英译形式直接用英语演唱对戏曲演员的英语素养要求极高，所以更适合推广中国戏曲的方式应该是舞台字幕英译以及戏曲文本英译两种形式，相对简单，成本也不高。

一直以来，传统的戏曲翻译存在案头和剧场的分歧，而多模态话语分析的出现与应用则打破了这种单一符号系统的藩篱，使语言、声音、动作等多种符号资源得以参与意义构建，对于戏曲翻译研究具有重要意义。本章将以多模态话语分析为理论框架，从舞台表演、念白唱词和动作展示三个主要方面展开，对戏曲的部分符号系统进行分析。由于现存戏曲剧目数量巨大，本章选取了戏曲在海外传播中较为典型的、获得了相对成功的三个剧本——青春版《牡丹亭》、汪榕培《牡丹亭》英文全译本和《西厢记》进行案例分析。通过对这几个戏曲剧本/舞台演出本的多模态话语分析，希望能为中国戏曲如何通过翻译更好地“走出去”、为海外受众群体所接受，在文本、音乐、动作等符号系统方面提供一定的参考和借鉴，从而为未来的中国戏曲传播，尤其是为戏曲翻译者的艺术实践打下更为坚实的基础。

本章对多模态戏曲翻译的研究分析将从量化和质化两个方面进行。为了从多个角度和层次探讨戏曲翻译的多模态特征，量化取向的研究方法二次细分为抽样调查、问卷调查、语料库和有声思维；质化取向的研究方法同样选取了四个小分类，即案例研究、访谈、民族志以及田野调查。量化研究方法中的抽样调查和质化研究方法中的案例研究，量化取向中的问卷调查、有声思维和质化取向中的访谈、民族志和田野调查将分别进行有机结合，分析探讨戏曲翻译的多模态特征。

其中，民族志作为一种研究方法，从广义上讲，研究内容包括所有特定群体的社会和文化生活。民族志研究方法并不涉及具体的数据收集，而是着眼于整体。美国人类学家科塔克认为，民族志学者采取的田野调查手段包括参与观察、访谈、系谱法、开展各种问题导向的研究等（科塔克，

2011)。田野调查从广义上说，包括所有实地参与现场的调查研究工作，而鉴于新冠肺炎疫情的客观现实，本研究采用线上模拟现场的调查研究方式代替实地调查。民族志（和田野调查）、访谈、问卷调查和有声思维在本研究中有机结合在一起，共同为多模态戏曲翻译分析提供技术支持。

中国戏曲作品数量实在过于庞大，无法一一述之，故需要从中抽样选取适合的剧作来作为具体研究的对象。而戏曲的英文版翻译本身数量并不多，其中在目的语文化和受众中有一定影响力、传播力的就更少了。针对中国戏曲“走出去”还处在探索和尝试阶段的现状，研究在海外传播取得一定成功的戏曲剧本并汲取其文本和舞台表演等各方面的精华，对于今后中国戏曲的发展大有裨益。基于这个考虑，而且为了使抽样得到的样本更具代表性、抽样误差最小化，在定量研究的抽样环节，本文选择了概率抽样中的分层抽样，以期达到多模态戏曲翻译探究的目的。

为了收集多模态戏曲翻译剧目中具有代表性的分层样本，本研究首先将中国戏曲剧目按“是否有英译本”分为两个大类，然后在“有英译本”这一大类中继续分类，按“英译本的出版目的”这一标准分为“读者阅读本”和“舞台演出本”两个大类。基于戏曲兼具“文本性”和“表演性”，本研究分别选择两个大类中的剧目进行分析。在“读者阅读本”一类中，继续下行按照“在目的语文化和受众中的影响力”的标准分为“影响力较大”和“影响力微弱”两个子分类。基于为未来的中国戏曲“走出去”作参考借鉴之用，本研究在“影响力较大”这一子分类中随机抽取得到了一个戏曲文本——汪榕培的《牡丹亭》英文全译本。在“舞台演出本”这一类别中，继续下行按照“与源文化舞台表演差距”这一标准分为“差距较大”和“差距较小”这两个子分类。随后，本研究分别在这两个子分类中随机抽取得到了戏曲舞台本：“差距较大”——沈广仁的《西厢记》，“差距较小——”青春版《牡丹亭》。

基于以上分层抽样得到的样本结果，本章将主要针对汪榕培《牡丹亭》英文全译本、青春版《牡丹亭》和沈广仁《西厢记》进行较为详尽的分析。另外，由于选中的作品内容都比较丰富，《牡丹亭》和《西厢记》

这两个文本中典故、诗词内容丰富，情节纷繁复杂，场景也较为多变，如果逐词逐句分析，工作量非常庞大，难以掌控，所以还需要对样本进行二次抽样，选择其中多模态特征明显的字段来探讨。为了突出两个戏曲剧本的典型特征，本章主要从典故、诗词的翻译以及动作和唱词的关系等几个方面进行分析，探讨其体现的多模态特征。

本研究的案例研究基于上述两次抽样的结果，对于三个戏曲剧目中的诗词典故等具有中国传统文化典型特征的内容进行分析，探讨舞台表演时人物的动作和舞台上英文字幕的互动关系，并简要分析舞台表演中唱词所搭配曲调的不同对整体呈现效果的作用，从视觉、听觉两个主要模态层面探讨抽样得到的戏曲样本的多模态特征和效果。

为了了解读者和观众对于戏曲多模态特征的认知情况，本研究选择以问卷的形式进行调查，目标群体是具有较高英语水平且对中国传统文化较为了解的人群，预期调查对象是大学学生和教师。在确定问卷主题和目标群体后，本研究针对以上受众对戏曲和戏曲翻译的整体认知，设计了“多模态戏曲翻译读者/观众认知情况问卷调查表”，对《牡丹亭》和《西厢记》英译本以及舞台表演形式的具体认知，以及通过填写以上两个认知情况对中国戏曲“走出去”有何新的理解这三个方面进行了问卷调查，整个问卷调查采用问卷星形式进行，共计收到有效问卷 72 份。戏曲翻译（此问卷指中国戏曲英译）涉及文本翻译及舞台表演等多个符号系统，此问卷选择《牡丹亭》和《西厢记》两个英文译本作为调查个案，旨在了解英语水平较高的读者/观众对文本和舞台翻译的认知和感受。

问卷调查结果显示，82％的调查对象教育程度为硕士研究生，52％通过了英语专业四级或八级考试，因此本次问卷的目标群体达到了预期效果。对于中国戏曲，只有 2％的调查对象表示“比较了解”，而且超过一半的调查对象表示自己曾阅读的中国戏曲数目为零（且没有阅读过《牡丹亭》或是《西厢记》中的任何一本），而 87.5％的调查对象表示自己未曾观看过青春版《牡丹亭》或者沈广仁《西厢记》的舞台表演。因此，本问卷的样本在一定程度上可以代表绝大多数英译戏曲剧本或者舞台字幕目的语观众的认知情况。在所有调查对象中，66.67%表示自己曾观看过戏曲舞台表演，因此本问卷样本对于中国戏曲海外的舞台表演形式有一定的借鉴意义。

大部分（54%）调查对象赞同英译中国戏曲剧本，且认为英文能再现原文的内容、形式和意境。部分调查对象对英译戏曲持中立态度，如有的认为“翻译有一定必要，但注定有得有失”、“能够帮助不懂中文的人欣赏戏曲，但很难完全传达戏词原本的意味”、“有些地方不太能翻译出意境，但英译本有利于文化传播”等具体观点。70.83%的调查对象赞同“对于中文演出戏曲剧目，配以英文字幕的舞台表演形式”，而且表示这种形式不会影响观看和理解效果。

认为英文字幕的形式对观看和理解效果有影响的调查对象认为主要原因是“观看字幕容易忽略舞台表演细节”以及“英文字幕节奏和中文节奏有出入”。调查对象普遍认为和以阅读为目的的戏曲文本相比，舞台表演本的字幕翻译内容应更简洁、更通俗易懂、更有音乐性、节奏更鲜明、适应舞美设计和演员动作。这表明对于舞台表演形式的戏曲剧目，除了唱词念白等文本因素的转换之外，更关键且容易被忽略的是同样占有重要地位的舞台表演形式和以曲调节奏为代表的音乐效果。

对于翻译界一直存在的“归化/异化”争论，本问卷70.83%的调查对象持“具体问题具体分析”的看法，认为具体文本应选取的翻译策略应因本而异。具体到戏曲中典故和诗词的翻译，超过半数调查对象同样认为应“具体问题具体分析”。落实到戏曲文本翻译时应注意的内容（可多选）时，绝大多数调查对象认为“意蕴保留（86.11%）”、“文化转换（76.39%）”、“音乐性（65.28%）”相对重要，因此本研究所选取的体现典型中国传统文化的诗词和典故翻译样本以及在舞台表演时唱词、动作和曲调的互动关系样本能较好地体现目的语读者和观众对英译戏曲文本的期待。

第一节 舞台表演

从剧本、人物、故事情节、唱词等静态的文学因素，到舞台上戏曲演员念道白、唱唱词、展示动作等动态的表演艺术，还有乐队伴奏中的调式、节奏、力度等音乐因素，以及人物妆容、服饰、舞台布景、道具等美术因素，不难发现中国的戏曲包括多个艺术门类的因素，是一种综合艺术体的艺术形式。以上这些文学、表演、音乐、美术、舞蹈等艺术门类并不是孤立存在的，而是以一种互相作用、恰当融合的状态存在于戏曲舞台表演的各个环节，成为一种综合性、千变万化的时间和空间艺术。

本研究中的戏曲舞台表演指的是中国传统戏曲的表演。其内涵有唱念做打，综合了唱词对白、歌唱、念白、武术、杂技、舞蹈和音乐等不同形式的表演。它与西方的歌剧、舞剧、戏剧等表演形式还是存在很大差异。中国的传统文学四大样式有戏曲、小说、散文和诗歌。区别于其他三种样式，戏曲自开始便拥有两个生命：存在于文学作品的生命和存在于舞台表演的生命。戏曲的传播方式与其他文学类型也有所不同，中国的戏曲文本具有文本传播和舞台传播的双重属性。

戏曲文本即剧本，是舞台演出的脚本和根据（朱玲，2015）。绝大多数的戏曲以舞台演出为最终目的，通过视觉、听觉等多重符号刺激观众的感官，期望达到与观众共鸣、共情的目的。由于戏曲观赏的特殊性，观众只能随着演员的表演、唱念做打等形式逐渐了解剧情，层层推进，戏曲作品是单向性向前推进，具有不可逆转性、不可中断性。有别于电视、网络作品，对于钟爱的片段可以来回往复观看。由此得出，戏曲的欣赏是个连续线性的过程。评价一个剧本写得好与坏的标准便是以剧场演出的效果为最终审核标准。观众喜闻乐见、反映良好，则为好的剧本；反之，观众认为晦涩难懂，不能与演员产生共鸣，则为差的剧本。同理在“戏的情节”安排上，必须是相对集中和紧凑的。一场戏的演出时间是有限制的，不是无休止地在舞台上重复表演。这种“时间上的限制”，使得戏曲舞台表演在情节的展现上与其他文学作品，诸如小说、史诗等有所不同。(董健 & 马俊山，2004）而且在戏曲舞台欣赏的过程中，不仅要关注剧本、唱词，观众看到、听到、感受到的还有演员角色的话语特征、主角配角的安排、演员服饰、道具、舞台场景的美工布置、演出过程中的配乐等多个因素。

戏曲文本也包含散文、诗歌和其他文学形式的特征，同时还具有表演属性。这种特殊的文本因此具有两个主要目的：作为文学形式供读者阅读以及作为表演形式供观众观赏。其中“文本传播是舞台传播的前提和基础，舞台传播作为新的传播方式对其在西方的推动功不可没”（高璐夷，2016)。作为戏曲传播的双重属性，两者本就不可分割，而长期以来人为地把两者区分开来则导致了戏剧文本的文学性获得了更高的地位。但其实，作为一种戏剧形式，中国戏曲的核心应该是戏曲演员和观众的关系。在美国戏剧家威尔逊看来，台上的戏剧演员和台下观众之间的关系，是“一种人与人之间的直接交流，他们之间神奇的、类似魔术般的交流赋予了戏剧一种特殊的性质”(威尔逊等，1986)。

其实中国的传统戏曲按照表演形式，可以分为“案头剧”与“场上剧”，也就是所谓的“案头之曲”与“场上之曲”。这样的分类由来已久，实则暗指戏曲本身的双重属性。案头剧（案头之曲）是指戏曲剧本同传统的文学作品，如散文、诗歌、小说一样，可以供读者在案头品鉴，中国历史上很多优秀的戏曲就是以这样的方式延续下来，流芳千古。按剧种分，有京剧的《苏武牧羊》《天女散花》《龙凤呈祥》；评剧的《秦香莲》、《花为媒》；豫剧的《花木兰》《穆桂英挂帅》；越剧的《十三相送》《红楼梦》等。作为地方戏曲剧中的昆曲《牡丹亭》也是一样，从最早的汤显祖版本，到后来的青春版《牡丹亭》，再到各种英译版本。这样的案头剧本是场上剧本的基础，也是演员排练、导演指导的依据，评价其质量高低的依据则是以观众的认可度和接受程度为标准。当然戏曲的这种双重属性是相对来说的，案头剧的属性具有文学性，为舞台表演提供了文本基础和思想源泉；场上剧的属性则具有表演性，赋予文学性以视觉、听觉等多种感官的体验。对于戏曲剧本来讲，双重属性缺一不可，只供案头阅读而不适于演出的文学性剧作与只能演出而缺少文学性的场上剧作，都是不完美的艺术。

但纵观整个中国传统戏曲的发展历史，由于受到客观环境和主观认知等因素的影响，不是所有的剧作都有机会登上舞台，实际登上舞台的戏曲剧作屈指可数，更不要提用英语译文作为转播媒介“走出”国门的戏曲了。这些剧作品都是通过作者笔下传神的文字，给读者以遐想的空间，才得以在书斋案头延续下来。从兼具视觉、听觉等多种模态符号的立体舞台剧变成以语言文字为主要表现力的单模态案头剧，剧情的表现形式集中在文字符号上。读者对于角色的理解、剧情的把握、人物心理状态的揣摩等等都是通过语言文字这一单一模态符号的描述进行了解，并展开想象。通过这样的形式阅读文学剧作，时间空间相对自由，可以根据读者自己的喜好，选择合适的地点和时间进行阅读。遇到拍案叫绝的部分，可以反复阅读并仔细品味。遇到熟悉的场景也可以跳跃式阅读。但利弊共存，同一时间点，读者的关注点只有一个，即语言文字。

有关戏曲的文学性和舞台性的双重属性，董健、马俊山在其合著的《戏剧艺术十五讲》中作了对比，结果如下表（董健 & 马俊山，2004：68）：

表 5-1　　文学构成中的戏剧性与舞台呈现中的戏剧性之比较

戏剧性 / 内涵 / 比较的角度	文学构成中的戏剧性 Dramatic dramatism	舞台呈现中的戏剧性 Theatrical theatricality
言说（表达）方式	戏剧体诗之书写（与抒情诗、史诗的诗性相区别）：代言体	戏剧表演之表达（与音乐、绘画、雕塑等艺术的表达性相区别）：人的表演
时空制约	时间性（戏剧情节的集中性与演出时间长度的限制）	空间性（演员与观众之间的距离、舞台所占的空间）
媒介、属性、持续的久暂	语言（包括有声之语言与无声之文字）、文学性、永恒性	有声之语言、形体、表演性、一次性

续前表

比较的角度 \ 内涵 \ 戏剧性	文学构成中的戏剧性 Dramatic dramatism	舞台呈现中的戏剧性 Theatrical theatricality
存在方式	内在的、潜隐的、“灵”的	外在的、显露的、“肉”的
主要创造者	剧作家、导演	导演、演员
被接受的方式	阅读	观看

以上表格说明，戏剧性的文学属性和舞台属性的表现方式差异很大，分别通过以下六个要素表现出来：言说（表达）方式、时空制约、媒介、属性、持续的久暂、存在方式、主要创造者和被接受的方式。这里先对文学构成中的戏剧性里的“代言体”进行解释。它是影视创作和戏剧文学领域的专业术语，一般指的是剧作家“代替”剧中的角色“立言”，也就是代言叙述，通过剧作家叙述的口吻，代替剧中角色“立言”，从而完成故事情节的推动和描述，是剧本创作的主要表现手法之一，有别于传统文学创作中的第三人称叙事。由于采用代言体的写法，戏曲的文学构成语言和舞台呈现的语言也有很大差异。剧中角色的性格、心理活动等主要通过台词表现出来，同时剧中角色的语言特征还要贴合其性格、表现手法和角色身份的构建。高尔基曾评价戏剧语言的特征如下：“说剧本是文学形式中最难运用的原因就是，不同于小说、散文等传统文学形式中，作者和所描写的人物‘同呼吸，共命运’，赋予角色各种性格特征。戏曲中的剧本则要求剧中的人物角色用第一人称，即人物自己的语言和动作，行动等来进行人物性格表现，不用作者提示或者参与过多。换句话说，作者不能随便干涉剧中人物的表现。”（王光祖等，1980：33－34）舞台呈现中的戏剧，人物的语言更多的是通过第一人称或者角色之间的对话来表现。而“对话只是小说的一部分，小说家可以在作品的其他部分中使用富有他自己特色的语言，以彰显独特的文学特征并提高全书的艺术性。对话却基本上是剧本的全部，因而戏曲家必须反复揣摩，使台词中的对话具有很高的艺术性。”（王佐良，1987：470）

与富有文学性的案头剧文本阅读相比，舞台呈现中的戏剧表达模态符号种类要复杂、丰富得多，表现方式也灵活生动许多。这个区别主要源于“观”和“演”的关系（董健，2003：10），详细分析特征如下：

第一是舞台表演所带来的现场感与仪式感。到剧场去观看戏曲舞台表演的现场演出和在家阅读案头剧本、观看录制好的电视录像给人的感受是完全不同的。在剧场，演员和观众于同一时间相聚在剧场，这一同一地点。又随着剧情的展开，伴随着演员的唱念做打、表演、表情、动作等，观众与剧中人物同频共振，再加上很多观众富有仪式感地聚集在剧场观看戏由表演，精神相对在家观看要集中，氛围要好得多，并且现场观众的人数越多，集体的感受力就越强。这样的现场观看表演，不论对于演员还是观众而言，都更适合宣泄喜怒哀乐的情绪。

第二是艺术源于生活，又高于生活。戏曲的舞台表演赋予表情、动作以恰如其分的夸张性。戏曲将“诗、乐、舞”聚合在一起，也就是将“文学、音乐伴奏和表演”融合在一起，足以说明舞台表演在戏曲中的重要性。演员在舞台上，用语言、声音、唱腔、动作、表情等多种手段的强化和夸张来表达意愿和情感。

第三是舞台表演的变形性。演员通过语言、声音、唱腔、表情、化妆、服饰、道具、布景、灯光、动作等辅助手段把本人‘变’成了剧中的角色。舞台表演的变形一般分为模式化变形与生活化变形两种。前者通过极度的夸张，使角色形象定型，成为固定的演出模式。它与生活中真实的形象出入很大，有时甚至变形到不好辨认。后者则是依据生活中事物的本来模样进行加工变形，改造变形后的新形象与生活中的形象相差无几，充其量就是手势、声音有稍微的强化和夸张，但总体而言，戏中塑造的形象还是符合生活现实的。综上所述，可以说“中国传统戏曲的表演是高度模式化的”（董健 & 马俊山，2004：82－86）。

和其他程式相比，戏曲的表演程式处于核心地位。各种各样的程式只有在舞台表演过程中，通过戏曲演员的表演程式，才能有机地结合起来，形成比较完整的舞台表演形式。戏曲表演程式可以说最集中地体现了戏曲的形式特点。戏曲的舞台本翻译具有瞬时性的特点，要求翻译的作品能在最短的时间内吸引台下观众的注意力，让观众沉浸在戏曲的剧情和人物情绪当中，引起共鸣。这就要求舞台演出剧本具有可表演性、可念白乃至可吟唱的特质。

和话剧适用于配音的形式不同，国外有学者曾指出，戏曲和歌剧更适合运用字幕翻译的形式（Baker，2004)。英语字幕的使用在一定程度上更容易和目的语观众进行交流，从而提升中国戏曲文化的传播力和影响力。它可以保证观众在理解戏曲台词的同时，也可以欣赏到原汁原味的中国传统戏曲表演，这样也有利于中国文化在世界文化舞台上占有一席之地。

“作为用于舞台演出的文本，戏曲与其他文学作品不同，它具有开启人类所有感官渠道的能力。”（朱玲，2015）“在审美上诉诸通感的文本，这一重要特征是一切戏曲符号学分析的起点”，而且同时，“多媒介的戏曲文本比文学文本包含着更多的信息”（普菲斯特，2004：9－13)。

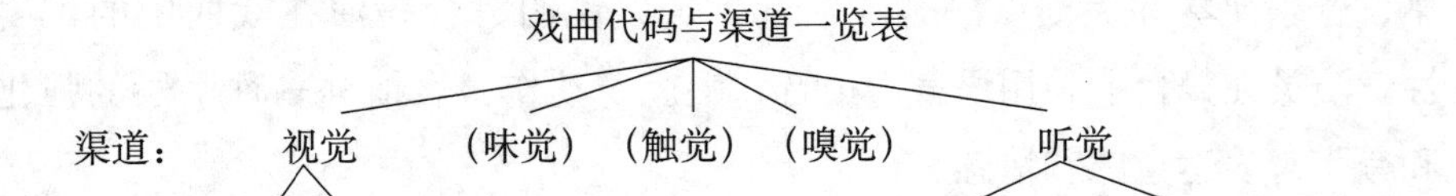

图 5.1　戏曲代码与渠道一览表

在图 5.1 中，人类的全部五大感官：视觉、味觉、触觉、嗅觉和听觉都存在于戏曲文本的代码和渠道中，且“每种模态都有各自擅长表达的事物”（普菲斯特，2004：11）。杰维特（Jewitt）认为，模态的可用性是通过模态的特征和使用来确定的，即表达某种意义或做某件事情可以反复地用一种模态，同时依据约定俗成常出现在某种语境中，那该模态就获得了某种意义潜势（Jewitt，2009：24）。从图 5.1 中，可以看到在戏曲中，最常见的模态为视觉模态和听觉模态。这两种模态又分别在“代码类型”的“+语言”和“−语言”，即语言方面和非语言方面作出了详细分析。不管是在语言方面还是非语言方面，作为发送者的角色和舞台又恰恰是舞台表演最重要的两个组成部分。

既然戏曲需要并且也可以用多个模态符号来构建意义，而这其中涉及的多模态符号又盘根错节，冗繁庞杂，那我们在进行戏曲翻译时，又该如何把握这些符号并达到传播的目的呢？波兰的戏剧符号学家库赞（Kɔwzan）认为，戏曲包括 13 种不同的模态符号系统，分别是语言、表情、动作、调度、化妆、发型、服装、道具、灯光、音乐和音响，并将这 13 种符号分为视觉和听觉两大模态类型，它们存在于时空之中，体现在演员内外，如表 5.2 所示（Kowzan，1968：73）：

表 5－2　　库赞戏剧成分图

<table>
<tr><td>1. 语言
2. 语调</td><td>口语的文本</td><td rowspan="3">演员</td><td>听觉符号</td><td>时间</td><td>听觉符号
（演员）</td></tr>
<tr><td>3. 表情
4. 动作
5. 调度</td><td>身体的表现</td><td rowspan="3">视觉符号</td><td>空间和时间</td><td rowspan="2">视觉符号
（演员）</td></tr>
<tr><td>6. 化妆
7. 发型
8. 服装</td><td>演员的外形</td><td>空间</td></tr>
<tr><td>9. 道具
10. 布景
11. 灯光</td><td>舞台的环境</td><td rowspan="2">演员外</td><td>空间和时间</td><td>视觉符号
（演员外）</td></tr>
<tr><td>12. 音乐
13. 音响</td><td>无言的声音</td><td>听觉符号</td><td>时间</td><td>听觉符号
（演员外）</td></tr>
</table>

在此基础上，我国的戏曲研究学者也绘制了一个戏剧成分图来分析中

国戏曲演出中的戏剧成分、各自的表现手段以及它们之间的联系。（蓝凡，2008：340）：

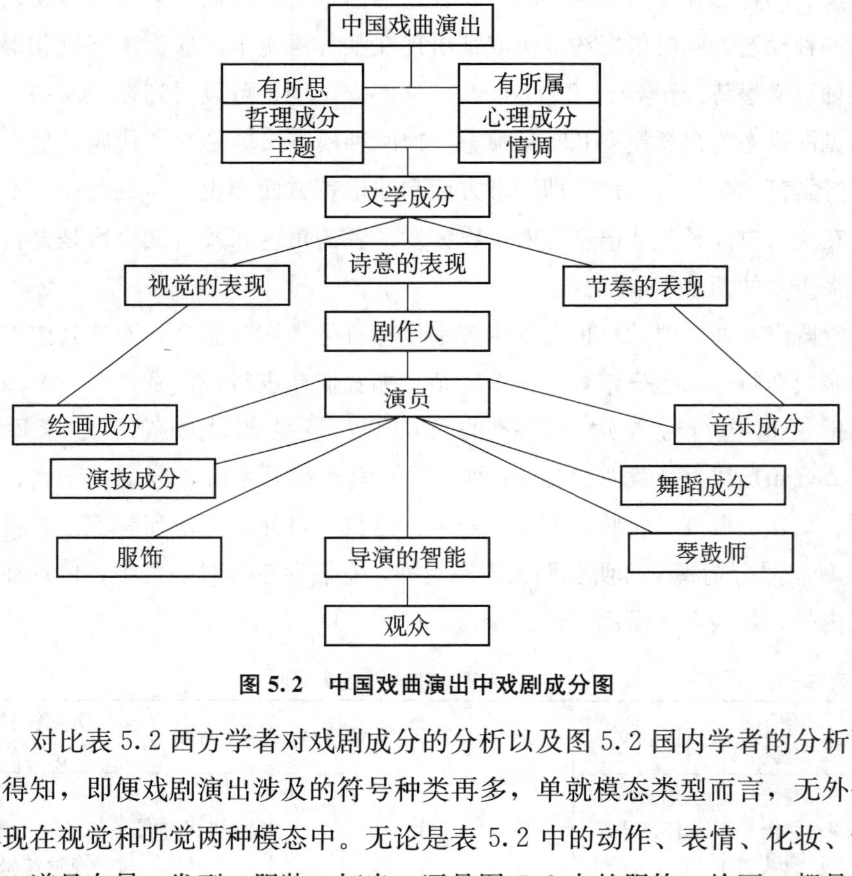

图 5.2　中国戏曲演出中戏剧成分图

对比表 5.2 西方学者对戏剧成分的分析以及图 5.2 国内学者的分析可以得知，即便戏剧演出涉及的符号种类再多，单就模态类型而言，无外乎体现在视觉和听觉两种模态中。无论是表 5.2 中的动作、表情、化妆、调度、道具布景、发型、服装、灯光，还是图 5.2 中的服饰、绘画，都是需要观众通过眼睛看才能接收到的信息，在模态种类来看都属于视觉模态。而诸如表 5.2 中的语调、语言、音响、音乐和图 5.2 中音乐成分、节奏的表现，都是需要观众通过耳朵听到的信息，在模态种类来看都属于听觉模态。当然目前随着科学技术的进步，很多高科技产品和技术也已经应用在国外现代化的剧场中，大都是通过以前尚未涉及的嗅觉、味觉和触觉模态来调动观众的积极性，从而提升现场观看表演的真实感和体验感。但由于缺乏实证调研操作的可行性和客观上缺乏大规模推广的硬件条件和软件技术，且在国内的戏曲演出中尚未出现。因此本研究暂且限定在视觉和听觉模态两种类型内对戏曲翻译开展多模态的研究。

2008年，昆曲《西厢记》在新加坡实现公演，就是戏曲在舞台表演的翻译方面较为典型的一个案例。该剧目由魏莉莎（因1980年在南京演出《贵妃醉酒》而有“洋贵妃”之美称，长期在夏威夷大学执导其英译京剧）和其学生沈广仁翻译成英文并指导。该剧目取材自明代传奇昆曲《南西厢》，唱词则沿用源本元代王实甫的杂剧《西厢记》。

沈广仁致力于将剧本翻译成通俗易懂的英语，在这次戏曲英译实践中采取了团队式口语化的翻译形式。“以沈为主导的三人团队运作模式为：精通源剧且有相当英文能力的导演（沈）看着源文（source text）而以英文口述；不懂中文而精于英诗的新加坡/马来西亚诗人（Leong Liew Geok）以口语润饰沈的英文并在唱词部分加以诗化；而并无古文或诗歌素养的打字员则记录诗人口语化的英文。如果导演发现诗人的润饰不合原意，他就详解源剧章句，要求重述。如果打字员不解或误解诗人的口述，导演与诗人便意识到术语或书面语之残留，他们随时更改，务必达到普通观众即听即解的舞台标准”（熊贤关，2015）。

这种创新而独特的翻译方式将戏曲导演、目的语语言专家和目的语观众代表囊括进戏曲的翻译行列中，使除了戏曲演员之外的几乎所有可能的参与者都参与进来，确保该剧目既能达到一定程度的文学水准，又能保证将来坐在台下的观众不论其文学素养如何都能理解从而欣赏戏曲表演。当然英文口述、润饰并诗化涉及了三重阶段，即中文—英文、英文的润饰、润饰后英文的诗化。虽然这个过程只涉及一次翻译行为，但多个阶段相互影响、环环相扣，任何一个阶段的失误都将对最终结果产生较大的影响，且所有环节都基于沈个人对于该剧目的理解，因此翻译后的文本和源文本极有可能产生出入。戏曲中唱词翻译的难度高于一般诗词的翻译，主要原因在于这些囊括诗词的字句是需要跟着曲调唱出来的。

沈对于戏曲的舞台表演功能十分看重，他希望既能保留经典戏曲阳春白雪的美感，又能让目的语观众在看懂的前提下感受下里巴人的狂欢。为了达到这样的舞台效果，沈采取了“翻译即改写”等以归化为主的翻译策略，经他大胆改写与改编的英文演出文本较源文有较大的转化与创新，有些甚至跳出了源文的框架。

在《西厢记》第四本第一折的一出戏中，崔莺莺夜访张生，其中有一段唱词因为带有情色特征而常常在表演时被删去，但在沈的翻译中，这段词被保留了下来：

【上马娇】 我将这钮儿松， 缕带儿解。… 不良会把人禁害， 咳，怎不肯回过脸儿来。	沈广仁译文： Sung to the tune of Wonderful Tonight by Eric Clapton Why are so many buttons on her cape? Is this the wrap to untie her shape? . . . My little tease may aim a jape- She turns away as if fighting a rape.

在沈的译文中，前面几句陈述句被改为了疑问句。从这段源文和译文的对比中，我们可以很明显地看到，两者的话语意义出入很大。如果从翻译的忠实度这一原则来看，沈的译文可以说背离了源文。第一句将源文的“松钮儿”“解缕带儿”这两个动作改译成了“Why are so many buttons on her cape?”“Is this the wrap to untie her shape?”两个表示心理活动的疑问句。在背离源文字面语义的同时，源文中张生急切地想解开扣子的心情被强烈凸显出来。这样的改编在舞台上呈现的效果是：张生迫不及待地解扣、莺莺慌忙系上扣子这样充满戏剧冲突的一连串动作，这也解释了为什么张生疑惑莺莺的扣子如此之多。

而源文中最后一句“怎不肯回过脸儿来”的感叹被改译成“她转过身，好似抗拒强暴一般”。“强暴”这一字眼给观众的视觉刺激之大可想而知。在舞台上张生的猛烈追逐和莺莺的激烈挣扎和译文互相呼应，呈现出一种更视觉化的动感。除了字幕和舞台的互动带给观众的视觉盛宴，每句话的尾韵“-ape”也增加了译文的可读性，让观众自主在脑海中产生一种音乐的美感。

成语和典故是在漫长的文学发展过程中逐渐积淀下来的，并且在多次使用中被不断加深了其话语含义，可以说是中国传统文化内容的重要组成部分。在中国的戏曲创作中，成语和典故的运用是常常采用的一种文学手段，借以表达人物情感和剧情内容。由于两者都蕴含丰富的中国传统文化内涵，因此较难被目的语读者和观众所理解，尤其是在瞬时性极强的舞台表演当中。沈的归化翻译策略也体现在对于戏曲文本中典故的处理方式上：

源文	沈广仁译文：
【胜葫芦】 我这里软玉温香抱满怀。 呀，阮肇到天台， 春至人间花弄色	Sung to the tune of Can you Feel the Love Tonight by Elton John Tender-jade and warming-bud fills this chest- The wanderer has found his love nest; The jade-bud is at spring-time's best.

接着上部分唱词，这部分唱词巧妙地借用了成语和文学典故来暗指两人达到性爱高峰。源文中“软玉温香”形容张生对怀中莺莺的触感，对这个感觉沈选择保留在译文中，“tender-jade and warming-bud”运用了比喻的手法，以美玉和花蕾比拟含苞待放的莺莺，恰到好处地译出了女性的娇柔。而对于绝大部分目的语观众不能理解的中文典故“阮肇到天台”，沈则选择摒弃不译，转而改译为“游荡者已找到他的爱巢”。通过译文，台下的观众能充分感受到这些象征性的语句中暗含的戏曲情节和人物在此情此景下的心理活动。

青春版《牡丹亭》则由作家白先勇主持制作，和华玮、张淑香、辛意云等文学家合作精心改编，将源本的五十五出浓缩了近二分之一，改为了二十九出，九个小时的演出分为上、中、下三本，其英文字幕由加州大学伯克莱分校的李林德教授翻译，并于2006年在美国上演并随后在世界各地巡演。《牡丹亭》全名《牡丹亭还魂记》，是明代剧作家汤显祖的旷世巨著，讲述了杜丽娘和柳梦梅瑰丽奇幻的爱情传奇故事，长期传颂下来以昆曲闻名于世。

中国的戏曲往往包含了大量的文言句式和诗词典故。在舞台表演这样一个深受时间和空间限制的形式下，字幕翻译的简洁性、准确性和音乐性需要同时受到关注。其中简洁性包括结构的简洁明了和语义的清楚易懂这两个层面。准确性指的是：《牡丹亭》作者汤显祖擅长引经据典，因此剧本中包含的许多具有中国传统文化特色的词汇、典故、谚语、神话、诗词、历史等内容就需要准确而明了地翻译成目的语。音乐性则是指传统戏曲中的曲辞，戏曲之所以为戏曲，唱词和曲调是其中最为核心的部分，两者缺一不可。

在青春版《牡丹亭》剧本的前言中，李林德教授对白之教授的英译全本表示认可，但也指出“可惜的是字句比较长，不适合剧场电子字幕的篇幅，因此笔者不得不重新再做。……翻译文中的字句比较简短、直接、通俗，企图让观众把注意力集中于舞台表演”（白先勇 & 李林德，2008：2）。

《惊梦》中的一则唱词翻译体现了戏曲翻译中的简洁性和准确性原则：

【步步娇】 没揣菱花， 偷人半面迤逗的彩云偏。	李林德译文： Contemplating the mirror，the stole my silhouette， Cloudlike tresses trailing to one side.

汉语剧本中的“菱花”指代菱花镜，是古时候女性梳妆用的一种铜镜，因其外形铸造形式酷似菱花，背面多雕以菱花等丰富多彩的花纹，被称作“菱花镜”。而下半句中的“彩云”比喻的是女子的发卷，将云作为喻体，是很直观形象的比喻。如果把源语中的“菱花”按照字面意思直译为“flower”、把“彩云”直译为“colourful cloud”的话，目的语观众则可能由于缺乏源语观众所具备的文化背景，很难将字幕中的两个词汇和所喻指的实物联系起来。李的译文中直接点明“菱花”为“mirror”、“彩云”为“tresses”，让舞台之下的观众一眼就能理解戏曲中的内容，解决了观众的理解困难。而“cloudlike”则译出了女性长发的形态，在保证观众理解字幕内容的前提下也保留了一定的美感。

由于舞台表演的时空限制，字幕翻译对字数有一定的限制，对于具有特定文化意义的内容，有时候无法进行注释，此时可灵活采用翻译方式，最大限度地将源文内容呈现给台下的观众。在《拾画》一出中就出现了这样的情况：

【唔莺御林】 小生待画饼充饥， 小姐似望梅止渴。	李林德译文： I paint cakes to still my hunger; She gazes at plums to slake her thirst.

在翻译此句话时，李林德将“画饼充饥”和“望梅止渴”两个成语典故尽可能地转移到英文字幕中，将这两个成语典故以描述性的手法直译出来，运用的翻译策略是异化。这两个成语喻指在愿望无法实现时以空想来安慰自己，这里表达的是女主人公杜丽娘渴望爱情而不可得的情状。直译的策略将生动形象而对目的语观众而言有新鲜感的中文介绍给观众，不仅没有给他们造成内容理解上的困难，反而能让他们体会到另一种文化和语言的风采。

而在异化为主的翻译策略下，译文对部分字词也采用了归化的手段，如将“饼”译为“cakes”，符合英文观众的生活习惯，也更容易被他们接受。中文中名词使用较多，英文中代词出现较多。在中文的诗词中很少出现人称代词，松散的句子结构中隐藏的人称代词可以被观众意会。而对于英语观众来说，这与他们的思维习惯不同，因此采用归化的翻译策略，明确句中的人称代词能增加他们对剧情的理解。在这一目的的驱动下，“小生”和“小姐”分别被译为人称代词“I”和“she”，使目的语观众能清晰地得到舞台上此段场景中所要表达的人物关系和情绪。

对于曲调在中国戏曲舞台表演中的作用，问卷的调查对象认为按主次顺序依次有“表达角色情感”、“渲染环境”、“突出角色性格”、“表述剧本情节”、“刺激观众多个感官”、“提供唱词念白的节奏”以及“模仿人或物的声音”。其中83.33%的调查对象认为“表达角色情感”是曲调的最主要作用。

在沈广仁的英文版《西厢记》舞台表演中，曲调一直是该剧本演出以来备受关注或争议的方面。该版本表演以流行歌曲为调，如添加了摇滚乐、现场乐队、经典音乐剧歌曲等元素，调查对象对此出现了两极分化的意见：34.72%不赞同这样的做法，认为这破坏了中国戏曲原有的韵味；35.11%赞同该做法，认为曲调应该随时代改变，符合观众的审美习惯。

也有少部分（4.17%）调查对象对此持中立的观点，认为“改编和经典版本都可以搬上舞台”、“流行歌曲的改编迎合了现代观众、外国观众的喜好和认知能力，可以存在。但并不意味着这就完全替代传统的戏剧形式，多种形式可以并存，共同发扬戏曲文化”。

为了更进一步了解调查对象对具体戏曲剧目中搭配流行歌曲这一形式的看法，问卷选择了《西厢记》中一段以歌曲“Can You Feel the Love Tonight”为配乐的唱词：

源文：	沈广仁译文：
 【胜葫芦】 我这里软玉温香抱满怀。 呀，阮肇到天台， 春至人间花弄色	Sung to the tune of Can you Feel the Love Tonight by Elton John Tender-jade and warming-bud fills this chest- The wanderer has found his love nest; The jade-bud is at spring-time's best.

“Can You Feel the Love Tonight”是经典迪士尼动画片《狮子王》中的插曲。这首情歌在影片中出现的场景是辛巴和娜娜彼此不说话，慢慢用心感受对方存在。对于英语国家的观众而言，这首歌是再熟悉不过的经典流行歌曲。超过半数的调查对象表示，流行歌曲在《西厢记》舞台表演时的运用可以理解，但改动还是过大。其中一位受访者表示：“舞台上看到的是酷似昆曲传统的服饰、化妆和身段，听到的曲调却是流行歌曲，感觉不能完整地传达昆曲的整体艺术效果，毕竟戏曲的音乐也是很重要的组成部分。”

基于以上所述，戏曲翻译不仅涉及语言文字的翻译，双重属性之一的舞台性必然也得考虑进去。在有译文剧本的戏曲最终登上舞台进行表演之前，译者、演员、导演、观众等都是影响翻译策略使用的因素，从而导致戏曲翻译策略的不断变化和调整，都是为了将更好的舞台效果呈现给受众。总体来说，只有经过舞台表演实践打磨、并取得观众好评之后，翻译的戏曲剧本才算相对成熟，才能成为理想的研究对象，并为翻译实践提供更好的借鉴和指导。从这点来看，戏曲翻译任重而道远。

第二节 念白唱词

中国古代戏曲既是文本，也是演出本，一本两用，同时具备文学作品的属性和舞台演出的特质。戏曲表演艺术中的功法是指戏曲演员训练时必须遵守的“四功五法”：“四功”是演员的表演基本功，指的是唱、念、做、打；“五法”则指口、眼、身、手、步。其中“四功”是戏曲表演艺术的根基，正所谓“唱必有声，念必有情，做必有动，打必有武”。在戏曲表演艺术中，其中的“唱”和“念”属于听觉艺术的主要表现手段。“戏曲的‘念功’与‘唱功’相同都属于运用‘赋、比、兴’表现手法的诗词体语言……两者都是经过艺术提炼的念白，不是生活化的语言，比较类似于朗诵体，具有较强的节奏感和音乐性。”（李玉昆，2014：52）

不论是在戏曲文本中还是在舞台表演中，唱词和念白都是戏曲中极为重要的一个部分，戏曲的剧情通常都需要通过人物的唱词和念白展现出来，舞台上的剧情推动和人物心理也需要通过演员的唱词和念白传达给台下的观众。戏曲中的唱词念白往往运用典故和诗词，更重要的是需要能唱出来，文学性和音乐性的双重属性使戏曲的念白和唱词翻译比一般的文学作品（包括诗词翻译）更为困难。且戏曲的念白唱词蕴含极为丰富的文化现象，其中的诗词语言精练内敛、句式多变，具有音乐性、节奏性和意境美，要恰当地传达充满文化意蕴的词汇和诗词对翻译者的综合素质要求也更高。

戏曲的整个翻译过程概括起来可以分为下列三个阶段：第一阶段是对剧本唱词基本语义的翻译，整个阶段耗时长、任务重，是整个翻译过程的基础；第二阶段是加工第一阶段的译文；第三阶段是检验前一阶段的可唱性。在第一阶段中，理解并用规范顺畅的目的语翻译源文唱词。第二阶段中，译者从文学和美学角度斟酌译文的文学性、准确性，主要检验内容是否准确表达了源文的含义，形式（如结构和字数等）是否能体现唱词的形式美、韵律美和节奏性。在第三阶段，检验译本的舞台演出性是主要内容，译者通过推敲唱词的可唱性进一步打磨译文，从而使译文在文学性和演出性两方面都更为契合。戏曲文本的“可演唱性的标准对每句唱词在音节数量、音素属性、节奏、句式、语序等方面都提出了要求。因此，演出视角的要求是唱词译文定稿的决定性因素”（孙铟力，2013：21）。

英译唱词的美学要素包括韵律美、形式美、节奏美、意境美等各个方面。韵律美包括长短元音的搭配使用、运用押韵（头韵和尾韵等）、相同元音或者辅音的重复使用。节奏美可由音节的长短搭配、词汇的长短搭配和句子的长短搭配等方面体现出来。形式美可表现为译文和源文或相邻文段间句子结构、字数、音节数、音步数等方面的相似。意境美则可以通过词汇所具有的多层含义或措辞等方式达成。

在唱词的翻译过程中，要兼顾意义的表达和声韵的传达，即区分文学译本和演出译本翻译策略的根本并不是重音与重义。文学译本由于不受时间、篇幅的限制，并且具有可以在文内加注说明、增添脚注的优势，在意义的传达上略胜一筹。但不能就此止步，忽略声韵的传达。正如前面章节所述，声韵是戏曲剧本的特征之一，角色的性格表现、心理活动等很大一部分是通过声韵特征传达的，在译文中也应尽量如数体现。而演出译本是要运用于舞台演出的，鉴于观众受现场在空间、时间、情境等方面的限制，在翻译这类译本时常以简化意义的传达为代价。同时，简化也要适可而止，把握好“度”。过度的重声韵轻意义会导致译文听起来像是戏曲，但仔细琢磨后，却让观众云里雾里，不知所云。译者简化意义、牵强押韵，导致译文与原作相差甚远，最后的结果只能是以失败告终。因此，选择“采取灵活的翻译策略，不拘泥刻意的押韵与严格的音步，但也不排除适当的头韵、尾韵和适度的节奏与轻重”（朱玲，2015)。与此同时还要根据舞台表演的空间时间限制选择好转行断句的最佳位置，控制句子的长短。

在东西方文化中，很多优美的音乐作品在表达意境时，就是通过声音的独特性展现出来的。“声音的某些特质也常用来表达特定的信息，我们可以根据文化习俗来领会再现的声音资源在具体语境中的意义。歌剧中的反面角色由男中音演唱并以大提琴伴奏，而纯洁的少女由女高音来表现并以笛子和小提琴伴奏。喇叭和鼓常用来表示权力和军队。”（West，2009：287）中国古典音乐对这方面技法的运用早已十分娴熟。当古琴、二胡、古筝、笛子、琵琶、大鼓等民族乐器在演奏的时候，听众闭目欣赏，感受到的是中国古典音乐所展现的千古生命之美。比如琵琶曲《十面埋伏》，讲述的是公元前202年楚汉之争时刘邦与项羽垓下决战的故事。整首曲子浑然天成，气势磅礴。有飞鸟禁声、游鱼沉底的紧张处，也有自然风光秀丽的舒缓处。“演奏者运用弹、挑、轮指、拂、扫等演奏技法，可模仿出金鼓齐鸣、短兵相接、人仰马嘶等声音效果，激烈的战争情景犹现眼前，令闻者初听振奋，继而惊恐，最后感而泣涕”（朱玲，2015）。“音响结构之所以能够表达特定的情感，其根本原因在于这二者之间存在着一个极其重要的相似点。那就是这二者都是在时间中展示和发展，在速度、力度、色彩上具有丰富变化的、极富于动力性的过程。”（于润洋，1981：30）

声音具有通感的功能，故能唤起人的多重感官感受。所谓通感，是指对身体的某一个感官进行刺激，通过联想引起其他多个感官反应而获得的感觉。由此，感官互通，相对应的几种模态也可以互相沟通。这种比喻手法在文学作品中经常出现，也是人类共有的生理和心理现象。比如说声音分轻重，正如颜色分冷暖。周海宏在其专著中进行了一组联觉（此处“联觉”可视作“通感”）对应关系实验，研究音乐与其表现对象之间关系的心理学与美学。得出与音高、音强、时间、时间变化率、紧张度、新异性体验相关的联觉对应关系，并总结绘制出如下系列图表（周海宏，2004：47－128），如下表所示：

表5-3　与音高体验具有联觉对应关系的感觉

	声音频率	
	高	低
视觉亮度	亮、明、白	暗、昏、黑
情绪活动（情绪体验）	兴奋、快乐、积极、向上	抑制、哀伤、消沉、沉深
空间知觉	上、浅、高	下、深、低
物体质量	轻、飘	重、沉
物体形状、体积	小	大
物体运动形态	敏捷、灵巧	迟钝、笨拙

表5-4　与音强体验具有联觉对应关系的感觉

	声音	
	强	弱
各种事物的能量、力量	大	小
物体与形状	大	小
物体的质量	重	轻
情态体验	强	弱
空间距离	近	远

表5-5　与时间体验具有联觉对应关系的感觉

	声音	
	长、慢、疏	短、快、密
空间延展	长、开阔、宽、舒畅	短、狭窄、挤、局促
物体大小	大	小
物体质量	重	轻
个性与人格特质	开阔、大、开放	狭隘、小、拘谨
事物运动	慢、静、变化少	快、动、变化多
情绪与态度	抑制、平和、安静	兴奋、急躁、激动
对应行为	端庄、稳重	随便、轻佻

表5-6　与时间变化率体验具有联觉对应关系的感觉

	起音速度	
	快	慢
触觉	硬	软
态度与个性	生硬、个性硬	柔和、个性软
决策、行为	坚决、果断	犹豫、迟缓
情态活动（情绪体验）	急躁	和缓
视觉	突然、生硬、直	缓和、柔和、曲
生存关系判断	凶、有害、可怕	善、有益、可爱

表 5-7　与紧张度体验具有联觉对应关系的感觉

声音		
	粗糙、紧张、不协和、复杂、高密度	纯净、松弛、协和、单纯、低密度
情态	紧张	松弛
视觉颜色	颜色：混杂、对比、复杂 线形：生硬、不自然、复杂	颜色：纯净、和谐、单纯 线形：流畅、自然、单纯
利益	竞争、危害	和谐、有益
主体需要	期待、不满足	满足
人格特征	狭隘、刻薄	开阔、宽容
触觉	粗糙、不平	光滑、平坦
认识活动	矛盾 复杂、曲折、深奥	解决 简单、直接、浅显

戏曲剧本原作的语言文字所传达的意义是以视觉和听觉模态为主要呈现形式。想要获取更多的符号模态信息，则必须通过现场观看戏曲演出才能得到。所以译者在进行戏曲翻译工作之前，最好走进剧场现场观看表演，真切地感受舞台的魅力。再结合剧本原作的文本阅读，将戏曲的双重属性有机结合起来，这样对于剧作的理解会更深刻、更丰富，在多模态的理解上也会更到位，具体到翻译工作中的策略运用，也会更加得心应手。

许渊冲在《谈英语和汉语》一文中曾表明：汉语的优点是精练（concise），英语的优点是精确（precise）。“汉语精练，言简意赅，有时意在言外，是一种文学的语言；英语精确，内容与形式基本统一，表层结构与深层结构矛盾较少，是一种科学的语言”（许渊冲，1987）。

本节选取汪榕培《牡丹亭》英文全译本中的部分唱词进行分析。作为一种集雅俗于一身、兼具文学性和表演性的艺术形式，戏曲大多有着丰富的诗词元素。一方面，昆曲有着自身鲜明的方言特色，演员用吴语进行演唱；另一方面，昆曲是曲牌体，唱词具有严格的曲调，是一种演唱的艺术表演形式。

汤显祖的旷世巨著《牡丹亭》一本中的唱词念白随处可见唐宋诗词的身影，包括曲文、宾白，甚至下场诗。吴吴山《三妇评本牡丹亭》卷首载还魂记或问十七条中云："牡丹亭之工，不可以是四者名之。其妙在神情之际。试观记中佳句，非唐诗即宋词，非宋词即元曲，然皆若若士之自造，不得指之为唐、为宋、为元也。宋人作词，以运化唐诗为难；元人作曲亦然。"汪榕培也曾指出自己在翻译该剧本中的集唐诗时曾遇到三大困难。下面以《惊梦》中唱词为例：

	汪榕培译文：
〔旦〕晓来望断梅关，宿妆残。	Du Liniang：With the distant pass in view at dawn， In my night-gown I stand forlorn.
〔贴〕你侧着宜春髻子恰凭栏。	Chunxiang： In spring-style braid， You lean against the balustrade.
〔旦〕翦不断，理还乱，闷无端。	Du Liniang： That which scissors cannot sever And，sorted out，is tangled again Makes me bored than ever
〔贴〕已分付催花莺燕借春看。	Chunxiang： I've told the early birds To meet the spring and send your words.

以上唱词旨在描写这样一个场景：主人公杜丽娘长期独居深闺，在春天的早晨，她在静谧的院子里，残妆在颊未卸，听着莺燕的声音，感到十分寂寥。以上这些语句所起的作用是交代剧情，故译文相应的也要实现功能对等，清楚介绍剧情。其中"晓来望断梅关，宿妆残"描写的是杜丽娘的妆容和动作：她一觉醒来，远眺梅关，意指其思念远在大庾岭的爱人柳梦梅。在她自我形容之后，剧中再借春香之口形容她的姿态和动作。之后的"翦不断，理还乱，闷无端"，三个押尾韵的同字数短语点出了杜丽娘因思念爱人而生出的郁闷和百无聊赖之情。最后则是春香请莺燕留下春光，让小姐能在欣赏美景中排遣内心的孤寂。

由于上述唱词的作用是交代剧情，如果采取异化的翻译手段，可能会造成目的语读者或观众的理解困难，然而归化的翻译手段则为了读者或观众便于理解而放弃了唱词中蕴藏的意境美、节奏美和音乐美。如译文中将"宿妆残"改译为"身着睡袍"，缺失了杜丽娘因思念而整晚带妆的情态。

而最后一句“已分付催花莺燕借春看”被译成“让早来的鸟儿迎接春天，送去你的话语”。译文“in my night-gown”和“told the early birds to meet the spring and send your words”从英文的角度来看，读起来也算朗朗上口，但却失去了源文中蕴含的意境美和文学意趣。

除了内容的出入，译文在形式上也和源文有所差异。分段的译文中明显能发现汪在翻译时极力保留和再现源文中唱词押韵的特色：“dawn”和“forlorn”、“braid”和“balustrade”、“sever”和“ever”以及“birds”和“words”。虽然汪所押韵的部分和源文并不一一对应，但在一定程度上再现了源文的韵律感。然而他对于“翦不断，理还乱，闷无端”的翻译有待商榷。源文以九个字、三个短句和三个“uan”形式的尾韵简洁明了又不失意味地描绘出杜丽娘的内心活动，而对应的译文是“That which scissors cannot sever，/And，sorted out，is tangled again，/Makes me bored than ever.”虽然也分成了三行，且首行和尾行押了韵，但整体形式和节奏却被破坏了，更像是一个相对较长的叙述句而非简明扼要的短句集合。

再看上本第三出《惊梦》中的一段唱词：

【皂罗袍】 原来姹紫嫣红开遍， 似这般都付与断井颓垣。 良辰美景奈何天， 赏心乐事谁家院！	汪榕培译文： To the tune of Zaoluopao The flowers glitter brightly in the air， Around the wells and walls deserted here and there. Where is the “pleasant day and pretty sight”? Who can enjoy “contentment and delight”?

这段经典唱词中描绘的是贵族小姐杜丽娘游览自家的后花园，发现万紫千红的花丛和断井残垣的景象相伴，良辰美景因为无人欣赏而暗自流逝。看到这样的景象，她不禁想到了自己：自己的自然天性受到禁锢，此时正是大好春色，深藏在她内心的活力与渴望与此产生了强烈的共鸣，不禁心生惜春、探春、怜春的感慨，也表达了自己的无奈之情。

单就文字而言，源文每个短句中都各有一个四字成语，分别是“姹紫嫣红”、“断井残垣”、“良辰美景”和“赏心乐事”，给本就不长的分句更增添了几分节奏和韵味，读者阅读时以及观众听戏时都能自然而然地感受到字里行间的节奏感和意境美。每个分句中最后一个字“遍”和“天”、“垣”和“院”隔行押了尾韵“ian”和“uan”，在阅读和演唱时体现出戏曲的音乐性。汪的译文很明显也强调了唱词的韵脚问题和音乐性，读来朗朗上口。和源文隔行押韵“abab”的策略不同的是，汪译本改变了源文的押韵形式，转而采取了“aabb”的形式，即“air”和“there”、“night”和“delight”分别押韵，读起来别有一番韵味。

在内容方面，汪译本也存在一定程度的音韵损义的问题。在比较好地传译源文的音乐性的同时，内容层面却似乎不能尽如人意。源文中“原来”“似这般”“都付与”这几个词看似简短，却都带有强烈的感情色彩。杜丽娘眼中的景色由“姹紫嫣红”到“断井残垣”的变化，用词极具画面感。在短短几个词的颜色和景物的变化中，人物触景生情的心理活动被完整地呈现了出来。源文“姹紫嫣红”形容当时园中花的色彩绚丽，从而和下一句的“断井残垣”形成鲜明对比。在译文中，“the flowers glitter”虽然转述了大体意义，却没有译出花色彩缤纷的特征，和之后“the wells and walls deserted”的反差相对减弱了不少。“良辰美景奈何天”一句的翻译对源文的忠实度相对更低。源文暗含责怪上天没能留住良辰美景、好景不长之意，而译文却成了寻找美景而不得的含义，出入较大。

第二出《言怀》中柳梦梅的唱词也有中国文化所特有的意向词汇，典故多、信息量大，此处译文选自李林德的译本：

【九回肠】	李林德的译文；
定佳期盼煞蟾宫桂，	She sets the happy date，as the courtier to the “moon palace” waits.
柳梦梅不卖查梨，	Plum Blossom Dreamer，unlike the pear vendor，boasts not of his talents;
还则怕嫦娥妒色花颓气，	And unlike the envious Moon Goddess，who puts the flowers to shame.
等的俺梅子酸心柳皱眉，	Plum Blossom's heart waits，as bitter pain knits willow brow，
浑如醉。	In drunken oblivion.

唱词中一连三句话都暗藏典故，如“蟾宫桂”、“不卖查梨”和“嫦娥”，此处李林德老师采取了将归化和异化结合起来的翻译策略。在中国古代神话故事传说中，月中有“蟾蜍”，后来诗文中就用作月亮的代称。“不卖查梨”则援引自元代无名氏杂剧《百花亭》第三折中，该折中卖查梨条的小贩叫卖自己的货物时故意夸大价值，如吃了他的查梨条可以无灾无难、治愈百病等，后便以“不卖查梨”指不空口说大话。

在李的译文中，“蟾宫”被译为“moon palace”，“嫦娥”被译为“Moon Goddess”，两处译文又前后呼应，即使目的语观众不熟悉中国的神话传说，也能通过短时间的联想理解字幕的含义。“卖查梨”在译文中被翻译成“the pear vendor”，而且进行了增译，点明这个“vendor”的特点是“boasts of his talents”，这样的译文既保留了汉语中的字面意义，又能让目的语观众在观看时充分理解这样作比的理由。

对于最后一句“等的俺梅子酸心柳皱眉”，李林德老师选择将其译为“Plum Blossom’s heart waits，as bitter pain knits willow brow”，做到了尽可能地将源文的字词意味译入目的语中。此句中的“梅子”和“柳”正和男主人公柳梦梅的名字相映衬，属于比较关键的文本信息，所以理应将其译出。源文中的人称代词“俺”被译为“Plum Blossom”，在一定程度上有些欠妥，因为译文将唱词的柳梦梅和观众的距离拉远了，虽然实际上仍是第一人称，但目的语观众乍一看字幕很容易以为是距离较远的第三人称而非相对亲近的第一人称。而且“Plum Blossom”作为男主人公的姓名或许会因为不符合目的语的文化习惯而使观众觉得奇怪。而“柳皱眉”一词可以说较好地译出了源文的意蕴。源文拟人的修辞在李的译文中也被传达了出来，而且还指出了柳皱眉的原因是因为“pain”，巧妙的是，“pain”在译文中也有了拟人的情味，可以说是锦上添花了。

“音乐尽管不如口语那样精确，但它也可看成是承载着具体意义的、约定俗成的声音系统。”（West，2009：285）我们通过下面这段昆腔简谱则能够进行更深刻的分析：

在这一句中，仅有“盼”字一处出现了高音曲调上行，音量和音域也都随之增大，这些特点有利于演员充分表达角色的情绪，反映了剧中人物内心翘首企盼的内心活动。其余大部分为中音曲调，而在“梅”“心”“皱眉”“如醉”等唱词处，多处出现了低音。一则突出人物内心悲伤的情感，失落、后悔的心情通过低音哼唱出来。二则凸显哭腔与哽咽的效果，这恰恰与这一段唱词所渲染的极度悲伤情绪相契合。

在大致了解调查对象对中国戏曲和戏曲翻译等方面的整体认知后，问卷通过部分个案进一步了解了他们对具体戏曲文本翻译的看法。如《牡丹亭》剧本《冥誓》一出中：

源文：

那有个相如在客，肯驾香车；萧史无家，便同瑶阙。

青春版译文：

Where is she，who would ride with penniless Xiangru? Or like homeless Xiao Shi, sky bound with a noble lady.

对该典故采取的异化翻译策略，超过半数的调查对象认为读者能比较好地理解译文的内容。在1—5的翻译质量分值中，近半数认为该翻译评分可以达到4分。在随后的有声思维法和一对一访谈中，本研究随机抽取了2—3名英语水平较高同时较为了解中国传统文化的受访者进行了进一步的采访，让其口头表述对青春版《牡丹亭》中这处典故翻译的看法。在采访前，笔者较为详细地描述了该处剧情和人物，以便受访者对这句话有更好的理解和阐述。下面是其中一位受访者的回答（整理后）：

"我一般先看源文。相如是蔺相如？香车……应该是卓文君和司马相如私奔的故事吧。这句话意思应该是'谁肯像卓文君和司马相如私奔一样来爱一个异乡人？'萧史是……传说中春秋时的人物，擅长吹箫，他和妻子弄玉后来化作神仙一并去了。那这句的意思应该是'萧史要是不碰上弄玉，怎么可能有幸仙去呢？'这句话的两个分句都有一个典故。结合《牡丹亭》的大致剧情，这两句应该是柳梦梅说自己还未婚配，希望遇到像卓文君和弄玉这样的女子可以共度一生吧。

再看译文的话，相如和萧史两个人物的姓名都采用了音译法，没有注释表明这两个人是谁，会不会让观众摸不着头脑？但是两个人前面又都补充说明了相如'身无分文'、萧史'无家可归'的特点，好像不用说明两个人的具体身份背景，观众也能隐约理解句子想表达的内容是什么。嗯……译文点明了'she'和'lady'，结合整句话来看，国外的观众应该也是能大致理解这句话的。虽然'sky bound'我也不知道翻译得对不对，他们能不能理解。我在想，是不是也可以不要指出两个人的姓名，而是翻译成'身无分文、无家可归的单身男子'，更容易让国外观众理解呢？感觉因为舞台表演的特殊性，观众理解字幕的时间非常有限，还得专注于舞台上演员的动作、神情、曲调等各个方面，字幕应该越简洁明了越好吧？"

其他两位受访者在以有声思维的方式阐述对该句的看法时，也表达了此处"归化"应该比"异化"更好，舞台演出时的英文字幕应该照顾到观众的瞬时理解能力为主。

除了中国传统文化中典故的翻译案例，问卷也选取了剧本中一句诗歌进行调查：

源文：	译文：
落霞与孤鹜齐飞， 秋水共长天一色。	Like a lone duck gliding in the sunset，like autumn river flowing toward the horizon.

对该句诗歌的英文译文，调查对象从总体翻译质量、内容翻译、形式翻译和意境翻译这四个方面进行了1—5分值的评分，结果显示：内容翻译得分最高（平均分3.97），而意境翻译得分最低（平均分3.5），总体翻译质量平均得分3.76。

先前的几位受访者同样口述了对这句诗歌翻译的个人理解，其中两位有相同的见解，且他们的观点对内容翻译和意境翻译的评分很有代表性：

“这句诗句在汉语中广为人知，是比较能引起观众共鸣的。诗句描绘的几个意向烘托出一个引人遐想的画面和氛围。作为诗句，本身的用词就比较简练，比如‘落霞’‘孤鹜’‘秋水’这几个意象用词都是极简的压缩词，这些意象本身就能带给读者/观众一种美感和画面感。

在译文中，这几个意象词分别被译为‘a lone duck’、‘the sunset’以及‘autumn river’，观众在观看字幕中出现的这几个意象时不会有‘这些词汇简练的同时很美’这种感觉，因为这些词都比较普通、比较生活化。这句以意象为主要构成的诗句在字面意义方面没有大的问题，但这些意象营造出的意境在译文中却缺失了大部分。当然译者添加的‘like’这个词点明了这些意象和说话者之间的关系，这可以帮助观众理解舞台表演时人物吟唱这句唱词逻辑上的关系。”

第三节 动作展示

戏曲表演艺术中的功法是指戏曲演员训练时必须遵守的“四功五法”：

“四功”是演员的表演基本功，指的是唱、念、做、打；“五法”则指口、眼、身、手、步。其中“四功”是戏曲表演艺术的根基，正所谓“唱必有声，念必有情，做必有动，打必有武”（李玉昆，2014：50）。在戏曲表演艺术中，“做”和“打”属于视觉艺术的主要表现手段。两者的目的和其他基本功一样，都是为了服务戏曲剧情的推进和人物角色的塑造。

“‘做功’又称‘做派’，广义上指的是戏曲表演技巧，是以演员韵律化、舞蹈化的形体动作为表现手段，来展现内心外化的叙事交流与角色的外在形象塑造，是区别于其他表演形式的特点之一。”（李玉昆，2014：52）戏曲中的“做功”要求戏曲演员的一招一式都要同时做到程式化审美和合理逼真，从而满足观众对戏曲表演的审美诉求。“‘打功’就是指戏曲表演中的武打……在中国传统武术中提炼出来的，以表现戏剧中交战与格斗场面为主的，极富程式性与舞蹈化的戏曲表演手段。”（李玉昆，2014：53）黑格尔将舞台表演的做功诠释为动作，即“能把个人的性格、目的和思想活动最清楚地表现出来的是动作。”（黑格尔，1958：278）

傅谨曾表示：“在以京剧为代表的中国戏曲表演艺术中，演员‘身上’的玩意儿才是关键，戏曲表演时诸身体的艺术。”（傅谨，2006）戏曲表演中“以身化物”的表演形式体现的是中国文化对于美的特殊感悟，这一身体语言深深根植于中华民族文化的土壤之中，“物我合一”的表演方式会让台下的观众产生独特的审美体验。在戏曲舞台上，演员的身体动作既可以“以身化物”来代替舞美布景和时空变化，又可以辅助情绪的表达，推动剧情的发展。在戏曲舞台上，“一个圆场八百里，万仞高山三五步”。例如，在舞台上，演员可以通过一个“卧鱼”的嗅花动作，让观众感受到原本没有花这一道具的舞台上绽放出了一朵美丽的花来。演员也可以通过一个空手推门的动作，以及抬脚跨越的动作让一扇门跃然舞台之上。

克瑞斯和勒文提出的“视觉语法理论”从图像的构图、颜色、亮度等视觉方面来研究图像的多模态活动，可以帮助理解图文关系如何共同作用参与构建意义。根据该理论，和语言一样，图像在意义构建中也有三大元功能，即互动意义、再现意义和构图意义（Kress & Leeuwen，2006）。根据克瑞斯和勒文，图像的其中一个元功能——再现意义表征图像中地点、人物和事件之间的概念关系或交际关系，根据图像的特点被区分为叙事和概念两大类。图像的又一元功能——互动意义体现的是图像的观看者与参与者之间的特定关系，这个过程中视角、接触和距离三个要素共同作用。而图像的构图意义包含信息值、显著性和取景三个方面的内容。

基于视觉语法的视角，本节将以青春版《牡丹亭》中部分舞台演出的动作为例，意图从再现意义、互动意义和构图意义三个方面分析该剧中的动作展示。

《拾画叫画》是一折小生的独角戏，舞台上的布景非常简单，只有一桌一人、一画一椅，没有过于曲折离奇的情节，没有演员之间的交流，唯一的交流是人与物的交流，即小生柳梦梅与画像的交流。这一场景的演绎非常考验演员的做功与唱功。从小生柳梦梅俯拾画像时漫不经心的一瞥，到找到画像，展开观画后的惊喜、意外之情，人物的内心活动、情绪变化等都是通过演员舞台上出神入化的表演展现，让现场观众随着演员的唱词、动作，目酣神醉，为之动容，仿佛真的在画像的背后看到了一个活灵活现的绝代佳人！

在《拾画》一出中，岭南秀才柳梦梅在进京赶考的途中突然生病，恰巧路过杜府的旧宅，便心生寄居在梅花观静心休养的想法。病后偶游废园，在假山石下捡到一幅美人画像——这便是杜丽娘曾经游园、寻梦，生前埋于此处的自画像。实际上，主人公杜丽娘此时已经死去将近三年，其父亲杜宝由于工作调任，导致全家迁出梅花观，届时只留下了梅花观道长的石姑姑来给杜丽娘守灵。梅花观中旧日场景依然存在，只可惜长期无人游览，也无人打理而逐渐荒凉落寞。柳梦梅将其画像带回居所后把玩赞叹，为之倾倒。这是一折仅有小生出演的独角戏，舞台上没有任何动作道具与舞台背景，可以说是最考验小生“唱、念、做、打”四功的一出独角戏，演员通过唱念的戏文、丰富的面部表情和到位的表演动作将剧本的所有信息传递给观众，也是奠定后续情节发展极为关键的一出。

再现意义可进一步细分为叙事的再现和概念的再现。在叙事过程中，图像的参与者相互作用或者一方对另一方有所行动。叙事过程包含三个方面：行动过程、反应过程以及言语心理过程。当舞台上有不止一个角色出现在同一画面中，其中一个角色是动作方，而其他角色充当该角色的目的方。

“图像的互动意义主要通过接触、距离和视角三方面作用来构建观看者和再现内容之间复杂、微妙的关系。其中（目光）接触指的是参与者和观看者通过目光和表情建立了互动关系。图像参与者直接注视观看者有两个功能：一是直接和观众交流，二是和观众建立某种社会关系。如果二者没有直接的目光接触，那么观看者只是接收参与者传递的信息，两者的距离主要通过镜头取景的大小体现出来”（潘燕燕，2020：38）。

图像的构图意义包括显著性、信息值和取景三个主要方面。图像中不同元素的构成或者同一元素所在位置的不同可以传达给观众不同的意义。其中信息值指的是元素在图像中的不同位置表明这些元素有不同的社会意义。位置有三种类型：一是从左至右的构成，这种构成展示的是从已知信息过渡到未知信息；二是从上至下的构成，这种构成体现的是从幻想到真实的情景；三是由中心到边缘构成，这种构成表现的是从核心信息到辅助信息的过渡。

在这场戏中，柳梦梅踩着几声清脆的锣，一个人从舞台左侧踱步而出，在整个画面中，观众只能看到一个角色，因此在该画面中没有出现目的方。柳梦梅春疾初愈，因“春怀忧闷无处排解”而出门探春、偶游废园。这一系列动作都是他自发产生的，而且并没有加到他人身上。

《拾画》一出的初始画面以长镜头取景，柳梦梅亮相时观众只能隐约看到一个人影。由于长镜头取景的框架搭建揭示的是一种疏远的社会关系，观众会对该人物的背景和经历有一定的好奇感。随后镜头切入中景，演员的头、肩和腰都露出在画面中，柳梦梅的容貌、衣着等更具体的细节展现在观众面前。乐曲响起，演员开始吟唱，交代出场背景。除了出场的画面，这段唱词中采用的基本都是中景的镜头手法，使柳梦梅和观众之间保持一个较为适度的距离，既不过分疏远，也不过分亲密，恰到好处的距离使观众在了解剧情走向的同时保持人物和剧情的神秘感。下面是部分唱词及其英文字幕：

	汪榕培译文
【千秋岁】 ［捧匣回介］小嵯峨， 压的旃檀合。 便做了好相观音俏楼阁。 片石峰前， 那片石峰前， 多则是飞来石， 三生因果。 请将去在炉烟上过，俺头纳地 添灯火， 照得他慈悲我。 俺这里尽情供养， 他于意云何？	To the tune of Qianqiusui Under cragged rocks Is a case of sandalwood, Where Bodhisattva Guanyin is enshrined. The peak of rocks, The peak of rocks Seems to fly across from foreign lands— A wonder of the fate destined. I shall perfume the portrait with incense And kowtow on the ground; I'll add oil to the lamp from hence To be endowed with bliss profound. I'll pay my homage here, But will she ever here?

演唱这段唱词期间，扮演柳梦梅的演员在部分唱词中直面观众，和观众有了直接的目光接触，直接和后者交流，并建立了较之出场更为紧密的社会关系。在这段唱词中，除了镜头取景和（目光）接触之外，柳梦梅的“做”功也值得关注。戏曲舞台上角色的动作展示有表达剧情内容、反映人物心理等方面的作用。其中两句唱词中柳梦梅的动作较为相似。在演唱“俺头纳地，添灯火”一句时，如下图所示，扮演柳梦梅的演员先是与观众目光直接接触，继而左手捧着画像，右手伸出衣袖并微微向右前方抬起，与此同时身体下倾，蹲着做出轻轻朝下叩头“头纳地”的动作。这些动作都和口中唱词相互呼应，加强了观众对于这两处内容的印象。

在《惊梦》一出中，深受封建礼教束缚的杜丽娘在听了塾师教授的《诗经》中“关关雎鸠，在河之洲；窈窕淑女，君子好逑”之词，萌生伤感之情。一日，她背着父母和塾师，和丫鬟春香到自家后花园游春。花园中花香鸟语，杜丽娘一时触景生情。她以前未曾发现春光竟然如此美好，心生喜悦，进而想到人生短暂，就像一年四季中的花期不同一样，大多会转瞬即逝。再又想到自己年轻貌美，才华横溢又出身名门，却未曾体验过爱情的美好，不由心生遗憾。此后她追求美好爱情的夙愿以及对于美好生活的向往便一发而不可收了。剧本要体现的是杜丽娘挣扎着想要摆脱封建礼教的束缚，抒发了向往自由、渴望爱情的情感。此段剧本在语言的使用上可谓文情并茂、格调高雅、辞彩华丽，是全剧的高潮和点睛之笔。在【皂罗袍】唱词中，杜丽娘和春香的各种动作互动在戏曲翻译时也值得被研究：

【皂罗袍】	汪榕培译文： To the tune of Zaoluopao
原来姹紫嫣红开遍， 似这般都付与断井颓垣。	The flowers glitter brightly in the air, Around the wells and walls deserted here and there.
良辰美景奈何天，	Where is the “pleasant day and pretty sight”?
赏心乐事谁家院！	Who can enjoy “contentment and delight”?
恁般景致，我老爷和奶奶再不提起。	Mom and Dad have never mentioned such pretty sights.
［合］	［Du Liniang，Chunxiang：］
朝飞暮卷，	The clouds at dawn and rain at dusk，
云霞翠轩；	The bowers in the evening rays，
雨丝风片，	The threads of shower in gales of wind，
烟波画船——	The painted boat in hazy sprays：
锦屏人忒看的这韶光贱！	All are foreign to secluded maids.

在这一段唱词中，杜丽娘和丫鬟春香的“做”功也多种多样、耐人寻味。两人既有一起展示的动作，也有分开表演的动作；既有同一平面的展示，也有前后、左右不同平面的动作。此处将选取其中两个和字幕翻译关系更密切的动作进行分析。

在演唱“原来姹紫嫣红开遍”时，如下图所示，杜丽娘和春香目光一起向右下角望去，杜丽娘把手搭在春香背后，两人轻巧地向后一抬脚，然后单膝着地，缓缓蹲下身去，各自将手中的扇子向身侧呈圆弧状伸展开去，一边展开一边轻微地抖动着，此时两人的头部也分别向各自展开的扇子方向看去，在长镜头下形成一个对称的动作图像。

人物的动作既可以表现剧情内容，也可以凸显人物形象或是某一当下的心理活动。戏曲中的动作不仅在于舞台设计的精美巧妙，而且在于每一处动作细节都经得起推敲，都能为人物性格、心理活动或是剧情推动服务。

在这句唱词中，两人看到后花园中色彩缤纷、花团锦簇的场景，第一时间的反应是欣喜和惊奇的。两人在蹲下之前分别向后稍一抬脚的动作虽然在整个画面中不算显著，但却恰到好处地将主仆二人见到花园中姹紫嫣红景象时雀跃的心情表现了出来。而随着目光的流转，手中的扇子展开划出一个圆弧，这一动作指示性较强，让台下的观众仿佛能看到剧中所描绘的姹紫嫣红的景色，一团团、一簇簇花卉盛开在满园春色之中。

在杜丽娘吟唱下一句唱词时，两人分别在画面的左前和右后，而舞台的灯光一直打在女主人公杜丽娘的身上，丫鬟春香则不时被阴影所笼罩。此处春香抬起左手向杜丽娘挥了挥，而后指向右前方一处空间，随后杜丽娘小步赶往所指之处，两人目光又一次同时向右下方看去。此处无实物表演的动作再次提醒观众她们目光所及之处有花，虽然舞台上没有花的道具，但演员的一抬手一投足都将“有花”这一信息传达给了观众，她们的动作展示也正和字幕翻译中的“in this glorious season”相映衬。

而在杜丽娘俯身去看花时，春香高高举起了手中的团扇，向前遮挡在小姐头顶。看到此处观众或许会有些不解：这是在遮挡什么呢？而当现场剧场字幕中出现“in windy strands of rain”一句时，两位演员再次拿起手中的扇子：杜丽娘微侧身遮住自己的脸颊，春香则望向小姐，拿团扇也挡在她面前，这两个动作重复了两遍。观众如果再想起之前杜丽娘看花时春香举扇遮挡的动作，便会恍然大悟，原来是在为小姐遮风挡雨啊！

接下来便是《牡丹亭》中最著名的一出戏《惊梦》了。自从游园回来，主人公杜丽娘困乏至极，短暂歇息时做了一个梦。梦中，与从未见过面的书生柳梦梅相遇相知相恋，进而幽欢。这一梦境，突破了封建礼教的束缚，可以说连杜丽娘本人也不敢想自己竟然做了这样一个梦。更不用说当时受封建礼教的束缚，身为大家闺秀的她更是大门不出，二门不迈，笑不露齿，行不摆裙。故梦醒之后，她不敢对任何人讲如此的梦境，只能一个人将此埋在心底。悠悠遗憾无法释怀，随着时间推移，实在按捺不住心中的强烈情感，独自一人跑到梅花观去寻梦。她回忆着梦境中与书生在园内的万般风情、千种恩爱，满怀期待地希望可以梦想成真。她已然心中因为有了爱的滋润，眼中无处不美景（（朱玲，2015）），真乃“以我观物，故物皆著我之色彩”（王国维，2004：5）!

《寻梦》是杜丽娘对前场梦中与柳梦梅幽会的追忆。杜丽娘梦醒后，一意孤行想要找寻梦中情郎，于是孤身一人又去了荒静的后花园，回忆着梦中的场景，索景寻梦。这出戏也是杜丽娘由生入死的转折点，同样是一出考验演员综合功力的独角戏，从视觉语法的角度来看，这出戏属于视觉符号的叙事再现。在日常生活中，白日做梦实属荒唐了，更不用说白日寻梦了。然而这出戏在杜丽娘的身上却表现得合情合理，令观众看了拍案叫绝。这不仅归功于剧情的曲折发展，而且与演员舞台表演的做功、唱功是密不可分的，反映出对压抑生活的反抗和对于理想生活的追求。这里我们举例第十二出《寻梦》中的【懒画眉】和【忒忒令】两个曲牌以及汪榕培老师的英文译本，语言文字内容重在写景，间或补充两句女主人公心生的感叹。从文字的表面看，并没有多少动作的信息。实际上，在这一出戏中，演员身段的表演将剧作的意义上升了一个层面。

第十二出：寻梦

【懒画眉】 最撩人春色是今年。 少甚么低就高来粉画垣， 原来春心无处不飞悬。 ［绊介］哎，睡荼蘼抓住裙钗线， 恰便是花似人心好处牵。	汪榕培译文： [To the tune of Lanhuamei] This spring has strongly stirred my heart. High above the garden walls, The blooms and branches stretch and dart. (Stumbles) Oh, the raspberries are pulling at my skirt, As if they tried to grasp my heart and flirt.

在青春版《牡丹亭》中，《寻梦》一出戏时长总计将近半小时，偌大的舞台上自始至终只有女主角一个人。舞台上没有任何的道具与场面布景，完全依仗演员扎实的做功和唱功功底，让台下观众不自觉地联想到精致优雅的后花园情境。戏曲的写意性原则在这一出折子戏中表现得尤为突出。

比如唱到台词“最撩人春色是今年”，女主人公演员在做功上轻捏香扇、拖袖出场，如下图所示。同时将处于花季妙龄少女的轻盈身段与大家闺秀的杜丽娘身份所体现的娇羞一起展现给观众，满足了观众在视觉上的感官体验。在舞台表演的走步上，演员迈着小碎步，快速移动到舞台前方，临近观众的表演区，开始观察园中的景致，使观众仿佛也跟着她轻盈的脚步一起进入满园春色的后花园。但从语言文字来看，此处只有一句话抒发主人公内心的情感，但将内心活动都用动作、身段、表情展现出来，在剧场构建的意义就比单模态的文字要丰富许多，多层次、全方位地将这一经典折子戏展示给观众。

【忒忒令】 那一答可是湖山石边， 这一答似牡丹亭畔。 嵌雕栏［哎］芍药芽儿浅， 一丝丝［哎］垂杨线， 一丢丢榆荚钱。 ［呃］线儿春甚金钱［哎］吊转！	汪榕培译文： To the tune of Teteling Here the lakeside rocks are piled, With Peony Pavilion lying wild. There the peonies dot the way: The twigs of willows sway: The elm fruits dangling from the trees Are mourning in the springtime breeze!

再如【忒忒令】中，女主人公将在后花园中观看到的春景全部用动作、身段传达给观众。如“嵌雕栏［哎］芍药芽儿浅，一丝丝［哎］垂杨线，一丢丢榆荚钱”一句。演员的舞台做功表现为：左手执打开的折扇，眼睛随着手部动作慢慢移动。屈伸半蹲，右手向右前下方作抚摸花坛中牡丹蓓蕾状。这一句唱完再起身时，一手翻扇背于脑后，一侧的发髻好像突然被垂直的杨柳树缠住，阻碍前行。于是右手伸出一个手指向上绕才拨开头发上的缠绕物，原来是“一丝丝垂杨线”的柳条。屈身钻过这些下垂的

柳丝后，眼前又出现了“一丝丝榆荚钱”，也就是榆树挡在面前。艺术源于生活，演员用展开的抖扇与兰花掌配合，将一丝丝垂杨线，榆荚钱都拨弄开，像极了生活中的场景，观众看起来也感同身受。这一出戏里的三处景致，曲词被演员诠释得淋漓尽致、惟妙惟肖。

在上述这三折戏中，我们分析了原作的情境、舞台布景、演员动作等方面，即视觉模态的分析以及对英译剧本传词达意情况作了阐释。这反映出了戏曲这门立体、多维的艺术样式特征，同时这也是戏曲区别于其他文学样式的一个显著特征。

问卷调查则显示，在绝大多数调查对象看来，中国戏曲中的动作（做功）在舞台表演中的主要作用按重要性依次为“传递角色情感”、“表述剧情内容”、“渲染环境”、“展示技巧并吸引观众注意”以及“解释唱词念白内容”。59.72%的调查对象认为在目的语国家和地区演出时，中国的戏曲剧目不需要改变既定的程式（如规定动作等），因为这是中国戏曲的特色，应该让国外观众适应。

为了分析调查对象对戏曲舞台表演中具体动作的认知，问卷选取了青春版《牡丹亭》的《回生》一出中道姑出场时手持铁锹、口吟念白的一个图像。图像中角色右手握铁锹拄地，左手手背轻抚前额。对于该人物的瞬时动作（没有英文字幕的情况下），68.06%的调查对象认为角色当时处于“伤心愁苦”的状态，而实际情况则是角色为了追赶柳梦梅而感到体力不支。

为了进一步探讨戏曲中的动作和英文字幕的互动关系，紧接着展示的是同样的动作（配以英文念白），其中72.22％的调查对象表示有了英文字幕的助力，他们对当时角色所处的状态有了更清楚的理解。为了核实猜想，《拾画》一出中柳梦梅的一个瞬时动作也摘入了问卷。此处，柳左手托住指向远处的右手，目光也朝所指处望去，再配以英文字幕“Happy times once graced this place”，人物动作和字幕相互映衬，几乎所有调查对象都准确理解了角色当下的心情和状态。由此，一定程度上可以得出这样一个结论：在舞台演出时，纯粹的戏曲动作是不能表达准确的含义的，只有当嵌入所处的剧本环境中，尤其是在和唱词念白的互动中，动作才能清晰完整地被目的语观众所理解。

国内外的剧作家和学者们经过长久以来的实践和探索，发现“动作是戏剧的根基，动作性是戏剧的基本要素”（约翰·霍华德·劳逊，赵齐译，1962：214）。苏珊·朗格认为：“在戏剧表演艺术中，任何外在身体上的或内在心理的活动的幻象都可以称为‘动作’，而由这样的外在和内在的动作构成的总体艺术表现形式就是以戏剧动作的形式展示出来的虚幻的历史。”（朗格，1986：355）并且认识到动作在戏剧中的重要作用，“动作是戏剧表演的中心……动作是激起观众感情，引起共鸣的最快捷的手段”（贝克，余上沅译，1985：25）。本研究讨论的戏曲中的动作亦是如此。但有三点需要在研究时注意：

第一，本研究所讨论的戏曲动作，包含两部分，即外部的演员形体动作和肢体表演，内部的人物心理活动。换句话说，“作为戏剧艺术表现形式的动作不仅包括直接作用于观众视觉和听觉的外部动作，还包括能揭示人物性格、内部心理的一些潜在的内心动作”（施旭升，2006：213）。

第二，在不同的语境和曲目下，同一个戏曲动作所表达的意义不尽相同，不可以偏概全。要把动作放在具体的戏曲曲目和特定的语境下去分析解释。“在具体的作品中，任何一个动作（形体动作或言语动作），都必须与动作主体所置身于其中的特定情境联系起来，才可能生成意义”（谭霈生，2009：7）。

第三，不是所有的戏曲动作都有实际的戏剧意义。只有情节上出现冲突的，与剧中人物感情世界或者内心活动相关的才有戏剧性。正如俄国批评学家别林斯基说道："戏剧性不存在与任意一个单一对话，而存在于有矛盾的互相对话者的活生生的动作之中。"（董健 & 马俊山，2004：73）

古今中外的戏剧表演都离不开动作。中国传统的戏曲表演更是如此，不仅有动作，有的甚至表现出了舞蹈的特点，彰显了其专业性。由于中国传统戏曲大都是表达才子佳人的爱情故事，单凭语言文字不能很好地传词达意。结合演员外化的动作，辅助演绎剧中人物的性格和内心活动就显得尤为重要和迫切了。

本章以多模态话语分析为理论框架，从舞台表演、念白唱词和动作展示三个方面对戏曲这一集诗、乐、舞于一身的文学及表演载体进行分析。多模态是指交际过程中参与其中的一切方式和媒介，除了语言这一被广为研究的基本符号之外，还包括颜色、音乐、图像、表情、动作等一系列符号系统，分析的是各种模态之间的关系，多模态构成的整体意义、意义的特点和功能。

中国的戏曲文化作为一种特定社会背景下的思维模式，存在多元的文化语境层面的话语意义，诸如文化传统、道德价值观、行为规范、风俗习惯等。在积极推动中国文化"走出去"的大背景下，戏曲文化的构建者和传播者应全面考虑本文化的内在语境以及目的语文化的特殊语境，从而对戏曲整个语篇的内容和形式以及各个符号系统进行重新拆解、排布和融合，力争消解因为文化差异而导致的思想意识隔阂、行为隔阂等对内容形式理解的差异。

本章选取魏莉莎和沈广仁翻译的昆曲《西厢记》，由白先勇主持制作、李林德翻译的青春版《牡丹亭》以及汪榕培的《牡丹亭》英译全本这三个在戏曲海外传播中较为典型的、获得了相对成功的剧本作为案例分析对象。通过对三个戏曲剧本/舞台演出本的多模态话语分析，本章研究发现：这几个剧本虽然在内容和形式上有所差异，但大体上都在戏曲翻译的舞台表演、念白唱词和动作展示等方面有较好的参考借鉴意义。

中国传统戏曲经过长久以来的发展和变革，拥有了种类繁多的曲目，每个曲目都有其独特的语言和舞台演出的特点。中国传统戏曲不仅仅是各类符号系统所组成的艺术表演形式，还是中华民族文化的载体和人们生活的体现，更是全人类宝贵的文化财富。“中国戏曲从早期的形成到融汇其他剧种艰难发展，经历的是曲折的历程，持续的变革更新是一直葆有旺盛生命力的秘诀。”（王文章，2003）在传递中国戏曲文化的过程中，尤其是在演出本的译介过程中，译者的翻译对象是一个不断更新的剧本。因此，译者需要全面考虑戏曲文本设计的包括舞台表演、念白唱词和动作展示等各个模态在内的整个符号系统，从而让目的语观众在有限的时间和空间内获得最佳的中国戏曲文化体验。

第六章

理论价值与未来发展

第一节 多模态戏曲翻译研究现状

随着综合国力的不断增强，我国的国际地位愈发受到国际社会的肯定，中华传统文化逐渐成为中国国家形象中不可或缺的一部分。而作为传统文化的代表之一，戏曲作品的翻译也日渐受到各学界的广泛关注。过去的几个世纪以来，戏曲翻译经历了多个方向的发展，然而其传播效果仍有提高的空间。随着互联网和媒体的广泛运用，海外观众了解中国文化的机会不断增加，为满足外国普通民众对中国文化进一步了解的需求，以及更好地输出中华传统文化，高质量地翻译各类文化作品成为当务之急。

乔治·贝克曾说："戏剧本身有双重性，或者说，戏剧有两个生命。它的一个生命存在于文学中，它的另一个生命存在于舞台上。"（董健 & 马俊山，2004：66）纵观戏曲翻译领域，长久以来，研究重点一直着眼于文本语言，而针对戏曲中非言语要素的翻译研究则屈指可数，对于如何处理戏曲作品当中语言之外的符号，学界也没有给出明确的答案。究其本质，戏曲翻译具有独特性，并不能和普通的文本翻译一并而论，单一套用各类翻译理论只会导致翻译效果不尽人意。因此，戏曲作品当中的非言语要素应该得到更多的重视，翻译策略应能够融合时代背景和戏曲特点。

当前国内戏曲翻译研究为"理论与实践"两条线路并行发展。一方面，学者们从文学、语言学、社会学、心理学等不同角度出发，探索分析了戏曲翻译的优缺点，针对其独特性提出了相对应的翻译策略，如释意理论、功能对等理论、交际翻译理论、目的论翻译理论等。其中，交际翻译理论是如今戏曲翻译领域较为流行的一种观点，即"交际翻译试图使读者阅读译文产生的效果尽可能接近读者阅读原文所产生的效果"（杨士焯，1989：69)。另一方面，也有学者只着眼于某一特定的翻译理论，并将其投射在具体的作品中分析，如探讨功能对等理论下《西厢记》中文学典故的翻译策略等。

无论是从广义的翻译抑或狭义的翻译角度看，翻译过程中都包含多种符号系统的转换与信息的传递。在翻译这一活动过程中，对原作意义的构建和信息的传达都脱离不开语言文字以及其他类型的符号要素，这就要求译者不仅要关注原作中的语言符号，还要着眼于除此之外的其他模态符号所呈现的多维意义。因此，翻译本身不仅仅是语言文本的转换，更包含了多模态信息不同内容的传递。而将多模态理论投入戏曲翻译实践当中来考核其翻译效果，有利于推动翻译理论的新进展。而这里所研究的多模态文本，并非是对传统语篇的再次界定，而是放眼于整个信息化时代，大众间广泛流行并使用的图像、视频、音频等不同符号系统和文本共同构建的新型研究对象。

广义上的翻译指的是各种符号之间的信息互通与传递，而信息既涵盖不同语言的沟通，也包括语言和其他符号的互通，甚至是其他不同符号之间的互通。因此，针对翻译中存在的大量模态转化，译者需要对文字以外的符号意义加强关注。因此，多模态这个概念指的是表达作品含义的各种方式和不同符号。例如，文本可以作为一种符号系统，音频又是另一种符号系统，还有图像、动图等等。甚至不同的颜色也是符号系统，因为颜色也可以参与意义的构建与表达。例如，红色可以表达愤怒，黑色表示静默和阴郁，而在中国历史中黄色象征帝王。以上涉及的符号系统相关研究都属于符号学。在进行符号学研究时，以上内容基本都是分开阐释的，例如文字符号学、音乐符号学等等，极少情况下会把上面的各种符号混合起来。而在当今的多媒体时代，各种符号混合后出现在各种作品当中。根据科学研究，人脑在处理各种符合时，会调用脑的不同部位和功能来处理相应的符号。而在处理单符号系统时，人脑功能是单模态的。因此，多模态研究在当前多媒体处处流行的时代变得弥足重要。

译者的工作始于原文本，终于译文本，翻译过程是语言文字的转换活动。在翻译活动过程中，译者要处理的不仅仅是文本，还有多种意象。例如在小说和散文中，充斥着视觉、听觉等不同意象。此时，译者不仅要准确传达原作中的语言文字信息，更要不断挖掘其背后的深层含义，在译本中尽力体现出来。在此翻译活动中，信息必然会有所损失，译者只有倍加关注作品中的多模态符号资源，并尽力去传达其所代表的意义，才能最大限度地保留原文本的多维信息，使译本读者能够获得和原文读者相似的体验。而在多种翻译文本中，最特殊的一类即是戏曲翻译。

现代话剧中削减了唱的部分，西方歌剧中缺乏舞的部分，而舞剧仅仅是舞蹈表演，戏曲作为一种综合性的艺术形式，包含多种要素如音乐、舞蹈、表演等等，是一个多模态艺术作品的典型案例。因此，从多模态的角度分析可谓恰如其分。那么，在实际的翻译和研究过程中，应如何去把控各种要素呢？根据库赞的观点，戏剧由语言、语调、表情、动作、调度、化妆、发型、服装、道具、灯光、音乐、音响等十三种符号系统构成，大体可以分为视觉和听觉两大模态类型，它们存在于时空之中，体现在演员内外（Kowzan，1968：73）。因此，为使戏曲译作尽量向原作接近，译者需要摒弃原来的单模态思维，努力从多模态角度梳理其规律和特点，将其列入研究范围，再根据戏曲特点进行改造，不断探析多模态信息的研究方法，使其能够更好地服务于戏曲翻译。

“戏剧据说有十三个中介渠道，形成极为复杂的复中介符号传达”（赵毅衡，1994：40）。总的来说，戏曲翻译的含义虽是两种不同语言之间的转换，然而究其本质，它仍然是一部完整的戏曲，其内在特性并不会发生变化。由于剧本本身具有两重性，即可读性和可演出性，剧本文本本身的内容和多种非语言符号系统共同构成了戏曲本身，而戏曲翻译的目的就是整合出可读可演的译本。

鉴于戏曲的两重性特点，译者在进行翻译时，需要在心中时刻考虑戏曲表演的舞台效果和观众对作品的理解及接受程度。可读性指的是将戏曲剧作看作是可以进行文学阅读的作品，而观众本身也是戏曲艺术得以延伸的存在。与其他文学类作品的翻译不同，戏曲翻译需要译者对原文本的特点和语言有更加深刻的理解和把握，采用观众易于接受的方式来翻译，尽力再现原文的语言风格，如此才能达到更好的传播效果。可表演性强调的是观众的即时反应，同时也带有解释的滞后性。舞台上的表演稍纵即逝，一旦出现理解误区，很难有时间和机会去修正，而观众本身对于戏曲也会有理解的差异和不协调。因此在翻译过程中，译者还需要顾虑到舞台表演的动态性，尽力避免一些潜在的理解误区。戏曲作品中的所有成分都参与了意义的构建，即多模态性显著。因此，译者在处理作品的过程当中要尽量减少对内容的误解，努力再现原作的艺术风貌。另外，戏曲演出局限于特定的时间和地点，每部作品需在短短的几个小时内完成。在规定的时间内，观众需要理解作品的来龙去脉和人物关系，以及不断推进的剧情。因此在翻译的过程中，译者应十分注意语言的通俗易懂和入乡随俗。

科技飞速发展，各类多模态要素也变得更加普遍，文字、图像、视频、音频等多模态同时出现在一部作品当中也变得更加常见，机器翻译、云翻译、语音翻译助手等新形式也为多模态翻译研究提供了新的可能。当前时代的翻译概念不再单一指代不同语言文字间的转换和传递，更是需要跨越文化隔膜的文本构建。过去译者往往只重视文字，但由于当前多模态产品的风行，译者也需要和不同领域的专业人士合作，协力创作出满足译文接受者交际功能的译文。例如在戏曲翻译中，视觉模态和语言模态都起到帮助观众理解剧情的作用。归根结底，文本的交际作用不仅由文字决定，更是由特定文化产品和语境决定的（陈曦 et al.，2020）。

模态是“在特定的语境下，在长期的人际交往中形成的”（Kress，2009：54－67）。克瑞斯（2009）认为，模态的存在可从两个角度进行分析：其一，模态的社会性。即在社会生活中，人们是否会经常用到这一模态。其二，模态的功能性。模态同时具有概念、人际和语篇三个交际功能。译者需要不断分析各个模态在作品中所呈现的含义，根据作品的特征，选择对应的功能进行解析和强调。若只是在作品中简单机械重复各个模态意义，无疑会影响作品的翻译质量。因此，模态的功能性应当被纳入译者处理作品时的考虑范围，而如何正确地传达其意义，都应当进行深入的探索和研究。

根据克瑞斯和勒文的观点，多模态的意义是“同一符号性话语产品或者事件中使用了多种符号模态”（Kress & Leeuwwen，2006：20）或者在同一作品中存在着多种符号模态。然而多模态的分类方法却又各不相同。在戏曲作品中，分为传统的语言模态和非语言模态，非语言模态例如演员的表情、动作、眼神、姿势、手势、舞台环境、所使用的道具等等，所包含的内容不一而足，相对复杂。这也表明了在戏曲作品中，其他模态和语言在传达意义方面具有同样的地位。

自20世纪90年代开始，多模态话语分析研究如火如荼地发展起来。根据符号在交际中的运作，克瑞斯和勒文将多模态话语分析分为四个层次：话语、设计、生产和分布（Kress & Leeuwen，2001：4）。奥哈洛兰（O'Halloran，2004）将系统功能语言学的模式应用于多模态话语的研究分析。诺里斯（2004）从社会互动的视角探索了多模态行动话语，但缺乏对各种模态语法的梳理和意义探讨。马蒂亚森（Matthiessen）探索了多模态语境和其他语言语境之间的差距，认为话语方式的变化是多模态理论在语境层面的主要区别（Matthiessen，2007：23）。奥哈洛兰和史密斯虽然研究了多模态领域内的问题，但缺乏对各种符号系统必要的描述和探讨（O'Halloran & Smith，2011）。韩礼德和马蒂亚森则认为在多模态符号系统交际中，各种符号系统的分工不容忽视（Halliday & Matthiessen，2014）。反观国内学者的研究，冯德正（2011）从系统功能语法的视角讨论和研究了多模态隐喻的类型。张德禄（2018）认为，话语“在社会中创造，在具体的社会语境中发展，即话语要适合于这些语境中的社会参与者的利益和兴趣”（张德禄，2018：739）。由上可以看出，过往学者研究的侧重点各有不同，内容涉及多模态的语境、意义、形式、符号等多种角度，然而缺乏对相关问题的深入探讨，而针对多模态戏曲翻译理论的探索更是少之又少。

目前，国内关于戏曲翻译的专门研究不多。戏曲翻译的表演特性使其与其他艺术形式分隔开来，而其复杂性又使之在翻译研究中受到冷落。部分硕、博士论文虽然对个别戏曲翻译的剧本展开了文本研究，但覆盖面仍不够广泛，采用多模态翻译理论的则更少。

因此，戏曲翻译在当前仍属于一个需要被重视和关注的领域。作为传统艺术的代表，其翻译质量也会对文化交流的水平产生影响。“不同国家和民族的起源、地域环境和历史过程各不相同，而色彩斑斓的人文图景，正是不同文明之间相互解读、辨识、竞争、对话和交融的动力。”（汪榕培 & 李秀英，2006：1）然而目前国内戏曲作品翻译质量良莠不齐，不仅很难出口国外，而且对国内学界的参考性也有待商榷。

多模态的应用研发虽引起了学者们的广泛关注，但国内翻译研究尚处于起步阶段，大多局限于对国内多模态翻译研究的分析和梳理以及多模态概念的未来发展，缺乏系统性的回顾和讨论。总的来说，研究数量较少，范围局限（人机互动、教学研究、语料库研究和话语分析），研究视角拘泥于部分领域，缺乏一定的广度和深度。和戏曲翻译有些许重合度的影视翻译又过度局限于字幕翻译，重复研究多，观点雷同。当前国家的“一带一路”建设正值快速发展时期，将多模态和戏曲翻译相结合有利于构建我国的文化形象，是值得深入探索的领域。

在网络和各种媒体形式高度发展的21世纪，各类艺术作品负担着传承和发扬民族文化的作用。而其中存在的缺陷和错误则会被放大，往往会造成不良影响。戏曲作品中负载着大量模态符号，而不同模态之间又存在着各种关联，如果翻译不到位，必定会导致各模态之间不对应，引起歧义的出现，无疑会影响不同文化背景下观众们的理解，导致文化传播的效果出现偏差，因此译者对各个模态翻译的思索和处理就显得至关重要。

综上所述，多模态戏曲翻译研究中仍存在着一些可以发展的方面：1. 根据多模态的特点，针对不同戏曲作品的语境概念展开细致的分析和概念梳理；2. 关于戏曲作品中非文本符号的特征和梳理略显不足，缺乏进一步的描述和研究；3. 克瑞斯和勒文提出的四个层次（话语、设计、生产、分布）与戏曲作品之间的关系（Kress & Leeuwen，2001：4－7）。因此，如何建立起系统的多模态戏曲翻译研究理论？如何对非文本部分的特征进行探索和研究？如何建立起系统功能二合一的多模态戏曲翻译理论分析模式？这些都是亟待解决的问题。

戏曲作为中国传统艺术的瑰宝，已然是推广中国文化的一张闪亮名片。在向外推广中国传统文化的过程中，完善戏曲艺术翻译的各个表达方面，符合外国观众的欣赏习惯，从多模态的视角切入戏曲翻译的实践和研究，可以使译者们能够得到更多新的发现与收获，从而丰富和完善多模态翻译研究的分支，做到对多模态戏曲翻译理论的进一步开发与拓展。回顾迄今的各种翻译理论，无一不是以语言文本作为基本考量因素。而随着各个模态的广泛涌现和大范围应用，各种模态对译文的制约和影响已不容小觑。基于多模态话语视角考量中国文化传播，将有利于跨越语言文字的单一模态，通过结合影像、声音、舞台效果等多种符号系统，使国外受众更容易接受，准确高效地构建外国观众脑海中的认知地图，从而促进中国文化话语权的提升和中国文化在国际上的传播水平。

第二节　新时代多模态戏曲翻译理论的价值

作为“世界三大古老戏剧”之一，中国戏曲的发展经历了漫漫长途，起源甚至可以追溯到原始部落的模仿歌舞，随着时间的推移，其种类和作品不断丰富创新，逐渐成了中国传统艺术的杰出代表。作为中华优秀传统文化集大成之类别，戏曲本身具有很高的研究价值，然而迫于种种原因，就目前来看，戏曲的海外宣传仍有较大的发展空间。戏曲翻译作为文化传播的重要内容之一，日益受到国内外学者和专家的重视。

纵观我国戏曲史，从古至今，不仅产生了一大批戏曲作家，还有不少戏曲理论家，其留下的名篇佳作和理论思想都具有极高的艺术造诣，对后世影响深远。然而，随着全球化的持续推进，西方戏剧进入中国，使中国传统戏曲的话语权不断削弱，逐渐成了过时的“旧剧”，盛行的西方戏剧一时间独领风骚，新时代的产品如话剧等不断涌上舞台，将传统戏曲取而代之。直到21世纪，随着中国的综合实力和国际地位不断上升，传统文化开始重新受到重点关注，为响应树立文化自信的号召，戏曲作品再次进入全球视野。

目前中国现存戏曲种类超过360种，数量庞大，每个曲种都各具特色，有的带有强烈的地方烙印，在民间广泛流传。同时，戏曲中有很多剧目都是普通老百姓耳熟能详的历史故事，哪怕听不清楚唱词，也能大致明白某部剧所要表达的内容。但因为缺乏相应的文化背景和历史常识，同样的内容对于外国观众而言却很难理解。因此，即使把戏词翻译成外文，唱腔和表演形式都很难被模仿和领会，帮助译入语观众理解戏曲作品成了需要解决的首要问题。

中国戏曲闻名世界，然而在当前国际戏剧界，中国戏曲作品的知名度和影响力却不够强大，戏曲作品的翻译质量成为其走向世界的关键。如今正是将戏曲向海外推介的绝佳时机，国内也开始逐渐重视传统文化的保护和推广。2007年，中国第一个京剧研究机构——中国人民大学中国国剧研究中心挂牌成立。2011年，“百部中国京剧经典剧目外译工程”正式启动。2016年，国际戏剧协会正式成立了“国际传统戏剧论坛”，旨在为世界各地优秀的戏剧作品搭建一个沟通交流的平台，更好地接受国际观众和专家的声音和反馈，推动我国戏曲作品“走出去”。

戏曲艺术具有其独特的秉性，在演出过程中，戏曲演员进行生动的舞台表演，这也对观众的欣赏能力有一定的要求。有一年，梅花奖艺术团远赴欧洲演出昆曲《白蛇传》，然而，由于外国观众对中国戏曲作品知之甚少，翻译的效果也不尽人意，导致演出现场氛围无比冷清。观众没能成功理解作品中的艺术精粹，未能取得理想的演出效果。所以，当戏曲走出国门、走向世界时，如何解释戏曲作品的含义，向观众传达剧情故事、人物特点、作品中蕴含的感情色彩，都对译员提出了很大的挑战。译员想要翻译出这些内容，不仅自己要对中国的戏曲艺术有深刻的理解，同时还要对外国的歌剧、话剧有一定的知识积淀，懂得其间的差异所在，如此才能在大脑中预设观众在观赏作品时可能会遇到的问题，以及东西方文化和作品风格上的不同，从而选择更适合的翻译手法和翻译风格。

目前，戏曲的跨国交流主要有两种做法。有一种方案是不翻译，西方的一些戏剧学者认为可用肢体取代语言，或者通过多媒体的方式增加舞台效果。部分西方学者对东方戏剧抱有很大的兴趣，然而苦于语言不通，也不愿花费时间和精力去学习汉语，致使不翻译理论越来越盛行。可以看出，在国际戏曲交流中还是有一些人对语言视若无睹，部分人仅仅着眼于视觉和听觉带来的演出效果，而忽略了文本本身。然而，缺乏了文本的解释，只会导致观众对作品本身的误解，长此以往，戏曲的艺术价值无法真正得到传递，在一次次的表演和改动中逐渐流失。

随机采访一名中国人，他可能会对中国戏曲如数家珍，然而在欧美等西方国家，了解中国戏曲的人实属少数，甚至很多西方人对中国的了解也不够深入和真实。中国给他们的印象只是一个拥有五千年文明的东方国家，一个飞速发展的国家，甚至有时候还会有一些负面的印象。即使在各类艺术作品中，相比于小说、音乐、美术，戏曲仍处于较为边缘的位置。然而，戏曲作为中华文化的重要组成部分，其国际地位随着中国综合实力的增强而不断提高。但不可否认，中国戏曲和西方戏剧之间存在很大差异和隔阂，这些差异源于不同的语言背景、文化习俗和世界观等方面。

戏曲真的不需要翻译吗？毫无疑问，摒弃了语言的“后剧本”会导致戏由本身的建构缺失。当中国戏曲走出国门、走向世界，面对外国听众的时候，对他们而言，理解戏曲所要表达的内涵仍然是一个需要克服的难题。此时，戏曲的表达不应仅仅局限于国内演出的形式，表现手法上可以格外注重“做”、“打”，因这两项具有一定的表演效果，可以起到吸引观众的目的。配合音乐和武生们的动作可以营造出一种生动的气氛。通过灵活的动作和各类神态反映戏曲剧情，可以有效地促进传播和展示，有利于加深外国观众的理解。代表性的作品如《三岔口》《闹天宫》等，这些作品即使没有翻译也常常会被观众所喜爱。然而它们有一个共同点：充满了丰富的肢体动作。因此，在看了过多此类作品后，难免会担心外国观众对中国戏曲产生刻板印象：中国的戏曲作品是否不需要翻译就可以理解并欣赏呢？答案必然是否定的。

值得庆幸的是，国内外学术界还是有不少学者在戏曲翻译领域不断地进行着实践和探索。2017 年 5 月，上海戏剧学院赴意大利演出京剧《徐光启与利玛窦》，主要在米兰的“小剧院”（实为意大利最大的剧院），当时，三场戏票全部售罄。承载着观众们的热情，剧团又去都灵演了一场。当时的字幕使用了多种不同的译文。都灵大学孔子学院的院长是一位造诣很深的汉学家，他亲自为这一场演出专门翻译剧本，当时翻译的意文唱词甚至同中文一样押了韵（孙惠柱，2017）。

戏曲翻译虽然类似于影视剧字幕翻译，最终都是以文本字幕的形式呈现给观众，但是戏曲翻译的价值却并不止步于字幕。如果译者用翻译影视剧作品的方法去处理戏曲，那么翻译的结果必将不尽人意。戏曲不仅是优秀的文学艺术作品，更承载着中华民族所积淀下来的文化精粹。观众在有限的时间内欣赏一部作品，要做到完全领悟作品的全部内涵，仅仅依靠一次机会是很困难的。因此，译者在对待戏曲翻译时，要拿出对待文学作品的精神，遵从“信达雅”的标准，努力将作品翻译成值得反复欣赏的作品。不能图简单或试图简化字幕，让观众仅仅了解戏曲的大意是远远不够的，对于其中所承载的文化内涵，必须予以合理的解释，避免意义流失。

除去本身存在的语言文本系统，戏曲作品也存在着多种模态系统，而各种模态之间的转换本身就属于翻译过程之一。存在于不同模态之中的符号资源，对于译者来讲是莫大的考验。而通过在翻译研究中运用多模态翻译理论，有助于打破原有的文本局限。

不同国家和民族之间语言和文化的差异性导致译文无法百分百再现原文的意义，因此在翻译实践当中，译者可以结合不同的模态来再现和表达与原文相同的意义，原作的多模态手段应得以保留。在戏曲作品中，最主要涉及的模态类型是视觉模态和听觉模态。对于观众眼睛可以接收到的信息，例如演员的表情、动作、姿势，现场的布景、灯光、服装等等，这些都属于视觉模态。除此以外，演员的念白唱词、现场的音乐都属于观众用听力捕捉到的信息，属于听觉模态。随着时代的进步，也许还会逐渐开发出调动观众嗅觉模态、触觉模态等其他感官模式的新技术，然而当前绝大部分的戏曲作品仍以视觉和听觉模态类型为主。这就要求译员在翻译过程当中时刻注意这两种模态的构建，努力挖掘原作背后所涵盖的意义和多层信息。

目前多模态翻译理论已经广泛应用到其他领域，例如广告、建筑、音乐等，在这个理论基础上构建起来的翻译理论可以反过来指导具体的翻译实践，各种文体作品中多模态符号的应用都需要相应的理论指导。多模态的戏曲文本比文学文本包含更多的符号信息，跨学科资源整合成为推广戏曲翻译研究和实践的重要方针。要建设文化强国，必须推广中华民族的优秀传统文化，在全球化背景下不断增强国际影响力，推进东西方文化的交流互通。

多模态化成为当前人类日常交际活动的主要特点之一。与语言相比，在很多情况下图像和声音可以更直观和真实地再现作品的含义。因此，译者必须重视各种模态在翻译中的应用和体现。戏曲作品中，伴随着演员们的演出，舞台上的各种元素和译文相辅相成。并且，很多是语言所表达不了的内容。因此，戏曲翻译不应只着眼于对唱词的文本翻译，要灵活运用舞台上的多种模态符号，力图使用活泼生动的表现手法，使观众能够更深刻地理解作品及其背后所富含的文化艺术底蕴。

听觉模态和视觉模态的结合共同构建了戏曲作品的整体意义。在翻译戏曲作品的时候，要时刻考虑语言和音乐、图像等相结合后的演出效果，梳理各个模态之间的特征和关系。当单一模态无法充分表达作品的全部意义时，译者就需要利用其他的模态来强化和补充，根据作品表达的需要做到不同模态之间的相互配合。译者所要考虑的是，如何选择最佳模态来表达每个场景下所要传达的意义。

当前对于戏曲研究，国内外的学者尝试采取了多种研究策略，包括巴斯奈特研究观等，除去常用的翻译策略，多模态翻译理论虽然复杂且不够简单省力，但采用多模态翻译理论可以达到戏曲翻译想要表达的效果和目标。动因可以概括为以下几项：

第一，起到强化重点意义的作用。例如，在戏曲作品中的往往有多条人物关系链，若都通过对唱词的翻译来体现，则会给观众增加很大的理解压力。因此，在现场可以采用相关的提示工具，使观众能对场上的人物关系一目了然。除去人物关系，还有其他要素可以通过多模态的协作达到预期的演出效果。

第二，补足缺失的意义。单一模态所不能表达的意义，或者译者预测观众无所理解之处，此时需要多模态共同协作补足意义。例如，在戏曲作品中人物处于较远距离，互相做手势，比动作，此时若没有一定的知识背景则很难理解人物行动的意义。因此，此时需要采用文字或者音频的方式补足此处缺失的意义，否则观众容易感到一头雾水，不明所以。

第三，吸引注意力。个别模态所表达的意义可以达到吸引观众注意力的目的。例如戏曲舞台上出现了中国特色文化元素，此时外国观众必然会被吸引，配合多模态进行翻译解释，潜移默化之中加深外国观众对中华传统文化的理解，同时还可以激发观众对剧作的兴趣。

第四，抒发情感。用一种模态可以表达基本的概念和意义，然而想要在戏曲中表达态度、情感、目的等时，背景音乐、字幕、图片等符号资源都可以成为行之有效的手段。

第五，便于不同文化背景的观众理解。有时个别模态较为抽象或者深奥，此时用另一种模态来辅助提供说明，会使理解更加容易。例如，西方文化背景下的龙是邪恶的化身，而在中国文化中龙代表权势、尊贵，是帝王的象征。因此，在出现一些容易引起误解的内容时，译者要学会巧妙地使用多模态来化解。

中国京剧院院长吴江如曾说："文化从来都有着倾向性，现在的国学热潮，正是中国传统文化走低很久之后的反弹，可见社会对优秀文化的需求已经体现出来，作为音乐课的一部分，京剧进校园不是要培养票友、演员，而是要形成一种社会共识。一位海外华人告诉我，中华传统戏曲的音乐旋律是世界华人的'国际歌'，听着这首歌，可以找到回家的路。"（彭斐，2008：59）因此，戏曲研究不仅可以帮助推广中华传统文化，更是培养国人文化自信、巩固国家文化根基的必然之举。

习近平总书记强调，我国要“提高国家文化软实力，要努力提高国际话语权。要加强国际传播能力建设，精心构建对外话语体系，发挥好新兴媒体作用，增强对外话语的创造力、感召力、公信力，讲好中国故事，传播好中国声音，阐释好中国特色。”（习近平，2017）十九大报告更是指出，必须要坚定道路自信、理论自信、制度自信和文化自信，其中文化自信也是自十九大以来重点强调的方针政策。在意识形态领域，唯有不断加强中国话语权，才能增强中国文化在世界上的影响力，并突显中国文化价值。

发扬中华优秀传统文化，推动中国文化走向世界，翻译是必经之路。然而，在过去很长一段时期里，为了让国外受众更好地理解中文的作品，在处理文本时译者常采用顺化翻译原则。然而该种翻译策略过于注重文本，容易丢失文化中其他的重要元素。在媒体高速发展的21世纪，文化的传播不再仅仅局限于部分媒介，因此，译者在传播中国文化时可以考虑采取更强的主动性，即积极调动作品中的各种模态，努力表达具有中华民族生命力的价值观，使中国文化、中国观念和中国话语在作品中得到充分的体现，为中国文化在世界文化理论体系中争得话语权。

在翻译戏曲作品时，传统意义上的翻译方法往往无法完美再现原作中所蕴含的文化意义。通常情况下，译者过于拘泥于文本之间的转换，总是从纯文本的角度尽力去还原和再现作品中的文化元素。然而不论如何处理，戏曲作品对外国普通受众而言，理解难度始终很大。过于直白的戏曲台词会影响艺术作品的美感，而过于晦涩艰深也会影响观众对作品的理解。因此，从传播学的角度分析，若想使外国普通民众理解中国文化，并尽量避免因为语言不同而带来的误解，实现起来有很大的难度。所幸当前的多媒体时代为文化的传播和理解构筑了更好的环境，语言文字不再是文化传播中唯一的符号系统，网络和媒体的发展促成了文本和声音、图像等其他模态的融合，“话语传播方式日益多元化，人们对于依靠文字传递信息的依赖程度降低，多模态话语日益成为人类认识、感知世界以及进行交流的重要方式。画面、声音、文字等多模态共同作用可更好地构建语篇的整体意义，而且比单一的文字翻译更生动形象”（汤素娜，2019：119）。

中共中央总书记习近平在《人民日报》的署名文章《坚持正确方向创新方法手段提高新闻舆论传播力引导力》中曾指出，“要创新对外话语表达方式，研究国外不同受众的习惯和特点，采用通融中外的概念、范畴、表述，把我们想讲的和国外受众想听的结合起来，把‘陈情’和‘说理’结合起来，把‘自己讲’和‘别人讲’结合起来，使故事更多为国际社会和海外受众所认同”（习近平，2016）。为加强文化建设和传播能力，讲好中国故事，推动中国文化“走出去”，运用多模态翻译理论成为新时代翻译研究必要的选择。对于戏曲翻译，要努力创作出生动有趣的戏曲作品，使外国受众喜闻乐见，既看得懂也喜欢看，只有如此才能促进中国文化在全球各地的本土化传播。长此以往，中国文化不仅能够“走出去”，还能“走进去”，在全球范围内打开市场，取得更加令人满意的国际传播效果，增强中国文化软实力和国际话语权的建设。

在当前，很多西方观众对戏曲抱有兴趣，可能是被演员服饰、姿态动作、舞台布景等元素所吸引，并非是真正理解戏曲蕴含的深刻含义。因此，想要引起观众的情感共鸣，避免西方观众对中国传统文化产生误解，成功将中国戏曲推向全世界，高质量的翻译起到了至关重要的决定性作用。在戏曲翻译过程中，将传统的多模态文字拓展转换成融合各种模态符号的翻译作品，才能促进戏曲作品的国际传播。从多模态翻译理论视角探讨和分析戏曲翻译，将会为当前戏曲翻译理论提供新视角，为中国文化“走出去”研究以及构建中外融通的翻译理论体系提供一定的借鉴意义。

第三节 多模态戏曲翻译理论的未来发展

世界上有两种东西没有国界，那就是科学和艺术。尽管语言在一定程度上限制了戏曲艺术内容的共通，但是戏曲作品本身携带着天然的全球共享基因——人类共同的情感。戏曲作品中非言语部分的表现力着实帮助诠释了作品的剧情或者剧中人物的爱恨情仇。基于此，戏曲翻译译员需要敞开心扉，用心体会戏曲作品的精髓，因为在作品当中，很多情感不是通过语言表达的，而是通过演员的表现力体现出来的。因此，在戏曲作品翻译过程中，译者要多重视言语之外的模态，以更加细腻的方式去体会剧中人物，帮助外国观众深入了解中国文化。

翻译承载着中国传统戏曲作品对外传播和沟通的使命，然而中国戏曲的复杂性和多样性使翻译研究进展缓慢，戏曲翻译理论研究更是举步维艰（尚喜梅，2019）。当前戏曲翻译对外传播仍有很大发展潜力，随着多模态理论发展的蒸蒸日上，针对戏曲翻译作品良莠不齐的现状，笔者认为，应优先选译一些具有代表性的典型作品，如昆剧代表作《牡丹亭》等，运用多模态理论将戏曲作品当中的多模态符号进行有效的翻译和转换，翻译成读者顺眼、观众入耳、演员上口的译文。多模态视角下的翻译研究意义在于可以充分阐释原作品中所体现的整体意义，既包括语言文本体现的部分意义，也包括一些非语言手段所指代的意义。在戏曲作品中，服装、影像、颜色等各种模态的作用不容忽视。如果抛开这些模态进行表达，必将导致译文对原文内容的“不忠实”。戏曲作品中有些模态并不能表达本身的意义，但其存在仍具有独特性，不得随意删除。多模态视角下的翻译研究可以为译文的审阅提供新维度，从而促进翻译理论新方向的进一步发展。

首先，国内目前的戏曲翻译理论研究虽然呈上升趋势，但总数仍然较少，且大多着眼于戏曲的翻译策略和原则、戏曲翻译家的翻译思想等方面，运用多模态理论研究戏曲翻译作品的仍然较少（尚喜梅，2019）。因此，这一领域仍有较大的研究空间。

其次，现有研究逐渐开始注意到戏曲文本的多模态性，部分学者虽然意识到戏曲作品文本和文学作品文本有区别，但在对二者的翻译方法处理上却基本相同。原因在于这些学者在研究的时候仅仅考虑语言文字因素，而忽略文本之外的因素，并没有将语言文字符号之外的其他戏曲符号元素考虑进去，因此多模态戏曲翻译理论研究并没有取得实质性的进展与突破（尚喜梅，2019）。

再次，当前的戏曲翻译研究重点多在于知名剧种，如京剧、昆剧、越剧等，对其他剧种的关注和介绍都不够，不但没有形成体系，而且部分剧种的翻译研究甚至是一片空白。然而，分析原文本是戏曲翻译研究中至关重要的一步，也是所有翻译实践活动前必做的准备工作（尚喜梅，2019）。多模态戏曲作品中各个模态相辅相成，共同构建了作品的意义。因此，不论是忽视了任何一个模态还是对原作进行了错误解读，都会导致原文意义缺损。因此，译者承担的责任不仅是翻译作品的含义，还需正确分析其中各个模态的意义及其文化内涵。

相比于文学翻译、机器翻译等翻译学研究领域内的其他类型，多模态翻译研究相对比较滞后。而其原因有两方面："其一，以往的研究侧重于单模态（主要指语言）层面的语际翻译，忽略了非语言符号与语言符号系统之间的符际翻译；其二，多模态翻译的理论基础之一——多模态话语理论尚不成熟、不完善，从而限制了研究的深层次发展"（王红芳 et al.，2018：101）。同时，"目前国内关于多模态翻译的研究，主要集中在影视翻译和多模态翻译教学体系构建方面，并且多数研究，只是简单套用了多模态话语分析理论，研究方法和内容大同小异，研究视角单一，缺乏深度和广度"（许勉君，2017：40）。因此，今后的多模态戏曲翻译研究应从多方面共同发力，包括理论构建、语料库建设、产品研发、功能探究、人才培养、质量评估等等。

多模态戏曲翻译理论的最终目的是向译语观众传播中国传统文化，让外国观众能在欣赏戏曲的时候既能理解其正确的文化含义，又能对中国文化有深刻和正确的理解。因此，这就要求译者首先对中国戏曲有着强大的知识储备，并合理处理翻译过程中遇到的问题，避免一概使用归化或异化的翻译策略。因此，译者必须提前了解作品中的各个模态，分析其背后的意义，理解作者的创作意图，并结合戏曲的多模态特点，打造最适合作品的译本。

鉴于此，立足于多模态翻译理论，译者需尽力探析最适合戏曲演员的译本。如果能用外语直接把戏曲唱出来，将是中外戏曲爱好者的共同期待。结合歌剧的翻译限制因素，译者可以得到相关启发。借鉴歌词的翻译，孙慧双指出，要译出“富有歌唱性”的译文，翻译过程中至少受到八个方面因素的限制（孙慧双，1999：236－243）：

译文字数受音符数量和外文音节的严格限制；

译文句式受音乐结构和外文句式的严格限制；

译文中的每个词的重音受音乐重音和节奏的限制；

译文风格受音乐风格限制；

译文中的每个字的声调受音乐走向的限制；

译文的韵脚受音乐情趣的限制；

译文的句读、呼吸和气口必须和原文中的句读、呼吸和气口完全一致；

译文在音乐高音区的用字必须是恰当的开口原因。

普通歌词尚且需要注意如此多的地方，更何况戏曲唱词。因此，译者在处理戏曲翻译时会感到有压力。因为单一的语言文本能解释的东西有限，况且在戏曲有限的演出时间内，想要高效快速地传递原文的含义实属不易。译者在处理多个模态时，要考虑的不单单是文字，还有各个模态之间的逻辑关系，模态之间可以互动，并引申出相关逻辑关系。本文在多模态话语分析中视觉语法和听觉语法的理论指导下，重点探讨了戏曲在舞台表演、念白唱词和动作展示方面的翻译研究。参照模态之间的互动关系，即对等关系、互补关系和独立关系（Pastra，2017：300），今后多模态戏曲翻译可从以下这几个角度发展，其中独立关系在多模态戏曲翻译中并不常见，在此不再赘述。

对等关系的含义是指各个模态所涵盖的内容在语义上对等，并且所指对象相同。例如戏曲作品中不同角色所穿的衣服和对应的语言文本在语义上是对等的。因此，如果两个不同模态所指代的内容关乎同一对象，此时可称之为对等关系。

互补关系依靠彼此共同构成内容。互补关系又可细分为境外照应关系、增益关系、协调关系、主客体关系、附属关系等等。在戏曲表演中，演员的念白唱词和身段动作相互配合，共同表达特定情境下的情绪心境，二者缺一不可，此时两者之间构成的是协调关系。

戏曲作为一门综合性艺术，唱词和剧本的翻译如果从中独立出来，将无法实现戏曲的传播，若仅仅依靠戏曲演员的表演来实现文化传播效果也不现实。只有将多种模态综合运用，才能实现戏曲内多种符号和内涵的解释与传播，戏曲作为一门艺术才能得以流传。

对中国戏曲抱有兴趣的西方研究者们，各自从不同的欣赏角度指出了戏曲的传播应该借助多种模态。目前世界上仍有许多观众对各个国家的文化艺术作品怀有极大的好奇心，他们渴望能够多了解不同的文化，因此，戏曲艺术作品拥有大量潜在的观众。而反观当前戏曲不受欢迎的现状，除了语言障碍以外，主要是由于西方观众对中国历史文化的了解过于匮乏，这些背景知识的欠缺导致了他们理解上的困难。而当前，随着我国“文化自信”和“走出去”政策的不断推进，通过举办展会、艺术沙龙等活动，以及通过全球自媒体如脸书和推特等平台，中国的传统文化开始走向全世界，这些方式都可以有效提升西方观众对中国戏曲的了解和兴趣。而对于中国戏曲，其最大的魅力并不单单只靠剧情和唱腔，更是其纷繁复杂的制作过程，以及数百年的传承。优秀的戏曲作品不仅需要出色的演员，更需要优秀的翻译和良好的舞台效果。各个模态相辅相成，缺乏任何一者整体意义都不完整。

戏曲唱词的翻译和其他类型的文本翻译大不相同，总的来说，翻译要求以“信”为本，需忠实于原作的内容和语言表达，译者处理时需要注意保持译本语言的通顺，而语言形式上的对应却不属于必要选择。在唱词翻译中，除了做到“信”，更要注意音节的数目、读音的轻重、情绪的起伏以及尾韵的音节等等方面，力求能和原作达到近似的效果。然而在不同文化背景下这却很难做到，想要把各种符号特征在译文中一一再现实属不易，会受到来自多个方面的限制因素。同时，由于剧种和唱腔的不同，相比于普通文学翻译而言，保留原作的韵味更是难上加难。因此，对于不同剧种的曲词翻译问题在当前翻译学界仍属于一个极难解决的问题。合理采用多模态因素，利用多种符号来完善原文想要表达的含义，力求使之准确、完整且通顺。如若能保证形式上的完美，无异于锦上添花。

虽然目前多模态视角下的戏曲翻译研究仍相对稀少，但随着文化交流的推进，其研究的重要性和必要性日益凸显，国家对戏曲文化的重视必将推进多模态理论的不断完善和发展。翻译研究领域的新生概念层出不穷，在吸收了最新的研究成果之后，学者们唯有重视多模态视角下的戏曲翻译，利用多模态理论去分析各个剧种的作品，不断探寻最合适的翻译策略，才能双向推动进步，打造更加贴切的戏曲作品翻译，促进多模态戏曲翻译的发展。

语言和其他模态在同一作品中具有相同的地位，不同模态之间相互补充，共同创造、表达和实现作品的意义。回顾世界各地的语言起源，可以发现，口语先于文本出现，并且说话人的表情、发音、目光等因素都属于表达层面的意义。通常而言，某一模态可能和某一特定意义捆绑在一起。在戏曲表演当中，语言和其他符号模态之间也会形成一一对应的关系，例如唱腔和表情等等，共同构成戏曲作品的要素。同样，演员在戏中的表达总是包含着多种符号模态的潜势，例如表情、手势、发音等，各个符号模态之间有着不可分割的联系。

随着科学技术的迅速发展，翻译研究的复杂程度也将进一步提升。除去语言学，音乐、美术等其他领域的知识也将穿插进来，涉及戏曲表演者的服装、道具、舞台的布景等等，这些模态的作用及其表达离不开各自领域的指导。因此，毫无疑问，今后的戏曲翻译研究将会在多模态视角下蓬勃发展。对于译者而言，去梳理并解释不同模态在作品中的作用将成为今后需要解决的难题之一。在今后的多模态戏曲翻译研究中，译者可从模态之间的关系入手，结合作品特点，探究多模态理论下戏曲翻译的策略。

除此以外，一些耗费了大量时间译制的戏曲作品因为种种原因无法推向国际市场，或者推出了却没有收到预想中的评价，这些负面的反馈会在一定程度上打击戏曲翻译者的热情与信心。因此，在选取素材时需精心挑选，或者采取其他的方法，如翻译变体等等，先选取西方读者易于接受的剧本，慢慢打开市场，让外国观众对中国戏曲作品有大致的了解，之后再慢慢丰富各个系列，不断拓展不同剧种的译本。

戏曲翻译的重要性在国际社会上不断得到承认。戏曲的表达十分丰富，其中各个剧种的多模态表现形式也各具特色，每种模态都有可以进一步细化和拓展的空间。在今后的多模态翻译研究里，如果能逐渐搭建起各个剧种的译法框架，并在实践中不断完善，相信多模态戏曲翻译理论研究将会渐成体系，并构建起相应的语料库，不断创立戏曲翻译系列译作，长此以往，戏曲文化将得以继承和发展，中华文化也将被推广向世界上越来越多的国家。

中国海外话语体系的建立需要更多良好的戏曲翻译作品，而不断完善戏曲翻译的策略和方法最终目的就是让中国文化在世界范围内产生更广泛的感召力和吸引力。译者在多模态理论指导下，为了保证戏曲作品完整表达其内涵和意义，译者必须确保翻译质量。因此，通过多模态结合，让观众深刻理解中国文化内涵，同时多角度叙事，为作品提供更多的理解空间，最大程度地传播中国声音。

基于对国内外多模态翻译研究和戏曲翻译现状的梳理，未来的多模态戏曲翻译研究可聚焦于以下几点：

第一，丰富和加强多模态戏曲翻译研究的理论构建。当前译者正在不断拓展多模态理论的研究范畴，对于戏曲翻译而言，译者需不断考量戏曲作品中的非语言符号。当前正处于多媒体时代，因此从多媒体角度去评估翻译效果就显得尤为重要。多模态理论和翻译研究相结合来聚焦国粹戏曲，这将会是一个很有前景的发展领域。然而，虽然当前对于多模态翻译理论的书籍和文献有所增加，但还没有形成系统的框架和方法，这也是导致目前国内多模态翻译研究过于局限于某几个领域，而不能全面发展的重要原因之一。因此，正确梳理作品中的模态和符号，创建并运用合适的多模态理论，成为研究不同作品中非语言模态的关键。

第二，加强戏曲作品的多模态翻译实证研究。通过对比当前世界上多模态翻译研究的现状，可以发现多模态翻译领域拥有广阔的发展前景，且不仅仅局限于影视翻译和课堂教学，除了戏曲翻译以外的其他方面如网站翻译、古董翻译、漫画翻译等等，各个领域的多模态翻译研究若能齐头并进，必能融会贯通。而不同类型的艺术作品在进行合适的翻译后，有助于加强外国受众对中国文化的理解。戏曲翻译若想取得好的效果，不仅需要依靠多种模态的正确翻译和引导，更离不开观众的文化背景和知识积累。因此，多个领域不断拓展多模态翻译的实证研究，不仅有助于理论自身的构建和发展，还可以在各个方面拓宽戏曲翻译在国际社会上的发展道路。

第三，加强多模态戏曲翻译语料库的建设。目前，国内已搭建好了部分多模态语料库，如综合性语料库，以及其他专门用途的语料库，包括犯罪心理学、医学与康复、计算机等领域。顾曰国教授（2006，2013）已建成“SCCSD”多模态语料库，除此以外，还有类似同传语料库、社区口译语料库等等，但仍然存在数量不足、语料不全的问题。因此，期待未来的国内多模态戏曲翻译研究能够构建更加全面的语料库，同时和其他文化领域合作，进一步探索多种模态的关联和处理问题。而构建多模态语料库的方法是利用一切先进技术，尽量多地采集人和外界互动的多模态数据，尽力还原观众在欣赏作品时的多模态活动状况。目前的多模态翻译语料库仍处于初步发展阶段，因此需不断建立更多、更好、更全面的多模态翻译语料库，以此推动多模态翻译研究的发展。

戏曲作品翻译首先要确保的是国外受众能够准确理解作品含义，对于各类文化产品，以源语为导向还是目的语为导向是困扰译者的难题之一。在文化传播过程当中，回顾过去，很多时候我们都是在翻译国外的作品，而现在，在翻译世界佳作的同时，我们更注重的是中国文化作品的“走出去”。过去，很多东西趋向于归化的翻译策略，而现在，随着全球化的不断深入，很多翻译完全可以采用异化的手段，而目的语受众也逐渐乐于接受了。习近平总书记曾说：“我们要主动发声，让人家了解我们希望人家了解的东西，让正确的声音先入为主。”（习近平，2016：228）对于戏曲翻译而言，当前正是文化传播的新契机。对中国而言，传达普适性的文化知识，对于一些新表达、新概念，一定要在不断加强自己的观念，强化信息的基础之上进行传播。迅速在全球范围内获得高度的认可实属困难，一蹴而就的成功不现实，因此，要不断构建多模态模型，在积极的尝试和探索中寻求文化表达和传播的最大化。

戏曲的传播并不单单只靠翻译完成，其中的文化差异需要靠多种方式来解决。合理运用多模态翻译理论不仅可以提供一种翻译新视角，帮助外国观众更直截了当地了解戏曲的剧情以及当中的中国特色文化，还可以有力地推动中国形象的建立，促进打造更好的国际文化交流传播氛围。当前的中国更加包容，不断积极融入世界，也有越来越多的外国人想要了解中国文化，因此，翻译好戏曲作品将是搭建文化沟通桥梁的有力手段。利用多模态翻译理论开展戏曲翻译研究，有助于丰富语言学、翻译学和艺术学等多个研究领域，具有积极的学科建设意义。

参考文献

[1] 白先勇，李林德等，2008. 青春版《牡丹亭》剧本（英汉对照版）[Z]. 香港：迪志文化出版有限公司.

[2] 蔡寒松，2000. 心理学口语报告法在翻译过程研究中的应用 [J]. 上海科技翻译，(3)：1-4.

[3] 曹广涛，2011. 传统戏曲英译的翻译规范刍议 [J]. 译林（学术版），(Z1)：141-152.

[4] 陈曦，潘韩婷，潘莉，2020. 翻译研究的多模态转向：现状与展望 [J]. 外语学刊，(02)：80-87.

[5] 陈向明，2000. 质的研究方法与社会科学研究 [M]. 北京：教育科学出版社.

[6] 崔令钦，2012. 教坊记（外三种）[M]. 吴企明，点校. 北京：中华书局，24.

[7] 代树兰，2013. 多模态话语研究的缘起与进展 [J]. 外语学刊，(02)：17-23.

[8] 邓志辉，2011. 译者选词决策过程的影响因素分析——一项认知心理学视角的翻译过程实证研究 [J]. 外国语，(5)：71-76.

[9] 董健，马俊山，2004. 戏剧艺术十五讲 [M]. 北京：北京大学出版社.

[10] 董健，2003. 戏剧性简论 [J]. 戏剧艺术，(6)：4-17.

[11]（唐）杜佑，1982. 通典 [M]. 北京：中华书局.

[12] 段安节，1988. 乐府杂录 [M]. 上海：上海古籍出版社.

[13] 冯德正，2011. 多模态隐喻的构建与分类——系统功能视角 [J]. 外语研究，(1)：24-29.

[14] 冯德正，张德禄，Kay O' Halloran，2014. 多模态语篇分析的进展与前沿［J］. 当代语言学，(1)：88－89，126.

[15] 风笑天，2006. 社会学研究方法［M］. 北京：高等教育出版社：9.

[16] 傅鸿础，2012. 中国戏曲［M］. 北京：北京大学出版社.

[17] 傅谨，2006. 身体对文学的反抗［J］. 读书，(4)：20.

[18] 高璐夷，2016. 我国传统戏曲文学走出去的思考与启示——以《牡丹亭》在英语世界的传播为例［J］. 中国出版，(9)：27.

[19] 葛洪，2006. 西京杂记［M］. 西安：三秦出版社.

[20] 何美，2014. 大学英语多模态语料库建设与应用［D］. 天津：天津大学：45－48.

[21] 黑格尔，1958. 美学（第一卷）［M］. 北京：商务印书馆：278.

[22] 顾曰国，2007. 多媒体、多模态学习剖析［J］. 外语电化教学，(2)：3－12.

[23] 顾曰国，2013. 论言思情貌整一原则与鲜活话语研究——多模态语料库语言学方法［J］. 当代修辞学，(6).

[24] 关汉卿，1998. 窦娥冤：关汉卿杂剧集［M］. 杭州：浙江古籍出版社.

[25] 郭纯洁，刘芳，1997. 外语写作中母语影响的动态研究［J］. 现代外语，(4)：30－38.

[26] 胡壮麟，2007. 社会符号学研究中的多模态化［J］. 语言教学与研究，(1).

[27] 胡壮麟，2011. 谈多模态小品中的主体模态［J］. 外语教学，32 (04)：1－5.

[28] 黄立波，王克非，2011. 语料库翻译学：课题与进展［J］. 外语教学与研究，(6)：911－923，961.

[29] 江棘，2013. 近代中外戏曲翻译者的对话——阿灵敦、艾克敦和姚莘农笔下的《打渔杀家》与《奇双会》［J］. 戏曲研究，(1)：112－114.

[30] 蒋素华，1998. 关于翻译过程的研究［J］. 外语教学与研究，(3)：57－60.

[31] 姜秋霞，杨平，2005. 翻译研究实证方法评析——翻译学方法论之二［J］. 中国翻译，(1)：23－28.

[32] 蒋秀云，2011. 中国古典戏剧在20世纪英国的传播与接受［D］. 福建：福建师范大学.

[33] 康拉德·科塔克，2011. 简明文化人类学：人类之镜［M］. 上海：上海社会科学院出版社：26－27.

［34］康志峰，2012. 现代信息技术下口译多模态听焦虑探析［J］. 外语课程与教学研究，(145)：42-45.

［35］克雷斯威尔，2007. 研究设计与写作指导：定性、定量与混合研究的路径［M］. 重庆：重庆大学出版社.

［36］蓝凡，2008. 中西戏剧比较论［M］. 上海：学林出版社：340.

［37］李百药，1972. 北齐书·兰陵武王孝瓘传［M］. 北京：中华书局.

［38］李德超，2005. TAPs 翻译过程研究二十年：回顾与展望［J］. 中国翻译，(1)：29-34.

［39］李德超，2008. 有声思维法在翻译教学中的运用——TAPs 翻译研究对翻译教学的启示［J］. 中国翻译，(6)：34-39，93.

［40］李晶晶，2019. 多模态批评话语分析视角下的口译过程研究［J］. 外国语，(6)：60-70.

［41］李声凤，2012. 19 世纪中国戏曲在法国的翻译与接受（1789—1870）［D］. 北京：北京大学.

［42］李晓岚，佘双好，2006. 质性研究方法［M］. 武汉：武汉大学出版社.

［43］李玉昆，2014. 中国戏曲艺术"四功"的表演技法与审美诉求研究［J］. 中国戏曲学院学报，(3)：49-54.

［44］李战子，2003. 多模式话语的社会符号学分析［J］. 外语研究，(5)：1-8.

［45］廖奔，刘彦君，2012a. 中国戏曲发展史第一卷［M］. 山西：山西教育出版社.

［46］廖奔，刘彦君，2012b. 中国戏曲发展史第二卷［M］. 山西：山西教育出版社.

［47］刘剑，胡开宝，2015. 多模态口译语料库的建设与应用研究［J］. 中国外语，(5)：77-85.

［48］刘立香，2007. 翻译过程研究综述［J］. 集美大学学报（哲学社会科学版）(4)：51-55.

［49］刘润清，1999. 外语教学中的科研方法［M］. 北京：外语教学与研究出版社：88.

［50］刘芹，潘鸣威，2010. 理工科大学生英语口语多模态语料库构建研究［J］. 现代教育技术，(4)：69-72，119.

［51］鲁荷，1997. 浅谈" 四功五法"［J］. 南国红豆，(5)：44-45.

[52] 吕俊，1997. 翻译学——传播学的一个特殊领域 [J] 外国语（上海外国语大学学报），(2)：40 - 45.

[53] 麻文琦，谢雍君，宋波，2012. 中国戏曲史 [M]．北京：文化艺术出版社．

[54] 麻彦坤，2019. 心理学研究中质化与量化两种取向的对立与整合 [J]．南京师大学报（社会科学版），(9)：75 - 81.

[55] 曼弗雷德·普菲斯特，周靖波、李安定译，2004. 戏剧理论与戏剧分析 [M]. 北京：北京广播学院出版社：9 - 13.

[56] 孟元老（宋），2006. 东京梦华录 [M]．伊永文笺注．北京：中华书局．

[57] 苗菊，2005. 有声思维——翻译内在过程探索 [J]．外语与外语教学，(6)：43 - 46.

[58] 穆雷，2011. 翻译研究方法概论 [M]．北京：外语教学与研究出版社．

[59] 潘智丹，2009. 淡妆浓抹总相宜：明清传奇的英译 [D]．苏州：苏州大学．

[60] 潘艳艳，2011. 政治漫画中的多模态隐喻及身份构建 [J]．外语研究，(01)：11 - 15.

[61] 潘艳艳，2020. 多模态话语分析到多模态认知批评分析的发展综述 [J]．外国语文，(1)：35 - 42

[62] 彭斐，2008. 国粹京剧的高校之旅 [J]．记者观察（上半月），(10)：59 - 61.

[63] 秦洪武，王克非，2010. 英汉比较与翻译 [M]．北京：外语教学与研究出版社．

[64] 钱春花，2011. 基于扎根理论的译者翻译能力体系研究 [J]．外语与外语教学，(6)：65 - 69.

[65] 乔治·贝克，余上沅译，1985. 戏剧技巧 [M]．北京：中国戏剧出版社：25.

[66] 尚喜梅，2019. 戏曲剧种介绍原语文本的多模态语用翻译视角 [J]．长春师范大学学报，38 (09)：90 - 94.

[67] 沈达人，1995. 戏曲意象论 [M]．北京：文化艺术出版社：193.

[68] 司马迁，1982. 史记 [M]．北京：中华书局．

[69] 苏珊·朗格，1986. 情感与形式 [M]．北京：中国社会科学出版社：354 - 355.

[70] 孙铟力，2013. 戏曲翻译中的跨文化交际原则初探——以英译山东梆子《墙头记》唱段为例 [J]．戏剧丛刊，(3)：20 - 22.

［71］孙海法，刘运国，方琳，2004. 案例研究的方法论［J］. 科研管理，(02)：107-112.

［72］孙慧双，1999. 歌剧翻译与研究［M］. 武汉：湖北教育出版社.

［73］孙惠柱，2017. 当代戏剧需要翻译吗［N］. 文汇报，(011).

［74］孙晓娥，2012. 深度访谈研究方法的实证论析［J］. 西安交通大学学报，32(3).

［75］施旭升，2006. 戏剧艺术原理［M］. 北京：中国传媒大学出版社：213.

［76］谭霈生，2009. 戏剧本体论［M］. 北京：北京大学出版社：7.

［77］汤素娜，2019. 助力中国政治话语国际传播的多模态翻译方法探析［J］. 黑龙江教育学院学报，38 (12)：119-121.

［78］王光祖等，1980. 戏剧写作知识［M］. 长春：吉林人民出版社：33-34.

［79］王国维，1984. 王国维戏曲论文集［M］. 北京：中国戏剧出版社.

［80］王国维，1996. 宋元戏曲史［M］. 北京：东方出版社.

［81］王国维，藤咸惠译评，2004. 人间词话［M］. 长春：吉林文史出版：5.

［82］王红芳，乔孟琪，2018. 视听翻译、多媒体翻译与多模态翻译：辨析与思考［J］. 外国语文研究，4 (06)：95-104.

［83］王建华，2015. 口译认知研究［M］. 北京：外文出版社.

［84］王克非等，2004. 双语对应语料库研制与应用［M］. 北京：外语教学与研究出版社.

［85］汪榕培，李秀英，2006. 序言"为中国典籍英译呐喊". 典籍英译研究（第二辑）［M］. 大连：大连理工大学出版社.

［86］王实甫，2001. 西厢记［Z］. 黄竹三、黄俊杰（主编）：六十种曲评注［Z］. 长春：吉林人民出版社.

［87］王世萍，2016. 简述京剧腔体与常用板式［J］. 戏剧之家，(24)：41-42.

［88］王文章，2003. 戏曲艺术评论集［M］. 北京：中国戏剧出版社：5.

［89］王湘玲，胡珍铭，申丽文，2016. 学生译者与职业译者翻译元认知监控的因子分析［J］. 外语教学与研究，48 (01)：139-150，161.

［90］王佐良等，1987. 英语文体学引论［M］. 北京：外语教学与研究出版社：470.

［91］文军，殷玲，2010. 翻译过程中翻译策略的实证性研究——基于英语专业大学生的有声思维调查［J］. 解放军外国语学院学报，(4)：75-80.

[92] 文秋芳，郭纯洁，1998. 母语思维与外语写作能力的关系 [J]．现代外语，(4)：44－56.

[93] 文秋芳，俞洪亮，周维杰，2004. 应用语言学研究方法与论文写作 [M]．北京：外语教学与研究出版社.

[94] 威尔逊等，李醒等译.1986. 论观众 [M]．北京：文化艺术出版社.

[95] 韦琴红，2009. 论多模态话语中的模态、媒介与情态 [J]．外语教学，30 (04)：54－57.

[96] 吴自牧，2004. 梦粱录 [M]．西安：三秦出版社.

[97] 习近平，2016. 坚持正确方向创新方法手段提高新闻舆论传播力引导力 [N]. 人民日报，02－20.

[98] 习近平，2017. 习近平谈治国理政 [M] 北京：外文出版社.

[99] 萧统编，李善注，1986. 文选 [M]．上海：上海古籍出版社.

[100] 熊贤关，2015. 跨文化戏曲翻译：交流、转化与回应 [J]．外国语文研究，(14)：68－69.

[101] 许勉君，2017. 中国多模态翻译述评 [J]．广东外语外贸大学学报，(28)：40－46.

[102] 徐渭，1959. 南词叙录 [M]．北京：中国戏剧出版社.

[103] 许渊冲，1987. 谈英语和汉语 [J]．疯狂英语（理论版），(5)：27－30.

[104] 严慧仙，2015. 多模态视频话语分析对跨文化能力培养的启示——以《舌尖上的中国》为例 [J]．外语电化教学，(03)：69－74.

[105] 杨慧仪，2013. 中国戏曲的英语翻译及研究 [J]．东吴学术，(06)：62－67.

[106] 杨士焯，1989. 简析纽马克的语义翻译和交际翻译理论 [J]．福建外语，(2)：68－71.

[107] 杨信彰，2009. 多模态语篇分析与系统功能语言学 [J]．外语教学，30 (04)：11－14.

[108] 于润洋，1981. 对一种自律论音乐美学的剖析——评汉斯立克的《论音乐的美》[J]．音乐研究，(4)：17－40.

[109] 约翰·霍华德·劳逊，赵齐译，1962. 戏剧与电影的创作理论与技巧 [M]. 北京：中国电影出版社：214.

[110] 伯克·约翰逊，拉里·克里斯滕森，马健生等译，2015. 教育研究：定量、定性和混合方法 [M]．重庆：重庆大学出版社.

[111] 张德禄，2009. 多模态话语分析综合理论框架探索 [J]. 中国外语，(1)：24-30.

[112] 张德禄，2018. 系统功能理论视阈下的多模态话语分析综合框架 [J]. 现代外语，(6).

[113] 张德禄，李玉香，2012. 多模态课堂话语的模态配合研究 [J]. 外语与外语教学，(01)：39-43.

[114] 张庚，郭汉城，1989. 中国戏曲通论 [M]. 上海：上海文艺出版社.

[115] 张莉，2013. 中国文学“走出去”与文化接受——以《赵氏孤儿》三个译本为例 [J]. 中州学刊，(11)：158-161

[116] 张丽萍，孙胜难，周贤，2016. 对话理论视角下多模态商品警示语的意义建构——烟盒警示语个案分析 [J]. 外语与外语教学，(004)：63-69.

[117] 张美芳，2002. 利用语料库调查译者的文体——贝克研究新法评介 [J]. 解放军外国语学院学报，(3)：54-57

[118] 赵毅衡，1990. 文学符号学 [M]. 北京：中国文联出版公司.

[119] 郑冰寒，谭慧敏，2007. 英译汉过程中翻译单位的实证研究 [J]. 外语教学与研究，(2)：145-154，161.

[120] 中共中央文献研究室，2016. 习近平总书记重要讲话文章选编 [M]. 北京：中央文献出版社：228.

[121] 周海宏，2004. 音乐与其表现的世界 [M]. 北京：中央音乐学院出版社：47-128.

[122] 朱玲，2015. 昆剧翻译的多模态视角探索 [D]. 苏州大学.

[123] 朱永生，2007. 多模态话语分析的理论基础与研究方法 [J]. 外语学刊，(5)：82-86.

[124] 邹瑶，郑伟涛，黄志勇，2018. 基于多模态体育语料库“翻译工作坊”的教学与实训平台构建 [J]. 华中师范大学学报（自然科学版）(12)：862-870.

[125] ANFERMAN G，ROGERS M，2007. *Incorporating Corpora：The Linguist and the Translator* [C]. Clevedon：Multilingual Matters.

[126] BAKER M，1993. Corpus Linguistics and Translation Studies：Implications and Applications [A]. In M. Baker，G. Francis & E. Tognini-Bonelli (eds.). *Text and Technology：In Honour of John Sinclair* [C]. Amsterdam：John Benhamins：233-250.

[127] BAKER M，2000. Towards a Methodology for Investigating the Style of a

Literary Translator [J] . *Target*, 12 (2): 241 - 266.

[128] BAKER M, 2004. *Rouledge Encyclopedia of Translation Studies* [M]. Shanghai: Shanghai Foreign Language Education Press: 74 - 76.

[129] BALDRY A, THIBAULT P, 2006. *Multimodal Transcription and Text Analysis* [M] . London: Equinox: 21.

[130] BARTHES R, 1973. *Elements of Semiology* [M] . New York: Hill and Wang.

[131] BARTHES R, 1977. *Image, Music, Text* [M] . New York: Hill and Wang.

[132] BASSNETT S, 1985. Ways Through the Labyrinth: Strategies and Methods for Translating Theatre Texts [A] . Hermans, Theo (ed.) *The Manipulation of Literature* [C] . London: Croom Helm Ltd: 98 - 101.

[133] BASSNETT S, 2004. *Translation Studies* [M] . 3rd ed. Shanghai: Shanghai Foreign Language Education Press: 119 - 121.

[134] BEARE S, 2001. Differences in Content Generating and Planning Processes of Adult L1 and L2 Proficient Writers [J] . *Dissertation Abstracts International, A: The Humanities and Social Sciences*, 62 (2): 547 - A.

[135] CARRELL P, 1989. Metacognitive Awareness and Second Language Reading [J] . *The Modern Language Journal*, 73: 121 - 134.

[136] CAVALCANTI M, COHEN A, 1990. Comments in Compositions: A Comparison of the Teacher's and Student's Viewpoints [J] . *Trabalhos em Ling, Istica Aplicada*, 15 (Jan-June): 7 - 23.

[137] COHEN A, 1987. Recent Uses of Mentalistic Data in Reading Strategy Research [J] . *Revista de DocumentaA, o de Estudos em Ling, Istica Teorica e Aplicada*, 3 (1): 57 - 84.

[138] COHEN A, 2000. Exploring Strategies in Test Taking: Fine-tuning Verbal Reports from Respondents [A] . In G. Ekbatani & H. Pierson (Eds.) . *Learner-directed Assessment in ESL* [C] . Mahwah, NJ: Lawrence Erlbaum Associates: 127 - 150.

[139] COHEN A, CAVALCANTI M, 1987. Viewing Feedback on Compositions from the Teacher's and the Student's Perspective [J] . *Especialist*, 16 (Apr.): 13 -28.

[140] DJONOV E, 2007. Website Hierarchy and the Interaction Between Content

Organization, Webpage and Navigation Design: A Systemic Functional Hypermedia Discourse Analysis Perspective [J]. *Information Design Journal*, 15 (2): 144-162.

[141] ERICSSON K, SIMON H, 1980. Verbal Report as Data [J]. *Psychological Review*, 87: 215-251.

[142] ERICSSON K, SIMON H, 1984. *Protocol Analysis: Verbal Reports as Data* [M]. Cambridge: The MIT Press.

[143] FRASER J, 1993. Public Accounts: Using Verbal Protocols to Investigate Community Translators [J]. *Applied Linguistics*, 14 (4): 343-352.

[144] FORCEVILLE C, 1996. *Pictorial Metaphor in Advertising* [M]. London: Routledge.

[145] FORCEVILLE C, 2008. Metaphors in Pictures and Multimodal Representations [C]. //GIBBS R W Jr. *The Cambridge Handbook of Metaphor and Thought*. Cambridge: Cambridge University Press: 462-482.

[146] FORCEVILLE C, URIOS-APARISI E, 2009. *Multimodal Metaphor* [M]. Berlin: Mouton de Gruyter.

[147] GIBBONSA, 2012. *Multimodality, Cognition, and Experimental Literature* [M]. New York: Routledge.

[148] Gu Y, 2006. Multimodal Text Analysis: A Corpus Linguistic Approach to Situated Discourse [J]. *Text and Talk*, 26 (2): 127-167.

[149] Gu Y, 2009. From the Real-life Situation to Video Stream Data-mining [A]. *In International Journal of Corpus Linguistics* [C]. 14 (4): 433-466.

[150] HALLIDAY M, 1985. *An Introduction to Functional Grammar* [M]. Beijing: Foreign Language Teaching and Research Press.

[151] HALLIDAY M, MATTHIESSEN C, 2014. *Halliday's Introduction to Functional Grammar* [M]. London: Routledge.

[152] HERMANS T, 1996. The Translator's Voice in Translated Narrative [J]. *Target*, (1): 23-48.

[153] HOSENFELD C, 1976. Learning about Learning: Discovering Our Students' Strategies [J]. *Foreign Language Annals*, (9): 117-129.

[154] HOSENFELD C, 1977. A Preliminary Investigation of the Reading Strategies of Successful and Non-successful Second Language Learners [J]. *System*, 5 (2): 110-

123.

[155] HOSENFELD C, 1984. Case Studies of Ninth Grade Readers [A] . In J. C. Alderson & A. H. Urquhart (Eds.) . *Reading in a Foreign Language* [C]. London: Longman: 231 - 249.

[156] IEDEMA R, 2003. Multimodality, Resemiotization: Extending the Analysis of Discourse as Multi-semiotic Practice [J] . *Visual Communication*, 2 (1): 29 - 57.

[157] JAASKELAINEN R, 1993. Investigating Translation Strategies [A] . Sonja Tirkkonen-Condit and John Laffling (eds.) *Recent Trends on Empirical Translation Research* [C] . Joensuu: Faculty of Arts: 99 - 120.

[158] JAASKELAINEN R, 2000. Focus on Methodology in Think-aloud Studies on Translating [A] . In S. TirkkonenCondit & R. Jaaskelainen (Eds.) . *Tapping and Mapping the Processes of Translation and Interpreting: Outlooks on Empirical Research* [C] . Amsterdam: John Benjamins: 71 - 82.

[159] JEWITT C, 2006. *Technology, Literacy and Learning: A Multimodal Approach* [M] . London: Routledge.

[160] JEWITT C, 2009. *The Routledge Handbook of Multimodal Analysis* [M]. London: Routledge: 24.

[161] JEWITT C, 2009. Introduction: Handbook Rationale, Scope and Structure [M] //JEWITT C. *The Routledge Handbook of Multimodal Analysis*. New York: Routledge: 1 - 7.

[162] KOWZAN T, 1968. The Sign in the Theatre: An Introduction to the Semiology of the Art of the Spectacle [J] . *Diogenes*, (61): 73.

[163] KRESS G, 2009. What Is Mode? [C] //JEWITT C. *The Routledge Handbook of Multimodal Analysis*: 54 - 67.

[164] KRESS G, VAN LEEUWEN T, 2001. *Multimodal Discourse: The Modes and Media of Contemporary Communication* [M] . London: Arnold.

[165] KRESS G, VAN LEEUWEN T, 2006 [1996] . *Reading Images* [M]. London and New York: Routledge.

[166] KRINGS H, 1986. Translation Problems and Translation Strategies of Advanced German Learners of French (L2) [A] . In J. House-Edmondson & S. Blum-kulka (Eds.) . *Interlingual and Intercultural Communication: Discourse and Cognition in*

Translation and Second Language Acquisition Studies [C] . Tübingen: Gunter Narr: 263 - 276.

[167] KRINGS H, 1987. The Use of Introspective Data in Translation [A] . In C. Faerch & G. Kasper (Eds.) . *Introspection in Second Language Research* [C]. Clevedon: Multilingual Matters: 158 - 176.

[168] LAVIOSA S, 1997. How Comparable Can "Comparable Corpora" Be? [J]. *Target*, (9): 78 - 81.

[169] LAVIOSA S, 2002. *Corpus-based Translation Studies: Theory, Findings and Applications* [M] . Amsterdam: Rodopi.

[170] LEMKE J, 1998. Multiplying Meaning: Visual and Verbal Semiotics in Scientific Text [A] . In J. R. Martin & R. Veel (eds.) . *Reading Science: Critical and Functional Perspectives on Discourses of Science* [C] . London: Routledge.

[171] LIU H, 2004. *Skills on Interpreting* [M] . Beijing: China Translation & Publishing Corporation.

[172] LORSCHER W, 1991. *Translation Performance, Translation Process, and Translation Strategies: A Psycholinguistic Investigation* [M] . Tübingen: Gunter Narr Verlag.

[173] LUDELING A, KYTO M, 2008. *Corpus Linguistics: An International Handbook* [M] . New York: Walter de Gruyter.

[174] MACHIN D, 2007. *Introduction to Multimodal Analysis* [M] . London: Hodder Arnold.

[175] MATTHIESSEN C, 2007. The Multimodal Page: A Systemic Functional Exploration. In T. Royce & W. L. Bowcher (eds.) . *New Directions in the Analysis of Multimodal Discourse*. Mahwah: Lawrence Erlbaum & Associates.

[176] MCENERY T, WILSON A, 1993. Corpora and Translation: Uses and Future Prospects [OL] . http: //ucrel. lancs. ac. uk/papers/techpaper/vol2. pdf (accessed11/07/2011.

[177] MCENERY T, XIAO Z, 2007. Parallel and Comparable Corpora: What Is Happening? [C] // ROGERS M, ANDERMAN G (eds) . *Incorporating Corpora: The Linguist and the Translator. Clevedon*: Multilingual Matters.

[178] MILES M, HUBERMAN A, 1994. *Qualitative Data Analysis, 2nd ed.*

[M]. Thousand Oaks, CA: Sage.

[179] NORRIS S, 1992. A Demonstration of the Use of Verbal Reports of Thinking in Multiple-choice Critical Thinking Rest Design [J]. *The Alberta Journal of Educational Research*, 38 (3): 155-176.

[180] NORRIS S, 2004. *Analyzing Multimodal Interaction: A Methodological Framework* [M]. London: Routledge.

[181] NORRIS S, JONES R, 2005. *Discourse in Action: Introducing Mediated Discourse Analysis* [C]. London: Routledge.

[182] O' HALLORAN K, 2005. *Mathematical Discourse: Language, Symbolism and Visual Images* [M]. London: Continuum.

[183] O' HALLORAN K, 2011. Multimodal Discourse Analysis [A]. In K. Hyland & B. Paltridge (eds.). *Companion to Discourse* [C]. London: Continuum.

[184] O' HALLORAN K, SMITH B (eds.), 2011. *Multimodal Studies: Exploring Issues and Domains* [M]. London: Routledge.

[185] O' TOOLE, 1994. *The Language of Displayed Art* [M]. Fairleigh-Dickenson University Press.

[186] PRITCHARD R, 1990. The Effects of Cultural Schemata on Reading Processing Strategies [J]. *Reading Research Quarterly*, (25): 273-295.

[187] PASTRA K, 2008. COSMOROE: A Cross-Media Relations Framework for Modeling Multimedia Dialectics [J]. *Multimedia Systems*, (14): 299-323.

[188] QI D, LAPKIN S, 2001. Exploring the Role of Noticing in a Three-stage Second Language Writing Task [J]. *Journal of Second Language Writing*, (10): 277-303.

[189] RAIMES A, 1985. What Unskilled ESL Students Do as They Write: A Classroom Study of Composing [J]. *TESOL Quarterly*, 19 (2): 229-258.

[190] ROCA DE LARIOS J, MARTIN J, MURPHY L, 2001. A Temporal Analysis of Formulation Processes in L1 and L2 Writing [J]. *Language Learning*, (3): 497-538.

[191] SCOLLON R, 2011. *Mediated Discourse: The Nexus of Practice* [M]. London: Routledge.

[192] SEGUINOT C, 1996. Some Thoughts about Think-aloud Protocols [J].

Target, (1): 75 - 95.

[193] SETTON R, 2011. *Corpus-based Interpreting Studies (CIS): Overview and Prospects* [A]. In A. Kruger, K. Wallmarch & J. Munday (eds.): 33 - 75.

[194] SHAPIRO S, 2003. *Outlaws of the Marsh* [M]. Beijing: Foreign Language Press.

[195] SHEN G (trans.), 2008. *The West Wing: A Chuanqi Opera* [M]. Singapore: National University of Singapore.

[196] SHLESINGER M, 1998. Corpus-based Interpreting Studies as an Offshoot of Corpus-based Translation Studies [J]. *Meta*, 43 (4): 486 - 493.

[197] TAYLOR M, NéEL F, BOUWHUIS G (eds.), 2000. *The Structure of Multimodal Dialogue II* [M]. Amsterdam: John Benjamins.

[198] TIRKKONEN-CONDIT S, 1989. Professional vs. Non-professional Translation: A Think-aloud Protocol Study. In C. Seguinot (Eds.). *The Translation* Process [M]. Toronto: H. G. Publications: 73 - 85.

[199] VAN LEEUWEN T, 1999. *Speech, Music, Sound* [M]. New York: St. Martin's.

[200] WANG W, WEN Q, 2002. L1 Use in the L2 Composing Process: An Exploratory Study of 16 Chinese EFL Writers [J]. *Journal of Second Language Writing*, 11 (3): 225 - 246.

[201] WEST T, 2009. Music and Designed Sound. In C. Jewitt (Ed.) [M]. *The Routledge Handbook of Multimodal Analysis*. London: Routledge: 285 - 287.

[202] Yin R, 1994. *Case Study Research: Design and Methods* [M]. Sage Publications.

[203] ZAMEL V, 1987. Recent Research on Writing Pedagogy [J]. *TESOL Quarterly*, 21 (4): 697 - 715.

中国人民大学出版社外语出版分社读者信息反馈表

尊敬的读者：

感谢您购买和使用中国人民大学出版社外语出版分社的 ______________ 一书，我们希望通过这张小小的反馈卡来获得您更多的建议和意见，以改进我们的工作，加强我们双方的沟通和联系。我们期待着能为更多的读者提供更多的好书。

请您填妥下表后，寄回或传真回复我们，对您的支持我们不胜感激！

1. 您是从何种途径得知本书的：

□书店　□网上　□报纸杂志　□朋友推荐

2. 您为什么决定购买本书：

□工作需要　□学习参考　□对本书主题感兴趣　□随便翻翻

3. 您对本书内容的评价是：

□很好　□好　□一般　□差　□很差

4. 您在阅读本书的过程中有没有发现明显的专业及编校错误，如果有，它们是：

____

____

____

5. 您对哪些专业的图书信息比较感兴趣：

____

____

____

6. 如果方便，请提供您的个人信息，以便于我们和您联系（您的个人资料我们将严格保密）：

您供职的单位：______________________________

您教授的课程（教师填写）：______________________________

您的通信地址：______________________________

您的电子邮箱：______________________________

请联系我们：贾乐凯　吴振良　黄婷　程子殊　王琼　鞠方安

电话：010-62515580，62515538，62512737，62513265，62515573，62515576

传真：010-62514961

E-mail：jialk@crup.com.cn　wuzl@crup.com.cn　huangt@crup.com.cn
chengzsh@crup.com.cn　crup_wy@163.com　jufa@crup.com.cn

通信地址：北京市海淀区中关村大街甲 59 号文化大厦 15 层　邮编：100872

中国人民大学出版社外语出版分社

多模态文化翻译理论与传播研究

北京民俗文化多模态翻译传播研究

王建华　总主编
王建华　李　静　著

中国人民大学出版社
·北京·

图书在版编目（CIP）数据

多模态文化翻译理论与传播研究：北京民俗文化多模态翻译传播研究 / 王建华总主编；王建华，李静著. --北京：中国人民大学出版社，2020.9

ISBN 978-7-300-28564-1

Ⅰ.①多… Ⅱ.①王… ②李… Ⅲ.①翻译-研究 Ⅳ.①H059

中国版本图书馆 CIP 数据核字（2020）第 177887 号

多模态文化翻译理论与传播研究

北京民俗文化多模态翻译传播研究

王建华 总主编

王建华 李 静 著

Duomotai Wenhua Fanyi Lilun yu Chuanbo Yanjiu

Beijing Minsu Wenhua Duomotai Fanyi Chuanbo Yanjiu

出版发行	中国人民大学出版社		
社　　址	北京中关村大街 31 号	**邮政编码**	100080
电　　话	010－62511242（总编室）		010－62511770（质管部）
	010－82501766（邮购部）		010－62514148（门市部）
	010－62515195（发行公司）		010－62515275（盗版举报）
网　　址	http://www.crup.com.cn		
经　　销	新华书店		
印　　刷	天津中印联印务有限公司		
规　　格	170 mm×228 mm　16 开本	**版　　次**	2020 年 9 月第 1 版
印　　张	99	**印　　次**	2020 年 9 月第 1 次印刷
字　　数	1 377 000	**定　　价**	488.00 元（全 8 卷）

前言

文化翻译与传播架起了国家和民族之间文化交流互鉴之桥。世界上的不同国家和不同民族在漫长的历史发展中创造出了各自灿烂的文化，民族的特性和国家的差异造就了各自文化间的差异性，唯有不同文化相互交流和相互借鉴才能推动国家与民族间的相互理解和相互促进。交流的前提是语言相通，语言通则路路通，翻译则是实现不同语言相通的手段，翻译质量的高低决定着语言相通的高度，提升翻译质量就是提升语言相通的能力。语言是文化的载体，任何民族和国家的文化都必须通过语言的交流才能得以传播和传递，因此，文化翻译是文化在语言间的转换，文化传播是文化在语言间的传递，文化翻译是文化传播的前提，文化传播是文化翻译的结果，文化翻译与传播实现了不同民族和不同国家人民之间的文化交流互鉴，促进了不同语言之间民族文化和不同国家文化的发展，为当前中国倡导的“一带一路”和中国文化“走出去”提供了支撑，为人类命运共同体理念的落实提供了基础和保障。

新的信息技术的发展使得文化传播形式发生了颠覆性变化，原来以文字表述为主体的文化传播形式已经转变为文字与图片相结合的传播形式，而这种图文结合的传播形式现在正被视频传播形式替代，视频和音频相结合的文化传播形式逐步成为文化传播的主要方式。这种融合视觉、听觉和

感觉等多个信息通道的文化传播方式称为多模态文化传播，不同民族和不同国家的文化翻译与传播自然变成多模态文化翻译与传播，这种翻译与传播形式对传统的翻译实践和翻译研究提出了全新的挑战，文化传播的过程和传播的效果自然受到多模态文化翻译与传播理论发展的制约。所以，多模态文化翻译与传播理论建构研究成为当下紧要的研究课题，其理论指导能力决定着文化翻译与传播的效果，更决定着不同国家与不同民族文化交流的能力和水平。本研究针对中华文化翻译与对外传播的现状和主题内容建构文化翻译理论和文化传播理论，通过撰写四本专著《多模态戏曲翻译理论》、《多模态影视翻译理论》、《多模态文化翻译理论》和《多模态认知与文化传播》对相关理论进行建构，以期实现对中华优秀文化外译与传播发挥理论指导作用，并在理论建构过程中逐步实现中华优秀文化外译话语体系建设。

北京正在建设“四个中心”，其中全国文化中心和国际交往中心需要把北京的优秀文化国际化，此过程必然涉及北京优秀文化的外译与传播。北京优秀文化主要包含北京民俗文化、北京建筑文化、北京历史文化和北京戏剧文化，因此，本研究通过撰写四本专著《北京民俗文化多模态翻译传播研究》、《北京建筑文化多模态翻译传播研究》、《北京历史文化多模态翻译传播研究》和《北京戏剧文化多模态翻译传播研究》以及其英译本把北京优秀文化传播到国外去。国外受众如果学过一些汉语且对中国传统文化感兴趣，通过阅读这套丛书就会对北京优秀文化有更加全面的认知。这四本北京优秀文化图书是在本研究前四本专著所建构的多模态翻译理论与传播理论指导下进行的内容筛选和结构设计，整套八本专著形成一个完整

的系列，国外对中华优秀文化感兴趣的受众和国内对对外文化传播感兴趣的受众都可以从中受益。本研究旨在在多模态信息技术条件下以传播中华优秀传统文化为目标，解决以往单模态呈现中华优秀文化的瓶颈，顺应新技术和读者新期待的要求，建构多模态文化传播理论，以多模态形式传播中华优秀文化，从而使中华优秀文化更好地传播出去，充分调动国外受众的听觉、视觉和感觉等多个信息通道，帮助他们实现对中华优秀文化的真实体验和具身体验，以达到更好的传播效果。这套丛书的出版将为未来中国优秀文化对外传播提供理论支持和案例参考。

“多模态文化翻译理论与传播研究”系列丛书从论证到立项，从研究团队建设到文献收集，从专著体例设计到撰写成文，从初稿到校稿经历了一个漫长的过程，课题组成员每周定期的讨论都为项目进展提供了强大的智力支持。感谢我的学生李玖博士、蒋新莉博士、张星博士、李静博士、黄婕博士、任岳涛博士、张茜博士和陈昱博士以及硕士生张静茗、张王玲、秦雯鑫鑫、车祎萌、黄嘉嘉、王天笑、寿盼和郑淑媛同学，学生们都是从项目的论证开始参与其中，对整个项目的推进付出了大量的时间和心血，他们承担了项目前期的资料收集和大部分的专著写作任务，他们能够分工协作、相互帮助、群策群力，展现出了良好的团队精神，令我欣慰不已。特别要感谢北京理工大学张丽华副教授、西华大学李红梅副教授和中国人民大学王筱依博士。张丽华老师和李红梅老师积极参与北京历史文化卷的写作并提出宝贵的改进意见，对我启发很大。王筱依博士和北京交通大学的连亦紫同学承担了北京建筑文化卷的资料收集和大部分写作任务，她们总是在需要的时候能够提出真知灼见，对整个项目方向的把握给予很好的帮助。山西师范大学史俊老师和王磊老师参与了项目的部分研究工作，对两位老师也表示感谢。

本研究得到“北京市与中央高校共建双一流大学基金”资助，是“北京多模态文化国际传播及人工智能译述系统开发”项目的一部分；中国人民大学出版社在丛书写作和出版过程中给予大力支持，在此一并表示感谢！

王建华

于中国人民大学明德楼

2020 年 8 月

目 录

CONTENTS

第一章

概　要

中华民族经历了数千年的发展，孕育出风格独特的民俗文化和源远流长的历史文明。从燕侯重镇到辽、金乃至元、明、清的政治中心，北京的政治地位渐次提升，在历史发展中也逐渐成为北方地区乃至全国的文化中心。作为多朝古都，北京在历史发展过程中，不仅融合了各地区劳动人民的智慧结晶，还汇集了多民族的文化。北京民俗文化是以北京地区为历史舞台，经历漫长的历史积淀，由汉族和北方各少数民族文化共同交汇、融合而形成的地域文化。

北京民俗文化具有其自身的独特性。首先北京的地理位置十分独特，位于华北平原的北部，太行山脉的东侧；西北靠燕山山脉，连接蒙古高原；东南部是扇面形冲积平原。北京的东北方出古北口是松辽平原；从北京北上出南口可进入蒙古高原；向南越过太行山就可以深入华北平原（高凯军，2005）。距今数万年前的石器时代，房山周口店地区就相继有北京猿人、山顶洞人繁衍生息。这里是中国古人类起源地之一，也是汉族和东北少数民族经济文化交汇融合的枢纽。长期以来，中原的农耕文明和北方的游牧文明在北京交汇，二者相互影响，碰撞形成独特的文化习俗。据古史传说，大约距今四千年以前，东方九黎部落之间的涿鹿之战、阪泉之战都发生在今北京以西的河北涿鹿县地区。这说明华夏族与“九黎”、“荤粥（yūn yù）”等东方和北方少数民族当时已在北京及附近地区交汇。秦汉之后的两千多年，以北京地区为历史舞台，拉开了以汉族为主体、多民族汇聚融合的历史帷幕。位处多元文化交汇地带的地理位置以及千年都城史，使北京成为四方文化的中心。都城的政治地位产生了其强大的吸引力，使得“八方人口汇京师”。另外，北京城的包容性还为各民族文化提供了生存发展空间。以最具有排他性的宗教文化为例，北京的寺、庙、观、堂各种宗教建筑数不胜数，道教、佛教、伊斯兰教等共同存在，并未出现某一宗教一枝独秀的情况。多种不同类型、不同特色文化的共生共存、交流互鉴，不仅展现了北京厚德载物的包容气度，还使北京人在吸纳多样文化的同时形成了开放的文化态度。见识过各种文化现象的北京人见怪不怪，自信而大气，对各种文化都抱有开放的态度（张勃，2018）。从历史层面来看，北京是多朝古城：金代的统治阶级是女真族、元代的统治阶级是蒙古族、明代的统治阶级是汉族、清代的统治阶级是满族……虽然不同民族的统治者有着不同的生活方式和风俗习惯，但却都在北京这方土地上互相影响。历经千百年，最终形成了内容与形式丰富多样的北京民俗文化。统治者们在统一全国、定都北京后，都对以儒家文化为思想核心的文明进行了继承与发展，使儒家文化在这片土地上得到了特殊的诠释。在历史发展过程中，儒家文化逐渐沉淀的、大一统的国家观和民族观、和谐统一的社会观、是非分明的道德观、天人合一的自然观等，也成为北京文化的核心观念，得到了两千多年来北京地区人民的广泛认同。自古以来，北京作为多朝代都城，等级制度分明，形成了皇家贵族和平民百姓两种截然不同的文化风格，展现出独特的社会文化魅力。古都礼制建筑完备，礼俗文化丰富多彩。儒家学派对礼学的提倡使得礼仪教化渗透北京都城社会生活的各个方面，并逐渐形成一套以“礼”为核心的社会道德价值体系。传统的道德规范在行为规范之中得以体现，强调敬天法祖、家国有序，并为不同阶层、不同地位、不同角色的人确立了不同的行为规范。统治阶级强调以礼治国、以礼服人，都城更是推行和践行礼法的首要之地。

到了近现代，由于帝国主义列强的入侵、晚清政府的灭亡、辛亥革命的失败以及北洋政府的黑暗统治，北京逐渐成为数千万中华儿女反帝、反封建斗争的主战场。新文化运动、五四运动、一二·九运动都在北京发生，这一系列爱国图强的斗争都使清王朝的封建传统文化体系受到了极其猛烈的冲击。在新旧文化的碰撞之中，肇始于北京的新文化运动在全国产生了巨大影响。新中国成立之后，中央政府定都北京。改革开放以来，北京不仅是中国的政治中心和文化中心，还成为了中华民族广泛吸收国外先进文化和输出中华优秀传统文化的第一窗口。

曾经的北京将皇家贵族、文人与普通百姓都汇集在一起，现在的北京将历史文化名城的底蕴与国际文化有机融合，为北京民俗文化的多元化奠定了坚实的基础。这其中，精华与糟粕并存，先进与落后同在，封建迷信与朴素唯物主义同时涌现。不同类型的文化元素不停地影响和作用于这个城市，让这里的民俗文化愈发丰富多彩，这是弥足珍贵的。北京的民俗文化既有历史价值，又具现实意义。作为中国的首都，其政治、文化的中心地位对全国文化发展产生了中心辐射影响。在文化迅速发展的社会背景下，人们逐渐意识到，博大精深的北京民俗文化，对于中华民族来说不仅仅是宝贵的精神财富，更是具有重大现实意义的文化遗产。青砖灰瓦的高墙胡同和方方正正的四合院，悠扬婉转的北京话，即将消失的老北京七十二行，铿锵有力的吆喝，余音绕梁的叫卖声都亟待留存、保护、传承与发扬。

北京文化的中心地位和影响力，不仅因其具有浓厚的文化底蕴，密集而高水平的科研院所也使北京成为新时代文化传播的主阵地。党和政府针对国家发展中所面临的问题，坚持与时俱进，在吸收传统文化精华和世界先进文化成果的基础上，从全局的高度和哲学理念的层面提出解决问题的大政方针，积极发扬健康有益文化，努力改造落后文化。随着中国经济的发展和综合国力逐渐增强，中华文化也通过首都窗口向国际社会展示出自身魅力和影响力。近年来，中外交流日益频繁，临时来京和在京常驻的国外人员均大幅上升。2010 年第六次全国人口普查统计报告显示，在北京居住的外国人大约有 9 万人。中国在国际舞台上展现出来的大国魅力也吸引着诸多外国人，同时，也有越来越多的国际友人表现出对中华文化的深厚兴趣。国际社会上，孔子学院热度日益上涨，汉语学习者数量增加，越来越多的外国人表示希望了解中国。北京的民俗文化对于居住在北京的外国友人来说，可观、可感。首都民俗文化的传播，可以作为中华优秀传统文化对外传播的一个窗口，为未来范围更广、内容更丰富、维度更全面的中华文化传播蓄力。

《北京文化发展报告》显示，在2018年相关指数排名中，北京在全球城市指数排名中居第9位，在全球城市综合实力排名中位居第22位，在"文化交流"全球城市指数排名中仍然保持2017年的第7位。相关数据表明，在中国城市整体格局中，北京的城市综合竞争力排在香港、深圳、上海之后，位居第四，而城市创意指数、创新创业指数、城市影响力指数均排名第一。在中国内地一线城市中，北京的城市文化竞争力、文化影响力、形象传播影响力、文化创意和新文化创新活力度均位居第一，这说明作为全国文化中心的北京极具实力和竞争力，也表明全国文化中心的地位得到了进一步巩固和提升。北京的文化建设发展处于全国领先地位，发挥着引领示范作用，但在国际世界中，北京的文化竞争力与纽约、伦敦、巴黎等全球公认的文化中心城市还有较大差距。伦敦，是全球最大的书报出版中心之一、全球最繁忙的电影制作中心之一，是全球三大广告中心之一；超过2/3的国际广告公司的欧洲总部设在伦敦；还是享誉全球的设计之都，文化创意产业每年创收超过200亿英镑，占经济总量的1/5（北京市社会科学院，2019）。因此，北京要建设成为具有全球影响力的文化中心城市，需要文化建设者们不断推动文化周边产品及相关服务的输出，将北京文化打造成为极具北京韵味、中国特色、世界一流水准的文化品牌。作为国家文化中心，北京应自觉承担起建设中国特色社会主义先进文化之都的责任，大力发展体现国家文化意识形态和文化价值导向的先进文化，引领社会思潮，在构建中国特色社会主义核心价值体系中发挥示范和主导作用；大力建设全国文化精品创作中心、文化创意培育中心、文化人才集聚教育中心、文化要素配置中心和文化信息传播中心和文化交流展示中心，为建设社会主义文化强国做出更大贡献（何芬，2015）。

文化软实力正是一个国家整体实力的核心要素。习近平主席在十九大报告中指出要"加强中外人文交流，以我为主、兼收并蓄。推进国际传播能力建设，讲好中国故事，展现真实、立体、全面的中国，提高国家文化软实力。”民俗文化体现了民族的凝聚力、感召力以及影响力，是文化软实力非常重要的组成部分（韩晓，2018）。在此背景下，加强民俗文化的外宣水平，尤其是文化对外传播宣传及服务则是增强一个国家文化软实力的必然要求。随着全球化程度的不断加深，北京这座充满神奇色彩的东方古都，正在向世界展现着它的无限魅力。与此同时，科技的不断进步也为北京传统民俗文化的传播提供了新机遇和新挑战。进入21世纪以来，多媒体技术蓬勃发展，各类高科技技术的应用改变了信息传播与获取的方法，迎合了当代快节奏生活背景下人们读取信息的需求。智能手机的发展使互联网搬出了办公室、书房，不再受限于物理空间，而是渗透到人们社会活动的各个领域，成为当下信息社会的主要沟通方式。为了适应新时代的要求，文化传播同样需要不断推陈出新，在传统传播方式的基础上采用多模态的方式，让全世界更多的人、更多的群体领略到中国传统文化的魅力，同时增强中国的文化软实力以及中华民族的凝聚力和文化自信心。

事实上，民俗文化国际传播意义重大，跨学科研究也进行了诸多探索。从本质上讲，民俗文化的对外传播属于传播行为，其核心在于传播中国传统文化中最具特色的部分，即对于其他国家受众来说极具异质性的内容。翻译活动在跨文化、跨语言传播中必不可少，是中华传统民俗文化国际传播体系建构中至关重要的一环。与此同时，跨文化民俗翻译实践必须和翻译理论相关研究相结合，并且与跨文化传播相关理论相辅相成。跨文化传播视域下的翻译其实就是对原始信息的一种重新编码，是不同文化、不同语言之间的信息传播、交流、交换活动（韩晓，2018）。作为一种跨文化的信息交流与交往活动，翻译的本质就是交际传播。因此，要想让具有文化特质的民俗文化翻译更具实践和现实意义，相关翻译研究就需要脱离语言文字层面的束缚，从跨文化语境及传播学的角度切入，寻找多样化、更具适切性的传播方式。在此实践要求下，多模态翻译成为跨文化传播的不二选择。在信息传播方式层出不穷、快速发展的时代，融合多媒体形式的多模态话语迎来了快速发展和广泛传播的良好契机。那么，在构建具有中国特色、北京韵味、文化风格的传播体系时，不要再局限于单纯的语言文字传递“核心价值观”，还需借助多模态符号来传递文化信息，来讲好中国故事，丰富中国话语体系的内涵。本书将从民俗文化的本质及特点出发，建构民俗文化多模态翻译传播框架，探索北京民俗文化对外传播的多模态途径，以期为北京民俗文化对外传播提供参考。

第二章

北京民俗文化翻译传播

第一节　民俗文化

1. 民俗文化的定义

大多数人认为民俗文化即为传统文化或与大众文化无异。在学术界，民俗学家们对于民俗文化的定义各不相同。时至十九世纪四十年代，英国民俗学家威廉·约翰·汤姆斯（William John Thoms）才发明了“Folk-lore”一词，并将民俗定义为广义的民间或者民众的知识及学问。这样的定义为众多国家的民俗学者所接受，自此“Folk-lore”一词也正式成为学科术语。起初部分民俗学家们认为，民俗文化是由人类祖先在历史特定时期创造出来的文化形式，它会随着时代的发展不断地被损耗。随着研究的深入，有民俗学研究者对该定义提出质疑，他们认为民俗文化是指在某一特定区域或者族群中，族群成员为了满足生产和生活的需要，在特定的社会背景和时代背景下所形成的具有民族特征、宗教色彩和区域特点的文化。这种文化是鲜活的，是流动的，是被不断传承的，在传播过程中也是变化和发展的。

在春秋时期，已有古人提及民俗事宜。军事家管仲在其散文《管子·正式》中提到“料事务，察民俗”。《汉书》中的《董仲舒传》也提及

"变民风，化民俗"。这里的"民"与"官"是相对而言，在当时的封建社会背景下，指普通民众，"俗"则是指"习而行之谓之俗（阮籍《乐论》)"。民俗定义受到诸多因素的影响，如国家体制差异、社会阶层差异、民族信仰差异以及社会思潮变化等。因此民俗文化的定义内容也一直处于发展和变化之中。

相较于国外，国内的民俗学研究起步相对较晚，学者们对民俗文化的定义虽各不相同，但却有共通之处。复旦大学民俗学教授仲富兰（2007）认为"民俗在本质上是一种带有鲜明特点的、沟通传统与现实、物质生活和精神生活的文化现象。民俗是人类的一种基础文化，它是上层文化、精英文化或者说是雅文化得以滋养和创造的前提（P41)"。民俗本身不仅具有强烈的文化属性，而且具有其自身的独特性。

关于民俗文化的狭义概念含义，有两种观点得到了普遍的认可，它们主要包括：民间文学说和传统文化说（钟敬文，2010）。民间文化说将民俗文化等同于民间文学。民俗文化即为口头艺术形式，是人们大众的口头创作，其内容不包括民间习俗、民间工艺、民族语言、宗教习惯等方面。传统文化说则将民俗文化限定于老旧的习俗习惯。它认为民俗是一成不变的，研究的主要内容仅包含传统民俗活动。随着国际交流的深入，人们对民俗文化概念的理解也有所变化，民俗文化广义概念的接受度不断提高。民俗学的研究内容也从民间文学作品拓展至各类民间的物质、社会、精神类活动等层面，考察视角也从传统的民俗现象拓展至文化交流中产生的新民俗现象。

2. 民俗文化的特征

钟敬文（2010）认为民俗的特征主要包括：第一，集体性；第二，传承性和扩布性；第三，稳定性和变异性；第四，类型性；第五，规范性和服务性。

首先，集体性是民俗现象的本质特征。人类生活极具社会属性，群居性社会生活为民俗活动产生提供客观环境。民俗文化活动具有全民性，它不仅体现在民俗活动的全民参与性，还体现于民俗文化的创造过程中。民俗活动发起者的信息通常在历史文献材料中无迹可寻，多数的民俗文化内容都是由群体创造而来，或者在流传的过程中经过民众的不断补充、修订和完善，从而由个人行为逐渐转化为群体行为，逐渐积淀成为集体智慧的结晶。无论是在代际传承，亦或是在空间传播中，民俗活动不断得到社会不同群体的肯定和认同，继而保证了民俗文化的活力。其次，传承性和扩布性分别指民俗文化在时间层面和空间层面的传播及发展。民俗文化的传承性主要体现在民俗文化的代际传承与传播。它也是由民俗文化的教育功能所决定的。民俗文化是以潜移默化的形式对社会成员进行文化教育、行为规范、和道德约束等，且受到家庭、村落、社区和族群长辈的认可，这促进了民俗文化的代际传承。扩布性即空间传播性，是指民俗文化事项在地域间的传播与发展。本地民俗文化在传播中也面临新的挑战，在本地民俗文化与外来文化的碰撞中，得到新的发展，同时也逐渐向其他民族进行传播。传播的广度和深度受到文化及意识形态等诸多因素的影响，因此传播效果和接受度也各不相同。第三，民俗文化的稳定性与变异性。民俗文化的稳定性是指，民俗一旦产生就会以相对稳定的状态，深入渗透在族群生活的方方面面。民俗文化同政治、艺术等都应属于人类社会的上层建筑，建立在稳定的经济基础之上。即当社会的经济基础处于稳定的状态时，民俗文化也拥有较强的稳定性。此外，代际传播性还使得民俗文化对民族观念、民族价值观和意识形态产生深刻的影响，进而制约社会行为。也正是民俗文化的稳定性，为各民族保持文化的独特性奠定了基础。稳定性并不代表一成不变，民俗文化的生命力和活力还表现为应对变化时的适应性上。无论是在历时传承还是在共时传播的过程中，当本地民俗文化在遇到新文化带来的冲击和挑战时，会适时进行调整，扩大自身文化的包容性，提高文化的竞争力，增强文化的内在发展动力，从而得到进一步的强化和发展。第四，民俗文化具有类型性。这种类型性是与个性化相对而言。民俗活动的个人化特征在传承与发展的过程中逐渐消磨殆尽，传递内容中的民族特性和时代印记不断得以凸显，它所承载的更多是一个族群的历史记忆。各个地区的民俗文化在内容和形式上也具有相似之处，它更像是面照射群体价值观念的明镜。第五，民俗文化具有规范性和服务性的特点。民俗文化涉及社会生活的各个层面，人们在民俗活动中产生的共同价值观念、生活经验，反过来对社会生活也产生深刻影响，部分观念具象化为约定成俗的民俗规范。面对出生、嫁娶和丧葬等现象，不同的族群会产生具有本民族特色且族群成员自觉遵守的礼仪仪式。民俗文化源于社会生产和社会生活，同时也服务于社会生产生活。在农耕社会，人们根据生活经验总结出的农耕农时经验，如中国的二十四节气，能够有效服务于农业生产活动，同时与农耕农时相结合所产生的庆祝活动也进一步丰富了人们的业余生活。

民俗文化源于社会生活，具有强烈的集体性，同时其传承性和扩布性加速了民俗文化的延续和发展，稳定性和变异性则是民俗文化不断发展的内在动力。规范性和服务性又使得民俗文化对社会文化生活产生深刻影响。这些特征都体现了民俗文化与社会生活密不可分。

3. 民俗文化的分类

随着研究内容的拓展和研究层次的深入，民俗学科的建立成为诸多民俗研究者的要求。将学科的研究内容进行科学的划分，建立科学逻辑的划分依据，有利于学科的进一步发展，对于民俗文化研究而言，亦是如此。

钟敬文教授（2010）将民俗分为四个类别：物质民俗、社会民俗、精神民俗和语言民俗。首先，物质民俗文化是指与人们日常生活生产活动息息相关的生产与创造活动，从微观层面来看主要指人们在日常生活中的衣食住行等活动中所形成的民俗文化，以及活动中所产生的食品、房屋、交通工具、生产工具、商品、药品等物质产品。第二，社会民俗是指人们在社会生活和生产活动中所形成的约定俗成的仪式和行为习惯等。主要包括婚丧嫁娶的仪式、庙会活动、民间游艺等。第三，相对于物质民俗而言，就有了精神民俗。精神民俗是以物质民俗为基础，受到社会制度、时代背景的影响，它是人民在日常生产生活过程中所形成的集体记忆、认识论和价值观。它以多样化的形式呈现于大众，其中以民间信仰、民间艺术、民间巫术等形式为主。第四，语言民俗特指在社会生活中人们以半书面形式保存和传承的民俗文化。民俗语言和民俗文学为主要的表现形式。广义的民俗语言是指方言等民族特有的语言，狭义的民俗语言是指方言中所特有的谚语、俚语、流行语等。民俗文学是指汇集群体智慧，由群里共同创造，以口头形式得以保存的文学内容，如民间传说、民间神话故事、童谣等。钟教授（2010）还指出，民俗文化作为社会生活的一部分，具有整体性和系统性特点。四类民俗文化之间相互影响、相互促进，随着时代的发展不断地变化。王娟教授（2002）将民俗事项分为：口头民俗（叙事民俗、俗语民俗和音韵民俗）、风俗民俗（包括民间节日、信仰、游戏、仪式等）和物质民俗（民间建筑、民间美术、民间饮食、民间服饰等）三类。

国外民俗学家的分类标准也各不相同。1890 年英国民俗学会出版的《民俗学手册》（*The Handbook of Folklore*）将民俗文化分为：观念与迷信、传统风俗、民间成语（Gomme，1890）。后来有学者认为该分类方式局限性较强而备受争议。英国民俗学家伯尔尼（Burne）在其著作中，将民俗活动分为：1）信仰与行为；2）风俗习惯；3）故事、歌谣及术语（王娟，2002）。法国民俗学家赛比约（Paul Sebillot）将民俗文化分类为：天空领地、海洋湖泊、人类与史实以及动植物。日本的民俗学创始人柳田国男认为民俗文化分为习惯、口碑、感情观念及信念信仰三个类别。每种分类方式都具有其自身的独特性和局限性，其中最主要的局限性就在于标准的不可穷尽性，以及标准下习俗活动划分的重叠性。在保证研究内容划分的科学性和全面性的同时，还应从经济原则出发，尽量保证分类的简洁性。法国民俗学家桑迪夫将民俗文化研究内容划分为三个层次，分别为物质民俗文化、精神民俗文化和社会民俗文化。该分类方法在民俗文化研究中认可度较高。

民俗文化分类方式以及分类标准各有不同，造成该现象的原因也是多方面的。民俗研究者的分类方式无可避免地会受到其所处时代的社会背景、社会思潮、意识形态、国家体制、研究目的等因素的影响。随着社会的发展，人们对民俗文化的内容、本质及价值的认识有了新的变化，民俗文化自身也处于变化和发展之中，分类方式才会呈现多样化的特点。

4. 民俗文化的功能

在民俗文化的研究中，民俗文化的起源、类型、传播内容和传播途径为最常见的研究内容，鲜有研究者关注民俗文化的功能和作用。邓蒂斯认为，民俗文化具有多重社会功能，尤其是在维护社会稳定和情感宣泄方面（Dundes，1965）。

王娟教授（2002）认为，民俗的功能主要表现在三个方面：娱乐功能、教育功能和心理功能。民俗文化的娱乐性主要是是指民俗文化中的民间故事、歇后语、民间游艺、民间说唱及舞蹈等，它们都极具娱乐性，其主要作用是缓解普通大众在工作和劳动的疲惫，丰富普通大众的娱乐生活。但这样的娱乐活动并不代表民俗文化属于底层文化，娱乐活动的表面下还隐含着深刻的文化意义和文化内涵，值得深入研究。其次，教育功能是民俗活动的重要功能。该功能可以细化为两个层面：文化的保存功能和强化行为规范功能。民俗活动中的庙会、祭祀等仪式性活动以及周期性活动不仅是对文化的制度化和形式化，同时还是增进成员对自身文化的理解与认同、增强文化传承、提升民族意识、加强民族团结的重要形式。部分民俗活动通过强化观念和信仰，借助社会舆论，对社会活动和社会成员产生牵制和约束的作用。最后，民俗文化的心理功能主要体现在人们通过民俗活动以讽刺、搞笑等方式进行情绪的宣泄，缓解和释放压力，进行自娱自乐。

此外，钟敬文教授（2010）从民俗文化的社会功能视角出发，认为民俗文化主要有四项功能：教化功能、规范功能、维系功能和调节功能。首先，民俗文化具有教化功能，这里的教化功能与上文所提及的教育功能极为相似。其次，民俗文化具有规范功能。即民俗文化一旦形成，普通的社会成员就必须要遵守。民俗文化是一种潜在隐性的社会规范，是社会文化生活的基本规则，对成员起到约束的作用。从生老病死到衣食住行、婚丧嫁娶，由民俗文化产生的行为规范以潜移默化的形式对社会成员产生着影响。第三，维系功能是指民俗文化能有效提高群体内部的向心力和凝聚力。对自身族群中民俗文化的认可不仅能够统一成员的活动行为，还能够提高族群内部的一致性和集体认可度。这种认同感不会受到时间和空间的限制。最后，民俗文化的调节作用与上文提到的心理功能颇为相似，同样强调民族文化的娱乐性、宣泄功能以及心理补偿功能。民俗文化帮助人们化解生产生活中的疲惫和消极情绪，以轻松和多样化的方式帮助人们进行心理的调节和补偿，从而缓和社会成员的心理压力，提升社会成员对民俗文化的认可。

上述功能或许无法全面覆盖民俗文化对社会生活产生的深刻影响，但体现了民俗文化的不可或缺性。人类社会是丰富多彩的，不同时代背景、社会形态甚至地理位置都会对民俗文化产生深刻影响，因此民俗事项千差万别，所产生的影响也各有不同。但可以确定的是民俗文化源于社会生活，同时服务于社会生活，对社会成员及社会生活所产生的影响是全面的、深刻的和长久的。

第二节　民俗文化传播

1. 传播的定义

传播活动究竟是以何种方式贯穿于社会生活的方方面面，及其背后的操作规则究竟是什么？如何科学地对传播现象进行分类和解读？为找寻问题的答案，诸多研究学者将研究焦点转移至传播模式。其中美国传播学奠基人之一——拉斯韦尔（Lasswell）教授在 1984 年发表的《社会传播的结构与功能》（*The Structure and Function of Social Communication*）中，不仅针对传播行为、传播结构与功能、价值与需求、有效传播等十二个议题进行了探讨，同时还提出了著名的 5W 传播理论模型。

拉斯韦尔（Lasswell）的 5W 理论主要研究了信息传播的具体过程。

他指出研究传播行为首先必须考虑以下五个方面：谁（Who），说什么（Say What），以何种渠道（In Which Channel），对谁说（To Whom），获得什么效果（With What Effect）。在此框架之下，传播学的研究内容被划分为五大部分：研究重点为“谁”时，研究的主要议题主要针对传播者群体及其影响因素，被称为“控制分析”(Lasswell，1948/2012)；“说什么”对应的是传播内容研究；“以何种渠道”主要关注的是传播媒介的影响；“对谁说”的研究重点则为信息接收者分析；最后一部分主要考察受众信息接收程度和效果，即传播效果研究。5W 理论的结构框架如下所示。

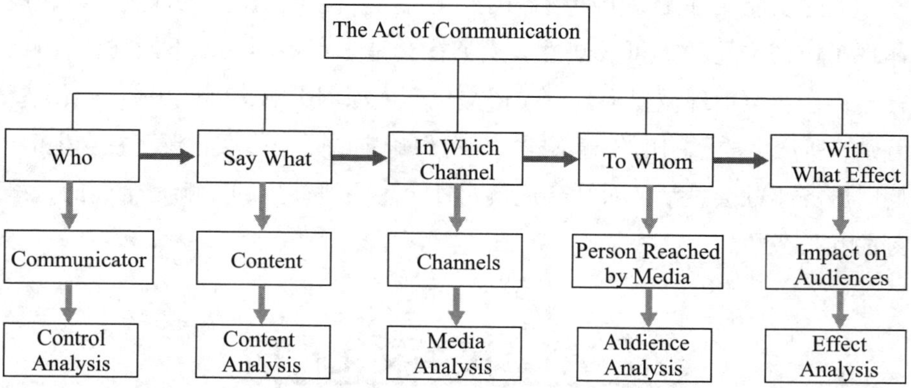

拉斯韦尔在《社会传播的结构与功能》伊始所提出的 5W 理论实质上对传播现象进行了抽象化描述。由于该理论产生的时代背景为第二次世界大战，研究者来自美国，该文章也被部分学者批判其资本主义意识形态过于浓重、理论结构过于简单、忽视了传播现象的影响因素等。实际上，在该文章的其他章节，拉斯韦尔充分肯定了传播环境对传播效果的影响，也非常重视反馈在大众传播中的作用。因此，该模式背后所蕴含的理论内涵和意义远比图像化的理论模型要丰富得多。研究内容和研究者受到时代背景和意识形态的影响是无可避免的，随着社会的发展，已有研究的局限性也会不断凸显，但 5W 模型在传播学发展和研究应用中的意义和作用还是值得肯定的。值得注意的是，美国学者布雷多克针对以上争议，1958 年在 5W 的基础上增加了“传播目的”和“传播环境”两个因素，将 5W 理论扩充至 7W（Braddock，1958）。

2. 民俗文化与传播

“从本质上说，民俗与传播是互动一体的”（仲富兰，2007）。民俗文化的传承性与扩布性就是其传播属性的集中体现。民俗文化从形成到整合，从积累到变迁，从稳定到发展，其中的每个环节都离不开传播所带来的影响。传播活动中所涉及的各个层面包括：传播者、传播内容、传播方式与媒介、传播效果等，都对民俗文化产生深远而广泛的影响。失去了传播能力的民俗文化相当于失去了文化的生命力。

民俗文化的传播功能是其他功能的基础，也是民俗文化形成的基本要素（仲富兰，2007）。首先，民俗文化在传播中实现文化的接受与认可。民俗文化是一种集体性的活动，体现了一个群体的共同价值观念和文化记忆，它的形式多样且与生产生活紧密相关，并且具有一定的模式性。人作为民俗文化信息的重要载体，其生活方式就是民俗文化主要内容。在群居生活中，人们的生活方式相互影响。此时，对非同源性生活方式的理解和接受，就是对其背后民俗文化的认可。例如，中国的对外开放程度不断提高，与国际的民间交流活动日益增多，随着对西方文化了解的加深，中国在结婚时选择西式婚礼形式的人数不断增多，西方国家的圣诞节也成为中国很多人庆祝的节日之一。中国年轻一代的生活方式在国际化背景下不断受到外来文化的冲击与影响，这些行为背后实则是对新进文化的部分肯定与接受。其次，民俗文化的传播有助于民俗文化的发展和传承。民俗文化的形成是一个不断重复和不断实践的过程，它具有极强的凝聚力和向心性，带有强烈的集体记忆特征，从而实现代际传播，即民俗文化的传承。当文化传承遇到创新和再生产，就会融合新的文化元素，以全新形象公之于众，以获得来自不同社会阶层和文化背景人群的认可，在传播中民俗文化实现了进一步发展。例如内地短视频创作者李子柒因上传古风美食主题的短视频而深受国内外观众的喜爱，一度产生了“李子柒现象”。这些视频中所体现的陶渊明式田园生活正是中国传统民俗文化的剪影。现代技术和网络平台使中国民俗文化以创新的形式呈现在世界观众的面前，进而提高了文化的传播力和影响力，使文化以全新的形式再生和发展。第三，民俗文化的传播促成了文化的变迁与积淀。民俗文化在跨区域的传播过程中，形成文化变迁现象。“文化变迁是指世界上任何一种文化都处于动态的发展和变化之中，都不同程度地经历着产生、发展、变化、衰退和再生的过程”（庄晓东，2002）。民俗文化因与人们的社会生活息息相关，受到社会发展变化的影响更大，因而在空间和时间传播的过程中同时经历着变化。在民俗文化传播的过程中，部分生活经验、神话传说、传统技艺等以艺术或者文字等形式得以保存，形成文化遗产，成为民俗文化传播发展的基石。物质类文化遗产保护自从世界教科文组织申遗计划启动以来，得到人们的普遍重视。随着全球化程度不断提高，非物质文化遗产作为民俗文化中不可或缺的部分，其重要性、存在价值及意义也得到了正名。

第三节　民俗文化翻译传播

1. 翻译的定义及本质

语言学理论对翻译的定义产生了深刻的影响。诸多语言学研究者们认为翻译是两种语言之间的转换。卡特福德（Catford）在 1965 年把翻译定义为“一种语言文本代替另外一种语言文本”的现象。可以看出卡特福德在翻译研究中注重的是翻译中的源语和目的语。美国研究者奈达（Nida，1964）另辟蹊径，认为翻译是一种交际行为。“翻译就是在译入语中再现与原语信息最切近的自然对等物，首先为意义的对等，其次是文体的对等”（Nida & Taber，1969）。斯坦纳（Steiner）（1975）认为“理解即翻译”，强调理解在翻译中的重要性。勒菲弗尔（Lefevere，2016）则认为“翻译是对原作的改写”。图里（Toury）则从更加宏观的角度对翻译行为进行了定义。他认为所有目的语系统承认的语言翻译活动都属于翻译活动（Toury，1980）。图里对翻译的定义无疑使得翻译研究的范围得到拓展，同时极具包容性，为翻译学的研究和发展提供了广阔的空间。国内，谭载喜教授（2007）曾指出“翻译是具有绝对和相对双重属性的活动”，许钧（2003）则提出了翻译具有社会性、文化性、创造性、符号转换性和历时性。翻译研究的最终目的是对翻译本质的探寻，而翻译的本质无疑是复杂的。

2. 翻译传播论

在多学科交融的研究趋势中，翻译研究也朝着跨学科方向发展，其中不乏学者从传播学的角度重新审视翻译活动，开展翻译研究。奈达在翻译交际理论中已尝试采用翻译学理论视角讨论翻译行为。吕俊在 1997 年的文章中，采用拉斯韦尔的 5W 传播理论进行翻译传播学的理论构建。同年，廖七一（1997）从信息传播理论的视角对翻译活动及其策略进行了讨论。谢柯和廖雪汝（2016）则在《翻译学的名与实》中讨论了翻译传播学的理论基础和研究方法。

吕俊（1997）首先就翻译性质进行了讨论，指出翻译学研究是建立在对翻译性质的明确认识上的。当前语言学派和文艺学派针对翻译的争论缺乏“公共基础”，两者研究侧重点不同。翻译实际是一种“跨文化信息沟通与交换的活动，其本质是传播”，而且翻译与传播学的一般性质包括组成要素、传播方式、关系结构等都是相符的，因此翻译应属于传播学。其次，作者就翻译研究纳入传播学研究范畴的原因进行了阐释。文中从传播学的定义出发，以德国翻译理论家沃尔夫拉姆·威尔斯（Wolfram Wils）以翻译的定义为基础，提出了翻译研究的本质属性——传播性，并指出传播学视域下的翻译研究应具有整体性、动态性、开放性、综合性和实用性的特点，同时认为发展较为成熟的传播学不仅能够为翻译学研究提供坚实的理论基础，还能为翻译研究建立科学的方法论体系。文章最后就翻译研究的特殊性进行了阐述，指出翻译传播与传统传播学研究内容相比，在研究主题和传播模式上都有所差异，研究时切忌生搬硬套。该文章挣脱语言学和文学研究的束缚，创造性地从传播学的视角对翻译活动的本质进行了深入探讨，提出了翻译传播学研究的新路径，是国内翻译传播学早期研究中最重要的研究文献之一。

相较于吕俊的研究，廖七一（1997）以传播学中香农（C. F. Shannon）的信息理论为框架，对翻译活动进行了诠释。作者认为"翻译过程实际就是香农所提出的信息交流过程模式的缩略形式"，并着重解释了翻译活动中的传输负载（Communication Load），信息容量（Channel Capacity），噪声（Noise）和冗余（Redundancy）四个影响编码过程的因素。信息负载是指译者要考虑信息的语义和形式的对等，很可能会造成信息传输过载；信息容量在翻译活动中是指"读者的接受能力或解码能力"（Decoding Capacity），读者对源语文化的理解程度决定了信息容量的大小；噪声泛指影响信息传输的所有因素，这里特指对翻译信息传播造成影响的所有因素；冗余是用以减少翻译传播过程中的影响因素和信息过载现象的重要方法。因此，作者提出必要时可通过补充背景知识等方式，来降低由于文化隔阂等因素所造成的翻译信息传播不畅及读者解码难度过高的情况。该文章介绍了传播学中的信息理论模型，并以此为基础提出了翻译策略及方法的相关建议，从微观视角证实了传播学理论与翻译研究相结合的适切，也是对翻译策略在研究方法层面的创新性尝试。

谢柯和廖雪汝（2016) 则从翻译传播学的理论视角分别讨论了翻译传播学理论建构的可行性和学科框架结构。首先，在"名"的部分主要讨论了该学科建立的合理性、有效性和科学性。翻译活动与传播活动无论是在行为过程、活动目的等内在属性方面都是紧密相关的，且符合学科发展的内在逻辑。当前翻译传播研究虽然仍处于发轫期，但已有学者取得一定的研究成果，这已充分说明翻译传播学研究的可实施性。"实"的部分则细分了翻译传播学所涉及的研究主题以及对应研究方法的讨论。作者借用拉斯韦尔的 5W 理论（1958 年美国学者布雷多克增加了传播目的和传播环境两个因素，拓展至 7W 模型）对翻译传播学的研究内容进行了重新规划和定义（详情见下表）。其中，学科的研究方法论部分应借用传播学研究方法，并针对学科特点、研究主题和研究内容进行适应性调整。具体的研究方法主要可分为定性研究和定量研究两种类型。定性分析方法主要包括“文献分析法、自主总结、个案研究、焦点小组访谈法、深度访谈法、专家评估法和实地调查法等”，定量研究法主要包括“问卷调查法、内容分析法、实验控制法等”。该文章以前期翻译传播学研究为前提，从宏观和微观两个层面就翻译传播学的学科建设的可行性和具体建设方法进行阐述，进一步拓宽了翻译研究的范围，为翻译学的交叉学科研究指出了新思路和指明了新方向。

已有的研究已经对翻译传播学建立的必要性、可实施性及科学性进行了翔实的论述和论证，翻译传播学构建的理论基石及方法论体系也日渐明晰，该研究方向的重要性和研究意义也日益凸显。翻译传播学研究或将成为翻译研究的新方向和新趋势，为翻译研究提供新视角。

传播学理论基础	Who	Say What	In Which Channel	To Whom	With What Effect	What Purpose	What Circumstances
翻译传播学研究构架	翻译传播主体	翻译传播内容	翻译传播媒介	翻译传播受众	翻译传播效果	翻译传播目的	翻译传播环境
研究主题	个体、群体、机构	翻译传播信息	翻译传播媒介	信息传播受众	翻译效果（社会及个人侧面）	翻译的目的	翻译传播的影响因素
研究内容	译者的主体地位、翻译各环节的守门人、翻译传播的主体形象等	翻译内容的选择问题	传播媒介与翻译类型的匹配	信息接收者的类型、特点和心理等	传播效果理论研究、传播效果研究等	翻译的策略和方法	社会因素、政治因素、人文因素和经济因素等

表 2-1　翻译传播学架构

3. 民俗文化翻译传播

3.1 民俗文化翻译传播的要素

“民俗文化形成的过程，在本质上是民俗的传播过程，民俗通过内部的历时性传播和对外的共时性传播，促进其被认同和接受”（庹继光 & 刘海贵，2012）。历时性传播多指族群内部的代际传播，侧重于时间维度上的传播；共时性传播则特指群组间的对外传播活动，多强调传播的空间变换。翻译活动作为跨文化交际的重要形式，在民俗文化的共时性传播活动中具有举足轻重的作用，民俗文化的共时性传播与翻译活动密不可分。因此，下文将以民俗文化的共时性为主要研究内容和讨论主题。

谈及传播的基本要素，拉斯韦尔传播理论提出了五个指标——传播主体（Who）、传播内容（Say What）、传播方式（In Which Channel）、传播受众（To Whom）、传播效果（With What Effect）。后续学者在此基础上，增补了传播目的（What Purpose）以及传播环境（What Circumstances），最终形成了传播界家喻户晓的 7W 理论。与民俗文化的代际传播相比较而言，民俗文化的对外传播具有其自身的独特性。

首先，想要追溯民俗文化传播的信源，就必须重新考察民俗的产生过程。民俗事项通常是由一个人或者少数人群提出，在不断的实践过程中，得到越来越多人的认可，从而形成社会性和集体性的民俗文化，但民俗事项发起人通常无从考证，或者民俗文化在传播中不断经历变化而使得信源难以追踪。因此有学者认为，应当把“民俗雏形”作为民俗文化的信源（庹继光 & 刘海贵，2012），因为它是民俗定性以及发展变化的基础。民俗的对外传播活动中，传播者的范围有所扩展，传播者还可能包括国家机构人员、媒体从业人员以及译者等。其次，民俗文化翻译传播的传播内容。在民俗文化对外传播中，民俗文化的对内传播与对外传播活动的传播内容是不完全相同的。民俗文化的对内传播通常是对信源的直接传播，也就是说传播内容囊括所有的民俗事项及活动。民俗文化翻译传播的内容就成为经过“筛选”的二次信源信息。传播受众、传播环境以及传播目的等因素，也会影响民俗文化翻译传播内容的筛选。第三，民俗文化翻译传播的受众群体本身具有不同的社会文化背景，受不同的文化意识形态的影响。相对于源文化，民俗文化翻译传播受众又可分为强势文化群体（代表着世界主流文化价值观）和弱势文化群体（代表着边缘性文化价值观）。面对不同的传播受众，民俗文化翻译传播的难度也有所不同，同时传播中所采用的方法和策略也有所差异。第四，随着技术的发展，民俗文化翻译传播的模式呈现多样化的势态，总体来看，主要包括点点传播、点面传播以及面面传播等形式。这里的"点"主要是指个人或者小团体，"面"则指国家机构等大型团体。特定区域民俗研究者的学术交流活动等都属于点点传播。自媒体的发展为个人传播活动提供了新的平台和机会，提高了点点传播模式的传播效度。网络平台上的每个人都可以实现点面的传播，传播者的"粉丝量"越多，其传播能力和影响力越大。面面传播主要是国家层面的交流与合作，如友好国家之间为民间交流做出的政策支持等。第五，民俗文化翻译传播的环境主要由内部环境和外部环境组成。内部环境主要是指民俗文化本所具有的文化特质（如文化的包容性和开放性），以及文化翻译传播的输出国的政策支持及经济基础。坚实的经济基础辅以国家政策的支持，无疑会对民俗文化的翻译传播活动起到积极作用。民俗文化翻译传播方式和传播效果也会受到文化输入国对新进文化态度的影响，即外部环境。第六，传播性和扩布性是民俗文化的本质属性，民俗文化翻译传播则是民俗文化生存的内在需求。此外，作为提升民俗文化竞争力和影响力的有效途径，民俗文化对外传播极具必要性。第七，民俗文化翻译传播是一个长期的活动，传播效果的重要性虽不言而喻，但因为传播测量所需的外显性指标较少,测量方式也多为间接测量大。测绘方式一般包括从译著的网络书评、购买量、借阅次数，以及外译影视作品的票房评分、影评内容包括收视率等信息进行测量,也有学者尝试采用问卷测量,但往往受限于被试数量,无法对民俗文化翻译传播效果给出全面客观的评价。

从上述分析可以看出，民俗文化翻译传播无论是在受众、传播方式或是在传播环境方面，都具有其本身的特殊性和独特性。对传播要素的界定，能够帮助我们在对民俗文化翻译传播活动形成宏观的认识，而对于传播活动微观的分析，还应从民俗文化翻译传播的模型着手。

3.2 民俗文化翻译传播的本质

“民俗传播是人类借助各种各样的民俗符号来传达意义的传播行为，因此，民俗传播总是与各种各样丰富多彩的民俗符号密不可分”（仲富兰，2007）。如果说符号是构成民俗文化的基本单位,那么民俗文化的翻译传播，实际上就是民俗文化符号的翻译传播。

语言学家们对符号的研究由来已久，其中最为人们所熟知的学术论作当属索绪尔的《普通语言学教程》。它将所有的符号系统都列为语言学研究范畴，甚至包括动作、音乐、具有意义的活动等（索绪尔，1959/1980)。此外，索绪尔从结构主义理论出发，提出语言符号包括两个层面即“能指”（signifier）和“所指”（signified）。这里的“能指”多指事物的声音形象；“所指”是指事物的意义。事物能够成为一个符号，往往需要同时具备概念与形象两个层面。两者之间的关系是任意的，但是一旦形成，又是不容易发生变化的。与此同时，美国的实用主义先驱皮尔斯（Charles Sanders Peirce）也提出了自己的符号学理论。有别于索绪尔，皮尔斯将自己的符号学理论建立在三元论的基础上，并提出了“三位一体性”，并进一步扩大了符号定义的范围。他认为符号是世界的基本组成部分，每个符号包括三个基本成分：再现体或者符号本身（Representamen）、符号的对象（Object）和符号的解释项（Interpretant）。再现体有时也被称为符号，它的作用是用以再现或者替代其他东西（皮尔斯，1991/2014），符号的对象是指符号或者再现体的指征，解释项则是指在解读符号及其表征时符号所产生的意义。三者之间相互联系，解释项处于再现体与对象关系之中；同时三者又分处于三元关系的不同位置，它们的位置序列分别为再现、对象和解释项。再现体和对象的不可或缺性不言而喻，解释项的重要性在于赋予符号以意义，也就是说每个符号都必须含有相应的解释项，“在其广泛的意义上，解释项可以被理解为符号的翻译”（Translation of a Sign）（同上）。

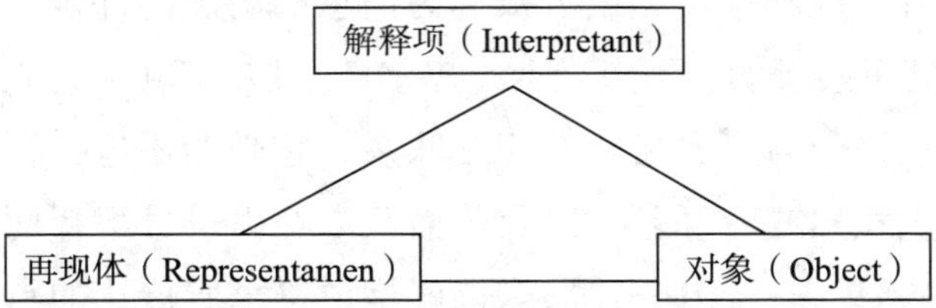

图 2-2　皮尔斯符号的三分结构示意图

符号是信息传播的媒介，任何事物都可被纳入符号的范围，民俗文化的实质就是民俗符号的产生和传播过程。首先，民俗本身是符号的集合体。民俗活动包罗万象，且与人们的生活息息相关，这些仪式、信仰、技艺、图腾、习惯等具有鲜明的民族性和区域性，同时也是特殊的社会现象，是民族文化的不同表征。符号从视觉、听觉、触觉、味觉、嗅觉等感官通道以刺激的方式，使受众感受并接收到符号承载的信息。从皮尔斯的符号论来看，这些人类的活动事项包括活动中所产生的衍生物都可纳入符号的范围之内。其次，在传播中，民俗活动不断被确定、重复、修正、发展，民俗文化的形成、传播及发展过程，实际上就是将民俗活动不断地程序化和符号化。民俗符号在传播的过程中，受到环境因素以及信息接收者的影响，其内涵与外延不断发生变换，从而使得民俗文化符号保持活力。第三，民俗文化研究者的研究工作更多的是“把民俗作为一种文化符号理解，为揭示人类文化的奥秘提供线索”（高乐田 & 邓长青，1998）。民俗文化符号虽然是不断变化发展的，但对符号意义的溯源性研究有助于明晰文化符号的象征性意义以及意义演变历程，透过文化符号的表层结构进行深入分析，从而揭示事项背后所隐藏的普遍性规律。

皮尔斯所提出的符号论对于民俗文化研究具有较高的适切性。民俗事项抽象出来的仪式、图腾、习惯等若作为民俗文化的再现体，它们所代表的具体事项则为再现体所代表的事物，民俗符号背后所承载的价值观、民族记忆包括宗教记忆则为符号的解释项。民俗文化的翻译传播不仅仅是符号的呈现和再现，还应包含文化符号所隐含的解释项的传递。受众所接收到符号解释项的多少，往往影响着符号传播的效果。皮尔斯认为信息具有广度和深度，或者被称为信息的内涵与外延。信息是解释项的量，且处于两者的交叉点之上（皮尔斯，1991/2014)。这也说明了信息“不单单是符号与对象之间的相互联系，它必然还包含符号使用者根据自己的知识积累或者经验，以及传播双方经由符号解释而可能产生的意义的量”（赵星植，2016），那么也就是说符号所传达的意义在传播过程中是动态变化的，并会受到传播双方的知识背景、认知水平等因素的影响。这一概念与威尔伯·施拉姆（Wilbur Schramm）提出的传播模型不谋而合。

3.3 民俗文化翻译传播过程

拉斯韦尔的传播理论为民俗文化翻译传播研究搭建了完整的框架结构，并从宏观的视角出发指出民俗文化翻译研究中可能涉及的各个要素，以及相关研究所属的研究范畴和研究领域。认知科学革命的到来，越来越多的研究者提出了传播的微观过程相关理论模型，其中在传播学研究领域家喻户晓的当属香农（Shannon）和韦弗（Weaver）的信息论（Schramm, 1954）。该理论以数学理论为基础，模拟了信息传播的整个过程，并进行建模，所以该理论也被称为信息模型。模型主要包括信源（Information Source）、发射器（Transmitter）、渠道（Channel）、信号（Signal）、接收器（Receiver）、信宿（Destination）。信息传播过程可以简述如下：经过筛选的信息，通过信源被发送到发射器，发射器将信息转换为可被传播渠道识别的信号，信号经由传播中介抵达信息接收器，接收器的作用与发射器相反，信号被重新转换为信息后，发射器将信息传送至信宿，从而完成消息的传递。

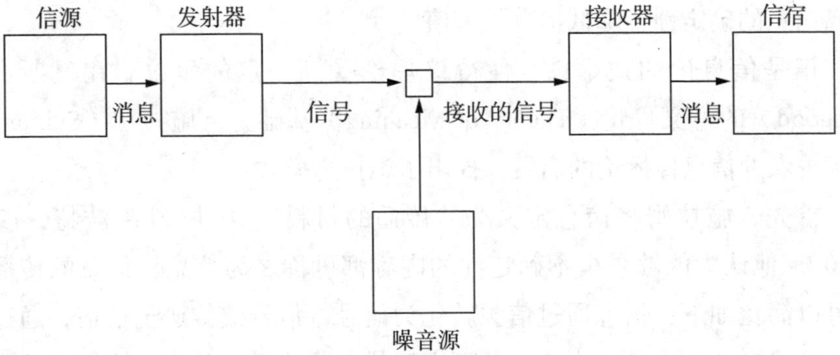

图 2-3　香农的传播系统简图

来源：From C. Shannon and W. Weaver. *The Mathematical Theory of Communication* (Urbana: University of Illinois Press，1949)，p. 98. 中文来源:《传播理论——起源、方法与应用》Werner J. Severin/ James W. Tankard，Jr. 著 郭镇之 主译，p.43

香农教授提出该理论时，曾担任贝尔电话实验室的数学研究员，主要研究方向为信号传送的数学原理（赛佛林 & 坦卡德，2006）。该理论的提出对当时的通信研究产生巨大的影响，后来被广泛应用于相关技术的开发，因为它创造性地实现了将人们的感知转化为可被机器读懂的语言——比特，加快了信息的处理速度。后来在韦弗教授的推荐下，信息论被应用于大众传播，常用以解释传播的核心形式。值得注意的是，由于信息论的理论基础来自信息学，其实质是模拟信息信号传递的过程，该理论实质是对信号传输过程的抽象化表达，与传播效果及内容并没有过多的解释和联系。这里的信息（information），与熵的概念非常相似，指的是不确定性、随机程度或者自由度，在该理论中，信息与"人们在组织某条信息时的选择自由度有关"（赛佛林 & 坦卡德，2006）。即信息在传播中的不确定与熵值呈现正相关。当信息的组织性或逻辑性非常强时，信息传递时的确定性越高，熵值越低。理论中的"噪声"（noise）即为影响信息传播的一切非信源所有的东西，它的作用是提高信息的不确定性。噪声又可以通过冗余来抵消。这里的冗余并非指多余信息，冗余信息虽然不属于有效信息，但是也可以提高信息的传播效力，如通过重复核心信息，降低噪声对传播效果的影响，提高信息的确定性，降低信息的熵值。

正是信息论的技术性，使得该理论受到一定的争议。在奥斯古德（Osgood）的意义理论（Theory of Meaning）基础上，施拉姆（Schramm）受到香农的信息传播论的启发，提出了施拉姆模式。

首先，施拉姆将信息定义为“传播的材料”（施拉姆 & 波特，1973/2010），他认为能够减少不确定性的内容都可称之为信息。信息的传播过程可以简化如下：信息通过信源转化为信号，信号被传送至信宿，通过解码的形式，获取信息的内容，从而实现信息的传播。其次，施拉姆认为有效传播的必要条件为传播者与受众拥有共同或者共通的信息符号，双方拥有共同的经验基础，交集的多少决定了信息传播的效率和效果。当交流的双方就传播信息的相关主题都具有较多的经验储备时，信息传播时的不确定性就会降低，信息的确定性提高，双方会从自身的经验储备中搜寻与之相匹配的信息内容，进行解释和补充，从而提高信息传播和双方交流的有效度。反之，如若信息的传播者和受众分别来自非洲原始部落族群和美国硅谷，双方无论在教育背景、生活经历等方面都千差万别，那么两者在进行交流时所共享的经验基础就非常少，在进行信息传播时，传播的难度也非常大，很难形成有效传播。第三，与香农的信息论不同的是，施拉姆认为信息的传播方向并不是单一的，而是一种交互的、长期的关系。信息传播的参与方既是传播者，同时也是信息的接收者，也就是说它们都身兼三职，既是编码者也是解码者和解释者。信息通过传播者，经历编码、解码，在双方的共同经验中，传达至受众一方，受众一方再根据所接收到的信息给予反馈。在反馈信息的传播中，传播者和受众的角色相互转换，这一点在自媒体的信息传播现象中表现尤为明显。网络平台的博主以上传网络视频的形式进行信息的传播，受众通过观看视频实现信息的传递，并以转发评论以及弹幕等多种方式给予及时有效的反馈。此时，信息的接收者又兼具信息的传播者。参与者之间的角色身份在互动中不断地互换，相互影响。总体而言，相较于香农的信息论，施拉姆传播模型强调了传播双方所共享的信息符号对翻译效果的重要性，从信号传播过程抽离出来，站在传播活

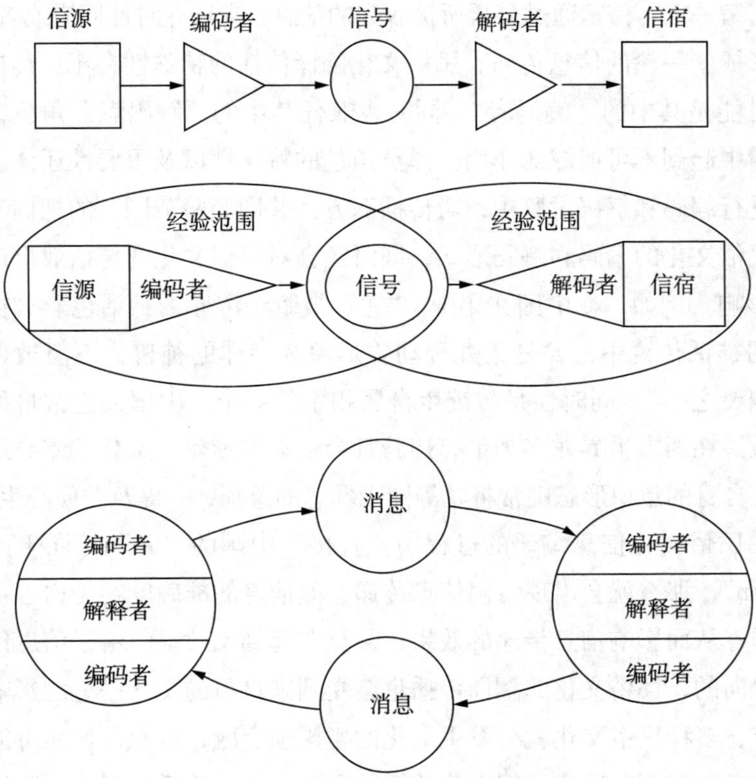

图 2-4　施拉姆模式

来源:《传播理论——起源、方法与应用》Werner J. Severin/ James W. Tankard, Jr. 著郭镇之主译 p.50；From W. Schramm, How Communication Works, Chapter 1 in W. Schramm (ed.), The Process and Effects of Mass Communication, Urbana: University of Illinois Press, 1954.

动参与者的视角，提出了传播具有双向性的论点。

在民俗文化的翻译传播活动中，民俗雏形作为民俗文化的来源即为传播活动的信源。信息的编码者在这里可以理解为源民俗文化的传播者，那么信宿就是目的文化的信息接收者。信息编码者在掌握了民俗文化信息之后，对传播的内容进行重新编码，民俗文化信息以信号的形式被发出，解码者再将收到的信号依据双方共有的信息符号系统进行解码，信息最终传送至信宿一方。信宿通过分析所接收到的信息，进行针对性回应或者反馈，从而形成新一轮的信息传播。民俗文化翻译传播的特殊性在于，传播中译员既可能是其中的“编码者”，同时也兼任其中的“解码者”角色，在信息传播中起到不可或缺的作用。译员角色的特殊性以及重要性还体现在他们在进行编码和解码过程中，对传播双方“共同经验范围”的把握不仅会影响民俗文化的编码和解码形式，同时还会对民俗文化的传播效果产生重要的影响。例如，在中国文化中，“龙”被赋予浓厚的神话色彩。在中国的民间神话传说中，龙是集九种动物形象为一体的神兽，不但被列为中国“四灵之一”，同时还是传统生肖属相中的一个。中国人也常自称为龙的传人。在西方世界龙多为带有翅膀且会喷火的形象。文化的差异造成西方人在自身的意识形态中常将龙等同于邪恶的象征，一提及龙便心生恐惧。如果在民俗文化信息编码的过程中，直接将中国的“龙”等同于西方的“Dragon”，那么就会出现错误信息传递，即信息的准确度在传递过程中受到折损，从而影响信息传递的效果，甚至会起到反效果。由于信息传播活动是双向的，民俗文化的翻译传播也会受到来自目的文化一方的影响，在此环节，多种民俗文化就会发生文化的碰撞和交融，日积月累还可能出现文化变迁，以不断适应民俗文化传播的需要。在此传播过程中，民俗文化不断发生变化，同时得到积淀与发展。

第四节　北京民俗文化翻译传播

1. 北京民俗文化概况

区域性和民族性是民俗文化的主要特点。北京民俗文化顾名思义指北京地区的民俗事项所形成的区域文化。北京作为中国的首都，不仅因其重要的政治经济地位而被国际熟知，同时还因其深厚的文化底蕴而享誉盛名。这座集传统与现代文化为一体的城市已成为国际社会了解中国的窗口。在北京文化之中，民俗文化具有其特殊意义和价值。对北京民俗文化的研究不仅是对现有文化现象的溯源探究，同时也能对北京的城市形象建构及文化的传承及传播产生积极影响。

作为中国古都之一，北京在中国历史上具有重要地位。可以说北京的民俗文化既是中国民俗文化的缩影，同时它又具有其自身的独特性。从北京民俗文化的发展历史来看，民俗文化研究学者将其划分为三个重要阶段：原始聚落期（远古至古燕国建立之前）、城市期（古燕国至辽南京城建立）和都市期（辽南京城至新中国成立后）（刘宁波，1996）。而后，从新中国成立至今这段时期被当作北京民俗文化的新都市期。民俗文化发展阶段划分，主要参考城市自身发展状况以及社会制度的更替。首先，原始聚落期可作为北京民俗文化雏形的形成期。当时居住在北京地区的原始人群多为“北京人”和“山顶洞人”，居住地多为河流附近山坡之中的洞穴。由于历史久远，他们所留下的生活痕迹几乎无迹可寻，因此较难推测当时的社会生活状况。从现有遗迹中发现有一些类似于现代生活中的“装饰品”，他们多以动物的骨骼残片为原材料，有的还经过打磨、穿孔，甚至涂色。研究者认为遗骸周围散布的此类物品可能与祭祀有关。这些信息间接显示在该阶段北京民俗文化可能已经形成雏形。其次，自夏商时期北京民俗文化正式进入城市期。由于当时的社会生产力较为低下，人们的生活很大程度受制于自然状况，对自然的敬畏与崇拜使得巫术对当时的民俗文化产生重要的影响。同时期的墓穴中通常会有殉葬物品，以及用于占卜的龟甲兽骨等，这从侧面反映了当时人们对待死亡的态度，同时也说明该民俗事项已经逐渐仪式化。北京民俗文化发展至都市期时，北京的城市地位不断得到提升，经济、政治地位逐渐稳固，这都为民俗文化的稳定和发展提供了良好的客观环境。由于社会阶级的分化，民俗文化的主角逐渐被认为是普通平民，民俗文化也被定义为中下层文化，与之相对的是皇室以及统治阶层的上层文化。该阶段北京民俗文化虽然仍受到神话、信仰等因素的影响，但娱乐性逐渐成为其主要特点之一。民俗活动不再仅仅局限于婚葬仪式以及岁时节令，同时还包括庙会、民间游艺等多项内容。丰富的民俗事项不仅为平民提供消遣娱乐，还能缓解阶级压迫所造成的社会压力。包容性是北京民俗文化在第四阶段的主要特征。随着民族融合以及城市对外开放程度不断提高，北京民俗文化不得不面对和应对不断涌现的新文化所带来的影响和挑战。在接触、吸收和融入外来文化的同时，还要保存自身民俗文化的独特性，提高文化的传播力和影响力已成为现阶段北京民俗文化发展的必经之路。

从民俗学的角度对北京民俗文化的内容进行分析，大致可分为三个层面：物质民俗文化、精神民俗文化和社会民俗文化。物质民俗文化顾名思义是指与北京居民生活相关的物质类文化事物，主要包括居住文化、饮食文化、衣饰文化等；精神民俗文化多与仪式性活动相关，如岁时节令的庆祝、婚丧礼俗、民间艺术等；社会民俗文化则主要关注的是体现社会关系的民俗事项，如庙会活动，民间的游戏及技艺等。

2. 北京民俗文化翻译传播研究现状

民俗文化是传统文化中不可或缺的组成部分，其自身独特性凸显了文化的区域特色。在全球国际化的进程之中，文化软实力对于综合国力的重要性也日益得到重视。中国不仅关注经济和军事实力的发展，还提出“文化走出去”战略，积极推进“文化自信”。在此社会背景和国家方针政策之下，中国民俗文化的翻译传播研究逐渐得到学界的关注。

从现有的相关学术研究结果来看，国内民俗研究中有关民俗翻译研究共计约 287 篇（数据来自知网）。

从发文数量来看，民俗文化翻译的相关研究起步较晚，约从 2014 年研究者才开始关注民俗文化翻译现象，在接下来的五年间，民俗文化翻译相关文献的年发文量都在 30 篇之上，并表现出缓慢增长的趋势；2019 年，发文量约为 45 篇。从参考文献来看，现有研究所参考的文献以 2000 年以后发表的学术成果为主，说明民俗翻译研究多采用最新的研究成果作为研究支撑。

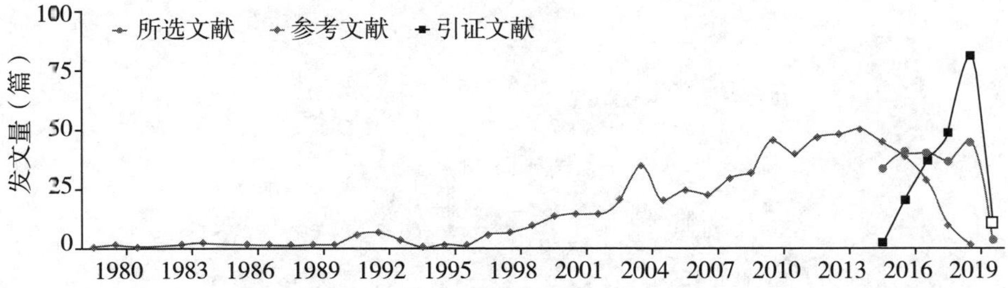

图 2-5　民俗翻译研究发文量示意图

其次，从研究内容来看，民俗翻译研究主题较为分散。从现有研究的聚类分析示意图可以看出，研究者主要关注的研究主题包括：汉英翻译、文化负载词、文化功能主义、音译法、翻译策略、中国文化、文化特色、外宣翻译、翻译观、民俗文化传播等；此外，少数民族民俗、外国读者、翻译任务、文化交流、省缺、生态翻译学、跨文化传播以及文学作品如《呼兰河传》等也成为少量民俗翻译研究者关注的内容。从该示意图可以看出，民俗翻译研究目前的关注点主要包括以下几个方向：1）文学作品的译本研究，关注点集中在文化翻译策略、译本对比及翻译个案研究；2）民俗文化翻译传播研究，主要以跨文化交际理论及传播学理论为出发点，讨论民俗文化翻译的传播现象。从研究数量来看，翻译策略研究仍为研究者关注的重要主题，跨学科研究为民俗翻译研究提供了方向，或将成为新趋势。

第三，从现有研究的文献分布状况来看（参考上图），现有文献分布情况大致如下：学术期刊约占发文总量的 78%，硕士论文约占 18%，剩余约 4% 的文献主要来自报纸、会议及辑刊等。针对民俗翻译的高层次研究成果如博士论文，数量则为零。该数据结果从侧面表明民俗翻译研究尚处于初期阶段，高层次研究较为缺乏，但是具有较高的学术研究前景。

在民俗翻译研究中，涉及北京民俗文化的翻译研究文献稀少。值得一提的是 2018 年发表于《山东外语教学》的一篇文章——《晚清和民国时期的北京民谣英译》。作者马士奎教授（2018）在肯定了民俗文化作品如民谣的文学和学术价值之后，着重对比了十九世纪末期到二十世纪三十年

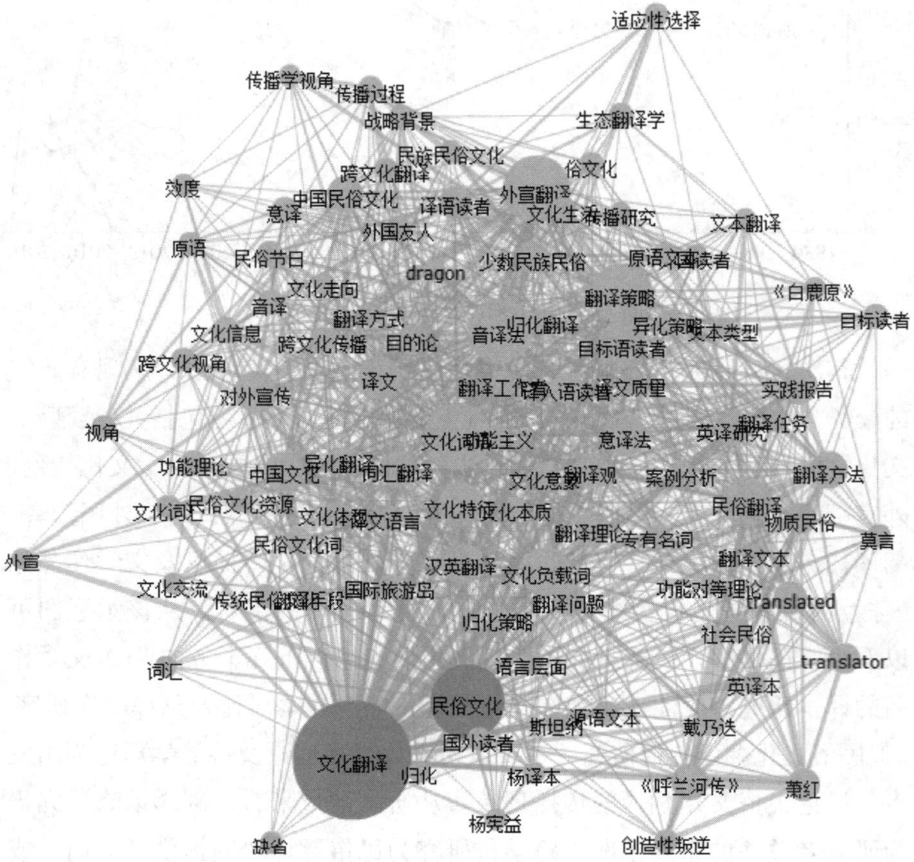

图 2-6　民俗翻译研究聚类示意图

代期间出现的四种北京民谣的英译版本——Baron Guido Vitale 的《北京儿歌》(*Pekinese Baby Songs*)、Isaac Taylor Headland 的《孺子歌图》(*The Chinese Mother Goose Rhymes*)、张则之的《北平歌谣》(*Peiping Rhymes*)以及 Ruth Hsü 的《中国童谣》(*Chinese Children's Rhymes*)。行文对四本译著成文的社会背景、译者基本情况进行了详细的介绍，并对比和分析了四者之间的相互联系、翻译特点及翻译策略，并认为民俗文化翻译研究兼具必要性和重要性。

3. 研究局限与现存问题

从研究现状来看，北京民俗文化翻译传播相关研究内容较少，关注度不够，研究视角以文化翻译的微观研究为主，缺乏宏观的理论建构和理论支撑，跨学科研究数量较少，研究方法较为单一，整体研究的层次有待提高。造成该研究现象的原因是多方面的，下文简要从问题的内部因素和外部因素两个方面进行分析。

首先，民俗文化翻译传播缺乏内在动力。第一，仲富兰教授（1998）在《中国民俗文化导论》中指出中国民俗学存在着“先天不足，后天失调”的缺陷。他认为中国的民俗文化的理论建构研究不足，研究视角受限，造成了现有研究的“力不从心”。民俗学作为民俗文化翻译传播研究中的基础学科之一，如若自身的理论建构不够完善，则会影响民俗学、翻译学和传播学的交叉学科研究基础，不能体现其在研究中的学科地位和学科价值。第二，民俗文化的价值并未得到充分的肯定与重视。民俗文化主要关注的是普通民众的民俗事项，常被定义为中下层文化研究，导致了研究价值和研究意义不高的刻板印象，导致了民俗文化研究学术定位不准确，存在价值被严重低估的现象。直至 2004 年中国正式加入联合国科教文组织的《保护非物质文化遗产公约》，2011 年全国人大会议通过了《“非遗”保护法》（李文阳，2019）。这两个时间节点从侧面反映，世界组织以及中国政府对于传统文化的价值和存在意义已经有了新的认知。民俗文化作为传统文化的重要组成部分，对民俗文化的保护和肯定，实质上是民族自身的肯定和保护，同时也是对民族意识形态、价值观、意识形态的自我认同。这种认同与肯定不仅能增强民族的向心力，提高民俗文化的竞争力，同时也为民俗文化的对外传播奠定了坚实的基础，为民俗文化翻译传播提供动力支持。第三，民俗文化的翻译传播没有得到充分的重视。文化软实力作为综合国力的重要构成，对国家综合实力水平的发展以及国家的影响力具有重要意义。民俗文化的对外传播，不仅是本民族文化自信的表现，同时也属于民俗文化价值的输出活动，它将有利于提高民族文化自身的活力，提升民族内部的一致性和凝聚力，同时对于构建国家对外形象也起到积极的促进作用。虽然，我国目前已提出了“文化走出去”等一系列刺激本土文化发展与传播的政策，但从已有研究的基金分布数据来看，受到国家社科基金支持的文章数量仅占 2.5%，这说明在学术研究层面国家对民俗文化翻译传播研究所给予的关注度和支持力度有待提升。

其次，民俗文化翻译传播研究受到外在因素的影响。从宏观视角来看，国际环境也会对民俗文化的对外传播产生一定的影响。中西方世界的社会制度及意识形态的差异不仅会为中国民俗文化翻译传播造成阻力，同时，过高的传播密度和频度还有可能引发消极影响，以及文化传播受众的自我保护意识，甚至引起外来文化的抵制活动。在当前的国际环境中，英语已然成为世界通用语种之一。英语化的潮流一方面极大地提高了英语国家文化的影响力，另一方面在少数地区也受到部分民族或者国家的“抵抗”，激起了当地的语言保护意识。例如在法国，不少民众仍然坚持使用和保护自己的语言，甚至通过拒绝“借用”外来词汇等形式维护民族语言和民族文化。着眼于微观层面，科技的发展为民俗文化的翻译传播带来了诸多变化，无论是传播渠道、传播人群、传播内容，或是传播形式都有了新的变化。自媒体和网络平台的发展，使得民俗文化传播的渠道得到进一步的拓宽，传播主体和受众的范围也得到进一步的扩大。在多媒体的技术支持下，多模态传播模式已成为民俗文化传播的重要形式之一；任何个体都可以独立成为传播中的信源，传播的及时性、互动性和个性化达到前所未有的高度。技术革新拓宽了民俗文化传播的渠道，但同时也凸显了翻译在民俗文化对外传播效果的重要性。如何利用新技术提高民俗文化翻译效率及传播效果，已经成为民俗文化对外传播研究的重要议题。

第三章

北京民俗文化多模态翻译传播

第一节　多模态的定义及研究现状

1. 多模态的定义

关于模态（Modality）的定义虽然未有定论，但从当前研究内容来看，主要分为两个方面：部分学者认为，模态是指信息传播的渠道，它可以是图像、音乐、文字等（朱永生，2007）；也有学者认为，模态是指人通过视觉、听觉、味觉、触觉以及嗅觉的渠道感知环境的信息获取形式（顾曰国，2007）。在此基础上，冈瑟·克雷斯（Gunther Kress）和西奥·范里乌文（Theo Van Leeuvwen）（2001）认为意义是由多个模态共同承载的，并将“多模态”（Multimodal）定义为“一个符号产品中包含多个符号模态”。在传播过程中，当涉及的模态数量在两种或者两种以上时，被称之为多模态。模态之间也会相互影响，这种影响既可能具有互补性，又可能具有冗余性。多个模态所传播的信息既相互独立，同时又相互影响，多渠道的信息在同一语境中实现意义的传达。

针对多个感官渠道的信息加工心理学领域的研究主要考察在多个感官通道同时传送信息的环境下，人们的信息获取效果以及认知加工机制。韩磊的研究团队发现，当人们对多感觉模态的信息进行认知加工时，信息内容会进行跨模态的整合（韩磊等，2001）。此外，弗朗西斯·科拉维塔（Francis B. Colavita）在1974年的研究中进行了四个视觉听觉刺激实验，通过对比被试的反应时，发现当被试同时接收听觉刺激和视觉刺激的时候，虽然注意资源是有限的，但是人们会更倾向于将更多的注意资源运用于视觉信息的加工过程之中，从而提出了视觉优先效应，也被称为 Colavita Effect。非语言类符号在信息传播中的作用不容忽视。相对于心理学领域，语言学及翻译学领域研究者的关注点在于非语言的符号系统在意义传播和意义建构中所发挥的作用，从符号学的理论出发，从多模态的研究视角对话语分析和翻译活动展开研究，并以符号学理论为基础，从多模态的视角对话语分析和翻译活动进行深入探究。

2. 多模态相关研究

语言学研究领域有多模态相关研究的议题主要包括多模态话语分析和多模态翻译研究。多模态话语分析（multimodal discourse analysis）是话语分析研究的分支，从二十世纪九十年代真正兴起。研究者们认为在交际的过程中声音、图像、动作等非语言符号的信息在意义的建构中同样发挥着重要的作用。它突破了原有话语分析研究中以语言为中心的研究范式，拓展了话语分析的研究内容和研究范围。迄今为止，多模态话语研究已经历经四十余年的发展，研究理论较为完善，研究范围较广，研究内容充实。本文检索了 CNKI 中国内多模态话语分析在核心期刊中的发文情况，并进行了关键词聚类，结果显示在该领域关注度较高的几个研究主题包括视听材料、自主学习、情景语境、社会符号、图像学、非语言交际、功能语法等，研究内容中讨论较为广泛的是多维视觉模态和听觉模态。

由于多模态研究中以视觉和听觉模态为主，冈瑟·克雷斯（Gunther Kress）和西奥·范里乌文（Theo Van Leeuvwen）提出了视觉语法（The Grammar of Visual Design）以及听觉语法。视觉语法的理论基础为社会符号学，该理论的基本假设为图像符号与语言符号在意义传达上发挥了相同的作用，都属于文化的载体；视觉符号系统也具有语言相应的功能。以此

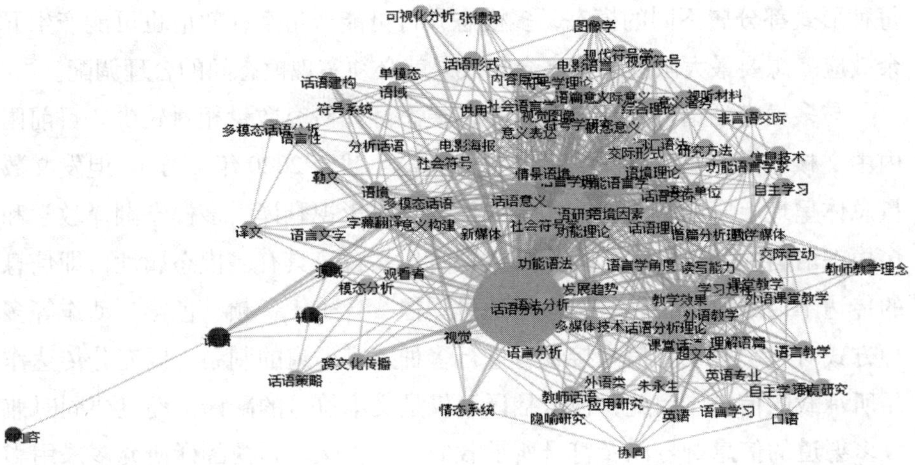

图 3-1 模态话语分析研究关键词聚类图

为基础，视觉符号系统语法框架得以建构，并指出视觉语法的作用主要体现为：再现意义（Representational Meaning）、互动意义（Interactive Meaning）和构图意义（Compositional Meaning）。西奥·范里乌文（1999）在专著 *Speech*，*Music*，*Sound* 一书中以系统功能语言学为基础，讨论了声音符号的概念功能、人际功能和语篇功能，并从声音视角（Perspective）、发声时间（Time）、声音互动（Interacting Sound）、声音音色（Melody）、声音情态（Modality）几个维度构建了听觉语法研究框架。国内多模态话语分析多以上述两个理论为基础，开展个案研究。值得一提的是，国内多模态研究领域的重要学者张德禄教授（2009）以系统功能语言学理论为基础，讨论了可实现意义的媒体形式以及模态关系，并建立了多模态话语分析的综合框架。该理论框架主要包含文化层面、语境层面、内容层面和表达层面。文化层面最为重要，它是交际活动得以开展的关键。交际双方的个人经历、意识形态、生活环境、教育背景、价值观等都会对文化语境造成深刻的影响。从交际的微观层面来看，在交际过程中话语的范围、话语基调和话语方式是影响情景语境的主要因素。多模态话语的内容主要包含意义层面和形式层面。交际中信息传达主要包含三重意义：概念意义、人际意义和谋篇意义。内容主要通过语言、图觉、声觉和感觉四种形式呈现，每种形式都分属不同的模态，多模态并行可能产生互补效应也可能产生冗余效应。想要最大限度地提高交际效果就必须实现模态间的合理调配。

与多模态话语研究相比而言，多模态翻译研究数量相对较少。目前国内中文核心期刊累计相关文献共计 114 篇（截至 2020 年 4 月），但发文数量总体呈现上升趋势，研究的主要话题涵盖影视翻译、多模态翻译教学和多模态语料库等。由于影视作品或视听作品自身具有多模态属性，即信息的传达不仅通过语言符号，还需通过图像、音乐、音频、色彩、动作等多种方式对观影者或者信息接收者进行多种感官渠道的刺激，以充分传达作品所承载的信息。因此，视听翻译不仅是文本符号的翻译，而且要同时兼顾多渠道的信息符号以及符号所承载的文化含义。影视翻译研究多采用影视翻译个案分析范式，研究者选取多模态话语分析为理论基础，依据张德禄教授（2009）提出的多模态话语分析综合理论框架，从文化、语境、内容和表达四个层面对视听作品的字幕翻译进行描述性研究。近些年随着国内对多模态翻译的关注，国内也出现了部分实证性研究，研究多结合眼动技术考察视听材料对字幕的认知加工机制。研究团队多来自天津师范大学和华中师范大学。国外的相关研究开展最早始于 1984 年，心理学家 D'Ydewalle 通过考察电视节目字幕阅读行为发现字幕是一种不自觉的加工行为。2018 年 Orrego-Carmona 的团队以翻译过程研究方法，通过对比分析专业译员和业余译员在使用不同翻译软件时的眼动轨迹，分析了两类被试的认知机制差异（王建华 & 李静，2020）。此外，因口译输入信息具有多模态的属性，也成为多模态翻译认知研究的内容之一。如 Agnieszka Chmiel 团队就讨论了带稿同传中视觉信息和听觉信息一致性的问题。实验发现当译者在处理听觉和视觉信息不一致的情况时，更依赖于视觉通道所传达的信息（Chmiel A. et al.，2020）。

结合当前多模态研究成果不难发现，多模态话语分析的研究数量占据绝对优势，研究较为成熟；而多模态翻译研究尚且处于发展阶段，且以描述性研究为主，研究方法较为单一，缺乏理论建构研究，多模态翻译理论建构的宏观探究以及多模态翻译过程的微观探究对于多模态翻译研究的进一步发展而言至关重要。

第二节　民俗文化传播多模态特征

首先，民俗文化本身具有多模态的属性。民俗学家桑迪夫将民俗文化划分为物质民俗文化、精神民俗文化和社会关系民俗文化三个类别，其中物质民俗文化与人们日常生活中衣食住行息息相关。物质民俗文化的传播过程中，语言描述并不足以完全展示物质民俗的全貌，因为物质民俗文化中所包含的更多的是非语言符号。其次，精神民俗文化多指岁时节令、人生礼俗等具有较强仪式感的活动。社会关系民俗文化则主要包括民间游艺、庙会活动等，此类活动具有凸显群体成员社会关系的特点。其中，程序性和仪式性是精神民俗文化和社会关系民俗文化的重要特点，即这些民俗事项的发生过程都要遵循固定的程序。仪式性是民俗文化得以代代相传的重要条件，同时也是造成不同群体间文化差异和自身文化独特性的重要原因之一。在仪式活动中，参与者的动作、音调、音乐、程序等非语言符号信息在民俗文化传播中承载着重要的文化内涵。在传播过程中，若要最大限度地还原民俗事项的原貌，需保证非语言符号的有效传播。文字描述虽能忠实地记录仪式的过程和要点，但在信息传播的效率和效果上仍有一定的局限性。通过对受众在视觉、听觉、触觉以及嗅觉等感观通道进行刺激，将信息从多个渠道全方位传播至受众处，才能使其身临其境，引发受众的共鸣，从而实现民俗文化的有效传播。多模态传播路径是由民俗文化的自身特质及其本质属性所决定的。

其次，技术的革新尤其是媒体技术的发展，也为民俗文化的传播媒介、传播方式，甚至传播渠道带来了新的变化。在融媒体的时代背景下，传统媒介与新技术之间碰撞出新的火花，双方发挥自身优势，“冲破了时间、地域以及传播载体的局限，造就了文化国际化传播的新形态（徐洋，2019）”。这种媒体融合的传播模式不仅拓宽了文化传播的渠道，同时也为文化对外传播打开了新的大门。作为传统文化信息传播重要平台的博物馆，如今也已步入数字化时代。2004 年以来，中国传媒大学、北京民俗博物馆以及北京市科协网络中心通力合作，着手建设了北京民俗数字博物馆（李彩萍，2010）。博物馆以数字化形式对北京民俗的文史材料、民俗文物以及视听材料进行整合，采用多媒体交互技术、互联网媒介平台以及 VR 技术等，最大限度地还原了北京民俗文化的原始风貌。数字博物馆的建设打破了传统博物馆的信息传播形式，突破了场馆空间、参观时间和地点的局限，降低了传播所需的时间成本和资金成本，为北京民俗文化对外传播提供了良好的环境，同时也为北京民俗文化的发展，保留了翔实而完整的数据信息。随着网络覆盖率的提高，自媒体得以迅速发展，民俗文化对外传播的平台和渠道呈现多元化趋势，点点传播模式或将成为民俗文化传播的主要模式。在自媒体传播中，民俗文化传播内容带有强烈的个性化和个人化特点，网络平台的精准推荐以及字幕信息的及时反馈，无疑都会有效提高民俗文化对外传播的精准度。自媒体传播主体通常都具有多个推广渠道，覆盖国内外主要主流媒体，以提高自媒体矩阵的传播力，同时保证更新频率，传播内容多强调趣味性和故事性，结合民俗文化的多模态特点，采用声像画字结合的形式呈现，提高自身的影响力，甚至成为民俗文化对外传播的“代表性人物”。“李子柒现象”就属于自媒体传播影响力较高的典型实例。李子柒选取贴近真实生活的题材，采用短视频的形式，记录食物从播种、生长、采摘至烹饪的全过程，个性化地传达了中国饮食文化的内涵。其作品在国外网络平台广受赞誉，引发国际观众的共鸣，使国外普通民众对于中国文化产生了广泛关注和浓厚兴趣。纵观民俗文化的传播历史，每个历时性节点都与传播技术的革新相互呼应。在全媒体时代，传播技术的更替和革新以及信息传播渠道的多样化和多模态趋势，都为民俗文化传播带来新的机遇和挑战。

由此可见，民俗文化多模态的内部特质，以及民俗文化的传播媒介的多模态趋势，使得民俗文化这个多符号系统在翻译传播时，必须以多模态为理论基础进行意义的建构，即在民俗文化翻译传播活动中，强调和重视民俗文化符号的多重性，协调信息传播模态，在翻译过程中再现文化的多模态属性，传播民俗文化内涵，最大限度地还原民俗文化的原貌，在提高民俗文化传播效率的同时，留存民俗文化的区域性和独特性。

第三节　北京民俗文化翻译传播的多模态视角

1. 北京民俗文化多模态翻译传播的意义

多模态翻译传播不仅能够增强文化的传播力和影响力，同时还能提高北京民俗文化的包容性和活力。多模态作为民俗文化的重要特征，同时也关乎民俗文化对外翻译传播中源文化传播的真实性和效度。将传统媒体与新媒体相融合，整合传播媒介优势，深入剖析民俗文化的内涵与外延，从而实现民俗文化的针对性传播，即同时满足来自不同文化背景及社会背景的社会群体，对于北京民俗文化的个性化需求，迎合不同群体的观影习惯，帮助受众全方位了解最真实的北京民俗文化，接触、体会、感受和理解中国深厚的文化底蕴。翻译传播的过程还能加速民俗文化与世界文明的交流与融合，使北京民俗文化在多模态的翻译传播中不断碰撞、磨合、沉淀、积累，进而提高文化的包容性，促进文化的发展。此外，中国民俗文化的翻译传播势必引发海外华人的心理共鸣，能够有效地激发民族认同感、文化自信心和民族自豪感，从而增进民族情感，提升民族认同感和归属感，提高民族凝聚力和向心力，进而进一步夯实中国传统文化的发展根基。

第二，北京民俗文化的多模态翻译传播有助于北京城市形象构建。民俗文化的多模态翻译传播有助于真实再现北京民俗文化的原始面貌，全面展现北京文化特点。多模态传播中的多重符号共同塑造了北京地域文化的形象，体现了北京深层次的文化内核以及北京人的精神面貌，构建和唤起了有关这座城市的生活记忆、身份认同、情感联系以及价值肯定。例如，央视纪录片《北京胡同》（*Hu Tong*）详细记录了北京胡同的历史和现状。

北京居住民俗文化在镜头下展现得淋漓尽致，画外音中胡同特有的老北京吆喝声以及鸽哨更是唤起了不少北京人儿时的记忆，甚至成为了老北京声音的代表。纪录片讲解员带有北京口音的解说，更是让观众倍感亲切。其中老北京符号与新北京符号的交替，文化渊源的故事性讲解，居民生活的真实场景，塑造了北京古老、悠闲而又多元、现代的城市形象，显现出了北京所特有的文化气质和精神品质。气势恢宏的皇城建筑、市井气息浓郁的四合院胡同、琳琅满目的古玩珍宝、丰富多彩的文娱活动汇集成北京城市形象的符号集合，以独特的方式展示了城市的自身魅力，并通过具象化的方式，显化了城市的文化内涵及文化性格，进而提高了城市的魅力。

第三，北京民俗文化的多模态翻译传播有利于增强中国国际传播话语。“由于北京的政治、文化中心地位，它（北京民俗文化）对全国文化的发展必然产生辐射性影响，透过它还可以探索中华传统文化的渊源”（黄宗汉，1999）。北京民俗文化的多模态翻译传播向国际社会呈现出最真实而全面的中国城市形象，有助于展现中华民族文化的精神内涵，打破中国在国外媒体及民众心中的刻板形象，建构中国和平、民主、文明的对外新形象，传播中国的主流意识和文化价值观，提高国际社会对中国文化的认同感，增强中国的对外话语能力。

2. 北京民俗文化多模态翻译传播的基本原则

民俗文化的对外翻译传播效率和传播效果受多方因素的影响，如翻译内容选择、翻译质量、传播媒介、传播政策及传播环境等。鉴于此，在北京民俗文化翻译传播中，应尽量遵循如下原则：

首先，去粗取精，显化特征。民俗文化包罗万象，北京民俗文化更是囊括了人们日常生活的方方面面，从衣食住行到婚丧礼俗，从儿童歌谣到相声京剧，从民间游艺到古玩真迹，部分民俗文化充满活力，也有少部分民俗文化在时代的发展进程中逐渐消失。在北京民俗文化的翻译传播中，我们应当优先选择民俗文化中的“精华”部分，它们应当符合当前发展方向，激发文化发展的活力，彰显中华民族特性，凸显民族文化价值与思想内涵。民俗文化的翻译传播还需结合传播媒介的自身优势。为加大民俗文化的对外传播力度，拍摄和选取极具北京民俗文化特色的视听作品，同时结合媒体技术的优势，将优质的民俗文化进行再创作，凸显民俗文化的多模态，增强传播作品的艺术体验，淡化作品的主体性，强调内容的本地化特点，适当增加作品的趣味性、故事性、创新性和娱乐性，以提高北京民俗文化的传播效果。其次，重视翻译，强调模态。北京民俗文化的对外传播离不开翻译活动，而翻译质量的高低对民俗文化对外传播的效果有着直接影响。民俗文化的传播活动也离不开文化信息传播者和文化信息接收者的共同参与；译者作为信息传播的重要中介，不仅直接影响文化符号在传播中编码和解码过程，其对文化的误读或者误译都会降低民俗文化的传播效率和传播效果。译者既要保证翻译的忠实度、传达文化内涵，还要还原民俗文化的本真，这就要求译者不仅深入了解原语文化和目的语文化，了解传播双方经验范围的交集，同时还要明晰北京民俗文化以及传播渠道的多模态特征，培养多模态翻译意识。朱玲博士在《牡丹亭》的多模态翻译研究中根据昆剧的多模态属性，以多模态话语分析中的视觉语法和听觉语法理论为基础，提出了“模态识别”和“再语境化”翻译策略，为戏曲的多模态翻译建构了理论框架，对于北京民俗文化多模态翻译的研究具有借鉴意义(朱玲,2019)。在融媒体中,民俗文化的翻译传播也涉及多重模态，目前翻译的主要内容虽以文本信息为主，但随着多感官交互技术的发展，模态的多样化将成为民俗文化翻译传播的重要特点，译者以及传播者的意识形态也会对传播活动产生巨大的影响。第三，明确需求，精准传播。民俗文化的翻译传播还需以海外受众的文化需求为基础，了解源文化与目的文化地区文化差异的梯度，以及受众在传播过程中情绪、行为和认知三个层面可能会做出的反应，尽量在寻求文化共性的同时传达民俗文化的内涵，采用多模态的信息输入模式，引起受众精神层面的共鸣与认同。由于历史渊源、人口构成及地理位置等原因，中国与新加坡相较于中国和美国，文化共通之处更多，文化差异的梯度相对较小，因此中新之间的民俗文化翻译传播内容及策略就应当与中美民俗文化翻译传播有所差异。其次，北京民俗文化翻译传播还应顾及目标受众不同层次的需求。国外的民俗研究者可能会关注民俗史实材料及民俗馆藏等内容，大众关注点则更有可能涉及娱乐性和趣味性较高的民俗事项以及城市国家的标志性民俗文化符号。针对不同的民俗文化传播需求，我们应当做出适当调整，着力受众获取信息的主要渠道，采用融媒体的形式将声、画、像、音等元素相结合，适当削减文化传播的中心性，提高民俗文化的吸引力和表现力，营造一种相对轻松愉快的情境，以受众乐于接受的方式，展现中国民俗文化魅力，提高民俗文化传播效果。针对国外民俗研究者，可以予以政策的支持，加大国际民俗文化学术交流力度，鼓励北京民俗文化对外翻译传播，推进民俗文化资源的数字化进程，以满足民俗文化国际研究的需求。

第四章

北京物质文化多模态翻译传播

第一节　物质文化简介

物质文化是指文化的物质形态，从这个概念出发，其实任何人造物都可以算作是物质文化。研究物质文化可能会包含对物体的制造、保存等方面的研究，这类比较典型的学科包括艺术史、考古学等等。

本章将结合多模态传播方式来分析现存的物质文化传播方式，总结现存数种传播方式的优点与缺点，再结合多模态传播方式分析进一步促进物质文化的传播。

第二节　物质文化传播内容

1. 居住文化

1.1 四合院文化

四合院是一种具有中国特色的传统合院式建筑。鸟瞰四合院的格局，院子的四周都建有房屋，这是四合院特有格局。

四合院历史悠久。在 4 000 多年前，以院落为单位的建筑就已经初现雏形。在西周时期，房屋周边又有房屋，形成被包围的情景，是最早的四合院形态。随着历史的发展，四合院这类建筑也在不断改变。至汉朝时期，四合院的建造标准已变得愈加规范和标准，这一时期四合院的建造（如选址、构造和布局）深受风水学说的影响。唐代时期，四合院受到了两汉时期建筑风格的影响，其格局是前窄后方，此时的四合院风格对宋代和元代后续四合院的发展也产生了一定的影响。元朝时期，元世祖忽必烈召集富户和朝廷官员在北京定居，随之，北京传统四合院规模不断扩大。自北京成为国都，其城市建设在这一时期有了很大的变化。在元大都时期，北京四合院在众多四合院类型中脱颖而出，这一时期是北京四合院发展的重要时期，胡同同时期也得到较大发展。元大都内的四合院大多分布在胡同或者小街的两侧。到了明朝，社会生产力逐渐从战乱中恢复，社会经济得到进一步的发展。首都从南京迁移到北京，许多从各处迁徙到北京的富裕家庭定居于此，北京人口突增，住房需求成为亟待解决的问题。由此，大量四合院得以建造。人口的迁徙使明代的经济又得到进一步发展，同时也推动了住宅建筑的发展。在这一时期，还出现了建筑相关的书籍，例如《鲁班经》《三才图会》等。明代的四合院风格与元代四合院的形式类似，但是也有其独特性。清朝时期，汉族文化很大程度上影响了统治阶层的文化，其中也包括居住文化。北京的四合院建筑风格对当时统治贵族的居住建筑风格也有所影响，处于统治阶层的满族人对四合院文化也十分感兴趣。统治阶级自然而然十分重视四合院的发展，所以四合院进一步蓬勃发展。在这样的情况下，北京四合院在清朝时期开始进入了巅峰阶段。但是因为后续国际形势的变化，中国被迫打开大门，经历了许多战乱，中国开始变成半殖民地半封建社会。随着中国进入半殖民地半封建社会，北京四合院建筑的发展也进入停滞阶段。这一时期，中西方文化剧烈碰撞，西方文化对中国文化的影响不断加深，四合院的建筑设计风格也开始受到西方建筑的影响。经过明、清两朝的不断发展，北京风格的四合院建筑风格逐渐具有明显的北京文化色彩。

图 4-1　北京四合院

抗日战争时期，四合院在居住角色上发生了改变。因为不堪经济的重负，许多人家开始租出自己四合院中多余的房间，靠收取租金来维持自己的生活。这时，四合院的居住角色就已经开始缓慢地向多户共住的角色转变。在新中国成立之后，四合院居住角色转变为多户共住的趋势变得更为明显。许多四合院由多户人家共同居住，变成大杂院。单院单户的情况逐渐减少。随着大环境的不断发展和改变，由于居住四合院存在的多种问题，例如基础设施落后、房屋老旧、存在安全隐患、改造四合院的难度较大等等，当代，四合院所具有的居住价值已经大幅度下降。所以，当代适合居住在四合院的大家庭也较为少见。因为上述提到的各种原因，有许多历史较为悠久的四合院逐渐被拆除。但是，有一部分四合院被列为重点保护院落。除此之外，喜爱传统文化且拥有怀旧情怀的人也会选择购入四合院，经过进一步改造，继续居住。在当代，也有许多学者对如何保护和改造四合院提出了许多设想和方案，希望保护这一物质文化遗产。

根据《中西文化比较》（李军，林永清 & 朱筱，2015），由于地理方面和自然条件方面等因素，中国走上了农业生产的道路。由此，由于农作物的生长和天气等自然条件息息相关，人们的生活受自然条件约束较大，如果不遵循自然发展，人们很可能无法继续收获足够的粮食。因为农业发展的地点比较固定，耕种农作物主要是在固定的土地上进行，所以中华民族长久以来的生活是以稳定为重，即长期居住在同一个地方。人与人之间、人与集体之间的关系等等在中华民族的观念中占据了较为重要的位置，所以中华民族尤其重视人与人之间的感情，例如亲情、友情等等。但是在重视内部关系的同时也培养出了另一种情感，那就是对其他群体的包容度较低，即排他性和封闭性。比较起来，中华民族十分偏向同一群体"聚族而居"这种居住方式。在中国人的观念中家庭是不可或缺的存在，所以中国人倾向于选择整个大家族能够聚居在一起的生活方式。除此之外，中国人性格中存在的封闭性在一定程度上决定了他们希望自己选择的居住方式能够保护自己的隐私。而四合院这种居住方式正好满足了这两个特点。因为大四合院是以外墙为分离房屋的基准，外墙一般非常高大，且外墙上不设窗户，人们能够以家族为单位在四合院内聚居，这在很大程度上保护了大家族居住的隐秘性。除此之外，因为四合院内部也有不同的房屋，所以在保障家族的隐私性的同时，也可以保证一个大家族中不同小家庭的隐私性，这符合中国人的性格特征。内向的四合院保证了住户的私密性和安全感（白德懋，1988）。经过上文的叙述，四合院这种具有自身特色的建筑风格，都满足了人们的生活和心理需求。

说起北京这座具有悠久历史的城市，很多人必然会联想到象征着北京文化的四合院和胡同。因为经济发展、历史和文化等原因，北京四合院形成了自身特色的风格与特点。从四合院外观分析，很大一部分的四合院都是单层建筑。不同四合院在大小上也有非常大的差距，造成这种现象的原因包括占地面积、所居人口等不同的因素。举例来说，较小的四合院可能只有 13 间房间。但是如果是较大的四合院，可能拥有 25 间到 40 间房，甚至更多房间。

在初步了解四合院的外观特征之后，让我们再来更为深入地了解一下四合院的构造。从建筑格局来看，四合院的整体构造十分方正，这其实在一定程度上反映出了中国传统礼制的影响。在农耕时代，人民依附于自然，所以在潜移默化中，较为保守的性格特点对中华民族的影响较大。在建筑风格的选择上，中国人更偏向于方正的整体建筑结构。

进入四合院之前，最先看到的是四合院大门，四合院大门有许多不同讲究，其设计非常特别，与普通宅户的大门不尽相同。大门主体的色彩一般是以油黑为重，如果想加以装饰，可添加对联，以黑油红底的对联为佳。为了适应北方较为严峻的居住条件，与北京四合院大面积使用的红色油漆相搭配的是大面积的绿色，这样对比明显且强烈的色彩搭配，非常符合凛冽的北方风格。

等级制度的严格在很大程度上约束着北京四合院的构建（徐艳文，2018）。具体的表现形式为四合院不同方位的房间有着各自不同的含义。因为当时的北京四合院大多数都是给高官所居住的，他们都非常注重身份和等级，所以四合院中占据不同方位的房间也有着特别的含义。

四合院的院子内，人们一般会种植花草树木以达到观赏效果。对于北京四合院来说，绿化是非常重要的，花草除栽种这种方式外，还可以采用盆栽、水养等方式进行绿化布置。说到四合院阶前的花圃，草茉莉、凤仙花、牵牛花、扁豆花等则是老北京偏爱种植的品种。不同的北京人对于绿化的喜好不尽相同。但是值得注意的是种植树木也会有相关的讲究和禁忌，比如松树、柏树和杨树等会在坟地周围种植，不宜栽种在庭院内。

许多著名人士在北京生活过，他们之中的许多人都在四合院居住过。名人居住过的四合院往往还会附带参观价值，例如茅盾故居（北京圆恩寺胡同 13 号）、北京鲁迅故居（阜成门内门口西三条 21 号）、老舍故居（东城区灯市口西街丰富胡同 19 号）、郭沫若故居（西城区前海西沿 18 号）、梅兰芳故居（西城区护国寺街 9 号）。除此之外，当代有的四合院还被改造成四合院酒店，让人们亲身感受传统文化的价值，例如竹园宾馆（西城区旧鼓楼大街小石桥 24 号）、北京阅微庄四合院宾馆（东单商业区东四四条）、好园宾馆（东城区史家胡同 53 号）、中堂客栈（西城区德胜门内大街）。

北京四合院的整体风格，包括结构形状、色彩搭配等等，都可以体现出在一定历史阶段中的北京居住文化。在不断深入了解四合院和相关民俗文化的过程中，老北京人的性格特征也慢慢显现出来，能够让更多人了解老北京人的性格特征和其形成过程。在历史的沉积和发展过程中，民俗文化的沉淀体现了老百姓真实的生活轨迹。

1.2 北京胡同

说到四合院，不得不提的便是隔开每户四合院的小街巷，也就是我们所说的胡同。四合院和胡同这两个元素的组合是北京城最鲜明的特点，这两个特色建筑被看作是北京平民文化的符号与象征。

在十三世纪的元朝，大多数的胡同开始形成。元朝时期，元大都以“状如棋盘”的标准进行战后的城市建设。随后，在大都城内开始兴建住宅和院落，因为采光、通风等住宅要求，住宅和住宅、院落和院落之间便留出一定的空白，这些空白则形成了胡同。胡同起初是在元朝形成，随后，明、清两代的胡同处于不断的发展状态之中。

在大致了解胡同的历史由来之后，我们再从外观的角度来进一步了解胡同。从方向上来看，胡同的走向具有一定的规律性，一般为正东正西。从外观上来说，胡同的宽度不超过九米，如果间隙宽一些，则形成了街道。从周围的建筑物来说，四合院建筑在胡同的两边。由于北京古时城建有严格规划，所以胡同都比较直（罗军，2019）。在历史发展的过程中，北京城形成了众多胡同，各具特色，而这也深深地影响着人民的日常生活。

胡同本身是灰色调的，但是因为四合院的大门是红色的，两者相互衬托构成了一道独特的文化符号。虽然在一般人看起来，胡同大多都是灰色调的，大同小异，但是因为胡同和人们的生活紧密相关，如果用心去了解胡同背后发生过的故事，则会知道每一条胡同都是独一无二的，都是有着自身特色的。因为北京市特殊的地理环境和四合院坐北朝南等影响，胡同大多是笔直的、平坦的，走向多为正东正西，南北平行（李娟，2019）。目前，胡同保存相对完整的老街区也就剩下什刹海地区、南锣鼓巷、西四、东四

图 4-2　北京胡同

和大栅栏这五片街区(白皓,2019)。北京胡同并不是一成不变的复制建造，而是各具特色的。根据收集的相关资料，许多胡同都有自己最重要的特色，比如：最古老的胡同为砖塔胡同；最长的胡同为东交民巷；最短的胡同为一尺大街；最宽的胡同为灵境胡同；最窄的胡同为钱市胡同；拐弯最多的胡同为九湾胡同。

在历史的不断发展中，有的胡同名称一直没有变化，例如砖塔胡同，有的胡同的名称却在不断变化。溯源胡同名称不断改变的轨迹，胡同在悠久历史中不断发展的印记也缓缓呈现在我们的脑海中。有些胡同名称是在特定的历史时期因为某一特征而产生的，比如说菜市口胡同是因为当时在此地经常进行的活动而产生的名称，类似的情况还包括煤市街、米市胡同等等。虽然这些胡同的名称还保留着，但是这些活动已经不再是这些胡同的特征了。通过这些名称，我们仿佛可以遥望先人在这些胡同中生活的情景，这更加给胡同这一客观存在的物质增添了愈加浓厚的人文色彩。

胡同在长期的历史发展中已经变成了北京的一部分，成为北京人生活中的一部分。胡同是北京这座国际大都市所独有的风貌，具有悠久的历史和深厚的人文底蕴（白皓，2019）。胡同的形态、色彩、声响伴随着老北京人的日常生活，滋养了老北京人热情、礼貌、厚道、幽默的性情。在胡同里遇到街坊邻居，站在荫凉地聊两句，这就是北京老百姓的日常生活（周永隆，2019）。也有许多文学作家描写了自己对于北京胡同的记忆，比如肖复兴的《胡同的声音》。不可否认的是，胡同是老百姓生活的十分重要的场所，北京这座城市的许多方面，例如历史、经济等，在胡同的见证下，都发生了重大变化。胡同中有很多的小店，有卖零食的、卖杂货的、补衣服的，还有那些坐在小馆子里喝着二锅头谈论着国家大事的北京大爷，把一整条巷子变得生气勃勃（汪超，2018）。但是除了文化功能之外，李娟（2019）也提到，胡同还具有政治和经济等方面的功能。早在明清时代，胡同的编制就已经作为统治者行政管辖的依据，户籍管理的施行。

在当代，胡同从更大程度上担负着文化传承的任务。胡同拥有悠久的历史，而在其中生活过的世世代代让每一条胡同都有了自己的烟火气息和发展痕迹。不可否认的是，胡同作为一种独特的北京文化符号，在许多北京人回忆中都扮演着十分重要的角色。但是发展至今，胡同本身和古时所承担的责任已经有所差异。虽然胡同依然是交通通道，但是在高速发展的今天已经显得有些吃力，比如有些车辆无法通过胡同，停车问题会阻碍其他车辆通过等等问题。除此之外，由于胡同和四合院都历经岁月，其附加的基础设施也较为老旧，种种限制，让这些基础设施改进也变得十分困难，同时也给居住在胡同和四合院内和胡同周边的人带来了许多限制和安全隐患。

胡同本身的功能也呈现出多元化的特点，而其中最重要的是文化符号的角色。相关专家已经在进行进一步探索，如何更好地融合胡同所担任的多种角色，进一步合理规划胡同在未来的发展。相信在相关专业治理意见的指导下，胡同仍然会是北京民俗文化中非常重要的一部分。

这一节的内容主要介绍了极具北京居住文化特色的四合院和胡同。从历史发展来看，北京四合院和胡同都经历了非常久的历史，都是在悠久的历史长河中不断发展变化的。虽然北京老百姓具有自己独特的特点，但作为中华民族的一个组成部分，也大致上拥有中国人的性格共性，潜移默化地影响着北京四合院的形态。居住文化是民俗文化中非常重要的部分，居住文化的形态会受到人们选择的影响。在四合院和胡同的形态较为成熟之后，人们的生活也深受其影响，比如因为胡同是连接众多四合院的重要形式，老北京人经常会在胡同唠家常，交流邻里之间的感情。当今，虽然四合院已经不是主流的居住方式，但是其丰富的历史内涵决定了其巨大的旅游价值和商业价值。如果能以居住方式为切入点来进一步宣传四合院和胡同，那么除了建筑特点之外，这样的民俗文化传播还可以帮助更多人进一步了解我们的民族特点和精神文化。

2. 饮食文化

由于从古至今，多任统治者定都北京，北京的饮食文化受到了多方面的影响。北京饮食文化地域色彩鲜明，兼容并包，具有多元化色彩。下文将简述北京饮食的历史发展历程。

原始时期，人类倾向于捕捉不凶猛、容易捕捉的动物来进行食用。辽金时期，北京的饮食文化特征逐步形成。在这一时期，虽然奉行“五京制”，但是只有上京是正式首都。这一举措奠定了北京这一城市在历史上的重要位置，也是从这时开始人们开始记载关于北京饮食的各种特征。这一时期最为重要的饮食特征便是汉民族饮食文化和少数民族饮食文化相互影响，两种饮食文化相互碰撞，在一定程度上保留了各自的特征，也产生了交融的部分。人们的肉类饮食还是以较易捕捉的野兽为主，例如黄羊和野猪。后来逐步转变为以家畜为主，以牛、羊为日常饮食。随着汉族和少数民族饮食文化的相互影响交融，北京饮食文化也产生了些许变化。

到了元代，由于统治阶层为蒙古人，游牧风味饮食开始深入影响北京。北京人的主食以米、面为主。肉类主要是家畜、家禽、水产。由于受到蒙古族饮食习惯的影响，在这一时期，羊肉扮演的角色十分重要。

在明代，整个北京的饮食风格从简朴到奢华逐渐转变。由于刚建朝时，礼制规范较为严格，没有人敢违反相关规定，人们行事都以朴素为主，饮食也不例外。建朝初期战争刚刚结束，民间的粮食并不充足，所以饮食风格十分简朴。主食还是以面和米为主，这时期人们已经开始大规模种植水稻。肉类则以猪、羊肉、虾蟹、各种野味为主。此时人们处理食物原材料的方法为烧、烤、涮，这明显也是受到了游牧民族的影响。除此之外许多山东人纷纷来北京开餐馆，所以鲁菜元素一直对北京饮食的影响非常大。明代时期，饮食风格因为受到文化层次高的人群影响，相比元代，在游牧饮食风格的基础上又增添了精致的氛围。在这一时期，以风味取胜的老字号餐馆开始出现，也就有了今天我们所看到的北京老字号餐馆。

清代，北京的宫廷饮食文化不断发展，水平达到了前所未有的高度。在这一时期，由于汉族和满族文化相互交融与影响，形成了历史上极富名望的“满汉全席”。从整体水平来看，达到中国整个封建社会时期最高水平的饮食文化则是清朝时期的北京饮食。清朝北京饮食在中国饮食文化系统中是无法被取代的，占据着非常重要的崇高地位。但除了宫廷饮食之外，与之对应的平民美食也在快速发展。清代北京饮食文化受到多方文化的多重影响，是一个集大成的时代，面食的做法极为丰富。除此之外，清代北京杂粮种类多种多样，包括高粱、玉米、小米、荞面等，豆类包括黄豆、黑豆、青豆、白豆等。

到了民国时期，由于时代原因，中国文化与西方文化接触逐渐增多，北京饮食也受到了西方的巨大影响。这一时期的饮食变化影响着北京饮食文化史古代与现代的划分，这时开始产生了重大的变化。在此时的北京，人们主要的食物是面粉制品。北京的面粉制品，制作方式非常丰富，最后的成品也种类繁多，例如面条、饺子、馄饨、馒头、包子等多种。西式的饮食习惯正在改变着人们传统的饮食习惯，这在一定程度上增加了人们饮食的选择，使人们的饮食生活更加丰富多彩。

中华人民共和国成立之后，北京饮食大致继承了上述所提到的这些特点，没有发生翻天覆地的变化。北京主食品种包括米饭、米粥、馒头、炸酱面、打卤面、麻酱面、花卷、烧卖、饺子、包子等等。

简述北京饮食的发展过程后，下文笔者将挑选一些典型的北京美食来逐一介绍。

说到北京菜中最著名的特色菜，那一定是北京烤鸭。北京烤鸭在很多人心中就是北京菜的代名词。北京烤鸭用的鸭子是北京特产的"填鸭"。这种北京特产的"填鸭"有自己的养殖方式。也是因为这样的养殖方式，让它变成北京烤鸭这道菜的完美原料。从生长周期来看，北京"填鸭"比起自然生长的鸭来说，生长周期较短。但是在这段时间内，北京"填鸭"就可以达到五至七斤重。雏鸭一般可以自由取食，但是到生长的最后十五至二十天，自由取食是被禁止的。取而代之的是由人工进行填喂，即每六小时进行一次填喂，一天二十四小时则会进行四次填食。特殊的喂养方式就是北京"填鸭"这个名称的由来。北京填鸭是北京烤鸭必需的原料，其原因是北京"填鸭"膘肥体壮，脂肪丰富，经过烹饪之后，香气吸引食客，鸭肉肥美但是并不油腻，而这正是北京烤鸭自身的特色所在，并不同于其他烤鸭的重点之处。喂食这种鸭子的饲料 80% 来源于粮食，经由粮食喂养的鸭子鸭肉更香。但除了原料之外，其烹饪的方法也是十分重要的，并且其吃法也是有讲究的。据说，烤完之后的北京烤鸭鸭皮最好是有八毫米厚，虽然鸭皮本身不可能会有这么厚，但是因为在烤制的过程中，鸭皮下的脂肪会与鸭皮相互融合，最终脂肪和鸭皮会成为一体。而这也呼应了北京烤鸭的特点，那就是北京烤鸭的脂肪含量都特别高，但烤制过后的烤鸭是肥而不腻的。最后，烤制成功的鸭皮是与鸭肉分开的，完全没有油腻的口感。

图 4-3　北京烤鸭

在老北京人的回忆里，顾客需要自己选定肥鸭，跑堂会拿着选好的下去烤，然后由一位大师傅端上来，当面切片（徐锐，2012）。当面切片的一个原因则是让顾客自己亲眼看到烤鸭的质量，这也是厨师对自己所制作食物的一种自信和自豪。端上来时，烤鸭是肚子朝上的，烤鸭腹部的肉十分丰满。切片这项工作也并不容易，这一过程也比较讲究，严格来说，每只鸭要切出 120 片左右，而且切出的每一片都需要带皮带肉，肥瘦相间。如果到达了这样的要求，那么这样的切片是成功的，会让人食欲大增。北京烤鸭的吃法也是有讲究的。烤鸭需蘸甜酱，配葱白，搭配热薄烙饼，这也是北京烤鸭的独有吃法。

说起北京美食，涮羊肉自然也会浮现在大家的脑海中。据考，在我国的南北朝时期已有火锅了，不过，那时的火锅形状和质料不像现在这么单一（赵鹏，2001）。发展到清代，涮羊肉在民间已经非常风靡了。对于涮羊肉原料的选择也是十分有讲究的，从前，涮羊肉的羊主要选自内蒙的小尾绵羊，而且最好是被阉割过的公羊，这样的羊肉会非常嫩，也不会有许多人讨厌的羊肉所带有的膻味。随着时代的不断发展，原料的选取也随之发生了变化，现在主要选择的是小尾绵羊羔。涮羊肉的锅底有海米、口蘑等，同时还佐以粉丝、白菜、冻豆腐、糖蒜等清口之物（徐锐，2012）。

除此之外，烤肉也是北京特色美食之一。烤肉是把牛肉、羊肉切片，然后加上调料，入味后，烤熟烤香。烤肉其实最初来源于蒙古族一种特别的食用肉类的方法，起源的时间大概是在明末清初。从那时候开始，已经有北京人采用这种方法食用肉类。这一点也与前文提到的北京饮食习惯深受其他民族饮食习惯影响这一特点相吻合。从原料角度来看，对于烤肉的原料挑选也十分讲究。北西口四岁半龄的羯牛或乳牛，体重在 300 斤以上为宜。按部位，每只牛约出肉 40 公斤。西口之团尾绵羊或羯羊（阉割羊）以每只体重 40 公斤左右为宜，按部位取肉 17 公斤（赵鹏，2001）。

图 4-4　北京涮肉

图 4-5　老北京烤肉

北京还有许多风味小吃，其中爆肚非常具有特色。在现在北京的著名景点，如王府井大街等等，爆肚依然随处可见。对于北京老百姓来说，爆肚这一小吃也和他们的日常生活的一部分。吃时肚丝清脆、食后却助消化为其特点（陈文良，1992）。根据中医的相关记载，爆肚这一风味小吃中的主要材料“羊肚”其实还具有一定的药物性，除了上述提到的可以帮助消化之外，这类小吃还可以补虚、健脾胃。

图 4-6　北京爆肚

根据前文的叙述，可以总结出北京的饮食习惯具有很强的北方特点，北京人主要以面食为主，如馒头、饺子、面条等等。提起面条，很多人第一时间就会想起老北京炸酱面。最常见的炸酱面则是猪肉丁炸酱面。具体的原料是半肥瘦猪肉丁，做法是将半肥瘦猪肉丁加以葱、姜、蒜等辅料在油锅里进行炸炒，加黄稀酱，盖上锅盖小火慢炖 10 分钟，就可以成功做出炸酱面的“炸酱”了。

提起酱菜，“六必居”这家老字号一定不会被老北京人所遗忘。其主要业务是经营传统风味酱菜。其中经典的酱菜包括小酱萝卜，食用时切成丝或者丁，然后佐料再加以香油和醋，进而与粥搭配着一同食用。除了小酱萝卜这一著名特色菜之外，还包括甜酱瓜、甜辣萝卜等不同酱菜种类供人们选择。“六必居”之所以能够在北京城内如此得名，根据徐

图 4-7　北京炸酱面

锐（2012），其实这背后还有一个小故事。“六必居”的得名和明朝一位有名的大臣——严嵩——有关。严嵩（1480 年 3 月 3 日—1566 年 5 月 10 日），字惟中，号勉庵、介溪、分宜等，江西袁州府分宜（今江西分宜）人，祖籍福建邵武，明代政治家、权臣。虽然历史对他的评价并不好，但是他当时的知名度还是帮助“六必居”得到了一定的名声。传说，在明嘉靖年间，因为“六必居”所酿制的酒质量极佳，已经有一定的名声，许多高官会来此喝酒，其中包括当时的宰相严嵩。出于这种渊源，当时“六必居”的老板想请严嵩为其店面写“六必居”的匾额。可是店主害怕严嵩会拒绝，则转而找严嵩的夫人帮忙。宰相夫人觉得这是个小作坊，所以刚开始并没有放在心上。但是，巧合的是，有一个和“六必居”老板有亲缘关系的女子在宰相夫人身边服侍夫人。偶然有一日，夫人嘀咕道：“相爷的书法，名震京城，怎么那么不值钱，给一家小酒铺写匾？”，被这位丫头不小心听到，丫头借此机会说道：“相爷自然是不会给卖酒的小铺写什么匾额了！可是俺想：人家既然想办法托到相府里来了，并且是托到夫人您头上了，您为何不动笔应付一下了事呢？”夫人觉得丫头说的有一定道理，自己执笔写了“六必居”三个字。正好此刻，严嵩回到家，看到了自己夫人写的字，觉得很不像样，则自己提起笔来，写出了“六必居”三个大字，然后说道要这样写才好看。夫人见此情况，心里想着正好可以拿此来交差，口上说道：“是，我哪有你写的好！今后我一定好好练写字。”此后夫人便让丫头把严嵩写的匾额给“六必居”老板送去，“六必居”老板将其制成牌匾并挂到门面上。“六必居”的名号在京城便人人知晓。

图 4-8　北京酱菜

说起北京地道早餐，油条也许是许多老北京人的首选。油条是面粉加小苏打，合成软面团，反复揉搓均匀，然后将面团放置饧面 2 小时左右，等面团充分发酵之后，把面团擀成片，切长条。取两条拧在一起下热锅油炸。在炸的过程中，要用长筷子不断翻转油条，等色泽变得金黄，则可以捞出。油条会经常搭配豆浆食用，是北京民间非常常见的早餐搭配。

在介绍完“食”后，笔者将简略介绍一下北京特色的“饮”。因为地理位置，北京的地下水很丰富，所以吃水主要是依靠竖井。在这样的情况下，北京有几种极具代表性的喜爱饮品。

因为北京地理环境的因素，北京气候寒冷且恶劣，所以人们更愿意喝酒，在寒冷的日子里活络身体。北京酒类的品种也多，如元代就有马奶酒、葡萄酒、粮食酒等等，明代的宫廷酒也极为有名，名酒有竹叶青、满殿香等等，民间酒大多数由作坊制造，名酒如腊白酒、黄米酒等等。烧刀也是北京传统名酒，其中以“二锅头”最为有名。

图 4-9　北京红星二锅头

除此之外，说到北京人民喜爱的饮品，不得不提茶饮品。自古以来，中国人就特别爱茶，北京人民也不例外。在辽代北京，茶是日常饮料，饮茶能够有助于消化。元代时期有了花茶。茶除了可以用来喝之外，茶馆在北京人民的日常生活中占有一席之地。北京人会经常去茶馆饮茶聊天，以此来联络感情。

说到“饮”，乳品也是北京人的重要饮料，这是受到少数民族饮食习惯的影响，比如清代北京人就十分喜欢奶茶。

在介绍完北京民俗的饮食文化后，可以看到老北京的饮食习惯大致上具有非常鲜明的北方特点，比如主食主要是以面食为主。除此之外，北京也有自己比较特殊的饮食习惯。它们是在历史的发展中，和其他不同民族所特有的特点碰撞形成，大多有迹可循。俗话说：“民以食为天”，北京饮食文化在北京民俗文化中是非常重要的一个组成部分。因为饮食文化能够比较容易激起人们的兴趣，如果北京饮食文化能够得到较为广泛的传播，则可以吸引更多的人深入了解北京和中国的饮食文化。以此为切入点，浅入深出地引申出北京民俗文化的更多层面，让人们能够很有趣味性地了解北京民俗文化。

第三节　翻译传播现状及多模态传播

以“中国建筑翻译传播”为关键词搜索相关资料，相关文献数量并不多，且多与文学文本中的建筑介绍有关，例如《文化翻译观下〈京华烟云〉中建筑文化翻译》，除此之外则是关于建筑文件的相关翻译实践报告，例如《〈湖湘建筑〉(一)(节选)翻译实践报告》。这一部分文献大部分以硕士学位论文为主，完全从翻译角度分析的文章更少，且缺乏权威性的文章。以“北京建筑翻译”为关键词进行搜索，与之直接相关的文献则更少，具有代表性的也是硕士学位论文，例如北京交通大学刘玥的《目的论指导下的北京传统建筑名称英译研究》和北京外国语大学杨珊的《北京故宫建筑名称英译研究》。但从其内容来看，相关文献还是偏重于描写皇家建筑的翻译，例如故宫和宫殿名的翻译，与北京民俗建筑翻译传播相关的文献几乎没有。总体来看，关于中国建筑翻译的研究其实在翻译研究领域所占比例较少，其中关于北京建筑翻译研究则更少，现有研究更加偏重皇家建筑翻译名称的研究，可以看出关于北京民俗建筑翻译传播研究的空缺状态。以“北京居住文化”为关键词进行搜索，主要是关于北京居住文化的四合院和胡同的介绍性文献和专著，比如由东方出版社出版的《住在北京 北京居住文化》，作者为丁超。从其内容来看多是从建筑方面进行介绍和探究，鲜有结合传播理论或翻译理论进行进一步探究的文献。

从影视传播方面来看，以“北京建筑”和“北京居住文化”为关键词在当前全球最大的视频搜索和分享平台 YouTube 上搜索，结果则丰富多样。不仅有关于北京皇家建筑的介绍视频，关于北京民俗建筑，例如四合院和胡同，也有相关的介绍视频。除此之外，也有个人博主上传关于自己改造四合院住宅的视频。这些视频，主要是以视频画面和讲解相互结合的传播方式进行介绍，大部分视频自带的字幕都是中文的单语字幕。但如 CCTV 国际中文电视台出品的纪录片《走遍中国》中的 20171108 期的《去胡同串门儿》则是官方双语字幕。总体来看，以 YouTube 平台为代表，关于“北京建筑”和“北京居住文化”的介绍性视频包括北京皇家建筑介绍和北京民俗建筑介绍。因为是以画面和语音介绍两者相互结合，使得传播的过程不再是单一的通道，而是两种通道共同结合进行传播。因为介绍性视频上传到互联网网络平台，所以传播的受众相对来说更广一些。但是单语字幕则在一定程度上阻碍了信息的跨文化传播。因为这样的视频旁白语言和字幕都是中文的，而如果是另一语言母语者观看这类视频时，则只能接收到画面传播的信息，无法有效接收旁白传播的有效信息。但是这种传播形式还是在一定程度上起到了促进传播的作用，因为感兴趣的人能够较为简单地通过网上搜索查找到相关视频，单单从画面了解相关信息比起没有媒介了解此类信息已经是有所进步。但是如果想进一步推动民俗文化的传播，相关视频字幕翻译也是需要有所改进。

以“中国饮食翻译”为关键词搜索相关学术文献，相关文献数量较多。其中包含对于中国菜名翻译分析，例如王君健的《中国菜名翻译现状与思考》、李小悦，冯学芳的《中式菜名的文化意蕴及翻译策略》、林嘉新的《中国菜名的翻译方法初探》；也有着重分析文学作品中饮食文化翻译研究，比如谢敏的《论〈红楼梦〉中的饮食文化翻译》。除此之外，近些年也有许多硕士论文开始研究饮食文化的翻译，例如前些年火爆一时的纪录片《舌尖上的中国》让许多人把研究目光转移到中国博大精深的饮食文化上，例如苏州大学姜亚飞的《论饮食文化纪录片字幕翻译：以译文〈舌尖上的中国〉开展案例分析》，还有相关研究是以传播学角度入手进一步分析纪录片《舌尖上的中国》是否真的起到了传播中国饮食文化的作用。还有关注文学作品中对于饮食文化的描述与翻译，例如苏州大学臧迤的《论中国饮食文化翻译中交际法的应用——以〈吃在苏州〉的翻译为例》、对外经济贸易大学李牧耘的《〈红楼梦〉史华慈德译本中的饮食文化翻译研究——以饮食名称为例》。

以“北京饮食翻译”为关键词进行文献搜索，相关文献数量则非常少。与“北京饮食翻译”直接相关的文献数量较少，且都是硕士论文，包括北京交通大学曹予谦的《目的论指导下的北京饮食名称公式化翻译研究》和北京交通大学樊星余的《文化功能对等理论视角下北京特色小吃介绍翻译研究——以〈老北京的风味小吃和历史渊源〉节选为例》。从文献数量的多少可以直接看出关于“北京饮食翻译”的研究在国内基本处于空白的阶段。虽然越来越多的研究开始关注中国饮食文化，但是关于中国饮食文化下细分的不同地域的饮食文化有待进一步拓展。

由于中国饮食文化本身具有非常独特的性质，近些年随着我国的不断发展关于中国饮食文化的翻译和传播也吸引了学者们的兴趣。但是现在主要存在的局限性还是在于有些研究着眼点过于宽泛，导致有的研究泛泛而谈。其次，相关研究现在还在发展阶段，这个领域的研究缺乏体系，权威性的相关研究仍然很缺乏。中国饮食文化内涵深厚，其涵盖的分支也比较多，如果可以从大的层面进一步深入研究其具体分支，会让这一领域的研究更具有科学性和层次性。但是相比较而言，在互联网中关于中国饮食的传播则是蓬勃发展的趋势。

以“中国饮食”为关键词在视频网站 YouTube 上进行搜索，视频数量较多。为了更加客观地观察哪些视频的传播度较好，进一步以“播放量”（view count）为排序标准，对搜索结果进行进一步排序。排序前五的视频为滇西小哥的《凉拌芭蕉花，中国饮食文化真是博大精深，芭蕉花还能这样吃》（播放量为 1 200 万），CCTV 纪录频道的《舌尖上的中国》第三季第一集器（播放量为 190 万），CCTV 纪录频道的《舌尖上的中国》第三季第二集香（播放量为 140 万），CCTV 纪录频道的《舌尖上的中国》第三季第八集合（播放量为 120 万），CCTV 纪录频道的《舌尖上的中国》第三季第三集宴（播放量为 100 万）。除此之外，接下来的视频也大都是《舌尖上的中国》纪录片的其他集数，只有少量个人博主拍摄的关于中国饮食文化的视频，播放量多的视频较多。但是以“北京饮食”为关键词在 YouTube 平台上进行搜索，视频数量明显减少。同样以“播放量”（view count）为排序标准来进一步研究，直接相关的视频数量较少，播放量在 1 000 以上的视频只有美食中国 Tasty China 频道的《老北京西红柿打卤面》（播放量为 24 万）和《老北京炒烤肉》（播放量为 34 000），这两个视频都来源于《天天饮食》电视节目。

从视频网站的搜索结果来看，主要进行传播的视频分别有两类，一类是较为传统的电视台出品的节目节选，比如《舌尖上的中国》纪录片和《天天饮食》电视节目，另一类则是来自网络博主的个人节目，比如滇西小哥。在此需要进行一些补充，虽然搜索结果没有显示网络博主李子柒的视频，但是李子柒频道中也大部分涉及中国特有的饮食文化，并且她在 YouTube 上的影响力非常大。李子柒的 YouTube 粉丝数已经达到 1 000 万，点进她的 YouTube 频道，查看 popular uploads 这一栏目，播放量排名前五的视频分别是 peanut and melon seeds，dried meat，dried fruit，snowflake cake—snacks for Spring Festival（播放量为 5 400 万），It's a red mountain，and in the fall，it's natural to make some sweet persimmons（播放量为 4 300 万），Using bamboo to make some sophisticated old furniture—Bamboo Sofa（播放量为 4 200 万），Liuzhou "Luosifen"：Slurpy，Spicy，and Absolutely Satisfying（播放量为 3 500 万），Grab the tomatoes before they drop，and make something delicious—ruby ketchup（播放量为 2 600 万）。从其视频评论区可以进一步得知其受众确实大多数都是外国人。这五个视频中除了第三个是关于手工制作沙发，其中四个都是关于中国饮食文化，视频主要内容是李子柒以天然材料为主亲手制作中国特色美食，其生活环境和视频氛围也十分具有中国特色。通过播放量的对比，可以得出在当代互联网环境中，制作精良的个人博主视频更容易受到青睐，其传播效果也较好。但是个人视频传播也存在一定的局限性，比如说视频内容可能不够权威，关于饮食文化的科普也较少，但这类视频的优点在于给受众介绍了一定的基础文化知识。除此之外也是关于视频字幕的问题，这类博主的视频内容主要是通过画面来进行直接说明和传播，但是有时还是会有相关食品名称的字幕。现在 YouTube 上的字幕形式主要是采取互联网中大多数网站采取的“众包翻译”

（Crowdsourcing Translation），即翻译者并不一定是专业译员，而更多的是具有一定翻译能力的网友进行翻译，进而进行传播。这种翻译形式具有快捷、节约成本等特点，但是局限性在于可能翻译不够准确，翻译质量没有保证等等。虽然准确性可能不如专业翻译者，但是这样的传播形式是在互联网这样的大背景下催生出来的，更加适合现在互联网快速传播的特点，能够从一个点快速地影响到很多不同的点，从数据分析，也可以得出这种形式的传播获得了前所未有的成功。虽然仍有人质疑这种传播形式是否严谨，对此很多人都有所争议，但是比起之前对外传播效果欠佳的状况来说，这种适应时代的传播形式不断优化，值得进一步研究。

综上所述，关于“中国建筑翻译传播”的相关文献数量较少，且大多与文学文本相关，从翻译角度进行分析的权威性文章比较欠缺。与“北京建筑翻译”相关的研究则大多是硕士学术论文，关于这一部分的研究更多是与皇家建筑相关。关于“北京民俗建筑翻译”的研究目前尚且处于比较空白的状态。关于“北京居住文化”的研究也还停留在介绍性研究，大多都从建筑相关角度进行探究和分析，传播和翻译相结合的研究角度处于比较空白的状态。从影视传播的角度来看，关于“北京民俗建筑”和“北京居住文化”的视频传播资源比文献资源多，其中既包含偏官方途径的介绍视频，也包括个人制作的介绍视频。同时，视频传播时，虽然有一些带有双语字幕的介绍视频，但大多数视频只有中文单语字幕，这在一定程度上减少了视频中能够传播的信息。为了进一步推动视频方面的传播，优化介绍视频的双语字幕需要学界进行进一步的重视和研究。关于民俗饮食文化翻译方面的资料稍微丰富一些。关于“中国饮食翻译”的相关文献大多与中国整体菜名翻译研究和文学作品中的饮食文化翻译研究相关。而纪录片《舌尖上的中国》的走红也让研究目光转移到研究中国饮食文化上。与“北京饮食翻译”相关的文献数量较少且都是硕士学位论文，这方面的研究仍然大有可为。从视频传播的角度来看，和“中国饮食”相关的视频数量较多，种类大致可以分为两类，一类是较为传统的电视台出品的节目节选，另一类则是来自网络博主的个人节目。因为饮食文化的特殊性，画面在一定程度上可以传递大部分信息，补充画面的字幕可以传达的信息较少。但将两者结合的多模态传播无疑将更好地传播饮食文化的信息。总体而言，视频字幕还是不可忽视的，关于视频传播中字幕的形态和影响现在已经有学者进行深入的研究，这一部分的研究在未来仍然值得注意，且发展潜力很大。

在介绍传播理论的部分，我们提到了美国学者哈罗德·拉斯韦尔（Harold Lasswell）关于传播的5W理论，即传播者（Who）、传播内容（Says What）、传播渠道（in Which Channel）、传播接受者（To Whom）、传播效果（With What Effect）。根据这个理论可用于进一步分析北京民俗文化的传播现状并给出相关建议。

关于传播者（Who），通过分析较为传统的传播方式是以相关领域学者为传播者（Who）进行传播，在这样的传播者（Who）的领导下，传播内容（Says What）相对而言则是较为权威和客观的。但是以学者为主体的传播者（Who）存在一定的局限性，一般相关领域的专家学者数量相比传播受众来说是比较少的，这导致了传播内容（Says What）存在一定的局限性。如果一个领域没有引起相关学者的重视，这会加剧传播内容（Says What）的贫瘠化。以上述所说的北京民俗建筑文化翻译为例，研究的学者较少，导致相关文献较少。如果传播受众（To Whom）使用这一方式来获取信息，最后获取信息的结果肯定是不理想的。现在学者发表文章的传播渠道（in Which Channel）可以是实体的学术期刊，这也会在相关学术期刊网站进行电子化存档。这种传播渠道的优点在于范围较窄，对此感兴趣的人可以快速通过浏览相关著名期刊进行信息检索，从而获取自己想要的信息。但是局限性在于这样的传播渠道（in Which Channel）已经过滤了部分传播接受者（To Whom）。专业性较强的传播渠道（in Which Channel）在一定程度上其实筛除了没有办法接触这一渠道的传播受众（To Whom），比如没有接受过学术训练的人可能很少登录知网获取信息。以学者这一群体的传播者（Who）进行传播的最终效果更多的是一个信息点向其他点的单向输出。虽然存在学者和学者之间进行相关问题的学术探究，但是读者与学者进行观点交流的情况非常少。这种传播模式最大的优点在于高价值的传播内容（Says What），以及较为深入的观点传播。但是在这种更偏向于单向传播的过程中，某一领域研究空白的现象和传播渠道（in Which Channel）的局限性更在一定程度上削减了这种传播模式的有效性（With What Effect）。

另一主要的传播者（Who）则是网络博主。从传播内容（Says What）来说，这类传播者（Who）的传播内容（Says What）则更加具有主体性，缺乏一定的权威性，信息可能是从自身出发进行体验的主观经验。但是从传播者（Who）这个层面来说，其实网络博主在很大程度上并不是一个人来经营网络频道，而更多的是一个团队在管理一个类似于品牌的个人形象，如果有较多人参与内容的制作，这在一定程度上弥补了传播内容（Says What）的主观性，也使传播内容（Says What）更具有价值。除此之外，网络博主进行传播的渠道（in Which Channel）主要是通过网络平台，这种特殊的传播渠道（in Which Channel）方便传播的接收者（To Whom）能够较快地接受信息，并且和传播主体（Who）进行互动。如果传播接收者（To Whom）在这一方面有更加准确的信息，他 / 她可以通过评论或者弹幕形式对视频内容进行反馈，表达自己的观点，在这一过程中传播接收者（To Whom）非常及时地和传播者（Who）进行了沟通。除此之外，传播接收者（To Whom）在此时也转变成传播者（Who），他 / 她也正在和他 / 她的传播受众（To Whom）进行交流和互动。这样的传播模式比起刚刚提到的偏向于单向传播的模式而言，更像一个双向或者是多向的传播方式，因为每个参与传播的人的身份不再是固定的，而在表达自己观点和传播相关信息的同时，自己的身份从传播受众（To Whom）变成了传播者（Who）。而传播者（Who）在这个过程中也不再是较为单向地传播个人信息，传播者（Who）也可能变成别人的传播受众（To Whom）。通过这种互动的传播模式，参与其中的传播者（Who）和传播受众（To Whom）门槛较低，网络是参与这一传播的必要条件，所以参与者更多的。但是这一传播的主要局限性还是刚刚所提到传播内容（Says What）的不确定性。即便有其他因素可以在一定程度上把控传播内容（Says What）的科学性，传播内容（Says

What）的真实性并不一定是最后的必然结果。在这种传播模式下，传播的内容（Says What）也可能是错的。那么就算参与的传播者（Who）和传播受众（To Whom）再多，这样的传播效果（With What Effect）也无法称之为积极的传播效果。

通过上述分析，可以看出这两种主要的传播者（Who）所派生出的传播模式各有利弊，但是更加重要的是，通过对比，这两种传播模式是可以相互补充的。第一种以学者为传播者（Who）的传播模式优势在于传播内容（Says What）的科学性，而局限性在于参与的传播者（Who）和传播受众（To Whom）组成较为单一，且互动模式是偏向于单向。而第二种以网络博主为传播者（Who）的传播模式最大的优势是参与的传播者（Who）和传播受众（To Whom）门槛较低，更多人可以通过这种传播模式获取信息，互动模式是变化且偏向双向或多向，但是局限性主要是传播内容（Says What）的不确定性。如果能把这两种模式较好地结合起来，这样的传播模式可以产生大范围积极的传播效果（With What Effect）。

通过对北京民俗居住文化和建筑文化的分析，发现介绍性文章比较多，但是关于北京民俗居住文化和建筑文化的传播和翻译研究还是比较缺乏。首先，为了增强传播效果（With What Effect），最重要的应该是让更多的学者注意到这一领域的空白，认识到这一研究领域的价值。以学者为传播主体的传播者（Who）可以产出更多较好的传播内容（Says What），这是产生积极传播效果（With What Effect）的重要基础。在选择进一步传播的方式时，应该尽量选择多模态的传播方式。之前的学术文章传播主要还是通过文字的形式向传播受众（To Whom）输送信息。这样单一模式容易使受众产生疲劳，并且也已经在一定程度上缩小了传播受众（To Whom）。所以在传播模式和渠道（in Which Channel）上可以借鉴以网络博主为主体的多模态传播方式，通过刺激传播受众（To Whom）的多种感官来扩大受众数量，提升传播效果（With What Effect）。在更多学者关注民俗文化传播这一领域的重要性之后，在产出较多高质量的内容的基础上，可以适当改变传播渠道（in Which Channel）和单模态传播方式。可以采取和相关专业团队合作的方式，把介绍性内容和产出的相关内容进一步结合，并且转化成视频，配有一定的字幕进行阐述。在这一过程中，学者可以同步在学术期刊上刊登自己的学术成果，这种传播渠道（in Which Channel）可以保存，以此保持和特定的传播受众（To Whom）进行交流，比如学者之间的较为专业的学术交流。之所以推荐和相关专业团队进行合作，是因为学者这一传播主体（Who）的主要工作还是在于学术研究，在转化成视频的过程中需要花费过多的精力，不适合一起累计给单一的传播者（Who）完成。制作视频的团队在可靠信息产生之后，进行多模态化，使传播内容（Says What）不再是单一的文字形式，而是以画面加以声音，再搭配适度的文字进行传播。这种转化的传播模式在一定程度上可以让更多的传播受众（To Whom）参与这个过程，比如上述提到的不识字的群众也能够通过画面和声音来进行信息获取。

使传播内容从单一的模式转化成多种感官模式同时刺激的过程中，其实不仅仅是让更多潜在传播用户参与了传播过程，对传播内容（Says What）的质量也有正向刺激。因为多模态传播会对传播效果（With What Effect）产生积极影响，画面和声音的结合同时刺激了传播受众（To Whom）的两种感官，更容易留下深刻的印象。在转化的过程中，传播者（Who）会进一步对传播内容（Says What）进行加工，进行提炼和重点处理，加以画面和声音的因素以便更好地传达传播信息本体。以上述北京居住文化为例，因为大多数中国人在自身教育的过程中已经对具体的四合院和胡同有了印象，所以就算没有图片，仅仅通过阅读文字也可以在一定程度上获得信息。但是对于对这种建筑毫无概念的潜在传播受众（To Whom）来说，通过文字来想象一个之前从来没见过的事物是非常困难的。所以在传播的过程中，很多书籍已经采取附加图片的方式来进行进一步的说明，这样的传播效果（With What Effect）无疑来说是更好的。而在互联网和移动设备普及的今天，视频这种结合画面和声音的传播方式确实可以更好地传播内容，并且能够让更多人参与传播过程，获取相关信息。饮食文化更是需要画面来辅助传播。中西方的饮食文化有非常大的差异，很多中国人习以为常的食材，在其他的潜在传播受众（To Whom）中仅仅是一个专有名词的存在，他们的脑海中很有可能没有对应的概念。所以为了让更多的潜在传播群体（Who）参与传播过程，达成较好的传播效果（With What Effect），多模态的传播方式是大势所趋。

在专业制作团队将内容转化为视频之后，最后可以让学者这一传播者（Who）再次检查传播内容，并让专业翻译者对视频的字幕翻译与传播进行进一步的把控，对内容的可靠性再次进行检查，优化传播内容。在分析李子柒案例时，有一点值得注意的是“众包翻译”这一新兴翻译方式的可靠性与否，关于这一问题已经有学者进行探讨，这里不再赘述。总之，现在的“众包翻译”仍然在发展的阶段，并不具有完全的可靠性，所以在字幕翻译这一点上还是推荐由较为专业的人士来进行进一步审阅和校对，从而保证传播内容（Says What）的可靠性。

通过分析两种主要传播模式的异同，初步得出了一个折中的传播方式，在这个传播模式中，传播者（Who）不再是单一的一个人，而是由负责不同部分的专业人士共同来承担传播者（Who）这个身份，而传播方式（in Which Channel）也在结合两种传播方式后进行改善，这样多模态的传播方式（in Which Channel）既顺应时代的趋势，也能够进一步转换潜在传播受众（To Whom）为能够参与传播过程的信息接收者。

第五章

北京精神文化多模态翻译传播

第一节　精神文化简介

精神文化指同一个民族的人们的思维方式、价值取向、伦理观念、心理状态、理想人格和审美情趣等。它是建立在物质文化基础上的一种特殊的意识形态。

中国是一个统一的多民族国家，北京是中国的首都，以其宽广和开放的胸怀吸引和融合了各地区、各民族的文化。无论是古典的还是现代的，无论是民族的还是世界的，都可以在北京找到文化发展的舞台，这也造就了北京融合中外、兼收并蓄的精神文化特色。

第二节　精神文化传播内容

1. 岁时节令

1.1 春节

腊八

相传农历腊月初八是佛祖成佛的日子。在这一天，北京有煮腊八粥的习俗。人们通常在黎明前煮一锅腊八粥。除了米饭和豆子，一些讲究的人家还会放一些枣子、栗子、桂圆肉等。粥煮好后，不仅要供家里人喝，邻居们还经常相互赠送。腊八节这天，家家户户都喝腊八粥，雍和宫等各大寺庙也会用大锅煮粥，赠送给为寺庙捐款的人。赠粥上都插着一面写有"某寺庙赠"的小黄纸旗。施主收到粥后，会用银子"回赠"。因此，每个寺庙也通过用施发腊八粥来增加收入。

腊八节源于古代的腊祭。古时候，每年的最后一个月人们都会去野外打猎，用捕获的各种野兽祭祀神灵，叫作"腊祭"。腊祭这种说法源于周代。根据《周礼》的记载，腊祭祭祀的是与农事活动有关的八位神灵，以示兴农务本，并祈求来年的丰收。"八"的起源就和"祭祀八神"的习俗相关。因为祭祀仪式通常在每年农历十二月份举行，因此人们也将十二月称为"腊月"。但秦汉时期之前，腊祭并没有固定的日期。到了汉朝，人们将冬至后第三个戌日定为"腊日"，到了南北朝时期人们才将这个仪式固定在农历十二月初八，并称其为"腊日"，祭祀这天成了人们口中的"腊八节"。

图 5-1　腊八粥

除此之外，关于“腊八节”的传说故事还有很多，有人说是为了纪念佛祖释迦牟尼，有人说是因朱元璋喝忆苦粥而来，还有人说是为了怀念抗金英雄岳飞。很多人认为腊八节吃腊八粥这一习俗与释迦牟尼佛祖有关。《释迦谱》中有这样记载：释迦牟尼每日修于苦行，日益消瘦，身体状况每况愈下。一个牧牛女接受了“净居神”的旨意之后，把千叶莲上的乳糜喂给释迦牟尼吃，释迦牟尼吃了后迅速恢复元气，终于在腊月初八这一天得道成佛。因此，在腊八节这一天，中国各大佛寺的僧侣、王宫皇室以及平民百姓都会煮粥供佛，而腊月初八熬制的粥最初也称为“福德粥”“佛粥”。

在腊八节这一天，除煮粥、舍粥、食粥、供佛等习俗外，皇宫王府从这天起开始贮藏冰块。因为腊八正值冰封雪冻的时节，人们将皇城内湖泊结成的冰运送至景山西门外的雪池冰窑等皇家冰窖里，供王公贵族们暑天享用。民间也有吃“腊八冰”的民俗。在腊八的前一天，百姓们用冷开水装满陶瓷盆，放到自家院里结成冰，等到腊八这天早上全家分食。

老北京还习惯在腊八当天泡腊八酒和腊八蒜。酿制腊八酒时，要将紫皮的蒜瓣泡在黄酒或高粱酒里封存，待到春节时开封饮用。腊八酒香气扑鼻，还具有通血脉暖肠胃的功效。腊八蒜则是把紫皮蒜放进陶瓷罐用米醋腌制，等到大年三十晚上就饺子或者拌凉菜食用。腊八蒜酸中带辣，色泽呈翡翠青绿色，吃到嘴里分外香脆。关于老北京用醋或酒泡蒜的习俗，还有一种说法是因为“蒜”的谐音是“算”字。在旧时的北京，各家商号、店铺都在年前腊月结算，就是要计算过去一年的收支盈亏，查算一下自家所欠外债和应收货款债款。各商铺一般都是在腊八日这天起开始查算，正如俗语说的“吃过腊八饭，就把年事办”，因此北京人把腊八节也称作“腊八算”。自腊八这天起,债主催索债款时常常会携带一罐腊八蒜送给欠债人，对方一看就明白了，这是来“算账”了。老百姓们把“腊八蒜”或“腊八酒”吃掉喝掉，以示消除“晦气”，欢天喜地过个平安年、吉祥年。

图 5-2 腊八蒜

祭灶

俗语说得好：“腊月二十三，灶王爷上天。”人们称腊月二十三为“祭灶日”。民间祭灶来自古人拜火的习俗。《释名》：“灶。造也，创食物也。”灶神执掌灶火，管理饮食的神，他的职责还包括考察人间善恶，据此降福祸于人间。在中国民间，祭灶已经有几千年历史，灶神信仰展现了中国老百姓对“衣食有余”梦想的不懈追求。过去，老北京家里几乎家家灶间都设有“灶王爷”神位。人们将这尊神尊称为“司命菩萨”或“灶君司命”。相传玉皇大帝封灶王爷为“九天东厨司命灶王府君”，命其执掌各家灶火，在人间备受尊崇。人们将灶王爷的龛位设在灶房的北面或东面，中间供上灶王爷的神像，有的神像只画了一个灶王爷，有的则画有男女两人，女性神像就是人们常说的“灶王奶奶”。灶神祭祀活动寄托了勤劳朴素的汉族劳动人民一种迎祥纳福、辟邪除灾的美好愿望。传说灶神在腊月二十四当天赶赴天庭，向玉皇大帝汇报人间善恶。于是，人们选在腊月二十三日的晚上为灶神送行。为了不让灶君汇报自己的恶行，人们便为灶王供奉上

图 5-3　祭灶年画

“糖瓜”。糖瓜是一种用麦芽做成的糖，融化后会变很黏，人们希望以这种形式让灶神免开尊口。坏话不出口，好话却也说不出。不过人们大多信奉“无害即有益”的价值观，很多人只求无害于自身。在旧时的北京，宫廷祭灶用黄羊，民间祭灶则用糖瓜、关东糖等供品祭灶王爷，用清水草料祀灶神之马。祭完之后，人们会将灶王爷神像揭下，与纸元宝等一并焚烧，再放几挂鞭炮，为灶王爷送行，同时也用这种热闹非凡的方式拉开春节的序幕，俗称“过小年”。

扫尘

“腊月二十四，掸尘扫房子”。扫尘指的是春节前各家各户大扫除，也有说法叫“扫房”。扫尘原本是一种宗教仪式，后来演变成人们驱病祛邪的方式。扫尘有两层意义：一是将家里打扫得干净，在除夕的夜晚为迎接各路神仙降临人间；二是通过扫房，扫掉家中的秽气、晦气和穷气。根据《吕氏春秋》记载，早在尧舜时代我国民间就有春节扫尘的风俗。按民间的说法：“尘”与“陈”同音，新春扫尘即“除陈”，有“除陈布新”的喻义，即把一切“穷运”“晦气”全部扫出门。这一习俗，寄托着老百姓破旧立新的愿望和辞旧迎新的希冀。

相传，古时人身上都附有一种像影子一样的三尸神。三尸神爱搬弄是非，喜欢阿谀奉承，经常在玉皇大帝面前造谣，将人间描述得脏陋不堪。如此一来，玉皇大帝以为人间充满了罪恶。有一次，三尸神向玉帝谎报，有人诅咒天帝，想谋反天庭。玉皇大帝大怒，令诸神迅速察明此事，用蜘蛛网在怨恨诸神、亵渎神灵的人家屋檐下做记号。玉帝又命王灵官于除夕之夜下凡，惩罚有记号的人家。三尸神奸计得逞，趁机飞下凡界，在每户人家的屋檐、墙角做上记号。就当此时，他的行踪被灶君发现，灶君急忙寻找对策。最终想出了一个好办法：从腊月二十三日送灶之日起，到除夕接灶前，每户人家要把房屋打扫得干干净净，哪户不清扫，灶王爷就拒不进宅。于是，百姓们按照灶王爷升天前的嘱咐，掸去蛛网，清扫尘土，擦净门窗，等到王灵官除夕奉旨下界查看时，发现窗明几净，一片详和。王灵官找不到蜘蛛网，心生疑虑，便赶回天庭，将人间祥和安乐、祈求新年如意的情况禀明玉帝。玉皇大帝听后，大为震惊，下旨责罚三尸神，并将其永拘天牢。这次人间的劫难多亏灶神机智搭救，方能幸免。为了感谢灶王爷为人间除难消灾，扫尘的风俗得以留存。

图 5-4　扫尘

除夕

除夕指的是农历年的最后一天的晚上。除是除旧迎新的意思，一年中的最后一天称为“岁除”，这天晚上便叫“除夕”。大年三十晚上，全家人双聚一堂，共吃团圆饭，享用丰盛的美食。年夜饭不仅人要齐，还要在席上说吉祥话儿，相互祝愿新的一年生活美满。

除夕的年夜饭荤素搭配。冷荤有冷炖猪、羊肉、冷炖鸡、鸭；大菜包括红烧肉、扣肉、米粉肉、红白丸子、四喜丸子等；清口菜一般都是豆腐、青菜、罗十、咸菜佛手等；主食包括荤素两种馅的水饺。北京人在除夕和大年初一这两天都要吃饺子，有“更岁交子”的美好寓意。把饺子包成元宝形状，把糖、铜钱、花生、枣、栗子等放入饺子中，吃到糖的，寓意日子甜甜蜜蜜；吃到铜钱意味着有钱可用；所以吃到花生意味着长寿；吃到枣和栗子的则是早立子。饺子用清水煮熟，捞起后可以蘸着醋、蒜末、香油的酱油吃，也可以做成炸饺子、烙饺子（锅贴）等。和面的“和”字与“合”谐音，饺子的“饺”和“交”谐音，“合”和“交”都有相聚之意，所以饺子象征团聚合欢；除此之外，饺子形似元宝，所以过年时吃饺子，也有

"招财进宝"的吉祥含义。

关于除夕守岁的由来有一个普遍的说法：古时候有个凶悍的怪兽叫夕，每到岁末便出来害人，人们常受到这种野兽的威胁。后来，人们发现，夕怕火光、红颜色、响声。于是，人们到了岁末就在自家门上挂上红色的桃木板，在门口燃起火堆，彻夜不睡，敲敲打打。"夕"闯进村庄后，见到此情此景被火光和响声吓得逃回深山，再也不敢回来。天亮之后，人们互相祝贺道喜，张灯结彩，饮酒摆宴，庆祝成功驱逐了夕兽。久而久之，家家户户都会贴红春联，燃放爆竹，来驱除夕兽，以求新的一年安宁。年三十晚上也因此得名除夕。

拜年

在大年初一，见面第一句都要问"过年好"。初一早上，人们都早早起床，穿上新衣，打扮得干干净净去拜访亲友。春节拜年，晚辈要先给长辈拜年，祝福长辈们长寿平安，长辈会将事先准备好的压岁钱分发给晚辈。因为"岁"与"祟"谐音，压岁钱寓意可压住邪祟，晚辈得到压岁钱，就可以平安度过新的一年。压岁钱有两种，一种以彩绳穿线编作龙形，置于床脚，此记载见于《燕京岁时记》；另一种是由长辈把钱装在红包里或包在红纸里赠予晚辈。压岁钱可在晚辈拜年后当众赏给，亦可在除夕夜孩子睡着时，由家长偷偷地放在孩子的枕头底下。拜年的形式大致可分四类：一是"走亲戚"，初一必须给岳父母拜年，还要带礼物看望。走亲戚式拜年进门后先三叩佛像、祖宗影像，然后再向长辈们依次跪拜。二是礼节性的拜年，如同事、朋友相互拜年，如平辈家人只须拱手作揖，若是向自己年长的拜年，应主动跪拜。主人应起身搀扶，连说免礼表示谦恭。礼节性拜年一般不宜久坐，寒暄几句就应告辞。主人受拜后，应另择日子回拜。三是感谢性的拜年，如果在过去一年欠了人情，就要买些礼物拜访，借拜年表示感谢。四是串门式的拜年，比如左邻右舍平时没有多少来往，过年时也应登门拜访，见面彼此一抱拳说"恭喜发财"，到家中小坐，无须过多礼节。拜年的时限可以延长到正月十五左右，如果因故未来得及循例行礼，日后补礼可称为"拜晚年"（杨柳，2010）。

图 5-5　拜年

1.2 元宵节

农历正月十五也是元宵节，它又名“灯节”“上元节”“元夜”“元夕”等。元宵节起源于汉文帝时期，据传是为纪念“平吕”而设。汉惠帝刘盈死后，吕后篡权，吕氏统领朝政。周勃、陈平等人在吕后死后，铲除吕后势力，拥护刘恒为汉文帝。因为平息诸吕的日子恰好是正月十五，因此汉文帝每年正月十五都微服出巡，与民同乐，并把正月十五日定为“元宵节”，举行“太一神”的祭祀活动。司马迁将其列为“太初历”中的重大节日。传统节日一般都追求合家团圆，而元宵节则可以全民同乐，按照现代的说法就是举国“狂欢节”，所以有闹元宵一说。元宵节当晚，无论城市还是乡村，大街上还是宅院里，到处都张灯结彩，亮如白昼。有一首《上元诗》真实地描绘出了老北京的元宵夜风景：“满城灯火耀街红，弦管笙歌到处同。真是升平良夜景，万家楼阁月明中。”

老北京的元宵节最重要的活动是赏灯。汉代已有在元宵节燃灯敬佛的习俗；南北朝时，民间盛行正月十五点灯火的习俗；隋朝时候，每年元宵节都要举行盛大的灯会，隋炀帝的“灯树千光照，花焰七枝开，月影凝流水，春风含夜梅”就是最早描写元宵夜场景的诗句；唐宋时期至明清民国年间，从王公贵族到平民百姓，在元宵节当天都会参加活动。明代元宵夜东城灯市口的商品各式各样，上至珠宝玉器，下至日用百货，一应俱全，纷纷陈列于此，还有茶楼酒肆供游玩的人饮宴作乐。各商铺张灯结彩挂绢纱、明角、烧珠、麦秸、通草制成花灯，供人欣赏。自明朝以来，北京城作为皇城，正月十五这天更是别具风情。皇宫里，宫殿高挂“春灯”，灯火通明；皇宫外，更是花灯繁盛。如今北京的灯市口，还延续了明代时元宵节灯会盛况，是百姓购物、赏灯之处。到了清朝，京城各地均设立了灯市。据史书记载，其中最繁华、规模最大者有东四牌楼、西四牌楼、鼓楼、地安门、正阳门、厂甸。上元夜，无论达官贵人还是平民百姓，都会走出家门上街赏灯。商家趁机将商品降价促销，老百姓既看了花灯又可以购买生活所需的用品。还会有小贩，当街叫卖各种花灯。孩童们纷纷提着买来的花灯四处游玩嬉戏，形成提灯逛灯之景。除了赏灯，元宵节还有猜灯谜、“催灯椰”和“灯政司”等习俗。“猜灯谜”也叫“打灯虎”，曾是一项益处颇多的文化活动，受到广大群众喜爱。逛灯猜谜的人从灯笼上取下谜目纸条辩猜，猜中谜底颇为不易，就像难以射中老虎一样，所以猜中时也称“射中”。

图 5-6　元宵节猜灯谜

1.3 龙抬头

农历二月二龙抬头，又称春耕节、农事节等，是传统的民间节日。从我国二十四节气来说，二月二正是春播需要浇水的时候。古老习俗及传说认为，天下不下雨以及下多少雨，是由龙王决定的。“惊蛰”中的蛰是“隐藏、潜伏”的意思，入冬以后，一些小动物和昆虫钻回土里冬眠过冬，叫作“入蛰”。第二年春天过后再钻出地面活动，人们认为它们是被雷声惊醒的，故称“惊蛰”。那时候人们认为龙也是一种冬季蛰伏的动物，因此惊蛰时龙也被唤醒了，便抬起头来开始活动。因此“二月二”又叫“龙抬头日”，也称“春龙节”。

龙抬头这一天妇女不允许动针线，担心伤了龙的眼睛，太阳出来之前不许到井台打水，怕水桶砸伤龙头，这一天理发，象征着龙抬头交好运。在这一天饺子叫作吃“龙耳”，馄饨叫“龙牙”，春饼叫“龙皮”，米饭叫“龙子”，即使是蒸蒸饼也得在饼面上绘制出龙鳞形状的图案，谓之“龙鳞饼”，面条则称为“龙须面”。

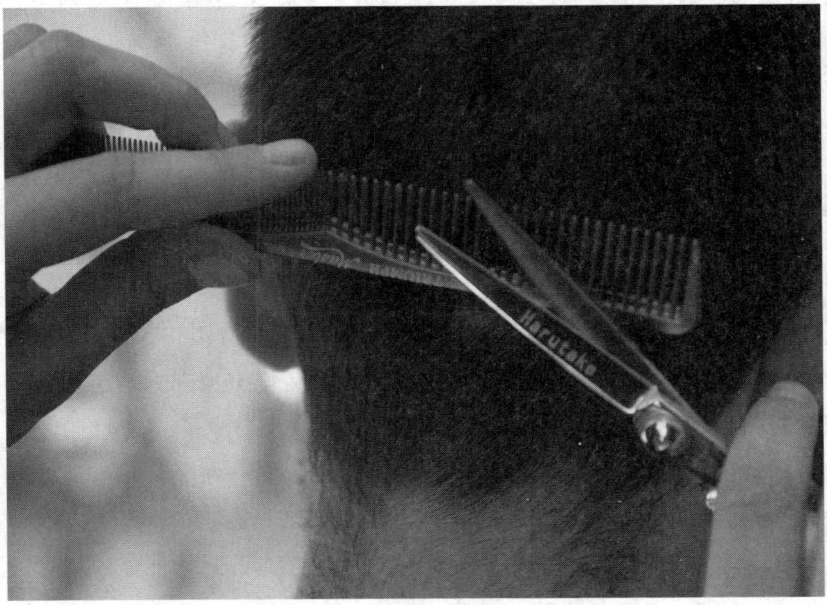

图 5-7　二月二龙抬头

俗话说："二月二，照房梁，蝎子蜈蚣无处藏"。二月二这天在农村人们要驱除害虫，即用点着的蜡烛照射房梁墙壁等处，驱散蝎子蜈蚣。虫子们一看见亮光就会掉下来，然后被消灭掉。二月二还有引龙熏虫的习俗，各家会用油煎黍面枣，稀摊白面煎饼。这么做是为了防治害虫，确保这一年五谷丰登。

二月二这天，人们都相信"龙威大发"的力量，所以食物多以龙为名，一切均取与龙有关。吃薄饼卷豆芽菜或酱肘肉、盒子菜意为迎春，饺子为"龙耳"，面条为"龙须"，米饭为"龙子"，爆玉米花跟二月二也有关联。相传，武则天称帝惹怒了玉皇大帝，他命四海龙王，三年之内不得向人间降雨，但是龙王看到人间因干旱而饿殍遍野的惨状，心有不忍，于是偷偷降雨，救了百姓，却被玉帝打下凡间压在山底下受罚，并立石碑："龙王降雨触犯天条，当受人间千秋之罪，要想重返凌霄阁，除非金豆开花绽放"。为了报恩,人们到处寻找盛开的金豆,但都没有结果。到了二月初二这一天，有一个老婆婆想去集市上卖苞谷，一不留神袋口开了，金黄的苞谷粒子散落一地。人们看到后心想，这苞谷籽就是金豆，炒后还可以开花。于是在二月二那天，各家各户都爆炒起了苞谷，并设案焚香供奉龙王。玉帝一见金豆真的开花了，不得不将龙王免罪释放，让他重掌风雨大权，不久人间普降春雨。从此以后，每年二月初二，老百姓都吃爆玉米花，嘴里念着："二月二，龙抬头，大囤满，小囤流"，以期盼五谷丰登。

华夏历史悠久，在发展过程中形成众多风俗文化。二月二龙抬头的传说和习俗反映了中国"天人合一"的自然观。除了中国先民对龙的崇拜外，"二月二龙抬头"实际上还与自然天象及地理环境密切相关。我国北方地区干旱少雨，极度缺乏水资源。龙在我国古代文化中被视为地位显赫的神，是和风化雨的主宰，因此，人们祈雨的心理逐渐形成了"二月二龙抬头"的美好愿景，相信龙王爷能够保佑天下、赐福人间，新的一年能风调雨顺、五谷丰登。

1.4 端午节

老北京有云：“五月端午街前卖神符，女儿节令把雄黄酒沽，樱桃桑椹、粽子五毒，一朵朵似火榴花开端树。一枝枝艾叶菖蒲悬门户，孩子们头上写个王老虎，姑娘们鬓边斜簪五色绫蝠。”（郑学富，2020）它生动地概括了老北京的端午习俗。

在民间中人们认为五月为毒月，初五又是毒日。老北京人过端午节时大多会在院门前和房檐挂菖蒲插艾叶。“清明插柳，端午插艾”，用以驱瘴。五彩粽子是避邪物，内壳用硬纸叠成，大小一般在2厘米左右，外面缠上五彩丝线，连成一串。不仅街头有卖的，家中少妇少女也常自己制作。除了五彩粽子以外，还有的巧手媳妇或姑娘用绫罗制成小老虎，有的缝制成樱桃、桑葚、茄子、豆角、芹椒、梨、柿、桔……把它们串起来，精致可爱。有立体的，有平面的，争奇斗胜。在端午节这一天佩戴在身上，既能显示自己的精巧工艺，又给节日增添祈福增寿的气象，还可以将此饰品赠给意中人，当作情物。北京人喜欢葫芦，因为葫芦是“福禄”的谐音。人们把红色毛边纸剪成葫芦，里面收进“五毒”图案，称为“葫芦花”，自农历

图 5-8　端午节风俗赛龙舟

四月末就有小贩在街上叫卖了。葫芦花据说能辟“五毒”，五月一日贴出，五月五日午时摘下扔掉，称为“扔灾”。除贴葫芦花外，还有贴以钟馗为题材“朱砂判儿”的，有贴黄表纸上写有咒语的“天师符”的，其目的均是为了驱邪辟毒。老北京的端午节还有一个叫法：女儿节。这一天每家每户都把女孩子打扮得漂漂亮亮，头戴一朵朵石榴花。因为相传石榴花可避邪除灾。出嫁的女儿也会在端午节的时候回娘家省亲，探亲时手臂上要系着彩色丝线、胸前戴着红绒花。端午节期间，北京还有妇女头簪绒花的风俗。北京人把红绒花叫作“福儿”。不管是“福”字花，还是其他造型，都是这么称呼。老北京人还讲究吃“五毒饼”，其实就是刻有蝎子、蛤蟆、蜘蛛、蜈蚣、蛇“五毒”形象的玫瑰饼，和藤萝饼一样，都是以花瓣作食材的北京特产。旧京端午节吃食自然也少不了水果。五月北京有新鲜的樱桃、桑葚、石榴。明末《烬宫遗录》里说，“四月尝樱桃，以为一岁诸果新味之始”。

图 5-9　五毒饼

老北京人端午节还时兴喝雄黄酒。雄黄酒中有杀虫解毒功效的药材雄黄，端午节喝雄黄酒是很有“讲究”的。古时候，人们认为农历五月五，已有各种毒虫，需要采取预防措施，喝雄黄酒可以避毒祛瘟。在“白蛇传”中白娘子喝了雄黄酒现出真身。因此，人们认为蛇、蝎子等害虫都怕雄黄酒。大人喝完雄黄酒后，会用蘸着酒的手指在小孩儿的额头上写个“王”字，叫作“画王老虎”，还会在耳朵、鼻子等处也要抹上雄黄酒，以镇百怪、避虫毒。喝完后，在屋内墙角遍洒雄黄酒。

在各种节日礼俗中，都蕴含着老北京人骨子里的文化特点。第一，文字迷信。不管是春节前的“扫尘”（即“扫尘”），还是除夕当天的“福倒”（即“福到”），都体现了中国人传统思想中将美好愿望寄寓文字的文化特征。在绝大多数中国人心中，文字似乎具有一股神圣的力量。我们常说的“白纸黑字”这四个字也体现了，无论是什么事，只要转化成文字写在纸上，就变得非常严肃认真。无形中，文字和思想这两者建立起的联系深深地印刻在人们的脑海中，成为潜意识的认知。汉语的一个重要特点就是多谐音字，原本不相干的一些字词被赋予了或凶或吉的寓意。第二，崇尚神明。在古代，人们的科学知识水平有限，经常会遇到一些无法解释的现象。这种情况下人们通常会“求助”于神明，将无法解释的奇特现象与某种神秘力量结合在一起，再试图找到一种可以“化解”的方式，以寻求心理安慰。

2. 婚丧礼仪

老北京的婚俗仪式异常严格，一般包括相亲、合婚、放定与迎娶四个大的步骤。

相亲是两边的父母互相考察对方家庭状况并决定是否结成婚姻的过程。双方的父母和媒人会约定在一方家里见面。通常情况下，相亲都是由男方携媒人去女方家见面。

相亲完成之后，找算命先生“合八字”，又称为合婚。合婚就是将男女双方的生辰八字写在红纸上，请用“星命家”来测算两个人的“八字”。每个人的生辰八字都由四个部分组成：年、月、日和时。每部分各占干、支一个字，四个部分加起来共占八个字。因此，它被称为“批八字”。“批八字”结果显示两人“八字相合”之后，才能相见结婚，以免影响婚姻或家庭的运势。然后算命先生根据男女双方的生辰八字和属相选定二人结婚的黄道吉日，确定男方迎娶女方的日期。确定日期后，再把具体信息写在一个名为“龙凤帖”红纸折子上，就是古时候的结婚证书。只有签发了“龙凤帖”，婚姻被批为“上等婚”或者“中等婚”后，男方才能放“大定”和“小定”进行婚礼的下一步。

“小定”指婚姻的初约，男方派中间人（老北京称为“全和人”）到女方家送定礼，大多是首饰、衣服等简单的小物件。虽然“小定”这一步骤可有可无，但是中间的“全和人”必不可少，要求必须是上有老下有小，配偶健在，还必须是女性。“大定”则是较为正式的婚约，需要隆重的仪式。“大定”时男方要用“喜轿”抬着礼物送上门，并且需要携带命馆签发的“龙凤帖”，还要带着“金银二酒”，即黄酒和白酒各一，以及女方的首饰、礼服等。“大定”举行后，双方均不能反悔。彩礼送往女方后，表示着男方已经聘定女方为妻。放定之后，女方要改变发型，从不扎辫根的少女辫子改为扎上红辫根的头型发式（邵先崇，2006）。

图 5-10　龙凤帖

婚礼中最重要的一步就是“迎亲”，包括搭喜棚喜房、安排娶亲人员、发轿、新人上下轿等许多细节和仪式。迎娶仪式也是一场婚礼中最热闹的环节。吉时一到，喜轿执事上门，娘家忙着打发上轿，夫家忙着迎娶进门，排场大而隆重。古时，迎娶仪式都在黄昏进行，因为黄昏的“昏”与“婚”相通。因此迎娶时要用到牛角灯，讲究的人家会足足准备 120 对，条件差的也有 32 对，可见婚礼场面之隆重。迎娶过程中也有许多讲究，比如，男方去女方家迎亲去时的路和回来的路必须不同，以示“殊途同归”；路上不得下轿帘，遇到城门、桥梁、祠堂等，需用红毡象征性地挡一下轿门，以示对神明的敬重。花轿分两种，有四人抬和八人抬，又有龙轿、凤轿之分，除去轿夫，还有要有笙锣、伞、扇等装饰。一般的轿队少则十几人，多则几十人，场面很是壮观。迎娶时新娘身着凤冠霞帔，蒙红盖头，新郎穿着长袍马褂，手持大红绸，寓意婚后的生活喜庆红火。迎娶仪式中“迈火盆”“迈马鞍”“射煞”等各种习俗也都代表着对夫妻二人未来的生活恩爱长久、幸福美满的期盼。最重要的仪式自然是拜天地，以体现对神明、宗族及夫妻二人之间的相互尊敬。拜过天地之后，就要用称杆子“掀盖头”、“闹洞房”了，这其中还夹杂着喝交杯酒、撒床等仪式，均体现了对新人称心如意、家道兴旺的祝福。

老北京婚俗仪式中重视和强调责任文化。一系列庄重的仪式都能够让年轻人对婚姻产生珍惜和敬畏之情。仪式不仅可以提醒新人要感怀先人的恩德，更是提醒新婚夫妇勿忘肩负责任之重。

丧葬仪式

旧时，老北京的民间兴土葬。各种丧葬仪式也都反映了老北京人原始封建的观念，不仅具有佛、道两教的宗教仪式成分而且融合了民间的礼仪，具有诸多讲究和说词，过程十分烦琐复杂。

倒头

老北京人讲究在将死之人尚未离世之前，要从原来住的炕上转移到提前准备好的“太平床”（或称“吉祥床”，即一张床板）上。如果人死在了原来的炕上，就成了死人背着炕走，是一种不吉利的说法。这种情况被称为“倒头”。

接三

按照传统习俗，人死后的第三天的傍晚必须“接三”，又称作“迎三”“送三”。这是因为民间有说法称人去世三天后，他的灵魂要么就要到阴曹地府去，要么就会被神仙或是神仙的使者接去。接三前，逝者的亲属们要提前准备纸糊的车马、箱子。当天，家人们会请来专门举办丧事的乐队，举行奏吹鼓乐，迎接前来吊唁的亲朋好友，同时举行焚化纸糊车马等活动。

送库

“送库”指的是由逝者的亲属捧着荐亡文书到指定的地点焚化冥器的仪式。在进行这个步骤时，需要请和尚诵经，称为“禅经诵库”。

成主

“成主”又叫点主、题主，目的是为了延续传统的封建族谱，这一仪式大多只会在仕宦之家举行。仕宦之家有人逝世后，为了确立逝者在家族宗庙里的地位延续家谱，在“发引”之前，要在吉日为逝者立牌位（也叫“神主”“木主”）。因为这一程序需要在“位”字上边用朱笔点一红点，因此叫作“点主”，也叫“成主”。这一仪式一般由死者生前的好友、僧人或者社会上有名望的人来完成。

发引

“发引”就是平时俗称的出殡，即指将灵棺从家里抬到墓地下葬的过程。在出殡的过程中，还要经过辞灵、出堂起杠摔盆、扬纸钞等一系列仪程琐礼，最终才能使逝者“入土为安”。

烧伞

有一种封建迷信的说法是，人去世第三十五天（即“五七”）时，要通过阴曹地府的五殿阎君的考验。相传，五殿阎君是包公转世来的，他一生无女，却非常喜欢女儿和花朵。因此，如果逝者用插满花朵的伞盖遮住身子，假扮成少女，包公就会不加盘查，让逝者顺利过关。所以，如果家里有人去世了，按照惯例要由已出嫁的女儿出钱制作一把插满五朵石榴花的纸伞，送到坟地焚化，这一习俗就叫“烧伞”。

烧船桥

逝者过世六十天后，就到了“旮河之期”。根据迷信的说法，逝者在这一天要过河，所以逝者的家人需要焚烧经过僧、道诵经“加持”的一只纸船、一座金桥和一座银桥，让逝者的灵魂乘船过河，再经过金桥、银桥到达西方的极乐世界。

一百天

古时候，人去世一百天之后要经历大祭。完成此次大型祭祀仪式后，逝者的亲属们就可以脱去重孝（白色的孝袍），换上灰色的衣服。旧时的有钱人家办百天大祭也会像“送库”那船隆重，架设大鼓锣架，或支起素花牌楼，在院内搭设祭堂，还要请僧、道诵经。条件一般的人家办百天大祭，则只在家设奠，邀请近亲前来祭祀，或者简单地烧几个装有冥银的“包裹”。

办周年

旧时北京人给逝者办周年祭祀讲究办“单”不办“双”，即单数周年要祭祀，双数周年不祭祀。逝者死后一周年叫“小祥”也叫“追祭”，要举行大的祭祀仪式；死后两周年叫“大祥”，不举行仪式。办周年是一种重要的凭吊形式。当天亲属要在门外置大鼓锣，还要请来丧事乐队表演。院内还要搭席棚，摆酒席招待前来凭吊的亲友。一般亲属会在正厅设置祭堂，堂上挂着逝者的遗像和排位。有钱人家还会用番、道、禅三台经，做永日功德。

3. 日常礼俗

见面、告别礼仪

北京作为数朝国都，礼仪制度十分完备，平民百姓之间日常的礼节自然少不了。老北京人日常的几种礼仪包括见面礼、请安礼和告别礼。

见面的礼节包括叩头礼、顶头礼、抱见礼、执手礼、鞠躬、碰肩大礼等几种。叩头礼是晚辈见长辈、平民见王贵、奴仆见主人时所行的礼节，共分为四种：第一种是“一跪三叩”，一是对父母、主人或尊长所行礼节；第二种是“二跪六叩”，一般对父母、爷爷、奶奶和其他尊长；第三种是“三跪九叩”，主要在祭神、祭祖、见皇帝时用；最后一种是“一跪四叩”，一般是在新年小孩见尊长、拜年问好时用。久别重逢的老夫妻会行顶头礼，妻子把头顶抵在丈夫的胸脯上，丈夫用左手扶着妻子的身体，右手抚摸妻子的后脑勺，以示夫妻恩爱。长时间没见的亲密朋友再次相见时会行抱见礼，如果是平辈，不论男女，都抱肩贴面；如果是长辈与晚辈相见，晚辈要用双手环长辈的腰，长辈俯身贴脸回礼，最后长辈直起身子用手轻拍晚辈的后背。执手礼的应用较为广泛，平辈之间、朋友之间、亲属之间见面都可以行执手礼，见面双方各自伸出右手虚握，类似于现在的握手。有俗语称“无作揖打恭之礼，相见则执手”。鞠躬礼也是平日里常用的礼节，长幼相见时，晚辈要给长辈行鞠躬礼；平辈相见，则要彼此行礼。碰肩礼是男主人与男宾之间常用的礼节。古时候，大户人家经常免费招待来往的宾客，客人临走时，要与男主人以肩互相擦碰数下，表示对主人的感谢。

在等级制度森严、礼制完备的北京城，请安礼随处可见。请安礼包括“打千儿礼”“跪安礼”“蹲儿安礼”“抚鬓礼”等多种礼节。打千儿礼是男子常用的请安大礼。行礼时，穿箭服或袍褂的官员要先放下袖口，然后左脚向前迈半步屈膝，右腿向后退半步蹲，然后左手扶左膝，右手下垂。上半身前倾，目光看向斜下方向长辈请安。另一种男子请安礼是跪安礼，也叫“跪拜礼”。行礼者双手下垂、低头前进来到受礼者面前，手扶膝盖然后双膝跪地行礼。女子向长辈请安时要行蹲安礼，行礼者站在受礼者面前，双脚并拢，手扶膝盖，然后弓腰屈膝盖半蹲即可。平辈女子相见则要行抚鬓礼。双方用右手轻拂额角三次，同时眼睛看着对方点头示意，以示问候。

在北京的社交礼仪中，告别也有讲究，主要分为“打横”“相抱”“亲面”“执手”“鞠躬”几种。客人向主人告辞时要“打横儿”，待主人送客至大门外后，客人回身后退一步，双手贴身再横跨一步，然后向主人点头示意告辞。此时，主人也要抱双手点颏回礼。其他的相抱、亲面、执手、鞠躬等告辞的礼节与见面时的礼节动作相仿，在此不一一赘述。

称呼

北京人很讲究礼数，甚至连称呼都要讲究，这在外人看来似乎有些世故。大家都说，北京人好面儿、礼多，这里有那么多朝代作为都城，宫廷和官场上的礼节，市井平民的讲究，还有来自外乡的、文化人的、少数民族的各种各样的“礼”，造就了北京人的性格和风俗。老北京有句话：“礼多人不怪”，在北京人看来，礼节是生活的艺术，是北京特有的人情味。

比方说，在街上遇到熟人要说："老没见了，您哪！"，说完话要道别："回见了您哪！"托人办完事要说："多谢了您哪！"话里话外透露的都是对方的尊重与朋友间的亲热，听者会感到舒服、亲切，同时也很受用。讲究礼数是北京人深入骨髓的性格特征，蕴含着北京人的人生哲学。

北京人从小就开始培养孩子的礼貌意识，见了陌生人要叫爷爷奶奶、叔叔阿姨。这种教育培养了一种意识：见人不称呼就是没大没小，没大没小就是不懂得礼貌，就是不会做人，也就会很没人缘。除了晚辈见长辈的礼节，平辈之间也要讲究。年龄相仿的朋友、邻居或同事交往时，不能以大辈自称，要平等相待，即"肩膀齐为兄弟"。除了称呼名字外，有时还要了解对方在家中的排行，并以"三哥六弟"为朋友之间交往的尊称。

在大家族里，亲戚间的称呼也要讲究，父亲的姐姐叫姑妈，父亲的妹妹叫"娘儿"，管父亲的弟弟叫叔或叫叔爸；父亲的哥哥则叫"伯"（bai）……这些叫法体现着老北京大家族中讲究礼数、等级的传统。

与陌生人交流，比如临时问路，更要讲究礼数。如果很难选择合适的称呼，则要用"劳驾"、"劳您驾"来开头，礼貌中透着谦逊。老北京人最忌讳用"咳"，这是极其不礼貌的表现。另外，还有一些普适的称呼词。称呼文化人要用"先生"，称呼各行各业的工人可以普遍用"师傅"。

4. 饭桌礼仪

一些老北京人的用餐规矩用现代人的目光看来似乎有些难以理解和接受，甚至带有迷信色彩，但其折射出的是老北京人饮食文化风俗。

在北京，吃饭时讲究不能将筷子插在碗里，家中有老人的时候尤其忌讳。因为筷子插在碗里看起来像是给逝者祭祀的供品"倒头饭"，这种行为是对家中老人的大不敬。吃饭还讲究不剩碗底，吃完碗里要一干二净，不能粘着米粒。甚至还有一种说法是，吃饭的碗上如果粘着米粒就意味着将来会娶个麻脸媳妇。这种说法是告诫年轻人珍惜粮食、勤俭持家。吃完一碗饭不够还想再吃第二碗时不能说"要饭"或"再要一碗"，而是要说"再来一碗"。因为"再要一碗"像"要饭的"（乞丐），十分不吉利。另外吃饭也不能发出声音，喝汤要用勺轻轻地喝，而不能直接端着碗喝。吃饭声音过大或者吃相过于粗鲁，都会被认为是没有教养，是对同桌人的不尊敬。古时候，老北京人吃饭不像现在这样在饭桌上寒暄，而是要讲究“食不言、餐不语”。孩子们如果在饭桌上讲话，轻者会受到训斥，重者则会被家长用筷子打手背。另外，吃饭时也不能随便换座位，不能端着碗到处走动，因为这种行为也会被认作是“乞丐”一般的行为。吃饭过程中，若是失手打碎了饭碗或菜盘，旁人要替失手的人解围，说一声“碎碎（岁岁）平安”，来缓和气氛。

5. 日常禁忌

老北京生活的日常禁忌有很多，有的是为了讲究礼节而设立，有的是由于当时的物质生活匮乏而形成的，但大都体现了北京人朴素的生活价值观。

小孩不能玩火

小孩子的控制能力差，玩火不但会烫伤自己还容易酿成火灾，于是老北京就想出一种说法“小孩儿玩火会尿炕”。其实，“玩火”和“尿炕”二者之间没有任何因果关系，却能够有效地防止孩子们好奇心作祟铸成大错。孩子虽然可能并不知道火灾有多可怕，也不知被烧伤的后果，但是他们都知道“尿炕”是不光彩的事情，会挨批评、挨打。

屋子里忌撑伞

“屋子里面不可撑伞，否则房子会漏！”这种夸大的说法其实是为了防止孩子们在屋里打伞玩耍捅破顶棚。因为老北京平房的天花板都是用木条、高粱杆和苇子杆扎成的，再糊上一层壁纸，非常脆弱。如果贪玩的孩子在屋内挥舞长物，极易捅破天花板，因此才有了这种看似荒谬的说法。

夜晚不可剪指甲

“夜晚不可剪指甲”这种说法其实是由于当时的物质条件匮乏而流传下来的一句警告。在电气时代尚未来临之前，夜间视线不明，夜晚剪指甲很容易剪着皮肤。十指连心疼痛难忍，严重时甚至还会断送性命。再加上那时的医药物资缺乏，全城也找不到一两家医院，即使送到医院，昂贵的医药费也非平民负担得起，因此这种说法就作为一条禁忌事宜流传了下来。

由此看来，老北京的这些日常生活禁忌大多是与当时的社会生活水平息息相关。在物质生活及精神文明相对不发达的年代，老北京人善用精神联想的思维解决实际生活的问题，展现了北京人积极乐观的生活心态。

第三节　翻译传播现状及多模态传播

以“中国岁时节令习俗”为关键词进行文献检索，相关文献数量较少，其中包括介绍岁时节令文献，如华中师范大学王康璐的硕士学位论文《魏晋南北朝岁时节令饮食文化研究——以〈荆楚岁时记〉为中心》和山东大学李政的硕士学位论文《山东方志岁时民俗的文化解读》等。除此之外，还有关于中国传统节日风俗的专著，其中包括由西北大学出版社在2006年出版的《中国传统岁时节日风俗》（作者杨景震），以及济南出版社出版的《社会习俗变迁与近代中国》，主编为耿光连等。还有以辞典为形式出版的刊物，例如由上海辞书出版社出版的，潘倩菲主编的《实用中国风俗辞典》。由检索结果可以得知，虽然相关文献数量不多，但是介绍性的专著资源比较丰富。进一步以“中国岁时节令习俗翻译”为关键词进行模糊文献检索，可以检索出研究方向大致相同的文献，包括胡晓红和曹易娟的《中国民俗节日翻译策略初探》，范丽丽和孟英丽的《浅谈中国传统节日的本土化翻译》，胡晓红、刘睿、曹易娟的《全球文化视域下中国民俗节日文化翻译的重新解读》等等。搜索结果中还有与翻译和传播都有关的《浅析中西传统节日习俗渊源及传播途径》，作者为李楠和李杰。从检索结果来看，虽然文献数量不多，但是关于“中国岁时节令习俗翻译”的研究已经有学者进行探索，此外还有学者开始结合翻译和传播来对这方面进行分析。总体来看，虽然相关研究还有很大的探索空间，但是已经有学者开始进行探索，这也从侧面证明了这一领域的研究价值正逐渐得到认可。

以“北京节日习俗”进行文献搜索，与之相关的文献数量较少，相关度较高的文献为李扬的会议论文《寺庙与老北京的节日习俗：以〈北平风俗类征〉为中心》。再以“北京节日习俗翻译”为关键词进行搜索，搜索结果中没有与之相关度较高的文献。从搜索结果来看,关于“北京节日习俗”和“北京节日习俗翻译”的相关研究还比较少，这一方面的研究还处于比较空白的状态。

通过对比分析，可以得出关于“中国岁时节令”的介绍性相关文献较多，也已经有与之相关的专著出版。关于“中国岁时节令习俗翻译”的文献数量虽然不多，但是已经有学者将翻译与传播结合进行探究。而“北京节日习俗”文献数量较少，关于“北京节日习俗翻译”的相关文献更少。关于北京民俗岁时节令和与之相关的翻译传播研究这一领域还需要进一步进行探究。

在 YouTube 平台上搜索“中国岁时节令”，与之相关的结果也较少。最为直接相关的是广东卫视出品的大型人文纪录片《中国节日》(*Chinese Festival*)。这部纪录片一共有九集，分别介绍的是中国的元宵节（Lantern Festival)、三月三（Double Third Festival)、端午节（Dragon Boat Festival)、七夕节（Qixi Festival)、那达慕节（Naadam)、清明节（Qingming Festival)、丰收节（Harvest Festival)、春节（Chinese New Year)。虽然这一部纪录片的播放量并不高，但是仍是较为官方的节日介绍纪录片。这部纪录片介绍了与节日相关的风俗等，但是视频只有中文的单语字幕。因为习俗这一信息也是可以通过画面来获取的，所以这种传播方式在一定程度上有利于中国节日风俗文化的传播。除此之外，还有一个相关度较高的视频，名为《外国人最喜欢哪些中国的节日》，以街头采访的方式询问外国人关于中国节日的问题。从搜索的结果中，可以得出关于岁时节令的个人博主视频较少，更没有像之前关于饮食文化影响力非常大的网络博主进行信息介绍和文化传播。主要原因可能是因为岁时节令这样的主题比较有局限性，网络博主很难发挥自己的主观能动性，这样不符合网络博主对产出内容的要求，所以这方面的资源较少。但是需要肯定的是，岁时节令通过视频和字幕解说的方式来进行传播效果会更好。因为文化差异，很多信息无法通过文字进行完整地传达，加以画面的辅助可以更好地传播信息内容。

以“中国婚俗葬礼”为关键词进行文献搜索，相关文献的资源较为有限。其中包括介绍婚俗变迁的文章，《中国新时代》期刊的《婚俗礼仪的变迁》，还有结合某一特定地域的风俗进行分析的文章：龙晓添的《当代民间礼俗秩序与日常生活——以湖南湘乡丧礼为例》。其他文献大多是结合其他方面和婚俗葬礼进行分析，例如结合法律和婚俗葬礼的文章西南政法大学朱楠《民俗与法律的矛盾及平衡：以豫北某农村的婚俗和葬礼为例》，结合古代文学作品分析婚俗的文章，如周晨晨的《从〈孔雀东南飞〉中看古汉代婚俗》，还有从电影的角度分析婚俗葬礼的文章，如苏新华的《电影中的中西传统婚俗文化解读》等等。以“北京婚俗葬礼”为关键词进行文献搜索，与之直接相关的文献数量非常少，其中包括鞠熙的《礼仪的文献记载与生活实践——以清代北京旗人葬礼为例》。分别以“中国婚俗葬礼翻译”和“中国婚俗葬礼传播”为关键词进行文献搜索，与之直接相关的文献暂未出现。总体来看，与婚俗葬礼有关的文献大多是客观性的介绍性文章，结合翻译和传播的研究还处于较为空白的状态。

以“中国婚俗葬礼”为关键词在YouTube平台上进行搜索，相关的视频数量较多。其中包含的内容也比较多，包括西藏的“天葬”、贵州农村土葬风俗、彝族婚俗等等。因为中国地大物博，幅员辽阔，不同地域之间存在文化差异，所以婚俗葬礼在不同的地方有所差异。加之不同的地域生活的民族也不尽相同，民族历史文化之间的差异也导致了当地的婚俗葬礼风俗的差异性。从搜索结果来看，相关视频只是针对某一民族或地区的风俗进行介绍。大趋势是分民族进行介绍，缺乏整体的介绍，主要是针对一些非常有特色、可以吸引眼球的婚俗葬礼风俗进行介绍。但是从播放量（view count）来看，这部分的民俗文化介绍很受关注，比如名为《近距离参观西藏“天葬”过程，心理素质不行的不要看！》的视频播放量达到240万。关于这一领域的话题已经有相关介绍视频，但是尚未形成相关体系，内容比较杂乱。加之相关权威信息的缺乏，内容的真实性还有待考证。但是因为这一部分的内容和人们的生活息息相关，以及不同地方的习俗差别较大，其中不乏有许多有趣的习俗，人们对此还是比较好奇和感兴趣，所以这部分的研究有继续探究的价值。

以“中国日常礼俗”为关键词进行文献搜索，相关文献数量较多，其中包括萧放的《“人情”与中国日常礼俗文化》，黑龙江大学李涵的博士学位论文《中国传统日常交往礼俗的文化批判》，萧放和何斯琴的《礼俗互动中的人生礼仪传统研究》，除此之外还有介绍礼俗的相关专著，比如由中国国际广播出版社出版的王炜民的《中国古代礼俗》，还有结合礼俗和建筑进行探究的文章，比如公伟的《传统礼俗空间在乡建中的现代表达——以台江县施洞镇龙舟广场设计为例》。以“北京日常礼俗”为关键词进行搜索，搜索结果包括岳永逸的《中国都市民俗学的学科传统与日常转向——以北京生育礼俗变迁为例》等几篇文章，较为具体的和“北京日常礼俗”相关的文献数量较少,但是已经有学者进行相关研究。分别以“中国日常礼俗翻译”和“中国日常礼俗传播”为关键词进行文献搜索，相关文献几乎没有。介绍“中国日常礼俗”的文章数量较多,也有相关专著出版，与“北京日常礼俗”相关的文献较少,但是与“中国日常礼俗翻译”和“中国日常礼俗传播”的相关文献几乎没有，这说明这一领域的研究主要还只是信息介绍，以及结合文化等方向进行探究，从翻译和传播方面进行探究的文献几乎没有。因为“日常礼俗”这个领域所包含的内容比较广泛，所以介绍性文章较多。如果能够推进翻译和传播角度的探究，则可以帮助介绍性文章达到更好的传播效果，从这两个角度的探究也可以进一步完善前人的研究成果。

在 YouTube 平台以“中国日常礼俗”进行搜索，出现的视频数量较多，但是官方介绍相关知识的视频较少。大多数都是个人网络博主制作的视频，在这类视频中，很大部分是把不同国家的“日常礼俗”进行比较说明，这样的视频更多的是以一种跨文化交流的角度来对“日常礼俗”进行讲解和分析。这类视频的优点是从网络博主个人角度出发，分享自己的亲身经历，传播内容（Says What）也十分有趣。加上视频这种传播媒介，除了听觉上的信息传播，视觉上也可以通过画面给信息接受者带来更多的趣味。在信息比较容易吸收的基础上，信息接受者（To Whom）能够在更大程度上获取信息。但是这一传播方式（in Which Channel）的局限性则在于：因为传播内容（Says What）是基于网络博主的个人体验，所以传播内容（Says What）在一定程度上存在主观性，缺乏客观性。

以“中文称呼”为关键词进行文献检索，大部分文献都是从中文角度进行深入的称呼研究分析。对于称呼的研究，相关研究已经较为深入，现在已经逐渐形成“称呼学”的研究领域。除了对于中文称呼深入研究的部分，还有少部分文献进行了中西称呼对比研究，比如杨晓娜的《中英文称呼文化差异》，作者在这篇文章中从数个方面把中西方的称呼进行对比，其中包括：长辈对晚辈的称呼、晚辈对长辈的称呼、亲属关系的称呼、同事间的称呼、陌生人间的称呼、愤怒时的称呼和农村地区特色称呼。对文献进行进一步检索，可以得知关于中西方社交礼仪差异、礼貌用语以及中西礼仪文化差异的研究较多，但是关于“称呼”这一较为具体的差异分析相关文献还是较少。虽然已经有学者就该话题进行了进一步的探究，但是缺乏权威性的研究。以“北京话称呼”为关键词进行文献检索，几乎没有与之直接相关的文献。由此得出关于“北京话称呼”的研究也是处于比较空白的状态，所以关于“北京话称呼”的传播相关研究也需要进行深入探究。

在 YouTube 平台上以“中文称呼”为关键词进行检索，一部分视频单纯使用中文来介绍中文称呼，其中包括儿歌或者个人制作的中文课堂。另一些视频则是使用另一种语言来介绍中文称呼，从而达到教授中文的目的。虽然这类视频一般也是个人博主进行制作和传播，但是因为称呼取决于亲戚之间的客观关系，所以这类视频的客观性比起其他个人博主从自身经历出发的介绍视频来说是较高的。使用另一种语言来介绍中文称呼的视频在很大程度上确实起到了传播作用。虽然只使用某一种感官来解释关系和称呼也是可行的，比如说传播者（Who）通过口头解释的方法来进行信息传播，但是如果利用两种或者多种感官来进行信息传播效果则更好，比如有的视频则是利用家族的树状图加上个人博主的讲解来帮助信息接收者（To Whom）获取相关信息，因为可以动用较多的感官，这样的传播方式（in Which Channel）能够让传播内容（Says What）更加印象深刻。以“北京话称呼”为关键词进行检索，与之直接相关的视频数量也非常少，说明了这方面的研究还是处于非常欠缺的状态。

通过上述分析，传播者（Who）主要分为传统的学者和个人网络博主。从传播内容（Says What）来说，如果传播者（Who）为传统类型的学者，传播内容（Says What）则是具有学术性和权威性的，而这类的传播内容（Says What）存在一定的局限性，即比较严肃，形式过于学术等。而传播者（Who）是个人网络博主的话，传播内容（Says What）则会是主要由自己的亲身经历总结出的相关内容。这样的传播内容（Says What）主要的特点是比较主观，优点是有趣，但缺点则是不具有权威性，可能导致传播内容（Says What）存在误差。从传播渠道（in Which Channel）来对比的话，传统学者主要是通过纸质期刊，以及现在通过电子期刊来发表自己的研究成果；而个人网络博主则主要是通过网络平台来进行信息传播。因为这一部分的对比在前面已经进行过详细讨论，这里不再赘述，接下来会主要具体探究哪一种传播方式更适合此领域的信息传播。

北京精神文化这一章主要包括岁时节令习俗、婚俗葬礼、日常礼俗和称呼这四个方面。通过上述分析，相关研究较少，也缺乏具有权威性的研究，但从中国角度出发来分析这几个方面的研究尚存，但是以一种更精确的角度，即北京，来分析相关领域的研究则几乎是完全空白的状态，但是关于这几方面的研究具有非常大的价值。首先，关于这方面的研究需要引起相关学者的注意，通过之前的分析，可以得出多模态的传播方式是一种较为合适的途径。虽然岁时节令习俗、婚俗葬礼、日常礼俗和称呼这几方面的介绍，在一定程度上可以通过单一的感官，比如通过声音解说，来达到一定的传播效果，但如果运用多种感官，比如听觉和视觉相结合，通过画面加上声音解说来进行信息的传播，效果会更好。岁时节令习俗这一方面以中国传统节日为例，有许多传统节日的习俗在西方人的认知中是不存在的，所以仅仅通过听觉解说的方式来进行信息传播，效果可能不尽人意。比如，在向信息接收者（To Whom）解释“粽子”这种中国传统食物时，因为西方人对“粽子”这种食物是没有概念的，再详尽的听觉解说都不如图片视觉展示更直观清楚。在视觉展示的基础上再进一步配以详细的听觉解说，就能够达到很好的传播效果。以中西葬礼差别为例，中国的葬礼一般会有哀乐和哭丧的传统，如果仅仅通过听觉解说来介绍这一传统，成长于西方文化中的信息接收者（To Whom）很可能会感到迷惑，他们对葬礼上发生的一切都不了解，并且会觉得奇怪。这主要是由不同的文化成长环境所造成的。西方文化中的葬礼一般在教堂中举行，气氛是安静肃穆的。如果可以通过视觉画面加听觉音频来展示中国的葬礼，西方人则可以了解中国的大多数葬礼氛围倾向于热闹，所以演奏丧乐和哭丧在中国的葬礼氛围中并不显得突兀，这样在很大程度上帮助信息接收者（To Whom）把不同的因素串联在一起，切身感受不同的文化。

通过上述分析可以得知，比起利用单层次的感官，利用两种或多种感官进行信息传播的多模态传播方式能够达到更好的传播效果（With What Effect）。在获得一定的权威研究信息后，进一步完善、制作成以这些传播内容（Says What）为基础的视频，再进行转换传播渠道（In Which Channel），这样的传播模式在一定程度上会有利于加强传播效果（With What Effect）。但是局限性是这样的传播模式缺乏实践性，需要在指导下实施，在实践中再次总结经验，不断优化。

第六章

北京社会文化多模态翻译传播

第一节　社会文化简介

社会文化的核心是社会文明，它包括涉及人类意识活动的一切内容。在社会环境中，人们的精神活动与外在自然环境互相作用，就会产生社会文化。不同的社会都会产生和自己社会形态相适应和特有的社会文化，不同的社会文化也会随着社会物质生产的发展而变化。社会的发展，不仅仅蕴含人类物质文明的沿革，更代表着精神文明的进步。社会文化的产生过程是物质文明和精神文明不断积累、不断消费和互相作用的过程。在不同的地域范围内，人们根据不同的地域特色、自然环境，结合自身独有的体质结构、意识潜能，不断地进行物质和精神财富的创造和消费活动，因而发展出了具有不同地域特色、不同民俗风情的社会文化。作为由广大基层群众创造的文化，社会文化具有明显的地域、民族或群体特征，能够在很大程度上反映某个特定地区文化上的独特性，是民俗文化重要的体现形式。

北京作为多朝古都，是当今中国的政治和文化中心，其社会发展历史悠久，内容丰富，具有极其鲜明的地域特征和文化特征。北京建城 3 000 余年，建都 850 余年，皇家文化和平民文化共同组成独特的京味儿文化，成为中国民俗文化中浓墨重彩的一笔。北京汇聚了中国各地、各民族、各阶层、各朝代的特点，逐渐融合成了现在独具特色的北京民俗文化。北京是古老的，更是民族的，但同时又是世界的，是一座“风骨依然雄风健在”的国际化大都市（周雅琦，2015）。在这里，古老传统的中国文化与现代发达的政治经济相互交融，糅合了传统文明的古典和千年历史的厚重，形成了独具特色的东方都市社会文化。

第二节　社会文化传播内容

1. 庙会活动

庙会是一种在民间广为流传的传统民俗活动，它本身是汉族民间宗教及岁时节令的风俗活动，一般在春节、元宵节等重要节日时作为集体庆祝的娱乐活动而盛行。经过世代延续，庙会如今已流行于全国各地，北京的庙会以数量多、规模大而闻名。

北京庙会的发展历程

作为民俗文化重要的组成部分，庙会的产生与发展都和民众的日常生活习俗息息相关，同时也能够生动地体现当时的历史背景和社会背景。庙会也可称为“庙市”,《辞海》中的解释为：中国集市早在唐代就已经存在，通常在寺庙节日或规定日期举行，一般设在寺庙内或其附近，故称“庙会”（张东蕴，2014）。《北平风俗类征·市肆》引《妙香室丛话》:“京师隆福寺，每月九日，百货云集，谓之庙会（《走向世界》编辑部，2017）。庙会本身的名称和庙会的定义都显示出庙会的形成与宗教活动有着密切联系。庙会文化不仅是宗教信仰和传播方式的体现，还反映出社会风俗和民众心态的变化，尤其是佛教和道教这两大对中国社会产生广泛影响的宗教，对最初庙会的形成起着至关重要的作用。近年来，学界对庙会的定义和起源有不同的理解。有些学者将庙会定义为在寺庙内和寺庙附近举行的群众聚会活动，这些活动都是由宗教活动以及宗教节日引发的；还有学者将庙会解释成一种社会文化现象，一种以寺庙为依托、以宗教活动为动因、以集市活动为表现形式的社会意识形态。这些说法虽然形式上不尽相同，但本质上对庙会的定义都是相似的：庙会最初是以宗教寺庙为中心地点的集市活动，同时也是以宗教活动为核心的，融艺术、娱乐、商贸、民俗等活动于一体的社会文化现象（高占祥，1992）。

北京庙会不仅历史悠久，对北京人的影响也极为深远，逛庙会自古以来就是北京人一项重要的娱乐活动。据《北京庙会》记载，北京地区的庙会起源于辽代，发展于元末明初，兴盛于明清两代。北京从金代成为帝都开始，就是全国文化的汇聚之地，尤其是在明清两代，北京的庙会文化形成了自己的特色，清代的庙会文化在明代的基础上继续发扬特色，发展成为异常繁荣的时代产物。一些史书和地方志中都有很多对庙会的记载，如《帝京岁时纪胜》《燕京岁时记》等史书中都有对明清庙会现场场景和风俗习惯的描述和记载。根据《燕京岁时记》记载，“开庙之日，百货云集，凡珠玉、绫罗、衣服、饮食、古玩、字画、花鸟、虫鱼以及寻常日用之物，星卜、杂技之流，无所不有。”到了清朝末年、民国初期，老北京庙会的各种花样名目愈发复杂，每月逢一、二、九、十是隆福寺，逢三是土地庙，逢五、六是白塔寺，逢七、八是护国寺。正月里有初一开庙的东岳庙和大钟寺，初二的财神庙，十六、十八的白云观，三月初三还有蟠桃宫庙会等，春节期几乎每天都有庙会（刘彤 & 高焕璋，2010）。

民国时期，社会经历诸多政治变革，庙会活动也因此受到了严重影响。封建君主制度结束后，与清朝有关的宗教祭祀活动停止了，供奉皇室祭坛的寺庙也失去了昔日的光彩，香火也消逝了，并逐渐走向荒废，旧时的许多祭祀地点，比如天坛、地坛、先农坛，成为了供大众游玩的公园。民国初年，北京政府在鼓楼西街新建了一座关岳庙，但后来也无法发展下去。之后，历届政府基本都对宗教传播采取了限制性政策，宗教的发展受到了阻碍，部分佛寺变成了学校或改为民间团体的活动场所。直到20世纪20年代和30年代，北京的佛教团体才开始筹集资金，复兴、发展和重建寺庙。在抗日战争期间，许多著名的寺庙被战争摧毁，比如京城三大佛教名寺之一的云居寺就被日军炮火击毁。

新中国成立以来，随着经济社会发展，人民生活水平日益提高，社会价值观念也逐渐改变了，商业发展带动了文化的繁荣，人们越发关注中华民族传统文化。在传承与保护的过程中，庙会作为中国传统文化的一部分，也越来越受到人们的重视。逛庙会也重新成为了春节期间重要的民俗活动，北京各个地区每年春节都举办丰富多彩的庙会活动，吸引了各地的人们前来观赏。

庙会文化作为互动性极强的一种民俗活动，成为老北京社会文化传播的一种重要形式。如今，中国对外开放的程度越来越高，也有越来越多的国际友人来到中国，了解中国文化。不管是从形式上还是从内容上，庙会都是一种能够客观、生动地反映社会文化的方式，成为了社会文化传播的主战场。再加上北京独特的政治、文化身份，北京庙会文化对外传播的重要性也与日俱增。

北京庙会的功能

北京的庙会既具有商业功能，也有娱乐功能，这两种功能互相依托，也互相促进。

民国时期，北京庙会的商业功能日益增强，商品经济的发展壮大使得商业贸易不断集中并形成了固定的场所，除了新建的百货商店外，庙会市场已成为商业发展的延伸，以庙会为基础的市场交易已成为商业发展的重要组成部分（习五一，2000）。

北京庙会上主要售卖中低档商品，商品主要为都市小手工业产品和京郊的农副产品，还有一些各地的土特产，主要突出的就是物美价廉，市民也普遍都能接受，而且集市上“讨价还价”的销售方式也符合大众的消费心理，受到广大市民的推崇。庙会上各式各样的商品也使商业活动具有一定的娱乐、游览性质，人们除了在庙会上购置物美价廉的必需品之外，更多的是购买一些新奇的“小玩意儿”，享受“逛”庙会的过程。

图 6-1　北京庙会

丰富多彩的娱乐活动也是北京庙会的一大特色。中国有大量的民间艺人，北京更是民间艺人汇集的地方，早期多在天桥一带卖艺，后来逐渐涌入庙会开展京味十足、五彩缤纷的民间文艺表演，深受京城老百姓的喜爱。二十世纪三十年代中期，隆福寺、护国寺、白塔寺等地开办戏曲剧场，不仅演出京剧、评剧等文化艺术，还有许多民间艺人登台演出，表演大鼓、评书、相声等，既娱乐了大众，又弘扬了民间艺术。庙会的民间游艺活动多姿多彩，涌现出了一大批享有盛名的民间文化大师，他们将中华民间的民俗文化不断发扬光大，很多独特的表演技艺也得以传承，成为中华民族宝贵的历史文化遗产。

北京庙会的特征

1）以休闲娱乐为基本特征

休闲娱乐是庙会的基本特征，也是大多数人逛庙会的目的，尤其是在春节、元宵节等节日期间，人们出门踏青游览之时，庙会成为游乐休闲的好去处，各种传统娱乐活动也在庙会中得以传播。

拉洋片

拉洋片是清末传入北京的一种传统民间艺术。清朝末年，天桥、护国寺、白塔寺、龙福寺等庙会以及北京郊区的丰台镇、通州等地都有大规模的演出。一面直径约两丈的布墙里容纳二十至三十名观众，画挂在人们面前，高约2.5米，宽约3.3米。画中有来自世界各地的风景和人物，一张就是一卷，看完这张再放下一张。同时，表演者会用木棍指点画面进行讲解，还要有人打着锣鼓招揽观众。后经多年变化，演化出多种不同的形式,有“琉镜”“推片”“西湖景”“水箱子”“大洋船”等表现方式与技巧（王江华 & 姬文慧，2014）。

跑旱船

旱船是一种在陆地上模拟行船的民间舞蹈。旱船表演是北京延庆最具代表性的民俗活动之一，在延庆城乡分布广泛。尤其是元月十五日前后的三天，场面更是壮观热闹。《竹枝词》里描述为：“罔水行舟古所难，居然一叶下银滩。无边陆海吾何惧，稳坐鳌鱼背上看。”

旱船表演道具包括旱船船体和船桨。船体由木制的船顶、船柱和船座构成，还有各色的丝花、绘画装饰。船顶前有卷棚，据说是模仿当地吕祖庙的样式制作。表演形式多种多样，有一条船、三条船、九条船，表演内容取材于传统民间故事《白蛇传》。一条船体积较大，船头是白娘子，船尾为许仙，还有一位艄公；三只船都是船体较小的旱船，白娘子、许仙、小青各占一船；九条船表演体积更小，一人一船，船多人多。表演时旱船或交叉旋转，或你追我赶，或齐头并进，场面热闹。

延庆旱船表演讲究四个特点：快、稳、漂、转。其中，稳定是最重要的。船体紧跟表演者的身体，要在稳定中实现快速漂移，在稳定中旋转，在旋转中竞争稳定。转弯也是延庆旱船的一大特点，自转、双转、旋转、“8”字转弯，就好似船真的在水波中漂荡。在各种表演花样中，以回旋为基础的“葫芦”、“旋涡”和“波浪”是最常见的样式。

旱船表演往往都伴随吹打乐伴奏。吹奏乐器包括唢呐和笙，打击乐器主要有大鼓、钹、铙等。唢呐和大鼓是演奏的主角，鼓点随着场面的变化而变化，唢呐则根据鼓点的变化而变换曲调，风格活泼而热烈，烘托出节日的气氛。

图 6-2　跑旱船

除此之外，庙会供人们欣赏的表演节目还有很多，如踩高跷、舞狮等。演员们幽默风趣的表演，使人们愉悦身心、放松心情。这些民俗活动在不同的庙会上都有不同的特点，但都表现了人们对美好生活的热爱。同时，庙会为这些传统技艺提供了重要的生存和发展空间。北京是一座将都市文化和传统文化完美融合在一起的城市，庙会形式的留存为群众提供了文化体验的氛围，在社会快速发展的大背景之下，让传统的文化情怀得以安放。

2）庙会的商业性

庙会同时也是一种对公众开放的集市，北京庙会的商业性具有非常悠久的历史。根据《帝京岁时纪胜》记载："西庙曰护国寺，在皇城西北定府大街正西。东庙曰隆福寺，在东四牌楼西马市正北。自正月起，每逢七、八日开东庙。开庙之日，百货云集，凡珠玉、绫罗、衣服、饮食、古玩、字画、花鸟、虫鱼以及寻常日用之物，星卜、杂技之流，无所不有"（潘荣陛，1981）。清嘉庆年间得硕亭《草珠一串》中对琉璃厂庙会的描述为："流璃厂甸又新开，异宝奇珍到处排。"《帝京岁时纪胜》中还写道："都城皇庙在都城之西……惟于五月朔至八日设庙，百货充集，拜香络绎。"调查显示，二十世纪三十年代隆福寺庙会的集市商摊有近千家，护国寺和白塔寺的集市商摊也多达七百余家。北京的庙会云集了各种琳琅满目的商品，有风味小吃、儿童玩具、日常用品、衣服鞋帽、古董珍玩、报刊书籍等，在历史上可谓当时北京的商业中心。

风味小吃

在庙会上，多种风味小吃各具特色，大多都是流动摊位。卖小吃的摊贩有些会支起一个布棚，在布条上写上他们的店名，布棚里面摆上桌子和长凳供顾客吃东西；有些只是将装满小吃的扁担或手推车停在庙会上，顾客买来站着吃。庙会上的小吃经济实惠，适合平民的消费水平。在常规的庙会中，小吃摊位较为集中，都聚集在庙会的某个区域内；临时的节日庙会上小吃摊位则多与其他商贩、表演者混合在一起，分布在庙会的各个角落。庙会上的小吃大都是北京日常街头叫卖的日常小吃，具有北京地方特色，适合北京人的口味，有的还会形成固定的“套餐”。

豆汁儿

豆汁儿是北京著名的传统小吃。豆汁儿是一种灰绿色饮品，口感浓郁而柔和，口味酸中带甜。豆汁儿大概起源于辽代或宋代。跟臭豆腐和蓝纹奶酪一样，豆汁儿的发现也纯属偶然。豆汁儿不是豆浆，也不是豆腐脑儿。起初，一个制造绿豆粉的伙计将绿豆磨碎后，剩下的汁液没有及时倒出。当时正是夏天，第二天汁液变酸了，伙计便大胆品尝。结果发现这种饮品酸中带甜，清热败火，别有风味。《燕都小食品杂咏》中说：“糟粕居然可作粥，老浆风味论稀稠。无分男女，齐来坐，适口酸盐各一瓯。”并说：“得味在酸咸之外，食者自知，可谓精妙绝伦”。（杨静兮，2017）

作为北京特色的小吃，豆汁儿的吃法极为讲究，搭配的吃食可以根据个人的口味不同而变化。但无论是哪种吃法，大都会搭配焦圈儿和咸菜。梁实秋先生在《雅舍谈吃》里提到，喝豆汁儿必须配上一碟豆汁儿挑子上的咸菜，尽管家里有上好的酱菜，“不管用，非那个廉价的大腌萝卜丝拌的咸菜才够味”。焦圈儿作为北京另外一种特色小吃，也有非常悠久的历史。焦圈儿形状似手镯，口感焦香酥脆。搭配豆汁儿一起吃时，淀粉的甜味会中和豆汁儿的酸味，焦圈儿的油腻抵消了豆汁儿的强消化性，还可以避免低血糖。

图 6-3　豆汁儿

扒糕

扒糕是由荞麦面和榆皮面做成的，和烧饼差不多大小，一般要在蒸熟后放凉，搭配蒜汁、芥茉、辣椒油、胡萝卜丝等辅料拌着吃。冬天可以吃炒扒糕，即把扒糕加油炒热。庙会上卖扒糕与卖灌肠、豆汁儿的一样，通常会搭一个布棚，摆放桌椅板凳，桌上放上佐料罐，顾客可根据需要现场调配。

图 6-4　扒糕

《燕都小食品杂咏》中称:“色恶于今属扒糕，拖泥带水一团糟。嗜痂有癖浑难解，醋蒜熏人辣欲号。”还说扒糕“色灰黑，见之欲呕”。扒糕的卖相虽不好看，吃的时候甚至还会被醋蒜辣子熏得流眼泪，但许多老北京人仍钟情于扒糕，扒糕的原料——荞麦有上乘的营养价值。《本草纲目》中就说荞麦“实肠胃，益气力，续精神，能炼五脏滓秽。作饭食，压丹食毒，甚良”。荞麦中含有磷、钙、铁及氨基酸、脂肪酸、亚油酸多种维生素的营养食品，是心脏病、高血压病、糖尿病患者首选的食品之一。

羊霜肠

羊霜肠其实就是羊血肠，因为羊肠子灌上血之后，表面的油看起来像是一层秋霜，因此得名羊霜肠。除了灌羊血，小贩有时也会在羊肠里灌上羊脑儿、脊髓。买羊霜肠一般要等到下午或晚上，因为小贩需要先去屠宰厂买羊血，回家再将血灌进肠子，将一根根的羊霜肠码在大铁锅里，用水煮熟，下午才推车出去叫卖。热乎的羊霜肠被切成小段，搁在碗里，泡上羊汤，然后再搭配芝麻酱、红辣椒油，撒上香菜一起吃。庙会上，经常会有许多人站在卖羊霜肠的独轮车旁边，或蹲或站，捧着一碗羊霜肠吃。《天桥杂咏》中有竹枝词说:“纵使荤腥胜苦脏，充饥何必饮灰泥，清贫难得肥甘味，莫笑口生程度低。”有钱人和南方人都不吃羊霜肠，实际上，羊霜肠不但加工讲究还营养丰富。

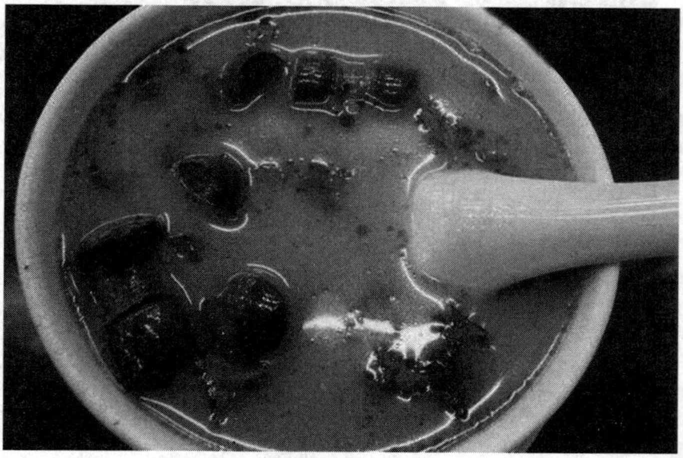

图 6-5　羊霜肠

茶汤

北京茶汤和油茶一样，虽然名字里有茶字，但和茶叶没有什么关系。茶汤是由高粱米面、糜子面冲调而成，调料有红糖、白糖、青丝、红丝、芝麻、核桃仁、什锦果脯、葡萄干、京糕条、松子仁等，原料丰富，口味独特。茶汤的制作工艺复杂，先要将糜子米、高粱米洗净，用凉水浸泡两三个小时后碾成粉末，再用细箩筛成粉面。冲茶的时候，用铜壶烧开的水冲泡放着众多辅料的糜子面、高粱米面。庙会上的小贩会左手端着茶碗紧贴壶嘴，右手握着铜壶把倾斜倒水，让壶里的开水顺着壶嘴冲入碗内。水倒入碗里后，又会由近到远迅速拉大碗与壶嘴之间的距离，从而增加水的冲力，让面糊冲得均匀；随后又由远至近收近距离，将面糊冲成杏黄色的茶汤。要想让茶汤口感均匀，整个过程要行云流水，必须一次性完成。茶汤味甜香醇，色泽杏黄，味道细腻耐品。

图 6-6　茶汤

豆面糕

豆面糕又叫“驴打滚儿”，是一种特殊的黏糕。豆面糕是由黄黏米面做成的，制作时先将黄黏米面蒸熟再铺平，撒上熟豆面和红糖之后卷起来，再切成小段，浇上糖稀搭配着吃。另外一种做法是用豆沙或红糖捏成和鸡蛋差不多大的团子，再在外面沾满炒豆面，好似驴打滚，因此而得名。因为“驴打滚儿”的主要原料是黄豆面，故称豆面糕。《燕都小食品杂咏》

中形容这一小吃:“红糖水馅巧安排,黄面成团豆里埋。何事群呼‘驴打滚’,称名未免近诙谐。”还说:“黄豆粘米，蒸熟，裹以红糖水馅，滚于炒豆面中，置盘上售之，取名‘驴打滚’真不可思议之称也。”

图 6-7　豆面糕

炒肝儿

炒肝儿是一种传统的北京小吃，最早由宋代民间食品“熬肝”和“炒肺”发展而来。主要原料是猪的肝脏和大肠，制作时用淀粉勾芡再搭配蒜泥等辅料一起吃。炒肝儿虽然名字里有“炒”字，但实际上并不是炒出来的，而是煮出来的。在煮的过程中放上淀粉不停搅拌，煮成浓稠状，所以很像“炒”出来的。

炒肝儿的前身是清末前门外鲜鱼口“会仙居”的“白水杂碎”。“白水杂碎”是由切成段的猪肠、肝、心、肺加调料熬煮而成，佐料和做法都不讲究，但口味独特，很受食客的欢迎。在后期发展改良的过程中，逐渐去除了猪心猪肺，才发展成了现在的炒肝儿。炒肝儿一经推出大受欢迎，于是一些其他的小饭馆也都开始制作这道小吃。炒肝儿对北京人生活的影响之大，从日常以炒肝儿为本体的俗语就可以得出。比如责骂人时，老北京人会说:“你这人怎么跟炒肝儿似的，没心没肺”；讽刺自相残杀的事情是则说:“猪八戒吃炒肝儿，自残骨肉”。

图 6-8　炒肝

豌豆黄儿

豌豆黄儿是一种汉族的民间小吃，通常用的原料是豌豆和小红枣。最初，豌豆黄儿是由小贩推着盖着湿蓝布的手推车在庙会集市上售卖，这种豌豆黄儿一般都是糙豌豆黄儿。制作时要先用砂锅将豌豆煮熟，碾烂成泥状，加上小个的红枣，淀成粉坨后切成小块出售。后经宫廷御膳房改良为细豌豆黄儿，和芸豆饼和小窝头共称宫廷小吃，深受后宫嫔妃们的喜爱。宫廷里的豌豆黄儿装饰得非常讲究，通常被装在一个精致的盒子里，旁边还得放上金色的糕点装饰，红黄相间，颜色十分喜人。据说慈禧太后就很喜欢吃豌豆黄儿。相传，一天慈禧太后在北海静心斋歇凉，听到大街上豌豆黄儿商贩的叫卖声和铜锣声，连忙差人去打听，并传令豌豆黄儿商贩进园。慈禧尝过之后，十分喜爱，并将小贩留在宫中，专为她制作豌豆黄儿和芸豆卷（周三保，2005）。

图 6-9 豌豆黄

艾窝窝

艾窝窝是一种深受北京人喜爱的风味小吃。其主要原料是糯米粉和面粉。糯米粉和面粉混合包成外皮，提前蒸熟，里面包着各种各样炒好的馅料，如核桃仁、芝麻、瓜子仁、山药泥等营养丰富的天然食材。这些馅料都有共同的特性，就是质地黏软、口味香甜。除此之外，艾窝窝的营养价值很高，具有补中益气、健脾养胃、止虚汗的功效。艾窝窝常常和红色山楂糕搭配食用，不仅色泽美观、喜庆，口感也相得益彰。艾窝窝外皮糁着薄粉，中间有凹陷，因此有了一个生动形象的名字。《燕都小食品杂咏》中说："白粉江米入蒸锅，什锦馅儿粉面搓。浑似汤圆不待煮，清真唤作艾窝窝。"还注说："艾窝窝，回人所售食品之一，以蒸透极烂之江米，待冷裹以各式之馅，用面粉团成圆形，大小不一，视价而异，可以冷食。"

北京庙会上的小吃种类繁多，各具特色。但是，由于社会的发展和城市规划的需求，传统小吃的传承也遭遇了瓶颈。有数据表明，2013 年，传统小吃在我国餐饮行业中的市场占有率下降了 15%，而各种西式餐厅的市场占有率却提高了 35%。这表明，在西方"洋快餐"的入侵下，我国的传统小吃的发展面临极大的威胁，这种传统的文化符号也面临着消失的危险。北京是一座国际大都市，也是中国对外交流的文化窗口，非常容易受到外

图 6-10　艾窝窝

来文化的影响。在此背景下，北京的传统文化小吃亟需保护。作为融合了多种民族特色、具有厚重历史意义的风味小吃，北京小吃是文化成果的体现,研究其传播及发展路径对中国传统小吃的发展同样具有重大的意义（赵梦真 & 杨帆，2015）。然而，许多人甚至北京当地人都不太了解北京小吃的历史意义和内涵，这就需要社会各界加大宣传力度，加深人们对北京小吃的了解，提高北京小吃的知名度。在引进国外餐饮文化的同时，我们也要输出本国的餐饮文化，让北京小吃走向世界。

儿童玩具

1）拨浪鼓

拨浪鼓最早出现于战国时期，是一种传统的民间乐器，后来逐步演变为小孩子的玩具。鼓身下面连接手柄，转动手柄可以带动两侧的弹丸敲击鼓面，从而发出声音。拨浪鼓的鼓身材质多样，可以是木头做的，也可以是竹子做的，甚至还有用泥和硬纸做的；鼓面大多用动物皮制成，通常是用羊皮、牛皮或蛇皮。老北京人对拨浪鼓的应用除了用作儿童玩具以外，还可以应用在日常生活中，这一现象在很多书中都有记载，如《燕京风土录》中一篇《打小鼓》就把收旧货的人称为“打小鼓”，这是因为收旧货的人出来招揽生意时，都会拿一面小鼓，有的是硬鼓，有的是软鼓。打硬鼓的人生意的本钱较多，一般是与古玩铺进行生意往来，大多也都有小旧货铺。而打软鼓的小贩一般只到普通人家、小胡同里去收破旧的废品（李佳瑞，2010）。

2）鬃人

鬃人是一种具有百年历史的传统手工艺，发源于清末。北京的鬃人结合了皮影戏和京剧的特征，人物造型高度一般在9—16厘米左右，制作十分精良，设计也都很巧妙。要鬃人时，需要将鬃人放在铜盘上，通过敲击铜盘震动鬃人使其旋转。鬃人的旋转需要由底部的一圈猪鬃辅助，猪鬃弹性很大，排列角度不同和敲击力量不同都会让鬃人做出不同的动作，可以向前也可以向后旋转。鬃人的人物造型通常来源于京剧，把一组鬃人放在同一个铜盘上，轻轻敲打，各种人物便会做出不同的动作。配合上京剧的唱腔，就好似把舞台上的京剧缩小了数倍搬到了铜盘上，充分展现了戏曲艺术的魅力。老北京人也称它为“铜盘人”“盘中好戏”“铜茶盘子戏”。

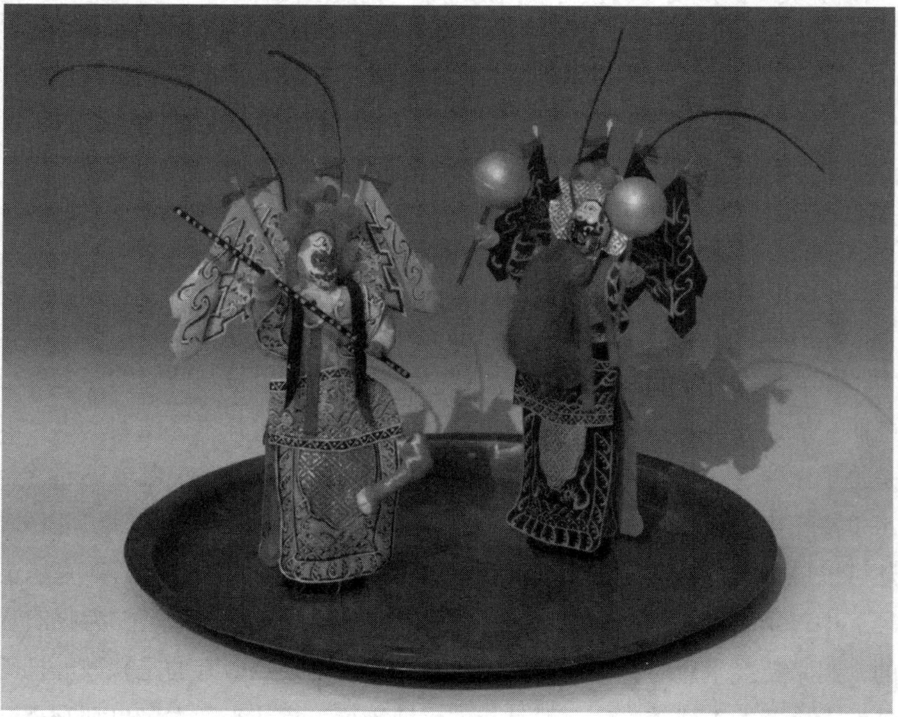

图 6-11　鬃人

3）空竹

空竹又叫响葫芦，通常是用竹木制成，因为中间是空的，因此得名空竹。抖空竹时需要用一根线抖动使空竹高速旋转进而发出响声，所以江南地区称之为“扯铃”。空竹在北京、天津地区极为流行，有着悠久的历史，最早是皇宫里的玩具，后来才逐渐传入民间。明代《帝京景物略》一书中就记载了空竹的制作方法和玩法，明定陵出土的文物中也发现了儿童玩具空竹。由此可见，空竹的历史在600年以上。

北京地区的空竹拥有非常庞大的群众基础和完备的操作技巧，多年来逐渐发展成为北京民间体育项目之一。二十世纪八十年代北京成立了“北京玩具协会空竹专业委员会”，不少的抖空竹高手加入，其中既有抖空竹的能手，也有制作空竹的高手。

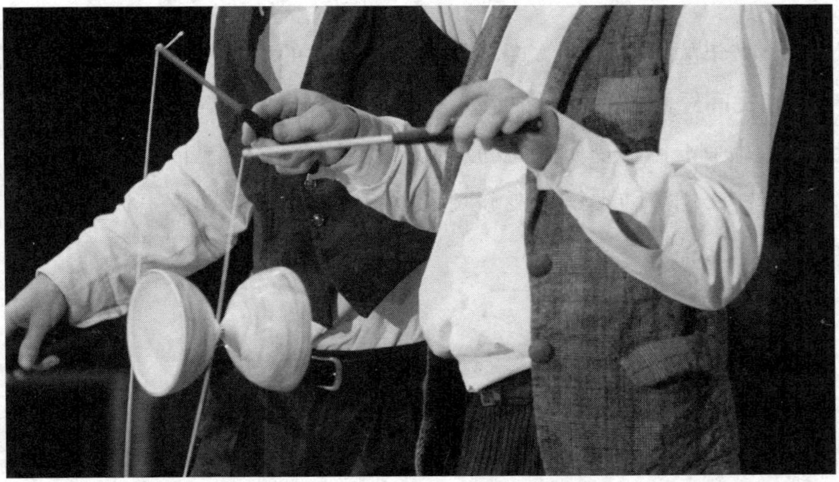

图 6-12　抖空竹

这些传统玩具已经不仅仅只是玩具，而是逐渐发展出了文化意义，成为民俗文化的载体。它们反映了传统北京人的生活态度、创作观念、伦理思想和审美风格。如今，人们的经济水平日益提高，社会的科学技术也不断发展，玩具的更新换代越来越快。现代的高科技玩具挤占了传统玩具的生存空间，许多具有文化特色和地域特色的玩具逐渐失去市场，导致相关的制作工艺也面临失传的威胁。要想充分传承和发扬传统文化，就必须重新审视传统玩具的现代意义，结合非物质文化遗产保护的时代大背景，探索保护传统玩具和文化资源的新思路。

庙会的宗教性

庙会最初是作为汉族的民间宗教及岁时风俗出现的，后来，在宗教活动的基础上，庙会得以大规模发展。早期的庙会是一种隆重的祭祀活动，庙会活动与佛教、道教的各种寺庙道观里的宗教活动都有密切关系。最初的庙会一般都有庄重神圣的祭祀仪式，人们常常会通过祭祀活动建立与神明的联系。庙会的神圣性还在于对神的敬畏，突出表现出威严肃穆、盛气凌人的神的形象，通过祭祀在主体与客体之间建立某种沟通，从而达到人神相通的境界，人们还对神灵寄予厚望，希望通过祈祷达成某种美好的愿望。

庙会多年的发展历史体现出其在传统文化的弘扬与创新、群众休闲娱乐生活和民间经济贸易方面举足轻重的作用。虽然随着社会的进步与发展，庙会已经几乎不再有物质方面的意义，但我们仍然需要传承其内在的民俗文化。这种文化活动不仅仅能够凝聚民心，还是中华民族宝贵的历史文化遗产。

2. 民间曲艺

京剧

京剧在北京的发展经历了丰富的历史沿革，融合了多个地方剧种，在徽剧的基础上集多者之大成。京剧发展历程中很重要的一个起点就是清朝乾隆五十五年的“徽班进京”。当时，南方的四大徽班三庆班、四喜班、和春班、春台班陆续来到京城。第一个进京的徽班是三庆班，其特色为唱“二黄”声腔为主，三庆班因声腔独特及剧目丰富，风格新鲜，一入京城就以压倒之势胜过了原本广受北京人欢迎的秦腔。于是许多秦腔演员转入徽班，促进了徽秦两种唱腔的融合。在这以后，四喜班、和春班、春台班也陆续来到北京，压倒了盛行多年的昆剧。大批的昆剧演员转入徽班，又促进了昆剧和徽剧的融合。清朝道光年间，又有一批来自湖广地区戏曲演员进京，随之而来的汉调（楚调、西皮）又与京城原有的唱腔融合。许多汉调艺人与徽班同台演出，西皮与“二黄”声腔的逐渐融合，形成所谓的“皮黄戏”。皮黄戏又叠加“京音”的特色，逐渐发展成现在的京剧。

经过的长期舞台实践，京剧在表演、音乐、唱腔、锣鼓、化妆、脸谱等各个方面形成了一套互相制约、相得益彰的范式。京剧的舞台形象极为丰富，对各种艺术手段的使用也十分严格。京剧演员必须能够轻松驾驭这些范式才能完整地完成京剧舞台艺术的塑造。京剧初期的发展便经历了宫廷内各种要求的束缚，导致京剧的发展起点与其他地方剧种不同。宫廷内观众的特点使京剧发展过程中强调技艺的全面性和完整性，同时也具有极高的美学要求。当然，这种发展特色也让京剧有别于其他的剧种，并不具有充足的民间乡土气息和纯朴、粗犷的风格，塑造的形象也相对都是社会地位相对较高的人物。因此，京剧的表达手法更倾向于虚实结合，表演上更加精致细腻，唱腔上更加悠扬委婉，声情并茂，即使是武戏也不失文雅，不以火爆勇猛取胜，具有“武戏文唱”的特色（魏立雅，2008）。

图 6-13　京剧

京剧也曾经历了世界性的大规模输出。二十世纪二、三十年代，京剧大师梅兰芳先生曾率领京剧团多次赴日本、美国、苏联等国家演出，成功将中国京剧带向了世界舞台。京剧在这些与中国文化截然不同西方文化背景下大受欢迎，其跨越文化隔阂的魅力也让世人惊讶。梅兰芳等京剧大师趁着这股东风，在文化界热心人士的帮助之下，积极传播中国古典京剧，采取各种传播手段实现了美国文化和中国文化的双向互动沟通，有效地推动了中国文化的扩散，改变了美国人心中对中国京剧的刻板印象。在一系列的推广演出之后，美国文化界和老百姓充分感受到中国国粹的无穷魅力，不仅拉近了中美之间的文化距离，还带来了持续不断的京剧热潮。尤其是纽约许多当地人，开始爱上京剧甚至自学京剧，还激发了民间自发组织的京剧表演。这股“京剧热”与当时京剧文化输出的传播技巧和策略是密不可分的（沈静，2013）。

京剧作为国粹，在民俗文化传播领域意义重大。京剧大师孙萍曾经提到，京剧不仅仅是中国民族的文化符号，同时还是世界认识中国人的识别符号。欧美人对京剧有一种崇拜感，认为它是神秘的东方艺术，对此充满了“很深、很厚、很多、很奇妙的幻觉”。这充分反映了京剧传播的国际市场，但是，京剧的翻译外宣情况却不容乐观。据统计，中国京剧有一千多部剧，但外译的剧本仅 30 部，而且并不是完全翻译，有的剧本只翻译念白，而不翻译唱词。京剧的内容中包含许多文化负载词，这些专有词汇都蕴含着深远的中华传统文化。因此，要想做到京剧的对外传播，首先就要做大量的翻译工作，这对我国“文化走出去”战略来说是极为重要的。

评书

评书最初的表演形式是表演者穿着传统的长衫，坐在桌子后面，以一块醒木和一把折扇为道具，侃侃而谈，讲评故事。醒木就是一块方寸大小的木头，在表演过程中用以敲击桌面，引起观众的注意或制造紧张气氛，从而烘托表演效果。后来，经过长时间的发展，到了二十世纪中叶，评书表演者大多摒弃了桌椅、折扇、醒木等道具，变成简单地站立演说，服装也不再局限于长衫。北京评书是北方评书的主体，在京、津、冀和东三省等地都非常流行。评书的表演通常以叙述为主，在语言上通常会采用第三人称视角进行描述。评书讲述的内容通常是朝代更迭的故事，表演通常包括许多场次，涵盖长篇大书的大部分内容。到二十世纪中叶，评书逐渐发展出篇幅较小的中篇书和适于现场演出的短篇书，但长篇大书仍然是评书演出的主要内容（邹宇平，2014）。

图 6-14　评书

在多媒体日益兴起的今天，特别是随着电视和互联网的迅猛普及，以时间展现和听觉欣赏为主要特点的北京评书的主要展示舞台，便由田间地头、场院庙会、厅堂茶馆和书场剧场，很快转向了广播和电视，甚至延展到了移动端互联网等电子介质（吴文科，2016）。传播方式的多样化也给这种传统曲艺方式带来了新的发展机遇，值得我们抓住机遇，把握传播新特征，大力弘扬北京传统文化。

相声

北京的相声发源于天桥，大部分学者认为这一艺术形式是在清朝咸丰、同治年间形成的。北京相声是一人或多人以抖包袱和滑稽问答的方式娱乐观众的曲艺形式，它的前身是宋代的“像生”。大概发展到晚清年代，才形成了与现代相声相似的固定的表演特色和风格。相声的表演过程融合了口技、评书等艺术特色，强调寓庄于谐，以讽刺的表现手法实现艺术效果，表演相声是为了娱乐大众，其艺术手段包括以“说、学、逗、唱”为形式的多种手段。相声的传统曲目大多讽刺旧社会各种丑恶现象，通过诙谐的叙述反讽各种阴暗面。解放后，相声逐渐发展出了多种主题，除了继续发扬讽刺传统外，也出现了一大批歌功颂德的作品。

图 6-15　相声

自改革开放开始，电视机逐渐普及，一种新的曲艺形式——小品日益流行。相比之下，表演形式单一的相声因此失去了以电视为主要传播媒介的大批观众。虽然弹唱相声、相声剧等创新型表演也作为传统文化的传承出现在春晚舞台，但相声的接受度仍然不高。与此同时，小品吸收了相声表演中的大量元素，表演内容愈加丰富。1990 年代中后期开始，相声在文艺界的地位逐渐下降，新段子并不出色，传统作品失去了时代意义，脍炙人口的作品越来越少。从内容方面来看，讽刺时政的内容逐渐失去地位，相声又开始回归最初老式的纯娱乐风格。相声表演者青黄不接，尤其到了二十一世纪初，相声的传承面临异常尴尬的局面：老一辈艺术家纷纷陨落，80 后传承者想要重拾相声的辉煌却力不从心。相声的发展前途堪忧，但仍有一部分相声剧团保留了最传统的茶馆演出方式。同样曾在茶馆传统方式演出的郭德纲在 2005 年之后走红，给相声带来了复兴的希望。此后，郭德纲带领一批新生代演员改编了大量的传统相声，同时也结合时代特色创造了一批优质的新作品，在内容和形式上都进行了创新，形成了具有时代特色的“当代相声”。其中无论是歌颂娱乐型还是针砭时弊型的段子，都深受大众欢迎。相声的复兴也初见成效。

从相声的发展史中我们可以看出，传统曲艺在当代社会还是可以找到充分发展空间的，相声也能与互联网文明碰撞出独特的火花，最重要的就是要抓住传统与现代的契合点，找到合适的发展道路。

3. 民间杂艺

舞狮

舞狮是中国民间传统的节庆表演艺术。自古以来，每逢喜庆的日子，例如春节、元宵节甚至门店开张，中国人都会请专业的舞狮表演团队来助兴。舞狮表演者几人一组，装扮成狮子的样子，跟着鼓点，模仿狮子的形态做出各种高难度动作。中国的传统民俗认为这种舞狮活动不但可以烘托节日氛围，还可以驱邪辟鬼。

图 6-16 舞狮

狮子体型威武，被誉为百兽之王，因此民间老百姓常常把狮子当成勇猛和吉祥的象征，人们试图通过模仿狮子的造型向上天祈福或者向妖魔示威。究其原因，离不开中国自古以来以农业为本的社会环境。小农生活决定了大部分的民俗都是配合节气变更、农业生产活动或者各种节日庆典产生的。靠天吃饭的农民经常会通过各种民俗活动祈求风调雨顺，生活平安详宁。中国民间对狮子的喜爱自古有之，狮子的形象常见于门墩、屋檐、石栏、印章、年画。后来，人们逐渐不满足于静止的艺术形象，于是便创造了舞狮的活动让狮子活了起来，逐渐发展成了中华民族的一门独特艺术。以舞狮为代表的一系列神兽的驱鬼娱神活动最初都是为了满足人们物质生活的要求，但随着时代的发展和祈福形式的演变，这些活动也逐渐具备了文化娱乐的意义。

中幡

中幡是老北京最常见的杂耍之一。相传，耍中幡最初是一种宫廷活动，起源于晋朝，是军队和宫廷仪式庆典中必要的仪式。

图 6-17 中幡

实际上，幡旗分为小幡、中幡、大幡，而中幡的大小比较适合杂耍。中幡又称为标旗，由一根 9 米左右的粗竹竿和竿顶挂的 0.5 米宽、5.5 米长的锦旗组成。通常中幡的旗面会绣上有吉祥寓意的图腾和吉祥话。舞动中幡时，竹竿上的幡旗会随着动作上下翻飞，甚至还能够听到清脆的风声，再配合上铃铛的伴奏，十分悦耳。在表演时，表演者需要将九米长的粗竹竿竖托在手中，做出各种动作，动用身体的各个部位作为接幡的支撑点。中幡虽重达三十斤，但舞中幡的表演者却能够轻松地挥动幡旗，动作轻盈利落，这需要非常扎实的基本功。

天桥摔跤

天桥摔跤也是中国传统的杂耍项目，曾经风靡于老北京天桥地区，一度是人们茶余饭后的谈资。摔跤本身是一种具有对抗性质的体育竞技运动，而老北京的天桥摔跤则并非比胜负，而是有说有练、虚实结合的表演赛。这种表演性质的体育项目要求表演者要有功夫，演出也要具有趣味性，以达到娱乐公众的目的。

天桥摔跤最早追溯到清朝时皇宫里的摔跤队——善扑营。善扑营里的各种训练在平常可以锻炼士兵，使其强健体魄，增强战斗力。善扑营里面的摔跤手称为“扑户”，根据技艺不同分为头等扑户、二等扑户等等。每逢喜庆节日，善扑营还会组织节目为皇室演出。然而，清政府灭亡之后，善扑营也被迫解散。曾经的摔跤手不得不走出皇宫各自谋生。许多善扑营的“扑户”把这种宫廷运动带到了天桥底下，天桥摔跤也就此成为民间流行的运动。

后来，随着时代的发展，曾经单一的摔跤表演逐渐丰富，吸收了相声表演的艺术形式，更加向表演技艺靠拢。天桥摔跤表演往往都伴随着语言丰富幽默的场外解说，能够吸引更多的观众。然而，由于城市发展的限制，天桥市场逐渐衰落，天桥摔跤也也面临着没有固定训练表演场地、表演者生活得不到保证、技艺传承后继无人的种种窘境，其传承工作面临着危机。

古彩戏法

古彩戏法属于中国传统杂技，是中国古代的“魔术”。表演者通过敏捷的手法展现各种表演道具的显隐、增减变化，利用视听上的错觉向观众传递神奇的艺术效果。中国古彩戏法历史悠久，根据汉代张衡所著的《西京赋》记载，远在汉代就有吞刀、吐火、画地成川等节目。自古以来，变戏法都必须遵循行业规矩，表演者需要身着大褂，表演前必须向观众展示道具。变戏法的行业内讲究“八字真言”，即“捆、绑、藏、掖、撕、携、摘、解”，这其中，前四步是表演前的准备工作，指的是将戏法道具捆起、绑好、埋藏、掖夹；后四步是变戏法时的技巧，即撕烂、携带、摘下、解开。中国传统的古彩戏法具有独特的形式内容风格，表演的道具大多都携带在身上，这也是穿大褂的作用之一；表演的内容大都有庆贺吉祥之意，符合中华民族追求吉庆的传统习俗。例如，戏法中有一些经典的表演，包括吉庆有余、瓶升三戟（谐音：平升三级），巧妙地将传统技艺与汉语的艺术结合在了一起。

然而，当今古彩戏法的传承面临着从业人员少、观众市场萎缩的诸多威胁。主要原因是古彩戏法表演通常需要表演者身背几十斤重的道具，行走十分不便，不能适应当今魔术市场的表演条件。另外，古彩戏法的表演讲究一个“稳”字，表演具有层次，过程往往较长，也无法适应现在的观众对魔术表演“快”的需求。因此，在当代传承古彩戏法需要寻求合适的发展途径，适应时代背景和市场需求。

4. 游艺民俗

斗蟋蟀

蛐蛐学名蟋蟀，是一种善鸣好斗的昆虫。古代人们又管蛐蛐叫“促织”，因为天气转凉入秋的时候蛐蛐开始鸣叫，好像是在提醒人们该准备过冬御寒的衣服了，因此有“促织鸣、懒妇惊”的说法。后来，人们渐渐发现雄性蛐蛐十分好斗，而且争斗起来十分有趣，因此特意将蛐蛐捉来令其争斗，并压胜负赌注，以博一乐。

斗蛐蛐的双方会把各自的蛐蛐放在陶制或瓷制罐中，两只雄蛐蛐相遇之后就会开始激烈斗争。首先蛐蛐会猛烈地振动翅膀发出声音，增加气势，震慑对手，紧接着就会开始激烈的肢体搏斗。蛐蛐先利用自己长长的触须试探对方，同时不停地旋转身体寻找有利位置开始进攻。几个回合下来，失败的蛐蛐往往垂头丧气，胜利的蛐蛐则会趾高气昂，向主人邀功请赏。

一只能鸣善斗的蛐蛐不仅能为斗蛐蛐者争得荣誉，还会成为蛐蛐界的翘楚。南宋是历史上著名的盛行斗蛐蛐的时代，当时斗蛐蛐的行为已经不限于京城地区，而是扩散到了全国，斗蛐蛐的人群也不仅限于贵族阶级。每年秋天，京城的各大集市就会架设斗蛐蛐的场地，设局押注赌博。庙会上还有出售蛐蛐的商贩，吸引人们在摊位前流连观看。

图 6-18　斗蛐蛐

抽陀螺

抽陀螺是一项在民间广泛流传的民俗体育游戏。陀螺就是一种木制圆锥形玩具。抽陀螺时令陀螺尖的一头着地，用绳子大力抽动陀螺使其不停地旋转，在抽绳的过程中能够锻炼人的臂力和体力。另外，还有鸣声陀螺和菱形陀螺。鸣声陀螺螺体中空，并开有狭长的裂缝，在抽动时通过气流的振动发出声音。菱形陀螺不同于圆锥形陀螺，而是两头小中间大的形状，同样通过绳索的抽动使其在地上旋转。20 世纪 40 年代抽陀螺游戏盛行，当时日本人侵占了北京城，不少汉奸叛国，助纣为虐，老百姓心中充满愤恨，通过抽陀螺来发泄，老北京把这一游戏叫作“抽汉奸”，一边抽一边说：“抽汉奸，打汉奸，打败日本，打汉奸。”“抽汉奸，打汉奸，棒子面涨一千。”通过这一游戏宣泄心头之恨。

图 6-19　抽陀螺

铁环

滚铁环是一项北京传统儿童游戏。滚铁环时要拿着“U”字形的铁棍或铁丝勾着直径 60 厘米左右的铁环，边跑边向前推动铁环。还有人会在大铁环上再套上几个小环，滚动时环与环碰撞会发出响声。滚铁环游戏需要一定的技巧，既可以进行个人游戏，也可以开展集体竞赛。同时，游戏的项目也丰富多样，可以进行绕树丛、过独木桥、接力赛等多种活动。在物质条件匮乏的旧社会，滚铁环是深受少年儿童喜爱的运动项目。这种游戏不但能够提高自身的平衡能力和肢体的活动能力，还可以让孩子们感受到团体竞技的乐趣，增强集体荣誉感。再加上铁环的制作方式简单，通常只需要一截铁丝和一个废旧的铁环。滚铁环操作起来不限场地，运动量大又富有乐趣，承载了许多老北京人珍贵的童年记忆。

图 6-20 滚铁环

在如今电子游戏盛行的时代，很少有机会让孩子体验传统的玩具。其实，许多传统玩具不但能够强健儿童的体魄，还能够在一定程度上开发智力，锻炼孩子的肢体协调程度、团队精神和顽强的意志力。传承这些古老的游戏方式，不仅仅是对文化的尊重，还有助于教育的传承。

第三节 翻译传播现状及多模态传播

以“庙会”“翻译”为关键词在知网进行检索，发现相关文献数量很少，总数不足十篇，且大多是基于特定的、与庙会社会文化相关的翻译实践进行的总结报告，大部分以硕士学位论文为主，缺乏权威性文章。例如河南大学谭林林《〈文明密码——浚县庙会访古风〉口译报告》基于一次庙会活动的交替传译实践，从释意理论角度分析了庙会翻译的翻译策略；西安外国语大学的李亚娇基于学习中的文化翻译实践和国家级输出类项目书刊《陕西非物质文化遗产名录图典》中《传统技艺》及《民俗》两册的翻译，以文化翻译观和交际翻译理论为指导，探讨了民俗文化翻译中出现的问题及有效翻译策略及方法，主要聚焦于文化缺失现象的不同处理方法；山西大学的张宁静基于《山西省非物质文化遗产名录》中山西民俗部分文本的翻译实践，探讨了民俗专有名称、文化词汇以及篇章的翻译策略。有关庙会民俗文化的期刊文章非常少，只有刘雪琪、张龙然发表的《九华山庙会文化的外宣翻译策略》较为系统地总结了九华山庙会文化外宣翻译中存在的问题，并针对加强庙会文化外宣提出了几点措施。总体来看，关于中国庙会文化的翻译研究少之又少，并且大多数研究更加偏重对个别翻译案例翻译策略的探讨，比如采用增译、补译、注释等翻译技巧。可以看出，关于庙会民俗文化的翻译传播研究处于空缺状态，而关于北京庙会翻译的研究更是几乎没有。

从多模态翻译传播方面来看，以“北京庙会”为关键词在 YouTube 上进行搜索，结果则丰富多样。不仅有 CCTV 中文国际关于北京庙会的实地采访视频、北京电视台科教频道关于庙会文化的科普视频，还有各种关于老北京庙会的历史文化纪录片。除此之外，更多的是网络博主亲身体验庙会文化后拍摄的 vlog 形式的记录视频。查看这些视频，主要的传播方式是以视频画面和讲解相互结合进行介绍，或者是视频加配乐形式的画面展示。大部分视频带的都是中文的单语字幕。其中也有英文的介绍视频，例如 CCTV English 2017 年 1 月 31 日发布的 Beijing’s Temple Fair: New Experiences in Modern Spring Festival 就是一则画面配乐辅助简短英文字幕介绍的视频。CCTV 于 2016 年 2 月 12 日发布的 A Glimpse of Temple Fair in Beijing During Chinese New Year 是一则画面配上英文配音的现场采访视频。总体来看，以 YouTube 平台为代表，关于“北京庙会”的介绍类视频主要是以现场画面展示为主，辅助以字幕或旁白配音介绍。画面和语音介绍两者相互结合，使得传播不再凭借单一的媒介，而是两种媒介共同结合。丰富多彩的多模态视频通过互联网的广泛传播让北京庙会文化不再局限于学术讨论的范畴，传播的受众也相对扩大。同时，单语字幕在一定程度上局限了具体的文化负载信息在跨文化交流中的传播，如果视频旁白语言和字幕都是中文的，仅仅通过视频画面所展示的信息无法使国外的受众有效地理解画面背后的文化内涵。因此，多模态的传播形式还在一定程度上起到了促进文化传播的作用，感兴趣的人可以通过多种途径、多种媒介了解相关信息，单从画面了解相关信息比起没有媒介了解确实是进步。不过，如果想进一步推动北京庙会民俗文化的传播，相关视频字幕翻译也需要进一步加强。

在知网上以“京剧翻译传播”“曲艺翻译”为关键词进行搜索，发现关于京剧对外传播的相关研究数量相对较多，关于评书、相声等其他种类民间曲艺的相关研究则数量较少。这充分体现了京剧作为国粹的文化地位，也展现了学术界对京剧文化传播具有较高的重视度。在有关京剧作品的对外翻译传播研究中，不乏基于特定曲目剧本翻译的翻译策略探讨，如韩英焕《以〈四郎探母〉为例论京剧的英译原则》、马会娟《熊式一与中国京剧〈王宝川〉的文化翻译》；还有对京剧中特定文化现象的翻译分析，如马东敏《论京剧剧本的互文性翻译》、董单《京剧剧名翻译及方法研究》、毛发生《京剧术语翻译及其方法》；也有对京剧翻译对外传播整体现象的分析与研究，如张超《浅析京剧翻译原则对京剧海外传播的影响》、朱�《试析京剧翻译存在的问题及其应对策略》。当然，也有不少学者涉足了京剧翻译多模态传播的讨论，如胥南星等人发表了《传播学视角下京剧翻译传播的可行性研究》、杨晓婧探讨了《可表演性视角下的京剧英译策略——以〈凤还巢〉英译本为例》。从文献检索结果来看，有关京剧翻译的研究相对比较全面，有关京剧翻译各方面的期刊论文、学位论文数量较为充足，探讨的主题也涉及翻译策略、翻译传播、跨文化交际等方方面面，可以称为是文化外宣的一个典范，对评书、相声等其他形式主题的文化内容传播、外宣具有借鉴意义。相比之下，在知网上以“评书翻译”、“相声翻译”为关键词进行搜索，会发现文献数量极少，有关“评书翻译”的文献研究几乎没有。有关于“相声翻译”的文献大多是针对相声中的幽默现象进行翻译策略的讨论，如李国宁等人发表的《传统相声的翻译与传播研究——以〈夸住宅〉为例》、卢峰发表的《论语域理论视角下的相声幽默翻译》，而针对宏观的相声翻译传播、文化外宣等主题的研究非常稀缺。

在 YouTube 上输入“京剧”“Beijing Opera”等关键字，能够检索到较为丰富的视频资源，包括对京剧的介绍性视频，如 *Global Times* 发布的

Peking Opera 英文介绍视频，为京剧画面搭配中文字幕和英文解说；China Matter 发布的 What Is Peking Opera 的动画视频，是一则英文配音、英文字幕的动画视频。同时，也有大量京剧爱好者上传的京剧选段视频，搭配英文字幕或解说，比如 krokodiligrai 上传的京剧《游龙戏凤》选段，即为一段有英文字幕的原声视频。可以看出，京剧的翻译传播形式较多、内容较全，是一个较为成功的文化传播典范。反观其他曲艺形式，如相声和评书，相关的外宣视频则比较少。大部分为概览介绍类视频，如 CGTN 于 2015 年发布的 Crosstalk: A Window into the World of Chinese Humor 以画面辅助英文解说的形式介绍了中国的相声文化。

总的来说，曲艺文化的翻译传播整体呈现一种不平衡的趋势。不管是学术研究还是多模态视频文化传播，都集中于京剧，而很少关注其他形式的曲艺文化。从播放量来看，京剧相关视频的播放量较高、评论区评论较为活跃；从视频来源来看，有关京剧的视频上传来源较为广泛，既包括 CGTN、*Global Times* 这一类的官方媒体，也不乏许多对京剧感兴趣的中外友人。相比之下，其他曲艺形式的相关视频播放量较少，关注人数较少，大多是国内英文媒体发布的简短的新闻介绍类视频，受国际社会关注度不够。但是，通过互联网视频这种多模态的传播方式，能比单纯的文字介绍更加生动、更加鲜活地展示中国的曲艺传统文化，让更多人接触到、认识到文化的魅力。要想让中国文化走出去，让更多的曲艺形式为世界所知，让更多的人更加深入、全面地了解多种中国曲艺文化形式，就要参照京剧的传播模式加大对其他文化的翻译传播力度。多种多样的曲艺形式往往在视觉上具有较大的冲击力，能够让之前没有接触过的人在较短的时间内对这种艺术形式有较为清晰、直观的了解。多模态传播能够较为完整地展现北京传统曲艺的文化魅力，只有结合字幕翻译，才能让优秀的传统文化为更多人所知。

目前，北京社会文化相关的对外传播网站的数量较多，内容也相对权威。例如，北京市政府新闻办与中国外文局共同开办了“这里是北京”多语种网，服务于北京市委“关于把北京建设成为具有中国特色社会主义先进文化之都和具有重大国际影响力的全国文化中心”的目标和任务，立足北京、着眼国际，依托中国外文局中国网的多语种网站资源优势和对外传播影响力，运营宣传内容涵盖了北京社会文化的多个方面，突出展现北京现代化、国际化的特质，体现文化多元、兼容并包的北京时代精神。

总体来看，北京社会文化的翻译传播存在以下特点：以个人自媒体传播为主，主观色彩强烈，内容单一，翻译不够权威，受众面小。随着互联网的快速发展，个人自媒体传播途径越来越广泛，各种社交平台涌现了许多北京传统文化爱好者自发介绍的相关内容。但是，这类视频由于来源广泛、主观色彩强烈，往往存在着内容单一、片面性强的问题。另外，由于审核机制不够严格，个人上传到自媒体的外译材料的翻译版本也不够权威，可能会存在疏漏甚至严重翻译错误，导致文化传播过程中出现误读。最后，自媒体传播的受众面也比较小，通常一个自媒体博主的粉丝量从几百到几万不等，观看数量受到很多因素的限制，不能满足大力传播优秀传统文化的需求，实现文化“走出去”的目标。

从政府层面来讲，应该加大对优秀北京传统社会文化的对外宣传力度。文化是一个国家、一个民族的灵魂。近年来，伴随着全球范围内文化交流与融合程度的加深，以及我国文化强国战略的实施，我国在对外文化交流中更加注重让民族文化“走出去”，文化传播与对外翻译越来越受到人们的重视。政府应该担负起引领优秀文化走出去的责任，出台相关政策措施，加大对相关外宣项目的投入，支持发展官方网站、文化纪录片、文化主题电影、文化书籍等多模态对外文化传播方式，充分塑造北京都市化文明古城的国际形象。

从社会层面来讲，应该为传统北京社会文化提供充足的发展空间。北京作为历史悠久的文化古都，自古以来聚集了来自全国各地的传统艺人。但随着国际化、都市化程度的逐渐加深，这些传统技艺的生存空间面临着越来越大的挑战。市井文化、天桥艺术等一系列具有强烈老北京色彩的文化现象正在逐渐消失。在社会发展的进程中，我们应为优秀的传统文化保留其应有的生存空间，综合考虑城市发展和文化传承，重点保护庙会、胡同等众多优秀文化聚集地。

从译员层面来讲，应该承担起沟通文化桥梁的责任，多关注文化翻译，投身文化“走出去”战略。同时，在翻译过程中要充分考虑到社会文化的形式多样性和传播复杂性，针对不同的文化传播情境采取不同的翻译策略。例如，在翻译视频字幕时，考虑到字幕在画面中的停留时间不能过长，且字幕最多为两行，这就需要译者适当删减信息，译者要在充分理解的基础上，根据语境做出适当的翻译，在有限的时间和空间里让观众有效地接收到充足的信息，同时配合视频画面中的语言、图像、背景、声音等，共同诠释其背后蕴含的意义。同时，要充分考虑到文化空缺现象的翻译策略，尤其是在遇到不可译性比较强的文化负载词时，要善于使用多种模态辅助释义，共同服务于语言背后的文化传播目的。

文化是一个国家、一个民族的灵魂。近年来，伴随着全球范围内文化交流与融合程度的加深，以及我国文化强国战略的实施，我国在对外文化交流中更加注重让民族文化“走出去”，随着信息技术的发展，单一的模态已不能很好地满足人们的需要，因此多模态话语分析应运而生。对外文化传播应该综合运用视觉、听觉、触觉等多种感官，通过文字、声音、图像、动作等多种手段和符号资源实现文化交际的目的（张佳优，2020）。

第七章

结 语

经过数千年的积淀，优秀的文化得以留存。如何让更多人了解到中国的优秀文化，如何将中国优秀文化更好地传播，这些问题变成了当今许多学者非常关注的研究热点。北京曾是多个朝代的首都，其皇家文化更为人们所关注。但是除此之外，一座城市的文化生活也最离不开扎根于此的百姓，是他们让这座城市的文化更加丰富多彩。人民的生活就是北京民俗文化的主要构成部分。但是学界对北京民俗文化研究的重要性认识不足，因为相关研究的缺乏，本书以北京民俗文化为主要研究对象，关注北京民俗文化翻译的传播问题，结合传播的相关理论来探讨北京民俗文化对外传播的路径，在此基础上再结合多模态翻译理论进一步阐述北京民俗文化翻译方法，讨论北京民俗文化对外传播的有效方式。

前言部分本书从北京的地理因素和历史发展分析了北京民俗文化的特殊性。其次，从民俗文化的定义出发解释了民俗文化的内在含义、民俗文化的特征、民俗文化的分类、民俗文化的功能。从春秋时期开始，已经有古人在著作中提及有关民俗的内容。从相关记载来看，因为影响民俗含义的因素较多，民俗文化的内容一直随着历史发展而变化。其中钟敬文教授认为民俗的特点主要包括集体性、传承性和扩布性、稳定性和变异性、类型性、规范性和服务性。这些特征都深刻反映出民俗文化和社会生活之间的密切联系。民俗文化的分类受到历史背景、社会环境和意识形态等因素的影响，钟敬文教授将民俗分为四个类别：物质民俗、社会民俗、精神民俗和语言民俗。国外学者对民俗的分类方式较多，但是最为大家所接受的是法国民俗学家桑迪夫的分类方式，他将民俗分为物质生活、精神生活和社会生活。随着历史的不断推进，民俗文化本身的含义也在不断发展和深化，过去的分类方式不免有许多局限性，新的分类方式则随着时代的发展而产生。相较于关于民俗文化的其他研究，民俗文化功能这一研究领域还处于初步发展的状态。如前文所提及，王娟教授认为民俗文化的功能包括娱乐功能、教育功能和心理功能，而钟敬文教授则认为民俗文化的功能主要包括教化功能、规范功能、维系功能和调节功能。

为深入地探究民俗文化的传播现象，本书在第三章着重介绍了传播的定义，以及民俗文化和传播之间的关系。关于传播学，本书主要结合美国传播学著名学者拉斯韦尔所提出的 5W 理论。他指出研究传播行为首先必须考虑五个方面，分别是：谁（Who）、说什么（Says What）、以何种渠道（In Which Channel）、对谁说（To Whom）、获得什么效果（Withs What Effect）。本书结合翻译传播论的角度探讨民俗文化翻译传播的要素、民俗文化翻译传播的本质、民俗文化翻译传播的过程。关于翻译的本质和定义，不同的学者对这个问题有着不同的看法，而其内涵本身也在随着历史发展和人类认知的变化在不断扩充和变化。接下来，本书初步从符号学的角度探究民俗文化翻译传播的本质。符号是信息传播的媒介，民俗本身就是符号的集合体，民俗文化即可视为民俗符号的产生和传播的过程。由于民俗活动在传播中不断发展，这一传播和发展的过程，实际上就是将民俗文化程序化和符号化的过程。对民俗文化符号的表层结构进行进一步探究，有利于揭示事物背后所隐藏的普遍性规律。

在建构了整本书的基本理论框架之后，讨论了北京民俗文化翻译传播该领域的研究现状与现存问题。民俗文化的主要特点是区域性和民族性，通过了解北京民俗文化，能够帮助读者更好地了解中国民俗文化。对北京民俗文化的探究会对北京城市形象构建及文化传承和传播产生深远影响。针对北京民俗文化翻译传播研究现状，文中主要从发文数量、研究内容、现有研究文献的分布情况三个方面进行了讨论。基于此领域的现存研究，本书总结了现存研究的局限性和问题，主要包括北京民俗文化翻译传播相关研究内容较少，关注度不够，研究视角以文化翻译的微观研究为主，缺乏宏观的理论构建和理论支撑，跨学科的研究数量较少，研究方式较为单一等等。造成研究局限性的原因并不是单一的，而是十分复杂的，笔者主要从内部因素和外部因素两个角度分析了这种局限性存在的原因。

本书的第三章介绍了多模态的定义及研究现状，进一步充实本书的理论框架，并且阐述了民俗文化传播多模态特征，从多模态视角进一步分析了北京民俗文化翻译传播，这一部分主要包括北京民俗文化多模态翻译传播的意义和北京民俗文化多模态翻译传播的基本原则。北京民俗文化多模态翻译传播能够实现民俗文化的再现，有利于民俗文化的进一步发展，也有助于推动北京城市形象进行进一步的构建，有利于提高中国国际传播话语。

本书的第四章、第五章、第六章则结合前面初步搭建的理论框架对北京民俗文化进行了讨论。第四章的主要内容是北京物质文化多模态翻译传播，从北京特色的居住文化和饮食文化两方面阐述北京物质文化内容，最后则结合前文的具体内容来讨论具体的翻译传播现状及多模态传播。第五章的主要内容是北京精神文化多模态翻译传播，从精神文化简介出发入手，结合北京特色的岁时节令、婚丧礼俗、日常礼俗等方面来进行具体介绍，最后一部分同样根据具体内容讨论其翻译传播现状。第六章的主要内容是北京社会文化多模态翻译传播，以介绍北京特色的社会文化，具体包括庙会活动、民间曲艺、民间杂艺、游艺民俗这四方面，最后一部分总结了这一具体方面的翻译传播现状。

本书主要结合了传播学的相关理论分析北京民俗文化的翻译模式，在此基础之上进一步探究以多模态模式进行翻译传播方式效果。虽然传播学和多模态翻译在各自的领域中已经有较多研究成果，但将理论结合进行深入分析的研究仍较为匮乏。以北京民俗文化为分析对象可以更好地促进广大学者对北京民俗文化展开深入研究。北京民俗文化的相关研究数量较少，但具有较高研究意义和研究价值，因此有必要在该领域进行深入探讨。北京民俗文化研究数量的增加，有利于推动北京民俗文化翻译多模态传播的研究，所涵盖的范围也会更广泛。

随着时代的发展，传播的方式呈现出多元化的趋势，多媒体技术的发展也将我们带入视觉化时代，效果更好的传播方式开始不断涌现。在传统的翻译研究中，翻译最终的传播效果往往被忽视。

在国际交流中，如何保护、发展和传播本土文化已成为各国关心的议题。从传播的视角来看，信息传播的有效性或效果与技术手段密不可分，视听结合的多模态多渠道传播已经成为趋势所在，在内容选择方面，应针对传播受众，选择具有针对性的文化内容，以优化传播效果；同时，去粗取精，选择能代表本地文化特点的内容。合适的传播内容，结合创新的传播手段，辅以专业的语言翻译，三方面有机结合，才能有效推动民俗文化对外传播，真正实现中国文化“走出去”。

参考文献

[1] Braddock R. An extension of the "Lasswell Formula" [J]. Journal of communication, 1985, 8(2): 88-93.

[2] Catford J C. *A linguistic theory of translation: an Essay in applied linguistics*[M]. Oxford: Oxford University Press, 1965.

[3] Chmiel A, Janikowski P, Lijewska A. Multimodal processing in simultaneous interpreting with text: interpreters focus more on the visual than the auditory modality[J]. Target. 1965, 32(1): 37-58.

[4] Dundes A. *The study of folklore*[M]. Pearson College Div, 1965.

[5] Colavita F B. Human sensory dominance[J]. Perception & psychophysics, 1974, 16(2): 409-412.

[6] Gomme G L. The handbook of folklore[M]. Folklore Society, 1890.

[7] Kress G, Van Leeuwent. Multimodal discourse [M]. London: Edward Arnold, 2001.

[8] Lefevere A. Translation, rewriting, and the manipulation of literary Fame[M]. Taylor & Francis, 2016.

[9] Nida E A. Toward a science of translation[M]. Leiden: Brill, 1964.

[10] Nida E A, Taber C R. *The theory and practice of translation* [M]. Brill Archive, 1982.

[11] Schramm W. How communication works[J]. The process and effects of mass communication, 1954: 3-26.

[12] Steiner G. After babel: aspects of language and translation [M]. England: Oxford University Press, 1975.

[13] Toury G. In search of a theory of translation [M]. Tel Aviv: Porter

Institute for Poetics and Semiotics, Tel Aviv University, 1980.

[14] Van Leeuwen T. Speech, Music, Sound [M]. Macmillan International Higher Education, 1999.

[15] 白德懋. 探索居住环境中人的行为轨迹 [J]. 建筑学报，1988(1): 35-41.

[16] 白皓. 老北京胡同十年变迁 [J]. 北京纪事，2019 (8): 4-12.

[17] 北京的民风民俗. (2017-03-11). https://wenda.so.com/q/1489227026206593.

[18] 北京民间丧葬习俗. (2017-10-06). http://www.027bzw.cn/Content.aspx?id=1932.

[19] 北京市社会科学院，2019. 北京蓝皮书：北京文化发展报告(2018—2019). https://www.ssap.com.cn/c/2019-06-10/1078358.shtmi.

[20] 北京文化习俗. https://www.docin.com/p-4494535.html.

[21] 本刊编辑部. 逛庙会，过大年 [J]. 走向世界，2017 (6): 12-13.

[22] 表演类项目——中幡. (2018-10-08). http://www.360doc.com/content/18/1008/14/33014958_792957434.shtml.

[23] 不一样的北方：祭灶过小年. (2017-01-17). https://baijiahao.baidu.com/s?id=1655960097597403600&wfr=spider&for=pc.

[24] 曾和豆汁齐名的羊霜肠. (2016-11-17). http://culture.qianlong.com/2016/1117/1122293.shtml.

[25] 皮尔斯，李斯卡. 皮尔斯：论符号 [M]，赵星植，译. 成都：四川大学出版社，2014.

[26] 炒肝儿（北京小吃）. (2019-05-15). http://www.huaxia.com/zt/jl/19-004/6111802.html.

[27] 陈文良. 北京传统文化便览 [M]. 北京：北京燕山出版社，1992.

[28] 抽陀螺. (2017-04-10). http://www.doc88.com/p-1671940461726.html.

[29] 触摸北京：那些年老北京人夏季最爱的扒糕. (2016-06-29). https://www.sohu.com/a/87153221_120018.

[30] 抖空竹. http://www.bjmem.com.cn/en_US/literatureView?id=15126002.

[31] 抖空竹有 100 多种花样. (2006-05-01). http://news.sohu.com/20060501/

n24-3092856.shtml.

[32] 豆汁儿：外地人之砒霜，北京人之蜜糖. (2016-12-13). https://www.sohu.com/a/121481875_113612.

[33] 索绪尔. 普通语言学教程 [M]. 高名凯，译. 北京：商务印书馆，1980.

[34] 高凯军. 北京文化及其在中华文化中的地位和影响 [J]. 首都博物馆丛刊，2005 (Z1): 52-62.

[35] 高乐田，邓长青. 民俗学与符号学 [J]. 中南民族学院学报（哲学社会科学版），1998 (4): 36-39.

[36] 高占祥. 论庙会文化 [M]. 北京：文化艺术出版社，1992.

[37] 给人欢笑和思考的艺术——相声. (2019-02-11). https://www.meipian.cn/1wohk2v4.

[38] 顾曰国. 多媒体，多模态学习剖析 [J]. 外语电化教学，2007, 2(4): 3-12.

[39] 滚铁环. http://tiyu.httpcn.com/baike/youxi_minjian_guntiehuan.shtml.

[40] 过端午佳节 品旧京风俗. (2018-01-16). http://www.360doc.com/content/18/0116/21/16588383_722499175.shtml.

[41] 拉斯韦尔. 社会传播的结构与功能 [M]. 何道宽，译. 北京：中国传媒大学出版社，2012.

[42] 韩磊，刘宇，游鹏等. 多感觉整合的研究进展 [J]. 生理科学进展，2010, 41(5): 391-394.

[43] 韩晓. 传播学视角下民俗文化国际传播体系建构及译者主体性 [J]. 牡丹江大学学报，2018, 27(9): 96-100.

[44] 何芬. 推进北京建设全国文化中心的思考 [J]. 北京市经济管理干部学院学报，2015, 30(4): 20-28.

[45] 黄宗汉. 北京民俗与中国文化 [J]. 北京社会科学，1999 (1): 152-155.

[46] 邵先崇. 近代中国的新式婚丧 [M]. 北京：人民文学出版社，2006.

[47] 看颇有趣味的二月二民谣. (2014-03-02). http://xxw3441.blog.163.com/blog/static/7538362420142285058111.

[48] 老北京的风情之二月二. (2014-05-19). http://www.360doc.cn/

mip/379097868.html

[49] 老北京的腊八节风俗. (2017-01-03). http://www.360doc.com/content/17/0103/08/68780_619670479.shtml.

[50] 老北京的元宵节. http://news.cri.cn/gb/3601/2005/02/22/109@456245.htm.

[51] 老北京旗人的老礼儿与禁忌. (2016-11-08). http://www.360doc.com/content/16/1108/21/32928281_604996091.shtml.

[52] 老北京人的禁忌. (2007-08-10). http://www.china.com.cn/culture/txt/2007-08/10/content_8659591.htm.

[53] 老北京人的礼节称呼. (2016-07-24). http://www.360doc.com/content/16/0725/08/1079484_578181746.shtml.

[54] 老北京人的最爱——宫廷四冷点. (2017-04-26). https://www.sohu.com/a/136576959_115482.

[55] 李彩萍. 用数字形式记录北京民俗的历史与现在——北京民俗数字博物馆的建设 [C]. 沈阳：辽宁民族出版社，2010.

[56] 李家瑞. 北平风俗类征 [M]. 北京：北京出版社，2010.

[57] 李娟. 北京街巷胡同治理面临的问题与对策 [J]. 城市管理与科技，2019 (5): 35-37.

[58] 李军，林永清，朱筱. 中西文化比较 [M]，北京：中国人民大学出版社，2015.

[59] 李文阳. 关于国内民俗文化传承保护的研究综述 [J]. 重庆科技学院学报（社会科学版），2019 (2): 81-84.

[60] 廖七一. 翻译与信息理论 [J]. 四川外语学院学报，1997 (3): 82-86.

[61] 刘宁波. 论北京民俗文化史的分段及特点 [J]. 北京社会科学，1996 (1): 92-99.

[62] 刘彤，高焕璋. 北京庙会的现状、问题与对策分析 [J]. 北京印刷学院学报，2010, 18(5): 40-42.

[63] 罗军. 去北京胡同看看 [J]. 民心，2019 (4): 52-55.

[64] 吕俊. 翻译学——传播学的一个特殊领域 [J]. 外国语：上海外国语大学学报，1997 (2): 39-45.

[65] 马士奎. 晚清和民国时期的北京民谣英译 [J]. 山东外语教学，2018 (2) 98-107.

[66] 你知道驴打滚为什么叫驴打滚吗. (2019-09-26). http://m.gxjc888.cn/whls/9369.html.

[67] 潘荣陛，帝京岁时纪胜 [M]. 北京：北京古籍出版社，1981.

[68] 沈静. 美国三十年代"京剧热"现象的传播学解读——中国文化"走出去"战略实施背景下的历史借鉴 [J]. 媒体时代，2013 (2): 64-67.

[69] 孙萍. 京剧的世界化"国粹"的影响力. 2008-02-21. http://world.people.com.cn/GB/89881/6907932.html.

[70] 谭载喜. 翻译本质的绝对与相对属性 [J]. 广东外语外贸大学学报，2007, 18(1): 5-9.

[71] 庹继光，刘海贵. 民俗传播要素简论 [J]. 新闻大学，2012, 4(7): 7-11.

[72] 汪超，爱上北京老胡同 [J]. 大学生，2018.

[73] 王建华，李静. 眼动技术下的视听多模态文本研究：应用、现状与展望 [J]. 外国语言与文化，2020, 4(1): 133-142.

[74] 王江华，姬文慧. 浅谈庙会文化 [J]. 鸡西大学学报，2014, 14(5): 140-142.

[75] 王娟，民俗学概论 [M]. 北京：北京大学出版社，2002.

[76] 施拉姆，波特. 传播学理论——起源、方法与应用 [M]. 郭镇之，徐培喜，译. 北京：中国传媒大学出版社，2006.

[77] 魏立雅. 京剧演唱对中国民族歌剧演唱的影响 [D]. 西北师范大学，2008.

[78] 赛佛林，坦卡德. 传播理论：起源，方法与应用 [M]. 郭镇之，译. 北京：中国传媒大学出版社，2006.

[79] 吴文科. 传播视角下的北京评书及其发展走势 [N]. 文艺报，2016.

[80] 习五一. 北京的庙会民俗 [M]. 北京：北京出版社，2000.

[81] 戏法的解释. https://www.hao86.com/ciyu_ask_9a285343ac9a2853_explain/.

[82] 谢柯，廖雪汝. “翻译传播学”的名与实 [J]. 上海翻译，2016 (1): 14-18.

[83] 徐锐. 漫谈北京的饮食文化 [A]. 中国香港世界中联第三届药膳食疗国际学术大会暨世界中联药膳食疗研究专业委员会第三届学术年会，香港，2012.

[84] 徐艳文. 民居建筑的典范——北京四合院 [J]. 建筑，2018 (23): 66-68.

[85] 徐洋. 融媒体对传统文化国际化传播的影响 [J]. 青年记者，2019 (29): 8-10.

[86] 许钧. 翻译论 [M]. 武汉：湖北教育出版社，2003.

[87] 延庆旱船——传统舞蹈（北京市国家级非遗项目）. (2019-07-10). https://www.sohu.com/a/325959571_120068158.

[88] 杨静兮. 京城庙会小议 [J]. 首都博物馆论丛，2017: 34-35.

[89] 张勃. 北京古都文化的精髓 [J]. 人民论坛，2018 (18): 136-137.

[90] 张德禄. 多模态话语分析综合理论框架探索 [J]. 中国外语，2009, 6(1): 24-30.

[91] 张东蕴. 农村庙会的社会学研究 [D]. 华中农业大学，2014.

[92] 张佳优. 多模态话语分析视角下纪录片字幕翻译研究——以《我在故宫修文物》英译版为例 [J]. 今传媒，2020, 28(2): 116-118.

[93] 赵梦真，杨帆. 中国传统小吃现状以及可持续发展分析——以北京小吃为例分析 [J]. 中国商论，2015 (12): 188-189.

[94] 赵鹏. 北京导游 [M]. 北京：北京燕山出版社，2001.

[95] 赵星植. 论皮尔斯符号学中的“信息”概念 [J]. 符号与传媒，2016 (2): 159-171.

[96] 正月十五闹元宵 老北京的元宵节还有哪些习俗？. (2018-08-28). http://travel.qianlong.com/2018/0228/2421430.shtml.

[97] 郑学富. 老北京的端午节 [N]. 北京月报，2020 (15).

[98] 中国春节的传统与习俗. (2020-02-04). https://www.sohu.com/a/370465839_100083694.

[99] 中国古彩戏法：成也传统、败也传统. (2017-07-28). https://www.sohu.com/a/160652370_155679.

[100] 中国民间艺术：相声. http://guoqing.china.com.cn/2017-09/04/content_41526718.html.

[101] 中国狮子舞的来历. http://www.ysbx.com/luntan/400.html.

[102] 中国十大国粹之四——京剧. (2017-08-27). https://baijiahao.baidu.com/s?id=1576895462793982986&wfr=spider&for=pc.

[103] 钟敬文. 民俗学概论 [M]. 北京：高等教育出版社，2010.

[104] 仲富兰. 民俗传播学 [M]. 上海：上海文化出版社，2007.

[105] 仲富兰. 中国民俗文化学导论 [M]. 杭州：浙江人民出版社，1998.

[106] 周三保. 中国名点 [M]. 北京：中国轻工业出版社，2005.

[107] 周雅琦. 北京民俗文化在文创产品设计中的应用研究 [D]. 北京：北京理工大学，2015.

[108] 周永隆. 胡同里的北京生活 [J]. 北京纪事，2019(5): 98.

[109] 朱玲. 昆剧《牡丹亭》英译的多模态视角探索 [M]. 北京：中国戏剧出版社，2019.

[110] 朱永生. 多模态话语分析的理论基础与研究方法 [J]. 外语学刊，2007, 5(1): 82-86.

[111] 庄晓东. 文化的传播与传播的文化 [J]. 云南艺术学院学报，2002(1): 76-79.

[112] 邹宇平. 广播评书在新兴传媒条件下发展探析 [J]. 中国广播，2014 (6): 60-62.

中国人民大学出版社外语出版分社读者信息反馈表

尊敬的读者：

感谢您购买和使用中国人民大学出版社外语出版分社的 ____________ 一书，我们希望通过这张小小的反馈卡来获得您更多的建议和意见，以改进我们的工作，加强我们双方的沟通和联系。我们期待着能为更多的读者提供更多的好书。

请您填妥下表后，寄回或传真回复我们，对您的支持我们不胜感激！

1. 您是从何种途径得知本书的：

□书店　□网上　□报纸杂志　□朋友推荐

2. 您为什么决定购买本书：

□工作需要　□学习参考　□对本书主题感兴趣　□随便翻翻

3. 您对本书内容的评价是：

□很好　□好　□一般　□差　□很差

4. 您在阅读本书的过程中有没有发现明显的专业及编校错误，如果有，它们是：

____

____

____

5. 您对哪些专业的图书信息比较感兴趣：

____

____

____

6. 如果方便，请提供您的个人信息，以便于我们和您联系（您的个人资料我们将严格保密）：

您供职的单位：______________________________

您教授的课程（教师填写）：______________________________

您的通信地址：______________________________

您的电子邮箱：______________________________

请联系我们：贾乐凯　吴振良　黄婷　程子殊　王琼　鞠方安

电话：010-62515580，62515538，62512737，62513265，62515573，62515576

传真：010-62514961

E-mail：jialk@crup.com.cn　wuzl@crup.com.cn　huangt@crup.com.cn　chengzsh@crup.com.cn　crup_wy@163.com　jufa@crup.com.cn

通信地址：北京市海淀区中关村大街甲 59 号文化大厦 15 层　邮编：100872

中国人民大学出版社外语出版分社

多模态文化翻译理论与传播研究

北京建筑文化多模态翻译传播研究

王建华　总主编
王建华　王筱依　著

中国人民大学出版社
·北京·

图书在版编目（CIP）数据

多模态文化翻译理论与传播研究. 北京建筑文化多模态翻译传播研究/王建华总主编；王建华，王筱依著. -- 北京：中国人民大学出版社，2020.9
ISBN 978-7-300-28564-1

Ⅰ.①多…　Ⅱ.①王…②王…　Ⅲ.①翻译—研究　Ⅳ.①H509

中国版本图书馆 CIP 数据核字（2020）第 177949 号

多模态文化翻译理论与传播研究

北京建筑文化多模态翻译传播研究

王建华　总主编

王建华　王筱依　著

Duomotai Wenhua Fanyi Lilun yu Chuanbo Yanjiu

Beijing Jianzhu Wenhua Duomotai Fanyi Chuanbo Yanjiu

出版发行	中国人民大学出版社		
社　址	北京中关村大街 31 号	**邮政编码**	100080
电　话	010-62511242（总编室）		010-62511770（质管部）
	010-82501766（邮购部）		010-62514148（门市部）
	010-62515195（发行公司）		010-62515275（盗版举报）
网　址	http:// www. crup. com. cn		
经　销	新华书店		
印　刷	天津中印联印务有限公司		
规　格	170 mm × 228 mm　16 开本	**版　次**	2020 年 9 月第 1 版
印　张	99	**印　次**	2020 年 9 月第 1 次印刷
字　数	1 377 000	**定　价**	488.00 元（全 8 卷）

前言

文化翻译与传播架起了不同国家和不同民族之间文化交流互鉴之桥。世界上的不同国家和不同民族在漫长的历史发展中创造出了各自灿烂的文化。民族的特性和国家的差异造就了各自文化间的差异性，唯有不同文化相互交流和相互借鉴才能推动国家与民族间的相互理解和相互促进。交流的前提是语言相通，语言通则路路通，翻译则是实现不同语言相通的手段，翻译质量的高低决定着语言相通的高度，提升翻译质量就是提升语言相通的能力。语言是文化的载体，任何民族和国家的文化都必须通过语言的交流才能得以传播和传递，因此，文化翻译是文化在语言间的转换，文化传播是文化在语言间的传递，文化翻译是文化传播的前提，文化传播是文化翻译的结果，文化翻译与传播实现了不同民族和不同国家人民之间的文化交流互鉴，促进了不同语言之间民族文化和不同国家文化的发展，为当前中国倡导的“一带一路”和中国文化“走出去”提供了支撑，为人类命运共同体理念的落实提供了基础和保障。

新的信息技术的发展使得文化传播形式发生了颠覆性变化，原来以文字表述为主体的文化传播形式已经转变为文字与图片相结合的传播形式，而这种图文结合的传播形式现在正被视频传播形式替代，视频和音频相结合的文化传播形式逐步成为文化传播的主要方式。这种融合视觉、听觉和

感觉等多个信息通道的文化传播方式称为多模态文化传播，不同民族和不同国家的文化翻译与传播自然变成多模态文化翻译与传播，这种翻译与传播形式对传统的翻译实践和翻译研究提出了全新的挑战，文化传播的过程和传播的效果自然受到多模态文化翻译与传播理论发展的制约。所以，多模态文化翻译与传播理论建构研究成为当下紧要的研究课题，其理论指导能力决定着文化翻译与传播的效果，更决定着不同国家与不同民族文化交流的能力和水平。本研究针对中华文化翻译与对外传播的现状和主题内容建构文化翻译理论和文化传播理论，通过撰写四本专著《多模态戏曲翻译理论》、《多模态影视翻译理论》、《多模态文化翻译理论》和《多模态认知与文化传播》对相关理论进行建构，以期实现对中华优秀文化外译与传播发挥理论指导作用，并在理论建构过程中逐步实现中华优秀文化外译话语体系建设。

北京正在建设“四个中心”，其中全国文化中心和国际交往中心需要把北京的优秀文化国际化，此过程必然涉及北京优秀文化的外译与传播。北京优秀文化主要包含北京民俗文化、北京建筑文化、北京历史文化和北京戏剧文化，因此，本研究通过撰写四本专著《北京民俗文化多模态翻译传播研究》、《北京建筑文化多模态翻译传播研究》、《北京历史文化多模态翻译传播研究》和《北京戏剧文化多模态翻译传播研究》以及其英译本把北京优秀文化传播到国外去。国外受众如果学过一些汉语且对中国传统文化感兴趣，通过阅读这套丛书就会对北京优秀文化有更加全面的认知。这四本北京优秀文化图书是在本研究前四本专著所建构的多模态翻译理论与传播理论指导下进行的内容筛选和结构设计，整套八本专著形成一个完整

的系列，国外对中华优秀文化感兴趣的受众和国内对对外文化传播感兴趣的受众都可以从中受益。本研究旨在在多模态信息技术条件下以传播中华优秀传统文化为目标，解决以往单模态呈现中华优秀文化的瓶颈，顺应新技术和读者新期待的要求，建构多模态文化传播理论，以多模态形式传播中华优秀文化，从而使中华优秀文化更好地传播出去，充分调动国外受众的听觉、视觉和感觉等多个信息通道，帮助他们实现对中华优秀文化的真实体验和具身体验，以达到更好的传播效果。这套丛书的出版将为未来中国优秀文化对外传播提供理论支持和案例参考。

“多模态文化翻译理论与传播研究”系列丛书从论证到立项，从研究团队建设到文献收集，从专著体例设计到撰写成文，从初稿到校稿经历了一个漫长的过程，课题组成员每周定期的讨论都为项目进展提供了强大的智力支持。感谢我的学生李玖博士、蒋新莉博士、张星博士、李静博士、黄婕博士、任岳涛博士、张茜博士和陈昱博士以及硕士生张静茗、张三玲、秦雯鑫鑫、车祎萌、黄嘉嘉、王天笑、寿盼和郑淑媛同学，学生们都是从项目的论证开始参与其中，对整个项目的推进付出了大量的时间和心血，他们承担了项目前期的资料收集和大部分的专著写作任务，他们能够分工协作、相互帮助、群策群力，展现出了良好的团队精神，令我欣慰不已。特别要感谢北京理工大学张丽华副教授、西华大学李红梅副教授和中国人民大学王筱依博士。张丽华老师和李红梅老师积极参与北京历史文化卷的写作并提出宝贵的改进意见，对我启发很大。王筱依博士和北京交通大学的连亦紫同学承担了北京建筑文化卷的资料收集和大部分写作任务，她们总是在需要的时候能够提出真知灼见，对整个项目方向的把握给予很好的帮助。山西师范大学史俊老师和王磊老师参与了项目的部分研究工作，对两位老师也表示感谢。

本研究得到“北京市与中央高校共建双一流大学基金”资助，是“北京多模态文化国际传播及人工智能译述系统开发”项目一部分；中国人民大学出版社的编辑在丛书写作和出版过程中给予大力支持，在此一并表示感谢！

王建华

于人民大学明德楼

2020年8月

目　录

CONTENTS

第一章

概 要

第一节 北京建筑文化的定义

中国文化“走出去”和“一带一路”倡议为中国文化的传承与传播提供了难得的时代性机遇，也为中国传统文化的传承与传播提出了全新的时代要求。北京作为首都的四大中心定位之一是文化中心，文化的传承与传播应该更好地服务于北京新时代的发展定位和发展要求。因此，北京传统文化的传承与传播研究要服务于北京作为文化中心的新时代定位，更要服务于国家大战略。

党的十八大以来，随着中国国家实力和国际影响力持续增强、文化传播理念进一步创新，中国文化走出去的步伐迈得更加稳健。习近平总书记提出“文艺工作者要讲好中国故事、传播好中国声音、阐发中国精神、展现中国风貌，让外国民众通过欣赏中国作家艺术家的作品来深化对中国的认识、增进对中国的了解。要向世界宣传推介我国优秀文化艺术，让国外民众在审美过程中感受魅力，加深对中华文化的认识和理解”。文化“走出去”的目的是“走进去”，走入海外人民的生活中、文化中、思想中，成为不同文化之间加深了解与信任的工具。因此翻译有着不可或缺的作用。

北京历史文化遗产译介既要符合语言翻译工作的客观规律，又要充分保证文化对外传播效力的需要。这一方面要求译者具有极高的专业水平和学术水平，忠实于语言本身的特性，保证译文的客观性和忠实性；另一方面则要求译者强化自身的角色意识，不做置自身与国家使命和社会责任之外的独立个体，而要不断更新文化意识，强化社会责任感，做对外文化传播的得力干将。如何从理论上寻找二者的动态平衡点，并从实践操作中予以充分的佐证，是本课题研究的难点。

北京拥有3 000多年的建城史和800多年的建都史，是享誉世界的历史文化名城。丰富的历史文化遗产是首都历史文明的伟大见证，凝聚着民族精神，延续着都市历史文脉。保护、传承、打磨中华文明的这张“金名片”对彰显首都风范、古都风韵、时代风貌有着特殊意义。立足首都城市战略定位，这些优秀传统文化资源应该得到有效开发，真正活起来、走出去，使北京文化兼具历史厚重感和时代活力，让传统美与国际化并存。

根据北京古建筑研究成果，北京古建筑文化主要包括皇家古建筑文化、宗教建筑文化和西洋建筑文化，从具体建筑造型来看又可分为宫殿、祭坛、庙宇、园林、陵墓、佛教建筑、基督教建筑、天主教建筑、伊斯兰教建筑、道教建筑等、早期洋式建筑、东交民巷建筑、清末民初建筑、长城、古桥、民国初年办公及商业建筑等若干分类。

北京古都城市文化四个显著特征体现在以下几个方面：

- 方位明确（南北方位，东西方位，东、南、西、北方位）；
- 突出中心（中心、核心、中央、中轴线）；
- 讲究对称（东西对称、左右对称、文武对称、阴阳对称、春秋对称等）；
- 注重风水（气与风的运用）；
- 城市中轴线最具特点，充满神奇与魅力。

北京古建筑背后的非物质文化遗产影响深远并具备一定的特点。我国历史文化悠久，人文瑰宝数不胜数，古代建筑就是其中之一。古代建筑是中华民族灿烂文明的重要载体，承载着丰厚的中国文化，折射了中国古代的哲学、文化思想，呈现皇权统治、周易玄学等思想。北京作为中国八代古都，保有中国古代建筑的精髓和中国传统文化的内涵，是古代和现代中国建筑制度和样式的经典范式，是中国古代营建传统的集大成者。建筑本身包含了建筑形制、建筑文化等丰富的内涵，北京的建筑文化既与城市规划建设紧密相关，又体现了传统文化的意蕴。所以，如何通过视觉、听觉、文字等多种形态的翻译，将北京古建筑的名称、典故及相关内容原汁原味地翻译出来，并且让目的语读者理解和接受，是本书以及相关研究者和翻译实践者着力思考的问题。

北京建筑文化还有一个重要组成部分就是北京近现代建筑文化所体现的内涵。总体来看，20 世纪的中国建筑打破了传统建筑封闭内向的陈规，以表现空间意境为主的审美观念，突出了公共性和开放性的观赏功能，与同时输入的西方建筑重视表现实体造型的审美观念相一致。20 世纪中国建筑艺术包含两类内容：一是某些大型的、纪念性比较强的建筑仍十分注重造型艺术的社会价值、审美功能，以特定的形式表现某些特定的精神内涵，如银行、海关常采用庄重华贵的西方古典形式，以显示其财力的坚实雄厚；一些政府机关和纪念性建筑多吸取传统形式，以显示继承传统文化、发扬国粹的精神。二是大多数民用建筑一般只从审美趣味出发，一方面追求时髦新奇，另一方面也受到传统审美趣味的影响。19 世纪末到 20 世纪初流行的洋式店面、洋学堂、洋戏院和城市里弄住宅，都是所谓中西合璧的形式，以后则更多地直接采用西方流行的形式；20 世纪 80 年代以后又兴起追求乡土风味的形式。

20 世纪城市功能的急剧变化，给传统的环境艺术以根本的影响，原有的群体序列艺术和环境尺度远不能适应新的功能。不同城市和不同街区对于开放性、公共性有不同的要求，出现了不同风格的群体环境。

北京现代建筑具体类型主要涉及交通枢纽、新型写字办公楼及体育文化赛事场馆等。距今最近的一次民间北京当代建筑评选“北京当代十大建筑”评选结果于 2009 年 9 月 24 日揭晓。按得票数从高到低，首都机场 3 号航站楼、国家体育场、国家大剧院、北京南站、国家游泳中心、首都博物馆、北京电视中心、国家图书馆（二期）、北京新保利大厦、国家体育馆荣获“北京当代十大建筑”称号。评选新的十大建筑，是为了强化北京城市建设的影响力，树立北京国际大都市的良好形象，增加北京市民的荣誉感和自豪感。北京的现代建筑，在布局上虽已不像过去那样严守对称的陈规，但市政建设还是考虑到我国的传统风格。现在的北京市是中国的政治、经济、文化中心。例如，以紫禁城为中心的环城地铁、二环路、三环路、四环路、五环路等，都是对称的。古老的北京城的中轴线及其延长线，正在被改建成南挨京郑公路、北经亚运村，直达燕山奇峰的现代化中轴路。从19世纪中叶起，到20世纪的100多年间，中国建筑风格的变化是巨大的，其中既有与西方建筑风格平行发展的一般类型，也有受中国本土社会文化制约的特殊类型。而新内容、旧形式和中外建筑形式能否结合、怎样结合，一直是近代建筑风格变化的主线。寻求时代风格与民族风格相结合的道路，一直是建筑艺术创作的主题。北京现代建筑学学者王冰、肖迎、王珊珊曾在研究中发现，文化认同，指的是文化群体或文化成员承认群内新文化或群外文化因素的价值效用符合传统文化价值标准的认可态度与方式，且经过认同后的新文化或异文化因素将被接受、传播。本研究以近现代北京建筑文化认同为研究对象，依据群外异文化价值效用被接受和传播的广度和深度，将文化认同分为不同阶段：接受期（从开始传播到普遍接受）、抵制期（被传统建筑文化抵制）、发展期（逐步完善并被广泛应用）、深化期（同传统文化价值观在思想层面融合）。

北京在近现代经历了两次主要的建筑文化认同，群外文化为西方历史主义，西方现代主义和其后思潮。北京现代建筑文化在面对群外文化输入的过程中，自身的传统文化价值存在普遍被淡化的趋势，甚至在一定程度和子领域中出现了缺失，20世纪90年代以来，尤其是2001年中国加入世界贸易组织后，各种思潮涌入北京，北京现代建筑的发展与构建受到了影响并同时受多元文化和全球化倾向影响，“呈现思想多元并存，表现各有侧重”的状态。建筑学学者认为北京建筑文化应以开放的态度进入国际化平台，尽量避免区域社会发展的动荡与封闭，以开放的态度进行建筑文化的构建，这需要在“译入”与“译出”尤其是“译出”的过程中下大力气。21世纪以来，北京迎来日益开放的学术与文化交流，北京现代建筑文化及文化认同与交流需要译者与专业学者一起努力，进行广泛、深入的交流，促进交流深化，将建筑传统文化的关注【点】从形态美学转为深层价值观，努力探索外来建筑文化思想价值观与本土文化在更深层次的融合。

立足北京文化中心和国际交往中心的战略地位，本书通过文本翻译和对外传播理论的交融性研究，探索多模态形态下北京建筑遗产的英语翻译策略和对外传播模式。既关注北京文化遗产的内容解读，也重视北京城市发展对文化建设的要求；既强调翻译学的指导作用，也探究传播学理论的跨学科运用；既探讨广义上的文化对外传播思想，也钻研具体的翻译应对策略，聚焦以下文化资源的英译和对外传播研究：1）北京皇家建筑文化，2）北京宗教建筑文化，3）北京西洋建筑文化，4）北京现代建筑文化。

第二节　多模态传播的定义

模态涉及信息感知的不同感官和不同的感知方式，这些不同的感官包括人的视觉、听觉、触觉、嗅觉和味觉。这些感官所产生的不同的信息感知方式就是不同的模态；信息传播也有不同的信息传播媒介，常见的信息传播媒介包括语音、视频、文字等，每一种媒介都可以称为一种模态。根据朱永生（2007）文中的模态定义："模态就是指信息交流传播过程中所使用的不同渠道和不同媒介，这些模态包括语言、技术、图像、颜色和音乐等多种符号系统"；而根据顾曰国（2007）文中的定义："模态是指人类通过感官跟外部环境之间的互动方式"。相应地，多模态就是指信息交流过程中多种不同模态同时发挥作用、来自不同语言和非语言的符号系统所形成的媒介的结合使用。从本质上来讲，多模态指在某一种具体信息交流的语境中所存在的一种以上的不同模态的并存现象。根据吉博思（Gibbons，2012）文中的定义："这些模态可以包括书面语言、口头语言、图画、形象、声音等等。"通常来说，如果只有人的一个感官或者一个信息传递媒介参与互动就是单模态，我们日常生活中接触和使用的信息传播方式多是单模态方式，一般有两个或两个以上感官参与互动的就称为多模态。在多模态信息传播与交流中，各个模态既各自独立发挥其应有的信息传播作用，也互相影响从而产生共同的信息传播效应（Kress，2001：14）。同一内容的交际活动在多种不同模态作用下的呈现方式、呈现效果也会大有不同。因此，探讨不同模态对交际活动的影响作用具有重要价值和信息传播研究的指导意义。

多模态在一些研究中表述为符号模态概念，多模态翻译以此可以定义为多模态符际翻译。要从多模态的角度来探讨翻译，必须界定符号模态及其相关术语。符号模态的概念是基于某些社会符号学学者们的研究而提出的，他们注意到在创造和解释符号及意义时事情本身属性的重要性。因此，符号模态的概念定义如下：我们使用媒介来指代现实生活中发生的事情，这些事情本身随着时间的推移被赋予文化属性或塑造成有组织的、规则的、社会特定的表征意义，即创造这些事情意义不同的表征或模态。我们采用这种模态定义来指导字幕翻译。但是，应该注意的是，不同模态的符号之间如何转换还没有找到令人满意的解决办法，因为根据社会的交际需求，模态是不断变化或更新的。因此，将书面语与口语模态区分开来有双重原因：第一，它们是由不同的物质基础构成的；第二，它们都有社会特定的表征意义，表征意义不同。所以，不同模态之间的本质区别主要由以上两个原因造成。

基于这一符号模态概念，语言符号学学者提出了“多模态语言符号学”的概念来解释多模态交际，即不同意义的符号总是会采用不同的表征模式。这个概念描述如下：无论是在口语还是在书面语中，语言总是作为任何语篇的表现形式所涉及的所有模态中的一种模态而存在。口语文本不仅有口语模态，还涉及视觉模态，结合了非语言的信息传递方式，如面部表情、手势、姿势和其他形式实现自我呈现。同样，书面文本涉及的不仅仅是语言，它写在某种材料或某种东西上，用某种东西写成，成为多模态的形式；表征语意的文字是在受审美、心理、语用等因素影响的系统中形成的；并在页面、计算机屏幕或抛光的黄铜牌匾等载体上进行呈现。因此，多模态涉及如何将这些不同的模态组合在一起以设计一个符号产品或事件。在多模态信息传递中，各种模态可以单独起作用，也可以同时起作用。这意味着，模态本身以及通过它们之间的相交或相互作用传达意义。意义传递的可能性是由不同模态的物质属性引起的，并且这些属性的差异带来了模态差异问题。

在此基础上，人们提出了关于模态和多模态的四个理论点。首先，不同模态具有不同的意义表征形式和模态属性，这对于受众来说并不总是可以通达其意义的或过度理解的。其次，所有模态都有特定的社会评估标准和社会需求，因此模态的意义表征取决于所处不同环境的人们的实践需求和不同的社会语境。再次，所有模态通过在交际语境中的彼此交互而产生意义。最后，所有模态都是根据社会符号过程的需要而被塑造、创造和转换的，所以它们不是静态的而是流动的。

首先我们来看前辈学者对于多模态的定义。多模态翻译来自多模态话语分析理论，多模态话语分析是话语分析的一个分类。美籍语言学家Harris 于 20 世纪 50 年代初提出话语分析（discourse analysis）这一研究方向，世界各地的话语分析家做出了很大努力，提出了各种各样的话语分析理论和方法，通过大量实例分析，解剖了话语活动内在的规律以及话语活动与意识形态和认知模式之间的关系（朱永生：2003）。然而，这些理论和方法，基本上都是以语言为研究对象，即只注意语言系统和语义结构本身及其与社会文化和心理认知之间的关系，忽视诸如图像、声音、颜色、动漫等其他意义表现形式。这就使得话语分析有较大的局限性。20 世纪 90 年代西方兴起的多模态话语分析（multi-modal discourse analysis），则可以在很大程度上帮助人们克服这些局限性。

第三节　多模态翻译的定义

“多模态”（multimodality）并不是翻译对象的一个新特征，因为在某种程度上一切都是多模态的，即使在翻译研究中被视为语言艺术的传统文本中也时有出现插图这类非语言模态，不过传统文本中的非语言模态跟语言模态相比还只是外围要素。随着技术发展和多媒体的不断进步，翻译活动中出现的多模态文本类型日益增多，非语言模态在文本意义建构中的作用和重要性才逐渐凸显。真正将翻译文本视为多种符号资源共同协调而产生意义的整体加以考察是翻译研究中的新视角。翻译研究者对不同符号之间的相互作用以及这种相互作用对翻译活动的影响这一特殊问题的认识还很有限。在翻译研究中，除了语言之外的符号资源能够并且确实干预文本的构成，它们在很大程度上都没有得到足够的研究，只有少数在该领域的特定子领域（如视听翻译）中有显著的例外。而且，多模态研究领域很少关注翻译活动，如《劳特里奇多模态分析手册》(2012）以对多模态研究的综合全面介绍而著称，而该书的索引部分却没有出现任何有关翻译的词条。在翻译研究中寻找发现开启多模态分析潜力的钥匙，似乎就落在了翻译研究者自己身上（Taylor，2013：98)。

目前，多模态翻译的研究大多集中在影视作品、漫画、儿童读物、画面诗歌、广告、展览介绍的翻译等方面。这些多模态视角的翻译研究都呈现出一个共同的特点：翻译的思路和内容依旧根据书面文字的翻译展开，仅有的一些多模态翻译研究也是以翻译教学、翻译压力缓解为主，这些翻译研究的成果对翻译过程的多模态研究几乎没有。然而，多模态翻译作为一种信息转换的交际方式，其过程中会涉及多种多样的模态，如多模态视听中发言人的声音、语气、动作、现场环境、图像等等，这些多种模态在分别作用于翻译过程的同时，又会彼此相互作用，对整体的翻译认知、理解、记忆和转换的过程产生综合性影响。到目前为止，字幕翻译重心放在将口语模态转换为书面语模态上，特别是视觉和听觉模态上。也就是说，多模态视听翻译尽管考虑了视觉和听觉模态，但译者将这些多模态视听因素作为处理字幕的语境对待，主要是因为这些多模态语境因素是预先存在的，不能被译者根据自己对多模态的理解而改变。

虽然我们可以将视觉和听觉两种不同模态用于口语和书面语模态的语

境进行考察，但是它们对电影文本所传递意义的贡献却无法充分发挥出来。也就是说，将视听两种不同模态视为语境意味着它们与口语和书面语模态的交互是被认可的，但是已有的研究和影视制作者并没有解释它们是如何交互的，也没有显示它们的交互是如何在带字幕电影的文本中进行的，翻译时，对于多模态的交互过程翻译如何体现在翻译过程中是一个值得研究的问题。例如，在多模态信息呈现方式中，电影文本中包含的所有符号模态都被视为一个整体来向观众表达和表征意义。因此，尽管书面语模态是译者在字幕翻译中最常使用的形式，但这并不意味着译者不能将文本的意义通过其他符号模态表达出来。例如，译者可以将口语模态如对话的意义通过视觉模态如动态图像传递，也可以通过听觉模态如音乐或音效等传递；也就是说，译者没有必要将对话中的所有内容都通过字幕表达出去，他可以选择忽略那些在其他符号模态中所表征的意义，这就会造成多模态翻译过程中的困难，如何忠实地翻译和传递原作品中的多模态信息是多模态翻译过程中的一大挑战。因此，字幕翻译不是一对一的关系，而是多对多的关系。

总之，在多模态翻译过程中，源文本和目标文本之间的对等关系比单模态情况下的语际转换要更复杂。从事字幕翻译的译者在进行字幕翻译时被要求译出可放映的电影目标文本，即带字幕的电影，而不仅仅是字幕。此外，源文本的语言形式与目标文本的语言形式不同，在将源语篇模态的蕴含意义翻译到目标语文本的过程中，某些意义可能会在一些方面失去或保留或增添或改变模态，因此源文本和目标文本在意义、感觉、功能和表现上的整体性就会有所不同，这就需要译者充分考虑源语文本多模态信息综合性特点，从而实现翻译转换为目标语文本时信息不丢失不失真，实现意义的等值翻译。而且，在翻译过程中，某一模态的实现不一定是在模态对等下实现的，某一源语模态的蕴含意义可能在目标文本中以不同模态或多种模态实现，其中可能包括对等模态形式。不同模态的信息对等翻译传递是多模态翻译过程中译者必须考虑的问题。

第四节 研究综述

4.1 北京传统文化的传承及传播研究综述

国内外很多学者对中国传统文化特色词语翻译做了大量的研究，鲍晓英（2014）采取定性研究和定量研究相结合的方法，从传播学理论出发在译介学理论的指导下对中国文学译介所面临的内部和外部矛盾进行客观地分析和研究，厘清中国文学译介困境的实质。在数据基础上进行推导、演算、分析、解释和判断，总结莫言英译作品“走出去”的经验和教训，就中国文学“走出去”的译介主体、译介内容、译介途径、译介受众和译介效果模式提出不同的观点，针对这五大译介要素所提出的观点共同构成了中国文学“走出去”的译介模式。该文章由拉斯韦尔传播模式推导到译介模式，译介模式的提法是一种创新提法，虽然作者分别于《中国翻译》和《外国语》上发表了关于中国文学译介模式论文，但是目前还没有看到对该提法的普遍认可，该提法是否科学还有待进一步论证。郝瑞松（2016）提出了中国文化特色词语翻译机制研究的步骤：影响词语翻译的四大跨文化因素的研究、探讨以文化为核心词语翻译的努力方向、研究如何把语内翻译和语际翻译有机结合，以及基于文化差异如何保护中国文化的主题性和普遍性等，从而为中国文化特色词语翻译机制的研究找到明确的方向。但是他也没有给出具体的文本翻译的方法。李涛（2014）通过给出中国文化特色词语定义以及对其进行翻译探析指出，翻译的标准和关键就在于一个“得体”，而在某些方面要把握一个“度”的问题。在面对中国文化特色词汇的翻译时，努力洞悉中国文化特色词语背后所包含的历史文化因素和背景知识，并将其与译文的文化背景和历史加以比较，才能找出一个最恰当的方式。但是他并没有准确给出怎样去把握“得体”和“度”的方法。郭尚兴（2001）阐述了传统文化翻译中应该研究的三个问题：一、注意民族文化的特征；二、对民族文化的核心内容要做历时和共时的分析，从文化值和形神结构上进行归纳分类；三、必须遵循正确的跨文化翻译的原则，即“保持文化个性，力求形神兼备，减少文化亏损，平衡语用效果”。但是他仅仅给出了理论上的指导，并没有给出实际具体译文的翻译策略。

国外的文化传承与传播研究在2000年以前集中于文化理解理论及记忆和发展理论研究（黑格尔，1979；Edward Herman & Robert McChesncy, 1997；Smith，1999）；2000年以来，国外的文化传承与传播研究走向多元化、商业化和社会化价值研究，同时注重文化传播的方式和民众的接受感研究（约翰·费斯克，2001；瓦尔特·本雅明，2002；哈罗德·伊尼斯，2003；Virginia Postrel，2003；杰格德，2004；TU Chuan-fei，2010）。纵观国外文化传承与传播研究，文化的传承与传播价值及其方式特别是传播效果已成为新的研究潮流和新的研究趋势。但是，国外文化传承与传播研究很少具体到特定民族文化的传承与传播研究上。

相比国外文化传承与传播研究，国内的研究更关注文化的民族性特点及其理论和对策机制研究，很少研究文化传承与传播的价值和传播方式。根据中国知网的数据统计，自2000年以来，有关文化传承与传播研究的国家级项目立项（35项）和成果发表（621篇C刊论文）都出现快速增长的态势，其中，传统文化传承与传播研究产出（国社科20项，C刊论文310篇）占到文化传承与传播研究总产出数的半壁江山。传统文化传承与传播研究成果主要集中于中国民族音乐、戏剧表演和影视文化（王媛媛，2019；王丹，2018；范雨涛，刘汉文，2018；李朋朋，2018；葛艳秋，2018；刘舒明，2017；杨敏，2017；胡颖，2016；赵志安，2016；刘金玲，崔学荣，2016；杨民康，2015；张莉，2014；何琼，2015；张荔，2012；周宁，2014；陈卓威，王雅姝，2013；刘桂兰，2011；卓兰花，2006）。近15年来，首先，这些研究主要围绕音乐、戏曲和影视的传承与传播理论研究、路径研究、创新与发展研究和民族性研究上。其次，体育文化的传承与传播（屈植斌，高会军，李延超，2019；王冬慧，张雨刚，马苗，2019；曹卫华，邵兵兵，2019；黄聪，李金金，2018；韩文娜，何劲鹏，2018；崔乐泉，林春，2018；刘次琴，陆宇榕，2018；崔乐泉，孙喜和，

2018；陈刚，2016；王智慧，2015，2012），民族体育文化的研究在近10年来主要围绕其传承与传播的理论、对策和机制研究以及体育文化的民族性特点研究。再次，节日文化（洪欣荷，高梦宇，2019；安慧，2017；殷乐，2015；耿波，2012）。传统节日文化传承与传播研究近10年来主要围绕着其保护与发展对策进行研究，重在节日的民族性例证介绍上。最后，汉语诗词文化（张艳翠，2019；郑通涛，2017，2013；姜志云，2017；丁韵，2016；谢玲玲，2012；王金娥，2010）。

汉语诗词及文化研究围绕其传播方式和传播理论展开相应研究，也有少数涉及其民族性研究。

纵观国内外文化传承与传播研究已颇有建树，但也存在一些不足：

➢ 学界对于传统文化传承与传播的价值和传播效果缺乏研究；

➢ 学界对于新媒体下传统文化多模态传承与传播的途径和方式研究欠缺；

➢ 学界对新媒体下北京传统文化传承与传播研究甚少涉及。

鉴于此，本研究拟在前期研究的基础上对北京传统文化进行新媒体下的多模态传承与传播研究：

➢ 对北京传统文化进行多模态传承与传播理论建构；

➢ 对北京传统文化进行多模态收集、整理、分类、建库和保存；

➢ 对北京传统文化进行多模态外译传播；

➢ 对北京传统文化传承与传播的价值和效果进行理论和实证研究。

通过以上四个方面的相关科研，形成对北京传统文化多模态传承与传播的体系化研究，为北京文化中心建设服务，为中国文化“走出去”和“一带一路”倡议服务。

具体到北京物质文化遗产尤其是北京建筑文化遗产，目前研究及不足如下：

国内学界对文化“走出去”战略及对外传播的研究现状比较关注，齐永锋等探讨了中国文化“走出去”的模式和内涵，喻国明等探讨了对外传播的有效性，何国平等研究了城市形象对外传播的文化策略，等等。

学者们对中国文化的翻译工作展开重新认识。赵启正认为“国家关键话语”翻译不能草率。一大批高水平、专业化，尤其擅长中译外的翻译家的出现，是当前社会发展的迫切需要。黎芳认为任何翻译行为都是由翻译的目的决定的。翻译目的论打破了传统等值观的限制，能有效指导译者实现译文的预期功能。阮玉慧认为在不同的翻译研究时期，译者角色的定位与其作用的发挥是不同的。余学勇认为在全球化时代背景下，译者的角色应该是文化交流的枢纽，是源语文化的传播者。

学者们也对中国传统文化的译介工作展开研究。刘静认为当今时代，传统文化输出已成为提升国家软实力，进而增强国家综合实力的有效方法。2003 年左耀琨谈文博领域的外文翻译工作的重要性，2005 年刘庆元谈文物翻译的“达”与“信”等。对有关旅游、文化专有项、时政文章的具体翻译策略探究则数量相当庞大，不一一枚举。

学界研究存在以下缺憾：第一，泛泛论述文化走出去意义与对策的多，结合北京市的具体情况、专门研究北京文化走出去的少；第二，个案研究多，以科学理论为指导展开的整体规划少；第三，研究传统文化翻译策略利弊的多，提供建设性意见与可操作性对策的少；第四，从实证研究的角度，在国家文化中心语境下对北京历史文化遗产译介工作专门展开的研究几乎还是空白，针对北京历史文化遗产的翻译质量控制研究也鲜有涉猎。

但是，可以预见的是，随着北京作为中国文化重镇建设的稳步推进，随着北京历史文化对外传播的深层扩展，尤其是随着北京发展外向型文化产业的全面展开，译介问题必然会凸显出来，相应的研究也将成为不可或缺的文化发展利器。

4.2 北京古代建筑翻译研究概述

国内学者对于中国古代建筑英译及北京古代建筑英译的研究主要集中在以下几个方面：古代建筑命名翻译、古代建筑简介翻译、古代建筑典故文本翻译等。因为多模态翻译及非物质文化翻译是近两年才较为普遍，故相关研究较少。译者及翻译学者主要聚焦于古代建筑命名翻译和简介翻译。

对于建筑命名的翻译有学者提出分类如下：

➢ 相同或相近的名称分别表示有本质差异的实际情形，需要译者亲临现场考查，或仔细查阅材料。

➢ 名称中存在特殊含义的命名，应尽量保留，保持直译。

➢ 命名与历史人物或典故有关，翻译时应该保持译名简洁

➢ 部分名称还要考虑矛盾冲突，综合平衡，需要灵活处理。最重要的是翻译出意蕴内涵。（邹先道，1998：34）

还有学者将语言功能的理论运用到建筑名称的翻译过程中，在传达名称的信息功能的同时，翻译者应该首先明确文本的主要功能，分析文本的结构呈现，然后采用相应的翻译方法和策略，将语义信息和文化信息呈现，使得读者从内容和形式上能够理解并接受这些景点名称，给读者提供信息，激发读者的审美欲望。（姚友本，2009：42–45）

还有几位学者曾使用定量与定性相结合的方式，研究中国常见及著名建筑和经典的翻译现状，提出“信达雅”、目的论、文体学等理论来应用于建筑文化及景区名称和文化英译。

刘彦奎（2009：6–8）总结整理了清朝七十多个经典的英译情况，并以“信达雅”为标准，对疑问进行解析，并做出修改。他尝试将“信达雅”标准与中国旅游景点及建筑文化翻译相结合的方式，主张加强对中国本土译论的研究，用以指导中国建筑文化背后的中国古代典籍、古典文化的建筑翻译。

还有一种方式是以建筑文化多模态翻译中最传统的一种方式，书面文字翻译的内容来探究文体与建筑文化翻译的相关性。金凌燕以苏州园林为研究对象，以古代建筑典籍为载体，探索了中国古代建筑书籍的文体特点，总结了音译加注法、增译法、减译法、类别法、重组法等五种古代建筑翻译策略。她的研究得出在定性和定量相结合的研究和翻译分析中文本类型理论更倾向于量化，“以用来评估和衡量译文的优劣”（金凌燕，2011，93–94）。

连振然阐述了“阁”作为一般地名的定义，并列举了“阁”的各种试

图翻译的尝试，并列举了大量的例子，包括亭台、塔、寺、道教寺、佛教寺院、祖庙和书库。他认为，“阁”在中国文化中有着丰富的内涵，不应在不考虑其丰富的内涵的情况下，直接地翻译成“文化”。在他的论文中，他把两层或以下的“阁”建筑定义为“树”，而认为两层以上的“阁”建筑应翻译成塔楼、寺庙或其他建筑（连振然，2014）。他专注于一个特定的通用名称“阁”，并深入分析了它的文化内涵，但他似乎没有考虑英语通用名称的用法，并选择目标语言中最恰当的单词。近年来，关于北京传统建筑名称翻译的研究中，有关于中国传统建筑名称 C-E 翻译的几篇文章，但关于北京传统建筑名称翻译的文章很少。专门介绍北京建筑名称 C-E 翻译的文章包括：刘秀芝、李红霞（2008）的《世界文化遗产名录翻译研究》一书的一些章节，讨论了北京六大文化遗产建筑名称的翻译研究。在德国功能翻译理论的指导下，他们提出了一些遗址名称的翻译方法和原则，并讨论了如何通过实地研究收集的大量数据案例，解决北京世界文化遗产遗址名称和建筑介绍中的各种情况和问题。但是，他们收集的数据不够典型，而且已经过时了。旅游景点的一些翻译已经改进。北京地名版本与北京网站英文版本不一致，该网站由刘忠于 2009 年建成，对北京建筑名称的翻译进行了调查和研究，这是一个为外国政府、游客和其他外国人服务的官方网站。他调查和总结了北京地名翻译中的不一致和不合规定之处。杨山（2017）在她的一篇文章中重点介绍了故宫建筑名称的英文翻译。她建议，在 Skopos 理论下，应采用拼音法——通用术语的英文翻译，辅之以全名的英文翻译。我国一些学者将目的论理论应用于传统建筑名称翻译的研究。例如，从目的论的角度，方梅和黄伟分析认为，传统建筑名称的翻译有其特定目的，即指明建筑的位置信息，介绍建筑的功能和类型，传达文化内涵。他认为，翻译对联的方法（包括建筑名称的音译，然后是翻译，可以是字面翻译或括号中的文化等价物）可以同时满足建筑名称的翻译三个目的。中国古代建筑的名称不仅具有参考意义，而且向游客传达了建筑的相关信息，具有丰富的历史文化内涵。对建筑名称翻译的研究可以探索更多更丰富的内容和意义，产生宣传效果（方和伟，2004）。此外，杨山（2017）

在目的论的指导下，论述了故宫博物院建筑名称的翻译，并提出了使用拼音拼写名字的翻译策略——通用名称的英文翻译，辅以全名的英文翻译，可以满足建筑名称翻译的目的。此外，易翠仙和郑敏芳以西藏的湖泊为例，从国家和国际两地的"湖水"角度分析了同一湖泊的不同版本。

此外，特别要提出的是很多北京建筑纪录片的英译，因为北京很多建筑备受关注，而且北京市宣传部门的高度重视也带动了相关产业的发展。目前很多类似《我在故宫修文物》《这里是北京》等重要纪录片的字幕及配音翻译也成了一个重点研究的方向。近 5 年来，相关学者及翻译专业的学生都对此进行了相关的研究，研究主要涉及多模态语义下字幕翻译的分析、中国文化特色词，笔者参与的北京市哲社办社科基金项目也曾指导学生研究北京建筑命名英译的问题。

本课题组曾做关于中国特色建筑文化词语在不同纪录片中的英译问题及策略主题的研究，根据语料来源将语料归类制表，分析了北京传统建筑名称翻译现状，发现北京传统建筑名称的翻译情况整体较好，很少有误译现象，但存在着翻译形式多样、一名多译、汉语拼音使用不规范等问题，本文根据目的论，针对存在的问题提出了规范化意见；根据语言结构将语料归类制表，分析了北京传统建筑名称的语言结构特点和名称中所蕴含的信息，并以国外建筑名称的命名方法为指导，依据目的论总结出适用于北京传统建筑名称专名和通名的翻译方法。

第五节 理论支持

本研究主要涉及北京古建文化的多模态外译，本部分分为笔译及口译两部分提供理论支持，笔译主要涉及勒菲弗尔（Andre Lefevere）的改写理论和霍恩比的综合法理论，口译部分主要涉及赛莱斯科维奇提出的释意理论和奥古斯特提出的关联理论中的补偿概念，具体阐释如下：

5.1 勒菲弗尔改写理论

20 世纪 60 年代之后，西方翻译研究出现重大范式变革，欧洲和以色列的一批学者从文学接受和文化传播的角度，以译文描写代替原文分析，将翻译阐释的历史、社会和文化语境进行系统考察，从而彻底改变了人们的翻译观和翻译研究模式。其中比利时裔美籍比较文学学者和翻译理论家勒菲弗尔提出一系列命题和范畴，扩宽了译学研究领域，而且对文学研究也颇有启发。

勒菲弗尔翻译思想主要经历了三个阶段：传统译论（19 世纪 70 年代）—文化转向（19 世纪 80 年代）—发展成熟（19 世纪 90 年代）（何绍斌，2005：67）。主要体现于其三部作品中：*Constructing Cultures—Essays on Literary Translation (2001)*、*Translation, Rewriting and the Manipulation of Literary Fame (2004)*、*Translation/History/Culture: A Source Book (2004)*。改写理论主要见于 *Translation, Rewriting and the Manipulation of Literary Fame* 一书中，勒菲弗尔用“改写”取代“折射”（Lefevere，1985：215–243）。他从文学阐释和批评的合法性争论入手，认为不存在所谓更合法的阐释和批评，因为两者都是文学系统的一部分，都受制于该文学系统的制约因素 [改写理论三大要素分别是意识形态（ideology）、赞助（patronage）、诗学（poetics）]。改写理论与本研究十分契合，因为改写理论批评的方向是要文学朝着主导诗学规范和意识形态的方向发展。“文学研究和文学理论的任务就是解释各种写作和改写活动如何受制于某些限制因素，原创和各种改写如何互动。”（何绍斌，2005：67）

研读勒菲弗尔的专著后可知他认为文学改写的目的是推动特定文学朝某一方向发展。“如果我们能找出文学发展的经常性和反复出现的模式，我们就能提炼出一种文学理论。这种理论不是把文学看成‘文学实践的心理过程’，而认为文学是‘由某种社会机制支配和组织’的观念和现实。”（何绍斌，2005：69）此外，勒菲弗尔在《文学翻译：比较文学背景下的理论与实践》一书中，运用丰富的实例，重点阐述了文学翻译的过程和译品，一方面向译者从事翻译实践提供了富有指导意义的建议，另一方面又从理论上探讨了翻译在文学演进和阐释中所起的作用。国内翻译研究界认识误区之一就是把“如何译”的问题当作研究的全部（谢天振，2004：6），死守语言分析的老路，似乎唯有如此才是翻译研究。本研究意从语料分析文论翻译对策的基础上，研究 1）北京建筑文化英译到底是什么，2）对外传播过程中中国建筑文化在世界建筑文化勾勒了怎样一幅画面，而这些又该如何指导我们中国现代建筑文化的构建。该研究能促成中西文学作品及理论两方面的交流，在“对话”中可以促进中西建筑文化之间的了解。

5.2 霍恩比“综合法”

此外，在研究的过程中还将运用霍恩比提出的“综合法”理论，其强调的是一套在翻译实践中可操作的方法步骤（从源语文化中源语文本的功能、源语文本的语内连贯、译文的语内连贯、目的语文本与源语文本之间的语际连贯五个方面对翻译进行审视）。这是本文语料分析的主要理论依据。对于这一方法，霍恩比在其出版的专著《翻译研究的转向：新范式还是新视角？》（*The Turns of Translation Studies: New paradigms or shifting*）（2006）一书中，做了进一步的阐释：“‘场景—框架’分析法形成于 20 世纪 80 年代，并在阿曼德翻译批评功能模式中有了进一步的发展。”它包含五大分析步骤，都以译文的准确性为出发点，而不像其他模式那样，以源语文本语义为出发点。它注重的是两者之间的一种关联。以此为基础，该模式着手确立了下述分析步骤：1）目的语文化中的译文功能；2）译文的语内连贯；3）源语文化中源语文本的功能；4）源语文本的语内连贯；5）目的语文本与源语文本之间的语际连贯。

5.3 释意理论

1968 年，法国著名口译专家塞莱斯科维奇（Danica Seleskovitch）发表《国际会议译员——会话交际问题》，被视为释意理论的奠基之作。在之后的十几年中，塞莱斯科维奇教授和释意学派的其他研究人员进一步总结出了一套较为完整的口译理论，即释意理论。1984 年，由塞莱斯科维奇和勒代雷（Marianne Lederer）教授合作出版的《口译理论实践与教学》标志着释意理论的确立。之后，释意理论的研究人员努力地尝试使用其他学科的成果丰富和完善释意理论。1994 年勒代雷教授出版的《释意学派口笔译理论》，标志着释意理论的成熟和完善。在中国，由鲍刚、刘和平和蔡小红等学者将释意理论引入中国，并做出了详细、深入的研究和发展。

近年来，我国对国际文化交流的重视程度与日俱增。在国际文化交流的过程中，口译员需要具备突出的口译水平，才能将我国历史悠久的长城文化地道地传播出去。因此，口译学习者对于口译能力的提高给予了密切的关注。释意理论的重要性与价值无可非议，其应用也十分广泛，但是很多研究都是以理论本身的分析为主，或者将该理论应用于翻译教学中，很少会与长城这样的翻译实例相结合，因此这一研究会很有价值。本文具体将“三角模型”与长城景点介绍的口译实践相结合，主要分为释意理论介绍、长城文化背景介绍、释意理论下的长城主要景点口译与技巧介绍以及最后全文总结四大部分，希望口译学习者能够透彻理解该理论内容，进而有效地提高口译水平。

5.4 释意理论概述

释意学（Hermeneutik）来源于希腊神话中的神使赫尔墨斯（Hermes），释意学又称诠释学、阐释学等，从词源的角度看释意学包含理解、翻译、解释、应用、实践技艺五个方面的含义。作为神的使节，赫尔墨斯需要向人类传达神的旨意，神是人们顶礼膜拜的对象，神与人存在着严格的等级差别，因此神的语言和人类的语言存在很大差别，属于两种不同的语言。在传达的过程中，赫尔墨斯就担任起类似于今天的口译员的职责。首先，赫尔墨斯要清晰理解神的意思，这就涉及理解的过程，然后他再将晦涩难懂的神的语言转化为人类通俗易懂的语言，口译过程完成；他从神那里得到的信息是人们必须遵守的神圣旨意，具有神圣不可侵犯性，这种信息特征可以体现出释意学理论中的应用性特征，对于传统的解释就是将传统应用于自身。

“释意理论”又称“释意学派翻译理论”，于20世纪70年代由巴黎高等翻译学校的塞莱斯科维奇教授及勒代雷教授提出，主要观点是，翻译即释意，故名“释意理论”。塞莱斯科维奇（1968）教授认为：“翻译的对象应该是信息内容，是意义，而不是语言。”也就是说翻译时必须准确把握其所要传达的信息内容，而不是被语言本身的框架所束缚，也就是我们常说的“脱离语言外壳”。在做口译时，讲求一种“意义对等”的效果，使听者接收到讲话人所要传递的信息，达到词对词、句对句的翻译。

意义是比语言优先产生的，讲话人在讲话之前都会首先构思出一个整体思路和表达含义，之后再利用语言这种形式表现出来。而众所周知，口头表达所需时间极为短暂，可以说是转瞬即逝的，“当两个人对话之后，双方记住的通常是对方讲话的大致意义和内容，而不是具体到每一个字、词”（孙建丽，2013）。也就是说，无论说话人要表达的具体是什么，最终我们接收的其实都是一种意义，而非某个字词或者某个句子。事实上，语言只是一种人类用来交流的工具。所以在口译中，“脱离语言外壳”进而把握讲话人表达的意义是非常重要的，如果只是寻求词语对应的翻译可能只会满足临时的需要，如果在口译中寻求词语对应而非意义对等的翻译，那么口译的效率就会大大降低，听众不知所云，译者甚至会出现中断的现象。

释意学派翻译理论的关键概念有两组：口译活动三角模式；意义、意义单位和认知补充。在此着重介绍口译活动三角模式。

“口译活动三角模式”是释意学派翻译理论和其他学派理念最大区别之一。该模式将口译活动分为三角排列的步骤，提出翻译应当具有“理解，脱离语言外壳和重新表达”三个程序（Seleskovitch，Lederer，1984）。

释意理论是一种口译理论，最初是由法国巴黎学者赛莱斯科维奇于20

世纪 60 年代提出的，在同世纪 80 年代传入中国。她事先发表了《国际会议译员——语言与交际》这篇文章并在其中首次谈及释意理论，也由此成立了巴黎释意派。该学者认为，翻译是为交际而服务的，口译员在口译的过程中起到为两个不同语言背景的人沟通的连接作用。与笔译不同的是，释意理论所指导的口译强调的是译者对源语言整体意思的翻译，而非字对字、句对句的逐一翻译。因此，该理论的研究对象并不是语言本身的语法等结构，而是语言所传递出来的意思。这与传统翻译学者基于语言学层面所研究出来的翻译理论有着本质的区别，也对全世界的口译学习与研究做出了杰出的贡献。后来赛莱斯科维奇教授所在的学校专门为此成立了释意派翻译理论的研究中心，其他有相关兴趣的学者对这一理论做了更深入的研究并对其不断完善。释意理论是英汉口译和汉英口译中的重要理论，该理论指导口译的全过程。释意理论不仅是口译中的理论，也是口译过程中的具体实践。释意理论在口译过程中的双重身份让其不断发展完善，从而更好地指导口译过程，让口译过程在各个阶段都能高效进行。释意理论最早出现于 1968 年的法国，该理论的提出系统化了口译过程，从心理学的角度分析口译的全过程，认为口译过程不只涉及两种语言之间的转换，还涉及非语言转化过程以及认知过程。而且释意理论认为译员的表达分为两部分：第一部分表达的是隐性含义，即译员有意要表达的意思；第二部分是显性含义，即译员表达出来的意思。

释意理论派认为，翻译是用目的语熟练地把源语所传递的意思和思想进行重新转换与构造的一个动态过程，而非机械地按照目的语的语法结构死板地进行翻译。口译更是应该注重意思的表达而非语言学层面所研究的语言文字符号。因此，释意派将该理论研究的重点着力于译员在口译时所传达的意思方面。他们认为，口译员应先弄清说话人所表达的意思，然后跳出源语言表达方式与语法结构等的束缚，再恰当地使用目的语将源语言的意思表达给目的语接受者，也就是听者。口译员无论是在接受源语还是传递目的语，他们的注意力重点应该都是放在源语言的表意上。口译员为了能够更加准确无误地理解并提取源语的意思和思想，他们除了扎实的双语语言基础之外，还要有丰富的百科知识以及语言文化等，从而支撑口译员更好地理解源语的内容。

释意理论的核心是“三角模型”，该模型从心理学的角度出发，解释了口译员在做口译时一系列的心理过程，即“第一阶段的源语理解部分——第二阶段的脱离源语言外壳——第三阶段的翻译表达”的过程。由此可见，释意理论将解释性总结为翻译活动的属性；第二阶段“脱离源语言外壳”在整个释意理论中起到主导地位，它再次强调了口译的最终目的是说话人与听话人之间的交际，因为它要求译员避免盲目地逐字逐句地翻译（参见图 1–1）。

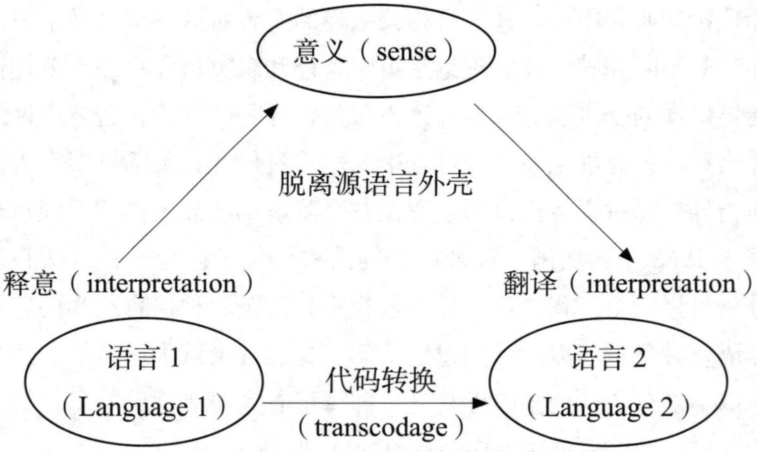

图 1–1　释意理论“三角模型”

释意“三角模型”

英语口译中的释意理论就是希望口译员首先能够通过相关语言文字符号将说话人的源语言的意思记录下来，然后运用自己掌握的语言与百科知识对源语言的意思进行补充和解释，进而用目的语言翻译给听话人。整个口译过程译者不需要追求两种语言字句的逐一对等，而是注重对原文意思的表达以及说话人双方的交际效果。脱离语言外壳就是指译员能够彻底理解说话人的意思以及思想，并按照自己的理解表达出来，这需要译员完全摆脱源语言形式的限制并且记住源语言内容的重点。

具体而言，释意派学者认为，译员能够准确理解源语言所表达的意思是释意“三角模型”最重要的一点也是第一步。换言之，能否做好口译在于能否正确理解说话人的意思，只有彻底理解了才能实现转化的意义。口译员首先要对源语言表达方式以及语言表达过程中所涉及的相关知识掌握扎实，这样才能帮助他们提高理解的准确性，在语境中熟练运用并把握信息焦点。此外，口译员还应该拥有获取源语言深层内涵和强烈认知的能力，这样才能够支持译员在翻译的过程中产生交际意识，最终成功做好口译工作。

根据释意派的“口译活动三角模式”理论，口译活动被划分为“理解、脱离语言外壳和重新表达”三个主要步骤。口译过程就是在原语产生之后经过“理解”消化后，脱离其原语言的外壳被转换为相应的意义，然后经过“再表达”阶段的释意，最终以译语形式输出，并能保证听众理解的过程。

“理解”是“口译活动三角模式”第一个步骤，主要分为理解语言和认知补充。“译员首先要获取语言符号，并理解这些符号所要传达的内容，抛却字段本身各自的翻译，而更加关注意义。”（勒代雷，2001）除了语言之外，译员本身的认知补充对于原语理解也同样重要，通过之前的已有知识将讲话人所讲连成一体。释意论的“认知补充”包括三个方面的内容，即认知知识、认知环境和情感因素：1）认知知识包括译者的经验知识。认知知识的丰富程度与翻译过程中的解码过程和结果有着密不可分的联系；2）认知环境指“篇章理解所需的上下文联系和交际环境，释意理论认为认知环境决定了译者如何在不同情境、主题下使用自己现有的语言知识和非语言知识”（龚龙生，2008）；3）“情感因素包括原文文本在译者大脑中产生的一切刺激反应，比如情绪、评价或爱好等，只有充分触动译者意识的意义成分才能保证翻译的质量”（袁筱一，1997），比如口译主题是译员比较熟悉的话题，译员翻译起来就会充满热情，不太费力。“脱离语言外壳”是“口译活动三角模式”的核心步骤，也是释意学派翻译理论提出的最富创造性的理论概念。释意论认为人的记忆力是有限的，译员在短时间之内不可能就几百个词汇进行单独记忆而达到整句话的理解，所以这个时候抛弃语言形式的束缚脱离语言外壳的现象便自然产生了（Lederer，1994）。因此，“该模式强调译者应当不束缚于语言形式而应该将更多的精力用在脱离语言外壳的释意上，而不是语言代码的转换。‘重新表达’是‘口译活动三角模式’的第三个步骤”（龚龙生，2008）。

当口译员解决了对源语言的理解问题后，他们会想办法解决如何能够尽快将所提取的零碎信息点整合的问题。由于人们大脑记忆的局限性，口译员可能很难完全还原说话人的所有信息点，因此口译员此时的口译过程达到了释意理论最重要的一点，即“三角模型”的最高点，脱离源语言外壳部分。译员需要提取说话人语言的中心思想。如果口译员没有经历这一过程，口译就会变成机械地字对字的直译，没有传递说话人的意思，进而也扭曲了口译的交际作用。因此，口译员的学习与研究重点应该在于提高对源语言意思的获取与分析能力上，并试图将源语言意思的记忆提升为长时记忆。

使用目的语对源语进行表达是释意理论“三角模型”中的最后一道程序。译员在理解源语意思之后，将源语意思从源语言外壳中脱离出来，使用恰当的目的语进行表达。“信达雅”是翻译最基本的一大理论。但是译员无论如何都要注意在表述时要尽可能地不偏离说话人的意思，注重源语与目的语意思上的一致性，而非语言表达的一致性。

释意理论的过程

释意理论由塞莱斯科维奇提出，后来其与勒代雷教授合著了《口译理论实践与教学》，该作品意味着释意理论正式诞生。塞莱斯科维奇的释意理论构筑了一个三角模型。通俗来讲，该三角模型是发言人用语言一表达，译员将语言一转化为语言的意义，听众听到译员用语言二的表达；根据释意理论，口译过程可以分为三个阶段，即理解原语、脱离语言外壳、目标语的表达。口译过程是依赖于口译员对原语的理解，而不是完全遵循原语的语言结构。在口译过程中，第二阶段“脱壳”十分重要，该阶段衔接第一阶段和第二阶段。该阶段要求口译员理解原语，然后脱离原语结构，将原语语义转为认知的信息含义，再将这些信息用另一种语言整合成具体文字，进行口头表述。

在这一过程中，口译员不仅需要具备快速转换两种语言的高水平语言能力，还需要有有效的心理认知水平，同样重要的是还需要具备相关信息的知识背景，从而能更好地理解原语并加速理解后的语言转换。理解、认知、转换、表达等都贯穿于口译的全过程，因此，释意理论横跨了口译过程。

5.5 关联理论的补偿概念

关联翻译理论认为翻译是一个对原语进行阐释的双重明示——推理过程，译者在翻译过程中负有双重任务。通过运用关联翻译理论解释文化缺省的产生原因及补偿的必要性，本文在关联翻译理指导下，分析了现有非遗文本翻译中文化缺省补偿所存在的典型问题，总结了文化缺省补偿应遵循的原则。结合翻译中所选取的译例，本书编写组在遵循关联翻译理论原则的前提下，选择相应的翻译策略来处理文化缺省现象并进行相应分析。

相关性理论对认知语用学产生了强烈的影响，但现在它的影响已经超越了以翻译为代表的例子。它为翻译研究提供了统一的理论框架。

国外相关性翻译理论研究

相关性翻译理论是以相关性理论为基础的。德国学者古特是斯珀伯和威尔逊的学生，他在 1991 年出版了《翻译与相关性认知与语境》一书，其中相关性理论首次应用于翻译。古特认为，相关性理论适用于翻译研究，因为“相关性理论从能力而不是行为角度处理交流：它试图明确说明我们头脑中的信息处理能力如何使我们能够相互交流”（Gutt，1991），以及翻译过程，类似于交流过程，是一个骨质的 + 推断过程。1995 年，斯珀伯和威尔逊出版了第二版《相关性：沟通和认知》一书，在其中他们修订了一些概念，将相关性的沟通原则与相关性的认知原则区分开来，从最佳相关性中区分了相关性的最大化原则。

国内相关翻译理论研究

1988 年，沈家轩在《相关性：沟通与认知》一文中首次将相关翻译理论引入中国。林克南以他的著作《相关性与翻译》开始研究中国相关翻译理论，并介绍了基本理论和观点。1997 年，何子然出版了一本名为《语用学与英语学习》的书，介绍了一些有关相关性和相关性翻译理论的研究（Li，2002）。1999 年，赵延春撰写了《翻译方法》一书，这是中国第一本相关翻译理论著作（王，2005）。

作者以“相关性理论”和“翻译”为关键词，于 2019 年 8 月 15 日搜索 CNKI，结果包括 1378 篇论文和文章，其中 69 篇发表在核心期刊上，15 篇发表在主要语言期刊上。在这些纪录片中，有不少侧重于相关理论在电影副语、文学、戏剧、公共标志、英语谚语、成语和解释的具体翻译中的应用。

在核心期刊上发表的论文中：袁梦晚（2013）将相关翻译理论应用于化妆品品牌的翻译；莫和葛（2012）从相关翻译理论的角度讨论了中国成语的翻译问题，并提出了相应的翻译策略；李磊（2010）从相关翻译理论的角度探讨中国古典诗歌翻译中的优美；田波（2007）在旅游文本翻译中应用了相关性理论。

也有论文重点介绍相关翻译理论的现状和未来发展。尹继伟和张铁前（2007）讨论了中国相关翻译理论的发展；薄振杰和孙迎春（2007）介绍了相关翻译理论的研究成果，并预测了进一步发展趋势；黄海军和马可云（2006）讨论了相关理论在翻译中的应用、翻译有效性的定义、理论基础、现实意义和可靠性标准，以及相关性翻译理论的局限性；王建国（2005）回顾了国内外相关翻译理论的研究与发展，分享了其未来发展的观点，指出翻译的认知过程和忠实性问题是保持以相关性为中心的翻译研究的双重基础。

相关性翻译理论在中国已经发展得很好，但笔者在 2019 年 8 月 15 日用“相关翻译”和“非物质文化遗产”等关键词搜索 CNKI 时，相关文章较少，以承德地区 ICH 的翻译为例，郭立超，武博，刘彦奎（2019）从相关翻译理论的角度对 ICH 的旅游广告翻译进行了研究。因此，相关性翻译理论在 ICH 翻译中显然没有得到充分应用。本文将充分探讨相关翻译理论在 ICH 翻译中的意义，并相应地提出翻译策略和技术。

国外翻译补偿研究

在 20 世纪 60 年代至 70 年代，翻译研究的文献中已经出现“补偿”相关理论概念，但还未出现系统的阐释。20 世纪 80 年代，威尔斯写的《翻译科学：问题和方法》中多次提到“补偿”的概念。他认为，补偿是解决“内部和外语言层面的结构性分歧”的一种意义（Wliss，1982：39）。自 20 世纪 80 年代以来，学术界对赔偿有了更明确的理解和解释（马红军，2003）。在《翻译教科书》中，Peter Newmark 指出，赔偿“是当句子的一部分或连续句子中对意义、声音效果、隐喻或语用效果的丧失时进行的补偿”（1988：90）。为了使翻译补偿更具可操作性，赫维和希金斯（1992：25–40）提出了四个赔偿类别，包括实物赔偿、就地赔偿、合并补偿和分案补偿。

关于国内翻译补偿的研究综述

在《关于翻译补偿技术》一文中，王恩绵（1988）提出，翻译补偿是指采用源文本语言的语言形式，在源文本语言转换时完成语义损失。根据不同的语言形式，他总结了六种补偿技术，即放大、分割、扩展、融合、替代和转移。

在翻译补偿技术的分类与应用中，马红军（2003）提出了新的概念，即明示和隐含的补偿，并讨论了与补偿应用有关的理论。他认为，补偿技术是指明确的注释，包括脚注、尾注、文本注释以及翻译文本的序言和附录。隐式补偿技术是指译者在目标语言中充分采用方法对原文进行调整，确保目标文本阅读器与源文本读者之间实现回应等同。

在《完美翻译的必要方法：关于经典翻译的补偿》中，夏丁德（2009）将补偿技术分为八种类型，包括集成补偿（+）、隔离补偿（+）、同一技术补偿（+）、不同技术补偿（+）、同一地点补偿（+）、置换位置的补偿（+）、同步补偿（+）、不同补偿（+）。

在《翻译中文化违约补偿的策略与方法》一文中，王达赖（2010）提出，文化因素在文化补偿方法的选择中起着决定性的作用，因为“文化因素决定译者是否或以何种方式进行良好的形象调整，使目标语言读者获得对版本的连贯解释，同时最大限度地获得文化探索的乐趣”。王达颖还提出了补偿技术，其中通过字面翻译加注释、文本内补偿、适应等来完成补偿。

第二章

北京建筑文化翻译传播

与本课题的主题相契合，建筑文化翻译传播研究离不开传播学理论和概念的阐释。所以第二章就是从传播学专业角度尝试阐释清楚本课题的传播主体、传播内容、传播途径、传播对象和传播效果。因为北京建筑文化的对外传播方式、周期等与传统的物质文化或者非物质文化不同，北京建筑文化其实是物质文化和非物质文化的有机结合，故本研究在探索北京建筑文化英译策略与方法、译者风格、译本语言特点的同时，还需要搞清楚北京建筑文化在多种模态下（书面文字、图片、音频、视频、字幕、配音等）翻译产生不同效果的原因，探究这一繁荣与中国建筑文化语言特点、主题情感、传播媒介、译介等多种因素之间的关系。对于传播过程及传播媒介等方面，本研究拟以拉斯韦尔“5W”模式分析理论做简要阐述。因理论的普及性，不再赘述，详见图 2–1。

图 2–1　拉斯韦尔“5W”模式

第一节　传播主体

传播学的基本概念是社会信息的传递或社会信息系统的运行。社会传播是一种信息共享活动。独有—多人共有。共享意味着社会信息的传播具有交流、交换和扩散的性质。社会传播是在一定社会关系中进行的，又是一定社会关系的体现。

1）“传播和社区有共同词根，彼此不可分。”（施拉姆）2）传播产生于一定的社会关系，这种关系可能是纵向，也可能是横向的。3）它又是社会关系的体现，传受双方表述的内容和采用的姿态、措辞等无不反映其社会角色和地位。4）社会关系是人类传播的一个本质属性，通过传播，人们保持既有社会关系并建立新的社会关系。

从传播的社会关系性而言，它又是一种双向的社会互动行为。任何传播都是通过信息的授受和反馈展开的社会互动。传播成立的重要前提之一，是传受双方必须有共通的意义空间，否则传而不通，导致误解。在广义上，共通的意义空间还包括人们大体一致或接近的生活经验和文化背景。传播是一种行为，是一种过程，也是一种系统。行为、过程、系统是人们解释传播时的三个常用概念，它们从不同角度概括了传播的另一些重要属性。

大众传播拥有广泛而巨大的社会影响力。在现代社会，大众传播是人们获得外界信息的主要来源，是实现国家和社会目标的重要手段，是各利益集团争取和维护自身利益的工具，又是社会文化和娱乐的提供者。在这个意义上，大众传播既是社会互动系统，也是极其重要的社会管理和社会控制系统。任何传播活动都是在一定的信息系统中进行的，传播的系统性是普遍存在的。

具体来讲，我们这里说的传播研究其实涉及的是新闻传播学一级学科之下的国际传播的研究方向。作为一个二级学科，国际传播也是有它自身的定义的。由中国人民大学出版社 2013 年出版的“21 世纪新闻传播学系列教材（传播学系列）”《国际传播》一书中明确指出，国际传播学研究的对象如下：

“包括通过个人、群体、政府和技术在两国、两种文化或多国、多种文化间传递价值观、态度、看法和信息的学术领域探索，对象主要是不同国家、不同文化背景的个人、群体和政府。”

第二节　传播内容

狭义角度，北京建筑文化的传播内容是北京建筑命名、简介的对外传播内涵和外延。

广义角度，北京建筑文化的传播内容是北京建筑文化价值观、北京传统建筑文化、北京古典文化、北京现代都市文化、文化认同感、北京物质文化遗产甚至北京非物质文化遗产的内涵和外延、北京建筑文化背后折射的哲学思想等。

中国的传统文化有别于西方的科学、理性思维，我们是天人合一思维，西方思维讲求对某一事物的穷理、专业、精细，而我们的思维则讲求天与地的映照、人与自然的和谐，是一种整体观、大局观、系统观的文化思维模式。

从有记载的西周开始建城以来，中国的城市建筑一直体现着“天人合一”的文化思维模式，历经汉唐盛世对长安城的建设，到达明成祖朱棣建都北京城，可以说中国的城市建筑哲学达到了登峰造极、堪称完美的地步。说其登峰造极是北京城的建设对中国传统文化的体现达到了无以复加的程度，说其堪称完美是天象与人居（天人合一）的结合完美程度亦是无有二例。

从北京城坐落的地理方位来看，北京城真切地体现了“仰观天象、俯察地理”天地相应的传统思维模式。三面环山一面朝向开阔平原的地理位置是绝佳的风水宝地，经西北向东南流过的永定河又和北部的山区构成了依山傍水的格局，这种前水后山的地势体现了“负阴而抱阳，冲气以为和”

的天地平衡、和谐之美。北京中轴线的设计又寓意着北京城上接北辰之星，下连昆仑之脉，经紫禁城内的交泰殿将天地之气汇集于人间，表明北京城是真正的龙脉之所在。

从北京城的建筑布局来看，它处处体现着五行八卦、阴阳分界的传统哲学思维。在中国的传统文化中，万物讲求对称，也即不执一端、处处“中庸”的思想。比如有天坛就必有地坛，既祭天也要敬地；有崇文也应有宣武，文武兼备国家才能长治久安；有西单也必然有东单，两相呼应就不会只顾“瞻云”而不顾“就日”了；等等。再说中南海建于紫禁城的西部而不会建于东部，是因为西部在五行中属金，自古就有“金生丽水”之说，所以才把穿过紫禁城的那条河称作金水河。

从北京紫禁城的建筑来看，是人与天地和谐的完美映照。先说乾清、坤宁二宫，乾清宫是皇帝办公休息的地方，皇帝是男性，在阴阳分界上属阳性，而坤宁宫是皇后休息的地方，皇后自然属于阴性，所以乾坤相应、天地相交，二宫之间必然是交泰殿。《易经》“泰”卦《象》曰：天地交，泰。后以财成天地之道，辅相天地之宜，以左右民。皇帝是九五至尊，处于天地交汇的“气”点上，才利于庇佑万民。再说中和、太和、保和三大殿，其殿基成土字形，中央在五行中属土，中国传统是以农立国，土地自然是最尊贵的，土又是黄色，所以皇帝的衣服、用具自然都是黄色。再者紫禁城内又有武英殿和文华殿、神武门和午门（朱雀门）的对称布局等等，以及其他与天地相照、与五行相合、与阴阳相契的建筑设计。

明成祖迁都北京是因为天子戍边，但之前的元大都已经具有了明清北京城的雏形，在城市设计上也已契合了中国传统的文化思维，使北京城的规划符合中国传统社会特有的上接天文、下通地理和中合人文的文化观念，后经明代的重新规划、设计、建设，北京城就建成了天象、地理、人居三者和谐统一的布局。可以说，北京城天人合一的建筑哲学也是对中国文化思维模式的一种解读。

第三节 传播途径

本课题中，北京建筑文化的传播途径主要包括听觉语法和视觉语法等多模态传播途径实现。翻译的多模态实际来源于多模态话语分析。首先来看多模态话语分析的定义，什么是多模态传播。“模态是由社会文化塑造的意义生成资源，包括图像、文本、图表、言语、动漫等。意义常由一种以上的多种类型的模态共同构建。模态有其各自的适用性（affordance）——生成意义的潜势与限制。这就使得符号制造者根据他们设计意义的兴趣和修辞动机在所有模态中有所选择，以充分实现他们的兴趣和观众的需求。”（Bezemer & Kress，2008：171）

国际传播的渠道主要包括语言媒介的转换和技术媒介的融合。从本地论的意义上讲，人类所使用的媒介分为两类，符号媒介和技术媒介。符号媒介又分为语言媒介和非语言媒介。我们这里探讨的主要指语言符号的媒介转换。语言媒介是至关重要的渠道，具有重要的国际传播意义。国际传播对语言的跨越并不意味着对文化差异的彻底克服，在语言媒介转换的过程中其对接的实质是跨文化传播。在国际传播中，无论是语际之间的还是一般意义上的跨语言传播形态，还是特殊的跨语言传播形态——母语传播（语言转换由传播国传播者做出），归根结底都是一种跨文化传播。一种以文化为本的跨文化传播形态，语言的差异归根结底是文化的差异。本研究的主体是北京建筑外译与传播。作为一种物质文化，它归根结底是其背后的北京乃至中国传统文化以及现代都市文化思想的体现。

同时应该指出的是，语言与文化并不具有完全的同一性，因此，语言的完全转换并不必然地带来文化的彻底转换。国际传播有可能可以成功地跨越语言障碍，但无论如何是很难完全跨越文化的障碍的。任何一套语言符号都负载着特定的文化，因此，对语言符号的编码（输入意义）和解码（输出意义）都要通过“文化过滤”来进行。譬如，在国际传播中常见的情形是：双方都听明白了对方所说的话，却仍然感到不知所云。之所以如此，是因为作为一种文化载体，语言除了负载字面意思（明指意义），往往还包含更深层的含义（暗含意义）。或者说，作为负载文化信息的符号系统，语言的深层含义是超越语言本身的，它深入到文化的底层。因此，要把握对方语言的深层含义，就必须深入了解对方的文化。在此，文化充当了一个“过滤器”，它对我们所传递或接受的某一特定的语言符号加以“筛选”、界定，从而决定其最终的诠释方式和表达方式。这同时表明，语言从来不是在真空状态下被使用的，语言的使用总是处于一定的语境下或者说处在一定的文化背景之下。相比于语言转换的浅表性和不彻底性，文化的深刻性和根本性决定了语言转换的难度。在国际传播过程中，要成功地实现语言的转换，必须同时有效地实现文化的转换（文化对接），使语言的转换完全依对方国家文化码本和程序进行，从而使一国的语言符号达到与该国的文化深度契合。

毋庸置疑，随着通信技术的飞速发展，进入21世纪，传统旧媒体迎来了整合和更迭。由此，传统的新、旧媒介界限变得模糊，各类媒介形式之间相互打通而出现了相互融合的趋势。这种媒介的技术融合催生出各种各样即时传播而又高度互动的新媒介形态，包括网络广播（音视频网络广播或在线广播）、（交互式）网络电视（IPTV，Internet Protocol Television，又称有线电视）、网络电影、网络动画、网络图书（电子图书）、网络报纸（电子报纸）、网络杂志（电子杂志）、博客、推客、播客、视客、维客、掘客、网络视频、手机广播、手机电视、手机电影、手机图书/报纸/杂志、手机游戏/动漫、3G手机、数字电视、楼宇电视、车载移动电视等。这些新媒介形态大多具有多媒介性、交互性、精细性、即时性、便捷性、超链接、丰富性（大容量、高密度性）和开放性、广泛性等特点。

第四节　传播对象

简言之，本研究所指的传播对象实际上是指通过语言翻译等跨文化传播手段主动或者被动了解北京建筑文化及相关知识的其他民族、其他国家的人、组织和国家。

在传播学的专业阐释中，在国际传播过程中，由于受众广泛分散在不同国家、地域和文化中，他们深受国际政治、经济和文化背景的影响，所以国际传播的受众被定义为是特殊意义上的信息接受者和反馈者。本节将简要解析国际传播受众的特点和类型，并着重阐述新媒体时代北京建筑文化国际传播受众的发展趋势。

国际传播的受众，是指国际传播所面向的、位于国界以外的传播对象，主要是指对象国（或者说目标国）的民众和国际社会的一般性公众。“此外，主权国家政府、国际组织和公司企业都可能成为国际传播的对象，因而也可纳入国际传播受众的范畴。”（李智，2013：156–158）

国内传播的传播对象和受众限制在境内，国际传播面向全球所有区域，传播对象遍布世界各地，因此，国际受众要更加广泛也更加复杂。就国际传播行为本身的特性而言，或是从总体上看，国际传播的受众面是极其宽泛乃至无限的。国际受众的广泛性决定了国际受众的复杂多样性。复杂多样性是国际传播受众的主要特点。

“国际受众并不是一个纯粹抽象的集体名词或概念，因为它不是指一个笼统、无差别的统一群体，而是指由广泛分布、分散于世界各个国家和区域，具有各自不同的语言文化和社会历史背景的个人和人群所组成的群体。这些跨国界、跨语言和跨文化的群体具有各自不同的信息接收心理和媒介接触（所谓‘触媒’）习惯。”（李智，2013：159）受众的复杂性主要体现在以下两个方面：第一是语言层面，表现为世界各种语言的复杂多样性。在国际传播活动中，面对多少受众群，就要将多少种语言进行二次编码转换进行翻译。第二即文化层面。文化的复杂多样性最核心地也是最集中地表现为世界文化的复杂多样性。同理，面对多少民族、多少国家就有多少种不同的文化，不同文化拥有不同的宗教信仰、价值观念、思维方式、认知方式和风俗习惯。

第五节 传播效果

本项目的研究意义是通过建立一个北京传统文化和建筑文化对外翻译标准术语库，规范北京建筑文化的译文，从而促进北京传统文化“走出去”，向世界介绍北京建筑文化特色，为加强中外交流与合作做出贡献。

任何一种传播行为都会产生一定的传播效果。国际传播是一种意旨明显的传播行为，但其所追求的传播效果会受到多方面因素的制约，如何把握传播效果并对之加以测评成为国际传播者的重点关注所在。本章将对国际传播效果的影响因素和测评方法进行分析，进而提出一种国际传播的宏观效果观。

传播效果的主要影响因素主要涉及以下几个：

第一，传播主体。传播过程中各种纷繁复杂的因素会对传播效果有所影响，但是处于最优势地位最具有主动权的还是传播主体。

第二，传播内容。传播内容是国际传播过程中的中心要素，同时也是影响国际传播效果的最重要的因素之一。正是从这个意义上说，国际传播是以“内容为王”的。那么，到底什么样的信息内容跨国传播更有说服效果呢？一般来说，这取决于传播或报道的主题的性质（nature of issue）。由于国际传播是一种跨国界、跨语言和跨文化的传播，时空和语言文化的距离要求国际传播的内容具有一定的普适性，以减少乃至避免跨文化传播的障碍。

第三，传播对象。相比于国内传播的传播对象，国际传播的传播对象具有跨国界、跨语言、跨文化所规定的多方面的属性，因而更加复杂多样，有着很大的不确定性和模糊性。显然，不同对象国民众的利益诉求、宗教信仰、价值取向、政治态度、兴趣爱好、情感意志、审美趣味及媒介、信息接受能力各不相同，即便是同一对象国内各受众群体乃至受众个人也各有其特点。正是这些差异化、多样化的“既有倾向”或“背景”决定了不同的国际传播对象对同样的信息会做出不同的接受和认同反应。

第四，传播媒介。传播媒介对传播效果的影响是通过建构环境（情境）或者说营造气氛来实现的。语言是存在之家，媒介本身就是一种环境（或情境），语言符号和物质技术等媒介构建了人类生存于其中并受其影响的环境。

对外传播效果有效测评方法在新闻传播学学科中比较公认的主要包括受众调查法、内容分析法，在本课题中两个方法并举，一方面向北京各建筑景点分发问卷以及在网上寻找受众阅读译文给出评价，另一方面内容分析法通过对传播内容客观、系统的实证性分类、统计和解读，来分析某一时期传播媒介对特定问题的立场和态度，从而得出对于传播效果的评价。主要与“说什么”和“怎么说”相关。

从与传播意图的关系上讲，或是预期（有意）的，或是非预期（无意）的；从传播效果的显现上讲，或是直接的、显在的，或是间接的、潜在的；从传播效果的时效上讲，或是一次性的、短期的，或是阶段性的、长期的；从传播效果的范围上讲，或是局部的，或是整体的；从传播效果的层次上讲，或是微观的、个别的，或是宏观的、综合的；从传播效果的承载主体（载体）上讲，或是个体性（个人）的，或是组织机构或群体性（如政府、媒体及社会组织等）的，或是社会性（如国内社会或国际社会乃至全球社会）的；从传播效果的形成上讲，或是渐进的、累积性的，或是激变的、速成性的；从传播效果的表现维度上讲，或是认知上或情感上的，或是态度上或行为上的；从传播效果的性质上讲，或是积极的、正面的，或是中性的、中立的，或是消极的、负面的。最后，从价值取向上讲，国际传播效果还有以效率为导向和以公正为导向之分（李智，2013：186）。

北京是全国政治中心、文化中心和国际交往中心，在推动文化改革发展方面肩负着重要使命。北京要进一步加快文化改革发展步伐，不断增强文化自觉和文化自信，努力把北京打造成为具有重大国际影响力的文化中心。在积极探索文化走出去的新途径、新形式方面发挥示范带动作用。要探索用产业、商业的形式推动文化走出去，努力在国际上形成强大的文化竞争力和影响力。

如何把北京丰厚的历史文化遗产译介传播到世界各国，既是作为全国文化中心的北京义不容辞的责任，又是北京发展外向型文化产业的重要领域和路径。但是，现实中，发展文化产业盲目追求文化GDP、厚利薄文、见物不见文的现象同样渗透到了译介工作当中，而文化译介的产业化将这种背离“文以化人”初衷的价值偏差进行了百倍、千倍的放大，严重地影响了全国文化中心的形象和中国的形象。本课题正是在这样一个具有十分紧迫性和现实性的研究语境下，试图对当前北京历史文化遗产的译介问题做些系统梳理，针对其中一些重要问题提出一些初步的对策建议。

服务当前中央对北京市在文化“走出去”战略中肩负角色的构建，以及推进国家文化中心建设，把北京打造成为具有重大国际影响力的文化中心的宏大愿景，本课题将梳理当前国家以及北京市委市政府对北京城市发展设定的宏大愿景和积极意义，系统分析该语境下北京历史文化遗产对外传播的重要性及相应的译介工作的意义和作用。其研究成果构建的政治语境、译者角色及译介策略的逻辑关系将从理论上为相关译介问题和译者角色认同厘清关系，对相关工作人员的认识提高发挥实际应用价值。

翻译不存在唯一的标准，但应当服务于特定目标和环境。北京历史文化遗产的译介质量在北京文化对外传播过程中必然会对北京文化形象的树立产生这样或那样的影响。本研究对文化遗产译介标准及策略的探索，可以对北京历史文化、文物、文化旅游及文化形象塑造等相关领域的文化译介者提供学术及翻译技术参考。

研究对象为北京古建筑文化多模态传承与传播，具体研究包括四个方面：

- 对北京古建筑文化进行多模态传承与传播的理论建构；
- 对北京古建筑文化进行多模态收集、整理、分类、建库和保存；
- 对北京古建筑文化进行多模态外译传播；
- 对北京古建筑文化传承与传播的价值和效果进行理论和实证研究。

本研究重点在于试图建立北京古建筑文化多模态传承与传播理论。此理论建构属于跨学科理论建构，需要把语料库语言学、系统功能语言学、多模态语言学、传播学和翻译学的不同学科理论融合起来进行相关研究，才能建立起多模态的传承与传播理论和北京传统文化多模态传承与传播效果的评估理论建构。对于传承与传播效果评估理论来讲，需要大量的观察、问卷和访谈数据，从而确立质性评估指标，建构评估理论。

主流传播核心是价值传播，这也是在百年未有之大变局中赢得主动的根本，是塑造城市形象国际传播的核心要素。以习近平同志为核心的党中央，以巨大的勇气和责任担当，为解决世界和中国一系列重大问题提供了新的选择。

习近平总书记提出推动建构人类命运共同体的重大愿景，为人类社会破解世界难题、携手共创美好未来提供了中国方案、中国精神、中国价值。习近平新时代中国特色社会主义思想集中汇聚和代表了当代中国价值。北京国际传播工作始终围绕对外宣介习近平新时代中国特色社会主义思想这个最首要、最主要、最重要的任务展开，将其贯穿主场传播各方面，设计到各主场活动之中，落实到各重要环节上。在中非合作论坛北京峰会、第二届“一带一路”国际合作高峰论坛、亚洲文明对话大会、庆祝新中国成立 70 周年活动期间，新闻中心向注册中外记者嘉宾发放外文局出版的多语种《习近平谈治国理政》2 万余册。厚厚的《习近平谈治国理政》书籍被外媒记者带回他们的国家，也把厚重的中国发展的世界贡献、世界道路的世界意义、中国制度的世界价值带到世界各国。

在国际传播实践中，越来越多的国家实施“走出去”的传播本土化战略，或是在对象国当地制作节目并在当地播放，或是将自己制作出来的节目提供给对象国令其在国内播放，以便缩短语言媒介转换的距离，从而尽可能有效地减少跨语言、跨文化传播中信息的损耗和流失，降低国际传播的文化折扣率。譬如，中国国际广播电台在海外建立了 50 多家分台，在驻地国直接制作和播出节目。“美国之音”把制作的节目提供给 103 个国家的 2 300 家广播电台予以播出。另外，有些国家把对象国的媒体和人员“请进来”采写和报道，从而减少乃至免除了语言媒介转换的障碍。譬如，中国举办奥运会和世博会等大型国际活动直接邀请和吸引了世界各国的媒体记者前来采访和报道中国。

第三章

多元化的北京建筑文化遗产

第一节 北京建筑文化的历史

建筑是物质文化与精神文化耦合的产物。每一座建筑都铭记着建造年代的生产技术与社会人文状况。新建筑所带的信息，限于当代，而老建筑在其存在的过程中，长时期与过去时代的人和事直接或间接地有所牵连，因而附着和积淀了比新建筑远为丰富的人文信息，相关的历史文化物化于其中，可触和可感是某一历史片段的真实凭证，能引人遐思，感动今人，因此更有看头。

北京有大量的新建筑，又有历史留下的丰富的古老建筑和近代建筑，可以统称之为历史建筑。新建筑和历史建筑都是不可或缺的，新建筑满足现今的使用需求，而历史建筑是珍贵的文化遗产。北京是世界上建成最早的历史名城之一，是辽、金、元、明、清古都，遗存下来许多凝结着中华古代文明和传统文化的古建筑。它的辉煌除了显现于数不胜数的宝塔、桥梁、庙宇寺院等建筑外，更集中地体现于皇城、皇宫、皇陵以及皇家园林建筑上。

北京寺院建筑比较多，而且具有悠久的历史，有很高的艺术价值，体现了各个民族的独特艺术风格，也糅合了东方其他国家和民族的独特艺术风格，比如越南、印度、尼泊尔、朝鲜等，有些寺院至今保留完整。

北京皇城，由辽代的南京、金代的中都、元代的大都到明清的北京城，几经变迁修建，极其雄伟壮丽。特别是明代北京城设计严密，外城包着城南面，内城包着皇城，皇城包着紫禁城。从外城到紫禁城，每城周围又绕以宽而深的护城河，内城的土墙全部改用砖包砖，更为坚实、壮美。紫禁城位于全城中心，沿着一条纵贯南北约十三里长的中轴线，矗立着一座座宏大辉煌的宫殿建筑群。除外朝内廷的皇极殿、中极殿、建极殿，乾清宫、交泰殿、坤宁宫等众多宫殿外，还有城北的钟、鼓楼，城南的天坛、先农坛等宏伟建筑。这些古建筑既负载着中国的人类的古代文明，又是历史文化的瑰宝。

皇陵墓葬也是古建筑中独特的一类。这里最著名的是明十三陵（分布在昌平区北天寿山下的明朝中的皇帝的坟墓，即长陵、献陵、景陵、裕陵、茂陵、泰陵、康陵、永陵、昭陵、定陵、庆陵、德陵、思陵）。十三陵的建筑是一个庞大的体系，整个陵区方圆约四十平方千米，周围关口砌有围墙，通向陵墓的有洞、神道、碑亭、兽象、孔桥。1957 年发掘出来的定陵的地下宫殿宽大高敞，壮丽精美，地上地下整个十三陵的宏大建筑堪称古代建筑艺术中的杰作。

1958 年我国社会主义建设进入全面发展时期。同年中共中央政治局扩大会议在北戴河召开，会议决定为庆祝新中国成立 10 周年，在北京建设一批重大工程。根据这一决定，在首都北京诞生了国庆十大建筑——人民大会堂、中国革命历史博物馆、中国人民革命军事博物馆、民族文化宫、民族饭店、华侨大厦、钓鱼台国宾馆、全国农业展览馆、北京火车站、工人体育场。国庆建筑是那一时期北京社会主义建设光辉成就的突出体现。

北京建筑历史大事记

北京城在隋唐以前的漫长历史中并没有留下任何地上建筑。直到金贞元年间被改为中都，北京的大城、皇城、宫城、园囿才相继建起来。明王朝定都北京之后，对北京城进行了大规模的改造，紫禁城、北海、太庙、社稷坛、十三陵等都是那时候建造的。之后的清朝几乎完全沿用了明北京城的旧制，并在其基础上修缮、重建。今天我们看到的传统建筑群大多为清代修建，明代原物已经不多。

北京古建筑分布

整个北京城是一道道城垣“环环相套”构成的，南面的平原是第一道轮廓，往里是外城和内城组成的“凸”字形城郭，西城墙外向，由清代营造的“三山五园”；再往里是皇城、紫禁城，城中分布着大量灰色瓦顶的四合院民居。清华大学建筑学教授张克群在其新作中将北京皇城建筑概括为“红墙黄瓦”。整座北京城以紫禁城的南北中轴线为主线，北起钟楼，经过鼓楼、景山、紫禁城、天安门外的御街、内城正阳门直抵外城永定门，形成近八千米长的城市中轴线，汇集了北京最为壮美的建筑群。中轴线西侧一带延绵着自由浩瀚的六海，他们与城中方正规矩的布局相映成趣。

北京建筑鉴赏分类

基于不同的分类标准，北京古建筑会有不同的分类。主要存在于以下几个方面：根据北京古建筑研究成果，北京古建筑文化主要包括皇家古建筑文化、宗教建筑文化、西洋建筑文化和现代都市建筑文化，从具体建筑造型来看又可分为宫殿、祭坛、庙宇、园林、陵墓、佛教建筑、基督教建筑、天主教建筑、伊斯兰教建筑、道教建筑、早期洋式建筑、东交民巷建筑、清末民初建筑、长城、古桥、民国初年办公及商业建筑等若干分类。

纵观历史，建筑是与一个民族血脉相连的象征和标志，映射积淀着传统的思想理念，成为文明的精神载体。古代哲学思想对传统建筑的深刻影响远非一篇短文所能尽述，并且儒道互补、儒法交融是不争的事实。这一相互渗透、融汇交聚的思想体系构筑了中国特有的建筑风格。无论是现在还是将来，古代哲学思想的精髓永远是我国建筑事业蓬勃发展的灵魂。

第二节　北京古建筑文化的译介意义

建筑不仅具有提供人类居住和使用的功能，而且担负着反映和记录人类历史文明进程和时代精神的重任，中国悠久的历史中留下了丰富的建筑理论，这些理论形成了独特的中国建筑哲学，实用理性、君权伦理、天人合一等传统观念在传统建筑中得到了充分的体现。未来北京现代建筑应该秉承理念，运用国际先进科技和材料，以中国国情为基准，体现本土文化特点和风格。

本研究的创新之处在于：适应北京发展实际，深化特定语境下文化对外传播策略选择的研究；重新认识北京历史文化遗产对外传播的重要作用，从而为译者、译介文本在博物馆的角色重新定位，由此为优选合理的英译策略寻找理据，提升北京市古建筑、博物馆等的对外传播效力。

北京厚重的文化内涵举世无双，古都文化和首都文化是北京的文化特色和资源优势。这种资源优势在全国独有，而且具有世界影响力，保护、传承、传播这些优秀历史文化遗产对推进“走出去”具有重要意义，这种优势应当放在北京文化发展战略的核心位置加以利用。

北京文化遗产为“走出去”提供了重要的物质基础和宝贵财富。北京是全球拥有文化遗产最多的城市之一，通过不断的保护和传承、发展和创新，文化资源优势可以不断地转化为文化、经济发展优势。依托物质形态的文化资源，有利于打造独特的城市形象，推动旅游、文化创意产业发展，从多个角度向世界展示和弘扬北京厚重的文化底蕴。

文化是城市的灵魂和魅力所在。北京文化遗产为北京文化“走出去”提供了厚重的思想基础和精神动力。世界上著名的城市都有其演进的文化、传承的精神和延续的历史。几乎每座世界历史文化名城都浸透着这座城市乃至整个国家的历史，展示着文化的辉煌，折射出城市文化的情趣和品位。在悠久的历史进程中，北京积淀了丰富、璀璨的文化遗产，是中华民族传统文化、哲学思想、艺术形式的集中体现，在北京文化及中国文化有效对外传播的过程中必然发挥重要作用。

北京文化遗产是实现首都城市功能的重要保障。北京作为政治中心、文化中心和国际交往中心，对外承担着展示中华民族传统文化、展现中国文化魅力与文化软实力的重要前提，对内在国家文化发展中发挥着引领示范和带动辐射的作用。底蕴丰富的北京传统文化，得天独厚的首都优势文化资源，是城市发展和国际化展示的精神保障和有形支持。

新时期，北京市是首都，是国际交往中心。作为全国文化中心，北京既要以史为鉴，汲取经验，利用历史的资源和优势，又要着眼未来，谋划当前，体现新时代文化建设的特点和规律。改革开放以来，北京作为高校科研机构聚集之地，高级翻译人才汇聚，作为国家国际交流之都，对外交流机构云集，在文化对外传播领域不断开拓进取，成绩斐然。当前，认识和了解北京的文化遗产内涵，有助于对外传播机构和相关工作人员提高认识和觉悟，跳出传统的“就事译事”的窠臼，在北京城市形象对外传播的过程中做出创造性的新贡献。

具体到北京建筑名称及相关内容的多模态英译目的，主要分为两个部分。首先，传递建筑名称和建筑具体信息。利用多种模态的形式翻译北京建筑的命名和简介，可以使得其他母语国家和人群以及集体更全面地了解建筑的功能和类型、背后蕴藏的文化内涵，此外，其指向功能还可以方便定位等。其次，实现传播中国文化的目的。中国建筑尤其是中国古代建筑是中国古代文化、政治、哲学思想的呈现载体，是中华民族五千年来文化传统的沉淀和反映。当然，中国的这些传统哲学思想在中国现代建筑的建造上，也是有迹可循的。建筑大师梁思成曾说：“建筑这本石头和木头的史书，忠实地反映着一定社会之政治、经济、思想和文化，而城市的无论哪一个巍峨的古城楼，或一角倾颓的殿基的灵魂里，无形中都在诉说乃至歌唱着时间上漫不可信的变迁。”从这个角度上讲，建筑不仅具有功能性，同时还背负着记录人类文明和进步的光荣使命，反映出不同历史阶段的社会意识和时代精神。而哲学作为人类文明和时代精神的具体存在和表现形式之一，应该也蕴含在建筑中。

译介工作是北京文化遗产对外传播的重要渠道。北京的文化遗产是承载首都深厚文化底蕴的特殊容器，是中华民族所创造的博大精深的灿烂文化的优秀代表，也是中国当代价值观念和文化精神的根基。综合、立体的对外传播方式，离不开多语种的话语沟通。对北京文化遗产的介绍、评价、推广，语言表达方式越多，沟通渠道越通畅，北京乃至国家的国际形象就愈加开放、生动、亲切。在译介方式方法上深入研究，可以使我们的表达更加有亲和力和吸引力，能够有效提升北京文化对外传播效果。在系统地开展文化遗产的译介工作的同时能够更好地服务对外话语体系建设，掌握国际话语权，有利于增强对外话语的创造力、感召力、公信力，为讲好中国故事、传播好中国声音、阐释好中国特色创造更多的便利。此外，让收藏在禁宫里的文物、陈列在广阔大地上的遗产、书写在古籍里的文字、渗透在老百姓言语、行动、生活中的风俗都活起来，译介工作是不可或缺的关键步骤，直接关系跨文化交际的活力和生命力。北京文化对外交流成效在很大程度上取决于北京历史文化遗产的对外译介水平。

译介工作是对北京文化遗产的保护。厚重而独特的历史文化遗产是北京展示自我的名片，也是获取不竭发展动力的源泉。习近平总书记于2014年在北京考察工作时强调：丰富的历史文化遗产是一张金名片，传承保护好这份宝贵的历史文化遗产是首都的职责，要本着对历史负责、对人民负责的精神，传承历史文脉，处理好城市改造开发和历史文化遗产保护利用的关系，切实做到在保护中发展、在发展中保护。

软实力与对外传播

软实力被定义为吸引、说服和同化其他国家的一种非物质性的吸引力，是近年来国家之间综合实力竞争的一个重要方面，跟军事、经济实力这样的“硬实力”相比，更具有不可衡量性。在国际竞争的舞台上，有着“四两拨千斤”的作用和影响。美国政治家约瑟夫曾经提出“尤其在文化、教育、大众媒介等方面，软实力的性质是无法用传统的地缘政治学来解释和评估的”。

文化传播是传承、推广和发展文化体系的重要途径，是人们利用一定传播媒介扩展或输出文化意义体系的活动。对外传播是以国外受众为传播对象的一种跨文化、跨民族的交流，其媒介就是翻译。而随着技术的发展，翻译的模式变得多种多样，有文字翻译、图文翻译、同声翻译，以声、形、图像等多种形式呈现，这种变化使得这种双向性的信息交流变得更加有效。对外传播还是一个国家外交的重要组成部分，其主要目的在于树立良好的国家形象和打造新型的跨文化传播语境，维护在国际上的话语权。

所谓文化传播力，就是推动一国文化向外传播，使其由民族文化“泛化”为世界文化的力量。对于一国来说，只有当自己的文化观念和价值取向在国际社会广为传播并被目标民众普遍接受和认同时，其文化才成为真正的软实力。在很大程度上，文化软实力化就是文化对外传播力的实现。

我国拥有灿烂、悠久的传统文化，地上文物、馆藏文物和地下文物弥足珍贵、数不胜数，它们不仅是中国文明的缩影，也是提高我国国际影响力、树立我国国际形象、壮大我国文化产业和文化市场的重要依托，是提高可持续国际竞争力的重要资源。在丰厚的文物文化软实力资源软实力化的过程中，对外传播力和影响力至关重要，而语言解码方式和策略使用则会对文物文化的传播力和影响力产生直接的影响。

从跨文化传播的角度来看，唯有达成不同文化体系之间的和谐对话，在对话中求同存异，才能达到本土文化的意义增值。从经济学的角度来看，文物资源要转化成生产要素进入全球化的大市场，必须注重这种资源在国际上的可识别性和标准化，即要让外国文物读者能够充分欣赏中国的文物文化，进而吸引更多的国外人群参与中国文物文化市场及与文物文化关系密切的产业，如旅游市场、艺术品交易市场中来。

总的来说，研究北京建筑文化的多模态传承及传播具有一定的学术价值和应用价值：

首先是独到的学术价值：1）北京传统文化多模态传承与传播理论建构在新媒体时代具有独到的理论意义，它不同于以往的单模态理论建构，对于立体式文化传播会起到有力的指导作用；2）北京传统文化传承与传播的价值和效果的理论与实证研究会对文化传承与传播建构起评估理论，文化传承与传播评估理论建构具有独到的见解和全新的认识，属于理论创新。

此外还具有特有的应用价值：1）北京传统文化多模态收集、整理、分类建库和保存在国内外属于首次体系化应用研究，此研究为后续应用价值开发提供多模态数据库平台，属于基础性应用研究，属于独到的研究；2）北京传统文化多模态外译传播在国内外属于首次体系化立体式对外传播，多模态外译传播融合视觉、听觉等不同信息传播与接收通道，具有独到的应用价值。

第三节　北京古建筑译介现状与需求

北京古建筑译介方式是多模态化的，城市文化作为城市的名片，需要一个系统宏大的对外传播系统。需要科学的指导与规划，各方的积极配合和资金的支持，任何一个有机部分都不可分割。自 2008 年北京承办奥林匹克运动会以来，市政及相关学者、行业从业人员对于重点景点的英译工作进行了规划和实施。北京在重点历史文化建筑遗产现场、博物馆网站、英文简介等多个方面进行了英语译介，取得了较为丰硕的对外传播成果。

目前北京 5A 景区指示牌均实现了中英文对照。绝大多数的博物馆配备有英文解说，很多著名胡同也有英文标识。故宫博物院、首都博物院的英文解说及标识是其中的典范。博物馆网站是当今社会，多媒体交际已经成为信息传播的主流形式。北京市许多古建筑博物馆或者景点已经意识到外语网站建设的重要性。2018 年的《北京政府工作报告》指出，要进一步坚定文化自信，增强首都文化影响力，加强文化对外交流合作，推动文化走出去，展示首都文化魅力。目前北京文化翻译市场需求旺盛，市政及有关部门正采取措施进行有效保护和发掘。但是在翻译需求方面还有很多问题。

（1）翻译覆盖不平衡，存在译介空缺。

大量历史文化遗产仍只有中文介绍，包括英语在内的外语介绍工作仍然没有展开。以对北京市 133 家博物馆所做的调研为例，仅就博物馆名称而言，有 41 家博物馆没有任何形式的官方英文译名，占总数的三成。

（2）翻译质量不稳定，存在很多翻译错误，小语种翻译欠缺。

第一，语言错误频频出现。现有的北京文化英译错误仍然很多，这是游客在参观过程中频繁发现的。比如针对北京市文物局编写的《北京博物馆精华》一书展开的研究中，通过抽样调查，对中英对照的译文进行翻译质量评估。评估结果如表 3–1：

表 3–1　中英文对照翻译质量评估

总量	基本合格	严重逻辑错误	理解偏差错误	漏译或不译	专有名词前后不一 / 语法错误	大小写错误、标点使用错误	单词拼写错误	基本语法错误（时态、主谓、单复数、搭配）
50	3	3	7	2	13	15	3	45

部分建筑风景区和小型博物馆的翻译有时采用翻译技术和计算机辅助翻译软件等，导致市场上出现了一些直接借助网络工具产生的英文译文，错误百出，贻笑大方。

第二，翻译市场出现了“死译”现象。死译是指直接生硬地翻译，死译现象中，多数情况都是译者本身并没有弄清楚历史文化建筑遗产背后浓厚、多样的文化因素。很多这种逐字逐句的生硬翻译，在北京建筑文化英语译介及传播的过程中比较常见，这样的翻译从文字及句法方面看并没有什么太大的问题，但是这种貌似正确的译文很多时候由于译者缺乏文化背景知识或者对北京建筑文化理解不到位，所以译文无法很准确地突出文化核心价值，甚至会导致受众对文化的误读。从翻译准备和实践的角度看，对于古代建筑的译介除了要突出反映其类别特点、布局沿革、建筑风格、建造技术等，还有包含在建筑背后的哲学思想、宗教思想以及诗话传统。有些译文拘泥于原文的顺序，没有经过必要的删减调整、加工提炼，同时又受空间限制，结果关键的文化信息就在这种“死译”中不了了之了。

第三，文化价值观念薄弱。历史文化遗产的翻译当以文化传承、文化传播为重。实际操作中，文化元素的翻译处理的确要求很高，很多译文由于种种原因，或没有足够的能力传达文化精髓，不能重视建筑这个载体背后的精髓。

第四，译法太多，市场上对于同一个概念或者同类概念，没能建立一个完整的英译数据库，有一些具有北京当地特色或者中国传统建筑特色的专有词汇在翻译的过程中没有统一的标准，没有达成基本的一致，这也给北京建筑文化的海外传播带来了一定的困扰。

（3）译介渠道单一，新媒体、多模态的翻译时长有待拓展。

在国际传播的过程中，传播媒介是一个非常重要的参照指标。就北京建筑来讲，无论是官方还是民间的传播平台都存在一定的局限性。北京拥有数量巨大的古代、现代建筑，但是这样的建筑数量与其对外传播平台的数量不匹配。比如，大量文化机构仍没有英文网站。本课题团队对北京市政官方公布的 129 个北京博物馆信息查询，无英文网站的占 89 家，占比超过 60%。而在这剩余的 40 家中还有很多存在错误或错乱翻译的。除此之外，在北京建筑文化对外传播的过程中很多新媒体平台和媒介的作用没有被最大化地利用和重视。新媒体所呈现的消解能力能够免除大众传媒的一些缺点，同时，新媒体对于传播者也有一定的传播要求，即要向每一个传播对象和受众提供个性化内容和传播交流。北京的 5A 景区中有 4 家没有建立微信公众平台，而且建立了微信公众平台的几个景区也并没有体现英文介绍内容。

译介活动不是指孤立的词语、句式、段落对应，内容的传达始终是首要任务。对于北京文化遗产的译介工作，对内容的研究和理解是首先应完成的任务。只有这样译者才有把握在科学方法的指导下开展语言的转换和信息的传播。

（1）加强对于北京古建筑文化的内容及翻译研究，科学指导。

第一，翻译北京文化遗产，需熟悉北京历史、文化、有形与无形的文化遗产、当前文化建设目标和任务；需全面了解所译介的目标，实地参观，查阅资料，咨询专家，能够充当半个文化专家，而不是做一知半解的工作；需深入研究文本内容，以及背景年代、重点人物、文物核心等关键词汇及出处，能够详解文本信息，不做语焉不详的传声筒。

第二，翻译北京文化遗产，需深入研究文化翻译理论，积累丰富的文化翻译实践经验。好的文化英译译文有助于成功进行展示和宣传作为容器形态的历史遗产所承载的北京乃至中华意识形态文化和规则形态文化，帮助读者消除文化信息传播中出现的意义空缺，建立语义连贯，达到跨文化沟通的目的。在不同的情况下，灵活选择不同的翻译理论和方法作为指导完成精准合适的翻译。

第三，翻译北京建筑文化内容，需要掌握对外传播理论，了解城市形象构建、对外传播的一些普遍规律。城市外宣就是对城市进行包装，打造城市名片。包装的方式和手段多种多样，而文化包装无疑是最有效的手段之一。北京作为首都，在文化政策制定、发布、试行和管理上发挥着引领全国的作用；北京作为历史文化及国际化大都市，具有得天独厚的地理及文化优势。

（2）完善对北京古建筑文化的分类翻译，精准分类。

第一，从规章制度上应该实行自上而下的制约和规约。应该出台更多的建筑类别英语通则及实施指南。我国《公共场所双语标识英文译法》通则及实施指南的发布，很好地指导了北京市英文翻译实践，而且在全国范围内起到了示范性作用。对于北京的皇家建筑、宗教建筑、西洋建筑、现代建筑等，那些俊美的皇宫王府、胡同四合院等，需要更多统一的翻译通则来指导和规划。

第二，对北京文化遗产实施分类翻译，有助于建立中英平行语料库，为进一步的宣传及对外传播做好准备。北京市政应该拨付给文物保护部门或者城市建设部门一些专项资源和资金，完善英语译介工作的展开。进一步达到分类翻译的有效资源能够得到利用，可以减少重难点文化信息的重复翻译，既保证了质量，也可以为其他点位、甚至全国其他城市提供翻译基础语料。

（3）建设高素质的翻译团队，鼓励创新。

北京是全国政治中心、文化中心、国际交往中心和科技创新中心。近年来，北京市委宣传部充分提炼挖掘四个中心元素，用好、用足古都北京、红色北京、京味北京、创新北京等形象特色，广泛调动各方力量，动员各类传播主体，应用各种传播渠道，用心、用情做好每一次国际传播、每一场形象塑造，努力构建与北京四个中心定位和国际影响力相匹配、与大国首都相匹配的良好国际形象，向世界展现全面、立体、真实的北京。

第一，建设一支专业水平高，对北京建筑文化重要性有认同感的翻译队伍将有利于北京建筑文化乃至北京文化外宣。从服务北京走出去，讲好中国故事为出发点，我们可以看到，新时代下的北京建筑文化英译在形式上呈现多模态语言学发展规律，在内容上符合国际传播的基本规律。北京建筑文化英译本质上就是北京优秀文化向外流动的过程，专业的翻译队伍构成了整个文化对外传播组织的一个窗口。这些译者必须自觉地站在国家的立场上，遵循国家的文化对外传播方针，以此为标准对文化信息进行筛选、过滤和加工。一方面真实表达，避免词不达意的问题和毛病，另一方面也不做死译，最重要的一点是要在真实传达意思的基础上，不盲目地曲意逢迎，扭曲文化信息的真实属性。译者团队应该强化责任意识，履行职责，不断地学习与沟通，强化创新，发挥好文化传播和文化把关的角色。

第二，文化创新离不开优质的译文。不论是视觉还是听觉模式，都需要先有译文。目前，北京处于自身的高速发展期，推进文化创新是实现城市国际化的重要途径，优质的译介工作有利于显现北京的历史文化特点和当下的文化成就，有利于彰显城市精神和社会主义核心价值观，有助于消减文化差异，提升北京文化的国际文化的认同感。

第三，加强顶层设计，有利于译者队伍的培养和译介工作的开展。七零八落的翻译琐碎流程不能保证译者团队的专业水准，无法保证译介的整体水平，需要从政府层面规划人才培养计划，找准着力点，调动各科研及实践单位的力量，形成发展的合力。

第四章

北京古建筑文化多模态翻译传播

第一节 北京古建筑文化特殊属性阐释

在中华民族悠久灿烂的文化艺术宝库中，传统建筑文化艺术占有重要地位，有着举世瞩目的辉煌成就。许多古建筑已被列入世界历史文化遗产。中国古代建筑是中华优秀传统文化的载体，在世界建筑之林独树一帜，为世人仰慕。

建筑是人们谈论最多相处最多的环境（衣、食、住、行），也是人们往往知道得最多的东西。事实上，建筑为人而用，既有物质功能，又有精神功能，有着十分丰富的内涵，其内涵系统构成建筑的基本属性，主要有以下几个方面。时空性：建筑依实构虚，应时而存；技术性：建筑依技术而为，物质构成保障；艺术性：建筑既为使用对象，又为审美对象；民族性和地方性：地域产生特色，民族审美各异，形成建筑形式和风格的差异；历史性和时代性：建筑作为文化的载体，铭记历史。

建筑是人类物质文明与精神文明的产品，主要体现在以下几个方面：

第一，建筑文化最初产生和延续在人类自然居住的环境中。气流、地、气温、气压、食物、土地、水质、植被等等。作为人与自然中介的建筑，对外应有利于形成小区外部环境，对内应有利于保障人居的室内环境。这些建筑像植物一样，落地生根，合天时，合地利，适宜于地区自然环境的要求，与大自然融为一体。

第二，这些建筑形式多样，风格各异，适宜于不同地区的自然环境，与风景、林木、地形融为一体，形成了根植于自然环境的各种建筑文化。建筑既要根植于自然环境，又要服从于自然环境，这是建筑师必须遵循的一条基本原则。

建筑文化在一定条件下是可以转化的。地域、民族性的建筑文化在一定条件下可以转化为国际性建筑文化，国际性建筑文化也可吸收、融合新的地区与民族性建筑文化。在当今世界里，建筑文化的发展和进步，既包含前者向后者的转化，也包含后者对前者的吸收与融合。这两者既对立又统一，相互补充，彼此影响，共同发展，只有保护和发展丰富多彩的各民族建筑文化，促进世界建筑文化的多元化构成，最终才能建立一个“和而不同”的人类社会。

中国传统文化博大精深，建筑文化也是同样。我们应不仅从形式的角度，还要从文化的深度来理解传统，譬如：属于第一层面的，传统建筑中古典美的屋顶、斗拱、柱廊的造型特征，诗文、书画与工艺结合的装修形式，以及各式门窗菱格、装饰纹样；第二层面的，庭院式布局的空间韵律、自然与建筑互补的环境设计，诗情画意、充满人文精神的造园艺术，形、数、画、方位的表象与隐喻的象征手法；第三层面的，“天人合一”的自然观和注重环境效应的“风水”思想，阴阳对立、互动、相应的哲学思维和“身、心、气”合一的养生观，等等。它们之中蕴含着丰富的内涵、深邃的哲理和智慧。这些都阐明，传统对现代的价值还需要我们在新建筑的创作中去发掘，去感知。

以紫禁城为例，它宏伟壮观，气势恢宏，色调以大红、金黄为主，红色象征着权力，黄色象征着财富，当年马可·波罗误把皇宫顶部的琉璃瓦当作金子，是对这个强盛的东方帝国的无比敬仰与崇敬的最典型体现。而江南的建筑风格中，最具代表性的建筑主要是以亭台楼阁为主，展现了江南诗画的优雅风情，象征着温柔而细腻的文化属性，体现了惬意、恬淡的生活态度与品位。

北京的建筑遗产文化具有特殊的魅力。北京这座历史文化名城已经超出了一般城市建筑体的功能，成为反映历史时代、民族融合、社会制度、社会生产、社会生活的物化载体，不仅承载着北京地域性文化的历史记忆，同时是中华民族最深层的精神沉淀，也是国家和民族文化遗产的物质形态，构成了北京独特的历史人文环境。因此，北京建筑遗产文化的对外传播应该顺应社会和文化发展及需求，鼓励创新，加强顶层设计，培养专业素质高，能够“读懂”北京建筑文化的专业团队。

第二节　北京古建筑文化的多模态性

现代科学技术的迅猛发展，为人们获取、检索、分析和加工信息提供了更为便捷的途径，也加速打破了语言学的认知藩篱，多模态话语分析理论（multimodal discourse analysis）于 20 世纪 90 年代在西方应运而生。在此之前，语言学研究主要以文本为基础，而多模态则把所有交际模态看作意义生成的资源，认为在日常生活中人们除了使用语言，常常还运用其他一种或几种符号资源参与意义的构建，从而达到交际的目的。换句话说，意义的构建是通过多模态话语的形式来实现的。无论是文字、声音、图像、色彩还是面部表情、肢体动作等，多模态话语中的每种模态都是意义生成资源。在第二章的分析中我们可以看到，近十几年来，随着技术的革新，建筑文化的翻译呈现多模态化，从原本景点单一的指示牌文字翻译、中英对照词典的出版，各类中英对照图书的出版，发展到各类相关题材纪录片的中英文字母和配音，再到各级别博物馆实时耳机翻译讲解，直至现场的 VR 场景体验，建筑文化的翻译表现形式是多模态的。多重符号系统（听觉和视觉）一起构建了文化传递，而“翻译是以译者为主体，以语言为转换媒介的创造性思维活动，所谓翻译，就是把见之于一种语言的文本用领域中的语言准确而完整地再造出来，使译作获得与原作相当的文献价值和文学价值”（王宏印，2002：54）。

既然建筑文化需要调动多种模态来构建意义，它涉及的符号系统又如此丰富庞杂，我们在研究中该如何把握？在翻译中又该如何传达呢？

在北京建筑文化的翻译过程中，译者以剧作原文本为工作起点，以再造出译文本为工作目的，工作的对象为语言文字。建筑文化的多模态性要求译者不仅要传达原作语言文字所涵盖的意义，还要通过挖掘语言文字背后所附带的多重符号信息，将其多模态性在译文中设法予以复原。在此，我们分别参照 Gunther Kress、Theo van Leeuwen 构建的视觉语法框架和 Theo van Leeuwen 构建的听觉语法框架的相关要素，以指示牌文字翻译、中英对照词典的出版、各类中英对照图书、各类相关题材纪录片的中英文字幕和配音、各级别博物馆实时耳机翻译讲解，直至现场的 VR 场景体验为研究对象，对原文本进行多模态话语分析，并对比分析译者对原作多模态性的识别以及在各自译文中予以复原的方法与效果。

在众多作品中，多模态系统的表现力十分强大，想要把它翻译成“读者顺眼、观众入耳”（余光中，2002：127）的英语译文，需要留意的多模态符号有很多，在转换的过程中既需要扎实的源语与目的语的掌握能力，也需要对两种文化的深入了解，更需要特定的翻译方法与策略。这里我们要特别说明的是，接下来两章的实证分析中案例的选择，为了说明问题仅从视觉或者听觉某一种模态进行分析，但这并不意味着该语篇只包含举例说明的那一种模态符号。就戏剧多模态、多符号系统的特性和建筑文化在文学语言、建筑色彩上独具的特点来看，原作本身就是一个多种模态符号的综合体。我们在翻译的过程中，需注重对其中多种模态符号的综合考察。

第三节　北京建筑文化多模态翻译策略

北京建筑文化多模态翻译及传播既通过语言文字、绘画等艺术形式予以表现，又要同时作用于受众的听觉、触觉甚至嗅觉感受。建筑文化本身及其传播的过程是听觉和视觉以及思考的系统协作。

北京建筑文化的多模态对外传播主要包括：景点或者建筑现场的图片翻译、新媒体平台或者网站上的文字翻译、新媒体平台或者网站上的视听视频翻译、纪录片或者音视频的景点文化产品中的翻译以及景点或者建筑现场的翻译等。

古建筑文化中的文化预设

古建筑即古人为我们留下的历史遗产的一部分，我们通常称之为文物。文物主要指历史留给后人的具有文化价值的东西，如建筑、工具及各种艺术品，同时还包含很多非物质遗产。文物古迹旅游引导词或博物馆文物解说词随着文化产业的蓬勃发展和大众文化的广泛普及，则逐渐摆脱了曲高和寡、表述复杂的困境，日趋人性化，语言转向通俗易懂且灵活多样，通过文字引导，激发观众对文物文化的积极思考并产生共鸣。

中国是世界古建筑文化大国，承载着十分显著的文化含量，而正是凭借对中华民族文化的精准认知和体验，所以在理解古建筑语言时需要把我们隐含其中的文物的文化预设，实现成功的中国古代建筑文物文化交流。

图文媒介的翻译传播策略

（1）图像的可译性与不可译性。

在其非隐喻性的用法中，“翻译”一词通常被定义为言语层面的行为，即把口语或书面的某一事物改成另一种语言的行为，或者是侧重于这种行为的产物，即被翻译的文本或词语。其中“文本”与“词语”的关联使得“翻译”的含义扩大到了非语言表达方式。而翻译学校的培训往往集中在与语言相关的文本或口语层面，将非语言因素视为附带因素。但从广义的符号学角度出发，这些非语言因素可能会有助于文本意义的建构。在高度多模态的语言训练中，以语言为中心的说教实践是个例外，因为在这些训练中非言语和非语言学的维度非常突出。然而，这类翻译很少被纳入主流翻译课程，通常包含在单独的、高度专业化的课程中。开展这种语言翻译培训方式并非没有动机。相反，我们必须承认它有着非常实际和合理的原因。它为教师和学生提供了明确的重点，同时减少了需要单独或特殊处理的文本变量。换句话说，仅仅通过语言学的手段来划分文本类型，而且只关注语言层面会使事情变得更加简单。例如，在一个专门研究短篇小说的模块中，分析源文本的一个或多个版本的插图并重新研究目标文本的插图会占用很多时间。此外，有人认为这样做会分散注意力，不利于获得在翻译市场上所需的主要技能，于是引出了第二个理由：分工。

在现实生活中，语言内容的翻译只是目标文本生产的几个部门之一。就像流水线上的工人是由专门从事某一方面生产的工人组成的，他们永远不会对整个生产过程有一个总体了解。那些处理文字的人并不与负责文字视觉方面的人密切配合，所以当这两个领域重叠时，很可能会出现冲突。例如，图形设计者可能会在没有征求译者意见的情况下，因为 PDF 文件空间不足而省略最后一段，或者译者可能对图形设计者的警告不以为意，即仍旧让目标文本与源文本保持相同长度。因此，译者在培训中了解到，他们不会参与到综合文本制作过程中，而这一过程涉及文本的所有编码模式；但是在职业生活中，他们会自觉或不自觉地淡化这种现状，直到他们找到了被视为传统翻译领域之外的技能市场，并慢慢掌握排版、校对、编辑防伪文件或网络编辑这些技能。

我们并不一定要通过理论将符号学纳入翻译。当我们将注意力从翻译过程转移到作为脱离这一过程文本的产物时，符号学就自然而然地出现了。翻译通常被视为言语活动，不仅仅是因为其需要通过将目标文本分开来促进目标文本的生成，还因为在目标文本的生成过程中，译者很少考虑到翻译和修改文本在视觉层面上的可能性。人们似乎普遍认为视觉符号不同于言语符号，它们具有普遍性、即时性，不构成语言间和文化间交流的障碍。这意味着它们不被编码在只能为特定群体用户所理解的符号中。最直接的、最普遍的视觉符号是照片。它描绘的是外在的现实，而不是直接由作者产生的图像。

事实上，照片确实传达了一种意义。但由于照片在本质上仅仅是类比，其创作过程并没有转化或编码它所描绘的现实，因此这种信息是没有代码的信息。他指出阅读所传达的信息是意义上的信息，是与我们的感知联系在一起的知识，是一种属于人类的知识，从而为照片的不可译性提供了一个论据。此外，照片是不能用语言来描述的，因为言语必然会在指称意义上叠加内涵。并且照片的指代性和客观性地位是神话性的，而这一神话因图像的机械性生产手段而得以延续。但事实上，照片本身就有其内涵意义。特别是在广告中，照片是表意过程的工具，而这些表意过程已经事先编码到了照片中。这个悖论显然是通过假设图像的标志性（非语言性）维度可以携带两种信息来解决的。其中一种是基于感知的指称意义，是不编码的；而另一种是基于文化的内涵意义，是编码的。这种区分在实际上是可操作的，因为它在普通的阅读中并不是自发地进行的，即图像的观者在同一时间接受感知信息和文化信息。同样，图像可以成为神话系统的材料，即应该将次要的符号学系统看作不可分割的整体。我们只能从分析的角度出发来看符号之间的区别，并进行艺术性的区分。

（2）图文翻译传播的注意事项。

下面我们讨论翻译图文并茂的技术类文本时，图像对翻译产生的认知影响。译者的阅读理解过程始于构建两种模态所传达的信息的独立表征。如果这些信息是一致的，那么相对来说比较容易在两个表征之间建立起牢固的联系，类似于形成一个单一的、融合的心智表征。如果这两种模态所传达的信息不一致，表征之间就不可能建立起有意义的联系。这样一来，理解过程会涉及在两种模态所传达信息间的谈判、辩论。由此可见，无论源文本所传达的言语信息和视觉信息是否能合并在一起，或者是否有争论或比较，每种信息都是有意义且势必会影响到其他解释方式的。

言语文本有无图像或图像是否相同都会对翻译文本产生影响。特定的文字图像的组合可能会产生特殊含义，而这种含义是不为任何单独文字和图像所具备的，所以在言语文本中加入插图可以改变译者对言语文本内容的解读，不同的插图也会以不同的方式影响译者的解读。

图片可能会对不同译者的解读产生不同影响。由于观者对图像的解读受到个人偏好和先验知识的影响，所以译者对图像的解读方式各有不同，因此特定图像对翻译产生的影响的方式取决于译者。图像可能会巩固译者对词源文本元素的解释。当视觉模态所传达的信息与言语模态所传达的信息一致时，前者可以指定后者所传达的信息。此时，图像所提供的信息可能会帮助译者解释言语文本中一些含糊不清的信息。视觉信息和言语信息相矛盾时，译者的任务可能会受到影响。如果一个言语文本旁配有不符合其主题的图像，那么这些图像很可能会对言语文本的理解产生负面影响。译者的语言加工也包括对言语文本进行理解，因而这些情况可能会使译者的翻译工作变得更加复杂。但是研究并没有进一步考察两种模态传达信息相互矛盾的情况，但可以推测这些情况也可能使译者的任务复杂化。

不同类型的图像以不同的方式影响着翻译过程。上述讨论是在对技术性图像解释的研究基础上进行的，但是有学者认为，不同类型的图像会在不同程度上指导着随文文本的阅读。虽然解释性的技术图像很可能对随文信息在认知系统中的组织和整合方式产生影响，但仅仅是为了装饰随文文本而添加的图像可能并不能显著地引导认知过程（如随意在一首爱情诗旁增添一个花卉图像）。因此，不同类型的意象会以不同的方式影响译者对言语文本的解读和翻译，即源文本中含有图像的事实并不意味着图像的内容会影响翻译。

总之，在翻译图文并茂的技术性文本时，翻译方案是建立在两种不同模态的信息协商基础上的。这里需要强调的是，读者自己会有意识或无意识地决定他们对图像的处理程度，因此在翻译图文并茂的技术性文本的每个片段时，多模态的意义整合是极不可能发生的。这一概念对翻译研究具有重要的意义。图像在插图文本的整体意义建构中起着至关重要的作用。它们可以塑造对言语文本的解读，并进而影响到翻译方式，因此不得不承认图像本身就是研究对象。此外，如果说可以通过翻译后的图示文本片段来反映如何从言语和视觉信息的互动中提取意义，那么可以借助研究这些翻译方案来说明这两种模态之间的符号学性质。

换句话说，多模态意义生成的研究可以借鉴翻译研究的成果。

（3）图文翻译传播的策略。

关于图文翻译传播策略有两大类定性的描述，它们代表了译者对源文本中的言语信息和视觉信息相互作用的概念化方式。这两类描述分别是：

1）把言语和视觉作为一个整体感知的实体进行概念化；2）将言语和视觉作为相互竞争的信息源来概念化。其中第一类主要是指感知文字和图像的结合是一个不可分割的整体，第二类则侧重于有意识地剖析文字和图像的结合。第一，将言语和视觉作为一个整体感知的实体进行概念化。文字与图像的结合被概念化为一个整体进行阅读、解释和翻译。其特点是：两种模态所传达的信息被合并成一个单一信息，保留了其整体性而没有受到质疑，这在信息不对称的情况下取得了很好的效果。

阅读中的言语与视觉的关系。这个子类别集中描述了译者在翻译的不同阶段，其注意力是如何在视觉和言语之间进行交替的。因此该子类的重点在于外在表现形式，即实际的口语源文本和插图。图像被概念化为多模态源文本的一个组成部分，并在翻译的不同阶段参与到源文本的检查中去。

解释言语与视觉的关系。相对于前一个子类别而言，这个子类别更加完整。它包括对多模态源文本的整体解读，而不仅仅是在两种模态之间切换注意力。换句话说，这个子类别的重点在于解释和形成两种外在表征的内部或心理表征，在逻辑上包含了上面介绍的低级子类别。而解释这两种模态间关系的前提是译者对这两种模态都进行了考察。这些策略很多都与依靠图像来确认已获得的言语文本内容有关，但也只是描述了译者自己的主观理解过程。翻译中的言语与视觉的关系。这是一个最全面的子类，其重点在于转化由外部表征形成的内部表征，也就是视觉信息和口语信息的相互作用。它在层次结构中是最高的，因为解读是翻译的前提。尽管翻译可以被描述为言语活动，即译者产生的是言语文本，但这些策略清楚地反映了图像如何定义最适合或正确的翻译策略。

总而言之，第一类中的策略表明，第一，译者努力在视觉信息和言语信息中形成相互映射，并将每一种模态理解为另一种模态，然而即使两者之间存在明显的信息不对称的情况，这种概念化模态间的互动并不包括质疑任何一种模态的准确性。第二，将言语和视觉作为相互竞争的信息来源进行概念化。这类策略有意识地剖析多模态源文本，并将文字和图像作为独立的信息来源对策略进行概念化。这些策略包括将言语和视觉模态作为信息来源进行评价，或评估它们之间的有用性和可信度，且其中的大多数都与两种模态之间的信息不对称有关。而当多模态源文本没有直接提示理由时，译者就会在更一般的层面上评估模态的有用性和可信度。第三，将言语信息概念化为更多的相关信息。在这个子类别中，视觉信息主要是言语信息的附属品，其特点是当两种模态提供的信息不对称时，图像的有用性将受到质疑。言语信息和视觉信息概念化为同等信息。这个子类别将文字和图像视为具有同等地位的信息来源，没有明确指出其中任何一个比另一个更值得信赖。

将视觉信息概念化为更多的相关信息。这个子类别将言语信息作为视觉信息的附属品，也就是说视觉信息可以提供言语文本所不具备的信息，也能在两种模态相互矛盾的情况下否定言语文本的内容。这些策略并不局限于讨论两种模态之间信息不对称的情况，而是在更普遍的层面上进行的。而视觉模态往往与对主题的理解有关，比言语模态包含了更多的信息。

第五章

北京古代建筑文化的多模态翻译传播研究

第一节　北京皇家建筑文化的多模态翻译传播

1.1　北京皇家建筑文化概述

首都，顾名思义是国家的大脑，也是一个国家的脸面。因此它的选址要考虑多方面的因素。最主要的因素有四个：自然环境、经济状况、战略位置、社会基础。以此作为考察条件，北京是十分符合要求的。第一，北京自然环境好。第二，北京是富水的城市。第三，良好的地理位置。纵观北京，北面绵延起伏的大山是抵御日益强大的北方入侵者的天然屏障，东南广阔的平原又方便了和中原内地的联系，是不可多得的战略要地。第四，北京历史悠久，人杰地灵，从古至今全国的精英都聚集于此。

《周礼冬官考工记第六》中早有记载，“匠人营国，方九里，旁三门，国中九经纬，经涂九轨，左祖右社，面朝后市。”一个城市应该是方的，跟个象棋盘似的。每边长九里，每面城墙上开三座门。城里应该有东西向、南北向的街各九条。祖庙在左，社稷坛在右，朝廷安排在城的前面，市场在后面。城里面还有各种小圈圈，叫皇城，就像象棋里老将和士在里面专有的那个小方块。象棋里面炮的位置就是东单西单，而前面的一排兵卒，就是城墙。所以建在北京的几朝国都虽然地理位置不完全相同，可形状、布局都差不多（参见图 5–1）。

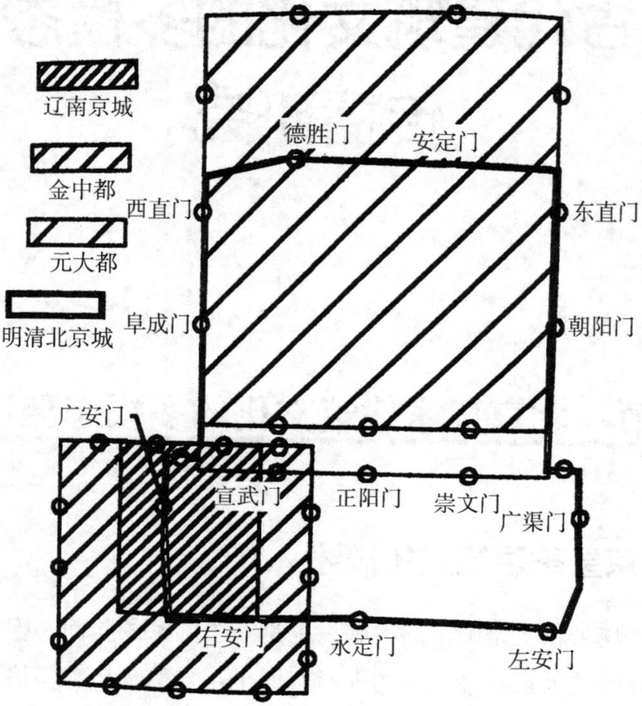

图 5–1　北京城历史变迁图

1.2　代表性建筑及特点

故宫

北京故宫是中国明清两代的皇家宫殿，旧称紫禁城，位于北京中轴线中心，北京故宫以三大殿为中心，占地面积 72 万平方米，建筑面积约 15 万平方米，有大小宫殿 70 多座，房屋 9 000 余间，是世界上现存规模最大、保存最为完整的木质结构古建筑之一。每年吸引众多游客前来参观（参见图 5–2）。

图 5–2 北京故宫图

故宫是中国明清两代的皇家宫殿，旧称为紫禁城，位于北京中轴线的中心，是中国古代宫廷建筑之精华。故宫文化，是以皇帝、皇宫、皇权为核心的帝王文化、皇家文化，从一定意义上说是经典文化，经典具有权威性、不朽性、传统性。故宫文化具有独特性、丰富性、整体性以及象征性的特点。同时，它与今天的文化建设是相连的。对于任何一个民族、一个国家来说，经典文化永远都是其生命的依托、精神的支撑和创新的源泉，都是其得以存续的血脉。

天坛

天坛，在北京市南部，东城区永定门内大街东侧。占地约 273 万平方米。天坛始建于明永乐十八年（1420 年），清乾隆、光绪时曾重修改建。为明、清两代帝王祭祀皇天、祈五谷丰登之场所。天坛是圜丘、祈谷两坛的总称，有坛墙两重，形成内外坛，坛墙南方北圆，象征天圆地方。主要建筑在内坛，圜丘坛在南、祈谷坛在北，二坛同在一条南北轴线上，中间有墙相隔。圜丘坛内主要建筑有圜丘坛、皇穹宇等等，祈谷坛内主要建筑有祈年殿、皇乾殿、祈年门等（参见图 5–3）。

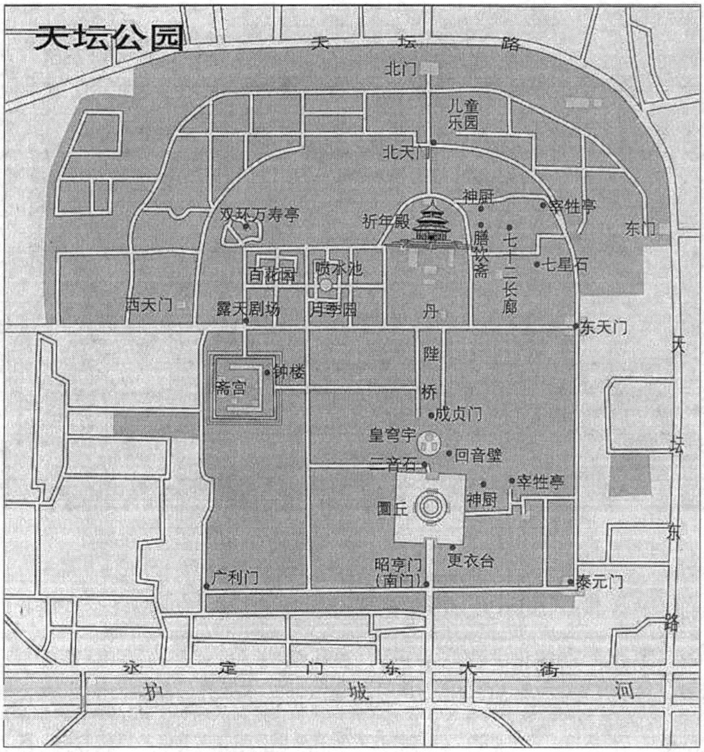

图 5-3　天坛公园整体规划图

世界遗产委员会对于天坛的评级如下：天坛，建于 15 世纪上半叶，坐落在皇家园林当中，四周古松环抱，是保存完好的坛庙建筑群。无论在整体布局还是在单一建筑上，都反映出天地之间（人神之间）的关系，而这一关系在中国古代宇宙观中占据着核心位置。同时，这些建筑还体现出帝王在这一关系中所起的独特作用。

天坛公园，是明清两代皇帝每年祭天和祈祷五谷丰收的地方。天坛以严谨的建筑布局、奇特的建筑构造和瑰丽的建筑装饰著称于世。总占地面积约 270 万平方米，分为内坛和外坛。天坛公园是中国保存下来的最大祭坛建筑群。

颐和园

颐和园在北京西北 11 千米处，占地面积约 290 公顷，水面占四分之三。东面是稻田，特为种给皇上吃的大米产地一亩园就在这里。西面遥接玉泉山及西山诸峰，是天然的造园圣地。明弘治、正德年间（公元 1488—1521 年）在此建立好山园。清康熙四十一年改为瓮山行宫。1884 年，光绪为讨好慈禧，下令重修此园，并且改名为如今的名字——颐和园。可惜好景不长，到了 1900 年，颐和园遭八国联军破坏，园内文物被抢走，很多建筑被烧掉。颐和园按照建筑性质和景物特点，大体可以分为宫廷、前山、后湖后山、西湖南湖这四个部分。

宫廷。从东宫门进来，过仁寿门，可见西太后见大臣的仁寿殿。它坐西朝东，西扩就见，四周回廊，单檐卷棚会瓦屋顶，不知为何等级这样低。

前山。这部分以排云殿为中心，从凸向湖中的牌坊到高琚山顶的佛香阁、智慧海，构成一条由重重叠叠的黄琉璃顶组成的见此升高的南北向的中轴线。

后湖后山。万寿山后身有一条曲折的河流，因为水面宽窄不一，称为后湖。湖两岸建筑已被英法联军毁去，仅余古松老柳倒映水中，衬着时隐时现的颓墙，倒也别有宁静古雅之感。后山遍栽青松翠柏，多有姿态奇特者。东端山脚下有谐趣园，四周封闭，乃一园之园，是仿无锡寄畅园所建。园景以睡眠水面为主，亭馆绕池，曲廊透迤（参见图 5–4）。

图 5–4　颐和园（a）

西湖南湖。昆明湖西有仿杭州西湖苏堤修建的西堤，堤上布置了曲线优美的玉带桥等造型各异的六座桥。堤西有南北两湖，原有圆城及治镜阁，已毁；南面的湖中有两岛，其一岛上建有藻鉴堂。在颐和园的设计中，大量使用了借景法。不但园中相邻、相对建筑群和景物互为借因，还远借玉泉山的玉峰塔和更远的西山，令人感觉园子大得没边（参见图 5–5）。

图 5–5　颐和园（b）

总的来讲，颐和园是我国现存最大的皇家苑囿，既有完整的总体设计，又有构思精密的建筑和景物布置，体现了我国传统造园艺术的极高水平，说它是古典园林中绝无仅有的瑰宝，绝不是吹捧。

第二节　北京宗教建筑文化的多模态翻译传播

2.1　北京宗教建筑文化概述

宗教作为一种文化，其领域涉及建筑、工艺美术、绘画、雕塑、音乐、天文等，给我国古代灿烂的文化增添了极为丰富的内容。尤其以各类浮雕、砖雕、铜铸及泥塑、壁画最为精彩，在大小寺庙中无处不在。为了宣扬宗教信仰，古代艺术家在庙宇的艺术塑造方面费尽心机，大到整个庙宇的布局，小到墙面的装饰，无不精雕细刻，体现宗教的文化。

北京宗教建筑主要分为以下几个大类：

佛教建筑、道教建筑、伊斯兰教建筑、天主教建筑、基督教建筑。

佛教建筑较为出名的有以下建筑和景点：

潭柘寺、天宁寺、云居寺、香界寺、卧佛寺、法源寺、法像大禅寺昊塔、灵光寺、广济寺、镇岗塔、大觉寺、万松老人塔、圣安寺、白塔寺、碧云寺、居庸关过节塔墩、智化寺、法海寺、正觉寺、大慧寺、万佛延寿寺、黄寺清净化城塔、雍和宫、觉生寺（大钟寺）。

道教建筑较为出名的有以下建筑和景点：

白云寺、丫鬟山道观、东岳庙、妙峰山庙群、大慈延福宫、吕祖宫、花市火神庙。

伊斯兰教建筑较为出名的有以下建筑和景点：

牛街礼拜寺、花市清真寺、东四清真寺、马甸清真寺。

天主教建筑较为出名的有以下建筑和景点：

南堂（宣武门堂）、东堂（王府井堂）、北堂（西什库堂）、西堂（西直门堂）、东交民巷天主教堂、乡村天主教堂。

基督教建筑较为出名的有以下建筑和景点：

亚斯立教堂、珠市口教堂、缸瓦市教堂。

由于篇幅有限，这里将各个宗教最具代表性及英译传播效果最好的建筑做详细介绍。它们分别是雍和宫（佛教代表性建筑）、白云观（道教代表性建筑）、牛街礼拜寺（伊斯兰教代表性建筑）、东交民巷天主教堂（天主教代表性建筑）。

2.2　代表性建筑及特点

雍和宫

雍和宫因其殿宇体量雄伟，气魄大度不凡，色彩绚丽，还带有几分神秘色彩，每日吸引了大批中外游客摩肩接踵、络绎不绝地来此一饱眼福（参见图 5–6）。

图 5–6　雍和宫

雍和宫（The Lama Temple），位于北京市区东北角，清康熙三十三年（1694 年），康熙帝在此建造府邸，赐予四子胤禛，即后来的雍亲王府。雍正三年（1725 年），改王府为行宫，称雍和宫，雍正十三年（1735 年），雍正帝驾崩，曾于此停放灵柩，因此，雍和宫主要殿堂原绿色琉璃瓦改为黄色琉璃瓦。可以说，雍和宫是清朝中后期全国规格最高的一座佛教寺院。雍和宫，1983 年被国务院确定为汉族地区佛教全国重点寺院，该寺院主要由三座精致的牌坊和五进宏伟的大殿组成。从飞檐斗拱的东西牌坊到古色古香东、西顺山楼共占地面积 6.64 万平方米，有殿宇千余间。

雍和宫的整体建筑设计完全按照藏传佛教的教义而设置，具有满、汉、蒙、藏的民族特色，也堪称一座露天的宗教建筑博物馆。雍和宫博物馆无论是建筑还是殿内外的陈设，都充分体现了清初国力的强大和国内各民族的团结和统一，也表明了清朝实施的民族宗教政策的成功。

白云观

北京白云观是道教全真派三大祖庭之一，素有“天下道教第一丛林”之誉，始建于唐玄宗开元二十九年（公元 741 年），初名天长观，供奉太上老君，宋代改名太极宫。元初，邱长春真人应元太祖成吉思汗之诏掌管天下道教并赐居此观，易名长春宫。邱长春真人羽化后其弟子于长春宫之东侧建处顺堂藏其遗蜕。明初，长春宫毁于战火，唯处顺堂独存，朝廷曾几次颁旨重修，其修建工程以处顺堂为中心向四周扩展，更名为“白云观”。明英宗正统八年（公元 1443 年），英宗皇帝再次颁旨修缮并赐“敕建白云观”匾额（参见图 5–7、图 5–8）。

自明清以来，北京就盛行在春节期间前来白云观参加庙会、拜本命神、摸石猴、打金钱眼等民俗活动。现今白云观的占地面积约 6 万平方米，建筑面积约 1 万平方米，共有十九座殿堂，分中、东、西三路及后院。其规模宏大、布局紧凑，为全国重点文物保护单位。中国道教协会、中国道教文化研究所、中国道教学院及《中国道教》杂志编辑部均设于此。

图 5–7　白云观药王殿

图 5–8　白云观玉皇殿

牛街礼拜寺

牛街礼拜寺，是北京历史最为悠久，规模最为宏丽的清真古寺，也是世界上著名的清真寺之一，现为全国重点文物保护单位。牛街礼拜寺，始建于辽代统和十四年，即北宋至道二年（996 年），由阿拉伯学者纳苏鲁丁创建，明朝成化十年（1474 年）奉敕赐名“礼拜寺”。牛街礼拜寺是中国伊斯兰文物宝库之一。礼拜寺的建筑采用了中国木结构的传统形式，但在主要建筑物的细部装饰上，带有伊斯兰教建筑的阿拉伯装饰风格。除了寺内建筑物外，礼拜寺还保存了其他重要文物（参见图 5–9）。

牛街礼拜寺位于北京市西城区牛街 88 号，占地约 6 000 平方米，是北京规模最大、历史最久的一座清真寺。规模宏伟、肃穆幽深，是中国式古代宫殿和阿拉伯式清真寺相结合的产物，为中国古建筑之精品。主要建筑有礼拜大殿、宣礼楼、望月楼、南北碑亭、大影壁等。

图 5-9　牛街礼拜寺

东交民巷天主教堂

东交民巷天主教堂位于台基厂大街 14 号。是 1902 年由法国人高司铎创建的，而后又经由他的同胞斩利国扩建。过去为住在东交民巷的外国人使用，现划归北京教区。它的面积比东西南北四座教堂小，但是建筑过程中的设计和施工最为考究。

在北京的四大教堂：南堂、北堂、东堂和西堂，东交民巷天主教堂的历史很短，规模很小，但东交民巷天主教堂的建筑小巧精致，同时也是北京市区内少有的没有经过彻底毁坏和重建的天主教堂（参见图 5-10）。

图 5-10 东交民巷天主教堂

教堂现存建筑占地面积 2 656.4 平方米，主体建筑为典型的哥特式风格，高二层，坐北朝南，东西面阔三开间，南北进深十四开间；堂内为木结构，顶部用肋状拱券，以圆柱支撑，地板铺有花砖甬道；教堂东西两侧装饰有在法国定做的玻璃花窗，但在教堂被台基厂小学占用作为礼堂期间，这些花窗大多被打破了。圣堂正门上方为教堂主保圣弥厄尔的雕像，他是《圣经》中保护以色列子民的总领天使，被教会视为新约子民的守护天使，这尊天使像雕刻精美，细节鲜明；天使造像和精美的玻璃花窗是东交民巷建筑中最引人注目的两大亮点。

除了哥特式的教堂主体建筑之外，在圣堂北侧还有一幢西洋风格的二层小楼，是本堂神父的居所，教堂东侧有十间砖砌平房，平面布局均用北京传统民居的格式，但门窗却施以拱券结构，堪为中西合璧之作。

第三节　北京洋风建筑文化的多模态翻译传播

3.1　北京洋风建筑文化概述

自汉唐代以来，中国作为一个泱泱大国，跟周围邻居建立了互通有无的友好关系。千百年来不断地有人走出去，也请进来外人。尤其是北京，本来就曾是好几个朝代的首都。首都是一个国家的心脏，又是脸面。脸是要见人的，跟外国打交道的机会就会多，这就造成了各民族、各国文化的融合。反映在建筑上，就有了用途繁杂、风格各异的房子。特别是第一次鸦片战争之后，中国几千年来的闭关锁国被洋枪洋炮给轰开了，打破了。洋人带来了面包、啤酒，火车、机器，西服、礼帽，也带来了洋式房子，即本书所提的“洋风”建筑。“洋风”这个词，可能尚处于被讨论、有争议的阶段。因为是个新概念，对于洋风是怎样刮起来的，不免多说几句。早在明末清初之季，就有天主教的外籍传教士在北京地区传教并在此后兴建了俗称南堂、东堂、北堂、西堂的四座天主教堂。自从 1840 年第一次鸦片战争以来，外国的文化对中国就有了更多的影响。1912 年打通了长安街，打开了景山后街，又在故宫两侧捅开了两条大道——南北长街和南北池子，1915 年拆除了正阳门瓮城，等等。自打有了东交民巷的使馆区和正阳门火车站，商业中心也从原来的东单西单向离使馆较近的前门等地区扩展。北京开始了“现代化的进程”。

从个体建筑来讲，1900 年后开始出现了批量的洋式的或半洋半中的使馆、银行、商店、学校、政府建筑甚至工厂。

带来这些变化的，或者说设计这些建筑的一部分是洋人，一部分是老海归。建筑物归为三类：1）洋人做的洋建筑；2）国人做的洋建筑；3）洋人做的中式建筑。

现代中国建筑设计所遵循的文脉，与其说是国产的大屋顶木结构，不如说更多的是来自这些洋风建筑。这其中很重要的原因是木头不再、也不能再成为主要建筑材料了，取而代之的是砖头、混凝土乃至钢铁等等。要再用混凝土捏成细小的斗拱，恐怕就太勉为其难了吧。但那会儿有谁打算去外国考察建筑设计？因此，在我国领土上洋式的砖石结构的房子就成了现成的老师或曰模特。

当然，作为几千年封建王朝中心，北京对外来文化从根儿起是比较抵制的。这使得北京的西化程度远小于，也慢于上海、青岛、汉口、天津乃至一些中小城市。那些城市是从格局到个体建筑，几乎全盘西化。有些城市根本就是随着外国人进入而诞生的。而北京城总的格局仍是四平八稳方方正正的帝王之都。只有个别地区，个别建筑建成了“洋式”的。

3.2 代表性建筑及特点

长城

长城，又称万里长城，是中国古代的军事防御工程，是一道高大、坚固而连绵不断的长垣，用以限隔敌骑的行动。

长城是中国也是世界上修建时间最长、工程量最大的一项古代防御工程，自西周时期开始，延续不断修筑了 2 000 多年，分布于中国北部和中部的广大土地上，总计长度达 2 万多千米。长城资源主要分布在河北、北京、天津、山西、陕西、甘肃、内蒙古、黑龙江、吉林、辽宁、山东、河南、青海、宁夏、新疆等 15 个省区市。

1961 年 3 月 4 日，长城被国务院列为第一批全国重点文物保护单位。1987 年 12 月，长城被列入世界文化遗产。长城并不只是一道单独的城墙，而是由城墙、敌楼、关城、墩堡、营城、卫所、镇城烽火台等多种防御工事所组成的一个完整的防御工程体系。这一防御工程体系，由各级军事指挥系统层层指挥、节节控制（参见图 5–11）。

长城因各段处于不同地域的分段而命名，最知名且保存较完善的长城段有八达岭长城和居庸关长城。长城在险峻的地势中绵延不断，远看起来好似一条盘踞着的卧龙。相传长城最早始建于西周，之后历经数代朝代君主与劳动人民的修缮延伸也一直修筑到明朝。八达岭长城位于北京，是整

图 5-11　长城

个万里长城的核心，也是最早向游客们开放的景点。作为世界非物质文化遗产和中国的标志性建筑，每一个中国人一对外提起八达岭长城就会心生自豪感。由于其宏伟的建筑风格，八达岭长城曾于 2007 年被评选为世界新七大奇迹之一，且名列首位。

长城主要用于古时的军事防御，也体现了中华民族在共同修建长城时反映出的团结之魂。作为万里长城的开端，八达岭长城与我国历史上第一个中央集权的封建王朝秦朝的建立有着密不可分的联系。秦始皇嬴政在统一六国后，想要利用险峻的自然地形建立起自己的保护屏障，便号召全国的壮力男丁前往建造长城，长城上的每一块城砖都是当时没有借用任何机器，完全徒手搬运过去的，即使在科技以及建筑设备十分发达的现代社会，人们想要建设这样的大规模建筑也是十分艰难的。此外，万里长城的建筑规模十分宏伟。无可非议，以上特点使得八达岭长城成功被评选为世界新七大奇迹之一。八达岭长城成功连接起了秦赵燕三国，后期秦始皇为了加固并延伸长城，又再一次征集全国壮实之士修建了东起辽河以东，西到甘肃临洮的万里长城。秦主持建立的万里长城在帮助秦始皇巩固了中央集权制度的同时，也保护了中原文化。长城的作用除了战事防御之外，还起到了商业往来与文化交流的纽带作用。秦始皇为了保证长城两端人们的正常商贸往来，曾下令让内地人们来此修筑驿道，从而促进了中原与北方地区的经济文化交流以及民族团结稳定。即使是在紧张的战争时期，古代各朝君主也并没有全部阻断长城附近的经济文化往来与交流，民族文化也因此更加繁荣多样。

继秦始皇之后，每个朝代的各个君主都有继续修筑万里长城，以便预防敌人的入侵。历代君主为了让长城充分发挥其军事防御功能，巧妙地设计了关城、城墙、敌楼、烽火台等建筑，下文将会对这些著名建筑做进一步的详细介绍。这些建筑上面装配了兵器、弹药等作战物资，一旦敌人侵入，长城上的作战士兵们就可以利用之前储备的武器攻打敌人并保护自身的安全，进而守护家园。

由于万里长城在修筑时没有借用任何机械设备，全部靠人工徒手搬运砖头，许多人会因劳累而死。因此，在修筑长城时所发生的重大事件在后来就演变成了民间广为流传的故事，其中广为流传且众人皆知的就是“孟姜女哭长城”。孟姜女原名为仲姿，出身于富裕人家，一次在洗澡时被不堪修筑长城劳役而逃跑的杞梁看到，两人便由此成亲结为夫妻。不久后，杞梁再一次被抓回修筑长城，因其逃跑而受到了鞭罚，在修筑长城的过程中由于不堪重负而累死，人们便将他的尸骨一同筑于长城之下。听罢，孟姜女便跑去丈夫劳作的城墙下昼夜连哭，城墙最终被泪水浸倒，她在众多尸骨中通过融血的方式发现了自己丈夫的尸骨，由此便与丈夫一同逝去。这一著名的孟姜女哭长城的故事成了妇孺皆知的佳话，也成了经典的爱情故事。

对长城的后续修筑止于明代，因此现在游客们所游览的长城是明长城，也是当时戚继光对长城重新修缮并延伸建造的。后续的长城在军事武器的先进性方面以及防御方面都有了明显的进步。现在长城不再用于战争与防御，而是成了吸引着众多国内外游客的旅游胜地。

长城主要景点介绍：

（1）关城。

关城是万里长城防线上最为集中的防御据点。关城设置的位置至关重要，均是选择在有利防守的地形之处，以收到以极少的兵力抵御强大的入侵者的效果，古称“一夫当关，万夫莫开”，生动地说明了关城的重要性。

长城沿线的关城有大有小，数量很多。就以明长城的关城来说，大大小小有近千处之多。有些大的关城附近还带有许多小关，如山海关附近就有十多处小关城，共同组成了万里长城的防御工程建筑系统。

关城是八达岭长城主要组成部分之一，也是八达岭长城的核心。关门有分别坐落于东面和西面的两个门，东门上题有“居庸外镇”字样，西门题有“北门锁钥”。现在的游客们也主要是从东关城进入城内，开始游览长城。八达岭关城底座是用 10 多层花岗岩堆砌而成，上方建筑使用了很多大型城砖，关门的整体建筑难度非常大，也需要高超的建筑技术。关城的建筑也充分使用了地形的优势，主要建在山脊上，进而能够有效地起到保护城池安全的作用。关城的体积相对而言比较小，但是它有着十分卓越的防御功能。在和平时期，关城上的大门保持敞开状态，百姓和商人们可以在此自由出入进行贸易往来。但是在战争时期，关城上的守卫官兵立即增加，随即关闭城门，全城处于戒严的状态。一旦敌人向城池靠近或者发动进攻，城墙的弓箭与炮火便立即发动，敌楼间的士兵们也会策划军事战略，通过合作的形式交替发动军火，让敌人无机可乘，从而击退敌人。此外，关城两边的边墙也发挥着重要的作用。边墙主要呈“U”字结构，边墙内外两侧都有垛口，本国的士兵们一旦遭受敌人的围攻，可以充分利用垛口的优势，将其当作堡垒，并使用垛口周围储备的武器乘胜追击。如果敌人攻破关城城门企图攻打城内，这些敌人将会受到边墙周围守城将士们的围攻，让攻打城内的敌人们四面楚歌。由此可见，关门的作用十分重大，不仅能够防御还能围攻敌人。

（2）敌楼。

八达岭长城共有敌楼43座，形制相仿又各具特色，其中有巡逻放哨用的墙台，也有上、下两层的敌台，上层周围设垛口和射洞，下层为士兵住宿和存放物资的房舍。台堡的距离根据山势和地形而设。明朝时期戚继光在考察以前的长城时，认为旧长城的修建并不合理，不能很好地发挥军事防御功能，因此他向皇帝建议需要在长城上一定距离之间建立敌楼与敌台，且要修建得比城墙高大。敌楼的主要功能是防御，它是长城上重要的组成部分之一。八达岭长城上的敌楼现在已经重新修复且向游人开放的有12座。一座敌楼大概可以平均容纳100人，里面可以储备粮食与作战物资。敌楼根据地形的不同，其建筑面积大小与间隔也有所不同。敌楼与敌楼之间既可以互相通报消息，也可以互相救助。九眼楼是长城上建筑规模最庞大，也是地理位置最为险要的一座敌楼。九眼楼建筑空间宽敞明亮、瞭望孔是所有敌楼中最多的，且是连接着宣化、北京等地区的军事要道，这座敌楼拥有着最佳俯瞰整个八达岭长城的视角。从古至今，各路文人墨客们也创作了许多知名诗篇来赞叹它的雄姿。八达岭长城中最特殊的一座敌楼叫作“好汉坡”，这座敌楼不是人们徒手建造的，而是巧用大自然的天然地形而形成的，坡度达到了90度，现在也只是有少数的探险家才敢于攀爬。现在人们参观最多的一座敌楼叫作“北八楼”，同时著名的还有北一楼到北四楼，但是相对而言，北八楼的名气稍微大一些，因为北八楼是所有敌楼中海拔最高的，达到了888米，人们由此可以在有限的开放区域内获得观看整个长城的最佳视野。

（3）战台。

战台大炮修筑于长城沿线的交通要道或地势险要之处，为碉堡式建筑，有一、二、三层之分，规模大小不一。内可储兵器、弹药及其他战略物资，作用大于敌楼。站台既可出击，又可据守，并可与长城上的城台、敌台（敌楼）等军事设施密切配合，以组成密集的火力网，大大地增强作战威力，有效地阻击敌骑进攻，在军事防御上起着十分重要的战略战术作用。

（4）残长城。

石峡关长城被称为八达岭长城的西大门。残长城位于崇山峻岭与凶险的地势中。八达岭残长城全长为 2 000 多米，但是现在为了尽可能地保存着残长城的原始风貌只向游客们开放 100 米。残长城的断壁残垣没有经过现代人的后续修补，考古学家认为，残长城的每一块城砖都有着极大的考古价值。因为他们都是历史与战争的见证，专家们也更是希望能够从残长城的残砖中恢复当时的史情。关于残长城背后真实的历史事件也被人们写入了京剧《三疑计》中，进而广为流传。据说在明朝 1644 年，李自成顺利在西安建立了“大顺”政权后，便跨越山西与黄河来到八达岭长城的脚下试图攻克城池。但是八达岭主城门多人驻守难以攻克，在这期间，他的军队死伤无数，毫无任何进展。正当李自成处于惆怅想要退兵返回之时，长城附近的老者告诉他可以从八达岭长城的西面进行进攻，那里防守不严，有机可乘。李自成便因此转兵去了石峡关，守官将领不慎中计离关，李自成便乘虚而入，击垮了这段长城，攻入了北京城。

（5）城墙。

城墙是构成长城的另一重要组成部分，现在每当游客们来参观长城时，更多的时间都是来到长城的城墙上进行行走、拍照，游览长城的整体风光。八达岭长城的左右两侧都有一段额外高出的墙，分为内外两侧且高度不一，这样的设计就是不让敌人有任何的攀爬机会。城墙的外侧高约 1.7 至 2 米，外墙上每隔一米便建有一个垛口，这样的墙叫作剁墙。剁墙上方的建筑呈“八字形”，这主要用来排雨水的，剁墙的下方会有很多呈长方形的小孔，这个孔叫作瞭望孔，守城将士们可以通过瞭望孔观察敌人或者城外的情况，以便应对突发状况。同时将士们也可以穿过瞭望孔使用茅或枪等武器来防守或者击退敌人。城墙的内侧要比外侧稍微矮一些，高度大约为 1 米左右，也被称为宇墙或者女儿墙。宇墙主要是保护过往行人和车马的安全的，以防止在战事突发时，行人与车马会不慎衰落到墙外。承载着城墙的主体叫作城体，城体根据地形建造的不同而宽度不一，主要呈下宽上窄的形状，素有“十人并行、五马并气”之说。城墙上的城砖抗腐蚀性能好，成分为花岗岩。这些城砖在当初建造时是人们徒手搬运上去的，这便体现了伟大的中华民族的团结与合作精神，不由得让世人们赞叹。

（6）岔道城。

岔道城位于八达岭长城的西北方向，距离八达岭长城只有 1.5 千米，是古代将士们用来驻扎军队的地方，它起到了御前防御的作用。它是八达岭长城防御的第一道关卡，关门在岔道城的不远处且位于其后方，因此，关城平时并没有太多的将士们进行把手，人手主要聚集在岔道城内。如果敌人试图入侵八达岭长城，岔道城内的大量镇守将士们可以将敌人放入一小部分进入岔道城内，然后剩下的敌人关于岔道城外，由岔道城的驻扎将士们分头攻打，内外夹击，从而使得敌军队伍前后得不到呼应而被迫撤退。现在的岔道城只剩下了南城墙的主体，但是岔道城以前的城砖与城墙上的军事堡垒设施全部被日本在侵略中国时用炸药炸毁了。长城的两大城门在不断地重修，城内还依然保存着驿站、客栈等建筑的遗址。后来到了清朝，满族与蒙古族能够和谐相处，蛮夷撤退，战争平息并转变为和平。岔道城军营中的防守士兵便退役做了农户，百姓们不再受战争的折磨而过上了其乐融融以种田为生的朴素日子。后来到了现代，人们为了能够恢复岔道城的原貌便开始了其修复工程，现在的岔道城也逐渐地商业化，接待起了来自国内外的大量游客。

（7）烽火台。

烽火台建造于长城内外的两侧，或者是在其他独立的地方，也可能是在长城上，但是烽火台的建造要远远早于长城。烽火台主要起到信息传递的作用。当防守士兵看到前方有敌情时就会立刻点燃烽火，向军营发送信号，同时处于备战的状态。烽火的信息传递信号通常有两种，一种是烟，另一种是火。当敌人在白天入侵时，在烽火台值班的士兵就会立刻点燃烟；如果敌人入侵的时间是在白天，烽火台就会燃起火。总之，守台士兵会在特定的时间选取最耀眼的报警方式去传递信号。烽火台与烽火台的间隔通常是 5 千米，明代也有很多烽火台间隔 2.5 千米，后面的烽火台看到前面的烽火台燃起信号，便会立刻随之点燃，直到敌人入侵的消息快速传入军营。明代希望能够根据烽火台的信号来判断敌军的规模，便制定了500敌“一烽一炮”等一系列规矩，进而适当出兵迎战（参见图5–12）。

图5–12　长城烽火台

烽火台的建筑材料也是因地制宜、就地取材。大部分的烽火台是用城砖堆砌建造的，但是由于部分长城需要延绵向一些偏远或者贫困的山区地段，那里物资贫乏，一些重要建筑材料也很难通过人力运送过去，因此人们就地取材使用泥土或者山石等材料修建烽火台。由于历史悠久，很多烽火台早已受风雨的侵蚀而不复存在。八达岭长城现在也只存有两座完整的烽火台。

卢沟桥（古桥）

“逢山开路，遇水搭桥”“我走过的桥比你走过的路多”。可见在我国有很多桥，古代没有钢铁，也没有结构力学，今日跨在大江小河上的这些五花八门的桥，那时是看不见的。

北京地区岁数最大、知名度最高的，恐怕要数卢沟桥了。它横跨在丰台区永定河（亦称卢沟河）上，是金、元以来北京通往南方的交通要道之一（还有一个是隋炀帝修建的大运河），也是京师的西大门（参见图5–13）。

图 5-13　卢沟桥

卢沟桥（Lugou Bridge）亦称芦沟桥，因横跨卢沟河而得名，是北京市现存古老的石造联拱桥。南宋淳熙十六年（1189 年）六月，卢沟桥始建；1961 年卢沟桥被公布为第一批国家重点文物保护单位；1985 年卢沟桥正式退役；1991 年卢沟桥实现封闭管理。卢沟桥全长 266.5 米，宽 7.5 米，桥两侧雁翅桥面呈喇叭口状。1937 年 7 月 7 日日本在此发动全面侵华战争，史称“卢沟桥事变”（亦称“七七事变”）。中国抗日军队在卢沟桥打响了全面抗战的第一枪。

卢沟桥桥面略呈弧形，两端较低，中间隆起。桥墩、拱券以及望柱、栏板、抱鼓石、华表等都用天然石英砂岩及大理石砌筑，而桥面却是用天然花岗岩巨大条石铺设的。

卢沟桥桥下河床铺设几米厚的鹅卵石和石英砂，整个桥体砌筑其上十分坚实稳固。桥墩平面呈平底船形，北为上游，是进水面，砌筑分水尖，状若船头，长 4.5–5.2 米，约占桥墩四分之一。在每个分水尖的前端，各装有一根三角铸铁，边宽26厘米，锐角向外，以减轻洪流和冰块冲击，保护分水尖的稳定。在分水尖上面，又盖了六层分水石板，称凤凰台，下两层挑出，以上各层逐次收进，高1.83米，既加固了分水尖的稳定性，又对桥墩的承载压力起到了平衡作用。

卢沟桥望柱和栏板石迎面雕有精美的花卉图案，望柱顶端各雕有一头大石狮，在其头上、足下或胸前背后又雕有一些小石狮。桥两端作为抱鼓石用的，东端是两头大石狮，西端是两头大石象，身躯硕大，憨态可掬。在顶栏石狮、石象之外，各竖华表一个，高4.65米，下设八角须弥座，上穿云板石，莲座圆盘之上雕有一头石狮，迎向桥外、神态自若，有如迎送行人。

清末铁路建筑（正阳门东车站）

京奉铁路正阳门东车站始建于1903年，竣工于1906年。他的西面是站前广场，东面接铁路。整个平面近似方形，由中央候车厅、南面的辅助用房、北面的辅助用房和七层高的钟楼等四部分组成。总建筑面积3 500平方米。东车站的建筑风格明显是英国20世纪初流行的维多利亚女王式。它的立面处理比以前的复古派、折中派简化了许多，除了一些柱式和蘑菇石的外墙之外，少了好多横向的线脚。为了跟正阳门城楼的青砖色彩协调，整栋建筑的基调是灰色清水砖墙加白线条。每块砖的正面都刻有英文的缩写字母I.R.N.C，背面有凹槽。中央大厅顶部用了三角屋架，却装饰成拱壳状，使得西立面与众不同。而高耸的钟楼顶部也用了穹顶与之协调。这栋清新而醒目的建筑在正阳门地区一经建成，立即成了此地的地标性建筑。这座车站使用了好多年，21世纪初清华大学设计院根据原来的资料，又重新设计、建造了一个，跟原来的看上去差不多（参见图5–14）。

图 5-14　北京铁路博物馆（原正阳门东车站）

第四节　北京古代建筑文化翻译传播策略研究

4.1　北京古代建筑文化翻译策略

多模态翻译的问题

（1）译文的语言错误较多，译文的质量亟须提升。

本课题组将搜集到的中英文数据语料作定量和定性分析，发现了很多语言错误如标点不规范、大小写错误、用词不当、词不达意、逻辑结构不清晰等，还出现了很多明显的语言错误和专业术语使用不当。

（2）建筑文化行业翻译的规则和组织把关还存在很多问题。

相关的组织机构对译者的把关作用缺乏认识，翻译做成了碎片化工作，没办法完整地彰显文化，失去了北京建筑特色、北京城市特色和中国建筑特色。很多北京建筑的标识牌因规范性和系统性的特点，是参观者获取信息、了解北京这座城市、获得文化认同和精神熏陶的有效途径。译者团队应该积极把这部分工作做好。

（3）缺乏整体规划与译法标准建立和整合，亟须推进翻译参考标准，进行北京建筑文化翻译实践制度建设。

（4）翻译内容流于表面，需要重视文化底蕴的挖掘和展示。

文化翻译重在展示地方特色，精致的展品背后蕴藏的是古老都城的文化魅力。但是现实中很多标识的翻译出现问题。主要体现在警示标识翻译过多、文化展示类标识语翻译量有限。

多模态翻译的策略

（1）科学建立语料，创新翻译方法及模式。

以故宫博物院服饰名称翻译为例，在《中国衣冠服饰汉译英公式化》中，通过分析北京各大博物馆中的中国古代衣冠服饰的英译错误，分类研究了衣冠服饰核心名称的翻译规律，并提出将衣冠服饰翻译公式化。

通过查阅北京各大博物馆的官网，经过筛选收集到了502件衣冠服饰类物品的名称，其中故宫博物院官网上有360件，中国国家博物馆官网上有78件，首都博物馆官网上有31件，北京民俗博物馆官网上有20件，雍和宫官网上有6件，中央民族大学博物馆上有5件，孔庙和国子监博物馆官网上有1件。本文将收集到的衣冠服饰类物品名称按照上衣、下裳、首服、足服、配件五大类进行分析归类整理。其中上衣有273件，下裳有8件，首服有23件，足服类有31件，配件有167件。本文以此为语料库，对博物馆中衣冠服饰类核心名称进行翻译探析。在中文文本中，一个衣冠服饰类物品的名称主要包括颜色、材料、纹样、工艺、寓意、形状、款式、适用对象、核心名称等其中的一个或多个成分。其中，命名中含有“颜色”的衣冠服饰，翻译公式：颜色 + 其他；命名中含有“材料”的衣冠服饰，翻译公式：其他 + 材料 + 其他，或者：其他 + made of + 材料 + 其他；命名中含有“纹样”的衣冠服饰，翻译公式：其他 + decorated with + 纹样 + 其他；

命名中含有“适用对象”的衣冠服饰，翻译公式：适用对象 's + 其他，或其他 + for + 适用对象；命名中含有“寓意”的衣冠服饰，翻译公式：当该成分既是纹样，又表达寓意时，其他 + decorated with + 图案 + symbolizing + 寓意 + 其他，当该成分仅表达寓意时，其他 + symbolizing + 寓意 + 其他；命名中含有“形状”的衣冠服饰，翻译公式：其他 + 形状 + shaped + 其他，或者其他 + in the shape of + 形状 + 其他；命名中含有“款式”的衣冠服饰，翻译公式：其他 + with + 款式 + 其他；命名中含有“工艺”的衣冠服饰，翻译公式：其他 + 工艺 v-ed + 其他，或其他 + 工艺 v-ed + 介词 + 其他。

（2）加强顶层设计，形成合力，建设由各学科人才构成的综合团队。

比如在分析北京恭王府的英译时，我们可以看到，本应该描述经典特色、体现花园优美的翻译变成了数字的罗列，给读者和听者带来困扰，抓不住重点。而有的段落更是流于形式，内容空泛，好像不是一个大型景点指示牌，而是一个小的广告牌。

（3）科学运用翻译技术、补齐翻译标准缺位。

对于北京皇家建筑，本课题组通过搜集北京各大博物馆中的北京传统文化物件的译文，物件包括衣食住用方面，整理出名目及其译文，分析各个版本译文的优劣对错，并给出笔者认为较好的译文，最终形成一个北京传统文化特色话语对外翻译标准术语库。拟解决的问题是希望通过此项研究，建立北京传统文化特色话语对外翻译标准术语库，统一北京传统文化特色词汇的翻译，因为目前对于北京传统文化特色词汇还没有一个翻译的范本，各种词汇翻译版本多，歧义多，在一定程度上不利于北京传统文化的传播与发展。

本课题组提出了北京传统文化译文公式化的方法与思路，并以服饰与家具为例，做了两个调查与分析，验证了物件名称翻译公式化的可行性，以此为例，北京传统文化其他方面的物件名称翻译依然可以遵循公式化的方法，本研究成果可以极大地提高物件名称翻译的准确性，使得博物馆中北京传统文化各类物品的名称翻译更加准确地传达出中国的文化特色，促进中外交流，尤其是中国传统文化走出去。

（4）做好科教融合，加速北京建筑文化信息化进程。

根据前面的陈述和本课题组的研究发现，北京建筑文化多模态翻译传播工作内容繁多而且存在不少短板，主要问题出在对传播规律和效果研究不够深入、对多模态传播和翻译的技术掌握不够熟练，除了专业的翻译团队，还需要智库支持。这就需要有关部门整合资源，来解决这个问题。对于理论和文化储备不够深入的问题，可以调用高校科研资源。高校相关团队应该有效地克服校园管理和教学科研工作的脱节问题，实现信息资源、教育资源和科研资源的整合，实现多赢。高校有关部门可以借助校史研究、校园文化建设、学生实践实习创新等工作来配合专业团队展开北京建筑文化相关课题的调研和实施，实施鼓励措施，对于对北京建筑文化对外传播这一市级课题建言献策且应用成果形成成果汇报的教学和科研团队进行奖励，鼓励高校更多的智库加入北京市政发展的事业中来，从而保证译介工作大批量的展开，同时译介问题得以规避，译介质量的相关内容也可以得到保障。

此外，北京建筑文化外译及传播的工作，尤其是多模态的外译和传播，都需要在确保译者及传播者团队具有高度责任心的同时，提高团队的信息化程度。需要充分利用现代通信、网络、数据库等现代化手段，实现数字人文的发展，辅助译介工作，提高翻译效率，通过软件、编程等信息手段，完成对数据的挖掘、整理和忠实传递。通过搜索引擎、信息共享等方式高效规避翻译过程中的信息失真问题，通过数据库共享可以实现专用名词和重要词汇的翻译统一问题。

我国高校国际化的战略驱动因素包括培养符合国家对外长远发展战略的人才，增强高校的国际交流和合作能力，适应经济全球化对人才的需求，满足传播中国文化和了解其他国家文化的需求，满足自身发展的需求，提高自身国际竞争力和影响力等。重视译介工作，培养译介队伍，保障译文质量，是北京建筑多模态传播发展的必由之路。

4.2 北京古代建筑文化传播策略

多模态传播的问题

（1）翻译覆盖面小，翻译类型较为单一，没有做到多元的多模态化传播。

体现在各个旅游景点的中英双语对照标识并没有在北京的古建筑和现代建筑完全覆盖，覆盖率只达到了60%左右，而且很多景点甚至不具备相关标识牌。

（2）文化传播意识薄弱。北京许多传统建筑、名人故居或者花园建筑等，都体现了浓厚的文化底蕴，不管是翻译团队还是专业传播团队，都应该以历史文化传承、文化信息传播为重。文化元素是在翻译过程中较难处理的一个因素，很多建筑在多模态翻译过程中都会遇到很多文化精髓和具有文化价值的典故故事，所以在翻译的过程中不能简单直译，过度使用拼音翻译，避免因为对历史了解的不到位、对文化感知的缺失产生的问题。

（3）翻译内容流于表面，对于文化底蕴的挖掘和展示不够。文化翻译贵在显示地方特色，具体的景点、产品背后都藏着北京这座经济、政治、文化中心的首都独特的文化魅力。

（4）传播主体专业素质欠佳。很多译者未能经过专业的训练，相关的北京建筑文化和文博方面的知识储备不足，导致在翻译的过程中造成译者角色缺位，另外译者缺少组织，不清楚城市文化对外传播的整体格局和战略方向，并没有在对方传播过程中起到关键作用。

（5）文化信息呈现碎片化，需要实现区域资源共建共享。这主要表现在信息对外展示不成体系、中英文网站建设有待发展等几个方面。

多模态传播的策略

（1）利用好北京的文博资源，助力北京国际传播影响力的提升。

官方和民间的传播团队都应该以北京文博资源为依托，拓展北京文化贸易和旅游的国际化程度。借助文博平台，加强对外宣传，寻求更多的交流合作的机会，更多的与国外交流的机会，必定可以带动相关文博翻译产业的发展及翻译质量的提升。任何“翻译的目的都是交流”，这是翻译生产的基本动机。古建筑文化翻译属于跨文化翻译，是一种主动的文化传播行为。它要解读图示，输出中国古建筑艺术信息，又要传播古建筑艺术所承载的中华文化，还要追求效果。必须从语言学和文化角度探讨如何尽可能地将源语文本中（由图示转换而来）的文化元素传译至译入语文本。在对古建筑文化的传播和输出中，我们的受众主要是来自西方主流社会的游客，或是对中国古建筑文化感兴趣的人。彼此之间存在着很大的文化差异，他们是否能够接受我们主动输出的文化信息，他们的需求和期待、审美心理等均会不同程度地影响传播效果。这些都是值得思考的问题。如果他们“对我们的译作传递的文化信息不接受（入眼），不认知（入脑），就谈不上感情和态度的改变（入心），更谈不上受众行为的转变（入行）。”结果是中国文化的输出就不可能实现。所以，文化输出背景下的古建筑艺术文化的翻译，应结合古建筑文化“译介”的特点，以“翻译目的论”理论做指导。

译者既要了解翻译的目的，又不为“翻译目的论”所禁锢，不一味地为了翻译目的而翻译。要挖掘“源语”提供的艺术和文化信息，传译出砖雕艺术体现的艺术欣赏价值和丰富文化内涵。笔者赞同“功能对等理论”的“注重翻译的目的性和交流性”观点。功能对等不是回归于“归化”翻译，它旨在传达“源语”的文化信息，获得语言功能的对等。

译者可采用比喻等的方法进行“变通”，而非全盘采用译入语的语言形式，使译入语读者获得与原文读者类似的心理反应，从而理解和接受中国文化。译者使用异化、归化进行互补兼顾，把握好归化和异化的度，能异化的尽量异化，必要时使用归化和功能对等理论辅助传译。富含中华文化特质、凝聚重要信息的词语、无法表达清楚的概念部分，进行“汉化”处理以不失中国文化特质，彰显和传播中国文化为主。

汉语语篇往往辞藻华丽，注重修饰，富于夸张，装饰性的形容词较常见。尤其在为引人注意的广告宣传和描绘文体中，多使用四字成语等修辞手法，构成华丽的语篇，增加渲染力。而译入语英语民族喜思辨性的逻辑思维，更欣赏具有新颖独特和创意的表达文字。英语语篇常常体现出平铺直叙的朴实的英语文体。在用词方面，汉语所特有的文字的优美华丽，用英语是无法表达出来的。英语往往用简单的景象罗列来传达实实在在的景物之美，以达到西方“仿仿自然”再现现实的艺术审美效果。英语一个常用的写作原则就是使用名词和动词写作，只有在必要时才使用形容词。即便在形容词的使用中，英语民族常用描述性的形容词，而汉语文体出现的更多的是装饰性的形容词。因此，在对花戏楼砖雕作文本进行翻译时，译者也应把汉英的这种文体风格差异因素考虑进去，在不失“源语”文化精神的基础上，准确传译“源语”信息。

根据以上的讨论我们知道中国古建筑文化的翻译是一个把非语言符号转换为语言符号，再进行语际翻译的复杂过程。译者要把富含中国文化特质的花戏楼砖雕艺术作品图示翻译成英语，需要译者具备深厚的中国历史文化和建筑艺术的知识铺垫，扎实的翻译理论知识和实践技巧，具有阐释图示符号和文化内涵之间“形”与“质”的能力。在“文化走出去”的背景下，译者要从“推动中华文化走向世界”“提高中华文化国际影响力”的大视角为前提，选择翻译策略和方法。对于古建筑艺术文化的翻译，应采取异化为主，“归化”和“功能对等理论”为辅，多种理论指导和策略并用的思维方式，进行语篇的谋划和语言的编译。对于富含中华文化特质的词语或原文，适当地采取“汉化”，对于“中国文化走出去”还是大有益处的。笔者的想法或许幼稚肤浅，提出来有待商榷。总之，无论采取哪种翻译策略，应是在体现“文化尊重”的根本原则上，挖掘再现古建筑文化内涵，不能为迎合西方受众的口味或商业目的，而改变古建筑艺术所含有的中国文化特质、内涵和精髓。所以，译者应尽量通过编译，准确地阐释表达砖雕艺术所传达的中华母体文化——“儒释道”精神，保护中华优秀文化，维护中华民族的基本文化元素，使古建筑艺术文化的翻译得以有效地传播和输出。

（2）从专业的角度做好把关，强化文化诠释。

首先要把好政治观，传播好中国声音。中华传统文化作为整个民族的灵魂，需要促进中西理解与沟通。此外还要办好文化馆，做好文博特色的阐释。我国文化遗产丰厚，所承载的中华故事生动多样，家国情怀、耕读文化、和为贵、四海皆兄弟等传统价值观念可以通过文化自觉的英语译者源源不断地传输出去，吸引西方世界更好地接受和认同中国文化。既然传播内容是建筑文化，建筑文化就必须讲出来，讲清楚，讲出特点，外国读者才能读明白，领会其中内涵。对内，信息得益于与受众之间良好的文化共识，即使文化蕴含丰富，内容涉及政治、经济、历史、地理、法律、宗教信仰、民俗风尚以及文学艺术等多个方面，受众依然可以心领神会。对于国际受众，这些文化元素已经超越了他们的期待视野，需要译者给予适当的拓展和提高，满足他们的接受需求。对文化元素的诠释同时还需要注意尺度的把握和拿捏，文化信息不做增译往往不能很好地传达意义，但也不可导致诠释过载，造成阅读疲倦或抵触心理，违背文化传播的初衷和规律。所以要在翻译和传播的过程中做好对文化的补充和对文字的改写。

（3）拓展译介的覆盖，开创新媒体传播渠道。

在新媒体时代，两微一端已经成为新媒体宣传的重要途径，也已经是受众熟悉且接受的宣传途径，但是在前面提到的很多北京的景点或者建筑观光区都还没有把相关的博物馆、景点等的英文客户端以及英文网站建立完成，这一点亟须解决。介绍北京建筑文化的影视作品和书籍在国外的发行数量和渠道仍然十分有限，文化遗产的海外巡展十分必要。依托数字技术和网络技术的新媒体的开发程度不够，大量文化机构仍然没有外文网站。

（4）调整传播方式，创新文化展示维度。

习近平总书记曾指出，要讲好中国故事，传播中国好声音。文化翻译其实可以转变传统思维，通过改变结构性直译的方式解决问题。以小见大，以更为亲切真实的方式呈现民族元素和地方元素。我们这里举一个例子，比如《这里是北京》作为海外播出的英文专题节目，一般都是通过较为幽默诙谐的方式以小故事来呈现大道理。

4.3 案例分析

案例分析一 释意理论指导下的长城景点建筑文化英译案例分析

释意理论由于其在口译理论中的指导性意义已被各领域学者广泛使用，比如运用在交替传译、同声传译以及口译教学领域中。在新闻报告会中，国家领导人经常会引用古代经典或者使用一些极具中国文化特色的词语，比如“胸有成竹”。这个成语的字面意思是指心中有了竹子，但是由于中西方的文化差异，外国人并不是十分了解这个成语的由来以及背后故事，因此只是按照字面意思直译会让听者感到疑惑。这时译员需要借用释意理论对这个成语使用目的语进行解释，然后脱离中文的语言形式，将意思翻译给听者为“to have a well-thought out plan beforehand”。在口译教学中，学生们经常会受到翻译以及语言思维定式的限制，习惯于生硬地逐字翻译。这时老师希望学生们能够在释意理论的指导下懂得灵活变通，在语境中完成翻译。

释意理论的建立对于口译研究来说是一个具有里程碑意义的学说，有着独特的切入点和理论视角，推动了口译研究，让口译领域的跨学科发展得以开始，在全面研究释意理论及其核心内容的同时，也因借助其他学科的研究成果和方法，进一步完善和充实释意理论，让释意理论得到进一步的发展，使之具有更强的实践指导意义，为口译理论与实践做出更大的贡献。

释意理论的主要思想可以归纳为两点，分别是“脱离源语语言外壳”和“释意翻译”，前者指的是翻译程序，后者指的是翻译原则。释意理论学派认为，口译的翻译程序包括理解原文、脱离源语语言外壳和用目的语表达三个阶段。“脱离源语语言外壳”是指意义脱离讲者语言表达形式而变为独立存在的一种更深层次的“心理表征”的过程，因为人们一旦领会了意义，就会发现大部分源语词的形式在大脑中消失了。也就是说，译员在理解原文时所提取的脱离源语表层含义的意义以非语言的形式暂时储存在译员的记忆中，直到译员使用目的语进行翻译时再重新“披上语言外壳'，这一语言外壳是由译员理解了源语语篇意义后自行搭架的，其形式未必相同，甚至相差甚多，但是意义是对等的。实际上，译员的理解原文和“脱离语言外壳”的过程几乎是同时进行的，因为译员不可能在听取信息之后再将意义逐一分析，这个过程不是孤立的而是以一个整体的形式进行的，译员需要的是在听取、理解原文信息时，结合语境信息和语言外知识迅速摆脱源语语言形式从而捕捉到源语语篇片段的整体意义。优秀的译员正是因为具有快速启动“脱离语言外壳”的本领才得以胜任各大会议场合的口译工作。

释意理论认为，翻译时应当以释意即话语篇章层面的意义对等为基本原则。释意理论将翻译概括为三个层次，即“非语言使用层次”的字词翻译、“语言翻译”，又称“词语对等翻译”，这两种层次的翻译只需要译员调动自身的语言知识便可完成，而第三种层次，即“释意翻译”，又称“意义对等翻译”则需要结合译者的语言外知识和语言知识共同完成。可见，“释意”即“脱离源语语言外壳”捕捉话语意义的过程，强调翻译不是简单的语言转换，而是译员在充分理解原文的基础上，摆脱源语语言形式和字词的束缚，重新将意义进行表达的过程。在翻译中，译员要忠实于意义，意义是核心，寻求意义对等，从而传递有效信息，实现源语和目的语的意义统一，释意理论学派对于口译理论和实践的研究做出了极为突出的贡献。

理论是为实践做支撑的，译员无论多么熟练地理解了理论，但是没有将理论与实际结合起来，翻译水平依然得不到提高。本文将释意理论应用到长城介绍的口译实践当中。释意理论重点强调了对源语言的理解，但是支撑理解的是源语讲述内容的背后所涉及的相关文化知识，因此在口译长城相关内容前，译员要对长城有简单了解。

释意理论认为，口译是一个对源语进行解释和说明的过程，口译员在进行翻译的时候，应当把充分理解源语作为基础，脱离语言外壳，对语言的内在含义、内在意义进行表达和传达。中国是文明古国，近年来中国文化越来越受到世界的关注，而长城作为世界文化遗产，对于世界各国人民更好地了解中国的历史文化有重大意义。接下来将根据释意理论的思想和原则，结合长城特色和文化特点，以长城相关介绍的口译为例，对口译员的翻译策略进行分析和研究。

释意理论作为口译发展的关键理论基石，促进了口译研究的各方面发展，其核心思想“脱离源语语言外壳”一直指导口译理论与实践至今。在口译中，源语的意义才是信息传达的实质，译者要顺应释意理论的原则，对源语包含的意义进行内在分析，剥离语言外壳，并采取恰当的翻译策略进行翻译，力求完整、准确地传达出源语的意义。本文所进行的长城口译涉及了长城的历史、分布、建筑风格和著名的景点及其在古代中国所发挥的作用，在表达方面有许多合乎中文表达和文化但不合乎英文表达的地方，翻译时则根据释意理论对于富有中文语言特色的字词和句子做出了相应的调整，这种调整有些是由于文化差异必须要做的，有些是为了更好地以目的语传达源语信息所做出的灵活变动，但始终遵循释意理论的原则，即不更改源语意义，通过译员的自身理解，将意义以新的形式用目的语进行表达，译员不应被源语的语言形式与字面意义束缚，一定要透彻地理解到源语的信息，捕获真实意义。长城是中国闻名于世的标志之一，是中华文化的载体，我们要讲好中国故事，传播中国声音，这也是顺应了时代的要求。译员既是翻译工作者也是文化工作者，通过翻译，将本国文化推向世界，让世界各国能够更好地了解长城的历史，了解中国的文化，但文化差异、文化空缺现象为翻译工作带来了一定的困扰，而释意理论大大降低了翻译中的文化亏损现象，有利于外国听众理解、认同和接受中国文化，可以说，释意理论帮助了译员更好地进行翻译工作，同时也帮助了世界各国之间进行文化交流，实现了相互思想文化之间的交流与沟通。

“一带一路”的倡议与全球化的发展现已成为当今社会的热门议题，这极大促进了国际文化交流。我们在向西方学习的同时，也希望自己的文化走出去。近年来，大量外国旅客慕名前来中国旅游，希望通过旅游的方式更好地认识中国。他们渴望参观中国历史古迹、了解更多中国的历史文化。长城作为中国标志性建筑物和非物质文化遗产之一，吸引了众多外国游客。因此，为了向外国游客更好地介绍和宣传中国长城的历史与文化，相关背景的英语口译就尤为重要。释意理论在口译理论中发挥着极大的作用，能够帮助口译员切实地提高口译水平。它认为翻译的目的在于交际，是译者将自己掌握的语言知识同相关翻译内容相结合的过程。因此，本文主要运用释意理论的“三角模型”对长城历史文化口译内容做实例分析，希望通过理论与实践相结合的方式提高口译实践能力。

“口译实际上是一种跨文化交际的行为，是把一种文化传递给另一种文化，但它不是要填补一种文化中的文化空白，而是给听众打开另一种文化的窗户（郭志远，李新，2016）。”所以，口译过程绝对不能把每个单词机械地进行相应的对照翻译，而是讲究意义对等，而这在翻译有关中国传统文化中更是异常重要的。释意理论要求口译员“首先有丰富的文化底蕴双语知识，明白其中一些文化成语、词语的所要表达的意思，脱离语言外壳，进而促进各个文化之间的交流与进步”（张梦原，2019），从而达到利用好口译进行讲话人与人交际、与文化沟通的目的。

具体分析如下：

The Great Wall is a military defense project in ancient China. It is a tall, solid and continuous wall used to limit the actions of the enemy horsemen.

The Great Wall is an ancient defense project with the longest construction time and the largest amount of construction both in China and in the world. Since the Western Zhou Dynasty, it has been continuously built for more than 2,000 years. It is distributed on vast land in northern and central China, with a total length of more than 50,000 kilometers. The body of the Great Wall is mainly distributed in 15 provinces and municipalities, including Hebei, Beijing, Tianjin, Shanxi, Shaanxi, Gansu, Inner Mongolia, Heilongjiang, Jilin, Liaoning, Shandong, Henan, Qinghai, Ningxia, and Xinjiang.

On March 4, 1961, the Great Wall was announced by the State Council as the first group of national key cultural relics protection units. In December 1987, the Great Wall was listed as a World Cultural Heritage.

The Great Wall is not just an isolated city wall, but a complete defense engineering system composed of various fortifications such as walls, enemy towers, defensive fort over border post, pier fort, army camps, guard towers, and beacon towers. This defense engineering system is led and controlled by military command systems at all levels.

The walls

The wall is the main part of the Great Wall where steep hills are built relatively low, flat places are built relatively high; critical places are relatively high, and general places are relatively low. The wall is the main part of defending the enemy, and its total thickness is designed wide to ensure that two heavy carriages can run side by side. The walls are composed of outer eaves walls and inner eaves walls, filled with earth and gravel.

Beacon towers

There are a large number of beacon towers in the Great Wall as the information transmission system, which is the oldest but effective method of message transmission.

There were two kinds of signals in ancient border alarms. In the event of hostility, the smoke was called "Feng" during the day and the fire was called "Sui" at night. It is a scientific method to burn smoke during the day and raise fire at night because the sunlight is strong during the day, the fire light is not easy to see, and the smoke is relatively easy to see; while the smoke at night is not visible, the fire light can be seen from far away. In order to report how many enemy soldiers are marching forward, they are also distinguished by the number of smoke and fire. In the Ming Dynasty, the sound of gunfire was also added at the same time as the number of smoke and fire was raised so as to enhance the effect of the alarm, so that the military situation can be quickly transmitted thousands of miles away.

Defensive fort over border post

The defensive fort over border post is the most concentrated defense base on the Great Wall defense line. The position of them is very important. They are chosen in a defensive terrain in order to beat the powerful invaders with very little force. An ancient Chinese saying goes, "One man can hold out against ten thousand." It vividly illustrates the importance of those defensive forts over border post.

There are large and small forts along the Great Wall. The Great Wall of the Ming Dynasty had nearly a thousand forts, large and small. There are many small forts near some large forts. For example, there are more than ten small forts near Shanhaiguan fort, which together form the defending system of the Great Wall.

Enemy towers

The Badaling Great Wall has a total of 43 enemy towers with similar shapes but unique features. Among them, there are pedestals for patrols and sentry, as well as upper and lower enemy platforms. There are stacks and holes around the upper floors. The lower floors are houses for soldiers to stay and rooms to store supplies. The distance of the tower is based on the mountain and terrain.

Battle fortress

The battle cannons were built on the main roads or dangerous places along the Great Wall. They are battle fortress with one, two, and three floors and different sizes. It can store weapons, ammunition and other strategic materials, which has a greater effect than enemy towers. The fortress can not only be used to attack, but also to defend, and can cooperate closely with military facilities on the Great Wall to form a dense firepower network, which greatly enhances the combat power and effectively blocks enemy attacks. So the battle fortress plays a very important strategic and tactical role in military defense.

释意理论下长城主要景点口译技巧介绍：

在进行本次长城主题介绍口译的过程中，以释意理论为基本原则，即分为听力理解——"脱离源语语言外壳"——表达三部分进行口译翻译，在口译过程中下意识地进行 deverbalization，但由于听力理解和“脱离源语语言外壳”的过程几乎是同时进行的，在一些部分的处理上还是由于没有充分调动语言外的知识来进行 deverbalization，导致脑记和口译笔记相应出现些许问题，一些部分还是未脱离源语语言外壳，遵循了源语的语言表达方式和字词结构，在准确获取意义的环节存在一定问题，下面将通过每一段的口译实录进行系统分析。

首先，第一段中，“用以限隔敌骑行动”一句未准确地脱离源语语言外壳获取中心意义，而是在口译中遵循源语语言形式和字词使用了“used”和“limit”来传达目的语，但是本句话的核心意义应为“长城的建造是用来抵御敌方骑兵的进攻”，由于中文是意合性的语言，在表达时注重言语之美，所以有时几个字中蕴含的信息量则可能是非常大的，若能在听力理解的阶段更好地进行 deverbalization，那么就能更好地抓住核心意义，便可将此句改译为“It is a tall, solid and continuous wall built to prevent the attacks of enemy horsemen.”。这样更能传达源语的含义，也能更好地为听众所理解。其次，介绍长城分布的部分虽然信息较为简单，通过调动语言信息便可顺利译出，但是其中“分布于中国北部和中部的广大土地上”一句还是太紧贴原文结构，在后续复盘中，认为此处也可以更好地进行 deverbalization，即“The body of the Great Wall can be seen in northern and central China.”并删除修饰词“广大土地上”，遵循“删词不删意”的原则，既避免了与下文的“分布”翻译重复，也通过更为简明的方式将源语意义进行了表达。另外，“全国重点文物保护单位”属于语言外知识的背景知识和百科知识的积累，应为“key national heritage conservation units”，译员应多注重语言外知识的积累。最后，第一段末尾的“这一防御工程体系，由各级军事指挥系统层层指挥、节节控制”则较好地协调了听力理解和“脱离源语语言外壳”，在听力理解的过程中运用了 deverbalization，将中文中惯用的四字表达剥离原有语言形式，获取其意义“由各级军事指挥系统指挥和控制”，即译为“This defense engineering system is led and controlled by military command systems at all levels.”。由此可见，释意理论中的“脱离源语语言结构”在口译中作用十分重大，不仅能够帮助译员减轻记忆负担，还能更好地梳理表达，以一种简明扼要的方式传达目的语。

第二部分进入长城景点的介绍。首先是墙身部分，本段中有一部分凸显了汉英口译中“脱离源语语言外壳”的重要性，那就是“墙身是防御敌人的主要部分”一句，该句中的“防御敌人”在口译过程中，未脱离源语语言外壳，紧贴源语的字词意思，在翻译时直接根据语言知识翻译成了“defend the enemy”，然而却跟源语意义截然相反，“defend the enemy”在这里是“防御、包围敌人的意思”，而由于中文是意合的语言，在这里“防御敌人”的意思就是“防御敌人的进攻”，以中文为母语的人听到“防御敌人”自然而然地会进行 deverbalize，无须多加解释，但是在翻译成英语时，必须跳出这个外壳，抓住话语本身的意思，所以这里是一个翻译失误，应改译为“defending the country against enemies.”汉英口译中经常会碰见这类情况，这是由中英文二者语言差异所造成的，在翻译时必须脱离源语语言结构，若按源语语言形式翻译可能会造成意义扭曲。其次，“其总厚度较宽，保证两辆辎重马车并行”也未完整抽取“总厚度较宽”的意义，直接翻译成了“thickness”略显搭配不当，其真正含义应是“足够宽且足够厚，能承受两辆马车并行”，所以应根据释意理论原则将其翻译成“is designed strong and wide enough to ensure that...”即可。由此可见，在一些情况下，译者必须要对源语进行释意，释意理论的原则是口译学习者必须掌握的一项本领。

下一段介绍的是烽燧，也就是烽火台，长城上的情报传递系统，属于长城的标志性景点。本段在介绍烽火台的工作原理的时候运用了释意理论的“脱离语言外壳”的技巧，在听力理解的时候使脑记占比过多，因为是原理性的内容，所以准确地“听懂”才是重点。因此在听力理解的过程中，更加地注重脑记，以笔记为辅助，听懂了源语之后再用自己的方式将意义进行表达，较为完整地遵循了“脱离源语语言外壳”的原则。此外，“为了报告敌兵来犯的多少，还以燃烟、举火数目的多少来加以区别”。在翻译时可以更好地整理逻辑，调整一下语言顺序能更好地获取源语意义从而以更清晰的方式传达目的语。另外，“燃烟、举火数目的多少”应用“the amount of”来修饰，这里可以调整为“The amount of smoke and fire is also adjusted to show how many enemy soldiers are marching forward.”。此外，在汉英口译中，由于中文的意合性，讲者通常会省略很多逻辑连接词，但译者为了语篇表达的连贯和逻辑性通常要把这些“隐性”的逻辑词补充上，这种情况在口译中也算是“脱离源语语言外壳”的一种形式，译员必须准确获取一些源语的“言外之意”，若按照源语语言形式直接进行翻译则会造成听众理解方面的问题，比方说本段的“军情可迅速传达千里之外”，源语虽未出现表目的性的状语，但英语是形合语言，为了表达的完整和连贯，这里添加了连接词“so that”。

下一部分介绍长城的关城，是长城上至关重要的防御据点。本段在听力理解的过程中较好地运用了“脱离源语语言外壳”的技巧，对于“关城设置的位置至关重要，均是选择在有利防守的地形之处，以收到以极少的兵力抵御强大的入侵者的效果”一句的翻译就是准确地在听力理解的过程中抓取了源语意义，随后进行了意义整合和释意处理，将该句译为“They are chosen in a defensive terrain in order to beat the powerful invaders with very little force.”简明扼要，便于听众理解。此外，对于“就以明长城的关城来说，大大小小有近千处之多”一句，同样进行了deverbalize，在表达时并未按照源语表达结构“就……来说”翻译成“as far as... is concerned”，而是在理解过程中自动将意义理解成“明长城有大大小小近千处关城”并储存在记忆中，在之后的表达中翻译成了“The Great Wall of the Ming Dynasty had nearly a thousand forts, large and small.”是运用释意理论“脱离源语语言外壳”技巧的一处表现。接下来介绍的是长城上的敌楼，属于士兵巡逻放哨、住宿和储存物资的地方。本段较短，其中涉及了口译中断句分句的问题，断句分句其实也属于释意理论应用的一部分，因为在获取源语意义之后，通过译员自身理解的表达重新架构句子结构，本段的“也有上、下两层的敌台，上层周围设垛口和射洞，下层为士兵住宿和存放物资的房舍”在源语的表达中是同属一句话，但在译文中做了断句处理，一是考虑到意义传达的完整和简明，二也是避免了英文译文过长造成听众理解负担的情况。此外，最后一句话“台堡的距离根据山势和地形而设”未能准确获取源语的意义，“台堡的距离”应是“每一个台堡设置的距离”，应当在听力理解的时候对相关部分进行释意，此处调整为“The distance of each tower is measured and set by the mountains and terrain.”则更为妥当。

最后一段介绍了长城上的战台，是长城上的火力进攻枢纽和战斗碉堡。本段运用到释意技巧的地方较多，首先是“为碉堡式建筑，有一、二、三层之分，规模大小不一”一句进行了deverbalization之后重新组合了句子结构，源语的语句较为松散，在译文中采用了整合的处理方式，抓住了中心意思，译为了“They are battle fortress with one, two, and three floors and different sizes.”。其次，“站台既可出击，又可据守”一句在源语中是以“战台”为主语，但在英语表达习惯中若也用“战台”作主语的话就显得非常奇怪，因此，通过释意处理，在准确传达源语意义的基础上，改变源语语句形式和结构，译为“The fortress can not only be used to attack, but also to defend.”。最后一句“在军事防御上起着十分重要的战略战术作用”还是遵循了释意理论原则，在获取了核心意义并记忆后，为方便听众理解，进行断句并添加逻辑连接词，译为“So the battle fortress plays a very important strategic and tactical role in military defense.”脱离了源语语言形式，是释意理论的灵活运用的体现。

释意理论下长城主要景点口译技巧：

（1）译前准备

该理论的“三角模型”表明理解是口译的关键。如果译员不能准确理解源语语言内容，就很难脱离源语语言外壳使用目的语表达源语的中心内容。因此，相关知识与文化的充分译前准备是很重要的，这将帮助译员的理解。长城虽然地处中国，中国人也会经常去长城游览，但是游客们到达长城之后也只是一味地走马观花拍照留念，不会深入地了解长城背后的历史事件，甚至不能全面且正确地叫出长城上所有景点的名字。语言只是一种工具，真正支撑着语言发展的是语言表达出来的内容意思。口译员只有先全面地了解了中国文化才能更好地向外国人传播中国文化。除了长城上所有景点的历史故事，一些约定俗成的英译表达也需要译员提前查找并记忆。这些将帮助口译员顺利地完成释意理论的最后一个阶段，即目的语转化阶段。由于话音是短暂的，因此口译强调高超的及时性。译员在提取到说话人的关键信息后要迅速地使用目的语将其转化，如果译员因为个别词汇的表达而停顿，这会影响到交流的顺畅性。

（2）目的语的转换

将源语转换为目的语是释意理论的最后一个步骤，也能具体呈现翻译表达效果。因此，译员在转换目的语时所使用的技巧更能决定口译的成败。英汉两种语言属于不同的语系，而不同语系的两种语言有着各自的语言风格，译员在翻译的过程中就要结合两种语言的特点进行处理。汉语是分析型语言，一般会有总起句，之后再不断地用分句去解释总起句；而英语是综合性语言，常常会使用一个句子表达所有内容与逻辑关系。因此，译员在脱离源语语言外壳提取到说话人表达意思的精髓之后，在摆脱源语束缚的基础上按照目的语的表达习惯转换。比如，在上述长城主要景点介绍的翻译时，汉语有时会用多个句子来体现其中的逻辑关系与意思。在使用英语进行翻译时，我有多处将多句汉语合并成一个英语句子，并且按照口译表达的简洁性对原文进行了再加工，这样能够保证口译交际的流畅性。但是相对而言，通过分析我的口译音频的转写，我发现自己的译文比较啰嗦，更适合应用于笔译中，没有体现出口译交流的简洁性。其主要原因出现在我对脱离源语语言外壳与语言转换这两个过程掌握得并非很熟悉，今后要多听地道的英语听力、积累好的口语表达。

案例分析二　补偿及释意理论指导下故宫实时翻译案例分析

Ladies and gentlemen, nice to meet you. I am very happy to be here with you to visit the very famous tourism together. I am very pleased. This is the world-famous Palace Museum. In general, we always call it simply as the Forbidden City. We can learn from its name that it was once a royal palace. From the end of Qing Dynasty, the year 1911, the Emperor Pu Yi who announced the end of the emperor, we can trace back to the third Yongle Emperor in Ming Dynasty, 1420, Zhu Di who placed the capital here. During this period, we have Ming emperors 14, Qing emperor 10. So there are twenty four emperors in total who has ruined in this magnificent palace for five centuries. Their homes are magnificent and grand. As up today, it is not only here in China, but also the biggest and most complete royal palace building collections in the whole world. That is because this palace has manifested good traditions and unique style of our ancient building arts. So it has a very important position in architecture. It is a very classic building in architecture arts. In 1987, it has been listed by the UNESCO as the world cultural heritage.

Forbidden City is also called the Zijin Cheng. If you want to trace back to its original meaning, it came from the astronomy and the folks. The Chinese ancient astronomers has divided the stars in the sky into three sectors, twenty eight sectors and thirty one sectors. The three sectors refer to Taiwei yuan, Ziwei yuan, Tianshi yuan. Ziwei yuan is in the middle of "san yuan", which fits for Ziwei stands in the center. Therefore, the ancients think that ultraviolet weiyuan is the seat of king, so we call it palace "zi". And the emperor is the son of heaven—the most royal person, so they have to imitate the heaven and place a character "zi" before the palace which shows that it is in the center of its position. There is another explanation: that is ziqi donglai. Ziqi donglai is a Chinese idiom. It is from Laozi who went through hangu guan. The administrator of hangu guan Yin Xi saw a very different situation. There were purple smogs coming from the east. Then he knew that there will be a lord passing through it. With no question, he saw Laozi who rode a cow went past here. Yin Xi asked him to write Daodejing which later became a very famous work. Later, people all called ziqi donglai as a sign of goodwill. So the emperors also hoped that this is a sign of good hope. Then it is very natural for "zi" to name after the palace. "jin" which also translated into "forbid" in English. It is very evident that Palace Museum didn't allow citizens to step in. This is not a threat. After Pu Yi was sent out of the Palace in 1924, civils were not allowed to step in before opening to public. So we can see that, in the past, how magnificent the Forbidden City can be.

Zijin Cheng was built in Beijing with some history. Some person regard it as a place of goodwill. That is a long story. It was built from Yongle, the fourth year (1406). It took about 14 years to finish it. With a history of 537 years, we can see that, the Forbidden City is a collection of red walls and yellow tiles. Why is that? According to Taoism, there are five xing: jin, mu, shui, huo, tu, which is gold, wood, water, fire, dust. And tu takes the central position because Chinese has lived in the yellow dust plateau for centuries. So we have a special admiration for the color yellow. Therefore, from the Tang Dynasty, the color yellow has become a color that represents the royal while other people were not allowed to use it. Red represents perfect, rich and auspicious. Because of this, the basic colors of the Palace Museum are red and yellow.

The Forbidden City took an area of 720 thousand square meters, with 99 hundred palaces and pavilions, covering an area of 150 thousand square meters. The walls of it is 9.9 meters, which is claimed 10 meters. There is a fifty-meters-wide river surrounded the palace which called Tongzi he. The distance between the south and north palace is 960 meters. The north-east width is 760 meters. On each corner of the Palace, there is a strange structured and harmonious jiaolou which has eight angles. People call it jiu liang shiba zhu, qishier tiao ji. Doors are placed on the four sides of the city. The door in the south is wu men. The north one is shenwu men. The east one is donghua men and the west door is xihua men.

In the process of building the Palace Museum, we hired famous architects that counted to 230 thousand with 1 million civil people. All the materials of the building structure came from around the world. Such as the Hanbaiyu was from Fangshan in Beijing, wu se hupi shi (a stone with five colors) came from Panshan in Hebei, Jixian. Hugang shi (another type of stone came from Hebei quyang). The square bricks were made in Suzhou. The tiles for the walls were from Shandong, linqing. And the color which was painted on the walls of the Palace came from Yantong shan in Shandong xuanhua. The wood materials mainly came from Huguang, Jiangxi, Shanxi provinces. So we can see that it is a very big project.

释意理论下故宫主要景点口译技巧介绍：

例一：这里就是世界闻名的故宫博物院，一般大家都简称它为故宫，顾名思义，就是昔日的皇家宫殿。

原文的译文如下："This is the palace museum; also known as the Forbidden City. It is the largest and most well reserved imperial residence in China today."。这句话原文的译本的处理把"故"跳过去了，这里的"故宫"中的"故"指的就是过去的、昔日的意思，但是外国友人如果不懂汉语的话，如果单纯从故宫在此处的翻译来看，不能把"forbidden"和昔日相关联，所以我自己的建议是此处把故宫的表达用拼音的方式表达出来，"Gugong, the character gu means the past and the old one. Because the Forbidden City was the well reserved residence in China today..."这样的话，对故宫名字的由来有所解释，不拘泥于故宫只能用"紫禁城"（The Forbidden City）一种方式表述，而需努力让听众理解其中的文化底蕴，达到脱离语言外壳的目的。而笔者的翻译只用一个 once a royal palace 也还是远远不够达到这句话本意。

例二：自 1911 年清朝末代皇帝爱新觉罗·溥仪被迫宣告退位上溯至 1420 年明朝第三代永乐皇帝朱棣迁都于此，先后有明朝的 14 位、清朝的 10 位，共 24 位皇帝在这座金碧辉煌的宫城里统治中国长达五个世纪之久。

原文的译文如下："The first ruler who actually lived here was Ming Emperor Zhudi. For five centuries thereafter, it continued to be the residence of 23 successive emperors."。而笔者的翻译是把明朝的 14 位和清朝的 10 位都罗列了出来。这里，译本虽然第一眼看起来比笔者的译文要流畅很多，但是译本中使用了 successive，successive 的英文解释为 following one another or following others，若外国友人不理解，会以为都是明朝的，共有 24 位皇帝在这里登基，显然

是不对的。

例三：还有一个说法就是指“紫气东来”。

这句话中译本的翻译充分体现了释意理论的原则，这里笔者进行了解释，把成语的意思也给听众解释了出来，如果单单只是成语翻译，会让听众不知所云，因为这种紫气只存在于中国传统神话中。这样就可以充分表达讲话人想要表达的意思。

“...the term “an eastern purple cloud is drifting” became a metaphor for auspicious events after a purple cloud was seen drifting eastward immediately before the arrival of an ancient philosopher, ...”

例四：城上四角各有一座结构奇异、和谐美观的角楼，呈八角形，人称九梁十八柱，七十二条脊。城四周各设一门，南面的正门是午门，北门叫神武门，东门叫东华门，西门叫西华门。

原文的译文如下：“Octagon—shaped turrets rest on the four corners of the wall. There are four entrances into the city: the Meridian Gate to the south, the Shenwu Gate (Gate of Military Prowess) to the north, and the Xihua Gate (Western Flowery Gate) to the west, the Donghua (Eastern Flowery Gate) to the east.”这句话的译本首先把“九梁十八柱，七十二条脊”这句话给删掉了。确实，如果在正式的导游口译中，这句话即使翻译出来，也很难理解，同时，没有相应的词汇储备就会变得非常麻烦，最好的方法就是直接放掉，不要拘泥于原有的结构。而笔者的翻译，就只是单单把这句话说出来，这样反而外国友人也听不太懂，因为都是中文，说了和没说一样，是无效产出。这句话的后半句，译本处理得非常好，译本把每个门的作用进行了简单概述，比如西华门和东华门，周围花香四溢，出去游玩非常合适，而午门和神武门过于庄严，一般只适合军队通过。这样，听众不仅仅是了解到这四个门的名称，同时也更好地理解了中国古代文化传统。

例五：故宫在施工中共征集了全国著名的工匠 23 万人，民夫 100 万人。

原文的译文如下：“In the process of building the Palace Museum, we employed famous architects that counted to 230 thousand with 1 million civil people.”

笔者的译文如下 In the process of building the Palace Museum, we hired famous architects that counted to 230 thousand with 1 million civil people. 这里的 hire 和 employ 都是雇佣，hire 的英文解释为 employ someone for wages (usually temporary)，而 employ 的英文解释是 give work to someone and pay them for it。这两个词用在这里明显是不合适的。首先，大家都听过孟姜女哭长城的故事。孟姜女的丈夫被雇佣去盖长城最后累死并且被埋在了长城底下。而这在修建故宫的时候同样存在，人力资源都是免费的，甚至连饭都吃不饱，何来的工资呢？所以在翻译时，要注意单词的语境，不能只停留在单词表面，必须调用已有的认知知识，结合历史实际情况进行，接着进行“再表达”的过程。

北京现代建筑文化的多模态翻译传播

第一节　北京现代建筑文化概述

建筑是凝固的音乐，是力与美的交融，是态度与科学的结合，更是一个国家或一座城市的标识。北京作为中国的首都，享受着历史的沉淀，挺过了炮火的摧残，汇聚了多元的文化，体现着勃勃的生机。新中国成立以来，北京的建筑事业展示出前所未有的活力，这离不开其中蕴藏的文化背景。在此，笔者以四届“北京当代十大建筑”评选活动为线索，讨论北京现代建筑背后隐藏的文化。

1949 年新中国成立，打开了历史的新篇章，在苏联“老哥”的帮助下，从生产到生活，一切都在紧锣密鼓地发展。到 20 世纪 50 年代，中苏关系热度下降，赫鲁晓夫在国际上不断攻击中国，已故的全国著名建筑大师张镈先生（1911 年—1999 年）曾回忆道：中共中央在北戴河会议时强调要搞几项经典工程，向世界证实中国的新面貌及实力。于是在 1959 年，人民大会堂、北京火车站等建筑相继完工。同年举办了第一届“北京当代十大建筑”评选活动，评出了包括人民大会堂、中国历史博物馆与中国革命博物馆（两馆属同一建筑内，即今中国国家博物馆）、中国人民革命军事博物馆、民族文化宫、北京工人体育场在内的“北京十大建筑”。这些建筑是中华人民共和国成立10周年的献礼工程，当时召集了北京1万多名建筑工作者开会，还邀请了上海、南京、广州等地的30多位建筑专家，进京共同进行方案创作。在发展并不迅速、建筑事业并未繁荣的当时，“北京十大建筑”也可视为当时的国家十大建筑。

到20世纪80年代，改革开放的春风吹遍大地，掠过北京，带来了多元的文化、多维度的思维、更开放的态度。1988年正值改革开放10周年，北京举办了第二届“北京十大建筑”评选活动，从1980年1月1日到1987年12月31日期间竣工的作品中选出了第二批“北京十大建筑”，其中包括北京图书馆新馆（今国家图书馆）、中国国际展览中心、中央彩色电视中心、首都国际机场候机楼（2号航站楼）、北京国际饭店、大观园、长城饭店、中国剧院、中国人民抗日战争纪念馆和北京地铁东四十条车站。可以看到这些建筑基本属于现代主义风格，值得注意的是这届“北京十大建筑”的评选方式，首先通过专家评议，接着由23万群众通过投票产生最终结果。改革开放带来的“现代化”大潮给建筑师们带来了无限的灵感。

20世纪90年代的建筑事业特别强调建筑背后所蕴藏的文化，同时重视建筑与环境的关系，突出历史的地位，尊重有历史沉淀的旧建筑，在旧的建筑中寻求启发与创新。2001年5月15日，第三届“北京十大建筑”评选活动揭晓，首先由专家初评产生了30个候选建筑，之后由人民投票推选，据已故北京市原常务副市长张百发先生说，90年代收到60多万封来信投票，可见人民对于城市建设的重视程度越来越高，对“北京十大建筑”评选活动的参与也十分积极。此次十大建筑是根据五个标准评选出来的：一是凡在北京市范围内，建筑面积在1万平方米以上，竣工验收时间在1988年1月1日至2000年8月30日之间的地面上大型公共建筑（不含住宅、公寓建筑）；二是建筑设计必须符合“适用、经济、美观”的原则，并体现出民族传统、地方特色、时代精神；三是要与周围建筑和环境较协调；四是工程质量优良；五是技术先进。最终选出的“北京十大建筑”

包括中央广播电视塔、国家奥林匹克体育中心与亚运村、北京新世界中心、北京植物园展览温室、清华大学图书馆新馆、外语教学与研究出版社办公楼、北京恒基中心、新东安市场、国际金融大厦、首都图书馆新馆。从结果来看，这些建筑多兼顾“时代感”与“中国特色”，充斥着现代主义的风格。

时间如车轮滚滚前进，自北京申奥成功后，“新北京，新奥运”的口号得到快速响应，新的思想伴随着新的建筑如雨后春笋般涌现。标志性建筑一个接一个出现，毫不夸张地说，这一批建筑可以被载入史册。2009 年 3 月 31 日上午，“北京当代十大建筑”评选活动正式开始，此次评选主题为“宣传改革开放成就，彰显北京城市魅力”，强调建筑应充分体现绿色、科技、人文三大理念。最终产生的候选作品与第三届相比多了 20 个，评选活动也受到了前所未有的关注，据统计，市民总投票数高达 6 800 多万张，网上参与投票的群众达 900 多万人次，手机投票也高达 46 万多张选票。最后由市民和专家共同投票选出十大建筑，包括首都机场 3 号航站楼、国家体育场、国家大剧院、北京南站、国家游泳中心、首都博物馆、北京电视中心、国家图书馆（二期）、北京新保利大厦、国家体育馆。从结果来看，第 29 届北京奥运会的三大件（国家体育场、国家游泳中心、国家体育馆）位列其中，这是效用与审美的结合，是时代与社会的需要，也是大国气度的彰显。

除了建于现代的建筑，许多保留下来老建筑在新文化新思想的洗礼下也焕发了新的生机。北京作为历史名城，许多建筑作为城市的记忆被悉心保护着，在高楼林立的大都市中，他们镌刻着初心，从未动摇。如果问，什么最能代表老北京？得到的回复必定是四合院与胡同，这些低矮的传统建筑似乎与城市拔地而起的高楼格格不入，他们之间必定会发生碰撞，这是新老建筑的冲突，也是新老文化的碰撞。然而，这场较量不会有结果，和谐发展才是科学可持续的，一些四合院被列为文物保护单位，同时也有一些被拆除。高耸入云的大楼，活力无限，富丽堂皇，给人无限遐想；而这些老建筑，保留着“本味儿”，就像是一抹童真，无法消磨。

第二节 代表性建筑

（1）人民大会堂。

人民大会堂位于北京市天安门广场西侧，西长安街南侧，是我国重要的政治地标，它是中国全国人民代表大会开会地和全国人民代表大会常务委员会的办公场所，是党、国家和各人民团体举行政治活动的重要场所，也是中国党和国家领导人和人民群众举行政治、外交、文化活动的场所。1956 年中国提前完成第一个五年计划，经济得到了发展，人民生活水平有了一定程度的提升，中国共产党的威信也在不断增强。从那时起，建造一个万人开会用的大礼堂的想法就萌生了，在充分考察国外建筑之后，中央集结了一批优秀的建筑师，其中既包括有经验的老专家，也新纳入了一批有思想、老框框少的青年新人，终于在激烈的商讨下得出了最终方案。1958 年 10 月—1959 年 9 月，短短 280 天便完成了建筑的主体结构。人民大会堂内部包括中央大厅，即从东门进入经风门厅，踏入的第一个大厅，宽敞明亮，富丽堂皇。紧接着有 6 座正门，通向万人大礼堂，大礼堂南北宽 76 米，东西进深 60 米，高 33 米，呈扇面形，布有三层座位。礼堂顶棚呈穹窿形，与礼堂的墙壁相接，顶部中央是红宝石般的巨大红色五角星灯，周围遍布光芒与星星灯，十分符合周恩来总理“落霞与孤鹜齐飞，秋水共长天一色”的想法。人民大会堂内部还包括迎宾厅（又名交谊大厅）、国家接待厅、金色大厅以及各省大厅（参见图 6–1、图 6–2）。

图 6–1 早期人民大会堂

图 6–2　万人大礼堂

（2）北京工人体育场。

北京工人体育场为北京市最大的综合体育场之一，位于北京市朝阳区工人体育场北路。1958 年 9 月 5 日，北京工体项目被正式确定为首都工人阶级向建国十周年的献礼工程。体育场于 1959 年 8 月正式竣工，其中包括三组建筑群：北京工人体育场主题建筑、北京工人体育馆和游泳场，总建筑面积达 8 万平方米，总占地面积达 35 公顷。其中北京工人体育场游泳馆位于北京工人体育场东侧，设施齐全，可容纳 5 000 名观众，是休闲娱乐的好去处。北京工人体育馆借鉴了苏联的设计理念和规范，采用了强柱弱梁的特点，于 1961 年 2 月 28 日正式竣工，给同年 4 月举办的第 26 届世界乒乓球锦标赛提供了合适的场地。这座体育馆也是最早出现在新中国邮票上的体育馆，能容纳 1.5 万名观众。新的世纪带来新的改变，2006 年工体进行了扩建与改造，变得更科学、更绿色，并在 2008 年奥运会期间投入使用。另外。工体还承办了多次演唱会，众多明星、乐队都以在工体开演唱会作为自己追求的目标。自建成以来，北京工人体育馆已经举办了数千场体育赛事或文艺活动，成为北京重要的娱乐、体育活动中心（参见图 6–3)。

图 6–3　北京工人体育场

(3) 北京国际饭店。

20 世纪 70 年代，中国打开国门，向世界展示自己的国家风貌，外交活动也日益密切。除了政治上的交涉，经济上的商业往来，文化间的相互交流也推动了第三产业的国际化。北京作为中国的政治、经济、文化中心，建成一间国际酒店是十分必要的。北京国际饭店建于 1987 年，拥有 900 多间客房、多个大型会议中心，以及 SPA、专业健身房、美容美发等休闲娱乐设施。2018 年 11 月 24 日，北京国际饭店入选“第三批中国 20 世纪建筑遗产项目”。该五星级饭店选址十分考究，位于北京城东西中轴线，十里长安街中段，距人民大会堂、各国驻华大使馆、各跨国公司中国办事处以及多个政府国家机关较近，同时坐拥王府井这一大型商圈，又毗邻多个旅游景点，可以说在极大程度上满足了入住者办公、购物、休闲娱乐的需求。北京国际饭店是一个完全由国有资本投资的大型饭店，从 1979 年开始动工到 1987 年建成，该饭店由三位主设计师林乐义、蒋仲钧、胡寅元带领的设计团队完成，最终采用了全新的三叉弧六边形结构，主楼地面 29 层，地下 3 层，建筑总高度 104.4 米。从各个角度看都给人震撼之感，彰显了国人的自信，展示出了中国改革开放的魄力 (参见图 6–4)。

图 6–4　北京国际饭店

（4）北京恒基中心。

20 世纪 80—90 年代内地与香港地区交流逐渐密切，商业合作也频频开展。北京恒基中心由港资开发，坐落于北京市中心建国门内大街，是由北京市建筑设计研究院与香港关善明建筑师有限公司联合设计完成的。20 世纪 90 年代的建筑强调民族特色、地方特色、时代精神，重视实用、经济、美观的原则，突出历史的沉淀。北京恒基中心运用古典建筑处理手法，在建筑中加入古风元素如钟楼，采用绿色的配色，也显得古典肃穆。同时外墙采用现代化的线条设计，充满时尚，体现出古典风格与时代感的完美结合（参见图 6–5）。

图 6–5　北京恒基中心

（5）国家体育场（“鸟巢”）。

2001 年 7 月 13 日，整个北京沸腾了，国际奥委会主席萨马兰奇先生在莫斯科宣布：北京成为2008年奥运会主办城市。在那之后，关于主体育场的设计与建设问题便成了头等大事。2002年10月25日，北京市规划委员会面向全球征集2008年奥运会主体育场——中国国家体育场的建筑概念设计方案。经过一年的层层筛选，步步考量，最终确定了由瑞士赫尔佐格和德梅隆韦斯特设计公司与中国建筑设计研究院组成的联合体设计完成的“鸟巢”方案。国家体育场2003年12月24日开工建设，2008年3月完工，总造价22.67亿元。它坐落于北京奥林匹克公园中心区南部，总占地面积21公顷，场内观众座席约为91 000个，采用钢结构为主体，预计使用年限可达100年，“鸟巢”的耐火等级为一级，抗震设防烈度8度，地下工程防水等级1级，可以说是十分安全的。同时，“鸟巢”的建设充分体现绿色可持续发展的思想，采用国际知名的环保材料，尽最大可能实现节能减排的要求。国家体育场造型奇特，从外看呈现出波动的马鞍椭圆形，一根根线条有规律地汇聚与交叉，就如同一个由树枝编织成的鸟巢。给人温暖与安全感。室内台分为上、中、下三层，还配有140个视野极佳的包厢。在2008年，国家体育场（“鸟巢”）承办了北京奥运会、残奥会开闭幕式、田径及足球等相关活动和赛事。在那之后“鸟巢”并未“闲置”，承办了一系列体育赛事、文艺演出、非商业性质的政府主办的大型活动等，同时“鸟巢”也向游客敞开大门，让普通人也可以一睹奥运风采，逐渐成为北京游客的必打卡之地（参见图6–6、图6–7）。

图6–6　国家体育场（“鸟巢”）外景

图 6-7　国家体育场（“鸟巢”）内景

（6）国家大剧院。

从 20 世纪中期开始，中央就在考虑国家大剧院的建设，1998 年 7 月，中国国家大剧院建筑设计方案国际邀请竞赛的第一轮展开。1999 年 7 月，决定采用法国设计师保罗·安德鲁设计的、清华大学配合的圆形设计方案，经过几年的建设，最终国家大剧院于 2007 年 9 月竣工。它位于北京市中心天安门广场西，人民大会堂西侧，由主体建筑及南北两侧的水下长廊、地下停车场、人工湖、绿地组成，是新“北京十六景”之一的地标性建筑。国家大剧院外观呈半椭球形，东西方向长轴长度为 212.20 米，南北方向短轴长度为 143.64 米，建筑物高度为 46.285 米。国家大剧院内部包括歌剧院、音乐厅、戏剧场、小剧场、第五空间以及艺术精品长廊。以华丽辉煌的金色为主色调的歌剧院最为宏伟，其中常年有歌剧、舞剧、芭蕾舞等演出。音乐厅中可以演奏大型交响乐，举办各种音乐会，其设计极具现代美感，并加入 GRC 墙面、龟背反声板等科技元素，实现了声学与美学的充分结合。而且音乐厅内拥有国内体积最大、栓数最多、音管最多、音色最丰富的一架管风琴，被称为“镇厅之宝”。第五空间属于公共空间，包括人工湖、文化广场、水下廊道、花瓣厅等设施（参见图 6-8 至图 6-10）。

图 6–8 国家大剧院外景

图 6–9 国家大剧院歌剧院

图 6–10 国家大剧院音乐厅

（7）中国国家图书馆。

中国国家图书馆前身是筹建于1909年9月9日的京师图书馆，之后改名为“北京图书馆”，到1998年12月，改名为国家图书馆，对外称中国国家图书馆。1999年4月16日，江泽民主席为中国国家图书馆题写馆名。该馆坐落于北京市中关村南大街33号，是世界最大、最先进的国家图书馆之一。据图书馆官网显示，其占地面积达28万平方米，分为总馆南区、总馆北区和古籍馆三部分。馆藏文献3 768.62万册，并以每年百万册件的速度增长。馆藏总量位居世界国家图书馆第七位，其中中文文献收藏居世界第一，外文文献收藏居国内首位。同时，国图建成了中国最大的数字文献资源库和服务基地，数字资源总量超过1 000 TB，并以每年100 TB的速度增长。图书馆共设有阅览室25个、阅览座位5 000余个，为市民提供了一个良好的阅读环境与学习氛围。从外部看二期建筑尊重一期老馆的姿态，采用巨大的支柱，水平伸展的巨构屋顶。灯光、线条的配合，给人以简约、安静、低调之感，同时又极具现代建筑技术带来的视觉震撼（参见图6–11）。

图6–11　中国国家图书馆

（8）大兴机场。

首都国际机场2号航站楼与3号航站楼都先后上榜“北京十大建筑”，可见机场建设对北京发展的重要性，机场航站楼占地面积广，人流量大，其建设需要结合实用性与美观性。笔者现介绍的是新建的被人们称为代表中国最新的基建水平的大兴机场。大兴机场一般指北京大兴国际机场，位于中国北京市大兴区和河北省廊坊市交界处。该机场于2014年12月26日开工建设，2018年9月14日定名“北京大兴国际机场”，2019年9月25日正式通航，目前大兴国际机场有一座面积达70万平方米的航站楼，有四条跑道，可满足2025年旅客吞吐量7 200万人次、货邮吞吐量200万吨、飞机起降量62万架次的需求。该航站楼由法国ADP Ingenierie建筑事务所和扎哈·哈迪德（Zaha Hadid）工作室设计，外形如展翅的凤凰（“五指廊”），给人视觉上的震撼，并缩短了乘客步行时间，从出发层到最远的登机口只有600米，步行仅需8分钟。同时贯彻了节能环保理念，全方面运用“黑科技”，符合环境友好、绿色可持续发展战略（参见图6–12、图6–13）。

图6–12　北京大兴国际机场俯视图

图 6–13　北京大兴国际机场内部图

（9）四合院。

四合院，是我国北方民用住宅中的一种组合建筑形式，是一种四方或者长方形的院落。一家一户，住在一个封闭式的院子里面。四合院建筑，是我国古老、传统的文化象征。四代表着东南西北四周，合是合在一起的意思，形成一个口字形，这就是四合院的基本特征。四合院在建筑之雅致，结构之巧妙，数量之众多方面，当推北京最多。北京的四合院，大大小小，星罗棋布，或处于繁华界面，或处于幽静深巷之中，大则占地几亩，可以达三进或四进，小则不过数丈，只有一进，房间为 13 间；北京四合内部大多包括大门、第一进院、大堂、第二进院、书屋、住宅等，两侧有厢房，各房有走廊，隔扇门相连接。四合院的构造摆设也十分讲究，例如四合院大门（叫街门、宅门），将整个院子与大街连通，一般都修筑在整个院落的东南侧，取“紫气东来”之意，又一说是占据八卦中的巽位，即风位，是和风、润风吹进的位置，处吉祥之位。又如四合院中多见龙凤、蝙蝠等元素，象征着富贵与吉祥。一户一宅的四合院形成了一个符合人性心理、保持传统文化、邻里邻外关系融洽的居住环境（参见图 6–14）。

图 6-14　北京四合院

在众多四合院中，笔者最终选取恭王府作为代表详细介绍。“一座恭王府，半部清代史”，恭王府是清代规模最大的一座王府建筑群，位于北京市西城区柳荫街。2008 年经过修缮，恭王府正式对外开放，成为当时中国唯一一座对公众开放的清代王府。恭王府虽是一座清朝时期的老建筑，但值得注意的是红学家们对其的争论，一些人认为恭王府是《红楼梦》里贾府与大观园的原型，这引起了周恩来总理的注意，直到最后成了他病床上的牵挂。修缮后开放的恭王府占地面积 6 万平方米，分为府邸和花园两部分，拥有各式建筑群落 30 多处。府邸建筑分东、中、西三路，每路由南自北都是以严格的中轴线贯穿着的多进四合院落组成。中路最主要的建筑是银安殿和嘉乐堂，建筑在设计上采用绿琉璃瓦，庄严而大气。总体来看其规格极高，设计大气，形式多样，用料考究，空间转换丰富，虽是古建，却充满着现代气息（参见图 6-15）。

图 6-15 恭王府银安殿

第三节 代表性特点

伴随着经济的发展，北京现代建筑的发展速度是惊人的。不同时期中、不同背景下产生的建筑各有特点，却也有共性，共同构建出和谐的北京现代建筑文化。

政治色彩

建筑，因其自身固有特点离不开它所处的社会，而政治生活又是社会生活的一大重要组成部分。因此，每一栋建筑中都会或多或少沾染政治色彩。这一点在第一次“北京十大建筑”评选活动中表现较为明显。当时在国际上十分被动，中国需要一些“大工程”来证明自己，中央人民政府决定在首都北京大兴土木，大体上包括 10 个大型项目，故又称“十大建筑”，其中排名榜首的便是人民大会堂。人民大会堂可以被称作是中国政治的标识，是党和人民联系的重要地点，可见其地位之重。人民大会堂庄严宏伟，富丽堂皇，规模宏大，彰显了我国的建筑水平，极大地提高了我国的国际政治地位，增强了我国的政治信心。北京工人体育馆也是早期“北京十大建筑”之一，现在的它成为集体育赛事与文艺演出为一体的大型场馆，深受年轻人的追捧。北京工人体育场由中国设计师欧阳骖主持设计，工体的命名充分体现了我国的国家性质是工人阶级领导的，展现出国家对工人阶级的重视与爱戴。2008年北京奥运会带给世界的不仅仅有拼搏的精神，更有视觉上的震撼，国家体育场（“鸟巢”）与国家游泳中心（“水立方”）两座建筑深深烙印在世界人民的心中。中国的国际形象也随之深入人心，两座建筑矗立在那，就是中国国力强盛的极有力的证明。自新中国成立后，外交也成了提升国际地位的重要手段，从刚开始被封锁孤立，仅与少数国家来往，到后来开放国门引进外资，中外交流日益密切，人员流动也愈发频发。因此，相应的第三产业也得到了重视，纵观四次的十大建筑评选，民族饭店、华侨大厦、北京国际饭店、长城饭店等国际大饭店（酒店）纷纷上榜，方便了与其他国家间的人员交流。除此之外，中央彩色电视中心、中央广播电视塔以及北京电视中心的上榜也说明国家对各国之间交流的重视。也许你已经发现，半个世纪来，北京著名的现代建筑分布在长安街的不在少数。这条“十里长街”承载了太多历史，而每一座建筑身处不同时代都有不同的故事，它们是历史的见证者、记录者与讲述者，同是当时社会的载体。

中西交融

建筑也是一种文化，在交流与融合中和谐成长。北京现代建筑的发展离不开西方建筑思潮的影响。新中国成立初期，北京市规划局专门去莫斯科考察，人民大会堂的设计就借鉴了苏联风格和希腊柱式，类似建筑还包括革命历史博物馆、军事博物馆等。但是借鉴的同时，中国的建筑仍保留了民族特色与时代精神，最终形成了中国特色的建筑风格。到20世纪八九十年代，现代主义、后现代主义思潮涌入国内，给当时的建筑设计带来了一定程度的影响。1984年6月20日正式营业的北京长城饭店属于中外合营企业，是由美国贝克特设计公司负责设计，主要接待的是外宾，因此风格、设施、规范等基本以满足外宾为准。之后修建北京国际饭店是由三位主设计师带头的，也经过了一系列的实地勘察，参阅了国内外大型旅馆资料。2007 年 9 月建成的国家大剧院由法国建筑师保罗·安德鲁主持设计。设计理念为"城市中的剧院，剧院中的城市"，其造型新颖别致，构思独特，是北京市中一道亮丽的风景线。"鸟巢"由瑞士建筑师赫尔佐格、德梅隆与中国建筑总设计师李兴刚等共同设计（参见图 6-16），"水立方"则是由澳大利亚建筑师马克·巴特勒与中国建筑师赵小钧等共同设计。在造型、选材、配色等多方面，这两座建筑都在一定程度上参考了西方建筑，但同时也保留了"天圆地方"的中国传统思想，成为 2018 年北京奥运会独特的历史性的标志性建筑。

图 6-16 "水立方"

古今碰撞

现代建筑造型别致，高耸入云，配色大胆，紧跟时代与潮流，充满科技感与未来感，而传统建筑庄严肃穆，高度较低，精巧耐看，充满古代元素。北京市区中古今建筑的碰撞在二、三环体现得淋漓尽致，眼前是摩天大楼，一会钻入一个小胡同，就能探访到"庭院深深深几许"的老北京四合院。然而，这种古今建筑的"碰撞"并非是"行星撞地球"般毁灭性的，而是一个交流与融合的过程，在小小的院子里看着不远处高耸入云的大楼，也成为北京独有的一大特色。另外，古与今完全可以融合在同一座建筑中，如长城脚下的公社是由 12 名亚洲杰出建筑师设计建造的私人收藏的当代建筑艺术作品，虽然设计理念融入了他国的元素，但主题还是采用中国特色的木质结构，给人宁静舒适的感觉（参见图 6–17）。又如大兴机场的构造，借鉴了法国巴黎机场工程公司（ADPi）方案，英国奥雅纳工程顾问公司、英国罗杰斯建筑事务所联合体方案，设计成发散式形状，但改造型正贴合了古代神鸟凤凰的外形，带有吉祥之意。除此之外，许多现代建筑的选址、造型、内部规划都与中国古代传统文化，尤其是《易经》思想相契合，是中国人独有的智慧。

图 6–17　长城脚下的公社

实用性强

相比古代传统建筑，现代建筑的实用性更强。古代建筑多为观赏性居所，而现代建筑将观赏性与实用性结合。在四届“北京十大建筑”评选中，交通运输方面有北京火车站、北京南站、首都机场 2 号航站楼、首都机场 3 号航站楼、北京地铁东四十条车站等，使北京成为中国重要的交通枢纽。在展馆方面，“北京十大建筑”涵盖了中国历史博物馆与中国革命博物馆、中国人民革命军事博物馆、北京植物园展览温室、全国农业展览馆、中国国际展览中心、中国人民抗日战争纪念馆、首都博物馆。它们充分展示了北京市的悠久历史与时代风貌，极大地丰富了市民的生活。在文娱生活方面，北京工人体育场、民族文化宫、首都图书馆、清华大学图书馆新馆、国家图书馆、中国剧院、国家大剧院等给市民们营造了良好的学习氛围，同时提供了休闲娱乐的好去处。除此之外，现代的酒店、商业中心、报社等建筑也独具特色、各领风骚。北京的现代建筑便是外表与内在最高程度的统一。

注重节能环保可持续

社会不断发展，人口不断增加，环境日益变差，绿色节能可持续的思想不断走入人们的视野。建筑事业工程浩大，耗时较长，所需资源较多，建筑垃圾给环境造成了难以挽回的伤害，因此在选材等方面也需要多方考量。在现代化的大背景下，节能环保可持续是每一栋建筑设计和建造中不可忽视的部分。例如国家体育场（“鸟巢”）采用了太阳能光伏并网发电系统与碲化镓薄膜太阳能技术，最大限度使用可再生的太阳能资源。作为淡水资源紧缺的城市，“鸟巢”通过精妙的雨水回收设计，充分利用雨洪，同时还缓解了城市内涝，一举多得。“鸟巢”的主体结构采用可循环利用的“ETFE”和“PTFE”膜材，可以有效利用自然光，并有自清洁功能，有效节省了电力、人力的使用。又如新建的北京大兴国际机场可再生能源占比 10% 以上，在国内可再生能源占比中排第一，被称为“能源利用新标杆”。可见节能环保可持续的理念深入人心，尤其在建筑行业，能源利用率已经成为衡量一座建筑优劣的一项重要指标。

第四节　翻译传播现状及需求

现代建筑是高速发展的北京的标识，是北京向世界发出的声音。然而，不同的语言与文化使得不同国家地区的人们交流产生困难，翻译作为跨文化交际的重要桥梁，在中西交流中扮演着重要角色，好的翻译可以帮助人们互相了解，促进北京声音更好地传播。然而，在查阅了一些相关的学术文献后，笔者发现北京现代建筑的翻译主要存在以下特点。

（1）研究数量少。

关于北京现代建筑的翻译研究并不多，甚至可以说非常少。通过分析知网收录的论文，笔者发现有关建筑物翻译的研究多集中于对某个著名景区内部建筑名称的翻译上，分析其在翻译过程中存在的问题，并提出改进策略。若将地域范围缩小到北京，笔者发现，仅存在少量有关传统建筑的翻译研究，例如故宫，雍和宫中各殿、堂、阁等建筑的翻译。但是，将目光锁定到北京现代建筑，笔者发现知网中存在许多介绍北京现代建筑的设计方案、构造理念、材料使用、节能思想的研究，但是却没有研究涉及北京现代建筑的翻译情况与传播状况，它们属于一片“未开发”领域。

（2）译名不统一。

日益密切的国际交流使得翻译的地位提升，而一个好的译名显得尤为重要，但好的译名最基本的要求便是译名统一。北京现代建筑的翻译传播现状不尽如人意的原因之一便是许多建筑在以另一种语言出现时没有达到统一。例如新“北京十六景”之一的中国国家大剧院就存在两种不同的译文，National Centre for the Performing Arts of China 与 National Grand Theater。从信息完整度来看第一个译文点出了国籍与功能，让人清楚明白地知道该建筑位于中国且是国家级的表演场所。第二个译文贴合中文，属于直译，然而没有点出其位置，且与俄罗斯著名建筑大剧院的英文名撞车，让不了解的人一头雾水。因此，笔者建议将国家大剧院译名统一为 National Centre for the Performing Arts of China。除此之外，北京四合院也有两种译文，或是直接音译为 Siheyuan，或是意译为 quadrangle（四方院子）。恭王府作为典型的四合院，有其独有的名字，但其公示牌、官网、路标牌和导览图对同一建筑名称却有着不同的译法，如恭王府在官网上译为 Prince Kung’s Mansion，在建筑标识与导览图上却译为 Prince Gong’s Mansion。而恭王府中著名的银安殿也有两个不同译文，分别为 The Palace of Silver Peace 与 Yin’an Hall。同样的，邀月台在官网中被译为 Moon Appreciation Terrace，在建筑标识上被直译为 Moon Inviting Platform，在导览图中又使用了拼音，译为 Yao Yue Tai。类似情况还有许多，会引起西方阅读者的误解，进而会影响其对北京这座城市的态度。

（3）多用音译。

由于不同语言间的差异，一种语言很难穷尽、完全地表达另一种语言之意，尤其是当语言中含有特定的文化或名字时。中华文化经历过五千年的沉淀，形成了独具特色的中文，其中许多文化负载词，成了翻译上的难点。北京某些现代建筑因其文化原因或地理位置而得名，便可以采用汉语拼音，既方便阅读，又有利于中国文化的传播。如“胡同”可以用拼音“Hutong”表示，四合院用“Siheyuan”表示。这一点在北京新建的现代建筑中表现得尤为明显。位于北京市朝阳区中西部的三里屯 Village（三里屯太古里）由 19 座低密度的当代建筑布局而成，其中三里屯酒吧街是北京夜生活最“繁华”的娱乐街之一，被称为“京城夜色符号、酒吧文化鼻祖”。三里屯太古里同时也是开放式的购物区，紧跟时代潮流，注重高档消费，其整体设计来自中国及日本、美国的 8 位顶级建筑师。三里屯因距内城三里而得名，这样的文化内涵使直译与意译都变得艰难。音译恰好解决了这一问题，三里屯太古里，英文译为是 TaiKoo Li Sanlitun（太古里是太古地产与远洋地产携手开发的开放式街区形态中心）（参见图 6–18）。美国耶鲁大学工程系毕业生马岩松设计的红螺会所竣工于 2006 年 5 月，该建筑群位于北京市密云区，别墅分布在红螺湖边，四周环山，美不胜收。因湖得名的红螺会所就可以采用汉语拼音来英译，译为“Hong Luo Club House”（参见图 6–19）。

图 6–18　三里屯

图 6-19　红螺会所

（4）传播范围小。

现代建筑因其建成时间短，分布较为分散，在向外传播的过程中与传统建筑相比较为困难。北京的现代建筑整体来说传播范围较小，在国外知名度较低。一些北京现代建筑实用性强，面向的受众多为市民或特定领域人员，例如北京图书馆、中国剧院、国家大剧院等的受众多为市民以及少数来华游客；北京国际饭店、长城饭店等酒店面向的是来华外宾以及商业人士；中国国际展览中心等面向参展人员或团体；三里屯、国际金融大厦等商圈也主要针对消费者、办公群体；首都国际机场、大兴机场、北京火车站、东四十条车站等建筑面向的也是来去匆匆的旅人。然而，并不是北京所有现代建筑的传播范围都如此局限，2008 年的奥运会开幕式通过卫星与电台在世界各地同步播出，给整个世界带来了极大的震撼，也使得国家体育馆（“鸟巢”）、国家游泳中心（“水立方”）等建筑“大红”了一把，成为世界知名的北京现代建筑。但总体来说，北京的现代建筑在国际上知名度较低，传播范围较小，仍需要加强我国的对外文化输出。

第五节　翻译传播策略研究

北京现代建筑的向外传播有利于西方国家加深对中国，对首都北京的了解，促进中华文化的传播，让世界看到现代中国的发展，同时可以提高国外游客对北京的兴趣，从而进一步促进旅游业发展，促进各国间人员流动，带动不同文化间的交流与融合，加强国际关系。因此，一个好的译名便是现代建筑向外传播的“大喇叭”，既需要为目标读者提供可理解的信息，同时也要将本民族的思想文化融入进去，向外传递。笔者在此提出几种北京现代建筑的翻译策略，以期促进北京现代建筑的对外传播。

（1）直译。

直译作为最常见的翻译策略之一，在北京现代建筑的翻译与传播中也扮演着重要的角色。翻译界至今没有给出直译的准确定义，但翻译家普遍接受源语言与目标语言在内容与形式上一致便可归为直译。因此，在翻译过程中，拿到源语言文本时，需要译者去译入语的语言文化中寻求内容与形式上对等的词汇。建筑的命名多简单直接，用简洁的字符交代清楚其功能与特征，因此，直译十分适合这类建筑的翻译，中国国家博物馆简称国博，隶属中央人民政府文化部，它位于北京市中心天安门广场东侧，与人民大会堂相对称，占地近20万平方米，藏品数量为120余万件，规模较大，建设宏伟，是全世界最受游客欢迎的博物馆之一，是中国形象、中国历史的承载者之一。中国国家博物馆可以直译为“National Museum of China”。译名既点名建筑所在的位置，同时又交代了其功能属性，简洁大方且清晰易懂。类似的中国人民革命军事博物馆译为“Military Museum of the Chinese People’s Revolution”；中国国家图书馆可以译为“National Library of China”；全国农业展览馆译为“China Agricultural Exhibition Center”；中国国际展览中心译为“China International Exhibition Center”；中央彩色电视中心译为“Central Color Television Center”；中国工人体育场可以译为“Beijing Workers Stadium”；红砖美术馆直接译为“Red Brick Art Museum”。除了图书馆、展览馆、体育场、美术馆等功能性极强的建筑，直译还适用于某些带有政治性色彩的建筑。这些建筑因其政治地位的独特性，译名要准确而统一，因为该建筑可以代表国家面貌。如人民大会堂须译为“The Great Hall of the People”，不允许译者随意修改删减。

（2）音译。

许多建筑的命名带有文化色彩，或是与地名、投资者有关，这样的建筑往往难以直接翻译，这时候就需要借助音译作为补充，即用另一种语言中发音近似的符号来翻译源语言。将汉语通过音译向外传播，可以使西方接收者掌握建筑的读音，这也是汉语拼音输出的有效手段之一，有利于弘扬与传播中华文化。胡同指小巷子，是指城镇或乡村里主要街道之间的、比较小的街道，起源于元代，发展至今仍有许多留存下来，北京市中有街巷名称的胡同约 4 000 多条，成了老北京的一大特色，在新时代中扮演着其独特的角色（参见图 6–20）。许多胡同经过现代化的开发，已经成了有名的旅游景点，“胡同儿”这一词也因此有所传播。在对外宣传时，胡同可以直接使用其拼音，译为“Hutong”，简洁而达意。同样的还有上文

图 6–20　北京九门胡同

提到的因距内城三里而得名的三里屯，在对外传播时可以直接采用音译“Sanlitun”。然而，音译并非局限于汉语拼音的使用，例如21世纪初期评选的“北京十大建筑”之一新保利大厦是因其开发商而得名的。新保利大厦是中国保利集团的新总部和保利博物馆的所在地，是由北京新保利大厦房地产开发有限公司开发。因此该建筑向外宣传时可以直接采用集团的英文名称，保利的音译“Poly”，译为“The New Poly Plaza”。类似的还包括20世纪90年代“北京十大建筑”之一北京恒基中心，译为“Henderson Center”。

（3）直译加备注。

当直译给出的译文不够准确清晰时，我们便需要添加解释与备注做补充说明，才能使译入语的接收者掌握更多、更准确的信息。现代建筑造型多样，内涵丰富，功能众多，一个简单的名字很难穷尽其中想传达的思想。对于无法眼见为实的建筑，翻译就需要提供更多的信息。直译加备注的翻译方法不仅可以使人了解建筑的外形或功能，同时还可以通过译名了解建筑背后隐藏的文化信息。例如，大观园位于北京市西城区南菜园西街，是20世纪80年代“北京十大建筑”之一，兼具影视拍摄、观光旅游、文化娱乐、休闲度假的功能，属于国家AAA级旅游景区。大观园向外传播时可以直接使用音译“Daguanyuan”，然而，译入语接收者很难理解“Daguanyuan”之意，因此，我们需要给译文进行补充，译为“Daguanyuan (the Grand View Garden)”。国家体育场与国家游泳中心可以算是2008年奥运会中吸睛无数的建筑了，然而在国内，这两个名字的知名度却不如“鸟巢”与“水立方”大。“鸟巢”与“水立方”都是因建筑的外形而得名，因此在翻译传播中，可以将这一特点体现出来。如果将国家体育场与国家游泳中心直译为“National Stadium”与“National Aquatics Center”，接收者可以理解这两座建筑的用途，然而其独特的造型结构就必定会被忽略。因此，笔者建议使用直译加备注的方法。国家体育场译为“National Stadium (Bird's Nest)”，而国家游泳中心则译为“National Aquatics Center (Water Cube)”。又如为了迎接21世纪新千年而兴建的中华世纪坛占地4.5公顷，位于北京西长安街延长线上，是中国第一家以世界艺术为收藏、展示、研究对象的公益性国家文化事业机构，由主体结构、青铜甬道、圣火广场、过街桥、世纪大厅、艺术大厅等组成。中华世纪坛可以直译为“The China Millennium Monument”，然而“Monument”可以指纪念碑（或馆、堂、像等），表意不够明确，因此可以添加注释“Century Altar of China”，帮助接收者加深对建筑的理解（参见图 6–21）。

图 6–21　中华世纪坛

（4）专名加通名。

受中国山岳翻译方法的启发，笔者认为专名加通名的翻译方法同样适用于建筑名称的翻译。山名总是由特殊名称加普通名称组成，在翻译中，需要翻译中国文化元素，即特殊名称应音译为汉语拼音字母，而“山河湖海”等普通词汇需要统一译法。通过这种方法，译者可以实现双重功能，在翻译后的建筑名中，既可以体现出建筑的读法，同时又交代了建筑的功能，使目标读者能够获得更深入的理解。

专名加通名的译法常常出现于车站或机场名称，例如北京站使用译名“Beijing Railway Station”，由专名“Beijing”交代其地点，加上通名

"Railway Station"表示功能。又如21世纪初被评为"北京十大建筑"的北京南站，许多人将其译为"Beijing South Railway Station"，然而我国铁道部早在2012年就发出通知，"为规范铁路车站站名的英文译法，铁路车站站名的英文拼写统一采用汉语拼音，'东南西北'方位词作为车站站名的固有部分，不按英文音译。涉及【地名+方向】的站名，方位词统一采用汉语拼音"，因此北京南站的官方译本为"Beijingnan Railway Station"。类似的还有东四十条站，采用拼音"DONGSI SHITIAO"加车站的通名组成，译为"DONGSI SHITIAO Station"。另外机场名称的翻译也多采用这种手段，北京南苑机场译为"Beijing Nanyuan Airport"，北京大兴国际机场译为"Beijing Daxing International Airport"。除了用于机场、车站名称的翻译，专名加通名的译法也适用于某些带有特殊文化符号与特定功能的建筑名称。例如，798艺术区位于北京朝阳区酒仙桥街道大山子地区，占地60多万平方米，经常有各种画展艺术展在此展出，渐渐地在这里培养了798共识，形成了798生活方式，现在是北京都市文化的新地标（参见图6–22）。由于798艺术区的地理位置，它又被称为大山子艺术区。因此，对外传播时可以保留数字或是拼音，翻译为"798 ArtDist"或"Dashanzi Art District"。类似的建筑还包括位于北京的由崔恺设计的韩美林艺术馆，该艺术馆是国内最大的个人艺术馆，以韩美林本人名字来命名，因此需要借助拼音进行翻译，官方的译本为"Han Meilin Art Museum"。同样的，红螺会所的翻译也采用了拼音+专名，译为"Hong Luo Club House"。这样的翻译方法不仅适用于当代的建筑，20世纪50年代的"北京十大建筑"钓鱼台国宾馆也携带有很强的民族特色，借用了"钓鱼台"这一地名。在向外翻译传播时可以将钓鱼台音译再加通名，译为"Diaoyutai State Guest House"。

图 6-22　艺术区

（5）意译。

建筑名称的翻译要求准确清晰，表意明确，因此很少使用意译的翻译策略。然而，某些情况下一种语言的表述与其实际所代表的事物会出现些许偏差，意译的翻译策略正好可以做出适当调整，来帮助源语言更好地传播。20 世纪 50 年代的“北京十大建筑”民族饭店位于北京西城区复兴门内大街北侧，紧邻西单繁华商业中心以及金融街区，建筑面积近 5 万平方米，属于四星级国际高档商务酒店，集餐饮与住宿于一体，但其主要业务是住宿。中文中将其命名为“饭店”指的是吃饭的地方，如果直译，便可能会使用“restaurant”，与事实并不相符。因此可以采用更切合实际的“Hotel”，译为“The National Hotel”。20世纪80年代的“北京十大建筑”之一的长城饭店是大型豪华五星级饭店，位置良好，设施完善，拥有高质量的管理与服务，从开业已接待了海内外宾客达100余万人（参见图6–23）。同样采用了“Beijing Great Wall Hotel”的译文，类似的还包括香山饭店，译为“Xiangshan Hotel”。

图6–23　北京长城饭店

然而，各种翻译方法并非孤立，而是相互联系、可以并用的，北京现代建筑英译方法灵活多变，译者需要视具体情况而定，采用不同的方法、从不同的角度入手进行翻译。如香山饭店，既使用了汉语拼音，采用了音译的策略，同时又将饭店译为“Hotel”，使译文更为准确。好的翻译一方面为目标读者提供可理解的信息，另一方面也可以促进当地文化发展与传播。因此，译者必须对建筑文化和常用表达有一定的了解，才能灵活运用，产出高质量的译文。附表 6–1：四届北京十大建筑。

表 6–1　四届北京十大建筑

1959 年	人民大会堂、中国历史博物馆与中国革命博物馆（两馆属同一建筑内，即今中国国家博物馆）、中国人民革命军事博物馆、民族文化宫、民族饭店、钓鱼台国宾馆、华侨大厦（已被拆除，现已重建）、北京火车站、全国农业展览馆和北京工人体育场。
1988 年	北京图书馆新馆（今国家图书馆）、中国国际展览中心、中央彩色电视中心、首都国际机场候机楼（2 号航站楼）、北京国际饭店、大观园、长城饭店、中国剧院、中国人民抗日战争纪念馆和北京地铁东四十条车站。
2001 年	中央广播电视塔、国家奥林匹克体育中心与亚运村、北京新世界中心、北京植物园展览温室、清华大学图书馆新馆、外语教学与研究出版社办公楼、北京恒基中心、新东安市场、国际金融大厦、首都图书馆新馆。
2009 年	首都机场 3 号航站楼、国家体育场、国家大剧院、北京南站、国家游泳中心、首都博物馆、北京电视中心、国家图书馆（二期）、北京新保利大厦、国家体育馆。

参考文献

[1] ABEND-DAVID D, 2014. Media and Translation: An Interdisciplinary Approach (Ed). NewYork: Bloomsbury.

[2] CHUANG Y T, 2006. Studying Subtitletranslation from a Multimodal Approach [J]. Babel, 52 (4): 372–383.

[3] GILE D, 2003. Justifying the Deverbalization Approach in the Interpreting and Translation Classroom [J]. Forum. (19) 1: 2.

[4] GILE D, 2001. Being Constructive about Shared Ground [J]. Target, (1): 149–153.

[5] KETOLA A, 2016. Towards a Multimodally Oriented Theory of Translation: A Cognitive Framework for the Translation of Illustrated Technical Texts. Translation Studies, 9 (1): 67–81.

[6] LEDERER M, 2003. Translation: the Interpretive Approach [M]. Translated by Ninon Larch-e. Manchester: St. Jerome Publishing.

[7] LEDERER. M, CUTHBERTSON Y. A, ROBB S BLAIR, 2019. Theory and Application of Research Principles and Philosophical Underpinning for a Study Utilising Interpretative Phenomenological Analysis [J]. Radiography.

[8] MAYER R. E, 2005. Cognitive Theory of Multimedia Learning. In R. E. Mayer (Ed).,Cambridge Handbook of Multimedia Learning. New York: Cambridge University Press.

[9] SELESKOVITCH D, LEDERER M, 2003. Pédagogie Raisonnée de l'Interprétation (3e édition) [M]. Paris: Didier Erudition.

[10] ZHANG J L, 2008. The Interpretive Theory of Translation in the

Context of Modern Interpreting Studies. PhD Dissertation: SFSU.

[11] 安慧，2017. 中国传统节日文化多元化传播的策略研究 [J]. 新闻爱好者,（10）: 62–64.

[12] 鲍刚，2005. 口译理论概述 [M]. 北京：中国对外翻译出版公司 .

[13] 鲍晓英，2014. 中国文学“走出去”译介模式研究 [D]. 上海：上海外国语大学 .

[14] 薄振杰，孙迎春，2007. 国内关联翻译研究成果与发展趋势 [J]. 外语与外语教学,（09）: 57–59.

[15] 曹卫华，邵兵兵，2019. 基于共词分析法的我国民族传统体育文化研究热点评析 [J]. 西安体育学院学报，36（01）: 70–81.

[16] 曹瑜，2019. 古典四合院对人心理感受的影响及设计启示 [J]. 艺术科技，32（03）: 216.

[17] 崔乐泉，林春，2018. 基于“文化自信”论中华传统体育文化的传承与发展 [J]. 北京体育大学学报，41（08）: 1–8，16.

[18] 崔乐泉，孙喜和，2018. 中华优秀传统体育文化传承发展的理论与实践——《关于实施中华优秀传统文化传承发展工程的意见》解读 [J]. 北京体育大学学报，41（01）: 126–132.

[19] 常世儒，2008. 口译中的释意与等效 [J]. 外语与外语教学,（04）: 61–63.

[20] 陈德鸿，张南峰，2000. 西方翻译理论精选 [M]. 香港：香港城市大学 .

[21] 陈福康，2000. 中国译学理论史稿 [M]. 上海：上海外语教育出版社 .

[22] 陈刚，2016. 一带一路与我国体育文化国际传播策略研究 [J]. 体育文化导刊,（07）: 8–11，22.

[23] 陈菁，肖晓燕，2014. 口译教学：从理论到课堂 [M]. 上海：外语教育出版社 .

[24] 陈甜，2017. 中国文化“走出去”翻译方法研究——文化翻译的可操作性研究 [J]. 湖南社会科学,（04）: 204–208.

[25] 陈卓威，王雅姝，2013. 多元文化视阈下“藏羌彝文化产业走廊”的影视文化特色研究 [J]. 新闻界，(20)：38–41.

[26] 丁韵，2016. 基于“字本位”理论再谈汉语词类问题 [J]. 现代语文(语言研究版)，(07)：8–9.

[27] 董晓波，胡波，2018. 面向“一带一路”的我国翻译规划研究：内容与框架 . 外语学刊，(03)，86–91.

[28] 董艳，2012. 口译研究范式与释意理论 [J]. 外语教学，33(02)：102–105.

[29] 范雨涛，肖敏，刘超，2018. 论羌族音乐类公共文化资源的构建——以“瓦尔俄足”音乐为例 [J]. 阿坝师范学院学报，35(02)：18–23.

[30] 傅敬民，2014. 社会学视角的翻译研究：问题与前瞻 [J]. 上海大学学报(社会科学版)，31(06)：101–111.

[31] 高璐璐，朱云翠，2013. 从释意理论看交替传译中“意义脱离语言外壳”现象 [J]. 东北师大学报(哲学社会科学版)，(06)：177–180.

[32] 葛艳秋，2018. 中国钢琴作品对中华优秀传统音乐文化的传承与发展探析 [J]. 艺术评鉴，(07)：53–55，127.

[33] 耿波，2012.“后申遗”时代的公共性发生与文化再生产 [J]. 中南民族大学学报(人文社会科学版)，32(01)：38–43.

[34] 龚龙生，2008. 从释意理论看口译研究 [J]. 中国外语，(02)：80–84，90.

[35] 龚龙生，2008. 释意理论对我国口译研究的影响 [J]. 宁夏大学学报(人文社会科学版)，(04)：155–161，166.

[36] 郭立超，武博，刘彦奎 . 2019. 关联翻译理论视角下非遗旅游外宣研究——以承德地区满非遗英译为例 [J]. 中国民族博览，(01)：96–97.

[37] 郭志远，李新，2016. 释意理论观下的文化负载词的口译 [J]. 科技视界，(08)：193–194.

[38] 哈罗德 · 伊尼斯，2003. 帝国与传播 [M]. 北京：中国人民大学出版社 .

[39] 韩文娜，何劲鹏，2018. 民族传统体育文化的功能取向变迁与现实选择 [J]. 体育文化导刊，(10)：15–20.

[40] 何琼，2015. 侗族传统戏剧文化遗产“活态”保护与传承的途径 [J]. 原生态民族文化学刊，7(03)：124–131.

[41] 何绍斌，2005. 作为文学“改写”形式的翻译——Andre Lefevere 翻译思想研究 [J]. 解放军外国语学院学报，(05)：66–71，108.

[42] 黑格尔，1979. 精神现象学 [M]. 北京：商务印书馆 .

[43] 洪欣荷，高梦宇，2019. 保护传统节庆习俗生命力　探索节日内涵传承新途径——关于清明节文化的问卷调查分析 [J]. 吉林省教育学院学报，35(01)：166–170.

[44] 侯叶，2019. 中国近现代以来体育建筑发展研究 [D]. 华南理工大学 .

[45] 胡颖，2016. 论韩国影视文化贸易成功及其对中国的启示 [J]. 经济研究导刊，(22)：164–165.

[46] 黄聪，李金金，2018. 村落民俗体育文化传承问题的社会根源及解决对策 [J]. 北京体育大学学报，41(12)：123–129.

[47] 姬春艳，2010. 解读中国建筑中的哲学思想 [J]. 河南商业高等专科学校学报，23(01)：102–105.

[48] 迦达默尔，1999. 真理与方法 [M]. 上海：上海译文出版社 .

[49] 贾文波，2018.“一带一路”名下的汉语典籍外译：难以“合拍”的舞者 [J]. 上海翻译，(2)，28–63.

[50] 蒋宇君，2017. 释义理论视角下的商务英语口译与提高对策 [J]. 佳木斯职业学院学报，(01)：340–341.

[51] 姜志云，2017. 传媒语境下唐诗文化的大众传播探析 [J]. 出版广角，(17)：75–77.

[52] 金磊，2019.“北京十大建筑”：新中国 70 年城市建设的丰碑 [J]. 北京规划建设，(06)：176–179.

[53] 勒代雷，2005. 释意派口笔译理论 [M]. 北京：中国对外翻译出版公司 .

[54] 李磊，2010. 依据关联翻译论探讨汉诗英译的凝练美 [J]. 山东外语教学，31（01）：75–80.

[55] 李朋朋，2018. 影视媒介视域下瑶族音乐文化创新途径探析 [J]. 贵州民族研究，39（06）：87–90.

[56] 李彦，2019. 中国网络文学在虚拟社区中的译介 [D]. 上海外国语大学 .

[57] 梁思成，2001. 梁思成全集：第六册 [M]. 中国建筑工业出版社 .

[58] 廖文君，蓝红军，2019. 多模态翻译中的文本分析模式——《多模态语用学与翻译：源语文本分析新模式》评述 [J]. 外文研究，7（04）：98–101，107.

[59] 刘次琴，陆宇榕，2018. 文化自信主题下民族传统体育文化传承发展研究 [J]. 广州体育学院学报，38（01）：42–46.

[60] 刘桂兰，2011. 红色影视文化对高校的思想传承价值 [J]. 电影文学，（21）：147–148.

[61] 刘剑，胡开宝，2015. 多模态口译语料库的建设与应用研究 [J]. 中国外语，（05）：77–85.

[62] 刘金玲，崔学荣，2016. 文化自信视野中传统音乐文化的传承和发展——以山东传统音乐文化为例 [J]. 东岳论丛，37（02）：189–192.

[63] 刘舒明，2017. 民族音乐文化的传承与高校音乐教育的改革创新 [J]. 音乐创作，（12）：167–169.

[64] 陆仁艳，2008. 浅论中国古代哲学思想对传统建筑的影响 [J]. 山西建筑，（03）：39–40.

[65] 吕俊，1997. 翻译学——传播学的一个特殊领域 [J]. 外国语，（2）：39–44.

[66] 吕世生，2017. 中国“走出去”翻译的困境与忠实概念的历史局限性 [J]. 外语教学，（5）：86–91.

[67] 马红军 . 2003. 翻译补偿手段的分类与应用——兼评 Hawkes《红楼梦》英译本的补偿策略 [J]. 外语与外语教学，（175）：37–39.

[68] 孟宪利，2014. 话说八达岭长城 [M]. 北京：人民邮电出版社 .

[69] 莫丽红，戈玲玲，2012. 关联翻译理论视角下的汉语成语翻译 [J]. 湖南社会科学，02，189–191.

[70] 裴竞超，2011. 跨文化翻译研究的定性问题—基于安德烈 · 勒菲弗尔《翻译、改写以及对文学名声的控制》的述评 [J]. 河南城建学院学报，20（01）：73–76.

[71] 乔小六，2011. 释意与关联——关联翻译理论与口译释意理论比较 [J]. 黑龙江高教研究，（07）：177–180.

[72] 屈植斌，高会军，李延超，2019. 裂变与重生：少数民族传统体育传承路径演变与重构 [J]. 天津体育学院学报，34（06）：533–539.

[73] 孙利，2013. 关联理论视阈下的口译认知过程与口译教学探究 [J]. 外语界，（01）：79–87.

[74] 唐微，刘利波，2016. 释义理论下汉英口译中名词性冗余的处理 [J]. 科技资讯，14（30）：153–154.

[75] 田波，2007.“关联翻译观”视角中的旅游资料英译 [J]. 职业时空，11，18–19.

[76] 涂传飞，2010. 阐释人类学对我国民族传统体育个案研究的启示 [J]. 武汉体育学院学报，44（03）：50–55.

[77] 屠国元，2015. 布尔迪厄文化社会学视阈中的译者主体性——近代翻译家马君武个案研究 [J]. 中国翻译，36（02）：31–36.

[78] 王冰冰，肖迎，王珊，2018. 北京与东京近现代建筑文化认同比较 [J]. 新建筑，（03）：118–122.

[79] 王丹，2018. 少数民族非物质文化遗产保护现状和问题研究——基于国家级非遗项目和代表性传承人的分析 [J]. 文化遗产，（02）：63–70.

[80] 王冬慧，张雨刚，马苗，2019. 非遗视域下关公风筝的传承与发展研究 [J]. 哈尔滨体育学院学报，37（05）：50–54.

[81] 王建国，2005. 关联翻译理论研究的回顾与展望 [J]. 中国翻译，04，21–26.

[82] 王建荣，2019. 北京文化遗产英译研究 [M]. 北京交通大学出版社 .

[83] 王金娥，2010. 论古代汉语教学与中国传统文化的传承 [J]. 内蒙古师范大学学报（教育科学版），23（07）：141–143.

[84] 王筱依，2014. 基于霍恩比“综合法”理论的《红高粱家族》方言翻译研究 [D]. 北京交通大学 .

[85] 王颖，2019. 释义理论视域下外事场合中联络口译策略浅析 [J]. 海外英语，（10）：71–72.

[86] 王媛媛，2019. 中国传统音乐文化的传承与传播 [J]. 戏剧之家，（14）：77.

[87] 王智慧，2012. 图腾崇拜与宗教信仰：民族传统体育文化传承的精神力量 [J]. 体育与科学，33（06）：12–17.

[88] 王智慧，2015. 我国民族传统体育文化本源、特征与传承方式研究 [J]. 西安体育学院学报，32（01）：75–81.

[89] 吴明福，2015. 中国国家大剧院 [J]. 工会信息，（29）：2.

[90] 吴亚雄，蒋波 . 第三批中国 20 世纪建筑遗产公布：多个项目见证改革开放四十年 [EB/OL].（2018–11–25）[2020–06–05]. http://culture.people.com.cn/n1/2018/1125/c1013-30419917.html.

[91] 王惠琴，2019. 北京工人体育场 [J]. 中国建设教育，（2）：39–40.

[92] 武光军 . 翻译社会学研究的现状与问题 [J]. 外国语（上海外国语大学学报），2008（01）：75–82.

[93] 肖珺，2017. 多模态话语分析：理论模型及其对新媒体跨文化传播研究的方法论意义 [J]. 武汉大学学报，（6）：126–134.

[94] 谢柯，廖雪汝，2016.“翻译传播学”的名与实 [J]. 上海翻译，（1）：14–18.

[95] 谢玲玲，2012. 背诵——连结汉语语言、文化教学的纽带 [J]. 湖北经济学院学报（人文社会科学版），9（01）：174–176.

[96] 谢天振，2013. 从译介学视角看中国文学如何走出去 [N]. 中国社会科学报 .

[97] 邢杰，陈颖琛，程曦，2016. 翻译社会学研究二十年：溯源与展望[J]. 中国翻译，37（04）：14–20，127.

[98] 徐和建，2020. 国际传播建构北京城市形象的思考 [J]. 对外传播，（02）：68–70.

[99] 许勉君，2017. 中国多模态翻译研究述评 [J]. 广东外语外贸大学学报，（2）：40–46.

[100] 许明，2010. 口译认知过程中“deverbalization”的认知诠释 [J]. 中国翻译，31（03）：5–11，95.

[101] 杨敏，2017. 基于戏剧文化传承的大学生戏剧教育活动设计 [J]. 大众文艺，（17）：212–213.

[102] 杨民康，2015. 跨界族群音乐研究作为当代史及中国音乐文化史的释义性解读——以云南与周边跨界族群音乐文化比较为实例 [J]. 中国音乐学，（04）：30–35，116.

[103] 杨珊，2017. 北京故宫建筑名称英译研究 [D]. 北京外国语大学 .

[104] 叶小燕，2011. 长城史话 [M]. 北京：社会科学文献出版社 .

[105] 殷乐，2015. 新媒体平台的文化传承：问题与对策 [J]. 现代传播（中国传媒大学学报），37（12）：119–123.

[106] 尹继伟，张铁前，2007. 关联翻译理论在中国的研究与应用 [J]. 河北理工大学学报（社会科学版），04，152–155.

[107] 袁梦晚，2013. 从关联翻译理论看化妆品商标翻译 [J]. 东南大学学报（哲学社会科学版），15（S1），126–128.

[108] 袁筱一，1997. 论释意理论的忠实概念 [J]. 外语研究，（03）：43–48.

[109] 约翰 · 菲斯克，2001. 理解大众文化 [M]. 北京：中央编译出版社 .

[110] 张克群，2019. 北京古建筑物语 [M]. 北京：化学工业出版社 .

[111] 张吉良，2011. 巴黎释意学派口译过程三角模型研究 [J]. 外语教学理论与实践，（02）：74–80.

[112] 张荔，2012. 戏剧传承与跨文化传播的探索——王延松导演艺术

论 [J]. 新世纪剧坛，(05)：8–13.

[113] 张莉，2014. 学前音乐教育中民族民间音乐文化传承的意义与作用 [J]. 兰州文理学院学报（社会科学版），30（06）：125–128.

[114] 张艳翠，2019. 语言景观的文化功能及对汉语文化传播的启示 [J]. 文学教育（上），(08)：160–161.

[115] 张永中，2018. 变译和全译在文化对外传播中的不同效度 [J]. 上海翻译，(4)：78–82.

[116] 赵巍，2013. 关于“社会翻译学”的再思考 [J]. 西安外国语大学学报，21（01）：109–112.

[117] 赵祥云，2018. 国家领导人著作英译规范的嬗变研究 [D]. 华东师范大学 .

[118] 赵志安，2016. 论传统音乐文化的传承与传播 [J]. 当代音乐，(05)：7–13.

[119] 郑通涛，2013. 汉语国际教育与文化传承、文化传播的协同创新——在 2013 年东亚汉学学会第四届学术年会暨首届新汉学国际学术研讨会上的发言 [J]. 海外华文教育，(04)：339–345.

[120] 郑通涛，2017. 以“四个自信”为引领，推进汉语文化国际传播的创新发展 [J]. 海外华文教育，(06)：725–735.

[121] 周觅，诸葛净，2015. 作为管理手段的学术会议：1958 年全国建筑历史学术讨论会的性质与作用 [J]. 建筑与文化，(06)：173–175.

[122] 周宁，2014. 论影视文化传播在大学文化传承创新中的积极效能 [J]. 新闻知识，(11)：76–78.

[123] 朱玲，2015. 昆剧翻译的多模态视角探索 [D]. 苏州大学 .

[124] 朱珠，2013. 释意理论对中国英语专业本科口译教学的启发 [J]. 外国语文，29（S1）：180–182.

[125] 卓兰花，2006. 在交流与传承中提升——关于韩国影视文化发展的启示 [J]. 今日海南，(12)：40–42.

中国人民大学出版社外语出版分社读者信息反馈表

尊敬的读者：

感谢您购买和使用中国人民大学出版社外语出版分社的 ______________ 一书，我们希望通过这张小小的反馈卡来获得您更多的建议和意见，以改进我们的工作，加强我们双方的沟通和联系。我们期待着能为更多的读者提供更多的好书。

请您填妥下表后，寄回或传真回复我们，对您的支持我们不胜感激！

1. 您是从何种途径得知本书的：

□书店　□网上　□报纸杂志　□朋友推荐

2. 您为什么决定购买本书：

□工作需要　□学习参考　□对本书主题感兴趣　□随便翻翻

3. 您对本书内容的评价是：

□很好　□好　□一般　□差　□很差

4. 您在阅读本书的过程中有没有发现明显的专业及编校错误，如果有，它们是：

____

____

____

5. 您对哪些专业的图书信息比较感兴趣：

____

____

____

6. 如果方便，请提供您的个人信息，以便于我们和您联系（您的个人资料我们将严格保密）：

您供职的单位：______________________________

您教授的课程（教师填写）：______________________

您的通信地址：______________________________

您的电子邮箱：______________________________

请联系我们：贾乐凯　吴振良　黄婷　程子姝　王琼　鞠方安

电话：010-62515580，62515538，62512737，62513265，62515573，62515576

传真：010-62514961

E-mail：jialk@crup.com.cn　wuzl@crup.com.cn　huangt@crup.com.cn
chengzsh@crup.com.cn　crup_wy@163.com　jufa@crup.com.cn

通信地址：北京市海淀区中关村大街甲 59 号文化大厦 15 层　邮编：100872

中国人民大学出版社外语出版分社

多模态文化
翻译理论与传播研究

北京历史文化多模态翻译传播研究

王建华 总主编

王建华 张丽华 著

中国人民大学出版社

·北京·

图书在版编目（CIP）数据

多模态文化翻译理论与传播研究 . 北京历史文化多模态翻译传播研究 / 王建华总主编；王建华，张丽华著 . -- 北京：中国人民大学出版社，2020.9
ISBN 978-7-300-28564-1

Ⅰ . ①多…　Ⅱ . ①王… ②张…　Ⅲ . ①翻译－研究　Ⅳ . ①H059

中国版本图书馆 CIP 数据核字（2020）第 177886 号

多模态文化翻译理论与传播研究
北京历史文化多模态翻译传播研究
王建华　总主编
王建华　张丽华　著
Duomotai Wenhua Fanyi Lilun yu Chuanbo Yanjiu
Beijing Lishi Wenhua Duomotai Fanyi Chuanbo Yanjiu

出版发行	中国人民大学出版社		
社　　址	北京中关村大街 31 号	**邮政编码**	100080
电　　话	010-62511242（总编室）		010-62511770（质管部）
	010-82501766（邮购部）		010-62514148（门市部）
	010-62515195（发行公司）		010-62515275（盗版举报）
网　　址	http:// www. crup. com. cn		
经　　销	新华书店		
印　　刷	天津中印联印务有限公司		
规　　格	170 mm×228 mm　16 开本	**版　　次**	2020 年 9 月第 1 版
印　　张	99	**印　　次**	2020 年 9 月第 1 次印刷
字　　数	1 377 000	**定　　价**	488.00 元（全 8 卷）

前言

文化翻译与传播架起了不同国家和不同民族之间文化交流互鉴之桥。世界上的不同国家和不同民族在漫长的历史发展中创造出了各自灿烂的文化，民族的特性和国家的差异造就了各自文化间的差异性，唯有不同文化相互交流和相互借鉴才能推动国家与民族间的相互理解和相互促进。交流的前提是语言相通，语言通则路路通，翻译则是实现不同语言相通的手段，翻译质量的高低决定着语言相通的高度，提升翻译质量就是提升语言相通的能力。语言是文化的载体，任何民族和国家的文化都必须通过语言的交流才能得以传播和传递，因此，文化翻译是文化在语言间的转换，文化传播是文化在语言间的传递，文化翻译是文化传播的前提，文化传播是文化翻译的结果，文化翻译与传播实现了不同民族和不同国家人民之间的文化交流互鉴，促进了不同语言之间民族文化和不同国家文化的发展，为当前中国倡导的“一带一路”和中国文化“走出去”提供了支撑，为人类命运共同体理念的落实提供了基础和保障。

新的信息技术的发展使得文化传播形式发生了颠覆性变化，原来以文字表述为主体的文化传播形式已经转变为文字与图片相结合的传播形式，而这种图文结合的传播形式现在正被视频传播形式替代，视频和音频相结合的文化传播形式逐步成为文化传播的主要方式。这种融合视觉、听觉和

感觉等多个信息通道的文化传播方式称为多模态文化传播，不同民族和不同国家的文化翻译与传播自然变成多模态文化翻译与传播，这种翻译与传播形式对传统的翻译实践和翻译研究提出了全新的挑战，文化传播的过程和传播的效果自然受到多模态文化翻译与传播理论发展的制约。所以，多模态文化翻译与传播理论建构研究成为当下紧要的研究课题，其理论指导能力决定着文化翻译与传播的效果，更决定着不同国家与不同民族文化交流的能力和水平。本研究针对中华文化翻译与对外传播的现状和主题内容建构文化翻译理论和文化传播理论，通过撰写四本专著《多模态戏曲翻译理论》、《多模态影视翻译理论》、《多模态文化翻译理论》和《多模态认知与文化传播》对相关理论进行建构，以期对中华优秀文化外译与传播发挥理论指导作用，并在理论建构过程中逐步实现中华优秀文化外译话语体系建设。

北京正在建设“四个中心”，其中全国文化中心和国际交往中心需要把北京的优秀文化国际化，此过程必然涉及北京优秀文化的外译与传播。北京优秀文化主要包含北京民俗文化、北京建筑文化、北京历史文化和北京戏剧文化，因此，本研究通过撰写四本专著《北京民俗文化多模态翻译传播研究》、《北京建筑文化多模态翻译传播研究》、《北京历史文化多模态翻译传播研究》和《北京戏剧文化多模态翻译传播研究》以及其英译本把北京优秀文化传播到国外去。国外受众如果学过一些汉语且对中国传统文化感兴趣，通过阅读这套丛书就会对北京优秀文化有更加全面的认知。这四本北京优秀文化图书是在本研究前四本专著所建构的多模态翻译理论与传播理论指导下进行的内容筛选和结构设计，整套八本专著形成一个完整

前言

文化翻译与传播架起了不同国家和不同民族之间文化交流互鉴之桥。世界上的不同国家和不同民族在漫长的历史发展中创造出了各自灿烂的文化，民族的特性和国家的差异造就了各自文化间的差异性，唯有不同文化相互交流和相互借鉴才能推动国家与民族间的相互理解和相互促进。交流的前提是语言相通，语言通则路路通，翻译则是实现不同语言相通的手段，翻译质量的高低决定着语言相通的高度，提升翻译质量就是提升语言相通的能力。语言是文化的载体，任何民族和国家的文化都必须通过语言的交流才能得以传播和传递，因此，文化翻译是文化在语言间的转换，文化传播是文化在语言间的传递，文化翻译是文化传播的前提，文化传播是文化翻译的结果，文化翻译与传播实现了不同民族和不同国家人民之间的文化交流互鉴，促进了不同语言之间民族文化和不同国家文化的发展，为当前中国倡导的“一带一路”和中国文化“走出去”提供了支撑，为人类命运共同体理念的落实提供了基础和保障。

新的信息技术的发展使得文化传播形式发生了颠覆性变化，原来以文字表述为主体的文化传播形式已经转变为文字与图片相结合的传播形式，而这种图文结合的传播形式现在正被视频传播形式替代，视频和音频相结合的文化传播形式逐步成为文化传播的主要方式。这种融合视觉、听觉和

感觉等多个信息通道的文化传播方式称为多模态文化传播，不同民族和不同国家的文化翻译与传播自然变成多模态文化翻译与传播，这种翻译与传播形式对传统的翻译实践和翻译研究提出了全新的挑战，文化传播的过程和传播的效果自然受到多模态文化翻译与传播理论发展的制约。所以，多模态文化翻译与传播理论建构研究成为当下紧要的研究课题，其理论指导能力决定着文化翻译与传播的效果，更决定着不同国家与不同民族文化交流的能力和水平。本研究针对中华文化翻译与对外传播的现状和主题内容建构文化翻译理论和文化传播理论，通过撰写四本专著《多模态戏曲翻译理论》、《多模态影视翻译理论》、《多模态文化翻译理论》和《多模态认知与文化传播》对相关理论进行建构，以期对中华优秀文化外译与传播发挥理论指导作用，并在理论建构过程中逐步实现中华优秀文化外译话语体系建设。

北京正在建设“四个中心”，其中全国文化中心和国际交往中心需要把北京的优秀文化国际化，此过程必然涉及北京优秀文化的外译与传播。北京优秀文化主要包含北京民俗文化、北京建筑文化、北京历史文化和北京戏剧文化，因此，本研究通过撰写四本专著《北京民俗文化多模态翻译传播研究》、《北京建筑文化多模态翻译传播研究》、《北京历史文化多模态翻译传播研究》和《北京戏剧文化多模态翻译传播研究》以及其英译本把北京优秀文化传播到国外去。国外受众如果学过一些汉语且对中国传统文化感兴趣，通过阅读这套丛书就会对北京优秀文化有更加全面的认知。这四本北京优秀文化图书是在本研究前四本专著所建构的多模态翻译理论与传播理论指导下进行的内容筛选和结构设计，整套八本专著形成一个完整

的系列，国外对中华优秀文化感兴趣的受众和国内对对外文化传播感兴趣的受众都可以从中受益。本研究旨在在多模态信息技术条件下以传播中华优秀传统文化为目标，解决以往单模态呈现中华优秀文化的瓶颈，顺应新技术和读者新期待的要求，建构多模态文化传播理论，以多模态形式传播中华优秀文化，从而使中华优秀文化更好地传播出去，充分调动国外受众的听觉、视觉和感觉等多个信息通道，帮助他们实现对中华优秀文化的真实体验和具身体验，以达到更好的传播效果。这套丛书的出版将为未来中国优秀文化对外传播提供理论支持和案例参考。

“多模态文化翻译理论与传播研究”系列丛书从论证到立项，从研究团队建设到文献收集，从专著体例设计到撰写成文，从初稿到校稿经历了一个漫长的过程，课题组成员每周定期的讨论都为项目进展提供了强大的智力支持。感谢我的学生李玖博士、蒋新莉博士、张星博士、李静博士、黄婕博士、任岳涛博士、张茜博士和陈昱博士以及硕士生张静茗、张玉玲、秦雯鑫鑫、车祎萌、黄嘉嘉、王天笑、寿盼和郑淑媛同学。学生们都是从项目的论证开始参与其中，对整个项目的推进付出了大量的时间和心血。他们承担了项目前期的资料收集和大部分的专著写作任务，他们能够分工协作、相互帮助、群策群力，展现出了良好的团队精神，令我欣慰不已。特别要感谢北京理工大学张丽华副教授、西华大学李红梅副教授和中国人民大学王筱依博士。张丽华老师和李红梅老师积极参与北京历史文化卷的写作并提出宝贵的改进意见，对我启发很大。王筱依博士和北京交通大学的连亦紫同学承担了北京建筑文化卷的资料收集和大部分写作任务，她们总是在需要的时候能够提出真知灼见，对整个项目方向的把握给予很好的帮助。山西师范大学史俊老师和王磊老师参与了项目的部分研究工作，对两位老师也表示感谢。

本研究得到“北京市与中央高校共建双一流大学基金”资助，是“北京多模态文化国际传播及人工智能译述系统开发”项目一部分；中国人民大学出版社在丛书写作和出版过程中给予大力支持，在此一并表示感谢！

王建华

于中国人民大学明德楼

2020 年 8 月

目　录

CONTENTS

第一章

概　要

第一节　北京历史文化的定义

北京市，历史上也叫作蓟城、燕京、北平等，是中华人民共和国的首都，中国的政治中心、文化中心、国际交流中心和科技创新中心，也是世界著名的古都和现代化国际城市。

北京处于中国北部，坐落在华北平原北部，东面和天津毗连，其余方向与河北相邻。从地势上看，北京的西北较高，东南相对较低;北京的西部、北部和东北部三面环山，东南部则是缓缓向渤海倾斜的一片平原。永定河、潮白河和拒马河等河流流经北京；河流大多发源于西北部的山地，穿山越岭流向东南，然后蜿蜒流经平原地区，最终汇入了渤海。北京的气候是典型的暖温带半湿润大陆性季风气候，夏季高温多雨，冬季寒冷干燥，春天和秋天非常短暂。

作为国务院公布的首批国家历史名城之一，北京以其悠久的历史文化传统和丰富的历史文化遗产而为世人所知。史学界通常把北京历史分成四个时期：

第一个时期指的是从 50 多万年前到公元前 222 年左右，从今天的北京地区出现最早的古代人类，一直到城市的起源和发展出现，跨越了漫长的时间段。在这个时期，北京地区与人类发展历史同步，历经了旧石器时代和新石器时代，即人类社会发展的原始社会时期，出现了“北京人”“新洞人”“山顶洞人”“东胡林人”等北京先民群体，并留下了一系列的文化古迹。进入夏商时期，北京地区进入了方国阶段，时间起止大致是公元前2000年至公元前1000年，属于青铜时代，人类社会在此期间进入了奴隶社会时期，北京地区出现了臣属于殷商的小国及其都邑蓟和燕。到了西周和春秋时期的燕、蓟古城阶段，约公元前1000余年至公元前475年间，在该地区出现了西周的两个分封国蓟和燕；北京成为西周王朝北方封国的统治中心和诸侯领地中心。到了战国时期的燕都蓟城阶段，约公元前475年至公元前222年间，北京地区发展壮大成为战国七雄之一燕国的统治中心。

北京历史发展的第二个时期涵盖了公元前221至公元937年近一千二百年的时间。在此期间，民族融合进程加快，北京地区不仅是北方的军事重镇，也是交通贸易的枢纽。从公元前221年至公元220年，北京处于秦汉时期的燕地蓟城阶段，秦和两汉的政府在北京地区设置郡（国）、州、县等行政机构，北京成为中原封建王朝的北方军事重镇和交通贸易枢纽。从公元220年至公元581年，北京处于魏晋十六国北朝时期的幽州蓟城阶段，此时的北京地区是北方封建割据势力的盘踞中心，同时也是北方少数民族南下中原的军事前哨基地。公元581年至755年，北京发展至隋唐两朝的幽州阶段，隋唐两代政府大力营建北京地区，使幽州成为统一中原王朝控制下的北部地区的多民族大城市。公元755年至937年，是唐后期和五代时期的幽州阶段；因为安史之乱，封建王朝丧失了对幽州的控制，北京地区变成了藩镇割据的中心。

北京历史的第三个时期涵盖公元938至公元1949年间。历经了封建社会中后期和半殖民地半封建社会，北京逐步发展成为全国的政治、经济和文化中心。在辽代，即公元938至公元1122年间，北京当时叫作南京，又称燕京，是辽代的陪都，也是契丹人与汉人相互融合和聚集的中心。从公元1123年至公元1125年，北京是北宋的燕山府，是北方边郡，很快被金人掌握在了手中。金代时期，从公元1126年至1215年，北京，当时叫作中都，是金朝的皇都，也是中国北半部的政治、经济、文化中心。到了元代，从公元1215年至1368年，北京被称作大都，上升至元朝的首都，是当时全国的政治和经济中心，同时是东西方经济和文化交流的中心。及至明代，从公元1318年至1644年，北京曾被称作北平和北京，依然保持着首都的地位，是明代时期全国的政治、文化和经济中心。进入清朝，从公元1644年至1911年，北京被称作京师，是清朝的国家都城；在中国从封建社会到半殖民地半封建社会演变过程中，北京是全国的统治中心。在中华民国阶段，北京曾被称作北京和北平，因为迁都南京，北京从前期的民国首都暂时转变成北平特别市的身份，一直持续到1949年中华人民共和国成立。

从1949年新中国成立至今，是北京历史的第四个时期，北京是中华人民共和国的首都。伴随着新中国的建立，中国步入了现代发展时期，北京也同步进入了其现代化发展的高速时期。

天安门广场

纵观北京历史，悠久绵长；在漫长的发展岁月中，北京历史文化内容日益丰富多彩，形成了自己的鲜明特色。

北京的历史文化源远流长，呈现持续上升状态。北京不同时期和阶段的历史与文化发展连绵不断。早期发展与人类在北京地区发源、成长和演进的连续过程同步；及至后来，北京经历了边远地区、万国中心、重镇、陪都、都城的发展阶段，逐步夯实了作为全国的政治中心和文化中心的基础。这种既久远又连贯且持续递升的历史特点，是非常具有北京特色的历史发展道路，也极大地反映在了其文化发展上。

北京的历史具有多民族和文化融合、汇通的特点，其发展充满了复杂性和曲折性，形成了丰富多彩的北京文化。北京处在北方草原文化和中原农业文化的交接地带，各民族人民长期在这里生活、交融和汇合，所以这一地区的民族矛盾和民族斗争十分突出，甚至出现过多次冲突和战争，尤其是不同民族之间的冲突和战争；这一特殊位置同时提供了大量的多民族之间文化交流和融合的机会。北京文化由此形成了一个突出的优点：内容丰富、斑斓多彩、吸收力强、开放性大。

随着北京政治和军事地位的迅速上升，其经济发展与政治和军事地位有时会出现不同步的情况，致使社会复杂性程度升高。北京在历史上不是经济最发达的城市，因为地域广阔，中国的经济中心也呈现出不唯一的特点，但是北京军事和政治地位的不断上升产生了极大的经济需要。因此，北京对其周边地区和全国的经济依赖很大。北京与周围城镇关系非常密切，这些城镇担负着军事防御、经济补给等不同任务。由此，北京周围逐渐形成了一个“首都圈”，与北京相辅相成，共存共长。

第二节　多模态传播的定义

模态指的是“方式”或“样态”等，在哲学传统中模态常与实体相对，强调其在感官体验中的具体显现，比如视觉、听觉、嗅觉、味觉和触觉等。不同感官的感知方式不相同，采取不同的模态。在传播感知到的信息时，鉴于信息感知和呈现的不同，所以传播媒介也不尽相同，需要根据具体情况选择采取不同的模态。朱永生（2007）认为模态指信息交流传播过程中所使用的不同渠道和不同媒介，这些模态包括语言、技术、图像、颜色和音乐等多种符号系统。因此，多模态指在交流信息过程中，综合使用不同的符号体系和模态以完成信息传递的任务。20 世纪 90 年代发起的社会符号学引领着模态研究发展成为一个基本的理论概念，并由此走向了具有广泛影响的多模态研究。张昊臣（2020）总结道，关于多模态，可以分为三层基本意思:物质论，即“物质性”是符号意义生成中必不可少的“材料”，文字、声音、手势、图像等不同的物质材料具有不同的表意潜势；感官论，即符号运用者的“身体感觉”或“特定感知过程”被卷入符号化过程，进而表现为视、听、味、触、嗅等不同的“感觉模态”；行动整合论，即任何符号化过程都可被视为由多种“相对低阶的行动”整合而成的一个“相对高阶的行动”，而每一个相对低阶的行动则可被视为一种模态。因此，单模态属性并非是文本的真实特性，所以克雷斯（Kress）（2003）认为必须将“语言”重新理解为一种多模态现象。另外，模态与媒介两个概念之间虽然有关联却不能相互等同，比如，作为媒介的电子书籍中的字体、字号、版式、插图等可被视作多种模态。在信息传递活动中，克雷斯（2001）认为多模态中不同的模态可以具备并发挥各自的信息传播作用，同时它们之间相互影响和作用的关系可以创造共同的信息传播效应。所以，使用和探讨不同模态在交际活动中的作用和影响是非常有意义的，对于信息传播学来说，更是如此。

信息时代里，在继续保留和发扬传统的语言文字进行传播和交际的同时，为了实现更好的信息传播效果和信息传播者与信息受众的双赢局面，多模态符号在交际活动和信息传播中的重要性更是在不断提升。这一点对于跨文化交流尤为重要。与此同时，这也对跨文化交际过程中必不可少的翻译环节提出了新的要求，也带来了新的挑战。多模态翻译传播过程实际是运用不同模态的社会符号对源语信息进行翻译和传播的行为。在实践过程中，多模态传播需要借助多模态符号对翻译的源语信息进行意义构建，需要运用到不同的模态符号，比如图像、色彩、音乐、身体语言等；在构建意义过程中，必须认真考虑到信息背后的文化和社会背景，另外，也需要仔细考量传播者和受众双方的具体情况，考虑到信息传播和信息接收的效果。

第三节　多模态翻译的定义

雅各布森（Jakobson）（2000）把翻译分为语内翻译、语际翻译和符际翻译三种。语内翻译指的是在同一语言内部进行的符号转换；语际翻译指的是在两种语言之间的符号转换；符际翻译指的是在语言符号和非语言符号系统之间的转换。传统意义的翻译指的是在两种或多种语言之间进行的语际翻译，语言被看成是体现语篇意义的唯一手段。事实上，“翻译”的英文对应词“translation”，其拉丁词源的意义是“传递”，传递的对象并不仅仅局限于文字，也包括文字之外的以多种模态存在的信息。

随着对多模态的理解和多模态语篇分析理论的深入研究，学界认为，仅仅单纯从语言层面对语篇意义进行全面深入的解码是远远不够的。书面语篇中的插图、字号和版式，艺术形式中的舞蹈、动作和音乐，绘画作品中的的色彩、空间和线条，口语交际中的表情、手势、距离感等等，实际上都承载和表达着特定的意义。呈现方式的多元纷呈，给传统的翻译理解带来了新的挑战。如何来理解和解释这些多模态语篇并进行翻译和传递？由此，多模态翻译应运而生。雅各布森（Jakobson）（2000）曾经提出应该把注意力投注到符际翻译。克雷斯（Kress）（2003）认为翻译的过程实际是一个跨模态的过程，在这个再生产的过程中，多种元素如媒介、体裁和意义等等都会发生系列转换。所以，其实际是一个意义重新建构的过程和系统。

多模态翻译至今还没有明确和作为共识的定义。许勉君（2017）根据现有文献，提出多模态翻译包含了三层含义：首先，多模态话语的翻译，涵盖众多，如影视作品 / 视听作品、漫画、连环画、题画诗、儿童读物、广告等的翻译；其次，翻译中不同模态之间的转换 / 综合运用，如把文字模态转换为图像模态等；最后，将多模态理论灵活运用于翻译教学和实践中，如利用网络技术创建翻译资料库、搭建师生交流平台，用多媒体技术展示多媒体文本，从而调动学生多个感官系统参与学习，以取得最佳学习效果。这三层含义为多模态翻译研究明确了几个研究方向，包括对多模态话语的翻译研究，对翻译的多模态视角研究，以及对多模态理论在翻译教学和实践中的作用研究等。当然，对多模态翻译的研究不仅局限于以上角度，需要持续地深入和拓宽。

目前国内对多模态翻译的研究主要集中在影视翻译和翻译教学这两个领域。事实上，有许多其他领域的多模态翻译也具有重要的研究价值，尚待发展。多模态翻译译者们和研究者们需要了解国内、尤其是国外的相关领域研究成果，掌握学术前沿动态，加强多模态翻译研究的中外对比研究，改善国内研究现状，尤其要大力加强国内对多模态话语翻译的认知过程研究与多模态翻译研究的相关理论建构。

多模态翻译研究不仅给翻译研究带来了革命性变化，也给译者们不断带来新的挑战。除了达到译者的基本要求外，翻译工作者们还须具备多模态识读、多模态翻译实践和多模态翻译研究的能力等，才能更好地地完成翻译任务。对于不同语言和不同文化之间的翻译传播者们来说，他们肩上担负的责任更为复杂和重大。

第四节　研究综述

截至 2020 年 7 月 23 日上午，在中国知网以“多模态”和“翻译”同时做主题词进行文献检索，显示共有 622 篇相关文献。其中涉及多模态的有 219 篇，包括多模态话语分析 84 篇，字幕翻译 60 篇，翻译策略 32 篇，多模态视角 29 篇，多模态理论 28 篇，翻译教学 28 篇，多模态话语分析理论 28 篇，大学英语 27 篇，多模态教学 25 篇，多模态教学模式 25 篇，实证研究 22 篇，其他细分多在 8 篇至 19 篇文献之间。总体来看，翻译是一个重要研究角度，与翻译相关的字幕翻译、翻译策略、翻译教学、翻译实践报告、大学英语翻译教学、口译教学、多模态翻译和视听翻译等共计167篇，超过总量的四分之一。与教学相关的包括翻译教学、多模态教学、多模态教学模式、深度学习、教学中的应用、教学模式、大学英语教学、大学英语翻译教学、实验班、口译教学等共计163篇，大概占总量的四分之一。当然，检索结果会有重合情况，如翻译教学、口译教学、大学英语翻译教学等，这也表明了目前研究的主要集中点，同时也对多模态翻译理论的研究提出了更高要求。

国内关于多模态翻译的热点还包括多模态翻译教学研究。随着翻译需求不断提升和多样化，翻译学科迅速发展，翻译教学获得了更多关注。有的研究者基于教学实践，提出应建构多模态翻译教学体系；有的研究者基于翻译教学面临的新形势，如翻译内容、形式和工具的多元化与译者角色的变化，认为翻译课程建构应当呈现多模态的特点，并试图在教学内容、教学方法和评估手段等方面进行一些相应创新和改革（李丛立、张小波，2013）。有的研究者认为需要不断更新和创新教学方法，利用信息时代的网络技术与多媒体技术便利，尽量收集不同模态的教学材料，并综合运用多媒体来展示多模态教学材料、建设可以互动的网络平台，最大限度地实现资源共享与无障碍沟通，以期调动学习者的不同感官系统积极参与互动，不断优化教学效果（楼淑娟、何少庆，2014；陈卫红，2014）。除此之外，肖娴（2013）依据多模态理论，提出建立以笔译为主、口译为辅的翻译整合教学模式，以期有效解决翻译教学中模态过于单一的问题。

目前，除翻译教学外，国内多模态翻译研究的另外一个集中方向是影视作品、漫画和广告等。在进行该类翻译实践时，主要是根据书面文字翻译展开工作，其他非文字内容作为辅助。影视文本中最常用的符号模态分别是口头模态、书面模态、音乐模态、声音效果模态和移动形象模态等（Chuang，2006）；所以，书面模态之外的其他模态的重要性也是显而易见的。对于影视翻译来说，视听翻译在多模态翻译中比较常见；视听翻译已经由以往的研究边缘地带发展为翻译，尤其是多模态翻译的一个重要领域。

第五节 理论支持

在多模态翻译发展的过程中，有很多理论作为基石，为其发展做了很好的铺垫。首先是韩礼德（Halliday）的系统功能语言学理论。在继承了弗斯（Firth）的基本理论前提下，韩礼德（1994）对这一理论进行了系统化的表述，提出了两个重要原则：第一是“语言环境”，认为语言与典型的社会情境有密切联系，并受其影响。韩礼德进一步发展了“语言环境”学说，从社会学角度研究语言，提出语言学中的社会符号学。第二是“系统”概念。韩礼德重新确立了“系统”的意义，创造了一套完整的范畴。

克雷斯、范莱文（van Leeuwen）和奥图尔（O' Toole）把韩礼德的语言的三个意义，即概念意义、人际意义和语篇意义扩展到了符号模态中。他们对图像符号进行研究，研究对象包括绘画、图片、地图等，奥图尔是对艺术作品如雕塑和建筑等进行了研究。他们的研究包括表征形式、模态和互动模式以及创作几个方面。这些方面综合使用，共同发挥作用。

在此基础之上，多模态话语分析理论不断更新和发展。事实上，纯粹的单模态话语并不存在。多模态话语分析理论真正直面了文本的多模态本质属性，并不是对传统的单模态话语分析的推翻。随着信息时代和多媒体传播的迅速发展，这一事实愈加明显。

当然，多模态翻译的理论基础不仅仅是上面几项，即便是以上几项，也可以继续进行细分，比如多模态的互动分析和接受分析、多模态的语料库分析等，都是其发展的不同角度。随着对多模态认知逐步加深，翻译理论和概念也在不断揭开之前尚未被发掘的角落；翻译从传统意义上的语际翻译向多模态翻译转化再到多模态翻译是一个跨模态的过程，其间要经历一系列的媒介、体裁和意义等的转换；这种操作超越了符号间的转换，是一个意义重新建构的复杂过程和操作，需要不断通过实证、应用和多角度的研究，加深对其的认知，逐步完善和确定其系统架构。

第二章

北京历史文化翻译传播

文化是人类在社会历史发展过程中所创造的物质财富和精神财富的总和，内涵非常广泛。中国在其悠久的历史进程中产生了许多璀璨的文化。北京是中华人民共和国的首都，是全国政治、经济、文化中心，其发展和变化日新月异。北京的丰富内涵和历史价值举世瞩目。北京有文字可考的历史更是可以追溯到公元前1000年。在历史长河中，作为六大古都之一的北京，维系着民族文化的传承性和多样性。

如何将北京历史文化信息进行理想地传递和传播，让世界更加全面和立体地了解北京，知道北京的故事，是一个巨大的挑战。除了传统的传播方式，随着信息时代和新媒体时代的到来，传播过程中的各个要素，如传播方式和媒介、传播内容、信息传播者和受众等也正在经历着前所未有的演变。

第一节　传播者

传播者是传播活动的发起人和传播内容的发出者。传播者可以是具体的个人、群体或组织，也可以是普通传播者或职业传播者。随着新媒体的蓬勃发展，传播者的数量和形式在不断发展和壮大。

所有的信息传播者，包括历史文化的传播者，均具有基本的公民权利，如言论、出版和著作等自由；职业的传播者还拥有专门从事该项活动的人所具有的权利，如搜集、整理、加工和传送等，且对自己的作品或产品拥有版权。

在拥有相应权利的同时，传播者，包括历史文化传播者，也必须承担相应的责任。首要责任便是社会责任，传播者在制作和传播过程中，应该树立社会意识，避免错误的和不健康的作品，为其作品或产品可能带来的结果和影响负起责任。而对于职业传播者来说，他们还需要承担契约责任。

无论是个人传播者，还是群体传播者，传播者的权威性越高，其传播内容对受众产生的影响一般会越大。因此，传播者应该不断提升自己的能力、资历和专业性。传播者可信与否也会对受众的接受程度产生影响。可信与否对于传播者来说是非常重要的素质要求，可信性与权威性是密切关联的。另外，传播者与受众的相似性也会影响受众的接受程度，这可以体现在很多方面，包括地域、民族、个性、信仰、文化背景等。当然，因为传播方式的不同选择，还有很多不同的因素在传播过程中会产生影响。

传播者的身份是相对的；在不同情境中，传播者也可能变成受众，甚至会成为传播内容的组成部分。对于北京历史文化来说，其传播者的身份、状态、类型等也是不拘一格的。

第二节　传播内容

信息，包括文化信息，是传播活动的传播内容。信息在我们的生活中时刻存在，无处不在。同时，信息是无形的存在，进行信息传递和文化传播，需要借助一定的载体，即符号。

关于符号，依据不同标准，分类不同；符号会随时空转变表达不同的意义。一般来说，符号包括语言类和非语言类信息：语言类信息包括口语符号和文字符号等；非语言类形式更加多样，如表情、手势、眼神、语调、图片等。

符号有明显的特点。符号与其指代的事物不需要有必然联系，两者之间的关联性是任意的，正如人和名字之间的关系。在历史和社会发展历程中，符号和其所指代的对象之间形成一种相对固定的、约定俗成的关系。符号被创造之后，为人和社会逐步认可和接受，形成一定的稳定性。然而，随着时空的演变，符号和需要用符号指代的对象也在不断发展和变化着。旧的符号会因为使用较少而逐步退出舞台，或者被赋予新的意义；因为新的需求出现，新的符号会不断被创造出来。

符号的价值不在于符号本身，而在于其所指代和承载的信息与意义。符号集合在一起，形成一个密切关联的意义体系，也就有了文化这一概念。符号包含表面意义和引申意义；符号既包括内涵意义，又包括外延意义。符号的指代清晰性是相对的，事实上很多时候符号的意义比较模糊，这主要是由符号本身意义的模糊性和多义性造成的。在文化传播活动中，这种模糊性有可能会影响传播效果。

除了传播中符号的模糊性会对传播活动产生影响外，影响传播活动和效果的因素非常多。事实上，所有的传播要素，包括传播者、传播方式、传播受众和传播过程中的诸多情况，都可能会产生影响。所以，传播者和受众间须有一定的共识作为前提，比如通用的语言，或对符号和其指代对象关系的认可；甚至，即使有了共识做前提，依然难以避免出现信息传递的误差和丢失等情况。

虽然符号依据不同标准可以有多种分类方式，但对于人类历史和文化来说，最基本的是语言类和非语言类符号。语言被看作是文化的符号和载体，是文化存在的表现。语言必须基于文化这一大的背景而存在；同时，语言也是呈现文化的最佳选择。社会和文化都是动态的，语言是相对静态的；社会和文化不断进步和发展，是无限的，语言符号相对有限；社会和文化是现实的、真实的存在，语言却是抽象的。所以，在文化传播活动中，会出现语言无法传递文化信息的情况。在传递过程中，语言误用的例子也很常见。因此，我们需要语言之外的符号做补充。

除了语言符号外，在文化传播活动中，存在着大量的非语言类符号，如神情、气味、姿势、图形、图像和视频等。语言类符号和非语言类符号可以单独使用，也可同时使用，以求达到最佳传播效果。非语言类符号的发生常常是下意识的，给语言类符号的表达提供补充信息、替代信息、调节信息等，或者实现其他一些意图，如强调、肯定或者否定等。常见的非语言类符号包括肢体符号、视觉符号、听觉符号等。为了实现最佳的信息传递和传播效果，可以将不同类型符号综合使用。

中国文化已传承了几千年，在典籍和口耳相传中，有无限的文化内容。开展中国文化的传播工作，包括北京历史文化的传播工作，传播者要设身处地地考虑到信息受众角度，认真做好传播内容的选择，包括认知内容、适应内容和认同内容，做好内容的阐释和传递与传播，激励信息受众主动地来了解、学习甚至运用中国文化和北京历史文化。

北京历史悠久，承载着丰富的文化内涵。如何传播好北京的历史文化是一项重大的责任。北京历史文化信息中既包括易于用语言符号传播的内容，也有需要用非语言符号实现传播的部分。因此，在实践北京历史文化传播的过程中，需要借助不同的符号对丰富的信息进行编码，让不同的符号相辅相成，实现最佳传播效果，让北京历史文化更好地走向世界。

第三节　传播媒介

传播媒介是信息传递工具或手段，是传播活动中传播者和受众间的桥梁，也是传播活动中必不可少的组成部分。由于信息的交流，传播者与受众、相关人群之间相互影响和作用。传统媒介包括书籍、杂志、广播、电视等；随着科技的发展，新媒体如网络的使用正如日中天。

信息传播形态非常多样，传播的信息可以以任何形态存在，包括文字、声音、影像、图片或数据等。媒介是这些不同形态信息的载体，媒介本身并不是传播内容。正如网络是传播媒介，网络上的信息是独立存在的传播内容。

在人类历史和文明发展的征途上，传播媒介愈加丰富。最初出现的是书写媒介，常常是自然物加工形成的承载符号的物质实体，如石头、树皮、甲骨、纸张等。后来，随着造纸术和印刷术的发明与使用，印刷媒介出现了，开始有了书籍和杂志等。借助于印刷媒介，信息以更高的速度、更丰富的内容、更便利的载体和更庞大的规模传播。之后，随着科技的进步，出现了广播和电视。相比之前的传播媒介，广播和电视的传播更便利迅捷、时效性更高、对受众要求更低，所以，信息得以更广泛地传播起来。进入信息时代，出现了网络，信息更是铺天盖地而来。网络作为传播媒介，结合了前面各种媒介的优点，而且对于受众和使用者来说，选择性更大；尤其是其强大的交互性，更是引人注目。

进行传播媒介选择时，传播类型是一个重要的考量基础。传播类型中最基础也是人类最“原始”的传播方式，是人际传播，即在人与人之间的传递。传播类型也包括群体传播，即基于相同利益、观点等目的性因素形成的具有相互影响作用的个体、集合体之间的信息沟通、传递和交流模式。虽然“群体”对数量并无特殊规定，但相对人际传播，其范围性和规模性明显更大。信息传播类型还可以是组织传播，即以组织为主体的信息传播，包括组织内的纵向或横向传播和组织外传播。不仅如此，大众传播方式也是一个重要的传播类型，即在遵循相关规定的前提下，由专业媒体组织，通过一定的传播媒介对传播受众进行大规模的信息传播。随着科技进步，为适应社会对信息传递速度等的更高需求，网络传播出现了。这一新的传播方式，打破了各种束缚，成为最新、使用最为广泛的传播方式，实现了各种形式信息的更高速和更高效的大规模流动，同时实现了传播者和传播受众之间的互动。

对于北京历史文化传播来说，传统和现代媒介的结合，适当传播方式的选择，再加上其他各个传播过程要素的综合应用，可以让传播活动更高效。北京历史文化传播需要超越时空限制，为信息受众提供更及时、准确、生动的北京历史文化信息，扩大受众的规模，提高受众的参与度；以期让更多的人更立体、更全面地了解真实的北京历史文化。

第四节　传播受众

传播受众即传播活动的信息接收方，同时是传播媒介产品的消费者。受众是传播活动必不可少的要素，否则传播活动无效。受众范围很广，形式众多，读者、听众和观众、用户等都属于受众范畴。传播信息的受众身份不是固定不变的，受众可以变成传播者或者其他要素。广义地说，社会上所有人都是受众，因此受众数量庞大。正因为受众覆盖面极广，所以受众的年龄、性别、国籍、职业、民族或种族等千差万别，非常复杂。数量庞大、背景各一的信息受众分散在世界和社会的每个角落。对于传播者来说，受众似乎无所不在，同时又隐匿在各个地方，这是一个巨大的挑战。这些独立而真实存在的受众，每个个体对接收到的信息都有不同的理解和解读；同时，受众兴趣不一，背景繁杂，所以给传播者选择传播内容和传播途径时带来了很多难题。正如传播者可以分为普通传播者和职业传播者，根据对信息需求的不同，受众也包括一般受众和专门受众；根据对受众的了解情况和使用接收信息情况，还可分为基本受众和潜在受众。当然，最基本的分类方式还是根据传播媒介进行分类，如网民、听众、观众或读者等。

对于北京历史文化的传播者来说，广大受众既是机遇，也是挑战。传播者只能大概设定一定的目的受众，但无法确定具体是谁，甚至会出现比较大的偏差。就这一点来说，历史教科书大概是一种比较理想的存在了。

第五节　传播效果

传播者传播出的信息，借助某种传播媒介到达传播受众后，会对受众产生一定效果和影响，甚至引起一些变化，即传播效果。关于传播效果的关注度、研究，甚至争议等一直保持着很高的热度。就传播效果研究来说，20 世纪前 30 年出现了“子弹论”，因为其夸大了传播效果，一度被称作“魔弹论”。之后，从 20 世纪 40 年代到 20 世纪 60 年代，是有限效果论的黄金时期；这一理论揭示了传播效果过程中的诸多制约因素，丰富了效果论的研究。之后，进入了宏观效果论的时期，这一时期的前期强调适度效果，并提出了如创新和扩散理论、使用与满足理论以及议程设置理论等，比之前更全面；20 世纪 70 年代后开始步入了以强大效果论为代表的时期，强调长期的、间接的、潜移默化的宏观社会效果。

21 世纪以来，在信息化时代，新媒体发展日新月异，对传统传播效果理论造成了很大冲击，传播要素也在不断进化中，尤其是传播媒介。对传播效果的研究也在不断调整其研究角度和重点。传播效果依其发生的逻辑顺序或表现阶段一般被分为三个层面：环境认知效果，因为大众传播制约着我们观察社会和世界的视野；价值形成与维护效果，指出大众传媒在新闻和信息中，通常包含着是与非、善与恶、美与丑、进步与落后等的价值判断；社会行为示范效果，因为大众传媒不仅影响认知和价值取向，还通过向社会展示具体的行为或行为模式来直接或者间接地影响人们的行动。

文化在传播过程中会涉及众多传播因素和环节，充满了不确定性。因此，传播者要尽可能多地了解、稳定传播中的诸因素，选择最好的做法，使文化传播在传承的基础之上得到更好的发展，实现传播效果最大化，提升级包括北京历史文化在内的中华民族文化的影响力。

北京概况

第一节　自然地理

北京位于华北平原的最北端，总面积为 16 807.8 平方千米，其中山区面积 10 200 平方千米，约占总面积的 62%，平原面积为 6 200 平方千米，约占总面积的 38%。北京的地形西北高、东南低，最高峰为门头沟区的东灵山，约 2 300 米，最低处为通州区东南边界。北京三面重山环绕，西部山地为太行山余脉，俗称北京西山，北部和东北部山地属燕山山脉，称军都山，中部、南部和东部为缓缓倾斜的平原，面向渤海。军都山和西山两大地貌合围，构成了面积达 5 000 多平方千米的半封闭海湾。美国地质学家贝利 · 维里斯（Bailey Willis）形象地称之为“北平湾”，也称“北京湾”“北京小平原”。北京城建于这一海湾经冲积形成的北京小平原西南部，即平原的开口处，浑河（永定河）和白河两河之间，故侯仁之先生以“美索不达米亚”与之比附，将浑河与白河注入渤海湾进一步比附于底格里斯河与幼发拉底河汇入波斯湾（侯仁之，4–5）。

北京地区境内由东到西分布了泃河、潮白河、北运河、永定河和拒马河五条主要河流。泃河水系包括泃河、错河，流入河北省三河市，在天津宝坻区九王庄与州河汇合，称蓟运河，注入渤海。拒马河发源于河北涞源县，在张坊附近分为南拒马河、北拒马河。北拒马河汇入白沟河，南拒马河在河北定县与白沟河汇合，始称大清河，最后流入海河注入渤海。永定河古称卢沟河、浑河、天定河，俗称“小黄河”。北运河上源为发源于昌平的温榆河，河水流经昌平、顺义、朝阳，至通州区北关，始称“北运河”。北运河是京杭大运河的北段。为解决江南粮食运抵元大都的问题，元代郭守敬奉命整饬河道。江南的粮食经此水道在通州入通惠河，到达元大都的积水潭码头。从昌平县的白浮村开始，沿山麓和地势引白浮泉、玉泉诸水注入积水潭。元代的积水潭包括今天的后三海（西海、后海和前海），水面深广，东西宽二里，东南与太液池（今北海和中海）相连。潮白河水系由潮河和白河两大水系构成，是密云水库的重要水源，北京供水的主要水源地。

卢沟桥下的永定河

北京市内有著名的莲花池。莲花池古称西湖、洗马沟、南河泊，因种植莲花，又称“莲花池”，位于今西三环中路东侧。莲花池是北京古都的发源地，距今 3 000 多年。1982 年在旧址重建莲花池公园。周武王分封的蓟城就位于莲花池西北部，今广安门外 3 千米处。辽、金建都于莲花池的西南，以莲花池水为都城的重要水源。元大都废弃了莲花池水系，改用高梁河水系供水。明朝，莲花池称太湖；清朝，莲花池称南河泊；清末，莲花池成为郊游娱乐之所；民国时期，莲花池干涸。

北京自古为南北交通的枢纽，北有天险可守，南有水陆出入，地理优势突出。北平湾北面以燕山山地与内蒙古高原接壤，西面以太行山与山西高原毗邻，东北经山海关与松辽大平原联通，东南开阔，直达渤海，南面与华北大平原相接。北京不仅是北平湾的中心，也是联通中原与塞外的要道。

北京处于中纬度地带，依山面海，腹地辽阔。北京气候为典型的暖温带半湿润大陆性季风气候，四季分明，年均气温为10～12摄氏度。这样的气候和地理环境为动植物的生存繁衍提供了适宜的条件，也为人类的出现奠定了基础。

第二节　早期居民和人类文化遗存

据考古发现和文献记载，至少在50多万年以前在北京地区就有了人类活动，依次出现了旧石器时代的北京人（北京猿人）、新洞人（早期智人）、山顶洞人（晚期智人）和田园洞人（晚期智人）以及新石器时代的东胡林人等。

周口店北京人遗址见证了北京地区旧石器时代人类生存、繁衍的轨迹，包括北京人、新洞人、山顶洞人和田园洞人。遗址位于北京市房山区周口店镇龙骨山，于1987年列入联合国教科文组织“世界文化遗产名录”。东胡林人遗址、上宅文化遗址和雪山文化遗址记录了新石器时代北京地区人类的演进和变化。

1. 旧石器时代

20万年到70万年前，北京人生活在北京城区西南50千米处的周口店，是世界上最重要的原始人类之一。后来，在周口店龙骨山顶部发现距今约3万年的“山顶洞人”“田园洞人”和距今约20万年到10万年的“新洞人”，确定了北京地区远古人类进化的序列。

北京人

“北京人”发现于20世纪20年代。1921年8月，瑞典地质学家安特生（Johan Gunner Anderson）、美国考古学家葛利普（Walter Granger）和奥地利古生物学家师丹斯基（Otto Zdensky）在距北京城区西南 50 千米处的周口店发现了原始人类的牙齿、骸骨和头盖骨化石，人类学家将其命名为“北京直立人”，俗称“北京人。” 1929 年 12 月 2 日，我国古人类学家裴文中在周口店龙骨山的山洞东北坡最大的一个洞穴（后称“猿人洞”）发现了一个完整的远古人类头盖骨，揭开了北京人神秘的面纱。20 世纪 80 年代又陆续发现了 5 个较完整的头盖骨、40 多具不同年龄的男女猿人化石和大量的石器工具、动物化石和灰烬。他们生活在距今约 70 万年至 20 万年前，还保留了猿的某些特征，如眉骨粗壮、嘴部前突，但手脚分工明显，能直立行走，脑容量 1 088 毫升，约为现代人的 80%，猿的两倍多。北京人身材短粗，男性身高约 156 厘米，女性 144~150 厘米，寿命约为 14 年。北京人会打制石器，制作和使用工具，会使用天然火，如火山爆发、森林火灾、雷击起火。北京人生活在旧石器时代初期，群体穴居，以狩猎、采集为生，用火取暖，吃熟食。

1941 年，北京人头盖骨移交撤离北京的美国海军陆战队，拟暂存于纽约的美国自然历史博物馆。但由于日本突袭珍珠港，该部队坐火车途径秦皇岛时被日军俘虏，头盖骨从此杳无音讯。

北京人会制作和使用工具

北京人会使用天然火

新洞人

20万年到10万年前，旧石器时代中期，人类处于原始社会向母系氏族社会过渡的时期。“北京人”进化为“新洞人”。“新洞人”1973年发现于周口店“猿人洞”旁的另外一个洞穴。“新洞人”属早期智人。此处发现了一颗成年男性的臼齿化石，较“北京人”进步，较“山顶洞人”的牙齿大，齿根也长。

山顶洞人

2至3万年前，旧石器时代晚期的“山顶洞人”活跃在北京地区。“山顶洞人”为晚期智人，母系氏族社会。“山顶洞人”在1930年发现于“北京人”的“猿人洞”顶部，故名。经1933年至1934年两次发掘，发现了中国迄今为止最早的墓葬以及8个男女老幼的头盖骨和各类骨器、装饰品。

考古推测这8个头盖骨分属5名成人、1名少年、1名女性和1名婴儿。他们头骨较大，整个面部向前突出，低眶阔鼻，鼻骨较窄，有鼻前窝，下颌突出，颧骨突出且直，齿冠较高。山顶洞人的骸骨形态与现代人类几无区别，脑容量达1 300~1 500毫升，男性身高约174厘米，女性约159厘米。洞穴中发现了丰富的骨角器、穿孔饰物。其中骨针尤其重要，骨针用来缝制兽皮，不仅遮风挡雨，防御严寒，而且说明山顶洞人爱好艺术，初具审美观念，告别了赤身裸体的时代。

根据发掘的动物化石和用火遗迹推测，山顶洞人以渔猎采集为生，活动范围扩大到水域，北至宣化，南达海边。山顶洞人已学会人工取火，且有埋葬死去亲属的习惯。女性是生产、生活中的主宰，山顶洞人以母系血统确立亲属关系。

山顶洞遗址分为四个部分：洞口、上室、下室和下窨。洞口高4米，下宽5米，上室位于洞穴的东半部，东西约12米，南北约8米，是山顶洞人的住所，下室深8米，是山顶洞人的埋葬之所，已发掘出三具完整的头骨和躯干骨及大量随葬品。赤铁矿粉的发现证明，山顶洞人已经有了原始的宗教信仰。下窨在下室的深处。是一个南北长3米，东西宽1米的狭长缝隙，其中发现的动物骨架说明，动物是在人类穴居于此之前偶然坠入的。

山顶洞人的洞穴

田园洞人

同一时期，在北京地区还生活着晚期智人的“田园洞人”。“田园洞人”在2001年发现于房山区周口店田园林场内。从2003年考古发掘开始，陆续出土了古动物化石和人类遗骸，为北京地区的古人类研究提供了可靠的实物资料。

2. 新石器时代

约1万年至4 000年之前，北京地区进入新石器时代，原始人类以血缘为纽带组成氏族公社。人类活动的踪迹有东胡林人遗址、上宅文化遗址和雪山文化遗址为证。新石器时代的显著特征是陶器和磨光石器的出现。新石器时代早期已发明陶器，但直到晚期才普遍使用陶器。

东胡林人遗址（新时期时代早期）

1966年在门头沟区清水河畔的斋堂镇东胡林村西侧发现一座三人合葬的墓葬遗址，包括1名约16岁的少女和2名成年男性，被称为“东胡林人”遗址。在合葬墓中，少女居中，身上佩戴大量饰品，两侧为男性。不同辈分和性别合葬，且女性中心地位突出，说明氏族社会内有了家庭组织，且已有闲暇美化生活。“东胡林人”是母系氏族社会繁荣期的缩影。

2003年，在该遗址发现了一个完整的墓葬。墓口距地表约1.5米，木坑长2.2米，宽0.42~0.48米，深0.52~0.76米。2005年墓内出土了一具躯体埋葬完好的成人骨骼化石，玉石制品、石器、陶器，以及大量的粟类植物种子和兽骨等。“山顶洞人”的洞穴兼作墓葬，而“东胡林人”则将先人掩埋在住所处20~30米高的黄土台地里。文物显示，“东胡林人”已经掌握了石器制作的五大技艺：切、钻、琢、磨和打。生活方式从以狩猎、采集为生转变为以原始农业和家畜业为主，他们走出穴居，奔向平原。东胡林人与现代人体形相貌几无差别，男性身高约173厘米，女性约165厘米。

上宅文化遗址（新石器时代中期）

上宅文化遗址位于北京东北的平谷盆地韩庄乡上宅村，距今7 500年至6 500年，属新石器中期文化。1984年在上宅村西北的一块台地上发现大规模的新石器时代遗物，1985年至1988年开展考古发掘。遗址东西长100米，南北宽50米，面积约5 000平方千米。总发掘面积3 500余平方千米，出土文物3 000余件。考古发掘显示，远古人类生活在半穴居式的窝棚中，有驯化的狗、猪，室内有火种。室内大致分为火塘区、储物区、工作区、生活区，每个房间大小相当，供4人睡卧，没有高低贵贱之分。在每个房址的地面中部，都挖掘出一两个深腹罐，经推测为当时的“火种罐”。

遗址的文化遗存分为三期：第一期是北捻头文化，距今约7 500年，陶器种类较少，器形单一。第二期距今约7 000年至6 500年，是上宅遗址的精华，分早期和晚期。早期陶质粗糙，纹饰主要是抹压条纹、刮条纹、“之”字纹和篦点纹，尚不够精致；器形以深腹罐和钵为主。晚期泥质陶增多，细泥陶出现；纹饰繁复多样，有方格形纹、“回”字形纹、波折纹、几何形纹；出现了新器形，如鼓腹罐、舟形器、陶钵、碗等。另外还出土了精致的陶塑石塑工艺品，如石猴、陶猪、石海马、陶制鸟首形镂孔器，据称可能与原始宗教仪式有关。[①] 第三期距今约 5 500 年，出土了少量细泥红土陶器和泥质灰陶。

上宅文化遗址显示了北京地区与不同文化的融合。出土的大口深腹罐和压印“之”字纹是草原文化的典型特征，红顶碗又与仰韶文化、红山文化一脉相承，上宅文化遗址的发现弥补了我国北方草原文化与中原文化之间的空白。发掘出的大量磨制石器（包括石刀、磨盘和磨棒）、陶器，装饰品以及 11 粒禾草花粉，都说明狩猎和采集虽仍占重要地位，但粟黍旱作农业有了较快的发展。

远古时期上宅文化遗址地形优越，依山傍水，平谷山地东来的沟河和北来的错河带来的沉积物形成了幽静、平坦、肥沃的平谷盆地，适合人类生息繁衍。

① 该部分参考了发表于《新京报》2019 年 5 月 16 日的文章“申报全国文保 筹建遗址公园 北京唤醒”上宅。

上宅文化遗址

雪山文化遗址（新石器时代晚期）

1961年，在军都山的雪山村发现大规模的新石器时代文化遗存，称为“雪山文化”，面积1平方千米。1981年对遗址的调查发掘，确认了文化堆积包括四个文化时期：战国、西周、夏家店下层和新时期时代一期和二期。新石器时代一期距今约6 000年至5 000年之间，属中期文化，接近东北的红山文化，与中原的仰韶文化也有相似之处。新石器时代二期距今约4 000年，考古发掘出大量石器和陶器。石器以磨制石器为主，其中石斧尤多，也有一些细石器，且第一次发现了黑陶。由于黑陶和磨制石器是黄河中、下游地区龙山文化的典型特征，可见4 000多年前中原文化对北京地区文化的影响。远古时期，这里自然条件优越：背山面水，适于农耕和畜牧。当时以农业为主，畜牧业发展较快，这最终导致父系氏族社会取代母系氏族社会，人类进入原始社会发展的末期。

小结

“北京人”是原始人类发展过程中的一个非常重要的阶段。从“北京人”开始，这些北京最早的居民们历经了旧石器时代和新石器时代。虽然保存给后人的遗迹和记录有限，但得益于考古学家们的辛苦贡献，我们今天可以有机会看到诸如“东胡林”、“上宅文化”和“雪山文化”遗址，依然可以看到北京最早期的一些珍贵遗留，包括先民们的骨骼、原始的石质器具、兽骨、墓葬、陶器、简单的手工制品、居住情况等，以及这些遗留物品呈现出来的技术信息或宗教信息。这些信息非常完整地反映了原始社会的全貌，预示着北京地区的先民们已经走到了历史文明的入口处。

仅仅用文字来描述这些北京地区先民们的遗产是不够的。借助考古学和现代科学技术的助力，考古现场、考古发掘和发现等可以通过图片、影像等视觉模态的方式以更直观、更有冲击力的方式呈现，可以让受众更深刻地感受到北京历史的久远和伟大。

第四章

北京历史文化多模态翻译传播

翻译是不同语言使用者之间的桥梁，在人类的历史进程和文化传播过程中发挥着不可磨灭的作用。发展至今天，翻译早已超越了传统的文字翻译。随着对翻译认知的不断拓宽和深化，翻译研究已经由过去单模态为主的研究开始转向多模态翻译研究。可以说，翻译包含广义和狭义两个维度，前者指的是不同符号系统之间的信息传递活动，后者则既包括不同语言之间的转换活动，还包括语内翻译和语际翻译。无论是广义翻译还是狭义翻译，均包含着不同符号系统间的转换与信息传递。也就是说，在翻译过程中，语言文字和其他类型的符号都参与构建意义，信息得以传递。因此，翻泽活动本身包含着多模态信息传递的内容。

科技的飞速发展使计算机和多媒体技术得到广泛运用，文字、图像、声音等多模态同时出现的话语形态更加普遍，多模态研究得以蓬勃发展。将多模态理论运用到翻译研究中，可打破翻译的文本局限。

对于北京历史文化的对外传播者来说，译者的工作起点是源语文本，终点是目的语文本；在转换过程中，译者要考虑和处理的对象不只是语言和文字。比如，在进行诗歌翻译时，如何处理诗歌中的视觉意象、听觉意象、触觉意象？如何对小说和散文中绘声绘色的描写等进行目的语转换？译者的任务不仅要在译作中传达源语文本中的语言文字信息，还需要忠实于原文，把原作中语言文字背后所承载的多模态信息挖掘出来，并尽力在译作中予以还原与再现。

毫无疑问，在不同的语言文字和模态类型的转换中，源语信息的意义难免会出现减损和丢失；译者依然需要尽力而为，给予其中的多模态符号意义特别关注和处理，使目的语受众获得与源语受众尽可能相近的传播效果。对于北京历史文化的翻译和传播工作来说，这绝非易事。

第一节　北京历史文化特殊属性阐释

文化是与人类息息相关的一个复杂庞大的体系。无论在生活中还是学术界，“文化”一词应用极其广泛；如何定义文化，确是一个大难题；其定义五花八门，难以确认一个完美的公认的定义。文化的内涵和外延非常丰富，包罗万象。就其构成而言，文化常常被分为三个层次：物质文化、制度文化以及精神文化。与“文化”一词类似，“历史”也是一个总称，指的是人类社会过去的事件和活动，以及对这些事件行为有系统的记录、研究和诠释。历史是客观存在的，以自身的方式存在，不可改变。因此，历史文化包罗万象、纷繁复杂，一切有历史意义的，与人类生活息息相关的存在，包括物质的和非物质的，都在历史文化范畴之中。

历史文化不是静止的，是一个动态变化的状态；随着时代变化而不断发展演进。北京历史悠久，在漫长的发展过程中，积累了丰富、璀璨的文化。文化一经产生，必然会发生传递和传播；历史文化具备传播性。同时，历史文化兼具传承的特点：人们总是在持续地继承和总结着前人的经验与教训等，以史为鉴，以更好地了解现状，进行现在的生活。悠久的历史文化是本地区、本民族的宝贵财富。对于北京地区的民众来说，北京的历史文化是北京人民的伟大财富，也是与全人类共享的财富。

第二节　北京历史文化的多模态性

北京是有着3000年历史的世界名城。北京的历史文化传承多年，具有自己独特的文化元素和特点。作为历史上的重要古城和古都之一，北京的政治重要性不言自明。除此之外，北京历史文化还拥有很多特色，为多模态翻译提供了完美的前提和基础。

地理环境和城市建筑

北京地处燕山之南，西依太行，东临渤海，雄踞中国的北方；北京有历代建造的万里长城，重关峻口。不仅如此，北京地区地处我国东北大平原、华北大平原和蒙古高原的交接点上，是沟通三大地理单元的中间站，也是几千年来中原农耕文明与欧亚草原文明碰撞、融合的最前沿。北京在历史上的地位和作用，为中原农耕民族与蒙古草原民族以及东北民族的冲突与交流、统一与融合提供了更多机会，最终实现了中国这个多民族国家的建立和逐步统一。

社会历史进程与城市建筑紧密结合，在这一点上，北京是个绝佳范例。从城市建筑来说，董家林古城是北京地区迄今为止发现最早的古城址。北京有 3 000 余年的建城史和 850 余年的建都史，是中国历代建筑遗存最多、质量最好的城市，也是中国乃至世界的建筑艺术典范性遗产。战国时期，七雄之一的燕国统辖疆域达到极盛，商贸经济遍及黄河以北的广大地区，蓟城是燕国的政治、经济、文化中心，也是当时中国著名的都城。从蓟城到广阳郡再到幽州，其城市建筑主要受中原的影响，基本上是一座方方正正的城市，为辽代南京城的建立奠定了基础。经过历朝历代的修建，北京建筑最终形成了以汉制为主，联合共建、中轴布局、象天法地的特点。北京包括大量的历史建筑，如紫禁城、坛庙、皇家陵墓、佛寺、道观、清真寺、教堂、佛塔、会馆、园林、王府与民居、长城等。历经演变，北京城市布局、特色和遗址等时至今日依然令人瞩目。

多民族共存

历史上秦始皇统一中国后，为防御北方匈奴人南侵，修建了万里长城；在后来的朝代中，长城也在不断地被修建和拓展；最终，经历过连年纷战，各民族依然走向了交融和统一。北京地区自古以来就是中原汉族和少数民族的交界处，是华夏族、汉族和北方少数部族共同生活的地区。周朝时，北京地区得到一定的开发，多民族和平共居。大运河修通后，涿郡成为运河的北端，进一步促进了这一地区的发展，逐步成为汉族、突厥、契丹、奚、靺鞨、室韦、高丽、回纥、吐谷浑等各族人民生活和劳动的地方。元朝与清朝是少数民族建立的政权，只有与汉族的统治阶级结成联盟，才能有效地统治全国。历史证明，只有北京才是最合适的“民族融合，祖国统一的中华之都”。

由于多民族聚居在北京，北京的民俗自然非常多元。从语言文字到生活方式，从日常礼仪到婚葬嫁娶，从民俗信仰到年节礼俗，北京地区一直经历着矛盾与冲突，交融与改变。北京民俗是多民族长期融合、凝聚的结果，包含着丰富的民族内涵；民族、信仰的多元化和社会结构的多层次，形成了雅俗共赏的多元化、多层次的风俗民情；北京民俗作为民族文化的根与魂，具有相对的稳定性，但随着社会政治的变革和经济文化的发展，其内容和形式也在不断变化、充实和更新。

同样，因为多民族共存生活，北京地区的宗教文化非常丰富，众教和谐共存。佛教、道教、儒教三教合流，佛教、道教、伊斯兰教、基督教、天主教、萨满教、摩尼教乃至民间信仰的小宗教等，都可以在北京地区找到相应的历史建筑或历史遗迹。

文化和教育

北京作为古都，拥有浓重的皇家气质，既是中国传统文化的结晶，同时也扮演着皇家文化缩影的角色。皇家文化是中国传统文化的重要组成部分。天人合一、敬天法祖、唯我独尊、专制独裁，典雅豪华、奢侈腐化等等，是皇家文化的几个基本特征。北京地区许多的历史文化遗产、文物古迹是中国皇家文化的缩影和象征，如现存状况良好的皇家宫殿、坛庙、皇家园林和帝王陵墓等。

作为古都，北京也是文人聚集之地，为文学和艺术等的发展提供了一个理想平台。所以，在历史上，直到今天，北京的文学领域可谓是百花齐放。北京的文学从最早的神话传说到最早的文学记录，到《山海经》中的文学描写，《史记》中关于幽州、长城沿线的文学描写，建安文学时期关于蓟城的文学艺术，唐代的幽州文学等，无不体现了祖国的北国风光，反映了农业文明与草原文明的交流与融合。发展到辽、金、元时期，这种民族交流与融合的特点更加明显：辽代的幽州文学，金代的诗词、诸宫调，著名诗人元好问的诗词以及书法、绘画、歌舞、诗文等，元代诗歌，元大都绘画、小说、讲史以及宗教作品等，明清的带有北京地方特色和民族融合特色的京味文学，包括《金瓶梅》中的北京语，《红楼梦》中的京味、京腔，子弟书，京味小说《镜花缘》以及说唱艺术等。

北京的戏剧从元杂剧的辉煌、明清传奇的鼎盛到以京剧为代表的花部地方戏的五彩缤纷，代表着中国戏剧史的黄金时期，这些也促进了北京地区戏剧的发展。宏大壮美的元杂剧，昆曲艺术扎根北京，地方戏进京，京剧的形成等等，无不反映北京地区戏剧的特色，同时又引领潮流。

作为古都，北京是全国教育重镇。学校与书院是中国古代到近代培养人才的场所，也是京师文化与地方文化传播与交汇，古老文化与近现代文化、中国文化与外国文化沟通的场所。古代的北京官学发达。在古代，学校主要为科举服务。

经贸要地

北京地区的经济与商贸文化也具有明显的特色，以儒家思想作为立身之本，经商时坚持诚信为本、货真价实、童叟无欺；冲破了儒家言义不言利的道德樊篱，建立起了重利尚义的价值观，恪守商业道德。此外北京的悠久历史和京韵文化也打造了北京商界文化鲜明和独特的异质性：“和”文化造就了京商的平和和稳重，恬淡和安闲。

礼仪之都的繁缛礼节也为京城的商人们所发扬，使北京商人以热情周到、有礼有节而著称；北京的商人们重视规则，大多数店铺都逐渐形成了较为严格且必须共同遵守的基本商业行为规范；老北京商人在经营中还处处体现着浓浓的人情味。作为文化古都，北京浓浓的文化氛围造就了京商浓厚的文化底蕴。

在北京这座以官员、贵族为本的消费城市中，保证供应、服务宫廷是经贸事业的主要任务。其中有些店铺商号世代相传，名声越来越大，被人们称为“老字号”。它们是老北京帝都文化的缩影，其经营观念、商业道德是中华民族传统美德的体现。

北京地区的历史文化遗存无比丰富，从近七十万年前的北京猿人，到四五万年前的新洞人，两万七千年前的山顶洞人，再到两万年前的王府井人，一万年前的东胡林人，以及代表新石器时代的上宅文化、镇江营一期文化、雪山一期文化等，无一不在诉说着北京历史的源远流长。北京地区文物古迹众多，丰富多样，贯穿了从远古到近代的文化遗存层面。

北京地区的历史文化信息异常丰富和纷繁复杂。仅仅用普通的文字，无论对于源语的中文，或是目的语的外语来说，都是很难实现理想的文化传播的。北京历史文化信息中包含着大量的文字、图片、影像、艺术等信息，涵盖地理、建筑、民族、民俗、宗教、艺术、文学和皇家气质等方方面面，作为源语信息的北京历史文化内容的多模态特点非常明显。

第三节　北京历史文化多模态翻译策略

北京历史文化信息本身具备明显的多模态特征。随着科技发展，交际中越来越广泛地使用“多模态文本”，即由图、文、音、色等多种表意符号系统构建的意义连贯的文本。运用多模态话语分析理论，将图片、颜色、音频、视频等非文字符号与文字符号融合，对北京历史文化信息进行多模态的翻译和对外传播，能够更加有效地建构目的语文本的整体意义，促进目标受众从视觉、听觉等方面充分地理解北京历史文化的丰富且深刻的内涵。

视觉模态

视觉模态主要包括文字和图像模态等。它可以帮助信息受众更直观、立体地了解传播内容，实现更好的传播效果。

文字的覆盖面极其广泛，可以用来阐发、引申、联想人类深层次的东西，把人类抽象的思想转化为具体的物质符号，以求保存和传播；因此，文字是首选的表达符号。历史文化和其他信息一样，具有传播和扩散的特点。把历史文化传播出去，使其延续下去，是由文化的社会性决定的。文化要传播，需要有载体。在人类和社会进程中，文字以自身独特的优势成为文化传播最原始和最普遍的载体，服务于文化传播。

图像是人类的视觉基础，是人类认识世界和人类本身的重要源泉。图像包含所有具有视觉效果的画面，不仅指纸质上的、底片或照片上的，也包括电视、投影仪或计算机屏幕上呈现的一切。在飞速发展的信息时代，图像以直观的符号表达突破了传统的语言文字这一选择的限制。在文化传播活动中图像具有先天优势。

听觉模态

北京漫长的历史中，包含了大量如戏曲、音乐等的非物质财富；另外，北京地区的语言和发音等也有很多变化。所以，通过听觉模态进行对外传播是非常重要的。科学研究表明，人类有 20% 左右的信息来自听觉。随着时代的发展和科技的普及，普通受众对听觉作品和艺术的接受度与认可度日益开放和提高。除了通过视觉模态呈现来开展传播活动外，在北京历史文化的翻译与对外传播中，听觉模态的设计和应用也是不可或缺的一环。

科技日新月异，电子书、新型阅读方式、新型阅览工具相继出现并迅速普及，引发了当今接收信息，尤其是阅读方式的变革。这一转变为北京历史文化的多模态翻译和对外传播提供了机会。在北京历史文化外译和传播过程中，传播者可以运用听觉模态增加相关信息中听觉使用的组成部分，提供音像译本，让受众通过听觉途径更直接更便捷地了解北京历史文化。这样，可以有效提高传播内容的趣味性和生动性，更好地促进中国文化和北京历史文化走出去，实现更好的国际交流。

具体操作过程中，历史文化信息传播者应该科学严谨地进行源语材料的多模态整合，以有效实现目的语文本的多模态意义生成。北京历史文化语篇内涵的展示需要译者运用多模态手段传达源语信息的语境和意义。特别是难以用语言描述和传播的部分，运用多模态方式处理可以把部分文字无法传达的信息展现出来，把源语图像、音频等转换到目的语语境中，并根据语境进行模态重组，有利于在目的语中实现意义的完整生成。另外，加强和壮大北京历史文化向外传播的推动力量，提高传播者们对目的语受众文化的了解和研究，也很重要。结合文字、图像、声音等多个模态进行全方位、立体的传播，才可能最大限度地实现北京历史文化在文化、语境、内容和表达等不同层面的准确和有效传播。

北京：边疆之城

北京城历史源远流长，至今3 000余年，历经朝代更迭和文化洗礼，数次更名。北京城最早称蓟城，是北方的一座城市，最早见于《韩非子·有度》。周朝蓟城为燕国的都城。两汉、魏晋、隋唐称“幽州”。契丹建辽，设为陪都，始称“南京”，后更名“燕京”。女真人灭辽，建金朝，继续设为陪都，改“燕京”为“中都”，辽、宋、金南北对峙几百年后，蒙古人灭金，建立元朝，定都北京，改名“大都”，并扩建宫城。1274年宫阙竣工，1285年迁入居住，1368年，明军攻入，元朝历百年。明立国后，太祖朱元璋改名“北平”，明成祖朱棣复改“北京府”为“顺天府”，又改为“京师”（1421年），直至清亡。1914年，“顺天府”改为京兆地方，由北洋政府直辖。1928年，改为北平。1949年解放后改为“北京”。

北京地区是中原和北方草原、游牧民族之间的门户。随着北方少数民族入侵的深入，北京地区从防御边城升级为军事重镇，又由地域军事、政治中心转变为全国的军事、政治、经济和文化中心。

第一节　周代的燕国及其国都蓟城

北平湾自古以来就是南北交通的枢纽，很早就出现了奴隶制国家：古燕国及燕国。在其中心诞生了燕国始封都城，城址在房山区琉璃河镇东北的董家林以及燕国国都蓟城。据北魏郦道元《水经注》考证，蓟城得名于蓟丘。蓟丘在今北京市西城区白云观附近，中心位置在今广安门内外一带。1995 年，为纪念北京建城 3 040 年，原宣武区人民政府在广安门北侧的滨河公园内竖起了一座“蓟城纪念柱”。纪念柱为长方体，高 8.5 米，上书 16 字隶书“北京城区，肇始斯地，其时惟周，其名曰蓟”。

蓟城纪念柱

1. 夏商时期的古燕国

据甲骨文及《史记》的记载，早在夏朝、商朝统治时期，就在北平湾建立了几个奴隶制小国，为商朝北方的附属国，其中包括古燕国。与此同时，帝尧的后裔也在北方建立了蓟国，与古燕国相邻。约春秋初期，古燕国兼并蓟国。

2. 周朝的燕国及燕都

公元前 11 世纪，周武王伐纣建立周朝，实行分封制，文王之子、武王之弟召公封燕。“燕国”因地处燕山而得名。为辅助王室，召公留在周都城镐京（今陕西西安），由其长子克赴燕领封。作为一个边陲封国，燕国是塞外民族南下的交通要道，是以藩屏周的重要区域，北京地区正式归属中原王朝管辖。

燕国：简史

春秋战国时期，燕国国力孱弱，内外交困。对外，齐国、赵国以及北方的山戎虎视眈眈；对内，政治斗争激烈。公元前 7 世纪，山戎先后南下进攻郑国、燕国、齐国等国，燕桓侯被迫迁都临易（今河北荣城）。公元前 657 年，燕国又易都回蓟城。

燕国的崛起始于公元前 4 世纪初。公元前 318 年，燕国王位为国相子之窃取。太子起兵兵败，齐国趁乱伐燕，中山国也趁机侵占燕国领土。在军民的反抗下与赵、韩、楚的高压下，齐国被迫撤兵，赵国拥立在韩国为人质的燕公子职回国，是为燕昭王。

公元前 312 年，燕昭王即位，修筑“黄金台”，举贤任能，励精图治，集结了邹衍、乐毅、剧辛等人，终使燕国成为战国七雄之一。统治期间，“乐毅伐齐”（公元前 284 年）将齐国七十二座城池纳入燕国版图。大将秦开攻打北方的东胡，进一步扩大了燕国的版图。为抵御游牧民族南下，沿燕国北疆修筑了一条西起造阳（今河北张家口地区）、东抵辽东的千余里长城，称“北长城”，燕国的疆域达史上之最。为防齐国、赵国进犯，在南疆修筑了长达百里的“南长城”，也称“易水长城”。但燕昭王后，燕国江河日下，秦国逐渐强盛。燕太子丹曾孤注一掷，派荆轲携燕都亢地图（今河北易、涿地区）和秦国叛将樊於期的首级，刺杀秦王嬴政。刺杀失败，荆轲殒命。公元前 226 年，秦攻破燕都蓟城，燕王喜和太子丹逃往辽东。不久，秦再破太子丹残部，于公元前 222 年灭燕。

学界普遍认为，蓟城的兴起与古代大道的发展密切相关。古道沿燕山山麓，始于华北大平原的中西部，直至大平原的北端，一直沿用到 19 世纪末平汉铁路诞生。沿古道兴起若干城市，如商朝后期的都城殷、战国时期的赵国都城邯郸、周朝早期的地方政治中心邢台和定县，以及最为知名的燕国国都蓟城。在这些城市中，尽管蓟城位置最为靠北，但因位于燕山山脚第一古道旁，四通八达，所以是南北陆路交通线的天然交汇点。燕国为继续向北和东北扩张，修筑了三条古道：西北路由今南口通往燕山山脉中的山谷，是为居庸关大道，东北路由古北口进入曾经的热河省，是为古北口大道，东路最重要，到达海边（今山海关），沿海低地进入辽河谷地，燕国领土的最东边，是为山海关大道。

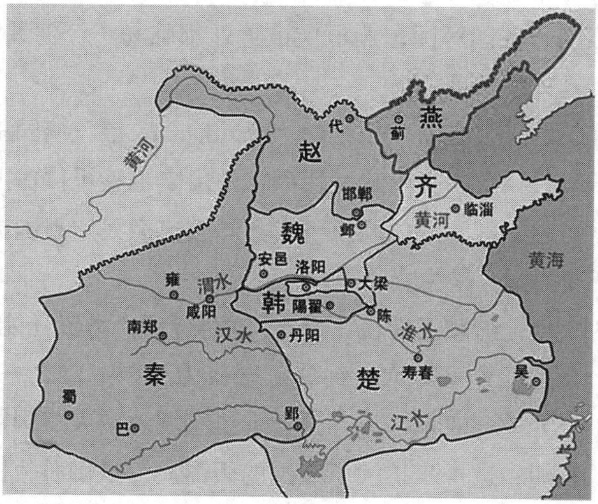

燕赵长城

燕国：社会文化

战国时期，燕国实行“郡都制”。县级地方行政机构称“都”，在与北胡相邻的边境地区先后设置了上谷、渔阳、右北平、辽西、辽东五郡。

周朝处于奴隶社会。在燕国的奴隶制度下，阶级分野明显，奴隶被残酷剥削压迫。燕国制定了严酷的刑法，如“系狱”“斩”“刳腹”“截”（腰斩）等。琉璃河黄土坡墓葬说明，奴隶陪葬是通行惯例。墓葬中，奴隶屈体侧卧，面向奴隶主，保持恭敬伺候的体态，奴隶主则仰面朝天，希图死后升天。有的奴隶手脚被缚，身负马具，有的被处死，有的身体残缺，这无疑是人世生活的真实写照。

燕国与中原经济、文化生活联系紧密。西周伊始，燕国已吸收内化了中原的宗教信仰和生活习俗。燕国用甲骨占卜，使用青铜器，热爱歌舞。燕国也是华夏文化与草原、游牧文化交流的枢纽，是中原文化与东北文化融合的地区，在交流中相互影响、借鉴。北京昌平白浮村发现的西周燕国墓葬和北京延庆发现的多处春秋山戎族墓葬清晰地展现出文化的交互影响。

燕都：初都建制

燕国八百年的历史，建有五座都城：初都、上都蓟、易都临易、中都和下都武阳。燕国始封都城在今北京房山区琉璃河镇东北董家林。董家林古城址的考古工作显示，古城为长方形，东西长约 830 米，南北 600 米。城内有排水沟，城外有城壕环绕御敌。宫殿区西南部可能为大型活动区，如占卜的场所，西北部可能为作坊区和生活区。遗址东南一里的地方有黄土坡，是燕侯和贵族的墓葬区，有大、中、小几百座墓，其中大、中墓葬都有车马和青铜器陪葬品，是周朝青铜文化的有力佐证。

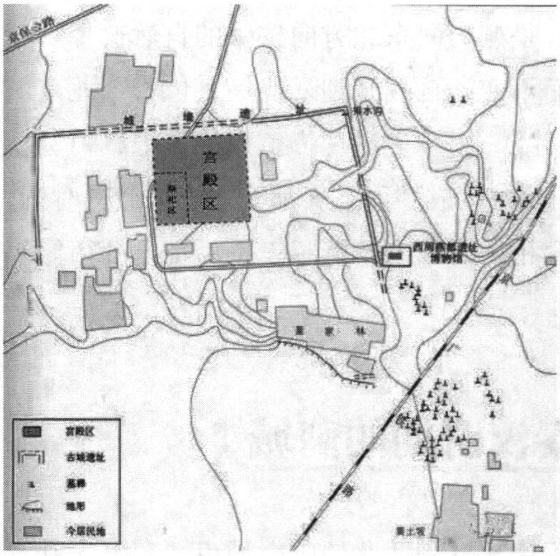

房山琉璃镇的西周燕都遗址

遗址墓葬

琉璃河、燕国早期都城与蓟城

燕都：蓟城建制

蓟城是春秋中期燕国的国都，是燕国向东北方向扩张的自然选择。蓟城历史悠久，其城市基址历千年而不变，自战国到辽代一直位于今北京城的西南部，宣武门至和平门以南一线。据《史记·货殖列传》记载，春秋晚期，由于手工业和商业的发展，蓟城已成“天下名都”之一。战国时期，蓟城内有燕王宫、太子的东宫、国相的府邸以及燕昭王特为贤士邹衍修筑的碣石宫等，商业繁荣，人口众多。

第二节 秦汉时期的蓟城

秦汉时期，蓟城是中原政权管辖或抵御塞北的中心城市。东汉末到南北朝时期，时局动乱不安，蓟城或为割据势力的中心城市，或为塞外民族南下的据点，军事、政治地位日益加强。

1. 秦代的蓟城

公元前 221 年，秦国统一六国，建立了封建专制主义的中央集权国家——秦。蓟城成为秦朝抵御少数民族南下的北方军事重镇。秦朝改分封制为郡县制，原来的燕国分为上谷、广阳、渔阳等六郡，蓟城为广阳郡的郡治。秦修筑三条驰道，构筑便利的陆路交通网络，以利交通和商业，其中一条通往蓟城。为解决边患，公元前 214 年，大将蒙恬率领将士重修原来秦、赵、燕三国的长城，史称"万里长城"。这些措施都加强了蓟城防御边城的地位。

2. 汉代的蓟城

汉朝建立后，蓟城作为边疆城市的地位得到进一步巩固。由于匈奴等少数民族不断骚扰劫掠汉朝北方边郡，汉朝一方面继续修缮、增筑长城，一方面主动出击，三战匈奴，设立三个塞外护校尉府，包括蓟城所在的护乌桓校尉。政治上，西汉时，郡县制和分封制并立，燕地或为国，或为郡，治所都在蓟城。蓟城前后四次为分封诸侯国燕国的治所达 198 年，四度为郡治所达 33 年，名称几经变化，燕国、燕郡、广阳郡、广阳国和广有郡。经济上，分封制衰落之后，商人阶层兴起，商业勃兴，在西汉时期国内贸易兴盛，形成了一些新兴的商业城市，蓟城即为一个重要的商业都会。由于地处北方游牧民族和中原政权的要塞，且汉朝领土向东北扩张，蓟城成为一大商品集散中心，沟通了内地与边疆的贸易。

东汉时期，幽州置幽州刺史部于蓟县，永元八年蓟县复为广阳郡驻所。光武帝刘秀任命能臣郭伋、张堪担任郡守，防范匈奴、乌桓、鲜卑等少数民族的袭扰。张堪还在狐奴（今顺义东北）兴修水利工程，灌溉良田八千余顷，帮助当地百姓安居乐业。

第三节　魏晋十六国时期的蓟城

1. 蓟城：简史

东汉末年，烽烟四起，蓟城先后处于不同的政权控制下。曹魏时期，蓟城为曹魏分封国燕国的都城，历西晋初期不变。十六国混战时期，幽州战乱较少，大批移民来此定居。公元 301 年，幽州刺史石勒趁“八王之乱”割据幽州，鱼肉百姓，穷奢极欲。公元 314 年，王浚被羯族部将石勒所杀。公元 319 年，石勒建立后赵政权，为攻防鲜卑族，纳蓟城入其版图，将幽州治所迁回蓟县，燕国改设燕郡。公元 350 年，鲜卑族慕容部攻入蓟城，蓟城曾为前燕的都城共计五年（公元 352—公元 357 年）。公元 4 世纪末，蓟城落入北魏拓跋部之手，北魏分裂后，蓟城先后属北齐和北周。

2. 蓟城：水利工程

曹魏时期，蓟城第一次兴建大型水利工程。东汉以来，北方边界游牧民族不时进犯，为捍卫北疆，蓟城必须长期驻防，粮草问题首当其冲。公元 250 年，驻守蓟城的镇北将军刘靖在梁山（今石景山）的㶟水上修筑了一座拦河大坝，戾陵堰，在大坝东面开凿引水渠，名车厢渠，以拦截一部分永定河水流向蓟城东面的高梁河，使高梁河水更丰沛。高梁河两岸也开凿了许多沟渠，以灌溉良田，防洪泄洪。刘靖不仅解决了部队的粮草问题，而且增加了政府税收，反过来巩固了边疆的防御。公元 262 年，樊晨重修戾陵堰，扩大了灌溉的面积。西晋初期的 295 年，因洪水暴虐，在刘靖幼子刘宏的主持下，戾陵堰大修。两百多年后的 521 年，北魏幽州刺史裴炎儁复修大坝。565 年，北齐幽州刺史斛律羡再次把高梁河水引向温榆河，然后东注潞水，以解决运粮之苦。但由于战祸不止，水利工程或被私有，或被破坏，大坝、沟渠难以持久。

3. 蓟城：民族融合

魏晋十六国期间，蓟城的人口结构发生了变化。虽然主体为汉族百姓，但少数民族陆续或自愿，或被迫迁入，流离失所的汉人也常常自发向幽州地区迁徙。蓟城为前燕都城时，慕容儁命前燕文武官员、士兵和鲜卑民众入蓟城居住。北魏时期，政府强制安置塞外高车族几十万人于此，又从东北诸郡迁入三万户。中原大乱之际，大批汉族人民及久居塞内的少数民族来此避难。因此之故，魏晋以来，蓟城成为各民族融合的大熔炉。

4. 蓟城：文化交流中心

蓟城城内有宫殿、庙宇。前燕慕容部继续修建了太庙和宫廷楼宇，有的还沿用了燕昭王宫殿的旧称，如碣石宫，又在东掖门下竖铜马像，展示塞北骏马的雄姿。蓟城附近有“胡市”，是塞外各民族的贸易中心，起着促进民族经济交流的作用。

蓟城是文化交流的中心。两汉时期，儒家学说一枝独秀，经学成为显学，蓟城便聚集了一批经学家。久居蓟城的梁祚精通《公羊春秋》和郑氏《易经》，还开馆讲学。蓟城人平恒钻研经籍，还写过史书《略注》。渔阳人高闾精通史籍，为北魏书写诏令。私人讲学是当时人们接受教育的一种主要方式。北齐时期，蓟城恢复了学校授课。

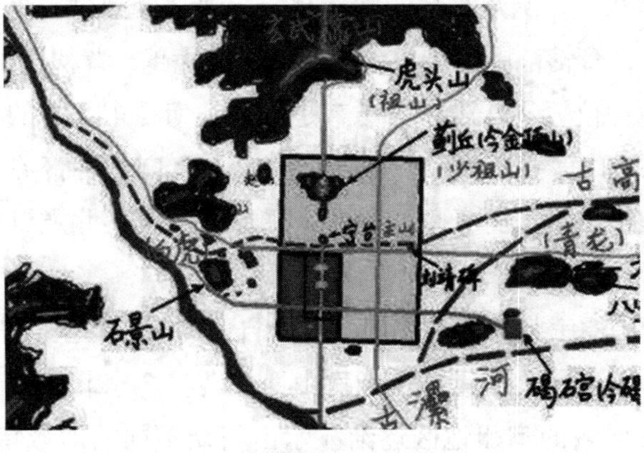

战国至西晋 蓟城

第四节　隋唐的蓟城（涿郡）及幽州（范阳）

公元581年，隋朝建立。公元589年，隋结束分裂，统一全国。公元583年，隋朝置州罢郡，废燕郡，公元607年，改幽州为涿郡。唐初武德年间，涿郡改为幽州，公元627年，幽州归河北道，后成为范阳郡节度使的驻地。

1. 隋朝的蓟城

东汉末年以来的连年战乱促使北方少数民族政权崛起。隋唐时期，辽河与朝鲜北部兴起了高句丽王国，对中原王朝构成威胁，涿郡蓟城的军事地位更为突出。隋朝统一后，为加强对北方边疆的管理，委任重臣名将驻守蓟城。隋炀帝三次远征高句丽，虽然远征成果甚微，却大大提升了蓟城的军事、政治和经济地位。为远征准备，隋炀帝608年下令开凿人工运河永济渠，联通了国家中心和蓟城，609年在蓟城修筑行宫——临朔宫。三次远征高句丽，蓟城都是征调兵马和粮草的集结地以及驻守休整地。

2. 唐代的幽州城（范阳郡）

幽州为古九州之一。《周礼》记载“东北，曰幽州”。幽州所辖的范围在不同时期略有不同，大致包括今天的北京、河北北部、天津及辽宁部分地区。开元十八年，幽州东部的渔阳县、三河县分割出去组成蓟县，即今天天津市蓟县，管辖范围缩小。幽州地理环境优越，背枕燕山，西凭太行，东临渤海，地理位置易守难攻，历来是中原王朝在东北方的重镇。它依靠北面的古长城和榆关（山海关）、松亭关、古北口、居庸关、紫金关五关天险，有力地保卫了沃野千里的华北大平原，阻挡了北方游牧民族骑兵的南下。

历史上，中原王朝与塞外民族的战争自西向东，甚至向东北防线转移，且次数频繁，王朝的边防重镇也渐次由西北转移至东北，处于农业文化与游牧文化过渡区域的幽州地区逐渐显示出与众不同的地域特色。从隋唐、五代十国直至元大都的建立，幽州的戍边角色发生了巨变：从胡地、戎墟演变成了中国古代后半期多个统一王朝的都城。[①]

幽州：简史

公元 618 年唐朝取代隋朝。唐朝时，由于北方东突厥复兴，东北部契丹崛起，辽西高句丽持续威胁，幽州城的军事、政治地位继续上升。

唐初，唐太宗击溃东突厥部落，平定幽州北边边患，东突厥残部与唐朝相安无事半个世纪。公元 714 年，唐朝置幽州节度经略镇守使，统兵九万一千人，马匹六千五，治所在幽州（今北京市城区西南）。唐太宗又再度在幽州集结，亲征高句丽。征讨败北，唐太宗退兵幽州。为悼亡死伤将士，在幽州城西建“哀忠墓”，在城内东南角建“悯忠寺”（今法源寺前身）。

唐朝中叶，北部边患日趋严重。公元 742 年，唐朝政府改幽州为范阳，在边疆地区设立了十个藩镇，由节度使统领军队驻守。“范阳郡”为藩镇之一，为抵御契丹，驻军最多，为“诸镇之冠”。公元 744 年，任命平卢节度使（治所在今辽宁朝阳）安禄山兼任范阳节度使，后又兼任河东节度使（治所在太原）。节度使不仅手握军权，且是辖区的最高行政长官。故安禄山手握军政大权，一时权倾朝野。公元 755 年，安禄山在幽州举兵叛乱，一个月左右攻陷唐东都洛阳，数月内又占领了长安。次年，安禄山登基，国号大燕，定都幽州。不久，安禄山集团内讧，安禄山的亲信史思明于公元 759 年在幽州登基（公元 762 年范阳郡复称幽州），自称大燕皇帝，改年号顺天，幽州城改为燕京。公元 761 年，史思明之子史朝义篡位，公元 763 年，唐军终于平定叛乱。“安史之乱”凸显了幽州城的重要地位，幽州从一个边疆军事城市一跃而为新的国家中心。

安史之乱是唐朝由盛转衰的重要分水岭。唐朝苟安一隅，藩镇节度使割据地方，为患当地，幽州首当其冲。公元 763 年，唐朝封降唐的史朝义旧部李怀仙镇守幽州，此后 150 年间，幽州更换了 28 任节度使，或子承

① 本段参考了蒋爱花发表于《光明日报》2019 年 9 月 2 日的文章：“身份、记忆、变迁”：从墓志看隋唐时期的幽州。

父业，或兄终弟及，或哗变自立，兵祸、苛政，幽州百姓苦难深重。公元907年，唐朝最后一位皇帝逊位于将军朱温，唐朝覆灭，分裂动荡的历史重演。公元911年，幽州节度使刘守光称帝，国号“大燕”，因与安禄山的“大燕”重名，史称“中燕”，三年后为后唐的晋王李存勖所灭。

幽州：城址及城市建制

根据已发掘的唐代墓葬和文献资料记载，基本可以确定唐代幽州城的规模和建制。东城垣在今烂漫胡同和法源寺之间；西城垣在今会城门村以东，白云观西土城台至小红庙村之南北一线；南城垣在今玄武区姚家井以北，白纸坊东西街一线；北城垣在今头发胡同一带，由头发胡同向西到白云观，到会城门附近。

唐代幽州城呈长方形，南北9里，东西7里。幽州城开有10个城门，城内居民区称“坊”或“里坊”，郊区称“乡”或“里”。每个坊设有坊门，坊与坊之间有街衢相连。商业活动在“市”里进行，幽州的市肆位于城北，称“幽州北市”，是固定的商业区和手工业区，行业分工细致，货品种类繁多。城里设有官署、军队、监狱、粮仓等。城内西南建有子城，四周均有城门。“安史之乱”时期，史思明将子城改为皇城。

幽州城交通发达。从长安到幽州有两条路线。一条经太原出娘子关，一条经洛阳后沿今京广线北上。从幽州到东北，有陆路，经密云从今北古口出长城至今辽宁宁城东。还可出居庸关至妫州和山西北部。水路，由永济渠从幽州直达洛阳，也可经海上通往江南和东北。

幽州：民族融合

隋唐时期，幽州的民族关系极其复杂。北部活跃着突厥、回鹘，东北活跃着奚、契丹、室韦、靺鞨等民族。民族之间的战争与融合体现在数次迁徙中：公元630年，东突厥兵败，大量降众被安置在幽州境内定居；粟末人随之也迁入燕州（今北京怀柔、顺义）；新罗人迁入良乡广阳城，唐以义州统之。公元716年，契丹弹汗部迁入幽州东北，置归顺州（今北京顺义）；公元732年，奚人李诗、琐高等以其部落五千帐来降，被安置在良乡县。[1] 幽州城是少数民族定居地，是北方农业居民和牧业居民物资交流的中心，也是各民族文化交流和传播的基地。

幽州：佛教文化

佛教自东汉传入中国，在北周武帝时期遭遇劫难被灭，隋唐又兴起。北京西南房山区大房山的云居寺是幽州的重要佛教寺院，以珍藏石板经著称。云居寺始建于隋朝大业年间（公元605—618年），为幽州高僧静琬法师所建。为保存佛经，他秉承乃师慧思大师嘱托，刻录石经藏于石室中，用石块灌铁汁作门。刻经的工作从隋朝开始，直至明末才最终完成，其中以唐、辽、金三朝刻经最多。唐玄宗还颁赐佛经4 000余卷，作为刻经的底本。静琬开凿的华严堂（雷音洞）四壁嵌有146块隋唐可造石经。石经山有上下两层石窟，上层七窟，下层两窟，大部分是隋唐时期开凿的，对研究我国佛教、石刻、书法艺术和经济文化都有重要的价值。

隋唐在北京郊区还修建了一些寺庙。隋文帝时，在弘业寺（今天宁寺）建高塔，藏佛骨“舍利”。唐高祖时，在今西郊马鞍山建慧聚寺（今戒台寺）。唐太宗时，在西山山麓北修建兜率寺（今卧佛寺）。太宗又修悯忠寺（今法源寺），纪念征讨高句丽牺牲的将士，寺内两座高10丈的高塔为安禄山、史思明所建。唐玄宗时，还修建了规模宏大的道教寺院天长观（今白云观）。

房山云居寺秋景

法源寺钟楼

① 本段参考了蒋爱花发表于《光明日报》2019年9月2日的文章：“身份、记忆、变迁”：从墓志看隋唐时期的幽州。

云居寺古塔

云居寺藏经洞

小结

龙山文化之后，北京进入了青铜文化历史时期。考古学家发现了大量的商朝时期的陶器，铁器开始出现。这些表明当时北京地区的手工艺水平有了较为明显的提升，随之阶级分化也更加严重。周朝时期，燕地地处北方边远地区，是北方民族向南的重要交通要道，是镇压和安抚边疆地区的重要所在。随着周召公受封燕地，北京地区正式纳入了中原王朝辖地。随着董家林在今天北京房山地区被考古发掘，北京地区最早的古城址得以问世，同时出土的还有牛马坑、甲骨等历史遗存，以及一些手工业发展的证据；除此之外，还发现了大型墓葬群和一些陪葬的青铜质地礼器和兵器等。因其所处位置，燕地是华夏和戎以及胡文化沟通交流的重要枢纽，它们在碰撞中促进了本地区的民族、文化和经济融合。到了战国时期，燕地的畜牧业已然比较发达，牲畜常常用于祭祀等场合，此时本地区的手工业生产以青铜、冶铁、制陶和制盐为主；所以后来的考古中发现了大量的青铜制品，也有典型的风格。

秦始皇统一全国后，采纳李斯建议，将天下分为三十六郡。考虑到边远地区的政治稳定，驱逐匈奴并把秦朝、赵国和燕国长城连接起来，给后人留下了宝贵的万里长城。汉朝时期，铁具在北京地区已经非常普遍，也促进了农业的发展。此时手工业和盐业也很发达。考古发掘发现了大量的铁器、兵器、农业工具和手工工具等。同期商业的发展促进了各民族的深度融合。然而，与此同时，贫富差距较大、阶级矛盾严重，《汉书》有记载。考古发现的大葆台汉墓就是这一时期最好的反映，随葬品就是这个时期最好的记录。秦汉时期北京地区的整体状态发展迅速，相应地，文化教育事业在这个时期也有不错的发展。秦朝“焚书坑儒”之后，汉朝的统治者们为了加强和巩固统治，日益重视儒家经典的恢复和发扬。汉之后，北京地区发展水利灌溉以发展农业生产，开始形成了畜牧业经营的传统，手工业在混战的破坏之后慢慢恢复。在这一时期，经学业有了不小的发展。待到唐朝年间，这一地区的农业有了进一步发展，北京作为商业贸易重要枢纽的地位也在不断提升，促进了交通的发展。唐朝时候，北京地区的文学和艺术发达，包括诗歌和雕塑。不仅如此，唐朝与亚洲其他地方的经济文化交流也越来越频繁，佛教在隋唐时期非常普遍。今天北京房山地区的云居寺就是当时非常重要的佛教寺院，内藏石板经。事实上，在有考证的中国历史上第一次有较大影响的翻译运动就是发生在东汉到唐朝和宋朝的佛经翻译。也是在这个时期的北魏期间，中国历史上出现了一次汉籍外译和外传的高潮，当时北天竺的一位叫菩提流支的法师把中国僧人昙无最的作品《大乘章义》翻译成梵文，使其流传到西域各地。

相比石器时代，这个漫长的时期承载着更加丰富和密集的历史文化信息，信息的形式也更加多样，既有文字，又有艺术和建筑形式等。因此，采用现代的科技手段，把传统的文字模态以及视觉模态和听觉模态充分利用起来，开展多模态翻译和传播对于此时期的情况来说非常适用。只有这样，才能把这悠悠千年的历史文化信息和底蕴完整、生动地呈现并传播出去。

第六章

北京：军事重镇

盛唐以来，幽州是契丹人与汉人的贸易中心。契丹是中国东北草原上的一个游牧部落民族，是东胡鲜卑的别支。唐玄宗末年，契丹为安禄山重创，唐末契丹日益强大，首领耶律阿保机于公元916年在龙华州（今内蒙古赤峰市八仙筒一带）建国，国号“大契丹”，占据了幽州地区。

第一节　辽代南京／燕京

1. 南京：简史

契丹建国后，一心谋取幽州，以南侵中原。后唐统治时期，936年，驻守太原的河东节度使石敬瑭起兵叛乱。在契丹的协助下，石敬瑭夺取中央政权，建立后晋。为答谢契丹，石敬瑭于938年敬献“幽云十六州”，其中云州在今山西大同市，幽（今北京）、檀（今密云）、顺（今顺义）、儒（今延庆）四州以及妫州（今怀来）的一部分均在北京市境内。同年，辽在幽州建立陪都，又称南京、燕京，府名幽都（1022年改称析津府）。南京城与上京（今内蒙古巴林左旗）、东京（今辽宁沈阳）、中京（今内蒙古宁城县）、西京（今山西大同）并称五京。至此，幽州由一个地域政治中心开始向全国政治中心转变，直至1122年被女真人攻陷，共计200余年。

辽建国以后，宋朝也很快地结束了五代十国七十余年的分裂割据局面，完成中原地区的统一大业，但从未强盛过。辽、宋自此南北对峙，势均力敌。为收复幽云十六州，宋朝于公元979年、公元986年两次伐辽，都以失败告终。1004年，宋、辽议和，在澶州（今河南濮阳）签订“澶渊之盟”。辽、宋以白河为界，宋朝每年向辽国纳贡白银10万两，绢20万匹，在南京交割。南京的政治、经济、文化地位上升，为金定都南京奠定了基础。

南京城也是松漠乃至蒙古草原和内地商业交换的枢纽。南面有宋辽的榷场进行有限的交易；北面通过榆关路、松亭关路、古北口路和石门关路等驿道与塞外相通。与高句丽、西夏及西域也有贸易往来。

2. 南京城：行政机构

唐末五代之际的战乱加速了契丹与汉人的文化融合。契丹早在建国之前，就采用了汉族的行政管理体制，习得汉人的生活方式和农业生产方式，为占领幽州地区做好了充分的准备。契丹建国后不久，辽将幽州地区据为己有，推行汉胡分治的国策，幽燕地区的汉人与契丹人之间的关系总体良好，互不侵犯。

为施行胡汉分治的管理方针，辽在中央分设北、南枢密院，北院统治契丹和北方游牧民族，南院统治汉人，且南面朝官与燕云地区的地方官大多由汉族贵族担任。在汉地的居民聚居区，分道、府、州/郡、县四级行政机构。在北京地区，公元938年设南京道，下设幽都府。1012年，南京改称燕京，幽都府改称析津府。1032年，析津府下辖6个州，11个县。幽州的中央官吏机构设有辅佐皇帝政务的宰相府、军事机构都元帅府和接待宋朝使者的馆驿永平馆。

3. 南京城：建制

据史料记载，辽的南京城大体沿袭唐代藩镇的建制。在五京之中，南京城规模最大，也最繁荣。辽南京城呈长方形，城周二十余里，城墙高三丈，宽一丈五尺，有坚固的敌楼战橹910座，地堑三重。城内有八门：东为东安、迎春，南为开阳、丹凤，西为显西、清晋，北为通天、拱辰。宫城，或称皇城位于南京城的西南角，幅员五里。正南为启夏门，东为宣和门，中有元和、仁政、洪政（武）、凉殿和燕角楼诸殿，以元和殿尤为重要。皇城外的居民区称为“坊”，共计26坊，每坊门楼大书坊名，如肃慎、卢龙、棠阴、永平等，大多取自唐朝旧称。市区在城的北面，为手工业和商业集散地。

4. 南京城：佛教文化

辽人笃信佛教，南京城内寺庙众多。开泰寺为魏王耶律汉宁所建，因银铸的佛像驰名。另有延寿寺、延洪寺、三学寺、仙露寺、昊天寺等。南僧在辽传禅学以来，大觉、招提、竹林、瑞像四个禅院相继建成，禅学大盛。今阜成门内白塔寺（元代称大圣寿万安寺，明代改称妙应寺）的白塔是1096年道宗寿昌二年为藏释迦佛“舍利”而建，塔内原藏二十粒“舍利”子，青泥小塔二千，《无垢净光陀罗尼经》五部。元世祖又修饰白塔。这座塔是北京现存古建筑中最古老的一个，也是我国现存密檐式转塔的典型代表。古塔平面呈八角形，共十三檐，高57.8米。大觉寺始建于辽代，称清水院，金代时为金章宗西山八大水院之一，后改名灵泉寺，明重建后改为大觉寺。大觉寺位于北京西郊阳台山南麓，以清泉、古树、玉兰、环境优雅而闻名。

除寺庙外，佛经石刻，房山石经山云居寺锁仓的石经是佛教文化的瑰宝。隋代幽州僧静琬始刻石经，其弟子续刻。辽圣宗时，大臣韩延徽的孙子绍芳打开石室，校验经书，呈奏圣宗，命僧人可玄续刻，补缺续新。该工程一直持续到辽亡，完成了大小石经板近五千块。石经不仅有助于保存佛经，也是对佛经的一次大规模校勘整理。

天宁寺辽塔

妙应寺白塔夕照

大觉寺

第二节 金代中都

生活在松花江流域的女真族在11世纪崛起。1115年，女真族部落首领完颜阿骨打统一各部落，建立国号“大金”，年号“收国”，与宋、辽争夺天下，阿骨打史称“金太祖”。1126年，金兵攻破东京城（开封），宋徽宗、宋钦宗投降，北宋灭亡。次年，北宋宗室和臣属逃往南方，在临安（今杭州）建都，史称“南宋”（1127—1279 年），后为蒙古所灭。

1. 中都简史

1122 年，宋徽宗在南京改置“燕京府”。1125 年，金攻克燕山府，恢复旧称“燕京”，并置“燕京路”。金朝初年，为攻伐南宋，南侵中原，燕京作为通向中原的门户，其作用举足轻重。金朝将枢密院移置燕京，后枢密院更名为“行台尚书省”，为燕京的最高行政机构。同时，燕京为金朝军备的集结地和驻军休整地。金熙宗完颜亶（1119—1150 年）始，燕京定为科考地。燕京的军事、政治、文化中心的地位日益凸显。

1149 年，金太祖之孙完颜亮（1122—1166 年）杀熙宗篡位，谥号“海陵炀王”，后世称“海陵王”。1153 年，完颜亮迁都燕京，初改名圣都，随后改为中都。完颜亮迁都以后，确定了五都的名号：中都大兴府（今北京）、东京辽阳府（今辽宁沈阳）、南京开封府（今河南开封）、西京大同府（今山西大同）、北京大定府（今内蒙古宁城西）。中都，意即“中心的都城”。中都第一次成为名副其实的首都，正式成为中国北方的行政中心。

1161 年，完颜亮伐宋败北于此，前线士兵哗变，拥立曹国公完颜雍在东京辽阳登基，完颜亮被杀。完颜雍继续定都中都，改元“大定”，称“金世宗”（1161—1189 年）。金世宗才干卓绝，统治金朝近 30 年，金朝达到中兴。后金朝逐渐日薄西山，且金统治残暴，实行民族歧视和压迫政策，强制汉人辫发，禁穿汉服，民间怨声载道。南宋名将岳飞力主抗金。岳飞于 1134 年、1136 年、1140 年挥师北伐，沿路农民起义军纷纷响应，先后收复建康、商州、虢州、郑州、洛阳等地，但岳飞却遭秦桧构陷入狱。1215 年，蒙古军队攻陷中都，金中都仅存 60 余年。1234 年，金朝灭亡。

2. 中都行政管理机构

依辽、宋成例，金朝在五京各设留守司管理行政，又设路、府、州、县四级行政管理机构。中都路下设大兴府，下辖大兴、宛平、安次、潞阴（今通州）、水清、宝坻、香河、昌平、武清、良乡10个直辖县。

3. 中都都城建制

中都城参照北宋都城汴梁的规划，于1150年在辽南京城的基础上开始扩建，东、西、南三面各扩展三里，北面保持不变。中都城略呈方形，由外城、皇城、宫城三部分组成，外城周长近19千米，共13个城门。北城墙长4 900米，大约为今会城门一线；东城墙长4 510米，在今陶然亭一线；南城墙长4 750米，在今右安门外凉水河以北50米一线；西城墙长4 530米，在今丰台区高楼村南北线。中都城的13座城门中原有12座，东、西、南、北各三座：东为施仁门、宣曜门、阳春门；南为景风门、丰宜门、端礼门；西为彰义（仪）门、灏华门、丽泽门；北为崇智门、通玄门、会城门。金朝后期在东北角又开一门，称光泰门。

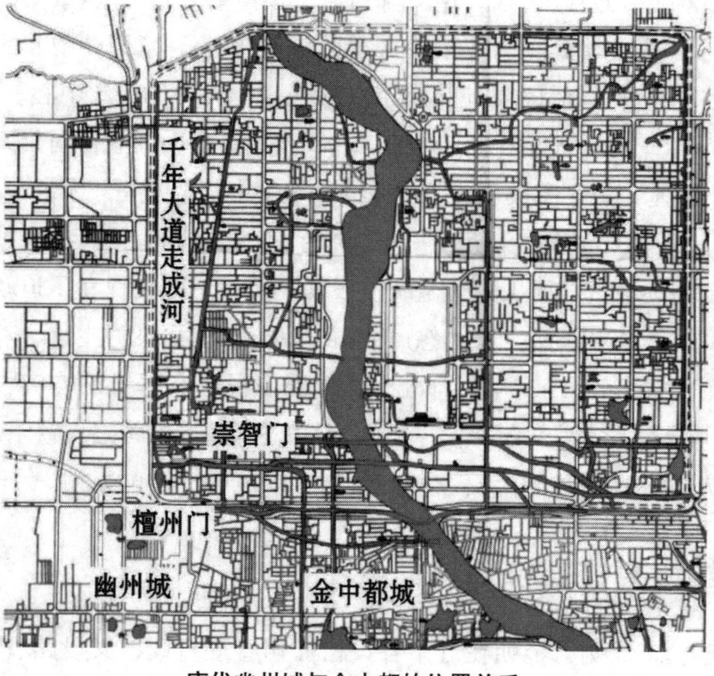

唐代幽州城与金中都的位置关系

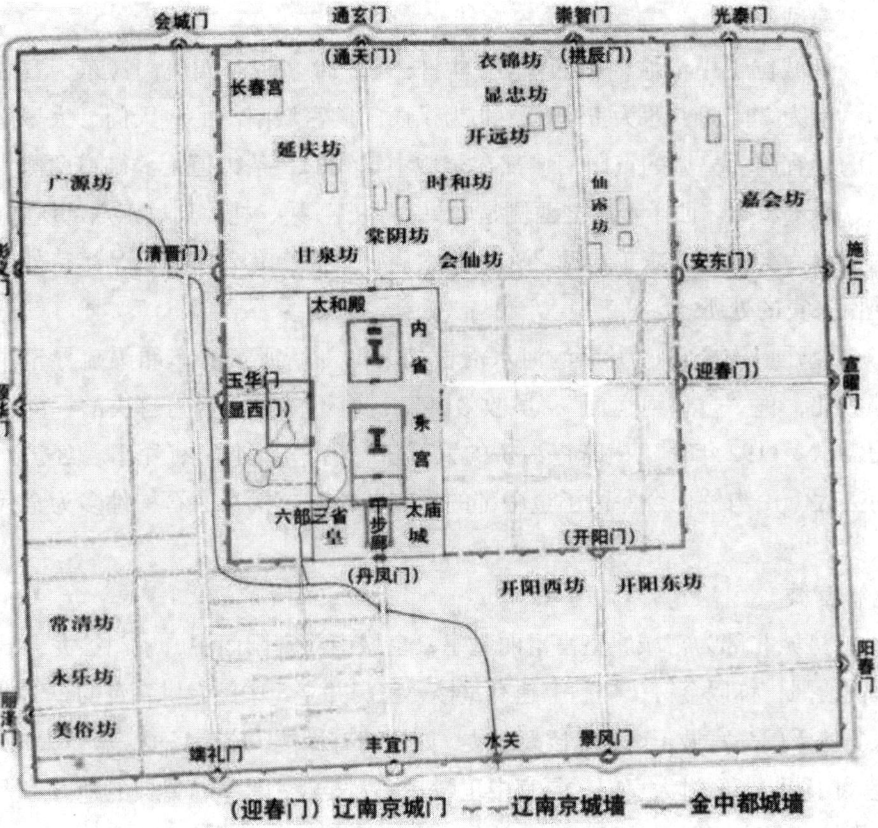

辽南京城和金中都城的位置关系

外城

中都城兼有辽南京城和北宋汴梁城二者的特点，突出体现在坊制上。中都城的一部分保持了原辽南京坊制，而其东、南、西扩建部分的居民区仿照北宋汴梁城，市、坊杂处，呈开放式坊巷布局。中都有62坊，坊名如卢龙坊、棠阴坊等，仍沿袭辽南京坊名。中都城内的大街基本上都是各门相对应的贯穿全城的东西、南北走向的大街，即东起施仁门、西到彰义门的大街（相当于今骡马市大街、广安门内大街），南起景风门、北到崇智门的大街（相当于今右安门内外大街一线）。

皇城

皇城位于中都城内偏西南处，周长 9 里 30 步。有四座门：东为宣华门，南为宣阳门，西为玉华门，北为拱辰门。宫城南门的应天门、大城南门的丰宜门、皇城的宣阳门，都在全城中轴线的一条御道上。御道两侧为东、西千步廊。西千步廊之西侧是中央吏、户、兵、礼、刑、工六部所在，六部南为会同馆；东千步廊之东侧为太庙，太庙南有来宁馆，是接待外国使臣来宾的处所。

金开卢沟金口，引卢沟河水沿曹魏时期刘靖所筑的车厢渠疏导至中都城北，称“金口河运河”，虽收效甚微，但不失为金努力解决漕运问题的尝试。1192 年修建横跨卢沟桥的大石桥，名“广利桥”，军事、经济作用甚大。卢沟桥至今保留了金中都的形制，桥基、桥身的石构件多为金代原物。

宫城

皇城北部为宫城。皇宫富丽堂皇，皇城南门宣阳门中，中门绘龙，两旁门绘凤，饰以金钉，楼门上建有重楼，三门并立，中门专供皇帝的车驾出入。应天门为宫城正南门，楼高八丈，四周建有垛楼，琉璃瓦顶，金钉朱户。应天门往北，经过大安门，是宫中正殿——大安殿，是举行盛典的地方。大安殿以北是在辽旧殿基础上改建的仁政殿，是皇帝临朝听政的地方。

苑囿

金人将莲花池水引入城中，修建了西苑、太液池和中国最早的皇家园林同乐园（今广安门外小红庙一带）。同乐园一名取自北宋开封城内的同名园林，历时三年建成，建有瀛洲、琼田、柳庄、杏村等，是皇帝休憩、宴请群臣的地方。金又在宫城西南角开凿了另一皇家园林，鱼藻池，与同乐园的湖泊统称为太液池，又称西华潭。

金世宗在中都东北郊修建离宫，称大宁宫（今北海公园，后改为寿安宫、万宁宫），并由高梁河水灌注，形成一片浅湖。环湖风景区有琼华岛，岛上有广寒殿。

金章宗喜欢游山玩水，在京西敕建八座寺庙，称“西山八院”。关于

“八院”名称有不同看法。据北京民俗学会调查考证，认为八院包括：海淀区阳台山的清水院（大觉寺），北安河的金水院（金仙庵），七王坟的香水院（法云寺），聂各庄的圣水院（黄普院），香山公园的潭水院（香山寺），玉泉山的泉水院（芙蓉殿），石景山区的双水院（双泉寺）和门头沟区的灵水院。

黄普院（金章宗打猎行宫）

金代妙绝禅寺遗址

4. 漕运和宫廷用水

金代大兴土木，通过昆明湖，引来玉泉山水，与高粱河汇合，直到通州，称运粮河，又称闸河。又引高粱河上游另一分支，注入中都城的北护城河，再向东与闸河相接，如此来自通州的粮船可以直抵城下。但自此高粱河水下游便断了水源。为获得更丰沛的水源，1171 年，金于石景山开凿金口，引卢沟河水（今永定河）水直通闸河。河水在今日玉渊潭的南部汇入金中都的北护城河，然后向东经过今天的人民大会堂和北京站一线，沿今日的通惠河道直到通州。后因卢沟河水肆虐，行舟艰难，1187 年，又堵塞金口。金代未能解决漕运问题。

金代通过积水潭上游的高粱河，引来玉泉山水，利用前后三海的低洼地和大片水域，建成了著名的大宁离宫，在湖面上修建了琼华岛，今日北海公园的前身。

5. 中都的佛教文化

佛教在中都十分兴盛，至今仍留下许多佛教建筑和遗迹，如圣安寺、悯忠寺、龙泉寺、慧聚寺、仰山栖隐寺、白瀑寺等。

圣安寺（在今西城南部南横街）为金太宗完颜晟为佛觉、晦觉两位云门宗掌门人所建，初名大延寿寺，1167 年改为现名。圣安寺也是金代皇族的祖庙，供奉金世宗、金章宗像。悯忠寺（今法源寺）始建于唐，金代 1173 年曾作为女真进士考场。龙泉寺（今潭柘寺）院内至今仍有多座金代高僧的墓塔和章宗明昌五年（1194 年）的碑刻。门头沟区的慧聚寺（今戒台寺）坐西朝东，是辽金朝日习俗建筑特点。仰山栖隐寺始建于辽代，金世宗大定二十年（1180 年）重建，赐名“仰山栖隐寺”。该寺是金代著名寺院，名僧万松行秀曾任住持。白瀑寺位于门头沟区田庄乡淤白村北的金城山下。寺内现存金代皇统六年（1146 年）圆正法师塔。塔为六角形，是密檐式塔向覆钵式塔的转变形式。镇岗塔位于丰台区长辛店镇岗村东的山冈上，是一座典型的金代大实心花塔。塔座呈八角形，有砖雕人物、动物形象。塔身佛龛交错环绕。整座塔华美而庄严，是金代的建筑精品。严行大德灵塔位于房山区长沟镇，为汉白玉六角七级密檐式石塔。塔的六面刻有梵文经文。

仰山栖隐寺

金代镇岗塔

金代虚静禅师实公灵塔 银山塔林

金代圆通大师善公灵塔 银山塔林

白瀑寺

北京潭柘寺下院塔（金代海云禅师塔）

北京潭柘寺上院塔妙严大师塔（元）

小结

北京地区因其特殊地理位置，历史上是各个王朝东北方向的重镇，后周和北宋政府曾几番努力，试图攻下幽州，即今天的北京。在宋屡次尝试不能成功的情况下，辽和宋维持了一个世纪的和平共存。契丹拿下幽州后，将其升成五京之一的南京，也称燕京。作为民族融合的一个重要地区，契丹和东北各地的少数民族在北京地区和汉人互通有无，也包括文化的交流和融合；政府则依据具体情况，采取了“胡汉分治”的政策。在这个时期，北京地区的农业基本维持原状。就城市来看，辽时的南京，基本沿袭唐朝时候的规模和做法。该地区手工业和商业都非常发达，依然是重要的商业枢纽。由于佛教盛行，寺庙建筑的数量和流行度都很高。今天北京保持完好的白塔，即建于本时期。宋徽宗时期，宋和金联手攻下北京地区，并以长城为界，辽失去幽州，退回长城以外。之后，金打败北宋，拿下燕山府，又改称南京。为了巩固统治，金决定迁都北京，改名中都。为了首都之位做准备，统治者下令对北京城进行了大规模的修建工作，尤其是城池扩建和宫殿兴修两项重要工作。

对于北京来说，这算得上是一个新纪元的开始，北京正式成为国家的首都，之后元朝、明朝和清朝均建都在此，绵延近千年。在此期间，中都地区不同民族聚居，手工业和商业都有了很大发展；为了税粱运输方便，把辽时期开始的运粮河连接起来，在中都和通州之间修建了漕渠。作为首都，大批的离宫别苑和风景古迹逐一建成。这不仅给当时的北京民众，而且包括今天的居民们，留下了宝贵的财富。后来因为蒙古军的入侵和挑衅，该地区连年混战，给社会、民众、城市、文化等许多方面带来了重大打击。随着北京的重要性在这个时期不断提升，其各个方面发展迅速，积累了大量的物质和非物质财富。

这段历史是北京历史上非常重要的一个阶段，在进行北京历史文化翻译和传播的过程中，要仔细梳理这一时期不同领域与形式的发展和成就，以期全面呈现这个时期的北京发展情况。

第七章

北京：国家都城

第一节　元代大都城

13世纪初，北方草原蒙古族兴起，首领铁木真于1206年统一草原各部，1211年攻打金，1215年攻陷中都。之后的半个世纪里，蒙古人忙于南进西征，开疆拓土，建立了地跨欧亚的大蒙古汗国，汗国的中心仍在哈喇和林（今内蒙古锡林郭勒盟正蓝旗草原）。元朝国号全名为大元大蒙古国。“大元”出自《易经·乾卦》，意思是伟大的开始。1260年，元世祖忽必烈即大汗位，始奠定元朝的政治规模。他在1264年改燕京为中都，府名仍为大兴，并迁都金中都。1267年，他启用汉人刘秉忠，勘定中都城址，规划中都建制，在旧城东北金代的琼华岛离宫建立起新都城，1272年，改名大都，并定为首都。1279年，元灭南宋，统一中国，大都成为统一的多民族封建中央集权国家的都城，直至1368年为明朝所灭，历百年而衰。元代统治时间最短，但疆域最广。

1. 元大都简史

继辽、金问鼎中原后，元世祖忽必烈完成了最终的统一大业。在咄咄逼人的元军面前，出现了民族英雄文天祥。南宋名将文天祥举家纾难，于1275年以家财招募士卒勤王抗元，后因势单力孤被俘，押解至大都囚禁。其间，元世祖亲自劝降，威逼利诱，文天祥不为所动，1288年慷慨就义。

蒙古统治者强调血统论和民族论。以血统将人分为四等：第一等蒙古人，第二等色目人（如回回、吐蕃、党项等），第三等是汉人，第四等是原南宋汉人，称南人。以职业分为十等：一官、二吏、三僧、四道、五医、六工、七匠、八娼、九儒、十丐（一说八尼、九儒、十丐）。民族歧视、压迫政策和苛捐徭役，引发持续不断的起义；又因未能从制度上解决王位继承问题，宫廷内政变不断。1368年朱元璋攻占大都，元廷退居漠北，史称北元，1402年灭亡。

2. 元大都行政管理机构

忽必烈任用汉人，在皇位继承、中央及地方官制和财政制度等方面多效法汉制。元设中书省、枢密院与御史台，分管政、军、监察三权。地方实行行省制度，为后世沿用。大都设留守司，司保卫皇城之责。左、右警巡院负责治安，大都路兵马司为警备部门，负责拘捕和审讯罪犯。司狱司负责刑狱，提举学校司主管教育。

元世祖忽必烈

3. 元大都城市建制

元大都格局宏大，规划整齐，商业繁荣，文化发达，在当时的世界备受瞩目和尊崇。西方人称“汗八里”（Khanbaliq），“八里”是突厥语“城市”的音译。“汗八里”意为“大汗之居处”。元大都的城市建制对北京城市发展影响深远，不仅规划了城市建设，发展了城市文化，而且奠定了中国的地理版图。1406 年，明朝在元大都基础上修建了皇宫紫禁城，形成内城；1553 年，明朝又修建了外城，北京城今天的宫城、皇城，内城、外城的格局正式形成。

大都的设计思想来自儒家经典《周礼·考工记》，体现了儒家的政治理想蓝图。“君人南面以治天下”，意思是说帝王坐北朝南治理国家。元大都居当时天下之中，帝王理政和居住的宫城为皇城、大城包围，居于正中。中轴线的布局和左右对称的原则，体现唯我独尊，皇权至上。

《周礼·考工记》有言：“方九里，旁三门。国中九经九纬，经涂九轨。左祖右社，面朝后市，市朝一夫。”元大都的总体规划，遵循崇尚儒学、以农立国、尊祖敬宗的传统立国理念，贯穿皇权至上的指导思想。其营建规模甚至远远超过城“方九里”的旧说，元大都的街衢道路按“九经九纬”的规划，由九条南北大道和九条东西大道纵横交错，整齐有序，形成 50 坊构成的棋盘网。全城 50 个坊，没有坊墙，只有坊门，为官员或名人书写。坊门是后来牌坊的前身。干道之间分布火巷和胡同（东西向的巷道）。胡同和清朝的四合院后来成为北京城市文化的重要载体。官僚贵族的宅院也划定为八亩一区，坊巷规划整齐。根据“左祖右社，面朝后市，市朝一夫”的设计原则，皇城坐北朝南，皇宫在中央，太庙、社稷坛分布左（东）右（西），市场居后（钟鼓楼什刹海一带），坊市民居则分布在皇城四周。市场大小如一夫之地，即方百步，南北、东西各长 140 米左右。街道宽窄有规定：胡同宽 6 步，小街 12 步，大街 24 步。因风水、地形等原因，元大都与《周礼》的理想稍有出入，如只开 11 个门，即北墙只有 2 个门：安贞门和健德门。

元大都的设计也反映阴阳八卦、天地相合的易经思想。《周易》中“天地之数，阴奇阳偶”。外朝为阳，三朝五门，用奇数；内廷为阴，两宫六寝（乾清宫和坤宁宫），用偶数。大明殿、大明门中的“大明”取自《易经》乾卦，太子东宫称光天殿，取自《易经》象，丽正门取自《易经》离卦。

经实际勘察，元大都平面略作长方形，北城墙长 6 730 米，东城墙长 7 590 米，西城墙长 7 600 米，南城墙长 6 680 米，周长 28 600 米，面积约 50 平方千米，相当于唐长安城面积的五分之三，接近宋东京的面积。四周辟门 11 座。正南 3 个门，分别为文明门（今东单南）、丽正门（今天安门南）、顺城门（今西单南）；北面二门：健德门（今德胜门小关）、安贞门（今安定门小关）；东面三门：光熙门（今和平里东）、崇仁门（今东直门）、齐化门（今朝阳门）；西面三门：平则门（今阜城门）、和义门（今西直门）、肃清门（今学院路西端）。现在北郊仍然保留有“П”形土丘遗迹，俗称“土城”。城墙全部用土夯筑，城基宽达 24 米。为了防止雨水冲刷，在土城上覆以苇排，同时在西城墙土城顶部中心，有长 300 米的专供排水用的半圆形瓦管。

元大都城市建设上的另一个创举是在市中心修建高大的钟楼、鼓楼作为全城的报时机构，上设铜壶滴漏和鼓角报时。

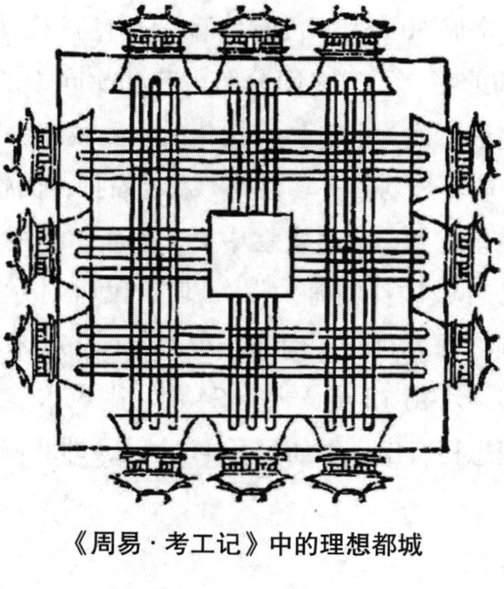

《周易·考工记》中的理想都城

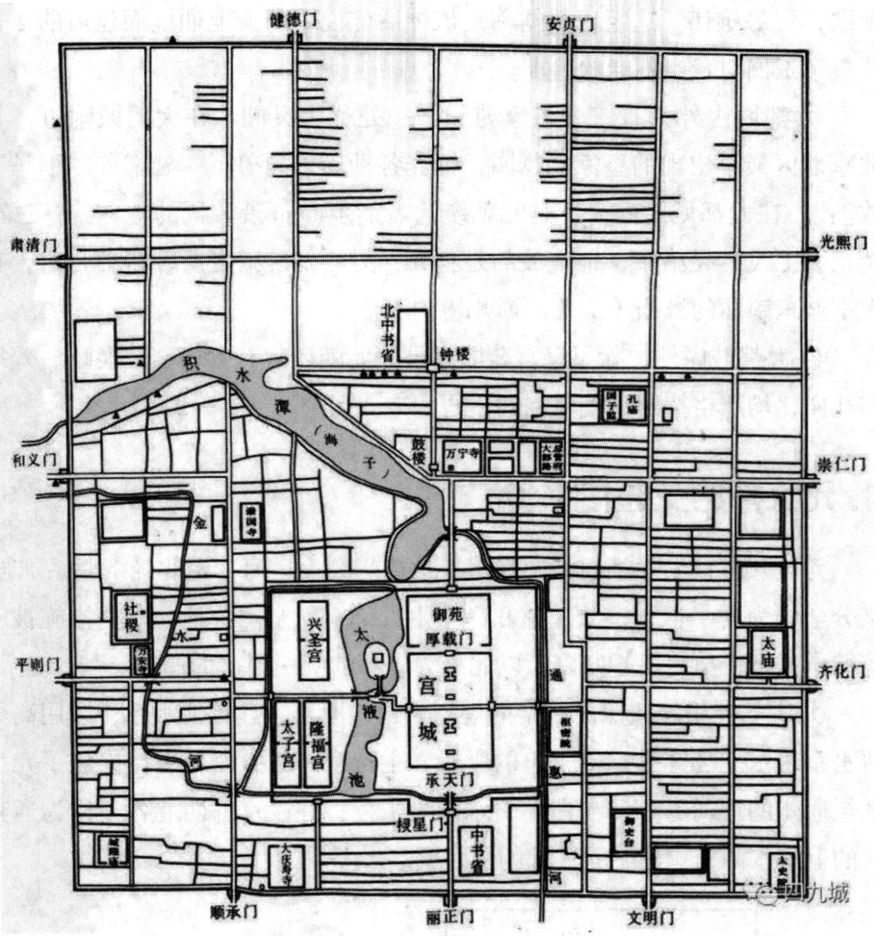

元大都宫殿平面图

元大都皇城的主体建筑由大明殿与延春阁、隆福宫、兴圣宫三组宫殿群构成。大明殿是皇宫的正殿，是元朝举行重大政治活动的场所。延春阁位于大明殿背后，是皇后的居所。延春阁两侧，建有慈福殿（又称东暖殿）及明仁殿（又称西暖殿）。在大明殿和延春阁周围，建有玉德殿、宸庆殿、东香殿、西香殿等宫殿。

太液池位于这三组建筑的中央，池中间是万岁山，是皇宫中的苑囿。万岁山山脚下有仪天殿，山腰处有仁智殿、金露亭、玉虹亭，山顶上有广寒殿，气势雄伟。这组建筑据称是依神话传说中的天上仙境而建造的，寄托着帝王们对长生不老的追求。

大都城内外另有三处皇家苑囿：一处称为灵囿，在大明殿附近，是北京地区最早出现的皇家动物园，饲养各种珍禽异兽；一处俗称“下马飞放泊”，在大都城的南面，是元朝统治者们岁时打猎游玩的地方。“飞放”者，天上飞的是猎鹰，地上放的是猎犬；另一处游猎之所称柳林行宫，在大都城东南面的漷州（今北京通州境内）。

在大都城内外，除了皇宫苑囿之外，元朝还建有太庙、社稷坛、郊坛和孔庙，均严格按照古代典制的模式建造。

4. 元大都的交通和水利

元代开凿自大都经通州、临清抵达杭州的大运河，南北经济联系加强；又分全国为若干行省，急递铺和驿站由大都辐射全国各地。这些措施被明清继承下来，奠定了 600 多年以北京为中心的统一国家的局面。

元大都严格地按照已制定的规划修建，废弃了莲花池水系，改用高粱河水系供水。郭守敬是刘秉忠的学生，主持全国水务。他主持修建了元大都至通州的运河通惠河与白浮引水济漕工程，并以京郊西北各泉作为通惠河的上游水源，构建了元大都的供水网络。

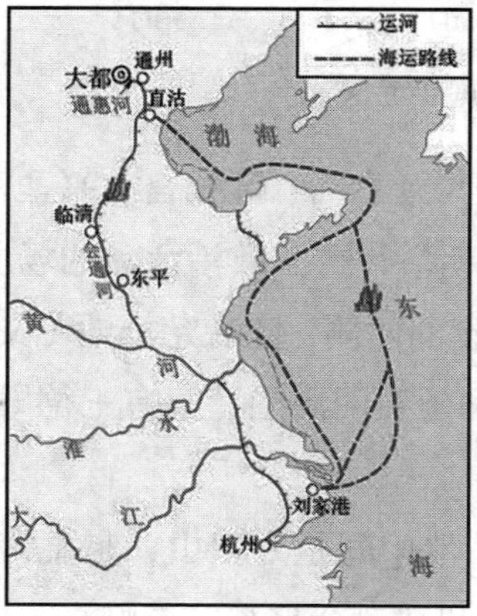

元代大运河

元代科学家郭守敬

5. 元大都的宗教文化

元朝以喇嘛教为国教，推行宗教宽容政策。概因元朝地跨欧亚两洲，幅员辽阔，民族众多，宗教信仰复杂的缘故，喇嘛教为藏传佛教的俗称，是传入中国西藏的佛教分支。忽必烈尊喇嘛八思巴（藏传佛教萨迦派第五代祖师）为帝师，为后世沿袭。元朝皇帝受喇嘛教戒律，建喇嘛寺院，做佛事，礼佛日隆。寿安山寺为元代佛教名刹。该寺始建于唐代，名兜率寺，在元英宗年间大修，改名寿安山寺，铸释迦摩尼的铜佛卧像，至今保存完好。寺内佛像、窗、壁都以黄金装饰，元世祖忽必烈及太子真金的遗像也在寺内神御殿供奉祭祀。另有“京师之冠”大庆寿寺，因寺内有僧海云与可庵的灵塔，又名双塔寺。尼泊尔建筑师设计并监理施工的妙应寺白塔（北海公园内）是元代留给今人的又一文化遗产。

元代在大都流行的道教有全真、正一等派。其中，全真道士丘处机（号长春真人）于 1219 年受召，历时三年，跋涉万里，见到了远在中亚征伐途中的成吉思汗，得敕令豁免赋税徭役。1227 年，成吉思汗下诏改白云观（始建于唐代）为长春宫，丘处机为主持，有元一代，长春宫香火旺盛。

与此同时，大都因与中亚、东欧的密切往来，伊斯兰教和基督教得以盛行。元代的基督教主要有东方的聂斯脱利派（景教），也有罗马天主教的方济各派。基督教元代称“也里可温教”，意为“福分人”“徒众”“上帝之子”。元代清真寺的建筑规模和数量远远超过唐宋。仅元大都（今北京）就有清真寺 35 座。

白云观庙会

白云观邱祖殿

北京元代双塔庆寿寺（1890 年）（佚名）

6. 文学艺术

元代白话文学兴盛，富有生活气息的元曲是最流行的文学样式。元大都城市经济发达，国际化程度高，少数民族音乐随之传入，为元曲的发展准备了充裕的物质条件。当时勾栏瓦肆等商业娱乐场所日益兴旺，歌伎、艺人技艺超群，人才辈出。与此同时，元代统治者对正统文化的漠视客观上促进了曲艺的繁荣。一方面，尽管他们对汉族文化兴味索然，但喜欢歌舞戏曲。另一方面，元代重武轻文，长期废科举，仕途之路被堵，士大夫文化式微。一些士人走出陋室，深入民间，以市井白话反映社会现实，抒发个人情怀，并在创作中推陈出新。

元曲尚口语，朴拙自然，分散曲和戏曲两大类。散曲，元代称“乐府”或“今乐府”，叙事寄情，不需科（动作）白（道白），适合清唱。散曲作为一种混合的文学形式，吸收了诗词的常见主题，也常借用经典诗词名句，兼具雅俗文学的特点。戏曲叙事首尾连贯，有科白，适合表演。

散曲有小令和套数之分：小令写景抒情，只用一个曲牌，类似词的小令，又称小曲；套数用同一宫调的多种曲牌，一韵到底，不拘长短。元代的散曲大师有马致远和张可久。戏曲分为杂剧和传奇。杂剧最早出现在金末的大都附近，初流行于北方，故又称北曲。杂剧第一次将歌曲、说白和舞蹈融合成一种表演方法。唱词部分由散曲中的套曲组成，一折一套，每折多由一个主角独唱，配角通常只有对白，唱词和宾白交替出现。关汉卿、王实甫是大都杂剧的集大成者。关汉卿与白朴、马致远、郑光祖合称“元曲四大家”，并居四大家之首。他的《感天动地窦娥冤》以淳朴村妇窦娥的悲剧揭露元代社会的黑暗现实，是中国古代悲剧的典范作品。王实甫的《西厢记》体制宏大，以五本二十折讲述了崔莺莺和张生终成眷属的爱情故事，是我国古典戏剧的现实主义杰作，直接影响了后来以爱情为主题的小说和戏剧创作。传奇兴起于元朝中叶，多为长篇巨制，不限折数，每个角色都科白唱。传奇以昆腔为主，故又称昆曲。

《窦娥冤》

《西厢记》

宋代是中国绘画的极盛期。元代沿其余绪，尚古、临摹之风大盛。元代统治者对文化、艺术不感兴趣，故废弃了南宋的画院，但因元世祖登基之初重用汉臣，宫廷绘画开始活跃，以肖像画成就最高。刘贯道所绘的《元世祖出猎图》是其中最杰出的代表，现藏台北故宫博物院。李肖岩是又一知名的宫廷肖像画家，据传台北故宫博物院所藏的元代帝后相册就是他的作品。大都最重要的书画家是鲜于枢，与赵孟頫并称“二妙”“二杰”。鲜于枢尤工草书和书画，兼长楷书和行书。

元代画家刘贯道所绘《元世祖出猎图》局部

7. 科学技术

郭守敬是元代最著名的天文学和水力学专家。他在元大都实施了三大水利工程。他改作历法授时历，又发明了很多天文观测仪器。大食人也黑迭儿，1266 年受命监修宫殿，设计建造了皇宫和琼华岛（北海公园）。

机械制造方面，有纺纱碾、水磨、计时的玉漏、水晶宫漏等。元青花生产于唐代，兴盛于元代，以景德镇的青花最优。元青花融合中华文明、伊斯兰文明和蒙古文明，曾作为中华传统文化的传播者，大量销往海外的中东一带。目前土耳其的托普卡比博物馆和伊朗德黑兰的阿德比尔神庙青花藏品最多。

北京郭守敬纪念馆 浑天仪

第二节　明代北京城

历经辽、金、元三个少数民族政权的统治，1368 年汉族重新夺取政权，国号明，初建都南京，后定都北京，直至 1644 年为又一少数民族——满族推翻。

元朝末年，民族、阶级矛盾激化，加之天灾不断，饿殍遍野，各地起义此起彼伏，以红巾军起义（1351—1363 年）尤为瞩目。义军初在淮河流域起事，后南方长江流域纷纷加入起义大军。未来的明太祖朱元璋加入南方义军郭子兴的队伍。起义节节胜利，1353 年于安徽亳州建国号大宋。1364 年朱元璋称吴王，史称西吴。后朱元璋北伐灭元，消灭义军群雄，于 1368 年初称帝，国号大明，定都南京。1421 年明成祖朱棣迁都北京，南京成为陪都。明朝初年百废待兴，统治集团推行休养生息的政策，国势日盛，15 世纪前半叶达到鼎盛。明朝中晚期政治腐败、宦官专权，蒙古部族及新崛起的后金对其虎视眈眈，在内忧外患中各地先后爆发农民起义。

1644 年李自成攻入北京，崇祯帝自缢，明朝灭亡。明朝宗室在南方建立了多个政权，史称南明。1662 年，永历帝被杀，南明覆灭。

有元一代，蒙古族的威胁始终存在。元灭后蒙古族内部分裂为三大部：鞑靼居于蒙古草原中部，西部是瓦剌，东面是兀良哈部。为维护边防，明朝在迁都不久便沿长城设置了辽东、宣府、大同、延绥、宁夏、甘肃、蓟州、太原和固原九个军事重镇，合称“九边”。同时，明政府在燕北设置卫所，修筑防御工事，又修整并加筑长城。明代长城西起嘉峪关，东至鸭绿江，绵延 6 700 千米，主要由抗倭名将两广总督谭伦和福建总兵戚继光修筑完成。居庸关和八达岭附近的长城是最具代表性的明长城。现存的居庸关关城为明朝开国大将徐达所筑，修建在一条长约四十里的崎岖峡谷中间。居庸关形势险要，景色宜人。八达岭关城在峡谷的最高点，居高临下，易守难攻，极为险峻。

八达岭长城（罗哲文摄）

嘉峪关（罗哲文摄）

古北口长城（罗哲文摄）

明朝施行极端的中央专制主义政策。明初废丞相，设内阁以及厂卫特务机构，加强专制主义中央集权；明朝中后期，“宦官之祸”“厂卫之劣”不断。为了巩固统治，明朝还实行文化思想的控制，加强对士人和普通百姓的奴性教化。

明代商品经济发达，集市云集。都城皇庙是北京最早的一个庙会，也是繁华的娱乐场所。另外还有东城的灯市，以及皇城东安门达官显贵光顾的内市。正阳门外大街是北京最繁华的街市之一。很多货物也经由北京转运至西北鞑靼、东北女真等少数民族地区。白银是市场上通行的货币。商户纳银税，或者以银代差。

长江下游自唐以来就是北方的粮仓，为解决漕运问题，金和元都重视疏浚河道，开凿运河。明朝沿通州城以北的金代运河旧河床，开凿了从临清到济宁的会通河，清理了从通州到北京的通惠河。

1. 北京简史

1368年明军占领元大都，改名北平府，意即平定北方，大都成为一个普通地级行政区。1370年，明太祖颁赐北平府给第四子朱棣，并封为燕王，因位居要塞，在诸藩王中权力很大。明太祖驾崩，太孙朱允炆继位，即建文帝。为加强中央集权，建文帝开始削藩。1399年朱棣起兵反抗，发动“靖难之役”。靖指平息、扫除，“靖难”意即平息战乱，扫除奸臣。“靖难”来自明太祖遗训，规定藩王有权翦除奸臣，清君侧。1402年，朱棣打败建文帝，旋即登基继位，是为明成祖。第二年，明成祖改北平为北京，改北平府为顺天府，同时大规模营建新都城，1421年正式迁都北京，并改名“京师”。

明成祖朱棣

三次大规模的京师保卫战

明朝中后期边患不断，蒙古族、鞑靼和满族多次突破北部边防，京师风雨飘摇，先后有三次大规模的京师保卫战：土木堡之变（1449 年）、庚戌之变（1550 年）和己巳之役（1629 年）。

第一次保卫战发生在明英宗时期。当时宦官王振一手遮天，并与蒙古瓦剌势力相互勾结，出售、私运武器。1449 年瓦剌首领也先领兵南下入侵中原，明英宗为王振蛊惑御驾亲征，在土木堡（今怀来附近）陷入蒙古军队的重重包围，明朝官兵死伤惨重，英宗被俘。消息传至京师，一派主张出逃避难，一派主张抗战到底。升任兵部尚书的于谦是坚定的抗战派，他受命于危难之际，肩负起保卫京师的重任。于谦整饬军纪，铸造兵器，翻修防御工事，操练战术，京师附近百姓也积极响应，或参军投戎，或后勤保障。后也先假借归还英宗之名，一路烧杀掳掠，兵临北京城下。于谦率兵出击，身先士卒，士兵英勇杀敌，瓦剌被击溃，退却良乡。也先被迫求和，归还明英宗。英宗复位之后，杀害于谦于西市。

约一个世纪后，发生了第二次京师保卫战。1550 年，蒙古俺答率领鞑靼部骑兵进攻京师。戚继光被任命为总旗牌督防京师九门，守卫京师。俺答军队劫掠 200 万人畜后撤出关外。

第三次保卫战发生在明朝末期，为后金首领皇太极和蓟辽督师袁崇焕之间的战役。1629 年，皇太极兵分两路入关，逼近京师。袁崇焕调各镇援军勤王，屯兵广渠门外。袁崇焕一马当先，明军斗志昂扬，最终以少胜多，迫使皇太极移营南海子。但由于皇太极的反间计，袁崇焕于 1630 年在西市被凌迟处死。

三次大规模的农民起义

自明朝中叶以来，各地人民的反抗斗争风起云涌，先后爆发了三次大规模的农民起义：武宗时期的刘六、刘七起义，万历年间反抗矿监、税监的斗争以及崇祯年间李自成领导的农民大起义。

1510 年，顺天府霸州“响马”刘六、刘七率众起义，反抗政府对养马人的残酷剥削和压榨。起义坚持了两年，并曾四次进逼北京。尽管起义被镇压，但还是给统治者以沉重的打击。

16 世纪末，明朝万历皇帝始纵容宦官以开矿的名义敲诈勒索，横征暴敛，后又令其征收各地的盐税和商税。这些由宦官充当的矿监、税监遍布全国，为非作歹，事无大小，全部征税。1603 年，香河的一群窑工和运煤脚夫因不堪宦官王朝的盘剥和暴虐，从京西房山、门口沟一带出发向北京进军。他们向政府示威，要求减免矿税，撤换王朝。恐慌的明朝政府迫于矿工的压力，撤换了王朝。

1629 年，李自成在陕北起义，响亮地提出“均田免赋”的口号。起义军一路得到人民的热情拥戴，很快占领了河南、湖北、陕西等地。1644 年，李自成在西安建立大顺政权，后直捣北京，推翻了明王朝。镇守山海关的明朝总兵吴三桂勾结清军，大败农民军，李自成被迫撤回关中，继续抗清。满族八旗军队在吴三桂的帮助下入朝阳门，占领了北京。

东林党争

在明朝统治集团内部，为争夺内阁首辅之位，官员结党营私，谄媚逢迎，贿赂成风。一些清廉的官员受到排挤，在万历年间形成了东林党人。东林党人最初因被朝廷罢官的吏部郎中顾宪成和高攀龙等在江苏无锡的东林书院内讲学而得名。东林党人反对王公贵族兼并土地，皇帝昏聩无能，厂卫制度暴虐，招致当权者的憎恶，甚至迫害。天启年间，宦官魏忠贤大权独揽，不仅是司礼监秉笔太监，还是提督东厂，一人手握军政大权，引来众多官僚攀附，形成了“阉党”。阉党坚决与东林党人为敌，并将一切反对他们的人列入黑名单，罗织罪名，到各地抓捕。东林党人杨涟、左光斗、黄尊素、周顺昌等人被投入锦衣卫大牢，受尽酷刑折磨而死。

2. 行政管理机构

明朝加强了中央集权的统治。中央机构废丞相制，设立六部（吏部、户部、礼部、兵部、刑部、工部），直接听命于皇帝。地方行政机构建立了省（布政使司）、府（直隶州）、州（属州）、县四级管理机构。京师为一级行政机构，下辖 8 府，2 个直隶州，17 个属州，116 个县。辖北京地区的顺天府下领 5 州 22 县。内阁、京军和厂、卫特务机构的设置以及基层组织的总甲、保甲制度更进一步强化了集权。

明成祖迁都以后，正式设立“内阁”，钦定内阁大臣，并以司礼监的宦官为亲信，建立了皇帝自己的小朝廷。明朝中后期内阁专权愈演愈烈，造成皇权旁落。内阁在皇城午门内，是处理全国政务的地方。司礼监是北京宦官二十四衙门中的第一个衙门，是皇帝最亲信的奴仆，后来权势凌驾于内阁大臣之上。

为巩固政权、保卫京城，明朝在京城内外以及周边县市设立七十二卫，成立五军、三千、神机三大营，合称“京军”。明朝还设立了由皇帝直接控制的特务机构——东厂、西厂、内行长和锦衣卫，俗称“厂卫”。东厂建于1420年，由皇帝直接指挥，司礼监的大太监掌管，其爪牙由勋戚子弟和流氓地痞组成，遍布公署及街衢，抓捕妄议朝政的可疑人物。西厂建于1477年，由大太监汪直掌控。内行厂建于1506年，是监视特务的特务机关。锦衣卫始设于1382年，最初是皇帝的卫队，后增设专门的监狱、法庭，成为组织严密的特务机构。

明朝政府为防范人民反抗，将统治的力量延及里坊和乡村。城内设置了五城兵马司，以镇压人民。为方便征兵征役，限制人口流迁，明朝政府设置总甲和保甲制度。政府将坊内居民分为很多铺，每铺由总甲统领。郊区居民分为保甲，每保由捕官统领。

3. 北京：城市规模和布局

明朝的北京城是在元大都的基础上建成的，气魄更宏伟，规划更严格，完美地体现了皇权至上、儒家典范的礼制规格。新城在1406年开始营建，1420年完工，1421年搬迁入住。清朝几乎沿袭了所有的城市建制，只替换了建筑物上的匾额。明清共24位皇帝在此居住消闲、治国理政。

总体规划和设计原则

明代北京城的位置与元大都稍有差异。为防止元朝势力反扑，明朝放弃了大都比较空旷的北部，废除东西两墙北面的光熙、肃清二门，在原城墙以南五里另筑城墙。又将南城墙向南推移了二里，即从今东西长安街一线移至今前三门一线重建。

北京的规划布局一如元朝，更彻底地贯彻了《周礼·考工记》关于城市营建的传统理念。一条贯穿南北的中轴线穿过紫禁城的中心，南至永定门，北到钟楼，长约十三里。在中轴线左右两侧，对称排列着五府六部。依“左祖右社”的传统规制，皇城左建太庙，祭祀皇家祖先，右建山川坛，祭祀土地和五谷神。

北京城的设计反映古代礼制和君臣父子、老幼尊卑的等级制度。元大都分为大城、皇城、宫城三层结构，改建后的北京城包括外城、内城、皇城和紫禁城四层结构，层层包围，每城又有护城河环绕，紫禁城位于最中心的位置，体现皇权至上的思想。紫禁城内处理军国大事的机构——军机处和九卿房位置次要，建筑低矮，与气势恢宏的三大殿大相径庭。自古内外有别，城郭殊异。郭就是在城外再建一圈围墙，称“外罗城”。郭大于城，并包于城。郭的建制低于城。北京城内城城墙平均高 11 米，外城城墙平均高 7 米；内城城墙平均厚度为 16 米，外城为 11 米。各城箭楼、角楼也有类似的规制要求。比如外城角楼为单檐，内城为重檐，宫城的角楼多角、多檐、多山花、多屋脊。

内城

内城又称大内，是皇室、中央机构与为皇帝服务的内务府机构所在地。1436 年，明朝修建九门城楼，九门之内即为北京内城。

内城面积约 38 平方千米，略呈正方形，周长 24 000 米，内城的九门之中，东、西、北各两门，南面三门。其中南墙正中的正阳门最为雄伟壮丽，高近 41 米。城墙四周建有角楼。诸门外建瓮城，正阳门瓮城独设三门，其余皆只有一门。九门的名称也做了修改。改原安贞门为安定门，健德门为德胜门，崇仁门为东直门，和义门为西直门，改南城墙的丽正门、文明门、顺承门为正阳门、崇文门、宣武门，改东城墙的齐化门为朝阳门，西城墙的平则门改为阜成门。

内城有护城河，河水取自玉泉等，自高梁河流入，汇入北运河。内城分布西海、后海、前海、北海、中海和南海，彼此相连。内城的道路格局工整，以官道为主干道，两侧分布东西向的胡同。

皇城

皇城位于内城的中部，有六门，南面三个门，分别为大明门、承天门和端门，东面有东安门，西面西安门，北面北安门。皇城城墙继承元制，墙身为红色，顶部为黄色琉璃瓦。明皇城城墙周长实测为 18 000 米，东西宽 2 500 米，南北长 2 750 米，呈不规则的方形。

皇城内的西苑（北海、中海、南海）是禁苑，是帝王嫔妃游乐之所。景山、大高玄殿是皇室敬神的庙宇，皇史宬是皇家档案库。

宫城

宫城又称紫禁城，突出“奉天承运”“皇权天授”的思想。根据古人的宇宙观，天分为东、西、南、北、中五个区域，中为紫微垣，是天帝的住所。皇帝贵为天子，自然居所在中，称紫禁城。宫城为长方形，面积 0.72 平方千米。周长 3 400 米，南北长 960 米，东西宽 760 米。四周围有 10 米高的红色城墙，四角建有角楼。

午门是紫禁城的正门，是百官朝会的地方。午门平面呈“凹”字形，是中国帝王宫殿的典型特征，源于古代的“阙”与城楼的结合。午门也被称为五凤楼或朱雀楼，是因袭传统中国文化之故。青龙、朱雀、白虎、玄武是中国古代先民崇拜的神兽，后被确定为东、南、西、北四个方位神。《礼记 · 曲礼》说：“行，前朱鸟而后玄武，左青龙而右白虎。”宫城正门是朱鸟的象征。紫禁城北门叫玄武门，玄武为北方太阴之神。左青龙、右白虎即东方神和西方神，在建筑上则左文右武，紫禁城午门东为文华殿，西为武英殿。

午门内以乾清门为界将宫城分外朝和内廷，是中国传统宅地“前朝后寝”的最高体现。外朝是皇帝举行盛大典仪和发布政令的地方。内廷是皇帝处理日常政务以及皇帝和嫔妃居住、娱乐、礼佛的地方。

外朝以皇极殿（原称奉天殿，清改称太和殿）、中极殿（原称华盖殿，清改称保和殿）、建极殿（原称谨身殿，清改称中和殿）为中心，是紫禁城内位置最突出、规模最大、建制最高的宫殿群，东西分列文华、武英两殿。皇极殿是皇帝的金銮殿，是举行重大典礼的地方，如皇帝大婚、册封皇后、宣布即位诏书等。中极殿是皇帝前往皇极殿前暂时休息的地方。建极殿是册立太子和皇后时皇帝接受朝贺的地方。

内廷以乾清宫、交泰殿和坤宁宫为中心，两侧分布东西六宫，俗称三宫六院，其后有御花园。乾清宫是皇帝居住和日常处理政务的地方。交泰殿是册封皇后、皇后诞辰典礼以及皇后接受庆贺礼的地方。坤宁宫是皇后的寝宫。东六宫为钟粹宫、承乾宫、景仁宫、景阳宫、永和宫和延禧宫。西六宫为永寿宫、储秀宫、体和宫、翊坤宫、咸福宫和长春宫。御花园中有钦安殿，是紫禁城保存最大最完整的明代建筑。

紫禁城有非常完整的护城河，俗称筒子河，因护城河围绕城墙，河道笔直像筒子而得名。为安全目的，不仅以外城、内城、皇城层层设防，还修筑护城河以防卫，护城河周长 3 800 米，宽 52 米，深 4 米。护城河上的吊桥后改为坚固的石桥。

外城

外城是商业区、手工业区、皇家祭坛区和居民区，于 1564 年为防御瓦剌修筑。蒙古鞑靼部屡次骚扰京畿，在京郊劫掠，大臣们提议修筑外城。原拟外城包围京城四周，后因经费不足，只筑南面城垣，北京城因此呈现“凸”字形形制，为清朝沿袭。

外城总长二十八里，南城墙长 7 854 米，东城墙 2 800 米，西城墙 2 750 米，北城墙是内城的南墙，分两段，东段长 510 米，西段长 495 米。外城设七门，南面三门，东、西两面以及东北、西北角各一门。南面正中为永定门，东西分列左安门、右安门。东面正中为广渠门。西面正中为广宁门。外城的命名体现出统治者求天下太平、江山永固的思想。各门外也有瓮城，并以护城河环绕。

外城的皇家祭坛区包括天坛、山川坛、日坛、月坛，分别位于内城的南郊、北郊、东郊和西郊。商业区聚集了大量商会会馆和旅馆、酒肆、戏楼等娱乐场所。居住区以商人和手工业者为主，也有为数甚多的少数民族居民。

明代按东、西、南、北、中五个方位将全城划分为五个区域，各区域均设兵马司负责界内的巡逻和治安。东、西、北、中四城为内城地界，南城为外城地界。五城内分为 29 个开放的坊，实行宵禁制。

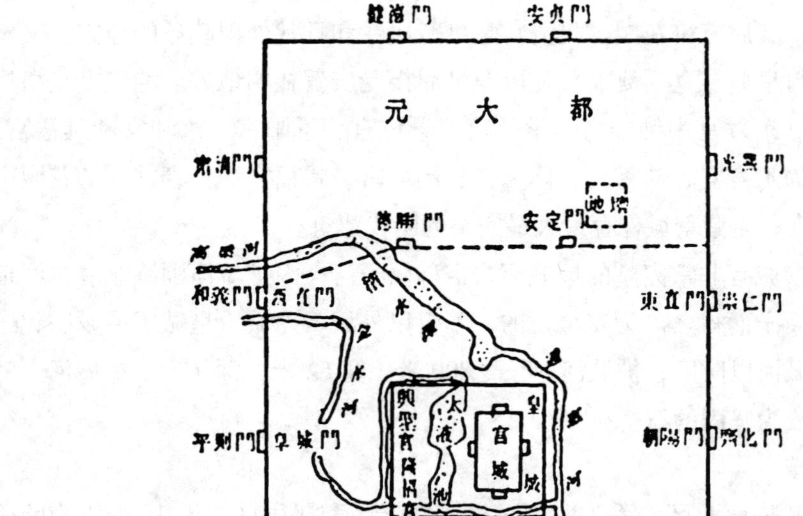

金元明清北京城的对比

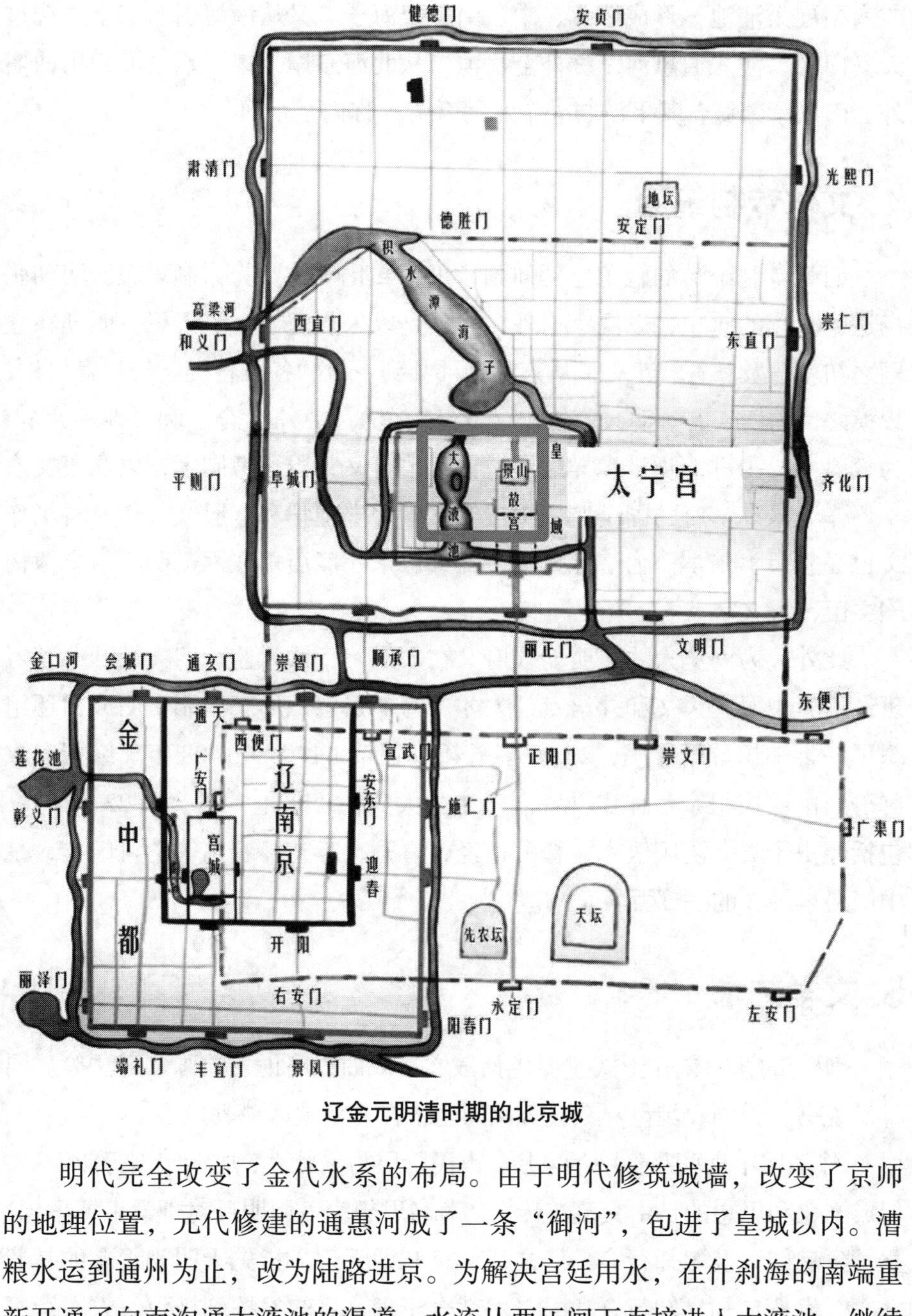

辽金元明清时期的北京城

明代完全改变了金代水系的布局。由于明代修筑城墙，改变了京师的地理位置，元代修建的通惠河成了一条“御河”，包进了皇城以内。漕粮水运到通州为止，改为陆路进京。为解决宫廷用水，在什刹海的南端重新开通了向南沟通太液池的渠道，水流从西压闸下直接进入太液池，继续向南拓展太液池，形成了北、中、南三个海子。又从南海引水东下，绕过天安门前，注入通惠河，称外金水河。从北海东岸开渠引水，沿景山西墙外，南入紫禁城，其下游与外金水河合流，称内金水河。

4. 文化专制统治

明朝专制统治的触角也延伸到了思想文化领域。为钳制思想，明朝张扬道德教化的旗帜，以儒家伦理，尤其是以朱熹理学一统天下。明朝在立国之初就普及教育，建立了从京师到郡县到乡村的各级各类学校教育机构，规模之大前所未有。明政府钦定《五经大全》、《四书大全》和《性理大全》为教科书。为进一步排斥异端邪说，明政府又完善科考制度，以八股文取士。作为最高学府的国子监，主授四书、程朱理学和八股文写作，科场作文也必须援引朱学。为清除异端，明太祖朱元璋滥杀文臣，明成祖朱棣构陷文臣，设文字狱。

此外，为网罗人才，明朝政府又在太医院、钦天监、四夷馆开办学习班，培养中医、天文和外语专门人才。为加强意识形态控制，明成祖还组织了一批知识分子修书，2 000 多人耗时五年（1403—1408 年）编撰完成巨著，由明成祖亲自作序并赐名《永乐大典》。《永乐大典》共 22 937 卷，包括经史子集、阴阳医术、释藏道经、喜剧、工艺、农艺等学科门类，是中国最早最大的一部百科全书。

5. 文学艺术

明朝的艺术创作形式主要包括散文、戏曲、小说、绘画和书法等。同时，说书、弹词、琵琶、杂技等民间艺术在北京地区蓬勃发展。

伴随明中期商品经济的发展，市民阶层力量壮大，加上印刷行业发达，促成文化和思想的自由交流与传播。著名思想家王阳明反对理学束缚思想，立“致良知”及“知行合一”之说。良知即天理，指先天明辨善恶的是非之心。发挥良知，知行合一，自然就合于理；良知发挥到极致，人人皆可成圣。因此，成圣的条件不在事功，而在心性（傅乐成，662）。王阳明对内心直觉的倡导极大地影响了后来的复古派、性灵派等的抒情理想。

明朝最初出现的散文体是辞藻华丽、歌功颂德的“台阁体”文章。这类文体粉饰太平，脱离生活实际，逐渐引起了一些士人的反感。明中期，复古派以李梦阳、王九思、王士祯、李攀龙等为代表，主张取法汉唐诗文，破旧立新，抒发真情，但仍拘泥于形式，一味拟古，为“反复古派”取代。反复古派运动提倡性灵，分公安和竟陵两派。公安派以袁宗道、袁宏道、袁中道三兄弟为代表，因三人是公安（今属湖北）人而得名。公安派提出“世道既变，文亦因之”的文学发展观和“性灵说”，其散文自然清新，抒发闲情逸致。竟陵派因代表人物钟惺和谭元春同为竟陵（今湖北天门）人而得名，也提倡“性灵”，但将性灵定义为古人之精神，为求新求异，文风艰涩隐晦。

俗文学在明中后期得到空前的发展。文学的雅俗之分由来已久。诗词文赋为雅，戏曲、小说为俗。明朝小说和戏曲成就非凡，得益于商品经济下市民文化的勃兴、消费水平的提高以及明政府的支持。市民的壮大发展，为俗文学提供了新的读者群。理学的思想禁锢为俗文学带来了新的诉求和创作群体。明中后期统治者对戏曲的推崇也促进了俗文学的繁荣。当时民间私人印刷业繁盛，书肆充斥大量私人印刷厂刊刻的通俗小说和戏曲话本。

晚明是戏曲的辉煌时代。南方戏曲的文学形式一般称为“传奇”，在各种音乐形式中，以昆曲最为引人注目。昆曲是明朝中叶到清朝中叶影响最大的声腔剧种，也是很多剧种的基础，有“中国戏曲之母”的雅称。昆曲曲调多来自民歌小调，或宋词的通俗化曲调，在传播中结合各地的方言口语，灵活变化，形成了不同的声腔。万历年间，昆曲流行于北京地区，成为文人雅趣的典范，明末出现了大作家汤显祖的名作《牡丹亭》。

明代也是小说的盛世。明清的小说由宋元的平话演变为章回体小说。这类小说篇幅较大，结构上分若干回目，每回篇首以工整的对联概述本回故事的内容，每回末尾也坠以诗句，并以“欲知后事如何，且听下回分解”

结束，且开篇常有“楔子”，总述故事的来由。明代最著名的章回小说为“四大奇书”：《西游记》、《水浒传》、《三国演义》和《金瓶梅》，对后世影响深远。《水浒传》为元末的施耐庵所作，讲述北宋末年梁山好汉侠肝义胆，反抗暴政，后为朝廷招安的故事，是中国章回小说最早的长篇巨著。《三国演义》据传为罗贯中所著，将史实和民间传说相融合，形象地展现了三国时代群雄逐鹿、权力争夺的历史场景，是一部规模宏大的军事政治小说。《西游记》为吴承恩所作，据唐三藏西去印度取经的历史、戏曲加上丰富的想象，叙写伏妖降魔、艰苦卓绝的漫漫取经路，属神魔故事。《金瓶梅》作者待考，是描摹世俗人情的社会小说，也是第一部不以既有的民间传说为蓝本的作品。另有神怪小说《封神演义》。此外，还出现了一批出类拔萃的短篇小说集，代表作品有明末著名书商、文人冯梦龙的“三言”：《喻世明言》、《警世通言》和《醒世恒言》，以及凌濛初的“二拍”：《初刻拍案惊奇》和《二刻拍案惊奇》等。这些作品的出现，让中国的叙事文学得到前所未有的蓬勃发展，让词曲小说等文学形式的地位得到大幅度提高，也让中国文学结构摆脱了抒情模式的单一窠臼。

明代小说“四大奇书”

明代小说“四大奇书”（续）

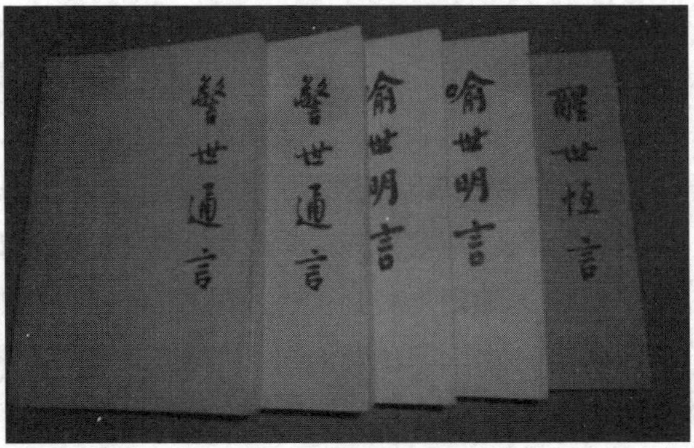

冯梦龙的“三言”

牡丹亭

汤显祖

明朝宫廷画以山水画、人物画和花鸟画为胜。宫廷人物画以文人逸事、神话传说、历史故事等行宣教之用，代表作有刘俊的《雪夜访普图》轴、倪端的《聘庞图》轴、朱瞻基的《武侯高卧图》卷等。宫廷山水画由“浙派”将南宋的院派风格发扬光大，如王谔的《江阁远眺图》轴。三者之中，宫廷花鸟画艺术成就最高，在南宋“院体”传统的基础上，创造出多种风格和样式，以边景昭的《三友百禽图轴》、林良的《雄鹰八哥图》和吕纪的《残荷鹰鹭图》为杰出代表。

6. 科学技术

明中期科学技术有了突破性发展，不仅涌现出一批杰出的科学家，手工业技术也有突出的成就。李时珍著52卷《本草纲目》，是一部具有世界影响的博物学著作。宋应星著《天工开物》，共3卷18篇，是世界上第一部关于农业和手工业生产的综合性著作，被西方学者称为“中国17世纪的工艺百科全书”。徐光启总结历代农学知识，著《农政全书》，包括农政措施和农耕技术两部分，是继《齐民要术》后最重要的农学专著。徐霞客游历名山大川，考察沿途地理地貌，著《徐霞客游记》，在地理学和文学上都有重要价值。此外，吴有性的《瘟疫论》开我国传染病学研究之先河；方以智的《物理小识》介绍自然科学，涵盖物理学、医学、哲学、地理学等多领域的科学知识；程大位的《算法统宗》是古代数学名著，对我国民间普及珠算和数学知识作用甚大。明朝末期，随着耶稣会传教士的到来，在传播教义的同时，也大量引进了西方科技。例如徐光启就曾与利玛窦合译了几何、天文、水利、测量方面的书籍。手工艺品以宣德炉、景泰蓝、雕漆、花灯、烟火、风筝等为精品。

7. 寺院

明朝寺、庵、庙、观、教堂众多，还展现了劳动人民在木雕、石雕、铜雕、塑造、绘画各方面的出色成就。弘光寺是太监朝鲜人郑同所建，体现了朝鲜以及印度的风格。法海寺以壁画闻名。

大钟寺存永乐大钟。永乐大钟是中国现存最大的青铜钟。大钟铸造于永乐年间，1607 年移到万寿寺，1733 年移置新建的觉生寺（今大钟寺）。铜钟通高 6.75 米，钟壁厚度不等，最厚处 185 毫米，最薄处 94 毫米，重约 46 吨。钟身内外共铸汉文经咒十六种，梵文经咒一百余种，共二十三万字。大钟悬挂在寺内主体建筑——大钟楼上。楼高 16.7 米，上圆下方，取“天圆地方”之意。1787 年清乾隆年间，觉生寺被辟为皇家祈雨之所。

永乐大钟

永安万寿塔，又称玲珑塔，位于北京西郊八里庄的玲珑公园内，是万历皇帝生母慈圣太后所建。原塔建于 1576 年，是明代密檐式塔重要的范例。塔高近 60 米，八角十三层，仿天宁寺塔建造，并称“姐妹塔”。玲珑塔由塔基、塔身和塔刹组成。古塔分为两层，下层为边角镶石的三层平台，上层为双层须弥座，雕有精美的莲花座台。须弥座上部有 44 件古代乐器的精美浮雕，大多保存完好，犹如一支庞大的乐队。须弥座的中部布满砖雕和泥塑人物像。

塔身四面有砖雕的拱券门和半圆形雕窗。每个半圆形雕窗上部都有一座被祥云环绕的精美坐佛。每层有佛龛 24 个，门窗两侧塑有金刚力士像。玲珑塔檐角挂有 3 000 多个风铃，主要是为了驱邪。玲珑塔塔顶为鎏金莲珠塔刹。

永安万寿塔

8. 园林

明成祖兴建了南苑猎场。北京西北郊的玉泉和昆明湖是北京最重要的水源。这里有私家园林，最著名的是皇亲武清侯李伟的别墅和著名书画家米万钟的勺园。在两园的原址上建起了中国现代的两所一流学府——清华大学和燕京大学（以旧城名命名）。

皇家苑囿西苑在紫禁城西华门西。皇城西安门内，今南海、中海、北海三海，明朝统称太液池。积水潭在明朝称为都下第一胜区。

昌平县北天寿山下南麓，是明朝十三个皇帝的陵寝，称十三陵，埋葬十三帝二十四后妃。2003 年，明十三陵被列入《世界遗产名录》。

第三节　清代北京城

1644年李自成的军队攻陷北京，明思宗崇祯帝自缢煤山，明朝灭亡。清兵由摄政王多尔衮率领从山海关入京，定鼎北京。同年，年幼的顺治帝福临到达北京，在南郊行登基典礼，北京仍称京师。清人入关以前，汉化的程度就比较高。入关以后，清朝在政治上基本上全盘接受了明朝的政治体制，并经由康熙、雍正、乾隆三帝逐渐强化了君主专制。清朝在法律、文化等方面也继承明人遗产。清《大清律》依《明律》而制，赋税制沿袭万历《赋役全书》。文化方面，清政府注意笼络汉族士大夫，入关当年就发布告示，汉臣留任，并为崇祯帝发丧三日，追封谥号。

在民族、宗教方面，为了安抚西藏和蒙古的贵族，满清贵族与蒙古族通婚，授予爵位，修建府邸和寺庙。清廷还利用藏传佛教领袖达赖和班禅的社会身份与政治影响，巩固和加强中央政权，维护西藏、蒙古地区的稳定和统一。清初前二十年里，民族矛盾尖锐，各地的反清武装和清政府殊死战斗，血流成河。直到康熙初年，民间的抗清活动才逐渐停止。清朝中期，因才干卓绝的康熙、乾隆帝在位年久，高层权力结构稳定，国力强盛，疆域广大，对外贸易繁荣，清朝统治达到极盛，史称“康乾盛世”。

但是，清王朝的“盛世”之下已现衰败的端倪。以皇帝为首的统治阶层奢靡享乐，给社会造成巨大负担。如北京的圆明园，自康熙朝始建，累四朝之力，营建装饰，劳民伤财。乾隆帝六下江南，耗费惊人。到嘉庆时，由于土地兼并加剧，吏治腐败，民生艰难，民间秘密教派与帮会兴起，武装起义时有发生。清朝在北京废除了明朝的苛政，代之以圈地。清朝伊始，为使满族贵族及八旗安生立命，政府颁布了圈地令。几次圈占之后，清廷一共圈占近十六万公顷的土地，用作皇室庄田，王室庄田和八旗旗丁的壮丁地。北京近郊大兴、宛平境内被圈占土地达5 800余顷，占两县土地总数的80%以上。圈地导致数以万计的农民家破人亡，流离失所，饿殍遍野，沦为农奴和庄丁。

1840年鸦片战争后，中国进入半殖民地半封建社会时期，清朝的统治每况愈下。外敌入侵频繁，内部起义不断，内忧外患；清政府腐败无能，导致民生凋敝，与西方签署一个又一个不平等条约。西方强国反复瓜分中国，致使中国彻底沦为半封建半殖民地社会，且程度不断深化。民族苦难深重。直至辛亥革命推翻清朝统治，建立民主共和国，中国社会才进入了新的发展阶段。

前清北京城

1. 简史

清初，反清起义不断，割据东南沿海的南明政权、卷土重来的农民起义，屡屡冲击清朝的统治。因此，清朝在定都北京四十年后，才又重新统一了全国。至 17 世纪末即康熙中期，又经过平定三藩之乱，平定准噶尔噶尔丹之叛，安定西藏、青海之战以及收复台湾之役，清王朝在全国范围内确立了稳定的统治，并将疆域扩大到史上之最，总面积达 1 310 万平方千米。17 世纪末到 18 世纪中叶，清廷国库充裕，社会安定。但 18 世纪中叶以后，即乾隆末年到嘉庆年间，各种社会问题积重难返，各地爆发大规模的农民起义。

南明的反清运动

1644 年，明廷许多官僚降清，李自成退守关中，但农民军继续战斗，联明抗清，明朝的宗室以及汉人志士反清复明的活动此起彼伏，清廷初期仍面临统一的大业。1644 年 5 月，崇祯皇帝的从兄福王朱由崧在南京即位，改元弘光，1645 年被推翻。之后，抗清之士拥立明朝宗室建国，先后有鲁王朱以海（1618—1662 年）称监国于绍兴，唐王朱聿键（1602—1642 年）称帝于福州，建国号隆武，桂王朱由榔（1623—1662 年）即位于肇庆，改元永历。复明运动前仆后继，清廷以血腥暴力手段镇压，终于在 1661 年击溃南明政权，并乘胜追击逃缅明军，擒获永历帝。1664 年清兵攻占大顺军残余部队最后的据点茅麓山，俘虏南明抗清将领张煌言于浙江定海山中，反清势力终被最后铲平。

收复台湾

郑成功是南明抗清的重要将领。1647 年郑成功在烈屿（小金门）起兵抗清，占据现今小金门和厦门一带的小岛。1661 年郑成功领兵横渡台湾海峡，赶走荷兰殖民者，收复台湾，从此割据一方，自立政权。其间，清帝多次招降，并下诏册封，郑成功坚辞不受。

郑成功去世后，长子郑经继位。郑经曾派兵支持“三藩”之乱。叛乱被镇压，郑军损失惨重，被迫退守台湾。1681 年，郑经去世，郑氏内部争权夺利，内讧不止，政权摇摇欲坠。郑经长子郑克臧被杀，年仅 12 岁的次子郑克塽被拥立为王。清廷多次招抚不成，康熙帝决定以武力攻台。

1683 年，康熙帝命降将施琅率军攻台，大败郑氏军队，郑克塽投降。1684 年，清政府正式将台湾纳入版图，始置台湾府，隶属福建省，下设诸罗、台湾、凤山三县，并派兵驻守设防，彻底消除了东南沿海的隐患。

平定三藩之乱

定都北京之后，清统治根基不稳，南明势力犹在，清廷分封降清的明朝旧部尚可喜、吴三桂、耿继茂为藩王：平南王尚可喜留镇广东，平西王吴三桂就镇云南，靖南王耿继茂移镇福建。然而，镇边日久，三藩的军事、经济实力日益壮大，平西王吴三桂尚着力培植地方集团势力。为免养虎为患，康熙皇帝决意撤藩。撤藩令下，三藩叛乱接踵而至。

1673 年，吴三桂起兵叛乱，改国号为“周”，自称“天下都招讨兵马大元帅”，并封授文武群臣。耿精忠（耿继茂之子，接替其父藩王之位）、尚之信（尚可喜之子）随之起兵响应，云贵、川湖、闽浙、两广以及陕甘等地叛军四起。

在朝廷的军事压力下，1676 年耿精忠、尚之信先后投降，耿精忠靖南王爵位不变，尚之信袭封平南王爵。吴三桂虽已强弩之末，然心有不甘，于 1678 年在衡州（今湖南衡阳）称帝，不久患赤痢死。康熙帝先后收复湖南，平定四川，荡平云南，历时 8 年的平叛战争胜利结束。平定三藩消除了割据势力，巩固了封建国家的统一，开启了“康乾盛世”之端。

平定准噶尔叛乱

准噶尔部是卫拉特蒙古的一支，盘踞巴尔喀什湖以东伊犁一带。卫拉特，明朝称瓦剌，在明朝末年由四大部落集团组成卫拉特盟国。1646 年，卫拉特盟国各部落首领联名上表归顺清朝。清初卫拉特盟国中的准噶尔部崛起，首领噶尔丹野心勃勃，建立了准噶尔汗国，又与清廷争夺漠南、漠北，对清朝的统治造成巨大的威胁。康熙三次御驾亲征，迎战噶尔丹，1697 年击溃噶尔丹主力军队，噶尔丹逃亡，后服毒自尽。但不久后，准噶尔部残余势力蠢蠢欲动，死灰复燃。乾隆年间，1755 年至 1757 年，清兵三次平定叛乱，彻底扫平了残余分裂势力，取得彻底胜利。清政府经康熙、雍正、乾隆三位帝王的努力，耗时 67 年，平定了西北广大地区，将新疆辽阔疆域纳入帝国的有效控制之下。

此外，康熙、雍正、乾隆三帝通过战争还加强了青藏高原的统治。安定西藏之战（1717—1720 年）打败了入侵青藏高原的准噶尔部，平定青海之战（1723—1724 年）痛击了青藏高原的反叛势力，加强了青藏高原的统一和稳定。康熙年间的雅克萨之战（1685—1688 年）收复了被沙俄侵占的领土，遏制了沙俄继续南下侵略的企图。

农民起义

民族和阶级压迫政策迫使百姓起兵抗清。1644 年，昌平村虹口农民起义，1645 年京畿近郊刘自什起义，虽然都遭到清廷残酷的镇压，但起义军毫不退缩，勇往直前，其中规模最大的是 1673 年杨起隆领导的起义。杨起隆以“反清复明”为口号，自称“朱三太子”，组织“中兴军”，建国号“广德”。由于叛徒告密，起义失败，但对清廷的打击却是巨大的。随后反清复明的声音不绝于耳，各地不约而同以“朱三太子”的名号发动事变，辅以京郊的秘密宗教活动，不断冲击清朝政权。反清复明的活动直至清廷于 1708 年诛杀朱三太子后才告结束。

清代中期，土地兼并愈演愈烈，官吏贪腐营私不绝，阶级矛盾激化。嘉庆十七、十八年（1812 年、1813 年），直鲁豫三省连遭天灾，到处欠收，广大农民衣食无着，地方官又趁机催科、派差，更加重了农民的负担。

1813年京畿地区爆发了林清率领的天理教起义。天理教是白莲教的一个支派，嘉庆年间由京畿、直隶、山东、河南等地的八卦教（九宫教）、荣华会、白阳教、红阳教、青阳教等教派的部分教徒逐步联合统一而成，主要首领为河南滑县人冯克善、李文成和京畿大兴县人“坎卦”教首林清等。

1811年，林清和河南“震卦”首领李成文在河南道口镇召开八卦教教首会议，秘密约定于1813年9月15日下午共同举义，推翻清政府，由林清组织攻打紫禁城，李文成派教众来京支援。1813年9、10月间，他们在河南、直隶、山东三省交界地带和京畿地区纷纷起事。造反的教民先后攻占了河南滑县，直隶长垣，以及山东定陶、曹县等地。李文成一支因走漏消息提前起义并惨遭失败。林清未及时得到消息，按原计划进攻紫禁城。200名秘密活动于京城大兴、宛平一带的坎卦教徒在宫中太监的接应之下攻入皇宫，在敌众我寡、孤立无援、实力悬殊的情况下顽强作战两天后，起义被镇压，林清被杀。200名起义军居然能深入坚不可摧的皇宫，嘉庆帝惊悸之下，下《遇变罪己诏》。这场1840年之前最大规模的民变让满清政府元气大伤，逐渐由盛而衰。

2. 行政管理机构

清代中央和地方行政机构基本沿袭明代，并通过设南书房、军机处进一步加强皇权。南书房位于乾清宫西南，本是康熙帝读书的地方。康熙为研讨学问，特选亲近的翰林学士入值南书房，自此国家政务进入内廷。后雍正帝为征战准噶尔部特设军机处，遴选亲重大臣兼任军机大臣，上谕决策直接由军机处发给有关官员，外廷的内阁、六部沦为执行机构。乾隆帝重设军机处，扩大规模和职权范围，使之成为重要的中枢权力机构。

在地方行政上，实行省、府（直隶州、直隶厅）、县（散州、散厅）三级制。京师地区沿袭明制设顺天府。顺天府辖州在各时期有所变化。清初辖5个州7个直辖县，1688年康熙年间，辖区分设东、西、南、北四路厅，各辖若干县。1743年乾隆年间，设5州19县，混称顺天府24州县，并逐渐固定下来。24州县包括今北京市的大兴、宛平、良乡、房山、通州、昌平州、顺义、怀柔、密云、平谷等。另外，清宣化府的延庆州、承德府滦平县的西南部、独石口厅东南部也在今北京市内。

北京的地方行政机构由三个独立的部分组成：行政民政归顺天府，警卫安保归九门提督，治安归五城御史。三部门各司其职又互相配合，是满清贵族为巩固北京局势所采取的重要举措。

顺天府衙署在鼓楼东大街北，最高长官为府尹，正三品官衔。署内设礼、吏、工、兵、刑、户六房，对应中央六部。顺天府主要负责学政、钱粮、治安、警卫等。科举考试中，顺天府负责乡试、会试和在东长安门外张榜公布殿试登第进士名单。顺天府还承接全国各地的诉状，类似于小刑部。

九门提督衙署在地安门外。九门指内城九门：德胜门、安定门、东直门、朝阳门、崇文门、正阳门、玄武门、阜成门和西直门。九门提督，全称提督九门巡捕五营统领，又称步兵统领，为正二品武官，由满洲亲信大臣兼任。其权职很大，担负巡夜、旧货、稽查、逮捕、断狱等职责，所辖将士长期保持在三万人左右。尤为重要的是，九门提督衙门管理白塔山（北海琼华岛）信炮。一旦战事发生，以信炮互相呼应，并立即封闭九门，调兵遣将，护卫京师。

五城御史隶属于都察院，全称巡视五城御史，主要职责在于防范民变。京师分东、南、西、北、中五城，每城设满汉御史各一人，共十人。御史下设有五城兵马司指挥、副指挥等。康熙、乾隆二帝进一步采取措施，对人民严防死守，甚至出入戏园都严格加以限制。

清朝实行满汉分城而居、分城而治的政策。旗人住内城和西郊三大营，汉族和其他民族住外城。外城分为五城五十坊，史称“内八旗外五城”。清军入京的第二天，颁布迁汉令，强逼内城居住的汉人搬到外城，内城仅供满洲王公贵族居住及八旗分区驻防。正黄旗住德胜门内，镶黄旗住安定门内，正白旗住东直门内，镶白旗住朝阳门内，正红旗住西直门内，镶红旗住阜成门内，正蓝旗住崇文门内，镶蓝旗住宣武门内。除八旗拱卫皇宫，清还在京郊布防八旗兵。

3. 紫禁城

清朝没有像前代一样烧毁都城，而是对损坏的部分予以修缮，并修改一些城门、宫殿的名称。正阳门内大明门改为大清门，辛亥革命后改为中华门。皇城正门承天门改为天安门，外朝三大殿皇极殿、中极殿和建极殿及皇极门分别更名为太和殿、中和殿、保和殿和太和门。内廷三大殿乾清宫、交泰殿和坤宁宫名称不变，功能稍变。交泰殿改为尊藏御用宝玺之处，坤宁宫西侧暖阁改为祭神之所，东暖阁为皇帝大婚的洞房。

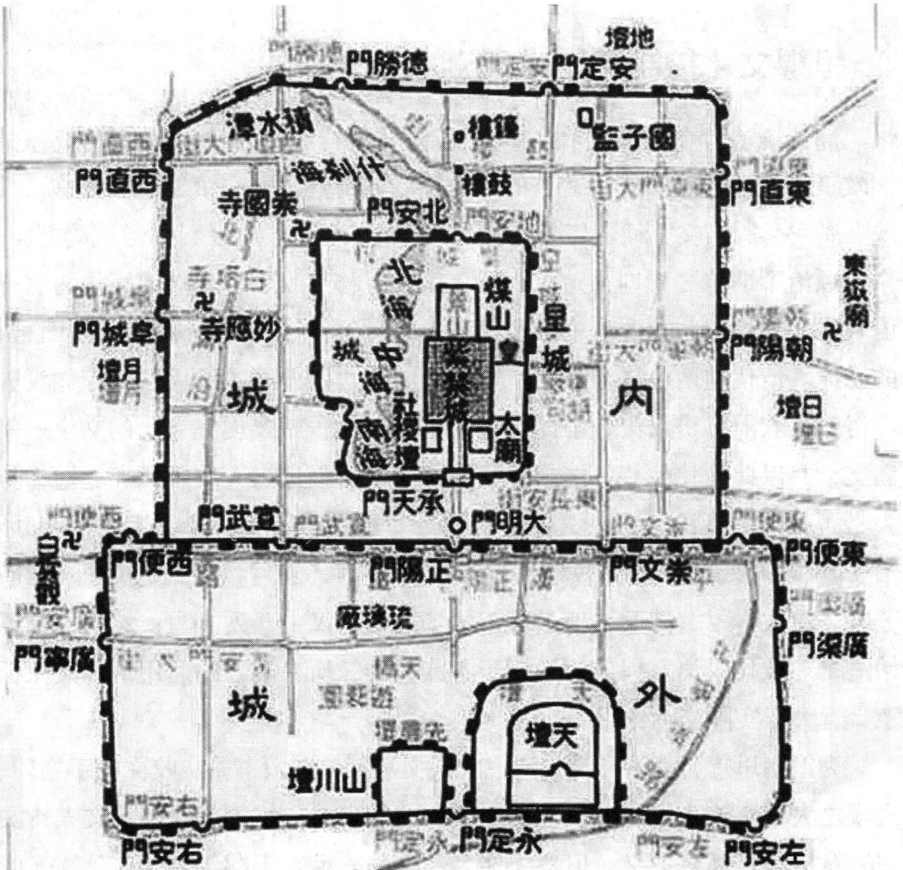

明清北京平面图

紫禁城

4. 思想文化控制和学术风潮

满清统治者在加强政治、军事统治的同时，对思想、文化实行高压禁锢政策。为加强对汉族士大夫的文化控制，清廷怀柔和镇压手段并施，反映在剃发易服、文字狱、辞书编撰、尊孔重朱子之学以及科举考试等方面。

顺治帝即位之初即强迫汉人留头辫发，移冠易服，并规定满语为官方语言之一。这一系列政令根源于满清奠基者努尔哈赤和皇太极对金代亡国的思虑。清代这两位先祖认为，金主完颜亮亡国的根本原因在于因循汉人习俗，改衣冠、讲汉语，因此要避免重蹈覆辙，就要创立自己的文字——满文，并以此同化他族。清朝建立后，顺治帝强迫汉人改服满洲衣冠，作为是否归顺清廷的标志，又颁布剃发令“留发不留头，留头不留发”。顺治帝用满、汉两种文字书写圣旨，成为惯例。之后，满语在对外条约、公文、旗人奏书、碑匾、地名等正式场合常与汉文并列书写；然而，满语始终未能取代汉语发展成为适用于各族人群、所有场合的通用语，其象征意义远大于实际交际作用。

为钳制思想，消灭异端，清代大兴文字狱，焚毁书籍，咬文嚼字之切、规模之大、牵连人数之多、刑罚之重，前所未有。统治者往往从文人诗文中寻章摘句，断章取义，以罗织罪名，构陷入狱。康熙年间的庄廷铣《明史》案、戴名世《南山集》案，雍正年间的吕留良、曾静之诗文案，牵连被害者都达数百人，他们轻则被流放、或发配为奴，重则被处以极刑，甚至开棺戮尸；手段残忍，罄竹难书。乾隆年间文字狱更是多达百余起。

为了从根本上消除政权的隐患，清朝政府沿用明朝政府的办法，以孔孟思想和程朱理学为内容，以八股文科考取士。具体而言，顺治入关当年就册封孔子65代孙孔允植为衍圣公，次年又加尊孔子为“大成至圣文宣先师”。清代恢复科举，在三年一次的常科之外，又开“加科”，加科外又开博学鸿词科，以笼络、网罗汉族人才。康熙帝又推尊朱熹为第十一哲，以朱注“四书”为科考的标准。凡此种种，目的不外是以孔孟思想和理学来禁锢束缚思想，毒害心灵。

规模浩大的图书编修工程本身也折射出清朝统治者禁锢与倡导相互交织的矛盾心理，《康熙字典》《四库全书》《全唐文》，概无例外。一方面，辞书的编修是泽被后世、深得人心的文化创举；另一方面，众多优秀的诗文或改头换面，或面目全非，或湮没不存，是对文化的巨大破坏。成书于1716年的《康熙字典》由三十多位著名学者历时六年完成，收录汉字四万七千余字，对后世影响深远。但与此同时，学者王锡侯因感于《字典》收字太多，难以穿贯，另编《字贯》一部，竟遭杀身之祸。而编纂《四库全书》的一个很重要的原因就是为了彻底清理并销毁异端书籍。严厉的审查政策导致两千多部“违碍”书籍被销毁，其作者及亲朋好友全部获罪。民间因恐遭灾祸而暗暗摧烧的图书更是难计其数。不仅如此，那些已经采编入库的图书，许多也惨遭删削篡改。

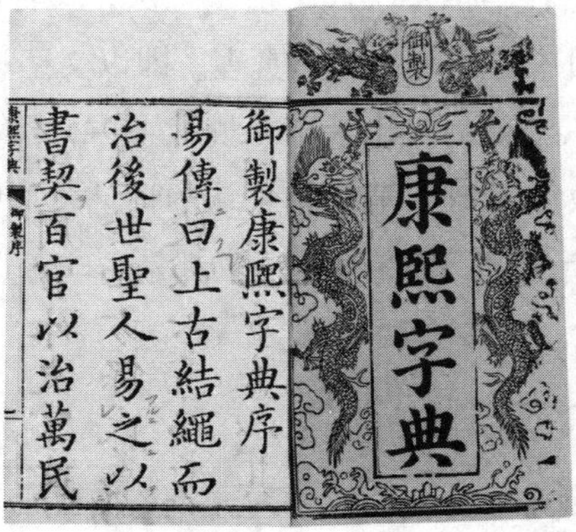

《康熙字典》

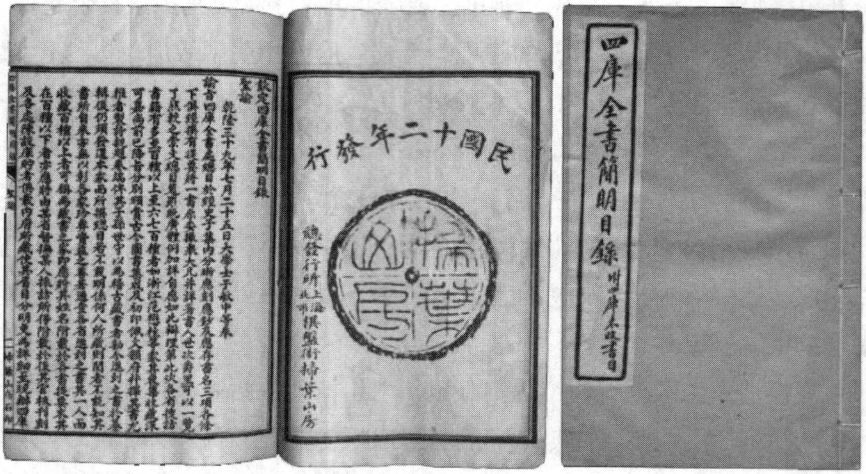

《四库全书》

乾隆期间还发起了查禁淫秽文学的运动，被取缔、销毁的优秀诗词、小说、唱本和戏曲作品数不胜数，甚至包括名扬天下的《西厢记》和四大名著之一的《水浒传》。

文化禁锢的直接结果是理学和汉学研究盛况空前。理学又称宋学，重儒家义理，以桐城派为集大成者。桐城派的理论由方苞创立，刘大櫆、姚鼐继承发展而成，因三人均为安徽桐城人，故名。桐城派以书院为基地，继承秦、汉以至唐宋八大家的文统，追求语言雅洁，以文德助政教，主导清代文坛二百余年。朴学推崇汉代的治学方法，又称汉学。朴学家们通过文本研究来追求心目中可以被检验的真理，即以文字、音韵、训诂、目录、校勘为主要内容，以考证为突出特点，挑战了古代经典的可靠性，动摇了理学引以为真理的文本基础。清代是公认的训诂学巅峰，名家辈出，著述层出不穷，《说文解字段注》《广雅疏证》都是影响深远的训诂学代表作。

5. 文学艺术

清代文学各种样式、各种体裁较为完备，而且都取得了相当不俗的成就。小说、戏曲、诗歌、散文、词等，都有经典作品流传至今。

前清时期，小说的题材非常丰富，形成了多种小说类型，有历史小说、言情小说、社会小说、志怪小说等。言情小说以曹雪芹的《红楼梦》最富盛名。社会小说多讽刺，以吴敬梓的《儒林外史》和李汝珍的《镜花缘》为代表。蒲松龄的《聊斋志异》、纪昀的《阅微草堂笔记》和袁枚的《子不语》都是志怪小说名著。

纪昀

曹雪芹的《红楼梦》又名《石头记》，是中国小说史上成就最高、影响最大的文学巨著之一。《红楼梦》以贾宝玉、林黛玉、薛宝钗的爱情故事为主线，通过描写贾府由盛而衰的过程，展现人物于历史变革中的悲剧命运。小说自问世以来，吸引了不同阶层、背景的读者的广泛关注，并在19世纪中叶形成了一种专门学问，叫作“红学”。

《红楼梦》

李汝珍的《镜花缘》共一百回，是作者根据《山海经》以及历代笔记杂著的记载，纵横想象而完成的一部小说。小说构思奇特，通过想象的国度揭示现实社会的各种现象，表达对封建社会种种成规陋习的憎恶。

吴敬梓的《儒林外史》以辛辣的笔触批判、揭露社会现状和儒生命运。《儒林外史》代表中国古代讽刺小说的高峰，开创了以小说直接评价现实生活的范例。清后期的《孽海花》《二十年目睹之怪现状》《官场现形记》等讽刺小说继承发展了社会讽刺小说这一文类。

志怪小说记述神仙鬼怪传奇异闻，以文言文书写，晚明以来在文人士大夫中盛极一时。蒲松龄的《聊斋志异》是其中的翘楚，作品于 1766 年付梓后产生了深远的影响。它既结合了志怪和传奇两类文言小说的传统，又吸收了白话小说的长处，形成了独特的风格。《阅微草堂笔记》则模仿汉晋笔记小说，记述见闻，多做议论，以道德教化为依归，更向古雅的传统靠近了一步。《子不语》借鬼神之事讽刺世间百态，揭露社会恶习。

《聊斋志异》

前清的剧坛丰富多彩、复杂多变，既有传统的传奇、杂剧，又有京剧及其他地方戏。清代的传奇继明代之后，取得了突出的成就，康熙年间出现了《桃花扇》与《长生殿》两座戏剧高峰，剧作者孔尚任和洪昇在当时有“南洪北孔”之称。二人都在京城任职，但仕途不顺，呕心沥血投入戏剧创作。剧作问世后，名震京城，洛阳纸贵。两部剧都是历史题材。1688年完成的《长生殿》在批判政治离乱的同时，歌颂李隆基和杨贵妃的爱情，渲染儿女情长为历史力量所左右的哀伤。次年，孔尚任的《桃花扇》以复社名士侯方域与秦淮名妓李香君的爱情故事为线索，反映了南明王朝由兴到亡的全部过程。《桃花扇》融爱情与政治与一体，跳脱一般才子佳人小说的俗套，主人公悲欢离合间更有深厚的历史意蕴。《桃花扇》悲剧性的结局实为一大创举，有力地打破了古代戏剧习见的大团圆程式。

《桃花扇》

清初独成一家的词人是纳兰性德（1655—1685 年），大学士明珠长子。纳兰性德和朱彝尊、陈维崧并称“词家三绝”，著有《通志堂集》和《纳兰词》（又名《饮水词》）。

纳兰性德

诗人代表有袁枚。袁枚提出“性灵说”，强调天性和灵感在文学创作中的重要作用，在当时诗坛引起很大反响。赵翼、黄景仁追随袁枚，重视诗中有“我”和诗歌艺术的独创性。到了嘉庆、道光时期，出现了杰出的思想家兼优秀诗人龚自珍。龚自珍的《己亥杂诗》以三百首绝句张扬狂傲的个性和自由的精神，表达深刻的思想以及对国家与民族前途的忧虑，对于之后社会发生剧烈动荡时期的文人，产生了强大的吸引力。

6. 园林

清朝定都北京后，没有大兴土木营建皇宫，而是转向园林建筑，先后兴建、维修了清漪园、圆明园、畅春园、西花园、熙春园、镜春园等 90 多座皇家园林。皇家园林大体分为三类：位于皇宫内的大内御苑，位于皇城近郊的离宫御苑以及供临时驻跸的行宫御苑。

大内御苑

紫禁城内有四座皇家苑囿：御花园、慈宁宫花园、建福宫花园和宁寿宫花园（乾隆花园）。其中御花园规模最大，设计最考究。

御花园初建于明代，名“宫后苑”，从 1420 年到 1438 年耗时十八年建成，雍正年间改为“御花园”。御花园东西墙宽 135 米，南北深 89 米，占地 12 015 平方米。园内有建筑二十余处，以钦安殿为中心，左右分布四亭：北边浮碧亭和澄瑞亭，南边万春亭和秋千亭。北墙用太湖石堆叠石山“堆秀”。山上建御景亭，为帝、后于重阳节登高处。园中古树参差，山石盆景美不胜收，道路甬道以各色卵石铺就，组成 900 余幅妙趣横生的图案。

建福宫花园建于 1740 年，是帝、后休息、娱乐的场所。乾隆帝欣赏建福宫的幽静风雅，在其西面亲自设计营造花园，故亦称“西花园”。

慈宁宫花园始建于明代，是明、清太皇太后、皇太后及太妃嫔们游玩、礼佛的地方。园内有 11 座建筑。

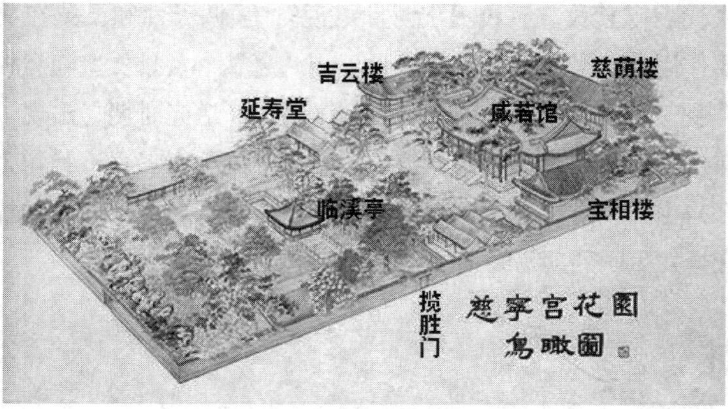

慈宁宫花园鸟瞰图

宁寿宫花园是内廷花园的精品，是乾隆皇帝为自己退位归隐后所建的颐养之所，故又称“乾隆花园”。花园历时六年完成，长160米，宽37米，占地面积5 920平方米。花园精致奢华，取材广泛，工艺繁复，由四进院落组成，共二十余座建筑。花园的精华在第四进院落，主要建筑从布局到形制均仿照乾隆帝早年自己参与设计的建福宫花园。乾隆帝在此听戏、消遣，效仿汉族士大夫寄情山水，颐养心性。

离宫御苑

清代的离宫御园主要有畅春园、圆明园、清漪园（今颐和园，有万寿山）、香山的静宜园和玉泉山的静明园，合称“三山五园”。其中，畅春园、圆明园、静明园、静宜园均于1860年、1900年先后两次遭英法联军及八国联军焚毁破坏。清漪园为慈禧太后重建。

畅春园在清华园旧址上复建，是清康熙帝仿江南山水营建的郊外离宫。园林山水总体设计由宫廷画师叶洮负责，江南园匠张然负责叠山理水，并整修万泉河水系，将河水引入园中，还在园西面修建了西堤（今颐和园东堤）。据文献图估算，畅春园南北长约1 000米，东西宽约600米，占地900亩。畅春园坐北朝南，分南北两部分：宫殿位于南部，议政和居住用，园林位于北部，以水景为主。

康熙帝每年约有一半的时间在园内居住，并在1722年去世于园内清溪书屋。此后畅春园凝春堂一带改为皇太后居所，其中崇庆皇太后（乾隆帝生母）在园内居住了四十二年。后清朝内外交困，畅春园因年久失修渐趋破败。

圆明园复原图

圆明园被称为“万园之园”，集我国各地园林之精粹，并借鉴欧洲建筑艺术，举世罕见。圆明园始建于1707年，原先是畅春园旁的一个小园子，1709年康熙帝赐给皇四子胤禛并赐名“圆明园”。胤禛即位后加以扩建，历乾隆、嘉庆、道光、咸丰朝累代重修扩建，历时一百多年完成。圆明园占地5 200亩，水域占1/3，建筑面积达16万平方米，比故宫还大。园内有楼台殿阁、亭榭馆等园林建筑140余处，涵盖坛庙、寺观、楼、台、亭、阁、斋、堂、轩、馆、榭、廊等各种建筑类型。园内广植树木，建造大小山丘250座，各式桥梁200余座。圆明园园内有园，最著名的长春园、绮春园（后改名万春园）与圆明园统称三园。圆明园也是一个微缩的清政府，如紫禁城一般分为内廷和外朝，是清代帝王听政、休闲之处。雍正帝和乾隆帝都曾在这里长期居住，朝会大臣、接见外国使节以及处理日常政务。

园内建有一组欧洲古典宫苑，俗称西洋楼，南北兼融，中西合璧，构成举世罕见的园林建筑群。园中收藏丰富，书籍、字画、文物、珍宝，无奇不有。其中仿宁波天一阁而建的藏书楼——文渊阁，就是乾隆帝保存四库全书的七阁之一。

圆明园西洋楼遗址

颐和园位于北京市西郊，是目前我国保存规模最大也最完整的皇家园林，被誉为“皇家园林博物馆”，1998年列入联合国教科文组织《世界遗产名录》。颐和园，初名清漪园，为乾隆帝以万寿山和昆明湖为基址，以杭州西湖为蓝本，汲取江南园林的设计建成。1860年清漪园为英法联军焚毁。1888年、1902年慈禧太后两次重建，改名颐和园。

清漪园为乾隆帝在金行宫和明行宫的原址上修建。1153年金章宗在北京瓮山脚下的瓮山泊（也称金海）建行宫。1494年明代在瓮山前建圆静寺，后又在湖畔修建行宫，称“好山园”，明末为魏忠贤据为己有。1750年乾隆帝为庆祝母亲六十诞辰，在圆静寺基础上建大报恩延寿寺，内设五百罗汉堂，又改瓮山为万寿山，金海改为昆明湖，建清漪园，历时15年完成修建。清漪园内借鉴中国古代神话故事集《山海经》“海上三仙山”的记载，在昆明湖以及西侧的两湖内建造三个小岛：南湖岛、团城岛和藻鉴堂岛，以喻蓬莱、方丈、瀛洲三座仙山。鼎盛时期，清漪园占地近3平方千米，园中有景点建筑百余座，大小院落20余处。

1860年清漪园为英法联军焚毁后，1888年，慈禧太后下令重建，更名颐和园，以为退居休养之所。1900年再遭八国联军破坏，1902年复建，大致分为行政、生活、游玩三个部分。行政区以仁寿殿为中心，是当年慈禧太后和光绪皇帝坐朝听政、接见外宾的地方。生活区位于宫殿后，是三座大型的四合院：乐寿堂、玉澜堂和宜芸馆，分别为慈禧、光绪和后妃们居住的地方。游玩区由昆明湖和万寿山组成。颐和园总面积约 5 000 亩，水面占 3/4，各种建筑近百处，共 6 000 多平方米，诗情画意，风光秀丽。

颐和园

静明园在玉泉山南，皇家在此建园的历史可追溯到金代，为元、明、清三朝延续。金章宗在此建“芙蓉殿”，或名“玉泉行宫”，元代建昭化寺，明代建上、下华严寺等建筑。1680 年清康熙帝对原有建筑进行大规模翻修，辟为行宫，名“澄心园”，1692 年改名“静明园”。乾隆年间再次大修，增加玉峰塔、妙高塔等景观，静明园达到极盛。静明园南北长 1 350 米，东西宽 590 米，园内大小景点 30 余处，乾隆帝还御题“静明园十六景”。园内建筑三分之一皆以佛教、道教为题材，峰塔耸立，壮观秀美。

静宜园位于香山山麓，同静明园，自金代始建皇家苑囿，历元、明、清三朝不衰。1186 年金代建香山寺和行宫，元明两代又陆续修建众多佛寺，但始终以香山寺最为壮丽。1677 年康熙帝建香山行宫。1745 年乾隆帝大兴土木予以扩建，定名为静宜园。静宜园的特色在以山为主，范围广阔，布局疏散。园中景观分内垣、外垣和别垣三个部分，内垣有二十景，外垣有八景，构成“静宜园二十八景”，别垣内建有“宗镜大昭之庙”，是乾隆帝为班禅六世远来祝厘修筑的行宫。

香山静宜园全图

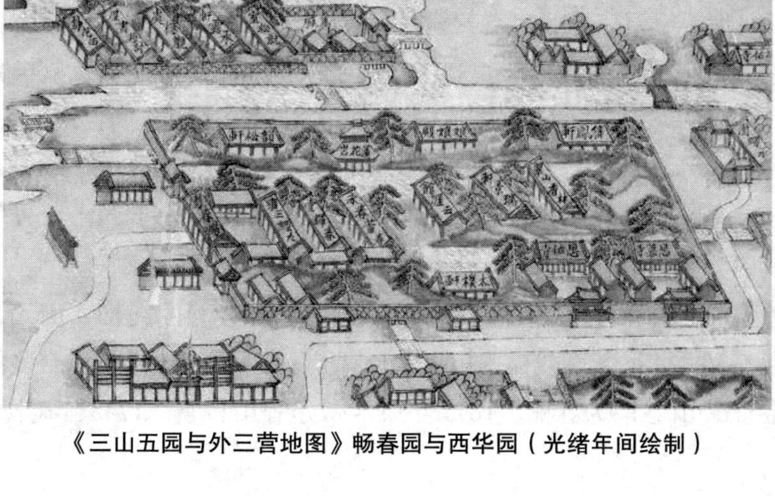

《三山五园与外三营地图》畅春园与西华园（光绪年间绘制）

除“三山五园”外，北海园林也是清代最为精美的一处帝王宫苑，是我国现存历史最长的一处规模宏大、布局精美的古代园林杰作。历史上，辽、金、元、明、清历代皆在此修建宫苑，今天的规模形成于明、清两朝。

北海公园

园林总体以金代琼华岛为中心，四面环水。顺治帝建喇嘛庙塔白塔于琼花岛顶，俗称白塔山，周围散布多处殿、台、楼、阁。北海北岸的“西天梵境”和“阐福寺”建于乾隆年间。“西天梵境”又称“大西天”，坐北朝南，是一组精美的佛寺。明代为经厂，又为西天禅林喇嘛庙，为翻译和印刷《大藏经》之处。1759 年乾隆帝下令扩建，改为现名。西天梵境前面为四柱七廊的琉璃牌坊，后有天王殿、大慈真如殿和大琉璃宝殿。西面现存的五彩琉璃照壁，俗称九龙壁，高 6.65 米，长 25.86 米，厚 1.42 米，用 424 块起色琉璃砌筑而成，是我国琉璃建造工艺的珍品。大西天不远处原有阐福寺，是清朝皇帝举行盛大祈福盛典的地方。寺内大殿原供有六面千手千眼佛。

7. 中西交流

基督教在中国的传播已有 1 300 多年的历史了，初称景教，始于唐。中国第一座教堂建于唐太宗年间，是阿罗本在长安修建的“大秦寺”，初名“波斯寺”。唐武宗掀起灭佛运动，景教也在被禁之列。元朝景教再次传入中国，称基督教堂为十字寺、忽木剌。当时列班·扫马（Rabban Bar Sauma）修建房山区景教十字寺，是北京最早的教堂。元朝灭亡，基督教又一次在中国绝迹。

明、清之际基督教再度传入中国并获得长足发展，尤以天主教的耶稣会为甚。对天主教在中国发展贡献最大的首推意大利耶稣会士利玛窦（Matteo Ricci）。他在徐光启的帮助下创建了北京宣武门教堂，俗称南堂。王府井天主堂，俗称东堂，又称圣若瑟堂，是北京第二大天主教堂，为意大利传教士利类思（Ludovic Buglio）和葡萄牙传教士安文思（Gabrielde Magalhes）所建。北京最华丽的教堂为西什库天主堂，俗称北堂，原名救世堂。北堂内有一幅圣母抱着耶稣的油画，圣母子以清朝服饰出现。东交民巷教堂是传教士在中国修建的最后一座教堂，属哥特式风格。

北京西什库教堂

基督教新教的教堂多在 1863 年以后修建。崇文门教堂是美国传教士在 1870 年修建的。因被义和团烧毁，1902 年清政府被迫拨款重建。

东正教教徒曾在东正教于康熙年间传入北京后建教堂，先后建了“圣尼古拉教堂”和“奉献节教堂”，即北馆和南馆。

明清之际，西方的耶稣会士在华传教布道的同时，还译介了大量欧洲的科技著作，以西方学术敲开了行教的大门，在士大夫阶层普及了当时先进的科学知识和技艺，同时通过译述、专著、笔记等将中国文化传入西方，促进了东学西渐。

耶稣会士意大利人利玛窦、德国传教士汤若望（Johan Adam, Schall von Bell）、比利时人南怀仁（Ferdinand Verbiest）、法国人白晋（Joachim Bouvet）等都是当时素养极高、中西贯通的杰出代表，尤其在历法、天文、地理、绘画等方面对中国产生了积极的影响。

意大利人利玛窦身体力行，不仅著书立说，且发明、制造机械装置，传播西方科技用力最勤。他所修建的南堂也成为传播西方科学技术的重要场所。利玛窦习得中国风俗、语言，结交朝廷高级官员，与徐光启、李之藻、杨廷筠交好。他以中文撰写的《乾坤体义》被认为是西方天文学传入中国的肇始之作。李之藻受其教诲作《浑盖通宪图说》，是我国介绍天文学的第一部著作。利玛窦还制造浑天仪、天球仪、地球仪、计时晷等天文仪器，赠送明朝官员。在修订历法方面，利玛窦曾上疏改革历法，虽未获首肯，但其门生故旧承其遗愿，终于重修历法，开启了明清两代以西方历法为通行标准的先河。1629 年礼部尚书徐光启领命在今东长安街开设历局，督修历法。徐光启邀请汤若望、意大利人罗雅谷（Rho Giacomo）、龙华民（Niccolo Longobardi）、邓玉函（Johann Schreck）供职历局，译书演算。自此明廷采用西方历。徐光启撰写《崇祯历书》近百卷。

利玛窦之后影响最大的耶稣会士当属汤若望。1636 年，汤若望与李天经等编订历书近一百四十卷，崇祯帝赐名《崇祯新法算书》，后通行全国。清定鼎北京后，汤若望被清廷留任，继续掌管钦天监，精修历法，整顿监规。次年，清廷采纳其编撰的《夕阳新法历书》，定名《时宪历》，颁行全国。

汤若望与清世祖顺治帝过从甚密，顺治帝对其赐号“通玄教师”，升职为正一品。

汤若望后因中西文化冲突而获罪，新历法被废。1678 年，南怀仁继承汤若望事业，撰写完成《康熙永年历法》三十二卷。南怀仁深为康熙帝器重，被拜为帝师，传授天文、数学、地理、乐理、哲学等西学，康熙帝并钦定《七政四余万年书》《历象考成》两部天文学书，以推算历法。

此外，德国人戴进贤（Ignatius Kgler）在钦天监任职 29 年，讲授当时西方流行的天文学知识，还编撰了《黄道总星图》、《历象考成后编》与《仪象考成》。1759 年法国人蒋友仁（P. Benoist Michel）在他的《坤舆全图》中介绍了哥白尼的日心说。

除了历法和天文学，数学、物理学、制炮术也传入中国，其中数学是基础。利玛窦、李之藻、徐光启共同翻译了《几何原本》。光学是最早传入中国的物理学科目。1626 年，汤若望著《远镜说》，解释凹凸镜的光学管理。力学方面，徐光启与熊三拔（Sabbtino dellrsis）翻译了《泰西水法》，介绍力学机械取水的原理。西方擅长用火药制造火炮。徐光启跟随利玛窦学习火器之术。1642 年，汤若望主持制造火炮，监造火炮二十余门，并亲到军前教授火器用法。康熙年间，南怀仁受命铸造铳炮，共造炮一百多门，还编写《神武图说》，图解铳炮用法。其他传入我国的还有医药学、哲学、宗教思想、艺术、音乐、语言学等。

汤若望神父

传教士不仅推广西学，且聪敏好学，钻研中国文化，并将在华耳濡目染、所思所学记录成册，向西方推介中国的传统文化。利玛窦的《利玛窦中国札记》较全面地介绍了中国。该书详细叙述了中国的名称、位置、版图、政府机构、物产、服装、习俗、宗教、自然科学、机械工艺，尤其是中国的人文科学和科举制度。利玛窦被称为“西方中国学的鼻祖”，对中西文化交流有深远的影响。利玛窦也是有史以来第一位能自主使用汉语典籍研究中国文化的西方学者。

《利玛窦中国札记》

金尼阁（Nicholas Trigault）是继利玛窦之后又一位中国学的传播者。他将《利玛窦札记》原文带回罗马，整理刊发。在华时期，金尼阁还研究中国历史，编撰了《中国皇帝纪年》。意大利人龙华民以法语所著的《论中国人宗教的某些问题》被列为“17 世纪中国学的宝贵文献之一”。意大利人卫匡国（Martino Martini）当时在浙江目睹满洲贵族的征战，撰写了《鞑靼战纪》，还发表了《中国新舆全图》及一部《中国上古史》。

同时传入西方的还有中国的园林技术，对西方国家的园林设计产生过一定的影响。英国园艺专家威廉·钱伯斯（William Chambers）的《论东方造园术》（又译《论东方园林》）和德国翁则尔（Ludwig Unzer）的《中国园林论》都是西方人写的研究中国园林的专著。肯特公爵按照中国园林的式样建造了丘园（Kew Garden），一度被当作欧洲新式园林的蓝本。园中的九层佛塔高 50 多米，是典型的中国风格。1670 年以后，法国的新式花园都以丘园为范本。

英国丘园

以上这些著述、译介积极地推动了中国文化在西方的接受和传播，耶稣会士堪称中国学的奠基人。

8. 寺庙和庙会

清朝为稳定边疆，“安藏定藩”，推崇、优礼藏传佛教，亦称喇嘛教或黄教，乾隆年间定为国教。对传统的佛教、道教则以尊崇始，以贬抑终。官方的态度导致土生土长的道教文化民间化，道观和一些佛教寺院成为庙会、法会、娱乐的重要场所。

就传统的道教而言，顺治帝时册封第 52 代天师张应京为正一真人“大天师”，册封全真教龙门派领袖王常月为“国师”。康熙帝沿袭册封称谓，但加强了限制，明令禁止跳神驱鬼等道教活动。雍正以儒、释、道三教治国，肯定道教的治世态度，迷恋仙丹方术，敕建云、雨、风、雷等道观。乾隆帝始，道教遭到贬斥。乾隆帝宣布藏传佛教为国教，道教为汉人的宗教，降张天师品阶，限制道教活动。嘉庆、道光帝继续贬降张天师的地位，道教衰落。传统的佛教也随“黄教”被定为国教而日益削弱。需要注意的是，乾隆中期对北京寺院进行了大规模的普查和整修，保护了一些著名的古寺，寺庙总数超过明代的全盛时期。

传统佛教庙宇

由于北魏笃信佛教，北京地区早在辽代以前就已建成一些规模宏大、历史悠久的庙宇，并经清代整修扩建，有些得以保存至今。位于门头沟宝珠峰南麓的潭柘寺建于晋代316年，初名嘉福寺，是北京现存年代最古老的寺庙。1692年清廷大规模扩建，潭柘寺成为北京地区最大的庙宇，也是当时著名的皇家敕建寺院，康熙、乾隆等帝王都来此进香施舍，向佛礼佛。潭柘寺依山而建，规模宏伟，占地6.8公顷，现存建筑多是明清两代的遗物。

碧云寺位于海淀香山东麓，原称碧云庵，始建于1289年，明代正德年间（1506—1521年）扩建为寺。碧云寺内雕塑细腻精致，美轮美奂，寺内近5米高的泥质彩塑哼哈二将、铜质大肚弥勒佛等皆为明代艺术珍品。清代乾隆年间重修该寺，并于1748年仿照西直门外真觉寺（五塔寺）金刚宝座塔的式样新建佛塔，是为释迦摩尼纪念塔，并在寺内增建行宫、罗汉堂、水泉院等。宝塔由汉白玉砌成，高34.7米，是我国现存金刚宝座塔中最高的一座。塔身刻满各种佛像及其他浮雕，工艺精细，造型生动。

潭柘寺

香山碧云寺

道观

位于朝阳门外的东岳庙，始建于元延佑年间（1314—1320 年），清代经顺治、康熙、乾隆、道光朝的四次大规模修缮和扩建，使得东岳庙气势恢宏，布局整齐，规制严谨，是道教正一派在华北地区的第一大道观。

东岳庙

黄教寺院

为安抚、笼络西藏、蒙古贵族，清廷陆续修建了一些藏传佛教的寺庙，如白塔、雍和宫、黄寺、黑寺等。顺治帝在琼华岛上建喇嘛塔白塔，康熙帝在皇城内建弘仁寺，雍正帝下令整理刻印《大藏经》。达赖五世和班禅六世曾先后于1652年和1780年到京，康熙、乾隆二帝为他们修建驻跸的西黄寺，班禅六世死后，又建塔院纪念。

雍和宫是清代北京最大的喇嘛庙，位于东城北新桥北。雍和宫原为雍亲王府，1744年改为喇嘛庙，成为清政府管理全国喇嘛教事务的中心。雍和宫将汉、满、蒙、藏等各族建筑艺术风格融为一体，巍峨壮丽。雍和宫有三绝。第一绝是万福阁内的弥勒巨佛。佛高26米，重约一百吨，采选一株完整的白檀古树雕制而成，雕工精细传神，是我国最大的一尊独木雕像。第二绝是法轮殿内的五百罗汉山。整个山体由紫檀木雕刻，山上有用金、银、铜、铁、锡五种金属铸成的五百罗汉，神态各异，惟妙惟肖。第三绝是照佛楼内的檀木佛龛。雍和宫还有闻名于世的四方碑亭。碑亭造型独特壮观，亭内石碑四面分别用满、汉、蒙、藏四种文字镌刻乾隆帝御制的《喇嘛说》，阐述金奔巴（瓶）掣签活佛转世制度，是研究清代宗教和民族政策的重要史料。

雍和宫

黄寺，位于安定门外，有西黄寺、东黄寺之分，二寺毗连。两寺殿宇皆以黄琉璃瓦覆盖，因而得名，或称双黄寺。西黄寺建于1652年，是清廷为西藏达赖喇嘛五世来京朝觐准备的住所，内又建班禅六世衣冠塔。班禅额尔德尼六世来京，乾隆帝将西黄寺作为他的寓所。此后，历代达赖与班禅都在此居住，形成惯例。东黄寺，又称普净禅林，建于1651年，已湮没不存。

庙会

北京庙多，庙会也多。庙会活动起源于宗教祭祀活动，历史源远流长。近代北京向城市社会转型的过程中，传统宗教文化逐渐式微、变异，以宗教祭祀为主导，兼具商贸集市和民间游艺的北京庙会活动日益兴起。庙会从古代严肃的宗教祭祀和社祭以及民间信仰中孕育，汉、唐、宋时期，加入佛、道教的宗教信仰和娱乐形式，尤其经过明清的进一步完善发展，突出商贸功能，从而成为人们经济生活、精神生活和文化生活的重要组成部分。易言之，寺庙不仅用于宗教祭祀，也用于商品交易和娱乐游玩。

雍和宫每年农历正月三十举行演鬼，二月初一清晨打鬼。打鬼，是汉族民间的俗称，是喇嘛教利用大型宗教乐舞剧伏魔驱妖之意，历代相传，沿袭成风，演变为京城新春民俗。雍和宫的跳布扎是老北京过春节的最后一项活动。雍和宫又于腊八节煮粥，举行诵经供养法会，纪念释迦牟尼开悟成道。

黄寺每年农历正月十五日开放一日，庙里举行盛大的“善愿日”法会，“跳布扎”，送鬼除邪。

道观也办庙会。有道教“全真第一丛林”之称的白云观每年举办隆重的庙会，称燕九节。“燕九”本意是“宴丘”，即以酒席祭奠全真教龙门派创始人丘处机，叫白了就成了“燕九”。传说丘处机生于农历正月十九日，正月十八晚上，丘处机下凡，幻化成各色人等，有缘人碰到，就能祛除百病。民间美其名曰：正月十九燕九节，白云观里会神仙。

北京地坛庙会

财神庙，又名五显财神庙，位于广安门外六里桥西南，始建于明代，清乾隆年间重修。每年农历正月初二及九月十五至十七举办庙会。吕祖阁，位于西城区和平门内半壁街，建于清初，系供奉吕洞宾等神仙的道观。每月农历初一、十五有庙会。三月二十八日东岳君庙会纪念东岳帝诞辰。

厂甸和火神庙是典型的春节集市型庙会。厂甸是和平门外南新华街路东的一条胡同小街。厂甸集市兴起于清乾隆年间，直至民国时期，始终兴盛。火德真君庙，俗称火神庙，系道教庙宇，位于和平门外东琉璃厂路北，始建于唐代，清乾隆年间重修。每逢春节期间，厂甸庙会成为文玩书画展销地之一。

晚清北京城

1. 简史

1840 年的鸦片战争对北京并未造成直接危害；然而，伴随着中国的大门被打开，作为清朝政府统治中心的京师地区，自然成为外国列强进攻的主要目标。号称金城汤池的京师却不堪一击。英法联军于 1860 年攻占北京；

之后，日本于 1895 年以攻占北京进行威胁，迫使清朝政府签署了丧权辱国的《马关条约》；接下来，八国联军开始入侵北京。古都北京承受着一次又一次屈辱的浩劫。

签订《马关条约》

鸦片战争时期的北京

英法联军在第二次鸦片战争期间攻入北京。1858 年，联军强迫清政府签下《天津条约》后，英、法、美三国分别于 1859 年派遣驻华公使率领舰队来中国换约。迫于形势，清政府加强了天津和大沽的防务，计划在上海与英、法公使换约，以阻止公使入京。然而，英、法两国拒绝在上海换约，并于 1859 年 6 月北上天津大沽口外，不走清方指定的入京换约路线，强行突入大沽，结果被清军击败。于是，英、法决定再次组织联军发动大规模的侵华战争，并于 1860 年 8 月，派驻近两万英法联军到达天津附近海面，攻克大沽，占领天津，并在通县击败清军主力。清朝咸丰皇帝和王公大臣等出逃至热河行宫，留恭亲王奕䜣在京与联军进行交涉议和。在英法联军进入京师并提出更苛刻要求后，为保全大局，奕䜣代表清政府分别和英法签订了中英及中法《北京条约》，英法联军随即撤出北京。之后 11 月清朝政府又被迫签署了中俄《北京条约》。

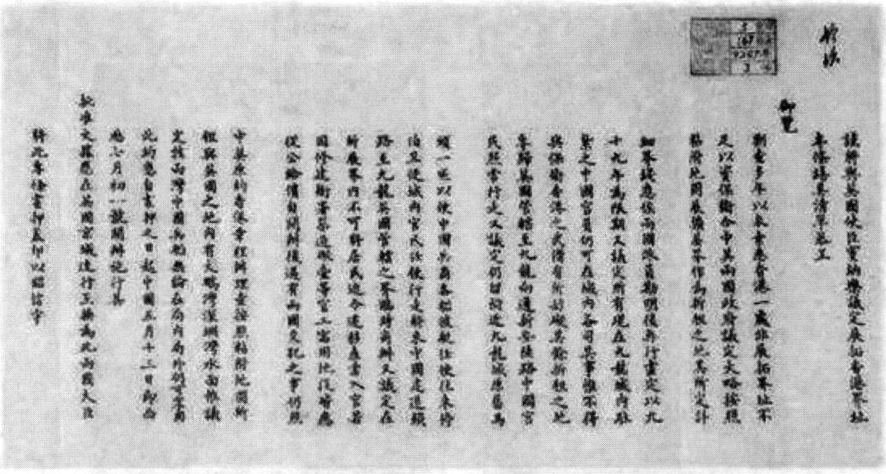

《北京条约》

进入京师后，英法联军冲进圆明园，大肆掠夺后，焚烧宫殿。联军以“惩罚清帝违反和约”为借口，下令焚烧圆明三园，以及香山、万寿山等皇家园林。昔日辉煌的皇家盛景顿时化为灰烬，令人痛心惋惜。1861 年法国著名作家雨果在给朋友的信札中曾经斥责：“我们欧洲人总是把自己看作是文明人，对于我们来说，中国人都是野蛮人。看！文明就是这样对待野蛮的。在历史的审判台前，一个强盗叫做法国，另一个则叫做英国。”

签署《北京条约》之后，英法联军确实撤出了北京。然而不久之后，两国公使以《北京条约》为借口，再次进驻北京。此后，俄国、美国等国纷纷在东交民巷建造公使馆，也就是后来的东交民巷使馆区。

辛酉政变

进驻北京之后，外国公使试图插手北京政局，遂支持那拉氏和奕䜣发动辛酉政变。1861 年咸丰帝病死后，慈禧太后联合恭亲王奕䜣打倒了顾命八大臣势力，即咸丰帝去世前指定的八位辅弼皇太子载淳为帝的大臣，开始总揽朝政。从此，慈禧、慈安两太后垂帘听政。总体来说，慈禧掌握清政府的最高权力长达四十七年之久。奕䜣以议政王、军机大臣兼领总理各国事务衙门身份，执行侵略者的号令。这次政变完全符合了侵略者们的利益追求。

慈禧太后

恭亲王奕䜣

侵略势力对封建统治者的胜利和控制不仅体现在此次政变上；两股势力继续联手，疯狂镇压这个时期的民间反抗力量和组织，并采取自私自利的经济政策和行动，让其势力深入政治、军事、经济、宗教等社会各个方面。北京和全国的半殖民地化程度不断加深。

八国联军侵占北京

自中国在1895年中日甲午战争中失败后，西方列强对地大物博的中国垂涎三尺，北京自然是列强注目的中心。19世纪末，西方列强掀起了瓜分中国的热潮。1900年，英、法、德、俄、美、日、意、奥八国组成侵略联军进犯北京，北京再次经历浩劫。联军首先攻陷天津；之后集合兵力从天津沿运河两岸进发，在廊坊受义和团围攻，兵败后加大兵力一举占领廊坊；8月14日凌晨来到北京城外向北京发起总攻，至16日晚基本占领北京全城。慈禧太后、光绪皇帝和亲贵大臣逃往西安。北京被破城之后，清军和义和团员与八国联军展开巷战。由于寡不敌众，北京最终失陷。攻占北京后，侵略军在北京大肆屠杀，凡是军人，一旦捉到，一律杀死。侵略联军对义和团进行了野蛮报复，凡相关建筑，一律焚烧。杀戮之外，侵略联军还进行了公开掠夺，京城内外和近郊无一幸免。

中日甲午战争

八国联军联席会议决定安排“国际卫兵”看守皇宫，并对内城和外城进行分段接管，关厢地带也有列强分管。联军在各自管辖区内悬挂自己国家国旗，设立“理事官”，或者组织“安民公所”，管理辖区内中国民众。甚至成立了“北京管理委员会”，负责管理民事。洋人以主人自居，在北京城各处随意进出，甚至于8月底在紫禁城举行了联军的阅兵式。

1901年9月，清政府被迫与英、美、俄、德、日、法、奥、意、西、荷、比共十一国签署了《辛丑条约》。之后，除留一部分常驻京津、津榆两线外，八国联军撤兵回国。帝国列强对中国社会各个方面，包括政治、经济、财政、军事等开始了全面控制。北京成为半殖民地半封建中国的政治中心。

签订《辛丑条约》

维新变法运动

这个时期的北京，各种政治势力和运动风起云涌。其中，最有影响力的当属始于“公车上书”的维新变法。维新变法思想并不是在“公车上书”时第一次提出的。事实上，由于列强入侵带来的民族危机感和近代工业的发展，19 世纪 80 年代已经出现了比较系统的变法思想。作为政治中心的北京是维新变法思想的传播中心。维新变法又称百日维新、戊戌变法、维新运动，是晚清时期以康有为、梁启超为代表的维新派人士通过光绪帝发起的一次资产阶级改良运动，变法运动倡导学习西方，提倡科学文化，改革政治、教育制度，发展农、工、商业等。维新变法从 1898 年 6 月 11 日开始正式实施。具体变法主要包括改革政府机构，裁撤冗官，任用维新人士；鼓励私人兴办工矿企业；开办新式学堂吸引人才，翻译西方书籍，传播新思想；创办报刊，开放言论；训练新式陆军海军；科举考试废除八股文，取消多余的衙门和无用的官职。虽然这些具体的改良措施并不能彻底解决中国当时的根本问题，却表达了广大民众改变现状、奋发图强的强烈愿望。尽管变法措施相对温和，但终究因为变法损害到了以慈禧太后为首的守旧派的利益，变法运动遭到强烈抵制与反对。1898 年 9 月 21 日，慈禧太后发动戊戌政变，光绪皇帝被囚，变法领袖康有为、梁启超分别逃往法国、日本，谭嗣同等戊戌六君子被杀，历时仅 103 天的维新变法运动最终以失败告终。

戊戌六君子

维新变法运动是中国历史上一次具有爱国救亡意义的变法维新运动，是中国近代史上一次重要的政治改革。虽然对于半殖民地半封建的旧中国，依靠君权进行自上而下的改良运动，走资本主义道路这一道路是行不通的；然而，维新变法运动发生在清朝的统治中心北京，本身就是对封建专制集权统治的一次重大冲击。维新变法运动对民众，尤其是知识分子，产生了积极的启蒙影响，促进了思想解放。

京师义和团运动

维新变法运动失败以后，帝国列强分刮中国的野心仍在继续。除了采取军事行动外，列强还通过其他手段，包括传教手段，推进侵略行动和计划。京师地区的情况尤其严重。在此期间，1886 年完成修建西什库教堂，用作天主教直隶北境的总堂，同时期还修建了多所位于北京和北京周边地区的所属住堂。针对这种侵略手段，被清政府长期禁止的结社活动在华北地区开始复兴。

义和团源于白莲教，是 19 世纪末发生在中国的一场以“扶清灭洋”为口号的农民运动。这一运动利用宗教激发民众的反帝排外情绪，粉碎了帝国主义列强瓜分中国的狂妄计划，并沉重打击了清政府的反动统治，加速了它的灭亡。

义和团是长期流行在山东、直隶一带的民间秘密会社。同当时清朝大部分秘密团体一样，最初义和团反对满族统治，以“反清复明”为口号，遭到镇压。随着中国近代历史形势的发展，以帝国主义侵略为先导的西方势力的冲突取代国内矛盾成为主要历史矛盾，义和团开始支持清朝抵抗西方，改名为“虎神营”，口号也改为“扶清灭洋”。

当时，西方列强积极疯狂地划分在华势力范围，导致华北频繁发生惨案；不幸的是，天灾频发，人民生活艰辛、流离失所，宫廷权力争斗不断激化。面对这种情况，1900 年春季在直隶，成千上万习练义和拳并号称“义和团”的农民纵火烧毁了教堂和教徒房屋；同年 6 月，慈禧太后允许义和团进驻北京，之后义和团又先于清军进攻天津租界。义和团进入北京内城后，烧毁多所教堂，迫使天主教徒逃入天主教北堂，且有多名基督教徒被迫潜逃至东交民巷的使馆区。义愤填膺的拳民们试图在北京放火烧掉教堂和一切与西洋有关的事物。

在义和团运动的组织构建中，其领导阶级以农民阶级为主，其基本群众是农民和小手工业者；因此，义和团难以提出切合实际的革命纲领。由于农民阶级的局限性，没有先进阶级的领导，以慈禧太后为首的清朝政府，为了躲避义和团运动的正面冲突和打击，采取了假宣战、真投降的欺骗手法，对外投降帝国主义，对内残忍镇压义和团运动，使义和团处于内外夹攻的境地。义和团运动最终在国内和国外敌人的双面夹击下遭到了失败。

义和团运动

义和团运动虽然以失利告终，但运动确实阻止了帝国主义列强继续瓜分中国，使得中国几千年来的悠久文化得以保存下来，同时阻止了一场帝国主义战争的爆发可能，并且促进了中国广大人民群众的觉醒，为后来的人民反抗和革命运动打下了坚实的基础。

义和团运动之后，帝国主义虽然不再叫嚣着瓜分中国，但对中国的侵略和掠夺事实上并没有停止。同时，苟延残喘的清朝政府对人民的剥削日益加重，致使人民不断发起反抗斗争。

随着民族资本主义的初步发展，20世纪初的资产阶级已经成为相对独立的阶级力量。在民众反抗的推动和鼓舞之下，资产阶级和小资产阶级革命派日益团结和壮大，革命组织在各地出现，积极进行革命宣传并推动起义。垂死的清朝政府打出各种幌子和立宪旗号试图欺骗民众，企图舒缓革命即将爆发的巨大压力。

2. 文学艺术

清后期，特别是清末年间，小说盛况空前，出现了小说类型的混杂合流现象，如侠义小说与公案小说混杂、侠义小说与言情小说混杂、谴责小说与狎妓小说合流等。《施公案》描写康熙时清官“施世纶”（小说中作“施仕伦”）的断案故事，融侠义小说与公案小说为一体。清后期侠义小说仍然沿承这一方向，以维护官方立场的态度写英雄传奇，其中较具代表性的有《儿女英雄传》《荡寇志》《三侠五义》等。谴责小说是抨击时政、揭露官场阴暗与丑恶的作品，代表作有《官场现形记》、《二十年目睹之怪现状》、《老残游记》和《孽海花》。

文康的《儿女英雄传》共五十一回，是我国最早的一部融侠义与言情于一体的社会小说，描写为父报仇的十三妹和旗人公子安骥的姻缘故事，揭露了官府的黑暗和腐败。

俞万春的《荡寇志》共七十回，续写金圣叹腰斩的七十回本《水浒传》，故又名《结水浒传》。作者站在仇视水浒英雄的立场上，让水浒一百单八将全都被雷神下凡的张叔夜、陈希真等所擒杀，以表现“尊王灭寇”的主旨。

刊行于光绪初年的《三侠五义》继承了《施公案》的模式，以包公断案的故事作为线索和背景。清代说唱艺人石玉昆以元杂剧和明清小说盛行的包公断案故事为蓝本敷演为长篇，成为一百二十回的《忠烈侠义传》，又名《三侠五义》。清末著名学者俞樾又将书名改为《七侠五义》，成为后来最通行的版本。

李宝嘉的《官场现形记》共六十回，是我国近代第一部在报刊上连载并取得轰动效应的长篇章回体小说。小说以现实主义的辛辣笔触抨击清末官场，于嬉笑怒骂间揭露吏治的腐败和道德的沦丧。

吴沃尧的《二十年目睹之怪现状》共一百零八回，以开阔的视角为众生画像，在揭露官场人物之余又写到洋场、商场以及其他三教九流的角色。小说的语言亦庄亦谐，展现了光怪陆离的社会现实，揭露了腐朽败坏的旧制度。

刘鹗的《老残游记》共二十回，以游记式的写法，以“老残”行医各地的所见所闻，串联一系列的故事，描绘出社会政治的情状。《老残游记》主要通过描写“清官”来讽刺堕落的官场风气和罪恶的政治制度。

曾朴以小说《孽海花》最著名，主要描写清末同治初年到甲午战争三十年上层社会文人士大夫的生活，以展现这一时期政治、外交及社会的各种情态。《孽海花》把文人与妓女的所谓“浪漫”生活，和权势人物的政治活动及琐闻轶事捏合在一起，可以说是狎妓小说与谴责小说的合流。

《官场现形记》《二十年目睹之怪现状》《老残游记》《孽海花》，通常合称为清末四大谴责小说。这些小说反映了清末的政治腐败、道德的沦落以及民间的普遍不满。小说本身也展现了作者思想倾向的变化过程，从中可以管窥当时知识分子的心路轨迹。

清末翻译小说为数众多，流播极广。以最著名的译者林纾为例，他一人在辛亥革命前所译小说，就约有五十多种。这些翻译小说在社会上影响很大，《茶花女遗事》《迦茵小传》等，都曾轰动一时，风行全国。以林译为代表的翻译小说，向国内读者形象地介绍了西方文化和风土人情，打开了人们的眼界，对许多新一代读书人的觉醒起了相当大的作用。在文学意义上，它也为中国小说在

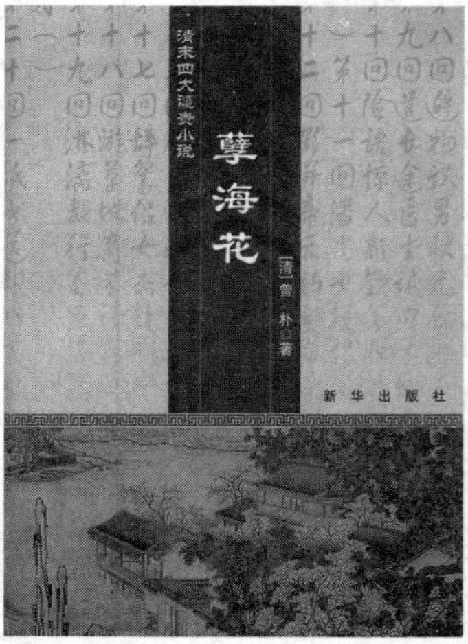

《孽海花》（曾朴 著）

形式和技巧上提供了借鉴。

清代重视书画，清初由内务府开办“如意馆”，培养书画人才。清代的山水画与花鸟画成就斐然，人物画也获得了重要发展，王时敏、王鉴、王原祁、王翚、吴历、恽格等清初六大家，石涛，八大山人，“扬州八怪”，都是画史上响亮的名字。意大利人郎世宁（Giuseppe Castiglione）是耶稣会士，历康熙、雍正、乾隆三朝，为宫廷作画50余年，还参与了圆明园西洋楼的设计及长春园欧式建筑的设计与施工。郎世宁运用西方绘画技法，融合中国水墨画，表现中国传统审美。另外，清代帝王、王后、妃嫔和王室成员几乎都擅长绘画，顺治帝、康熙帝、乾隆帝都是其中的佼佼者。乾隆帝第十一子成亲王永瑆是清代四大书法家之一。

小结

宫廷画师郎世宁

元朝攻下燕京之后，更名为中都，并于1267开始了中都的城市营建。因为战争原因，旧城损毁程度严重，所以，营建的目的是建设一个新的都城。工程持续了近十年时间，其间中都更名为大都，整个建设过程给人民带来了沉重负担。大都的建城思想是儒家政治思想的典籍——《周礼》。建成之后，元朝的大都城成为世界的一个重要政治、文化和商业中心，盛名远播。除了各族人民聚集此处之外，大都还吸引了西方的目光；意大利旅行家马可·波罗曾经居住在大都很长时间。因为运河和海运发达，大都的商业和手工业等飞速发展。伴随社会与经济的发展，大都地区的文化也日益丰富多彩。其中，理学在这个时期得到了长足发展，朱熹之学广泛传播。作为一个多民族的统一国家，元大都对国外包括西方的有识之士颇具吸引力；在这个时期，宗教上实行兼容共存的政策，大都城内同时有多个不同宗教共存，包括喇嘛教、佛教和道教等，与西方的联系和交流也促进了伊斯兰教和基督教以及天主教的发展。所以，相应的典籍和建筑非常丰富。与此同时，这个时期的文学艺术形式和成果非常引人注目。主要代表包括元杂剧、元曲、雕塑和石刻等；此时期的科技成就的代表人物是郭守敬，一位杰出的天文历算家和水利学家。

文化和科技的进一步发展促进了元朝和其他地区的交流：元朝的先进文明传往其他地方，其他地方的文明与文化也不断传入大都地区和元朝各地。翻译在这个时期成长迅速，开展着繁重且重要的文化交流和文化传播工作。考古发现元朝留下了许多形式的文明成果。因此，如何把这些模式不同的丰富信息传播出去，让世界对当时世界上最辉煌的城市之一——大都的发展和灿烂形成正确和全面的认知，是留给今天的译者们和文化传播者们一项艰巨而有意义的任务。

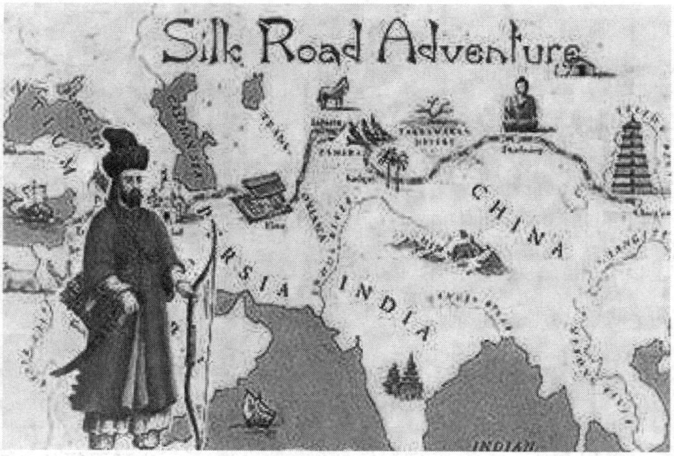

意大利旅行家马可·波罗

明朝朱棣深刻认识到北京的重要性，在经过一系列准备后，尤其是通过屯田、开中盐法和漕粮接济确保了北京地区的粮食和物资之后，定都北京。随着定都北京，该地区的政治和经济有了非常大的变化，民族统一也在不断加强。北京地区的农业、手工业和商业更明显地为当时的封建统治者们服务，北京作为消费型城市的特点越来越突出。虽然在中后期战争和

抗争不断，但北京仍然成了封建文化的主要堡垒；同时，属于人民的民间文化和进步文化也在不断成长。统治者在北京建立了文化教育机构以实现文化垄断的目的，更好地维持封建统治。即使是中国最早的百科全书《永乐大典》的编发，最初也是出于服务封建统治者的目的。哲学上，明初大力提倡客观唯心主义的程朱理学，中期宣扬王阳明的“致良知”，后来则是“王左学派”，走到了王学的对立面。文学上历经了歌功颂德的“台阁体”、复古风，直到反复古主义的进步性文学的出现和活跃；这一发展过程与社会经济和哲学思想等的发展是同步的。北京地区的戏剧从最初服务于统治者最终走向民间，并伴随着江南戏剧形式的传入一起成长。在这个时期，为满足不同群体的需要，各种艺术形式如说书、弹词、杂技、民歌和民谣等也发展起来。随着西人东入，西学东渐，科学技术在了解和吸收西方知识的基础上也不断进步。明代对北京城在前人基础上继续进行建设，所以明代北京城的设计布局等更加严密和完整。不仅如此，明代兴建了更多的寺院和宗教建筑，体现了不同宗教的和平共存；修建了更多的园林和陵墓，为统治阶级服务。长城在这个时期也进行了大规模的修筑，明代是中国历史上修筑长城的最后一个时代，明代长城保存状态良好。

《永乐大典》

面对反抗和斗争，明朝最后一位皇帝崇祯帝自杀身亡，李自成率领的农民起义军被迫离开北京，清朝的统治开始了。此时的北京是全国的政治中心，维系着各民族的统一和团结，因此也愈加重视汉族与其他各民族之间的交流合作。北京的手工业和商业都有明显的增长，尤其是康熙、乾隆统治年间，经济在不断进步。到了清中期和后期，由于统治阶级的腐败和剥削，人民生活贫困，社会矛盾不断加剧，民众的反抗之心越来越强烈，起义频现。清朝的北京作为全国的文化中心，文人汇集此处，著书立传不断，文学和戏曲也有了喜人的发展，尤以曹雪芹和京剧为代表，并出现了文化中心琉璃厂。

在明朝和清朝，伴随着文艺复兴和启蒙运动，以传教士为主的文化桥梁把更多的东方信息、中国信息带回了西方，带回了欧洲；这些文化的搬运工、翻译者和传播者，向西方介绍中国的基本情况，翻译并推介中国文化经典作品和作者，甚至开展对中国语言文字的研究。逐渐地，西人越来越了解并慢慢把来自东方的思想和中国的思想融入他们的社会与文明之中。

明朝末年到清朝末年的“西学”翻译活动断断续续的，后被明朝和清朝朝代更迭的战火中止。鸦片战争很久之后，“西学”得以再次开始，但翻译的规模和影响依然有限。

人物	贡献	人物	贡献
	林则徐： 近代中国开眼看世界第一人		李鸿章： 创办江南制造总局
	康有为： 《孔子改制考》作者		陈独秀： 创办《新青年》

西学东渐代表人物

从最早的佛经外译，到明朝和清朝的东学西渐，东方思想和西方文明互相学习，共同发展。粗略的量化比较显示，在中国的翻译历史中，中译外的比例是非常小的一个部分，中国文化的对外翻译和传播的数量、规模和效果与外国文化的输入是失衡的，是不对等的。所以，这对中国文化外译和传播提出了更急迫的要求。如何把不同时代的丰富的历史文化信息传递给外国受众，是中国历史文化翻译工作者和传播者面临的一项紧急和重大任务；需要结合时代现实，高效高速完成。

第八章

北京：民国和现代

从鸦片战争爆发开始，中国进入了近代史时期，一直到1949年中华人民共和国成立。在历经清朝晚期的腐败和列强剥削并最终走向死亡后，中国历史进入了近代史的民国时期，即中华民国临时政府时期、北洋军阀时期和国民政府时期，中国半殖民地半封建社会历经从形成到瓦解的全过程。

中国近代史可以分为两个阶段：第一个阶段从1840年鸦片战争爆发到1919年五四运动前夕，是旧民主主义革命阶段；第二个阶段从1919年五四运动到1949年中华人民共和国成立前夕，是新民主主义革命阶段。同一时期，历史古都北京也经历了众多重大变革，历经磨难和考验。

1949年10月，伴随着中华人民共和国的成立，北京成为新中国的首都。之后，中国迈入历史发展的新阶段，北京也进入其自身发展的新阶段。

第一节　民国北京

伴随着清朝最后一位皇帝于1912年2月12日退位，中华民国成立。北京在民国前期依然是国家首都，并一直持续到1927年4月18日。之后，蒋介石在南京成立民国政府，北京更名为北平，并暂时失去了作为首都的地位，但仍然是北方的政治与军事重镇。1931年“九·一八事变”后，北平成为国防前沿，并且成为抗日战争的爆发地。经过十四年抗战，1945年和平解放时，北平早已是满目疮痍。

宣统退位

1912 年 2 月 12 日，清朝历史上最后一位皇帝，同时也是自秦始皇创立皇帝制度以来的最后一位皇帝——爱新觉罗 · 溥仪，于 1911 年 12 月 25 日颁布退位诏书后，举行退位仪式，清朝统治结束。由于溥仪当时年仅六岁，无行为能力，因此由隆裕皇太后临朝称制。退位诏书起草人为清末民初实业家、教育家、政治家江苏海门人张謇。

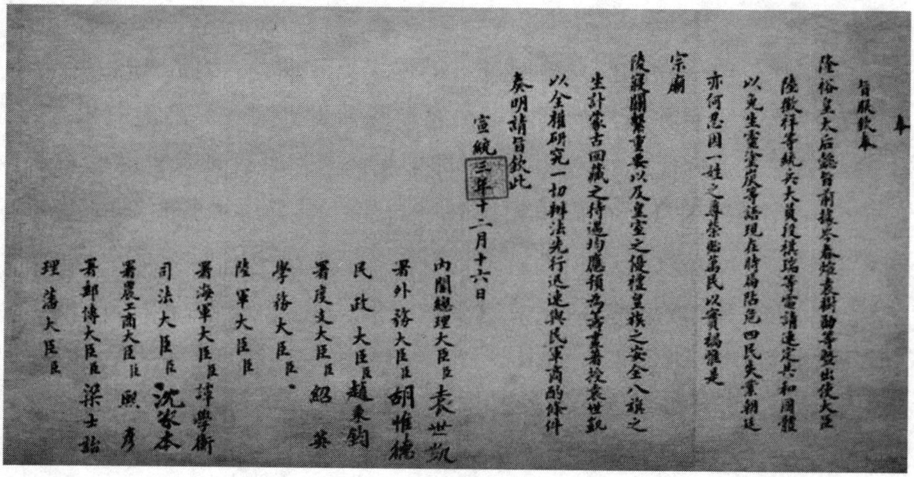
奉
旨朕欽奉
隆裕皇太后懿旨前據岑春煊袁樹勛等暨出使大臣
陸徵祥等統兵大員段祺瑞等電請速定共和國體
以免生靈塗炭等語現在時局阽危四民失業朝廷
亦何忍因一姓之尊榮貽萬民以實禍難是
宗廟
陵寢關繫重要以及皇室之優禮皇族之安全八旗之
生計蒙古回藏之待遇均應預為籌畫著授袁世凱
以全權研究一切辦法先行迅速與民軍商酌條件
奏明請旨欽此
宣統三年十二月十六日
內閣總理大臣臣袁世凱
署外務大臣臣胡惟德
民政大臣臣趙秉鈞
署度支大臣臣紹英
學務大臣臣
陸軍大臣臣
署海軍大臣臣譚學衡
司法大臣臣沈家本
署農工商大臣臣熙彥
署郵傳大臣臣梁士詒
理藩大臣臣

《宣统帝退位诏书》

清朝最后一位皇帝退位后，在迁都问题上，以孙中山为代表的革命派和北洋军阀领袖袁世凯之间发生了一场争斗。在选举袁世凯成为中华民国临时大总统之前，临时参议院曾决定将首都定在南京，不许迁移，因此袁世凯须到南京就任，目的是把袁世凯调离北平，将其放在南方革命势力的监督之下。袁世凯以北方局势不稳为借口，拒绝离开北平。为了留在北平，1912 年 2 月南京代表来迎接他往南京赴任之时，袁世凯特意在北平安排了一次兵变，于是得以留在北平上任临时大总统一职，而民国政府首都也从南京迁至北平。

孙中山先生和夫人宋庆龄

中华民国首都北平的行政建制基本沿袭了清朝时期的做法，只是在1913年把州改为县，如昌平州改昌平县；顺天府改为京兆地方，共管辖20个县；撤销了内城和外城两个巡警厅，在前门户部街设立了京师警察厅。实际上，辛亥革命并没有从实质上触动封建和半封建的经济制度，也没有真正触动到军阀官僚政治机构。在中华民国建国之初，稳定的集权统治是迫切需要。袁世凯利用了这个时机逐步加强自己的独裁统治，迫不及待地想由临时大总统转成正式大总统。在这个时期，北平城内密探遍布，以确保袁世凯的统治。

洪宪帝制

袁世凯的独裁统治野心不断膨胀。在继承了清朝专制统治机构基础之上，袁世凯的集权活动还得到了国内外反动势力的大力支持；因此，袁世凯恢复君主专制体制与世袭制的企图越来越强烈，并得以短暂的实现。袁世凯在北平大力推行复古运动之时，中国已经无可避免地卷入了第一次世界大战的洪流中，山东大片的领土被日本以对德作战为借口侵占，而袁世凯为了个人的独裁统治梦，却愈演愈烈地推进着对外卖国和对内镇压的黑暗统治。面对着民众日益强烈的反袁情绪，袁世凯依然于1915年12月12日宣布接受帝位，推翻共和，复辟帝制，改中华民国为“中华帝国”；袁世凯下令废除民国纪元，改1916年为“洪宪元年”，历史上被称作“洪宪帝制”，并安排在1916年元旦正式登基。袁世凯帝制自为的行径，激起了中国人民强烈的反对，尤其是袁世凯势力较弱的西南各省，率先爆发了大规模的反袁运动，北平地区的反袁要求也是空前高涨。面对此种局面，北洋派军阀采取了投机态度。而帝国主义在发现袁世凯地位难以维持之后，不断发掘着新的控制工具。最终，袁世凯走投无路，并于1916年6月6日去世。黎元洪继任大总统。

洪宪帝制

张勋复辟

张勋复辟是由张勋一手策划的。张勋是江西省奉新县人，是中国近代北洋军阀势力之一，清朝末年曾担任过云南、甘肃、江南提督职位。清朝于 1912 年终结之后，张勋对清朝政府效忠之心未变，并且禁止其所部剪辫子。1917 年，张勋利用黎元洪与段祺瑞的矛盾，率 5 000“辫子兵”，借“调停”为名于 6 月 14 日进入北京，并且电报邀请各地的清朝遗老速速进京，以实现复辟大业，拥戴已退位的清末代皇帝溥仪复辟。

6 月 30 日，张勋在清宫召开“御前会议”，于 7 月 1 日撵走继任大总统黎元洪，找来了年仅 12 岁的溥仪，宣布复辟，并通告全国。复辟之后，张勋担任首席内阁议政大臣一职，并兼任直隶总督、北洋大臣，把维新运动领袖之一的康有为封为“弼德院”副院长。待复辟消息传出后，中华民国的缔造者之一孙中山在上海发表《讨逆宣言》；在日本帝国主义的支持下，讨逆军总司令段祺瑞率领讨逆军采取积极措施和行动，防守的张勋“辫军”立即溃败。之后，在德国人的帮助下，张勋逃至荷兰使馆寻求保护。复辟仅仅上演了 12 天便告结束。

新文化运动和五四运动

伴随着辛亥革命和第一次世界大战的爆发，中国的民族资本主义有了很大的发展，民族资产阶级力量不断壮大，并登上了政治舞台，发出了要求在中国实行民主政治的呼唤和号召。同期，西方启蒙思想在中国大地上进一步广泛传播，民主共和的思想日益深入人心。在经历过封建军阀的黑暗统治之后，进步人士，尤其是知识分子，不断总结教训和经验，并逐步认识到，要找到新的出路，必须要改变落后的封建思想和封建意识，寻求文化思想上的解放。

受过西方教育的人士，包括陈独秀、李大钊、鲁迅、胡适、蔡元培、钱玄同等，发起了“反传统、反孔教、反文言”的思想文化革新和文学革命运动，即新文化运动。1915 年，陈独秀在其主编的《新青年》杂志上刊载文章，提倡民主与科学，反对封建文化，正式拉开了新文化运动的序幕。新文化运动对统治了中国两千多年的传统礼教发起了猛烈攻击，启发了民众的民主觉悟，极大地推动了现代科学在中国的发展，真正为马克思主义在中国的传播和后来“五四爱国运动”的爆发奠定了思想基础。

陈独秀和《新青年》

鲁迅先生

第一次世界大战期间，欧洲列强忙于战争无暇东顾，日本帝国主义趁机加剧了对中国的侵略，中国主权受到严重的损害。日本的侵略行径引发了中国人民日益高涨的反日情绪，再加上 1919 年中国外交在巴黎和会上耻辱的失败，“五四爱国运动”爆发。“五四运动”于 1919 年 5 月 4 日发生在北平，是一次以青年学生为主，有广大的群众、市民、工商人士等阶层共同参与的爱国运动，示威者试图通过示威游行、请愿、罢工、暴力对抗政府等多种形式来传达中国人民反对帝国主义和封建主义的爱国情绪。

从 5 月 4 日开始，北平的学生纷纷罢课，并组织演讲和宣传活动。北平的影响非常广泛，全国各地的学生、工人随后也给予呼应和支持，运动波及包括天津、上海、广州、南京、杭州、武汉、济南等大江南北多个城市和地方。

“五四运动”是新文化运动的重要分水岭。面对各种社会思潮的激烈碰撞和交锋，最终，科学共产主义理论吸引了越来越多的爱国进步青年围绕其周围。顺应局势，在李大钊等人的组织安排下，中国共产党北京小组于 1920 年成立，并很快更名为中共北京支部。这些举措为中国共产党的诞生和发展奠定了坚实的基础。在同年 11 月成立的中共北京区执行委员会的领导下，北京的工人运动蓬勃发展起来。1921 年，中国共产党宣告成立。这是中国近现代史上开天辟地的大事件，中国革命的面貌从此焕然一新。

“三 · 一八”惨案和李大钊遇难

中国共产党成立后，李大钊同志代表党中央指导北方地区的党的工作，在北方广大地区领导宣传马克思主义，开展工人运动，建立党的组织；并受党的委托，同孙中山先生商谈国共合作，为建立国民革命统一战线、实现第一次国共合作做出了重大贡献。北方地区的北洋军阀继续混战。1925 年 3 月，孙中山在北京逝世之后，在李大钊等人的领导下，中共北京地方委员会积极开展反帝反军阀的国民革命运动；与此同时，共产党与国民党合作，共同迎接北伐军的到来。

1926 年 3 月，日本军舰掩护奉军军舰驶进天津大沽口，炮击国民军，守军死伤十余名。国民军坚决还击，把日本军舰驱逐出了大沽口。然而，日本居然联合英美等八国向段祺瑞政府发出最后通牒，要求撤除大沽口的国防设施。帝国主义的野蛮行径彻底激发了民众的愤怒。1926 年 3 月 18 日，北京群众五千余人，由李大钊主持，在天安门集会抗议，要求拒绝八国通牒。段祺瑞执政府竟然下令对集会民众开枪，死伤惨重，史称“三 · 一八”惨案。发生在北京的惨案消息传到全国，舆论沸腾，纷纷谴责国务院的屠杀行为。北京政府自知理屈，采取了一些补救手段。面对此种局面，中共中央发表《为段祺瑞屠杀人民告全国民众书》，号召全国人民联合起来，不分党派，一致奋斗，发起更伟大的运动，以洗最后通牒之耻。

1926年4月，军事领袖鹿钟麟率国民军以段祺瑞暗通奉系为罪名包围国务院，段祺瑞逃入东交民巷法国使馆，其执政府倒台。奉军占领北京；进京后查封了《京报》和一批报刊，逮捕共产党员，并且大肆查禁书刊，搜捕反对人士。1927年4月，在反动军阀的白色恐怖中，李大钊同志在北京被捕入狱，惨遭反动军阀杀害。

1928年南北统一后，国民政府首都迁至南京。北京改作北平特别市，设立北平特别政府，同时撤销京兆地方。直隶省改名为河北省，之前京兆地方管辖的二十县划归河北省管辖。之后，河北省省会由天津迁至北平。1930年，北平特别市改作北平市，降级成为河北省管辖市。1930年底，又改为国民政府行政院北平院直辖市，河北省省会又迁回天津。1928年，之前设立的京师警察厅改作北平市公安局；为节省经费，内外城进行合并，成立内城六个区，外城五个区。北平暂时失去了其作为国家首都的地位。

卢沟桥事变

从明治维新开始，日本逐渐走上对外扩张的道路。自1874年出兵台湾开始，日本发动了一系列侵略中国的战争。日本的侵略野心不断膨胀。1931年占领东北后，日本在华持续扩张；包括北平都能直接感受到侵略的威胁，北平群众的爱国运动又开始蓬勃发展起来。在日本制定了新的华北政策，试图将华北从中国中央政府的控制中分离出去之后，反抗日本侵略的思想和运动空前高涨。由于担心华北可能会成为第二个伪满洲国，在中共北平临时工作委员会的领导下，北平的青年学生们于1935年12月9日走出校园，举行了声势浩大的游行示威活动；示威过程中，多人受伤、被捕，史称“一二·九运动”。北平的学生运动得到了各地的支持和声援，全国上下掀起了抗日救亡运动的高潮。

卢沟桥事变

从1936年5月起，日本陆续在华北地区增加兵力，不断制造事端，频繁进行军事演习，导致华北局势日益严峻。卢沟桥事变爆发前夕，北平除西面之外，其他三个方向都已经被日军控制。这样，北平西部的卢沟桥就成为北平对外的唯一通道，其战略地位更加重要了。为了占领这一战略要地，截断北平与南方各地的来往，进而使华北完全脱离中央政府，日军不断地在卢沟桥附近进行军事演习，持续挑衅。

1937年7月7日深夜，卢沟桥的日本驻军在没有通知中国地方当局的情况下，擅自在中国驻军阵地附近举行所谓的军事演习，并谎称一名日军士兵在演习时失踪，要求进入当时北平西南的宛平县城内进行搜查。这显然是蓄谋设计的挑衅行为，中国守军立即予以严词拒绝。以此为借口，日军遂向卢沟桥一带地区开火，进而向城内的中国守军进攻。卢沟桥事变拉开了中国全面抗日战争的序幕。卢沟桥事变过程中，中国守军和日本军队在卢沟桥激战，日本趁机派大批援军向天津、北京大举进攻。1937年7月30日，国民党军队因伤亡惨重而被迫撤离天津，天津沦陷。中国抗日战争是第二次世界大战的重要组成部分，中国战场是第二次世界大战的主要战场之一。经过中国人民长达十四年的顽强抗争，1945年8月，中国最终取得了战争胜利，这是近代以来中国抗击外敌入侵首次取得的完全胜利。

北平和平解放

北平和平解放是中国第二次国共内战平津战役的尾声。天津的国民党守军于1949年1月被中国人民解放军歼灭，北平的国民党守军陷入了绝境之中。紧接着，国民党华北剿匪总司令部副总司令邓宝珊代表总司令傅作义和中国人民解放军代表林彪、罗荣桓、聂荣臻等进行会面商谈，两方终于在1949年1月21日达成了《关于和平解决北平问题的协议》。傅作义在协议上签字之后，北平傅作义管辖的25万守军在22日按协议陆续撤出市区，并接受解放军改编。31日，中国人民解放军和平进入北平城，平津战役结束。至此，中国共产党终于取得了华北主要城市及大片地区的控制权。

北平和平解放（1949）

北平和平解放是中国历史上的伟大事件。北平和平解放胜利地结束了平津战役，歼灭和改编华北国民党军52万多人，最终实现了华北地区的彻底解放。这一和平解放模式成为模范，后来湖南、四川、新疆、云南等地区的解放纷纷效仿。不仅如此，北平和平解放对于北京地区的民众来说更是大好消息，保护了当地人民的安全，并确保了古都北平免于战火洗礼，得以完整地保存下来，为新中国之后定都北平奠定了坚实基础。

京剧

京剧起于街巷庙会、剧场茶馆，融合多种地方戏声腔，从民间走到宫廷，并跨出国门，产生了深远的国际影响，是当之无愧的中国国粹。从1790年四大徽班进京，两百多年以来，京剧艺术大师层出不穷，京剧艺术代代相承，丰富了中国的传统艺术宝库。京剧集歌唱、舞蹈、武打、音乐、美术、文学于一体，颇似西方的歌剧，所以被西方人称为“Peking Opera”。

京剧大致兴起于乾隆中期，成熟于嘉庆、道光年间。乾隆以前，昆曲是王公贵族、文人雅士的专属娱乐。乾隆中叶后，昆曲式微，京腔风靡京城舞台。乾隆八十寿辰促成了“四大徽班”进京献艺，二黄、西皮逐渐融合，形成了著名的皮黄腔。在其二百多年的发展历程中，京剧在唱词、念白及字韵上越来越北京化，使用二胡、京胡等乐器，也融合了多个民族的特色，终于成为一种成熟的艺术。

国粹京剧

京剧融歌、舞于一体，体现唱、念、做、打四项基本功。“唱”指演唱，“念”指具有音乐性的念白，二者相辅相成，构成京剧表演的“歌”；“做”指舞蹈化的形体动作，“打”指武打和翻跌的技艺，二者结合构成京剧表演的“舞”。

京剧在发展过程中形成不同的流派，诸如表现派、体验派、抽象派、印象派、意识流等。由于京剧是以主演为中心的演员艺术，因此也以演员的名字命名，如梅派、程派等。

京剧发展简史

在北京，清初已有京腔、梆子腔与昆曲并存。京腔是弋阳腔的一个变种，经与北京京字京韵融合而成。梆子腔是秦腔的别称。乾隆时期各地剧班纷纷进京，形成南腔北调汇聚一城的局面，其中秦腔尤盛，后徽班进京，与秦腔、汉调合流，并借鉴吸收昆曲、京腔之长形成了京剧。

1780 年秦腔艺人魏长生搭双庆班演出，轰动京城。但时隔五年，清廷查禁淫秽小说、唱本和戏曲，魏长生被逐出京城，秦腔没落。1790 年，三庆、四喜、和春、春台“四大徽班”先后落脚京城，颇受京城观众欢迎。秦腔艺人为了生计，纷纷搭入徽班，徽、秦两腔合流。汉剧流行于湖北，其声腔中的二簧、西皮与徽戏有着血缘关系。西皮脱胎于秦腔，明清之际传入湖北，结合湖北民间曲调演变而成。二黄源自徽调，南方音乐特色突出。乾隆末年至道光年间，汉剧名家米应先，老生李六、王洪贵、余三胜，小生龙德云等入京，分别搭入徽班春台、和春班演唱，徽、汉融合。汉剧演员搭入徽班后，使徽戏的唱腔板式日趋丰富完善，唱法、念白更具北京地区语音特点，易于京人接受。徽、汉合流后，促成了湖北的西皮调与安徽的二簧调再次交流，演变成为一种新的徽剧，即皮簧戏，后改称“京剧”。

通常认为，京剧形成于道光二十年至咸丰十年（1840—1860 年）。彼时，京剧声腔主要以二簧、西皮为主，行当大体完备，形成了一批京剧剧目，出现了一批京剧大师，如时称“老生三杰”的程长庚、余三胜、张二奎。

1883 年至 1918 年，京剧步入成熟期，代表人物为时称“老生后三杰”的谭鑫培、汪桂芬、孙菊仙。其中谭鑫培在艺术实践中广采众长，创造出独具演唱艺术风格的“谭派”。1861 年，京剧始入宫廷演出，逐渐赢得了朝廷和文人、官员的拥护。自此，宫廷成为京剧最重要的赞助人和支持者。清宫掌管演出事务的机构“昇平署”，每年选派著名艺人进宫当差。加上慈禧太后嗜好京剧，京剧名家频繁入宫献艺，京剧在宫廷站稳了脚跟。上行则下效，本在民间拥有广大观众的京剧更是如日中天，戏园子、茶馆，锣鼓喧天，热闹非凡。20世纪初，梅兰芳与齐如山合作，又增加了舞台表演的舞蹈成分。二人的创新在京城引起了巨大的轰动，并在随后赢得了西方的赞誉。梅兰芳走出国门，京剧第一次在强势文化面前获得崇高声誉，提升到了“国剧”的地位。

京剧的行当

行当是中国戏曲的一个文化特点。元代只有旦末净丑，明代有生旦净末丑，清代行当进一步根据年龄、性格细分。“生”是除了花脸及丑角以外的男性角色的统称，又分老生（须生）、小生、武生、娃娃生。“旦”是女性角色的统称，内部又分为正旦、花旦、闺门旦、武旦、老旦、彩旦、刀马旦。“净”，俗称花脸，大多扮演性格、品质或相貌上有些特异的男性人物，音色洪亮，风格粗犷。“净”行人物按身份、性格等方面的不同，又可分为以唱工为主的正净、以做工为主的副净和以武打为主的武净。“丑”，是喜剧角色，多扮演滑稽调笑式的人物，以念白的口齿清晰流利为主，分为以做工为主的文丑和以武打为主的武丑。

京剧的脸谱

京剧脸谱

京剧脸谱以“象征性”和“夸张性”著称，通过运用夸张和变形的图形来展示角色的性格特征。一般而言，“生”“旦”的化妆特征是“千人一面”，意思是说无论多少人物，从面部化妆看都是一张脸。“生”“旦”人物个性主要靠表演及服装等方面表现。脸谱化妆主要用于“净”“丑”行的各种人物，以夸张强烈的色彩和变幻无穷的线条来改变演员的本来面目，其特征是“千变万化”。“净”“丑”，一人一谱，不相雷同。“净”，以各种色彩勾勒的图案化的脸谱化妆为突出标志；“丑”，在鼻梁眼窝间勾画脸谱，抹一小块白粉，以突出人物的喜剧特征。

京剧脸谱色彩十分讲究。简单来说，红色通常是忠肝义胆的正面角色。黑色是刚正不阿、铁面无私的化身。白色即刚愎自用、阴险奸诈。金色、银色分别是神仙高人、怪力乱神的形象。绿色是行事鲁莽的草莽英雄。蓝色是桀骜不驯、骁勇善战的武将。

京剧行头

京剧把舞台服装称谓“行头”。京剧行头的色彩搭配、图案设计，都秉承着中国京剧艺术一贯的写意风格与象征手法。

京剧行头以明朝服装样式为主，并在此基础上，参照演员载歌载舞的特点进行了一些改良设计。由于京剧形成于清朝，戏服中有不少满族服饰的特点，比如马褂、箭衣的马蹄袖等等。

京剧行头主要分为蟒、帔、靠、褶、衣五大类。蟒是帝王将相、皇后、嫔妃、达官显贵等的礼服，用于隆重的场合。帔是非正式场合穿的便服。靠，又称“甲”，是京剧中武将的装束。褶，是京剧舞台上用处最广，老少皆宜的一种便服。京剧行还把褶子叫作“道袍”。“衣”是除前面四大类外的其他所有戏服的统称，一般分为长衣、短衣、专用衣和配件四个部分。

除此之外，戏服配饰中各种冠帽也是必不可少的，也称盔头。有帝王、贵族的礼帽，武职人员交战时为防护头部而戴的帽盔，家常随便戴的一种便帽，也称巾，常见有方巾、员外巾。

第二节 现代北京

1949 年 1 月 31 日，中国共产党领导的军队获得北平控制权。同年 9 月 27 日，中国人民政治协商会议第一届全体会议通过了《关于中华人民共和国国都、纪年、国歌、国旗的决议》，北平重新更名为北京。1949 年 10 月 1 日，中华人民共和国成立，北京成为新中国的首都。新中国成立后，鉴于其特殊的政治地位，北京的城市规划历经调整和变迁；北京的发展历程是新中国成立后中国现代城市规划演进的缩影。

开国大典（1949）

新中国成立后，伴随着国民经济的恢复和发展，以及“一五计划”，中国开始了大规模的城市建设活动。对于北京来说，首先完成的是从封建都城到社会主义首都的转变。作为新中国的首都，北京的城市规划受到了高度关注和重视。1953 年完成新中国成立之后的第一个首都城市总体规划方案的编制工作，之后又经过了多次修改和调整。历时 8 年多的论证之后，1958 年 9 月终于制定出台了北京市第一轮城市总体规划，确定了北京的城市发展目标和总体布局雏形。

第一轮城市规划中提出的过渡路线，特别强调把北京建设成为一个大工业基地，这确实起到了明显的积极作用。然而，对工业尤其是重化工业发展的重视，在一定程度上实际干扰了首都作为政治和文化中心的功能。因此在历经提出、讨论和论证等多个步骤后，1980 年年底的全国城市规划工作会议对于北京城市规划来说是一个重要的转折点。第二轮城市总体规划于 1983 年在中央通过，该轮方案肯定了第一轮的成绩，同时提出要严加控制北京的工业建设规模，加强其政治和文化中心地位，控制人口规模，提出要对环境绿化和历史保护等加以重视。相比第一轮城市规划，第二轮更加成熟和完善，证明了中国现代城市规划走往成熟的方向。伴随着改革开放的推进，城市作为经济、政治、科技、文教等中心的重要性越来越清晰。考虑到这个时期的国内和国际情况，北京市于 1993 年完成了第三轮城市规划计划。本轮规划在内容上与之前规划有一定的承继性，继续分散集团式布局模式，继续建设卫星城以分散中心城区的人口与产业压力等。随着社会主义市场经济体制的确立和改革开放的深入，面对新世纪和新机遇的到来，21 世纪初，北京进入新一轮的城市总体规划调整，反思以往的规划和城市发展问题，加强新技术和新规划理念的运用。总体而言，北京城市规划历史是中国现代化城市成长发展的典型。考虑到其国家首都地位，北京的城市规划和发展与社会经济变迁和政治环境因素等息息相关。

中华人民共和国成立以来，新中国开始了全新的征程。作为中国首都的北京，也踏上了快速发展的大路。新中国成立以来，中国的国际地位和国际认可度不断提高，作为中国首都的北京也日益为世人所知，原因不仅仅是基于其政治重要性。北京各族人民坚持走中国特色社会主义道路，坚持解放思想和改革开放，书写着经济和社会全面发展的精彩篇章。改革开放以来，中国和北京的经济发展水平大幅跃升，科学和技术、教育、公共卫生、物质文明和精神文明等各项社会事业蓬勃地发展，城市日新月异，居民生活更加殷实和多彩。

北京 2008 奥运会

新中国成立以来，尤其是改革开放政策开始实施以来，北京的经济建设成就卓著，北京的城市综合实力大幅提升，位于全国前列，其产业结构也在持续进行调整和优化；各大产业齐头并进，尤其第三产业发展迅速。借助经济发展的好形式，整个城市的科学教育事业和卫生体育事业也发展蓬勃，北京的软实力得到了引入注目的提升。整体来看，北京的城市功能越来越合理和完善，越来越和谐与宜居。借助经济和科技发展，北京的交通、通信、信息化水平不断提升，城市的服务功能大大改善，生态环境也日益变好。生活在这个城市的人民生活质量已经实现了大飞跃，享受着稳定的就业、收入状态以及良好的社会保障和福利。人民的消费水平不断提高；消费水平不仅仅体现在物质上，精神、文化领域的消费水平也日益多样和丰富。向国人和世人展示北京自新中国成立以来的巨大变化和精彩，给传播者，特别是对外传播者们不断带来了新挑战。

北京科技周

小结

步入20世纪，暨唐朝佛经翻译之后，翻译终于又一次迎来了发展高潮。中华民国建立前后，中国的文化教育出版界对西方典籍和书籍的翻译比较开放，呈现出一片繁荣局面。在此期间，国外知识大规模地涌入中国，与中国实际相结合，激发了思想的转变。这个时期的“西学”规模巨大，影响波及到全国；并借助新式的教育制度，渗透至中国民众的知识体系、价值观念和行为模式，引发了发生在20世纪上半段的启蒙运动。作为重要的文化和思想中心的北京，在这个时期受影响颇深。

新中国成立后，日益频繁的国际交流和沟通、科技的进步、新媒体的创新和应用等，给世界范围内的文化信息传播者们带来了很多便利，大大助力传播任务的开展。本着互相尊重、平等相待的原则，坚持包容开放与相互学习和借鉴的态度，国外输入中国的信息，以及中国，包括北京，对外输出和传播的信息，不论在数量还是质量层面，都以惊人的速度增长。历经朝代更迭和历史变迁，今天的北京继续书写着属于自己的辉煌进程。

第九章

结 语

全球化和信息时代背景下，中国的发展日新月异，令世人瞩目。中国政府提出“中国文化要走出去”的重要战略，以传播优秀文化遗产和社会主义核心价值观。历史文化是传统文化遗产的重要组成部分，也是社会主义核心价值观的活水源泉。系统、全面地介绍、推广历史文化知识不仅加深国人和世界对中国的认识，而且也有助于提升国家文化软实力和国家形象。为此，语际翻译的工作不可或缺。

自 1949 年新中国成立以来，北京是中华人民共和国的首都。追溯北京的过去，其历史悠久，发展历程既曲折又辉煌，留下了丰富且珍贵的物质和非物质文化遗产。

北京是人类的发祥地之一，距今约 50 万年前“北京人”的出现标志着北京历史的开始。为了生存而聚居在一起的北京原始人类创造了聚落组织和文化，在努力地不断拓展生存空间的同时，与各种文明和文化发生着交流与碰撞。夏商周时期，华夏大地呈现出文化融合交汇并逐渐走向统一的态势，北京地区开始受到重视；周朝时期，北京成为“方国都邑”；战国时期，燕国都城蓟城富冠海内；辽时，在幽州建立了陪都，又叫“燕京”；之后，在封建社会时期的金代、元朝、明朝、清朝，以及中华民国的一段时期里，北京是国家的首都，其政治中心的地位毋庸置疑；同时，北京在经济、文化和科技等领域都是领先全国的代表性城市，书写着自己兼具曲折和辉煌的发展进程。在这个漫长的过程里，北京城也慢慢发展成了中国古代城市规划的杰出代表，在各个方面齐头并进，给后人留下了丰富的财富。因此，在讲述中国故事的时候，北京历史文化的故事必不可少。

北京历史文化遗产中有底蕴异常丰富的物质财富和非物质财富，它们存在的形式五花八门，超越了传统的文字模式，包括历史事件和人物、科技发明、风土人情、宗教和民俗、艺术等。鉴于此，在北京历史文化对外翻译和传播过程中，在传达文化本身内在涵义属性的同时，需要对历史文化信息进行意义建构，可以考虑增加包括图像、声音和色彩等在内的多模态话语属性，拓展北京历史文化的多模态话语形式的表达。通过深化与丰富语言和符号等要素的外在表现，加强目的语受众对北京历史文化的认知、理解和欣赏能力，以期达到最佳传播效果。

历史文化的内涵非常丰富。在翻译担当重要媒介的跨文化交流和传播过程中，译者作为历史文化传播和交流的主体，要着眼于中华文化和北京历史文化的属性和特征，实事求是并科学大胆地创新传播内容和模式。身处信息时代，我们要与时俱进，强化文字、图片、影像或者音频、色彩等要素的整合与使用，超越文化、语言及思维模式的局限性，完成文化信息的多模态构建和传播工作。做到这些，中国文化和北京历史文化的传播者们可以更好地向国人和世界展现中国和北京的悠久历史与丰富的文化底蕴，讲好中国故事，讲好北京故事，向世界呈现一个真实、立体、生动的北京形象，诠释出中华民族与全世界和全人类共同发展的决心和信心。

参考文献

[1] CHUANG Y T, 2006. Studying Subtitle Translation from a Multimodal Approach [J]. Babel, 52(4), 372-383.

[2] JAKOBSON R, 2000. On Linguistic Aspects of Translation [M]// VENUTI L. The Translation Studies Reader. London/New York: Routledge, 113-118.

[3] HALLIDAY M A K, 1978. Language as Social Semiotic: The Social Interpretation of Language and Meaning[M]. London: Edward Arnold.

[4] HALLIDAY M A K, 1994. An Introduction to Functional Grammar (2nd ed.). London: Edward Arnold.

[5] KRESS G, 2001. Multimodal Discourse [M]. London: Edward Arnold.

[6] KRESS G, 2003. Literacy in the New Media Age [M]. New York: Routledge.

[7] O'TOOLE M, 1994. Opera Ludentes: The Sydney Opera House at Work and Play [M]//O'HALLORAN K. Multimodal Discourse Analysis: Systemic Functional Perspectives. London: Continuum, 11-27.

[8] Van LEEUWEN T, JEWITT C, 2001. Handbook of Visual Analysis [M]. London: Sage.

[9] 白小伟，科技创新驱动北京现代化经济体系建设研究，《当代经济》，2020 年第 4 期 .

[10] 北京大学历史系《北京史》编写组，《北京史（增订本）》，2019，北京：北京出版社 .

[11] 陈卫红 . 网络环境下口译课多模态教学模式的构建 .《上海翻译》，2014 年第 3 期 .

[12] 陈平，东方的意象 西方的反响——18 世纪钱伯斯东方园林理论家及其批评反应,《美术研究》，2016 年第 4 期 .

[13] 陈晓莹,《文化传播学》，2019，福州：福建人民出版社 .

[14] 复旦大学，元代文学讲义 .

[15] 复旦大学，明代文学讲义 .

[16] 复旦大学，清代文学讲义 .

[17] 傅乐成:《中国通史》，2010，贵阳：贵州教育出版社 .

[18] 侯仁之,《北平历史地理》，2019，北京 : 外语教学与研究出版社 .

[19] 蒋爱花，“身份、记忆、变迁”：从墓志看隋唐时期的幽州,《光明日报》，2020 年 9 月 2 日 .

[20] 金俐，系统功能语法下的高职英语专业语法教学模式研究,《考试周刊》，2012 年第 57 期 .

[21] 李东泉，韩光辉，1949 年以来北京城市规划与城市发展的关系探析,《北京社会科学》，2013 年第 5 期 .

[22] 李丛立，张小波，多模态环境下的翻译教学模式构建研究 .《中国电力教育》，2013 年第 16 期 .

[23] 利奇温,《十八世纪中国与欧洲文化的接触》，1991，北京：商务印书馆 .

[24] 李天纲，民国西学 : 那一场“翻译运动”需重新认识,《中华读书报》/ 2016 年 6 月 29 日 .

[25] 廖文君，蓝红军 . 多模态翻译中的文本分析模式——《多模态语用学与翻译：源语文本分析新模式》评述,《外文研究》，2019 年第 12 期 .

[26] 林克勤,《中国文化走出去的策略与路径重新研究》，2018，成都：四川大学出版社 .

[27] 刘勇等,《北京历史文化十五讲》，2009，北京：北京大学出版社 .

[28] 楼淑娟，何少庆，多模态话语理论在口译教学中的应用 . 常州大

学学报（社会科学版），2014 年第 1 期 .

[29] 罗书华，认清清代文化的四个基本维度，《江苏行政学院学报》，2013 年第 5 期 .

[30] 罗哲文等，《北京历史文化》，2018，北京：北京大学出版社 .

[31] 穆满起，北京文化的十大特色，http://blog.sina.com.cn/s/blog_4d8d8b010102zvy7.html.

[32] 彭秀良，魏占杰，《幽燕六百年》，2017，北京：北京大学出版社 .

[33] 单智慧，精彩创首善 奋进谱华章（上）——建国 65 年北京经济社会发展成就综述 ,《北京人大》，2014 年第 11 期 .

[34] 单智慧，精彩创首善 奋进谱华章（下）——建国 65 年北京经济社会发展成就综述 ,《北京人大》，2014 年第 12 期 .

[35]《史说北京》，北京市社科联、北京市社科规划办 .

[36] 孙康宜，宇文所安，《剑桥中国文学史》，2016 年，北京：三联出版社 .

[37] 王江伟，文化自信：历史语境与内在理路——兼及建国以来的文化叙事，《北京航空航天大学学报》（社会科学版），2019 年第 5 期 .

[38]《文物志》，北京市文物局，2017 年 9 月 26 日 .

[39] 习近平，深化文明交流互鉴，共建亚洲命运共同体——在亚洲文明对话大会开幕式上的主旨演讲，2019 年 5 月 15 日 .

[40] “先有莲花池，后有北京城，金中都的文化脉络由它延续”，《潇湘晨报》，2020 年 7 月 13 日 .

[41] 肖娴，多模态环境下翻译整合教学模式的探索 .《英语教师》，2013 年第 3 期 .

[42] “申报全国文保 筹建遗址公园 北京唤醒”“上宅”，《新京报》，2019 年 5 月 16 日 .

[43] 许勉君，“中国多模态翻译研究述评”，《广东外语外贸大学学报》，2017 年第 2 期 .

[44] 王海燕，刘欣，刘迎春，多模态翻译视角下中国古代科技文明的

国际传播,《燕山大学学报》, 2019 年第 2 期 .

[45] 王红芳，乔孟琪，试听翻译、多媒体翻译与多模态翻译：辩析与思考,《外国语文研究》, 2018 年第 6 期 .

[46] 王晖,《中国文化与跨文化交际》, 2017，北京：商务印书馆 .

[47] 王建荣，城市文化遗产对外传播策略研究——以北京市为例,《青年记者》, 2016 年第 30 期 .

[48] 吴兆波，清代北京寺庙及其价值，www.yhcqw.com/.

[49] 严建强,《十八世纪中国文化在西欧的传播及其反应》, 2002，杭州：中国美术学院出版社 .

[50] 颜同林,“民国机制”与翻译文学的兴盛,《山东社会科学》, 2016 年第 6 期 .

[51] 尹明明，多模态话语分析视域下的法国经典文艺片字幕翻译策略探究,《当代电影》, 2020 年第 2 期 .

[52] 尹钧科,《北京建置概况》, 2018，北京：北京出版社 .

[53] 张朝霞，黄昭文,《文化传播学》, 2019，北京：中国人民大学出版社 .

[54] 张昊臣，多模态,《外国文学》, 2020 年第 3 期 .

[55] 赵雅丽,《北京著述史》, 2012，北京：人民出版社 .

[56] 赵振宇，元代绘画发展的地理格局,《荣宝斋》, 2018 年第 3 期 .

[57] 朱玲，多模态：翻译的新视角,《中国社会科学报》, 2017 年 .

[58] 朱耀廷，定都与迁都——中国七大古都比较研究之一,《北京联合大学学报》(人文社会科学版), 2003 年第 1 期 .

[59] 朱耀廷，北京文化史十大特色,《北京学研究文集 2006》, 2006 年 .

[60] 朱耀廷，北京文化的特色,《文史知识》, 2007 年第 8 期 .

[61] 朱耀廷,《马可波罗行纪》中的元大都——农业文化与草原文化结合的产物,《北京联合大学学报》, 2009 年第 2 期 .

[62] 朱永生，多模态话语分析的理论基础与研究方法 .《外语学刊》, 2007 年第 5 期 .

[63] 庄恩平，Nan M. Sussman，《跨文化沟通》，2016，北京：外语教学与研究出版社 .

[64] 中国戏曲网，www.xijucn.com.

中国人民大学出版社外语出版分社读者信息反馈表

尊敬的读者：

感谢您购买和使用中国人民大学出版社外语出版分社的 ______________ 一书，我们希望通过这张小小的反馈卡来获得您更多的建议和意见，以改进我们的工作，加强我们双方的沟通和联系。我们期待着能为更多的读者提供更多的好书。

请您填妥下表后，寄回或传真回复我们，对您的支持我们不胜感激！

1. 您是从何种途径得知本书的：

□书店　　□网上　　□报纸杂志　　□朋友推荐

2. 您为什么决定购买本书：

□工作需要　　□学习参考　　□对本书主题感兴趣　　□随便翻翻

3. 您对本书内容的评价是：

□很好　　□好　　□一般　　□差　　□很差

4. 您在阅读本书的过程中有没有发现明显的专业及编校错误，如果有，它们是：

____

____

____

5. 您对哪些专业的图书信息比较感兴趣：

____

____

____

6. 如果方便，请提供您的个人信息，以便于我们和您联系（您的个人资料我们将严格保密）：

您供职的单位：______________________________

您教授的课程（教师填写）：______________________

您的通信地址：______________________________

您的电子邮箱：______________________________

请联系我们：贾乐凯　吴振良　黄婷　程子殊　王琼　鞠方安

电话：010-62515580，62515538，62512737，62513265，62515573，62515576

传真：010-62514961

E-mail：jialk@crup.com.cn　wuzl@crup.com.cn　huangt@crup.com.cn　chengzsh@crup.com.cn　crup_wy@163.com　jufa@crup.com.cn

通信地址：北京市海淀区中关村大街甲 59 号文化大厦 15 层　　邮编：100872

中国人民大学出版社外语出版分社

多模态文化翻译理论与传播研究

北京戏剧文化多模态翻译传播研究

王建华　总主编
王建华　李　玖　著

中国人民大学出版社
·北京·

图书在版编目（CIP）数据

多模态文化翻译理论与传播研究. 北京戏剧文化多模态翻译传播研究 / 王建华总主编；王建华，李玖著. -- 北京：中国人民大学出版社，2020.9
ISBN 978-7-300-28564-1

Ⅰ. ①多… Ⅱ. ①王… ②李… Ⅲ. ①翻译—研究 Ⅳ. ①H059

中国版本图书馆 CIP 数据核字（2020）第 177885 号

多模态文化翻译理论与传播研究
北京戏剧文化多模态翻译传播研究
王建华 总主编
王建华 李 玖 著
Duomotai Wenhua Fanyi Lilun yu Chuanbo Yanjiu
Beijing Xiju Wenhua Duomotai Fanyi Chuanbo Yanjiu

出版发行	中国人民大学出版社		
社　　址	北京中关村大街 31 号	**邮政编码**	100080
电　　话	010-62511242（总编室）		010-62511770（质管部）
	010-82501766（邮购部）		010-62514148（门市部）
	010-62515195（发行公司）		010-62515275（盗版举报）
网　　址	http:// www. crup. com. cn		
经　　销	新华书店		
印　　刷	天津中印联印务有限公司		
规　　格	170 mm × 228 mm 16 开本	**版　　次**	2020 年 9 月第 1 版
印　　张	99	**印　　次**	2020 年 9 月第 1 次印刷
字　　数	1 377 000	**定　　价**	488.00 元（全 8 卷）

前言

文化翻译与传播架起了不同国家和不同民族之间文化交流互鉴之桥。世界上的不同国家和不同民族在漫长的历史发展中创造出了各自灿烂的文化，民族的特性和国家的差异造就了各自文化间的差异性，唯有不同文化相互交流和相互借鉴才能推动国家与民族间的相互理解和相互促进。交流的前提是语言相通，语言通则路路通，翻译则是实现不同语言相通的手段，翻译质量的高低决定着语言相通的高度，提升翻译质量就是提升语言相通的能力。语言是文化的载体，任何民族和国家的文化都必须通过语言的交流才能得以传播和传递，因此，文化翻译是文化在语言间的转换，文化传播是文化在语言间的传递，文化翻译是文化传播的前提，文化传播是文化翻译的结果，文化翻译与传播实现了不同民族和不同国家人民之间的文化交流互鉴，促进了不同语言之间民族文化和不同国家文化的发展，为当前中国倡导的“一带一路”和中国文化“走出去”提供了支撑，为人类命运共同体理念的落实提供了基础和保障。

新的信息技术的发展使得文化传播形式发生了颠覆性变化，原来以文字表述为主体的文化传播形式已经转变为文字与图片相结合的传播形式，而这种图文结合的传播形式现在正被视频传播形式替代，视频和音频相结合的文化传播形式逐步成为文化传播的主要方式。这种融合视觉、听觉和

感觉等多个信息通道的文化传播方式称为多模态文化传播，不同民族和不同国家的文化翻译与传播自然变成多模态文化翻译与传播，这种翻译与传播形式对传统的翻译实践和翻译研究提出了全新的挑战，文化传播的过程和传播的效果自然受到多模态文化翻译与传播理论发展的制约。所以，多模态文化翻译与传播理论建构研究成为当下紧要的研究课题，其理论指导能力决定着文化翻译与传播的效果，更决定着不同国家与不同民族文化交流的能力和水平。本研究针对中华文化翻译与对外传播的现状和主题内容建构文化翻译理论和文化传播理论，通过撰写四本专著《多模态戏曲翻译理论》、《多模态影视翻译理论》、《多模态文化翻译理论》和《多模态认知与文化传播》对相关理论进行建构，以期实现对中华优秀文化外译与传播发挥理论指导作用，并在理论建构过程中逐步实现中华优秀文化外译话语体系建设。

北京正在建设“四个中心”，其中全国文化中心和国际交往中心需要把北京的优秀文化国际化，此过程必然涉及北京优秀文化的外译与传播。北京优秀文化主要包含北京民俗文化、北京建筑文化、北京历史文化和北京戏剧文化，因此，本研究通过撰写四本专著《北京民俗文化多模态翻译传播研究》、《北京建筑文化多模态翻译传播研究》、《北京历史文化多模态翻译传播研究》和《北京戏剧文化多模态翻译传播研究》以及其英译本把北京优秀文化传播到国外去。国外受众如果学过一些汉语且对中国传统文化感兴趣，通过阅读这套丛书就会对北京优秀文化有更加全面的认知。这四本北京优秀文化图书是在本研究前四本专著所建构的多模态翻译理论与传播理论指导下进行的内容筛选和结构设计，整套八本专著形成一个完整

的系列，国外对中华优秀文化感兴趣的受众和国内对对外文化传播感兴趣的受众都可以从中受益。本研究旨在在多模态信息技术条件下以传播中华优秀传统文化为目标，解决以往单模态呈现中华优秀文化的瓶颈，顺应新技术和读者新期待的要求，建构多模态文化传播理论，以多模态形式传播中华优秀文化，从而使中华优秀文化更好地传播出去，充分调动国外受众的听觉、视觉和感觉等多个信息通道，帮助他们实现对中华优秀文化的真实体验和具身体验，以达到更好的传播效果。这套丛书的出版将为未来中国优秀文化对外传播提供理论支持和案例参考。

“多模态文化翻译理论与传播研究”系列丛书从论证到立项，从研究团队建设到文献收集，从专著体例设计到撰写成文，从初稿到校稿经历了一个漫长的过程，课题组成员每周定期的讨论都为项目进展提供了强大的智力支持。感谢我的学生李玖博士、蒋新莉博士、张星博士、李静博士、黄婕博士、任岳涛博士、张茜博士和陈昱博士以及硕士生张静茗、张玉玲、秦雯鑫鑫、车祎萌、黄嘉嘉、王天笑、寿盼和郑淑媛同学，学生们都是从项目的论证开始参与其中，对整个项目的推进付出了大量的时间和心血，他们承担了项目前期的资料收集和大部分的专著写作任务，他们能够分工协作、相互帮助、群策群力，展现出了良好的团队精神，令我欣慰不已。特别要感谢北京理工大学张丽华副教授、西华大学李红梅副教授和中国人民大学王筱依博士。张丽华老师和李红梅老师积极参与北京历史文化卷的写作并提出宝贵的改进意见，对我启发很大。王筱依博士和北京交通大学的连亦紫同学承担了北京建筑文化卷的资料收集和大部分写作任务，她们总是在需要的时候能够提出真知灼见，对整个项目方向的把握给予很好的帮助。山西师范大学史俊老师和王磊老师参与了项目的部分研究工作，对两位老师也表示感谢。

本研究得到“北京市与中央高校共建双一流大学基金”资助，是“北京多模态文化国际传播及人工智能译述系统开发”项目一部分；中国人民大学出版社的编辑在丛书写作和出版过程中给予大力支持，在此一并表示感谢！

王建华

于人民大学明德楼

2020 年 8 月

目　录

CONTENTS

第一章

概　要

北京作为享誉世界的中国文化中心，是世界了解中国的窗口，其丰富的文化资源是西方世界感悟人文北京的重要媒介和通道。戏剧作为地域文化的重要载体，凝结了北京深厚的历史文化，是西方了解北京、了解中国的独特艺术形式。自十八世纪元杂剧《赵氏孤儿》在伦敦上演开始，国内学者一直致力于中国戏剧在西方世界的翻译传播研究，迄今已有近三百年历史。伴随着近些年国家“一带一路”倡议的提出和发展，新的时代背景对中国戏剧文化“走出去”提出了新的要求和挑战。新形势下，北京戏剧文化更好的国际传播需要在厘清戏剧文化内涵、纵览戏剧传播历史的基础上，立足新的历史起点，寻求高效的传播路径。

第一节　北京戏剧文化简介

北京戏剧文化有效对外传播的前提是廓清北京戏剧文化包含的内容，对其包含的独具地域特色的剧种做出明确界定，并精选代表性剧目，介绍代表性人物，以求在探索新的翻译传播路径前对译介对象形成系统性认识。

一、北京戏剧文化内涵

要了解北京戏剧文化内涵，首先需要区分的两个概念是“戏曲”和“戏剧”。

围绕王国维（1912）在《宋元戏曲考》中所用的“戏曲”与“戏剧”两个概念，学术界就此展开了较长时间的概念纷争。争议源自任中敏（1957）认为王国维先生“把戏剧局限在戏曲上”，“否定了无数的古剧与无限的地方戏”，反对其“真戏剧必与戏曲相表里”的论断，坚持中国戏剧史的研究范围需扩大。任氏的批评引起了较多反驳，多数支持王国维观点的学者认为王国维并没有忽略“戏曲”之外的古剧（如文众，1957；黄芝冈，1957），二者兼用，“戏剧”是大概念，“戏曲”则以歌舞为重要艺术因素（柏玉川，1983）；叶长海（1983）也认为，王国维先生使用的“戏剧”与“戏曲”内涵不同，前者指表演艺术，后者指剧本文学，但是今天的“戏曲”已成为中国传统戏剧文化的通称（叶长海，1999）。

对于上述争论，康保成（2009）则认为，任中敏和王国维都主张戏剧的本质是角色扮演，他们的戏剧观念在本质上大致是相同的，“戏剧”与“戏曲”的区别在于，戏曲是戏剧成熟的形态；与之相呼应，冯建民（2000）也认为，王国维对两个概念的区分是明确的，戏剧指古代不成熟的戏曲形态，而戏曲指在表演形式上已达到完全成熟的以歌舞演绎故事的阶段。本书中，我们也坚持“戏剧”是大概念，“戏曲”是小概念，戏曲是中国戏剧形态发展成熟标志的主张；同时，以“戏曲”代指我国戏剧不应造成“戏剧”内涵的缩小，一部完整的中国戏剧史应当包括话剧在内（康保成，2009）。根据上述“戏剧”与“戏曲”内涵的分辨，结合北京地域特色，本书所要探讨的北京戏剧文化包括京剧、话剧和曲剧三类形式。

二、北京戏剧文化历史

在对北京戏剧文化内涵明确界定的基础上，有必要对其历史发展进行概览式梳理，以求在时间脉络上溯清其起始渊源、发展阶段、发展形态及特点。时间脉络的梳理将有助于我们形成对北京戏剧文化的系统认识，是戏剧外译中“知己”的重要步骤。通过对京剧、话剧和曲剧发展历史的梳理，精选出各历史阶段的代表性剧目，以备外译输出。

关于北京戏剧文化发展历史，周传家和秦华生（2001）曾勾勒了北京戏剧从史前时期到新中国成立前的发展脉络，包含辽金元卷、明清卷和民国卷三个卷本。本书将在此基础上，结合中华人民共和国成立以来迄今为止北京戏剧的发展情况，简要介绍京剧、话剧和曲剧几个典型的北京戏剧剧种及其代表性剧目。

京剧 北京戏剧发端于辽代，直至金、元迎来中国戏剧发展的第一个黄金时代（薛晓金，2005）。这一时期，北京戏剧以元杂剧为主要表现形式，后世传唱的经典曲目有《赵氏孤儿》、《西厢记》和《窦娥冤》等。明清时期，在杂剧发展式微的背景下，以抨击时政，歌颂突破封建礼教藩篱为特点的南戏逐渐赢得观众欢迎。传奇在继承南戏体制的基础上进一步发展，形式完备，成为中国戏剧新的发展样式。传奇种类繁多，其中，昆曲发展最为成熟。尽管昆曲在地域空间上以南方为主，但是“直到它征服了北京的戏剧观众，赢得了北京上层士大夫阶层的喜爱之后，它才在艺术上走向成熟，并发展成为全国性的大剧种”（薛晓金，2005）。从这一意义上讲，明清时期的南方昆曲可被视为后期北京京剧发展的雏形。清朝年间，随着三庆、四喜、春台及和春四大徽班进京，并与汉调艺人合作，同时在接受昆曲、秦腔等剧种的曲调和表演方法后，逐渐产生了在全国范围流行的“京剧”。

话剧 近代以后，随着西方对中国政治上的殖民侵略，文化上话剧也开始移植到中国，并逐渐发展成为中国戏剧的一大剧种。话剧剧目从最初完全从西方引进，到后期不断尝试民族化（薛晓金，2005），出现了大批影响深远的本土经典剧目，至今兴盛不衰，如老舍的《茶馆》和《龙须沟》、曹禺的《日出》和《雷雨》以及郭沫若的《蔡文姬》等。北京也逐渐成为话剧艺术的中心。

曲剧 到二十世纪五十年代，在吸收和借鉴戏曲与话剧等形式的基础上，诞生了北京曲剧，这是唯一诞生在北京当地的地方传统戏曲，是严格意义上的本土剧种。曲剧的表演内容以反映现实生活为特点，以京韵唱腔为基调，其平民化的演出内容与浓郁京味特色的艺术表现形式赢得了观众的广泛欢迎；代表性剧目有《烟壶》、《箭杆河边》、《杨乃武与小白菜》和《柳树井》等。

第二节　北京戏剧文化传播现状

北京戏剧在吸收和借鉴其他地方戏以及西方戏剧形式的基础上不断发展丰富，同时，随着中国国家实力和国际影响力的日益增强，北京戏剧文化“走出去”成为必然之势，研究者们也一直致力于北京戏剧文化对外传播的努力。迄今为止，北京戏剧文化对外传播大致可分为剧本译介和戏剧演出两类。

一、剧本译介

北京戏剧文化“走出去”最常见和最主要的形式即为剧本译介。剧本译介为西方世界了解北京戏剧以及中国戏剧文化提供了重要窗口。

中国戏曲的海外传播始于十八世纪中叶前，元杂剧《赵氏孤儿》被传教士约瑟夫·普雷马雷译为法文，其后至十九世纪中叶，有元杂剧及少量的京剧和粤剧剧本及其改写本在欧洲出版发表（梁燕，2016）。到了二十世纪，京剧外译取得了一定成就，出现了一些经典剧目英译的成功范例。例如，熊式一于 1934 年将中国古典京剧《红棕烈马》译为英文话剧《王宝川》，不仅在微观语言形式上利用归化翻译手段，而且在宏观戏剧形式上作了“适应性”改写，将中国文化元素“化”在译剧中，巧妙地实现了中国文化的渐进式传递，在英语世界大受欢迎（肖开容，2011）。

进入新世纪，为推动中国戏剧文化“走出去”，扩大文化影响，国内启动了一些大型且系统的戏剧英译工程，促进了相当数量的戏剧译本走出国门，例如，作为“国剧海外传播工程”（2008 年由中国人民大学发起）子项目的“百部国剧英译工程”翻译出版了包含京剧在内的 300 多个剧种的国剧剧本，其中，部分剧目图书，如《大闹天宫》、《天仙配》和《曹操与杨修》已进入海外的大学课堂。刘延东曾指出，由中国人民大学与北京外国语大学合作完成的“中国京剧百部经典英译系列”工程，研究成果丛书《中国京剧百部经典英译系列》（孙萍，2012）“作为中外人文交流的创新之举和有益尝试，是中华文化走向世界的又一重要成果”。

目前，剧本对外译介仍是戏剧文化“走出去”的主要途径，但其局限性在于，剧本译介本质上仍是文学翻译，加之戏剧本身包含有丰富的中国文化特有元素，这就使得戏剧译本在译入语世界仍属小众文化，其接受范围因此受到相应限制。戏剧文化传播要走向大众，赢得更广范围的传播受众，还需在剧本译介的基础上寻求新的传播途径和方式。

二、戏剧演出

戏剧演出是促进戏剧文化海外传播更为直接有效的形式。北京戏剧海外演出以京剧为主，可追溯至二十世纪二三十年代梅兰芳先生的访日、访苏和访美演出。新中国成立后，以文化外交为主要目的的京剧海外演出逐渐增多，如张云熙和张春华等人参加德国柏林举办的第三届世界青年与学生和平友谊联欢会；梅兰芳先生于五六十年代的再次赴苏演出等。改革开放后，中国传统戏曲走出国门的机会更加频繁，伴随着京剧海外演出和艺术家海外讲学活动的增多，国粹京剧在海外的影响力也逐渐增强。进入新世纪，京剧海外巡演渐次频繁，奔赴世界不同国家和地区演出已成为中国各大剧院每年的常规文化交流活动。例如，中国国家京剧院举办了“中国京剧节”，在 2012 年，成功组织大型新编京剧史诗《赤壁》的赴欧巡演，自 2015 年至 2019 年，六度赴英演出；北京京剧院“纪念梅兰芳大师诞辰 120 周年”于 2014 年赴美巡演。

为了进一步增强中国戏剧文化的影响力，京剧海外传播也开始创新形式，如京剧电影、交响乐京剧等结合其他艺术形式的京剧演出开始在海外传播中呈现。例如，自 2011 年启动，历时七年打造的国家重点文化工程——“京剧电影工程”推出了包括《霸王别姬》、《穆桂英挂帅》、《秦香莲》、《龙凤呈祥》、《赵氏孤儿》、《萧何月下追韩信》、《状元媒》、《谢瑶环》、《勘玉钏》和《乾坤福寿镜》在内的 10 部影片，影片在促进京剧文化国内发展的同时也增强了中国戏剧的海外影响力。“国剧海外传播工程”除“百部国剧英译工程”外，还囊括了“交响乐京剧海外巡演”等子项目，力求突破传统的戏剧传播和文化交流形式，提升传播效果。

与京剧相比，北京本土话剧演出走出国门的历史相对较短。改革开放后，北京人民艺术剧院于 1980 年携经典剧目《茶馆》远渡重洋到国外演出，这是中国本土话剧首次走出国门。但由于话剧本身是由西方引进的艺术形式，因此，与我国传统戏曲相比，当结合了中国文化内容与西方艺术形式的话剧再次走出国门，其在海外传播的接受度也相对更高。与京剧和话剧相比，北京曲剧由于其发展历史较短，地域特色更加鲜明，翻译更具挑战，外译传播目前尚未引起足够关注。

第三节　北京戏剧文化传播趋势

自十八世纪中叶元杂剧《赵氏孤儿》在海外的译介开始，北京戏剧文化对外传播已有近 300 年历史，无论是传统戏剧，还是后期兴起的话剧和曲剧艺术，已有相当数量的经典剧目走出国门，为海外观众和读者了解并接受。北京戏剧，尤其是国粹京剧的海外传播为扩大文化交流、增强中国文化影响力和提高文化自信做出了巨大贡献。进入新的历史时期，一方面，随着中国经济实力和国际影响力日益增强，促进传统戏剧文化海外传播仍然是我国文化“走出去”战略的重要组成部分，同时，西方国家对待中国戏剧文化的态度已从最早的猎奇心理开始向深入了解的渴望转变，对中国戏剧文化的欣赏也不再仅仅局限于中国文化研究者等小众群体，译介的受众开始出现平民化趋势；另一方面，随着新媒体等新型传播渠道的出现，戏剧文化的对外译介也需在现有剧本译介和戏剧演出两类主要形式的基础上，利用新媒介的传播优势，寻求传播模式的转型。北京戏剧文化翻译应在理论指引上坚持传播学的理论取向，在译介途径上探索多模态翻译的范式。

一、传播学理论取向

目前，戏剧翻译的主要形式仍是剧本翻译，同时结合戏剧舞台表演的特殊艺术形式特点，译者常坚持的理论和原则有多元系统理论、目的论和动态表演性原则等。多元系统理论由于将译介活动中涉及的译者、文本诗学、意识形态和其他中介诸因素全部纳入其中，提供了较为完整的翻译文化活动图（李奕华，2019），因此在解释和指导戏剧翻译方面也受到戏剧译者的青睐。目的论将翻译视为一种有目的的跨文化人际交互和翻译文本的生成行为，戏剧翻译首先需要在目的原则的层次确定其是以文本欣赏为目的的文学翻译还是以舞台表演为目的的剧本翻译（王风丽，2017）。动态表演性原则最早由 Bassnett（1980）提出，她认为，戏剧文本内部蕴含了超语言因素和动作性，因此戏剧译者必须要遵循的一个标准就是“可表演性”（performability），要将这些因素和动作性结构译入目的语。国内也有不少研究者，如马会娟（2004），运用这一原则分析我国戏剧的外译作品。尽管后期 Bassnett 的“可表演性原则”主张几经改变，甚至放弃了这一原则，强调戏剧文本的重要性，但正如曹新宇（2007）所言，为演出而译的翻译目的决定了戏剧翻译要遵循动态表演性原则。我们所需的不是否定“可表演性”的存在，而是通过研究来进一步阐释和完善这个理论（孟伟根，2008）。

综观上述理论原则，多元系统理论和目的论是在中观层次上就翻译活动本身和翻译目的进行诠释，动态表演性原则是在微观的语言转换层面指导戏剧译介。多元系统理论从动态系统的视角对戏剧翻译活动进行解释，重在勾勒影响戏剧译介的多重因素及其相互作用；目的论则从根本上确定戏剧译介的目的是服务于舞台演出还是阅读审美；动态表演性原则是在突出剧本翻译服务于舞台演出宗旨的基础上，尝试对剧本中超语言因素如何进行翻译处理提供原则指导。在大力推动中国文化“走出去”的今天，我们不仅需要在中观和微观层面上探索指导戏剧译介的理论原则，更需要在宏观层面上架构一个译介模式，推动戏剧文化在海外的更好传播。戏剧译介不应仅仅局限在翻译学单一的学科内部探索，而是要突破学科范畴限制，结合传播学理论和研究成果，这样才有望实现中华戏剧文化的有效译介和在海外的更好传播。

传播学理论最早由 Harold Lasswell 提出，他在 *The Structure and Function of Communication in Society*（《社会传播的结构与功能》）一书中提出了传播过程涉及的五大要素，“谁”（who），“对谁”（to whom），“说了什么”（says what），“通过何种渠道”（in which channel），“取得什么效果”（with what effect），即“5W 模式”（或称“拉斯韦尔模式”）。“拉斯韦尔模式”规定了传播过程研究通常集中在控制分析、内容分析、媒介分析、受众分析和效果分析五大问题上（Lasswell, 2017）。中国戏剧“走出去”是一个复杂的系统工程，只有在掌握传播规律的基础上，科学地选择译介主体、译介内容、译介途径和译介受众，方能取得最佳的传播效果（朱斌，2019）。北京戏剧文化外译也理应坚持传播学的理论取向。

二、多模态译介途径

传播学视阈下的戏剧外译研究在理论上包含译介主体、译介内容、译介途径、译介受众和译介效果，但在实际研究中，研究者往往依据研究目标的需要，聚焦于其中某项内容，或对某几项内容进行合并分析。目前，国内戏剧外译研究较多的仍是在翻译学科背景下展开，以传播学为理论指导的相关研究相对较少。杨祎辰（2019）曾指出，“国内戏剧翻译现象的研究往往停留在对文本翻译现象和最终的戏剧产品的描述与分析，缺乏对于翻译过程以及译本上演过程的讨论，与戏剧文学翻译研究的区分度小”。从传播学的视角来看，戏剧文化的译介途径、译介受众和效果分析研究亟待加强。现有为数不多的几项以传播学为理论视角的戏剧外译研究仍是概念式探讨，系统的译介模式构建和实际译介研究尚未出现。

戏剧是以说唱为主，集文字、声音和图像等多种符号形式于一体的综合舞台艺术形式。对于这些视听因素，译者理应寻求多模态的翻译处理，但目前采取的翻译策略主要是在文本层面对其进行释义，换言之，戏剧的多模态属性在当前的剧本翻译研究中很少有所体现。在为数不多的戏剧多模态翻译研究中，朱玲（2015）以昆剧代表作《牡丹亭》为例，考察了五位译者——白之、张光前、汪榕培、李林德和汪斑的译本，并分析他们分别如何将多模态信息（视觉模态和听觉模态）通过目的语的语言文字在译文中进行传达，在此基础上，倡导昆剧翻译应回归其多模态性的艺术本真，并提出了多模态标记识别和再语境化的译法策略。这一研究构建了多模态视角下的昆剧译介框架，紧扣戏剧的多模态本质属性，对中国传统戏剧的外译实践提供了重要的参考价值。

依据这一译介框架，将识别出的多模态标记在译文中进行再语境化仍然是在文字层面的转化。换言之，尽管原文中的视觉和听觉模态信息得到了关注，但在翻译转换后仍然没有以对应模态的形式呈现。当原文中的视觉和听觉模态不能在译文中以同样的视觉和声音通道进行体现，这样的译介就不能称为是严格意义上的多模态翻译。在新媒体技术快速发展的今天，多模态文本的出现突破了传统单模态文字文本的局限，为戏剧的多模态翻译转换提供了可能。从传播学的意义上讲，戏剧翻译亟待寻求译介途径上的多模态变革，以求扩大译介受众和增强译介效果，更好地推动中国戏剧文化“走出去”。

本书以传播学理论为指导，坚持多模态的译介途径，探求北京戏剧文化的有效外译模式。全书共六章，第一章“概要”，简要介绍北京戏剧文化的内涵和发展脉络，梳理其对外传播历史和未来外译传播趋势。第二章“北京戏剧文化翻译传播”，分别从翻译传播主体、翻译传播内容、翻译传播途径、翻译传播受众和翻译传播效果五个层面构建北京戏剧文化的外译传播模式。第三章“北京戏剧文化多模态翻译传播”，聚焦于翻译传播途径，分析戏剧文化的多模态属性，并探求相应的多模态翻译策略。第四、五、六章分别论述北京京剧文化、话剧文化和曲剧文化的多模态翻译传播，从外译的视角介绍京剧、话剧和曲剧文化及其代表性人物，精选代表性剧目，并在概述其外译现状的基础上提出多模态翻译传播途径。

第二章

北京戏剧文化翻译传播

北京戏剧文化翻译传播是讲好北京故事、传播北京声音的重要内容。当前，新媒体技术和5G技术的发展对北京戏剧文化传播提出了新挑战，同时也带来了新机遇。新型媒介与平台为戏剧文化的多模态翻译传播途径提供了可能，翻译传播主体的力量从而得到扩大，翻译传播的内容得到拓展，翻译传播的途径更加多样，翻译传播的受众增多，翻译传播的效果得以增强和优化。

第一节　北京戏剧文化翻译传播主体

北京戏剧文化外译传播研究首先要明确翻译传播主体，回答“谁来翻译”和“谁来传播”的问题。有研究者，如张安华（2017）也认为，导致中国戏曲对外传播未能达到理想传播效果的重要原因之一就是传播主体的身份定位模糊。新媒体技术尤其是5G技术的革新对传播主体是巨大的革命性释放（喻国明，2018）。因此，在新的技术背景下，重新定位戏剧文化翻译传播主体，并解决不同传播主体的角色定位困境，是当前戏剧文化外译研究面临的首要任务。本节将参照张晓（2018）的“创作——推广——反馈”三阶段传播主体理论，将北京戏剧文化的外译传播也分为三个阶段：作品翻译、传播推广和传播反馈，对各个阶段的传播主体进行分析，在此基础上，揭示与传统纸媒相比，新技术环境下翻译传播主体呈现出的特征与趋势。

一、翻译传播主体分析

戏剧文化翻译传播包含了“翻译”和“传播”两个子过程。戏剧外译传播的最终目的是要考察其在西方目标受众中取得的传播效果，为此，我们将传播又细分为“传播推广”与“传播反馈”两个阶段。以下将对戏剧外译传播各阶段所涉及的主体进行分析，以求厘清哪些个体与组织是戏剧翻译传播的主体，它们在不同阶段的具体角色定位又是什么。

（一）作品翻译阶段的主体分析

翻译阶段是戏剧作品的筛选和再创作阶段，也是整个外译传播过程的源头，戏剧文化学者、智库、汉学家、西方文化研究者和戏剧译者是本阶段的重要传播主体，他们在翻译阶段扮演着“把关人”（gatekeeper）的角色（参见 Levin, 1947），决定传播内容，影响传播效果。戏剧文化学者可以从学术的视角筛选出独具特色且能够反映中国文化深厚底蕴的典型作品以备译介；智库团队可以从文化“走出去”的国家战略高度，就外译作品的筛选提出需求和建议；汉学家、西方文化研究者和译者可以从传播受众的视角给出关于作品选择的建议，确保在翻译传播过程的源头就纳入对传播受众和效果的分析考虑。

以上传播主体中，译者同时扮演着戏剧内容“把关人”和“解码者”的双重角色。译者除了在微观的具体翻译过程中承担着对戏剧内容的解码工作，还在宏观层次承担着对译介剧目的筛选工作，这就要求译者一方面需做好戏剧外译的具体解码工作。译者不仅需要具备较强的跨文化交流与语言翻译处理能力，还需在忠实原作与翻译改写之间寻求平衡，结合对受众及接受效果的认知和预测判断，对戏剧内容进行过滤；另一方面，需提高传播主体的身份认同，增强文化自觉，同时发挥熟悉西方文化的优势，在戏剧译介作品的筛选上也积极践行“把关人”的责任。换言之，译者的角色定位不应局限于原作与目标语之间的解码者，还需从跨文化传播的视角关注外译传播效果，促进译者对传播者的角色认同，进而在外译传播中充分发挥传播主体的主观能动性，提高翻译传播质量和效果。

（二）传播推广阶段的主体分析

传播推广阶段是戏剧译介作品向外推广和被西方受众了解和接受的阶段。政府、出版机构、宣传机构、非政府组织和个人是本阶段的主要传播主体，而传播者除了是信息来源地，同时还履行着“把关人”的导向、桥梁和评价等功能（董璐，2016）。推广阶段的传播主体在戏剧译介作品的对外推广中起着桥梁作用，影响传播效果。政府作为最具权威的传播主体，更多的是从宏观及历时性传播过程来展现其作用，通常体现在文化“走出去”的整体布局及导向工作上，具体而言即给予其他传播者政策、经济上的支持（张晓，2018）。出版机构、宣传机构、非政府组织和个人是戏剧译介作品走出国门的落实者和推动者，在出版和宣传方式上，可结合目的语读者的接受特点和情况，寻求多样化的宣传和出版方式。

以上传播主体中，个人在戏剧译介作品的传播推广阶段发挥着日益重要的作用，形成一股不容小觑和不可忽视的重要力量。随着新媒体技术的快速发展，网络媒介和自媒体为戏剧外译传播提供了新兴传播渠道。如果说出版和宣传机构是从商业运作的角度在戏剧外译过程中行使着导向职责，那么个人则多是出于兴趣与热爱参与戏剧译介作品的对外推广。在新媒体逐渐发展成为信息传播主要通道的背景下，我们对戏剧外译传播推广阶段的主体定位应区别于纸媒时代，不应只局限于政府和出版机构等组织和团体的力量，同时还应对个人在戏剧外译传播过程中发挥的重要作用给予足够重视。

（三）传播反馈阶段的主体分析

传播反馈阶段是戏剧外译作品在目的语国家接受情况的反馈阶段。在此阶段，上一阶段传播推广的受众转变为新的传播主体，而译出国接受传播推广的反馈信息，成为传播受众，作品翻译和推广阶段的传播主体与反馈阶段的传播主体进行了角色互换。尽管目的语受众在戏剧翻译之始就被纳入了传播过程，但在作品翻译和传播推广阶段，他们的角色定位是传播受众，对传播过程的参与是隐性的；而在传播反馈阶段，目的语受众对戏剧译介作品作出评价，对传播内容提出反馈，他们自觉或不自觉地参与到传播过程中来，反馈信息成为本阶段的传播内容，传播受众也从初始阶段传播主体的意识和概念里“走出来”，成为反馈信息的显性传播主体。

作为戏剧译介作品反馈信息的传播主体，目的语受众的文化背景、教育背景、社会阶层和文化需求等主体因素不可避免地会影响其对戏剧译介作品的评价和喜好程度。因此，从译出国的视角出发，我们在作品翻译和传播推广阶段，就应对目的语受众在传播反馈阶段的主体性给予足够重视，通过分析其参与传播过程，提供反馈的影响因素，预测传播效果，从而在翻译和传播推广阶段进行完善和优化。

二、翻译传播主体趋势

（一）翻译传播主体多元化

互联网技术改变了大众传播时代以传者为中心的线性传播模式，构建了一个以网民和链接关系为根本要素的网络传播结构（隋岩，2018），处于网状传播结构中每一个节点的个体既是受众也是传播主体。在此模式下，传播主体就不仅仅局限于单一源头，北京戏剧文化外译传播也应改变过去以少数译者和表演艺术家等小众精英为传播主体的面貌。政府、译者、智库、出版机构、宣传机构和个人均可纳入传播主体的范畴，翻译传播主体呈现多元化趋势。这一方面是顺应新媒体传授关系格局变迁的内在要求，另一方面也可借此汇聚民间传播资源与力量（樊拥军，2017）。利用社会民众积极宣传国家文化和形象的热情与自觉性，形成社会成员和政府全方位合力对外传播的格局。

翻译传播主体的多元化趋势将扩大传播主体。互联网和新媒体技术的发展改变了传统纸媒时代的传播模式和格局。新技术背景下，更多的个人被纳入传播过程，他们在自觉或非自觉的情况下参与传播，传播主体与传播受众是互渗的，传播内容的接受者也可能是新一轮传播的发起者。网状传播结构将更多的组织和个人纳入传播链条，传播主体范围得到不断扩大。赵永华和王睿路（2018）在分析目前“一带一路”传播研究存在的问题时也指出，有必要关注传播主体的多层次问题，可在政府、媒体、智库和民间等多个层面进行。而在自媒体迅速发展的今天，除了政府和媒体等组织外，个体也成为戏剧文化外译传播的一支重要力量。北京戏剧文化外译传播需要在作品翻译阶段变革方式，寻求新型的对外传播渠道，以吸纳更多的个体参与传播，借用网状传播结构下传播受众可转换为传播主体，实现角色转换的优势，扩大传播主体范围。

翻译传播主体的多元化趋势将扩大传播受众。传播内容借助传播主体范围的扩大和多层次结构，也将到达更多的传播受众。在纸媒时代，传播通道只依靠单一的文字媒介，北京戏剧文化“走出去”的只是剧本文学翻译作品。政府、少数译者和出版机构承担了传播主体的角色，传播过程主要是点对点的线性模式，剧本译介的出版物只为一小部分研究中国文化的汉学家、学者和对中国文化有强烈兴趣的读者所接受。传播主体较少，且保持不变，传播受众转变为传播主体的机会很少，传播受众的范围因此受到了限制，承载中华传统文化的戏剧外译作品也很难走进普通读者，从而制约了我国戏剧外译作品在西方世界的传播推广。传播受众少和传播范围小是过去中国戏剧外译作品走出国门遭遇的最大困境。当前，新的戏剧外译范式在新媒体技术的辅助下成为可能，传播主体在作品翻译阶段可利用新媒体技术和平台呈现戏剧的声音、图像和文字，还原戏剧集多种符号于一体的艺术形式，实现多模态翻译处理，从而在内容上保证传播可达多元化的读者群。读者通过自媒体平台将戏剧的多模态译介作品作进一步转发推广，当越来越多的读者成为戏剧外译作品的转发者和传播主体时，传播链就被启动，译介作品也将会在更大的受众范围传播。

从整个翻译传播过程来看，尽管翻译、推广和反馈三个阶段均有不同的组织和个人扮演着传播主体的角色，越来越多的个体被纳入传播过程，甚至普通的读者也会成为传播主体，但各个阶段传播主体的地位和角色不同。北京戏剧文化外译仍要充分发挥译者和戏剧文化学者“把关人”的作用，从而保证以备译介的戏剧作品是能够反映中国优秀传统文化底蕴、彰显中国文化独特精神的精品。作品翻译阶段的传播主体在源头上决定了

"传播什么"和"怎么传播"的问题，因此，作为戏剧译者，尤其要准确进行角色定位，不仅要做好不同语言间转换的具体文字解码工作，还要提高文化自觉与文化自信，自觉承担戏剧作品本身的研究和精选工作。

（二）翻译传播主体层级化

伴随着翻译传播主体逐渐多元化的趋势，将逐渐形成由译者和宣传机构牵头，以普通读者为主要力量的传播主体群。当戏剧外译的传播主体不再局限于译者和宣传机构等小众群体，更多的普通读者也参与到戏剧译作的传播过程时，传播主体的格局将呈现以译者和宣传机构为源头，以普通读者为中介的层级化趋势。在多元传播主体群中，译者与宣传机构处于顶层，成为传播源头；普通读者处于传播链条的中间环节，成为传播中介。

传播主体的层级化趋势将凸显译者的顶层把关作用。当越来越多的个体可以参与戏剧外译传播，"传播什么"的问题就显得尤为重要，戏剧外译作为文化外宣活动必须要充分发挥译者的顶层把关作用，确保纳入传播过程的译介作品均为可以代表地方戏剧艺术和深厚文化底蕴的精品剧目。因此，北京戏剧文化外译就要求译者充分发挥文化自觉，在剧目选择和剧目译介上积极践行"把关人"的角色，保证传播内容的质量。

传播主体的层级化趋势将强化普通读者的中介传播主体力量。在自媒体技术支撑下，当普通读者可以进入传播链条，参与传播过程时，越来越多的传播受众也将实现传播主体的身份转变，拓展传播范围，加快传播速度，他们在推广和反馈阶段决定"是否继续传播"的问题。北京戏剧文化在实现传播内容多模态化和产品转向，传播途径数字化转向的背景下，就将更多的普通读者纳入了传播主体的范围，扩大了中介传播主体的力量。

第二节　北京戏剧文化翻译传播内容

戏剧艺术的多模态性决定了戏剧外译不能局限于仅依靠文字传达作品的内容意义，还要对戏剧作品中的视觉模态和听觉模态进行翻译再现。戏剧翻译的多模态化一方面保证了戏剧在外译传播过程中的完整性，不失原作的艺术魅力，另一方面也对戏剧外译传播时剧目内容的选择和呈现提出了新的要求。

一、翻译传播内容分析

在剧目选择上，戏剧外译应精选能够反映中国文化底蕴、核心价值和人类共同关心命题的精品剧目。在戏剧外译多模态化和传播主体渐趋多元的背景下，越来越多的个体可以借助自媒体技术参与戏剧传播，这就要求戏剧文化学者、智库、西方文化研究者和戏剧译者等提高传播主体的身份认同，同时发挥熟悉中西方文化的优势，在戏剧译介作品的筛选上积极践行“把关人”的责任，在源头上确保纳入外译传播的剧目内容皆为精品。戏剧文化学者可以从学术的视角筛选出独具特色且能够反映中国文化深厚底蕴的典型作品以备译介；智库团队可以从文化“走出去”的国家战略高度，就外译作品的筛选提出需求和建议；西方文化研究者和译者可以结合对受众及接受效果的认知和预测判断，对戏剧内容进行过滤，提出剧目筛选的建议，确保在翻译传播过程的源头纳入对传播受众和效果的分析考虑。在剧目选择精品化的标准下，逐渐实现剧种分类细化和戏剧外译系统化。

在剧目呈现上，戏剧外译应寻求运用多种模态参与意义共建的翻译模式，实现外译传播内容由信息向产品转换。利用新媒体融合文字、图像与声音的技术手段，构建戏剧翻译的多模态语篇，还原戏剧表演的舞台艺术本真，跟进外译产品的研发。在过去以剧本文学翻译为主的条件下，戏剧翻译受制于单一文字模态传递内容的局限，为获得良好的传播效果，戏剧外译往往只能选取那些易于为目的语文化所接受的剧目，或者对剧目进行删选和改写等翻译处理。虽然一些经典剧目英译的成功范例,如《王宝川》,被认为是“适应性改写”的成效（肖开容，2011），但戏剧本身的艺术形态被改变，也影响了中国传统戏曲艺术形式在海外的有效传播。戏剧的多模态翻译产品更加注重受众的体验效果，在利用多种模态作为意义实现手段辅助目的语受众理解接受的基础上，尽现剧作原本的艺术风貌，也将有效地推动中国戏剧文化“走出去”。

二、翻译传播内容趋势

（一）翻译传播内容多模态化

新兴媒介技术的发展使得戏剧包含的视觉和听觉元素均可在译介作品中得以体现，实现戏剧翻译的模态对等。在此译介模式下，戏剧内容的外译传播不再局限于依靠单一文字模态呈现，戏剧作品中大量的视觉和听觉模态将在译文中得到还原，译介作品将出现多模态化文本的趋势。翻译传播内容的多模态化趋势一方面得益于新媒体技术的发展，另一方面也是适应外译传播受众需求、优化剧目呈现、提升传播效果的必然之举。

翻译传播内容的多模态化趋势将最大限度还原戏剧的舞台艺术本真。区别于其他文学形态，戏剧艺术是基于剧本，而且包含大量视听元素的舞台艺术。翻译内容的多模态化使这些在传统剧本译介中囿于文字模态的视听元素释放，还原其模态特点。多模态的译介作品在最大程度上还原了戏剧的舞台艺术本真，读者在多模态文本中不仅可以感知北京戏剧作为文学作品的文学魅力，还可欣赏戏剧作为舞台作品的艺术魅力。

翻译传播内容的多模态化趋势将扩大传播受众。区别于单一文字模态的剧本翻译，多模态化的戏剧译介作品形式新颖，趣味性强，而且更为通俗，将会吸引更多读者的关注。传统的以剧本译介为主要形式的戏剧翻译在本质上仍是文学翻译，因此其可达的传播受众可能仅仅是戏剧研究专家或对戏剧文学感兴趣的少数读者，传播范围也将受到较大局限。北京戏剧文化实现真正“走出去”的标志之一就是戏剧译介作品在海外走进大众，实现广泛传播。多模态译介作品因其易于接受的特点将为广大的普通读者接受，从而扩大传播范围。

翻译传播内容的多模态化趋势将提升传播效果。戏剧译介作品的多模态文本不仅在传播范围上可抵达更多的读者，传播效果也将得到进一步提升。区别于纯剧本翻译的文字单模态文本，多模态文本还原了戏剧艺术本身的多种模态形式，文字、视觉和听觉多种模态互动协同将使得对译介作品的理解更为容易，读者可通过译介作品中的图片和视频等辅助其对戏剧内容的理解。北京戏剧文化的外译传播不仅要在“量”的层次扩大传播受众范围，更要在“质”的层次深化读者对戏剧文化内涵的理解和接受。多模态文本使得读者对戏剧的理解不再停留于依靠单文字模态的抽象思考与想象，而是可以通过图片和视频等视听元素的具象感知，强化对戏剧艺术的审美体验。

（二）翻译传播内容产品化

新媒体技术助推下的信息传播改变了印刷时代的单一纸媒传播方式。传播媒介的更新升级也将引起传播内容形态的变化，其中一个显著特征就是传播内容的产品化趋势。戏剧艺术的多模态属性决定了其可以较好地借力新媒体技术，在对外译介传播过程中实现产品化转向，还原戏剧艺术包含的大量视觉与听觉模态。北京戏剧文化“走出去”只有积极推进戏剧译介产品开发，才能更好地实现国际传播，为北京作为文化中心和国际交流中心起到更好的推广作用。

翻译传播内容的产品化趋势将促进译者与企业合作，扩大传播主体范围。传统纸媒时代的文化译介传播主要是以译者和出版宣传机构为主体的文化交流活动。新媒体时代，翻译传播产品的开发势必要求译者与技术企业寻求合作，在戏剧多模态翻译产品的研发上借助企业的技术支撑，从这一意义上讲，技术企业也将被纳入传播主体的范畴。北京戏剧文化“走出去”理应适应新的时代需求，革新译介传播模式，探寻一条译者与技术企业合力，研发译介产品的新路子。在此模式下，支撑产品研发的技术企业与译者成为地位平等的传播主体，同时承担着戏剧文化对外传播的使命与责任。传播主体范围的扩大将进一步增强传播力量，促进戏剧文化在海外的译介流通。

翻译传播内容的产品化趋势将创新传播内容形态，提升传播效果。为适应时代和社会发展的需求，北京戏剧文化的对外译介传播应在坚持经典传统文化精髓的前提下，不断寻求创新，开发译介产品，满足当代社会大众对戏剧艺术的审美需求。北京戏剧经典剧目是经岁月积淀，具有深厚文化历史底蕴的艺术形式，同时也具有较强的民族和地域特征。戏剧传播内容也要有选择性，要助推中国深层次文化意蕴的展现（张雪秦，孙慧莉，2018）。但戏剧文化的翻译传播在坚持民族性和地域性的同时，也势必会因文化差异给海外受众带来理解和接受上的困境。翻译传播的产品化趋势实现了译介作品从文本到产品的转向，传播主体给读者提供的是产品，从这一意义上讲，传播主体与受众的关系转变为生产者和消费者的关系，因此翻译传播过程需坚持市场化原则，译介产品的推出要结合海外受众的实际需求。产品化转向将使得译介产品能更好地服务于海外受众，进而提升传播效果。

（三）翻译传播内容系统化

目前，北京戏剧只有部分经典剧目得到了较大力度的外译宣传，戏剧外译实践在总体上呈现剧目量少和零散的面貌，尚未实现系统化。在剧目选择精品化的前提下，地方戏剧文化更好地“走出去”还需做到细化剧种，精选剧目，促进戏剧外译实践系统化，通过对北京戏剧进行全面的梳理和甄选，形成一个全面丰富的内容体系，以备译介。从剧种来看，北京戏剧大致包括京剧、话剧和曲剧三类，译介传播的首要工作是要对每类剧种的发展历史、代表性经典剧目、艺术水平和当前译介传播状况等方面进行考察，在此基础上精选出代表性剧目。在北京戏剧近年的海外译介传播中，一些经常出现的剧目如《霸王别姬》、《打渔杀家》、《将相和》、《四郎探母》、《定军山》和《秋江》等具有较大影响，未来戏剧文化的多模态外译还需继续深入挖掘，系统地推出更多译介精品。

翻译传播内容系统化将启动戏剧外译专门工程，集结更强的传播力量。翻译传播内容的系统化要求戏剧外译工作要聚集更多的翻译工作者和技术企业等力量，共同开发戏剧译介产品。区别于以往单独译者的个人行为，译者与企业合力的项目工程是适应新的时代发展需求的跨学科协作模式，在此模式下，译者团队成员增多，译介主体范围扩大，译介传播的力量也因此得以增强。

翻译传播内容系统化将挖掘更多的戏剧精品，推出戏剧外译系列产品。系统化的戏剧翻译传播工程要求在穷尽梳理北京戏剧剧种和剧目的基础上，精选进行翻译，译介推出的是各剧种包含的所有经典剧目。传统的戏剧译介多停留在对个别经典剧目的翻译，也出现了不同译者对同一剧目的多次译介。区别于以往单个或几个剧目的译介活动，翻译传播工程实现了戏剧外译实践活动的系统化，推出更多戏剧译介作品，不仅包括已经得到广泛译介的经典剧目，一些能够反映中国特有文化精神的其他传统剧目也将得到关注和译介，这将极大地丰富传播内容。

翻译传播内容系统化将构建戏剧外译语料库，为其他地方剧种的外译提供蓝本参照。系统化的翻译传播工程推出的北京戏剧文化系列外译产品客观上形成了一个戏剧翻译语料库，不同于以往单一文字模态的戏剧外译作品，北京戏剧外译产品一方面将为未来戏剧多模态译本分析研究提供充实的语料来源，拓宽多模态文本分析的研究对象和研究范围；另一方面，北京戏剧多模态外译系列产品的推出也将为我国其他地方剧种的外译实践提供范例和参照。我国戏剧文化博大精深，剧种多样，但在外译传播过程中均不同程度地面临着译介数量较少、译介活动零散、译介形式单一等“卡脖子”问题，北京戏剧文化的系统化多模态翻译传播尝试可为其他地方剧种外译提供经验借鉴和模式参照。

第三节　北京戏剧文化翻译传播途径

传播途径是译介内容抵达受众的媒介通道。戏剧内容的优化呈现，再现戏剧艺术的多模态特征对其外译传播渠道提出了新的挑战，单一纸媒已不能满足数字时代戏剧文化传播的现实需求，亟待传播手段和方法的创新。与此同时，新媒体技术的发展和数字传播平台的兴起为戏剧多模态翻译传播提供了可能和新的发展契机。

一、翻译传播途径分析

传播理念上，北京戏剧文化外译应推进数字传播，提升戏剧外译作品的视听展示效果。数字传播是以多媒体为辅助，通过网络将各种数据、文字、图示、动画、音乐、语言、图像、电影和视频信息等进行组合互动的新的传播形式（薛可,2020）。数字传播形式契合了戏剧多模态翻译的需求，将改变纸媒时代戏剧作品只能凭借文字媒介，而戏剧艺术本身包含的大量视听模态得不到有效展示和传播的局限。

传播途径上，北京戏剧文化外译应创新传播方式，建立戏剧外译 VR 体验中心，促进场景化体验传播。人工智能技术的快速发展为戏剧的场景式体验提供了可能，建立戏剧外译 VR 体验中心，在实现对戏剧作品多模态翻译处理的同时，也将目的语受众融入场景，参与互动，让戏剧艺术真正走进受众，增强深度体验，提升传播效果。

戏剧外译借助数字媒介平台和 VR 场景体验将还原戏剧主要运用视听模态建构意义的艺术形态。传播媒介的创新也将突破戏剧演出必须依赖实景舞台进行现场演出的时空局限，延伸受众的视听功能（曹瑞斓，2016），目的语受众对戏剧艺术的欣赏也不再停留在剧本译作，对视听信息的感知体验，甚至融入虚拟场景的互动参与将有利于促进其对中华戏剧文化的理解和接受。

二、翻译传播途径趋势

（一）翻译传播途径数字化

翻译传播途径数字化是戏剧翻译传播内容多模态化和产品化趋势提出的客观需求。在新兴媒体技术尚未普及时，戏剧文化的海外传播主要以剧本译作、实景演出和广播电视等传统媒体为主。而在戏剧翻译传播内容多模态化和产品化趋势下，传统媒介因其单模态特征已不能满足传播需求。同时，随着新媒体逐渐成为信息传播的主要平台，网络线上互动交流已成为传播过程的显著特征，这就使得戏剧文化的对外传播在依靠传统媒介传播的基础上，还要积极寻求新型多元的传播渠道，探索新旧媒体融合的戏剧文化外译传播融媒体渠道，新媒体平台作为融媒体渠道的重要组成部分，其运用均依赖于数字化技术。

翻译传播的数字化趋势将进一步扩大传播受众和范围。不同于传统以纸媒为主的传播渠道，翻译传播的数字化趋势实现了戏剧作品从文本表达向视听表达的转向。与文本表达相比，以视听表达为主的内容更易于为普通大众接受，因此也将抵达更多的受众，扩大传播范围。北京戏剧文化翻译传播的数字化趋势也是适应国家形象传播方式创新的重要举措，正如有学者，如樊拥军（2017），指出，国家形象传播方式应将精英文本与表述转化为大众文本与符号，利用易读有趣的绘画、影视等低语境符号传播，吸引不同国家、阶层、文化人群对国家整体形象产生认同，这是提高国家形象传播成效的优选策略。北京戏剧文化作为我国非物质文化遗产的重要组成部分，在一定程度上代表着国家形象，其在海外的更广泛传播就要求传播渠道上的积极创新，利用新媒体平台能够实现文字、图像和声音多种模态协同表达信息的功能，以一种更易于为读者接受的方式传播戏剧艺术，进而扩大传播受众群体。

翻译传播的数字化趋势将进一步增强受众体验，提升传播效果。北京戏剧文化翻译传播的目的不仅仅在于在“量”的层次扩大传播受众和范围，更要在“质”的层次增进受众理解和认同，提升戏剧文化在海外的影响力。戏剧文化传播可分为对内传播和对外传播，不同于对内传播，对外传播面对的目标受众对中华戏剧文化中包含的特有元素并不熟知，读者对这些民族特有元素的理解仅凭抽象的文字阐释仍有困难。数字化技术带来的多模态化传播摆脱了单一文字模态表达的局限，受众可以在微博和微信等新兴媒体平台实际感知戏剧的舞台艺术本真，增强欣赏体验。受众对戏剧艺术的具象感知和融入其境的审美体验有利于深化其对戏剧文化的理解，从而提高认可度和接受度。从内容生产技术层面看，VR、AR 等沉浸式传播技术和 H5 等互动传播技术的发展，更利于受众了解中国话语、认同中国话语、实践中国话语（李纲 & 林璐，2019）。例如，借助数字化技术的戏剧 VR 场景体验，尤其可深化读者的艺术体验；微博和微信等可为读者提供评论和反馈的平台，提高读者参与度。数字化技术带来传播途径的革新，使得戏剧文化传播由传统的传播主体至传播受众间单向的传授路径转变为传播主体与传播受众间互动对话的传授范式，以互动交流为典型特征的新型传授格局必将增进受众体验，优化传播效果，进而提升文化影响力。

（二）翻译传播途径智能化

翻译传播途径智能化是数字化背景下表现出的显著传播特征。在新媒体时代，随着获取信息渠道与方式的革新，中国戏剧艺术的传播可以通过建立相关门户网站，开发智能终端应用软件，依托新媒体技术搭建易于整理、翻译、保存和传播的数字化戏剧平台，进行多维度和立体式展示（王小知，2018）。依托新媒体技术的智能终端应用软件开发和戏剧 VR 体验中心建立，将在根本上改变戏剧传播途径，推动戏剧艺术的海外翻译传播逐渐向智能化方向发展。

翻译传播途径智能化趋势将集结更强的传播力量，开辟跨行业合作的新模式。传统的以剧本译介为主要形式的戏剧翻译传播模式下，译者是主要的传播主体。随着智能化时代的到来，戏剧外译传播不能再完全依赖于译者单一传播主体，在译介途径智能化趋势下，译介作品载体和平台的开发需要较强的技术支撑，这就要求戏剧译介传播改变以往缺少跨行业交流合作的局面，探索出一条译者与技术企业紧密合作，开辟跨行业合作的全新模式。译者与企业通力合作的译介传播将集结更广泛的传播力量，寻求跨学科和跨行业合作，从而推动戏剧外译传播向智能化方向发展，实现戏剧外译传播模式的根本转变。

翻译传播途径的智能化将推动戏剧翻译实现多模态化，提升传播效果。在翻译传播途径的智能化趋势背景下，戏剧译作传播载体形式多样，平台广阔，新兴的传播方式促成了新的表达与行动空间的建构（彭军辉 & 陈小波，2019）。多元传播介质的出现使得戏剧翻译传播不再依赖于单一纸媒，戏剧艺术包含的大量视觉和听觉元素也可以在译作中得以体现，戏剧外译传播也有望真正实现多模态化。

翻译传播途径智能化趋势将提升传播自动化水平，极大提高传播效率。依托数字化技术形成的网状传播格局下，戏剧译作自进入传播，纳入传播链条的受众均可成为新一轮传播的主体，他们出于兴趣的主动转发和分享促进了戏剧译作的传播速度，从而提升了传播的自动化水平和传播效率。随着传播途径的智能化转向，虚拟技术的应用实现了人机互动，在增强受众体验的同时，智能机器也以前所未有的自动化模式，将极大提高信息生产与传播的效率。但正如上述两位学者指出的一样，在传播实践中，智能机器展现出自主性、创造性与意向性的主体特征，可以视为拟传播主体，但是机器主体可能偏离人类主体的发展路径，发展出具有技术逻辑的独特主体性，进而导致传播失控危机。因此，人类主体需要进一步反思自身的主体特性，在人机共生、协同进化的视角下重新审视人类主体性并建构主导性。（程明 & 赵静宜，2010）这就要求在戏剧译介传播中，译者和技术企业要具备高度的传播主体意识，主动引导戏剧翻译传播沿着积极正确的方向发展。

第四节　北京戏剧文化翻译传播受众

北京戏剧文化外译，从译介本质上看是跨文化传播，须遵循传播原则和规律来实现良好的传播效果。传播学为北京戏剧文化外译实践提供理论指导，受众在传播过程中承担实现传播效果的角色，戏剧文化翻译时译者需把握受众的文化特点和接受习惯，分析受众认知，围绕“受众中心”的宗旨，实现受众认同，动态优化外译，结合多模态译传方式促成文化交流。

一、翻译传播受众分析

传播由传播主体和传播受众共同构建，二者互相联系、互相依存，共同制约传播过程的有效性和可信度（彭菊花，2006）。传播者意图传递的文化信息若未被受众接受就无法有效得到传播，传播效果就会不佳甚至适得其反，传播也随着失去意义（庞彦杰，2015）。因此，受众作为传播过程中的重要考量因素，没有受众的传播即是不成功的传播，未考虑传播受众要素的传播行为也一定不会达到预期的传播目标。

（一）受众的内涵

何为受众？受众（audience）是指大众传播所面对发言的无名个体和群体（袁翔华，2018），信息的接收者即是传播受众。在传播学研究中，曾有诸多学者尝试构建传播模式，美国学者 H. D. 拉斯韦尔（Lasswell）（1948）首次提出传播过程模式，后被称为“五 W 模式”或“拉斯韦尔模式”（Who → says What → in What channel → to Whom → with What effects），即传播主体——传播内容——传播渠道——传播对象——传播效果。对应传播对象的即为受众分析研究。

译介受众解决的是对谁译的问题，也是外译的对象和终点（邓建波，2018）。北京戏剧文化外译要想达到最佳传播效果，需要考虑受众的兴趣和需求。研究受众首先要在译介北京戏剧剧目之前，深入分析和了解译介受众，可根据国别、年龄、性别、社会角色身份与地位等对受众进行分类，根据译介受众的思维方式、喜好、审美习惯、社会意识、人生观、价值观等要素调整译介内容和译介手段。北京戏剧文化翻译的传播，目的在于弘扬蕴含深厚中国文化内涵的戏剧文化，实现文化走出去的传播效果，但差异悬殊的中西文化必定影响生活在各自文化中的人的思维方式，包括世界观和价值观，对同类型信息的接受偏好和习惯的信息呈现方式各有不同。因此，只有尽可能做到使传播信息与目标受众的思维习惯和阅读期待相符合，实现目标受众的最大程度认同，才能取得良好的传播效果。

（二）受众角色与属性

从传播过程来看，受众位于传播链条的终端，是信息传播的目标，也是传播效果的检验者。因此，在传播活动中，应将受众需求置于首位，以受众的根本需要作为传播活动的出发点和归宿点。无论是传播内容的选择，还是传播作品的制作，都应以受众为中心（庞彦杰，2016）

从受众属性来看，受传者的性格、兴趣、倾向等个人属性和受众人际传播网络、群体归属关系等社会属性，二者对传播效果都有重要影响（王芳，2009）。首先，戏剧外译时译者一定要有明确的传播和受众意识，需研究外国文化和外国读者的心理思维方式，善于理解和把握中外文化的细微差异及特点，时刻不忘从受众的思维习惯把握翻译（黄友义，2004）。其次，译者须尊重受众的语言习惯，实现源语到译入语语言风格的合理转换。

（三）受众分类

从地域划分来看，北京戏剧文化外译传播的海外受众主要包括中国文化爱好者、海外华裔华侨以及来华驻华人士。国内观众主要是戏剧爱好者、专业外语学者或相关翻译研究人士，后者多倾向于研究戏剧翻译文本。与国内受众相比，国外受众的组成更为广泛，但海外不同国家受众的文化背景、政治态度、宗教信仰、价值观念、认知方式、审美情趣、社会习俗都彼此迥异，呈现多样性特点（曾剑平 & 陈琳，2018）。例如，在不同的英语国家，相同的剧目信息、相同的舞台表现及手法，会因受众不同导致传播效果存在差异。因此，外译传播应针对受众多样化的特点对其进行分类，以突出针对性，进而优化传播效果。强调戏剧外译要从受众出发，根据不同受众的文化背景、价值取向、信息需求和阅读心理，变换不同的译本倾向和表现形式，尽力找寻传播文化之间的相似点，避免与观众的主流价值观冲突，满足特定文化群体的信息需求，把握受众“中心化”来最大限度地获得观众的认可。

（四）受众认知

受众在接受信息时，并非被动地接受而是主动积极地寻求信息为自己所用（郭赫男，2008）。从受众认知来看，受众接受处理信息的心理特征和情感态度机制都与传播效果紧密联系，分析受众认知将对译者外译和传播实现具有重要意义。英国学者 D. 麦奎尔（Denis Mcquail）（1987）曾指出，个人需求和兴趣可以在很大程度上解释受众行为。换言之，受众的心理需求决定了其接受行为（吕杰等，2007）。

在北京戏剧文化外译传播过程中，译介受众起着关键性作用。译者应充分了解受众心理，理解受众的爱好、需求和价值观。北京戏剧文化的海外受众观看剧目是为了满足其各自需求，在心理上倾向了解异质文化，在情感上多出于对中华戏剧文化的新奇心理，引起情感共鸣，实现对个性和自我的追求，来满足自我意识的需求和精神世界的满足。在作品上要求语言及场景通俗易懂，易于接受。

（五）受众与译介过程

在戏剧实际外译传播过程中，译者要熟知受众群体，尤其要注意满足受众的心理需求和精神世界，把关作品的可接受度，以激发受众认同，提高信息交流效率。换言之，要把受众现状和受众需求置于首位，重视受众评价，促进受众接受。译者首先要结合剧作的时代背景和语境信息，反复观看剧目，阅读剧本来充分理解原文；再结合海外受众的时代背景来输出译文，创新外译方法，调整翻译策略。在剧目外译策略上译者要善于与受众沟通互动，不能拘于刻板的翻译技巧，或企图改变受众即信息接受者的固定思维，在译介作品中强加个人价值取向。但是，译介过程也不能一味地迎合受众，过于倾向译入语文化，如此一来将会使我国戏剧文化精髓的传播效果大打折扣，偏离文化传播目标。以“中国故事，国际表达”为导向的动态化剧目外译工作，最后呈现的作品应尽量贴近受众，以一种受众喜闻乐见的方式呈现最佳的译文效果；在受众认知上产生真切的共鸣，于无形之中获得受众的认同，减少文化理解分歧，借助视觉、听觉等多通道的传播方式，进而打开畅通的交流渠道。

二、翻译传播受众趋势

传播受众是译介内容的接收者，中华戏剧文化真正“走出去”的标志是戏剧作品在大众生活中的传播和普及，而不是仅仅为专业领域从事文化科学研究所用。普通民众接触中国戏剧文化主要是出于兴趣的娱乐消遣，以视听效果为显著特征的数字化平台和 VR 场景体验是此类传播受众更易接受的媒介通道，因此，传播方式的革新使中华戏剧艺术抵达更多的目的语受众成为了可能。借助新型传播平台，努力扩大海外受众范围成为当前我国戏剧外译研究面临的重要任务。

北京戏剧文化译传时要有充分的受众意识，同时，也不能高估了受众的认知程度。为了便于目标语受众理解和接受，对受众不太了解的事物、现象和概念等应做解释性翻译，尤其是戏剧文化中文化词语的阐释，避免简单地将源语译为目的语，应提高语言灵活度，激发受众的兴趣，从而提高戏剧文化翻译的清晰度和传播效果。

（一）翻译传播受众扩大化

中西文化交流一直以来伴随国情、历史和社会意识条件而不断改变，如今中国因综合国力的提升在国际社会赢得了更强的话语权，讲好中国故事、传递中国声音、增强中国文化传播力已是大势所趋。在戏剧文化传播过程中，只有扩大传播受众和实现传播受众平民化，才能实现国与国之间文化的真正有效对话，从而促进交流。

首先，推动戏剧外译作品走进来华旅游者。来华旅游者多是中国文化的热衷者，对中国特色文化持有强烈的好奇心，也是戏剧文化潜在的传播对象和受众。发挥旅游者“意见领袖”为外籍受众提供信息的中介作用，对来华旅游者已形成的反馈意见积极对待，适度调整传播内容和形式，建立文化输出者与受众经彼此协商而形成的一种互动交流，有助于增强戏剧文化在传播国家的传播力和影响力，促进戏剧外译传播。

其次，海外孔子学院是在中华文化传播战略形势背景下，促进文化交流的重要机构，为中华文化的海外传播实践提供了场所。孔子学院较为集中地承载了海外大量真实、新鲜和直接的文化传播需求。例如，中国的一系列先锋话剧曾在俄罗斯圣彼得堡国立大学孔子学院举办交流活动，继首场话剧摄影展后，孟京辉版《茶馆》登上国际舞台，该作品经孟京辉和德国剧作家共同改编，重新对文学经典进行阐释，让俄罗斯观众充分领略到了中国文化的魅力。孔子学院举办的戏剧交流系列活动具有重要意义，《茶馆》的成功演出也打破了俄罗斯民众对中国文化的刻板印象。因此，建立以孔子学院为媒介的全方位多渠道传播机制，利用大众传播媒介，剧场剧院等举办戏剧文化演出或研讨会议；借助网络媒介，在专题网站发表相关戏剧主题视频影像和剧本简介；建立社交媒体传播，如微博、微信、Instagram、Facebook 等社交平台发展群体性传播优势和粉丝效应，增强戏剧文化在海外网友中的接受度，形成正向反馈，拉近传播信息和受众间的距离。

最后，海外华裔与中国留学生是弘扬和传播中华文化的主体力量，华人华侨也是增进海外传播的重要力量。长期的境外生活使华人华侨对外国文化和民众思想以及审美取向的了解更为深入，他们可以通过解说、号召等方式启发受众，激发外国观众对戏剧艺术的好奇心。此外，生长在海外的华侨也是受众目标，他们心中的爱国情怀和对祖国文化的热爱也将在戏剧文化传播中贡献力量，发挥宣传导向作用。

（二）翻译传播受众平民化

推动戏剧外译作品走进海外普通民众。一方面，借助数字化传播平台促进戏剧外译作品在普通观众中推广。自媒体的普及使得借助数字化平台传播的戏剧外译作品能够抵达更多的受众，为此，戏剧外译工作者积极开展戏剧多模态翻译实践，并与提供数字传播平台的企业合作，是当前戏剧外译作品走进更大范围受众群体的理想选择。另一方面，充分调研、了解外籍受众的需求，积极进行外译传播准备。中国戏剧，尤其是传统戏曲蕴含的价值观念、特有习俗及其艺术表现形式大多不为外籍受众所了解，从而影响受众的理解接受和传播效果。为此，外译作品传播需要在了解受众需求的基础上进行，同时传播推广前有必要开展知识讲座和公开课等必要的准备活动。但传统戏曲外译还应做好传播主体文化自觉与传播受众需求之间的平衡，戏剧文化传播既不能陷入完全置受众文化知识背景和需求于不顾的误区，也不能一味强化只考虑受众需求的文化附庸心态。

对于互联网平台下的戏剧文化外译传播，第一，可以利用新媒体互动传播的优势，尝试降低戏剧文化受众的年龄层，打破中老年受众的固定思维模式，借助社交媒体视听一体的传播渠道，吸引更多的年轻受众欣赏北京戏剧文化，年轻人在网媒时代占比较高，是促进戏剧文化传播的重要力量。第二，网媒可以使传播摆脱时空限制，受众很大程度上不再因其收入、社会地位和文化程度等因素受限。欣赏戏剧艺术将不再仅仅是社会中高阶层的特权，互联网平台提供了低成本低消费的文化盛宴，有利于更便捷地接近目标受众。换言之，网媒时代可以在一定程度上实现戏剧文化传播受众的平民化，从而扩大传播范围，增强传播效力。

第五节　北京戏剧文化翻译传播效果

传播效果是最终目的，是对传播成效的检验。传播主体可依据检验结果调整传播策略。目前，国内对外译接受效果的研究相对较少（周楠 & 谢柯，2018），为数不多的戏剧外译接受研究也集中在对译介效果的静态分析上，缺乏对外译传播效果的动态监测。在多模态翻译条件下，借助数字化平台的戏剧外译作品传播应实现常态化，而不再局限于个别译介事件，因此，戏剧外译传播效果也要实现相应的动态监测，这就要求我们在健全传播效果监测机制的基础上开展动态评估研究。

一、翻译传播效果分析

传播效果是指带有说服动机的传播行为引起受众思想观念、行为方式的变化，或对一定社会产生的影响和结果（周鸿铎，2005）。建立以传播效果为共同关切的科学有效的北京戏剧文化翻译传播模式，实现翻译主体的传播意图，才能实现良好的文化"走出去"。科学有效的戏剧文化译传模式应遵循传播规律和原则，分阶段、分层级，逐层推进，彼此照应。在译传模式中须体现出理论性和实用性双重特质，脱离剧目翻译实践的译传模式只能是"空中楼阁"式的理论虚像，完全基于经验的译传模式又缺乏系统性和科学性，只有在理论与实践中不断往返才有可能发现既有理论性又能指导翻译实践的科学有效的译传模式（谢柯 & 张晓，2019）。

北京戏剧文化翻译传播主要针对国外受众，如何在传播过程中提升传播质量和效果成为关键问题。实现良好传播效果的关键在于戏剧剧目能否在传播对象国对其受众产生影响。戏剧文化译传的复杂性远高于戏剧文化在国内同一文化语境中的传播，也高于不强调传播效果的翻译活动。北京戏剧文化译传中要发挥传播主体“把关人”作用，精选译介剧目；把握受众特点，生动形象地传播戏剧文化内容，发挥译者的主观能动性即从“受众中心”出发，变通翻译策略，借助多模态译传手段，提高传播力和认可度。

译传相关工作者需提升自身业务水平，尤其以传播为目的戏剧翻译，适度采纳戏剧人建议指导译传作品。剧目译介和舞台表现手段要尽可能满足各类受众需求。在新媒体环境下，针对不同传播媒介的特性，可分角度分层级优化传播途径，畅通传播渠道，优化传播效果。同时戏剧文化译传相关人员应了解不同媒介的传播特性，掌握不同媒介的传播要求。从传播媒介上看，除传统的电视媒体、电台、报刊、通讯社外，互联网数字化平台传播媒介可以方便使每个人参与到传播中来，受众作为文化信息接受者的同时，也可称为传播者。国内外各方对外传播媒介互相配合，统筹规划，为戏剧文化译传选择和搭配最适合的传播媒介。近些年，随着中国媒介技术的成长，形成了依托新兴媒体平台的影响力账号，包括各大新闻、娱乐、社交网站官方媒体的自建 APP 客户端，可集中进行外宣工作，例如中国日报 APP 客户端便是世界了解中国的一个重要窗口。此外，实践证明，新兴媒体与传统媒体相结合可以使传播效果更为显著，自媒体和社交媒体的繁荣使大众有了更便捷的获取信息方式，微信、微博，Facebook 和 Instagram、YouTube 等国内外媒体平台为文化的对外交流提供了更便捷的途径。如何在传播方式呈现新特点和新趋势的条件下，综合利用平面、视听、网络等不同传播优势并优化媒介组合，提高传播效力，仍是北京戏剧文化译传在未来探索的问题。

二、翻译传播效果监测

理论上，健全传播效果监测机制。一方面，构建对传播效果进行量化监测的评价系统，探索测评指标，开发测评工具；另一方面，建立一套基于监测结果的围绕传播主体、传播内容、传播媒介和传播受众的反馈机制，依据传播效果测评结果完善传播策略。实践上，开展传播效果的动态评估研究，通过问卷调查和体验测试等实证研究方法定时跟踪，采集数据，考察戏剧多模态翻译成果在目标语群体中产生的影响。目前，非遗传播效果的研究只是对一些受众群体的认知、心理及行为进行分析，了解其对非遗感知的逻辑变化，尚未对非遗传播效果进行严格意义上的量化考核（柴颂华 & 吕尚彬，2016）。中华戏剧文化作为非遗的重要组成部分，对其译介作品在海外的传播效果进行量化评估，强化监测，并作策略调整，提升传播效果，是未来促进戏剧文化“走出去”的重要任务。

（一）翻译传播效果监测标准化

翻译传播效果监测的首要步骤是要建立评估标准。北京戏剧文化翻译传播效果评估标准参照《2018 年媒体融合传播效果评估分析报告》（2018），建立评估指标体系的一级指标，从传播力、引导力、影响力和信任度四个评价指标监测戏剧文化译传效果。

从传播力来看，主要包含两个层面：第一个层面是指“传播的能力”，即是否具有传播的基础设施及是否具备一定的可达范围；第二个层面是指“传播的效力”，即指传播的精度或效果，效果是衡量媒体传播力的重要标准。因此传播力集中反映的是媒体有效传播的能力，体现在受众认知和受众行为中，从受众认知上看，包括对译介作品的认同和接受，在思维上产生变化，从受众行为上包括网络媒体上对传播内容的关注转载，也可以通过媒体平台受众覆盖率的变化体现。因此，戏剧外译传播效果监测可加强对国际传播中新媒体的关注，通过在网络媒体大数据中分析受众覆盖率来反映翻译传播效力。

从引导力来看，传播媒介要坚持正确的引导方向。在宏观层面，引导力是对传播内容的性质、发展趋势和方向进行引导的能力；在微观层面，引导力是媒介自身受众凝聚力和传播力度。为了增强媒介引导力，可借助国内外主流媒体的影响力，在输出优质戏剧文化译传作品的同时，在更具影响力的媒体平台增强其产生的传播引导力，更好地发挥意见领袖作用，并透过舆论关注视角，了解海外受众的关注和讨论力度。

从影响力来看，指媒介通过自身的行为对目标公众在思想和行动上形成的辐射能力。不同于纸媒的发行量、覆盖率等单一评价标准，影响力是反映媒介影响性的综合性指标。在戏剧文化译传网络平台上注重官方媒介渠道的影响力，考核其在多种不同信息传播渠道的影响力水平，并根据具体数据指标量化，提取影响因子，进而调整传播渠道。

从信任度来看，指传播媒介本身赢得受众信赖的能力。就戏剧传播而言，传统媒介舞台剧场等可以更加立体地呈现戏剧文化传播语境，其票房上座率等是衡量传播影响的因素；但在新媒体技术背景下，国内外网络媒体更接近戏剧文化受众，受众范围广，借助网络媒介手段拍摄短视频，录制戏剧音频，包括利用 5G 技术通过演出直播等方式立体地还原戏剧文化内涵，可以让观众直观地感受北京戏剧文化。受众反馈可通过评论、点赞、转发的方式进行反馈，拓宽传播路径。这些反馈数据也便于在监测传播效果时作为样本数据进行评估。

（二）翻译传播效果监测数据化

伴随互联网技术的发展，特别是如今移动互联网的普及，从全球来看，社会运作和人们的日常生活都在依托新技术传播方式。新兴传播方式下，受众也不仅仅是传统媒介中单一信息接受者的角色，而是更多地主动关注并参与到传播中来，尤其在自媒体时代，传播受众对传播的影响力越来越大。北京戏剧文化译传效果监测也应伴随科技进步与时俱进，实现效果监测数据化和动态化。

在新兴传播媒介条件下，戏剧外译宣传时，首先可根据受众分类特点按照提前设置好的特定内容进行传播，并积极引导外文媒体的注意力；其次可借助自媒体平台宣传并增强与受众的互动，可以以小视频、图文介绍、动画、网络直播等革新传播的方式，让受众看到、听到，产生亲切感和共鸣，同时愿意互动、分享、参与到传播过程中；再次，传播途径可尽可能利用以视听效果为显著特征的数字化平台和 VR 场景体验，让受众身临其境并产生直观感受，摆脱外国受众对中华戏剧文化的刻板印象；最后，区别于传统剧场、剧院和电视节目播放等传播途径，可深入把握受众的心理特点，利用社交媒体实现传播内容的筛选和精准投放，让受众参与传播，并发扬意见领袖作用。新媒体背景下戏剧文化传播途径的革新也势必引起传播效果评估和监测方法的改变，北京戏剧文化外译传播实效的监测也应顺应大数据时代要求，运用问卷调查、行动采集和体验测试等数据收集方法，采集客观数据，通过量化统计，以客观反映传播实效。

1. 问卷调查

有效的问卷设计无论是在戏剧翻译传播前的宣传还是翻译传播后的意见信息采集，都具有综合性的优势。针对特定剧目或特定受众的戏剧文化外译传播，问卷调查可利用其能够指定调查对象和随机调查的优势，提高反馈信息的有效性。但传统问卷调查数据采集的劣势在于数据量不足，而依托互联网的问卷调查将大大降低传统数据时代所需的人力和物力成本，借用电子邮件或问卷调查平台，在线实时采集数据，同时也将克服传统问卷调查受制于人数和地域的局限，将扩大调查范围，极大提高数据采集量和数据样本的代表性。在互动和反馈的有效性方面，在线实时问卷可利用互联网的交互方式，及时地监测到受众的反馈问题并给予回复，问卷双方都可以快速获取有效信息。

2. 行动采集

互联网科技使得受众摆脱了地域限制，对戏剧艺术的欣赏可不再受限于戏剧剧院等传统剧场舞台，依托互联网的自媒体等社交平台随时随地感受中国戏剧文化的魅力。在大数据时代，对受众态度和行为层面的效果监测也发生了转变，受众的一切行为都可以通过数据得到展现：浏览量、点击率等指标代表了到达，二跳率、访问时长等指标反映了基本互动形态，搜索、下载、收藏、点赞、转发、留言等信息数据体现了受众的兴趣和行为偏好等（李冰玉，2017）。换言之，在北京戏剧文化外译传播时，可以利用互联网大数据技术，从受众参与各种互动的精准化数据中分辨受众行动，从受众的线上参与率等监测戏剧文化的海外传播效果，从而有效地调整传播内容和方式，迎合受众喜好，提升传播效果。

3. 体验测试

新媒体背景下，戏剧演出逐渐呈现出“走出剧场”的趋势，但离开传统舞台的戏剧，其传播影响力将只增不减。依托数字化技术的新媒体平台和智能终端使得线上观看戏剧演出成为可能，国内外观众均可通过线上网络直播或 VR 体验等方式欣赏戏剧艺术。这将有效扩大中国戏剧文化译介作品的海外传播受众，实现受众平民化。在新传播和新体验条件下，北京戏剧文化外译传播可通过多渠道尽可能实现受众参与体验，利用互联网云端开展线上体验、线上教学；利用海外孔子学院等机构组织线下学习体验，创新体验思路，做好体验活动，从线下受众的体验数量和体验感受监测戏剧文化的海外传播效果。

这里需要指出的是，北京戏剧文化译介作品海外传播途径和方式的改变利弊兼存。通过问卷调查、行动采集、体验测试等方式，关注受众群体，发现传播热点趋势，提供传播效果反馈信息。对于正面的传播反馈我们可以做好数据统计，进一步优化戏剧外译传播手段，加大传播力度；对于可能存在的负面的传播反馈，要给予高度关注，了解受众的态度，及时做出调整。同时，对于戏剧文化翻译传播要具有一定的风险管理意识，特别是要对对外传播内容做好危机管理，培养专业人员，制定全面和科学有效的传播方案，提高北京戏剧文化传播效力，实现有效的文化交流。

第三章

北京戏剧文化多模态翻译传播

第一节　戏剧文化多模态属性

“模态是由社会文化塑造的意义生成资源，包括图像、文本、图表、言语、动漫等。意义常由一种以上的多种类型的模态共同构建。模态有其各自的适用性（affordance）——生成意义的潜势与限制。这就使得符号制造者根据他们设计意义的兴趣和修辞动机在所有模态中有所选择，以充分实现他们的兴趣和观众的需求”（Bezemer & Kress，2008）。在日常生活中，人们除了使用语言外，常常还运用其他一种或几种符号资源参与意义的构建，以多模态话语的形式进行信息传递和沟通交流。我们日常接触到的如文字、声音、图像、动作、色彩、面部表情等等这些模态都可以作为意义生成资源，通过研究每种模态表达意义的方式和特点，可发现模态意义生成的规律（胥国红 & 曲航，2009）。

生物经过漫长的进化和演变逐步从单一的细胞体变成拥有视觉、听觉、嗅觉、味觉、触觉五种感知渠道的生命体，我们把每一种感知渠道称作一种模态，于是形成了相应的视觉模态（visual modality）、听觉模态（auditive modality）、嗅觉模态（olfacotry modality）、味觉模态（gustatory modality）和触觉模态（tactile modality）五种交际模态。最早研究多模态而且将其作为重要研究课题的是在生理科学领域，而不是语言研究领域。韩磊等（2010）在“多感觉整合的研究进展”一文中指出，动物的大脑皮层会接收到来自不同环境中的信息，而这些信息涵盖了各种不同的模态，如听觉、视觉、触觉等，同时这些模态相互跨越相互整合所产生的效应会对动物的感知、记忆的存储起到关键性的作用。由此可得出，各种生命体直接的交流以及对整个外部世界的感知都是通过各种跨模态产生的信息所形成的。

美国心理学家艾伯特·梅拉宾（Albert Mehrabian）提出了一个著名的公式：人们交谈时信息传达的总体效果 = 言辞 7% + 声音 38% + 面部表情 55%，换言之，交流效果并不仅仅由言辞构成，还有很大一部分是由谈话者的声音和面部表情来构成最终的表达效果。这表明人们在进行沟通交流时，语言文字不是独有的交流途径。单一的语言符号不能完成交流的目的，听觉、动作、表情这些因素必须共同作用才能被对方理解，完成整个交流的过程（黄芳 & 刘芹，2012）。因此，我们可能在话语分析领域存在一个方向性的错误，那就是我们回顾前人的研究发现大家研究的话语分析几乎全部是以文本为基础的（朱永生，2007）。

回顾迄今为止的研究，我们可以看到最早关注多模态话语分析的是符号学家。二十世纪六十年代来自法国的符号学家罗兰·巴特（Roland Barthes）提出多模态话语中的图文关系，并将其归纳为锚定（anchorage）、说明（illustration）和接力（relay）三种模式。具体而言，使用文本来支持图像就是锚定，用图像来支持文本就是说明，文本和图像互相支持就是接力。

在语言学领域，韩礼德（Halliday）提出的系统功能语言学为多模态话语分析提供了理论依据。依据他提出的语言是社会符号的观点和系统功能语法的基本理论，语言成为社会符号和意义潜势的概念。语言不再是作为构建意义的唯一源头，其他的符号也可以构建话语意义。韩礼德认为多模态话语是一个系统的结构，多模态话语同样具有概念、人际和语篇三大元功能。在此基础上，朱永生（2007）提出多模态话语分析同语域理论紧密相关，当我们对多模态话语进行分析和解读时，必须结合具体的语境因素。

关于多模态的定义，比较有代表性的如 Kress & van Leeuwen（1996）

认为多模态是“多种符号系统的意义互相跨越互相结合而来的”；后来，Kress & van Leeuwen（2001）又将多模态定义为“使用多个符号模态去设计一个符号产品”。Gibbons（2012）也对多模态进行了定义，他认为，两个或两个以上的感官进行互动就构成了多模态，而且要结合具体的语境，各个模态自身可以产生意义的同时，通过彼此的交接和互动产生意义（Kress & van Leeuwen, 2001）。

艺术的种类繁多，各类艺术的表现手段也各不相同。就戏剧艺术而言，它既可作为阅读的文本，包括剧本情节、结构、关目、宫调、曲牌、文辞、声韵等方面，又以复杂的艺术形式呈现，包括唱、念、做、打及舞台布景和音乐伴奏等，综合性强是戏剧艺术的显著特点。戏剧涵盖了演员同观众在视觉、听觉、触觉等各个模态的话语交际，是由多符号、多模态构成的一门综合性的艺术。

我们习惯性地将中国传统戏剧称为中国戏曲。早在元代陶宗仪就在《南村辍耕录·院本名目》提到:“唐有传奇。宋有戏曲、唱诨、词说。金有院本、杂剧、诸宫调。”当然这里提到的“戏曲”是指宋杂剧，与我们现今的戏曲不是一个概念。此后王国维提出的戏曲才囊括了包括宋元南戏、元明杂剧、明清传奇以至近代的京剧和所有的地方戏在内的中国传统戏剧（蓝凡，2008）。中国戏曲是三百多个剧种的概括和总称。依托中国古典哲学和深厚的文化积淀，形成了具有自己独特风格特征的完整体系，包括表现形式、艺术风格、审美意识和审美观念。

探讨中国戏曲艺术的原理要从美学的角度，对中国戏曲的本质进行归纳和思考。戏曲具有其特有的音舞性、表演的程式性、舞台设置的虚拟性和故事表演的叙事性四个特点，在长期表演的实践中形成了唱、念、做、打的基本表现手段（蓝凡，2008），从某种程度上讲，以上特点就是对戏曲综合存在模态所作的一种抽象分析。

一、音舞性

中国戏曲艺术最基本的特点就是音舞性，实质上戏曲的程式性和虚拟性都是在音舞性的基础上衍生出来的，是建筑在音乐舞蹈基础上所表现出来的特性。通俗地讲戏曲的音舞性就是我们常说的载歌载舞（金元浦等，1999）。二十世纪初王国维提到，“我国戏剧，汉魏以来，与百戏合。至唐而分为歌舞戏及滑稽戏两种。宋时滑稽戏尤甚，又渐籍歌舞以缘饰故事”，“戏曲者，谓以歌舞以演故事也，”“必合言语、动作、歌唱以演一故事，而后戏剧之意义始全。”同时，戏曲理论家齐如山（2014）在《中国剧之组织》一书中提到：“中国剧与古时歌舞相较要复杂多矣，是由古时歌舞演变而来，故可以歌舞二字概之。”京剧表演大师梅兰芳讲过，“戏剧是建筑在歌舞上的，舞台上的表演都是建立在歌舞之上的，形成了其自身的表演规律。”同时期的京剧表演大师程砚秋也提到，“中国戏曲是基于舞台而展现的一种歌舞形式，表演者通过唱念做打等表演手段在舞台上反映现实多彩生活。”简而言之，中国戏曲的音舞性是表演的音乐性和歌舞性的有机结合与完美统一，贯穿于戏曲表演的始终。

（一）音乐性

王国维讲过“中国旧戏向来是跟音乐有连带密切的关系”，音乐性格作为一种精神状态，贯穿于戏曲表演的全过程，表现在旋律的曲折变化（音型的交织、旋律的模进等等）和节奏的抑扬顿挫。戏曲之所以不论从形式上还是风格上都烙印着浓烈的民族色彩，是因为它的表现具有强烈的音乐性（焦菊隐，2005）。例如，中国戏曲的语言包括唱词和道白都具有音乐的旋律，一句一腔都有严格的规范和要求，形成了音乐语言。同时，剧本结构方面，剧情发展和矛盾冲突也具有跌宕起伏、抑扬顿挫的音乐意味。

戏曲演员的舞台动作和人物性格塑造与音乐充分的结合，使得每一个舞台动作的动律韵味都可以让观众感受到所要塑造人物的性格特征。当然戏曲表现形式最核心的是节奏感（曾繁仁，2013），通过节奏的变化来表现角色内心活动的变化。如戏曲表演时锣鼓点的节奏变化可以让观众感受到故事情节进展的高低起伏，抒发角色情感。节奏也是戏曲中程式和虚拟动作的基础，只有带有节奏，才能在舞台上进行表演。即使是角色感情的抒发，也外化在了鲜明的节奏感之中，所谓角色化妆、装饰上线的繁复交织，色彩的黑白相间、叠翠绚丽，可以说正是这种节奏感的体现。所以张庚和郭汉城（1980）认为："音乐与其他艺术统一在节奏的鲜明性这点上"，"用节奏来统驭一个戏里的各种艺术手段，也是为了统一一个戏里的情绪基调和情绪变化发展的线索、脉络，使观众能够按照预订的计划接收鲜明强烈的感染……这是中国戏曲的一个特点"。戏曲中的武打也必须展现艺术的节奏，有板有眼，轻重缓急依剧情和人物性格的需要而千差万别。

（二）舞蹈性

戏曲的舞蹈性与音乐性是紧密相连的，二者是相互统一的有机结合，在一定程度上，舞蹈性是音乐性的表现形式。戏曲的舞蹈性体现在一切戏曲表演当中，演员的每一个动作、表情都被不同程度的舞蹈化了（金元浦等，1999），如上轿、下轿、赶路、坐船等都是舞蹈化的动作展现，都带有浓郁的舞蹈感和舞蹈姿相（亮相也带有舞蹈的雕塑感）。甚至角色的上下场，也是上场有上场舞，下场有下场舞，如京剧《四郎探母》中杨延辉上场的斗袖、正冠、捋髯、亮鞋底儿等，都可以说是一种舞蹈。此外，中国戏曲角色情感的表现也带有一定的舞蹈意味；服装也是为了舞蹈而设计。人物的长袖宽服与古代的舞服有渊源联系，诸如水袖、翎子、靠旗、高靴、大带、飘带、帽翅等，都是为舞蹈而设。甩发、大諸，以及各种各样的髯口，也都是为舞蹈而设。

以上仅指中国戏曲舞台上的一切表演动作（包括情感外化动作）具有舞蹈的倾向而已，但实际上，戏曲表现形式上的舞蹈性却并不限于此。其实舞蹈性就是指中国戏曲的一切表现形式，如舞台语言、舞台的时空表现等等，都带上了舞蹈的性格色彩——一种线性的律动意蕴。譬如中国戏曲语言在外形式（语句的衔接、排列）和内形式（语言内涵）上都呈"舞蹈性"的线性排列，甚至角色的唱词、对白也与舞台动作表演相融合，并共融于舞蹈的精神状态之中。京剧《打渔杀家》中，李俊、倪荣辞别肖恩下场后，桂英问："爹爹，这是何等样人？"萧思叫板："儿问的是他？"然后转回身是"左磕、右磕、云手"的动作（用左手碰一下桂英的左手，用右手碰一下桂英的右手，两人调换一下位置，云手），接着再唱："他本是江湖二豪侠，倪荣、李俊就是他……"这些与实际生活中的对话是不同的，实质上是带有舞蹈性的对白。

中国戏曲特殊艺术风格的形成有一个重要因素就是依靠着演员的各种身段动作及唱念，表现出无所不包的时空环境（侯清莲，2002），更可以说就是一种舞蹈线性律动的时空心理感觉。在某种程度上，中国戏曲表演中的程式动作和虚拟表演，正是因为有了舞蹈音乐才形成的。

二、程式性

戏曲反映生活的表现形式就是程式性，是指对生活当中的各种动作的规范化和舞蹈化，在戏曲表演时被反复使用的一种约定俗成的表现形式。它源于生活，但又不同于生活。程式是按照一定的规范对现实生活中存在的动作进行提炼加工美化而形成的，如开门、推窗、上马、下马、登船、下楼等等，都有其固定的规范动作，都凝聚着各个时期戏曲表演艺术家的智慧和心血，同时又为新时期新时代艺术家的创作提供了现实基础。新时期的艺术家们根据新时代新生活的特点进行艺术创作，在继承传统程式动作的同时又能推陈出新，创作出具有自己独特个性的美的典范。除了唱、念、做、打的程式外，还有剧本的结构、唱腔的各种安置、不同语言的运用，乃至戏曲舞台的时间与空间的处理运用都是程式化的。当然还有化妆有脸谱，打本子有章法等等，举凡表现喜、怒、哀、忧、思、悲、恐、惊等人物感情，也全提炼为一套完整的程式（王海洲，2004）。可以这么说，不论是从宏观表现方面如分场、升堂、下场，还是微观表现方面如髯口、甩发、纱帽翅子、翎子、扇子、衣襟、水袖、帽子、飘带、手帕、线尾子、哭笑耍腔等都具有规范性。也正是程式的规范性使得戏曲表演艺术可以代代相传，时演时新。

戏曲的程式是对各种舞台表现形式的高度概括和有序总结，使得所有戏曲的表现形式都放置于规范化的性格当中（蓝凡，2008）。甚至中国戏曲舞台的情感也有程式，笑、哭，都有锣鼓节奏，假如在体现喜、怒、哀、乐的感情过程中打不出点子来，就会失去戏曲舞台的真实感。我们在探讨程式的价值作用时要挖掘出它的内在美，它蕴含着感情的表达和抒发，起到传神点睛的效果。简而言之，程式也就是中国戏曲形式美的体现。但如果从它的本体上来考察，程式的属性体现应该是简洁、鲜明、规范和相对稳定。

简洁，大道至简。中国戏曲程式的最本质的特点就是简洁，用最经济的手段去展现生活的林林总总。以表演程式为例，如“走边”“起霸”等，就是对生活高度的聚炼和集中概括，在生活基础上摄其神、拟其形，删去繁枝末节的东西，抓住某一事物最本质的特征进行提炼概括（李秉芬，2016）。例如，戏曲表演对生活中的各种行走进行浓缩提炼，删去一些不必要的细节，简化成如箭步、璇子等程式动作，戏曲术语常称为“走边”，非常简洁而又经济，可以说是一种以一当十的表现手段（李淑霞，2015）。而演员凭借这套矫健敏捷的程式动作，依角色性格、情节矛盾、情境内容的不同，表演出种种的差别。

鲜明，实质上是说不能把生活原原本本地搬上舞台，而是需要经过各种夸张、美饰、筛选性的加工来表现动作本身的鲜明特征，达到理想的演出效果（任建民，2004）。唯其如此，中国戏曲表现中的一切程式动作，都比生活强烈、幅度大、有节奏感。譬如中国戏曲脸谱就是抓住各种人物共同的性格特征，在此基础上经过各种夸张、美饰、提炼成一套勾脸的规范程式（李淑霞，2015）。各种脸谱的形象效果非常明显：貌美俊秀，以脂粉涂面；五官端正，用磨描眉眼；勇武和貌丑，则勾花脸。例如，包拯的黑脸用黑色涂抹整个脸部，然后用白色勾画出眉、眼，虽然夸张了生活中人的正常肤色，不似生活原貌，但在这简单的勾勒之中，极其鲜明地表现出了人物各自的性格特征。中国戏曲在各种色彩上的运用就是为了产生强烈鲜明对比的舞台表演效果。

规范与稳定是紧密联系在一起的，二者缺一不可。如果一套程式没有规范性和稳定性，那么这套程式就失去了其存在的意义和价值。譬如中国戏曲中开门、关门这一程式动作，在戏曲舞台上舍去了生活中的一切细节和差别，只抓住拔闩、开门和关门、插闩这两个主要动作进行夸饰，而当开门、关门的程式动作一旦形成，就规范化了，并形成了相对稳定的程式。以后无论在什么样的表演情景中，这套程式都是固定的。例如，起霸这个程式动作，起初只是从明代传奇《千金记·起霸》一折中项羽披甲上马的动作借用下来，经过不断地规范，最后才稳定成为表现大将威严的一套规定程式。

中国戏曲的角色行当分类，从早期的参军、苍鹘，到宋杂剧和金院本的五化爨弄，演变为南戏的七色和元杂剧的末、旦、净三大类，再到昆山腔的江湖十二角色，从开始的比较粗放，不甚精确，发展到比较细致，比较严密，不但行当的分类愈加规范化，并且也是愈加趋于定型和稳定了。戏谚所谓生、旦、净、丑、龙、凤、狮、狗，以生、旦比作龙、凤；净、丑比作狮、狗，讲的正是中国戏曲角色行当分类的这种规范风格特征。在中国戏曲舞台上，除了剧本之外，表演技术决定一切，它不但决定了演员的舞台创造是在程式基础上的再创造（李淑霞，2015），而且要求演员能够熟练地掌握程式，将程式真正做到内化于心外化于行，才能达到传神传色地表演角色（李伟民，2009）。

综上，我们可以看到无论是戏剧的音乐性、舞蹈性，还是程式性都无不体现出戏剧艺术的多模态属性。戏剧中涵盖了视觉模态、听觉模态、嗅觉模态、味觉模态和触觉模态五种交际模态，多种模态同时进行意义生成和信息的传递。据此我们可以得出戏剧艺术具有多模态属性，这也为我们对戏剧外译实践进行更广泛的研究提供一种崭新的路径。

第二节　戏剧文化多模态翻译策略

目前，戏剧文化翻译研究的理论视角多样，既有传统的功能对等、语义交际和顺应论，又有新颖的表意符号、美学、翻译生态学等理论。但基于戏剧的多模态属性，而且随着科技的高速发展，多种科技手段运用到戏曲表演当中，就更加需要运用视觉、听觉、触觉等不同的感官进行欣赏和理解。同时，戏剧多模态属性的增强也增加了戏剧翻译的难度。戏剧翻译除了一般文字翻译上的挑战，其作品本身因语义生成需要一个多模态符号互动的合力过程，也会对翻译实践形成束缚（张曼，2018）。近年来新兴的多模态话语分析更加注重除语言本身之外的其他意义模态的作用，在一定程度上突破了传统戏剧翻译研究的局限性，为戏剧翻译提供了一个新的研究视角，多模态话语分析与戏剧翻译结合成为近年来探究戏剧译介策略的新路径。

张德禄（2009）曾对多模态话语作了如下定义：它是指运用听觉、视觉、触觉等多种感觉，通过语言、图像、声音、动作等多种手段和符号资源进行交际的现象。多模态话语分析以韩礼德的系统功能语言学为理论基础，将语篇分析从单模态扩展到多模态进行综合分析。张德禄在系统功能语言学的基础上，提出了多模态话语分析的综合理论框架，包括文化层面、语境层面、内容层面和表达层面。

文化层面是多模态话语分析中最关键的一环，话语交际的传统、交际的形式和交际的技术都是由文化层面决定的。就戏剧翻译而言，译者的任务就是通过翻译，传达戏剧中包含的中国传统文化元素，从而使观众能够感受到生动的中国传统戏剧文化。翻译，在一定意义上说，是不同语言、文化的人之间相互沟通和理解的首要保证（许钧，2001）。

但翻看西方翻译史，翻译活动采用的策略却具有明显差异，有优越感的民族在翻译过程中体现了赤裸裸的文化侵犯，译入时“求同”，争取归化之手法；译出时“存异”，采取异化的方法。这样对目的语与目的语文化就形成了一种“殖民化”（谭载喜，1991）。进入二十世纪九十年代，越来越多的翻译学者在翻译实践过程中意识到上述翻译观念与翻译原则在多元文化语境下应当有所改变（许钧，2001），归化已经成为英美文化对其他文化进行殖民渗透的手段，简而言之，是“以英美文化的规范、价值观和美学观为标准来归化外国文本与外国文化，表现了英美的民族中心主义”

（郭建中，1997）。韦努蒂指出，当译语是英语时，流畅译法就为英美国家尤其是美国对其他欧洲、非洲、亚洲和中南美洲国家进行不平等文化交流提供了方法上的可能（陈德鸿 & 张南峰，2000）。由此可看出，翻译方法不是一个单纯的技巧问题，还必须站在文化交流的高度去看待，这也正是将翻译置于多元文化语境下加以探讨的意义所在。

语境层面，最早提出“文化语境”这一概念的是人类学家马林诺夫斯基（Kaspar Bronislaw Malinowski）。他认为，文化语境是审美语境的一种类型，包括当下的政治、历史、哲学、科学、民俗等思想文化意识，是对某一言语社团特定的社会规范和习俗的总体认知（刘润清，1999）。放眼全球，目前的世界处在一个多元的文化语境下。著名学者严绍璗（2001）从文学发生的角度，对“文化语境”作出如下解释：“文化语境是指在特定的时空中由特定的文化积累与文化现状构成的‘文化场’。这一范畴具有两个层面的含义：第一层意义指的是与文学文本相关联的特定文化形态，包括生存状态、生活习惯、心理形态、伦理价值等组合成的特定的文化环境；第二层意义是指文学文本的创作者在一特定文化场中的生存方式、生存取向、认知能力、认知途径与认知心理，以及由此而达到的认知程度，此即是文学创作者们的认知形态。”

在严绍璗看来，除了以上两个层面外，实际上还存在着另外三个不可忽视的方面：一是通过探寻本民族文化的厚度和广度来揭示本民族文化特征的文化语境；二是显现与异民族文化相抗衡与相融合的文化语境；三是显现人类思维与认知的共性的文化语境。尽管严绍璗的分析是基于文学文本的发生学的立场进行的，但就翻译而言，他所指的文化语境涉及的各个层面与翻译的关系极为密切，就本质而言，翻译文本本身就是原文在新的文化语境中的生命延续与拓展。文化语境与翻译是息息相关的。翻译作为一种跨文化的交流活动，无论是广义的翻译，还是狭义的翻译，都是在一定的文化语境中进行的。而文化语境中所涉及的各个层面的因素对翻译的选择到翻译的接受各阶段都起着重要的作用。

就文化语境与翻译的关系而言，最具代表性的学者是英国的西奥·赫尔曼，他曾从理论的高度对文化语境与翻译的关系进行研究，认为任何一种文化都会从其他语言文化中寻找可以引进的文本，借助翻译手段，达到翻译的目的，通过细致的观察就可以发现诸多与这种文化相关的东西：从可能得到的文本中选择哪些文本进行翻译，是谁作的决定；谁创造了译本，在什么情况下，对象是谁，产生什么效果或影响；译本采取何种形式，比如对现有的期待和实践作了哪些选择；谁对翻译发表了意见，如何说的以及有什么根据、理由（谢天振，2000）。

语境因素是多模态交际中的重要制约因素。依据马林诺夫斯基的观点，语境包括语言语境和非语言性语境。语言语境是指在语言交际中表达话语意义时所依赖的上下文。非语言性语境指表达话语意义时所依赖的各种主客观因素。语言环境和非语言环境共同构建戏剧的语篇意义。因此，综合把握语境因素对于戏剧翻译传递语篇意义具有重要作用。戏剧理论家谭霈生对戏剧情境进行了较为系统的研究，提出了戏剧本体是情境的观点。他在《戏剧本体论》（2005）中讲道："欲使人物能够通过丰富有力的动作以实现人格的自满自足，必须为人物提供具有足够张力的情境，使每一动作都在情境到动机再到动作的因果逻辑中显现出合理性。演员只有把握住情境，才能悟到主体的动机，完成动作的特殊方式。观众正是通过动作的特殊方式，想象背后的动机，从而进入人格的深处。在演出时，当剧中人物进入特定情境时，观众也同时被引入这一情境，经历一次设身处境的体验，从而感悟、判断每一动作是否合乎戏剧的逻辑模式"（谭霈生，2005）。从情境的翻译可以看出，其实戏剧译的是人而不是事，情境逻辑模式的翻译就是对人的生命运动形式的翻译。戏剧作为承载人的生命运动的艺术形式，其本身是具有情感形式的生命组织、是活的生物体，与多模态翻译的各种特征相契合。

就语境因素的类型而言，Alexandral & Goustos（1997）进行了系统的总结概括，将语境分为四种类型：情境语境、文化语境、语言语境和认知语境。同时他们将这四类语境归为两大类：情境语境、文化语境和语言语境都是从语言学的角度，以语篇自身和其运作者的背景为观察对象；认知语境是从认知的角度，以交际参与者的心理活动为关注焦点。Newmark（1991）将翻译研究中的语境分为两种类型：一方面，从可见的言语范畴上说，词语是借助于搭配、语法功能以及它们在句子里的词序而进入语境的。另一方面，从不可见的语言外的所指范畴说，词语处于由真实或想象的情境、文化背景、话题与读者共享知识所组成的语境中。Nida（1999）还对更为广泛的语境因素进行了阐述，不仅包括横组合语境，还包括纵聚合语境，同时还涉及译者的风格、兴趣和知识，对原文内容理解的认知层面，出版者和读者等语境层面以及业已存在的译文这样的互文性层面。

翻译语境理论框架是一个综合性的系统体系。翻译作为一个交际事件所涵盖的各个层面和领域都可以进行包容，也不会将翻译研究领域推到无法控制的虚无境地。它所包括的功能型或者语篇特征虽然在翻译研究中从不同的角度有所涉及，但仍需被纳入到一个系统的理论体系当中，这是建立翻译研究理论体系特别重要的一个方面。所有翻译活动的有关参数和层面都应该被当作一个复杂关系网的一部分而被观察和研究。

内容层面，多模态话语分析主要涉及以下几个方面（朱永生，2006）：1. 多模态化和新媒体方面近些年有了长足发展。比如对戏剧多模态翻译的研究，对电影字幕翻译的研究，对广告语等方面的研究；2. 在学术和教育情境下的多模态化的应用也成为热点，如在新冠疫情背景下，线上教学多模态化的应用与研究；3. 多模态化与识读实践方面的研究也受到学者的关注；4. 多模态语料库建立方面的研究也在不断深入；5. 多模态和类型学方面的研究；6. 多模态话语分析及其理论问题的研究。同时还有六个课题成为关注的焦点。1. 什么叫多模态语篇；2. 如何对这些语篇进行转录和分析；3. 对多模态语篇进行分析或建立多模态语篇语料库时需要采用哪些技术；4. 把多媒体的意义生成资源综合应用到超级语篇后怎样才能使我们的意义生成潜能成倍的增加；5. 我们所处的电子学习时代，如何使语言研究与多模态和多媒体联系起来；6. 多模态话语分析能以什么方式，在多大程度上结合语言学带来新的变化（Theoven, 2006）。

在表达层面，可以分为语言表达与非语言表达。语言学研究关注的不单单是语言本体，还有是人类的交际行为、社会关系的构建、心理与认知等方面。就我们关注的语篇分析而言，研究者一方面关注基于语言的意义建构与交际策略，另一方面关注语言所体现的社会关系、意识形态等方面。如果要全面理解意义与社会关系的建构，只关注语言是不够的，因为我们在大多数交际环境和交际媒介中，语言不是唯一的，甚至不是主要的表达意思的因素（冯德正，2017）。例如，同样一句话“你真的是太好了！”，搭配不同的表情、动作、语调等特征，表达的意义完全不同。又如在课堂语篇分析中，如果对教师的教学进行评价，只分析教师的话语就是片面的，教师的表情、手势、站位、板书等对学习体验和教学效果具有至关重要的作用（Lim, 2011）。在以视觉图像为主的广告语篇中，如果只分析语言，我们很难对广告的劝说策略得出令人信服的结论（Cook, 2001）。

正如 Jewitt（2009）提到的，语言与其他模态的结合应该是常态，而不是例外。所以，将语言人为地提出来，孤立地进行分析很难看到意义建构与人类交际的全貌。当然随着科学技术的飞速发展，尤其是数字技术的更新，人类生活与交际模式发生了深刻变化。从前单一的语言交际逐渐被由语言、图像、声音等构成的复杂交际模式所取代。比如广告的传播变化，从简单的口语宣传，发展为印刷术发明后单一的书面语言广告，然后再到带插图的平面媒体，最后发展为集语言、图像、声音为一体的电视广告（Beasley & Danesi, 2005）。同时交际媒介的多样化与数字化使“语篇”这一概念变得更加复杂。在这种情况下，单纯依靠语言分析已经根本无法全面理解意义的构建，对“非语言”交际符号的分析显得十分必要（冯德正，2010）。不仅如此，多媒体技术的应用改变了语言的结构与组织方式。由于屏幕，如电脑、电视、投影、手机等数媒逐渐取代了纸媒，以视觉逻辑为主的语言组织逐渐取代了以线性逻辑为基础的语言书写与阅读模式。例如，在平面广告中我们很少能够看到整段的文字，文本是以视觉空间的位置、大小、颜色等组织的，没有语篇衔接手段，形成一种新的语类结构（Cheong, 2004）。所以在表达过程中，只关注语言而忽略其他模态对语言结构的影响，会阻碍对语言新特征的全面理解。同时研究语言之外的交际符号不仅是全面理解人类交际行为的要求，而且能够帮助我们更好地理解语言的本质与结构。

戏剧文化是集合了视觉、听觉、叙事等于一体的多模态艺术表现形式。舞台展现与声音、色彩等多种语意符号具有互补的关系，共同构建起戏剧文化多模态传播的意义，有助于提升译者对具体戏剧语篇的整体理解，为目的语观众准确把握戏剧文化内涵创造条件，也有利于促进戏剧文化的传播。

第四章

北京京剧文化多模态翻译传播

第一节　京剧文化简介

京剧又称“皮黄”，主要腔调是“西皮”和“二黄”，同时也兼唱一些地方小曲调（如柳子腔、吹腔等）和昆曲的曲牌（尹卫华，2007）。京剧并不是北京土生土长的戏曲，它是在进入北京的徽剧、汉剧的基础上，吸收昆曲、戈腔、秦腔和一些地方小调的精华，又结合了北京的语言特点，逐渐融合、演变而形成的剧种（臧卫东，2006）。作为中国戏曲最具代表性的剧种，京剧形成于1840年前后，盛行于二十世纪三、四十年代，当时就有“国剧”之称，现在它仍是具有全国甚至世界影响的大剧种（宗伟刚等，2012）。

戏剧艺术绵延不绝，而且随着社会历史发展的轨迹不断更新发展。中华戏剧更是源远流长，延绵不绝，数千年来极大地丰富了中华民族的文化生活，至今依然为中国各族人民所喜闻乐见，并以其博大精深的中国传统与璀璨多姿的东方风采独秀于世界艺术之苑。全国目前有340多个戏曲剧种，京剧是其中最有影响力的一种，其剧目和观众数量与其他剧种相比都是最多的，是国家的瑰宝，被誉为“国粹”，被列入“人类非物质文化遗产代表作名录”，更是世界公认的三大戏剧流派。京剧的美主要体现在它在音乐、服装、道具、美术、语言等各个方面都有一套完整系统的艺术规范。作为中华文化瑰宝的京剧，同其他文化形式一样都是历史的产物，伴随着人类的出现而产生，也伴随着人类的进步而发展。在漫长的历史沿革中，人民按照各自的生活方式和审美理念创造着独特的民间文化和艺术，这种文化和艺术在人们的彼此交往中相互影响，广泛交融，并发生着不同程度的变异和互相同化。

京剧在发展过程中逐渐形成了个性鲜明的艺术特征。在谈到中国戏剧的艺术特征时，人们往往会提到“高度综合性”这个特点，中国传统戏剧除了具有“综合性”外，还兼容了歌、舞、曲艺、杂技等多种艺术因素。同样，京剧也具有虚拟性、假定性、程式性、节奏性等特色。京剧是说唱的形式，它运用程式化的方法将说、唱、舞三者结合为一体，每一句说词唱词都有规律并且押韵，更多注重诗词韵律，这也是我国传统文化的一大特色。京剧的唱、念、做、打都是非常严格和考究的，演员需要根据扮演角色的需要，处理好唱、念、做、打各方面的关系，尽可能地去展示人物的真实性，让观众产生共鸣，带动观众的情绪，最终达到理想的演出效果。

京剧行当分为生、旦、净、丑。每个行当的步法不同，“生”是花脸及丑角以外的男性角色。“旦”是女性角色。“净”指男性花脸人物，“丑”，多有喜剧色彩，具有一种幽默、滑稽效果。演员在京剧表演中一般都是载歌载舞，唱念做打，讲究“手、眼、身、法、步”的有机结合，用特定的动作表达人物的特点以及情感，使得表演更为形象，更具有观赏性与艺术性（徐素洁，2017）。

京剧艺术作为综合性极强的艺术门类，表演形式随着时代的发展而不断追求革新。对于我国传统文化中最具代表性且经久不衰的这一文化遗产，我们理应承担起对京剧文化的传承和保护使命，并不断促进京剧文化的海外译介传播，增强其国际影响力。

第二节　代表性剧目（选段）

京剧剧目经过长期的创作与积累，保留下了大量内容丰富、题材多样的珍品。剧目来源广泛，既有移植、加工的昆曲、梆子等剧目，也有艺人、文人的新创，共计有 5 000 余出。京剧剧目浩如烟海，亘贯古今，既展现了帝王将相家业兴衰，也反映了民众的生活艰辛；既歌颂了清官的廉政无私，也鞭挞了势利小人的丑恶嘴脸；既展示了壮士侠肝义胆，也赞美了才子佳人的纯真爱情；既写神话，也写现实；既有严肃的历史事件，也不乏轻松活泼的乡间野趣。许多剧目伴随着人们耳熟能详的唱腔流传至今。本节将对传唱较为频繁的代表性经典剧目作简要介绍。

一、代表性剧目之一:《定军山》

（一）作品简介

张郃兵败惧罪，又攻打葭萌关。老将黄忠、闫颜向诸葛亮讨令拒敌，合力杀退张郃，又乘胜攻占曹军屯粮之天荡山，杀死夏侯德。黄忠另引一军攻打曹军重镇定军山，活捉定军山守将夏侯渊之侄夏侯尚，并用拖刀计斩夏侯渊（石呈祥，2003)。《定军山》又名《一战成功》。此剧为老生戏，为谭鑫培先生的代表作。

（二）唱词节选

【西皮二六】在黄罗宝帐领将令，
气坏老将黄汉升。
某昔年镇守长沙郡，
遇着亭侯二将军。
我中了他人的拖刀计，
俺百步穿杨射他的盔缨。
弃暗投明来归顺，
【西皮快板】食王的爵禄我当报王的恩。
效当竭力忠心尽，
再与师爷把话明：
一不用战鼓咚咚打，
二不用护将随后跟。
只要我黄忠一匹马，
匹马单刀取定军。
十日之内功得胜，
军师大印它付了某的身；
十日之内不得胜，
愿将人头挂营门。
来来来，带过爷的马能行，
【西皮摇板】要把那定军山一扫平。
【西皮快板】我主爷攻打葭萌关，
将士纷纷取东川。
张郃被某吓破胆，
卸甲丢盔奔荒山。
可笑军师见识浅，
他道我胜不了那夏侯渊。
黄忠马上将令传，

大小儿郎听爷言：
刀出鞘，弓上弦，
玲珑铠甲扣连环。
进前的儿郎把功建，
退后的人头挂高杆。
大吼一声催前站，
【西皮散板】十日之内取东川。

二、代表性剧目之二：《空城计》

（一）作品简介

诸葛亮闻听街亭失守，又知司马懿乘胜攻取西城，于是定下空城计，自坐城头，抚琴饮酒以侍司马。司马懿见状生疑，以为城内必有埋伏，不进而退，及至探明回军，诸葛亮已调来赵云，惊退司马。此剧为老生戏。

（二）唱词节选

诸葛亮：【西皮慢板】我本是卧龙岗散淡的人，论阴阳如反掌保定乾坤。

先帝爷下南阳御驾三请，联东吴灭曹威鼎足三分。

官封到武乡侯执掌帅印，东西征南北剿博古通今。

周文王访姜尚周室大振，汉诸葛怎比得前辈的先生。

闲无事在敌楼我亮一亮琴音，

（抚琴）（笑）哈哈哈

（续唱）【慢板】我面前缺少个知音的人。

司马懿：【西皮原板】有本督在马上用目观定，诸葛亮在城楼饮酒抚琴。

左右琴童人两个，打扫街道俱都是那老弱残兵。

我本当传将令杀进城。

众人（同白）杀！

司马懿（白）杀不得！

（续唱）【快板】又恐怕中了巧计行。

回头我对侍从论，老夫言来听分明：

城里设下这千条计，棋逢对手一盘平。

诸葛亮：【西皮二六】我正在城楼观山景，耳听得城外乱纷纷。

旌旗招展空翻影，却原来是司马发来的兵。

我也曾命人去打听，打听得司马领兵往西行。

一来是马谡无谋少才能，二来是将帅不和失街亭。

连得三城多侥幸，贪而无厌你又夺我的西城。

诸葛亮在敌楼把驾等，等候你到此谈呐、谈、谈心。

西城外街道打扫净，准备着司马好屯兵。

我诸葛并无有别的敬，早预备下羊羔美酒犒赏你的三军。

你到此就该把城进，为什么你犹疑不定、进退两难，所为的何情？

我只有琴童人两个，我是又无有埋伏又无有兵。

你莫要胡思乱想心不定，你就来来来，请上城楼听我抚琴。

司马懿：【西皮原板】左思右想心不定，城内必有埋伏兵。

三、代表性剧目之三:《宇宙锋》

(一)作品简介

秦二世胡亥荒淫无道，窥赵高之女艳容貌美，欲纳为妃。赵高献媚，力促此事。艳容矢志不从，得丫鬟哑奴暗示，分别在金殿与家中装疯，胡亥乃罢(万永凤，2012)。《宇宙锋》又名《一口剑》《金殿装疯》。

(二)唱词节选

【第一场】

(赵高上。)

赵　高:(引子)月影照纱窗，梅花绕粉墙。

(念)人人说道老夫奸，我看世人心更偏。为人若无良谋智，焉能富贵两双全。

(白)老夫赵高，时才下朝回来，闻听外人言讲，道我儿叫那家人赵忠一声“丈夫”，不免将我儿唤出问个明白。来，门官。

门　官：（白）有。

赵　高：（白）请小姐出堂。

门　官：（白）后堂传话，小姐出堂！

丫　鬟：（内白）哑叭哑叭！

（赵艳容、丫鬟同上。）

赵艳容：（念）杜鹃迎头泣，血泪含悲啼。

（白）爹爹，孩儿万福。

赵　高：（白）罢了，一旁坐下。

赵艳容：（白）唤孩儿出堂有何教训？

赵　高：（白）时才为父下朝回来，闻听外人言讲，道我儿叫那家人赵忠一声“丈夫”，可是有的？

赵艳容：（白）爹爹说哪里话来，想那赵忠他是甚等样人，孩儿岂肯叫他一声“丈夫”？

赵　高：（白）待为父修下本章，明日早朝奏明圣上。

赵艳容：（白）爹爹恩宽。丫奴磨墨伺候。

（丫鬟磨墨。）

赵艳容：【西皮慢板】老爹爹恩德宽把本修上，

明早朝上金殿启奏我王。

我主爷有道君皇恩浩荡，

准此本免去了满门祸殃。

（四太监引秦王同上。）

秦　王：（白）摆驾！

【西皮摇板】时才间观花灯与民间乐，

观相府好一似龙楼凤阁。

门　官：（白）参见万岁！

秦　王：（白）罢了。相国可在府中？

门　官：（白）现在表本。待蝼蚁通报。

秦　王：（白）不用通报，退下。

门　官：（白）是。

（门官下。）

秦　王：（白）内侍摆驾。

【西皮摇板】内侍掩灯相府进，

灯光之下遇美人。

（赵艳容、丫鬟同下。）

赵　高：（白）赵高见驾，吾皇万岁！

秦　王：（白）平身，赐坐。

赵　高：（白）谢坐。

秦　王：（白）卿家在此则甚？

赵　高：（白）在此表本。

秦　王：（白）呈上来。

赵　高：（白）是。

秦　王：（白）原来邝府之事，寡人一概不究。

赵　高：（白）谢万岁。

秦　王：（白）时才灯光之下见一妇人，她是何人？

赵　高：（白）乃是老臣小女。

秦　王：（白）孤王意欲宣进宫去同掌山河，意下如何？

赵　高：（白）明日早朝送进宫去。

秦　王：（白）好！太师听封：封你掌朝太师之职。

赵　高：（白）谢主龙恩！

秦　王：（白）摆驾回宫。

【西皮摇板】内侍摆驾回宫廷，

明日早朝看美人。

（秦王下。赵艳容、丫鬟同上。）

赵艳容：（念）有事在心头，终日眉头皱。

（白）呀，爹爹，圣驾到此为了何事？

赵　高：（白）万岁到此将邝府之事一概不究。

赵艳容：（白）我主才是有道明君。

赵　高：（白）本来是有道明君。恭喜我儿，贺喜我儿！

赵艳容：（白）喜从何来？

赵　高：（白）时才万岁见我儿生得美貌，有意带进宫去同掌山河。

赵艳容：（白）爹爹怎样回奏？

赵　高：（白）明日早朝送进宫去。

赵艳容：（白）爹爹啊，你身为当朝首相，位列三台，连这三纲五常都不晓得了么？

【西皮散板】老爹爹说此话真个可骇，

怪不得骂名儿四海喧传。

你孩儿曾念过列女真传，

岂肯做那失节妇遗臭万年？

赵　高：（白）儿呵，难道不遵父命么？

赵艳容：（白）爹爹，又道是“先嫁由父母，后嫁自由身”。我看此事就用不着你了。

【西皮散板】常言道“嫁鸡随鸡走”，

又道是“嫁犬犬同行”。

赵　高：（白）难道说不遵圣名么？

赵艳容：（白）爹爹啊，慢说是圣命，就一把钢刀将儿首级割下也是不能遵命的了。

【西皮散板】见此情一时间不能言断，

必须要生巧计才得安然。

（丫鬟比手教装疯。）

赵艳容：（白）呀！

四、代表性剧目之四:《霸王别姬》

(一)作品简介

秦末楚汉相争,韩信在九里山布下十面埋伏阵,困项羽于垓下。项羽与虞姬饮酒作别。四面楚歌,虞姬自刎。项羽寡不敌众,于乌江自刎。

（二）唱词节选

虞　姬：【西皮摇板】自从我随大王东征西战，受风霜与劳碌年复年年。恨只恨无道秦把生灵涂炭，只害得众百姓困苦颠连。

项　羽：【西皮散板】枪挑了汉营中数员上将，虽英勇怎提防十面埋藏！传一令休出兵各归营帐，此一番连累你多受惊慌。

项　羽：【西皮原板】今日里败阵归心神不定，

虞　姬：【西皮原板】劝大王休愁闷且放宽心。

项　羽：【西皮原板】怎奈他十面敌如何取胜？

虞　姬：【西皮原板】且忍耐守阵地等候救兵。

项　羽：【西皮原板】无奈何饮琼浆消愁解闷，

虞　姬：【西皮摇板】自古道兵胜负乃是常情。

虞　姬：【南梆子】看大王在帐中和衣睡稳，我这里出帐外且散愁情。轻移步走向前荒郊站定，猛抬头见碧落月色清明。

众汉兵：【哭相思】千里从军实可悲，十年征战不能回。

虞　姬：【南梆子】适听得众兵丁闲谈议论，口声声露出那离散之情。

众汉兵：【哭相思】家中撇得双亲在，朝朝暮暮盼儿归。

虞　姬：【西皮摇板】我一人在此间自思自忖，猛听得敌营内有楚国歌声。

众汉兵：【哭相思】倘若战死沙场上，父母妻儿依靠谁？

项　羽：【西皮散板】十数载恩情爱相亲相依，到如今一旦间就要分离。

项　羽：【西皮散板】乌骓马它竟知大势去矣，故而它在帐前哀恸声嘶。

项　羽：【琴歌】力拔山兮气盖世，时不利兮骓不逝。骓不逝兮可奈何，虞兮虞兮奈若何！

虞　姬：【西皮二六】劝君王饮酒听虞歌，解君忧闷舞婆娑。嬴秦无道把江山破，英雄四路起干戈。自古常言不欺我，成败兴亡一刹那。宽心饮酒宝帐坐。

虞　姬：【哭相思】汉兵已略地，四面楚歌声。君王意气尽，贱妾何聊生！

五、代表性剧目之五:《三岔口》

(一)作品简介

焦赞被发配，任堂惠暗地保护。焦至三岔口，宿刘利华夫妇店中，任唐惠随至，刘恐任对焦不利，拟刺任，二人黑暗中搏斗，后经焦解释方知误会。武生、武丑短打剧目。

(二)唱词节选

【第一场】

焦　赞:(内白)趱行哪!

　　　(解差甲、解差乙、焦赞同上。)

焦　赞:(扑灯蛾牌)恼恨奸贼太猖狂，太猖狂!

　　　私通北国害忠良，

　　　要拆毁杨家天波府，

　　　俺焦赞一怒去汴梁，

杀死奸贼谢金吾，
杀死奸贼谢金吾，
王钦若起了歹心肠，
他要杨家尽抵命，
保本多亏八贤王，
将俺发配沙门往，
披枷、带锁，恼胸膛！
（焦赞手臂一挥，解差甲跌倒。）
解差甲：（白）嘿！我说焦赞哪，你这是怎么啦？
焦　赞：（白）将这刑具与俺摘了下去！
解差甲：（白）这是朝廷的王法，不能摘。
焦　赞：（白）你摘是不摘？
解差甲：（白）不能摘。
焦　赞：（白）呸，着打。
解差甲：（白）得得，二爷，您别生气，我给您个“瞒上不瞒下”。来来来，我给您摘下。
（解差甲摘手铐。）
解差甲：（白）您松快多了吧？
焦　赞：（白）嗯！来，戴上！
解差甲：（白）您瞧这是什么脾气！刚摘下来，又要戴上？
解差乙：（白）你赶紧给他戴上。
解差甲：（白）来来来，我给您戴上。
焦　赞：（白）哽！叫你自己戴上！
解差甲：（白）啊？二爷，我又没犯法，哪儿能戴这个？
焦　赞：（白）你戴是不戴？
解差甲：（白）这……不能戴。
焦　赞：（白）呸，着打！
解差乙：（白）二爷叫你戴你就戴上得了吧！

（焦赞给甲戴手铐。）

解差甲：（白）二爷，您瞧这走到街上多不是样儿！

焦　赞：（白）这还有个名堂。

解差甲：（白）这叫什么？

焦　赞：（白）这叫做：

（念）解差常把犯人害，自作自受倒发解。

解差甲：（白）唉！

焦　赞：（白）趱行者！

解差乙：（白）是。

（解差甲、解差乙、焦赞同下。）

六、代表性剧目之六：《锁麟囊》

（一）作品简介

登州富户女薛湘灵出嫁，中途遇雨，避于春秋亭，遇另一贫女赵守贞出嫁，薛湘灵有感于世态炎凉，以锁麟囊赠予赵守贞。六年后登州大水，薛湘灵流落莱州，在卢家当佣人。小公子天麟抛球，湘灵去取，偶见当日其赠赵守贞之锁麟囊供于桌上，不觉感泣。卢夫人赵守贞见状盘问，知湘灵乃为赠囊之人，敬之如上宾，并助其一家团圆。此剧为旦角戏。

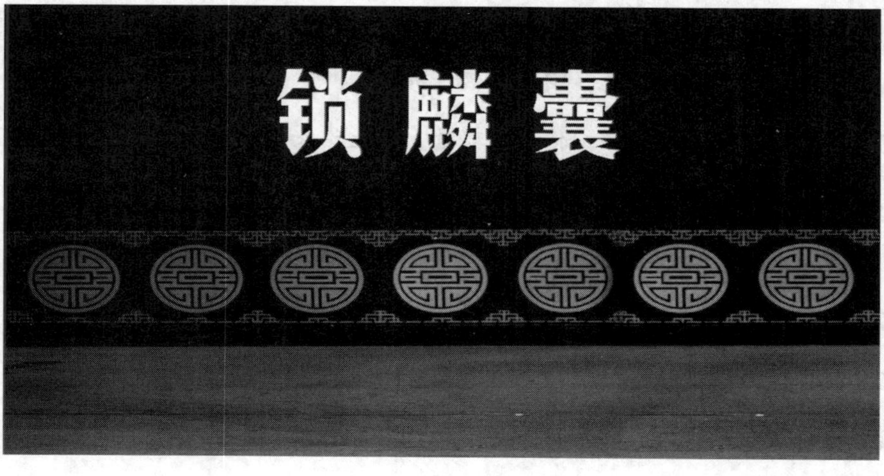

（二）唱词节选

【第一场】

少傧相：（内白）啊哈！

（少傧相上。）

少傧相：（念）头戴一枝花，喜事到他家。

（白）我，少傧相的便是。今天是六月十七，明天是十八，乃是个好日子，娶媳妇的多，我们当傧相的可就忙了。我不免请出我爸爸跟他商量商量。爸爸有请。

（老傧相上。）

老傧相：（念）学会当傧相，专为他人忙！

少傧相：（白）爸爸有礼。

老傧相：（白）儿子少礼。有什么事啊？

少傧相：（白）您知道今天是几儿了？

老傧相：（白）真个的……今天是几儿了？

少傧相：（白）今天十七，明天十八了！

老傧相：（白）怎么着，明天就十八了。不是你提，我倒真忘了。明天是个好日子，咱们爷俩可够忙的。

少傧相：（白）真个的，咱们商量商量，谁上谁家去呀？

老傧相：（白）别忙，我算算：薛家小姐给周家。

少傧相：（白）这就两处了。

老傧相：（白）还有赵家跟卢家哪！

少傧相：（白）这就四处了。

老傧相：（白）这四处的事情，就够咱们忙的。赵家不要提，单说周家和薛家，那都是有钱的财主！

少傧相：（白）不错！都是财主，家中的礼法一定多！

老傧相：（白）财主当然是礼多，明天你上赵家去，我老人家上周家和薛家。

少傧相：（白）怎么就应当我上赵家哪！

老傧相：（白）你听我说呀！赵家小门小户，没什么礼法，你去正合适，薛家大，得我去。

少傧相：（白）您这就是势利眼！

老傧相：（白）怎么我是势利眼哪？

少傧相：（白）您想啊！多大的喜事我没有给人张罗过？怎么这会单让我上赵家那么穷的人家去呀？您这不是势利眼吗？

老傧相：（白）得了别说了！好孩子！你也够势利眼的。他家穷也得给咱们钱，富也得给咱们钱。这话又说回来了：要没有我这个老势利眼，哪儿有你这个小势利眼哪！

少傧相：（白）不过怎么说，明天我也要到薛家去！

老傧相：（白）别抬杠了！不论谁上谁家去吧！想法子把钱赚到家才成！明天你还是上赵家去吧！

少傧相：（白）我不去！

老傧相：（白）你是非去不可！

（老傧相下。）

少傧相：（白）我偏不去！

（少傧相下。）

七、代表性剧目之七:《四郎探母》

(一)作品简介

杨四郎延辉被辽俘虏,招为铁镜公主之驸马。十五年后,四郎闻母佘太君押粮征辽,渴思探母,苦于无法过关。后为公主知悉,助其盗令过关探母。

(二)唱词节选

【第三场】《别宫》

杨 延 辉:【西皮快板】头上取下胡地冠,身上脱去紫罗衫。檐毡帽,齐眉掩,三尺青锋挎在腰间。将身来在了皇宫院,等等等,等候了公主盗令箭,好奔阳关。

铁镜公主:【西皮摇板】银安盗来金鈚箭,成就驸马孝义全。

杨 延 辉:(白)公主回来了?

铁镜公主:(白)回来了!

杨 延 辉:(白)辛苦你了!

铁镜公主：（白）好说您哪！

杨 延 辉：（白）拿来！

铁镜公主：（白）什么呀？

杨 延 辉：（白）令箭哪！

铁镜公主：（白）哎哟！可了不得了！我们娘俩只顾谈心说话啦，把您这件事儿啊，可就给忘啦！

杨 延 辉：（白）哎呀！你误了本宫的大事了哇！

铁镜公主：（白）哎！别着急！瞧！这是什么？

杨 延 辉：（白）公主请上，受我一拜！

铁镜公主：（白）一夜之间，拜的是什么呢？

杨 延 辉：（白）公主啊！

【西皮快板】虽然分别一夜晚，为人必须礼当先。辞别公主跨雕鞍，（白）马来！

【摇板】泪汪汪哭出了雁门关。

铁镜公主：（白）驸马！我夫！

【哭头】啊！驸马爷呀！

【西皮摇板】见驸马跨雕鞍我失魂丧胆，等候了交令回我心才安。

大 国 舅：【西皮摇板】奉了太后金鈚箭，

二 国 舅：【西皮摇板】刀出鞘来弓上弦。

大 国 舅：【西皮摇板】番儿带路关前站，

二 国 舅：【西皮摇板】有人过关仔细盘。

杨 延 辉：【西皮快板】乔装改扮番儿汉，一时过营探慈颜。催马来在了关前站，把关的儿郎站两边。（白）呔！开关！

大国舅、二国舅：（白）哪儿去？

杨 延 辉：（白）出关公干哪！

大国舅、二国舅：（白）可有太后的令箭？

杨 延 辉：（白）站定了！

【西皮快板】听说一声要令箭，翻身下了马雕鞍。用手取出金钺箭，把关的儿郎仔细观。

大国舅、二国舅：（白）噢！

大 国 舅：【西皮摇板】果然是太后金钺箭，

二 国 舅：【西皮摇板】尊声壮士请过关。

杨 延 辉：【西皮摇板】两国不和常交战，

大 国 舅：（白）常常打仗！

杨 延 辉：【西皮摇板】把守关口莫偷闲。

二 国 舅：（白）不敢偷闲哪！

杨 延 辉：【西皮摇板】任那南蛮巧改扮，（白）马来！

【摇板】无有太后的金钺箭，休放他过关。

大 国 舅：（白）噢！

【西皮摇板】我看此人好面善，

二 国 舅：【西皮摇板】好像是木易他过了关。

大 国 舅：【西皮摇板】番儿与爷关门掩，

二 国 舅：【西皮摇板】小心把守雁门关。

八、代表性剧目之八：《穆桂英挂帅》

（一）作品简介

宋朝末年，番王侵犯中原，朝中无人能够领兵抵挡。杨文广、杨金花姐弟在比武夺得帅印后，宋王命穆桂英挂帅出征。桂英念及朝廷一向昏庸，杨家损兵折将，自己年已半百，不愿再为宋王效力。但佘太君以宋朝黎民百姓为重，晓之以利害，穆桂英重整戎装，领兵出征。

（二）唱词节选

【第一场】

寇　准：（白）打道进宫。

（众人同走圆场。）

二旗牌：（同白）来到宫门。

寇　准：（白）击动景阳钟。

（旗牌撞钟。）

宋　王：（内白）摆驾！

（四小太监、大太监、宋王同上。）

宋　王：【西皮散板】飞觞醉月方遣兴，景阳钟断管弦声。

大太监：（白）何人击动景阳钟？

寇　准：（白）寇准求见万岁。

大太监：（白）候着。

启禀万岁：寇准求见。

宋　王：（白）宣他进宫。

大太监：（白）遵旨。

万岁有旨，寇准进宫。

寇　准：（白）遵旨。

（寇准进宫。）

寇　准：（白）臣寇准见驾，吾皇万岁。

宋　王：（白）卿家平身。

寇　准：（白）万万岁。

宋　王：（白）黉夜进宫何事？

寇　准：（白）哎呀万岁呀！今有西夏番王造反，兵犯中原；边关守将，连失三城，事起仓促，军情紧急；臣修得本章，请主御览。

宋　王：（白）呈上来。

（宋王看。）

宋　王：（白）唔呀呀，番王人马，如此猖狂，一旦屏障有失，汴梁危矣！
寇　准：（白）是啊。汴梁危矣！
宋　王：（白）啊？兵部王强，职责攸关，为何只字不奏？来！速宣王强进宫。
大太监：（白）万岁有旨：王强进宫啊！
王　强：（内白）领旨。
（王强上。）
王　强：（念）明知番王犯边境，王强假作懵懂人。
（白）老臣王强见驾，吾皇万岁。
宋　王：（白）平身。
王　强：（白）万万岁。
宋　王：（白）番王犯界，连夺三关，军情紧急，你为何不奏与寡人知道？
王　强：（白）臣启万岁：小丑跳梁，何劳圣虑；想是番王府库空虚，借此诈取金帛而已，只要予以财物，自然不战自退了。
宋　王：（白）这……
寇　准：（白）王大人，此言差矣！那番王连年修文备武，心怀叵测，此番进兵，意在中原。依我看来，必须即刻发兵征讨才是啊。
宋　王：（白）着啊。狼子野心，意图不轨，若不肆加征讨，怎保边疆，而安社稷。
王　强：（白）这出兵征讨……
寇　准：（白）王大人，赤心报国，此其时也。
王　强：（白）嗯！那个自然。
宋　王：（白）但不知命何人挂帅？
王　强：（白）这挂帅之人么……
寇　准：（白）这挂帅之人，非杨家将不可！
宋　王：（白）这杨家将……
王　强：（白）臣启万岁：那杨家自太君辞朝之后，退归林下，冷淡朝廷，怎能起用？

寇　准：（白）不然，不然。想那杨家并非冷淡朝廷……

王　强：（白）啊，难道是朝廷冷淡杨家不成？

宋　王：（白）是啊，寡人何曾冷淡杨家，寇卿何出此言？

寇　准：（白）万岁呀！

【西皮原板】休忘杨家干城将，精忠报国血战沙场。

汗马功劳他人享，佘太君这才辞朝返故乡。

只要是万岁真诚颁诏往，金鼓声定唤起她的报国心肠。

九、代表性剧目之九：《大闹天宫》

（一）作品简介

孙悟空到龙宫借用兵器，龙王十分藐视他，骗他去搬定海神针铁。不料孙悟空神通广大，把定海神针铁变为称手的兵器金箍棒（徐涛 & 秦小华，2018）。龙王悔恨，到天宫恳求玉帝捉拿孙悟空。

（二）唱词节选

【第一场】

（龙宫。幕启。众水族跳水旗舞引敖广同上。敖广饮宴。龟丞相侍立。虾将上。）

虾　将：（白）启禀龙君：花果山水帘洞天生大圣孙悟空来拜。

敖　广：（白）呃！本爵安居东海，从不认得什么天生大圣，传旨不见！

蟹　将：（内白）报！

（蟹将急上。）

蟹　将：（白）孙悟空闯进龙宫来了！

敖　广：（白）啊！

（敖广惊立。）

孙悟空：（内哪吒令）啊哈穿——

（孙悟空翻上。）

孙悟空：（哪吒令）穿波涛汪洋，翻波涛汪洋，分水越宫墙。

见玳瑁珊瑚光摇荡，水晶宫真明爽，俺只待呼虾问蟹见龙王。

借问龙王何在？

虾将、蟹将：（同白）这就是我家龙君！

孙悟空：（白）龙王请了。

敖　广：（白）野客何来？

孙悟空：（念）三星洞中得道，花果山上称王。你我铁桥相界，入水来拜街坊。

（敖广傲慢。）

敖　广：（白）哼！

（念）与你夙无来往，擅闯龙宫猖狂！

孙悟空：（念）某有小事求助，何用虚礼文章？

（敖广大剌剌。）

敖　广：（念）何事求助于我？

孙悟空：（念）乞借宝器干将。

敖　广：（白）要它何用？

孙悟空：（念）只因山魈木怪，勾结一伙成帮。妄想毁灭我寨，把我子孙杀伤。

敖　广：（念）就该迎敌对垒。

孙悟空：（念）奈无称手刀枪！若蒙赐借宝器，一举扫灭强梁。

（敖广得意。）

敖　广：（白）嗯！（念）你到龙宫借宝，算你造化荣光。只怕重器难举。

孙悟空：（念）何妨试在当场。

敖　广：（白）这个……好！虾、蟹二将，把那三千六百斤的通灵宝刀抬上来！

虾将、蟹将：（同白）啊——

（虾将、蟹将同抬大刀。）

敖　广：（白）你且试来。

孙悟空：（白）这……

（孙悟空不屑一视地拿起大刀，舞动几下。）

孙悟空：（白）嗳！不称手！

敖　广：（白）你有多大膂力，出此狂言？

孙悟空：（白）轻得很！

敖　广：（白）嗯！

（敖广不忿。）

敖　广：（白）好！把那七千二百斤的方天画戟抬上来！

虾将、蟹将：（同白）啊。

（虾将、蟹将同抬画戟。）

敖　广：（白）你再试来！

孙悟空：（白）待俺试来。

（孙悟空舞画戟，舞到酣处，戟折数段。）

孙悟空：（白）哎呀呀，不中用的东西！

敖　广：（白）啊？七千二百斤的方天画戟，还不中用，你这野客，也忒狂了！

孙悟空：（白）俺老孙天生神力，等闲之物，难称我手。

（敖广怒。）

敖　广：（白）龙宫无有了！

孙悟空：（白）嘿嘿！可怜你这堂堂海藏，竟无俺老孙用武之器，倒叫俺好笑啊，哈哈哈……

（敖广恼羞成怒。）

敖　广：（白）嗯！

龟丞相：（白）啊——龙君……

（龟丞相凑过去，附耳低语。）

龟丞相：（白）那定海神针……

敖　广：（白）噢、噢、噢。孙悟空！俺海藏有一定海神针，乃禹王治水之时镇定海底之宝，从古至今，无人动得。老夫有意奉送，只怕你也动它不得。

孙悟空：（白）俺若动得它呢？

（敖广负气。）

敖　广：（白）俺就送与你用！

孙悟空：（白）一言出口？

敖　广：（白）决不反悔。

孙悟空：（白）好！海藏一观。

敖　广：（白）带路海藏。

（起音乐。换海藏景。定海神针光芒四射。）

敖　广：（白）你来看，这就是定海神针！

十、代表性剧目之十：《赵氏孤儿》

（一）作品简介

春秋时期晋国，屠岸贾杀害赵盾全家三百余口。赵盾儿媳庄姬公主深宫产子，为救孤儿，程婴献子替孤。十五年后，程婴与魏绛联手杀死屠岸贾，报了赵家仇恨。

（二）唱词节选

【第四场】

程　婴：【西皮导板】昏王他把旨传下！

（程婴唱至“传”字时出场，前扑，斜脸向上场门看，亮相。）

程　婴：【西皮散板】要把赵氏满门杀；

（程婴随唱随走圆场。）

程　婴：【西皮散板】急急告知赵驸马——

（太监自下场门上，出门，行至台口正与程婴对面。）

太　监：（白）程先生，你——

（程婴向太监摆手示意，合身。程婴挖进门，站大边，太监随挖入，站小边。）

程　婴：【西皮散板】此时无暇把话答。

（白）快快请出驸马！

太　监：（白）有请驸马！

（【大锣五击头】。赵朔上。）

赵　朔：（白）何事？

程　婴：（白）哎呀！驸马！大事不好了！

赵　朔：（白）何事惊慌？

程　婴：（白）老丞相不知为了何故，被屠岸贾奸贼一剑劈死。如今抄杀你满门去了！

赵　朔：（白）哎呀！

（赵朔甩纱帽，太监接纱帽自上场门下。）

赵　朔：【西皮散板】闻言好似霹雷震，为何抄杀我满门！回头我把公主请，

（卜凤扶庄姬同上，庄姬站中，卜凤站小边。）

庄　姬：【西皮散板】驸马痛哭为何情？

赵　朔：（叫头）哎呀，公主哇！那屠岸贾奸贼剑劈我父一死，又奉旨抄杀我全家去了。

庄　姬：（白）哎呀！

（庄姬昏迷欲倒，卜凤趋前搀扶。）

赵　朔：（白）公主醒来！

卜　凤：（白）公主醒来！

庄　姬：【西皮散板】闻凶报只觉得神魂不定，塌天大祸要临身！兄王不该宠奸佞，反来杀害忠良臣。去与兄王把理论——

赵　朔：（白）他昏庸无能，听信谗言，你去也无益。

庄　姬：【西皮散板】纵然有理难辨清。驸马速去逃活命！

赵　朔：【西皮散板】我怎能独自去逃生？

庄　姬：【西皮摇板】若不然夫妻们同归于尽！

赵　朔：【西皮散板】你身怀六甲要临盆！

（叫头）公主啊！我死之后，公主若生一男，取名赵武，日后也好与我家报仇雪恨！

庄　姬：（白）那贼知我有孕，焉能放过！

卜　凤：（叫头）公主啊！公主乃是金枝玉叶，谅他不敢加害；只是这产下的婴儿恐怕难逃毒手吧！

赵　朔：（白）这——

庄　姬：（白）喂呀！

（乱锤。程婴一搓两搓，右手弹须。【撕边一击】。程婴左臂托须，瞧看。）

程　婴：（白）驸马！我程婴虽是一市尘庶人，颇知大义，如今你一家被害，我岂能袖手旁观，我有意等公主分娩之后，将婴儿抱至我家抚养，将来也好与你赵家报仇雪恨！

赵　朔：（白）程先生如此大义，请受我夫妻一拜！

（快扭丝。赵朔与程婴半推磨，程婴位置移中。）

程　婴：（白）这就不敢！

（程婴、赵朔、庄姬同跪拜。）

程　婴：【西皮散板】乱臣贼子人人恨，可惜我无力杀贼身！

（白）公主哇！

（程婴突然惊恐。）

程　婴：【西皮散板】只是宫门太严紧！

庄　姬：（白）是呀！我此番进得宫去，门禁森严，你不能进宫，怎能将婴儿盗走？

程　婴：（白）这——

（乱锤。程婴归小边，卜凤、赵朔、庄姬归大边，程婴左看。【撕边一击】。程婴右看。【撕边一击】。程婴考虑。【撕边一击】。程婴转动双睛。）

程　婴：（白）公主不必着急！待等公主分娩之后，就在宫外张贴榜文，上写：公主得下不治之症，太医束手无策，招草泽医人进宫调治。那时我揭下榜文，应聘进宫，将婴儿盗出，你看如何？

庄　姬：（白）好哇！

【西皮散板】进宫全凭这榜文。

（内喧嚷声。乱锤。程婴出门，向上场门望。）

程　婴：【西皮散板】耳边听得人声震，

赵　朔：【西皮散板】想是奸贼到来临。

（白）程先生大事托付你的身上，速速逃走了吧！

程　婴：（白）如此，告辞了！

（程婴左手撩袍，出门，向左小转身，右手翻水袖，向左让髯，抬右腿，亮斜相。【急急风】。程婴下。屠岸贾、八校尉、二宫女、裴豹同上，同挖门，屠岸贾端详宫门，进门，站中。）

屠岸贾：（白）圣旨下！

（赵朔、庄姬、卜凤同跪。）

屠岸贾：（白）跪听宣读，诏曰："只因赵盾欺君误国，命屠岸贾抄杀赵氏满门，驸马恩赐一死，庄姬公主随旨进宫。"旨意读罢，望诏谢恩。

庄　姬：【西皮散板】三百余口俱丧命，

赵　朔：【西皮散板】恩爱夫妻两离分！

庄　姬、赵　朔：【西皮散板】夫妻们只哭得珠泪滚滚！（驸马）（公主）呀！

（屠岸贾示意二宫女扶庄姬起，出门。庄姬奔下场门，忽转身欲与赵朔语，屠岸贾发现庄姬有孕，卜凤趋前挡住庄姬，同下。）

屠岸贾：（白）赵朔，这有尚方宝剑，你自尽去吧！

（赵朔站小边，怒目而视。）

赵　朔：（叫头）屠岸贾哇，狗奸贼！

（白）你在朝惑君，陷害忠良，今日杀了我赵氏满门三百余口，我恨不能吃你之肉，饮你之血，方解我心头之恨也！

（【撕边一击】。赵朔奔向屠岸贾，被八校尉拦住，上绑。）

屠岸贾：（白）裴豹听令：命你将赵朔斩首，抄杀他的满门家眷！

（【急急风】。八校尉推赵朔同下。乱锤。加大堂鼓。八校尉自两边分上。）

裴　豹：（白）满门俱都斩尽杀绝。

屠岸贾：（白）起过了！这才去了我心头之恨啊！

【西皮流水板】赵氏满门俱杀尽，

老夫这才放宽心。

杀了赵家三百口。

除掉冤家对头人；

庄姬已然有身孕，

我岂能叫她留后根！

倘若是生下了儿和女，

那时节我进宫门，搜出婴儿，斩草要除根！

校尉带马你就把宫进，

(【长锤】。八校尉同带马，同领下。)

屠岸贾：【西皮散板】晋国中我为尊任意而行。

(屠岸贾下。)

第三节 代表性人物

京剧是在徽汉合流的基础上，吸收昆曲及其他剧种的精华，不断壮大自己的机体，演变成为北京一个新的剧种。经过艺术的融汇和积累，以及大量的舞台实践涌现出了一大批名伶，他们在继承前人艺术经验和技巧的基础上，打破剧种之间的局限，把不同的腔调融合在一起，搬上舞台，在唱、念、做、打的运用和舞台剧目表演中都开始显露出各自的艺术风格，在唱腔和表演上出现了不同的“派别”。流派艺术是京剧艺术发展的一种必然产物，流派的多样化也成为京剧艺术走向成熟的标志之一，是从共性到融汇艺术家本身个性的艺术升华。可以说，京剧的历史就是各种流派争相发展的历史，流派的形成对于京剧发展起着重要的推动作用，各种派别下涌现出一批卓越的艺术家。

京剧形成初期，以老生为主。程长庚可以说是京剧老生的开山大师，他与余三胜、张二奎并称“前三鼎甲”，均各自创立了派别，其中，程长庚的影响最大，“后三鼎甲”谭鑫培、汪桂芬、孙菊仙及其他老生都受到了他的影响，谭鑫培更是将老生表演艺术发展到了一个新的高峰，创立了谭派。在南方则有周信芳创立了影响深远的麒派；在东北有唐韵笙所创的唐派，与马连良的马派一起成为“南麒、北马、关外唐”（杨世祥，2005）。这些流派不仅代表了当时表演艺术的高峰，而且对以后表演艺术的发展起着重要的承上启下作用。

京剧旦行流派的出现，比生行要晚许多年。这是由于一方面，旦角青衣和花旦分工很严格，不能互相逾越，限制了艺术手段的发挥；另一方面，当时以旦角为主的剧还不多，远不如生行剧目丰富，旦角还处于配角的地位，因此旦角流派的出现，经历了更长的准备阶段。直到清末民初，经过艺术大师王瑶卿的革新，突破了青衣和花旦的严格界限，大大丰富了旦角的演唱和表情、动作，才使旦角艺术得以飞跃发展。王瑶卿不但有自己的表演风格，更是慧眼识人，直接指点和扶植梅兰芳、尚小云、程砚秋、荀慧生，帮助他们各自形成了不同的风格和流派，并称“四大名旦”（陈培仲，2000）。旦角从此崛起，与生行平分秋色，甚至有后来居上的趋势。继“四大名旦”之后又有观众评选出来李世芳、毛世来、张君秋、宋德珠四人齐名为“四小名旦”。“四小名旦”演艺超群但风格各异，但其中只有两位创形成了自己的派别。张君秋博采众长，创立了“张派”艺术。其他流派还有风靡江南的黄（桂秋）派等。

老生和旦角的迅速发展和剧目的不断丰富，增加了对配角演员的需求，也为其他行当显示艺术成就、促进表演艺术的发展创造了机会和条件。其中武生行当中的杨小楼、尚和玉、盖叫天、厉慧良；花脸行当中的金少山、郝寿臣、侯喜瑞、裘盛荣；丑行中的萧长华、叶胜章；老旦中的李多奎等等都以自己独特的艺术风格形成了让观众喜闻乐见的流派。

谈到“流派”，人们常会联系到“风格”。与文艺学上的风格不同，京剧在形成之初，“派别”就是指与众不同，自成一家，梨园界里讲“不群”，意思是说人家怎么唱，决不照样画葫芦，一成不变“掳叶子”的偷学、模仿。实际上，派别的出现是当时行业内激烈的竞争迫使演员们寻找立足出路的结果。演员们需要在了解自身条件的基础上发挥优点，勤学苦练，深磨钻研出与人不同或优于他人的地方，才能凭借在演出中的展现吸引观众的掌声，从而得到认同，声名鹊起。比如嗓子好的专练唱工，表演好的专练表演，然后再根据这些基本功夫在戏里的唱腔或身段上下功夫进行独创。专工绝技，越演越熟练，经过长期的锤炼，建立了艺术上特有的一种表演风格，成为观众喜闻乐见的戏，这样就形成一种艺术上的派别。像程长庚、张二奎、余三胜、卢胜奎、冯瑞样等这些有名的老先生都是根据自己的唱腔和表演各立了一派。谁一折戏好另外一个绝不学，就是一个相同的戏演法上也是两样的，这绝不等于标新立异，而是在各方面有着自己精心独特的创造，经过逐次的演出，赢得了观众的好评，在演出中再反复地加工锤炼，然后才能立起来的。

可见，派别的形成是演员们根据本身的条件通过四功五法等基本功的艰苦训练扬长避短，更重要的是他们通过自身的努力和掌握的技艺，把先天条件中的短处转化为长处，将缺憾转化为动力，把不利向有利的方面转化，在继承前人的基础上发挥创造性的思维，经过无数次的实践打磨在表演中最终形成有别于其他人的风格，形成了自己的派别。诚然，流派的价值并不只是表演艺术家各自那一批创造性的表演程式和方法，更重要的是他们根据自身的条件和特点，处理不同的程式、技巧时融入个人的特色，在舞台实践中逐渐形成独具魅力的风格和派别。

在京剧各流派所独创的剧目中和所塑造的一系列人物形象中，体现出不同人物的艺术个性和鲜明风格，形成创始人独有的风格、特点，得到业内外的认可和后学者的模仿。艺术家们以各自独特、成系统的唱腔音乐和特色表演，给观众以不同的审美享受，让后来者学习、模仿，师承下去，以流派创始人的艺术风格为标准，继续推广流传，从而形成流派艺术。

京剧中各个流派表演艺术都是以京剧基本审美原则为依据形成和发展起来的，是前辈艺术家在京剧表演的最基本原则和审美法则的基础上建立的。所有的流派都是艺术家在基于“中、正、平、和”的审美标准下，结合自身的特点运用唱念做打舞，手眼身法步等表演手段完成不同人物形象的塑造。在演出中，艺术家们把中国文化中的抽象的概念转换为实际操作，以艺术的手法展现在观众面前。因此，文字的论述和阐释只是将京剧流派艺术的内涵和美高度提炼，在概念上抽象表达，要真正体会京剧流派的精髓和真谏，更多的还需要结合具体的事例加以分析，如影像资料和录音资料，从观看艺术家们的表演中直接体会和感受。

本节将按照京剧艺术的不同流派，分别对其代表性人物生平及作品进行介绍，包括“谭派”的谭鑫培，“杨派”的杨小楼，“程派”的程继先，“梅派”的梅兰芳，“李派”的李多奎，“金派”的金少山以及“叶派”的叶盛章。

一、谭派：谭鑫培（1847—1917）

谭鑫培，谭派创始人，被尊为京剧界鼻祖。他创造的“谭派”艺术代表了中国戏曲的传统风范，也是流传最广、影响最大、最繁荣的京剧艺术流派之一。

（一）人物简介

谭鑫培大师主工老生，曾表演过武生。幼年随父（谭志道，主攻老旦兼老生）来到北京，在金奎科班学艺，1863 年出科，此后在三庆班受到程长庚的影响，表演武生兼武丑，后改老生，自行组班演出。后为清朝内廷供奉。

他通过多年的艺术实践，创新了京剧老生的表演艺术，逐渐自成风格，进而使得京剧老生的表演艺术得以发展。1900 年，他成为流行京剧的代表人物，著名的代表作有《李陵碑》、《秦琼卖马》、《空城计》和《定军山》。谭鑫培大师引领我国老生艺术走向进一步规范化、体系化的道路，使京剧逐渐趋于精美的境界，行内有“无腔不学谭”之说。

（二）作品目录

《空城计》《当锏卖马》《李陵碑》《击鼓骂曹》《捉放曹》《洪羊洞》《桑园寄子》《四郎探母》《武家坡》《汾河湾》《定军山》《战太平》《连营寨》《南阳关》《珠帘寨》《打渔杀家》《八大锤》《琼林宴》《胭脂褶》《南天门》《坐楼杀惜》《清风亭》《战宛城》《别母乱箭》等。

二、杨派：杨小楼（1878—1938）

杨小楼，名三元，中国著名京剧武生演员，京剧杨派艺术创始者，京剧的代表人物，被称为“武生宗师”。与梅兰芳、余叔岩并称“三贤”。杨小楼的武戏被称为“武戏文唱”。自二十世纪二十年代以来，他在京剧界被称为“国剧宗师”和“武生泰斗”。

（一）人物简介

杨小楼从小拜谭鑫培为义父，谭根据家谱排字，给他取名杨嘉训。之后，他和谭鑫培在同庆班，经谭氏奖掖，他为义父配演《连营寨》《阳平关》中的赵云，逐渐从压轴戏的位置演到大轴戏，成为一名挑大梁的武生演员，被誉为“活赵云”。1914 年，参照上海新式舞台，杨小楼在北京建造了第一舞台（陈庚，2011）。此外，他曾在天津、上海、武汉等京剧重镇演出，受到业界和观众的广泛尊重和欢迎，并逐渐开创了独具特色、高品位的“杨派”武生艺术。

（二）作品目录

长靠戏《长坂坡》《挑滑车》《铁笼山》，箭衣戏《状元印》《八大锤》《艳阳楼》，短打戏《连环套》《落马湖》《安天会》，昆曲戏《林冲夜奔》《宁武关》《麒麟阁》，老生戏《法门寺》《四郎探母》《战太平》等。

三、程派：程继先（1874—1944）

程继先，一作“继仙”，号振庭，谱名遵孔，又名春德，原籍安徽潜山，生于北京。著名京剧老生艺术家程长庚之孙、鼓师程章甫之子。与徐小香（蝶仙）和王楞仙被誉为小生“三仙”。

（一）人物简介

程继先早年进入小荣椿科班，师从杨隆寿、姚增禄、陈春元等学艺，先习老生，后受王楞先启发，与杨春圃（即杨小楼）同科一起扮演小生。

出科后不久，曾入恭王府当差，一度脱离戏剧，后于民初时期复在北京演出。他有着深厚的昆曲表演基础，尤长于武小生和穷生戏，有很高的艺术造诣。

（二）作品目录

《雅观楼》《探庄》《蔡家庄》《八大锤》《九龙山》《借赵云》《群英会》《临江会》《雄州关》《岳家庄》《打侄上坟》《连升店》《得意缘》《奇双会》等。

四、梅派：梅兰芳（1894—1961）

梅兰芳，名澜，字畹华，艺名兰芳。他久居北京，原籍江苏泰州。中国著名京剧表演艺术大师。他发展和提高了京剧旦角的唱腔和表演艺术，创下一个独特的艺术流派——“梅派”（马少波，1987）。梅兰芳先生在国内外都享有很高的盛誉，是“四大名旦”之首，其表演被称为“世界三大表演体系”之一。

（一）人物简介

梅兰芳出生于梨园世家，八岁时学习戏剧，1908 年，开始搭喜连成班演出。向秦稚芬和胡二庚求教学习花戏并刻苦学习昆曲、戏曲演唱和武功，并观摩了大量的旦角本工戏和其他各种角色演出，为其日后艺术创作打下了坚实基础。曾多次赴外演出，传播京剧文化，搭建中西沟通桥梁。

梅兰芳先生一生献给京剧艺术，演绎出京剧的灵魂，是国粹的塑造者，为中国传统文化的传播做出了不可磨灭的贡献。

（二）作品目录

《贵妃醉酒》《天女散花》《宇宙锋》《打渔杀家》《霸王别姬》《游园惊梦》《断桥》《黛玉葬花》《战蒲关》《九更天》《二度梅》《岳家庄》《搜孤救孤》《春秋配》《空谷番》《摘缨会》《汾河湾》《别宫》《祭江》《南天门》《红鬃烈马》《彩楼配》《长坂坡》《赶三关》《大登殿》《二本虹霓关》《四郎探母》《女起解》等。

五、李派：李多奎（1898—1974）

李多奎，二十世纪三十年代以后京剧老旦的杰出代表，是京剧老旦“李派”创始人，也是后期老旦演员学习“李派”唱法的主要对象。李多奎是继龚云甫之后中国影响最大、影响最深远的京剧艺术界老旦名家，也是京剧表演艺术队伍中一位承前启后、精益求精的艺术大师。

（一）人物简介

李多奎四岁时，随父亲来到北京。八岁时，入庆寿和科班学艺，首先向贾志臣先生学习河北梆子和京剧老生。九岁的时候，他登台演出，十二岁的时候，演唱了《打金枝》《朱砂痣》。在他十六岁青少年时期变声后，曾从程春禄先生学演奏胡琴。嗓音转好，二十六岁拜师老旦艺术家罗福山先生，正式改习老旦。据记载，1923 年，他搭程砚秋的班社首次以老旦演员身份演出，并在北京中和园演出《钓金龟》。他经常向龚云甫请教，其唱工艺术获得了“龚（云甫）派”真传。之后，李多奎以自己的声韵，兼取三家之长，创办了老旦新腔，世称“李派”，逐渐形成了自己的艺术风格，丰富了老旦的唱腔，进一步发展了京剧老旦的唱腔艺术。自 1925 以来直到“文化大革命”开始之初近四十年时间里，李多奎先生留下了大量的音像资料，多数都是广为流传的名作。

（二）作品目录

《钓金龟》《行路哭灵》《望儿楼》《太君辞朝》《滑油山》《三进士》《遇皇后》《打龙袍》等。

六、金派：金少山（1890—1948）

金少山，京剧净行演员。本名义（一说作仲义），又名少山。满族。北京人。他以丰富多彩的花脸艺术完成并完善了“金派”。被公认为京剧花脸首席代表，为提高净行在京剧艺术中的地位作出了不可磨灭的贡献，并对后世优秀花脸演员产生了深远影响。

（一）人物简介

金少山沿袭其父亲的唱法，也继承何桂山的雄浑壮阔。他从韩乐卿那里学习武功把子，学架子花脸戏。他在杨香翠所主持的宝胜和班里登上舞台。1914 年，他与梅兰芳、程继先、韦久峰合作演出著名剧目。例如，在《霸王别姬》中扮演霸王，在舞台上再现了西楚霸王的风采，在上海引起轰动。直至去世，金少山一直雄踞净行首席，誉满大江南北，有“十全大净”和“金霸王”的美称。

（二）作品目录

《锁五龙》《草桥关》《御果园》《白良关》《牧虎关》《飞虎山》《断密涧》《刺王僚》《断太后 · 打龙袍》《铡美案》《探阴山》《大保国》《探皇陵》《二进宫》《失街亭》《斩马谡》《盗御马·连环套》《闹江洲》《丁甲山》《清风寨》《取洛阳》《审七长亭》《忠孝全》《法门寺》《霸王别姬》等。

七、叶派：叶盛章（1912—1966）

叶盛章，字耀如，安徽太湖人，生于北京。他是京剧艺术史上首创丑行挑班的第一人，是迄今为止唯一享有“流派”鼻祖盛誉的丑角艺术大师（黄云鹤，2013）。

（一）人物简介

七岁时，叶盛章进入朱幼芬所创的福清社学习净角。后正式拜王福山为师，其唱法多源自王氏。除此以外，他还编演过《智化盗冠》《徐良出世》《酒丐》等武丑戏。曾自组科班——“全新社”，首次开创京剧武丑挑大梁的先河。建国后，他参加编排演出的剧目有《东方朔偷桃》《程咬金招亲》《秋江》《佘赛花》等，现代戏有《安源大罢工》《洪湖赤卫队》等。晚年受聘于北京市戏曲学校继续培养新梨园工作者。

（二）作品目录

《巧连环》《酒丐》《雁翎甲》《盗银壶》《三岔口》《徐良出世》《东方朔偷桃》《程咬金招亲》《秋江》《佘赛花》《安天会》《水帘洞》《花子判断》《白莲寺》等。

第四节　翻译传播现状

随着全球化的不断加深，中国国际地位也随之提升。在推进“一带一路”倡议背景下，我国更加注重文化交流与输出。京剧作为当下优秀中华文化输出的代表性艺术，具有较为深厚的传播基础，围绕京剧翻译方法的研究也层出不穷。与此同时，以观众需求为原则的京剧译文的舞台传播也不容忽视（胥南星等，2019）。祝一舒（2018）曾指出：翻译，作为一项跨文化的交流活动，译者所承担的历史使命就是促进世界文化的发展。译文通过配合对应受众与恰当载体进行传播，才能够激发除专业观众外非专业观众对中华文化的兴趣，提升文化软实力的同时为传统艺术注入生命力。

一、翻译传播意义

将中国传统戏曲翻译成外文进行跨文化传播可以弘扬中国传统文化。随着经济全球化深入发展，国际间的文化交流也日益频繁。但在文化方面，中国在国际上仍然处于弱势地位，外媒的偏见性报道更加深了西方世界对中国的误解。中国戏曲文化作为民族传统文化的代表，承载了中国人民爱好和平、向往圆满的价值理念。传播中国传统戏曲，可以在外国民众心中播下中国传统文化的种子，吸引更多海外民众对中国传统文化的关注，消除误解，加深感情，为中国的发展赢得有利的国际舆论环境。

将中国传统戏曲翻译成外文进行跨文化传播可以促进中国传统戏曲的发展。戏曲的海外传播可为中国戏曲事业的发展带来商机，让我国人民看到更为广阔的发展前景。在当今文化事业发展市场化转向的趋势下，开拓海外市场，对中国戏曲的繁荣发展意义重大。但发展机遇也意味着更大挑战，对中国戏曲的译介传播也提出了更高要求。

二、翻译传播历程

中国传统戏曲跨文化传播可分为早期、近代和现代三个阶段：早期为二十世纪以前；近代为二十世纪初到 1949 年；现代为 1949 年以后。本文探讨的是中国传统戏曲的翻译和海外传播，因此对翻译传播现状的梳理以翻译成外文并以剧本形式保存下来的作品为主要对象。

（一）早期传播（20 世纪以前）

二十世纪以前，由于受到各种条件的制约，中国戏曲的对外传播还没有形成一定规模（林一 & 马萱，2009）。在文本传播方面，比较著名的是以《窦娥冤》《赵氏孤儿》为代表的元杂剧。自十八世纪法国传教士马若瑟（Joseph Marie de Prémare）将其译成法文后，相继出现了《赵氏孤儿》的英文、法文、意大利文和德文改编版。《赵氏孤儿》作为现今可考的最早传播到海外的元杂剧，在欧洲曾引起较大反响，也为中西方文化交流写下了重要一笔。不过值得注意的是，当时的翻译版本并不完全忠实于原著。马若瑟的翻译只译出了宾白，省去了唱词和诗白。而后根据马若瑟的法语译本改编的其他版本，都或多或少对原文的背景、情节做了大大小小的改编。可以说，当时欧洲翻译的中国戏曲，基本上采取的是改写和转译的方式。清代李渔的剧本很早传入西方，被译成拉丁文的剧本《奈何天》《慎鸾交》和《风筝误》，现藏于欧洲各大图书馆。

尽管在二十世纪以前中国戏曲还没有引起欧洲社会的足够重视，但仍然有一些汉学家做了大量翻译工作。法国汉学家巴赞（Antoine Bazin）在 1838 年出版了《中国戏曲选》，收录了《窦娥冤》和《合汗衫》等剧本。英国汉学家德庇时（John Francis Davis）翻译了李渔的《蜃中楼》，武汉臣的《老生儿》和马致远的《汉宫秋》。除了翻译剧本之外，一些西方学者也出版了一些介绍中国戏曲情节的著作，如法国汉学家儒莲（Stanislas

Julien）摘译了《灰阑记》。尽管早期中国戏曲的外译和传播范围较小也并不成规模，但仍然为后人的翻译传播研究留下了宝贵的文献资料和经验基础。

（二）近代传播（20 世纪初—1949 年）

二十世纪初到五四运动之前，由于战争频发，国内局势动乱，中国戏曲的对外传播也基本处于停滞状态。五四运动之后，情况发生了转变。当时的优秀戏曲演员如梅兰芳、程砚秋等，通过不懈努力，使京剧和昆曲等剧种在海外受到了广泛关注。但是，梅兰芳的访美访日和访苏演出，还是以外文介绍剧情加中文演出的方式，并没有以英文演出。直至熊式一将中国传统戏曲《红鬃烈马》改编为科白剧形式的《宝川夫人》，才开创了将中文戏曲改编后用外文演出的先河。《宝川夫人》以英文在英国伦敦上演，引起轰动，并入选了中学教科书。国外方面，阿灵顿（Lewis Charles Arlington）和阿克顿（Sir Harold Mario Mitchell Acton）（1937）将《捉放曹》《珠帘寨》等数十种剧目翻译成英文，命名为《中国名剧集》。

（三）现代传播（1949 年以后）

1949 年之后，英语世界对中国戏剧典籍的翻译向纵深发展且更具规模。司各特（Scott）编纂的《中国传统戏剧》第一辑、第二辑、第三辑由威斯康星大学出版社于 1967 年起陆续出版，其主体为作者全译的《四郎探母》《蝶梦》《十五贯》《思凡》《拾玉镯》《女起解》六剧。1978 年，汉学家杜维廉（William Dolby）将自己翻译的《双斗医》《宦门子弟错立身》《秋胡戏妻》《综纱记》《中山狼》《卖胭脂》《霸王别姬》以及《评雪辨踪》结集成《中国古今八剧》，由伦敦保罗艾莱克出版社出版。与此同时，国内的戏剧典籍外译在 1978 年之前，由于政治等原因，颇为萧条。从 1949 年至 1978 年，得到英译的戏剧典籍寥寥无几，主要为杨宪益和戴乃迭先生的译作，如《长生殿》（1955）、《关汉卿杂剧选》（1958）、《打渔杀家》（1956）、《十五贯》（1957）、《白蛇传》（1957）、《秦香莲》（1958）等。

改革开放之后，随着对外交往的增多和国家对中国传统文化传播的逐渐重视，中国传统戏剧翻译与传播迎来了新的发展时期。“在国家赞助之下，诸多文学文化项目得以实施或正在实施，成为中国文学包括中国戏剧典籍对外译介的重要依托，如1995年启动、运作近二十年的《大中华文库》、2004年国务院新闻办公室与新闻出版总署启动的‘中国图书对外推广计划’、2009年的‘中国文化著作翻译出版工程’、2010年的‘中国文学海外传播工程’等。许多戏剧典籍得以翻译或重译，并在世界范围内加以推广”（赵征军，2013）。“京剧百部经典英译系列工程”也是在此背景下产生的，该项目由著名京剧演员、中国人民大学国剧研究中心主任和北京外国语大学艺术研究院院长孙萍担任主编，中国人民大学出版社和外语教学与研究出版社通力合作，并被列为“2013年国家社科基金重大项目”。截止到2014年底，已出版第一辑十部，分别为《霸王别姬》《打渔杀家》《大登殿》《断桥》《盗御马》《贵妃醉酒》《空城计》《女起解》《秋江》和《拾玉镯》。随着时代的发展，这一舞台艺术已由单纯的表演艺术，转变为具有丰富中华文化内涵的综合艺术形式。它不仅在中国有着重要地位，随着全球化程度不断加深，在世界不同民族与地区的影响力也在不断加强（胥南星等，2019）。

在中国传统戏曲的海外传播历程中，京剧作为当代“国粹”的代表之一，有着较丰富的对外传播经验。从京剧艺术大师梅兰芳先生于1919年、1924年的访日演出，到1930年、1935年先后访问美国和苏联，再到程砚秋先生1932年的访欧活动，老一辈京剧表演艺术家在早期为京剧奠定了可观的海外受众基础（孙萍，2015）。但是，随着传播程度的不断加深，文化、语言等因素成为京剧进一步传播的障碍。一些学者意识到京剧翻译的必要性，并进行了相关研究。在二十世纪三十年代，熊式一教授的《王宝川》译本促进了京剧在海外更为广泛的传播（马会娟，2017）。这一实践的成功说明海外受众确实具有京剧翻译的需求，也从侧面说明了京剧翻译传播的可行性（胥南星等，2019）。

三、翻译传播存在的问题

随着京剧翻译研究的推广，一些制约剧作高效译介传播的问题也开始凸显。翻译方法技术的更新和京剧欣赏相关著作的问世，拓宽了海外受众欣赏京剧的渠道，但戏曲的最终呈现场所是舞台，译文文本最终该如何在剧场呈现的研究亟待完善。孙萍（2015）提出了“两条腿走路”的观点。其关注点在如何确保戏文翻译与京剧文化知识的完整性，通过结合多媒体为外国受众构建一个完整的京剧欣赏体系。观众能够切身体会京剧的地点是剧场，而不是过度依赖程式化的书籍，这就为京剧的翻译提出了场景要求。

字幕形式作为文本载体，在外国音乐剧、歌剧与话剧等舞台艺术传入我国的过程中发挥着重要作用。但近来有学者，如吕鹏（2018），指出文本语言还需与其他非文本要素相互配合，环境的不同将会制约语言的选择，因此语言也需要作相应的调整。以国内剧院所配备的电子字幕屏为例，这一文本载体的局限性在于字幕屏幕多置于偏离舞台处，而且字数受到局限，这在增加观众欣赏艺术时认知负荷的同时，也增加了翻译难度。观众需要快速阅读字幕再转回舞台，故冗长的译文会加大观众欣赏剧目的负担。观众体验可能变差，进而阻碍京剧译文的信息传播，从而影响传播效果（胥南星等，2019）。这就为完善京剧文化海外译介途径、提高海外观众对京剧文化的认可程度、提升中国文化软实力提出了新要求。

第五章

北京话剧文化多模态翻译传播

第一节　话剧文化简介

话剧起源于古希腊的祭神仪式。西方人把话剧称为戏剧。欧洲曾在中世纪时，多以圣经故事为戏剧的主要题材，但从十六世纪伊丽莎白一世时代开始，人们也用戏剧来讲述其他类型的故事。中国的话剧在五四运动以后逐渐发展起来，出现了一批具有中国特色的话剧剧目，其中老舍的话剧《茶馆》最具代表性。话剧是演员通过舞台在观众面前扮演角色，以生动的舞台语言、舞台动作和舞台情感为主要手段的表演艺术。演员和角色浑然一体，通过舞台动作和舞台情感来展示，以征服观众。

一、话剧的本质

话剧是一种基于对话的戏剧形式，于十九世纪末二十世纪初引入中国。与传统的舞台剧和歌剧不同，话剧的主要叙事方式是没有伴奏的对话或独白，同时运用音乐和歌唱等。话剧是集剧本创作、导演、表演、舞蹈、灯光和道具等为一体的综合性艺术，通过舞台塑造具体的艺术形象，展示社会生活场景。话剧是中国戏剧文化的重要组成部分。

二、话剧的特点

作为戏剧的一种，话剧是当下时代的镜子。剧作家需有敏锐的洞察力和感知力、丰厚的文化积淀和创造美的艺术造诣。话剧以舞台演出为表演手段，以语言和动作为主要表现方式来呈现具体情境，借助灯光、音乐、服装、布景等表现人物性格和反映社会现状，借此来与观众产生情感共鸣。话剧培养了一代又一代的观众，观众反馈也在一定程度上促进了话剧的发展（刘利生，2008）。话剧在逐渐发展过程中呈现出如下特点：

（一）文学性

文学性是话剧作品质量的核心和基础，是话剧生命力的基础。无论是西方的剧作家莎士比亚、易卜生、契诃夫、萧伯纳、奥尼尔，还是五四运动之后我国的现代经典话剧创作者曹禺、田汉、老舍、郭沫若等，他们的经典剧作,如《雷雨》《日出》《丽人行》《关汉卿》《茶馆》《龙须沟》和《蔡文姬》等，之所以能够长期以来一直在舞台演出，其核心魅力就在于其文学素养灵魂，特定时代下的欢乐和悲伤深深地反映在剧作家笔下人物的性格和命运中。同时，话剧语言是观众欣赏话剧之美的重要媒介。话剧语言的文学性不仅是角色表现，推进剧情发展的需求，而且是将艺术灵魂注入语言，触动观众心灵和情感的重要手段。

（二）直观性

话剧是通过演员的姿态、动作、对话、独白来表演的，它们直接作用于观众的视觉及听觉，另外借助服装、化妆等方式塑造人物，向观众直接呈现出剧中人物形象的外貌特征。

（三）舞台性

话剧的舞台性是体现话剧作为舞台艺术的本质属性。话剧中的舞台表演可体现剧本的深层内涵和审美品格。经由杰出的导演和出色的演员编演，话剧将拥有无穷的艺术魅力。舞台性的最终指向是实现比阅读脚本更为深入人心，且更令观众动容的文学性。

（四）对话性

话剧区别于其他戏剧剧种的地方在于它使用大量的台词语言，包括独白与观众对话。借助对话呈现情节、塑造人物和表现主题，最终于特定时空场景里完成戏剧内容。

以上特点中，文学性和舞台性水乳交融，二者是互相召唤、同生共死的关系。文学性须通过成功的舞台化方能诞生于观众眼前。但文学性和舞台性并非是同时发生、并列并置的，剧作家对作品的文学构思在先，导演（有时剧作家自己兼任导演或与其紧密合作）借之生发演绎的剧场表现在后，二者是根本与生发的关系。

三、话剧的发展

中国话剧的发展大致经由以下五个时期，文明新戏时期，爱美剧运动时期，左翼戏剧时期，解放战争时期，新中国时期（王卫国，1998）。

（一）文明新戏时期（19 世纪末—1917）

中国戏剧文化源远流长，大多数的戏剧隶属戏曲，话剧是近现代的社会产物。在中国话剧一百多年的历史里,诞生了两种类型。一是当时称为“新剧”的文明新戏，现在叫作早期话剧；二是由五四运动新文化运动发起并延续至今的现代话剧。在二十世纪五十年代和八十年代，中国话剧史学界曾就中国话剧的诞生和起源问题产生过两次讨论热潮。第一波热潮的直接成果是把 1907 年确定为中国话剧的诞生年，这一观点逐渐发展成为主流观点引用至今，但近些年也出现了一些反对的声音；第二波热潮的理论成果是在八十年代形成了一个共识，认为日本的新派剧和传统的戏曲是中国新兴话剧的两大艺术源泉。进入新世纪以来，学者们对于话剧起源的探讨依然保持着高度的积极性，当前最为人们认可的中国早期话剧的开端是在 1907 年 6 月 1 日，标志性事件为在日本东京的戏馆里，由中国留学生组织的春柳社第一次演出了他们自编的大型话剧《黑奴吁天录》。当这些年轻人沉浸在他们第一次登台表演时的紧张与喜悦之中时，日本戏剧界给了他们非常高的评价，这次演出对国内的戏曲影响深远，开启了光彩的篇章。

但是在这次演出之前，中国其实已经出现了早期话剧的萌芽，比如说十九世纪末，上海出现的学生演剧最早源起于教会学校。据记载，1899 年，在上海圣约翰书院，中国学生在筹备圣诞节晚会时，编排演出了时事新戏，当时台下有一名观众，也正是后来的著名新戏演员汪仲贤先生。他看了这场穿着时装，无须唱功、做工，甚至不必下苦功夫，只需要较短时间练习，即可登台演出的新剧，备受启发。后来，南洋公学学生朱双云等人也借“戊戌六君子”等史事编排话剧，也获得了成功（陈白尘 & 董健，2008）。当时学生演剧成为了文明新戏的先驱，其中包含以下三个原因：一是革新戏剧观念；二是模仿备受欢迎的改良京剧，调整戏剧结构及演出方式；三是受到当时教会学校里表演欧洲戏剧的启发。

对于中国话剧而言，无论是汪仲贤的改良京剧，还是起源于上海的学生演出，都还没有从根本上突破唱、念、做、打为一体的中国传统戏曲形式。在改良戏曲的基础上，学生演剧突破性地将演出状态贴近生活形态，包括对话和动作。然而，学生演剧实际上还只是停留在过渡阶段，并不是真正意义上的话剧。真正让中国戏剧向现代形态转变的是由李叔同和曾孝谷在 1906 年底于日本东京成立的春柳社，这是一个以戏剧为主的综合型的艺术团体，随后有了欧阳予倩和陆镜若的相继加入，即话剧最早的发起人。“研究新旧戏曲冀为吾国艺界改良之先导”为春柳社的宗旨。1907 年 6 月初，春柳社演出《黑奴吁天录》，这是一部传递反抗民族压迫，呼唤民族团结，为祖国独立而奋斗的剧作，在当时便激起了不小的反响。春柳社的这次演出也影响了国内，著名新剧活动家王钟声等于上海组织春阳社以及通鉴学校，这也成为第一所进行新剧教育的机构。春阳社在兰心剧场改编并演出了《黑奴吁天录》，借此响应春柳社，该剧采用了西洋话剧的布景、灯光和服装，有了整齐的分幕演出形式，推动了戏剧进一步向话剧形式靠拢。在国内，新兴话剧形成的真正标志是 1908 年的《迦茵小传》。由此开始，话剧在形式上彻底扫除了京剧的痕迹。晚清以来，戏剧改革完成了具有历史意义的转折，从此形成了处于话剧萌芽阶段的文明新戏。

艺术发展与社会发展紧密相关。文明新戏于辛亥革命时达到高潮。这个期间，话剧充分发挥了其反映社会的特长，并结合革命进行思想宣传，在革命形势下得到普及。文明新戏的高潮出现在1910年至1913年，以上海为中心，许多地方都出现了剧团，在多个剧团之中，最有影响力的是由任天知于1910年10月在上海创建的进化团。除此之外，另一支比较有影响力的剧团是从日本归国而来、由陆镜若与欧阳予倩领导的春柳社，相较于进化团，它的活动时间虽然晚，但发展历史较长。

上述两个剧团都处于文明新戏的鼎盛时期，但的创作风格却截然不同。在剧本内容上，进化团多倾向结合时事，具有鲜明尖锐的现实针对性，而春柳派则大多倾向传奇意味较浓的家庭剧；在艺术特点上，进化团继承了有鲜明民族和地方色彩的中国传统戏曲艺术特色，而春柳派在艺术风格上更为写实和严谨；在编写方法上，进化团按传统戏曲的情节，注重连续性和整体性，故事易读易懂，多具传奇和书籍的色彩，而且在叙事中讲究完整的回体叙述，多用重复对比等手法；而春柳派则强调情节的完整性和曲折性，并经常通过人物的命运反映某些伦理道德和社会观念。在舞台动作和对话上，鲜有传统戏曲风格；在戏剧结构上，进化团大多利用普遍的情节发展顺序和主线一致的开放式布局，而且话剧幕场多，而春柳派是按分幕整齐的剧本发展；在剧目类型上，进化团讽刺喜剧和闹剧较多，而春柳派则善演悲剧。

在1914年袁世凯窃取了辛亥革命的成果之后，政治形势急剧恶化，各地的新剧活动相继遭到了封建军阀为代表的反动势力的查禁，与此同时，文艺界的复古逆流也开始猖獗，使得新剧迷失了方向，许多剧团齐聚上海谋求新的出路，文明新戏的发展出现了转折，其标志是剧团演出的商业化，演出内容也由早先的政治剧转向了家庭剧。为满足市场的需求，剧团纷纷开始求助于资本家和投机商。1914年，出现了许多相互竞争的剧团，也促进了新戏演出活动的繁荣。1916年以后，文明新戏走向衰落。该时期的文明新戏剧团林立、剧目繁多，仅上海一地，就先后成立过三十多个剧团，其中有六大剧团较具影响力，分别是新民社、民鸣社、启鸣社、开明社、春柳社和文明社。其中，民鸣社逐步成为实力最强的剧团，在激烈竞争中拔得头筹。

1916年文明新戏衰落的同时，以天津南开新剧团为代表的北方新剧团却呈现出不同的面貌，南开新剧团成立于1914年11月，周恩来总理曾担任该团布景部副部长。南开新剧团的代表作有《一元钱》《一念差》和《新村正》等，张彭春编导的《新村正》于1918年在南开新剧院演出，被誉为“纯粹新剧”。《新村正》也代表了中国现代戏剧走出萌芽阶段，逐渐朝向新时期发展。

（二）爱美剧运动时期（1917—1927）

二十世纪二十年代，戏剧的新思潮、新观念空前活跃，话剧运动和话剧创作的成绩为之前的学生演剧和文明新戏所望尘莫及。思想进步的剧作家们积极投身创作，敢于追求，推陈出新。当半殖民地半封建社会的腐朽统治面临革命的冲击时，种种关系到历史进步的社会问题成为戏剧家关注的中心，因此“问题剧”盛极一时。戏剧作品反映当下时代，当时的戏剧作品大多体现出人们在社会民主变革中争取自由和解放的积极意识，启发人民大众争取获得民主运动胜利的决心。事实上，“爱美剧”运动对话剧的发展起到了推动作用。二十年代的话剧在艺术上较文明新戏时期有了长足发展。

1919年，陈大悲、欧阳予倩等人提出“爱美剧”的口号，陆续成立民众剧社、辛酉剧社和南国社等戏剧团体。五四运动进步青年胡适、陈独秀都格外重视新剧对民众的启发作用，因而把挪威剧作家易卜生的“社会问题剧”推向社会。郭沫若和田汉等剧作家从婚姻、家庭、妇女等角度，抨击当时社会存在的封建统治和封建思想问题，揭露并批判了帝国主义封建军阀侵略及其黑暗社会统治。在此期间，一部部优秀作品在演绎社会问题的同时，也凭借其剧作语言为中国话剧的文学性贡献了力量。

1922 年，归国后的洪深加入戏剧协社，他曾在美研习戏剧，为摆脱文明戏里的不良习气，就剧本、舞台等方面大幅度进行革新。正是在洪深的系列改革后，我国话剧体制开始逐渐完善，男女合演制度也开始推行。1925 年的北京，戏剧系初次在艺术学校成立，开始培养话剧专业相关的艺术人才。1924 年到 1930 年，一批优秀的话剧剧目的出现充分体现了当时时代背景下反帝反封建的政治诉求，陈凝秋、陈白尘等人也做出了巨大贡献。当时由田汉领导的南国艺术运动，最大程度地展现了新兴话剧的精神内涵。1926 年 2 月，爱美剧社于大连正式成立，这也是辽宁省出现的首个较正规的话剧团体。为了给广大普通民众筹集教育基金，1927 年 5 月爱美剧社应邀，在基督教青年会大礼堂上演了《千秋遗恨》等话剧。1928 年，洪深又在改革戏剧时，创造性地把英文 Drama 译为“话剧”，中国话剧也由此定名。从 1929 年到 1931 年，欧阳予倩创办了广东省戏剧研究所，创刊《戏剧》，排演包括《怒吼吧，中国》在内的大量丰富剧目。一直以来，欧阳予倩、洪深、田汉等人致力于中国话剧发展，他们也是中国话剧的奠基人。

（三）左翼戏剧时期（1927—1937）

二十世纪三十年代，在曲折中发展的中国话剧走向成熟。这一时期，由于社会政治斗争和文化运动产生了与上一时期完全不同的特点，戏剧运动、戏剧思潮和戏剧创作也出现了新的变化。革命时代背景下的戏剧创作传递出了战斗性和思想性。不少剧作家从“感伤”、“颓废”和“彷徨”中解脱出来，认清了革命的目标，以新的战斗活跃在剧坛上。新民主主义革命的进程在国共合作破裂和大革命失败中曲折反复。中国共产党在国统区转入“地下”，在苏区建立红色政权、开展土地革命、发展武装斗争，独力肩负起领导中国革命的重任。在险恶的政治环境中，我国的现代戏剧出现了历史性转折。1929 年，共产党人领导成立了上海艺术剧社，提出了“无产阶级戏剧”，激励发展。1931 年，左翼戏剧家联盟成立，从此无产阶级加强了对戏剧运动的领导，左翼戏剧运动开始成为我国话剧发展的主导。

之后，小资产阶级民主革命剧作家开始逐渐领导左翼戏剧运动。左翼剧作家和民主主义剧作家互相取长补短，共同为戏剧艺术的探讨和创作水平的提高而努力，取得了显著成绩。当时在上海设立了左翼戏剧运动的总盟“剧联”，在北京、南京等地设立分盟，共计左翼剧团达到五十多个，演出了大量优秀进步的话剧作品。

1931 年“九一八”事变后，日伪当局实行文化专制，东北地区的话剧热度一度受挫。在此背景下，少数民间话剧团体依靠共产党领导，艰难维持活动。1935 年，上海的业余剧人协会成立，先后有《娜拉》《钦差大臣》《太平天国》等剧上演；二十世纪四十年代，《赛金花》等多个大型剧目的出现也丰富了舞台艺术。1934 年至 1937 年，我国话剧著名大家曹禺先生的戏剧“三部曲”相继问世。1933 年，“中国旅行剧团”成立，这也是中国首个营业剧团。1932 年至 1937 年，在河北省定县，话剧演出开始出现农民戏剧实验。在南方湖南、湖北等地建立起了许多的“红色戏剧”革命根据地，排演了上百个优秀革命剧目，也振奋了军队战士们的士气。1935 年，南京成立了国立戏剧专科学校，培养出上千名优秀学生，舞台演出剧目丰富，活动涉及地域广。

（四）解放战争时期（1937—1949）

解放战争时期是关乎中国人民民族命运的时代。面临着全民族的深重危机，于 1927 年破裂的国共两党重新合作，建立了抗日民族统一战线。当时的戏剧队伍也出现了空前统一的局面，不同阶级流派人物团结一致，为戏剧的繁荣发展奠定了基石。当然，戏剧在这一时期也经历了挫折和危机，尤其是战后三年间，国统区戏剧的危机更加深重。但纵观四十年代的戏剧，从剧本创作的数量和质量、戏剧运动的深入和普及、戏剧队伍的发展和壮大，以及戏剧理论水平的提高这几个方面来看，其成就大大超过了五四运动以来的任何一个时期。田汉、夏衍、于伶、陈白尘等人的多幕剧，追求更加自由、开放的结构形式和表现手法，以描绘更广阔的生活画面。

与此同时，各种题材、体裁的剧作都取得了崭新的成就。

1937 年抗日战争全面爆发后，大批戏剧家将战斗阵地向后方转移。自 1938 年 10 月起，重庆成了国民党统治区的戏剧活动中心，1941 年到 1945 年，重庆话剧团举办了季节性公演，共演出大型话剧剧目一百五十多部，“雾季公演”为推动戏剧创作和发展做出了积极贡献。在国统区、“孤岛”和沦陷区特殊的斗争环境下，历史剧的创作取得了新的发展，这是抗日和民主精神在戏剧舞台上找到的一个巧妙的“突破口”。以郭沫若的《屈原》为代表的至今保留的优秀历史剧目代表了当时的戏剧创作水平。尽管有的剧作还留有二十年代抒情史剧的遗迹，但总的说来，在真实历史背景下，通过将现实与艺术巧妙结合，既成功塑造了历史人物，也激发了对人物和人生的深入思考。例如，曹禺的《北京人》《家》等剧目揭示了当时的社会黑暗，具有很高的艺术水平。

（五）新中国时期（1949—1966）

1949 年 7 月，中国戏剧工作者协会在京成立，标志着中国话剧进入新的发展时期。1949 年 10 月，中华人民共和国成立后，党和政府注重发展话剧事业，先后成立中国青年艺术剧院、北京人民艺术剧院、中央戏剧学院、上海戏剧学院和大大小小的专业话剧剧团、剧院。1949 年，老舍创作了《龙须沟》，这是一部通过记录北京在新中国成立前后的生活对比，展现开启新生活后北京人精神风貌的作品。

新中国成立后，老舍、郭沫若、田汉等一代优秀剧作家创作出至今广受好评的经典剧目。话剧导演焦菊隐、黄佐临等人在艺术中融入民族文化，用戏剧渗透思想。除了首都文化交流中心外，话剧艺术领域逐渐扩展。在地域偏远的少数民族地区，也开始出现用维语、蒙古语、朝鲜语和藏语的话剧演出。文艺界的“双百”方针在国内得到有效贯彻，助力了话剧发展。新中国成立后，中国人在国家统一、生活安宁的幸福环境中安居乐业，文艺界包括话剧的发展也焕发勃勃生机。1956 年第一届全国话剧观摩演出大会的举办成为话剧发展的高潮之一。

近几十年来，话剧发展速度加快，培养出一代又一代享有声誉的话剧演员。中国人民彻底摆脱了封建主义、帝国主义的压迫，人民当家做主，焕发惊人的创造力，以迅雷之势向国内外文艺界交出了满意答卷。话剧艺术一如既往跟随时代步调，创作出了与时俱进的优秀新剧目，如《刘莲英》《六号门》《龙须沟》等。这些作品里通过直观地表现人民群众的现实生活，将他们的新时代感受借助舞台艺术展现给群众。

十一届三中全会后，中国话剧迎来发展的又一新时期。为了打破旧舞台的束缚、革新戏剧观念、丰富话剧艺术表现力，一批话剧人进行了辛苦深入的探索。从话剧创作上看，尝试了无场次结构、塑造意念形象、跳跃时空限制等；从舞台艺术上看，开始创新面具、服装和布景道具，包括使用灯光来渲染舞台效果，从而拉近与观众的距离，给观众留下更好的剧场体验。话剧舞台的逐步革新受到戏剧理论界的关注，引发戏剧革新上观念与形式的探讨，也积极促进了中国话剧的发展。中国话剧开始逐步走出国门，走向世界。北京人艺排演的《茶馆》曾多次赴欧洲、美国、日本等地进行海外演出；中央戏剧学院排演的《俄狄浦斯王》在希腊成功上演。另外，海外的优秀戏剧作品在我国的交流演出也倍受欢迎。自1986年后，莎士比亚戏剧节、奥尼尔戏剧节都先后在我国成功举办。中国话剧艺术的发展又迎来一个新的开端。

第二节　代表性剧目（选段）

话剧的主要形式是对话，话剧语言正是其魅力之所在，故而话剧剧本显得尤其重要。好的话剧，一定是剧情矛盾突出，语言优美精炼，内容自然紧凑，寓意深远绵长。凡是优秀的作品，单从剧本语言自身就能够发散出许多魅力。许多优秀剧作家的剧本完全可以作为文学作品来阅读。中国著名剧作家老舍、曹禺、郭沫若等留下了大量引起时代共鸣的作品。他们笔下塑造的人物和故事以及其中体现的文学功底和美感值得人们一读再读。

本节摘录了部分话剧代表性剧目的剧本节选，包括《雷雨》《茶馆》《龙须沟》《蔡文姬》《关汉卿》《日出》《北京人》《西望长安》《屈原》和《原野》共十部作品。

一、代表性剧目之一：《雷雨》

（一）作品简介

1933年，中国现代著名剧作家曹禺先生创作话剧《雷雨》，在中国现当代文学史上享有独特地位。《雷雨》以1925年前后的中国社会为背景，故事主线围绕两个家庭、八个人物、三十年的恩恩怨怨，刻画出一系列经典鲜活的人物形象，其中包括伪善独裁的父母、单纯热心的少年、痴迷情爱的女人、堕落犯罪的公子哥等。《雷雨》是中国现代话剧成熟的里程碑，也是中国现实主义话剧的奠基石。

（二）作品节选

（蘩漪由饭厅门上，鲁贵一眼看见她，话说成一半，又吞进去。）

贵：哦，太太下来了！太太，您病完全好啦？（蘩漪点一点头）鲁贵直惦记着。

蘩：好，你下去吧。

（鲁贵鞠躬由中门下。）

蘩：（向周萍）他上哪去了？

萍：（莫名其妙）谁？

蘩：你父亲。

萍：他有事情，见客，一会儿就回来。弟弟呢？

蘩：他只会哭，他走了。

萍：（怕和她一同在这间屋里）哦。（停）我要走了，我现在要收拾东西去。（走向饭厅）

蘩：回来，（周萍停步）我请你略微坐一坐。

萍：什么事？

蘩：（阴沉地）有话说。

萍：（看出她的神色）你像是有很重要的话跟我谈似的。

蘩：嗯。

萍：说吧。

蘩：我希望你明白方才的情景。这不是一天的事情。

萍：（躲避地）父亲一向是那样，他说一句就是一句的。

蘩：可是人家说一句，我就要听一句，那是违背我的本性的。

萍：我明白你。（强笑）那么你顶好不听他的话就得了。

蘩：萍，我盼望你还是从前那样诚恳的人。顶好不要学着现在一般青年人玩世不恭的态度。你知道我没有你在我面前，这样，我已经很苦了。

萍：所以我就要走了。不要叫我们见着，互相提醒我们最后悔的事情。

蘩：我不后悔，我向来做事没有后悔过。

萍：（不得已地）我想，我很明白地对你表示过。这些日子我没有见你，我想你很明白。

蘩：很明白。

萍：那么，我是个最糊涂，最不明白的人。我后悔，我认为我生平做错一件大事。我对不起自己，对不起弟弟，更对不起父亲。

蘩：（低沉地）但是最对不起的人有一个，你反而轻轻地忘了。

萍：我最对不起的人，自然也有，但是我不必同你说。

蘩：（冷笑）那不是她！你最对不起的是我，是你曾经引诱的后母！

萍：（有些怕她）你疯了。

蘩：你欠了我一笔债，你对我负着责任；你不能看见了新的世界，就一个人跑。

萍：我认为你用的这些字眼，简直可怕。这种字句不是在父亲这样——这样体面的家庭里说的。

蘩：（气极）父亲，父亲，你撇开你的父亲吧！体面？你也说体面？（冷笑）我在这样的体面家庭已经十八年啦。周家家庭里所出的罪恶，我听过，我见过，我做过。我始终不是你们周家的人。我做的事，我自己负责任。不像你们的祖父、叔祖，同你们的好父亲，偷偷做出许多可怕的事情，祸移在别人身上，外面还是一副道德面孔，慈善家，社会上的好人物。

萍：蘩漪，大家庭自然免不了不良分子，不过我们这一支，除了我，……

蘩：都一样，你父亲是第一个伪君子，他从前就引诱过一个良家的姑娘。

萍：你不要乱说话。

蘩：萍，你再听清楚点，你就是你父亲的私生子！

二、代表性剧目之二：《茶馆》

（一）作品简介

《茶馆》被誉为中国话剧史上的经典之作。六七十个人物在一个茶馆里演绎故事。《茶馆》是三幕剧，分别呈现出三个不同时代的生活场景，包括戊戌变法失败后、北洋军阀割据以及国民党政权下台。话剧故事高度浓缩展现出了当时中国社会各阶层的矛盾和冲突，暗示了中国历史进程中半殖民地半封建的命运。《茶馆》的舞台极具魅力，人物形象丰富立体，台词语言贴近生活，凝练而且意味深长，到现在也是各大剧院经久不衰的常备剧目。

（二）作品节选

松二爷：您喝这个！（然后，往后院看了看）

常四爷：松二爷，好像又有事儿？

常四爷：反正打不起来！要真打的话，早到城外头去啦；到茶馆来干吗？

（二德子，一位打手，恰好进来，听见了常四爷的话。）

二德子：（凑过去）你这是对谁甩闲话呢？

常四爷：（不肯示弱）你问我哪？花钱喝茶，难道还教谁管着吗？

松二爷：（打量了二德子一番）我说这位爷，您是营里当差的吧？来，坐下喝一碗，我们也都是外场人。

二德子：你管我当差不当差呢！

常四爷：要抖威风，跟洋人干去，洋人厉害！英法联军烧了圆明园，尊家吃着官饷，可没见您去冲锋打仗！

二德子：甭说打洋人不打，我先管教管教你！（要动手）

（别的茶客依旧进行他们自己的事。王利发急忙跑过来。）

王利发：哥儿们，都是街面上的朋友，有话好说。德爷，您后边坐！

（二德子不听王利发的话，一下子把一个盖碗搂下桌去，摔碎。翻手要抓常四爷的脖领。）

常四爷：（闪过）你要怎么着？

二德子：怎么着？我碰不了洋人，还碰不了你吗？

马五爷：（并未立起）二德子，你威风啊！

二德子：（四下扫视，看到马五爷）喝，马五爷，你在这儿哪？我可眼拙，没看见您！（过去请安）

马五爷：有什么事好好地说，干吗动不动地就讲打？

二德子：嗻！您说的对！我到后头坐坐去。李三,这儿的茶钱我候啦！（往后面走去）

三、代表性剧目之三:《龙须沟》

（一）作品简介

《龙须沟》讲述了社会动荡中发生在北京一个小杂院里四户人家的故事，展现出新旧不同时代的变化。该剧舞台人物形象各具特色，塑造了程疯子、王大妈、娘子、丁四嫂等。《龙须沟》作为社会主义背景下新中国的赞歌，借助讲述主人公程疯子在新旧社会变换中从艺人变成“疯子”，再从“疯子”变回艺人的故事，传递出民众对民族解放的渴望和对共产党的拥护及热爱。

（二）作品节选

四　嫂：（递给妞子一盆水）你要是眼睛不瞧着地，摔了盆，看我不好好揍你一顿！

小　妞：你怎么不管哥哥呢？他一清早就溜出去，什么事也不管！

四　嫂：他？你等着，等他回来，我不揍扁了他才怪！

小　妞：爸爸呢，干脆就不回来！

四　嫂：甭提他！他回来，我要不跟他拼命，我改姓！

疯　子：（在屋里，数来宝）叫四嫂，别去拼，一日夫妻百日恩！

娘　子：（把隔夜的窝头蒸上）你给我起来，屋里精湿的，躺什么劲儿！

疯　子：叫我起，我就起，尊声娘子别生气！

小　妞：疯大爷，快起呀，跟我玩！

四　嫂：你敢去玩！快快倒水去，弄完了我好作活！晌午的饭还没辙哪！

疯　子：（穿破夏布大衫，手持芭蕉扇，一劲地扇，似欲赶走臭味；出来，向大家点头）王大妈！娘子！列位大嫂！姑娘们！

小　妞：（仍不肯去倒水）大爷！唱！唱！我给你打家伙！

四　嫂：（过来）先干活儿！倒在沟里去！（妞子出去）

娘　子：你这么大的人，还不如小妞子呢！她都帮着大人作点事，看你！

疯　子：娘子差矣！（数来宝）想当初，在戏园，唱玩艺，挣洋钱，欢欢喜喜天天像过年！受欺负，丢了钱，臭鞋、臭袜、臭沟、臭水、臭人、臭地熏得我七窍冒黑烟！（弄水洗脸）

娘　子：你呀！我这辈子算倒了霉啦！

四　嫂：别那么说，他总比我的那口子强点，他不是这儿（指头部）有点毛病吗？我那口子没毛病，就是不好好地干！拉不着钱，他泡蘑菇；拉着钱，他能一下子都喝了酒！

疯　子：（一边擦脸，一边说）我这里，没毛病，臭沟熏得我不爱动。

（外面有吆喝豆腐声。）

疯　子：有一天，沟不臭，水又清，国泰民安享太平。（坐下吃窝头）

小　妞：（进来，模仿数来宝的竹板声）呱唧呱唧呱唧呱。

娘　子：（提起香烟篮子）王大妈，四嫂，多照应着点，我上市去啦。

大　妈：街上全是泥，你怎么摆摊子呢？

娘　子：我看看去！我不弄点钱来，吃什么呢？这个鬼地方，一阴天，我心里就堵上个大疙瘩！赶明儿六月连阴天，就得瞪着眼挨饿！（往外走，又立住）看，天又阴得很沉！

小　妞：妈，我跟娘子大妈去！

四　嫂：你给我乖乖地在这里，哪儿也不准去！（扫阶下的地）

小　妞：我偏去！我偏去！

娘　子：（在门口）妞子，你等着，我弄来钱，一定给你带点吃的来。乖！外边呀，精湿烂滑的，滑到沟里去可怎么办！

疯　子：叫娘子，劳您驾，也给我带个烧饼这么大。（用手比，有碗那么大）

娘　子：你呀，呸！烧饼，我连个芝麻也不会给你买来！（下）

小　妞：疯大爷，娘子一骂你，就必定给你买好吃的来！

四、代表性剧目之四:《蔡文姬》

(一)作品简介

1959 年，郭沫若先生创作五幕历史剧《蔡文姬》。故事讲述了前东汉才女蔡文姬的坎坷人生。郭沫若以磅礴的气势和浪漫的情调在剧中成功地塑造了蔡文姬的形象，同时也对曹操给予全新的解释。

(二)作品节选

(曹操离座步下馆阶，曹丕与周近跟随。曹操在园中徘徊，有所思索。)

曹　操:(止步，向周近)周司马，看来这个事情是有些错综啦。

周　近:(惶恐地)可是小官始终不能误会董都尉和左贤王何以会立地成为了“生死之交”。要说奇迹，实在也是一个奇迹。

曹　操:(向曹丕)子桓，我现在感觉着我们有点轻率了。昨天晚上我们如果把侍琴和侍书调来查问一下，不是也可以弄清些眉目吗?

曹　丕：是呵，我在今天清早才想到。我曾经调侍琴来询问过一下，但因时间仓促，我没有问个仔细。我也认为，她们或许不知道。

曹　操：古人说“兼听则明，偏听则暗”，看来是一点也不错的。我们这回可算得到了一次教训了！

（侍琴与侍书扶文姬登场，衣履整饬。发已成髻着冠。文姬向曹操、曹丕、周近等分别敬礼。）

曹　操：文姬，你请坐下讲吧。（指示一株大树下的天然石）你已经站了好半天啦。

（侍琴与侍书扶文姬坐于石上。）

蔡文姬：谢谢丞相的关切。（向周近）周司马，你是不是向左贤王说过：如果不让我回来，曹丞相的大兵一到就要把匈奴荡平？

周　近：（有些不安，勉强地）是，我是曾经说过。

蔡文姬：你这话，很刺伤了左贤王，也几乎使我改变了回国的念头。左贤王误认为你们都是带兵的人，你们一位是都尉，一位是司马啦。他认为你们一定有大兵随后。在我也认为，如果真是这样，那就是师出无名，我也宁肯死在匈奴。因此，我、左贤王把董都尉请来，由我当面问他。我是叫左贤王潜伏着偷听，让我单独和董都尉见面，诱导他说出实话。董都尉是带着侍书和侍琴一同来的，哦，董都尉对我所说的一番话，侍书和侍琴也是在场的。

曹　操：（向侍琴和侍书）侍琴、侍书，你们都听到吗？那好，文姬夫人，请你休息一下，你让侍琴讲吧！侍琴，你讲！董都尉到底说了些什么？

侍　琴：董都尉首先交代了丞相带去的礼品，接着他便宣扬了丞相的功德，宣扬了丞相的文治武功。他说，他自己只是屯田都尉，周司马也只是屯田司马，并没有大兵随后。他说，丞相用兵作战是为了平定中原，消弭外患。他说，丞相善用兵，但决不轻易用兵。正因为这样，才成为“王者之师，天下无敌”。他说，他也体谅了左贤王，说他不肯放走儿女是人之常情。他要文姬夫人体贴丞相之大德，丞相所期待的是四海一家。他劝文姬夫人以国事为重，他所说的还多，可惜我记不全了。

曹　操：（向文姬夫人）侍琴说的没有错吗？

蔡文姬：她说得很扼要。我要坦白的承认呵，董都尉的话感动了我，但更有力的是感动了在旁偷听着的左贤王。左贤王突然露面，向董都尉行了大礼，并且他十分感动地把自己的佩刀献给董都尉，还对董都尉发誓："从今以后他一定要永远和汉朝好！"

曹　操：侍琴，这话你确是听到的？

侍　琴：是的，他确是那样发誓的。

曹　操：侍书，这话你也确是听到的？

侍　书：是的，左贤王的确是那样发誓的。

曹　操：（深受感动）看来左贤王倒是一位杰出的人物啦。

蔡文姬：就在这样的情况下，董都尉也感激地把自己所佩的玉具剑解赠给左贤王，他也声明这是曹丞相赏赐给他的，在他是比自己的生命还要宝贵的物品。

曹　操：（已恍然大悟）呵，是那样的！

蔡文姬：再说到赠送衣服的事吧。那是匈奴人的习惯，对于心爱的朋友，要赠送自己本民族的服装。左贤王照着这种民族习惯，又赠送了董祀一套匈奴服装，而且让他穿戴上了。董都尉也是出于一时的感激，他就把他穿戴的衣服冠带也脱下，留赠给左贤王，但却没有想到这是以朝廷的命服轻易赠予别人。实在也要怪我，当然我也没有注意到，没有从旁劝止他啦……

（在文姬陈述中，在场者表情上须有不同的反应。曹操须表示感动而憬悟，时作考虑之状。周近渐由疑虑而惶恐，以至失望。曹丕则处之以镇静，不动声色。侍琴、侍书应时时相视，表示对文姬的关心，对周近的怀疑。他们已觉悟到事情是出于周近的中伤离间。）

曹　操：（不等文姬再说下去，便插断她的话头）文姬夫人，这一切我都明白了，谢谢你。你今天来得真好，我是轻信了片面之辞，几乎错杀无辜。（向曹丕）子桓，你取出铅椠来，为我记下一道饬令。

曹　丕：（取出铅椠）请父亲口授吧。

曹　操：“华阴县令即转屯田都尉董祀：汝出使南匈奴，宣扬朝廷德惠，迎回蔡琰，招徕远人，克奏肤功，着晋职为长安典农中郎将。伤愈，即行前往视事，毋怠！建安十三年四月二十一日。”

（曹丕书毕，晋呈曹操签署。）

五、代表性剧目之五:《关汉卿》

（一）作品简介

1958年，中国现代剧作家田汉创作十二场话剧《关汉卿》。该剧塑造出了元代戏剧家关汉卿的艺术形象，故事讲述了《窦娥冤》的创作到上演的过程。年少单纯的少女朱小兰抗拒恶奴的凌辱后反被诬陷，无情赃官判她死罪。关汉卿在悲愤之下，写出悲剧《窦娥冤》。后来权贵阿合马看出剧中揭示不公，令其修改，关汉卿宁折不弯，最终按原作排演剧目，歌妓朱帘秀支持并出演。《关汉卿》体现出田汉一贯的写作特色，极具诗情，充满正义感，语言之间又不乏引起人心共鸣的力量。

（二）作品节选

（关汉卿的书斋。壁上悬有琴、剑。

关汉卿对着残烛，时而哦吟，时而构思，时而伏案狂草。

鸡叫了，他还在拼命地写。

关忠披衣进来。）

关汉卿：我真的不饿。你帮帮忙，别扰我，睡去吧。

关　忠：好，不扰你，写完了就早点儿睡吧。明天一早，刘大娘她俩还要来跟您道谢哩。

关汉卿：谢个什么呀，明天我有事。（停笔）怎么，你把二妞送去的时候，刘大娘也在啊？

关　忠：岂止刘大爷回来了，二妞的夫婿周福祥也来了，他们全家团圆，就别提多高兴了。他们啦，把您当祖宗似的感激着。明儿个周福祥说他也要来，就是那个在和大人那儿当差的。二妞就娶过门子了。这次您真是做了一桩天大的好事。

关汉卿：别胡扯了。睡去吧！

关　忠：（走到窗边）瞧，东方都快发白了。

关汉卿：哦，给我换吧。

关　忠：得了，老爷，别换了。就写完这一枝蜡吧。（剔去烛泪。）

关汉卿：也好。（他正继续伏案辛苦地写下去。）

（忽有人叩门。）

关　忠：谁啊？

外面人声：我。

关　忠：你是谁，这么晚的？

外面人声：怎么我的声音还听不出？我姓谢。找老关的。

关汉卿：快开门吧。是谢老板。

关　忠：（一面开门）哎呀，谢老板，您真不怕晚啦。

谢小山：天还没亮就来奉看，还嫌晚吗？

（大家笑了。玉梅跟着走进来，手里提着一个小长布袋，内装萧、笛。)

关汉卿:(起来招呼)哦,玉梅也采了。快请坐。

谢小山:你要我约任四和玉梅。任四被人家邀到通州去了。玉梅有戏,我等到现在才等到他,他想回去睡觉,我生拉硬拽的才把他给拉来了。

关汉卿:怎么这么晚呢?

玉　梅:汝里·铁木耳将军家里唱堂会,从昨天下午一直唱到今儿早上,前后点了三出大戏,五出小戏,看的人也困了才让歇。我嘴唇都唱出血来了,这一行真不是人干的。

谢小山:玉梅到现在还没有吃夜饭哩。

关汉卿:哎呀!……(望关忠)有什么吃的没有?

关　忠:还是煮几个鸡子儿吧。(他倒好茶)对不起,喝杯凉茶。(下去。)

关汉卿:你们两位来得真是时候。(向小山)我不是跟你谈过《窦娥冤》吗?写到第三折了,碰上一件为难的事,正要请教你们。

谢小山:还是你前回跟我谈过的那个架子吗?挺好嘛,有什么为难的?

关汉卿:请你们看看前几折的牌子。

谢小山:(接过去与玉梅同看)噶。第一折《点绛》起,使的《仙吕》;第二折《一枝花》起,使《南吕》;第三折《牧羊关》、《骂玉郎》、《感皇恩》、《采茶歌》……还是《南吕》,唔,你用这来写窦娥在公堂上的申诉、受刑、屈招,“婆婆,我到把你来便打的,打得来恁的。若是我不死,如何救你”,这尾声好。

关汉卿:为难可就在这里。底下我紧接着写斩窦娥,写得悲愤慷慨。她怨天恨地,发下三个哲愿。头落之后她要血祭旗抢,六月下雪,三年不雨。这样的情感,《南吕》就不合适了。同此,从《端正好》起,我改用了《正宫》。这支《滚绣球》,是我比较满意的。临到最后要开刀了,再起《耍孩儿》。这样,《二煞》,《一煞》,这一折欢里头宫调三变,我写是这么写了,又怕不合规矩,你们看行吗?

六、代表性剧目之六:《日出》

(一)作品简介

1935 年，曹禺先生创作《日出》，这是一部反映时代背景和历史内容的剧作。故事围绕陈白露和方达生为等一系列不同特点的人物，以陈白露的客厅、三等妓院为主要活动场景，展示了社会各阶层各色人等的生活写照，勾画出一个动荡社会中人们所面对的不可逃避的生存困境，以及人们在困境中的挣扎。因其思想内涵深刻，使其从诞生至今，久演不衰，具有强大的生命力。

(二)作品节选

【第一幕】

方达生:(冷冷地)不怕什么！(忽然不安地)你这屋子没有人吧?

陈白露:(看看四周，故意地)谁知道?(望着他)大概是没有人吧!

方达生:(厌恶地)真讨厌。这个地方到处都是人。

陈白露:(有心来难为他，自然也因为他的态度使她不愉快)有人又怎样?住在这个地方还怕人?

方达生：（望望女人，又周围地嗅嗅）这几年，你原来住在这么个地方！

陈白露：（挑衅地）怎么，这个地方不好么？

方达生：（慢声）嗯——（不得已地）好！好！

陈白露：（笑着看男人那样呆呆地失了神）你怎么不脱衣服？

方达生：（突然收敛起来）哦，哦，哦，——衣服？（想不起话来）是的，我没有脱，脱衣服。

陈白露：（笑出声，看他怪好玩的）我知道你没有脱。我问你为什么这样客气，不肯自己脱大衣？

方达生：（找不出理由，有点窘迫）也许，也许是因为不大习惯进门就脱大衣。（忽然）嗯——是不是这屋子有点冷？

陈白露：冷？——冷么？我觉得热得很呢。

方达生：（想法躲开她的注意）你看，你大概是没有关好窗户吧？

陈白露：（摇头）不会。（走到窗前，拉开幔子，露出那流线状的窗户）看，关得好好的，（望着窗外，忽然惊喜地）喂，你看！你快来看！

方达生：（不知为什么，慌忙跑到地面前）什么？

陈白露：（用手在窗上的玻璃划一下）你看，霜！霜！

方达生：（扫了兴会）你说的是霜啊！你呀，真——（底下的话自然是脱不嫌她有点心浮气躁，但他没有说，只摇摇头）

陈白露：（动了好奇心）怎么，春天来了，还有霜呢。

方达生：（对她没有办法，对小孩似地）嗯，奇怪吧！

陈白露：（兴高采烈地）我顶喜欢霜啦！你记得我小的时候就喜欢霜。你看霜多美，多好看！（孩子似的，忽然指着窗）你看，你看，这个像我么？

方达生：什么？（伸头过去）哪个？

陈白露：（急切地指指点点）我说的是这窗户上的霜，这一块，（男人偏看错了地方）不，这一块，你看，这不是一对眼睛！这高的是鼻子，凹的是嘴，这一片是头发。（拍着手）你看，这头发，这头发简直就是我！

方达生：（着意地比较，寻找那相似之点，但是——）我看，嗯——（很老实地）并不大像。

陈白露：（没想到）谁说不像？（孩子似地执拗着，撒着娇）像！像！像我说像！它就像！

方达生：（逆来顺受）好，像，像，像的很。

陈白露：（得意）啊。你说像呢！（又发现了新大陆）喂，你看，你看，这个人头像你，这个像你。

方达生：（指自己）像我？

陈白露：（奇怪他会这样地问）嗯，自然啦，就是这个。

方达生：（如同一个瞎子）哪儿？

七、代表性剧目之七:《北京人》

（一）作品简介

1941 年，曹禺通过刻画一个走向没落的士大夫家庭——曾家，围绕其三代人展开一个大家族里的道德美丑，创作出代表其戏剧新高度的《北京人》。《北京人》深入封建家庭，善用人物矛盾冲突，突显当时封建统治对人类的无情吞噬，在封建统治下人们艰难地度日，故事也最终暗示了封建统治必然败落的结局。

（二）作品节选

（陈奶妈拿着纳了一半的鞋底子打开书斋的门走进来。她的头发更斑白，脸上仿佛又多了些皱纹。因为年纪大了怕冷，她已经穿上一件灰布的薄棉袄，青洋缎带扎着腿。看见她来，文彩立刻放下手里的毛线活计站起来。）

曾文彩：（非常关心地，低声问）怎么样啦？

陈奶妈：（听见了话又止了步，回头向窗外谛听。文彩满蓄忧愁的眼睛望着她，等她的回话。陈无可奈何地摇摇头）没有走，人家还是不肯走。

曾文彩：（失望地叹息了一声，又坐下拿起毛线坎肩，低头缓缓地织着。）

（江泰略回头，看了这两个妇人一眼，显着厌恶的神气，又转过读他的《麻衣神相》）

陈奶妈：（长长地嘘出一口气，四面望了望，提起袖口擦抹一下眼角，走到方凳子前坐下，迎着黄昏的一点微光，默默地纳起鞋底。）

江　泰：（忽然搓颤着两只脚，浑身寒瑟瑟的）

曾文彩：（抬起头望江）脚冷吧？

江　泰：（心烦）唔？（又翻他的相书，彩又低下头织毛线）

（半晌。）

曾文彩：（斜觑江泰一下，再低下头织了两针，实在忍不住了）泰！

江　泰：（若有所闻，但仍然看他的书）

曾文彩：（又温和地）泰，你在干什么？

江　泰：（不理她）（陈看江一眼，不满意地转过头去）

曾文彩：（放下毛线）泰，几点了，现在？

江　泰：（拿起镜子照着，头也不回）不知道。

曾文彩：（只好看看外边的天色）有六点了吧？

江　泰：（放下镜子，回过头，用手指了一个，冷冷地）看钟！

曾文彩：钟坏了。

江　泰：（翻翻白眼）坏了拿去修！（又拿起镜子）

曾文彩：（怯弱地）泰，你再到客厅看看他们现在怎么样啦，好么？

江　泰：（烦躁地）我不管，我管不着，我也管不了，你们曾家的事也太复杂，我没法管。

曾文彩：（恳求）你再去看一下，好不好？看看他们杜家人究竟想怎么样？江泰怎么样？人家到期要曾家还，没有钱要你们府上的房子，没有房子要曾老太爷的寿木，那漆了几十年的楠木棺材。

曾文彩：（无力地）可这寿木是爹的命，爹的命！江泰你既然知道这件事这么难办，你要我去干什么？

陈奶妈：（早已停下针在听，插进嘴）算了吧，反正钱是没有，房子要住——江泰那棺材——

曾文彩：爹舍不得！

江　泰：（瞪瞪文彩）明白啦？（又拿起镜子）

曾文彩：（低头叹息拿出手帕抹眼泪）

八、代表性剧目之八:《西望长安》

（一）作品简介

1955年7月，老舍先生创作《西望长安》。故事以第一届全国人民代表大会二次会议为背景，时任公安部部长罗瑞卿同志在他发言中介绍反革命大骗局，讲述这一骗局被揭露的经过，告诉每个人都应该从这件事上受到教育，时刻警醒。

（二）作品节选

林大嫂：你刚才上我们屋里去啦？

栗晚成：（来不及收起符号，心中既不痛快，又有点看不起林大嫂）是啊，大嫂！你们都没在家！

林大嫂：我们要是在家，还丢不了东西呢？

栗晚成：（立起）丢了东西？（含怒地）难道你把我看成了一个小偷吗？大嫂，你应当知道我是志愿军战斗英雄，现任中南农林部农业技术研究所的秘书主任！

林大嫂：你先不用背你的官衔，你拿着的是什么？

栗晚成：符……符号！

林大嫂：谁的？

栗晚成：你的爱人的！

林大嫂：你干什么拿来呢？

栗晚成：我……我……我借用用！

林大嫂：我的爱人是转业军人，你也是。他有符号，你怎么没有？我告诉他好几回了，把军衣、军帽收起来，他不听。他老把它们挂在墙上，好随时地觉得光荣。就偏偏遇见你这么个人，把别人的纪念品也随便拿了走！你自己的呢？我问你！

栗晚成：大嫂，你问的是我自己的符号吗？（想办法）林大嫂啊！

栗晚成：大嫂，你听着！（急掀裤角）看！在朝鲜战场东线上，雪有三尺多深，我指挥一个连队，跟敌人苦战了七天七夜。首先，我的腿受了伤，我好歹包扎了一下，不退！我一退，就必定影响全局。（放下裤角，急掀起上衣，露出腹部）看！有一天，刚刚天亮，敌人反扑，打白刃战。两个塔似的美国兵一齐扑过我来，两把刺刀同时刺到这里，我连眼也没眨巴一下，拍，拍，两手枪，两个"塔"全倒下去。我扯下军衣的袖子，自己包扎了一下，继续前进！我爬、滚、跑、跳，帽子丢了，衣裳碎成一条条的，可是继续前进，像一只受了伤的猛虎！我满身是雪，是泥，是鲜血，可是不退！在接受任务的时候，我已经发下誓：至死不下战场！可是，敌人放了毒气，一种发酸又带着点甜味的气体！我昏迷过去。从那以后，我……我……我说话就不方便了，越着急越结巴，毛病就在这里！（急指脖子）事后听护士们告诉我，他们往下撕我的衣裳，就撕了一个多钟头，衣裳全教血给糊在身上了！大嫂，你问我的符号哪里去了，哼，我连自己的命在哪里也不知道啊！

林大嫂：（仍理直气壮）你不用花言巧语地乱吹腾，你太爱吹腾了。我看你不地道，就是不地道！我的爱人从前也是军人，他就不像你这么吹腾自己！

栗晚成：他……他没立过我这样的功劳，想吹也没的可吹呀！

林大嫂：他没的可吹，可他不偷东西！

栗晚成：（实在压不住气了，嚷）大嫂，你这是污辱我！污——辱——我！

（卜希霖科长跑进来。他将近五十岁，身子又高又大又壮。他的心地极好，即使受了坏人的欺骗也不着急、闹气。）

卜希霖：怎么啦？不好好地过个星期日，这么大喊大闹的干什么呢？算了！算了！哈哈！

林大嫂：卜科长，问清楚了再劝，不应当不问青红皂白就说算了，算了！

九、代表性剧目之九：《屈原》

（一）作品简介

1942 年 1 月，郭沫若先生创作《屈原》，这是其一生中影响力最大的剧作。故事讲述在太平洋战争爆发后，日寇入侵中华，对抗日根据地进行大规模“扫荡”。蒋介石大搞分裂，在 1941 年 1 月制造了震惊中外的“皖南事变”，还在国统区肆意捕杀共产党人及抗日人士。

面对暗无天日的现实背景，全中国人民怒不可遏。郭沫若先生以笔为枪，借古喻今，借历史时代融入当下积压的时代愤怒。郭沫若先生曾经说道：“我是有意借屈原的时代来象征我们的时代。”

（二）作品节选

【第二幕】

（楚宫内廷。）

（南后年三十四五，美艳而矫健。俟布置停当后，略加巡视，表示满意。）

南　后：你们倒还敏捷。我还怕你们来不及啦，现在算好，一切都停当了。

女史甲：启禀南后，那前面两房的帘幕，是不是就揭开来？

南　后：不，那等开筵之后再行揭开。歌舞的人都已经准备停当了吧？

女史乙：都早已准备停当了，西边是准备唱歌的，东边是准备跳舞的。

南　后：那很好，还要叫他们注意一下，不要耽误了时刻，不要弄乱了次序。

众女史：是，我们一定要严格地督率着他们。

南　后：我看，你们应该把职守分一下才好。（指女史甲）你管堂上奏乐和行酒的事。（指女史乙）你管堂下歌舞的事。你们两个各自选几个得力的人做帮手。今天的事情假使办得很好，我一定要奖赏你们的。假使办得不好，那你们可晓得我的脾气！

众女史：（表示惶恐，但亦显得光耀）是，我们一定要尽我们的全力办理。

南　后：要能够那样，就好。此外一些琐碎的事用不着我吩咐了，你们都是有经验的。总之要能够临机应变，一呼百诺，说要什么就有什么。在预定的节目内的，固然要准备，就是在预定的节目外的，也要有见机的准备。国王的脾气你们也是很清楚的！万一有什么差池，责任是要落在你们的头上。

众女史：是，我们知道。

南　后：好的，那么你们可以下去了，假使上官大夫到了，赶紧把他引到这儿来，说我在等他。

众女史：（应命）是。

（分别由左右阶下堂，再行鞠躬，复向左右首侧道下场）

（南后一人由阼阶下堂，在中溜中来回踯躅，若有所思。有间，女史甲引靳尚由左翼侧道上。靳尚是一位瘦削的中年人，鹰鼻鹞眼，两颊洼陷，行动颇敏捷。）

女史甲：启禀南后，上官大夫到了。

（南后回顾，靳尚趋前行礼。）

靳　尚：敬请南后早安！

南　后：（略略答礼，向女史甲）你可以下去。

（女史甲应命，鞠躬由原道下。）

南　后：（登上右翼总章右房之阶段上）上官大夫，我昨天晚上托你的事情，怎么样了？

靳　尚：启禀南后，我是早就应该来禀报的。昨天晚上太迟，今天清早又奉了命令要准备中午的宴会，竟抽不出时间来。刚才国王出宫外去了，我疑心他是去找三闾大夫，所以我特地跑到屈原那里去探望了一下。好在国王并不在那儿，恐怕是到令尹子椒那里去了！

南　后：（略有愠色）你怎这样的啰唆！我是在问你昨天晚上去会张仪的事情啦！

靳　尚：是的，南后，你听我慢慢地向你陈述吧。我跑到屈原那里去，是怕国王到了他那里，又受了他一番鼓吹。国王如果要他今天中午来陪客，那事情就不大好办。好在我跑去看，国王并不在他那儿，我是刚从那儿跑回来的。我想国王一定是到令尹子椒那里去了。要那样就毫无问题，即使国王要叫令尹子椒来陪客，也是很好商量的。令尹子椒，那位昏庸老朽，简直是活宝贝啦……

十、代表性剧目之十:《原野》

（一）作品简介

1937 年，曹禺先生创作出经典名著《原野》。这是曹禺先生唯一描写中国农村的作品，写作风格明显与其他代表作不同。

这部作品已经和现实主义有了区别。《原野》通过讲述一个看似简单的复仇故事揭示了复杂的人际情感，塑造出鲜明的人物角色。它除了揭露封建社会中的阴暗外，也发掘了人性的复杂多面，表达了一度被摧残压迫的农民对美好生活向往的夙愿。

（二）作品节选

仇　虎：（踹踹他的屁股）喂，你听什么？

白傻子：（不耐烦）别闹！（用手摆了摆）别闹！你听，火车头！（指轨道）在里面！火车！漆叉卡叉，漆叉卡叉，漆叉卡叉……（不由更满足起来，耳朵抬起来，仰着头，似乎在回味）吐兔图吐，吐兔图吐！（快乐地忘了一切，向远处望去，一个人喃喃地）嗯—火车越走越远！越走越远！吐兔图吐，吐兔图吐……（又把耳朵贴近铁轨）

仇　虎：起来！（白不听，又用脚踢他）起来！（白仍不听，厉声）滚起来。（一脚把傻子踹下土坡，自己几乎被铁镣绊个跟头）

白傻子：（在坡下，恍恍惚惚拾起斧头，一手抚摸踢痛了的屁股，不知所云地呆望着仇虎）你……你……你踢了我。

仇　虎：（狞笑，点点头）嗯，我踢你！（一只脚又抬到小腿上擦痒，铁镣沉重地响着）你要怎么样？

白傻子：（看不清楚那踹人的怪物，退了一步）我……我不怎么样。

仇　虎：（狠恶地）你看得见我么？

白傻子：（疑惧地）看……看不清。

仇　虎：（走出巨树的暗荫，面向天际）你看！（指自己）你看清了么？

白傻子：（惊骇地注视着仇虎，死命地“啊”了一声）妈！（拖着斧头就跑）

仇　虎：（霹雷一般）站住！

（白傻子瘫在那里，口里流着涎水，眼更眨个不住。）

仇　虎：（恶狠地）妈的，你跑什么？

白傻子：（解释地）我……我没有跑！

仇　虎：（指自己，愤恨地）你看我像个什么？

白傻子：（盯着他，怯弱地）像……嗯……像—（抓抓头发）反正—（想想，摇摇头）反正不像人。

仇　虎：（牙缝里喷出来）不像人？（迅雷似地）不像人？

白傻子：（吓住）不，你像，你像，像，像。

仇　虎：（狞笑起来，忽然很柔和地）我难看不难看？你看我丑不丑？

白傻子：（不知从哪里来了这么一点聪明，睁大眼睛）你……你不难看，不丑。（然而——）

仇　虎：（暴躁地）谁说我不丑！谁说我不丑！

白傻子：（莫明其妙）嗯，你丑！你——丑得像鬼。

仇　虎：那么，（向白傻子走去，脚下铛银作响）鬼在喊你，丑鬼在喊你。

白傻子：（颤抖地）你别来！我……我自己过去。

仇　虎：来吧！

白傻子：（疑惧地，拖着不愿动的脚步）你……你从哪儿来的。

仇　虎：（指远方）天边！

第三节　代表性人物

一代优秀中国著名剧作家的作品《茶馆》和《雷雨》等影响了整整几代人。曹禺作为中国现代话剧代表人物之一，既是现代话剧艺术的奠基人，也是一座难以超越的现代话剧艺术高峰；在“人民艺术家”老舍的话剧中，从古朴的老北京胡同生态到错综复杂的人物关系，呈现了一幕幕经典著作；郭沫若作为中国现代话剧文学奠基人之一，他的热情和浪漫派气质使其作品具有鲜明特色，剧坛地位不可撼动；田汉是一代杰出的剧坛领袖，倾其全力推动戏剧运动，为中国现代戏剧的发展贡献了毕生努力。

随着中国话剧的发展，导演制度开始传入，后来渐渐得到提高和加强。话剧导演诠释话剧剧本，创作艺术风格。除话剧剧作家之外，话剧导演让话剧文本焕发了舞台生机。焦菊隐导演排演话剧《龙须沟》和《茶馆》，曾被誉为“京味儿话剧的奠基者”。本节将介绍五位中国话剧影响人物的生平及作品。

一、曹禺（1910. 9. 24—1996. 12. 13）

曹禺，原名万家宝，字小石。祖籍湖北潜江，生于天津一个没落的封建官僚家庭，中国现代杰出的戏剧家，著有《雷雨》《日出》《原野》《北京人》等著名作品，他一生共写了八部剧本。“曹禺”是他在1926年发表小说时第一次使用的笔名（姓氏“万”的繁体字的“草”字头谐音“曹”）。曹禺是“文明戏的观众，爱美剧的业余演员，左翼剧动影响下的剧作家”（孔庆升，1986）。这句话大致概括了曹禺的戏剧人生。

（一）人物简介

1910年，曹禺出生在天津一个没落的官僚家庭。他被称为“中国的莎士比亚”，一生创下了多部极具影响力的剧作。曹禺的父亲万德尊曾任总统黎元洪的秘书。在黎总理离职后，曹禺的父亲赋闲在家，半生抑郁不得志。曹禺年幼丧母，在继母的影响下从小欣赏戏剧。1922年，曹禺进入南开中学就读，并且加入了南开新剧团，剧团创始人张彭春很欣赏曹禺的才华。曹禺曾参演话剧《压迫》，表现良好，很快便成为了南开新剧团的骨干。曹禺的演技日趋成熟，在之后的《玩偶之家》中，张彭春突发奇想，让曹禺男扮女装，饰演剧中的女一号娜拉，最终获得成功。曹禺的舞台实践为戏剧创作积累了经验。1928年，曹禺入读南开大学政治系，他对政治缺乏兴趣，翌年后转读清华大学西洋文学系。在校期间，曹禺除了演剧之外，还攻读了大量中外戏剧剧作，尤其是古希腊悲剧、欧美文学作品和莎士比亚、易卜生等大家的作品，为他以后的戏剧创作打下了坚实基础。1933年，曹禺毕业前夕，年仅23岁的他根据亲身见闻，用了六个月时间揣摩构思，最终完成了处女作《雷雨》。1934年，《雷雨》在《文学季刊》上发表。1935年话剧《雷雨》公开排演，并且广受欢迎。曹禺继而发表了《日出》（1936）、《原野》（1937）。曹禺“三部曲”《雷雨》《日出》《原野》从此在中国剧坛上矗立不倒，也奠定了其在中国话剧史及话剧文学中的先锋地位。

（二）作品目录

《雷雨》（剧本）1933

《日出》（剧本）1936

《原野》（剧本）1937

《黑字二十八》（剧本）1940（与宋之的合著）

《蜕变》（剧本）1940

《正在想》（剧本）1940

《北京人》（剧本）1941

《家》（剧本）1942

《镀金》（剧本）1943

《明朗的天》（剧本）1956

《胆剑篇》（剧本）1962

《王昭君》（剧本）1979

《屈原》（剧本）1982

二、老舍（1899. 2. 3—1966. 8. 24）

老舍，原名舒庆春，字舍予，笔名絜青、鸿来、非我。老舍是中国现代著名作家、剧作家，有“人民艺术家”之称。

（一）人物简介

老舍是满族正红旗人，出生在北京一个贫民家庭。老舍先生出生阴历立春之日，父母故取名“庆春”。自他上学后，自己改名“舒舍予”。1918年，老舍毕业于北京师范学校。五四运动中，老舍开始白话写作。1924年，老舍赴英国讲学。1930年，他回国后分别任教于济南齐鲁大学和青岛山东大学。1987年，著名的长篇小说代表作《骆驼祥子》问世。1946年，他赴美讲学并创作长篇小说《四世同堂》。1949年年底，老舍回到祖国后陆续创作出《龙须沟》《西望长安》《茶馆》等经典剧本。1951年，北京人民政府为出其颁授“人民艺术家”之称。老舍先生的一生一直在忘我地工作，是文艺界的优秀劳模。1966 年 8 月 24 日，由于在“文化大革命”中遭到恶意攻击和迫害，老舍在北京太平湖投湖自尽。

（二）作品目录

《残雾》（话剧），1940

《张自忠》（话剧），1941

《大地龙蛇》（话剧），1941

《面子问题》（话剧），1941

《归去来兮》（话剧），1943

《国家至上》（话剧），1943（与宋之的合著）

《谁先到了重庆》（话剧），1943

《桃李春风》（又名《金声玉报》）（话剧），1943

《方珍珠》（话剧），1950

《龙须沟》（话剧），1951

《春华秋实》（话剧），1953

《茶馆》（话剧），1958

三、郭沫若（1892. 11. 16—1978. 6. 12）

郭沫若，幼名文豹，原名开贞，字鼎堂，号尚武，中国新诗的奠基人之一、中国历史剧的开创者之一。郭沫若先生还是我国古文字学家、考古学家、社会活动家，甲骨学四堂之一，曾出任第一届中央研究院院士。1926 年，郭沫若参与北伐战争；1927 年，他参与南昌起义；1928 年 2 月因被国民党政府通缉，逃亡日本，著有《中国古代社会研究》《甲骨文字研究》等重要学术书目。1958 年 9 月，他曾兼任中国科学技术大学校长。他主编的作品有《中国史稿》《甲骨文合集》。他的全部作品被编成《郭沫若全集》，共 38 卷。

（一）人物简介

1892 年 11 月 16 日，郭沫若生于四川乐山沙湾。1914 年，郭沫若赴日留学，就读于九州帝国大学医学部。1921 年，他发表第一本新诗集《女神》；1930 年，他撰写了《中国古代社会研究》。1949 年，他当选中华全国文学届全国委员会主席。郭沫若不仅文学造诣极高，在历史学、古文字学等学术领域里，也有丰富的研究成果，影响范围广而深。

郭沫若先生作为中国科学技术大学主要创建者之一，曾任中国科学院哲学社会科学部主任、中国社会科学院世界历史研究所所长。除此之外，郭沫若也曾任中日友好协会名誉会长、中国文联主席以及第二、第三、第五届全国政协副主席等多个重要政治职位。1978 年 6 月 12 日，郭沫若先生在北京因病医治无效逝世，享年 86 岁。

（二）作品目录

《卓文君》（剧本），1923

《王昭君》（剧本），1923

《聂嫈》（剧本），1925

《甘愿做炮灰》（剧本），1938

《高渐离》（剧本），1942

《屈原》（剧本），1942

《虎符》（剧本），1942

《棠棣之花》（剧本），1942

《孔雀胆》（剧本），1943

《南冠草》（剧本），1944

《蔡文姬》（剧本），1959

《武则天》（剧本），1962

四、田汉（1898. 3. 12—1968. 12. 10）

（一）人物简介

田汉，字寿昌，曾用笔名伯鸿、陈瑜、漱人、汉仙等，湖南长沙人。1916 年，田汉随家人赴日本东京高等师范学校学习英文。1920 年，田汉与郭沫若、宗白华合作出版《三叶集》。1921 年，田汉与郭沫若、郁达夫等共创创造社。1922 年，从日本归国后，田汉创办《南国半月刊》并创立南国电影社，开始从事话剧创作和演出。在此期间创作出充满浪漫抒情话剧作品《咖啡店之一夜》《苏州夜话》等。1927 年，田汉任教并出任上海艺术大学校长。欧阳予倩等人与田汉一起举办艺术鱼龙会。《名优之死》在鱼龙会上演出，该剧讲述了黑暗社会中艺人的际遇。1927 年冬，田汉成立南国社和南国艺术学院。1928 年至 1929 年，他领导南国社先后在多地进行话剧公演艺术活动，有效推动了中国话剧的进步。

1930 年，田汉加入左翼作家联盟，创作了《我们的自己批判》，创作风格开始从浪漫转成现实。同年，南国社被国民党查封。1932 年，田汉加入中国共产党，出任联盟党团书记等要职。写作风格转变后的田汉先后创作出《年夜饭》《顾正红之死》等作品，作品描写了人民陷于黑暗现实生活里的革命斗争。田汉另与聂耳、冼星海等音乐家合作创作歌曲，国歌《义勇军进行曲》是其代表作品之一。同时田汉与夏衍阳等人加入艺华影片公司，创作并拍摄了电影作品。1935 年，他创作的《回春之曲》以浪漫与现实相结合的方式表达了人民群众抗战胜利的决心和勇气。1935 年，田汉不幸被国民党逮捕，后来历经营救而出狱。

田汉曾在抗战时期参加集体话剧《卢沟桥》的创作，并且加入上海文化界救亡协会，后到武汉参加抗战宣传工作。1939 年，田汉任《戏剧春秋》月刊主编，改革京剧、汉剧等戏曲，撰写反侵略战争的戏曲剧本，其中包括《江汉渔歌》《岳飞》等。1944 年，田在桂林与欧阳予倩等一同组织西南戏剧展览会。1945 年，抗战胜利之际，田汉返回上海，专心剧本创作来揭露现实背后的腐败黑暗，其中有代表作品《丽人行》《忆江南》等。

新中国成立之际，田汉曾出任以下多个政治要职：文化部戏曲改进局局长、艺术事业管理局局长、全国文联副主席、中央人民政府政务院文化教育委员会委员、中国剧协主席和党组书记等等。田汉在随后的生涯中又创作出话剧《关汉卿》《文成公主》《十三陵水库畅想曲》等。1968 年，田汉先生不幸在“文化大革命”中惨遭残害，病死狱中。

（二）作品目录

《咖啡店之一夜》（剧本集），1924

《获虎之夜》（剧本），1924

《翠艳亲王》（无声电影剧本），1925

《到民间去》（又名《坟头之舞》）无声电影剧本，1926

《断笛余音》（无声电影剧本），1927

《湖边春梦》（无声电影剧本），1927

《苏州夜话》（剧本），1927

《名优之死》（剧本），1927

《湖上的悲剧》（剧本），1928

《古潭的声音》（剧本），1928

《南归》（剧本），1929

《田汉戏曲集（1—5）》，1930—1933

《卡门》（剧本）（梅里同名小说改编），1930

《暴风雨中的七个女性（剧集）》，1932

《回春之曲（剧集）》，1935

《复活》（剧本）（据托尔斯泰同名小说改编），1936

《黎明之前》（剧集），1937

《阿 Q 正传》（剧本），（据鲁迅同名小说改编），1937

《最后的胜利》（剧本），1938

《卢沟桥》（剧本），1939

《胜利进行曲》（电影剧本），1940

《再会吧，香港》，1942

《秋声赋》（剧本），1944

《不拿枪的敌人》（剧本），1951

《丽人行》（剧本），1955

《扬子江的暴风雨》（剧本），1956

《关汉卿》（剧本），1958

《月光曲》（剧集），1959

《文成公主》（剧本），1961

五、焦菊隐（1905. 12. 11—1975. 2. 28）

（一）人物简介

焦菊隐，天津人。原名焦承志，曾用名居颖、居尹、亮俦，艺名菊影、菊隐，中国著名戏剧家导演。

他曾留学法国，取得巴黎大学文学博士学位。抗战时期归国，在西南地区任教。新中国成立之后，曾任北京人艺总导演，先后导演多部经典话剧作品。焦菊隐的导演风格丰富、素雅。他曾系统认真地研究过斯坦尼斯拉夫斯基的戏剧体系，几经思考，结合中国传统戏曲审美，创造性地将斯坦尼斯拉夫斯基的舞台特点引入中国，给话剧舞台留下了极具中华民族特色的话剧艺术形式。他的舞台艺术革新也为北京人艺未来演剧学派的形成奠定基础，积极推动北京人艺话剧艺术向前发展。在导演话剧《茶馆》时，焦菊隐推陈出新，勇于打破现实生活形态，在更高的艺术化舞台情境里提高了人物形象和故事开展的艺术戏剧性。焦菊隐注重指导演员，丰富演员内心意境，从而引导演员创造出更为深刻的人物角色。同时他还注意引导演员借鉴表演技巧，使人物形象的内心与外在动作高度统一，更好地演绎角色人物的心理。

（二）作品目录

《女店主》，1927
《一年间》，1939
《雷雨》，1940
《明末遗恨》，1941
《雁门关》，1941
《上海屋檐下》，1947
《龙须沟》，1950
《明朗的天》，1954
《虎符》，1956
《茶馆》，1958
《智取威虎山》，1958
《蔡文姬》，1958
《三块钱国币》，1958
《星火燎原》，1958
《胆剑篇》，1958
《武则天》，1958
《关汉卿》，1958

第四节　翻译传播现状

人类文明和社会科技的发展进步共同推动了话剧的发展以及话剧地位的提升。话剧语言的感染力和号召力是话剧文学的价值所在，话剧翻译及传播研究对弘扬中国优秀文化、提高民族文化自信、提升中国戏剧文学国际认可度等都有重要现实意义。本节意在梳理北京话剧文化的翻译传播现状，廓清话剧翻译传播的现实基础。

一、翻译传播历程

话剧作品与当下时代人民生活有着密切的关联，自 1907 年话剧引入我国以来，在继承中国传统戏剧中有益成分的基础上，剧作家笔下创作的新剧曾在民主革命时期呼吁救国救民；在外强入侵的抗战时期，增添了群众的民族信念感以及抗战必胜的决心与勇气。以曹禺为代表的现代话剧剧作家的大量优秀作品问世与发表，无疑标志着话剧文学逐渐走向成熟。

自“一带一路”倡议提出以来，经多方共同努力不断发展，并取得了许多重大成果，为中国经济社会发展注入了新鲜活力。在“一带一路”建设中，中国文化发挥着至关重要的作用。首先，“一带一路”倡议呼吁文化先行，弘扬文化自信。我国的文化战略上倡导首先加深与沿线国家交流与合作，让世界聆听中国故事；在文化对外传播中，充分利用多模态媒介手段，借助歌曲、诗词、舞蹈、画作等方式打开全方位文化交流渠道，让世界了解中国文化，聆听中国声音。在文化传播中，文学作品是极好的传递工具，它往往凝聚了不同历史背景下的中国文化。文学作品包括小说、诗歌、散文、戏剧等多种体裁，文学作品传播里小说和诗歌的外译研究已取得累累硕果，而戏剧作为文学作品之一的翻译研究还有待深入。起初，戏剧除供给舞台演出之外，也作为案头剧被拿来供人阅读，剧本迅速地形成了具有一定规模的发表期刊和出版物。剧本成为读者众多的阅读作品之外，在戏剧文化译入译出的交流中，也逐渐成为戏剧翻译研究的对象。

戏剧因其本质特性翻译难度大大提高。在我国，广义上的戏剧包括戏曲、话剧和歌剧等。从戏剧类别上看，戏剧翻译又具体包括戏曲翻译、话剧翻译和歌剧翻译等。与文学翻译相比，戏剧的舞台演出转瞬即逝，无法进行注释，这就要求其独特的语言单位“对白”的译本语言必须流畅。同时，戏剧承载着社会历史背景，它的文化专属词、谚语、典故也给翻译增加了难度。

话剧英译传播历程也随着话剧的发展处在变化之中。崔潇月（2016）曾谈到早期中国话剧英译出版起源于二十世纪二十年代。二十世纪三十年代，话剧发展逐渐趋于成熟。当时的剧作家开始有意识地对自己的作品进行翻译和对外传播，也促进了当时中国文化的对外交流。1919年，胡适发表了第一部英文撰写的话剧《终身大事》，也被誉为“中国的第一部话剧”。1925年，它被收录于美国利特尔于布朗出版社的《中国戏剧》（*The Chinese Theatre*）（Zucker, 1925）一书。在中国话剧英译的漫长道路中，1933年，中国近代著名翻译家姚克曾对《雷雨》进行英译。1936，这部译作发表在上海英文月刊《天下》（*T'ien Hsia Monthly*）。1941年，上海商务印书馆英译并出版了《中国现代戏剧》（*Modern Chinese Plays*）一书，书中一共收录有二十世纪二十年代里最受好评的六个剧本，包括余上沅的《兵变》、丁西林的《压迫》、田汉的《湖上的悲剧》和《苏州夜话》、熊佛西的《艺术家》和《醉了》。1948年，商务印书馆出版了英译本曹禺的《日出》。新中国成立前出版的英译作品体现了当时中国话剧的最高水平，再后来这些经典作品也反复被翻译、出版（崔潇月，2016）。新中国成立初期，话剧译作主要以政治局势和官方意识为导向，其中有廖鸿英翻译的老舍的《龙须沟》等，英若诚参演并翻译的话剧《茶馆》将观众带进了舞台表演。

中国知网博硕论文数据库检索发现，以“戏剧翻译”为主题词进行检索，共获得博士论文共35篇，依据研究内容大致可分为如下几类：（1）翻译家风格及译本文学性个案研究，例如“译者登场”——英若诚戏剧翻译系统研究（任晓霏，2007），王佐良翻译风格研究（黎昌抱，2008），东西方思维模式的交融——杨宪益翻译风格研究（禹一奇，2009）；（2）外国戏剧的汉译研究，包括英美戏剧、莎士比亚戏剧等，例如莎士比亚《一报还一报》里情态谓词的汉译研究（吴边，2017），莎士比亚戏剧汉译定量分析研究（张威，2014）；（3）中国传统戏剧、神话外译理论研究，如中国现当代戏剧的英译与接受研究（1949—2015）（张翠玲，2017），中国戏剧典籍译介研究——以《牡丹亭》的英译与传播为中心（赵征军，2013）等。而我国话剧文化的外译及传播研究尚不充分，从目前文献检索现状来看，话剧翻译及传播研究的受关注程度不高，仍是等待挖掘的宝地。中国知网论文数据库检索发现，以“话剧翻译”为关键词、主题词、篇名进行检索，检索结果仅有 76 条文献，其中在外语类、翻译类包括戏剧文学类的核心期刊发表的论文共有 12 篇，其中包含 33 篇硕士论文和 1 篇博士论文。当输入检索主题词“北京话剧翻译”、“北京话剧译本”和“北京话剧传播”时，检索文献结果寥寥无几。本节将综述北京话剧的翻译传播现状，就译本的类别、话剧译本的翻译原则、翻译策略和话剧翻译家风格进行梳理归纳。

二、译本的分类研究

戏剧文学是结合小说、诗歌、散文、评论等不同文体风格于一身的特殊文体。剧本是戏剧翻译的研究文本，剧本不仅为舞台演出提供了指导，也作为文学作品供读者阅读。苏珊·巴斯耐特（Susan Bassnett）曾在《依旧身陷迷宫：对戏剧与翻译的进一步思考》（*Still Trapped in the Labyrinth: Further Reflections on Translation and Theatre*）一书中将剧本的阅读方式分为七类：1. 把剧本纯粹看作文学作品品读，此方式多出现在戏剧教学；2. 观众完全出于个人戏剧爱好，阅读剧本；3. 导演研读剧本，斟酌剧本是否适合舞台演出；4. 演员阅读剧本，加深对角色了解，从而刻画角色；5. 舞美研究剧本，根据剧本设计舞台布景；6. 其余参与人员阅读剧本；7. 舞台排练研读剧本，设计采用辅助语言学的符号，例如：语气（tone）、曲折（inflexion）、音调（pitch）、音域（register）等，对演出进行准备。

事实上，戏剧翻译的难度存在于戏剧多元性本质和不确定的舞台因素。翻译大都基于文本，因此文本价值决定了译本的命运，当文本缺失时翻译就成了“空中楼阁”，戏剧翻译要在考虑剧本属性的基础上来进行。在戏剧翻译领域，至少有两个过程。其一，把一种语言译为另一种语言，其二，把剧本翻译到目标语，并且适应立体的舞台表演。前者被称为剧本翻译，后者被称为舞台翻译（张翠玲，2017）。从基本功能来看，话剧译本翻译必须要一分为二——用于阅读的文学剧本翻译和用于舞台演出的剧本翻译，二者具有本质区别，翻译实践需注意译本的基本功能。

结合学术期刊论文和专著成果来看，我国目前话剧戏种的翻译研究在数量上还占比较小，但从发文年份来看，自 2010 年以来文献发表频率呈现明显的上升趋势，也开始出现多视角及跨学科的研究趋势，但总体研究深度尚浅。戏剧翻译研究事实上一直以剧本翻译研究为主，往往停留在对文本翻译和最终译作的描述与分析上，杨祎辰（2019）在比较国内外戏剧翻译研究时，发现当前研究包括分析译本及不同译本之间的语言比较，真正涉及翻译过程的比较少。当下，翻译研究整体现状过度倾向于译本，大都忽略了实际翻译过程于翻译功能的关系（文军 & 张文鹤，2017）。话剧翻译与戏剧翻译研究方向一致，研究中心更偏向剧本翻译，对翻译成品关注过度，而且当下话剧剧作的文本选取较为单一，文本的选取存在重复性。研究个案多集中在英若诚先生及作品，包括《茶馆》《家》等有出色演出效果的英译本话剧。在中国知网论文数据库中，用“英若诚”作为关键词、主题词进行检索，检索共获得文献 298 条，其中核心论文 38 篇（如任晓霏等，2011；朱岩岩，2014；张小胜，2015），博硕论文 94 篇，这也启示研究者们要进一步扩宽研究层面。

三、话剧译本翻译原则

根据功能派翻译理论的“目的论”原则，译者为把译本内容做到更好，要尽可能发挥与之相对应的译本功能，在翻译时应该放开手脚，灵活把握翻译原则，做到目标准确，有的放矢。不同交际目的的译本翻译原则各异。戏剧翻译中备受关注的问题——可表演性原则，是否可以作为一个重要的参照准则，还是应该回归文学领域，注重文本的可读性（胡月明，2014），是研究者们一直争议的话题。而早期戏剧翻译研究往往是单纯地对戏剧文本进行语言文化的转化，忽略了舞台演出的译本翻译复杂性，例如，涉及非语言表达形式等多种因素。

中国知网论文数据库检索发现，专门探究话剧翻译原则的研究成果不多，多是在戏剧翻译原则研究大视角的基础上，讨论在话剧戏种里的运用。在过去的研究里，学者们曾热议“动态表演原则”。在舞台剧本翻译理论研究中，“动态表演原则”的关注度也居高不下。从英国著名翻译理论学家苏珊·巴斯奈特（Susan Bassnett）创想的“戏剧翻译迷宫”开始，直至十九世纪八十年代初，建议使用演出为指向的“动态表演性原则（performability）”，区分两种完全不同的戏剧翻译方法，阅读功能的文学剧本以逐字翻译为主，舞台演出功能的剧本以改译方法为主，达到台词郎朗上口，翻译时先要找出动作相关的文本描写，再与演出相适应译出此部分的动作文本。到八十年代中期，巴斯奈特对自己曾经的观点提出质疑，剧本本身有可演出属性，翻译时不必刻意朝向舞台演出，这样可以规避以演出为导向而发生译本与原文本概念出现偏差的现象。二十世纪九十年代，巴斯奈特推翻自己的观点，1991 年，发表文章“为剧场的翻译：反对动态表演性原则的理由”。文章内容讲述了巴斯奈特对动态表演性原则的否定。她提出动态表演性原则的三种似是而非的作用：作为托词遮掩权力操纵下的所谓“直译”；用来说明译文“过度改编”的合理性；用来阐述剧本里的假定性动作文本。

实际上以舞台演出为前提，动态表演原则不应该用于指导实行改译翻译方法。巴斯奈特在彻底否定“动态表演性原则”后，提出新的翻译原则：“翻译活动要处理的是文本中的种种符号，如指示单位、语言节奏、停顿和沉默、音调和语域的变化、语调模式等”。但这些翻译原则依托于戏剧外在形式，依然不能解决戏剧翻译的复杂本质。因此，巴斯奈特的戏剧翻译迷宫依然存在。“可表演性原则”的研究争论也未曾停止。国内研究者胡月明（2014）认为，可表演性就是指在进行戏剧翻译时考虑舞台演出的特征和表演效果，而采取相应的翻译策略。朱姝和张春柏（2013）则对“动态表演性原则”进行反思，认为戏剧翻译重在解读戏剧的动作性语言，并要解读动作性语言的背后情境。戏剧情境翻译也是一个值得研究的新课题。针对戏剧翻译研究过多关注戏剧翻译本体外围的研究，朱姝等在论文中直接以戏剧翻译元问题为研究对象，随后在其 2014 年的博士论文课题中，提出以情境作为逻辑研究起点，深入探究了戏剧翻译的元问题。

从受众原则角度切入，李基亚和冯伟年（2010）提出，戏剧翻译只遵循文学翻译一种途径是不现实的，要依据不同目标群体，借助多种途径。翻译技巧上的归化、异化的程度高低同样取决于目标群。当群体对译本的异化程度要求较高时，译本可以较大程度地真实反映出原文风格，当群体对译本异化程度要求较低时，归化程度则对应地会提高。在翻译中，译者不仅要考虑语言层次，还要顾及市场需求，即迎合目标群体的要求和喜好。戏剧翻译的翻译原则和翻译方法应该灵活巧妙，最大化实现译本的适应功能，而非“功能对等”。戏剧翻译不仅要翻译文本，也要翻译戏剧舞台。潘智丹和张雪（2009）曾讨论戏剧文学剧本的翻译，译文通常追求最大限度的忠实，尽可能在语言形式方面拉近与原文的距离，尽可能反映原文的主题和作者意图，尽可能呼应原文的美学风格，尽可能还原原文的时代特征及民族色彩。邓笛（2008）也曾提到戏剧翻译以观众为中心的原则，观众是主要受众，受众中心原则对戏剧翻译有指导意义，因为戏剧翻译最终是为了让观众从视听多通道感知戏剧的艺术美感。

四、话剧译本翻译策略

随着话剧翻译经典译作的出现以及话剧译作数量的增加，翻译家们在积累经验的同时，也促进了话剧翻译的相关研究的发展。戏剧本质上是复杂的，这决定了采用的翻译策略要去适应功能各异的戏剧译本。翻译策略背后的意识从形成、发展到变化都影响戏剧翻译成果。翻译策略除了由译者决定以外，也受到文化、社会意识形态等因素的影响。

戏剧翻译中，常用的两种策略是“直译”和“改译”。这里的“直译”并非语言形式上的对等，而是指不改变原文结构，不作情节安排上的改动，人物、地点和台词完全与原文本一致的翻译。“改译”属于改编，但并不是在原有译本上的调整改动，而是涉及语际转换，在文本整体（global）层面进行的，将原作的人物、地点、情节部分或全部（本土化），人物用（本土的）姓名、故事发生在（本土）、内容也换成读者（观众）熟悉的样式的改编（王建开，2003）。前者是以语言学为导向的翻译，学者们强调译文必须紧紧对照原文、忠实原文，在研究方法和角度上借助语言学的相关成果，尝试系统地研究文本的句法、文体。后者舞台戏剧的翻译考虑的是演出效果和观众的接受程度，所以舞台剧本的翻译灵活得多，译者可以像翻译文学作品那样翻译一部戏剧，也可以对原剧进行改编，甚至可以借用原剧主题重新创作一部新剧。值得注意的是，许多研究者都相信译文能否产生各种非言语动作才是决定戏剧翻译成败的关键。现有研究（曹新宇 & 李维，2014）梳理了五四运动时期戏剧翻译策略意识的形成过程，当时占主流的翻译策略是直译，并分析了策略选择背后的戏剧发生学原因。通过个案分析研究方法得出如下结论：从戏剧发生学视角来看，直译的剧本为创建话剧新文体提供了范本。而演出改译的剧本则能促进稳固的话剧观众群的形成。黄萌（2019）基于目的论视角对西方戏剧汉译翻译策略提出的具体方案，关注文化本土化、语言口语化以及观众主体性的因素，也启示了戏剧外译研究。

五、话剧翻译家及风格

译本作为翻译家们精雕细琢后的艺术作品，译文里的遣词造句也各有所长，对语言的驾驭能力可以体现翻译家风格。研究者们纷纷就翻译风格的形成原因进行深入研究，同时借助比较同一剧本不同译本的研究方法，来分析译者风格。此类研究中，著名表演艺术家及戏剧理论家英若诚先生在戏剧翻译方面的建树，包括他的翻译思想及译本研究，引起了国内学术界的高度关注。研究成果逐年增加，但还存在个案研究文本单一和重复研究的问题。例如，话剧《茶馆》高频作为研究对象，其他作品研究较少；研究范围较窄，深度不够，启示未来学者研究应该扩大范围，使研究成果向多元化发展。

英若诚先生在其翻译作品中体现了兼顾戏剧文学性和表演性的戏剧翻译原则，指出戏剧翻译必须充分考虑口语化、动作化和接受度。从口语化来说，戏剧翻译需要使用“活的语言”和“脆的语言”；从动作化来说，戏剧翻译需要表现隐藏在语言背后的动作和情感；而从接受度来说，译者需要让观众理解戏剧中的某一文化所特有的表达。话剧对白是支撑起人物性格冲突演绎以及剧情发展的重要途径，对白语言单位短小，在舞台对话中转瞬即逝，译者怎样将对白翻译得巧妙灵活，口语化体现完整，是体现译者翻译风格的重要层面。不少研究者（如马会娟，2004；吴来安，2005；朱明胜，2006）总结了英若诚译本的语言特点，集中表现为口语化、性格化、高度还原源语语义，又不失汉语风采等。

上述吴、朱两篇研究论文分别是在英若诚先生逝世一周年和逝世三周年时完成，致敬英先生毕生成就，研究角度从宏观切入。吴来安（2005）曾指出英若诚先生的翻译还原了剧本语言的本色，高度口语化，译本诗歌化；朱明胜（2006）指出英若诚先生凭其高超的表演艺术以及对英、汉两种语言的掌握，翻译出来的戏剧语言达到了口语化、简练和性格化。不同的是，吴的研究文本选取英若诚先生《推销员之死》和《请君入瓮》的汉译节选，朱在研究中对比了英译《推销员之死》与汉译《狗爷儿涅槃》，前者强调英若诚先生为中国话剧翻译做出的独特贡献，后者突出英若诚先生对英、汉两种语言能力的掌握，在中国戏剧翻译史上树立了一个成功的范例,用“活的语言”让中外戏剧在舞台上进行了文化交流。马会娟（2004）与吴、朱二人不同的地方是研究更加聚焦，探讨英若诚先生的翻译原则及其语言特点，通过研究英若诚先生在《茶馆》译本中的虚词、习语、活句、译入语习惯的大量翻译成果实例，来体现英先生译本运用到的“动态表演性”原则。

据中国知网论文数据库检索，关于英若诚翻译风格及译本研究，任晓霏的研究成果较为系统和全面。任晓霏（2009）在其博士论文“‘译者登场’——英若诚戏剧翻译系统研究”中，选取英若诚戏剧翻译作为研究对象进行系统全面的梳理，包括英若诚先生的翻译系统观，译者价值造就因素以及对不可磨灭的翻译贡献的例证。任的博士论文把系统范式作为揭示戏剧翻译本质的认识论和方法论平台，多维度且系统地分析语料，其中包括八部翻译戏剧，尽管研究的深度和广度尚有待加强，但为后续复杂系统的研究提供了很好的开端。之后，任从多元跨学科视角对英译话剧进行了研究，但是其研究译本倾向英若诚先生的西方戏剧汉译，如“戏剧对白翻译中的话轮转换——戏剧翻译研究的一项戏剧文体学案例分析”（任晓霏等，2010），“戏剧翻译上口性——基于语料库的英若诚汉译《请君入瓮》

研究”（2011），“戏剧翻译研究的语料库文体学途径——以戏剧翻译中的指示系统为案例”（任晓霏等，2014）。此外，邓文库（2018）以英若诚的戏剧翻译原则为基础，文本选取英若诚先生的三部中译英戏剧作品展开，选择了包括指示词、话语标记语和文化负载词的三个角度展开案例分析，分别总结了戏剧翻译的具体原则和策略。本研究较为全面系统，其创新性在于三部汉译英作品《家》《茶馆》以及《狗儿爷涅槃》研究语料充足，也更具有说服力，但其不足之处在于与先前研究成果具有一定的重复性。

六、话剧翻译拓展

伴随翻译理论研究的发展与深入，加之戏剧本身的复杂特性使得戏剧翻译的研究视角多样，研究范围拓宽，研究内容纷杂。学者们开始探寻新的研究课题，戏剧翻译包括话剧翻译研究发展也逐渐趋向多元化样态。话剧翻译除了考虑译者和受众之外，社会背景和舞台需求同样是考虑因素，这样才可以更好地达到语言转换和文化传播的目的。在早期研究成果基础上，除了从语言角度探讨翻译原则或翻译策略，语际转换过程中源语国家和目的语国家的文化问题，哪些戏剧会被选择，戏剧在翻译过程中会经历怎样的变化，以及哪些翻译的外国戏剧能够成功地融入本国戏剧系统等一系列问题都与文化密切相关，也引发多数学者的思考和研究。

文化是如何与戏剧演出紧密相关的，潘智丹和张雪（2009）在“论戏剧翻译理论的研究视角”一文中探讨了戏剧翻译理论的研究视角，尽管涉及文化视角的研究在全文占比不多，但探讨了文化与戏剧演出的宏观和微观关系，提出适应目标社会文化需要的戏剧才会被选择。文章着重从微观方面研究戏剧翻译与文化间关系通常涉及的具体问题，例如文化特有成分的处理，非言语成分的转换等。研究结论认为，非言语成分的翻译越来越引起人们的重视，只有让目的语读者在译文中找到源语读者在原文中找到的非语言成分，才能在翻译里展现戏剧文本的特色。关于文化与演出二者之间的关系如何在戏剧翻译过程里对译本产生影响，孟伟根（2008）提到，戏剧翻译需考虑文本使用者，观众的需求，以及戏剧的舞台视听、口语和语言动作。戏剧翻译时，要在译语文化里使译语文本实现与原语文本等值的文化功能。关于如何对剧本中的文化因素进行移植或重构，王风丽（2017）从翻译目的论出发，简述了归化、异化两种翻译策略都应遵循翻译目的论视域的原则和规范，有效处理原文中的文化缺省，在两种不同文化间做出适当的弥补和衔接，使原作的文化特征在译文中得到体现，从而更好地实现中西文化的相互交流与传播。

此外，翻译与多学科交叉研究也是当下学者新的研究视角之一。语言学、语用学（包括认知语用学）、翻译美学和心理学等都是与翻译研究结合较多的学科。针对戏剧翻译，我国的研究成果有：上海外国语大学冯庆华、任晓霏等在借助语料库文体学研究方法的基础上对戏剧翻译的翻译共性，翻译文体、翻译过程等进行了规律性探讨，也为戏剧翻译开辟了一片新的天地。除此之外，话剧翻译结合语用学理论的研究，既为话剧翻译研究探索提供了新的理论视角，也为语言学等学科的理论研究丰富了文本，本节将梳理交叉学科研究视角下的典型研究。

周红专（2001）从话剧本身的特性出发，从语用学的关联理论视角探讨话剧翻译，指出根据关联理论，成功译文的标准只在于相关因素间的趋同。话剧翻译过程中，为了达到原交际者的意图和受众的要求接近原文，译者要用灵活方法，贴近原文人物角色和表演效力。

韩高军和何琴（2008）以英若诚先生的《茶馆》译本为例，同样结合语用学探讨了话剧翻译的语用适应观。从动态适应论的角度来分析话剧翻译活动，认为在“选择——适应论”的框架内，话剧翻译是一个动态适应过程，包括原语的语境和语言结构。

杨跃（2008）从语域分析的视角分析话剧《茶馆》中对白翻译的语用等效，研究指出从语域角度来看，译者在翻译时为实现语言等效，再现原文的语场、语旨和语式特征。在翻译特定语篇时，译者首先应分析原文的语域要素，译出时再现其语域特征，从而使译文实现近似原文的语用功效。

王晨婕（2013）以语用顺应论为基础，尝试构建话剧翻译的顺应模式，将话剧翻译所涉及的语言、心理、社会、文化及物理因素纳入统一框架，对英若诚的《茶馆》英译本作实例分析，得出话剧翻译中各样相互联系的影响因素，描述并解释译者顺应这些因素的方法。

张小胜（2015）从卡特福德的“翻译转换”理论切入，研究英若诚先生的《茶馆》译本，对《茶馆》三幕2244组例句进行量化统计，结果发现“结构转换”在汉译英翻译中发生的概率高、运用广。

劳琴姚（2017）从语料库翻译学研究视角入手，在译者层面对比了英若诚和霍华的译作风格，在语言研究上就关键词层面和语气词层面进行了分述，运用语料库方法，利用AntConc的Concordances功能考察了经典话剧《茶馆》两个英译本体现出的译者风格特点，指出了语料库对翻译研究的可行性。

陈刚和黎根红（2008）融合了格式塔心理学和翻译美学，从新思路出发研究话剧翻译，在一定程度上具有启发作用。他们在研究中通过解析格式塔心理学和翻译美学互补结合，来诠释译者解构原剧格式塔意象过程，最终使受众接受译入语重构后译剧的格式塔意象等。话剧翻译美学方法使原剧中的“人物性格”和“戏剧冲突”等在译剧中予以再现并被译剧受众所充分接受和欣赏。

刘玉芬（2019）从翻译伦理学的视角探讨戏剧《狗儿爷涅槃》的英译，研究以锦云所著戏剧《狗儿爷涅槃》及英若诚的英译本为研究语料，尝试探讨戏剧英译的伦理问题，研究发现翻译伦理的应用对于再现戏剧语言的特点大有裨益，而且翻译伦理对戏剧翻译实践具有指导启发作用，论文从翻译伦理的视角研究戏剧英译，以期为戏剧翻译研究提供新思路，同时希望为翻译伦理在戏剧翻译中的应用做出有益探索。

任晓霏在跨学科研究中结合了戏剧文体学，相关研究包括：任晓霏等（2010）分析了戏剧文体学中的一个重要概念“话语轮转”，研究话语轮转为戏剧对白翻译研究提供的理论框架和方法论依据，选取英若诚译莎翁名剧《请君入瓮》作为案例，对比分析朱生豪和梁实秋译本，考察在英若诚翻译里的戏剧对白话轮管理。任晓霏等（2014）以话剧《推销员之死》及其两译本为语料，建立以人称代词、指示代词、指示副词、礼貌用语和动词“来”、“去”及其时间形式为检索项的戏剧翻译指示系统研究体系。研究结论得出，英若诚译本中的特色指示语使用频率较高，这表明，英先生有效地利用了指示语和舞台提示语推进翻译戏剧的观演效果。

在话剧翻译学术研究多元化趋势下，首先，越来越多的学者在语言转换基础上关注文化信息处理和输出，体现全球化中语言作为实用工具的重要性；其次，当下跨学科戏剧翻译研究弥补了单一学科研究视角的局限，丰富了戏剧翻译指导理论。但在目前已有的话剧外译研究中，研究维度虽然较广，但研究方法上仍缺乏系统性，研究深度不够。这启发学者们在今后的话剧翻译实践中，借助多模态方法取得更好的翻译成果，并在此基础上尝试构建多模态翻译理论。

七、话剧的海外演出

话剧翻译推动了我国翻译事业向前发展，促进了国与国之间的文化交流与传播。王永恩（2015）提出，虽然我国话剧的海外演出比起外国戏剧来华演出还有不小的差距，但值得欣喜的是，新世纪以来话剧走出国门进行商业演出的步子迈得越来越大，演出剧目呈现多样化趋势，海外观众对我国话剧接受程度日益变高。

为克服语言障碍，海外演出通常借助字幕翻译、同声传译等方法。以话剧《茶馆》的海外演出为例，该话剧相继在德国、法国、瑞士等国家上演。1979 年 3 月 12 日，北京人民艺术剧院重新排演了《茶馆》，得到观众的一致好评。话剧《茶馆》首次海外演出是北京人艺参加西德曼海姆民族剧院建院 200 周年庆祝演出。演出双方决定采用乌韦 · 克劳特（Uwe Kraeuter）同声传译的方式克服语言障碍，而陪伴在他身旁协助其翻译的则是老舍先生的女儿舒雨。乌韦 · 克劳特作为本次海外演出的促成者，对台词并未逐字逐句地翻译，而是加入了一些必要的解释，以使观众不致产生机械、呆板的印象。在此后的演出中，众人又摸索出一些行之有效的办法。例如，在每次演出前由乌韦 · 克劳特向观众介绍剧情、创作者及北京人艺的相关情况；并建议观众一只耳朵听翻译、一只耳朵听汉语对白，以便更好地理解作品。同时，乌韦·克劳特还在翻译过程中注意把控好尺度，在节奏上与汉语台词保持完全合拍。经过精心的准备，《茶馆》演出中最大的语言障碍被克服了，许多观众在观看过程中得到了很好的体验。这为此次外访的成功奠定了良好的基础。2015 年，北京人艺正式开启话剧《茶馆》巡演，在全球各地纷纷留下足迹，首演在当年中国话剧第一次走出国门的德国举行。

八、话剧翻译未来趋势

本节主要梳理了当下北京话剧文化翻译传播的研究背景和现状，重新审视该领域目前存在的研究问题，旨在提出改进方案，为未来研究提供参考与借鉴。首先，中国知网论文数据库检索发现，以“话剧翻译”为主题的论文成果数量呈现增长趋势，研究视角也呈现多元化趋势；以期刊论文和硕士论文居多，但核心期刊和博士论文数量少，论文研究质量还有提升空间。其次，从研究热点来看，大多数研究还集中在语言转换、文本翻译现象和最终译作的描述与分析上，翻译原则和翻译策略研究占比高，对话剧翻译理论缺乏系统性研究。再次，多元研究趋势下，话剧翻译总体研究深度不够，尽管融合文化因素的传播学理念指导下的翻译实践对话剧外译具有重要意义，但目前的跨学科研究还缺乏方法论指导，研究有待进一步探索。最后，与国外剧作汉译研究相比，我国话剧外译研究成果数量较少，研究内容尚有待丰富。话剧翻译家和文本研究存在单一性和重复性，还有许多优秀的话剧作品没有翻译，缺乏系统翻译理论指导的译本尚需重译。

这里需要指出的是，为数不多的话剧外译传播仍呈单模态趋势。话剧翻译中，除剧本文字之外的其他模态参与翻译的比例还较低。话剧“走出去”要利于传播，要适应译入语文化而非一味迎合，因此，未来翻译实践可尝试在翻译重要概念时重视文化因素的译介，通过多模态翻译方法，文字、画面、声音等多模态协同作用，准确、高效、生动地完成语际转换，促进话剧海外传播。这就要求话剧“走出去”应注意以下问题：首先，话剧作品的质量是话剧文化传播的重要基石，兼具普世价值和中国特有优质文化的话剧作品才能实现更广泛和有效传播，这就要求我们不仅要开展话剧经典剧作的外译工作，同时还要努力推进新话剧创作。其次，译作的翻译质量是首位的，好的译作要考虑翻译原则大方向把握是否正确，翻译策略及翻译方法是否得当。在充分考虑译入语文化的基础上，对话剧文化专属词、历史典故和谚语俗语等的把握都是传递我国话剧内涵文化价值的关键所在。再次，传播环境的发展变化是一把双刃剑，随着传播媒介和社会娱乐方式的多样化，电视、电影等新媒体分散了人们对剧场演出的热情，剧场的时间和地域限制减少了人们走进剧场的积极性，但也正是由于现代社会媒介的发展变化的更新升级，剧场的上座率已经不再是剧本成功与否的唯一评判标准，如何运用多模态翻译传播，推动话剧文化“走出去”是当下北京戏剧文化海外传播面临的重要课题。

第六章

北京曲剧文化多模态翻译传播

第一节　曲剧文化简介

老舍先生曾在他的文集中提到:“曲剧”是个新名字。北京在新中国成立后才有了“曲剧”。“曲剧”通过民间的各种音乐曲牌和唱腔进行演出，表演歌剧。有些歌剧附有乐谱，而有些歌剧仅有歌词却没有乐谱。北京曲艺艺术家们用自己独特、习以为常的唱腔和唱法来演绎上述两种歌剧。他们管这种剧叫作“曲剧”。北京曲剧的表演没有固定的形式，也并没有严格的行当之分，其凭借生活气息浓郁、擅演现代戏而崛起于戏曲舞台。

一、北京曲剧的本质

曲剧，即北京曲剧，是戏曲剧种之一。作为唯一生长于北京的地方戏曲剧种，曲剧创立于新中国成立后的五十年代初期。北京曲剧的唱腔音乐以单弦牌子曲为基础，也吸收了北方民间曲调，初名“曲艺剧”，1952 年始正式定名为“曲剧”。

二、北京曲剧的艺术特点

几十年前，北京的大街小巷曾流行着这样一门艺术：它雅俗共赏、味道甘醇、脍炙人口、老少皆宜，它唱响了全国，唱到了世界，这就是被老舍先生称为北京地方戏曲的“曲剧”艺术。北京曲剧孕育在千年文化名城北京，是真正属于北京的本土剧种，北京曲剧亦是满族文化在京城的传承和升华，以其独有的“京腔京韵、京弦京鼓”来演绎“北京人、北京事”而见长。

老舍先生曾经说到，“曲剧”是通过民间的各种音乐曲牌与腔调来表演歌剧的。曲剧本质上是在曲的基础上，完成了一个剧种的新生。舒乙先生曾在《老舍先生和曲剧》一文中总结了北京曲剧如下七大特点：1. 通俗易懂，字正腔圆，非常大众化；2. 地道京味，以普通话为语言基础，既有地域性，又有普遍性；3. 擅表演，强过西洋歌剧；4. 好听，曲牌种类多，既动情又震撼；5. 民族形式强烈，是继承和发展巧妙结合的典型产物；6. 很现代，每个剧目都是新鲜的和原创的；7. 移植名著多，其中最为擅演老舍先生的作品。

（一）北京曲剧的唱腔音乐

北京曲剧的唱腔音乐是以单弦牌子曲的曲牌音乐作为创作素材。单弦牌子曲又被人们名为“八角鼓”，是一种采用牌子曲联缀体，通过三弦来伴奏、演唱的说唱艺术，曲调内容丰富，形式多样。单弦牌子曲的前身是岔曲，清初起源于北京，源于满族萨满乐，属于满族文化。岔曲在乾隆时期已经开始兴盛，逐渐成为当时社会名流，文人墨客交往的时尚。岔曲自乾隆年间由民间传入宫廷，继宫中掌仪司制作研制了八角鼓后，岔曲和牌子曲的演唱方式逐渐被称为八角鼓。八角鼓以群唱、对唱为主体。

单弦牌子曲大致有 120 余个曲牌。在北京曲剧几十年的艺术实践中，主要的曲调有【太平年】【云苏调】【罗江怨】【南城调】【剪靛花】【湖广调】【南锣北鼓】【数唱】【流水板】【怯快书】【四板腔】【寄生草】【小放牛】【靠山调】【金钱莲花落】【打新春】【农民乐】【倒推船】【叠断桥】【山东落子】【要孩儿】【银纽丝】【柳枝腔】【砧子绽】【虞美人】【照花台】【吴桥落子】【关东腔】等。这近 30 个曲牌大都出自于民间小调，有的擅长于抒情，有的更适合于叙事，牌子曲是曲剧选取、改编和创造唱腔与曲调的主要来源。

北京曲剧运用真假声结合的唱法，以真声演唱为主要演出方式。首先，北京曲剧的演唱中有曲艺演唱的特点，曲艺演唱讲究“以字行腔、腔面字正”，即演唱行腔之中不能倒字，同样地，曲剧的唱腔同样不能倒字。虽说曲艺的演唱与曲剧的演唱大致相同，但也存在不同。在曲剧的唱腔中，有些人物的唱腔仅在原曲牌上稍作变化，这样的唱腔基本上以真声演唱；有的人物唱腔因曲牌变化较大，需要适应剧情和人物情绪，要在不脱离原曲牌韵味之上设计新的行腔旋律和高音腔。倘若一味强调真声，就无法完成配合人物的音乐任务，此时人物的音乐任务就必须借助假声来完成。其次，在曲剧演出韵味上，若以歌曲的演唱方法唱曲剧是没有韵味的；若以京剧的老生、老旦的发声方法演唱曲剧，同样是没有韵味的。

在唱腔方面，北京曲剧的音乐声腔来源于单弦曲牌子。单弦早期所用的曲牌，主要是抒情色彩浓厚的北方时调小曲；在后期，它还吸收了流传于北京的板腔式唱腔，形成了一个具有浓郁说唱风格的曲调，大多数唱腔与曲牌都是以半唱半说的方法来演出。北京曲剧形成后，为了使音乐唱腔戏曲化，适于表现各种人物的多种思想感情，在一些抒情色彩较浓的唱段里，它不仅继承和发展了这种说唱或半说唱风格的曲调，而且还努力发展和改造这些具有浓郁抒情色彩的曲调唱法，以适于不同人物的喜怒哀乐等多种感情的发挥。

（二）北京曲剧的道白

北京曲剧的道白是在普通话的基础上以北京音调为准的道白，即人们口中的“北京话”。经过舞台化后的北京曲剧的道白与生活中的北京话是有所区别的。曲剧的道白作为舞台的艺术语言，是人物在剧情环境下演绎的具有戏剧节奏和音乐韵律的念白。北京曲剧的道白特色仍然源于北京民间曲艺的特点。北京曲艺艺术在演唱中的“说”，就是纯粹的北京话。又因北京曲剧的创始人都为北京曲艺艺人，所以在曲剧剧种的创建之初即决定了曲剧道白的“京味化”。

北京曲剧中的京味化道白也是由曲剧剧种的地域特色所决定的，北京曲剧作为北京唯一的地方剧种，不仅因为其音乐素材单弦产生于北京，其京味化的道白也是重要原因之一。北京曲剧道白的特色在一定程度上奠定了其传播的基础。在全国推广普及普通话的今天，北京曲剧便成了一个在全国没有语言障碍的剧种。任何听得懂普通话的人，都能听得懂北京曲剧。由于北京曲剧舞台道白是京味化的普通话，也导致人们将曲剧道白与话剧道白相混淆，误认为曲剧是“话剧加唱”。曲剧的道白是将生活中的语言在舞台上夸张、放大，伴以表演和音乐上的韵律节奏。而话剧的道白更追求舞台上生活语言的真实性。不过在个别剧目中确有过话剧演员参加曲剧演出，也有过曲剧演员出演话剧演出的情况，但观众可以从不同的道白中辨清演员的职业身份，再次说明曲剧道白同话剧道白有很大的不同。

（三）北京曲剧的创作题材

北京曲剧艺术的题材发掘及剧本创作的发展是跟随时代背景变化而变化的。北京曲剧这一剧种成型于新中国成立之后，在创演上坚持走了一条现实主义与传统戏曲程式化相结合，并追求贴近生活的道路。新中国成立之后，万象更新，艺人们开始把生活实感融入创作之中，用艺术手段编演现实生活。北京曲剧在几十年的艺术实践中，已经基本确立创作题材主要选取清代、近代和现代的北京题材为主，以古装和传统题材为辅。在保留至今的曲剧优秀剧目里，《杨乃武与小白菜》《珍妃泪》《正红旗下》等属于清代历史题材的作品；《烟壶》《茶馆》《北京人》等属于清朝末期到民国时期的近代题材作品；《龙须沟》则属于现代题材。

北京曲剧的唱腔音乐来自清代宫廷的单弦牌子曲，剧种诞生于北京城区，因此北京曲剧在城市与农村的创作题材的表现上，更擅长于城市题材的创作。北京曲剧自从诞生以来，已经创作出了 190 余台剧目，其中《啼笑因缘》《珍妃泪》《少年天子》《杨乃武与小白菜》《烟壶》《龙须沟》《茶馆》等成为北京曲剧的代表性剧目。《箭杆河边》《珍妃泪》等作品被拍成戏曲艺术影片。剧目《烟壶》被拍摄成四集连续戏曲电视剧，并斩获第五届“五个一工程奖”、第六届“文华新剧目奖”以及北京市文化局演出百场奖；剧目《龙须沟》曾获国家文化部第八届“文华新剧目奖”、北京市委宣传部“十个一工程奖”、市文化局演出百场奖。北京曲剧团于 1997 年和 2000 年曾两次携《杨乃武与小白菜》《烟壶》《茶馆》《四世同堂》等优秀剧目赴台进行演出交流。北京曲剧优秀剧目的积累与保留也是北京曲剧蓬勃发展的标志。

三、曲剧的发展

北京曲剧是一个年轻的剧种，它老少皆宜，雅俗共赏，其前身源于满族的八角鼓，即一种有八面鼓墙的角型打击乐器，后来渐渐发展演变成为单弦牌子曲和彩唱莲花落。这是北京曲剧的渊源和萌芽。新中国成立后，在党和政府的扶持下，北京曲剧诞生至今，唱响了全国，唱到了世界，产生了许多代表剧种与知名演员。北京曲剧的发展经历了如下几个阶段：

（一）北京曲剧的诞生

北京曲剧诞生于新中国成立后的二十世纪五十年代初，形成于北京。它是新中国成立后出现的一种新剧种，主要是由在北京流行的曲艺单弦“牌子曲”发展而来的。由曲艺演员曹宝禄、尹福来、魏喜奎等一代著名曲艺艺术家创作演出的一个新兴剧种，并成立了“群艺社”。除演唱单段曲艺外，还以拆唱八角鼓、彩唱莲花落的形式表演歌颂婚姻自由和男女平等的小戏，最初命名为“曲艺剧”。后来，在老舍先生的建议下，把此类戏曲定名为“曲剧”。除此以外，在当时为了配合婚姻法的宣传还创作了剧本《柳树井》，并于 1952 年 7 月演出，从此曲剧艺术算是正式问世。

北京曲剧诞生十多年以来，完成了从曲艺到曲剧戏曲形式的转变。首先，从曲艺说唱形式向戏曲形式过渡，承袭了说唱或半说唱的曲调，又努力地发展了富有抒情色彩的曲牌唱腔；其次，在北京曲剧形成初期，艺术家们选用了 30 个不同色调的曲牌,并在吸收了“梅花大鼓”与“奉调大鼓”

等曲艺唱腔之后，创作出了新的板式，使得原先常用的曲牌子和板腔体的个数增长至60多个，又经过大量的艺术实践之后，逐步发展为以京味音韵作为依托，以单弦牌子曲为主要音乐素材。之后，完成了对于剧种的定名。最初在马少波先生的建议下将“解放新剧”易名为“曲艺剧”，后来又在老舍先生的提议下，将“曲艺剧”中的“艺”字去掉，为了增加地域的特色，在剧种名称之前冠之以“北京”二字，最终将其命名为“北京曲剧”。在党和人民政府的支持下，“北京曲剧”从此走向全国，走向世界。

（二）北京曲剧的形成

从1952年成功演出《柳树井》至1965年的十三年间，北京曲剧发展十分迅速。首先，在此期间，先后推出几十台新剧目，剧种风格也进一步形成。在这十三年的时间里，共演出了68台剧目，平均每年上演剧目5.2部，在北京市属于多产剧团；其次，在这68台剧目之中，近现代剧目有54台，占了剧目总数的79%；再次，剧种进一步成型，新中国成立后，北京曲艺界的艺人们普遍开始演唱配合政治任务的新曲子，致力于把曲艺艺术从旧形式中解放出来（凌金玉，2009）。

在此阶段，于1957年演出的再现了清代四大奇案之一的《杨乃武与小白菜》成为了曲剧发展史上的第一个高峰，就其历史地位而言，此剧是北京曲剧的奠基之作。曲剧这一新兴起来的小剧种第一次闯进了大剧院“天桥剧场”，这是自曲剧诞生之后的一次飞跃。此剧在当时从剧本、音乐、舞蹈、演员到演出效果，都为北京曲剧的未来发展打下了坚实的基础。周恩来总理在买票观看后，亲自委托了文化部里负责电影工作的夏衍同志帮助改编，于1962年将《杨乃武与小白菜》拍摄成为彩色电影，并在国内外发行上映。该剧的艺术水平在当时的戏曲舞台当属于上乘之作，其演出盛况空前，出现一票难求的景象，在全国范围影响深远。此后，在中国第一代曲剧艺术家的培养和带动下，又一批曲剧事业的后继者成长起来，创作改编并积累了一批又一批经典剧目。

在曲剧形成的年代，以魏喜奎为代表的一批曲剧工作者为人们所熟知。

这些演员都以他们在剧目当中所创造出来的，每个都以性格鲜明的角色形象和京味、韵味十足的演唱为观众所喜爱，截至今日也令人难以忘怀。

（三）北京曲剧的低谷期

1966 年到 1978 年的十二年时间是北京曲剧的低谷期。从 1966 年开始，北京市各艺术表演团体都遭受了“造反派”的夺权，到处充斥着“批判资本主义路线”和“砸四旧”的口号，同年年底，江青等人宣布把中国京剧院、北京京剧院及上海京剧院等定位为“样板团”，把《智取威虎山》《红灯记》和《沙家浜》定义为“样板戏”。于下一年夏季，将北京曲艺团改名为“北京长征文工团”，要求其演出形式为唱歌、跳舞、大鼓与单弦。与此同时还把西单剧场改名为“长征剧场”。1968 年下半年，北京各单位在“工人阶级的再教育”下继续进行“清扫”阶级队伍的活动，把不少曲剧表演者以及编剧等下放到干校进行劳动改造，同时领导曲剧团学习移植“革命样板戏”。由北京曲艺团移植改编了地方小戏《一个盘子》等。同年八月，工人毛泽东思想宣传队以及解放军毛泽东思想宣传队进驻到北京长征文工团（即原北京曲艺团）当中。1971 年 4 月，把北京长征文工团的大部分职工下放到五七干校进行劳动锻炼，9 月原曲艺团团长于真被调离至广东工作。从 1966 年到 1972 年的七年时间内，除了类似于“劳动节”，“建军节”和“国庆节”等重要节日完成上级所下达的任务以外，剧团很少进行演出活动。主要把时间用在了批斗、接受贫下中农再教育上。

一个新兴的剧种，在短短十七年的时间里，其创造的剧目与培养的演员便全国知名，足以证明其艺术创造力是何等惊人。然而在“文化大革命”期间的十二年里，这一新兴的剧种却遭受了重大打击。幸运的是，“文化大革命”后期又开始恢复了生机。1972 年在北京市革委会等的要求下，各剧院团重新开始了创作与编排，小戏《渡口》《军民鱼水情》《彩石山》等剧目应运而生。1973 年 5 月，长征剧院与北京长征文工团恢复了原名。两年后，北京曲艺团招收了近八十名学员，把学制定为三年，并采取了团带班的形式，由北京市戏曲艺术学校直接负责培养。这批学生成为日后曲剧崛起的新生力量，为曲剧的发展储备了人才。

（四）北京曲剧的复苏与探索

随着1978年十一届三中全会的召开，改革开放使我国发生了深刻的社会变革，从此以后社会文化环境走向了宽松和谐的路线，在这一历史性的伟大转折之中，戏剧迸发出了磅礴的生命力，其以形式的革新与题材的多样性，开创了新时期戏剧的崭新天地。各种戏剧从“样板戏”的束缚之中破土而出，北京曲剧又迎来了新的春天。1978年9月以魏喜奎、黄坚两位老艺术家主演的现代剧目《白卷先生》登上了舞台，并且在当时获得了北京市文化局的“演出超百场奖”。1979年，北京曲艺团又更名为北京曲艺曲剧团，同年5月把原曲剧团团长于真从珠江电影制片厂重新调回剧团任为团长。在她重任曲剧团团长至1984年的五年时间内,排出了一批以《珍妃泪》为代表的新剧目，演出超过了四百场，并且捧出了耿首春、孙砚琴、甄莹等一批新人。

为了适应市场的需要，在1984年把原先的北京曲艺曲剧团一分为二，分别成立了北京市曲剧团和北京市曲艺团，与此同时建立了专业化的北京曲剧队伍。在北京市委、市政府不断加大资金投入与优化政策的背景下，北京曲剧艺术呈现出了新的活力。次年曲剧团作为北京市文化局干部改革试点单位，在团内实行了民主选举团长的工作。经过了民主选举任命戴颐生当选团长。在戴团长任职期间,曾经先后排出了《靠山调》《离婚的秘密》等一批新作，并且创新性地尝试建立了电声乐队的演奏形式。在之后的四年里，曲剧的演出并不是很多，主要是以电声乐队的演出为主。1994年至2000年六年时间里，凌金玉任团长主持工作，与此同时，为了进一步开拓市场，曲剧团采取了更为开放的经营管理策略，除此以外，北京曲剧团还邀请了顾威先生来负责指导，相继排出了《烟壶》《龙须沟》《茶馆》三台剧目的演出。

此阶段曲剧在发展成果方面，《烟壶》在1995年5月到1996年3月短短九个月时间内就演出了超百场，大受观众喜爱。《茶馆》演出了超过两百场，获北京市优秀新剧目奖。甄莹等人获北京市政府“金菊花”奖。1998 年 7 月《烟壶》在台北演出受到了台湾观众的高度评价。2000 年 5 月到 2004 年 10 月，曲剧剧作《四世同堂》《正红旗下》及戏曲学院学生的毕业剧目《北京人》相继排演。2001 年初，以老舍先生作品所改编的曲剧剧目《茶馆》《龙须沟》《四世同堂》第二次赴台湾进行演出交流。2004 年 10 月通过民主选举，凌金玉从中国杂技团重回曲剧团任团长。在此期间曲剧团排演了两台新剧目——《找啊找啊找爸爸》和《鱼水情》，此后曲剧团加大了对青年演员的培养，修改并且重排了《正红旗下》《珍妃泪》《北京人》《杨乃武与小白菜》等剧作。其中，《正红旗下》获得 2006—2007 年度国家舞台艺术精品工程提名奖，并于 2012 年获得国家第四届少数民族文艺会演剧目金奖。

在这个从无到有的过程中，北京曲剧取得了许多重要成就。在培养人才方面，曲剧艺人新老交替、更换迭代。几十年来，北京曲剧历经魏喜奎、李宝岩、孙砚琴、顾荣甫、尹福来、佟大方、彭子富、王凤朝、赵俊良、冯宇康、黄坚、韩新民、莫歧、许娣、张绍荣、孙宁等几代艺术家的传承、改编与弘扬，一直深受广大观众喜爱。在这段时间里，老艺术家们不仅展现了精湛的艺术，更体现出了作为老一辈艺术家们崇高的艺德。他们一方面在台上甘当绿叶，与青年演员同台演出了《泪血樱花》《珍妃泪》《方珍珠》《香魂遗恨》等剧目；另一方面，他们在舞台下继续向青年演员传授技艺。正是老一代艺术家的无私传授与传承，才有了后来青年演员的崭露头角。从 1988 年到 2008 年的二十年里，除了部分继续同青年演员同台演出外，大部分老一代表演艺术家相继告别舞台。甄莹、孙宁、许娣、耿首春、洪宗义、赵国来、张绍荣、许承章、盛国生等青年演员及后来入团的佟仲琪、卢雪文、王晓莉等人在曲剧的舞台上挑起了大梁。这批青年演员继老一辈创作出的《杨乃武与小白菜》《骆驼祥子》《啼笑因缘》等经典剧目之后，又创作演出了《茶馆》《珍妃泪》《烟壶》《正红旗下》等优秀剧目，并且也担任起了对新一代青年演员传授技艺的教学工作。正是来自于他们的薪火相传，北京曲剧才能源流不断。在艺术层次上，北京曲剧艺术逐渐得到全面发展和提高。

三十多年来曲剧的奠基者们作了大量尝试和有益探索，并已确定了以单弦牌子为主的曲剧演唱曲调，有些唱段曾受到观众的喜爱并流传一时。截至今日，曲剧已排演了一百多个剧目，且题材广泛，其中有历史剧、近代戏和现代戏，有正剧也有悲剧和喜剧，从多方面进行了创作尝试。可惜的是，在 1966 年以前绝大部分的剧目没有完整地保留下来，人们只知有其剧，却没有保留下来剧本、唱腔和任何音频视频资料；而且，一些剧目由于题材局限已不适宜在今天的时代背景下再上演。《杨乃武与小白菜》之所以在历经时代变迁后依然可以为现如今的观众喜爱，是因为其剧本改编得体到位，在移植改编时又能与曲剧风格和演员特点相结合；并且其导演关士杰与作曲刘吉典都是专业的导演和作曲家，他们对于舞台进程的掌控及音乐的穿插都是《杨乃武与小白菜》获得成功的关键因素。

北京曲剧从 1978 年直至今日，在剧本创作、表演、导演、音乐创作、舞台美术等方面，均已达到新的高度，艺术风格和特色都更加统一和确立。一个复苏的新兴剧种，经过多年的艺术实践，已再度崛起，且将越来越深得观众青睐！

四、曲艺与曲剧

北京曲剧依托于曲艺文化，然而北京曲剧并不是简单的曲艺翻版，它是曲艺形式的转换和新生，是曲艺单弦牌子向戏剧的转化。北京曲剧早期的几位开创者魏喜奎、曹宝禄、尹福来、关学曾等都是北京的曲艺艺人，他们发挥曲艺演唱、念白方面的行腔圆润、吐字清楚、以声情感人的优势，注意从生活和人物出发，学习运用戏曲表演时的形体和动作来拓展和丰富剧目。因此北京曲剧自诞生起必然包含曲艺艺术的特点，而曲艺作为一种说唱形式的艺术，区别于戏曲舞台的表演。北京曲艺在说唱方面包括北京的岔曲、单弦、鼓曲，必须带有北京的地域特色，即说纯正的北京话，唱北京音调的曲，说得清，唱得明，吐字归音，京腔京韵；曲艺在表演方面是通过舞台说唱的形式直接亲切地与观众的交流，在演唱中曲艺演员一人分饰不同角色，人物自由出入转换，在形体身段上不像舞台戏曲表演那样幅度大、范围广。总体来说，曲艺演唱以说、唱为主，以形体手势、眼神、脚步、身段为辅，表演区域也基本上在方圆两米左右。

北京曲剧的唱腔音乐是由北京流行的曲艺单弦牌子曲作为基本素材发展而成，虽然唱法通俗，却也是最能代表北京地方的韵味。其唱腔音乐中的岔曲和单弦也都产生于北京，从属于曲艺范畴，演唱是以北京音调为准，即北京的普通话。经过长期的艺术实践，北京曲剧音乐已然完成了从单弦牌子曲的曲艺音乐形式向北京曲剧戏曲音乐形式的转换。1950 年由曲艺艺术家魏喜奎、孙砚琴等人最先演出了《新探亲》，在当时被称作为“新曲艺”，后来在老舍先生等人的提议下改称“曲剧”。1952 年成立了北京市曲艺工作团，选用单弦牌子曲，并吸收大鼓、琴书的唱腔，排练和演出了作家老舍编写的现代戏《柳树井》，受到观众的热烈欢迎，接着又陆续排演《张桂容》等现代戏。北京曲剧在单弦牌子曲的基础上，完成了一个剧种的新生，故而说北京曲剧脱胎于北京曲艺。

之后，北京曲剧在发展中谋求自己独到的风格韵味，老舍先生曾在《柳树井》公演后，在《对曲剧的发展说几句话》中谈道：“假若我们仔细地分析这些传统剧目，也许可以在剧本的结构与表演技术上独辟风格，不专摹仿别的剧种了。这或者能产生独立不倚，自成一家的节目，叫人一看，只能叫它曲剧，而不是别的。”从老舍先生的观点中，我们可以看出在曲剧的发展上，他不提倡再去摹仿别的剧种，而是要从传统的单弦曲牌和鼓曲中去研究曲剧独立不倚，自成一家的艺术风格。北京曲剧的台词是以京味儿道白为准；唱腔音乐主要以单弦牌子曲为素材，岔曲、单弦说唱结合。北京曲剧的艺术工作者秉承老舍先生的倡导，没有去单纯地摹仿，而是沿袭他们所擅长的现实主义表演，借鉴戏曲程式化的路子，逐渐地在表演上形成了现实主义与戏曲程式化相结合的演剧风格。

随着时代的发展，许多从事编导、音乐、舞美等方面的专家，投身于曲剧艺术的创作，建立了导演这一体制。北京曲剧在坚持自己风格的同时，采取广纳博收，不断完善的原则。在唱腔音乐方面除了最初运用三弦音乐外，开始逐步采用中、西方管弦乐器和打击乐，用以丰富其表现张力；表演中加以形体身段的设计和运用，舞美灯光音响的设计和运用，并在人才培养和素质的训练等诸方面不断完善和提高。

五、曲剧与北京文化

拥有五千年历史的中华民族有着源远流长、博大精深的戏剧文化。北京曲剧作为地地道道的北京本土剧种，同样也蕴含着深厚的地域文化特色。曲剧自诞生后，其创作素材多是讲述老北京的人和事，曲剧优秀剧目也有一个共同的依托就是气息浓厚、地地道道、原汁原味的北京文化。

北京曲剧以北京文化为依托的文化品格和审美取向，得到了广大观众的热爱和关注，并将继续获得更多戏剧爱好者的喜爱，拥有更多北京文化爱好者的关注。徐恒进和张永和（2014）曾在《北京曲剧与北京文化》一文中指出，北京文化主要含四种文化：皇城文化，也可称为紫禁城文化；平民文化，或称胡同文化；民俗文化，包括北京城里城外特有的时令节令；边缘文化，其中涵盖饮食、消闲、京戏、曲艺、中医医药、书画会馆，以及文玩收藏等等，这些都属于北京文化的范畴。从观众角度来看，除了北京当地人之外，北京曲剧同样吸引着来自外地的观众，他们也喜爱散发着无限情趣的和深厚北京文化的曲剧。《烟壶》《正红旗下》彰显着没落的八旗子弟和胡同里平常百姓的生活状态；而《龙须沟》《茶馆》《骆驼祥子》等近代题材的剧目则揭示了上世纪三、四十年代和建国前后老北京人的理想、追求、奋斗、沉沦、新生、破灭，以及婚姻恋爱、兴衰升降等等生活画卷，在观众面前唱出了一曲又一曲北京人喜、怒、哀、忧、恐、思的歌曲，展开了一幅又一幅老北京人波澜壮阔、色彩斑斓的图画，凸显了北京文化的特质，传达了北京的人文情怀，这些也构成了北京曲剧的精、气、神。

第二节　代表性剧目（选段）

在北京曲剧兴起之初，以现代戏而闻名，北京曲剧的表演风格是一种贴近于生活的现实主义表演，通俗易懂、京味浓郁、表演朴实、演唱清晰、说唱结合、韵律独特是其特有的艺术风格。不同凡响的曲剧作品无疑为该剧种注入了新的活力和时代色彩，迄今已演出一百多个剧目。本节将列举北京曲剧部分经典剧目的节选，包括《杨乃武与小白菜》《啼笑因缘》《正红旗下》《珍妃泪》《烟壶》《少年天子》《龙须沟》《四世同堂》《骆驼祥子》《柳树井》共十部作品。

一、代表性剧目之一:《杨乃武与小白菜》

（一）作品简介

《杨乃武与小白菜》是根据同名沪剧改编而成，于 1957 年首次演出。清末，宫廷腐败，官场黑暗，在浙江余杭发生了一件冤案。在仓前镇开豆腐坊的葛小杜与新进举人杨乃武为邻，葛小杜的妻子毕秀姑（即剧中小白菜）常为杨家做些针黹；小白菜与小杜夫妻相处十分和睦。不幸，秀姑被余杭县县官刘锡彤之子刘子和暗施诡计玷污，刘子和投毒害死了葛小杜。事情败露之后，钱师爷设下一计，诬陷杨乃武为奸夫，毒杀了小杜。刘锡彤利用刑讯逼供使杨乃武招供，判以“谋夫夺妇”之罪。从府尹到巡抚，通通收了贿赂，把杨乃武关进大牢，只等着秋后问斩，杨乃武的同胞姐姐杨淑英远赴京城刑部尚书夏同善的宅中，为弟弟求情。当时，清廷里东宫和西宫的太后互相夺权，在醇亲王私访夏同善之时，听说杨乃武的案子可以利用，就将所有犯人同审理官员一起送到京城。刑部大审，毕氏仍不敢吐露实情。夏同善使出一计，趁着密室会面之机，从葛毕氏口中套出真相。自此，杨乃武受冤囹圄三载之后终得平反。

（二）作品节选

杨乃武：乃武无才叨天恩，有幸中举得功名。今后欲遂报国志，不敢偷闲误光阴。悬梁刺股寒窗下，发奋努力读书经，但愿得，一朝京都赴殿试，万里风云足下生。

刘锡彤：杨兄才高有学问，胸怀大志令人钦。听人说，你文章之外更有术，熟谙方脉医道精。

杨乃武：民生疾苦在于病，存心仰慕李时珍。济民自愧医道浅，叹未能，以扁鹊起死回生。刘锡彤你好……你……你好！（唱）未曾审问先用刑，青红皂白全不分；刘锡彤你为官不正！

刘锡彤：小白菜与你有奸情，你早把礼义廉耻忘干净。借医病毒死她丈夫葛小大，谋夫夺妇罪非轻！

杨乃武：我与葛家是近邻，接济医道乃长情，说有奸情谁为证，毒死小大有何凭?

刘锡彤：奸事情，小白菜亲口已供定，葛小大中毒身亡已验明，那毒药分明是你买，你想抵赖枉费心！

杨乃武：有案不在公堂审，花厅之上动三刑，刘锡彤他严刑逼供有私隐，看起来，再不招供我命难存！乃武今日不惜命，岂非是冤沉海底永难申？暂忍冤屈且招认……一张供纸重又沉！三堂刑罚上得苦，无奈只得把奸夫认。（白）欲得其妇，而谋其夫；既谋其夫，而占其妇！（唱）违心写下招供词，画押巧用蝌蚪文，内藏着“屈打成招”四个字，谅来狗官难看清。只要留得姓名在，恨能雪来冤可申。长夜漫漫终有尽—乃武仰首盼天明。

二、代表性剧目之二：《啼笑因缘》

（一）作品简介

上世纪五十年代，北京曲剧快速发展。《啼笑因缘》是这一时期的三大代表作之一，和《骆驼祥子》《杨乃武与小白菜》被一并称为“杨啼骆”。此次重排的编导是著名戏曲导演张树勇，根据张恨水先生的同名小说改编而来。《啼笑因缘》剧本的改编紧紧围绕原著，在不失现实意义的前提下，挖掘了原著的意图。樊家树、沈凤喜、关秀姑三人的爱情悲剧不仅为社会强权势力所侵扰，更多的是三个人物的性格、家庭环境、人生追求以及人生际遇的归宿因缘。三人的情感纠葛和结局，不仅有道德层面的评判，更注重人性的探讨，从而展现原著小说《啼笑因缘》中“因果机缘”的佛学意味。

该剧本着紧紧围绕浓郁京味的地域文化特色为创作核心。唱腔音乐最大的特点是彰显了北京曲剧这唯一的北京地方戏的京味艺术个性和韵味。表演力图在满足戏曲审美需求的同时，为观众呈现一些人生况味。舞台采用幕帘形式，展现了老北京丰富的民俗。同时，将军府的设计融合了西方古典设计与王府建筑外形，突出了民国时期西学东移、中西融合的老北京的时代风格。

（二）唱词节选

【四季相思】

沈凤喜：春季里相思艳阳天，
桃花似锦柳如烟。
画梁呢喃双飞燕，
心上的人儿啊，心上的人儿一去不回还。
相思泪涟涟。
夏季里相思荷花透水香，
蝴蝶飞舞采花儿忙。
池塘内鸳鸯戏水多欢畅，
心上的人儿啊，心上的人儿做客在外乡。
相思泪汪汪。
秋季里相思丹桂花儿飘，
梧桐叶落玉露儿凋。
孤雁声声怜，寒虫儿吱吱叫，

心上的人儿啊，心上的人儿路远山又遥，
相思泪儿焦。
冬季里相思腊梅花儿开，
雪花飘飘落尘埃。
寒风吹来透骨冷，
心上的人儿啊，心上的人儿一去不回来，
相思泪儿衰。

三、代表性剧目之三:《正红旗下》

(一)作品简介

剧目《正红旗下》是由老舍先生的同名小说作品以及李龙云先生的同名话剧剧本改编而来的。本剧 2004 年首演，曾获得 2006—2007 年度国家舞台艺术精品工程提名奖、文化部地方戏北方片调演二等奖等奖项。《正红旗下》是老舍先生未完成的一部自传体小说。这部作品不仅是老舍先生的家族史，而且是清末旗人的风俗风情史。

农历十二月二十三的傍晚，在祭灶的歌声和旗兵的巡城乐曲中，一个孩子落生了。这已是大清朝的残灯末庙。而不知自省的旗人们，却还在醉生梦死。剧中人物在北京的各色风俗风情中纷纷出场，善良却又卑微，贫困又心怀渴望的老舍一家人：父亲、母亲、大姐、二姐；庸碌无能的大舅，大姐的公公和大姐夫；专横糊涂的姑母、大姐婆婆；比别人多算一步棋的福海表哥；忠厚守旧的老王掌柜；无耻的多老大；刚正的多二爷；小罗锅查老二。当大灾难降临时，旗人们依旧无知，浑浑噩噩，把战争当作儿戏，毫不重视。八国联军攻占了北京城。大舅、大姐公公做了俘虏。老舍先生的父亲在正红旗下牺牲了自己的生命。人物满口的京片子不仅再现了 1900 年庚子年的历史风云，北京式的幽默语言、融入其间的“四板腔”和“农民乐”等唱腔歌舞也彰显了北京曲剧的地方特色。凄清的丧歌响起来了，这是哀送民族英雄们的丧礼进行曲，也是腐朽的大清朝出殡的一曲挽歌。

（二）唱词节选

老舍母亲：灶王爷升天你落了地，
日正辰良上上大吉。
按理说你该有大来历，
莫不是……莫不是灶王爷的小徒儿投胎入世，
到咱家里把身栖？
小脸儿多周正，
肉皮儿多白皙。
漫天花炮里，
小嘴儿轻轻啼。
妈妈生你不容易，
只因咱舒家的男丁稀。
愿神佛时时处处保佑你，
长大了成人成事有出息。

四、代表性剧目之四:《珍妃泪》

(一)作品简介

《珍妃泪》于1980年首次出演在舞台，两年后被拍摄成戏曲艺术片，改名为《清宫怨》。晚清末期，朝廷内爆发了一场激烈的宫廷权利斗争。当时年轻的光绪皇帝在认识到了中国于西方列强的差距之后，与他最宠爱的妃子——珍妃以及正直的大臣们，主张向西方列强学习维新变法，振兴中华。而以慈禧太后为首的皇族显贵们竭力主张卖国求和，割地赔款，维护腐朽的旧制度。珍妃十分热情地支持光绪维新变法，并将老师文廷式的密折偷偷献给皇帝。不幸的是，慈禧却在此时带人前来搜宫，当场找到了密折。慈禧勃然大怒，训斥珍妃违背了朝廷家法，并废了珍妃的妃位，把她贬为贵人，并在她的门前竖起“嫔妃不得干预朝政”的禁牌。珍妃并没有在乎自己处于险境之下，心中还是十分惦念着光绪皇帝推行新政的情况。在珍妃生日之际，光绪皇帝见她忧国忧民，满怀愁绪，而且不愿挥霍钱银庆祝生日，心中深为感动。慈禧也借机又恢复其妃位，赏赐宫灯，并指令将灯挂在禁牌上，明为恩赏，暗含威胁，软硬兼施。珍妃强忍着心中的悲愤之感，并主动劝皇帝要懂得忍辱负重，见机行事。

光绪决定重用有胆略有见识的康有为。此时，慈禧表面上虽不问朝政，终日享乐，却在暗中监视光绪，控制朝政大权，强制光绪屈服于丧权辱国的不平等条约。对此，光绪一再抵制。为了扫清维新变法道路上的障碍，光绪皇帝先将思想保守、不愿维新的官员革职，并恳请慈禧太后批准变法运动。慈禧假意批准变法，却提出三个条件约束光绪。光绪不愿就范。慈禧借题发作，在和他宠爱的太监小贵子下棋时，趁小贵子一时失言，将他全家问斩，以此威胁皇帝，迫使光绪屈服。慈禧的侄女——隆裕皇后为人庸俗愚蠢，心里只知道争权夺利，讨好慈禧。慈禧强令光绪住到隆裕处，让隆裕监视光绪，企图软禁光绪，切断他与外面的联系，使新法难以推行。

聪明的珍妃画了一幅残荷败叶图，送给光绪，暗示新法将败。皇帝心领神会，假意发怒，召见珍妃，在隆裕面前斥责珍妃，暗中却问明外面实情，准备对策。慈禧眼看光绪心中坚持要维新变法，便擅自任命荣禄晋升为直隶总督，使之手掌兵权，密谋在九月初五与光绪一同在天津阅兵之时，发动兵谏，逼迫光绪皇帝退位，由慈禧直接掌权。太监孙德闻此诡计，火速告之光绪。光绪与珍妃共计对策，并连夜召见袁世凯，令他勤王保驾，去天津杀死荣禄，率兵进京，请求慈禧安享天年，不再干预朝政。狡猾的袁世凯一面向光绪宣誓效忠，一面却向慈禧告密光绪要武装夺权的事情。慈禧得知消息后，连夜先发动了政变，逼迫皇帝交出皇权。最后轰轰烈烈的维新变法仅在维持了 103 天便失败了，失败的结果是光绪皇帝被囚禁，珍妃惨死，慈禧再次垂帘听政，晚清恢复往日荣光的希望之火彻底熄灭，一切重新恢复到黑暗当中。

（二）唱词节选

隆裕皇后：慢闪秋波菱花照，
梳洗打扮再把娥眉描。
百花儿能把粉蝶招，
皇上他见着我，

瞧也不愿意瞧。
莫不是珍珠凤戴得不俏？
莫不是玉耳环颜色不娇？
莫不是衣不合体，花儿绣得糙？
莫不是嫌我身段欠苗条？
我左顾右盼把毛病找，
何日里伴君伴驾乐逍遥，乐逍遥。
谢太后，太后送来小袖狗，
抱在怀里我喜心头。
虎头虎脑会招手，
卷曲曲的毛儿黑黝黝。
海龙啊，你给我带来好征兆，
看见你我喜上眉梢乐悠悠。
代我向老佛爷多谢候，
明儿早起进园子，再去磕头。

五、代表性剧目之五:《烟壶》

(一)作品简介

剧目《烟壶》是根据邓友梅先生的同名小说改编而成，于 1995 年首次演出。故事发生在二十世纪初，当时，八国联军侵华战争，并攻入北京，这些联军在一路上烧杀抢掠，无恶不作。聂小轩是“古月轩”的一名鼻烟壶匠人，为人正直，做鼻烟壶的技艺精绝，可惜其妻不幸丧命于八国联军的炮火之下，家中只剩下了聪明天真的女儿柳娘，父女二人相依为命。晚清王府贵胄九爷为了独霸聂小轩父女二人精心烧制的表面刻有“胡笳十八拍”图样的孤品成套烟壶，把聂小轩投入刑部的大牢。在牢狱中聂小轩与被巡警徐焕章诬陷为“拳匪”的乌世保相遇。聂小轩害怕自己死于狱中而使得烧制鼻烟壶的绝技失传，同时心中又感恩于乌世保为自己“拔撞”而入狱，因而决意把烧制鼻烟壶的绝技传授给乌世保。一年后，聂小轩、乌世保相继出狱，但九爷和徐焕章为取悦日本侵略者，又让聂小轩烧制“八国联军占北京”卖国画样的烟壶。聂小轩宁肯自毁手臂也不丧失气节，以死抗争。心中有主见的柳娘自行把自己许配给师哥乌世保，并在朋友帮助下，最终一家人逃走，过上了安定的日子。

（二）唱词节选

柳　娘：儿知爹爹心里苦，心里难，
　　　　儿知爹爹风里雨里，奔波挣扎几十年。
　　　　儿看出几日，
　　　　您茶不思来饭难咽。
　　　　儿以为爹想娘彻夜难眠，
　　　　谁料想您心中愁肠百转，

为的是卖国的画样苦在心间。
多少件稀世珍宝由您烧炼，
几十载正直做人从不苟安。
到如今您不能，
一改衷肠丧失气节骨头软。
您可要耐冰霜抗刀剑，
保气节守尊严。
爹呀爹您莫忧虑免心烦，
一线生机在眼前。
还画样须果断，
退定钱莫迟延。
三十六计走为上，
远走高飞奔天边。

六、代表性剧目之六:《少年天子》

(一)作品简介

《少年天子》根据凌力同名小说改编，于 1988 年公演，为第二届中国艺术节演出剧目。清代初年，顺治皇帝大婚，但这是一桩身不由己的政治联姻。这位名叫福临的少年天子在苦闷中恰与初次进宫伺候合卺宴的弟媳乌云珠相遇。二人兴趣相投，很快萌生了爱情。终于盼来孝庄太后的寿辰，二人如约，再度相见。然而因寿宴上众目睽睽，福临只能借物言情，二人互相会意。明察秋毫的孝庄太后将这一切早看在眼中，她深知江山未稳，如不将这双情人拆散，只恐祸起萧墙。福临与乌云珠分手后，一病不起，久治不愈。孝庄太后非常着急，便悄悄吩咐命乌云珠扮成一个宫女，偷偷溜进宫中去探望。在病床前，福临和乌云珠你侬我侬，互相勉励，最后决意斩断儿女情长。福临之弟襄亲王察觉到了乌云珠的不轨行为。一怒之下，他严刑拷问，并强迫其服毒。结果，这对皇家兄弟之间的摩擦加剧。几经周折后，福临终得所爱。但他不曾料到，一个悲惨的结局正朝他悄悄走来……

（二）作品节选

乌 云 珠：满心欢喜教化妆，
敷粉描眉有名堂。
梨花粉面巧点染，
出落天然才大方。
有飞霞妆，
有桃花妆，
有酒晕妆，
还有那标致妩媚的贵妃妆。
唐朝有个杨贵妃，
姿容俏丽世无双。
侍女合唱：听说她身材有点胖，
娘娘苗条比她强。
乌 云 珠：好会说话的小巧嘴儿，
你们要学哪种妆？
侍女合唱：既然唐装穿身上，
自然要学贵妃装。

乌 云 珠：手拿红绫细打量，
剪朵冬梅傲雪霜。
一朵贴在眉心上，
一朵贴在云鬓旁，
疑是天女从天降，
坤宁宫里沐春光。

七、代表性剧目之七:《龙须沟》

（一）作品简介

《龙须沟》根据老舍的同名话剧改编。北京的龙须沟在建国前曾是有名的“臭沟沿”，两岸住满了靠各种手段谋生的穷苦人家。为人耿直的老艺人程少亭（程疯子），原靠卖艺为生，因遭恶霸地痞黑旋风的毒打，逃到龙须沟居住，依靠程娘子摆摊卖香烟过活。不料小恶霸冯狗子又抢了程娘子的烟，同院三轮车工人丁四受到恶霸欺凌，后来女儿小妞子又掉到龙须沟被活活淹死。新中国成立后，人民政府严惩了恶霸黑旋风和他的走狗冯狗子，还龙须沟以安宁，让劳动人民过上了幸福的生活。《龙须沟》于1996 年进行了公演。

（二）唱词节选

程娘子：少亭他把妞子声声呼唤，
我心中忍悲痛阵阵心酸，阵阵心酸。
做夫妻二十载艰难相伴，
无儿女有恩爱也还孤单。
我知你想儿想女偷弹热泪，
你哪知咱无儿无女我难对人言。
妞子她是你心中灯一盏，
苦水中你尝到人间的一丝甘甜，一丝甘甜。
我与你做夫妻今生无憾，
不怨天不怨地不嫌你疯癫。
纵有那千种苦万般难，
妻我一人担，
愿做你挡风避雨的一叶小船。

八、代表性剧目之八:《四世同堂》

（一）作品简介

北京市曲剧团首次推出《四世同堂》时，恰逢老舍诞辰115周年和长篇小说《四世同堂》问世70周年。老舍的长篇小说《四世同堂》主要讲述了祁家四世同堂的生活，穿插着北平小羊圈胡同各种人物的荣辱兴衰、生老病死，真实地描绘了北平沦陷后的畸形世界，生动地讲述了广大民众在日本侵略者占领下的悲惨遭遇、精神摧残和斗争反抗。曲剧版《四世同堂》更多地讲述了原著中老派公民祁家和小官僚小汉奸的冠家，将重墨集中在祁老人、瑞宣、韵梅身上，表现了在特定历史条件下，老北京人从安于小家平和、逆来顺受，到彷徨悲愤、求索抗争的生活形态。

（二）唱词节选

祁老人：这几十年呐，
　　　　张大帅李大帅出出进进，
　　　　中国兵外国兵乱纷纷。
　　　　北平城不吭不哈安安稳稳，
　　　　老城墙看惯了变幻的风云。
　　　　到不了三个月，
　　　　准风平浪静，
　　　　咱北平人，照样做咱的北平人。
韵　梅：爷爷，这小日本可厉害啦。
祁老人：他厉害架不住咱们能忍，
　　　　逆来顺受从不真动心。
　　　　窝头咸菜保平安，
　　　　四合院里稳住神。
　　　　他要是敢进咱这小胡同，
　　　　就用这破缸顶住门，
　　　　猫过了严冬就是新春。

九、代表性剧目之九:《骆驼祥子》

(一)作品简介

《骆驼祥子》是中国近现代的文学名著之一。剧本于2011年首演，讲述了一个青年农民进城后的堕落史。在以往的改编中，受到当时时代背景下意识形态的限制，老舍先生小说的本义常常无法被表现出来。而这次改编的目的则是尽量反映小说的本来面貌。故事发生在二十世纪二十年代的中国。祥子是一个出类拔萃的洋车夫，他强壮、老实，梦想着靠自己的辛苦打拼，挣得一辆属于自己的洋车，过上简单自在的生活。但是在那个世道，这个梦却终究难以实现。他刚买了新车，就被乱兵劫去，刚攒够了钱，又被特务抢走。无奈之下，他不得不娶了车厂老板的女儿虎妞。虎妞给了他钱买自己的黄包车，可这车不久因为虎妞生病被卖了。经历了这些坎坷，他不仅失去了梦想，也失去了强健的体魄。在他唯一的知己小福子死后，他彻底堕落，甚至为了钱出卖了他的恩人。堕落的祥子死在茫茫的大雪中，引起了读者和观众对祥子命运的思考。

（二）作品节选

祥　子：走大街穿小巷风驰电掣，
三年来苦业苦挣，
我终于拉上了自己的新车。
使不完的力气，
拉不完的座儿，
流不尽的汗水，
身上淌成河。
丝溜溜的小风儿，
迎面吹着我。
哗啦啦的铜子儿，
如同在唱歌。
弓子软大漆亮，
看着心都热。
双车灯细脖喇叭，
多么地道的铜活儿。
现如今挣多少，
都归我自个儿。
抄起车不用愁吃喝，
这辈子我就这么过，
清清白白痛痛快快乐乐呵呵。

十、代表性剧目之十：《柳树井》

（一）作品简介

作为北京曲剧的开山之作，1951年，为了宣传婚姻法，老舍先生创作了《柳树井》，交由"群艺社"排演。魏喜奎、关学曾、孙砚琴等曲剧艺术家们将这部用北京语言和音乐表达了北京新生活的新剧，以动人的歌声和生动的表演搬上了曲剧舞台，并受到了观众的欢迎和认可。《柳树井》的顺利演出标志着一个新的剧种从此诞生了。在老舍的建议下，也为了区别河南曲剧，这一剧种定名为北京曲剧，并一直发展至今。

（二）作品节选

【第一场】

时间：1951 年秋，柳叶半落，晚间。

地点：北京西郊，小地名“柳树井”。

（布景内左方有井台，后一老柳。右远方露出王家院子的一角。王家院子距井台约半里路。幕启：王家院子还有灯光。灯灭，招弟自右方跑出，跑两步，回头望望，怕有人追来。看见井台，始缓步向前走。探身看井，要寻死，又无决心，坐在井台上发愣。）

李招弟：（唱）一人只有一条命，但分有路，谁肯有寻死的狠心肠！

想过了三天两夜，我没有活路，井啊，从此我再不挑水洗衣裳。

一头扎下，井啊，井啊，你要接着我。

两眼一闭，不再挨打，不再受伤。

不再受伤，不再挨打，死了一定比活着强！

（忽闻脚步声，急躲到树后）

（周强从右外方来。）

周 强：（唱）王家的媳妇真可怜，挨打受气好几年。

我要到王家帮她讲理，王家母女一定给我造谣言。

她们会说，我和招弟不清楚，招弟又得多挨几顿拳。

没到王家，我去找村长，村长倒说，人家的家事与我何干？

（望望王家院子）

招弟，招弟，你够多么好，性儿柔和，本事十全。

我要能娶你这个好帮手，一块儿生产，多么喜欢！

我俩一块儿去下地，

你种青菜我浇棉。

同心合意多生产，

那才是新社会的一对好青年。

招弟，招弟，别再寻短见，明天我去问妇联。

我想妇联会保护你，

帮助你好好生活，解决困难。

这事我要积极干，

不怕辛苦，不怕麻烦。

要改变村子里的旧思想，我必须拿出青年的勇气冲上前！（下）

（李招弟从树后走出，凝视周强的背影。）

李招弟：（唱）我只说天下地上没人爱我，不料想还有个知心的好周强！

他是个生产委员，多么体面，怎么会看中了我这苦姑娘？

我要能逃出王家去，

必定必定去找周强！

我愿帮他去耪地，

我愿给他做饭洗衣裳！

唉！（沉默，唱）

可是呀，周强跟我都是妄想，虎口哪能逃走了羊。

周强哥，不必为我多费事，要娶妻，好多姑娘比我强。何必为我去惹祸，何必为我闹饥荒？

谁不知我婆婆是个糊涂鬼，谁不知大姑子——刺儿菜——是个母霸王！

天！给我出个好主意，跳井一死，还是等周强？

还是跳井一死好！（沉吟）

不跳井！不跳井！不跳井！

跳井一死没人给抵偿！

人人都爱共产党，

难道说，共产党单单不管我这一腔子委屈满身的伤？

舍不得自己这条命，

难舍土改后的好村庄！（四下望）

村子里，大家劳动，大家欢喜，盼望着大家多帮帮我的忙！

（高德旺与薛玉莲开会后，由此路过。高德旺打着灯笼，与薛玉莲同上，李招弟又藏在树后。）

薛玉莲：（唱）毛主席颁布了《婚姻法》，你老人家为什么不大关心？刚才讨论检查《婚姻法》的执行情况，你老人家不提意见什么原因？

高德旺：（唱）人民政府的法律一定好，可惜我，心眼迟钝，了解不深。大城里，男女自由，我实在看不惯，咱们乡下，自由起来，就乱了人心。媳妇不再听婆婆管，姑娘不许父母给定亲，这一来，人心大乱，家家跟着乱，男男女女，不清不白，说什么好婚姻？

薛玉莲：（唱）您说男女自由人心大乱，那是您的旧脑筋。

男人女人既都是人，就都该一样，男女平等才算一齐翻了身。

男婚女嫁终身大事，怎能许别人干涉，包办婚姻？

婆婆是人，丈夫是人，媳妇也不是狗，怎可以打过来骂过去不像个人？

你看那，王家媳妇小招弟，年轻轻的守寡误了青春。

咱们若不首先将她救，对不起这座土地改革后的好庄村！

王大妈，刺儿菜，都该检举，凭什么，对招弟那么狠心？

以前咱没多管，借口只管土地改革，不管婚姻。

如今检查新《婚姻法》执行情况，这个事儿不能再因循。

第三节　代表性人物

曲剧演员来自曲艺演员，他们发挥曲艺演唱、念白方面行腔圆润、吐字清楚、以声情感人的优势，注重从平常生活和寻常人物出发，学习并运用传统戏曲艺术的表演身段、动作，扩大并丰富曲剧剧目，深受广大观众的喜爱。中国第一批涌现出的北京曲剧名演员有魏喜奎、孙砚琴、李宝岩、佟大方等人。本节意在介绍北京曲剧文化部分艺术家代表的生平事迹，包括魏喜奎、顾荣甫、孙砚琴、李宝岩、尹福来、佟大方、甄莹、许娣、张绍荣、孙宁共十位新老一辈曲剧艺术家。

一、魏喜奎（1926—1996）

（一）人物简介

魏喜奎，女，1926 年生人，擅长奉调大鼓和曲剧表演的艺术家。河北蓟县人，年幼时跟随父亲和哥哥学习弹弦乐，13 岁随父兄到北京演唱。她把乐亭大鼓、奉天大鼓、辽宁大鼓三种大鼓的曲韵精华融为一体，开创奉调大鼓这一演奏形式，从此为曲坛增添了一个新的曲种。1950 年后，她和曹保禄等艺术家在马少波、老舍等人的建议下，以单弦牌子曲当基调，用拆唱八角鼓打底子，创立了一个新剧种，后来在老舍先生的建议下将其正式定名为“曲剧”。曾到中国台湾、美国演出。

（二）作品目录

奉调大鼓：《李大成救火》
《渔女和战士》
《宝宝娶亲》
《宝玉哭灵》
北京曲剧：《柳树井》
《罗汉钱》
《红花向阳》
《杨乃武与小白菜》

二、顾荣甫（1912—1989）

（一）人物简介

顾荣甫，著名曲艺、曲剧两栖演员。顾荣甫出身贫寒，在旧社会献唱。他只能维持收支平衡，无法分心顾于其他任何事情。北京解放时，他年近四十岁，仍是孑然一身，出此得了个外号叫“顾不了”。新中国成立后当家作主，生活不断改善。他对党和政府非常热爱。曲剧创成以后，北京市市委、市政府为了发展这个填补北京地方戏空白的新剧种，特地把前门外大栅栏广德楼剧场的基址拨出，建立了前门小剧场，作为曲剧排练、演出之所。全体演员轮流为建筑工人打下手、当小工。顾先生积极主动参与，每天晚上都自愿值夜班。在值夜班时仍然不肯闲着，把场地清理出来，为第二天干活做好准备。前门小剧场建成，他便以团为家、以场为家了。当没有演出的时候，他就在剧场里面卖茶水。顾荣甫老先生去世后，他的弟子王凤朝，也以善演善唱知名，深得师傅的真传。顾先生的去世可谓中国曲艺、曲剧界的一大损失。

（二）作品目录

《杨乃武与小白菜》

《新探亲》

《四劝》

《大家喜欢》

《刘巧儿团圆》

《婚姻自由》

《柳树井》

《啼笑因缘》

《罗汉钱》

《天仙配》

《红霞》

三、孙砚琴（1931—2015）

（一）人物简介

孙砚琴，著名曲剧演员。孙砚琴七岁拜评剧演员吴寿彭为师学戏。1939年正式登台，先后参加喜彩莲的莲剧团以及小白玉霜、花砚文的班社演出评剧。1947年，在曲弦师傅王玉泉门下学习唱梅花大鼓。1949年参加了北京市大众文艺创作研究会组织的大众曲艺社，演唱新的曲艺节目，并经常在电台播演。1950年和1951年，他两度参加了对朝鲜的慰问小组进行慰问演出。回国后，师从谭风元、韩德福学习唱单弦，并参加抗美援朝义演和到外地巡回访问演出。1953年，在北京曲艺工作团参与创作了新剧种北京曲剧，并在第一部戏《柳树井》中扮演了刺儿菜，受到观众的广泛好评。次年以扮演《妇女代表张桂荣》中的牛大婶，参加了北京市第一届戏曲会演大赛，并取得了表演二等奖。1959年，在新成立的北京曲艺团供职，成为曲剧演员。她戏路宽广，男女老少、正反人物皆能扮演，尤以演阴险毒辣、内心戏重的角色为佳。

（二）作品目录

《啼笑因缘》

《义和团》
《王老虎抢亲》
《喜笑颜开》
《山村花正红》
《骆驼祥子》
《箭杆河边》
《杨乃武与小白菜》
《珍妃泪》
《闹新楼》

四、李宝岩（1919—1978）

（一）人物简介

李宝岩，男，1919年生，曲剧演员，原名李克敏，河北省香河县梁家务乡北吴村庄人。李宝岩生于乡绅之家，读书时便喜爱文艺。他曾在京剧《红鬃烈马》等戏中扮演薛平贵等老生角色，时而也为人操弦。大学毕业后索性“票”戏度日。先后于西单常连安创办的启明茶社等处“票”单弦演出。解放初，李宝岩拜曲艺老艺人金晓珊为师，下海唱单弦。并通过师兄曹宝禄与曲艺、京剧界常连安、李润杰、李万春、马连良、谭富英、张君秋等著名人士，多有往来。他曾多次在电台、曲艺厅等处演唱，受到欢迎。1952年，李宝岩加入民营的北京曲艺一团，并任队长及团秘书等职。李宝岩文思敏捷，才华出众，对于曲艺特别是对于曲剧的发展做出了贡献。在曲剧的近百个剧目中，经他参与编、导、演的较有影响的剧目有三十余出。

李宝岩先生不仅在本团传授教学，而且在全国各地辅导教学。经他传授的学生（包括部队文艺团体人员）达二十余人。他对曲剧工作态度认真、不辞辛劳，1977年，在东北观摩移植话剧《白卷先生》，并带病创作了《李自成》等三部戏剧。“文化大革命”开始，李宝岩受到冲击，先后去南口、团河、天堂河等处劳动。至1974年方准于回团工作，任教带徒。因运动中身心遭受摧残，1978年病逝。

（二）作品目录

《罗汉钱》

《红色风暴》

《骆驼祥子》

《苦菜花》

《啼笑因缘》

《义和团》

《震不倒的红旗》

五、尹福来（1913—1995）

（一）人物简介

尹福来,男,我国著名的梅花大鼓表演艺术家。原先是北京曲艺团曲艺、曲剧演员。尹福来不但是北京梅花大鼓男声演员当中的佼佼者，还能表演单弦、相声、双簧等曲艺形式。尹福来自幼受其父铁片大鼓艺人尹士兴的熏陶和影响，九岁开始习唱。从十一岁开始便在一些书茶馆里表演京韵大鼓、单弦、时调小曲等。后拜于拆唱八角鼓名家杜贞福门下系统学习拆唱、单弦与双簧，与此同时，在前辈名家王文瑞的指点下学习多种曲艺表演形式和三弦、四胡等伴奏乐器。通过长期的艺术实践，在曲艺表演上形成了自己的独特风格。

（二）作品目录

《柳树井》

《罗汉钱》

《让界石》

《让井》

《杨乃武与小白菜》

《啼笑因缘》

《骆驼祥子》
《箭杆河边》
《祝你健康》
《煤店新工人》

六、佟大方（1919—1984）

（一）人物简介

佟大方，男，生于1919年，是我国著名相声、评书演员。佟先生相声师承著名相声表演名家郭启儒先生，评书师承相声大师张寿臣先生（佟先生评书门艺名佟存正），单弦师承金晓珊先生。佟大方从天津回北京后加入北曲，那时候北京曲艺团有三个团体，俗称北京曲艺一、二、三团。佟先生所在的团就是后来的北京曲剧团。在曲剧方面，他本人就是曲剧的创始人之一。他与魏喜奎、李宝岩等共同开创了北京唯一的地方戏——北京曲剧。这个剧种的出现受到当时国务院总理周恩来的称赞。佟先生在曲剧《啼笑因缘》中成功地塑造了沈三弦这个人物，极其深入人心。

（二）作品目录

《啼笑因缘》
《珍妃泪》
《箭杆河边》
《杨乃武与小白菜》

七、甄莹（1957—　）

（一）人物简介

甄莹，女，出生于1957年，北京著名曲剧演员，国家一级演员。荣获北京市首届“金菊花奖”及“特殊贡献奖”。

（二）作品目录

《珍妃泪》

《烟壶》

《杨乃武与小白菜》

《啼笑因缘》

《曹雪芹》

《正红旗下》

八、许娣（1958— ）

（一）人物简介

许娣，女，中国北京市曲剧团演员、国家一级演员，曲剧表演艺术家，师承北京曲艺、曲剧表演艺术家魏喜奎女士，在舞台上曾演出了多个女性角色，是魏派的正宗传人。不管是大鼓还是单弦，曲剧最为注重的就是字的发音。许娣的发音和吐字非常特别，十分有讲究，她用那银铃般迷人的嗓音发出的北京所特有的韵味念白尤为悦耳。她的一曲曲剧 MTV《四季相思》一经播出，几乎唱成了脍炙人口的流行歌曲。

许娣曾在北京市首届青年戏曲演员调演大会中获优秀表演奖并荣列榜首、获第十四届中国戏剧“梅花奖”，受到了观众们的一致好评。许娣天资聪慧，表演大方，演唱味正韵美，所塑造的艺术形象鲜活感人，是第一位荣获戏剧梅花奖的北京曲剧演员。

（二）作品目录

《杨乃武与小白菜》

《罗汉钱》

《少年天子》

《龙须沟》

《崔大庆》

《茶馆》

《四世同堂》

九、张绍荣

（一）人物简介

张绍荣，男，中国北京市曲剧团著名演员，著名曲剧表演艺术家，国家一级演员。1978 年于北京市艺术学校曲剧表演班毕业。1993 年毕业于中央戏剧学院导演系；1995 年与顾威联合导演《烟壶》；由其主演的话剧《茶馆》获得了中国第十七届戏剧梅花奖；隔年其主演《龙须沟》又荣获文化部第八届文华表演奖。

（二）作品目录

《杨乃武与小白菜》

《曹雪芹》

《烟壶》

《龙须沟》

《茶馆》

《四世同堂》

《正红旗下》

十、孙宁

（一）人物简介

孙宁，男，北京市曲剧团艺委会主任，国家一级演员。他与张绍荣先生同时期毕业于北京市艺术学校曲剧表演专业，1995 年主演曲剧《烟壶》，获文化部第六届文华表演奖。

（二）作品目录

《龙须沟》

《茶馆》

《烟壶》

第四节 翻译传播现状

随着优质作品的不断涌现，北京曲剧演出已在国内获得认可，并逐渐迈出国门，走向世界。国内外演出日益渐增，北京曲剧正在将京味文化传播出去。北京曲剧文化的多模态翻译传播也将作为有效传播途径之一输出优秀中华文化。本节将梳理北京曲剧及曲艺文化海外演出及译传研究现状，为未来曲剧多模态译传实践提供基础。

翻译传播历程

在中国文化“走出去”背景下，对具有重要艺术价值、蕴含中华民族核心价值观的传统戏曲进行外译，成为展示中华传统文化的绝佳窗口。北京曲剧孕育于千年文化名城——北京，也是北京唯一的本土地方戏剧。曲剧音乐嵌入于满族文化的土壤中，单弦在马背上的满族人中间传唱，逐渐形成以牌子曲为结构的说唱音乐形式，关外风情与京城语言水乳交融，成为最纯正的北京声音。

自 1952 年剧种命名至今，北京曲剧已有较为丰厚的历史底蕴，创排出近 200 台剧目，且其创作编排的剧目屡获殊荣，更有《杨乃武与小白菜》《箭杆河边》《珍妃泪》几台剧目被拍摄成戏曲艺术影片。北京曲剧秉承着现实主义创作原则，走现实主义创作道路，始终坚持京味创作。北京曲剧演出不仅在国内获得认可，也逐渐迈出国门走向世界，优质作品不断涌现，国内外演出日益渐增，证明北京曲剧正在将京味文化传播出去。

（一）曲剧海外演出

北京市曲艺团是由新中国成立时期成立的北京群艺社和后来多个剧团改编融合组成的。2012 年北京曲剧团改制转为企业管理的模式，2015 年 11 月转入北京演艺集团。后来在党中央实行“一带一路”倡议与“弘扬丝路精神，宣传一带一路，坚持文化先行”政策的指引下，北京市曲剧团积极响应习近平总书记在文艺工作座谈会上的重要讲话精神，把加强对外文化交流作为曲剧团的义务责任，用北京曲剧生动地讲述了丰富多彩的中国故事。

2017 年，北京曲剧正式走出国门，《烟壶》和《黄叶红楼》两部优质作品远赴德国、俄罗斯进行演出。北京曲剧《烟壶》德国巡演于当地时间 5 月 21 日至 5 月 22 日，在柏林海军上将剧场成功上演，得到了德国观众的极大认可。德国巡演圆满结束后，北京曲剧人也开始站在新的历史起点上，开启新的征程。北京曲剧团在俄罗斯莫斯科开启了世界巡演的第二站，于当地时间 6 月 4 日至 6 月 5 日，北京曲剧《黄叶红楼》正式亮相莫斯科舞台。在全体演职人员的共同努力下，这道京味盛宴博得了莫斯科观众的阵阵掌声。

目前我国传统戏曲文化走出国门、进行对外交流传播的现状仍是京剧、昆曲占比较大。民国时期，艺术大师梅兰芳将京剧带出过国门去欧美国家巡演，受到观众们的热烈反响。梅兰芳的演出曾在国外一票难求，使外国观众被中国戏曲艺术的博大精深所惊艳。2004 年，青春版的昆剧《牡丹亭》的世界巡演，不仅仅使得“非遗”项目昆曲焕发了生机，吸引了大批国内外的年轻观众，更是在巡演所经之地掀起了阵阵昆曲热潮，欧美多家主流媒体专门撰写评论或报道高度赞誉。与昆曲引发的热烈响应相比，北京曲剧的对外传播还有很长的路要走。

（二）曲剧翻译传播

随着戏剧“走出去”越来越受到重视，戏剧翻译的工作显得尤为紧迫。我们目前的戏剧海外演出大多以中文演出，辅之外文舞台字幕，来加强外国观众的理解。舞台字幕起到帮助观众同步理解唱词和念白的作用。字幕翻译的工作难度在舞台演绎的时空条件限制下难上加难，需要翻译工作者和剧目人员的共同努力。

在曲剧翻译传播研究方面，在中国知网以“北京曲剧”为关键词进行检索，检索结果包括52篇期刊论文，1篇学位论文和19篇会议及报纸文章；而以“北京曲剧翻译”、“北京曲剧传播”和“北京曲剧译本”为关键词，检索结果均为0篇。可见，目前北京曲剧的学术研究较少，曲剧的对外翻译研究成果几乎空白。这也表明，曲剧翻译传播研究开展相对困难。而作为与曲剧文化高度相关的曲艺，其翻译传播研究可为未来北京曲剧文化外译传播提供经验借鉴和参考。

1. 曲艺艺术简介

曲艺是我国各民族说唱艺术的统称，历史悠久、积淀深厚，形式多样，魅力独特，是中华艺术宝库中极其重要的艺术门类之一。千百年来，在人民大众的伟大创造和实践中，曲艺衍生流变、繁荣发展，为中华文化的传承与发展发挥了独特作用。众所周知，我国的戏剧艺术成熟相对较晚，直到十二世纪的元代才以“元杂剧”的形式出现，原因在于民间艺术的极度繁荣，延缓了中国戏曲的形成。因民间说唱塑造了人民的艺术欣赏习惯，导致了中国戏剧的观念形成较晚。在中国戏剧形成之后，也有很强的说唱艺术痕迹印在许多方面（薛宝坤 & 鲍震培，1998），北京曲剧便是在曲艺的基础上发展起来的。

曲艺形式的基本分类包括：评书评话类、谐趣类、韵诵类（介乎说和唱之间）、鼓曲类、牌子曲类、时调小曲类、弹词类、渔鼓道情类、走唱类以及少数民族说唱类。北京曲艺主要有相声、北京琴书、单弦、各类大鼓等。相声最早在京津地区流行，后来在发展中吸纳了口技、把式、莲花落、评书等艺术手段，运用包袱，组织笑料，表演方式分为单口、对口、群口。评书，被叫作评词，演员表演通过说书的方式，加醒木道具烘托气氛。评议书中人物的行为、思想，称为评。评书演员表评结合地演述跌宕起伏的故事。

北京琴书是北京地区鼓曲艺术中具有代表性的曲种，属于中国北方曲艺曲种。京韵大鼓起源于河北沧州，河间一带流行的木板大鼓。在京津两地由鼓书艺人创造新腔，以北京语音声调发音而成。梅花大鼓，也叫梅花调。二十世纪初期，流传京津两地。梅花大鼓脱胎于清末流传在北京北城一带的清口大鼓，为多人演唱，也可二人对唱。演员自击鼓板，伴奏乐器有三弦、四胡、琵琶以及扬琴等。

2018 年德云社演员张云雷唱火了《探清水河》。郭德纲、于谦也曾在德云社演唱北京曲剧《箭杆河边》《杨乃武与小白菜》片段，有媒体曾评论道，郭德纲唱火了一个新曲种——北京曲剧。近年来，得益于曲艺艺术的发展，《探清水河》《太平年》等曲目红遍全国上下，“桃叶儿尖上尖，柳叶儿遮满了天……”音乐一响起来，几乎人人都能跟着唱几句。“但这其实就是北京曲剧”，北京市曲剧团副团长崔迪表示，年轻人越来越多，年轻元素越来越多，这也是现在北京曲剧的一个发展趋势。北京曲剧依托北京曲艺，当下曲艺艺术尤其相声艺术的发展傲人，国内外传播影响深远，北京曲剧的高效外译传播也需借鉴曲艺的传播经验。

2. 曲艺翻译

本节梳理了北京曲艺翻译传播研究现状，在中国知网以“曲艺翻译”为关键词进行检索，共获得研究论文 3 篇，其中 2 篇期刊论文和 1 篇硕士论文。期刊论文中，其中一篇以日本古典滑稽落语《青菜》为例，围绕原作的表达旨趣与中国受众的审美接受理解，进行译介平衡的文化符号“转借”式策略研究；另一篇用霍恩比的“综合法”，分析扬州评话的方言翻译，归纳其背后翻译不当的原因并提出建议。以“相声翻译”为关键词进行检索，共获得 7 篇研究论文，其中包括 4 篇期刊论文和 3 篇硕士学位论文，分布于 2008—2019 年间。相声翻译的研究包括幽默语言的外译对文化传播有很大的价值，当前也得到了一定程度的关注，但总体而言缺乏活力，研究的深度和广度都远远不够，在国外几乎没有得到广泛传播。由于相声翻译研究多数属于跨学科研究，其中多结合语言学的相关理论来探寻适合相声翻译的方法和策略，包括认知语言学的关联理论、框架理论；系统功能语言学中的语域理论、主位理论；语用学中的语境顺应论等（胡月，2018），详述如下：

于露（2010）曾提出，采用认知语言学 Fillmore 的框架理论来研究相声的对外翻译问题。通过对范畴体系中框架理论的介绍，文化与思维关系的分析，指出相声翻译讲求内容的情景和语境，借助人类思维框架模式的普遍共性特征来指导相声翻译，实现翻译理论的功能对等。作者以著名相声表演大师侯宝林和郭启儒一段经典的相声《戏剧与方言》为例加以阐释，启示译者应该在了解英汉框架模式的基础上，采用不同的语法范畴，词汇搭配和句子结构，按照译语的习惯最大限度地传达信息，并且还要注意中西两种文化差异在语言中的不同反映，从风格、修辞等各方面传达相声的精神，实现思维模式与语言模式的对应和不同文化的移植与传递，最终达到文化交流的目的。

郝俊杰（2014）从目的论出发，考察网络单口相声视频的字幕翻译，分析其翻译策略。他认为，网络译者一般从网络观众的喜好和特点切入，善用各种翻译策略传达语言幽默。其中常见的翻译策略包括文化标注、修辞手法、网络用语、文化植入以及方言入译等等。相声作品的字幕翻译会对网络观众尤其是译入语语言观众产生一定影响，而字幕翻译的质量决定了影响的好坏，本项研究从实际相声视频的字幕翻译入手，尝试从新的角度结合网络观众的欣赏习惯、文化心态和审美特质，制定相应的翻译策略，一定程度上提出了相声翻译策略研究的新思路。

卢峰（2015）在韩礼德（M.A.K. Halliday）语域理论框架下，通过分析相声实例，讨论如何正确运用语域理论来指导相声幽默翻译实践，达到语场、语旨、语式的对应，实现概念意义、人际意义和语篇意义的对等，并尝试提出有关相声幽默翻译的几种可行方法，包括直译法、加注法和替换法，旨在为相声翻译研究提供一定的借鉴。在诸多领域，系统功能语言学被广泛应用，如语篇分析、语用学、文体学及翻译等方面，其中，语域理论更是被广泛应用于文学翻译研究，但语域理论指导下的相声幽默翻译研究尚不多见。作者将语域理论与传统相声翻译结合研究，首先，既为语言学研究增添了新鲜语料，也为传统相声艺术的翻译研究开辟了新思路。唯一不足的是，其研究中相声翻译语料较少，选取题材随机，并未在语料的选择上采用更鲜明或更经典的剧目，这也在一定程度上导致文本支撑不够，结论说服力不高。其次，尝试提出三种翻译方法。其中加注法经研究分析更适用于相声文本翻译，通过加注来解释相声中的典故，文学故事引用等，方便读者理解。但对于相声舞台演出，考虑到演出台词转瞬即逝，加注的翻译方法效果无论在适用性及实际效果上都将大打折扣。

李国宁等（2019）以传统相声《夸住宅》的改写与翻译为例，从译介传播的视角，分析相声翻译与相声包袱的国际化。他们指出相声改写并不属于翻译技巧，改写要先于相声翻译，并为翻译提供基础。相声改写既要符合时代发展，也要符合目的语观众的文化需求。译文不仅要尽可能传递原文，也要为达到受众理解而注重翻译中文化要素的转化，尽可能重现原文幽默语言的效果。从相声国际化传播来看，译传应以翻译为主，以改写为辅。同时要灵活翻译，综合利用剧场网络等传播平台。在传承并传播相声精神的同时，结合时代特色来满足国际传播的需要。

与期刊论文相比，学位论文篇幅较长，针对相声翻译的理论和文本研究更为全面和透彻。胡月（2018）在其硕士学位论文中，曾提出相声的翻译至关重要，其中尤以相声的点睛之笔——包袱的翻译最为重要。她以中央电视台 CCTV4 中文国际频道的电视相声翻译字幕，YouTube 上相声爱好者翻译的网传相声的翻译字幕为例，借用关联理论和语境理论等相关翻译理论与方法，探讨了相声的可译性及翻译策略的选择，尝试总结相声包袱翻译中的原则和策略，有一定的参考价值。但是由于本项研究的语料分析与论证都基于对口相声视频这一单一类别，而非涵盖相声的所有形式，因此无论在理论还是实践上，所探讨的宏观相声翻译策略和具体翻译方法都有一定的局限性。未来随着翻译理论的不断丰富和完善，跨学科研究的不断深入，相声包袱英译实践的不断探索，与之相关的相声包袱英译的相关研究也会日趋完善。

翟羽翔(2008)的硕士学位论文以Sperber(斯波伯)和Wilson(威尔逊)的关联理论为指导，从预设和关联翻译理论出发，研究幽默语言翻译。研究对象包括英美幽默和中国幽默（以相声幽默对话为主），结合语言学理论和翻译学理论对相声进行预设分析，运用文本实例，分析六种可行的相声翻译方法。此项研究中，作者更倾向于从语言预设和逻辑预设的角度来分析幽默语言中的意外因素和转折。在一定程度上，他提供了新的视角去看待语言的使用、英汉文化异同和相声翻译。

郑雨婷（2017）曾在其硕士学位论文中，以系统功能语言学中的主位理论为指导，基于CCTV4《中国文艺》的双语字幕语料对相声翻译展开多维度研究，定量分析了相声语篇中原文和译文的主位结构和主位推进模式情况。通过对比分析探讨其主位对等问题，并对出现主位不对等现象进行了归因总结；同时，作者采用定性研究方法收集了以往基于主述位理论的翻译研究，从语类层面出发将相声同其他语篇类型进行对比，分析了相声和其他语篇类型在主位选择和主位对等方面存在的差异并对其共性进行总结。本项研究为主述位系统作为衡量翻译对等尤其是衡量相声翻译对等参数的可行性，提供了借鉴作用。

3. 曲艺传播

曲艺是中国传统艺术形式，相声是曲艺的重要门类之一。在新时代背景下，相声的热度给一度受冷的曲艺界带来了希望。当下，相声的对外交流及传播呈现愈来愈热之势。国内相声代表德云社在全球范围内共开设九个剧场。一直以来，德云社不仅致力于满足国内相声爱好者的需求，也不断推动相声的国际化传播。自2006年起，德云社开展全国性商业巡演。2011年起，德云社又尝试海外商演，其巡演足迹遍布美国、加拿大、德国等地。德云社创始人郭德纲曾经说过，“二十余年来，相声出国比比皆是，然而全部都是慰问和文化交流，值得骄傲的是，德云社此行为正式商演，也是百余年来，中国相声第一次出国商演，破冰之旅意义重大。”

在中国知网论文数据库以“相声传播”为关键词进行检索，共获得43

篇期刊文章（包括外文期刊 21 篇）和学位论文，但涉及相声海外传播的文章却屈指可数，大多是基于传播学理论探索相声艺术发展之路，其中，新媒体环境下的相声艺术传播，也启发了相声海外传播探索的新思路和新手段。唐文婷（2017）曾在“当代中国相声艺术的境外传播研究”一文中对传统相声的境外传播情形、方式和特点等进行探究，具体分析了相声在中国台湾，东南亚等华人聚集地的传播情况，试图为促进传统相声发展提供建议。

北京曲剧作为新兴剧目，大多作品素材是曲剧艺术家结合现实生活反映现实生活，加之曲剧道白中京腔京韵的语言特点，比起我国历史悠久的传统戏曲来说，观众理解起曲剧也便容易得多。因此，与其他剧目相比，曲剧译作的理解难度大大降低，曲剧的对外传播和文化交流也将更好实现。在中国文化“走出去”战略下，应增强北京曲剧文化传播力度，以国际主流社会及主流媒体为支撑，利用市场经济和现代传播手段，促进北京曲剧文化外译传播，传播地道京味故事，走出国门，走向世界。

参考文献

[1] Alexandral, G. & Dionysis, G. *Discourse Analysis—An Introduction* [M]. Edinburgh: Edinburgh University Press, 1997.

[2] Arlington, L. C & Acton, H. M. M. Famous Chinese Plays [M]. Peiping, H. Vetch, 1937.

[3] Bassnett, S. *Translation Studies* [M]. London: Methuen, 1980.

[4] Bassnetts. Translating for the Theartre: The Case Against Performability [J]. *TTR* (*Traduction, Terminologie, Redaction*), 1991 (4): 99-111.

[5] Bassnett, S. Still Trapped in the Labyrinth: Further Reflections on Translation and Theatre [A]. In Bassnett, Susan & André Lefevere (eds.). *Constructing Cultures—Assays on Literary Translation* [C]. Shanghai: Shanghai Foreign Language Education Press, 2001.

[6] Bazin, A. *Théâtre Chinoise ou Choix de pieces de theater* [M]. 巴黎：皇家印刷局，1838.

[7] Beasley R & Danesi M. *Persuasive Signs.The Semiotics of Advertising* [M]. New York: Mouton de Gruyter, 2005.

[8] Bezemer, J. & Kress, G. Writing in multimodal texts: A social semiotic account of design for learning [J]. *Written Communication*, 2008, 25 (2): 165-195.

[9] Bythes, R. Rhetoric of the image [A]. In Handa, C. *Visual Rhetoric in a Visual World: A Critical Sourcebook* [C]. New York: Bedford/St. Martin's,

1964: 152-163.

[10] Cheong Y. Y. The construal of ideational meaning in print advertiswments [A]. In O'Halloran, K. L. (ed.). *Multimodal Discourse Analysis* [C]. London: Continuum, 2004: 163-195.

[11] Cook G. *The Discourse of Advertising* [M]. London: Routledge, 2001.

[12] Jewitt, C. T*he Routledge Handbook of Multimodal Analysis* [M]. London: Routledge, 2009.

[13] Kress, G. & Van Leeuwen, T. *Reading Images: The Grammar of Visual Design* [M]. London: Routledge, 1996.

[14] Kress, G. & van Leeuwen, T. *Multimodal Discourse* [M]. London: Bloomsburry Academic, 2001.

[15] Lasswell, H. 社会传播的结构与功能 . 何道宽，译 . 北京：中国传媒大学出版社，2017.

[16] Levin, K. Frontiers in Group Dynamics II. Channels of Group Life ; Social Planning and Social Action [J]. *Human Rolations*, 1947, 1(2): 143-153.

[17] Levine, P & Scollon, R. *Discourse and Technology Multimodal Discourse Analysis* [M]. Washington D.C., Georgetown University Press, 2004.

[18] Lim F V. *A Systematic Functional Multimodal Analysis Approach to Pedagogical Discourse* [D]. Singapore : National University of Singapore, 2011

[19] Mcquail, D. 大众传播模式论 [M]. 祝建华，译. 上海：上海译文出版社，1987.

[20] Newmark, P. *About Translation* [M]. Multilingual Matters, 1991.

[21] Nida. E.A. The role of context in Translating [A]. In Andenman, Gunilla & Margaret Rogers (eds.). *Word, Text, Translation* [C]. Clevedon: Multilingual Matters,1999: 79-83.

[22] Sperber, D & Deirdre, W. *Relevance: Communication and Cognition* [M].

Oxford, Blackwell, 1995.
[23] Theoven, L. Towards a Semiotics of Typography [J]. *Information Design Journal*, 2006.
[24] Zucker, A. E. *The Chinese Theatre* [M]. Boston: Little, Brown and Company, 1925.
[25] 柏玉川. 读《对王国维戏曲理论的简评》[J]. 扬州师院学报, 1983（2）: 46-49.
[26] 曹瑞斓. 当代黄梅戏海外传播研究 [J]. 江淮论坛，2016（4）: 145-150.
[27] 曹新宇. 论戏剧翻译的动态表演性原则 [J]. 中国翻译，2007（4）: 73-76.
[28] 曹新宇，李维. 论五四运动时期戏剧翻译的策略及其对中国话剧发展产生的意义 [J]. 外语与外语教学，2014（4）: 69-74.
[29] 柴颂华，吕尚彬. 基于"5W"模式下的非物质文化遗产传播研究 [J]. 学术论坛，2016（7）: 149-153.
[30] 陈白尘，董健. 中国现代戏剧史稿 [M]. 北京：中国戏剧出版社，2008.
[31] 陈刚，黎根红. 格式塔意象重构：话剧翻译美学之维 [J]. 浙江大学学报（人文社会科学版），2008（1）: 183-191.
[32] 陈德鸿，张南峰. 西方翻译理论精选 [M]. 香港：香港城市大学出版社，2000.
[33] 陈庚. 民国北京戏剧市场研究（1912—1937）[D]. 武汉：武汉大学，2011.
[34] 陈培仲. 个人流派与地域流派 [J]. 艺术百家，2000（3）: 88-91.
[35] 程明，赵静宜. 论智能传播时代的传播主体与主体认知 [J]. 新闻与传播评论，2010（1）: 11-18.
[36] 崔潇月. 中国当代戏剧剧本英译考察 [J]. 戏剧，2016（1）: 68-78.
[37] 德里·达雅克. 书写与差异 [M]. 张宁，译. 上海：生活. 读书. 新知三联书店，2001.
[38] 邓笛. 从观众中心原则看戏剧翻译策略 [J]. 上海戏剧，2008（5）: 32-34.

[39] 邓建波. 中国文化典籍的对外传播 [J]. 普洱学院学报，2018（4）: 66-69.
[40] 邓文库. 戏剧英译研究——以英若诚翻译的三部戏剧为案例 [D]. 广州：广东外语外贸大学，2018.
[41] 董璐. 传播学核心理论与概念 [M]. 北京：北京大学出版社，2016.
[42] 樊拥军. 新媒体语境下国家形象传播路径转变及成效 [J]. 长安大学学报（社会科学版），2017（3）: 113-117.
[43] 冯德正. 数字技术与多模态语篇分析 [J]. 北京科技大学学报，2010，26（4）: 12-17.
[44] 冯德正. 多模态语篇分析的基本问题探讨 [J]. 北京第二外国语学院学报，2017（3）: 1-11.
[45] 冯建民. 老话重提——再论王国维关于“戏剧”与“戏曲”二词的区分 [J]. 东南大学学报（哲学社会科学版），2000（1）: 106-109.
[46] 郭赫男. 传播视野中的“拟态环境”研究 [M]. 成都，四川大学出版社，2008.
[47] 郭建中. 当代美国翻译理论 [M]. 武汉：湖北教育出版社，1997.
[48] 韩高军，何琴. 戴着镣铐跳舞：话剧翻译的语用适应观 [J]. 电影文学，2008（2）: 80-81.
[49] 韩磊，刘宇，游鹏，张永海，熊鹰. 多感觉整合的研究进展 [J]. 生理科学进展，2010（5）: 391-394.
[50] 郝俊杰. 目的论视域下的幽默翻译策略—以网传单口相声的字幕翻译为例 [J]. 重庆理工大学学报（社会科学），2014，28（7）: 125-129+159.
[51] 侯清莲. 从中西传统戏剧结构的差异试谈导演艺术构思的不同 [J]. 戏曲艺术，2002（1）: 48-53.
[52] 胡月. 对口相声视频中包袱英译策略研究 [D]. 长沙：湖南大学，2018.
[53] 胡月明. 从目的论角度看戏剧翻译的可表演性及翻译策略 [D]. 北京：北京外国语大学，2014.

[54] 黄芳，刘芹. 多模态环境下大学生英语听说能力提高途径研究——基于影视英语教学的尝试 [J]. 中国校外教育，2012（10）: 91-92.

[55] 黄萌. 英国经典戏剧的翻译策略基于可表演性视角 [J]. 中国戏剧，2019（9）: 93-94.

[56] 黄友义. “坚持外宣三贴近”原则，处理好外宣翻译中的难点问题 [J]. 对外大传播，2004（9）: 4-6.

[57] 黄云鹤. 菊坛誉为“叶家军”[J]. 黄梅戏艺术，2013（4）: 56-57.

[58] 黄芝冈. 什么是戏曲？什么是中国戏曲史？ [J]. 戏剧论丛，1957（2）.

[59] 金元浦，王军，邢昌建. 美学与艺术鉴赏 [M]. 北京：首都师范大学出版社，1999.

[60] 焦菊隐. 北京人艺演剧学派创始人焦菊隐论导演艺术 [M]. 北京，中国戏剧出版社，2005.

[61] 康保成. 五十年的追问：什么是戏剧？什么是中国戏剧史？ [J]. 文艺评论，2009（5）: 103-110.

[62] 孔庆升. 曹禺论 [M]. 北京：北京大学出版社，1986.

[63] 蓝凡. 中国戏剧比较论 [M]. 上海：学林出版社，2008.

[64] 黎昌抱. 王佐良翻译风格研究 [D]. 上海：上海外国语大学，2008.

[65] 李冰玉. 大数据时代传播效果逻辑转向与传受关系重构 [J]. 新闻战线，2017（16）: 34-36.

[66] 李秉芬. 中国戏曲艺术之美 [J]. 戏剧之家，2016（1）: 38-39.

[67] 李纲，林璐. “一带一路”倡议背景下中国国际话语传播语境、现状与路径探析 [J]. 中州大学学报，2019（3）: 56-60.

[68] 李国宁，谢梦雨，施威威，王天一. 传统相声的翻译与传播研究——以《夸住宅》为例 [J]. 海外英语，2019（15）: 146-148.

[69] 李基亚，冯伟年. 论戏剧翻译的原则和途径 [J]. 西北大学学报（哲学社会科学版），2004（4）: 161-165.

[70] 李淑霞. 漫谈戏曲的程式性 [J]. 文艺生活 · 文艺理论，2015（11）: 119.

[71] 李伟民. 变异与通融：京剧与莎士比亚戏剧的互文与互文化 [A]. 熊杰平，任晓晋. 多重视角下的莎士比亚：2008 莎士比亚国际学术研讨会论文集 [C]. 武汉：湖北人民出版社，2009.

[72] 李奕华. 新时代黄梅戏海外传播中的译介探究——基于多元系统理论的视角 [J]. 安徽师范大学学报（人文社会科学版），2019（2）：149-156.

[73] 梁旭艳. 场景：一个传播学概念的界定——兼论与情境的比较 [J]. 新闻界，2018（9）：55-62.

[74] 梁燕. 梅兰芳与京剧在海外 [M]. 郑州：大象出版社，2016.

[75] 劳琴姚. 读者期待视阈下的译者风格研究——基于语料库的《茶馆》英译本考察 [D]. 上海：华东理工大学，2017.

[76] 林一，马萱. 中国戏的跨文化传播 [M]. 北京：中国传媒大学出版社，2009.

[77] 刘利生. 话剧. 西安：陕西科学技术出版社，2008.

[78] 刘润清. 西方语言学流派 [M]. 北京：外语教学与研究出版社，1999.

[79] 刘玉芬. 从翻译伦理的视角探讨戏剧《狗儿爷涅槃》的英译 [D]. 广州：广东外语外贸大学，2019.

[80] 卢峰. 论语域理论视角下的相声幽默翻译 [J]. 渭南师范学院学报，2015，30（20）：61-65, 80.

[81] 吕杰，张波，袁浩川. 传播学导论 [M]. 北京：科学出版社，2007.

[82] 吕鹏，张弛，张智豪. 文化走出去背景下解说词英译语境顺应研究 [J].《英语广场》，2018（11）：12-15.

[83] 马会娟. 论英若诚译《茶馆》的动态表演性原则 [J]. 解放军外国语学院学报，2004（5）：46-50.

[84] 马会娟. 熊式一与中国京剧《王宝川》的文化翻译 [J]. 外语学刊，2017（2）：85-91.

[85] 马少波. 戏曲新论 [M]. 西安：陕西人民出版，1987.

[86] 孟伟根. 戏剧翻译研究述评 [J]. 外国语，2008（6）：46-52.

[87] 潘丹丹. 拉斯韦尔 5W 模型下《道德经》的翻译传播 [J]. 浙江树人大学学报（人文社会科学），2018, 18（05）：79-83.
[88] 潘智丹，张雪. 论戏剧翻译理论的研究视角 [J]. 外语与外语教学，2009（4）：61-63.
[89] 庞彦杰. 中国文化传播与西方译介受众地位的考量 [J]. 郑州航空工业管理学院学报，2015（2）：104-108.
[90] 庞彦杰. 对外传播翻译中译者“把关人”的主体性考量 [J]. 海军工程大学学报（综合版），2016，13（1）：89-93.
[91] 彭军辉，陈小波. 报纸言论与新媒体言论传播比较研究 [J]. 新闻研究导刊，2019（22）：19-21，24.
[92] 彭菊花. 新闻学原理 [M]. 北京：中国传媒大学出版社，2006.
[93] 齐如山. 中国剧之组织 [M]. 太原：山西人民出版社，2014.
[94] 任建民. 略谈戏曲艺术的表演程式 [J]. 东方艺术，2004（9）：157.
[95] 任晓霏. “译者登场”——英若诚戏剧翻译传统研究 [D]. 上海：上海外国语大学，2009.
[96] 任晓霏，毛瓒，冯庆华. 戏剧对白翻译中的话轮转换——戏剧翻译研究的一项戏剧文体学案例分析 [J]. 外语教学理论与实践，2010（1）：77-83.
[97] 任晓霏、张吟、邱玉琳、刘锋、路静、梁金花、沈子璇. 戏剧翻译研究的语料库文体学途径——以戏剧翻译中的指示系统为案例 [J]. 外语教学理论与实践，2014（2）：84-90.
[98] 任晓霏，朱建定，冯庆华. 戏剧翻译上口性——基于语料库的英若诚汉译《请君入瓮》研究 [J]. 外语与外语教学，2011（4）：57-60.
[99] 任中敏. 戏曲、戏弄与戏象 [J]. 戏剧论丛，1957（1）.
[100] 石呈祥. 京剧艺术——中国文化的一朵奇葩 [M]. 保定：河北大学出版社，2003.
[101] 隋岩. 群体传播时代：信息生产方式的变革与影响 [J]. 中国社会科学，2018（11），114-134，204-205.

[102] 孙萍. 中国京剧百部经典英译系列 [M]. 北京：中国人民大学出版社，2012.
[103] 孙萍. 构建演出文本并重的京剧艺术对外传播模式 [J]. 中国出版，2015（12）：61-63.
[104] 谭霈生. 戏剧本体论 [M]. 北京：中国戏剧出版社，2005.
[105] 谭载喜. 西方翻译简史 [M]. 北京：商务印书馆，1991.
[106] 唐文婷. 当代中国相声艺术的境外传播研究 [J]. 美与时代，2017（8）：106-107.
[107] 万永凤. 京剧对叶广芩小说创作的影响 [D]. 重庆：西南大学，2012.
[108] 王晨婕. 从顺应论看话剧翻译中的选择与顺应——英若诚汉译《推销员之死》个案研究 [J]. 现代语文，2013（7）：147-150.
[109] 王芳. 文化传播学与诗歌翻译 [M]. 成都：电子科技大学出版社，2009.
[110] 王风丽. 2017. 试论戏剧翻译中文化因素的移植与重构 [J]. 戏剧文学，2017（6）：92-95.
[111] 王国维. 宋元戏曲考 [M]. 北京：商务印书馆，1912.
[112] 王海洲. 中国电影：观念与轨迹 [M]. 北京：中国电影出版社，2004.
[113] 王建开. 五四运动以来我国英美文学作品译介史：1919—1949 [M]. 上海：上海外语教育出版社，2003.
[114] 王卫国. 中国话剧史 [M]. 北京：文化艺术出版社，1998.
[115] 王永恩. 中国话剧走出去的现状与思考 [J]. 对外传播，2015（8）：53-55.
[116] 王小知. 新媒体时代中国戏剧文化传播的问题与对策 [J]. 传媒，2018（12）：79-80.
[117] 文军，张文鹤. 国内翻译策略研究的知识图谱分析 [J]. 民族翻译，2017（1）：41-56.
[118] 文众. 也谈戏曲、戏弄与戏象 [J]. 戏剧论丛，1957（2）.
[119] 吴边. 莎士比亚《一报还一报》里情态谓词的汉译研究 [D]. 北京：北京外国语大学，2017.

[120] 吴来安. 2005. 把世界名剧搬上舞台的“业余”翻译家—英若诚剧本译著赏析 [J]. 中国翻译，2005（3）：70-72。

[121] 西奥·赫尔曼. 翻译的再现 [A]. 谢天振主编. 翻译的理论建构与文化透视 [C]. 上海：上海外语教育出版社，2000.

[122] 肖开容. 从京剧到话剧：熊式一英译《王宝川》与中国戏剧西传 [J]. 西南大学学报，2011（3）：149-152.

[123] 谢柯，张晓. 基于传播学的中国当代文学“三阶段译传模式”[J]. 外语学刊，2019（6）：98-107.

[124] 徐恒进，张永和. 北京曲剧与北京文化 [EBlOL]. [2014-11-24] [2020-06-28]. http://zt.bjwmb.gov.cn/2014/bjqj/bjqj6/t20141124_610516.htm

[125] 徐素洁. 论京剧艺术的魅力 [J]. 北方音乐，2017（23）：76.

[126] 徐涛，秦小华. 传统戏曲文化在高校的传播现状. 当代教育实践与教学研究，2018（8）.

[127] 许钧. 尊重、交流与沟通——多元文化语境下的翻译 [J]. 中国比较文学，2001（3）：80-90.

[128] 胥国红，曲航. 多模态语篇分析——信息时代的新视角 [J]. 山东外语教学，2009（2）：3-7.

[129] 胥南星，吴赟，杨喜刚. 传播学视角下京剧翻译传播的可行性研究 [J]. 大众文艺，2019（12）：166-168.

[130] 薛宝琨. 中国曲艺艺术概论. 北京：高等教育出版社，2018。

[131] 薛宝坤，鲍震培. 曲艺杂技志 [M]. 上海：上海人民出版社.

[132] 薛可. 中国非物质文化遗产数字传播的新挑战和新对策 [J]. 文化遗产，2020（1）：140-146.

[133] 薛晓金. 戏剧北京 [M]. 北京：旅游教育出版社，2005.

[134] 严绍璗.“文化语境”与“变异体”以及文学的发生学 [J]. 北京：新世界出版社，2001.

[135] 杨世祥. 东北京剧史略（上）——东北戏曲史专题研究之四 [J]. 吉林艺术学院学报，2005（3）：41-45+49.

[136]杨祎辰. 国内外戏剧翻译研究现状与趋势述评——兼论戏剧翻译研究在中国的发展前景 [J]. 外国语，2019（2）: 93-99.

[137]杨跃. 从语域分析的视角析话剧《茶馆》对白翻译的语用等效 [J]. 电影评介，2008（11）: 112.

[138]叶长海. “戏曲”辨.《光明日报》1983 年 8 月 30 日.

[139]叶长海. 戏曲考 [M]. 上海：学林出版社，1999.

[140]尹卫华. 艺术欣赏教程 [M]. 北京：北京交通大学出版社，2007.

[141]于露. 框架理论对相声翻译的指导性 [J]. 福建广播电视大学学报，2010（06）: 59-62.

[142]喻国明. 5G: 一项深刻改变传播与社会的革命性技术 [J]. 新闻战线，2018（8）: 48-49.

[143]禹一奇. 东西方思维模式的交融 [D]. 上海：上海外国语大学，2009.

[144]袁翔华. 影视文化翻译中的受众抵制 [J]. 传播与版权，2018（11）: 117-120.

[145]臧卫东. 戏剧艺术 [M]. 南京：河海大学出版社，2006.

[146]张安华. 当代中国戏曲对外传播的策略分析 [J]. 戏剧文学，2017（5）: 122-130.

[147]张翠玲. 中国现当代戏剧的英译与接受研究 [D]. 北京：北京外国语大学，2017.

[148]张德禄. 多模态话语分析综合理论框架探索 [J]. 中国外语，6（1）: 24-30.

[149]张庚，郭汉城. 中国戏曲通论 [M]. 北京：中国戏剧出版社，1980.

[150]张曼. 多模态视角下的影视字幕翻译——基于图文逻辑语义关系的研究 [J]. 济宁学院学报，2018（2）: 70-74，79.

[151]张威. 莎士比亚戏剧汉译定量分析研究 [D]. 上海：上海外国语大学，2014.

[152]张晓. 传播主体理论视角下中国儿童文学“走出去”译介研究——以曹文轩作品为例 [J]. 考试与评价，2018（1）: 18-23.

[153]张小胜. 话剧英译中的“结构转换”——以英若诚英译本《茶馆》为例 [J]. 四川戏剧，2015（4）: 87-89.
[154]张雪秦，孙慧莉. 对中国传统文化典籍对外传播策略的研究 [J]. 新闻传播，2018（12），9-10.
[155]赵永华，王睿路. “一带一路” 传播研究的局限与突破 [J]. 学术界，2018（22），25-29.
[156]赵征军. 中国戏剧典籍译介研究——以《牡丹亭》英译与传播为中心 [D]. 上海：上海外国语大学，2013.
[157]翟羽翔. 论关联理论视角下的相声幽默翻译 [D]. 上海：上海外国语大学，2009.
[158]曾繁仁. 中国古代生命论美学的舞台呈现——试论中国戏曲所包含的生态生命论美学意蕴 [J]. 山东社会科学，2013（5）: 26-33.
[159]曾剑平，陈琳. 外宣翻译的特点及原则 [J]. 南昌航空大学学报（社会科学版），2018（1）: 51-59.
[160]郑雨婷. 相声及其译文的主位特征研究 [D]. 厦门：厦门大学，2017.
[161]周传家，秦华生. 北京戏剧通史 [M]. 北京：北京燕山出版社，2001.
[162]周楠，谢柯. 从传播学视角看《天演论》的译介及其对文化传播的启示 [J]. 外语研究，2018，35（06）: 80-84.
[163]周鸿铎. 应用传播的关联观 [J]. 北京：中国纺织出版社，2005.
[164]周红专. 话剧翻译的关联观 [J]. 北京工业大学学报（社会科学版）2001，（4）: 69-72.
[165]朱斌. 传播学视角下中国戏剧 “走出去” 的反思与启示——以《牡丹亭》英译为例 [J]. 四川戏剧，2019（6）: 90-94.
[166]朱玲. 昆剧翻译的多模态视角探索——以《牡丹亭》英译为例 [D]. 苏州：苏州大学，2015.
[167]朱明胜. 活的语言——英若诚翻译中外戏剧作品的特色 [J]. 中国戏剧，2006（11）: 54-56.
[168]朱姝. 情境翻译与翻译情境——戏剧翻译元问题研究 [D]. 上海：华东

师范大学，2014.

[169]朱姝，张春柏. 对戏剧翻译中动态表演性原则的反思 [J]. 东北师大学报（哲学社会科学版），2013（1）：109-112.

[170]朱岩岩. 国内英若诚戏剧翻译研究十年综述 [J]. 戏剧文学，2014（12）：99-103.

[171]朱永生. 多模态话语分析的理论基础与研究方法 [J]. 外语学刊，2007（5）：82-86.

[172]祝一舒. 试论许渊冲翻译的文化立场与使命担当 [J]. 外语研究，2018（10）：57-61.

[173]2018 年媒体融合传播效果评估分析报告 [R]. http://www.docin.com/p-2230812819.html

[174]宗伟刚，杨侠，鲜嘉滨. 民族文化在戏剧戏曲研究中的应用 [J]. 戏剧之家，2012（1）：19，41.

中国人民大学出版社外语出版分社读者信息反馈表

尊敬的读者：

感谢您购买和使用中国人民大学出版社外语出版分社的 ______________ 一书，我们希望通过这张小小的反馈卡来获得您更多的建议和意见，以改进我们的工作，加强我们双方的沟通和联系。我们期待着能为更多的读者提供更多的好书。

请您填妥下表后，寄回或传真回复我们，对您的支持我们不胜感激！

1. 您是从何种途径得知本书的：

□书店　□网上　□报纸杂志　□朋友推荐

2. 您为什么决定购买本书：

□工作需要　□学习参考　□对本书主题感兴趣　□随便翻翻

3. 您对本书内容的评价是：

□很好　□好　□一般　□差　□很差

4. 您在阅读本书的过程中有没有发现明显的专业及编校错误，如果有，它们是：

____

____

____

5. 您对哪些专业的图书信息比较感兴趣：

____

____

____

6. 如果方便，请提供您的个人信息，以便于我们和您联系（您的个人资料我们将严格保密）：

您供职的单位：______________________________

您教授的课程（教师填写）：__________________

您的通信地址：______________________________

您的电子邮箱：______________________________

请联系我们：贾乐凯　吴振良　黄婷　程子殊　王琼　鞠方安

电话：010-62515580，62515538，62512737，62513265，62515573，62515576

传真：010-62514961

E-mail：jialk@crup.com.cn　wuzl@crup.com.cn　huangt@crup.com.cn
chengzsh@crup.com.cn　crup_wy@163.com　jufa@crup.com.cn

通信地址：北京市海淀区中关村大街甲 59 号文化大厦 15 层　邮编：100872

中国人民大学出版社外语出版分社